古人名字解詁

第二版

吉常宏　吉發涵　著

创于1897
The Commercial Press
商務印書館

圖書在版編目(CIP)數據

古人名字解詁/吉常宏,吉發涵著.—2版.—北京:商務印書館,2021(2024.2重印)
ISBN 978-7-100-19385-6

Ⅰ.①古… Ⅱ.①吉… ②吉… Ⅲ.①姓名—研究—中國—古代 Ⅳ.①K810.2

中國版本圖書館CIP數據核字(2021)第010825號

古人名字解詁
第二版
吉常宏 吉發涵 著

商務印書館出版
(北京王府井大街36號 郵政編碼100710)
商務印書館發行
北京藝輝伊航圖文有限公司印刷
ISBN 978-7-100-19385-6

2021年4月第1版 開本787×1092 1/16
2024年2月北京第8次印刷 印張29 插頁4

定價:160.00元

序

吉常宏同志的《古人名字解诂》是一部好书。

王引之曾写了一部《春秋名字解诂》，此後有俞樾的《春秋名字解诂补义》、胡元玉的《驳春秋名字解诂》、王萱龄的《周秦名字解故補》等，那都是解释周秦名字的。吉常宏同志这一部《古人名字解诂》则是自先秦至清代，洋洋一百萬言的鉅著，其精力过人，殊堪钦佩。

舊说婴兒出生三个月由父親命名。男子二十歲成人举行冠禮時取字。《禮記·冠義》："已冠而字之，成人之道也。"注："字所以相尊也。"称人以字，表示尊敬。尊輩对卑輩称名，卑輩对尊輩称字，平輩亦称字，[redacted]自称以名，对師言及同学亦称名。

名和字有意義上的联繋。例如屈原名平，

字原。（《尔雅·释地》："广平曰原。"）又如颜回，字子渊。（《说文》："渊，回水也。"有的名和字是同义词，例如宰予字子我，樊须字子迟（"须"和"迟"都是等待的意思）。有的名和字是反义词，例如曾點字皙。（《说文》："點，小黑也。""皙，人色白也。"）朱熹字元晦。

汉代以后，人多以典故取字。例如汉末刘桢字公幹，取自《书·费誓》"峙乃桢榦"。唐代白居易字樂天，取自《礼记·中庸》"君子居易以俟命"和陶渊明《歸去來辞》"樂夫天命復奚疑"。宋代王安石字介甫，取自《易·豫卦》"介于石，不终日，贞吉"。岳飛字鹏举，取自《莊子·逍遥游》"鹏之背不知其几千里也，怒而飛，其翼若垂天之雲。"明代王守仁字伯安，取自《论语·里仁》"仁者安仁"。

由此可见，要写一部《古人名字解诂》，必须具备两个條件：一是深明字的古义；二是熟读经书，兼及子史。吉常宏同志博闻强记，古文底子好，所以他有能力写出一部《古人名字解诂》来。

王力

1984年11月29日，於北京大学。

目　　録

凡　例

一、本書人名全選自商務印書館一九二一年所編《中國人名大辭典》。編排次序基本仍其舊。因新舊字形不同，筆畫亦異，故部分姓氏之次序，亦小有調整，如吕、成舊作七畫，今在六畫；从邑、从阜、从艸諸姓，排列亦有變動。原書筆畫有計算失誤者，本書亦予訂正，如姬、柴誤作九畫，今移在十畫。

二、命名取字，上古多尚質樸，中近古特重文飾。前者多古詞古義，今頗難曉；后者多取義經傳詩文，亦紆曲費解。凡此二者，必詳加徵引，以明其故。其以常見詞、常用義爲名字者，則只做簡要解釋，一般不多事引證。名字涵義或有兩解者，必别爲詮釋，以供參考。

三、命名取字本有通則，但時代不同，風尚各異，且因人物身份、教養、志趣不一，故其中亦有變化。本書性質類辭書，不便闡發其理，惟時就有關條目所涉及者，略加説明。雖不免於重複，或可便於讀者。

四、名字取義，出處頗多相同者，故詮釋時或詳於甲而略於乙，再詳於丙而又略於丁。似此類熟典常語，多次重複出現，雖於某條略簡，但不使妨礙理解。

五、本書於同名異字條目中，遇取義同出一處者，則用"解見①""解見②"或"解見③"等方式作解。除此而外，所有其他條目皆不用此方式，以免反復翻檢。

六、古籍傳世日久，輾轉翻刻，遂多魯魚亥豕之誤，名字產生訛錯，自屬常事，或有發現，必就名字相協之理加以辨正。如後魏元乂不當作元叉，辛俊不當字叔義，"義"爲"乂"之訛。幸而言中者固當有，主觀臆斷處亦不敢言無。請讀者鑒定。

七、古人取字常以伯（孟）、仲、叔、季區别行第，書中反復出現，雖不勝其煩，但爲便於讀者理解，時詳時略，不一概摒棄。

八、本書不以帝王謚號、廟號立目，如不收魏武帝而收曹操，不收梁武帝而收蕭衍，不收明太祖而收朱元璋。

九、個别人物名聲不顯，功業不爲人知，《中國人名大辭典》未予立目。如宋應星，其《天工開物》未被發現時，其事跡鮮爲人知，本書則予補入。有個别著名人物《中國人名大辭典》未收其字，本書則據史料加以增補，如年羹堯等即是。

十、本書人名雖曰全選自《中國人名大辭典》，但有極個别人的名字較爲特異者，亦偶而録入。如邵颿字無恙，即録自《隨園詩話》。

前　言

（一）

古代貴族男子和女子，都是既有名又有字的。名是生下來不久之後就有的，字則到了一定的年齡才有："男子二十，冠而字"，"女子許嫁，笄而字"（並見《禮記·曲禮上》）。這種禮俗究竟起於何時，其確切年代似不易稽考，大約原始氏族社會已有此風，至周代始燦然大備，成爲統治階級的一項重要的禮制。《禮記·曲禮上》說："幼名，冠字，五十以伯仲，死謚，周道也。"可見周人對名字的稱謂是有一系列規定的。

先秦時代命名取字有一定的原則。從《左傳·桓公六年》所記申繻對魯公問命名之道，我們可以知道春秋時代取名有五種類型，即"以名生爲信，以德命爲義，以類命爲象，取於物爲假，取於父爲類"。因爲"周人以諱事神，名終將諱之"，所以在命名時就有意迴避一些事物，以免爲社會活動造成不便，規定不以邦國、官職、山川、牲畜、器幣五類事物命名。但這也只是一種規定，事實上人們並未嚴格遵守。先秦時代已不盡然，後世更是如此。

（二）

人們注意研究名字之學，大約始於東漢。《白虎通》有《姓名》一篇，曾揭示名與字的關係說："或傍其名而爲之字者，聞名即知其字，聞字即知其名。"但名字專著的出現，當是門閥制度確立以後的事。南朝齊賈淵（《南史·文學傳》作賈希鏡。此從《南齊書》）"家傳譜學"，曾著《人名書》。《魏書·高允傳》說："時中書博士索敞與侍郎傅默、梁祚論名字貴賤，著議紛紜，允遂著《名字論》以釋其惑，甚有典證。"《索敞傳》則謂索敞"其《名字論》文多不載"。可見高、傅、索、梁諸人，都曾寫過有關名字的論著。這些著作《隋書·經籍志》即未見著録，當是早已散佚，其内容已無法窺知。但從"家傳譜學"和"論名字貴賤"等語看，似屬於爲門閥制服務的"譜系之學"。若果是如此，它還未脱歷史學的範疇。

（三）

將名字當作訓詁資料來加以應用的，首推東漢的許慎。許慎在他的不朽名著《説文解字》中，開創性地利用名與字意義相協的關係來解説了許多字的本義。譬如：

牛部〔牼〕牛膝下骨也。从牛，巠聲。《春秋》傳曰：宋司馬牼字牛。

目部〔眅〕多白眼也。从目，反聲。《春秋》傳曰：鄭游眅字子明。

石部〔碫〕厲石也。从石，段聲。《春秋》傳曰：鄭公子碫字子石。

耳部〔耴〕耳垂也。从耳，下垂，象形。《春秋》傳曰：秦公子耴者，其耳垂也。故以爲名。

許氏的這一作法，直接啓迪了清代的段玉裁、王念孫、桂馥、朱駿聲諸人，尤其是王念孫。

王念孫著《廣雅疏證》，廣泛採用先秦兩漢人的名字來詮釋詞義。舉數例如下：

一、《釋詁一》"袞，大也"疏證：

袞之言渾也。曹大家注《幽通賦》云："渾，大也。"《後漢書》："馮緄，字鴻卿。"緄與渾通。

二、又“時，善也”疏證：

《内則》云：“毋某敢用時日。”謂善日也。《春秋》曹公子欣時字子臧，是其義也。

三、又“養，樂也”疏證：

《韓詩外傳》云：“……聞其徵聲，使人樂養而好施。”《白虎通義》樂養作“喜養”。嵇康《琴賦》云：“怡養悦悆。”是養爲樂也。養之言陽陽也。《王風·君子陽陽》篇云：“君子陽陽……其樂只且。”陽與養，古同聲。故孫陽字伯樂矣。

四、《釋詁三》“彧，文也”疏證：

《説文》：“戫，有文章也。”《論語·八佾篇》：“郁郁乎文哉。”後漢荀彧字文若。彧、戫、郁并通。

五、又“韜，寬也”疏證：

韜者，南宫縚字容。是韜爲寬也。……韜、縚、滔并通。

六、又“員，衆也”疏證：

員，讀若云。《説文》：“員，物數也。”《春秋》楚伍員字子胥。《爾雅》：“僉、咸、胥，皆也。”是衆之義也。這在《釋詁》中俯拾即是，不能備舉。

王引之遠承許慎，近繼其父，寫出了第一部名字訓詁專著——《春秋名字解詁》。王引之蒐集了春秋時代三百餘人的名字（其中附有春秋前、戰國和秦十餘人），一一加以考釋，最後並將名字結合形式概括爲五類：同訓、對文、連類、指實、辨物。同時還提出了觀察、分析這些結合形式的六種方法，即通作、辨訛、合聲、轉語、發聲、並稱。書後附待考名字八十餘個。

王引之就前人指示的“礦苗”作了試掘，爲訓詁學找到了一個新“礦源”。他告訴人們：“名字者，自古相承之詁言也。”訓詁學家們至此才普遍注意到這一事實：名字中藴藏着豐富的訓詁資料。

王引之對春秋時代人的名字考釋雖並未都盡善盡美，然而名字訓詁這門學問的基礎，畢竟是由他奠定的。其後確有一些學者不斷來糾正他，補充他。如俞樾作《〈春秋名字解詁〉補義》，胡元玉作《駁〈春秋名字解詁〉》，王萱齡作《〈周秦名字解詁〉補》，黄侃作《〈春秋名字解詁〉補誼》，等等。這一方面固然説明王引之的考釋還有不够精審之處，但另一方面却也説明王引之的工作已引起了學人們的注意。只是可惜後來的學者們只是爲王氏補苴罅漏，没能在王引之的基礎上再作深入開拓。

（四）

名字之學還可以用來校勘古籍中人名的訛誤。唐代的注疏家們都很注意利用這一方法。顔師古注《漢書》，李賢注《後漢書》，司馬貞作《史記索隱》，都曾運用“聞名知字”“聞字知名”的道理，來糾正人名的訛誤。各舉一例如下：

一、《漢書·楚元王傳》“（劉）向字子政”顔師古注：

名向，字子政，義則相配，而近代學者讀“向”音“餉”。既無别釋，靡所憑據，當依本字爲勝也。

二、《後漢書·文苑傳·劉珍》“劉珍字秋孫”李賢注：

諸本時有作“秘孫”者。其人名珍，與“秘”義相扶，而作“秋”者多也。

三、《史記·仲尼弟子列傳》“公孫龍字子石”司馬貞索隱：

《家語》或作“寵”，又云“礱”。《七十子圖》非“礱”也。按，字子石，則“礱”或非謬。

這些論斷，無疑都是正確的。

在傳世的文獻典籍中，這類訛誤隨處可見。利用名字關係進行校勘，在今天仍不失爲有效手段之一。中華標點本二十四史中就有不少這類訛錯。請看下面的例證：

一、《晉書·束皙傳》：“束皙字廣微。”

按，《説文·白部》："晳，人色白也。从白，析聲。"段玉裁注："《鄘風》：'揚且之晳也。'傳曰：'晳，白晳也。'……今字皆省作'晰'非也。"人色白與"微"不協。當是名"晳"（或誤省作"晰"），人色白之義與字"廣微"不協。疑"晳（晰）"當是"晢"之訛。《説文·日部》："晢，昭晢。明也。从日，折聲。《禮》：'晢明行事。'"段玉裁注："《周易》王弼本：'明辨晢也。'《陳風》：'明星晢晢。'傳曰：'晢晢，猶煌煌也。'《洪範》：'明作晢。'鄭注：'君視明，則臣昭晢。'按，昭、晢皆从日。日謂日之光也。引伸之爲人之明晢。"字"廣微"，清朱駿聲《説文通訓定聲·壯部》："廣，假借爲光。"光，日光，光明。微，微小，微茫。煌煌日光，自能普照微茫之事物。比之於人，明晢自能洞察細微。故以"廣微"應"晢"。

二、《晉書·阮种傳》："阮种字德猷。"

按，《説文》無"种"字。宋本《玉篇·禾部》："种，稚也。"《説文·禾部》："稺，幼禾也。"稚同"稺"。幼禾與德、猷皆無所取義。种應作"種"，取《左傳·莊公八年》"臯陶邁種德，德乃降"文義。後世种、種音近，且以"种"代"種"，書手遂誤爲"种"。《晉書》人名因音近音同而訛者並不罕見。如王濤字茂略，顯係以"濤"代"韜"。毛寶字碩真，是以"真"代"貞"。

三、《晉書·卞壼傳》："卞壼字望之。"

按，《爾雅·釋宫》："宫中衖謂之壼。"郭璞注："巷閤間道。""望之"與"壼"不協。"壼"當是"壺"之訛。王嘉《拾遺記·高辛》："三壺，則海中三山也。一曰方壺，則方丈也；二曰蓬壺，則蓬萊也；三曰瀛壺，則瀛洲也。形如壺器。"《史記·秦始皇本紀》："言海中有三神山，名曰蓬萊，方丈，瀛洲。"正義曰："《漢書·郊祀志》云：此三神山者……未至，望之如雲；及至，三神山乃居水下；臨之，患且至，風輒引船而去，終莫能至云。"是三壺終是可望而不可及，故名"壺"字"望之"，是意在求仙。晉人企羡神仙，名字取義於求仙慕道者頗不乏例。

四、《魏書·辛悠傳》："悠弟俊，字叔義。"

按，"俊"與"義"不協。"義"當是"乂"之誤。宋元以來民間以义代"義"，書手不知"乂"別爲一字，遂將"乂"妄改爲"義"。《洛陽伽藍記》元乂，吴琯刻本作"元義"可證。元名乂字伯儁，辛名俊字叔乂，同取《書·臯陶謨》"俊乂在官"文義。儁同"俊"。

五、《宋史·王祐傳》："王祐字景叔。"

按，《説文·示部》："祐，助也。"名"祐"字"景叔"，於義不協。祐當是"祜"之訛。名祜字景叔，當是景慕晉羊祜。羊字叔子。亦或取義於《詩·小雅·信南山》"受天之祜"與《小雅·小明》"以介景福"。鄭玄箋云："祜，福也。"又云："則將助女以大福。"祜與景無所取義。開明本二十四史，祐正作"祜"。

標點本二十四史，人名訛錯似此者不可勝數，只可略舉以示例。似束晳、卞壼可謂歷史名人，其名字訛誤相沿已久，也已深入人心，亦可不改，然辨誤不可不爲，校勘不可不作。如東漢陳寔字仲弓，明人張萱已於《疑耀》中據《隸釋》所載《太丘長陳寔壇碑》"君諱寔字仲躬"，駁正洪氏之誤，清人黄生亦於《義府》卷下《隸釋》條明確指出："躬者，寔有其德於身也。陳寔正當字仲躬，他書借用'弓'耳。"張、黄雖都已指出史書訛錯和洪氏之誤，然而文獻中盡作"仲弓"，且相沿已久，爲人所習知，亦可不改，但必須注明"弓"假作"躬"，或"弓"當作"躬"。

（五）

名字學除用於訓詁、校勘而外，還有其自身的應用價值，它可以鑒别名字，區分字號。請看《大唐新語·懲戒》中的一則故事：

張由古有吏才而無學術，累歷臺省，嘗於衆中嘆班固大才，文章不入《文選》。或謂之曰："《兩都賦》《燕山銘》《典引》等並入《文選》，何爲言無？"由古曰："此並班孟堅文章，何關班固事。”聞者掩口而笑。

張由古不知班固字孟堅，乃是因爲不諳名字之學，不知堅、固同義相協，所以不能“聞字即知其名”，遂誤一人爲二人。姓氏譜牒一類的書，也有因不曉名字相協之理而將一人當作二人收録的。如《中國人名大辭典》既收字景曾的李圻，又收字景魯的李沂。二人同爲明嘉魚人，又同爲萬曆進士，還同爲吏科給事中，並同因諫中官張鯨不法遭廷杖而斥爲民。按圻、沂形近，曾、魯相似；“曾”與“圻”毫不相關，“魯”與“沂”差有聯繫。《明史・李沂傳》作“名沂，字景魯”，是誤“曾”爲“魯”，此取《論語・先進》“侍坐章”記諸弟子言志，曾皙願與“冠者五六人，童子六七人，浴乎沂，風乎舞雩，詠而歸”之典爲名字。曾皙之志深爲孔子贊許，宋元以來取此典爲名字者極多。李沂當字景曾，言慕曾皙浴沂風雩之志。是《明史》名正、字誤，筆記雜史則名誤、字正。辭典編者不察，遂作二人收録。

更常見的一種現象是誤將人的别號作爲字。這在古今人的著作中頗不乏例。

“名以正體，字以表德”，字是表述取名的用意的。名與字有必然聯繫，號與名却無此必然關係，所以不能以號作字。如歐陽修字永叔，號六一；蘇軾字子瞻，號東坡；辛棄疾字幼安，號稼軒；陸游字務觀，號放翁；王士禛字貽上，號漁洋；蒲松齡字留仙，號柳泉；鄭燮字克柔，號板橋。他們的號都與名無絲毫聯繫，是不能以號取代字的。間或有的號與名或字似有瓜葛，但亦不能充當字。如紀昀字曉嵐，號石雲。“昀”爲日光，“曉”爲日出之時，是曉、昀相協。“嵐”爲字的綴飾，義爲山巒蒸潤之氣，號“石雲”，似承“嵐”而來，然而與昀、曉不協。又如陸錫熊字健男，號耳山。古人以“夢熊夢羆”爲生男子之兆，而入夢則被認爲是上天示兆，故以“健男”應“錫熊”。“錫熊”猶言天賜麟兒。因河南有熊耳山，故承“熊”而號“耳山”，但“耳山”與“錫熊”不協。

人們不曉名字必相協，名號不相關的道理，常將號誤爲字。朱彭壽在《安樂康平室隨筆》卷三有如下一條記述，頗有代表性。

以姓入字，古無此例，惟宋末文信國天祥以“文山”爲字，其他殊無所聞。至我朝則有海寧查編修慎行曰“查田”，查編修嗣瑮曰“查浦”……近人恩施樊方伯增祥曰“樊山”。

所舉十七人的字，絶大多數都是號。且爲剖析已引出的四例：

一、文天祥

按，文天祥初名雲孫，字天祥，取天降祥雲之義。以字行後另字履善，取《書・伊訓》“作善，降之百祥”文義。廷試第一，宋理宗見其名，以爲“天之祥，乃宋之瑞”，賜字宋瑞。文爲吉安人，其地有文山，因以爲號。並非“以姓入字”。

二、查慎行

按，查初名嗣璉，字夏重。《論語・公冶長》記孔子贊子貢云：“曰：‘汝器也。’曰：‘何器也？’曰：‘瑚璉也。’”何晏集解引包咸曰：“夏曰瑚，商曰璉。”以“夏重”應“璉”，即隱以“瑚”應“璉”。更名“慎行”後字“悔餘”，取《論語・爲政》“慎行其餘，則寡悔”文義。“查田”乃號，與名不協。

三、查嗣瑮

按，瑮字德尹。《説文・玉部》：“瑮，玉英華羅列秩秩。”《禮記・聘義》：“夫昔者君子比德於玉焉：温潤而澤，仁也；縝密而栗，知也；……孚尹旁達，信也。”玉有美德多種，而獨鍾於信，故以“尹”應“瑮”。查氏兄弟名皆从玉，而字則各表其志。兄既號“查田”，故弟踵其兄而號“查浦”。

四、樊增祥

按，樊字嘉父。張衡《東京賦》有“總集瑞命，備致嘉祥”之語，遂取其義以爲名字。以“嘉”應“增祥”，意即“致嘉祥”。“父”爲男子美稱。樊爲湖北恩施人。鄂城有樊山，相傳爲樊氏族居之地，取以爲號，示所從出。

將號誤爲字，朱彭壽表現得最集中而且最富典型。倘少留意名字之學，當不至出此紕漏。《中國人名大辭典》也時有誤號爲字者，如“沈鳳，字補蘿，號凡民”。實應字凡民。此取《世説新語·簡傲》吕安訪嵇康，其兄嵇喜迎候，吕不入，於門上題“鳳”字而去的故事以爲名字。吕譏嵇喜爲“凡鳥”，故以“凡民”應“鳳”，以示謙撝，言非鳳鳥，乃一凡夫而已。這種失誤當是辭典編纂者撮録文獻時疏於判斷所致。本書凡有所見，已予訂正，兹不詳舉。

近年來有的專著論文，都時有將古人的號作字者，歷史題材的文藝作品，甚或有將謚號作字者。這雖無損於作品本身的質量，然而畢竟不符合事實，且違反名字學的原則，並有悖於文化常識。所以名字之學不可不講。

（六）

名字學的用途，并不僅限於以上所舉的訓詁學、校勘學、鑒别名字和區分字號四個方面，在這裏只能舉其犖犖大者，其他問題當於《古人名字概説》一書去討論。

本書的編寫，實有感於名字之學逐漸不爲人所知，而書報雜誌又不時出現名字訛誤而發。如有人將晉代登茅山痛哭的王廞的字（伯輿）派作明代的王世貞。王世貞雖然行第居長，但却字元美，“伯輿”與“貞”毫無意義聯繫。又有人將字百年的近人陳大齊誤作陳大齋，而不知這是取義於《列子·楊朱》“百年，壽之大齊”。“大齋”則與“百年”不相及了。還有的將善於相馬字伯樂的孫陽説成是人們“以掌管天馬的伯樂星”來尊稱他。至如因字形相似而將人的名字排印訛錯的，就更難枚舉了。

最初本擬倣傚陳垣先生的《史諱舉例》寫一本《古人名字舉例》。書分上下編：上編泛論古人命名取字之道，名字結合關係，以及名字學的應用價值等等；下編則將古人名字分爲若干類型，選取知名人物的名字作爲代表，一一加以詮釋。但因《漢語大詞典》的編纂任務繁重，勢難日間集中精力進行，只能夜晚撰寫。自一九七九年至一九八〇年，時作時輟，兩年時間僅得三萬餘字。一九八一年春決計改變原計劃，分一書爲兩書。一本爲《古人名字解詁》，考釋自先秦至清的古人名字，使之既是訓詁書，又是文史工具書，以便讀者查閱翻檢。一本爲《古人名字概述》，泛論名字各種問題，普及名字知識，使之成爲一本概論性質的書。爲了適應業餘撰寫和時間分散的特點，所以先寫《古人名字解詁》。因爲各條自成起訖，彼此毫無關係，一日堅持考釋數條，既省統一構思之勞，且易收積腋成裘之效。這一改變雖由客觀條件使然，但於實際應用却也不無裨益。

考釋名字雖避開了宏觀和微觀方面的布局構思，但亦大非易事。古代文人學士，詩家墨客，多是熟讀經史，學富五車，他們的名字取義範圍既廣，用意又深，尤其明清以來，命名取字者多喜逞奇炫博，因此在詮釋過程中頗感腹笥空疏，難以盡知古人名字的出典和用意所在，其解説不當，引證失據，至或荒誕之處，深知難免。誠懇希望海内方家和廣大讀者不吝賜教，以匡正其謬誤！

本書在寫作過程中，多得了一師的關注和鼓勵，書成又蒙賜序，這是應該深深感謝的！

吉 常 宏

一九八五年十月於山東大學文史哲研究所

二〇二〇年七月修訂

一 畫

〔乙〕

乙 瑛 漢人。字仲卿。

瑛，通“英”。古人以爲國家昌明，應使“賢者在位，能者在職”。英俊之士，得致位卿相，故以“卿”應“英”。

乙 瑗 後魏人。字雅珍。

《説文·玉部》：“瑗，大孔璧。”雅，極，甚。《後漢書·竇皇后紀》：“雅以爲美。”璧爲寶玉，故極可珍。

二 畫

〔丁〕

丁士美 明人。字邦彦。

《説文·彡部》：“彦，美士有文，人所言也。”《詩·鄭風·羔裘》：“彼其之子，邦之彦兮。”士之美者，乃國之俊彦。

丁子復 清人。字見堂。

《易·復卦》：“復，其見天地之心乎。”“堂”爲時尚字飾。

丁之鴻 明人。字漸齋。

《易·漸卦》：“初六，鴻漸于干，小子厲，有言，无咎。”“齋”爲時尚字飾。

丁 川 明人。字大容。

以“容”應“川”，言有江河之容量。李斯《諫逐客書》：“河海不擇細流，故能就其深。”因《僞古文尚書·君陳》有“有容德乃大”之語，故以“大”飾“容”。

丁世雄 宋人。字少雲。

此拆漢揚雄名字。揚雄字子雲。“少”表行第，兼示謙撝。

丁好禮 元人。字敬可。

《論語·子路》：“上好禮，則民莫敢不敬。”敬可，言敬其可當敬者。

丁汝昌 清人。字禹廷。

《書·益稷》：“帝曰：‘來禹，汝亦昌言！’……臯陶曰：‘師汝昌言。’”此爲帝舜與大禹、臯陶問答之辭。名“汝昌”，字“禹廷”，取禹昌言於廷之義。

丁汝謙 明人。字子益。

《僞古文尚書·大禹謨》：“滿招損，謙受益。”“子”爲古代男子美稱，故以飾字。

丁汝夔 明人。字大章。

《書·舜典》：“帝曰：‘夔！命汝典樂。教胄子……’”樂竟爲一章。夔爲樂官，故以“章”相應。大，稱美之辭。因是舜之樂官，故取“大”以爲飾。

丁 固 三國吴人。字子賤。

《論語·衛靈公》：“君子固窮，小人窮斯濫矣。”此以君子自勉，願固守窮困，甘於貧賤。

丁 奉 三國吴人。字承淵。

奉、承同義相協。《莊子·應帝王》：“淵有九名，此處三焉。”郭象注：“淵者静默之謂耳。”又《在宥》：“尸居而龍見，淵默而雷聲。”郭象注：“出、處、語、默，常無其心，而付之自然。”字承淵，謂奉持静默之道。

丁 信 後燕人。字道運。

《漢書·杜欽傳》：“天道貴信，地道貴貞，不信不貞，萬物不生。”天道既運行，自是貴信。

丁 度 宋人。字公雅。

取風度閒雅義。“公”爲美稱，以飾字。

丁思孔 清人。字景行。

謂思慕孔子，並願奉行其道。《詩·小雅·車舝》：“高山仰止，景行行止。”言高山則可瞻望，大道則可行走。景行，大道。

丁飛舉 唐人。字翰之。

《詩·大雅·常武》：“王旅嘽嘽，如飛如翰。”故以“翰”應“飛”。

丁時習 宋人。字行可。

《論語·學而》：“子曰：‘學而時習之，不亦説乎？’”鳥數飛爲習，人反覆實踐求其熟練亦爲習。飾以“可”，意謂熟練則能行。

丁 恭 漢人。字子然。

《論語·雍也》記孔子贊許仲雍“可使南面”，又稱仲雍論“居敬行簡”曰：“雍之言然”。於《衛靈公》則贊“無爲而治者，其舜也與！夫何爲哉？恭己正南面而已矣”。是“居敬行簡”“恭己南面”即“無爲而治”。以“然”應“恭”，即謂仲雍“居敬行簡（恭己南面）”之言爲是。“子”爲男子美稱。於此亦借指孔子。

丁乾學 明人。字天行。

取《易·乾卦》“天行健，君子以自强不息”義。

丁 臯 清人。字鶴洲。

《詩·小雅·鶴鳴》：“鶴鳴于九臯，聲聞於野。”“洲”爲時尚字飾。

丁惟曜 清人。字貞白。

《抱朴子·廣譬》：“懸象雖薄蝕，不可以比螢燭之貞耀。”故以“貞”應“曜”。曜同“耀”。宋玉《神女賦》有“耀乎若白日初出照屋梁”之語，故以“白”綴“貞”。

丁 逢 宋人。字端叔。

逢，謂逢掖之衣，儒者之服。端，謂玄端，天子的黑色禮服。《禮記·儒行》：“丘少居魯，衣逢掖之衣；長居宋，冠章甫之冠。”《荀子·非十二子》：“士君子之容：其冠進，其衣逢，其容良。”《論語·先進》：“端章甫，願爲小相焉。”《禮記·玉藻》：“天子玉藻十有二旒……玄端而朝日於東門之外。”儒家崇尚禮節，重服飾。故以“逢”爲名，字以“端”應之。

丁善慶 清人。字伊輔。

《僞古文尚書·伊訓》：“作善，降之百祥；作不善，降之百殃。爾惟德罔小，萬邦惟慶；爾惟不德罔大，墜厥宗。”伊尹輔太甲時作此訓，以明禍福之由，故名“善慶”而字“伊輔”。

丁 湛 明人。字子一。

《老子》第三九章：“天得一以清。”湛、清同義，故以“一”應“湛”。“子”爲美稱，用以飾字。

丁 斐 三國魏人。字文侯。

《論語·公冶長》：“吾黨之小

子狂簡，斐然成章，不知所以裁之。”文、章同義。侯爲爵位，爲古人所企羡，故以爲綴飾。

丁景鴻　清人。字弋雲。

揚雄《法言・問明》：“治則見，亂則隱；鴻飛冥冥，弋人何慕焉？”李軌注：“君子潛神重玄之域，世網不能制禦之。”以“弋雲”應“景鴻”，意謂已如鴻飛入雲，弋人無所施其技，以喻志在高蹈，不受塵網困擾。

丁詠淇　清人。字瞻武。

《詩・衛風・淇奧》：“瞻彼淇奥，綠竹猗猗。”舊以此詩爲衛人贊美武公之辭。衛武公老而好學，故以綠竹始生之美盛，以喻其學問之進益。

丁　傳　清人。字希曾。

《論語・學而》：“曾子曰：‘吾日三省吾身：爲人謀而不忠乎？與朋友交而不信乎？傳不習乎？’”字希曾，表示亦效曾參以“三省”箴言律己。

丁暐仁　金人。字藏用。

《論語・雍也》：“子曰：‘回也其心三月不違仁。其餘則日月至焉而已矣。’”又《述而》：“子謂顏淵曰：‘用之則行，舍之則藏，唯我與爾有是夫！’”名、字全用孔子評價顏回之語。“暐”假作“違”。

丁　鉉　明人。字用濟。

《易・鼎卦》：“鼎黄耳，金鉉，利貞。”又：“鼎玉鉉，大吉无不利。”“无不利”，則事可藉以成功。故以“用濟”與“鉉”相應。

丁壽昌　清人。字頤伯。

《詩・魯頌・閟宫》：“俾爾昌而熾，俾爾壽而富。”《禮記・曲禮上》：“百年曰期，頤。”人壽以百年爲期。百歲可謂“壽昌”，須善保養，故以“頤”爲字。

丁　儀　三國魏人。字正禮。

儀，法度，法則；以爲法則。《國語・周語下》：“示民軌儀也。”又：“不儀生物之則。”字正禮，猶言以禮爲正，或正之以禮。

丁　廙　三國魏人。字敬禮。

廙有敬義。《廣韻・去志》：“廙，恭也，敬也。”字敬禮，以禮爲敬。

丁履恒　清人。字若士。

《孟子・梁惠王上》：“無恒産而有恒心者，惟士爲能。”以“若士”應“履恒”，言能如士守恒不移。

丁　毅　明人。字士弘。

《論語・泰伯》：“士不可以不弘毅。任重而道遠，仁以爲己任，不亦重乎！死而後已，不亦遠乎！”

丁養浩　清人。字師孟。

《孟子・公孫丑上》：“敢問夫子惡乎長？〔孟子〕曰：‘我知言。我善養吾浩然之氣。’”孟子善養浩然之氣，故以“師孟”應“養浩”。

丁　凝　清人。字琴山。

凝，結。晉孫綽《遊天台山賦》：“融而爲川瀆，結而爲山阜。”故以“山”應“凝”。《吕氏春秋・本味》記鍾子期聽俞伯牙鼓琴，能據琴音而知其志在高山與流水。故因“山”而以“琴”爲飾。

丁　謂　宋人。字謂之。

名、字相同。綴以“之”，表示取稱謂之義。後更字公言。言、謂皆語言現象，故相協。“公”爲美稱。

丁　謐　三國魏人。字彦靖。

謐、靖皆有静義，同義相協。“彦”爲美稱，用以飾字。

丁　鎡　明人。字永時。

鎡，耕種的器具。《孟子・公孫丑上》：“齊人有言曰：‘雖有智慧，不如乘時；雖有鎡基，不如待時。’”字永時，言永遠待農時而動。

丁　黼　宋人。字文伯。

黼，古代禮服上以黑白二色繡成的斧形花紋。《周禮・考工記・畫繢》：“青與赤，謂之文；赤與白，謂之章；白與黑，謂之黼。”《説文・黹部》：“黼，白與黑相次文。”

丁寶臣　宋人。字元珍。

珍、寶同義。“元”有善義，用以飾字。言既係寶物，須善爲珍藏。

丁　璿　明人。字仲衡。

《書・舜典》：“在璿璣玉衡，以齊七政。”

〔刁〕

刁　包　清人。字蒙吉。

《易・蒙卦》：“九二，包蒙，吉。”

刁　柔　北齊人。字子温。

温、柔義近，故以相協。“子”爲美稱，用以飾字。

刁　通　元人。字叔達。

通、達同義。

刁　逵　晉人。字伯道。

《詩・周南・兔罝》：“肅肅兔罝，施于中逵。”毛傳：“逵，九達之道。”

刁　雍　後魏人。字淑和。

《詩・召南・何彼穠矣》：“曷不肅雝，王姬之車。”毛傳：“雝，和。”雍同“雝”。淑，善。與雍義近，用以相協。

刁　整　後魏人。字景智。

《左傳・僖公三十年》：“失其所與，不知；以亂易整，不武。”知同“智”。

刁　遵　後魏人。字奉國。

遵、奉義近。綴以“國”，表示歸心王家。

刁　彝　晉人。字大倫。

《書・洪範》：“天乃錫禹《洪範》九疇，彝倫攸叙。”倫常義大，故以“大”爲飾。

刁戴高　清人。字共辰。

《論語・爲政》：“爲政以德，譬如北辰，居其所而衆星共之。”天莫高於北辰，故以“共辰”應“戴高”。

〔卜〕

卜大同　明人。字吉夫。

《易・同人卦》：“同人：于野，亨。利涉大川，利君子貞。”又《序卦》：“與人同者，物必歸焉。”《同人卦》卦辭大吉，無往不宜，且利君子，故以“吉”應“同”。“夫”爲男子通稱，亦以足意，猶吉人。

卜　商　春秋衛人。字子夏。

夏、商均爲朝代名，故以相協。或謂夏、商皆有大義，乃同義相協。見王引之《春秋名字解詁》。“子”爲男子美稱。

卜舜年 清人。字孟碩。

《書·舜典》:"舜生三十徵庸,三十在位,五十載,陟方乃死。"是帝舜壽一百十歲。"舜年"即長壽。《説文·頁部》:"碩,頭大也。"段玉裁注:"引伸爲凡大之偁。"以"碩"應"舜年",取"大年"之義。《莊子·逍遥遊》記,菌朝生而暮死,不知晦朔,是爲"小年";大椿則以八千歲爲春,八千歲爲秋,是爲"大年"。"小年不及大年"。是"大年"亦長壽。故"碩"與"舜年"相應。

卜　静 三國吴人。字玄風。

道家尚玄主静,鼓吹無爲而治,故名"静"字"玄風"。《老子》第一章:"玄之又玄,衆妙之門。"又三七章:"無欲以静,天下將自定。""玄"亦有静默義,亦與"静"協。

三　畫

〔上〕

上官必克 宋人。字復之。

上官,複姓。名、字取義《論語·顏淵》"克己復禮爲仁"。

上官恢 宋人。字閎中。

恢、閎都有寬大、寬廣義。《老子》第七三章:"天網恢恢,疏而不失。"《禮記·月令》:"其器圜以閎。"韓愈《進學解》:"先生之於文,可謂閎其中而肆其外矣。"

上官倬 明人。字子立。

《論語·子罕》:"欲罷不能,既竭吾才,如有所立卓爾。"朱熹集注:"卓,立貌。""倬"通"卓"。

上官章 清人。字闇然。

《禮記·中庸》:"故君子之道,闇然而日章;小人之道,的然而日亡。"

上官涣然 宋人。字文之。

《論語·泰伯》:"巍巍乎!其有成功也。焕乎!其有文章。""涣"假作"焕"。以"之"綴"文",謂"文飾之",使焕然有光彩。

上官賁 宋人。字濟叔。

《易·賁卦》:"賁:亨,小利有攸往。"《賁卦》卦辭無不吉,事必有成,故字"濟叔"。

上官損 宋人。字益之。

損、益爲反義詞。此用《僞古文尚書·大禹謨》"滿招損,謙受益",用以自警。

上官鉉 清人。字三立。

鉉,扛鼎工具。《説文·金部》:"鉉,可以舉鼎也。"鼎三足而立。《三國志·吴志·陸凱傳》:"近者漢之衰末,三家鼎立。"因鉉及鼎,故字"三立"。

上官儀 唐人。字游韶。

《書·益稷》:"《簫韶》九成,鳳皇來儀。"鳳凰聞《簫韶》之樂而來起舞,即爲《韶》樂而翱游。

上官鑑 清人。字金之。

鑑,上古銅製器皿,形狀似盆。注水於中,可作鏡用。《新唐書·魏徵傳》:"以銅爲鑑,可正衣冠。"銅爲金屬,故字"金之"。

〔于〕

于大節 明人。字守正。

《論語·泰伯》:"可以託六尺之孤,可以寄百里之命,臨大節而不可奪也。君子人與?君子人也!"能守正,即是大節。

于子仁 明人。字伯安。

《論語·里仁》:"仁者安仁,知者利仁。"

于孔兼 明人。字元時。

《孟子·萬章下》:"伯夷聖之清者也,伊尹聖之任者也,柳下惠聖之和者也,孔子聖之時者也。孔子之謂集大成。"朱熹集注:"蓋兼三子之所以聖者而時出之,非如三子之可以一德名也。""元"有善義。《易·乾卦·文言》:"元者,善之長也。"字"元時",蓋謂孔子兼有三子之德,而又善於相時而動:"可以速而速,可以久而久,可以處而處,可以仕而仕。"

于仕廉 明人。字元貞。

《楚辭·卜居》:"讒人高張,賢士無名。吁嗟默默兮,誰知吾之廉貞!""元"爲美善之辭,以爲飾。

于玉立 明人。字中甫。

《禮記·中庸》:"中立而不倚,强哉矯!""甫"爲古代男子美稱。先秦男子取字多綴以"父"字,如孔子名丘,字仲尼父。後世易"父"爲"甫"。

于　石 元人。字介翁。

《易·豫卦》:"介于石,不終日,貞吉。"宋元以來,士人取字多以翁、叟、老等字爲飾。

于　材 明人。字國用。

《周禮·天官·大宰》:"以九貢致邦國之用:一曰祀貢……五曰材貢。"鄭玄注引鄭司農曰:"材貢,木材也。"以"國用"應"材",以明心存君國。

于定國 漢人。字曼倩。

《詩·魯頌·閟宫》:"孔曼且碩,萬民是若。"毛傳:"曼,長也。"以"曼"應"國",意在祈求國運綿長。"倩"爲古代男性美稱。漢人喜以"倩"爲字飾。

于　勁 後魏人。字鍾葵。

勁,强而有力。《説文·力部》:"勁,彊也。"鍾葵,椎。此指椎擊。《周禮·考工記·玉人》:"大圭長三尺,杼上終葵首。"鄭玄注:"終葵,椎也。"《説文·木部》:"椎,所以擊也。齊謂之終葵。"終葵即鍾葵。椎爲椎擊之具;椎擊必强勁,故以"鍾葵"應"勁"。

于奕正 明人。字司直。

正、直義近。《詩·鄭風·羔裘》:"羔裘豹飾,孔武有力;彼其之子,邦之司直。"司直,謂主持正直。

于宣敏 隋人。字仲達。

《論語·公冶長》:"敏而好學,不恥下問。"又《憲問》:"下學而上達。""仲"表行第居第二。

于　恕 宋人。字忠甫。

《論語·里仁》:"夫子之道,忠恕而已矣。"甫,古代男子美稱,用以飾字。

于　寔 北周人。字賓實。

《莊子·逍遥遊》:"名者實之賓也。"寔通"實"。字形變易,以避重複。

于　欽　元人。字思容。

《書·堯典》:"曰若稽古帝堯，曰放勳。欽明文思安安，允恭克讓，光被四表，格于上下。""欽明文思安安"乃頌揚帝堯之辭。容、頌互訓。《詩譜》:"頌之言容。"《毛詩序》:"頌者，美盛德之形容。"以思容協"欽"，意謂敬堯之功德，而欲加以頌揚。

于　琮　唐人。字禮用。

《儀禮·聘禮》:"享，用琮，如初禮。"又《論語·學而》:"禮之用，和爲貴。"

于　琳　清人。字貞瑕。

《説文·玉部》:"琳，美玉也。"又:"瑕，玉小赤也。"段玉裁注:"《子虛賦》:'赤瑕駁犖。'張揖曰:'赤瑕，赤玉也。'揚雄《蜀都賦》、左思《吴都賦》皆云'瑕英'。劉逵曰:'瑕，玉屬也。'"(按,"瑕英"見左思《蜀都賦》)琳、瑕皆爲玉。玉性堅，故以"貞"爲飾。

于嗣登　清人。字岱仙。

此意在"登仙"。舊以仙人多居名山，而岱爲五岳之首，衆山之長，故以"岱"飾"仙"。

于慎行　明人。字可遠。

《論語·爲政》:"慎行其餘，則寡悔。"因《左傳·襄公二五年》有"言之無文，行而不遠"之語，故以"可遠"應"慎行"。言慎行可以致遠。

于慎思　明人。字無妄。

《易·无妄卦》:"无妄：元亨，利貞。"无同"無"。能慎思自必"俱行實理"，大得亨通。

于　準　清人。字萊公。

宋寇準封萊國公。此以其名爲名，而以其封國爲字，以示景仰前賢。

于　禁　三國魏人。字文則。

禁令示人以則，以防未然，故以"則"應"禁"。《孟子·梁惠王上》:"禁曰:'斧斤以時入山林。'"東漢三國人喜以文、孝、彦、公等爲字飾。

于　潛　明人。字彦昭。

潛則幽暗，故以反義詞"昭"相應。"彦"爲美稱，用以飾字。

于蔭霖　清人。字次棠。

此取召伯甘棠遺愛故事。《詩·召南·甘棠》:"蔽芾甘棠，勿翦勿敗，召伯所憩。"朱熹集傳:"召伯循行南國，以布文王之政，或舍甘棠之下，其後人思其德，故愛其樹而不忍傷。""次棠"與"蔭"相應，言次於棠蔭之下。

于　懋　明人。字文勉。

懋、勉同義，故相協。《説文·心部》:"懋，勉也。"《書·舜典》:"汝平水土，惟時懋哉!"飾以"文"，謂勉力於文。

于　謙　明人。字廷益。

《僞古文尚書·大禹謨》:"滿招損，謙受益。"此爲伯益贊助大禹時所建言，因言於朝廷之上，故以"廷"爲飾。

于　翼　北周人。字文若。

《詩·大雅·文王》:"維此文王，小心翼翼。昭事上帝，聿懷多福。"字"文若"，言若文王之"小心翼翼"。

于　謹　北周人。字思敬。

敬、謹皆有專一義，故相協。《論語·學而》:"敬事而信。"朱熹集注:"敬者，主一無適之謂。"又:"謹而信。"朱熹集注:"謹者，行之有常也。""有常"亦即專一不移。

于　顗　隋人。字元武。

顗有壯義，與武義近。《説文·頁部》:"顗，謹莊貌。"段玉裁注:"莊者，壯盛字之假借也。"故武、顗相協。"元"爲美善之辭，用以爲飾。

于　璽　隋人。字伯符。

符、璽皆爲信物，同用於驗真僞，作憑證。

〔士〕

士明善　明人。字復初。

取義於孟子性善説。孟子以爲人性皆善，如能復其本性，則無不善者。所謂"人之初，性本善"。故以"復初"應"善"。

士建中　宋人。字熙道。

《禮記·中庸》:"中也者，天下之大本也；和也者，天下之達道也。"以"熙道"應"中"，言欲光大中庸之道。

士孫瑞　漢人。字君榮。

士孫，複姓。瑞，古代區别爵位的信物。《説文·玉部》:"瑞，以玉爲信也。"段玉裁注:"瑞爲圭璧璋琮之總稱。"《周禮·春官大宗伯》:"以玉作六瑞，以等邦國：王執鎮圭，公執桓圭，侯執信圭，伯執躬圭，子執穀璧，男執蒲璧。"有爵位者始得執瑞，乃君王所賜之尊榮。"君"亦美稱。

士孫奮　漢人。字景卿。

奮，舉翅勁飛。《説文·奞部》:"奮，翬也。"《羽部》:"翬，大飛也。"《詩·邶風·柏舟》:"静言思之，不能奮飛。"以"景卿"應"奮"，言當舉翅高飛，得志青雲，致位卿相。"卿"亦美稱，以爲綴飾。

〔山〕

山　濤　晉人。字巨源。

源泉水盛，則生波濤。巨，大。

山　簡　晉人。字季倫。

簡、倫皆有揀選擇取義。《僞古文尚書·冏命》:"慎簡乃僚，無以巧言令色，便辟側媚，其惟吉士。"《儀禮·少牢饋食禮》:"雍人倫膚九，實于一鼎。"鄭玄注:"倫，擇也。"

〔干〕

干文傳　元人。字壽道。

唐韓愈《進學解》:"師者，所以傳道受業解惑也。"以"壽道"應"傳"，意欲道統不絶，永世長存。又《禮記·曲禮上》:"七十曰老，而傳。"壽老義近，亦可應"傳"。

干　寶　晉人。字令升。

此企望升仙。言飛升仙去乃至可寶貴者。"令"爲美善之辭，用以飾字。

干　纓　明人。字應麾。

此取義漢終軍請纓繫敵故事。《漢書·終軍傳》:"南越與漢和親，乃遣軍使南越，説其王，欲令入朝，比内諸侯。軍自請：‘願受長纓，必羈南越王而致之闕下。’軍遂往説越王，越王聽許，請舉國内屬。”應麾，謂應指麾，聽命。

〔才〕

才　寬　明人。字汝栗。

《書·皋陶謨》：“寬而栗，柔而立，愿而恭……彰厥有常，吉哉！”故以“栗”應“寬”。以“汝”飾“栗”，意在自勉：汝須既寬弘而又莊栗。

四　畫

〔井〕

井　丹　漢人。字大春。

謂服食丹藥，以求長生。《説文·丹部》：“丹，巴越之赤石也。”段玉裁注：“丹者，石之精。故凡藥物之精者曰丹。”《莊子·逍遥遊》：“上古有大椿者，以八千歲爲春，八千歲爲秋。”“八千歲爲春”，可謂“大春”，亦是長壽。

井　田　明人。字九疇。

此連姓成文。田、疇義近。《説文·田部》：“田，樹穀曰田。”又：“疇，耕治之田也。”《孟子·盡心上》：“易其田疇。”古代曾有“井田”之制。據《孟子·滕文公上》：“方里而井，井九百畝，其中爲公田，八家皆私百畝，同養公田。”故以“九疇”應“井田”。

〔仇〕

仇兆鰲　清人。字滄柱。

此取鰲架仙山神話傳説。《列子·湯問》：“渤海之東……其中有五山焉。……而五山之根無所連著，常隨潮波上下往還。……帝恐流於西極，失羣仙聖之居，乃命禺彊使巨鰲十五，舉首而戴之，迭爲三番，六萬歲一交焉。五山始峙而不動。”滄柱，謂巨鰲舉首所作仙山之柱。

仇　英　明人。字實父。

英爲花，實爲果。華而後實，故以“實”應“英”。上古男子皆可稱父，故男子之字以“父”爲飾；後世詞義縮小，“父”專指生身之父，多易“父”爲“甫”。

仇　博　宋人。字彦文。

《論語·子罕》：“夫子循循然善誘人，博我以文，約我以禮。”“彦”爲美稱，用以飾字。

仇　鉞　明人。字廷威。

《禮記·中庸》：“是故君子不賞而民勸，不怒而民威於鈇鉞。”鉞爲君主權力象徵，故以“廷”飾“威”而應“鉞”。

仇　遠　元人。字仁近。

《論語·述而》：“仁遠乎哉？我欲仁，斯仁至矣。”

〔元〕

元　乂　後魏人。字伯儁。

《書·皋陶謨》：“俊乂在官，百僚師師。”“儁”同“俊”。按，“乂”或作“叉”，與“儁”不協，自是形近而訛。

元子孝　後魏人。字季業。

業，從事。以“業”應“孝”，意謂以孝爲事。

元子思　後魏人。字衆念。

思、念同義。《僞古文尚書·大禹謨》：“皋陶邁種德，德乃降，黎民懷之。帝念哉！”“衆念”謂黎民共懷其德。

元子華　後魏人。字伏榮。

華、榮義近。《爾雅·釋草》：“木謂之華，草謂之榮。”草類多於夏季開花，故以“伏”（伏日）爲飾。

元文遥　北齊人。字德遠。

遥、遠同義，故相協。《左傳·襄公二五年》：“言之無文，行而不遠。”“文遥”意即文能行遠。“文”“德”常語。《論語·季氏》：“故遠人不服，則修文德以來之。”德能懷柔遠人，故以“德遠”應“文遥”。是兼取《左傳》《論語》二義。

元好古　金人。字敏之。

《論語·述而》：“述而不作，信而好古。”又：“我非生而知之者，好古敏以求之者也。”

元好問　金人。字裕之。

《僞古文尚書·仲虺之誥》：“好問則裕，自用則小。”

元　汎　後魏人。字普安。

《論語·學而》：“汎愛衆，而親仁。”又《里仁》：“仁者安仁，智者利仁。”能廣愛衆人，而親近仁人，即爲仁者。“仁者能安其仁而無適不然”，所以以“普安”應“汎”。

元　亨　隋人。字德良。

此連姓成文，取《易·乾卦》文義。《乾卦·文言》：“君子行此四德，故曰：‘乾，元亨利貞。’”

元　英　後魏人。字虎兒。

英有勇武義，虎爲猛獸，故以相應。因是父母所命，故綴以“兒”。

元　彬　後魏人。字豹兒。

《論語·雍也》：“質勝文則野，文勝質則史。文質彬彬，然後君子。”《易·革卦》：“君子豹變，其文蔚也。”豹取其有文；彬彬則謂文與質須均等，不可相勝。父母所命，故綴以“兒”。

元　悰　後魏人。字魏慶。

悰、慶皆有歡樂義。《説文·心部》：“悰，樂也。”《漢書·武五子傳》：“何用爲樂心所喜，出入無悰爲樂亟。”顔師古引韋昭曰：“悰亦樂也。”以“魏”爲飾，意在祝福本朝：願魏多有喜慶歡樂之事。

元　欽　後魏人。字思若。

《書·堯典》：“曰若稽古帝堯，曰放勳。欽明文思安安。”又：“乃命羲和，欽若昊天。”故以“思若”協“欽”，意爲頌揚帝堯，惟思敬順上天。

元　弼　後魏人。字邕明。

《僞古文尚書·大禹謨》：“汝作士，明于五刑，以弼五教，期于予治，刑期于無刑，民協于中，時乃功。”《書·益稷》：“弼成五服，至于五千……方施象刑惟明。”“邕”同“雍”，雍容，協和。以“邕明”應“弼”，取以刑輔教，使民俗和美，達于大治之義。

元　琛　後魏人。字曇寶。

琛，珍寶。《詩·魯頌·泮水》：“憬彼淮夷，來獻其琛。元龜象齒，大賂南金。”南北朝時，佛教盛行，士大夫佞佛，取字多以“曇”爲飾。“曇”爲瞿曇之省稱。釋迦牟尼姓瞿曇，故以瞿曇爲佛或僧人之代稱。“曇寶”猶言“佛寶”或“僧寶”。

元　結　唐人。字次山。

《文選·孫綽〈遊天台山賦〉》：“融而爲川瀆，結而爲山阜。”李善注引班固《終南山賦》曰：“流澤遂而成水，停積結而爲山。”次，止。以飾“山”，言“停積結而爲山”。

元　嵩　後魏人。字道岳。

《詩·大雅·崧高》：“崧高維嶽，駿極于天。”毛傳：“崧，高貌，山大而高曰崧。嶽，四嶽也。”孔穎達疏：“言有崧然而高者，維是四岳之山。”“崧”同“嵩”，“嶽”同“岳”。道，治理。取《書·禹貢》“治梁及岐”，“道岍及岐”之義。

元　暉　後魏人。字景襲。

暉，日光。景，日影。影因日光而生，故以“景襲”應“暉”。

元　溥　宋人。字泉卿。

《禮記·中庸》：“溥博淵泉，而時出之。”又：“溥博如天，淵泉如淵。”“卿”以飾字。自漢以來，士人企羡仕宦，喜以“卿”爲字，後世但取以爲美飾，多與名、字無關聯。

元　熙　後魏人。字真興。

熙、興皆有興盛義，同義相協。《爾雅·釋詁》：“熙，興也。”

元　詳　後魏人。字季豫。

“詳”假作“祥”。《説文·言部》“詳”段玉裁注：“經傳多假爲祥。”又《示部》：“祥，福也。”《爾雅·釋詁》：“豫，樂也。”安樂則爲福，故以“豫”應“詳”。

元　勰　後魏人。字彦和。

《説文·劦部》：“勰，同思之龢也。”是勰、和同義相協。“彦”爲美稱。

元德秀　唐人。字紫芝。

《爾雅·釋草》謂草“不榮而實者謂之秀”。紫芝，芝草的一種。《孝經援神契》：“德至於草木，則芝草生。”《宋書·符瑞志下》：“芝草，王者慈仁則生。”“德秀”意即謂王者仁德及於草木而生者，故以“紫芝”相應。

元　稹　唐人。字微之。

稹有緻密義。《説文·禾部》：“稹，穜概也。”段玉裁注：“此與鬒爲稠髮同也。引伸爲凡緻密之偁。”緻密則細微，故以“微之”應“稹”。

元　暹　後魏人。字叔照。

暹爲日升起。《廣韻·平鹽》：“暹，日光進也。”故以“照”應“暹”。

元　褒　隋人。字孝整。

褒有美或飾義，修飾即爲整。整齊則美，故二者相協。東漢以來，士大夫喜以“孝”飾字。

元　顥　後魏人。字子明。

顥，日色明亮之貌。《楚辭·大招》：“天白顥顥，寒凝凝只。”王逸注：“顥顥，光貌。”洪興祖補注：“《説文》：白貌。”按，段玉裁注云：“日光白。”故以“明”應“顥”。“子”爲男子美稱。

元　鷙　後魏人。字孔雀。

猛禽爲鷙。孔雀爲飛禽，因連類而及。佛教有菩薩一頭四臂，控馭孔雀，名孔雀明王，性威猛。北魏時崇尚佛教，故以“孔雀”應“鷙”，而不取鷹、鸇。

〔公〕

公西赤　春秋魯人。字子華。

公西，複姓。赤，赤色。華，謂絢麗多彩。《禮記·檀弓上》：“童子曰：‘華而睆！大夫之簀？’”鄭玄注：“華，畫也。”孔穎達疏：“凡繪畫五色，必有光華。故曰：華，畫也。”五彩待色而成，故以“華”應“赤”。

公西葴　春秋魯人。字子尚。

葴，同“點”，人名用字。《廣雅·釋詁》：“點，汙也。”又：“尚，加也。”《説文·八部》：“尚，曾也。”段玉裁注：“曾，重也；尚，上也。皆積累加高之意，義亦相通也。”點汙者，即以某色加於一物之上。故名“葴”而字“尚”。“子”爲男子美稱，用以飾字。

公伯僚　春秋魯人。字子周。

公伯，複姓。僚假作“繚”。繚、周皆有環繞義，此同義相協。“子”爲男子美稱。

公沙孚　漢人。字允慈。

公沙，複姓。孚、允皆有誠信義。《爾雅·釋詁》：“允、孚，信也。”同義故相協。“信”又爲誠然，確實。綴以“慈”，言誠然爲仁慈。

公孫景茂　隋人。字元蔚。

公孫，複姓。《文選·班固〈西都賦〉》：“茂樹蔭蔚。”李善注引《蒼頡篇》：“蔚，草木盛貌。”“茂”亦盛。同義故相協。《爾雅·釋詁》：“元，始也。”以飾“蔚”，言始盛。取方興未艾之義。

公孫鳳　晉人。字上鸞。

鳳、鸞同屬。鳳爲百鳥之王，故上於鸞。

公孫龍　春秋楚人。字子石。

龍，假作“礱”。礱爲石磑。《説文·石部》：“礱，礲也。”又：“礲，石磑也。”礱爲石質，故字“石”以明其性。“子”爲男子美稱。

公孫瓚　漢人。字伯珪。

《周禮·春官·天府》：“祼圭有瓚，以肆先王。”“圭”同“珪”。

公祖句兹　春秋魯人。字子之。

公祖，複姓。兹、之皆有“此”義，同義相協。“子”爲男子美稱。

〔下〕

下大亨　宋人。字嘉甫。

《易·乾卦·文言》：“亨者，嘉之會也。”“甫”爲男子美稱。

下永譽　清人。字令之。

《孟子·告子上》：“令聞廣譽施於身，所以不願人之文繡也。”字令之，言欲美其聲譽。

卞立言 清人。字文恒。

《左傳・襄公二四年》："其次有立言，雖久不廢，此之謂不朽。"《孟子・離婁上》："人有恒言。"文、言意近，立言貴不朽，故以"文"飾"恒"。

卞思義 元人。字宜之。

《禮記・中庸》："義者宜也，尊賢爲大。"

卞 衮 宋人。字垂象。

衮爲天子禮服。《禮記・禮器》："天子龍衮。"垂象，謂天子應示民以法，端拱垂裳不擾民，天下自然大治。《易・繫辭下》："黄帝堯舜，垂衣裳而天下治。"《論語・衛靈公》："無爲而治者，其舜也與！夫何爲哉？恭己正南面而已矣。"《僞古文尚書・武成》："惇信明義，崇德報功，垂拱而天下治。"

卞 彬 南朝宋人。字士蔚。

彬謂文質均適，蔚謂文理深密。《論語・雍也》："文質彬彬，然後君子。"《易・革卦》："君子豹變，其文蔚也。"士，封建社會中，男子通稱。三國以來，士大夫多以飾字。

卞 斌 清人。字叔均。

斌通"彬"。《論語・雍也》："文質彬彬，然後君子。"朱熹集注："彬彬猶斑斑。物相雜而均適之貌。"

卞 壼 晉人。字望之。

《爾雅・釋宫》："宫中衖謂之壼。"郭璞注："巷閤間道。"按，"壼"與"望之"不協。"壼"當是"壺"之訛。王嘉《拾遺記・高辛》："三壺，則海中三山也：一曰方壺，則方丈也；二曰蓬壺，則蓬萊也；三曰瀛壺，則瀛洲也。形如壺器。"《史記・秦始皇本紀》："言海中有三神山，名曰蓬萊，方丈，瀛洲。"張守節正義："《漢書・郊祀志》云：'此三神山者……未至，望之如雲；及至，三神山乃居水下；臨之，患且至，風輒引船而去，終莫能至云。"（按，《史記・封禪書》文字大致相同。）是三壺終是可望而不可及，故名"壺"字"望之"，是意在求仙。又，卞壼之從父兄名敦。敦乃銅製盛黍稷之器，圓腹，短足，有蓋。壺則爲盛酒漿之器。是同祖弟兄皆以器物爲名。此可爲旁證。卞敦，《晉書》有傳。

〔孔〕

孔 丘 春秋魯人。字仲尼。

據《史記・孔子世家》載，其父母因"禱於尼丘得孔子……生而首上圩頂，故因名曰丘云"。此拆尼丘山爲名字，以志孔子誕生之由。

孔 元 元人。字彦亨。

《易・乾卦》："乾：元亨利貞。""彦"爲美稱，用以飾字。

孔天允 明人。字汝錫。

以"汝錫"應"天允"，意在祈福。言上天將俞允而賜汝幸福。《詩・魯頌・閟宫》："天錫公純嘏。"

孔文英 明人。字世傑。

《淮南子・泰族訓》謂才智過萬人爲英，過十人者爲傑。二者義近，故相協。飾以"世"，言爲世之英傑。

孔四可 明人。字願之。

《孟子・公孫丑上》："可以仕則仕，可以止則止，可以久則久，可以速則速，孔子也……吾未能有行焉，乃所願則學孔子也。"字"願之"，言欲學孔子之"四可"。

孔 光 漢人。字子夏。

光、夏皆有大義。《易・坤卦》："含弘光大，品物咸亨。"王引之《經義述聞》卷一"光"："光大，猶廣大也。"光、廣古同聲，亦可通假。如《史記・禮書》"光有四海"即"廣有四海"。又如《書・堯典》："光被四表，格于上下。"《三國志・魏志・文帝紀》裴松之注引《獻帝傳》司馬懿等勸進表："至德廣被，格于上下。"是"光"與"廣"通。《禮記・樂記》："夏，大也。"光、夏同義相協。"子"爲美稱。

孔 至 唐人。字惟微。

《僞古文尚書・大禹謨》："人心惟危，道心惟微，惟精惟一，允執厥中。"至，謂至言，至道，亦即道心。

孔 汪 晉人。字德澤。

《説文・水部》："汪，深廣也。"《孟子・盡心上》："得志澤加於民。"以"澤"應"汪"，欲加民厚澤。德、澤義近。

孔 沈 晉人。字德度。

沈，深沉。以"度"相應，意謂其度量深沉。度量深沉則能容人。《僞古文尚書・君陳》："有容德乃大。"故以"德"飾"度"。

孔 坦 晉人。字君平。

坦、平同義。漢以來士大夫喜以"君"飾字，或有義，或無義，須依上下文而定。此作美稱。

孔 宙 漢人。字季將。

宙、將皆有大義。《爾雅・釋詁》："宇……將，大也。"郭璞注："宇、宙、穹、隆、至、極，亦爲大也。"此同義相協。

孔宗翰 宋人。字周翰。

《詩・大雅・板》："大邦維屏，大宗維翰。"又《崧高》："維申及甫，維周之翰。"

孔 宜 宋人。字不疑。

《禮記・中庸》："義者宜也。"《易・坤卦》："君子敬以直内，義以方外，敬義立而德不孤……則不疑其所行也。"

孔尚任 清人。字聘之。

《孟子・萬章上》："伊尹耕於有莘之野……湯使人以幣聘之……（伊尹）思天下之民，匹夫匹婦有不被堯舜之澤者，若己推而内之溝中。其自任以天下之重如此，故就湯而悦之，以伐夏救民。"以"聘之"應"任"，取伊尹以天下爲己任而就湯聘之義。

孔知濬 五代後周人。字秀川。

濬，疏水道使之深而通暢。河水不壅滯，則清澈而秀美，故以"秀川"應"濬"。

孔 奂 南朝陳人。字休文。

奂、休皆有鮮明美盛義。《禮記・檀弓下》："晉獻文子成室，晉大夫發焉。張老曰：'美哉輪焉！美哉奂焉！'"《論語・泰伯》："焕乎！其有文章。"奂與焕通。《詩・商頌・長發》："何天之休。”鄭玄箋：“休，美也。”名“奂”字“休”，同義相協。“文”表“休”之所指：使文采美盛。

孔彦舟 金人。字巨濟。

《僞古文尚書·説命上》：“若濟巨川，用汝作舟楫。”

孔彦縉 明人。字朝紳。

縉，亦作搢。義爲插。紳，大帶。古者大夫皆搢笏束紳，故稱仕宦者爲縉紳。此爲朝廷服飾，故以“朝”爲飾。

孔昭孔 清人。字微明。

《詩·大雅·抑》：“昊天孔昭。”孔昭，猶言極明。顛倒爲“昭孔”，爲避與姓重叠。昭、明同義相協。以“微明”應“昭孔”，意謂因極明而細微皆顯。亦或表示謙撝：僅可微明，而非孔昭。

孔　穿 戰國魯人。字子高。

穿，謂車穿。車轂内外側與軸銜接處所鑲嵌之金屬圈。高，假爲“膏”。以膏塗穿，可以潤滑軸而利車輪運轉。故以“高”應“穿”。“子”爲男子美稱。

孔貞瑄 清人。字璧六。

瑄，璧名。《史記·孝武本紀》：“有司奉瑄玉。”集解引孟康曰：“璧大六寸謂之瑄。”

孔　勍 五代後唐人。字鼎文。

勍，勇武有力。《廣雅·釋訓》：“勍勍，武也。”以“鼎”應“勍”，表示力可扛鼎。綴以“文”，意在文武兼備，非只好勇。

孔巢父 唐人。字弱翁。

巢父，相傳爲帝堯時高士。堯欲讓與天下，辭而不受。以“弱翁”應之，指明巢父爲老叟。

孔　訥 明人。字言伯。

《論語·里仁》：“君子欲訥於言而敏於行。”

孔　喬 漢人。字子松。

喬，仙人王子喬。松，仙人赤松子。同爲仙人，“松喬”又常并稱，故以相應。“子”爲男子美稱。

孔　愉 晉人。字敬康。

愉、康皆有樂義。《爾雅·釋詁》：“喜、愉、豫、愷、康、妉、般，樂也。”同義相協。以“敬”爲飾，言須慎於安樂。取《詩·唐風·蟋蟀》“好樂無荒”之戒。

孔　逷 南朝齊人。字世遠。

按，“逷”應是“逿”之訛。逿、遠同義。《爾雅·釋詁》：“逿，遠也。”《説文·辵部》：“逖，遠也。逿，古文逖。”以“世”爲飾，意欲世系久長。逷、遠則不協。

孔　戡 唐人。字勝始。

戡、勝同義。《爾雅·釋詁》：“戡，勝也。”勝始，猶言始勝。意在戒驕矜。

孔　戢 唐人。字方舉。

戢爲斂藏、收聚。《爾雅·釋詁》：“戢，聚也。”舉爲揚起。此取反義相協。

孔　戣 唐人。字君嚴。

《書·顧命》：“一人冕執戣，立于東垂；一人冕執瞿，立于西垂。”孔傳：戣、瞿皆戟屬。”兵以示威嚴，故以“嚴”應“戣”。因是警戒於殿廷，故又以“君”飾“嚴”。

孔稚珪 南朝齊人。字德璋。

珪、璋皆爲禮器，諸侯朝天子執珪，朝后執璋。《禮記·禮器》：“圭璋特，琥璜爵。”圭同“珪”。此同類相應。《説文·玉部》：“玉，石之美有五德者。”《禮記·玉藻》：“君子於玉比德焉。”珪璋爲玉製者，故以“德”飾之。

孔　靖 南朝宋人。字季恭。

《詩·小雅·小明》：“嗟爾君子，無恒安處。靖共爾位，正直是與。”共通“恭”，故以“恭”協“靖”。

孔廣森 清人。字衆仲。

《文選·張衡〈思玄賦〉》：“百神森其備從。”舊注：“森，聚貌。”《説文·㐺部》：“聚，會也。”段玉裁注：“聚以人言。”多人會集爲聚。故“森”與“衆”協，皆謂多。又《文選·潘岳〈藉田賦〉》：“森奉璋以階列。”李善注：“森，盛貌也。”人衆多則盛。

孔廣牧 清人。字力堂。

《史記·五帝本紀》：“舉風后、力牧、常先、大鴻以治民。”集解引班固曰：“力牧，黄帝相也。”此拆古人名以爲名字。“堂”爲飾。明清以來，取字多以堂、軒、村、齋、樓、亭等字以爲綴飾。

孔廣銘 清人。字文箴。

銘、箴同爲文體名。又，銘文多寓箴規之意，故以“箴”應“銘”。

孔廣翼 清人。字乙之。

《詩·大雅·文王有聲》：“詒厥孫謀，以燕翼子。”燕又名乙。《説文·燕部》：“燕燕，玄鳥也。”段玉裁注：“《商頌》傳曰：‘玄鳥，乙也。’”又《乙部》：“乙，燕燕，乙鳥也。齊魯謂之乙。”名“翼”，故以“燕”相應。爲求奇古，易“燕”爲“乙”。“之”爲襯字，無義。

孔穎達 唐人。字仲達。

名、字相同。“仲”表行第居第二。

孔興泰 清人。字林宗。

後漢名士郭泰字林宗（《後漢書》“泰”作“太”，范曄爲避父諱所改）。因仰慕古人，故襲用其名字。泰山是五岳之首，羣山所宗，尊爲岱宗。所以名“泰”，字“宗”。《禮記·禮器》：“齊人將有事於泰山，必先有事於配林。”鄭玄注：“配林，林名。”故以“林”飾“宗”。

孔　融 漢人。字文舉。

融有高義。《爾雅·釋詁》：“融，長也。”郝懿行義疏：“故左氏昭五年傳‘明而未融’服虔注：‘融，高也。’”舉，擎之使高。《史記·刺客列傳》：“舉筑朴秦皇帝，不中。”所以名“融”字“舉”。後漢時文人士大夫取字，多以“文”爲飾。文舉，言欲文采特異，高出時輩。

孔　鮒 秦人。字子魚。

鮒爲魚之一種（鯽魚），此明其屬性。“子”爲男子美稱。

孔　鯉 春秋魯人。字伯魚。

鯉爲魚之一種。以“魚”應“鯉”，以表明其屬性。

孔　嚴 晉人。字彭祖。

西漢有嚴彭祖，治《公羊春秋》，廉正不阿，不事權貴。此以其姓爲名，以其名爲字，以示景仰其人。

孔繼涑　清人。字信夫。

宋司馬光，世居夏縣涑水鄉，人稱涑水先生。名“繼涑”，言欲繼司馬光之志。司馬光字君實，故字“信夫”，以應“實”字。信、實皆爲誠。“夫”爲男子通稱。

孔　騰　漢人。字子襄。

襄，假作驤。《説文·馬部》：“驤，馬之低昂也。”段玉裁注：“馬之或俛或仰謂之驤……古多假襄爲驤。”《文選·張衡〈西京賦〉》：“負筍業而餘怒，乃奮翅而騰驤。”薛綜注：“騰，超也。驤，馳也。”詞義相近，故以相協。

孔　霸　漢人。字次儒。

次，居於下。《説文·欠部》：“次，不前不精也。”段玉裁注：“不前不精，皆居次之意也。”儒家鼓吹王道，貶斥霸道。《孟子·梁惠王上》：“齊宣王問曰：‘齊桓、晉文之事，可得聞乎？’孟子對曰：‘仲尼之徒，無道桓文之事者，是以後世無傳焉。臣未之聞也。無以，則王乎。”霸業爲儒者所斥，故以“次儒”應“霸”。言儒者以爲下。

〔尤〕

尤　山　元人。字志慕。

《詩·小雅·車舝》：“高山仰止。”鄭玄箋：“古人有高德者則仰慕之。”又《論語·雍也》：“仁者樂山。”以“志慕”應“山”，亦或以仁者自勉。

尤世求　清人。字念修。

《離騷》：“民生各有所樂兮，余獨好脩以爲常。”以“念修”應“求”，言所追求者，惟思以正直自厲。

尤安禮　明人。字文度。

《詩·小雅·楚茨》：“獻酬交錯，禮儀卒度。”“文”以飾字。

尤　侗　清人。字同人。

此拆名以爲字。《易》有《同人卦》。利君子。

尤　怡　清人。字在涇。

怡，喜悦。《國語·周語下》：“有慶，未嘗不怡。”韋昭注：“怡，悦也。”涇，河流名，爲渭河支流。舊以涇水濁，渭水清。《詩·邶風·谷風》：“涇以渭濁。”孔穎達疏：“言涇水以有渭水清，故見涇水濁。”以“在涇”應“怡”，是以“水至清則無魚，人至察則無徒”爲戒，言欲以混濁應世，不願以清潔矯俗求名。

尤時熙　明人。字季美。

“熙”有美義。《書·堯典》“庶績咸熙”，《漢書·律曆志上》改作“衆功皆美”。是熙、美同義相協。

尤　袤　宋人。字延之。

袤，南北距離之長度。《説文·衣部》：“一曰南北曰袤，東西曰廣。”段玉裁注：“《廣雅》：‘袤，長也。’”《方言》卷一：“延，長也。”袤、延同義相協。

尤維熊　清人。字祖望。

此用姜太公遇文王故事。《史記·齊太公世家》：“西伯將出獵，卜之，曰：‘所獲非龍非彲，非虎非羆；所獲霸王之輔。’於是周西伯獵，果遇太公於渭之陽，與語大説，曰：‘自吾先君太公曰：“當有聖人適周，周以興。”子真是邪？吾太公望子久矣。’故號之曰‘太公望’。”“非虎”《宋書·符瑞志》作“非熊”。後世又訛變爲“飛熊”，遂以之爲姜太公遇周文王之兆。“祖望”猶太公望。

尤　槩　宋人。字輿平。

槩，同“概”。古代量穀物時用以平斗斛的木製器具。《韓非子·外儲説左下》：“概者，平量者也。”“與平”應“概”，表明其功用，猶言與之取平。

尤　錦　清人。字尚絅。

《禮記·中庸》：“《詩》曰：衣錦尚絅，惡其文之著也。”

尤錫類　明人。字孝徵。

《詩·大雅·既醉》：“孝子不匱，永錫爾類。”能錫其類，即是孝之證，故綴以“徵”。

〔尹〕

尹天民　宋人。字先覺。

《孟子·萬章上》：“天之生此民也，使先知覺後知，使先覺覺後覺也。予天民之先覺者也。”

尹　牙　漢人。字猛德。

《詩·小雅·祈父》：“祈父，予王之爪牙。”言如鷙禽猛獸之以爪牙施威自衛，爲王家扞衛者，故以“猛德”應“牙”。

尹廷高　元人。字仲明。

《禮記·中庸》：“悠遠則博厚，博厚則高明。博厚，所以載物也；高明，所以覆物也。”

尹良佐　明人。字志伊。

連姓成文。伊尹爲商賢相，輔佐成湯伐夏，建立商王朝。湯死，又輔其孫太甲，匡正其過，使成明王。字“志伊”，言其志在學伊尹。

尹　洙　宋人。字師魯。

洙，水名。爲泗水支流。洙、泗都在春秋魯國境内。孔子曾於其地設教，“洙泗”遂成爲儒學的代稱，或視爲聖地。晉陶潛《飲酒二十首》：“洙泗輟微響，漂流逮狂秦。《詩》《書》復何罪？一朝成灰塵。”任昉《齊竟陵文宣王行狀》：“弘洙泗之風。”以“師魯”應“洙”，即欲師孔子之道。

尹翁歸　漢人。字子況。

況，通“貺”。貺、歸皆有贈送義。《禮記·聘義》：“北面拜貺。”陸德明釋文：“拜況本亦作貺。”《論語·陽貨》：“歸孔子豚。”又《微子》：“齊人歸女樂，季桓子受之。”“子”爲男子美稱。

尹　耕　明人。字子莘。

《孟子·萬章上》：“伊尹耕於有莘之野。”連姓成文。“子”爲男子美稱。

尹起莘　宋人。字耕道。

《孟子·萬章上》：“伊尹耕於有莘之野，而樂堯舜之道焉。”連姓成文。伊尹受湯之聘而爲相，故名“起莘”。言發跡於莘。雖耕於野“而樂堯舜之道”，所以字“耕道”。

尹　躬　宋人。字商老。

連姓成文。“尹”謂伊尹。“尹躬”猶言伊尹其人。伊尹爲商之元勳，歷事四王，故字“商老”。宋時文人以“老”爲字，蔚爲風氣，“商老”猶言商之老叟。

尹　耜　清人。字于耜。

名與字同。《詩·豳風·七月》：“三之日于耜。”“耜”爲耕具，“于耜”意爲修理耕具。

尹　勤　漢人。字叔梁。

勤、梁義近。用力爲勤，多力爲梁。《論語·微子》：“四體不勤。”《後漢書·蘇竟傳》：“良醫不能救無命，彊梁不能與天爭。”彊，同“强”。

尹嘉賓　明人。字孔昭。

《詩·小雅·鹿鳴》：“我有嘉賓，德音孔昭。”

尹　鳳　明人。字德輝。

《論語·微子》：“鳳兮鳳兮，何德之衰！”此反用其義。古人以鳳爲祥瑞之鳥，明德盛時始出現。故以“德輝”相應。

尹　穀　宋人。字耕叟。

《詩·魯頌·駉序》：“儉以足用，寬以愛民，務農重穀。”穀爲農作物，須耕種而得，故以“耕”應“穀”。南北朝時始有以“叟”爲名者，唐時漸以爲字飾，至宋代，此風大盛。

尹　襄　明人。字舜弼。

襄有成義。《左傳·定公十五年》：“葬定公，雨，不克襄事。”弼有匡正義。匡正亦即助成。《書·益稷》：“予違，汝弼。汝無面從，退有後言。”此爲帝舜告諭羣臣之言，故以“舜弼”應“襄”。取爲明王輔臣之義。

尹謙孫　宋人。字希呂。

宋呂祖謙，學者稱東萊先生。此以呂之名爲名，而以其姓爲字，表示企羨時賢之意。

尹　禮　明人。字内則。

《禮記》有《内則》篇，内容爲家居事親之道。

尹　穡　宋人。字少稷。

《孟子·滕文公上》：“后稷教民稼穡，樹藝五穀。”

尹　鏜　明人。字子聲。

《詩·邶風·擊鼓》：“擊鼓其鏜，踴躍用兵。”毛傳：“鏜然擊鼓聲也。”

尹繼善　清人。字元長。

《易·繫辭上》：“繼之者善也。”又《乾卦·文言》：“元者，善之長也。”

〔戈〕

戈　源　清人。字仙舟。

此取義於張華《博物志》所載海上人乘浮槎達天河的神話故事。海與天河相通，是天河爲海之源。浮槎能達于天河，自是仙舟。

戈　濤　清人。字芥舟。

濤爲水，水能載舟，故以“舟”應“濤”。《莊子·逍遥遊》：“且夫水之積也不厚，則負大舟也無力。覆杯水於坳堂之上，則芥爲之舟，置杯則膠焉：水淺而舟大也。”飾以“芥”，以明非大水，蓋示謙撝。亦或寓人生處世，如一葉小舟行於風濤之中，時有傾覆之禍。

〔支〕

支　立　明人。字可與。

《論語·子罕》：“可與適道，未可與立；可與立，未可與權。”

支如玉　明人。字寧瑕。

瑕，玉石赤斑。《説文·玉部》：“瑕，玉小赤也。”段玉裁注：“《廣雅》：‘玉屬有赤瑕。’若《聘義》‘瑕不揜瑜’注：‘瑕，玉之病也。’”玉以純爲上，字“寧瑕”，比喻願做有缺陷之正人，不做難以企及之完人。

支隆求　清人。字武侯。

《三國志·蜀志·諸葛亮傳》載，劉備訪求諸葛亮于隆中，聘爲謀主。于是諸葛亮佐劉創建蜀漢，與魏、吴成三國鼎立之勢，死後謚爲忠武侯，後人稱爲武侯。

支　鑑　明人。字汝同。

人照鏡必内外相同。

〔文〕

文士弘　明人。字元任。

《論語·泰伯》：“士不可以不弘毅，任重而道遠，仁以爲己任，不亦重乎？死而後已，不亦遠乎？”“元”有大義。《史記·龜策列傳》：“紂爲暴虐，而元龜不占。”大則重，“元任”即重任。

文元善　明人。字子長。

《易·乾卦·文言》：“元者，善之長也。”“子”爲男子美稱。

文天祥　宋人。字宋瑞。

字宋瑞，意在頌揚本朝。言天賜禎祥，乃大宋之瑞。祥、瑞同義相協。又字履善，乃取《易·履卦》“視履考祥，其旋元吉。象曰：元吉在上，大有慶也”文義。履善則受祥。

文天錫　清人。字純止。

《詩·魯頌·閟宫》：“天錫公純嘏，眉壽保魯。”止，《詩》中常以作語氣詞。

文　同　宋人。字與可。

《孟子·公孫丑上》：“大舜有大焉，善與人同。”《論語·子張》：“可者與之，其不可者拒之。”以“與可”應“同”，表示“可者”始與之“同”。

文　赤　清人。字周舄。

《詩·豳風·狼跋》：“赤舄几几。”朱熹集傳：“周公雖遭疑謗，然所以處之不失其常，故詩人美之。”“赤舄几几”乃贊美周公處變不驚，仍服冕赤舄，安重如常，故以“周”飾“舄”。

文　林　明人。字宗儒。

自《史記》起設《儒林列傳》，以傳儒生，紀傳體史書多承其制，“儒林”遂成常語。故以“儒”應“林”。飾以“宗”，意在崇儒。

文彦直　宋人。字益之。

《論語·季氏》：“友直、友諒、友多聞，益矣。”

文彦博　宋人。字寬夫。

《孟子·公孫丑上》：“不受於褐寬博，亦不受於萬乘之君。”趙岐注：“褐寬博，獨夫被褐者。”焦循正義：“上言褐寬博，下言褐夫，則褐寬博即是衣褐之匹夫。”故以“寬夫”應“博”。

文　柟　清人。字曲轅。

柟，同“楠”。柟木質堅硬。以“曲轅”應“柟”，言其材堪以爲車轅。上古車爲獨轅，彎曲呈“乙”形。飾以“曲”，言揉之以成轅。

文　泰　清人。字萬通。

《易·泰卦》："彖曰：泰，小往大來，吉亨，則是天地交而萬物通也。"

文從簡　清人。字彦可。

《論語·雍也》："仲弓問子桑伯子。子曰：'可也簡。'""彦"爲美稱，故以爲飾。

文　彭　明人。字壽承。

彭，指彭祖，傳説壽八百歲。《莊子·逍遥遊》："上古有大椿者，以八千歲爲春，八千歲爲秋，而彭祖乃今以久特聞。"陸德明釋文引李云："名鏗，堯臣。封於彭城，歷虞夏至商，年七百歲，故以久壽見聞。《世本》云：姓籛，名鏗，在商爲守藏吏，在周爲柱下史，年八百歲。"

文　湛　明釋。字秋江。

《楚辭·招魂》："湛湛江水兮上有楓。"洪興祖補注："楓……至霜後葉丹可愛，故騷人多稱之。"楓爲秋景，故以"秋"飾"江"而與"湛"應。

文　嘉　明人。字休承。

嘉、休同義。《爾雅·釋詁》："休，嘉，美也。""休承"猶言受其美善。

文德翼　明人。字用昭。

《詩·大雅·大明》："小心翼翼，昭事上帝。"故以"昭"應"翼"。

文徵明　明人。名壁。

以字行。又字徵仲，號衡山居士。其名、字、號載於多種文獻。如其子文嘉所撰《先君行略》（見《莆田集》附録），明黄佐《翰林院待詔衡山文公墓誌》等。但後代俗多以"璧"誤爲"壁"。清葉廷琯《鷗陂漁話》卷一《文衡山舊名》對此辨之甚明，其文載："相傳衡山初名璧，字徵明。其兄名奎。及徵明之字，俱與壁宿義近，似欲作壁爲是。丙申冬，余在葉晉卿椒眉壽堂觀所藏衡山爲吴匏庵作《海月庵圖》，卷後署'正德丁丑九月文壁'九字。其字從土，不從玉。則灼然信其初名壁。且是年四十八尚未改名也。聞郡中某姓藏《文氏族譜》，衡山尚有弟，名室。是益可證其昆季皆從列宿命名。……楊循吉撰《温州知府文公墓誌銘》作'子男三人：奎、壁、室'。"

文徵明兄弟三人，名皆取自二十八舍星宿名。其中，奎爲西方白虎七宿之一。壁、室則各爲北方玄武七宿之一。壁又稱"東壁"。《禮記·月令》："〔仲冬之月〕日在斗，昏東壁中。"《孫子·火攻》："日者，月在箕、壁、翼、軫也。"梅堯臣注："壁，東壁。"《淮南子·天文訓》"二十八宿"高誘注："北方，斗、牛、女、虚、危、室、壁。"《晉書·天文志上》："東壁二星，主文章。"

名壁，字徵明，徵爲行輩字（其兄文奎字徵静）。壁宿冬月爲星空中著名的明亮之星，故以"明"應"壁"。張衡《思玄賦》："觀壁壘於北落兮，伐河鼓之磅硠。"舊題張衡自注："壁，营壁也。北落，星名也。"原來壁、室二宿古又稱"定"或"营室"。《詩·鄘風·定之方中》之"定"，即指此。壁宿所屬星座又有"北落師門"星，爲壁壘之門户，皆爲冬季星空中的明星。李白《司馬將軍歌》有"北落明星動光彩"的詩句。故以"明"應"壁"。後代又以壁奎主文章且多將"壁"美稱爲"璧"，至明清尤甚。明鄭真有"學省煌煌映璧奎"；明唐順之有"祥光遥映璧奎餘"等詩句。包括清葉廷琯原也以文徵明之名"作璧爲是"，幾乎忘記了"壁"才是星宿古名。

故文徵明之名，當以"壁"爲正，作"璧"者，當屬俗訛而致。

文　澍　明人。字汝霖。

澍、霖皆有時雨義。《説文·水部》："澍，時雨也。所以樹生萬物者也。"《僞古文尚書·説命上》："若歲大旱，用汝作霖雨。"

文震孟　明人。字文起。

《易·説卦》："震爲雷，爲龍……爲長子。"又《雜卦》："震，起也。"行第居長爲"孟"，"震孟"即"震爲長子"，故以"起"相應。飾以"文"，意欲文運昌盛，或文采出衆。

文震亨　明人。字啓美。

《易·震卦》："震：亨。"又《乾卦·文言》："亨者，嘉之會也。"朱熹注："亨者，生物之通，物至於此，莫不嘉美。"故以"啓美"應"震亨"。以"啓"飾"美"，取《震卦》"震，起也"之義。啓、起義相近。

文　點　清人。字與也。

《論語·先進》："夫子喟然嘆曰：'吾與點也！'"

〔方〕

方一桂　明人。字世芬。

《晉書·郤詵傳》："臣舉賢良對策，爲天下第一，猶桂林之一枝，崑山之片玉。"科舉時代因以"折桂"爲登第之稱。桂有芳香，因陸機《文賦》有"誦先人之清芬"之語，故以"芬"應"一桂"。世，繼承。《漢書·賈誼傳》："賈嘉最好學，世其家。"顔師古注："言繼其家業。"以飾"芬"，言能繼祖德。此以書香門第自詡。

方一夔　宋人。字時佐。

夔，帝舜之臣，掌樂與教化。《書·舜典》："帝曰：'夔！命汝典樂，教胄子。'"《吕氏春秋·察傳》："舜曰：'……若夔者，一而足矣。'"以"時佐"應"一夔"，言夔乃應時良臣，有一即足。

方九叙　明人。字禹績。

《僞古文尚書·大禹謨》："禹曰：'於！帝念哉：……九功惟叙，九叙惟歌。'"《大禹謨》是記禹之事功，故以"禹績"應"九叙"。

方士繇　宋人。字伯謨。

《尚書》有《臯陶謨》。繇通"陶"，臯陶亦作臯繇，故以"謨"應"繇"。

方大壯　宋人。字履之。

《易·大壯卦》："大壯，君子以非禮弗履。"字"履之"，言欲循禮而行。

方大琮　宋人。字德潤。

琮，玉製禮器。《説文·玉

部》："玉，石之美有五德者。潤澤以温，仁之方也。"故以"德潤"應"琮"。

方中通 清人。字位伯。

此取義于《易·泰卦》。《泰卦》謂"天地交泰而萬物通"，君子得行其道，故可在位。又《繫辭上》："天下之理得，而成位乎其中矣。"故以"位"應"通"，意謂萬物亨通時可以出仕。

方中履 清人。字素伯。

《易·履卦》："初九，素履，往无咎。"

方中德 清人。字田伯。

《易·乾卦》："見龍在田，德普施也。"又："見龍在田，利見大人，君德也。"

方之泰 宋人。字嚴仲。

《詩·魯頌·閟宫》："泰山巖巖，魯邦所瞻。"嚴通"巖"。

方公衮 宋人。字汝補。

《詩·大雅·烝民》："衮職有闕，維仲山甫補之。"

方公權 宋人。字道立。

《論語·子罕》："可與共學，未可與適道；可與適道，未可與立；可與立，未可與權。"如"可與權"，則必既"可與適道"，亦"可與立"。故以"道立"應"權"。

方 壬 宋人。字若水。

《説文·壬部》："壬，北方位也。"《漢書·五行志上》："水，北方，終臧萬物者也。"故以"水"應"壬"。飾以"若"，取清若水之義。

方 太 五代後晉人。字伯宗。

太通"泰"。泰山爲五岳之宗，故以"宗"應"太"。"伯"表行第居長。

方孔炤 明人。字潛夫。

《詩·小雅·正月》："潛雖伏矣，亦孔之炤。""夫"爲男子通稱。

方 文 清人。字爾止。

《易·賁卦》："文明以止。"因《詩·大雅·抑》有"淑慎爾止"之語，故以"爾"飾"止"。

方世泰 清人。字貞觀。

《易·泰卦》："天地交，泰；后以財成天地之道。"又《繫辭下》："天地之道，貞觀者也。"

方以智 清人。字密之。

《易·繫辭上》："是故蓍之德圓而神，卦之德方以知，六爻之義易以貢，聖人以此洗心，退藏於密。"知，同"智"。此連姓成文。

方 召 明人。字虎鄰。

此拆"召虎"以爲名字。召虎，即召穆公，周宣王時人。《詩·大雅·江漢》："江漢之滸，王命召虎。式辟四方，徹我疆土。""虎鄰"言願與召虎相交。此尚友古人之意。

方正珠 清人。字浦選。

珍珠出合浦，故以"浦"應"珠"。而珠以圓潤晶瑩者爲上選，故以"選"爲飾。言其珠係自合浦選者。《後漢書·循吏傳·孟嘗》："還合浦太守。郡不産穀實，而海出珠寶，與交阯比境，常通商販，貿糴糧食。先時宰守並多貪穢，詭人採求，不知紀極，珠遂漸徙於交阯郡界……嘗到官，革易前敝，求民病利。曾未踰歲，去珠復還。"字"浦選"，兼以孟嘗廉明自勵。

方民懷 明人。字懋元。

《僞古文尚書·君陳》："昔周公師保萬民，民懷其德……懋昭周公之訓，惟民其乂。"元，即元元。民衆之稱。《戰國策·秦策一》："制海内，子元元。"鮑彪注："元，善也，民之類善，故稱元。"以"懋元"應"民懷"，意即努力昌明周公之訓，以保萬民，使民懷思。

方 守 明人。字宜約。

《孟子·公孫丑上》："孟施舍之守氣，猶不如曾子之守約也。"

方次彭 宋人。字公述。

《論語·述而》："子曰：'述而不作，信而好古，竊比於我老彭。'"以"述"應"次彭"，言欲效老彭述而不作。"公"爲美稱。

方 耒 宋人。字耕道。

耒，古代耕作之具。字"耕道"，取《論語·里仁》"士志於道"之義。

方 舟 清人。字百川。

《僞古文尚書·説命上》："若濟巨川，用汝作舟楫。"飾以"百"，因《莊子·秋水》有"百川灌河"之語。

方 行 元人。字明敏。

《左傳·成公九年》："敏以行之。"《論語·里仁》："君子欲訥於言而敏於行。"飾以"明"，謂明力行之道。

方亨咸 清人。字吉偶。

《易·咸卦》："咸：亨，利貞，取女吉。"《咸卦》利婚配，故以"吉偶"應"亨咸"。

方孝孺 明人。字希直。

西漢汲黯字長孺，事武帝，以戇直著稱。《漢書·汲黯傳》："亦以數直諫，不得久居位。"又："黯好直諫，守節死義。"《張馮汲鄭傳贊》："汲黯之正直，鄭當時之推士，不如是，亦何以成名哉！"故以汲黯之字爲名，而以其品質特徵爲字。以"希"爲飾，言慕汲黯之直。

方 岑 明人。字高伯。

《爾雅·釋山》："山小而高，岑。"王粲《登樓賦》："平原遠而極目兮，蔽荆山之高岑。"

方良永 明人。字壽卿。

永，長，長久。以"壽"應"永"，意在長壽。"卿"爲美稱。自西漢以來，士人企羨仕宦，字多以"卿"爲飾。或有義或純以爲飾。此屬後者。

方 坰 清人。字思臧。

《詩·魯頌·駉》："駉駉牡馬，在坰之野。薄言駉者，有驈有皇，有驪有黄，以車彭彭。思無疆，思馬斯臧。"故以"思臧"應"坰"。

方岳貢 明人。字四長。

《書·堯典》："帝曰：'咨！四岳。'"四岳爲四方諸侯之長，故以"四長"應"岳"。

方 昊 五代吴越人。字太初。

昊，元氣博大貌。《説文·夰部》："昊，春爲昊天。元氣昊昊也。"神話傳説謂遠古時代，天地未分，宇宙間唯充塞元氣。故以"太初"應"昊"。

方 昇 明人。字啓東。

昇，日出升空。《説文·日部新

附字》:"昇，日上也。"《詩·小雅·天保》:"如日之升。""升"同"昇"。日出於東，故以"啓東"應"昇"。

方昌翰 清人。字宗屏。

《詩·大雅·板》:"大邦維屏，大宗維翰。"

方東樹 清人。字植之。

樹、植皆有種植或直立義。《説文·木部》:"樹，木生植之總名也。"段玉裁注:"植，立也。"是樹、植同義，故以"植之"應"樹"。

方秉白 宋人。字直甫。

《楚辭·離騷》:"伏清白以死直兮，固前聖之所厚。"取清白正直之義。"甫"爲男子美稱，用以飾字。先秦多用"父"，後世多用"甫"。

方信孺 宋人。字孚若。

《易·豐卦》:"有孚發若，信以發志也。"又《雜卦》:"中孚，信也。"故以"孚若"應"信"。孚若，誠信之貌。

方 勉 明人。字懋卿。

勉、懋同義。《説文·心部》:"懋，勉也。""卿"爲美稱，以飾字。

方 恮 清人。字子謹。

恮、謹同義。《説文·心部》:"恮，謹也。""子"爲男子美稱，故以飾字。

方 昶 明人。字仲年。

《説文·日部新附字》:"昶，日長也。"字"仲年"，取義於宋人唐庚《醉眠》詩:"山静似太古，日長如小年。""昶"與"年"義本無涉，直以"昶"之詞彙義移就唐庚詩。明清人喜化用前人詩文名句以爲名字。

方秋白 清人。字希文。

《易·賁卦》:"白賁，无咎。"王弼注:"處飾之終，飾終反素，故任其質素，不勞文飾，而无咎也。以白爲飾，而無憂患，得志者也。"白爲質素。儒者崇尚文質彬彬，文質不容或偏，故字"希文"。劉勰《文心雕龍·情采》:"犀兕有皮，而色資丹漆，質待文也。"又:"是以衣錦褧衣，惡文太章；賁象窮白，貴乎反本。"

方 苞 清人。字靈皋。

《詩·大雅·生民》:"誕后稷之穡，有相之道。茀厥豐草，種之黄茂。實方實苞，實種實褎；實發實秀，實堅實好，實穎實栗。即有邰家室。"又《行葦》:"方苞方體，維葉泥泥。"朱熹集傳:"方，房也。苞，甲而未坼也。"此贊頌后稷稼穡，五穀豐茂。"方苞"，連姓成文。字"靈皋"，猶言佳壤，聖地。言后稷即邰而有家室，耕作能得地力，誠爲聖靈皋壤。

方 員 明人。字懋規。

員通"圓"。規爲畫圓之具。《孟子·離婁上》:"不以規矩，不能成方圓。"《説文·心部》:"懋，勉也。"懋規，猶言盡規之用以爲圓。

方 夏 明人。字南明。

《書·堯典》:"申命羲叔，宅南交。平秩南訛，敬致，日永星火，以正仲夏。"孔傳謂"北稱幽，則南稱明"。南方主夏，故以"南明"應"夏"。

方振文 明人。字尚質。

《論語·雍也》:"文質彬彬，然後君子。"振文、尚質反義相協。

方時化 明人。字伯雨。

《孟子·盡心上》:"有如時雨化之者。"

方貢孫 元人。字去言。

《論語·憲問》:"邦有道，危言危行；邦無道，危行言孫。"以"去言"應"孫"(遜)，即去"言孫"，意謂身居明時，可以"危言危行"，無須"遜言"避禍。此從相反角度頌揚本朝是盛世。

方 适 宋人。字彦周。

《論語·微子》:"周有八士：伯達、伯适，仲突、仲忽，叔夜、叔夏，季隨、季騧。"适爲八士之一，同爲周代俊彦，故以"彦周"相應。

方問孝 明人。字胥成。

《尚書大傳》卷五:"宣王問於春子曰:'寡人欲行孝弟之義，爲之有道乎?'春子曰:'昔者衛聞之樂正子曰：卜筮巫醫御於前，祝咽祝哽以食，乘車輲輪，胥與就膳徹，送至於家。'"鄭玄注:"胥，樂官。就，成也。胥成膳徹，謂以樂食之也。"以"胥成"應"孝"，意即以樂侑食，以行養老之禮而盡孝道。

方國儒 明人。字道醇。

《漢書·賈山傳》:"所言涉獵書記，不能爲醇儒。"杜甫《贈特進汝陽王》詩:"學業醇儒富，辭華哲匠能。""道醇"，導於純一不雜，成爲精粹之儒。

方崧卿 宋人。字季申。

《詩·大雅·崧高》:"崧高維嶽，駿極于天。維嶽降神，生甫及申。維申及甫，維周之翰。"言甫侯、申伯鍾崧嶽之靈秀而生，爲周宣王之卿士。故以"申"應"崧卿"。

方逢年 明人。字書田。

年，五穀豐收。《春秋·宣公十六年》:"冬，大有年。"《穀梁傳》:"五穀大熟爲大有年。"五穀生於田中，故以"田"應"年"。飾以"書"，意在攻讀。攻讀如農夫耕作，須勤勞始得豐收。

方逢振 宋人。字君玉。

《孟子·萬章上》:"集大成也者，金聲而玉振之也。""君"爲美稱。

方堯相 明人。字紹虞。

《孟子·萬章上》:"舜相堯二十有八載。"舜繼堯而爲天子，故以"紹虞"應"堯相"。"紹虞"猶虞紹。言虞舜繼唐堯。

方棨如 清人。字若文。

棨，古代車轅上之裝飾，以皮束之。《説文·木部》:"棨，車歷録束文也。"段玉裁注:"此所謂曲轅纀縛也。歷録者，歷歷録録然，㓜朕分明貌。""棨如"爲歷歷録録鮮明之貌，故以"若文"相應。

方 揚 明人。字思善。

《易·大有卦》:"君子以遏惡揚善，順天休命。"又《禮記·中庸》:"隱惡而揚善。"

方登嶧 清人。字鳧宗。

《詩·魯頌·閟宫》:"保有鳧

繹。”鳧、繹爲魯國境内二山名（在今山東鄒縣）。繹，通“嶧”。秦始皇曾登嶧山，刻石紀功。《詩》并稱鳧嶧，故名“嶧”而字“鳧”。“鳧宗”乃倣“岱宗”之名而加以誇飾。

方　絢　宋人。字君素。

《論語·八佾》：“巧笑倩兮，美目盼兮，素以爲絢兮。”“君”爲美稱。

方　竦　唐人。字仲成。

《詩·商頌·長發》：“不戁不竦。”毛傳：“竦，懼也。”《論語·述而》：“必也臨事而懼，好謀而成者也。”名“竦”字“成”，取“臨事而懼，好謀而成”之義。

方　絜　清人。字矩平。

絜，衡量。《史記·秦始皇本紀》：“試使山東之國與陳涉度長絜大，比權量力，則不可同年而語矣。”稱量須平，故名“絜”字“平”。“矩”爲飾。“矩”有法則義。“矩平”謂依一定法則而使之平。

方慎言　宋人。字應之。

《論語·子張》：“言不可不慎也。”又《子路》：“故君子名之必可言也，言之必可行也。君子於其言，無所苟而已矣。”《禮記·中庸》：“言顧行，行顧言。”名“慎言”，字“應之”，取“言行相應”之義。

方慎從　宋人。字惟之。

《左傳·宣公十五年》：“惟命是聽。”聽、從同義。故以“惟之”應“從”。

方　新　明人。字德新。

《易·繫辭上》：“日新之謂盛德。”《禮記·大學》：“湯之《盤銘》曰：‘苟日新，日日新，又日新。’”喻日新其德。故以“德新”應“新”。

方道叡　元人。字以愚。

《禮記·中庸》：“唯天下至聖，爲能聰明睿知，足以有臨也。”睿，同“叡”。以“愚”應“叡”係反義相協。因《老子》第六五章有“非以明民，將以愚之”之語，故以“以”飾“愚”，取道家絶聖棄智之義。

方　漢　明人。字孔殷。

《書·禹貢》：“江漢朝宗于海，九江孔殷。”

方演孫　宋人。字景行。

《論語·憲問》：“邦有道，危言危行；邦無道，危行言孫。”孫，通“遜”。以“景行”應“孫”，表示立身之道不可變，言則可以因時而異。

方　熊　清人。字飛厓。

此以姜尚釣渭濱遇文王的傳説爲名字。據《武王伐紂平話》載，西伯侯夜夢一飛熊至殿下，周公解夢謂必得賢人，第二天果得釣於渭濱的姜尚。明孫仁孺《東郭記·人之所以求富貴利達者》：“釣竿兒飛熊渭涯。”又“厓”通“涯”“崖”，明清人多以村、汀、崖、軒、堂等爲字之綴飾。

方維甸　清人。字南耦。

《詩·小雅·信南山》：“信彼南山，維禹甸之。畇畇原隰，曾孫田之。我疆我理，南東其畝。”毛傳：“甸，治也。”《論語·微子》：“長沮桀溺耦而耕。”以“南耦”應“甸”，言欲躬耕南畝。

方　鳳

①元人。字韶卿。

《書·益稷》：“《簫韶》九成，鳳皇來儀。”“卿”爲美稱，以爲綴飾。

②明人。字時鳴。

《詩·大雅·卷阿》：“鳳皇鳴矣。”以“時”爲飾，表示鳳爲瑞鳥，須待盛世始鳴。

方履籛　清人。字彦聞。

《論語·述而》：“述而不作，信而好古，竊比於我老彭。”老彭，即彭祖。傳説爲商時人，姓籛名鏗。孔子欲倣老彭但傳述舊聞，故以“聞”應“籛”。“彦”爲士之美稱，故以飾字。

方　翥　宋人。字次雲。

《説文·羽部》：“翥，飛舉也。”以“次雲”應“翥”，表示翱翔雲霄，以喻抱負不凡。

方　誾　宋人。字彦和。

《論語·鄉黨》：“與上大夫言，誾誾如也。”《説文·言部》：“誾，和説而諍也。”故以“和”協“誾”。“彦”爲美稱，以飾字。

方震孺　明人。字孩未。

《説文·子部》：“孺，乳子也。”段玉裁注：“凡幼者曰孺子。”又《口部》：“咳，小兒笑也……孩，古文咳。”《老子》第二十章：“如嬰兒之未孩。”

方學漸　明人。字達卿。

《易·漸卦》：“漸：女歸吉。利貞。象曰：……進得位，往有功也。”《漸卦》利仕進，可以通達顯貴。故以“達卿”應“漸”。

方　暹　宋人。字明甫。

《廣韻·平鹽》：“暹，日光進也。”日光上升有光明之象，故以“明”應“暹”。“甫”爲男子美稱，用以飾字。

方　澤　明釋。字雲望。

《孟子·離婁下》：“膏澤下於民。”又《梁惠王下》：“民望之，若大旱之望雲霓也。”言望恩澤如大旱望雲霓降雨。

方應發　宋人。字君節。

《禮記·中庸》：“發而皆中節，謂之和。”“君”爲美稱，以飾字。

方　薫　清人。字蘭士。

薫、蘭皆芳草。《左傳·僖公四年》：“一薫一蕕，十年尚猶有臭。”杜預注：“薫，香草。”連類而及，故以“蘭”應“薫”。蘭有君子之節操，故綴以“士”。

方　鯉　明人。字廷訓。

《論語·季氏》：“〔孔子〕嘗獨立。鯉趨而過庭。曰：‘學《詩》乎？’對曰：‘未也。’‘不學《詩》，無以言。’鯉退而學《詩》。”孔鯉因過庭而受其父教誨，故以“廷訓”應“鯉”。廷通“庭”。

方　鯤　清人。字羽南。

《莊子·逍遥遊》：“北冥有魚，其名爲鯤。……化而爲鳥，其名爲鵬。鵬之背，不知其幾千里也；怒而飛，其翼若垂天之雲。是鳥也，海運則將徙於南冥。”翼、羽義近，故以“羽南”應“鯤”。“羽南”猶言舉翼而南。

方　鵬　明人。字時舉。

《莊子·逍遥遊》：“鵬之背，不知其幾千里也；怒而飛，其翼若垂天之雲。是鳥也，海運則將徙於南冥。”鵬鳥南遊，必待海運而動，故以“時舉”應“鵬”。“舉”亦飛。《論語·鄉黨》：“色斯舉矣，翔而後集。”

方　顯　清人。字周謨。
《僞古文尚書·君牙》：“嗚呼！丕顯哉，文王謨。”此贊頌周文王之辭，故以“周謨”應“顯”。

〔毌〕

毌丘儉　三國魏人。字仲恭。
毌丘，複姓。《論語·學而》：“夫子温良恭儉讓以得之。”

〔毋〕

毋將隆　漢人。字君房。
毋將，複姓。房，假作“旁”。《爾雅·釋詁》：“旁，大也。”“隆”有高義。《爾雅·釋山》：“宛中，隆。”郭璞注：“山中央高。”《戰國策·齊策一》：“雖隆薛之城到於天，猶之無益也。”高、大義近，故名“隆”而字“房”。“君”爲美稱，以爲飾。

〔毛〕

毛一公　明人。字震卿。
《易·説卦》：“震，一索而得男。”故以“震卿”應“一公”。“卿”爲美稱。

毛士龍　明人。字伯高。
此拆後漢龍伯高姓名以爲名字。《後漢書·馬援傳》：“兄子嚴、敦並喜譏議，而通輕俠客。援前在交阯，還書誡之曰：‘……龍伯高敦厚周慎，口無擇言，謙約節儉，廉公有威，吾愛之重之，願汝曹效之。’”因慕龍伯高其人，故以其姓爲名，而以其名爲字。

毛之玉　清人。字用羽。
《禮記·玉藻》：“古之君子必佩玉，右徵角，左宫羽。”以“用羽”應“玉”，是欲佩玉之聲合於羽音。

毛仁厚　宋人。字及之。
《禮記·中庸》：“今夫地，一撮土之多，及其廣厚，載華嶽而不重，振河海而不洩，萬物載焉。”又《詩·大雅·行葦序》：“周家忠厚，仁及草木。”故以“及之”應“厚”，言欲如大地之廣袤深厚；或以“及之”應“仁”，言仁及草木。

毛元淳　明人。字還樸。
淳，純樸。《淮南子·齊俗訓》：“澆天下之淳，析天下之樸。”《老子》第二八章：“復歸於樸。”故以“還樸”應“淳”。

毛友誠　宋人。字伯明。
《禮記·中庸》：“自誠明，謂之性；自明誠，謂之教。誠則明矣，明則誠矣。”

毛文錫　五代前蜀人。字平珪。
《書·禹貢》：“禹錫玄圭，告厥成功。”禹既平水土，帝舜錫以玄圭，以告成功於天下。故以“平珪”應“錫”。珪，同“圭”。

毛　玉　明人。字用成。
《詩·大雅·民勞》：“王欲玉女（汝）。”張載《西銘》：“貧賤憂戚，庸玉女（汝）以成也。”亦或取《禮記·學記》“玉不琢，不成器”之義。言欲使成器。

毛式玉　清人。字伊人。
《詩·秦風·小戎》：“言念君子，温其如玉。”又《蒹葭》：“所謂伊人，在水一方。”以“伊人”應“式玉”，謂所心儀之人，“温其如玉”。

毛伯温　明人。字汝厲。
《論語·述而》：“子温而厲。”

毛　玘　明人。字國珍。
《玉篇·玉部》：“玘，玉名。”玉爲珍寶。故以“珍”應“玘”。飾以“國”，言爲國之珍。按，原作“玘”，誤。

毛　良　明人。字舜臣。
《書·益稷》：“元首明哉！股肱良哉！庶事康哉！”此臯陶與帝舜賡和之辭，言君明臣良，政事乃安。故以“舜臣”應“良”。

毛奇齡　清人。字大可。
《莊子·逍遥遊》：“小知不及大知，小年不及大年。奚以知其然也？朝菌不知晦朔，蟪蛄不知春秋，此小年也。楚之南有冥靈者，以五百歲爲春，五百歲爲秋；上古有大椿者，以八千歲爲春，八千歲爲秋。”《説文·齒部新附字》：“齡，年也。”以“大”應“齡”，意取“大年”。飾以“可”，意謂躋上壽乃可。亦或析“奇”爲字。

毛　玠　漢人。字孝先。
《爾雅·釋器》：“圭大尺二謂之玠。”《周禮·考工記·玉人》：“祼圭尺有二寸。”《周禮·春官·典瑞》：“祼圭有瓚，以肆先王，以祼賓客。”故以“先”應“玠”，言爲先王尺二之玠圭也。飾以“孝”，後漢以來，多以孝、彦、文、士、德等字爲飾。

毛直方　宋人。字静可。
《論語·先進》：“比及三年，可使有勇，且知方也。”故以“可”應“方”。飾以“静”，言須無爲而治。《論語·衛靈公》：“無爲而治者，其舜也與！夫何爲哉？恭己正南面而已矣。”

毛　洵　宋人。字子仁。
《詩·鄭風·叔于田》：“洵美且仁。”“子”爲男子美稱，故以爲飾。

毛　炳　宋人。字文虎。
《易·革卦》：“大人虎變，其文炳也。”

毛　紀　明人。字維之。
紀，綱紀，綱常。《僞古文尚書·伊訓》：“先王肇修人紀。”字“維之”，言以綱常維繫天下。

毛　扆　清人。字斧季。
扆，古時帝王於堂上所設立屏風式裝置。上繪斧形花紋，故名斧扆。《禮記·曲禮下》：“天子當依（扆）而立。”孔穎達疏：“依，狀如屏風，以絳爲質，高八尺，東西當户牖之間。繡爲斧紋也，亦曰斧依。”張衡《東京賦》：“負斧扆。”故以“斧”應“扆”。

毛　晉　明人。字子晉。
此襲用仙人王子晉名字。據《列仙傳》載，周靈王太子名晉（一説名喬）字子晉，喜吹笙作鳳凰鳴，爲浮丘公引上嵩山成仙。

毛　桓　清人。字克亭。
《詩·周頌·桓》：“天命匪解，

桓桓武王。保有厥士，于以四方。克定厥家，於昭于天。”“亭”爲字飾。明清以來，習俗多以亭、榭、軒、堂、村、汀諸字點綴名字。

毛　泰　明人。字時亨。

《易·泰卦》：“泰：小往大來，吉亨。”

毛　起　明人。字潛濱。

《孟子·離婁上》：“太公辟紂，居東海之濱，聞文王作，興曰：‘盍歸乎來？吾聞西伯善養老者。’”起、興同義，“潛濱”即居“東海之濱”。

毛乾乾　清人。字心易。

《易·乾卦》：“君子終日乾乾，夕惕若，厲无咎。”以“心易”應“乾乾”，意謂心中所念者，惟《易》言“終日乾乾，夕惕若”。心易合爲惕。

毛國翰　清人。字大宗。

《詩·大雅·板》：“大邦維屏，大宗維翰。”

毛脩之　後魏人。字敬文。

《僞古文尚書·武成》：“乃偃武修文。”又或取《論語·憲問》“修己以敬”文義。故以“敬”應“脩”。

毛　勝　五代吴越人。字公敵。

字連名成文，意謂勝公之敵，亦即爲國克敵制勝。

毛　喜　南朝陳人。字伯武。

意謂好武事。“伯”表行第居長。

毛　滂　宋人。字澤民。

《詩·小雅·漸漸之石》：“月離于畢，俾滂沱矣。”大雨可以救旱解農夫之憂，故以“澤民”應“滂”。

毛遇順　宋人。字鴻甫。

《易·漸卦》：“鴻漸于木，或得其桷，无咎。象曰：或得其桷，順以巽也。”故以“鴻”應“順”。“甫”爲男子美稱，以爲字飾。先秦多用“父”，後世多用“甫”。

毛　遐　後魏人。字鴻遠。

《爾雅·釋詁》：“遐，遠也。”遐、遠同義相協。《史記·留侯世家》：“鴻鵠高飛，一舉千里。羽翮已就，横絶四海。”鴻能遠徙，故以“鴻”飾“遠”。

毛　鉉　明人。字鼎臣。

鉉，扛鼎之具。《易·鼎卦》：“鼎，黄耳，金鉉，利貞。”故以“鼎”應“鉉”。鼎三足，古人以喻三公。綴以“臣”，意謂國之重臣。

毛鼎新　宋人。字新甫。

《易·雜卦》：“革，去故也；鼎，取新也。”以“新”應“鼎新”，以申新新不已之意。“甫”爲男子美稱，用以飾字。

毛　漸　宋人。字正仲。

《易·漸卦》：“漸之進也，女歸吉也。進得位，往有功也。進以正，可以正邦也。”故以“正”應“漸”。

毛際可　清人。字會侯。

《孟子·萬章下》：“孔子有見行可之仕，有際可之仕……於衛靈公，際可之仕也。”趙岐注：“際，接也。衛靈公接遇孔子以禮，故見之也。”“會侯”即見衛侯。

毛鳳起　明人。字瑞東。

《書·益稷》：“《簫韶》九成，鳳皇來儀。”《孟子·離婁下》：“舜生於諸馮，遷於負夏，卒於鳴條，東夷之人也。”帝舜之時有鳳凰來儀之祥瑞，而舜爲東夷之人，故以“瑞東”應“鳳起”。

毛鳳韶　明人。字瑞成。

《書·益稷》：“《簫韶》九成，鳳皇來儀。”鳳鳥因韶樂九變九成而來儀，祥瑞之徵已呈現，故以“瑞成”應“鳳韶”。

毛　澄　明人。字憲清。

澄、清同義相協。後漢黄憲有德操，名重一時，士林領袖郭泰譽爲“汪汪若千頃陂，澄之不清，淆之不濁，不可量也”。以“憲”飾“清”，言欲傚黄憲之操，“澄之不清，淆之不濁”。

毛　憲　明人。字式之。

憲、式同義相協。《爾雅·釋詁》：“憲，法也。”《説文·工部》：“式，法也。”

毛嶽生　清人。字生甫。

《詩·大雅·崧高》：“維嶽降神，生甫及申。”

毛　璩　晉人。字叔璉。

璩，古玉器名。《玉篇·玉部》：“璩，玉名。”《説文·玉部新附字》：“璩，環屬。”璉，古代禮器名。《論語·公冶長》：“子曰：‘女（汝）器也。’曰：‘何器也？’曰：‘瑚璉也。’”何晏集解：“瑚璉，黍稷之器。夏曰瑚，商曰璉。”朱熹集注：“皆宗廟盛黍稷之器而飾以玉，器之貴重而華美者也。”故以“璉”應“璩”。

毛鴻賓　清人。字寄雲。

《禮記·月令》：“鴻雁來賓。”鴻雁善飛翔，故以“寄雲”相應。言翱翔於天空，以喻得志青雲。漢劉邦《鴻鵠歌》：“鴻鵠高飛，一舉千里。”漢應瑒《侍五官中郎將建章臺集詩》：“朝雁鳴雲中。”鴻、雁同屬，形亦相似，可互代。

毛　霦　清人。字荆石。

《玉篇·雨部》：“霦，玉光色。”《韓非子·和氏》載，春秋時楚人卞和，於山中得璞玉，先獻於厲王，王以爲石，斷其左足。武王即位，又往獻，仍以爲石，又斷其右足。及楚文王即位，卞和抱璞玉哭於荆山之下。楚文王得其情，使人剖璞，果得希世美玉，即“和氏璧”。“荆石”指代“和氏璧”，故以應“霦”。按，楚無厲王，韓非所記與史實似有出入。

毛　寶　晉人。字碩貞。

碩，通“石”。《文選·阮瑀〈爲曹公與孫權書〉》：“而忍絶王命，明棄碩交。”李善注：“碩與石古字通。”“碩貞”猶言“石堅”。以“碩貞”應“寶”，反用古詩“人生非金石，豈能長壽考？奄忽隨物化，榮名以爲寶”詩意，言以壽如金石爲人生至寶。《詩·小雅·天保》：“如南山之壽，不騫不崩。”按，中華書局標點本《晉書》作“字碩真”。“真”爲仙人，與“寶”可相應，但與“碩”於義無取。以作“貞”爲優。

〔牛〕

牛大年　宋人。字隆叟。

大年，謂長壽。《莊子·逍遥遊》：“小知不及大知，小年不及大年。奚以知其然也？朝菌不知晦朔，蟪蛄不知春秋：此小年也。楚之南有冥靈者，以五百歲爲春，五百歲爲秋；上古有大椿者，以八千歲爲春，八千歲爲秋。”叟，老壽者之稱。《説文·又部》：“叟，老也。”“隆”有長義。《漢書·王莽傳上》：“臣莽夙夜養育隆就孺子。”顔師古注：“隆，長也。成就之使長大也。”長大則老。“隆叟”即“老叟”。故以協“大年”。

牛天宿 清人。字覲微。

天宿，謂星宿。微，謂紫微星。中國古代天文學以小熊星座 β 星爲帝星，是天子的象徵。因在天區中的紫微垣，又稱紫微星。覲，朝見。以“覲微”應“天宿”，表示崇敬皇帝。

牛斗星 明人。字杓司。

《史記·天官書》：“北斗七星，所謂‘旋、璣、玉衡，以齊七政’。杓携龍角，衡殷南斗，魁枕参首。用昏建者杓；杓，自華以西南。”集解引孟康曰：“杓，北斗杓也。”索隱：“用昏建中者杓。《説文》云‘杓，斗柄’。”斗柄旋轉以司時，故以“杓司”應“斗星”。

牛　弘 隋人。字里仁。

《論語·泰伯》：“士不可以不弘毅，任重而道遠，仁以爲己任。”又《里仁》：“里仁爲美。擇不處仁，焉得知。”

牛　冕 宋人。字君儀。

《説文·月部》：“冕，大夫以上冠也。”冕所以飾儀容，故以“儀”應“冕”。“君”爲飾。自漢以來，多以君、卿、公（翁）等飾字。

牛　臯 宋人。字伯遠。

《詩·小雅·鶴鳴》：“鶴鳴于九臯，聲聞于野。”鳴于九臯而聞于野，是能及遠。

牛僧孺 唐人。字思黯。

漢汲黯字長孺，事景帝、武帝，以直言正諫著稱。此以其字爲名，以其名爲字，飾以“思”，謂傾慕其人。

牛　戩 宋人。字受禧。

《爾雅·釋詁》：“戩、禧，福也。”此同義相協。古人以福禄皆天賜，故飾以“受”。

牛　嶠 五代前蜀人。字松卿。

嶠，員嶠。傳説中仙山名。《列子·湯問》：“渤海之東不知幾億萬里……其中有五山焉：一曰岱輿，二曰員嶠，三曰方壺，四曰瀛洲，五曰蓬萊。……所居之人皆仙聖之種，一日一夕飛相往來者，不可數焉。”松，謂赤松子。傳説古仙人。《史記·留侯世家》：“欲從赤松子遊耳。”索隱：“《列仙傳》：‘神農時雨師也，能入火自燒，崑崙山上隨風雨上下也。’”故以“松”應“嶠”。“卿”爲飾字。

牛　蔚 唐人。字大章。

《易·革卦》：“君子豹變，其文蔚也。”文采華美，則必彰明，故以“大章”應“蔚”。

牛　諒 明人。字士良。

《論語·季氏》：“友直、友諒、友多聞，益矣。”朱熹集注：“友諒，則進於誠。”能誠信即爲賢士，故以“士良”應“諒”。又，“良”亦訓誠。曹丕《與吴質書》：“古人思炳燭夜遊，良有以也。”

牛　麟 元人。字伯祥。

古人以麟爲仁獸。視爲祥瑞，故以“祥”應“麟”。

〔王〕

王一翥 明人。字子雲。

《楚辭·遠遊》：“鸞鳥軒翥而翔飛。”王逸注：“鵾鵬玄鶴奮翼舞也。”洪興祖補注：“《方言》：‘翥，舉也。’”《史記·楚世家》：“三年不蜚（飛），蜚將沖天。”以“雲”應“翥”，取“一舉沖天”之義。“子”爲男子美稱，用以飾字。

王一鵬 明人。字九萬。

《莊子·逍遥遊》：“鵬之徙於南冥也，水擊三千里，摶扶摇而上者九萬里。”故以“九萬”應“鵬”。

王人鑑 明人。字德操。

《三國志·蜀志·龐統傳》：“龐統字士元，襄陽人也。少時樸鈍，未有識者。潁川司馬徽清雅有知人鑒，統弱冠往見徽。”《世説新語·言語》劉孝標注：“《司馬徽别傳》：‘徽字德操……有人倫鑑識。’”鑑，同“鑒”。故以“德操”應“人鑑”。

王力行 宋人。字近思。

《禮記·中庸》：“力行近乎仁。”《論語·子張》：“博學而篤志，切問而近思，仁在其中矣。”朱熹集注：“四者皆學問思辨之事耳，未及乎力行而爲仁也。”按，王爲朱熹弟子。此遵師説以自勉，故以“近思”應“力行”。

王十朋 宋人。字龜齡。

《易·損卦》：“或益之十朋之龜，弗克違，元吉。”故以“龜”應“十朋”。古人以龜爲神物，且又長壽。曹操《步出夏門行》：“神龜雖壽，猶有竟時。”故於“龜”後綴“齡”字。

王又旦 清人。字幼華。

《尚書大傳》卷一：“日月光華，旦復旦兮。”故以“華”應“又旦”。

王又曾 清人。字受銘。

《論語·學而》：“曾子曰：‘吾日三省吾身：爲人謀而不忠乎？與朋友交而不信乎？傳不習乎？’”以“受銘”應“曾”，表示受曾參之教，日三省自身。

王三錫 清人。字邦懷。

《易·師卦》：“王三錫命，懷萬邦也。”此連姓成文。

王千秋 宋人。字錫老。

人生千歲，可稱老壽，是天所錫，故以“錫老”應“千秋”。

王　士 清人。字子毛。

毛，通“髦”。《爾雅·釋言》：“髦，俊也。”邢昺疏：“毛中之長毫曰髦，士之俊選者借譬爲名焉。”故以“毛”應“士”。“子”爲男性美稱。因以飾字。

王士良 北周人。字君明。

《書·益稷》：“元首明哉！股肱良哉！”元首喻君，股肱喻臣。士、臣渾言無别。《孟子·梁惠王上》：“危士臣，構怨於諸侯。”故以“君明”應“士良”。

王士和 明人。字萬育。

《禮記·中庸》：“致中和，天地位焉，萬物育焉。”故以“萬育”應“和”。

王士性 明人。字恒叔。
《孟子·梁惠王上》："無恒産而有恒心者，惟士爲能。"言惟士能守其恒心，故以"恒"應"士性"。

王士禄 清人。字子底。
《左傳·昭公元年》："底禄以德。""子"爲美稱，用以飾字。

王士嘉 明人。字道亨。
《易·乾卦·文言》："亨者，嘉之會也。"朱熹本義："亨者，生物之通。物至於此，莫不嘉美。故於時爲夏，於人爲禮，而衆美之會也。"以"道亨"應"嘉"，意欲如萬物之得時，得行其志。

王士禛 清人。字貽上。
因慕唐司空圖隱居禛貽溪事跡，故名禛字貽上。原字子真。《説文·示部》："禛，以真受福也。"

王士禧 清人。字禮吉。
《説文·示部》："禧，禮吉也。"段玉裁注："行禮獲吉也。"

王士點 元人。字繼志。
《論語·先進》："'點，爾何如？'鼓瑟希，鏗爾，舍瑟而作。對曰：'異乎三子者之撰。'子曰：'何傷乎！亦各言其志也。'曰：'莫春者，春服既成；冠者五六人，童子六七人，浴乎沂，風乎舞雩，詠而歸。'夫子喟然歎曰：'吾與點也！'"以"繼"應"點"，言孔子已嘉許曾點之志，故欲繼之。

王士騏 明人。字冏伯。
《説文·馬部》："騏，馬青驪文如綦也。"此泛指馬。周穆王曾命伯冏爲太僕正。太僕正爲天子掌輿馬及馬政。《僞古文尚書》有《冏命》。故以"冏"應"騏"。

王士譽 清人。字令子。
《孟子·告子上》："令聞廣譽施於身，所以不願人之文繡也。""子"爲男子美稱。

王大受 宋人。字宗可。
《論語·衛靈公》："君子不可小知，而可大受也；小人不可大受，而可小知也。"以"宗可"應"大受"，言欲宗法君子。

王大椿 清人。字八千。
《莊子·逍遥遊》："上古有大椿者，以八千歲爲春，八千歲爲秋。"

王大寶 宋人。字元龜。
《書·大誥》："寧王遺我大寶龜。"又《金縢》："今我即命于元龜。"殷周時占卜用龜，視大龜爲寶。元龜即大龜。

王子直 北周人。字孝正。
三國蜀漢法正字孝直。此將其名、字互易。正、直義近，故以相應。東漢以來，文人士大夫多以"孝"飾字。

王子接 清人。字晉三。
《易·晉卦》："晉：康侯用錫馬蕃庶，晝日三接。"

王子韶 宋人。字聖美。
《論語·八佾》："子謂《韶》盡美矣，又盡善也。"又《述而》："子在齊聞《韶》，三月不知肉味。曰：'不圖爲樂之至於斯也！'"《韶》樂爲孔子所贊美，故以"聖美"相應。

王子融 宋人。字熙仲。
融、熙皆有光明義。《左傳·昭公五年》："明而未融，其當旦乎。"杜預注："融，朗也。"《爾雅·釋詁》："熙，光也。"故以"熙"應"融"。

王子輿 宋人。字希孟。
《史記·孟子荀卿列傳》："孟軻，騶人也。"正義："軻字子輿。"此以孟子之字爲名，以"希孟"相應，表示傾慕。

王之敬 清人。字篤夫。
《論語·衛靈公》："言忠信，行篤敬，雖蠻貊之邦行矣。"夫，男子通稱。

王之誥 明人。字告若。
《尚書》有《大誥》《康誥》《酒誥》《召誥》《洛誥》，皆告於第二者之辭。"告若"即告汝。

王　介 宋人。字元石。
《易·豫卦》："介于石，不終日，貞吉。"故以"石"應"介"。"元石"猶大石。

王仁美 明人。字安之。
《論語·里仁》："里仁爲美。"又："仁者安仁，知者利仁。"

王　允 漢人。字子師。
《詩·周頌·酌》："載用有嗣，實維爾公允師。""子"爲美稱，取以爲飾。

王允初 宋人。字元甫。
《書·舜典》："惇德允元。"故以"允"應"元"。又《爾雅·釋詁》："初、元，始也。"元、初義相協。"甫"爲男子美稱，故以爲飾。

王　元 漢人。字惠孟。
元、孟皆有始義。同義相協。《爾雅·釋詁》："元，始也。"《廣雅·釋詁》："孟，始也。"以"惠"飾"孟"，意謂自仁愛始。

王元啓 清人。字宋賢。
微子名啓，殷之賢臣。周成王時封於宋，以奉殷祀。故以"宋賢"應"啓"。

王元淑 清人。字均一。
《詩·曹風·鳲鳩》："鳲鳩在桑，其子七兮。淑人君子，其儀一兮。"朱熹集傳：鳲鳩"亦名戴勝，今之布穀也。飼子朝從上下，暮從下上，平均如一也"。故以"均一"應"淑"。

王元規 隋人。字正範。
規、範皆有法式、法則義，故可相協。飾以"正"，言以範相正。

王元翰 明人。字伯舉。
《詩·小雅·小宛》："翰飛戾天。"毛傳："翰，高也。"《文選·陸機〈文賦〉》："浮藻聯翩，若翰鳥纓繳，而墜曾雲之峻。"李善注："王弼《周易注》曰：'翰，高飛也。'"舉，飛舉。《論語·鄉黨》："色斯舉矣，翔而後集。"故以"舉"應"翰"。

王　化
① 三國蜀漢人。字伯遠。
化，謂教化。以"遠"應"化"，謂教化大行，及於遠方。
② 明人。字汝贊。
《禮記·中庸》："可以贊天地之化育。"飾以"汝"，作命令之辭，藉以自勵。

王友直 宋人。字聖益。
《論語·季氏》："孔子曰：'益者三友，損者三友。友直、友諒、友多聞，益矣。'"因是孔子之教，故以"聖"飾"益"，而應"友直"。

王天與 元人。字立大。

《論語・子罕》："可與適道，未可與立。"以"立大"應"與"，謂可與篤志不變，堅守大節。

王夫之 清人。字而農。

取"農夫"爲名字，表示重農。"而"猶汝。

王 尹 明人。字莘民。

《孟子・萬章上》："伊尹耕於有莘之野。"

王引之 清人。字伯申。

《易・繫辭上》："引而伸之，觸類而長之，天下之能事畢矣。"伸，通"申"。

王心一 明人。字純甫。

以"純"應"一"，取純一不雜之義。"甫"爲男子美稱，用以飾字。

王心敬 清人。字爾緝。

《詩・大雅・文王》："穆穆文王，於緝熙敬止。"用"爾"託爲命令之辭以自勉。

王文治 清人。字禹卿。

《僞古文尚書・大禹謨》："曰：若稽古大禹。曰：文命敷于四海。"蔡沈注："言禹已布其文教於四海矣。"故以"禹"應"文治"。飾以"卿"，意謂願佐禹以布文教。"卿"亦美稱，兼作綴飾。

王文郁 宋人。字周卿。

《論語・八佾》："周監於二代，郁郁乎文哉！吾從周。"以"周卿"應"文郁"，意欲傚孔子而從周。

王文殊 南朝齊人。字令章。

"文殊"謂文有異采，故以"令章"相應。"令章"義猶美文。

王文韶 清人。字夔石。

韶，虞舜時音樂名。夔，虞舜典樂之官。石，石磬。《書・舜典》："帝曰：'夔！命汝典樂……'夔曰：'予擊石拊石，百獸率舞。'"又《益稷》："夔曰：'予戛擊鳴球……《簫韶》九成，鳳皇來儀。'"一字虞賡。此取《益稷》"乃賡載歌"文義。臯陶繼虞舜歌以成其義，《韶》爲舜之樂，故相應。

王文潞 清人。字介人。

宋文彦博，介休人，封潞國公。此以文彦博封號爲名，以其籍貫爲字。

王日杏 清人。字丹宸。

唐高蟾《下第後上永崇高侍郎》詩："天上碧桃和露種，日邊紅杏倚雲栽。""日邊"義猶"日下"，比喻帝居。帝王居處名"宸"，因以丹朱爲飾，故稱"丹宸"，因以應"日杏"。

王曰高 清人。字登孺。

以"登"應"高"，意在能取高位。自西漢以來，士大夫多以"孺"飾字。上古自天子以下，凡嫡長襲位爲後者，始得稱孺子（詳見《十駕齋養新録》卷二《孺子》）。故與公、卿、君、侯等，同爲尊貴嘉美之稱。

王 丘 唐人。字仲山。

山、丘義近，故相協。《楚辭・離騷》："忽反顧以流涕兮，哀高丘之無女。"王逸注："或云：高丘，閬風山上也。"曹植《箜篌引》："生存華屋處，零落歸山丘。"

王世英 宋人。字才仲。

《孟子・盡心上》："得天下英才而教育之，三樂也。"

王世貞 明人。字元美。

《易・乾卦》："乾：元亨利貞。"故以"元"應"貞"。元亨利貞皆爲美善之辭，故綴以"美"以足意。

王世琇 明人。字崑良。

《説文・玉部》："琇，石之次玉者。"段玉裁注："《衛風》'充耳琇瑩'傳：'琇瑩，美石也。'按，琇、瑩是二石名，故《都人士》傳曰：'琇，美石也。'"古代傳説崑山出玉，故以"崑良"應"琇"。《僞古文尚書・胤征》："火炎崑岡，玉石俱焚。"《晉書・郤詵傳》："詵對曰：'臣舉賢良對策，爲天下第一，猶桂林之一枝，崑山之片玉。'"

王世琛 清人。字寶傳。

《説文・玉部新附字》："琛，寶也。"綴以"傳"，言以爲傳世之寶。

王世懋 明人。字敬美。

《書・舜典》："汝平水土，惟時懋哉！"王肅曰："懋，勉也。"勉爲敬事之辭，故以"敬"應"懋"。其兄世貞字元美，故以"美"綴"敬"。

王丕烈 清人。字述文。

《僞古文尚書・君牙》："丕顯哉，文王謨！丕承哉，武王烈！"以"述文"應"丕烈"，意在祖述文武之功業。

王以旂 明人。字士招。

《孟子・萬章下》："曰：'敢問招虞人何以？'曰：'以皮冠。庶人以旃，士以旂，大夫以旌。'"

王以詠 宋人。字永言。

此拆名以爲字。又《説文・言部》："詠，歌也。"《欠部》："歌，詠也。"《書・舜典》："詩言志，歌永言。"歌、詠同義，故亦可以"永言"應"志"。

王以寧 宋人。字周士。

此連姓成文。《詩・大雅・文王》："思皇多士，生此王國。王國克生，維周之楨。濟濟多士，文王以寧。"以"周士"應"以寧"，言如周有多士，可以輔佐王家，使之得以安寧。

王 古 宋人。字敏仲。

《論語・述而》："我非生而知之者，好古敏以求之者也。"

王可大 明人。字元簡。

《論語・雍也》："子曰：'可也簡。'""元"爲美辭，用以飾字。《易・乾卦・文言》："元者，善之長也。"

王 尼 晉人。字孝孫。

此取反義相協。尼，止。孫，假作"遜"。《孟子・梁惠王下》："行或使之，止或尼之。"《爾雅・釋詁》："尼，止也。"《説文・辵部》："遜，遁也。"段玉裁注："《公羊》云：'遜，猶孫也。'何休云：'孫，猶遁也。'……《釋名》云：'孫，遜也，遜遁在後生也。'""尼"爲停止，"遜"爲逃遁，故以相協。"孝"爲善行，用以飾字。

王幼學 元人。字行卿。

《孟子・梁惠王下》："夫人幼而學之，壯而欲行之。""卿"爲顯位，亦爲美稱，用以飾字。

王 旦 宋人。字子明。
《説文・旦部》:"旦,明也。""子"爲男子美稱,用以飾字。

王永命 清人。字九如。
《周禮・春官・典命》:"上公九命爲伯。"故以"九"應"命"。飾以"如",《詩・小雅・天保》:"如山如阜,如岡如陵,如川之方至。……如月之恒,如日之升,如南山之壽,不騫不崩,如松柏之茂,無不爾或承。"九"如"連用。後"九如"遂成祝壽之辭。以"九如"應"永命",意爲希冀長壽。

王永譽 清人。字孝揚。
《詩・周頌・振鷺》:"以永終譽。"《孝經・開宗明義章》:"立身行道,揚名於後世,以顯父母,孝之終也。"

王玄載 南朝齊人。字彦休。
載,承載。以"休"相應,意謂承載上天所賜之吉慶、福禄。《左傳・襄公二八年》:"以禮承天之休。"杜預注:"休,福禄也。""彦"爲美辭,用以飾字。

王玄邈 南朝齊人。字彦遠。
邈、遠同義相協。"彦"爲美辭,用以飾字。

王玉汝 元人。字君璋。
此連姓成文。《詩・大雅・民勞》:"王欲玉女(汝)。"朱熹集傳:"言王欲以女(汝)爲玉而寶愛之。""璋"爲玉質禮器,且爲天子所有,故以"君璋"應"玉汝"。

王玉燕(女) 清人。字玳梁。
沈佺期《古意》詩:"盧家少婦鬱金香,海燕雙棲玳瑁梁。"

王玉藻 明人。字質夫。
此反義相協。藻,文彩。質,樸素、質樸。取《論語・雍也》"文質彬彬"之義。"夫"爲男子通稱。

王用汲 明人。字明受。
此連姓成文。《易・井卦》:"九三,井渫不食,爲我心惻,可用汲。王明,並受其福。"又:"求王明,受福也。"朱熹注:"王明,則汲井以及物,而施者、受者並受其福也。"

王用龍 宋人。字震叔。
《易・説卦》:"震爲龍。"

王 田 明人。字舜耕。
《孟子・萬章上》:"舜往于田。"《史記・五帝本紀》:"舜耕歷山。"

王 由 後魏人。字茂道。
《論語・雍也》:"子曰:'誰能出不由户?何莫由斯道也?'"《爾雅・釋詁》:"茂,勉也。"以"茂"飾"道",意欲勉力於聖賢之道。

王申子 元人。字巽卿。
《易・巽卦》:"象曰:重巽以申命。""卿"爲顯位,亦爲美稱,用以飾字。

王立邦 明人。字中寰。
《周禮・地官・大司徒》謂,古者天子建國都,以土圭測度日影,取其土地之中。立邦,建立邦國。中寰,寰宇之中。

王立道 明人。字懋中。
以"中"應"道",取中庸之道。以"懋"飾"中",謂欲勉力於中庸之道。《禮記・中庸》:"中也者,天下之大本也。"亦或以"中"應"立"。取《中庸》"中立而不倚,强哉矯"文義。

王 份 南朝梁人。字季文。
《説文・人部》:"份,文質備也。"

王 充 漢人。字仲任。
充、任皆有當義,故相協。《漢書・揚雄傳上》:"充庖厨而已。"顔師古注:"充,當也。"《左傳・僖公十五年》:"重怒難任。"

王光魯 明人。字漢恭。
後漢魯恭,通《魯詩》,爲政不主刑罰,推行德化。此以其姓爲名,以其名爲字。飾以"漢",示其朝代。

王兆符 清人。字龍篆。
古代以符璽爲取信的憑證。璽印用篆書,故篆可以爲印璽的代稱,因以"篆"應"符"。篆書虬屈如龍蛇,故以爲飾。

王兆琛 清人。字獻甫。
《詩・魯頌・泮水》:"來獻其琛。""甫"爲男子美稱。

王同軌 明人。字行父。
《禮記・中庸》:"今天下車同軌,書同文,行同倫。"父,男子美稱,以飾字。

王 吉 漢人。字子陽。
吉,喜慶,吉利。"陽"有歡樂義,故以相協。《詩・王風・君子陽陽》:"君子陽陽,左執簧,右招我由房,其樂只且。""子"爲男子美稱。

王 回 宋人。字深父。
回,水深而形成漩渦。《説文・口部》:"回,轉也。"段玉裁注:"'淵,回水也'。故顔回字子淵。"父,男子美稱。

王安石 宋人。字介甫。
《易・豫卦》:"介于石,不終日,貞吉。"甫,男子美稱。

王安國 宋人。字平甫。
《禮記・大學》:"國治而後天下平。"

王安禮 宋人。字和甫。
《論語・學而》:"禮之用,和爲貴。"

王 守 明人。字伯約。
《孟子・公孫丑上》:"孟施舍之守氣,猶不如曾子之守約也。"

王守仁 明人。字伯安。
《論語・里仁》:"仁者安仁。"

王守道 元人。字仲履。
《易・履卦》:"履道坦坦,幽人貞吉。"

王式丹 清人。字方石。
《説文・丹部》:"丹,巴越之赤石也。"煉丹爲方技,故以"方"爲飾。

王 旭
① 宋人。字仲明。
《詩・邶風・匏有苦葉》:"雝雝鳴雁,旭日始旦。"日出則明。
② 元人。字景初。
旭爲初出日,故以"景初"相協。《説文・日部》:"景,日光也。"
③ 清人。字赤城。
赤城,山名。色赤,狀如雲霞。晉孫綽《遊天台山賦》:"赤城霞起而建標。"以"赤城"應"旭",藉雲霞蒸蔚以狀日出。唐王勃《臨高臺》詩:"赤城映朝日,緑樹摇春風。"

王有年 清人。字硯田。
《詩・小雅・甫田》:"倬彼甫田,歲取十千。我取其陳,食我農人,自古有年。"文士筆耕,故以“硯”飾“田”。

王汝訓 明人。字古師。

《僞古文尚書·説命下》:“人求多聞,時維建事,學于古訓,乃有獲;事不師古,以克永世,匪所攸聞。”

王汝梅

①金人。字大用。

《僞古文尚書·説命下》:“若作和羹,爾惟鹽梅。”此武丁命傅説爲相之辭,故以“大用”應之。義猶大拜。

②明人。字濟之。

《僞古文尚書·説命上》記武丁命傅説爲相,有“若濟巨川,用汝作舟楫”之辭,《説命下》又有“作鹽梅”,皆謂輔臣之作用,故以相應。

王汝謙 清人。字六吉。

《易·謙卦》六爻皆吉。故以“六吉”應“謙”。

王　艮 元人。字止善。

《易·艮卦》:“彖曰:艮,止也。時止則止,時行則行。”《禮記·大學》:“在止於至善。”

王佐才

①宋人。字昌輔。

此連姓成文。《三國志·魏志·荀彧傳》:“彧年少時,南陽何顒异之,曰:‘王佐才也。’”佐、輔同義,故相協。以“昌”飾“輔”,意謂昌明盛世之弼輔。

②明人。字南陽。

諸葛亮曾隱居南陽,後佐劉備建蜀漢。《三國志·蜀志·諸葛亮傳》裴注引張儼《默記》:“亦一國之宗臣,霸王之賢佐也。”

王克恭 宋人。字彦禮。

《論語·學而》:“恭近於禮,遠恥辱也。”“彦”爲美稱,以爲飾。

王克復 明人。字師仁。

《論語·顔淵》:“克己復禮爲仁。”

王利用 宋人。字賓王。

《易·觀卦》:“觀國之光,利用賓于王。”

王初桐 清人。字于陽。

《詩·大雅·卷阿》:“梧桐生矣,于彼朝陽。”

王　劭 隋人。字君懋。

劭、懋皆有勉力、勸勉義,故相協。《書·舜典》:“汝平水土,惟時懋哉!”《漢書·成帝紀》:“先帝劭農。”“君”爲美稱。

王宏祚 清人。字懋自。

祚,福。《孟子·公孫丑上》:“禍福無不自己求之者。《詩》云:‘永言配命,自求多福。’……此之謂也。”以“懋自”應“祚”,言欲勉力自我求福。

王宏撰 清人。字無異。

《論語·先進》:“異乎三子者之撰。”此反用其意,以示謙撝,表遜於曾子之志,與三子同。

王希逸 宋人。字仲莊。

此用東漢逸民嚴光(子陵)事以爲名字。《後漢書·逸民傳·嚴光》謂,嚴曾與光武帝同遊學長安,“及光武即位,乃變姓名,隱身不見”。後耕於富春山。嚴子陵本姓莊,史官爲避明帝諱,改爲嚴。

王延年 清人。字介眉。

《詩·豳風·七月》:“爲此春酒,以介眉壽。”有助於長壽,自是延年。

王　忬 明人。字民應。

《玉篇·心部》:“忬,安也。”《孟子·梁惠王下》:“夏諺曰:吾王不遊,吾何以休?吾王不豫,吾何以助?一遊一豫,爲諸侯度。”朱熹集注:“豫,樂也。……春秋循行郊野,察民之所不足而補助之。故夏諺以爲王者一遊一豫,皆有恩惠以及民,而諸侯皆取法焉,不敢無事慢遊以病其民也。”遊豫皆有恩惠及民,故得民應。《説文通訓定聲·豫部》:“豫,字亦作忬。”故以“民應”應“忬”。

王　志 南朝梁人。字次道。

以“次道”應“志”。言其志之所向,惟在於道。《論語·里仁》:“士志於道,而恥惡衣惡食者,未足與議也。”

王志熙 清人。字維清。

《詩·周頌·維清》:“維清緝熙,文王之典。”

王　沖 南朝陳人。字長深。

沖、深同義相協。《廣韻·平東》:“沖,和也,深也。”“長”義近“深”,故相飾。

王　沔 宋人。字楚望。

《書·禹貢》:“逾于沔。”孔穎達疏:“下傳云:‘……〔沔水〕至漢中東行爲漢水,是漢上曰沔。’”《左傳·哀公六年》:“江漢睢漳,楚之望也。”故以“楚望”應“沔。”

王　沂 元人。字思魯。

沂水流經春秋時魯境,且爲孔子與門人偃遊之地,故以“思魯”相應。

王沂之 宋人。字春伯。

《論語·先進》:“莫春者,春服既成,冠者五六人,童子六七人,浴乎沂,風乎舞雩,詠而歸。”

王沂孫 宋人。字聖與。

《論語·先進》記曾點言志云:“‘浴乎沂,風乎舞雩,詠而歸。’夫子喟然歎曰:‘吾與點也!’”因是孔子贊許,故以“聖與”應“沂”。

王　沉 晉人。字處道。

沉,厚重,穩重。《晉書·陳騫傳》:“騫沈厚有智謀。”沉,同“沈”。《老子》第三八章:“是以丈夫處其厚不居其薄。”以“處”應“沉”,意即“處其厚不居其薄”。綴以“道”,言遵聖人處厚之道。

王　罕 宋人。字師言。

《論語·子罕》:“子罕言利,與命,與仁。”

王　良

①春秋晉人。名無卹。字良。

《説文·心部》:“恤,憂也。”段玉裁注:“《比部》引《周書》‘無毖于卹’,今《尚書》作恤。恤與卹音義皆同。”無卹即無憂。無憂自是良好,故相應。一字伯樂。無憂自必安樂,故以相應。“伯”表行第居長。因是王族,故稱王良。其先祖曾爲郵,遂以官爲氏,故又稱郵無卹、郵良。

②漢人。字仲子。

戰國楚有陳良,齊有陳仲子,皆自耕而食。王良亦儉素自守,故以所傾慕者之名字爲名字。

③明人。字天性。

《孟子·盡心上》:“人之所不學而能者,其良能也;所不慮而知者,其良知也。”孟子主性善,故以“天性”應“良”。

王芑孫 清人。字念豐。

《詩·大雅·文王有聲》："豐水有芑。"

王邦直 明人。字子魚。

《論語·衛靈公》："子曰：'直哉史魚！邦有道如矢，邦無道如矢。'"

王邦采 清人。字貽六。

《書·臯陶謨》："日嚴祇敬，六德亮采，有邦。"牟庭《同文尚書》曰："九德有其大半者，每日儼然祇敬，以六德輔相天下事，則可以有邦爲諸侯。"

王邦俊 明人。字虞卿。

《書·臯陶謨》："俊乂在官。"以"虞卿"應"邦俊"。意謂虞舜之臣，皆爲國家俊乂之士。

王　阮 宋人。字南卿。

晉阮氏一族聚居，阮咸居道南，諸阮居道北，"北阮富而南阮貧"。南阮多名流，有美譽，故以爲名字。見《世説新語·任誕》。"卿"爲飾字。

王佩鍾 清人。字潁川。

此表示欽仰三國魏之鍾繇。鍾爲潁川長社人，以書法名世。

王協夢 清人。字渭南。

此用周文王遇太公故事。《史記·齊太公世家》："西伯將出獵，卜之，曰：'所獲非龍非彲（螭），非虎非羆；所獲霸王之輔。'"既獵，果得太公於渭水之陽。後世傳説爲文王夢見"飛熊"，次日獵，乃遇太公於渭濱。故以"渭南"應"協夢"。

王命璿 明人。字君衡。

《書·舜典》："在璿璣玉衡，以齊七政。""君"爲美稱，用以飾字。

王　坦 清人。字吉途。

《易·履卦》："履道坦坦，幽人貞吉。"

王坦之 晉人。字文度。

《論語·述而》："君子坦蕩蕩，小人長戚戚。"君子無私，故氣度坦蕩。以"文"爲飾。

王宗沐 明人。字新甫。

《楚辭·漁父》："新沐者必彈冠。""甫"爲男子美稱。

王宗望 宋人。字磻叟。

相傳吕尚釣於磻溪（一名璜河，北流入渭），周文王出獵遇之，"與語大説，曰：'自吾先君太公曰："當有聖人適周，周以興。"子真是邪？吾太公望子久矣。'故號之曰'太公望'，載與俱歸，立爲師。"（見《史記·齊太公世家》）太公遇文王時已老，故綴以"叟"。亦爲時尚字飾。

王宗誠 清人。字中孚。

《易·序卦》："節而信之，故受之以中孚。"誠、信同義，故以"中孚"相應。

王尚絅 明人。字錦夫。

《禮記·中庸》："《詩》曰：衣錦尚絅。惡其文之著也。""夫"爲男子通稱。

王居正 宋人。字剛中。

《易·中孚卦》："柔在内而剛得中。"又："有孚攣如，位正當也。"

王居安 宋人。字資道。

《孟子·離婁下》："君子深造之以道，欲其自得之也。自得之，則居之安；居之安，則資之深。"

王居卿 宋人。字壽明。

《孟子·離婁上》："吾身不能居仁由義，謂之自棄也。"《論語·雍也》："仁者壽。"儒家謂能居仁，則必得壽，其理至明，故以"壽明"應"居"，而意實在於"仁"。

王　岱

① 清人。字山長。

岱，泰山之尊稱。泰山爲五岳之長。

② 清人。字次岳。

泰山序列在五岳之内，故曰"次"。

王念孫 清人。字懷祖。

舒懷《高郵王氏父子學術初探·附：高郵王氏父子年譜新編》："王念孫，其祖父王古堂，年逾七十，望孫心切，預爲之名曰'念孫'。及生，其父文肅公曰：'天祐吾父而予之孫，其將使紹吾父之業乎？'遂如遺命以名之。"字"懷祖"，意在追念祖父賜名之恩。

王承衎 宋人。字希甫。

晉王衍字夷甫，取以爲名字，以示景慕。

王承烈 清人。字遜功。

功、烈同義，故相協。《孟子·公孫丑上》："功烈如彼其卑也。"飾以"遜"，表示謙退不伐。

王承衎 宋人。字希悦。

《説文·行部》："衎，行喜貌。"《易·漸卦》："鴻漸于磐，飲食衎衎，吉。"王弼注："進而得位，居中而應，本無禄養，進而得之，其爲歡樂，願莫先焉。"以"希悦"應"衎"，意在仕進。

王　昕 北齊人。字元景。

《説文·日部》："昕，且明也，日將出也。""景，日光也。""元景"猶言始見日光。

王　昊 清人。字惟夏。

《爾雅·釋天》："夏爲昊天。"因《詩·小雅·四月》有"四月維夏"之語，故以"惟"飾"夏"。惟通"維"。

王昌世 宋人。字昭甫。

《説文·日部》："昌，一曰日光也。《詩》曰：東方昌矣。"後世"昌明"連用。"昭"亦明，故以"昭"相應。"甫"爲男子美稱。

王昌齡 唐人。字少伯。

以"少"應"齡"，謂在沖幼。此示謙退。

王　杲 明人。字景初。

《説文·木部》："杲，明也。"段玉裁注："《衛風》：'杲杲出日。'毛曰：'杲杲然日復出矣。'""景"爲日光，故以相應。綴以"初"，謂日初出。

王　杰 清人。字偉人。

杰，通"傑"。才智過人爲傑，故以"偉人"相應。

王　松 清人。字子喬。

赤松子、王子喬皆仙人，故相應。

王　沛 明人。字子大。

沛有盛大義，故以"大"相應。《公羊傳·文公十四年》："力沛若有餘而納之。"何休注："沛，有餘貌。"有餘則大。"子"爲男子美稱。

王　玠 宋人。字介玉。

此拆名爲字。

王　育 前趙人。字伯春。

取春日萬物發育之義。《爾雅·釋天》："春爲發生。"釋文引李巡云：“萬物各發生長也。”

王亮采 明人。字仲寅。

《書·舜典》：“亮采惠疇”，“夙夜惟寅”。

王 俅 宋人。字子弁。

《詩·周頌·絲衣》：“載弁俅俅。”“子”爲男子美稱。俅，一作“球”，字夔玉。此取《書·益稷》“夔曰：戛擊鳴球。”球爲玉磬名，故以“夔玉”相應。

王 俁 宋人。字碩夫。

《詩·邶風·簡兮》：“碩人俁俁，公庭萬舞。”“夫”爲男子通稱。

王俊義 宋人。字堯明。

按，俊義應作“俊乂”。此取《書·臯陶謨》“俊乂在官”。唐虞之世，野無遺才，故以“堯明”相應。宋元之際，俗書常以“乂”代“義”，故“俊乂”訛爲“俊乂”，又回改爲“俊義”。

王 信

① 宋人。字公亮。

亮通“諒”。信、諒皆有誠義，故相協。“公”爲顯爵，亦爲美稱，故以飾字。

② 宋人。字誠之。

信、誠同義相協。

③ 明人。字君實。

信、實同義相協。“君”爲美稱，以飾字。

王 勃 唐人。字子安。

勃、安反義相協。《説文·力部》：“勃，排也。”段玉裁注：“排者，擠也。今俗語謂以力旋轉曰勃。”排擠則動摇，故以“安”應之。

王 厚 宋人。字處道。

《老子》第三八章：“是以丈夫處其厚不居其薄。”綴以“道”，意即遵此處厚之道。

王厚之 宋人。字順伯。

《易·坤卦》：“坤厚載物……柔順利貞。”

王 奐 漢人。字子昌。

奐，通“焕”。焕、昌皆有明義，故相協。

王 庠 宋人。字周彦。

《孟子·滕文公上》：“夏曰校，殷曰序，周曰庠。學，則三代共之。”庠爲周代培育人才之所，故以“周彦”相應。

王 度

① 宋人。字君玉。

古代貴族男子皆束帶佩玉，以玉聲節步，使行走進退皆合法度。“君子無故，玉不去身。”故以“君玉”應“度”。見《禮記·玉藻》。

② 明人。字子中。

以“中”應“度”，謂合於法度。《詩·小雅·楚茨》：“禮儀卒度。”“子”爲男子美稱。

王建極 明人。字用五。

《書·洪範》：“次五，曰建用皇極。”

王 彦 宋人。字子才。

《僞古文尚書·太甲上》：“旁求俊彦。”僞孔傳：“美士曰彦。”彦、才義近，故相協。

王彦泓 明人。字次回。

泓，水深廣貌。回，水深而旋轉。飾以“次”，意謂泓、回同列。

王彦章 五代後梁人。字子明。

章，明。《易·姤卦》：“品物咸章也。”與“明”同義相協。“子”爲男子美稱。

王 恬 晋人。字敬豫。

“恬”有安適義，“豫”爲和樂。同義相協。飾以“敬”，猶《詩·唐風·蟋蟀》“無已大康”之意。

王 恂

① 晋人。字良夫。

恂、良皆有信義，故相協。《列子·周穆王》：“且恂士師之言可也。”《史記·趙世家》：“諸將以爲趙氏孤兒良已死。”“夫”爲男子通稱。

② 金人。字敬甫。

恂、敬同有謙恭謹慎義。《論語·鄉黨》：“孔子於鄉黨，恂恂如也。”“甫”爲男子美稱。

③ 明人。字用誠。

恂、良、誠、信，其義皆通。參見①。

王 恒

① 明人。字見可。

《易·恒卦》：“觀其所恒，而天地萬物之情可見矣。”又《論語·述而》：“善人吾不得而見之矣，得見有恒者斯可矣。”

② 清人。字子占。

以“占”應“恒”，表示取義於《恒卦》。《易》爲占卜之用，故云然。“子”爲男子美稱。

③ 清人。字健行。

《易·乾卦》：“天行健，君子以自强不息。”“不息”即持之以恒，故以“健行”相應。又《繫辭下》：“夫乾，天下之至健也，德行恒易，以知險。”朱熹本義：“至健則所行無難，故易。……蓋雖易而能知險，則不陷於險矣。”以“健行”應“恒”，則意在避害。

王 思 明人。字宜學。

《論語·衛靈公》：“吾嘗終日不食，終夜不寢，以思。無益，不如學也。”

王思任 明人。字季重。

《論語·泰伯》：“任重而道遠，仁以爲己任，不亦重乎！”“季”表行第居末。

王思訓 清人。字疇五。

《書·洪範》共有九疇，其五有云：“是訓是行，以近天子之光。”此意在求仕進，登於廊廟。

王思誠 元人。字致道。

《禮記·中庸》：“誠者自成也，而道自道也。”

王持垕 宋人。字載仲。

垕，同“厚”。《禮記·中庸》：“博厚所以載物也。”

王 昶 三國魏人。字文舒。

《廣雅·釋詁》：“昶，通也。”《文選·嵇康〈琴賦〉》：“雅昶唐堯，終詠微子。”李善注：“達則兼善天下，無不通暢，故謂之暢。昶與暢同。”舒、暢義近，故相協。飾以“文”，表意所向。

王 昦 清人。字日永。

此拆名爲字。

王 昱

① 元人。字穉陽。

《説文·日部》：“昱，日明也。”日爲陽，故以協“昱”。“穉”猶少。以飾“陽”。謂少陽，初陽。亦以表行第。

② 清人。字日初。

“昱”爲日明，日初出亦謂之

明，故以相應。

王昭禹　宋人。字光遠。

昭、光義近。《書・益稷》：“禹曰：‘帝光天之下，至于海隅蒼生。’”蔡沈注：“使帝德光輝達於天下，海隅蒼生之地，莫不昭灼。”

王　柔　漢人。字叔優。

柔、優同義相協。《大戴禮記・子張問入官》：“慈愛以優柔之。”又：“優而柔之，使自求之。”

王　洋　宋人。字元渤。

洋、渤同類。海之大者爲洋，海之別支爲渤，故相應。《説文・水部》：“澥，勃澥。海之別也。”段玉裁注：“勃澥屬於海，而非大海……《齊都賦》注曰：海旁曰勃，斷水曰澥。”勃同“渤”。元，大。以“元”飾“渤”，義猶大海。

王　洽

① 晉人。字敬和。

《詩・大雅・江漢》：“洽此四國。”孔穎達疏：“以和洽此天下四方之國。”是和、洽同義相協。《論語・學而》：“禮之用，和爲貴。”《孝經・廣要道章》：“禮者敬而已矣。”故以“敬”飾“和”。

② 宋人。字伯禮。

《詩・周頌・豐年》：“以洽百禮，降福孔皆。”

③ 明人。字和仲。

解同①。

王　洪　明人。字希範。

《尚書》有《洪範》，取以爲名字。

王　炳　宋人。字景文。

《易・革卦》：“大人虎變，其文炳也。”飾以“景”，謂仰慕文采。

王炳燮　清人。字絅齋。

《禮記・中庸》：“《詩》曰：衣錦尚絅。惡其文之著也。”炳，鮮明，昭著。應以“絅”，惡文太彰。“齋”爲時尚字飾。

王　珉

① 晉人。字季琰。

《説文・玉部》：“珉，石之美者。”“琰，璧上起美色也。”其性質近似，故相應。

② 宋人。字中玉。

石之美者近於玉，故以“中玉”相應。

王相如　宋人。字次卿。

西漢司馬相如字長卿，故襲其名而字次卿。

王　省　明人。字子職。

《禮記・曲禮上》：“凡爲人子之禮，冬温而夏凊，昏定而晨省。”定省舊以爲人子之天職，故以“子職”應“省”。

王禹偁　宋人。字元之。

《書・禹貢》：“禹錫玄圭，告厥成功。”宋避始祖玄朗諱，改“玄”爲“元”。

王　科　明人。字進卿。

《孟子・離婁下》：“原泉混混，不舍晝夜，盈科而後進，放乎四海。”“卿”爲顯位，亦爲美稱，故以爲飾。

王　竑　明人。字公度。

竑、度同義，故相協。《周禮・考工記・輪人》：“故竑其輻廣以爲之弱，則雖重任，轂不折。”鄭玄注引鄭司農云：“竑，讀如紘綖之紘，謂度之。”“公”爲美稱，以飾字。

王　約

① 元人。字彥博。

《論語・子罕》：“博我以文，約我以禮。”“彥”爲美飾。

② 清人。字簡夫。

簡、約同義相協。“夫”爲男子通稱。

王胡之　晉人。字修齡。

《詩・周頌・載芟》：“胡考之寧。”毛傳：“胡，壽也。”“修齡”猶長壽。

王　胄　隋人。字承基。

謂子孫須承先人基業。《書・大誥》：“厥考翼其肯曰：予有後，弗棄基。”胄，後裔。“弗棄基”即是“承基”。有人承基即是有後裔。

王　致　宋人。字君一。

《孟子・梁惠王上》：“卒然問曰：‘天下惡乎定？’吾對曰：‘定於一。’”杜甫《奉贈韋左丞丈二十二韻》：“致君堯舜上。”以“君一”應“致”，謂能使其君統一天下。又《易・繫辭下》：“一致而百慮。”

王若虛　金人。字從之。

《左傳・成公十六年》：“范文子謂欒武子曰：‘……若虛其請，是棄善人也，子其圖之！’乃許魯平。”因從范文子之諫，始許魯平。故以“從之”應“若虛”。

王　茂　南朝梁人。字休遠。

茂、休同義相協。《爾雅・釋詁》：“休，美也。”《詩・齊風・還》：“子之茂兮。”毛傳：“茂，美也。”美則有文，故綴以“遠”，取《左傳・襄公二五年》言文行遠之義。

王　英

① 元人。字邦傑。

英、傑同義相協。《詩・衛風・伯兮》：“邦之桀兮。”桀同“傑”。舊以才智過萬人爲英，過十人爲傑。

② 明人。字時彥。

英、彥同義相協。時彥，一時之俊彥。

王英孫　宋人。字才翁。

《孟子・盡心上》：“得天下英才而教育之。”翁，老壽之稱。爲時尚字飾。

王　衍　晉人。字夷甫。

衍、夷皆有平坦舒展義，故相協。“甫”爲男子美稱。

王貞善　明人。字如性。

孟子主人性皆善，故以“如性”應“善”。

王　述　晉人。字懷祖。

《禮記・中庸》：“仲尼祖述堯舜，憲章文武。”祖述，效法。儒家敬宗法祖，故因祖而飾以“懷”。

王　韋　明人。字欽佩。

韋，熟皮。《韓非子・觀行》：“西門豹之性急，故佩韋以自緩。”熟皮柔韌，故佩之以自警。飾以“欽”，謂欽仰此種修身之行。

王　修

① 三國魏人。字叔治。

修、治同義相協。《禮記・中庸》：“修道之謂教。”鄭玄注：“修，治也。”

② 晉人。字敬仁。

《論語・憲問》：“修己以敬。”

綴以“仁”，表意之所向。

王　倩　清人。字曼仙。

漢東方朔字曼倩，後世傳説他已登仙，故拆其字爲名字而綴以“仙”。

王剛中　宋人。字時亨。

《易·小畜卦》：“剛中而志行，乃亨。”

王原祁　清人。字茂京。

祁、京皆有大義，故相協。《詩·小雅·吉日》：“瞻彼中原，其祁孔有。”毛傳：“祁，大也。”《爾雅·釋丘》：“絶高爲之，京。”郝懿行義疏：“李巡亦曰，丘高大者爲京也。”京之高大是人力所爲，故以“茂”爲飾。《爾雅·釋詁》：“茂，勉也。”意爲勉爲其高大。

王　哲　明人。字思德。

《詩·大雅·抑》：“抑抑威儀，維德之隅。人亦有言，靡哲不愚。”朱熹集傳：“則有哲人之德者，固必有哲人之威儀矣。”故以“思德”應“哲”。

王　城　宋人。字玉成。

《國語·周語下》：“故諺曰：‘衆心成城，衆口鑠金。’”因有“玉成”一詞，故因“成”而飾以“玉”。

王孫蘭　明人。字畹仲。

《楚辭·離騷》：“余既滋蘭之九畹兮，又樹蕙之百畝。”

王家屏　明人。字忠伯。

《詩·大雅·板》：“大邦維屏，大宗維翰。”以“忠”應“屏”，謂當忠心王室，爲國屏藩。

王家幹　清人。字楨甫。

《詩·大雅·文王》：“王國克生，維周之楨。”毛傳：“楨，幹也。”《三國志·吴志·陸凱傳》：“姚信、樓玄、賀邵、張悌……皆社稷之楨幹，國家之良輔。”“甫”爲男子美稱。

王　峻

①南朝梁人。字茂遠。

峻，高。高、遠義近，故相協。飾以“茂”，以高遠自勉。《爾雅·釋詁》：“茂，勉也。”

②北齊人。字巒嵩。

峻，山高；巒，山之迂曲連綿者；嵩，山高聳。三者同摹狀山，故相協。

③五代後周人。字秀峯。

山之挺秀者自然高峻。

④清人。字次山。

峻爲山之屬性，故應以“次山”。

王　師　清人。字貞甫。

《易·師卦》：“師：貞，丈人，吉，无咎。”甫，男子美稱。

王師約　宋人。字君授。

此取《易·師卦》文義。“師出以律”，故曰“師約”。“王三錫命”“大君有命”，故爲“君授”。

王師愈　宋人。字與正。

《論語·先進》：“子貢問：‘師與商也孰賢？’子曰：‘師也過，商也不及。’曰：‘然則師愈與？’子曰：‘過猶不及。’”與正，謂贊許中正，不蹈過與不及之弊。

王庭珪　宋人。字民瞻。

《詩·大雅·卷阿》：“顒顒卬卬，如圭如璋。令聞令望，豈弟君子，四方爲綱。”“四方爲綱”即爲民衆所瞻仰而奉以爲法式。圭同“珪”。

王庭筠　金人。字子端。

《禮記·禮器》：“禮釋回，增美質；措則正，施則行。其在人也，如竹箭之有筠也，如松柏之有心也：二者居天下之大端矣。”故以“端”應“筠”。“子”爲男子美稱。

王庭譔　明人。字敬卿。

《禮記·祭統》：“銘者，論譔其先祖之有德善、功烈、勳勞、慶賞、聲名，列於天下……”記録祖先功德於禮器，是敬宗尊親，故以“敬”應“譔”。“卿”爲美稱。

王　彧　南朝宋人。字景文。

彧，有文采。《説文·有部》：“彧，有文章也。”段玉裁注：“彧，古多假彧字爲之。”故以“文”應“彧”。

王　恕　明人。字宗貫。

《論語·里仁》：“子曰：‘參乎！吾道一以貫之。’曾子曰：‘唯。’子出。門人問曰：‘何謂也？’曾子曰：‘夫子之道，忠恕而已矣。’”“宗貫”即宗法忠恕之道。

王　恭　晉人。字孝伯。

《左傳·文公十八年》：“舉八元，使布五教于四方，父義，母慈，兄友，弟共，子孝，内平外成。”共通“恭”。又《僞古文尚書·太甲中》：“奉先思孝，接下思恭。”

王　悦

①晉人。字長豫。

豫、悦同義相協。《爾雅·釋詁》：“悦、豫，樂也。”飾以“長”，欲永遠歡樂。

②北周人。字衆喜。

喜、悦同義相協。

③宋人。字習之。

《論語·學而》：“學而時習之，不亦説乎？”説通“悦”。

王時中　明人。字道夫。

《禮記·中庸》：“君子之中庸也，君子而時中。”鄭玄注：“庸，常也。用中爲常道也。”“夫”爲男子通稱。

王時柯　明人。字敷英。

柯，草木之枝莖。《説文·艸部》：“英，艸榮而不實者。”引申爲草木花之通名。花著於枝莖，故以“敷英”應“柯”。

王時叙　宋人。字伯倫。

《書·洪範》：“彝倫攸叙。”

王時敏

①宋人。字德修。

《僞古文尚書·説命下》：“惟學遜志，務時敏，厥修乃來。”故以“修”應“時敏”。因《論語·述而》記孔子慨歎“德之不修，學之不講……是吾憂也”，故以“德”飾“修”，且暗應“惟學遜志”一語。

②清人。字遜之。

《僞古文尚書·説命下》：“惟學遜志，務時敏。”

王時會　宋人。字季嘉。

《易·乾卦·文言》：“亨者，嘉之會也……嘉會足以合禮。”

王時槐　明人。字子植。

《宋史·王旦傳》：其父王祐，“手植三槐於庭，曰：‘吾之後世，必有爲三公者，此其所以志也。'" 三槐遂成爲王姓典故。“子”爲男子美稱。

王時翼 清人。字又溟。

此用《莊子·逍遥遊》鵬徙南冥故事。鵬“其翼若垂天之雲”,“海運則將徙於南冥”。冥通“溟”。每海運則徙,固非一次,故以“又”飾“溟”。

王 根 漢人。字穉卿。

《説文·木部》:“根,木株也。”《禾部》:“穉,幼禾也。”一爲木之本,一爲禾苗,大小相及,故相協。“卿”爲美稱,以飾字。

王 格 明人。字汝化。

格,感通,感化。《書·君奭》:“時則有若伊尹格于皇天。”《論語·爲政》:“道之以德,齊之以禮,有恥且格。”邢昺疏:“格,正也。言君上化民必以道德,民或未從化,則制禮以齊整。”故以“化”應“格”。《書·舜典》有“格,汝舜”,《大禹謨》有“格,汝禹”,《盤庚上》有“格,汝衆”等語,故因“格”而以“汝”飾“化”。

王 桓 明人。字彦珍。

桓,謂桓圭。《周禮·春官·大宗伯》載,天子作六瑞,公所執者爲桓圭。因是“以等邦國”的玉制禮器,故以“珍”相應。“彦”爲美飾。

王 泰 南朝梁人。字仲通。

《易·泰卦》:“彖曰:泰,小往大來,吉亨,則是天地交而萬物通也。”

王泰際 清人。字内三。

《易·泰卦》:“泰:小往大來,吉亨。……内陽而外陰,内健而外順,内君子而外小人,君子道長,小人道消也。”故以“内三”應“泰”。

王 烈 漢人。字彦方。

烈,正直,剛正。以“方”相應,同義相協。“彦”爲美飾。

王 珠 宋人。字仲淵。

《莊子·天地》:“藏珠於淵。”《荀子·勸學》:“玉在山而草木潤,淵生珠而崖不枯。”

王 珣

① 晉人。字元琳。

《説文·玉部》:“珣,醫無閭之珣玗璂,《周書》所謂夷玉也。”段玉裁注:“醫無閭,山名……珣玗璂,合三字爲玉名。”又《玉部》:“琳,美玉也。”珣、琳同爲玉名,故相協。“元”爲美飾。

② 唐人。字伯玉。

解同①。“伯”表行第居長。

③ 元人。字君寶。

美玉爲寶。“君”爲美稱,以飾字。

④ 明人。字德潤。

《禮記·聘義》:“夫昔者,君子比德於玉焉,温潤而澤,仁也。”

王 珪

① 唐人。字叔玠。

《説文·土部》:“圭,瑞玉也。上圜下方。……珪,古文圭。”《玉部》:“玠,大圭也。”同爲圭,故相協。

② 宋人。字禹玉。

《書·禹貢》:“禹錫玄圭。”

③ 元人。字君璋。

《説文·玉部》:“璋,剡上爲圭,半圭爲璋。”“君”爲美稱。

王 益 宋人。字舜良。

益,即伯益,佐帝舜掌山澤。《孟子·滕文公上》:“舜使益掌火,益烈山澤而焚之,禽獸逃匿。”以“舜良”應“益”,言益爲舜之良佐。

王益之 宋人。字行甫。

《易·益卦》:“益:利有攸往,利涉大川。”又:“凡益之道,與時偕行。”“甫”爲男子美稱。

王益柔 宋人。字勝之。

《書·洪範》:“燮友柔克。”《老子》第七八章:“弱之勝强,柔之勝剛,天下莫不知,莫能行。”

王益祥 宋人。字謙叔。

《易·謙卦》:“天道虧盈而益謙。”

王 甡 清人。字無量。

甡,衆多。《詩·大雅·桑柔》:“瞻彼中林,甡甡其鹿。”毛傳:“甡甡,衆多也。”故以“無量”相應,言其多無數。

王 昚 隋人。字元恭。

昚,古“慎”字。凡慎必恭,恭、慎義亦近,故相協。“元”爲美飾。

王 真 漢人。字叔經。

真,本原。《莊子·秋水》:“謹守而勿失,是謂反其真。”“經”爲不變之常道,故與相應。

王 矩 晉人。字令式。

矩、式皆有規範義,故相協。令,美,善。

王 祜 宋人。字景叔。

晉羊祜字叔子,爲一代名將。鎮荆州,甚得江漢士民之心。死後人懷其德,因爲立碑。人望其碑者,莫不垂淚。因號“墮淚碑”。以“景”飾“叔”,言景慕羊叔子。亦或取《詩·小雅·信南山》“受天之祜”與《小雅·小明》“以介景福”文義。按標點本《宋史》祜作“祐”。依名、字相協,以作“祜”爲優。祜、祐形似,易訛。

王祖庚 清人。字孫同。

後漢鄭玄,曾因其孫“手文似己,名之曰小同”。此用其事,因以“孫同”應“祖”。見《後漢書·鄭玄傳》。

王 素 宋人。字仲儀。

素、儀皆有心向義,故相協。《漢書·鄒陽傳》:“披心腹,見情素。”顔師古注:“素,謂心所向也。”又《外戚傳》:“公卿議更立皇后,皆心儀霍將軍女。”注引晉灼曰:“儀,向也。”

王 軒 清人。字霞舉。

《世説新語·容止》:“唯會稽王來,軒軒如朝霞舉。”此用其事。

王 乾 明人。字一清。

《易·説卦》:“乾,天也。”又:“乾爲天。”《老子》第三九章:“天得一以清。”

王 偃 南朝宋人。字子游。

孔子弟子言偃字子游。此襲用其名字。

王 偕 元人。字叔與。

偕、與皆有共義,故相協。“叔”表行第居第三。

王 偁

① 宋人。字季平。

偁,即“稱”。權衡重量須持平。

② 明人。字孟敭。

《説文·人部》:“偁,揚也。”敭,同“揚”。

王　冕

①明人。字元章。

冕，古大夫以上的禮冠。章，章甫。古代冠名。《禮記·儒行》："冠章甫之冠。""元"爲美飾。

②明人。字服周。

《論語·衛靈公》："服周之冕。"

王　商

①漢人。字子威。

《禮記·月令》："孟秋之月……其音商。"秋屬商，主殺，故以"威"相應。又，商、威皆有大義，亦可相協。《大戴禮記·夏小正》："倉庚者，商庚也；商庚者，長股也。"是商爲長。長則大。威假作"君"，古威、君音近，故威姑亦作"君姑"。《爾雅·釋詁》"弘，大也。"郝懿行義疏："君亦大也。"是商、威皆有大義。先秦人名"商"者多以大義相協。如秦商字子丕。

②漢人。字子夏。

商，解見①。《爾雅·釋詁》："夏，大也。"與"商"同義相協。秋屬商，夏、秋亦相協。又，孔子弟子卜商字子夏。亦或襲用其名字。"子"爲男子美稱。

王啓焜　清人。字東白。

啓，謂啓明星。《詩·小雅·大東》："東有啓明。"啓明，即金星，又名太白。黎明現於東方。天明爲白。故以"東白"應"啓"。言啓東方之明。

王　問　明人。字子裕。

《僞古文尚書·仲虺之誥》："好問則裕。""子"爲男子美稱。

王問臣　明人。字正叔。

《孟子·萬章下》："王問臣，臣不敢不以正對。"

王　國　明人。字之楨。

《詩·大雅·文王》："王國克生，維周之楨。"

王國光　明人。字汝觀。

《易·觀卦》："觀國之光，利用賓于王。"飾以"汝"，以表命令。

王　埜　宋人。字子文。

埜，同"野"。文、野反義相協。《論語·雍也》："質勝文則野。"

王　域　明人。字元壽。

《漢書·禮樂志》："述舊禮，明王制，驅一世之民，濟之仁壽之域。"

王　基

①三國魏人。字伯輿。

《左傳·襄公二四年》："夫令名，德之輿也；德，國家之基也。"

②清人。字太御。

解見①。既以德比作國家之"基"，又以令名比作德之輿，因承輿以"御"爲喻。杜預注云："德須令名以遠聞。"猶憑輿運載以行。飾以"太"，言爲君主御車。

③清人。字濟美。

《左傳·襄公二四年》："《詩》云：'樂只君子，邦家之基。'有令德也夫！"杜預注："言君子樂美其道，爲邦家之基，所以濟令德。"故以"濟美"應"基"。參見①②。

王　培　清人。字益仲。

培、益皆有增加義，故相協。

王培基　清人。字爾因。

取《書·大誥》"予有後，弗棄基"之義，言厥子能因其父已作之基，"肯構""肯堂"，繼承父業。飾以"爾"，以表命令。言爾必承其基。

王　寂　南朝齊人。字子玄。

寂、玄皆有静默義，故相協。"子"爲男子美稱。

王　崧　清人。字樂山。

崧，山名（即嵩山）。《論語·雍也》："仁者樂山。"

王　崇

①三國蜀漢人。字幼遠。

崇，高。高、遠義近，故相協。"幼"表行第。

②後魏人。字乾邕。

《易·繫辭上》："崇效天，卑法地。"《説卦》："乾，天也。"《乾卦》："乾道變化，各正性命，保合太和，乃利貞。""邕"有和義。故以"乾邕"應"崇"。

王崇古　明人。字學甫。

《僞古文尚書·説命下》："學于古訓，乃有獲。"又《周官》："學古入官，議事以制，政乃不迷。""甫"爲男子美稱。

王崇炳　清人。字虎文。

《易·革卦》："大人虎變，其文炳也。"

王崇節　清人。字筠侶。

《禮記·禮器》："禮釋回，增美質；措則正，施則行。其在人也，如竹箭之有筠也。"禮、節同義，故以"筠"相應。綴以"侶"，言爲禮節之士。一作字玉筠。亦取《禮器》文義。飾以"玉"，言其質如玉。

王崇簡　清人。字敬哉。

《書·舜典》："簡而無傲。"簡、敬亦反義相協。又《論語·雍也》："居敬而行簡。"哉，語氣詞。

王崇獻　明人。字季徵。

《論語·八佾》："文獻不足故也；足，則吾能徵之矣。"

王　庸　元人。字伯常。

庸、常同義相協。《爾雅·釋詁》："庸，常也。"

王　庶　宋人。字子尚。

《爾雅·釋言》："庶、幾，尚也。"郝懿行義疏："故《家語·終記篇》王肅注：'尚，庶也。'""子"爲男子美稱。

王　彬

①晉人。字世儒。

《論語·雍也》："子謂子夏曰：'女爲君子儒，無爲小人儒。'"又："文質彬彬，然後君子。"以"儒"應"彬"，意在爲"君子儒"。飾以"世"，言永世爲君子儒。

②南朝梁人。字思文。

《論語·雍也》："質勝文則野，文勝質則史。文質彬彬，然後君子。"

③明人。字文質。

解見②。

王　彪　晉人。字叔武。

彪，虎文，小虎。虎性勇猛，故應以"武"。

王得仁　明人。名仁。

以字行。《論語·述而》："求仁而得仁，又何怨？"

王惟賢　宋人。字思齊。

《論語·里仁》："見賢思齊焉。"

王　敔　清人。字虎止。

敔，古樂器名，狀如伏虎。演奏終結時，敲擊以止樂。《書·益稷》："合止柷敔。"

王 斌 清人。字師周。

斌，通“彬”。《論語・雍也》：“文質彬彬，然後君子。”《八佾》：“周監於二代，郁郁乎文哉！吾從周。”“師周”即“從周”。

王 晞 北齊人。字叔朗。

晞，黎明時的光亮。《詩・齊風・東方未明》：“東方未晞。”晞、朗同義相協。

王 梁 漢人。字君嚴。

梁、嚴皆有强烈、酷烈義，故相協。《老子》第四二章：“强梁者不得其死。”陸德明釋文：“强梁，多力也。”《史記・太史公自序》：“故曰‘嚴而少恩’。”“君”爲美稱，以爲字飾。

王 涯 唐人。字廣津。

《書・微子》：“若涉大水，其無津涯。”廣其津梁，則便於人。故以“廣”飾“津”。

王 淩 三國魏人。字彦雲。

《史記・司馬相如列傳》：“天子大悦，飄飄有淩雲之氣，似游天地之間意。”“彦”爲美飾。

王 淵

① 宋人。字幾道。

淵，指孔子弟子顔淵。《易・繫辭下》：“子曰：‘顔氏之子，其殆庶幾乎！’”朱熹本義：“庶幾，近意，言近道也。”

② 元人。字若水。

《老子》第八章：“上善若水……心善淵。”故以“若水”應“淵”。

③ 明人。字志默。

《莊子・在宥》：“淵默而雷聲。”

王 淮 宋人。字季海。

《書・禹貢》：“淮海惟揚州。”

王 清

① 五代後晉人。字去瑕。

瑕，玉之赤斑。去其瑕則更清純。

② 明人。字一寧。

《老子》第三九章：“天得一以清，地得一以寧。”

王 爽 晉人。字季明。

《書・牧誓》：“時甲子昧爽。”僞孔傳：“爽，明也。”

王 猛

① 前秦人。字景略。

《左傳・昭公二十年》：“鄭子産有疾，謂子太叔曰：‘我死，子必爲政。惟有德者能以寬服民；其次莫如猛。’”以“景略”應“猛”，言景慕子産施政綱領。

② 南朝陳人。字世雄。

猛、雄義近，故相協。雄又爲有力者之稱。飾以“世”，言爲世之雄。

王 球 南朝宋人。字蒨玉。

《説文・玉部》：“球，玉也。”蒨，通“倩”。倩爲男子美稱。

王 祥 晉人。字休徵。

祥、休皆有吉慶義，故相協。“休徵”猶言吉兆。

王 章 漢人。字仲卿。

章，謂章服。朝廷的禮服。以不同的圖案花紋區别爵位高低與官職大小。因是公卿大夫所服，故以“卿”相應。

王 符 漢人。字節信。

符、節皆爲信物，故相協。

王 紱 明人。字孟端。

紱，古代祭服的蔽膝，爲禮服的一部分。端，玄端。古時一種黑色禮服。紱、端同類，故相應。

王紫綬 清人。字金章。

章，印章。據《漢舊儀》，漢時丞相、列侯、將軍皆金印紫綬。

王紹宗 唐人。字承烈。

紹、承皆有繼義，故相協。紹宗，謂延續其宗嗣。承烈，謂繼承其先人的功業。

王紹原 明人。字復初。

原、初同義相協。紹原、復初，義亦相承。

王紹舒 清人。字作明。

舒，謂月御望舒。此指稱月。紹舒，言繼望舒。月有光輝。繼望舒而爲月御，故以“作明”相應。《廣雅・釋詁一》：“作，始也。”月出始明。又《詩・陳風・月出》：“舒夭紹兮。”

王 翊

① 後魏人。字士游。

《説文・羽部》：“翊，飛皃。”飛翔、翱游義近，故相協。“士”爲男子美稱。

② 宋人。字公輔。

翊、輔同有助義，故相協。“公”爲美飾。

③ 明人。字完勳。

翊贊君王，故可完其勳業。

王 莘 清人。字任菴。

伊尹耕於有莘之野，湯使人往聘，不受。既而幡然改志，思使君爲堯舜之君，民爲堯舜之民，“思天下之民”“有不被堯舜之澤者，若己推而内之溝中，其自任以天下之重如此”。見《孟子・萬章上》。故以“任”應“莘”。“菴”爲時尚綴字。

王處回 五代後蜀人。字亞賢。

回，指孔子弟子顔回，回爲“七十二賢”之一。《論語・雍也》：“賢哉回也。”亞賢，謂居賢者之下。

王 規 南朝梁人。字威明。

《爾雅・釋言》：“威，則也。”“規”亦則，規、威同義相協。《易・離卦》：“重明以麗乎正。”規則即正，故以“明”綴“威”。

王 通

① 南朝陳人。字公逵。

《爾雅・釋宫》：“九達謂之逵。”九達則縱横交錯無不通，故與“通”相應。“公”爲美稱。

② 隋人。字仲淹。

淹，深入。深入即通，故與“通”協。淹通亦常語。《世説新語・賞譽》“庾穉恭與桓温書”劉孝標注引宋明帝《文章志》：“王濛每稱其思理淹通。”

王 逢

① 宋人。字會之。

逢、會皆有遇合義。同義相協。

② 明人。字原吉。

《書・洪範》：“身其康彊，子孫其逢吉。”飾以“原”，意謂原應逢吉。

王逢年 明人。字舜華。

《書・舜典》：“曰若稽古帝舜，曰重華。”舜壽一百十歲，享大年。故以“舜華”應“年”。

王 陶 宋人。字樂道。

陶、樂皆有悦義，故相協。《禮記・檀弓下》：“人喜則斯陶，陶斯咏。”劉伶《酒德頌》：“其樂陶陶。”綴以“道”，表志之所向。

王博文 宋人。字仲明。

《禮記・中庸》：“博學之，審

問之，愼思之，明辨之，篤行之。有弗學，學之弗能弗措也；有弗問，問之弗知弗措也；……果能此道矣，雖愚必明，雖柔必强。”《論語·子罕》：“博我以文。”此撮二書大意，謂博學可以致明。

王堯臣 宋人。字伯庸。

《書·堯典》：“帝曰：疇咨若時登庸。”僞孔傳：“庸，用也。”既爲堯之臣，自是被拔擢任用者。

王 寓 宋人。字元忠。

寓，寄託，付託。以“忠”相應，意在表示以忠心相授。“元”爲原本，以爲飾。

王 尊

① 漢人。字子贛。

尊，古代盛酒之器。贛，同“貢”。義爲獻。古代宴享，尊置於“房户之間，賓主共之”。主酌酒以敬賓爲獻，賓還敬爲酢。見《禮記·鄉飲酒義》。“子”爲男子美稱。

② 清人。字元端。

尊、端皆有莊重義，故相協。《論語·堯曰》：“君子正其衣冠，尊其瞻視。”“元”取美善之義。

王就學 明人。字所敬。

《禮記·學記》：“師嚴然後道尊，道尊然後民知敬學。”

王 嵒 唐人。字山甫。

嵒，同“巖”。山高峻者爲巖，故以“山”相應。“甫”爲男子美稱。

王 嵎 宋人。字季夷。

《書·堯典》：“分命羲仲，宅嵎夷，曰暘谷。”

王 弼 三國魏人。字輔嗣。

弼、輔皆有佐助義。同義相協。嗣，古代諸侯之子居喪時自稱嗣子。以“輔嗣”應“弼”，蓋以“可以託六尺之孤，可以寄百里之命，臨大節而不可奪”的重臣自勉。

王 復 明人。字初陽。

《易·復卦》：“七日來復。”《復卦》上承《剥卦》。《剥》爲純陰之象，陰盡則陽生。故王弼注云：“陽氣始剥盡，至來復時，凡七日。”七日陽始復，因以“初陽”應“復”。

王復禮 清人。字需人。

《論語·顔淵》：“克己復禮。”《易·需卦》有“敬愼不敗”，“敬之終吉”。敬主禮，故應以“需人”。又，需人爲“儒”字。復禮爲儒家之説，亦可相應。

王 愉 晉人。字茂和。

愉、和皆有樂義，故相協。“茂”爲美飾。

王 惲 元人。字仲謀。

《廣雅·釋詁四》：“惲，謀也。”惲、謀同義相協。

王 惠 南朝宋人。字令明。

惠，通“慧”。慧、明同義相協。“令”爲美善之辭，以爲飾。

王 揆 清人。字端士。

《南史·沈約傳》：“約久處端揆，有志台司。”端揆爲宰相之稱，此拆以爲名字。“士”爲男子美稱。

王 敦 晉人。字處仲。

《易·艮卦》：“艮，止也。”“敦艮，吉。”王弼注：“敦重在上，不陷非妄，宜其吉也。”朱熹本義：“敦厚於止者也。”以“處”應“敦”，取愼於所止之義。

王 曾 宋人。字孝先。

孔子弟子曾參以孝著稱，故以其姓爲名，而以其行事爲字。綴以“先”，取“百行孝爲先”之義。

王景崇 唐人。字孟安。

崇，高。以“安”相應，取高不忘危之義。

王智深 南朝齊人。字雲才。

智、才義近，故相協。以“雲”飾“才”，言才高如雲漢。

王 棟 明人。字隆吉。

《易·大過卦》：“棟隆，吉。”

王 棣 宋人。字儀仲。

《詩·邶風·柏舟》：“威儀棣棣。”

王 植

① 宋人。字立之。

植、立同義相協。

② 清人。字三槐。

《宋史·王旦傳》謂，王旦之父祐（一作祜），曾手植三槐於庭，道：“吾之後世，必有爲三公者。”三槐遂爲王姓之典。

③ 清人。字叔培。

植、培義近，故相協。

王 棠 清人。字勿翦。

《詩·召南·甘棠》：“蔽芾甘棠，勿翦勿伐，召伯所茇。”

王欽臣 宋人。字仲至。

《書·堯典》載，帝堯命羲氏、和氏四臣“欽若昊天”，分掌四方，據昏中星以正仲春、仲夏、仲秋、仲冬節氣，並測定夏至、冬至日影，以授民時。故以“仲至”應“欽臣”。欽臣，意猶敬順之臣。《僞古文尚書·説命中》：“惟臣欽若。”

王欽若 宋人。字定國。

《僞古文尚書·畢命》：“惟愼厥事，欽若先王成烈，以休于前政。”敬順文武功業，使周公、君陳之美政得以發揚光大，國家自可安定。故以“定國”應“欽若”。

王 湛 晉人。字處沖。

《老子》第四章：“道沖而用之或不盈……湛兮似或存。”處沖，謂以沖虚自處。

王 渾 晉人。字玄沖。

《老子》第四九章：“歙歙爲天下渾其心。”渾然無知無識，與沖虚無知無識同，故相協。玄、沖義近，故連文。

王 渥 金人。字仲澤。

渥、澤皆有沾濡義，故相協。又厚漬爲“渥”，應以“澤”，謂厚施仁德，或深受厚澤。

王 渙

① 漢人。字稚子。

渙有盛大義，“稚”爲小，二者反義相協。《詩·鄭風·溱洧》：“溱與洧，方渙渙兮。”毛傳：“渙渙，春水盛也。”“子”爲男子美稱。

② 明人。字時霖。

取甘霖充沛之義。參見①。

王渙之 宋人。字彦舟。

《易·繫辭下》：“刳木爲舟，剡木爲楫，舟楫之利，以濟不通……蓋取諸渙。”故以“舟”應“渙”。“彦”爲美飾。

王無忝 清人。字夙夜。

《孝經·士章》：“夙興夜寐，

無忝爾所生。”

王無咎

① 宋人。字補之。

《易·繫辭上》：“无咎者，善補過也。”无，同“無”。

② 清人。字藉茅。

《易·大過卦》：“藉用白茅，无咎。”參見①。

王無競 唐人。字仲列。

《詩·周頌·執競》：“執競武王，無競維烈。”列，通“烈”。

王無黨 清人。字大羣。

《論語·衛靈公》：“君子矜而不争，羣而不黨。”飾以“大”，意在和以處衆，擴大其羣。

王 琛 清人。字匪石。

琛爲珍寶，故從反面以明之。匪石即非石。

王 琳

① 漢人。字巨尉。

《説文·玉部》：“琳，美玉也。”《易·革卦》：“其文蔚也。”尉，通“蔚”。美玉富有光澤文彩，故以“蔚”應“琳”。

② 北齊人。字子珩。

《説文·玉部》：“珩，佩上玉也。”琳爲美玉，故以玉佩上之珩應之。

王 琦 清人。字琢崖。

《禮記·學記》：“玉不琢，不成器；人不學，不知道。”《爾雅·釋器》：“玉謂之琢。”琦爲美玉，故以“琢”應之。“崖”爲時尚字飾。

王 留 明人。字亦房。

漢張良字子房，因功封留侯。

王 稌 明人。字叔豐。

《詩·周頌·豐年》：“豐年多黍多稌。”“叔”表行第居第三。

王 策 清人。字漢舒。

漢董仲舒有天人三策，故取以爲名字。

王 絢 南朝宋人。字長素。

《論語·八佾》：“素以爲絢兮。”古人重本色，故飾以“長”。

王 結 元人。字儀伯。

《詩·豳風·東山》：“親結其縭，九十其儀。”

王 翔 後魏人。字元鳳。

《楚辭·離騷》：“鳳皇翼其旂兮，高翱翔之翼翼。”“元”爲美善之辭，以爲飾。

王 舒 晉人。字處明。

舒，月御望舒，此指代月。《楚辭·離騷》：“前望舒使先驅兮，後飛廉使奔屬。”王逸注：“望舒，月御也。月體光明，以喻臣清白也。”處明，意謂以清明或清白自處。

王 莽 漢人。字巨君。

莽、巨皆有大義，故相協。《小爾雅·廣詁》：“封、巨、莫、莽、艾、祁，大也。”君爲美稱，故爲字飾。

王 華 南朝宋人。字子陵。

華，山名，謂華山。陵爲大阜，故與“華”應。“子”爲男子美稱。

王 詔 宋人。字景獻。

謂應天子之詔，而能有所獻替。《左傳·昭公二十年》：“君所謂可，而有否焉，臣獻其否，以成其可；君所謂否，而有可焉，臣獻其可，以去其否。”《漢書·胡廣傳》：“臣以獻可替否爲忠。”飾以“景”，謂慕獻替之忠，以盡臣職。

王詒壽 清人。字眉子。

《詩·豳風·七月》：“爲此春酒，以介眉壽。”“子”爲男子美稱。

王 象 三國魏人。字羲伯。

《書·堯典》：“乃命羲、和，欽若昊天，曆象日月星辰，敬授人時。”羲、和，謂羲伯、和伯。

王象春 明人。字季木。

東方屬木，主春。

王象晉 明人。字藎臣。

《易·晉卦》：“晉，進也。”《詩·大雅·文王》：“王之藎臣。”朱熹集傳：“藎，進也。言其忠愛之篤，進進無已也。”

王象祖 宋人。字德甫。

《左傳·僖公三十年》：“以象其德。”《周禮·考工記·玉人》：“琬圭九寸而繅，以象德。”故以“德”應“象”。“甫”爲男子美稱。

王象乾 明人。字子廓。

《易·繫辭上》：“成象謂之乾。”《説卦》：“乾，天也。”天宇廓大，故以“廓”應“乾”。一字霽宇，取天宇晴霽之義。

王 賁

① 宋人。字藴文。

《易·賁卦》：“文明以止，人文也。”《序卦》：“賁，飾也。”《賁》有以文爲飾之象，故以“藴文”相應。

② 金人。字文孺。

解見①。先秦時代，自天子以下，嫡子繼承爵位者，始得稱孺子。漢以來遂以“孺”爲美稱。見《十駕齋養新録》卷二。

王貽永 宋人。字季長。

《詩·周南·漢廣》：“江之永矣，不可方思。”毛傳：“永，長。”同義故相協。

王貽燕 清人。字翼安。

《詩·大雅·文王有聲》：“詒厥孫謀，以燕翼子。”詒，通“貽”。燕，安。故以“翼安”應“詒燕”。

王 逸 漢人。字叔師。

《禮記·學記》：“善學者，師逸而功倍，又從而庸之；不善學者，師勤而功半，又從而怨之。”

王 逨 宋人。字致君。

《玉篇·辵部》：“逨，來也，至也，就也。”《禮記·中庸》：“其次致曲。”鄭玄注：“致，至也。”同義故相協。二者又同有使之至之義。綴以“君”，取杜甫詩“致君堯舜上”之義。“君”亦爲美稱。

王都中 元人。字元俞。

都、俞皆爲《尚書》中堯、舜、禹與羣臣問答時所用的歎美、許可之辭。故相協。《皋陶謨》：“禹曰：‘俞！如何？’皋陶曰：‘都！慎厥身修，思永……’”

王 鈇 明人。字德威。

《禮記·中庸》：“不怒而民威于鈇鉞。”不怒而民畏，是以德服人，故以“德”飾“威”。

王開沃 清人。字子良。

《僞古文尚書·説命上》：“啓乃心，沃朕心。”《説命下》：“股肱惟人，良臣惟聖。”此皆高宗命傅説之辭。開沃，猶啓沃。以“良”相應，言如傅説作股肱良臣，以啓沃帝心。“子”爲男子美稱。

王開祖 宋人。字景山。

《左傳·宣公十二年》：“篳路藍縷，以啓山林。箴之曰：民生在勤，勤則不匱。”開、啓同義。應以“景山”，意在表示慕此艱苦創業精神。以“山”應“開”，亦或取佛家開山祖之義。

王　隆 漢人。字文山。

《爾雅·釋山》：“宛中，隆。”郝懿行義疏：“謂中央下而四邊高，因其高處名之爲隆。”隆爲山之一種，故以“山”相應。“文”爲飾，蓋取文才高如山之義。

王　雱 宋人。字元澤。

雱，雪盛貌。《詩·邶風·北風》：“雨雪其雱。”雪亦滋潤萬物，故以“澤”相應。“元”爲美飾。

王　雲 宋人。字子飛。

以“飛”應“雲”，取一舉衝天，得志青雲之義。

王雲鳳 明人。字應韶。

《書·益稷》：“《簫韶》九成，鳳皇來儀。”鳳是應《韶》樂而來儀。

王嗣宗 宋人。字希阮。

此以晉阮籍之字爲名，以其姓爲字。

王嗣槐 清人。字仲昭。

宋王祜（一作祐）手植三槐於庭，道：“吾之後世，必有爲三公者。”其子王旦後爲相。“三槐”遂成爲王姓典故。以“昭”應“嗣槐”，謂王氏繼其祖德，必爲三公，其事甚明。此意在誇耀門第。

王　嵩 清人。字潁山。

嵩，山名，即中岳嵩山，故應以“山”。潁水與嵩山皆在河南登封縣，同爲名山大川，故藉以標志中岳，以别於山東、福建之嵩山。

王嵩高 清人。字少林。

《爾雅·釋山》：“山大而高，崧。”郭璞注：“今中嶽嵩高山，蓋依此名。”應劭以嵩高爲中岳之名。嵩山有名刹少林寺，故以相應。

王　微 南朝宋人。字景元。

元，通“玄”。微、玄皆有精妙幽深義，故相協。

王　愷

① 晉人。字茂仁。

愷，和，和樂。《左傳·文公十八年》：“天下之民謂之八愷。”杜預注：“愷，和也。”《禮記·經解》：“發號出令而民説，謂之和；上下相親，謂之仁。”故以“仁”應“愷”。“茂”有美盛義，以飾“仁”，謂仁德美且盛。

② 晉人。字君夫。

《左傳·僖公十二年》：“《詩》曰：‘愷悌君子，神所勞矣。’”故以“君”應“愷”。“君夫”猶君子之人。“夫”爲男子通稱。

③ 明人。字用和。

解見①。

王　愫 清人。字存素。

愫，真情。《漢書·鄒陽傳》：“披心腹，見情素。”應以“存素”，謂保存真情，不假矯飾。

王敬臣 明人。字以道。

《孟子·離婁上》：“欲爲臣，盡臣道。”故以“道”應“臣”。

王新命 清人。字純嘏。

《詩·大雅·文王》：“周雖舊邦，其命維新。”《魯頌·閟宫》：“天錫公純嘏。”言新命乃天所賜。

王　禎 元人。字伯善。

《説文·示部》：“禎，祥也。”《爾雅·釋詁》：“祥，善也。”禎、善同義相協。

王楨之 晉人。字公幹。

《詩·大雅·文王》：“王國克生，維周之楨。”毛傳：“楨，幹也。”

王　楙 宋人。字勉夫。

楙，同“茂”。《爾雅·釋詁》：“茂，勉也。”“夫”爲男子通稱。

王　温 後魏人。字桃湯。

温，暖，熱。湯，熱水。承“温”之暖義，指實爲“湯”。古人迷信，以爲桃可驅鬼，故以桃枝、桃湯祓除不祥，後世亦飲桃湯以祛邪却疾，益壽延年。《荆楚歲時記》：“正月一日……長幼悉正衣冠，以次拜賀，進椒柏酒，飲桃湯。”故以“桃”飾“湯”。

王　源

① 明人。字啓澤。

源，水流之本原。澤，水流匯聚之地。二者義相承，故相協。飾以“啓”，謂大澤實由其源頭所啓。

② 明人。字宗本。

源、本義近，故相協。

③ 清人。字崑繩。

舊謂河源於崑崙山，故以“崑”應“源”。綴以“繩”，謂河由崑崙山延續而下。

④ 清人。字春槎。

此用神話故事傳説浮槎入天河故事。傳説天河爲大海源頭。海邊居人見年年八月有浮槎自來自去，從不誤期，遂多齎糧，乘槎探究其故。數十日竟至天河，見牽牛織女二星而歸。見《博物志·雜説下》。後訛變爲張騫乘槎自黄河逆流而上，最後抵達天河。故以“槎”應“源”。飾以“春”，取春水方盛之義。

王源中 唐人。字正蒙。

《易·蒙卦》：“蒙亨，以亨行時中也。”又：“蒙以養正。”故以“正蒙”應“中”。

王　熙 清人。字子雍。

熙、雍皆有和義，故相協。“子”爲男子美稱。

王熙震 清人。字曉嵐。

熙，光明。曉爲天亮，亦光明之象，故以應“熙”。綴以“嵐”，謂曉霞蒸蔚。

王　照 清人。字晉三。

《易·晉卦》：“晉：康侯用錫馬蕃庶，晝日三接。……象曰：明出地上，晉，君子以自昭明德。”古昭、照通用。

王猷定 清人。字于一。

《孟子·梁惠王上》：“吾對曰：‘定于一。’”

王　瑒 南朝陳人。字子璵。

《説文·玉部》：“瑒，圭尺二寸，有瓚。”魯人呼爲鬯圭。璵，璠璵。魯之寶玉名。同爲玉屬，故相應。“子”爲男子美稱。

王　瑛 明人。字汝玉。

《説文·玉部》：“瑛，玉光也。”故以“汝玉”相應。

王　稜 晉人。字文子。

稜，威猛之勢。《漢書·李廣傳》：“威稜憺乎鄰國。”應以

"文"，取反義。亦謂才兼文武。"子"爲男子美稱。

王　筠

① 南朝梁人。字元禮。

《禮記·禮器》："禮釋回，增美質；措則正，施則行。其在人也，如竹箭之有筠也。""元"爲美飾。

② 清人。字貫山。

《禮記·禮器》："如竹箭之有筠也，如松柏之有心也……故貫四時而不改柯易葉。""山"爲時尚字飾，亦承《禮器》文句涵義而取青山不改易之義。

王　粲　漢人。字仲宣。

《廣雅·釋詁四》："粲，明也。"《左傳·僖公二七年》："民未知信，未宣其用。"杜預注："宣，明也。"同義故相協。

王　綖　明人。字邃伯。

《禮記·玉藻》："天子玉藻，十有二旒，前後邃延。"鄭玄注："言皆出冕前後而垂也。""延"假作"綖"。《玉篇·糸部》："綖，冕前後垂。"

王　義　元人。字宜之。

《禮記·中庸》："義者宜也。"

王　肅

① 三國魏人。字子雍。

《詩·召南·何彼穠矣》："曷不肅雝，王姬之車。"毛傳："肅，敬；雝，和。"雝，同"雍"。又《禮記·少儀》："肅肅雍雍。""子"爲男子美稱。

② 後魏人。字恭懿。

肅、恭皆有敬義，故相協。《書·洪範》："恭作肅。"又《無逸》："徽柔懿恭。"

王與之　宋人。字次點。

《論語·先進》："夫子喟然嘆曰：'吾與點也！'"飾以"次"，謂居於曾點之列。

王與玟　明人。字文玉。

此拆名爲字。

王與胤　明人。字百斯。

胤，子孫相承續。《詩·大雅·文王》："文王孫子，本支百世。"以"百"應"胤"，取子孫繁衍，百世不衰之義。綴以"斯"，倣"於萬斯年"文例。

王與齡　明人。字受甫。

與、受反義相協。"甫"爲男子美稱。

王　葆　宋人。字彦光。

《莊子·齊物論》："注焉而不滿，酌焉而不竭，而不知其所由來，此之謂葆光。""彦"爲美飾。

王　萬

① 宋人。字萬里。

承"萬"而實以"里"，以示志在萬里。

② 宋人。字處一。

《老子》第三九章："萬物得一以生。"又第四二章："道生一，一生二，二生三，三生萬物。"一爲萬物之本，故以"一"應"萬"。

王　著

① 宋人。字知微。

《易·繫辭下》："君子知微知彰。"彰、著同義。常語有"見微知著"。

② 宋人。字成象。

《易·繫辭上》："縣象著明，莫大乎日月。"

王　裒　晉人。字偉元。

裒，同"褒"。褒、偉同有大義，故相協。《漢書·雋不疑傳》："褒衣博帶，盛服至門上謁。"顔師古注："褒，大裾也。言著褒大之衣，廣博之帶也。""元"亦大，故與"偉"並。

王裕之　南朝宋人。字敬弘。

裕，寬廣，寬大。弘，大。二者義近，故相協。

王　詰　清人。字摩也。

維摩詰，佛名，亦簡稱摩詰。

王　詵　宋人。字晉卿。

晉郤詵博學多才，舉賢良對策，爲天下第一。爲政威嚴明斷，甚得時譽。此襲其名。應以"晉卿"，言是晉臣。

王資深　宋人。字取道。

《孟子·離婁下》："君子深造之以道，欲其自得之也。自得之，則居之安；居之安，則資之深；資之深，則取之左右逢其原：故君子欲其自得之也。"

王　路　明人。字仲遵。

《詩·鄭風·遵大路》："遵大路兮，摻執子之袪兮。"

王　軾　明人。字用敬。

軾，車前横木。古代男子乘車爲立乘，有所敬，則憑軾俯身爲禮。

王　過　宋人。字幼觀。

《論語·里仁》："觀過，斯知仁矣。"

王　達　明人。字達善。

《孟子·盡心上》："窮則獨善其身，達則兼善天下。"

王　遇

① 後魏人。字慶時。

人生遇時，乃爲幸事，故應相慶。

② 宋人。字子合。

遇、合同義相協。"子"爲男子美稱。

王　遂　宋人。字去非。

遂，謂遂過。《吕氏春秋·審應》："公子食我之辯，適足以飾非遂過。"故以"去非"自警。

王道中　清人。字貫一。

《論語·里仁》："吾道一以貫之。"

王道隆　明人。字容山。

《爾雅·釋山》："宛中，隆。"隆爲山之一種，故以"山"相應。飾以"容"，意爲摹狀山之形。

王　鉞　清人。字仲威。

《禮記·中庸》："不怒而民威于鈇鉞。"

王　頒　隋人。字景彦。

頒，謂頒布選士之法，以考校士民。《周禮·地官·鄉大夫》："正月之吉，受教法于司徒，退而頒之其鄉吏，使各以教其所治，以考其德行，察其道藝……而興賢者、能者。"鄭玄注引鄭司農云："興賢者，謂若今舉孝廉；興能者，謂若今舉茂才。"頒教法選賢舉能，故以"景彦"相應。《詩·鄭風·羔裘》："彼其之子，邦之彦兮。"即頒教法選賢舉能，必得邦之俊彦，故以"景彦"應"頒"。

王　頍　隋人。字景文。

頍，戴弁之貌。《詩·小雅·頍弁》："有頍者弁，實維在首。"戴弁爲文飾，故應以"文"。飾以"景"，謂向慕其文。

王頊齡　清人。字顓士。

顓頊，傳説中古帝名。此拆以

爲名字。綴以“士”，言爲顓頊之士臣。

王　鼎

①宋人。字鼎臣。

鼎，常以指代三公之位。故以“鼎臣”應“鼎”。鼎臣義猶重臣。

②元人。字德新。

《易·雜卦》：“鼎，取新也。”飾以“德”，取精進不一，其德日新之義。

③清人。字省厓。

《鼎卦》有更新之象，應以“省”，言如曾子之日三省其身，以新其德。“厓”爲時尚字飾。參見②。

④清人。字贊元。

科舉時代一甲取三名：狀元、榜眼、探花。如鼎之有三足，故於狀元稱鼎元，義猶鼎甲之首。飾以“贊”，謂佐助爲鼎元。又鼎有三公之象。三公贊天子理萬民，助化育，故以“贊元”應“鼎”。元，猶狀元。

王僧祐　南朝齊人。字胤宗。

祐，謂神明護助。應以“胤宗”，乃祈求神明保祐其子孫昌盛。

王僧孺　南朝梁人。字僧孺。

名、字相同。六朝人佞佛，多以釋教名物以爲名字。僧孺，猶佛之子孫。

王僧辯　南朝梁人。字君才。

以“才”應“辯”，取“辯才無礙”之義。語出《華嚴經》。“君”爲美稱，以爲飾。

王　圖　明人。字則之。

《易·繫辭上》：“河出《圖》，洛出《書》，聖人則之。”

王　壽　元人。字仁卿。

《論語·雍也》：“仁者壽。”“卿”爲顯位，亦爲美稱，以爲飾。

王壽康　清人。字保之。

《詩·魯頌·閟宫》：“俾爾壽而臧，保彼東方。”

王壽卿　宋人。字魯翁。

《詩·魯頌·閟宫》：“天錫公純嘏，眉壽保魯。”“翁”爲老壽之稱，以爲綴飾。

王夢篆　清人。字文沙。

韓愈《城南聯句》：“窑煙冪疏島，沙篆印迴平。”錢仲聯集釋：“按王勃詩：‘迴沙擁籀文’，公語本此。”篆爲文字之一種，故以“文”飾“沙”。

王　戩　清人。字孟穀。

《詩·小雅·天保》：“天保定爾，俾爾戩穀。”

王　摶　唐人。字昭逸。

《老子》第十四章：“摶之不得名曰微。”《小爾雅·廣詁》：“微，無也。”逃逸、散逸亦歸於無，故以“逸”明“摶之不得”之意。

王　概　清人。字成木。

概，用以平斗斛之具。《説文·木部》：“槩，所以杚斗斛也。”其質爲木，故以“成木”相應。

王　暢　漢人。字叔茂。

《孟子·滕文公上》：“草木暢茂。”

王榮祖　元人。字敬先。

《孝經·開宗明義章》：“立身行道，揚名於後世，以顯父母，孝之終也。”《禮記·喪服小記》：“尊祖故敬宗。”故以“敬先”應“榮祖”。

王　構

①元人。字肯堂。

《書·大誥》：“若考作室，既底法，厥子乃弗肯堂，矧肯構？”此反其意而用之：能繼父志，肯構肯堂。

②元人。字嗣能。

解同①。言後嗣能肯構。

王毓賢　清人。字星聚。

後漢陳寔（仲弓）、荀淑名德著於海内，其子亦皆有賢名。寔曾偕子孫往訪荀氏父子，至有“于時德星聚，太史奏‘五百里賢人聚’”之説（事見《世説新語·德行》注引檀道鸞《續晉陽秋》）。故以“星聚”應“賢”。

王　漢　明人。字子房。

漢張良字子房。慕其人，因取以爲名字。

王漢忠　宋人。字希傑。

《史記·高祖本紀》謂劉邦曾稱贊張良、蕭何、韓信，以爲“此三者，皆人傑也”。三人皆忠於漢室，故以“希傑”應“漢忠”。

王漢英　宋人。字彦古。

漢之張良、蕭何、韓信爲一代英傑，乃古之俊彦。

王　漁　清人。字二樵。

張耒《夏日》詩：“久判兩鬢如霜雪，直欲樵漁過此生。”封建時代，文人常侈談漁樵，視爲隱居樂事，故二者常並稱。文人以筆硯爲謀生之具，故以“二樵”應“漁”。二，别様，别種之謂。

王漸逵　明人。字用儀。

《易·漸卦》：“鴻漸于陸，其羽可用爲儀。”朱熹本義：“胡氏、程氏皆云，‘陸’當作‘逵’，謂雲路也。”故以“用儀”應“漸逵”。

王爾膂　清人。字襄哉。

《僞古文尚書·君牙》：“今命爾予翼，作股肱心膂。”此周穆王命君牙之辭。言命爾爲大司徒，作王家股肱心膂，以輔翼予。襄，猶“翼”，同爲輔佐之意。“哉”爲語氣詞，以表命令。

王　睿　清人。字元哲。

睿、哲同有明智義，故相協。元哲猶言大智。

王睿章　清人。字貞六。

《易·説卦》：“故《易》六位而成章。”《易》每卦有六爻，用以貞卜，故以“貞六”應“章”。

王　禕　明人。字子充。

《爾雅·釋詁》：“禕，美也。”以“充”相應，取《孟子》“充實之謂美”之義。“子”爲男子美稱。

王　端

①宋人。字子正。

端、正同義，故相協。“子”爲男子美稱。

②清人。字子方。

端、方亦同義，故相協。

王　維　唐人。字摩詰。

維摩詰爲釋家之大乘居士，曾以稱病爲由，向釋迦牟尼遣來問疾之弟子文殊師利等宣揚大乘深義。王維信佛，故拆維摩詰以爲名字。

王維烈　明人。字無競。

《詩·周頌·執競》：“執競武王，無競維烈。”

王維新　明人。字仲鼎。

《易·雜卦》：“鼎，取新也。”

王維楨　明人。字允寧。

《詩·大雅·文王》：“王國克

生，維周之楨。濟濟多士，文王以寧。”允，誠，確實。
王維寧　清人。字古臣。
《詩·大雅·文王》：“文王以寧。”又：“王之藎臣。”以“古臣”應“維寧”，意欲傚古之藎臣，使王室安寧。
王維翰　金人。字之翰。
《詩·大雅·板》：“大宗維翰。”又《嵩高》：“維周之翰。”
王　綸
①宋人。字德言。
《禮記·緇衣》：“王言如絲，其出如綸。”“德”以飾“言”，意謂王者皆仁德之言。
②明人。字汝言。
解同①。
③明人。字理之。
解見①。言語如理絲而成綸，出必成理。
④清人。字子音。
言爲心聲，出則如綸，故以“音”應“綸”。參見①。
王綸之　南朝齊人。字元章。
《禮記·緇衣》：“王言如絲，其出如綸。”章有條理義。綸爲有組織之絲織物，故以“章”相應。“元”爲美善之辭，以爲飾。
王　綯　宋人。字唐公。
唐有令狐綯，以文學受知宣宗，知制誥。官至同平章政事。此以其名爲名，而表明爲唐之公卿。
王　綦　明人。字履若。
《漢書·揚雄傳上》：“履欃槍以爲綦。”顔師古注引晉灼曰：“綦，履跡也。”又《外戚傳》：“俯視兮丹墀，思君兮履綦。”顔師古注：“綦，履下飾也。言視殿上之地，則想君履綦之跡也。”跡爲履所踐，故如履然。若，猶“然”。
王聞遠　清人。字聲宏。
能聞於遠，其聲自必宏大。
王肇坤　明人。字亦資。
《爾雅·釋詁》：“肇，始也。”《易·乾卦》：“萬物資始。”故以“亦資”應“肇”。
王　蓂　明人。字時禎。
蓂，瑞草名。相傳唐堯時生於庭階。每月之一日生一莢，至十五日而全。十六日起，一日落一莢，月盡而畢，如月之圓缺（見《白虎通·封禪》）。唐堯之時，被認爲盛世，故有此祥瑞。“時禎”猶言時之祥瑞。
王　蒙　明人。字叔明。
“蒙”有闇昧義，故應以“明”，反義相協。
王　蓍　清人。字宓草。
蓍，蓍草。古時以爲占卦之具。相傳八卦爲伏羲氏所畫，故以“宓草”應“蓍”。宓、伏古同聲，故伏羲亦作宓羲、宓戲。
王　誕　南朝宋人。字茂世。
《爾雅·釋詁》：“誕，大也。”又：“茂，豐也。”豐亦大，故以“茂”協“誕”。綴以“世”，意欲世系綿長而光大。
王　賓
①金人。字德卿。
《周禮·地官·大司徒》：“以鄉三物教萬民而賓興之，一曰六德：知、仁、聖、義、忠、和。”鄭玄注：“興猶舉也。民三事教成，鄉大夫舉其賢者、能者，以飲酒之禮賓客之。”以“德”應“賓”，言以德行榮膺鄉飲酒大賓之選，而享受寵禮。“卿”爲顯位，亦爲美稱，以爲飾。
②元人。字子立。
《禮記·鄉飲酒義》：“鄉飲酒之義，立賓以象天……立三賓以象三光。”“子”爲男子美稱。
③明人。字用賓。
《易·觀卦》：“觀國之光，利用賓于王。”
④明人。字仲光。
解見③。
⑤清人。字東膠。
《易·觀卦》：“利用賓于王。”《禮記·王制》：“周人養國老於東膠。”國君行養老之禮，則所養者即爲王之賓，故以“東膠”應“賓”。
王輔銘　清人。字翊思。
輔、翊皆有贊助、輔佐義，故相協。思，語氣詞。如《詩·周南·漢廣》“不可求思”之“思”，無義。
王遜志　元人。字文敏。
《僞古文尚書·説命下》：“惟學遜志，務時敏。”飾以“文”，取《論語》“敏而好學，不恥下問，是以謂之文”之義。
王際華　清人。字秋水。
華，謂《南華經》。唐爲李姓，自認道家學派創始人李耳爲其始祖，尊此學派著作爲“經”。《莊子》爲《南華經》，中有《秋水》一篇，故以“秋水”應“華”。
王鳳九　清人。字而軒。
《詩·大雅·卷阿》：“鳳凰于飛。”軒，飛舉。王粲《贈蔡子督》詩：“歸雁載軒。”故以“軒”應“鳳”。
王鳴盛　清人。字鳳喈。
韓愈《送孟東野序》：“抑不知天將和其聲而使鳴國家之盛邪？”《詩·大雅·卷阿》：“鳳凰鳴矣。”又《周南·葛覃》：“其鳴喈喈。”舊傳鳳凰爲瑞鳥，須於太平盛世始出現。《書·益稷》謂虞舜之世，曾“《簫韶》九成，鳳皇來儀”，故以“鳳喈”應“鳴盛”。
王鳴韶　清人。字鶴溪。
《詩·小雅·鶴鳴》：“鶴鳴于九皋，聲聞于野。”鶴爲涉禽，故綴以“溪”。
王　儉　南朝齊人。字仲寶。
《老子》第六七章：“我有三寶，持而保之。一曰慈，二曰儉，三曰不敢爲天下先。”又《子華子·晏子問黨》：“夫儉，聖人之寶也。”
王　墮　前秦人。字安生。
墮則有危，故以“安生”相應，取其反義。亦寓“居安思危”之意。
王審知　五代閩人。字信通。
知即通曉，故相協。信，誠然，確實。“審知”即知之詳，知之詳則確爲通曉。
王審邽　唐人。字次都。
邽，地名。漢置上邽、下邽二縣。區域小者爲邑，大者爲都。“次都”意謂小邑。
王審琦　宋人。字仲寶。
琦爲美玉，故可寶。
王　履　宋人。字坦翁。
《易·履卦》：“履道坦坦，幽人貞吉。”翁，老壽之稱。

王履端 清人。字小穀。

《左傳·文公元年》："叔服曰：'穀也食子，難也收子。穀也豐下，必有後於魯國……先王之正時也，履端於始，舉正於中，歸餘於終。"按，《左傳》此文所記爲二事。叔服一段乃品評穀、難二人，先王一段乃講曆法，二者毫不相涉。以"穀"應"履端"，只借字面，而另取他義。"穀"有吉慶、吉祥義，"履端"有開始義，二者相配，意謂開始即吉。飾以"小"，示無奢望，以法"天道忌滿"之訓。

王 嶠 晉人。字開山。

《爾雅·釋山》："山小而高，岑；鋭而高，嶠。"佛家於某一山寺創建者稱爲開山祖。故因"山"而及"開"。

王 廙 晉人。字世將。

《玉篇·广部》："廙，謹敬也。"《詩·周頌·我將》："我將我享。"鄭玄箋："將，猶奉也。"《荀子·成相》："吏謹將之無鈹滑。"楊倞注："將，持也。"以"世將"應"廙"，言世世奉持敬謹之德。

王廣之 南朝齊人。字之林。

之，往。應以"之林"，意在隱逸於山林。

王廣心 清人。字伊人。

《孟子·告子上》："心之官則思。"《詩·秦風·蒹葭》："所謂伊人，在水一方。"以"伊人"應"心"，謂有所思。

王廣淵 宋人。字才叔。

《僞古文尚書·微子之命》："克齊聖廣淵。"蔡沈集傳："聖則無不通，廣言其大，淵言其深也。"應以"才"，言才識深廣，無所不知。

王徵俊 明人。字夢卜。

徵俊，謂徵聘賢才。殷高宗得傳説，周文王聘姜尚，皆據夢境占卜後，始往訪求。故以"夢卜"應"徵俊"。

王 德

① 北周人。字天恩。

《書·皋陶謨》："天命有德，五服五章哉。"孔穎達疏："天又命用有九德，使之居官，當承天意爲五等之服……"

② 宋人。字子華。

《禮記·樂記》："德者，性之端也；樂者，德之華也。""子"爲男子美稱。

③ 明人。字汝修。

《易·乾卦》："君子進德修業。"飾以"汝"，呼以自勵。

王德新 明人。字應明。

《書·康誥》："惟乃丕顯考文王，克明德慎罰。"《禮記·大學》："大學之道，在明明德。"

王德溥 清人。字容大。

《僞古文尚書·君陳》："有容德乃大。"

王慶雲 清人。字雁汀。

曹丕《寡婦》詩："候雁叫兮雲中。"應瑒《侍五官中郎將建章臺集詩一首》："朝雁鳴雲中。"雁爲游禽，故綴以"汀"。

王慶端 元人。字正甫。

端、正同義相協。"甫"爲男子美稱。

王慶麟 清人。字時祥。

舊傳麒麟爲仁獸，不踐生草。出現必於盛世，故以爲祥瑞。《公羊傳·哀公十四年》："麟者，仁獸也。有王者則至，無王者則不至。"擇時而出，故以"時"爲飾。

王 播 唐人。字明敭。

播敭，傳揚，宣揚。敭，同"揚"。《三國志·魏志·文帝紀》裴松之注引《漢紀》："斯乃播揚洪烈，立功垂名之秋也。"明、敭義近，故以爲飾。

王 撝 宋人。字謙父。

《易·謙卦》："无不利，撝謙。""父"爲男子美稱。

王 撰 清人。字異公。

《論語·先進》："對曰：'異乎三子者之撰。'""公"爲顯位，亦爲美稱。

王 槩 明人。字同節。

《漢書·楊惲傳》："漂然皆有節概，知去就之分。"概，同"槩"。節、槩義相同，故以"同"爲飾。

王 毅

① 元人。字栗夫。

栗，嚴肅，威嚴。與"毅"義近，故相協。《書·舜典》："直而温，寬而栗。""夫"爲男性通稱。

② 元人。字剛淑。

《論語·子路》："剛毅木訥，近仁。""淑"有温和、和善義，剛則易暴，故以自警。

王 澄

① 晉人。字道深。

"澄"有静義，道家以清静無爲爲道之極。故以"道深"應"澄"。

② 晉人。字平子。

澄、平皆有静義，故相協。"子"爲男子美稱。

③ 明人。字德輝。

以"德"應"澄"，猶以"道"應"澄"。今本《老子》上卷講"道"，下卷講"德"，同闡揚清静無爲之義。參見①。

王 潛 唐人。字弘志。

《漢書·董仲舒傳》："下帷發憤，潛心大業。"以"志"應"潛"，亦猶"潛心"。飾以"弘"，意謂潛心道業，弘大其志。

王 潮 唐人。字信臣。

潮定時漲落，若有信之人，故以"信"相應。封建時代，"率土之濱，莫非王臣"，凡人皆爲君王臣民，故爲字之綴飾。

王 澍 清人。字若霖。

《説文·水部》："澍，時雨也。"《僞古文尚書·説命上》："若歲大旱，用汝作霖雨。"

王 瑩 南朝梁人。字奉光。

《説文·玉部》："瑩，玉色也。"段玉裁注："謂玉光明之貌。"

王 瑾 清人。字亦懷。

《楚辭·九章·懷沙》："懷瑾握瑜兮，窮不知所示。"

王 畿

① 明人。字翼邑。

畿，京畿，即王都所處的千里範圍之地。西漢武帝時置京兆尹、左馮翊、右扶風以治理京畿地區，號爲三輔。三輔所轄地區，亦名三輔。"翼邑"猶言輔翼王都之邑。

② 明人。字汝中。

畿，門檻。《詩·邶風·谷風》："薄送我畿。"毛傳："畿，門内也。”故以“中”應“畿”。中、内同義。

王 磐

①漢人。字子石。

《易·漸卦》：“鴻漸于磐。”王弼注：“磐，山石之安者。”故以“石”應“磐”。“子”爲男子美稱。

②明人。字鴻漸。

解見①。

王穉登 明人。字伯穀。

《詩·魯頌·閟宫》：“稙穉菽麥。”毛傳：“先種曰稙，後種曰穉。”登，農作物成熟。《孟子·滕文公上》：“五穀不登。”以“穀”應“穉登”，義取晚熟之稼，或寓大器晚成之義。

王穀祥 明人。字禄之。

穀，禄，食俸禄。《論語·憲問》：“邦有道，穀；邦無道，穀，恥也。”何晏集解引孔安國曰：“穀，禄也。”

王 翥 宋人。字一飛。

翥、飛同義。《説文·羽部》：“翥，飛舉也。”以“一”飾“飛”，取《史記·滑稽列傳》“一飛沖天”之義。

王 蔚 金人。字叔文。

《易·革卦》：“其文蔚也。”“叔”表行第居第三。

王蔭昌 清人。字子言。

《書·臯陶謨》：“禹拜昌言。”又《益稷》：“汝亦昌言。”“子”爲男子美稱。

王 蓮 清人。字韻香。

周敦頤《愛蓮説》：“香遠益清，亭亭净植……蓮，花之君子者也。”故以“香”應“蓮”。飾以“韻”，謂其香清雅不俗。

王 諍 明人。字子孝。

《孝經·諫諍章》：“父有争子，則身不陷於不義。”争，通“諍”。父有過，子不諍，不得謂孝，故以“孝”應“諍”。“子”爲男子美稱。

王 誼 隋人。字君義。

《禮記·中庸》：“義者宜也。”誼通“宜”。“君”爲美稱，以爲飾。

王 質

①南朝陳人。字子貞。

質、貞皆有誠或誠實義，故相協。

②唐人。字華卿。

《論語·雍也》：“文質彬彬，然後君子。”“華”即文采，故以應“質”。“卿”爲顯位，亦爲美稱，以爲字飾。

③宋人。字子野。

《論語·雍也》：“質勝文則野。”

④宋人。字景文。

同②③。

⑤金人。字敬夫。

質，通“贄”。《孟子·萬章下》：“庶人不傳質爲臣。”古人初相見，須執物爲禮，以表敬意。故以“敬”應“質”。“夫”爲男子通稱。

⑥明人。字孟瑾。

瑾，美玉。以之應“質”，言其質乃玉。

王 醇 明人。字先民。

《淮南子·氾論訓》：“古者人醇工龐。”古人即先民。

王 震

①宋人。字子發。

《易·雜卦》：“震，起也。”起即發。《禮記·月令》：“雷乃發聲，始電。”雷發聲即震。故以“發”應“震”。“子”爲男子美稱。

②明人。字以東。

《易·説卦》：“震，東方也。”

③明人。字威遠。

《易·震卦》：“震驚百里，驚遠而懼邇也。”使遠者驚，即是威遠。

王 鞏 宋人。字定國。

鞏固與安定義近，故相協。承以“國”，意在安邦定國。

王養正 明人。字聖功。

《易·蒙卦》：“蒙以養正，聖功也。”

王 駕 唐人。字大用。

駕則負重致遠，故以“大用”相應。

王魯復 唐人。字夢周。

《論語·述而》：“久矣，吾不復夢見周公！”

王 凝

①隋人。字叔恬。

凝、恬皆有寧静義，故相協。

②唐人。字成庶。

《書·臯陶謨》：“庶績其凝。”

王 勳

①宋人。字上達。

以“上達”應“勳”，意謂功成而不居，以歸於君上。《禮記·表記》：“是故君子不自大其事，不自尚其功。”

②明人。字曰放。

《書·堯典》：“曰若稽古帝堯，曰放勳。”

王學浩 清人。字孟養。

《孟子·公孫丑上》：“敢問夫子惡乎長？〔孟子〕曰：‘我知言。我善養吾浩然之氣。’”

王學曾 明人。字唯吾。

《論語·學而》：“曾子曰：‘吾日三省吾身……’”又《里仁》：“子曰：‘參乎！吾道一以貫之。’曾子曰：‘唯。’”

王學夔 明人。字唐卿。

夔爲唐虞時代的樂官，故以“唐卿”相應。“卿”亦美稱。

王 導 晉人。字茂弘。

以“茂弘”應“導”，意謂訓導其德，以達於恢宏、盛大。《晉書·宗室·安平獻王孚傳》：“詔曰：‘太傅勳德弘茂，朕所瞻仰；以光導弘訓，鎮静宇内，願奉以不臣之禮。’”

王 憲

①後魏人。字顯則。

憲、則皆有法紀、法令義，故相協。法令須昭示於衆，故飾以“顯”。

②明人。字維綱。

“綱”亦法紀，故與“憲”同義相協。參見①。“維”無義。

王 操 北周人。字子高。

以“高”應“操”，意在高尚其品德、節操。“子”爲男子美稱。

王 曄

①元人。字日華。

曄，光，光明。日光最明，故以“日華”相應。此亦拆名爲字。

②明人。字韜孟。

以“韜”應“曄”，取韜光養晦之義。

王 暾 清人。字始旦。

暾，明。《詩·邶風·匏有苦

葉》："旭日始旦。"日出天乃明，故以"始旦"應"暾"。

王 曇 清人。字仲瞿。

釋迦牟尼姓瞿曇。因拆以爲名字。

王 機 晋人。字令明。

機，通"幾"。《易·繫辭下》："幾者，動之微，吉之先見者也。君子見幾而作，不俟終日。"能見幾，自是明察，故幾、明相應。"令"爲美善之稱，以爲飾。

王 樵

①宋人。字肩望。

樵，同"譙"。《漢書·趙充國傳》："部曲相保，爲塹壘木樵，校聯不絶。"顔師古注："樵與譙同，謂爲高樓以望敵也。"故以"望"應"樵"。飾以"肩"，蓋將瞭望之"望"轉爲聲望之"望"。《三國志·吴志·吾粲傳》："與同郡陸遜、卜静等比肩齊聲矣。""肩望"猶言聲望相同。

②明人。字明遠。

取譙樓瞭望目力可及於遠之意。解見①。

王樹穀 清人。字原豐。

《孟子·滕文公上》："樹藝五穀。"以"豐"應"穀"，取豐年多穀之義。《詩·周頌·豐年》："豐年多黍多稌。"朱熹集傳："黍稌皆熟，則百穀無不熟矣。"

王澤宏 清人。字涓來。

水所匯聚處爲澤，應以"涓來"，意謂澤由細流而成。

王 璠 唐人。字魯玉。

《説文·玉部》："璠，璠璵，魯之寶玉。"

王 積 明人。字子崇。

以"崇"應"積"，取累聚使高之義。《易·升卦》："君子以順德，積小以高大。"又《史記·汲鄭列傳》："陛下用羣臣，如積薪耳，後來者居上。"居於上者，位自崇高。"子"爲男子美稱。

王 縉

①唐人。字夏卿。

《説文·糸部》："縉……《春秋》傳曰'縉雲氏'。"段玉裁注："黄帝以雲紀，故爲雲師而雲名。服虔曰：夏官爲縉雲氏。"故以"夏卿"應"縉"。

②宋人。字子雲。

析縉雲氏以爲名字。參見①。

王 翰

①唐人。字子羽。

《説文·羽部》："翰，天雞也，赤羽。"故以"羽"應"翰"。"子"爲男子美稱。

②元人。字用文。

《説文·羽部》："翰……《逸周書》曰：文翰若翬雉。"

③明人。字時舉。

《詩·大雅·常武》："如飛如翰。"《論語·鄉黨》："色斯舉矣，翔而後集。曰：'山梁雌雉，時哉！時哉！'"故以"時舉"應"翰"。

王 臻 宋人。字及之。

臻、及皆有至義，故相協。

王 蕃 三國吴人。字永元。

蕃，蕃衍昌盛。蕃衍則不絶，故以"永"相協。"元"爲美善之辭，以爲綴飾。

王 融 南朝齊人。字元長。

《爾雅·釋詁》："融，長也。""元"爲美善之辭，以爲飾。

王 衡 明人。字辰玉。

《書·堯典》："在璿璣玉衡，以齊七政。"玉衡又爲星辰名，即北斗七星之第五星。故以"辰玉"應"衡"。

王 諤

①明人。字廷直。

《楚辭·惜誓》："或直言之諤諤。"封建時代，尤重在朝廷能直言，故以"廷"爲飾。

②清人。字一士。

《史記·商君列傳》："千人之諾諾，不如一士之諤諤。"

王 諶 南朝齊人。字仲和。

《詩·小雅·常棣》："兄弟既翕，和樂且湛。"諶、湛通。故以"和"應"諶"。按，《禮記·中庸》引此詩，"湛"作"耽"。是諶亦通"耽"。耽爲樂，過樂。《詩·衛風·氓》："無與士耽。"

王 豫

①宋人。字悦之。

豫、悦皆有喜樂義，故相協。《孟子·梁惠王下》："吾王不豫，吾何以助？"朱熹集注："豫，樂也。"

②清人。字立父。

《禮記·中庸》："凡事豫則立。""父"爲男子美稱，以飾字。

③清人。字應和。

和，樂。與"豫"同義相協。"應"取必然之義。

王豫嘉 清人。字建侯。

《易·豫卦》："豫：利建侯行師。"

王遵坦 清人。字太平。

《易·履卦》："履道坦坦，幽人貞吉。"王弼注："故履道坦坦无險厄也。"無險厄即是太平。又平、坦可同義相協。飾以"太"，亦或取王道坦蕩，天下太平之義。

王遵訓 清人。字子循。

訓、循皆有順義，故相協。《書·洪範》："是訓是行，以近天子之光。"王肅注："民納言於上而得中者，則順而行之。""子"爲男子美稱。

王 鑫 清人。字璞山。

鑫，即"珍"。玉爲珍寶。玉在山石中未治者爲璞。故以"璞山"應"珍"。

王 錫

①南朝宋人。字寡光。

《詩·大雅·皇矣》："載錫之光。"飾以"寡"，以示不慕榮利。

②南朝梁人。字公嘏。

《詩·魯頌·閟宫》："天錫公純嘏。"

王錫圭 清人。字翰周。

《詩·大雅·崧高》："維申及甫，維周之翰。"又："錫爾介圭，以作爾寶。"

王錫祺 清人。字壽藼。

《詩·大雅·行葦》："壽考維祺，以介景福。"故以"壽"應"祺"。藼，即"蘐""萱"。綴於"壽"後，意在爲母祈福。

王錫爵 明人。字元馭。

《周禮·天官·大宰》："以八柄詔王馭羣臣：一曰爵，以馭其貴……"爵爲八柄之首，故以"元"爲飾。

王錫闡 清人。字寅旭。

《易·繫辭下》："夫《易》彰

往而察來，而微顯闡幽。”韓康伯注：“闡，明也。”“旭”爲日出，有光明之象。《書·堯典》：“寅賓出日。”故以“寅”飾“旭”。

王　錟　清人。字長穎。

《説文·金部》：“錟，長矛也。”矛之鋒長，故以“長穎”相應。

王餘慶　元人。字叔善。

《易·坤卦》：“積善之家，必有餘慶。”

王　龜　唐人。字大年。

古人以龜爲長壽動物，故以“大年”相應。曹操《龜雖壽》：“神龜雖壽，猶有竟時。”郭璞《遊仙詩》：“借問蜉蝣輩，寧知龜鶴年？”

王　嶷　後魏人。字道長。

嶷，高大，高尚。《史記·五帝本紀》：“其德嶷嶷。”以“道長”應“嶷”，意謂其道德崇高。

王　徽

① 唐人。字昭文。

徽，美，華美。陸機《文賦》：“文徽徽以溢目。”昭，明。

② 明人。字尚文。

解同①。尚，崇尚。

王徽之　晉人。字子猷。

《詩·小雅·角弓》：“君子有徽猷。”“子”爲男子美稱。

王　懋　北周人。字小興。

懋，通“茂”。興盛，盛大。以“小興”相應，意在遵“天道忌滿”之戒，只求小有興盛。小，亦或表行第。

王懋德　元人。字仁父。

連姓成文。《僞古文尚書·太甲中》：“王懋乃德。”又《仲虺之誥》：“德懋懋官……克寬克仁，彰信兆民。”“父”爲男子美稱，以爲字飾。

王應孚　清人。字信甫。

《易·豐卦》：“有孚發若，信以發志也。”又《序卦》：“節而信之，故受之以中孚。”“甫”爲男子美稱。

王應昌　清人。字亮之。

昌、亮皆有光義，故相協。《廣雅·釋言》：“昌，光也。”亮亦光。

王應熊　明人。字非熊。

此用姜太公遇文王故事。《史記·齊太公世家》謂周文王出獵前，“卜之，曰‘所獲非龍非彲，非虎非羆；所獲霸王之輔’。”獵時乃遇太公於渭濱。後世訛變爲“非熊非虎”。遂以“非熊”爲得賢臣之兆。

王應鳳　宋人。字仲儀。

《書·益稷》：“鳳皇來儀。”

王應鵬　明人。字天宇。

《莊子·逍遥遊》謂鵬徙於南冥，扶摇而上九萬里，“絶雲氣，負青天，然後圖南”。故以“天宇”應“鵬”。

王應麟　宋人。字伯厚。

《詩·周南·麟之趾》：“麟之趾，振振公子，于嗟麟兮。”毛傳：“振振，信厚也。”孔穎達疏：“于嗟乎歎今公子信厚如麟兮。”

王　檝　元人。字巨川。

《僞古文尚書·説命上》：“若濟巨川，用汝作舟楫。”楫，同“檝”。

王　濬　晉人。字士治。

治理河道使水深流暢爲“濬”，故以“治”相應。“士”爲男子美稱，以爲飾。

王　濟

① 晉人。字武子。

濟，成功。以“武”相應，意謂以武力則可成功。《左傳·桓公六年》：“我張吾三軍，而被吾甲兵，以武臨之，彼則懼而協以謀我。”“子”爲男子美稱。

② 宋人。字巨川。

《僞古文尚書·説命上》：“若濟巨川，用汝作舟楫。”

③ 明人。字汝舟。

解同②。

王　濤　晉人。字茂略。

濤，當作“韜”。“韜略”常語。古兵書有《六韜》《三略》。此刻寫訛誤。“茂”爲美盛之辭，以爲飾。

王　績　唐人。字無功。

功、績同義相協。飾以“無”，取《老子》“功成而弗居。夫唯弗居，是以不去”之義。

王績燦　明人。字偉奏。

績，功績。《詩·小雅·六月》：“薄伐玁狁，以奏膚公。”毛傳：“膚，大；公，功也。”故以“偉奏”應“績”。

王羲之　晉人。字逸少。

羲，謂伏羲氏。古人以爲伏羲時代，民衆閑適自得，清静安逸，故以“逸”應“羲”。“少”表行第居末。

王　翱　明人。字九皋。

《詩·小雅·鶴鳴》：“鶴鳴于九皋，聲聞于野。”鮑照《舞鶴賦》：“逸翮後塵，翱翥先路。”

王　聲　明人。字遹駿。

《詩·大雅·文王有聲》：“遹駿有聲。”

王舉元　宋人。字懿臣。

《孟子·告子下》：“管夷吾舉於士，孫叔敖舉於海，百里奚舉於市。”諸人皆爲賢臣良輔，故以“臣”應“舉”。“懿”有美好賢良義，以爲飾。

王舉正　宋人。字伯仲。

《左傳·文公元年》：“舉正於中，民則不惑。”《文選·曹丕〈典論·論文〉》：“傅毅之與班固，伯仲之間耳。”李善注：“言勝負在兄弟之間，不甚相踰也。”以“伯仲”應“舉正”，言須察微，始可得當。

王　薈　晉人。字敬文。

薈，草木繁盛貌。《詩·曹風·候人》：“薈兮蔚兮，南山朝隮。”朱熹集傳：“薈蔚，草木盛多之貌。”以“敬文”相應，意在希望文采繁盛。

王　褒

① 漢人。字子淵。

“褒”有寬義，“淵”有深義，二者義近，故相協。“子”爲男子美稱。

② 明人。字中美。

褒、美皆贊揚義，故相協。飾以“中”，意謂内美。《楚辭·離騷》：“紛吾既有此内美兮。”

王　謐　晉人。字稚遠。

謐，寧静。《老子》第三七章：“無欲以静，天下將自定。”《文子·上行》：“非寧静無以致遠。”故以“遠”應“謐”。“稚”表行第居末。

王　鍔　唐人。字昆吾。

《莊子·説劍》：“天子之劍，

以燕谿石城爲鋒，齊岱爲鍔。”司馬彪注：“鍔，劍刃；一云劍棱也。”《列子·湯問》：“西戎獻錕鋙之劍。”錕鋙即昆吾。

王 隱 晉人。字處叔。

以“處”應“隱”，表示志在山林，以隱逸自處。

王鴻緒 清人。字季友。

鴻，鴻雁。鴻雁飛行有序，故以喻兄弟長幼之序。友，兄弟友愛。《禮記·王制》：“父之齒，隨行；兄之齒，雁行。”《論語·爲政》：“友于兄弟。”故以“友”應“鴻”。

王鴻儒 明人。字懋學。

儒家重學，有“一事不知，儒者所恥”之訓，故以“懋學”應“儒”。懋，勤勉。

王 彝 明人。字常宗。

《書·洪範》：“彝倫攸敘。”《爾雅·釋詁》：“彝，常也。”彝倫即“常倫”，亦即倫常。

王 擴 金人。字充之。

《孟子·公孫丑上》：“知皆擴而充之矣。”

王 曙 宋人。字晦叔。

天曉爲“曙”，夜爲“晦”，反義相協。

王曜升 清人。字次谷。

曜，日光。《書·堯典》：“宅嵎夷，曰暘谷，寅賓出日。”日自暘谷出，故以“次谷”應“曜”。

王 獵 宋人。字得之。

畋獵貴在有所獲，故以“得之”相應。亦用文王出獵得太公望於渭濱故事。

王 璧 宋人。字子潤。

《説文·玉部》：“璧，瑞玉圜也。”玉有五德，“潤澤以温”乃其一，故以“潤”相應。“子”爲男子美稱。

王 瞻 南朝梁人。字思範。

必有規範，始可爲民具瞻。《詩·小雅·節南山》：“民具爾瞻。”《論語·堯曰》：“故君子正其衣冠，尊其瞻視。”以“思”飾“範”，意謂在瞻視之地，須無忘規範。

王 禮 元人。字子尚。

以“尚”應“禮”，意在崇尚禮儀。

王 績 南朝齊人。字叔素。

績，通“繪”。《論語·八佾》：“繪事後素。”又，五彩爲繢，以“素”相應則取反義相協。

王 鎡 宋人。字時可。

《孟子·公孫丑上》：“雖有鎡基，不如待時。”綴以“可”，言待時始可。

王 鎏 清人。字子兼。

金之美者爲鎏。《孟子·公孫丑下》：“王餽兼金一百而不受。”趙岐注：“兼金，好金也。”故以“兼”應“鎏”。“子”爲男子美稱。

王 懷 北齊人。字懷周。

以“周”應“懷”，取《論語·八佾》“周監於二代，郁郁乎文哉！吾從周”之義。

王 瀛 清人。字十洲。

神話傳説瀛洲爲仙山，在大海中。見《史記·秦始皇本紀》。又《海内十洲記》謂仙人所居有十洲。故以“十洲”應“瀛”。

王 疇

① 宋人。字景彝。

《書·洪範》：“天乃錫禹《洪範》九疇，彝倫攸叙。”景，表示仰慕。

② 清人。字壽田。

拆名爲字。

王繩曾 清人。字武沂。

《詩·大雅·下武》：“繩其祖武。”故以“武”應“繩”。《論語·先進》曾點言志時，謂願與“冠者五六人，童子六七人，浴乎沂，風乎舞雩，詠而歸”，故又以“沂”應“曾”。

王 羆 北周人。字熊羆。

《詩·小雅·斯干》：“維熊維羆，男子之祥。”

王 襞 明人。字順宗。

襞，折叠衣服。叠衣必順衣之形制，循序操作。故以“順宗”相應。“宗”義猶順。

王 鬷 宋人。字總之。

《詩·陳風·東門之枌》：“越以鬷邁。”毛傳：“鬷，總也。”

王 鯨 宋人。字彦龍。

《漢書·西域傳贊》：“漫衍魚龍。”張衡《西京賦》：“海鱗變而成龍。”古人以鯨爲魚類，又有魚龍變化之説，故以“龍”應“鯨”。“彦”爲俊美之稱，以爲飾。

王 鵬 元人。字九萬。

取《莊子·逍遥遊》鵬飛九萬里之義。

王 懿 南朝宋人。字仲德。

《詩·大雅·烝民》：“民之秉彝，好是懿德。”《易·小畜卦》：“君子以懿文德。”

王懿修 清人。字仲美。

懿、美同義相協。《爾雅·釋詁》：“懿，美也。”

王 獻 明人。字惟從。

《儀禮·聘禮》：“一人舉爵，獻從者。”

王獻之 晉人。字子敬。

進物以示敬意爲獻，故以“敬”相應。“子”爲男子美稱。

王 競 金人。字無競。

《詩·魯頌·長發》：“不競不絿。”鄭箋：“競，逐也。”又《大雅·桑柔》：“君子實維，秉心無競。”以“無競”相應，意在以不競争、追逐爲戒。

王繼文 清人。字在兹。

《論語·爲政》：“其或繼周者，雖百世可知也。”又《子罕》：“文王既没，文不在兹乎！”以“在兹”應“繼文”，言能使周文王之道光大於今世。

王 藺 宋人。字謙仲。

《史記·廉頗藺相如列傳》記藺相如爲顧大局，不與廉頗争功，太史公稱之爲“一奮其氣，威信敵國，退而讓廉頗，名重太山”。

王 蘋 宋人。字信伯。

《左傳·隱公三年》：“苟有明信，澗溪沼沚之毛，蘋蘩薀藻之菜……可薦於鬼神，可羞於王公，而況君子結二國之信？”

王 醴 明人。字三泉。

《禮記·禮運》：“故天降膏露，地出醴泉。”三，甚言其多。

王 鶚 元人。字百一。

《漢書·鄒陽傳》：“臣聞鷙鳥累百，不如一鶚。”

王 爚 宋人。字仲潛。

爚，光明。“潛”有幽暗之象，故與之反義相協。

王蘭生 清人。字振聲。

《世説新語·言語》：“謝太

傳問諸子姪：'子弟亦何預人事，而正欲使其佳？'諸人莫有言者。車騎（玄）答曰：'譬如芝蘭玉樹，欲使其生於階庭耳。'""芝蘭玉樹"遂爲佳子弟之代稱。以"振聲"應"蘭生"，意謂作好子弟，光大門楣，振其家聲。

王譽昌　清人。字露湑。

《詩·小雅·蓼蕭》："蓼彼蕭斯，零露湑兮。既見君子，我心寫兮。燕笑語兮，是以有譽處兮。"故以"露湑"應"譽"。

王　鐸

①唐人。字昭範。

《論語·八佾》："天將以夫子爲木鐸。"何晏集解引孔注："木鐸，施政教時所振也。言天將命孔子制作法度，以號令於天下。"以法度號令天下，即昭示人以規範。

②清人。字覺斯。

鐸，解見①。《孟子·萬章上》："天之生此民也，使先知覺後知，使先覺覺後覺也。……予將以斯道覺斯民也。"振鐸施教化，即"覺斯民"，故以"覺斯"應"鐸"。

王闢之　宋人。字聖塗。

以"聖塗"應"闢"，意在"恢宏聖道"。

王　霸

①漢人。字元伯。

伯，通"霸"。五霸亦作"五伯"，故霸、伯同義相協。"元"有長義，因與"伯"並。

②漢人。字儒仲。

儒家鼓吹王道，霸道乃爲其次者。《孟子·梁惠王上》："仲尼之徒，無道桓、文之事者，是以後世無傳焉，臣未之聞也。無以，則王乎。"以"儒仲"應"霸"，意謂霸道乃儒者以爲第二等者。

王　饒　五代後周人。字受益。

饒、益皆有多義，故相協。《僞古文尚書·大禹謨》有"謙受益"，因取"受"飾"益"。

王　儼　明人。字民望。

《論語·堯曰》："君子正其衣冠，尊其瞻視，儼然人望而畏之。"民、人同義。

王　權

①五代後晉人。字秀山。

《管子》有《山權數》，因拆以爲名字。爲摹狀山之特性，遂飾以"秀"。

②金人。字士衡。

《禮記·深衣》："以應規矩繩權衡。""士"爲男子美稱。

王　瓘　宋人。字國器。

《左傳·昭公十七年》："若我用瓘斝玉瓚，鄭必不火。"杜預注："瓘，珪也。""珪"爲禮器，故以"國器"應"瓘"。

王　襲　後魏人。字元孫。

襲有因義，孫（遜）有順義，二者義近，故相協。元，美善之辭，以爲飾。

王　覿　宋人。字明叟。

《説文·見部新附字》："覿，見也。"《孟子·梁惠王上》："明足以察秋毫之末。""明"爲視力，故以應"覿"。叟，老壽之稱，以爲綴飾。

王　鑒　晉人。字茂高。

以"高"應"鑒"，意指鑒察力高。"茂"有大義，以爲飾。

王　鑑

①元人。字明卿。

鑑，銅製圓形器皿。上古無鏡，用以盛水照影。後來發展爲銅鏡。鏡須明亮，故以"明"應"鑑"。"卿"爲顯位，亦爲美稱，以爲飾。

②明人。字彦昭。

解同①。昭，猶"明"。"彦"爲俊美之稱，以爲飾。

③明人。字汝明。

解同①。

④清人。字圓照。

"鑑"之用途即"照"。銅鏡多作圓形，因以"圓"爲飾。

王　龔　漢人。字伯宗。

龔，通"恭"。《詩·大雅·公劉》："君之宗之。"鄭玄箋："宗，尊也。"尊即恭敬以事之，故以"宗"應"龔"。

王　巘　清人。字補雲。

巘，山峯。山多雲霧，故以"雲"相應。陶弘景《詔問山中何所有賦詩以答》詩："山中何所有？嶺上多白雲。"

王巖叟　宋人。字彦霖。

此用傅説故事以爲名字。《史記·殷本紀》謂武丁夜夢得賢臣，名説。後果於傅巖得一人，遂名爲傅説。又《僞古文尚書·説命上》："若歲大旱，用汝作霖雨。"因是武丁命傅説之辭，故以"霖"應"巖叟"。"彦"爲美稱。

王　顯

①後魏人。字世榮。

顯、榮皆有名聲昭著之義，故相協。飾以"世"，意在希冀累世興盛居高位。

②宋人。字德明。

《詩·大雅·假樂》："假樂君子，顯顯令德。"綴以"明"，意在"明明德"。

③明人。字希文。

"文"有彰明之象，故以應"顯"。參見①②。

王　觀

①三國魏人。字偉臺。

觀、臺同爲供登臨之類建築，故相協。"偉"有高大義，以爲飾。

②宋人。字達叟。

賈誼《鵬鳥賦》："達人大觀兮，物無不可。""叟"爲老壽者之稱，以爲綴飾，意在長壽。

③明人。字尚賓。

《易·觀卦》："觀國之光，尚賓也。"

王　讜　宋人。字正甫。

讜，正直之言。"甫"爲男子美稱。

王　驥　明人。字尚德。

《論語·憲問》："驥不稱其力，稱其德也。"

王　驩　戰國齊人。字子敖。

驩，通"歡"。敖，遊樂。《詩·邶風·柏舟》："以敖以遊。"以"敖"應"驩"，是以遨遊爲樂事。"子"爲男子美稱。

五　畫

〔丘〕

丘　允　宋人。字執中。

《僞古文尚書·大禹謨》："允執厥中。"

丘元復 清人。字漢標。

《後漢書·光武帝紀》："老吏或垂涕曰：'不圖今日復見漢官威儀！'"故以"漢標"應"復"。標，謂衣飾、儀仗等表現於外者。

丘天民 清人。字獨醒。

《孟子·萬章上》："予天民之先覺者也。予將以斯道覺斯民也，非予覺之而誰也？""獨醒"即先覺醒者。

丘天祐 明人。字恒吉。

《易·大有卦》："自天祐之，吉无不利。"

丘仲起 南朝齊人。字子震。

《易·雜卦》："震，起也。""子"爲男子美稱。

丘仲孚 南朝梁人。字公信。

《易·序卦》："節而信之，故受之以中孚。""公"爲美稱，以飾字。

丘仰文 清人。字襄周。

《論語·八佾》："周監於二代，郁郁乎文哉！吾從周。"襄，贊助。

丘兆麟 明人。字毛伯。

《詩·周南·麟之趾》："麟之趾。"朱熹集傳："麟……毛蟲之長也。"伯，長。

丘　吉 明人。字大佑。

《易·大有卦》："大有上吉，自天祐也。"佑、祐義通。

丘　耒 宋人。字少潛。

北宋張耒字文潛。丘爲南宋人，因慕前賢，故以爲名字。"少"示謙撝，亦表行第。

丘延翰 唐人。字翼之。

《詩·小雅·小宛》："翰飛戾天。""翰"爲羽，與"翼"同義相協。

丘志廣 清人。字粟海。

以"海"應"志廣"，取志大如海之義。飾以"粟"，表示微小，示謙撝，亦自嘲。蘇軾《赤壁賦》："渺滄海之一粟。"

丘　岳

① 宋人。字山甫。

山、岳同義相協。此連姓成文，又合姓字爲名。"甫"爲男子美稱。

② 清人。字青谷。

山高而尊者爲"岳"，兩山之間爲"谷"，二者義相連屬，故相協。

丘　迪 宋人。字彦啓。

《僞古文尚書·太甲上》："啓迪後人。""彦"爲美稱。

丘　昂 晉人。字公表。

昂，謂氣宇儀表軒昂，故以"表"相應。《楚辭·卜居》："寧昂昂若千里之駒乎？""公"爲美稱。

丘　珏 宋人。字玉甫。

《説文·玨部》："玨，二玉相合爲一玨。""甫"爲男子美稱。

丘　奐 宋人。字明遠。

奐，文采鮮明，《禮記·檀弓下》："美哉奐焉。"《左傳·襄公二五年》："言之無文，行而不遠。"有文則可行之遠，故以"明遠"應"奐"。

丘　迥 清人。字爾求。

迥，遠。《楚辭·離騷》："路曼曼其脩遠兮，吾將上下而求索。"

丘　峻 明人。字進涉。

峻，險峻。《易·需卦》："需，須也，險在前也……需，有孚。光亨，貞吉。利涉大川，往有功也。"王弼注："乾德獲進，往輒亨也。"

丘　泰 宋人。字儀仲。

泰，通"太"。《易·繫辭上》："是故《易》有太極，是生兩儀。"

丘　烈 宋人。字希文。

《詩·周頌·烈文》："烈文辟公。"

丘祖德 明人。字念修。

《詩·大雅·文王》："無念爾祖，聿修厥德。"

丘寂之 南朝宋人。字德元。

元，通"玄"。玄、寂皆有清静義，故相協。飾以"德"，謂其德幽潛。《書·舜典》："玄德升聞。"

丘　密 宋人。字宗卿。

密，同"崇"。崇、宗同有尊貴義，故相協。《詩·大雅·公劉》："君之宗之。"鄭玄箋："宗，尊也。"《易·繫辭上》："崇高莫大乎富貴。"卿爲顯位，亦爲美稱，以爲綴飾。

丘淵之 南朝宋人。字思玄。

淵、玄同有静默義，故相協。《莊子·在宥》："淵默而雷聲。"揚雄《解嘲》："知玄知默，守道之極；爰清爰静，遊神之廷。"

丘　訢 漢人。字季春。

訢，謂天地訢合。《禮記·樂記》："天地訢合，陰陽相得；煦嫗覆育萬物，然後草木茂。"春季萬物發生，故以"春"應"訢"。

丘　陵 明人。字志高。

此連姓成文。《孟子·離婁上》："爲高必因丘陵。"飾以"志"，言志如山高。

丘富國 宋人。字行可。

《論語·述而》："富而可求也，雖執鞭之士，吾亦爲之；如不可求，從吾所好。"以"行可"應"富"，意謂求富須以可行之道，不可妄爲。

丘　翔 宋人。字元鳳。

《楚辭·離騷》："鳳皇翼其承旂兮，高翺翔之翼翼。"元通"玄"。陳子昂《感遇》詩："崑崙見玄鳳。"故以"元"飾"鳳"。

丘象升 清人。字曙戒。

《易·序卦》："升而不已必困。"以"戒"應"升"，即戒其"不已"。"升"爲日出。日出則曙，故以"曙"爲飾。亦與"升"應。

丘象隨 清人。字季貞。

《易·隨卦》："隨有求得，利居貞。"

丘　集 明人。字子成。

《孟子·萬章下》："孔子之謂集大成。"孔子名丘，連姓則爲"丘集大成"。"子"爲男子美稱。

丘　經 明人。字正夫。

《孟子·盡心下》："經正則庶民興。""夫"爲男子通稱。

丘　漸 宋人。字子木。

《易·漸卦》："鴻漸于木。""子"爲男子美稱。

丘維屏 清人。字邦士。

《詩·大雅·板》："大邦維屏。""士"爲男子之稱。

丘　緒 明人。字繼先。

緒，功業。《詩·魯頌·閟宫》："纘禹之緒。"朱熹集傳：

"緒，業也。"以"繼先"應"緒"，意謂繼其先人功業。

丘　遲　南朝梁人。字希範。

遲、希皆有期望義，故相協。《後漢書·章帝紀》："朕思遲直士，側席異聞。"李賢注："遲，猶希望也。"應以"範"，意謂希望一切合於典範。

丘養浩　明人。字以義。

《孟子·公孫丑上》："我善養吾浩然之氣……其爲氣也，配義與道，無是，餒也。是集義所生者……"

丘懋煒　明人。字以鄂。

《詩·小雅·常棣》："常棣之華，鄂不韡韡。"韡，通"煒"。

丘　濬

① 宋人。字道源。

濬，修治水道使深而流暢。道，謂疏導河流。《書·禹貢》："九河既道。""道源"即疏道使水源暢通，正所以釋"濬"。

② 明人。字仲深。

濬，深。《詩·小雅·小弁》："莫浚匪泉。"浚，通"濬"。

丘　鐸　明人。字文振。

《論語·八佾》："天將以夫子爲木鐸。"朱熹集注："木鐸，金口木舌，施政教時所振。"文，謂禮樂制度。以"文振"應"鐸"，言如孔子，秉鐸施教，以振興聖人之道。

〔丙〕

丙　吉　漢人。字少卿。

《易·否卦》："大人之吉，位正當也。""卿"爲顯位，故以應"吉"。

〔仙〕

仙仲友　宋人。字輔仁。

《論語·顏淵》："以友輔仁。"

仙　豸　明人。字直卿。

豸，獬豸。傳説中的神獸，能辨曲直。有争鬥者，則以角觸不直者。見《後漢書·輿服志下》及劉昭注。"卿"爲顯位，以爲飾。

〔仝〕

仝　軌　清人。字車同。

仝，古"全"字，後世作"同"用。此連姓成文。《禮記·中庸》："今天下車同軌。"

〔令〕

令狐亦岱　清人。字太峯。

令狐，複姓。岱，泰山。爲五岳之尊，故以"太峯"相應。

令狐浲　明人。字伯方。

《玉篇·水部》："浲，水漲也。"《詩·邶風·谷風》："就其深矣，方之舟之。"毛傳解"方"爲"泭"，謂編木筏而渡。水漲則深，故以"方"應"浲"。

令狐楚　唐人。字㲄士。

楚，謂樸野、粗俗。西周以來中原文化發達地區諸侯國，多鄙棄楚國，視爲野蠻。後世遂稱粗俗不文者爲"楚傖"，故"楚"漸有粗俗鄙陋義。《世説新語·豪爽》："王大將軍（敦）年少時，舊有田舍名，語音亦楚。"㲄，通"愨"。《史記·孝文本紀》："朕聞法正則民愨。"此謂淳樸、質樸，與"楚"義近，故相協。"士"爲男子美稱。

令狐綯　唐人。字子直。

綯，繩。木取直須用繩墨。《荀子·勸學》："木直中繩。"故以"直"應"綯"。"子"爲男子美稱。

令狐錕　明人。字大任。

錕，謂錕鋙，古寶劍名。《列子·湯問》謂"用之切玉如切泥焉"。此平凡刀劍所不能者，故以爲"大任"。

令狐鏓　明人。字仲平。

《玉篇·金部》："鏓，大鑿，平木器。"故以"平"應"鏓"。

〔冉〕

冉　求　春秋魯人。字子有。

尋求是爲持有，故相應。"子"爲男子美稱。

冉　耕　春秋魯人。字伯牛。

耕種用牛。《易·繫辭下》："服牛乘馬，引重致遠，以利天下。"或以爲先秦耦耕不用牛，耕假作"㹪"。《説文·牛部》："㹪，牛膝下骨也。"

冉　閔　晉人。字永曾。

閔，謂閔損（子騫）；曾，謂曾參。二人皆爲孔子弟子，又同以孝親著稱，故閔、曾相應。飾以"永"，意在永遠傚曾參。

冉　瞻　晉人。字弘武。

《詩·衛風·淇奥》："瞻彼淇奥，緑竹猗猗。"《詩序》："美武公之德也。"飾以"弘"，謂光大武公之德。

〔加〕

加　傳　明人。字習夫。

《論語·學而》："曾子曰：'吾日三省吾身：爲人謀而不忠乎？與朋友交而不信乎？傳不習乎？'""夫"爲男子通稱。

〔包〕

包大中　明人。字庸之。

以"庸"應"中"，取《中庸》（《禮記》篇名）爲名字。

包世臣　清人。字慎伯。

《易·繫辭上》："君不密則失臣。臣不密則失身，幾事不密則害成，是以君子慎密而不出也。"

包　沐　明人。字民新。

《禮記·大學》："湯之《盤銘》曰：'苟日新，日日新，又日新。'《康誥》曰：'作新民。'"朱熹集注："盤，沐浴之盤也。"故以"民新"應"沐"。又《楚辭·漁父》："新沐者必彈冠。"亦可以"新"應"沐"。

包　佶　唐人。字幼正。

《玉篇·人部》："佶，正也。《詩》：'既佶且閑。'""幼"表行第。

包　咸　漢人。字子良。

《説文·口部》："咸，皆也，悉也。"以"良"應"咸"，取一切皆良善之義。"子"爲男子美稱。

包　恢　宋人。字宏父。

恢、宏同有廣大義，故相協。

“父”爲男子美稱。

包　拯　宋人。字希仁。

《説文·手部》:“拯,出休(溺)爲拯。”以“希仁”應“拯”,意欲作拯民於水火的仁者。

包　容　明人。字蒙吉。

此連姓成文。《易·蒙卦》:“包蒙,吉。”朱熹本義:“而爻之德剛而不遇,爲能有所包容之象。”

包　揚　宋人。字顯道。

《孝經·開宗明義章》:“立身行道,揚名於後世,以顯父母,孝之終也。”

包　愷　隋人。字子和。

愷、和皆有樂義,故相協。

包萬有　明人。字似之。

《詩·小雅·裳裳者華》:“君子有之,維其有之,是以似之。”

包　鼎　明人。字汝調。

《韓詩外傳》卷七:“伊尹故有莘氏僮也,負鼎操俎調五味,而立爲相,其遇湯也。”以“汝調”應“鼎”,意在希冀能如伊尹得遇明君,成就宰輔大業。

包爾庚　明人。字長明。

《詩·小雅·大東》:“東有啓明,西有長庚。”

包　儀　清人。字羽修。

《易·漸卦》:“其羽可用爲儀,吉,不可亂也。”朱熹本義:“漸進愈高,而不爲無用,其志卓然,豈可得而亂哉。”位愈高而能卓然其志,必得修身,故以“修”綴“羽”。

包　節　明人。字元達。

《易·節卦》:“當位以節,中正以通。”意謂當位須有節制,以中正之道致通達。

包　澤　明人。字民望。

《孟子·離婁下》:“膏澤下於民。”綴以“望”,言民衆望施恩澤。

包　麟　宋人。字仁甫。

相傳麟爲仁獸,不踐生蟲,不履生草。“甫”爲男子美稱。

〔古〕

古　朴　明人。字文質。

朴,通“樸”。《説文·木部》:“樸,木素也。”段玉裁注:“素,猶質也。……《漢書》‘以敦朴爲天下先’。假朴爲樸也。”故以“質”應“朴”。《論語·雍也》:“文質彬彬,然後君子。”故以“文”飾“質”。

古　革　宋人。字逢時。

《易·革卦》:“革之時大矣哉。”飾以“逢”,願生能逢時,以展其才。

〔句〕

句　濤　宋人。字景山。

此取晉人山濤以爲名字。飾以“景”,謂仰慕前賢。

〔史〕

史公珽　元人。字搢叟。

珽,玉笏。《説文·玉部》:“珽,大圭,長三尺。”段玉裁注:“見《玉人》,注曰:‘王所搢大圭也。’……按,《玉藻》‘謂之珽’注云:‘此亦笏也。’”古代仕宦者皆搢笏垂紳。故以“搢”應“珽”。“叟”老壽之稱,以爲綴飾,意在長壽。

史天倪　元人。字和甫。

《莊子·齊物論》:“何謂和之以天倪?”“甫”爲男子美稱。

史天澤　元人。字潤甫。

《孟子·滕文公上》:“若夫潤澤之,則在君與子矣。”“甫”爲男子美稱。

史　方　宋人。字正臣。

方、正同義相協。封建時代,“率土之濱,莫非王臣”,故以“臣”爲字飾。

史世揆　明人。字度子。

揆、度皆有思慮察考義,故相協。“子”爲男子美稱。

史可法　明人。字憲之。

法、憲皆有則義或以爲法則之義,故相協。“憲之”猶以之爲法。

史弘肇　五代後周人。字化元。

《爾雅·釋詁》:“初、哉、首、基、肇、祖、元……,始也。”一切開端莫大於天地萬物化生,故以“化”飾“元”。

史正志　宋人。字志道。

以“道”應“志”,取《論語·里仁》“士志於道”之義。

史永安　明人。字磐石。

此取“安如磐石”之義。《易·漸卦》:“鴻漸于磐。”王弼注:“磐,山石之安者。”

史　白　清人。字堅又。

戰國時名家公孫龍倡“離堅白”之説(見《公孫龍子·堅白論》),因以“堅”應“白”。堅、白、石三者,不論目驗手觸,一舉只能得二;堅、白不能並得,堅屬另一範疇,故綴以“又”。

史伯璿　元人。字文璣。

《書·舜典》:“在璿璣玉衡,以齊七政。”

史　序　宋人。字正倫。

序、倫皆有次第義,故相協。飾以“正”,意在正倫常。

史　成　清人。字薦章。

《論語·公冶長》:“斐然成章。”因“章”又爲章表奏議之意,故飾以“薦”,意在薦賢。

史孟麟　明人。字際明。

相傳麟爲仁獸,於聖明之世始出現。故以“際明”(猶言際遇明時)相應。

史季温　宋人。字子威。

《論語·述而》:“子温而厲,威而不猛,恭而安。”“子”爲男子美稱。

史　忠　明人。字廷直。

忠、直義近,故相協。封建時代重忠貞正直之臣,故飾以“廷”。言在朝廷之上能作諍臣。

史念祖　清人。字繩之。

《詩·大雅·下武》:“繩其祖武。”

史承豫　清人。字衎存。

《易·豫卦》:“豫:利建侯行師。”朱熹本義:“豫,和樂也。”又《漸卦》:“飲食衎衎,吉。”朱熹本義:“衎衎,和樂意。”其兄名承謙字位存,故其字以“存”綴“衎”。此承和樂而取《孟子·盡心上》“君子有三樂,而王天下不與存焉”文義。

史承謙　清人。字位存。

《易·繫辭上》:“謙也者,致

恭以存其位者也。”

史 容 宋人。字公儀。

容、儀同義相協。於公庭猶重舉止儀容，故飾以“公”。“公”亦美稱。

史致諤 清人。字士良。

《史記·商君列傳》：“千人之諾諾，不如一士之諤諤。”良，才士之稱。

史致儼 清人。字容莊。

《論語·堯曰》：“君子正其衣冠，尊其瞻視，儼然人望而畏之。”能致儼然之貌，儀容自必莊重。

史 格 元人。字晉明。

《書·堯典》：“光被四表，格于上下，克明俊德，以親九族。”晉，進。言既格于上下，又進而明俊德。

史 浩 宋人。字直翁。

《孟子·公孫丑上》：“敢問何謂浩然之氣？曰：‘……其爲氣也，至大至剛，以直養而無害，則塞于天地之間。’”“翁”爲老壽之稱。以爲飾，意在長壽。

史記言 明人。字司直。

古代有左史、右史，《禮記·玉藻》謂左史記行，右史記言。記言、記行皆須秉筆直書，故以“司直”應“記言”。

史記事 明人。字義伯。

此連姓成文。古時國君置左、右史。左史記事，右史記言。《左傳·襄公二五年》載，齊太史爲記大夫崔杼弒君一事，兄弟二人被殺，其三弟爲忠於史實，仍秉筆直書。南史氏以爲太史盡死，亦主動前往記録其事。史官爲記録史實，舍生取義，因以“義”應“記事”。

史國禎 明人。字君祥。

《禮記·大學》：“國家將興，必有禎祥。”封建時代君、國一體，故以“君祥”應“國禎”。“君”亦美稱。

史 敏 明人。字德敏。

《論語·里仁》：“君子欲訥於言，而敏於行。”以“德”飾“敏”，意在敏於進德。進德即“行”。

史 祥 隋人。字世休。

《爾雅·釋言》：“祥，吉也。”“休，慶也。”吉慶義近，故相協。飾以“世”，意欲世代吉祥。

史紹登 清人。字倬雲。

《詩·大雅·雲漢》：“倬彼雲漢，昭回于天。”以“倬雲”應“登”，意在青雲直上。

史善長 清人。字誦芬。

善長則德盛。《文選·陸機〈文賦〉》：“詠世德之駿烈，誦先人之清芬。”李善注：“謂先世之人，有清美芬芳之德而誦勉。”

史堯弼 宋人。字唐英。

帝堯爲陶唐氏。堯輔弼之臣，自是彼時之英傑。

史 弼

① 漢人。字公謙。

《易·序卦》：“有大者不可以盈，故受之以謙；有大而能謙必豫。”弼輔爲大位，故應以“謙”自警。

② 元人。字君佐。

輔弼之臣，正以佐君。

③ 明人。字伯直。

弼，矯正弓弩之器。弓弩斜曲，矯之使端正，故以“直”相應。《書·益稷》：“其弼直。”

史朝賓 明人。字應之。

賓，通“儐”。《穆天子傳》卷六：“内史賓侯。”郭璞注：“賓，相。”儐相職司應對賓客，故以“應”相應。單宇《菊坡叢話》謂北曲以兩人對語曰賓，一人自語曰白。是“賓”亦自有“應”義。

史 涣 漢人。字公劉。

劉，通“瀏”。《詩·鄭風·溱洧》：“溱與洧，方涣涣兮。”“溱與洧，瀏其清矣。”涣、瀏皆形容水。“公”爲美稱，以爲飾。

史 琰 宋人。字炎玉。

此拆名爲字。

史 琳 明人。字天瑞。

《説文·玉部》：“琳，美玉也。”“瑞，以玉爲信也。”瑞又引申爲祥瑞。古人以祥瑞爲上天所示，故以“天”飾“瑞”。

史虚白 五代南唐人。字畏名。

《莊子·人間世》謂，名與智皆爲凶器，好名者必遭殺戮；如以清虚之境爲棲神之所，便可以入世，則“瞻彼闋者，虚室生白。吉祥止止”。故以“畏名”應“虚白”。

史 詔 宋人。字升之。

封建時代官職升遷皆取決於皇帝，故以“升之”應“詔”。此意在希冀恩寵。

史貽直 清人。字儆弦。

後漢順帝時京都童謡：“直如弦，死道邊；曲如鈎，反封侯。”見《後漢書·五行志一》。儆，通“警”。以“儆”飾“弦”，表示不敢傚弓弦之直，以矯世取名，應以爲戒。

史 隆 明人。字吉甫。

《易·大過卦》：“棟隆之吉，不橈乎下也。”“甫”爲男子美稱。

史 雄 北周人。字世武。

雄、武義近，故相協。飾以“世”，意欲世代能承繼雄武之風。

史嗣彪 清人。字斑如。

《易·革卦》：“大人虎變，其文炳也。”彪，虎文。虎皮多文采，故以“斑”相應。因《屯卦》有“乘馬班如”之語，故傚其文以“如”綴“斑”。如，似。

史嵩之 宋人。字子由。

由當作“申”。《詩·大雅·崧高序》：“《崧高》，尹吉甫美宣王也。天下復平，能建國親諸侯，褒賞申伯焉。”《崧高》：“崧高維嶽，駿極于天。維嶽降神，生甫及申。”故以“申”應“嵩”。嵩同“崧”。“子”爲男子美稱。

史敬武 元人。字彦剛。

武、剛義近。“彦”爲美稱。

史 楫 元人。字大濟。

《僞古文尚書·説命上》：“若濟巨川，用汝作舟楫。”

史達祖 宋人。字邦卿。

《論語·顔淵》：“在邦必達。”“卿”爲顯位，亦爲美稱，以爲綴飾。

史 道 明人。字克弘。

《論語·衛靈公》：“人能弘道。”克，能。

史 榮 清人。字漢桓。

此以後漢桓榮爲名字。桓以治《歐陽尚書》而致高位，因慕其人，故以爲名字。見《後漢書·桓榮傳》。

史維則 唐人。字天問。

《楚辭·天問》:"斡維焉繫?"王逸注:"維，綱也。言天晝夜轉旋，寧有維綱繫綴其際?"

史蒙卿 宋人。字景正。

《易·蒙卦》:"蒙以養正。"

史 際 明人。字恭甫。

《孟子·萬章下》:"萬章問曰:'敢問交際何心也?'孟子曰:'恭也。'""甫"爲男子美稱。

史鳴臯 清人。字荀鶴。

《詩·小雅·鶴鳴》:"鶴鳴于九臯，聲聞于野。"故以"鶴"應"鳴臯"。《世説新語·排調》載，荀隱與陸雲初相遇於張華座上，互逞文才，"陸舉手曰:'雲間陸士龍。'荀答曰:'日下荀鳴鶴。'"因取"荀"爲飾。

史 遷 明人。字良臣。

此連姓成文。先秦稱名，常以官職與名相連，而不稱姓氏，史官如史籀、史墨。司馬遷爲太史令，六朝人因倣傚稱爲史遷。孔子曾稱頌晉太史董狐爲"古之良史"(見《左傳·宣公二年》)，因以"良臣"應"史遷"。

史彌林 宋人。字和旨。

林，謂林鐘，十二律之一。樂律須和，故以"和"應"林"。綴以"旨"，言其旨在於和。

史贊舜 明人。字元亮。

《書·舜典》:"惟時亮天功。"《史記·五帝本紀》:"天下明德皆自虞帝始。"史書贊舜舉賢任能，使各敬其職，以"亮天功"，以至"天下明德"，故以"亮"應"贊舜"。"元"爲美飾。

史 夔 清人。字胄司。

《書·舜典》:"帝曰:'夔!命汝典樂，教胄子。'"司，職司。主管其事。

史 鰌 春秋衛人。字子魚。

以"魚"應"鰌"，明其屬性。"子"爲男子美稱。

史 鑑 明人。字明古。

《新唐書·魏徵傳》:"以古爲鑑，可知興替。"以"明古"應"鑑"，意謂可通曉古之興替。

史鑑宗 清人。字遠公。

以"遠"應"鑑"，甚言其明，取"明見萬里"之義。"公"爲美稱。

史 麟 清人。字仲仁。

相傳麟爲仁獸，不踐生蟲，不履生草，故以"仁"相應。

〔司〕

司九經 清人。字聖典。

九經皆爲聖人典籍。

司五教 明人。字敬先。

《書·舜典》:"敬敷五教。"五教，即父子有親，君臣有義，夫婦有别，長幼有序，朋友有信。"敬先"意在以君父爲首。

司允德 元人。字執中。

《僞古文尚書·大禹謨》:"允執厥中。"

司空圖 唐人。字表聖。

司空，複姓。《易·繫辭上》:"河出《圖》，洛出《書》，聖人則之。"《論語·子罕》:"河不出《圖》。"河出《圖》，洛出《書》，皆爲聖人之祥瑞，故以"表聖"應"圖"。

司空曙 唐人。字文初。

曙，天曉。天曉爲日之初。日出有文明之象，故以"文"爲飾。

司 庠 元人。字公序。

《孟子·滕文公上》:"設爲庠序學校以教之。"因是殷周時國家所設，故以"公"爲飾。"公"亦爲美稱。

司徒化邦 明人。字光宇。

司徒，複姓。化邦，教化大行之邦。光宇，宇内光明。皆謂太平盛世。

司徒詡 五代後漢人。字德普。

《禮記·禮器》:"德發揚，詡萬物。"鄭玄注:"詡，猶普也，徧也。"

司馬乂 晉人。字士度。

司馬，複姓。乂，俊乂。舊謂才德過千人者爲俊，過百人者爲乂。士須有才德，故以"士"應"乂"。士度，謂士之器局。

司馬允 晉人。字欽度。

允、欽皆爲品德。《書·堯典》:"欽明文思安安，允恭克讓。"陸德明釋文引馬融云:"威儀表備謂之欽。"《爾雅·釋詁》:"允，信也。"又:"允，誠也。"綴以"度"謂有此威儀氣度。

司馬申 南朝陳人。字季和。

《論語·述而》:"子之燕居，申申如也。"何晏集解引馬融云:"申申，和舒之貌。"故以"和"應"申"。

司馬休之 後魏人。字季豫。

休、豫皆有喜悦義，故相協。《國語·周語下》:"爲晉休戚。"《孟子·公孫丑下》:"夫子若有不豫色然。"

司馬光 宋人。字君實。

《易·大畜卦》:"剛健篤實輝光，日新其德。"又《孟子·盡心下》:"充實之謂美，充實而有光輝之謂大。"趙岐注:"充實善信，使之不虚，是爲美人，美德之人也。充實善信而宣揚之，使有光輝，是爲大人。"故以"實"應"光"。"君"爲美稱。

司馬朴 宋人。字文季。

朴，假作"樸"。《説文·木部》:"樸，木素也。"段玉裁注:"素，猶質也。"《論語·雍也》:"文質彬彬，然後君子。"

司馬伷 晉人。字子將。

伷，同"胄"。胄、將皆有長或大義，故相協。《書·舜典》:"教胄子。"僞孔傳:"胄，長也。"《爾雅·釋詁》:"將，大也。"又，"胄"有後裔義，"將"有承奉義，亦可相協。"子"爲男子美稱。

司馬冏 晉人。字景治。

冏，光明，彰明。以"景治"相應，意在嚮往治世。治世則光明。

司馬均 漢人。字少賓。

均，古"韻"字。賓，謂蕤賓。十二律之一。律必和，和則成韻。"少"表行第。又《詩·大雅·行葦》:"舍矢既均，序賓以賢。"亦可以"賓"應"均"。

司馬孚 晉人。字叔達。

孚，信，誠。達，行，無滯礙。《易·序卦》:"有其信者必行之。"

司馬攸 晉人。字大猷。

《説文·攴部》:"攸，行水也。"段玉裁注:"水之安行爲攸。故凡可安爲攸。"《詩·小雅·巧言》:"秩秩大猷。"鄭玄箋:"猷，道也。”以“大猷”應“攸”，言其志安於大道。或唯大道可以安行。

司馬肜　晉人。字子徽。

肜，通“融”。和樂。徽，美。和樂誠爲美事，故相協。《文選·張衡〈思玄賦〉》：“展泄泄以肜肜”李善注引《左傳·隱公元年》“其樂融融”爲釋。以“融融”作“肜肜”，謂肜、融“古字通”。“子”爲男子美稱。

司馬里　宋人。字昭遠。

里，路程，里程。以“遠”相應，取前程遠大之義。昭，猶明。

司馬防　漢人。字建公。

《禮記》有《坊記》，闡述以禮防民猶如以隄防遏止水流之理。坊，同“防”。以“建”應“防”，取《禮記》建禮以防民之義。“公”爲美稱。又《易·既濟卦》：“君子以思患而豫防之。”建隄遏水，猶修身以避禍。

司馬宗　晉人。字延祚。

封建時代，人重宗族，常願本宗後嗣繁盛，延綿不絶，故以“延祚”應“宗”。

司馬尚之　晉人。字伯道。

以“道”應“尚之”，意在崇尚聖人之道。

司馬承禎　唐人。字子微。

《易·繫辭下》：“幾者，動之微，吉之先見者也。”“禎”爲吉祥，故以“微”相應。

司馬亮　晉人。字子翼。

亮、翼皆有輔佐、輔相義，故相協。《書·舜典》：“惟時亮天功。”蔡沈注：“以相天事也。”《史記·五帝本紀》作“惟時相天事”。《孟子·滕文公上》：“輔之翼之。”

司馬垔　明人。字通伯。

垔，同“堙”，堵塞。與“通”反義相協。

司馬恬　晉人。字元愉。

恬、愉皆有安樂義，故相協。“元”爲美善之辭，以爲飾。

司馬恂　明人。字恂如。

《論語·鄉黨》：“孔子於鄉黨，恂恂如也。”

司馬洪　晉人。字孔業。

洪、業皆有大義，故相協。《爾雅·釋詁》：“洪，業，大也。”孔，甚。與業義近，以爲飾。

司馬相如　漢人。字長卿。

因慕藺相如之爲人，遂襲取其名。藺爲趙國上卿，故以“長卿”爲字。

司馬苞　漢人。字仲成。

《詩·大雅·生民》謂后稷播種嘉穀“實方實苞……實穎實栗”。苞，謂穀種甲坼萌芽。以“成”相應，望能豐收。成，謂收成。

司馬郁　晉人。字深仁。

郁，通“燠”，温暖。温暖則發育萬物，是即深仁厚澤。

司馬郊　唐人。字子都。

郊，城外之地區。都，都邑，城内之地區。皆爲地理區域，故相應。“子”爲男子美稱。

司馬倫　晉人。字子彝。

《書·洪範》：“彝倫攸敘。”

司馬師　晉人。字子元。

師、元皆有君長義，故相協。《書·益稷》：“州十有二師。”陸德明釋文引鄭玄云：“師，長也。”《廣雅·釋詁》：“元，君也。”“子”爲男子美稱。

司馬泰　晉人。字子舒。

泰、舒同有安寧義，故相協。“子”爲男子美稱。

司馬耕　春秋宋人。字子牛。

《説文·牛部》：“犎，牛膝下骨也。……《春秋》傳：宋司馬犎字牛。”是耕假作“犎”。“子”爲男子美稱。

司馬虓　晉人。字元會。

虓，虎吼叫。《詩·大雅·常武》：“闞如虓虎。”會，通“噲”。《説文·口部》：“噲，咽也。”段玉裁注：“噲者會也。聲氣所會也。”吼叫氣自咽喉出，故以“會”應“虓”。“元”爲美飾。

司馬通國　宋人。字武子。

其父司馬朴。漢代蘇武使匈奴，被留十九年，於胡地生一子，名通國。後終於歸漢。司馬朴使金亦被留，境遇似蘇武。故以所生兒名“通國”，字“武子”。言自己願傚蘇武，希冀兒子如蘇武之子。

司馬康　宋人。字公休。

康、休皆有美義，故相協。《易·晉卦》：“是以康侯用錫馬蕃庶。”王弼注：“康，美之名也。”《爾雅·釋詁》：“休，美也。”“公”爲美稱。

司馬掀　宋人。字仲舉。

《説文·手部》：“掀，舉出也。”同義故相協。

司馬望　晉人。字子初。

望，謂望日。月之十五日。初，朔日。同屬曆法，故相協。“子”爲男子美稱。

司馬朗　漢人。字伯達。

《禮記·樂記》“疏達而信者”孔穎達疏：“疏達，謂疏朗通達。”是朗達義近，故相協。

司馬略　晉人。字元簡。

略、簡同義相協。“元”爲美飾。

司馬羕　晉人。字延年。

《爾雅·釋詁》：“羕、延，長也。”綴以“年”，意在長壽。

司馬越　晉人。字元超。

超、越同義相協。“元”爲美飾。

司馬隆　明人。字季平。

隆，高起，高出。平，平坦。二者反義相協。

司馬幹　晉人。字子良。

幹，謂楨幹。本爲築墻之具，以喻國家重臣。良，謂良臣。能爲國之楨幹，自是良臣。“子”爲男子美稱。

司馬楚之　後魏人。字德秀。

楚，牡荆。《詩·周南·漢廣》：“翹翹錯薪，言刈其楚。”楚在衆薪中特高秀，舊以翹楚喻才士，故以“秀”應“楚”。德、才義近，故以飾“秀”。

司馬楙　晉人。字孔偉。

楙，同“茂”。茂、偉皆有大義，故相協。孔，甚，極，以飾“偉”。言極偉大。

司馬筠　南朝梁人。字貞素。

筠，竹之青皮。《禮記·禮器》：“禮釋回，增美質；……如竹箭之有筠也。”《論語·八佾》：“子曰：‘繪事後素。’〔子夏〕曰：‘禮後乎？’”人有禮儀如竹有皮。但人須先有美質而後始可言禮，猶如繪畫須先爲粉地而後才加藻飾。故以“素”應“筠”。“貞”爲美飾。

司馬紘　晉人。字偉德。

紘，同“紭”。《淮南子·精神訓》：“天地之道至紘以大。”紘、偉皆有宏大義，故相協。綴以“德”，謂有大德。

司馬暠　南朝陳人。字文昇。

暠，同“皓”。《說文·日部》：“皓，日出貌。”又新附字：“昇，日上也。”二者義近，故相協。日出有文明之象，故以“文”爲飾。

司馬槐　宋人。字端衡。

《周禮·秋官·朝士》：“面三槐，三公位焉。”古代於外朝植三槐，三公位即在其下，後世遂以爲三公的代稱。端、衡皆指稱宰相。西漢時宰相爲三公之一，故以“端衡”應“槐”。

司馬端明　元人。字君實。

宋司馬光字君實，曾爲端明殿學士，時人不稱其名，尊稱爲端明。故以其職銜爲名，而以其字爲字。

司馬遜　晉人。字子悌。

《論語·憲問》：“幼而不孫弟。”孫弟即遜悌。恭順與善事兄長爲幼者美德，故以“悌”應“遜”。“子”爲男子美稱。

司馬儁　漢人。字元異。

儁、異皆有卓越奇特義，故相協。“元”爲美飾。

司馬遷　漢人。字子長。

遷，變易，更改。長，永久，長遠。二者反義相協。“子”爲男子美稱。

司馬憲　後魏人。字景思。

原憲字思，孔子弟子，性狷介，以貧賤自守。因慕其人，故名“憲”，字“思”，飾以“景”，以示仰慕。

司馬蕤　晉人。字景回。

蕤，謂蕤賓，爲六律之一。舊傳黍谷寒冷不生五穀，鄒衍於此吹律之後，地忽轉暖，遂有“吹律回春”之說。故以“回”應“蕤”。《說文·日部》：“景，日光也。”以綴“回”，言有回天之效。

司馬褧　南朝梁人。字元素。

《禮記·中庸》：“《詩》曰：衣錦尚絅。惡其文之著也。”《詩·衛風·碩人》：“衣錦褧衣。”絅，同“褧”。衣錦而褧衣，爲錦文飾太彰，故以“素”相應。素爲彩繪文飾之本原，因以“元”爲飾。

司馬徽　漢人。字德操。

徽，美。以“德操”相應，意謂道德節操美。

司馬駿　晉人。字子臧。

駿，良馬。臧，善，良好。《詩·魯頌·駉》：“思馬斯臧。”

司馬騊　清人。字雲皐。

騊，騊駼，馬名。《爾雅·釋畜》：“騊駼，馬。”邢昺疏以爲良馬名。雲皐，猶雲路、雲衢。比喻仕途。以應“騊”，意謂龍馬騰驤雲路，如人得意仕途。

司馬顒　晉人。字文載。

顒，景仰，傾慕。《易·觀卦》：“有孚顒若。”朱熹本義：“或曰：‘有孚顒若’，謂在下之人，信而仰之也。”載，通“戴”，謂愛戴。傾慕、愛戴義近故相協。“文”爲美飾。

司馬騰　晉人。字元邁。

騰、邁皆有超過義，故相協。“元”爲美飾。

司馬懿　晉人。字仲達。

懿，深。《詩·豳風·七月》：“女執懿筐。”毛傳：“懿筐，深筐也。”《孟子·盡心上》：“其慮患也深，故達。”

〔左〕

左企弓　金人。字君財。

《周禮·考工記·弓人》：“弓人爲弓，取六材，必以其時。六材既聚，巧者合之。”又：“凡爲弓，各因其君之躬志慮血氣。”故以“君財”應“弓”。財，通“材”。

左光斗　明人。字遺直。

王勃《滕王閣序》：“龍光射牛斗之墟。”《左傳·昭公十四年》：“仲尼曰：‘叔向，古之遺直也。’”以“遺直”應“光斗”，言欲傚叔向之直，使之光射牛斗。

左光慶　金人。字君錫。

《詩·大雅·皇矣》：“載錫之光。”以“君”飾“錫”，意謂一切光寵皆君王所賜。“君”亦爲美稱。

左良玉　明人。字崑山。

《僞古文尚書·胤征》：“火炎崑岡，玉石俱焚。”僞孔傳：“崑山出玉。”

左　思　晉人。字太沖。

沖，謂沖虛。以應“思”，表示志在老莊之學。飾以“太”，猶言“太虛”。

左　冕　清人。字子弁。

冕、弁同爲冠屬，故相應。“子”爲男子美稱。

左國璣　明人。字舜齊。

《書·舜典》：“在璿璣玉衡，以齊七政。”蔡沈集傳：“此言舜初攝位，整理庶務，首察璣衡，以齊七政。”故以“舜齊”應“璣”。

左　揆　宋人。字正卿。

揆，謂端揆。宰輔之稱。春秋正卿位當宰輔，故二者相應。

左　然　明人。字允之。

然，謂然諾，故以“允之”相應。

左　經　明人。字載道。

常道爲“經”，故以“道”相應。又，古人以儒家典籍爲“經”。以爲其中所言者皆至德要道，故以“載道”應“經”。

左　鼎　明人。字周器。

賈誼《弔屈原賦》：“斡棄周鼎寶康瓠兮。”後世又有“周鼎商彝”之說。鼎被視爲古之重器，故以“周器”應“鼎”。

左　慈　漢人。字元放。

慈，通“恣”。恣、放同義，故相應。《孟子·滕文公下》：“諸侯放恣。”元，原本。以飾“放”，言原即爲放。

左　贊　明人。字時翊。

贊、翊皆有輔助義，故相協。飾以“時”，意在用世。

左　譽

① 宋人。字元規。

譽，稱美。規，勸諫。二者反義相協。“元”爲美飾。

② 宋人。字與言。

此拆名爲字。

〔平〕

平　季　後魏人。字稚穆。

季，行第居幼者之稱。稚，幼

小。二者同義相協。“穆”爲美詞，故以爲綴飾。

平　恒　後魏人。字繼叔。

“恒”有長久義。長久則不絶，故以“繼”相應。

平思忠　明人。字爾中。

《孝經·事君章》：“君子之事上也，進思盡忠。”又《開宗明義章》：“夫孝，始於事親，中於事君，終於立身。”故以“中”應“思忠”。以“爾”飾“中”，提示不忘事君之道。

平　疇　清人。字種瑶。

疇，田地。古有藍田種玉之説，故以“種瑶”應“疇”。陶潛《癸卯歲始春懷古田舍二首》詩：“平疇交遠風，良苗亦懷新。”“平疇”亦連姓成文。

平　鑒　北齊人。字明達。

《三國志·魏志·楊俊傳》：“其明鑒行義多此類也。”明則無不通達，故綴以“達”。

平　顯　明人。字仲微。

《禮記·中庸》：“夫微之顯，誠之不可揜如此夫。”

〔氾〕

氾　瑗　前凉人。字伯玉。

春秋衛大夫蘧瑗字伯玉，深爲孔子所敬重。因慕其人，故襲用其名字。

氾　毓　晉人。字稚春。

毓，同“育”。春季發育萬物，故以“春”應“毓”。“稚”表行第較末者。

氾　禕　前凉人。字休臧。

《爾雅·釋詁》：“臧，善也。”“休、禕，美也。”美善義近。

〔甘〕

甘文焜　清人。字仲明。

焜，輝煌。有光明之象，故以“明”相應。

甘　禾　清人。字周書。

《尚書·金縢》載，武王病，周公旦曾請命三王，願代武王死。武王死，成王立。周公遭謗，出居東部。“天大雷電以風，禾盡偃”。成王發金縢之書，將卜上天示警之由，得周公請命之祝辭，始悟周公之冤。于是迎周公歸，“天乃雨，反風，禾則盡起”。故以“周書”應“禾”。

甘延壽　漢人。字君況。

況，通“貺”。以應“延壽”，意謂壽命乃天所賜。漢代人喜以“君”飾字。

甘　振　明人。字大聲。

《孟子·萬章下》：“金聲而玉振之也。”飾以“大”，欲其聲音宏亮。

甘　茹　明人。字征甫。

《易·泰卦》：“拔茅茹以其彙，征吉。”故以“征”應“茹”。“甫”爲男子美稱。

甘惟寅　明人。字孔肅。

《書·堯典》：“寅賓出日。”孔傳：“寅，敬。”《詩·召南·何彼襛矣》：“曷不肅雝。”毛傳：“肅，敬也”。同義故相協。孔，極，甚。

甘　復　元人。字克敬。

《孟子·離婁下》：“敬人者人恒敬之。”能敬人，敬亦反於其身。故以“敬”應“復”。克，能。

甘　寧　三國吴人。字興霸。

寧、興一静一動，反義相協。霸，盟主。以綴“興”，言崛起而爲長。

甘　福　清人。字德基。

《詩·大雅·大明》：“聿懷多福，厥德不回。”不回其德，則能致福，故以“德基”應“福”。

甘　瑩　明人。字德輝。

《説文·玉部》：“瑩，玉色也。”段玉裁注：“謂玉光明之貌。”故以“輝”應“瑩”。玉有五德，故以“德”飾“輝”。

甘　節　明人。字克信。

符節爲信物，故以“信”相應。

甘　戰　南朝陳人。字伯武。

連姓成文。《尚書》有《甘誓》，記“大戰于甘”之役。戰爭爲武事，故以“武”應“戰”。

甘　霖　明人。字沛之。

甘霖，時雨，救旱之雨。此連姓成文。《孟子·梁惠王上》：“七八月之間旱，則苗槁矣。天油然作雲，沛然下雨，則苗浡然興之矣。”故以“沛之”應“霖”。

〔田〕

田一儁　明人。字德萬。

《鶡冠子·能天》：“是以德萬人者謂之俊。”俊同“儁”。

田大益　明人。字博真。

博、大義近，又連用，故相協。綴以“真”言其博大非虚誕。

田六善　清人。字兼山。

《孟子·盡心上》：“窮則獨善其身，達則兼善天下。”善則仁。《論語·雍也》：“仁者樂山。”故綴以“山”。“山”亦時尚綴字。亦取《易·謙卦》義。

田文虎　宋人。字炳叔。

《易·革卦》：“大人虎變，其文炳也。”

田弘正　唐人。字安道。

《論語·衛靈公》：“人能弘道，非道弘人。”故以“道”應“弘”。飾以“安”，謂能安於聖人之道。

田玉梅　清人。字鼎臣。

梅，古人以爲調味品。鼎，古代烹飪器具。《僞古文尚書·説命下》：“若作和羹，爾惟鹽梅。”此爲殷高宗命相之辭，後世遂以調和鼎鼐比喻宰輔職能，故以“鼎臣”應“梅”。“臣”亦爲常見綴飾。

田守忠　明人。字如心。

《論語·里仁》：“夫子之道，忠恕而已矣。”“如心”爲“恕”，故以之應“忠”。

田有年　明人。字立烝。

《詩·小雅·甫田》：“我取其陳，食我農人，自古有年。……攸介攸止，烝我髦士。”《詩·周頌·思文》：“立我烝民，莫匪爾極。貽我來牟，帝命率育。”朱熹集傳：“蓋使我烝民得以粒食者。”民以食爲天，故以“立烝”應“有年”。

田汝成　明人。字叔禾。

成，謂穀物成熟。《吕氏春秋·明理》：“五穀萎敗不成。”故以“禾”應“成”。

田汝耔　明人。字勤甫。

耔，爲苗壅根培土。《詩·小

雅·甫田》:“或耘或耔。”以“勤”相應,謂勤於農作。“甫”既爲男子美稱,亦指取《甫田》詩義。

田希吕 元人。字志舒。
言能如吕望遭際文王,得行其志。

田忠良 元人。字正卿。
忠、正義近,故相協。“卿”爲綴飾。

田狩龍 明人。字確夫。
《易·乾卦》:“確乎其不可拔,潛龍也。”“夫”爲男子通稱,以爲綴飾。

田 秋 明人。字汝力。
《書·盤庚上》:“若農服田力穡,乃亦有秋。”飾以“汝”,以表命令:汝須力田。

田 益 明人。字損之。
《易·損卦》:“損下益上,其道上行。損而有孚,元吉,无咎。”朱熹本義:“損下益上,損内益外,剥民奉君之象。”故以“損之”應“益”,以示爲臣民者願奉其君之意。又《老子》第四八章:“爲學日益,爲道日損,損之又損,以至於無爲,無爲而無不爲。”

田從典 清人。字克五。
《書·舜典》:“五典克從。”

田 琢 金人。字器之。
《禮記·學記》:“玉不琢,不成器;人不學,不知道。”

田逢吉 清人。字凝只。
《書·洪範》:“身其康彊,子孫其逢吉。”陸德明釋文引馬融云:“逢,大也。”是“逢吉”義猶大吉。應以“凝”,意欲盛聚福禄。因《楚辭·大招》有“寒凝凝只”,故以語氣詞“只”爲“凝”綴飾。

田 喦 明人。字景瞻。
《詩·小雅·節南山》:“節彼南山,維石巖巖,赫赫師尹,民具爾瞻。”喦同“巖”,故以“瞻”相應。景、瞻義近,故連文。

田景暘 明人。字時中。
《書·洪範》:“八,庶徵:曰雨,曰暘,曰燠,曰寒,曰風,曰時。”又:“曰乂,時暘若。”蔡沈集傳:“雨、暘、燠、寒、風,各以時至,故曰時。”以“時中”應“暘”,謂晴雨寒暑皆應時而至。

田 渭 宋人。字伯清。
《詩·邶風·谷風》:“涇以渭濁。”孔穎達疏:“言涇水以有渭水清,故見涇水濁。”

田 登 明人。字有年。
登,五穀成熟。《孟子·滕文公上》:“五穀不登。”《春秋·桓公三年》:“有年。”杜預注:“五穀皆熟書有年。”

田 雯 清人。字綸霞。
雲成章爲雯,霧氣映日所生之光彩爲霞,二者同屬彩雲,故相協。綸,青絲綬帶。有文章彩色之象,故以飾“霞”而與“雯”應。又字紫綸。綬爲繫印之物。封建時代最高官階用紫綬,故又以“紫”與“綸”相連以爲字,表示騰驤雲路,紆青拖紫。

田 稔 明人。字慶甫。
稔,五穀成熟,豐收。《詩·小雅·甫田》:“黍稷稻粱,農夫之慶。”豐年爲吉慶事,故以“慶”應“稔”。“甫”爲男子美稱。

田 頊 明人。字希古。
頊,指顓頊。古帝名。傳説爲黄帝之孫。故以“古”應“頊”。因崇古,故飾以“希”。

田嘉穀 清人。字樹滋。
《孟子·滕文公上》:“樹藝五穀。”《僞古文尚書·泰誓》:“樹德務滋。”穀欲其生長,故以“樹滋”相應,且暗喻樹德。

田 福 明人。字君壽。
《書·洪範》:“九,五福:一曰壽。”五福先言壽,故相應。“君”爲美稱。

田肇麗 清人。字念始。
《爾雅·釋詁》:“肇,始也。”《禮記·祭義》:“既入廟門,麗于碑。”鄭玄注:“麗,猶繫也。”故肇、始、麗、念相協。

田 賦
①明人。字用周。
連姓成文。《春秋·哀公十二年》:“春,用田賦。”據《孟子·滕文公上》,夏代田税爲貢法,殷代爲助法,皆取民十分之一。周代行徹法,取民十一分之一,較夏商爲輕,故以“用周”應“賦”。
②清人。字公甫。
田賦奉於公,故以“公”相應。“甫”爲男子美稱。

田 豫 三國魏人。字國讓。
此拆春秋戰國間人豫讓以爲名字。豫讓曾爲晉大夫范氏、中行氏家臣。兩家被滅後又事智伯。趙襄子與韓、魏滅智氏,豫讓乃變姓毁形,謀刺襄子,爲智氏報仇;不成,自殺。襄子曾責豫讓不忠於范、中行氏而忠於智氏,豫讓以爲“范、中行氏皆衆人遇我,我故衆人報之;至於智伯國士遇我,我故國士報之”。故以“國”飾“讓”,言豫讓乃國士。事見《戰國策·趙策一》《史記·刺客列傳》。

田 霢 清人。字子益。
《詩·小雅·信南山》:“益之以霢霂。”“子”爲男子美稱。

田 豐 漢人。字元皓。
皓當是“澔”之訛。豐、澔皆有大義,故相協。“元”爲美飾。

田 鎛 明人。字汝器。
鎛,古代鋤類農具。《詩·周頌·臣工》:“庤乃錢鎛。”又《良耜》:“其鎛斯趙,以薅荼蓼。”鎛既爲器具,而《論語·公冶長》又有“汝器也”,故借以應“鎛”。

田藝蘅 明人。字子藝。
藝,種植。《孟子·滕文公上》:“樹藝五穀。”蘅,杜衡。香草名。《楚辭·離騷》:“余既滋蘭之九畹兮,又樹蕙之百畝。畦留夷與揭車兮,雜杜衡與芳芷。”王逸注:“杜衡、芳芷皆香草也。……衡,一作蘅。”以“藝”應“藝蘅”,强調種植香草(比喻潔飾)。

田寶臣 清人。字少泉。
泉,古代錢幣之稱。《周禮·地官·泉府》賈公彦疏:“泉與錢,今古異名。”故以“泉”應“寶”。“少”表行第較幼者。

田 蘭 明人。字世馨。
《世説新語·言語》:“謝太傅問諸子姪:‘子弟亦何預人事,而正欲使其佳?’諸人莫有言者。

車騎（玄）答曰：‘譬如芝蘭玉樹，欲使其生於階庭耳。’”後以芝蘭喻人家佳子弟。蘭有芳香。嵇康《答二郭三首》詩：“二子贈佳詩，馥如幽蘭馨。”故以“馨”應“蘭”。飾以“世”，欲其子弟能世繼祖先之清芬。

田　鐸　明人。字振之。
鐸，即木鐸。金口木舌之鈴。古代施政教時，振之以警衆。

田　闢　宋人。字思孟。
儒者崇敬孟子一生以闢邪説，距楊墨，宣揚孔子之道爲己任，故以“思孟”應“闢”。

〔申〕

申文炳　五代後周人。字國華。
《易·革卦》：“大人虎變，其文炳也。”以“國華”應“文炳”，取“文章華國”之義。

申用嘉　明人。字美中。
嘉、美同義相協。以“中”綴“美”，謂有内美。

申　恬　南朝宋人。字公休。
恬，安静。休，止息。與静義近，故恬、休相協。“公”爲美稱。《南史》“恬”作“怙”，與“休”不協，應從《宋書》。

申時行　明人。字汝默。
《論語·陽貨》：“子曰：‘予欲無言。’子貢曰：‘子如不言，則小子何述焉？’子曰：‘天何言哉？四時行焉，百物生焉，天何言哉？’”以“汝默”應“時行”，意欲如孔子行不言之教。

申　祐　明人。字天錫。
《易·大有卦》：“自天祐之，吉无不利。”无不利即上天祐助錫福，故以“天錫”應“祐”。

申涵光　清人。字孚孟。
《易·中孚卦》孔穎達疏：“信發於中，謂之中孚……既有誠信，光被萬物，萬物得宜，以斯涉難，何往不通？”又《夬卦》：“孚號有厲，其危乃光也。”王弼注：“剛正明信以宣其令，則柔邪者危。”故以“孚”應“光”。

申涵昐　清人。字隨叔。
《玉篇·日部》：“昐，日光。”古人以爲日光隱現，是上天垂象，示人以時。《易·隨卦》：“隨時之義大矣哉。”王弼注：“隨之所施，唯在於時也，時異而不隨，否之道也。”又《大戴禮記·武王踐阼》：“隨天時。”故以“隨”應“昐”。

申涵煜　清人。字觀仲。
煜，光耀，照耀。《易·觀卦》：“觀國之光。”

申章昌　漢人。字曼君。
申章，複姓。昌，興盛。興盛與長久義近，故以“曼”相協。曼亦長。“君”爲美稱。

申屠致遠　元人。字大用。
申屠，複姓。《易·繫辭上》：“探賾索隱，鉤深致遠。”《論語·泰伯》：“任重而道遠。”能致遠，自是可當重任，故以“大用”相應。

申屠剛　漢人。字巨卿。
《孟子·公孫丑上》：“其爲氣也，至大至剛。”巨亦大，故以應“剛”。“卿”爲美稱。

申屠蟠　漢人。字子龍。
《方言》卷十二：“未陞天龍謂之蟠龍。”“子”爲男子美稱。

申　頙　清人。字敬立。
《爾雅·釋詁》：“頙，直也。”直身不動爲立，故二者相協。飾以“敬”，示有容儀。

申　徽　北周人。字世儀。
《爾雅·釋詁》：“儀、徽，善也。”同義相協。飾以“世”，謂永世爲善。

申　旞　明人。字儀卿。
旞，繫羽毛之旌。據《周禮·春官·司常》，旞爲古代九旗之一種。九旗之應用，因事因人而異，須合於禮制。故以“儀”相應。“卿”爲美稱。

〔白〕

白允謙　清人。字子益。
《易·謙卦》：“天道虧盈而益謙。”“子”爲男子美稱。

白文珂　五代後周人。字德温。
珂，似玉之石。《説文·玉部》：“玉，石之美有五德者，潤澤以温。”

白行簡　唐人。字知退。
《易·繫辭下》：“德行恒簡以知阻。”知阻則不妄進，故以“知退”相應。

白延遇　五代後周人。字希望。
遇，謂際遇。以“希望”相應，意欲如太公望之遇文王。

白居易　唐人。字樂天。
《禮記·中庸》：“故君子居易以俟命。”又《哀公問》：“不能安土，不能樂天。”居易即安土。又《易·繫辭上》：“樂天知命，故不憂；安土敦乎仁，故能愛。”

白南金　明人。字礪甫。
《荀子·勸學》：“金就礪則利。”“甫”爲男子美稱。

白　建　北齊人。字彦譽。
《楚辭·離騷》：“恐修名之不立。”以“譽”應“建”，意在立名。“彦”爲美飾。

白思明　明人。字睿之。
《禮記·中庸》：“唯天下至聖，爲能聰明睿知。”

白時中　宋人。字蒙亨。
《易·蒙卦》：“蒙亨，以亨行時中也。”

白敏中　唐人。字用晦。
《易·明夷卦》：“明入地中，明夷。君子以莅衆，用晦而明。”王弼注：“藏明於内，乃得明也。”故以“用晦”應“中”。

白　珽　元人。字廷玉。
珽，玉笏。《説文·玉部》：“珽，大圭，長三尺。”段玉裁注：“按《玉藻》‘謂之珽’注云：‘此亦笏也。’”因在朝廷所用，故飾以“廷”。此亦拆名爲字。

白　鉞　明人。字秉德。
《史記·周本紀》：“周公旦把大鉞，畢公把小鉞。”把猶秉，故以“秉”應“鉞”。綴以“德”，襲用《詩·大雅·烝民》“民之秉彝，好是懿德”。既秉鉞，又秉德，表示恩威並用。

白夢鼐　清人。字仲調。
《説文·鼎部》：“鼐，鼎之絶大者。”應以“調”。取“調和鼎鼐”之義。

白　樸　元人。字太素。
《説文·木部》：“樸，木素也。”

《老子》第十九章："見素抱樸，少私寡欲。"

白鍾山　清人。字毓秀。
取"鍾靈毓秀"之義。柳宗元《馬退山茅亭記》："蓋天鍾秀於是。"

白　鎔　清人。字小山。
鎔，謂鎔銅鑄錢。《漢書·食貨志下》："是時，吴以諸侯即山鑄錢，富埒天子。"以"山"應"鎔"，取即山鑄錢，富埒王侯之義。飾以"小"，示不貪，兼表行第居末。

〔皮〕

皮日休　唐人。字襲美。
休、美同義相協。飾以"襲"，謂承其祖德之美。

皮光業　五代吴越人。字文通。
光、文皆有華彩義，故相協。"文"又指典章文獻，綴以"通"，意在誇飾，言博通於文。

皮龍榮　宋人。字起霖。
古人以爲龍可致雨，故以"起霖"相應。

〔石〕

石九奏　明人。字伯成。
《書·益稷》："《簫韶》九成。"

石　介　宋人。字守道。
介，節操。《孟子·盡心上》："柳下惠不以三公易其介。"守道，謂以節操自守。

石公揆　宋人。字道任。
《孟子·離婁上》："上無道揆也。"以"道任"應"揆"，意謂以行義爲己任。

石公孺　宋人。字長孺。
西周、東周時代，自天子以下，嫡長爲人後者稱孺子。漢以來遂以爲美稱。見《十駕齋養新録》卷二《孺子》。"長"表行第居長。

石元孫　宋人。字善長。
《易·乾卦·文言》："元者，善之長也。"

石允常　明人。字恒德。
常、恒同義相協。《易·恒卦》："不恒其德，或承之羞。"此從正面取義。

石天麟　宋人。字文祥。
舊以《詩·周南·麟之趾》頌揚文王之作，《大雅·大明》陳文武受命，中有"文定厥祥"語。故以"文祥"應"麟"。

石　弘　後趙人。字大雅。
弘、大同義相協。"大雅"常語，故因"大"綴"雅"以成文。

石　玉　明人。字大器。
《禮記·學記》："玉不琢，不成器。"此從正面取義，琢以爲大器。

石　旦　宋人。字彦明。
天曉爲旦，有光明之象。"彦"爲美飾。

石存禮　明人。字敬夫。
《孝經·廣要道章》："禮者，敬而已矣。"故以"敬"應"禮"。"夫"爲男子通稱。

石安民　宋人。字惠叔。
《論語·公冶長》："其養民也惠。"

石作蜀　春秋時人。字子明。
蜀，通"燭"。燭有照義，故協以"明"。"子"爲男子美稱。

石孝友　宋人。字次仲。
《詩·小雅·六月》："張仲孝友。"舊説張仲爲周宣王時人，以孝著稱。"次仲"，謂願居張仲之列，以示仰慕。

石延年　宋人。字曼卿。
延年即長壽，"曼"有長義，故以相應。"卿"爲美稱。

石延慶　宋人。字光錫。
《詩·大雅·皇矣》："則友其兄，則篤其慶，載錫之光。"

石邦柱　明人。字安國。
既爲邦家柱石，自能定國安邦。

石邦憲　明人。字希尹。
邦憲，國家之法令。尹，治。《左傳·定公四年》："以尹天下。"國家立法，是爲求治，故以"希尹"應"邦憲"。

石抹元　金人。字希明。
石抹，複姓。《書·益稷》："元首明哉。"

石承藻　清人。字黼庭。
《書·益稷》："宗彝、藻、火，粉米、黼黻。"此爲朝服飾文，故以"庭"爲"黼"綴飾。庭通"廷"。謂朝廷。

石牧之　宋人。字聖咨。
《書·舜典》："咨十有二牧，曰：'食哉，惟時……'"此爲帝舜命十二州牧之辭。舜爲聖人，故以"聖"飾"咨"。

石　虎　後趙人。字季龍。
《易·乾卦》："雲從龍，風從虎。"

石　金　明人。字南仲。
《詩·魯頌·泮水》："大賂南金。"

石保吉　宋人。字祐之。
《易·大有卦》："自天祐之，吉无不利。"

石待旦　宋人。字季平。
《孟子·告子上》："平旦之氣。"

石待問　宋人。字則善。
《論語·顔淵》："子曰：'善哉問！'"《禮記·學記》："善待問者如撞鐘。"

石　悉　宋人。字敏若。
悉，同"懋"。懋、敏皆有奮勉義，故相協。"若"爲形容詞詞尾，以爲綴飾。

石　星　明人。字拱宸。
《論語·爲政》："譬如北辰，居其所而衆星拱之。"宸，皇帝所居之稱。古代星象家以北極有君象，故以"宸"爲"拱"綴飾。

石　洪　唐人。字濬川。
洪，大水。川須疏濬而後水流通暢，故以"濬川"應"洪"。

石洪慶　宋人。字子餘。
《易·坤卦·文言》："積善之家，必有餘慶。""子"爲男子美稱。

石禹勤　宋人。字力臣。
力，努力。與"勤"義近，故相協。封建時代"率土之濱，莫非王臣"，且須盡力以事其上，故以"臣"爲"力"綴飾。

石　苞　晉人。字仲容。
苞，通"包"，與"容"義近，故相協。

石晉老　宋人。字子明。
《易·晉卦》："晉，進也。明出地上，順而麗乎大明。"

石　珤　明人。字邦彦。
珤，同"寶"，以"邦彦"相應，意謂俊彦之士乃爲國家之珍寶。

石　崇　晉人。字季倫。
以“倫”應“崇”，意謂崇尚倫常。

石晝問　宋人。字叔訪。
《左傳・昭公元年》：“朝以聽政，晝以訪問，夕以脩令。”故以“訪”應“晝問”。

石清吉　清人。字祥瑞。
吉、祥同義相協。祥、瑞又同義，故連文。

石　球　清人。字鳴虞。
《書・益稷》：“夔曰：‘戛擊鳴球。’”夔爲虞舜樂官，故以“鳴虞”應“球”。

石處道　宋人。字元叟。
道，謂聖人之道。元，即“玄”。宋人避始祖玄朗諱，以“元”代“玄”。聖人之道深奥微妙，故以“玄”相應。五代以來，文人多以“叟”“老”爲字之綴飾。

石　喬　晉人。字弘祖。
“喬”有高義，“弘”有大義。高、大義近，故相協。綴以“祖”，意在張大其祖德。

石揚休　宋人。字昌言。
《詩・大雅・江漢》：“虎拜稽首，對揚王休。”《書・臯陶謨》：“禹拜昌言曰：‘俞！’”揚休、昌言皆爲臣子於皇帝面前進對之辭，故相協。

石景衕　宋人。字順思。
衕，同“述”。《詩・邶風・日月》：“報我不述。”毛傳：“述，循也。”《説文・彳部》：“循，順行也。”同義故相協。思，猶兮。

石熙載　宋人。字凝績。
《書・舜典》：“有能奮庸熙帝之載。”又《臯陶謨》：“庶績其凝。”

石　礪　宋人。字商老。
《僞古文尚書・説命上》：“若金，用汝作礪。”此殷高宗命傅説之辭，故以“商”應“礪”。“老”爲綴飾，意取長壽，五代以來習用。

石繼芳　明人。字克肖。
芳，取“蘭桂騰芳”之義。舊以稱譽人子弟賢達秀出。肖，子似其父之賢。以“克肖”應“芳”，言能如其父之賢，爲人佳子弟。

石　巖　元人。字民瞻。
《詩・小雅・節南山》：“節彼南山，維石巖巖；赫赫師尹，民具爾瞻。”

石　巍　明人。字民望。
巍，謂巍巍。高大之貌。應以“民望”，謂功德巍巍，使民景仰瞻望。兼取《詩・小雅・節南山》文義。

石　鑑
① 後魏人。字大朗。
鑑，古代照影之銅鏡。《廣雅・釋器》：“鑑謂之鏡。”照影則須明，故應以“大朗”。義猶極明。
② 宋人。字大觀。
《論語・八佾》：“周監於二代。”陸德明釋文：“監，觀也，視也。”監，古“鑑”字。同義相協。飾以“大”，欲竭其目力。

〔艾〕

艾　易　元人。字仲和。
《論語・八佾》：“喪，與其易也，寧戚。”何晏集解引包咸曰：“易，和易也。”

艾南英　明人。字千子。
《禮記・禮運》：“大道之行也，與三代之英，丘未之逮也。”孔穎達疏：“倍選曰俊，千人曰英。”“子”爲男子美稱。

艾毓初　明人。字孩如。
毓，同“育”。《説文・口部》：“咳，小兒笑也。孩，古文咳。”“毓初”猶初生，故以“孩”相應。“如”爲詞尾。

艾　璞　明人。字德潤。
璞，未治之玉。玉有五德，“潤澤以温”爲首，故以“德潤”相應。

艾　穆　明人。字和父。
《詩・大雅・烝民》：“穆如清風。”鄭箋：“穆，和也。”“父”爲男子美稱。

六　畫

〔仲〕

仲　由　春秋魯人。字子路。
由，走，經過。《孟子・離婁上》：“舍正路而弗由。”故應以“路”，以指實“由”之含義。“子”爲男子美稱。

仲宏道　清人。字開一。
取《論語・里仁》“吾道一以貫之”之義。“開”與“貫”義近，故以爲飾。

仲長子光　唐人。字不曜。
仲長，複姓。光、曜同義。飾以“不”，取反義，意在幽玄。

仲長統　漢人。字公理。
《廣雅・釋詁二》：“統，理也。”同義，故相協。“公”爲美稱。

仲　簡　宋人。字畏之。
《詩・小雅・出車》：“王事多難，不遑啓居。豈不懷歸？畏此簡書。”意在勤於王事。

〔任〕

任大椿　清人。字幼植。
《莊子・逍遥遊》：“上古有大椿者，以八千歲爲春，八千歲爲秋。”後世以喻長壽。應以“幼植”，取“十圍之木，始生如蘖”之義。

任　永　漢人。字君業。
《爾雅・釋詁》：“業，大也。”永爲長。長、大義近，故相協。“君”爲美稱，以爲飾。

任　光　漢人。字伯卿。
光，通“廣”。廣、伯皆有大義，故相協。“卿”爲高位，亦美稱，以爲綴飾。

任守忠　宋人。字稷臣。
此以“忠臣”自期。稷爲周之始祖，爲帝舜良佐，故以飾“臣”。意欲傚稷、契，爲一代弼輔之臣。

任　孜　宋人。字遵聖。
孜，勤勉不怠。應以“遵聖”，取孜孜循聖道以進之義。

任希夷　宋人。字伯起。
《孟子・離婁上》：“伯夷辟紂，居北海之濱，聞文王作，興曰：‘盍歸乎來？吾聞西伯善養老者。’”興即起。言欲傚伯夷，興起於明時。

任　延　漢人。字長孫。
《爾雅・釋詁》：“延，長也。”孫，通“遜”。志在謙退，欲長恭順。

任辰旦　清人。字千之。
旦，謂旦旦。義猶天天。《尚書大傳》卷一："日月光華，旦復旦兮。"應以"千之"，欲其永久。

任宗誼　字仲宜。
誼，通"義"。《禮記·中庸》："義者，宜也。"

任　昉
① 漢人。字文始。
昉，始。《公羊傳·隱公二年》："始滅昉於此乎？"同義相協。"文"爲美飾。
② 南朝梁人。字彦昇。
《玉篇·日部》："昉，明也。"昇，日上。日上則明，故相協。"彦"爲男子美稱。

任　昂　明人。字伯顒。
顒，昂首仰望貌。《易·觀卦》："有孚顒若。"朱熹本義："謂在下之人，信而仰之。"

任　玥　清人。字少玉。
《廣韻·入月》："玥，神珠。"珠、玉同爲寶物，故相應。"少"表行第較末。

任　勉　明人。字近思。
《論語·子張》："子夏曰：'博學而篤志，切問而近思，仁在其中矣。'"以"近思"應"勉"，意在以"仁"自勵。

任　扃　明人。字啓敬。
扃，關閉。與"啓"反義相協。

任　洛　明人。字仲伊。
《書·禹貢》："伊、洛、瀍、澗，既入于河。"同爲水名，故相應。

任　原　明人。字本初。
原、本義近，故相協。本、初義亦近，故連綴成文。

任　旄　漢人。字子旗。
旄、旗皆旗屬，故相應。"子"爲男子美稱。

任曾貽　清人。字淡存。
貽，餽贈。存，存問，恤問。二者義近，故相協。飾以"淡"，取《莊子·山木》"君子之交淡若水"之義，不在以物相遺。

任渭南　清人。名丙。
以字行。陰陽家以丙丁屬火，南方之象，故以"南"應"丙"。渭南爲地名，故連類而及以"渭"爲飾。

任　熊　清人。字渭長。
此用姜尚遇文王時"飛熊入夢"故事。此由《史記·齊太公世家》"非虎非羆"與《宋書·符瑞志上》"非熊非羆"演化而來。姜尚曾釣於渭水之陽，故以"渭"應"熊"。"長"爲綴飾，取飛黄騰達，前程遠大之義。

任盡言　宋人。字元受。
《易·繫辭上》："書不盡言。"《詩·小雅·彤弓》："彤弓弨兮，受言藏之。"故承"言"而應以"受"。謂拜受善言。此借《彤弓》之辭而賦新意。"元"爲美善之辭，以爲飾。

任端書　清人。字念齋。
書，謂《尚書》。《僞古文尚書·大禹謨》："念兹在兹。""齋"爲時尚綴飾。

任德成　清人。字象元。
《易·繫辭上》："成象之謂乾。"故以"象"應"成"。又《乾卦》："大哉乾元。"因以"元"爲綴飾。

任　頤　清人。字伯年。
《禮記·曲禮上》："百年曰期，頤。"

任　環　明人。字應乾。
《易·説卦》："乾爲天，爲圜。"朱熹本義："音圓。""環"與"圜"通。故以"應乾"與"環"相應。

任　瞻　唐人。字育長。
《詩·魏風·陟岵》："陟彼岵兮，瞻望父兮。"又："陟彼屺兮，瞻望母兮。"又《小雅·蓼莪》："父兮生我，母兮鞠我。拊我畜我，長我育我。"此爲孝子思養親之作。故以"育長"應"瞻"。

任瞻山　清人。字師韓。
《新唐書·韓愈傳贊》："自愈没，其言大行，學者仰之如泰山、北斗云。"

任　顓　宋人。字誠之。
《説文·頁部》："顓，頭顓顓謹貌。"謹、誠義近，故相協。

任　瀚　明人。字少海。
此拆"瀚海"一詞以爲名字。瀚海，指文壇。明趙振元《爲袁氏祭袁石寓憲副》："瀚海知名，詞壇聽玉。""少"表行第較末。

任　瓌　唐人。字瑋。
瓌、瑋常語，故相協。《三國志·蜀志·許靖傳》："文休倜儻瓌瑋，有當世之具。"

任蘭生　清人。字畹香。
《楚辭·離騷》："余既滋蘭之九畹兮。"蘭爲香草，號爲"王者香"，故以"香"爲綴飾。

任蘭枝　清人。字香谷。
取"幽蘭生空谷"之義。蘭爲王者香，故以"香"爲飾。

任觀瀛　清人。字子登。
《舊唐書·褚亮傳》謂唐太宗爲天策上將軍時，開文學館，選十八人爲學士，"預入館者，時所傾慕，謂之登瀛洲"。"子"爲男子美稱。

〔伊〕

伊念曾　清人。字少沂。
《論語·先進》記曾皙與子路等人侍坐述志事。曾皙願與"冠者五六人，童子六七人，浴乎沂，風乎舞雩，詠而歸"，頗爲孔子稱許。故以"沂"應"曾"。"少"表行第較末。

伊秉綬　清人。字組似。
綬、組同爲絲絛，用以繫印者。

伊　恒　清人。字宗有。
《孟子·梁惠王上》："無恒産而有恒心者，惟士爲能。"以"宗有"應"恒"，表示願做有節操之士。

伊婁謙　隋人。字彦恭。
伊婁，複姓。謙、恭義近，故相協。"彦"爲美飾。

伊都立　清人。字學庭。
《論語·季氏》："嘗獨立，鯉趨而過庭。"以"學庭"應"立"，表示欲學孔鯉，以承父之教誨。

伊湯安　清人。字小尹。
伊尹佐成湯，伐夏以定天下。故以"尹"應"伊湯安"。"小"表行第較末。

伊　慎　唐人。字寡悔。
《論語·爲政》："多見闕殆，慎行其餘，則寡悔。"

伊樂堯　清人。字遇羹。
《後漢書·李固傳》："昔堯殂之後，舜仰慕三年。坐則見堯於墻，食則覩堯於羹。"

〔伍〕

伍　員　春秋楚人。字子胥。
《廣雅·釋詁三》："員，衆也。"王念孫疏證："《説文》：員，物數也。春秋楚伍員字子胥。《爾雅》：僉、咸、胥，皆也。是衆之義也。《説文》：貟，物數紛貟亂也。"是"員""胥"皆爲衆多，故相協。"子"爲男子美稱。

伍光瑜　清人。字孚尹。
《禮記·聘義》："瑕不揜瑜，瑜不揜瑕，忠也；孚尹旁達，信也。"

伍　孚　漢人。字德瑜。
《禮記·聘義》："夫昔者君子比德於玉焉：……瑕不揜瑜，瑜不揜瑕，忠也；孚尹旁達，信也。"

伍良臣　元人。字雲從。
《易·乾卦》："雲從龍。"龍爲君象，《廣雅·釋詁》："龍，君也。"君、臣相對，故相應。

伍長華　清人。字實生。
華、實相關聯，華落則實生，故相應。

伍袁萃　明人。字聖起。
《孟子·公孫丑上》："出乎其類，拔乎其萃，自生民以來，未有盛於孔子也。"孟子以孔子爲聖人，且"自生民以來，未有夫子也"，故以"聖起"應"萃"。

伍崇曜　清人。字紫垣。
曜，謂日、月、五星。中國古代天文學家分星空爲三垣，其一爲紫微垣，故以"紫垣"應"曜"。

伍擇之　宋人。字元賓。
《左傳·隱公十一年》："賓有禮，主則擇之。""元"爲美善之辭，以爲飾。

伍　驥　明人。字德良。
《論語·憲問》："驥不稱其力，稱其德也。"朱熹集注："德，謂調良也。"

〔伏〕

伏　挺　南朝梁人。字士標。
挺，特出。樹枝之高出者爲"標"。二者義近，故相協。"士"爲男子美稱。

伏曼容　南朝梁人。字公儀。
容、儀義近，故相協。"公"爲美稱。

伏　隆　漢人。字伯文。
《説文·𨸏部》："隆，豐大也。"《爾雅·釋詁》："伯，長也。"長亦大。隆、伯皆有大義，故相協。"文"爲綴飾。

伏　晅　南朝梁人。字玄曜。
《易·説卦》："日以烜之。""烜"與"晅"同。"曜"爲日光，故相應。日爲天象，天道幽遠玄妙，故以"玄"爲飾。

伏　黯　漢人。字稚文。
黯，暗，不明。幼稚則蒙昧不明，故以"稚"應"黯"。"文"爲綴飾。

〔全〕

全大成　明人。字希孔。
《孟子·萬章下》："孔子之謂集大成。"飾以"希"，以示景慕。

全良範　明人。字心矩。
範、矩皆有法式義，故相協。飾以"心"，謂心中思以爲法式。

全思誠　明人。字希賢。
《論語·里仁》："見賢思齊焉。"

全祖望　清人。字紹衣。
《詩·大雅·下武》："繩其祖武。"《書·康誥》："今民將在祗遹乃文考，紹聞衣德言。"以"紹衣"應"祖"，意欲繼其祖德，以身體力行。

全景文　南朝齊人。字弘達。
《論語·公冶長》："敏而好學，不恥下問，是以謂之文也。"好學、下問，自必通達。故以"達"應"文"。飾以"弘"，意欲大達。

全　琮　三國吴人。字子璜。
琮、璜同爲玉器，故相應。"子"爲男子美稱。

全　整　明人。字修齋。
整、修皆有治義，故相協。"齋"爲時尚綴飾字。

〔匡〕

匡　愚　明人。字希賢。
孔子曾謂顏子"賢哉回也"，又稱其"不違如愚"。此用其典。

匡　衡　漢人。字稚圭。
衡，佩玉上部的玉製横棒，用以繫璜與衝牙。字亦作"珩"。與圭同爲玉屬，故相協。"稚"表行第較末。

〔危〕

危　止　明人。字公定。
《詩·周南·麟之趾》："麟之趾，振振公子。""麟之定，振振公姓。"止、趾古今字。

危　行　明人。字世隆。
連姓成文。《論語·憲問》："邦有道，危言危行。"世隆即邦有道。

危建侯　宋人。字利用。
《易·豫卦》："豫：利建侯行師。""利用"爲《易》常語，故承"利"綴以"用"。

危　素　明人。字太樸。
《老子》第二十章："見素抱樸。"

危復之　元人。字見心。
《易·復卦》："復，其見天地之心乎？"

危德昭　五代吴越人。字明遠。
昭、明同義相協。以"遠"綴於"明"，取明照萬里之義。

〔吕〕

吕人龍　宋人。字首之。
《易·乾卦》："見羣龍無首，吉。"《晉書·隱逸傳·宋纖》記纖隱居教授，不應州郡之辟。酒泉太守馬岌往訪，宋拒不見。岌嘆曰："名可聞而身不見，德可仰而形不可睹，吾而今而後知先生人中之龍也。"以"首"應"人龍"，謂人中之傑出者。

吕大防　宋人。字微仲。
此取"防微杜漸"之義。

吕大忠　宋人。字進伯。
以"進"應"忠"，取進納忠言之義。

吕大鈞　宋人。字和叔。
《僞古文尚書·五子之歌》："關石和鈞。"

吕大器

① 宋人。字治先。

《老子》第四一章："大器晚成。"因《論語·衛靈公》有"工欲善其事，必先利其器"之語，故以"治先"應"大器"，言須先修治。又《新唐書·裴行儉傳》："士之致遠，先器識，後文藝。"以"治先"應"大器"，亦或取此義。言先有器識，後修文藝。

② 明人。字儼若。

《老子》第十五章："儼兮其若容。"器則能容，故以"儼若"相應。按，明人依王弼本，但河上本"容"作"客"。從以釋、楪爲韻看，作"客"是。彼時古音之學未明，故有此失。

吕大臨 宋人。字與叔。

《易·雜卦》："《臨》《觀》之義，或與或求。"韓康伯注："以我臨物，故曰與。"

吕不用 明人。字則耕。

初名"必用"，字"則行"。係取《論語·述而》"用之則行"之義。以"則耕"應"不用"，取不用則退而耕於野之義。《史記·吴太伯世家》記伍子胥説公子光，不用，"子胥退而耕於野"。

吕　中

① 宋人。字敬伯。

《禮記·仲尼燕居》："敬而不中禮謂之野。"此反其意而用之，謂敬能中禮。中，讀zhòng。亦或取《禮記·中庸》"齊莊中正，足以有敬也"文義。如此，"中"則讀zhōng。

② 宋人。字時可。

《禮記·中庸》："君子之中庸也，君子而時中。"綴以"可"，謂隨時而可處於中庸之道。

吕中孚 金人。字信臣。

《易·雜卦》："中孚，信也。"

吕元善 明人。字季可。

《孟子·告子上》："孟子曰：'乃若其情，則可以爲善矣，乃所謂善也。'"

吕元膺 唐人。字景夫。

膺，謂服膺。景，仰慕。《禮記·中庸》："則拳拳服膺。"既已著於心胸，即是景仰。"夫"爲男子通稱。亦或因景慕後漢李膺（字元禮），故以"景"應"膺"。

吕公著 宋人。字晦叔。

著，昭著，明顯。應以"晦"，反義相協。

吕公孺 宋人。字稚卿。

《説文·子部》："孺，乳子也。"凡幼小者爲"孺"，故以"稚"相協。"卿"爲美稱。

吕　午 宋人。字伯可。

《左傳·襄公三年》："午也可。"

吕文仲 宋人。字子臧。

此拆春秋魯大夫臧文仲以爲名字。"子"爲男子美稱。

吕文燧 明人。字用明。

燧，古代取火之具。又爲照明之具。《左傳·文公十年》："命夙駕載燧。"

吕切問 宋人。字舜從。

《論語·子張》："博學而篤志，切問而近思。"《禮記·中庸》："舜其大知也與！舜好問而好察邇言。"以"舜從"應"切問"，言欲傚舜所爲：好問，好察邇言。

吕　本 明人。字汝立。

《論語·學而》："君子務本，本立而道生。"

吕本中 宋人。字居仁。

《論語·學而》："君子務本，本立而道生。孝弟也者，其爲仁之本與！"《孟子·盡心上》："居仁由義，大人之事備矣。"大人亦即君子。

吕由誠 宋人。字子明。

《禮記·中庸》："誠則明矣，明則誠矣。""子"爲男子美稱。

吕　申 明人。字文甫。

《詩·大雅·崧高》："維嶽降神，生甫及申。"舊説甫即甫侯（周穆王時人），曾作《吕刑》，故以"文"爲飾。

吕　光 後涼人。字世明。

光、明同義相協。飾以"世"，意欲世世代代皆能光明興盛。

吕光洵 明人。字信卿。

洵、信同義相協。《诗·鄭風·叔于田》："洵美且仁。"鄭玄箋："洵，信也。""卿"爲美稱。

吕　向 唐人。字子回。

向，朝向。回，返轉。二者反義相協。"子"爲男子美稱。

吕夷簡 宋人。字坦夫。

《梁書·處士傳·庾詵》："而性託夷簡，特愛林泉。"《易·履卦》："履道坦坦，幽人貞吉。"《論語·述而》："君子坦蕩蕩。"賦性夷簡之林泉幽人，胸襟自必坦蕩。"夫"爲男子通稱。

吕好問 宋人。字舜徒。

《禮記·中庸》："舜好問而好察邇言，隱惡而揚善……其斯以爲舜乎？"《孟子·盡心上》："孳孳爲善者，舜之徒也。"

吕　安 三國魏人。字仲悌。

《禮記·表記》："凱以强教之，弟以樂安之。"孔穎達疏："言以遜弟之道下化於民，民皆豫説而康安。"弟、悌古今字。

吕希周 明人。字師旦。

周公名旦。飾以"師"，意謂師法周公旦。

吕希哲 宋人。字原明。

《詩·大雅·烝民》："既明且哲，以保其身。"飾以"原"，謂原本明於理。

吕希純 宋人。字子進。

《禮記·中庸》："'於乎不顯，文王之德之純。'蓋曰：文王之所以爲文也，純亦不已。"不已，謂無間斷先後，精進不止。故以"進"應"純"。"子"爲男子美稱。

吕　沆 宋人。字叔朝。

沆，謂沆瀣。即露氣。露生於晨，故以"朝"（zhāo）相應。司馬相如《大人賦》："呼吸沆瀣兮餐朝霞。"嵇康《琴賦》："餐沆瀣兮帶朝霞。"

吕沖之 宋人。字大老。

"沖"有幼小義，與"大"反義相協。《書·金縢》："惟予沖人，弗及知。""老"爲綴飾。宋人時尚用字。

吕良才 宋人。字賢甫。

賢、良義近，故相協。"甫"爲男子美稱。

吕良佐 元人。字輔之。

輔、佐同義相協。

吕佺孫 清人。字堯仙。

佺，謂偓佺。《列仙傳》《搜

神記》以爲帝堯時之仙人。故以“堯仙”相應。

吕　和　明人。字克中。

《禮記·中庸》：“致中和，天地位焉，萬物育焉。”克，能。

吕　坤　明人。字叔簡。

《易·繫辭上》：“《坤》以簡能。”

吕　律　宋人。字賡六。

此連姓成文。古代截竹爲管，以爲正音之器，陰陽各六：陽者爲“律”（黄鐘、大簇、姑洗……），陰者爲“吕”（大吕、夾鐘、中吕……）。故有“六律”“十二律”或“律吕”之稱。因《書·益稷》有“乃賡載歌”之語，故以“賡”爲飾。

吕　洙　元人。字宗魯。

洙，洙水。洙、泗皆在魯國境内。孔子講學即於洙泗之間。以“宗魯”應“洙”，意即宗法孔子。陶潛《飲酒二十首》詩：“汲汲魯中叟，彌縫使其淳。鳳鳥雖不至，禮樂暫得新。洙泗輟微響，漂流逮狂秦。詩書復何罪？一朝成灰塵！”

吕　紀　明人。字廷振。

以“廷振”應“紀”，謂振救朝廷綱紀。

吕　原　明人。字逢原。

《孟子·離婁下》：“資之深，則取之左右逢其原。”

吕夏音　清人。字大昭。

夏音，謂夏代之音樂。夏音樂有《大夏》，故應以“大”。綴以“昭”，欲昭明古樂。又，“夏”有大義，應以“大”，同義相協。《詩·秦風·權輿》：“夏屋渠渠。”毛傳：“夏，大也。”

吕　宫　清人。字長音。

“宫”爲五音（宫、商、角、徵、羽）之首，故以“長音”相應。

吕師賢　明人。字愚卿。

《論語·爲政》：“子曰：‘吾與回言終日，不違如愚。退而省其私，亦足以發。回也不愚。’”又《雍也》：“子曰：‘賢哉回也！’”以“愚”應“師賢”，意謂當師顔回，大賢若愚。綴以“卿”，爲美稱。

吕祐之　宋人。字元吉。

《易·大有卦》：“大有，元亨。”又：“自天祐之，吉无不利。”

吕祖儉　宋人。字子約。

儉、約義近，故相協。“子”爲男子美稱。

吕祖謙　宋人。字伯恭。

謙、恭義近，故相協。

吕　翀　明人。字天翰。

《廣韻·平東》：“翀，直上飛也。”《説文·羽部》：“翰，天鷄也。”段玉裁注：“《小宛》傳云：‘翰，高也。’謂羽長飛高。”

吕　虔　三國魏人。字子恪。

虔、恪皆有敬義，故相協。《左傳·成公十六年》：“虔卜于先君也。”《爾雅·釋詁》：“恪，敬也。”“子”爲男子美稱。

吕　陟　宋人。字昇卿。

陟、昇皆有登義，故相協。“卿”爲美稱。

吕　高　明人。字山甫。

《詩·小雅·小弁》：“莫高匪山。”“甫”爲男子美稱。

吕　堅　清人。字介卿。

堅、介同謂甲，故相應。《禮記·曲禮上》：“介者不拜。”《史記·項羽本紀》：“夫披堅執鋭。”又，堅、介同有堅固義，亦可相協。《荀子·修身》：“善在身，介然，必以自好也。”楊倞注：“介然，堅固貌。”“卿”爲美稱。

吕崇烈　清人。字伯承。

《僞古文尚書·君牙》：“丕承哉，武王烈。”

吕　陶　宋人。字元鈞。

陶，謂製陶。鈞，製陶器之轉輪。“陶鈞”常以比喻創造、自然造化。鄒陽《獄中上梁王書》：“是以聖王制世御俗，獨化於陶鈞之上。”元，大。贊美造化之辭。

吕勝己　宋人。字季克。

《論語·顔淵》：“克己復禮爲仁。”又，勝、克同義，亦可相協。

吕喬年　宋人。字巽伯。

喬，謂喬木。《易·説卦》：“巽爲木。”

吕　强　漢人。字漢盛。

强、盛義近，故相協。飾以“漢”，意在頌揚本朝。

吕惠卿　宋人。字吉甫。

《僞古文尚書·大禹謨》：“惠迪吉。”“甫”爲男子美稱。

吕　渭　唐人。字君載。

《史記·齊太公世家》謂周文王獵於渭濱，遇太公姜尚，與語大悦，“載與俱歸，立爲師”。太公先世封於吕，子孫遂以封地爲姓，故姜尚亦稱吕尚。以“君載”應“吕渭”，意即文王於渭濱載吕尚以歸。

吕渭老　宋人。字聖求。

文王訪求賢人，於渭濱得吕尚。孟子稱吕尚、伯夷爲“二老”，故名“渭老”，文王爲聖人，故字“聖求”。

吕猶龍　清人。字雨村。

《史記·老子韓非列傳》：“吾今日見老子，其猶龍邪？”《易·乾卦》：“雲從龍。”又：“雲行雨施。”故以“雨”應“猶龍”。“村”爲時尚綴飾。

吕　琦　五代後晉人。字輝山。

琦，美玉。《荀子·勸學》：“玉在山而草木潤。”陸機《文賦》：“石韞玉而山輝，水懷珠而川媚。”

吕　陽　清人。字全五。

《易·説卦》：“乾，天也。”又《繫辭下》：“乾，陽物也。”《繫辭上》：“天數五。”天爲陽，其數爲五，故以“五”應“陽”。

吕　雯　明人。字天章。

雲成章爲“雯”。故以“天章”相應。

吕　椿　宋人。字之壽。

此願有大椿之壽。《莊子·逍遥遊》：“上古有大椿者，以八千歲爲春，八千歲爲秋。”

吕　温

① 後魏人。字晞陽。

晞，曝晒。《楚辭·九歌·少司命》：“晞汝髮兮陽之阿。”曝晒則温暖，故相應。

② 唐人。字和叔。

温、和義近，故相協。

吕　溥　元人。字公甫。

溥，普遍。《詩·大雅·召旻》：“溥斯害矣。”鄭玄箋：“溥，猶徧也。”普遍則公，故以“公”相應。“甫”爲男子美稱。

吕焕成　清人。字吉文。

《論語·泰伯》：“焕乎！其有文

章。"《易・坤卦》有"黄裳元吉，文在中也"，故以"吉"飾"文"。

吕義山 宋人。字子居。

《論語・雍也》："仁者樂山。"《孟子・盡心上》："居仁由義。""子"爲男子美稱。

吕種玉 清人。字藍衍。

《搜神記》卷十一載，楊伯雍遇仙人與石一斗，教於"高平好地有石處種之，云：'玉當生其中。'"數歲之後，果有美玉生石上。古時藍田縣産玉，因以"藍衍"應"種玉"。衍，蕃衍。

吕 端 宋人。字易直。

端，正。與"直"義近，故相協。飾以"易"，謂其性本善，易於正直。

吕維祺 明人。字介孺。

《詩・大雅・行葦》："壽考維祺，以介景福。"《行葦》末章皆祝頌老者，綴以"孺"，以示兼顧福祐孺幼。

吕 蒙 漢人。字子明。

"蒙"有幽暗之象，與"明"反義相協。《易・蒙卦》王弼注："夫明莫若聖，昧莫若蒙。""子"爲男子美稱。

吕蒙正 宋人。字聖功。

《易・蒙卦》："蒙以養正，聖功也。"

吕 誠 元人。字敬夫。

《禮記・祭統》："身致其誠信，誠信之謂盡；盡之謂敬。""夫"爲男子通稱。

吕 誨 宋人。字獻可。

《僞古文尚書・説命上》："爰立作相，置諸其左右，命之曰：'朝夕納誨，以輔台德！'"此殷高宗命傅説之辭。《左傳・昭公二十年》："君所謂可，而有否焉，臣獻其否，以成其可；君所謂否，而有可焉，臣獻其可，以去其否。"以"獻可"應"誨"，言依君命而獻可替否。

吕鳴珂 明人。字聲甫。

儲光羲《洛陽道》詩："五陵貴公子，雙雙鳴玉珂。"故以"聲"相應。"甫"爲男子美稱。

吕儁孫 清人。字曼叔。

儁，同"俊"。俊、曼皆有美義，故相協。《漢書・司馬遷傳》："今雖欲自彫瑑，曼辭以自解，無益。"如淳曰："曼，美也。"

吕履恒 清人。字元素。

《易・履卦》："素履，往无咎。""素"爲初始之態，故飾以"元"。

吕廣問 宋人。字仁夫。

《論語》多記孔子弟子"問仁"："顔淵問仁""仲弓問仁""司馬牛問仁""樊遲問仁"，故以"仁"應"問"。"夫"爲男子通稱。

吕 㦿 明人。字秉之。

㦿，古"常"字。謂五常，五倫。《詩・大雅・烝民》："民之秉彝。"毛傳："彝，常。"故以"秉之"應"㦿"。

吕 潛

① 明人。字時見。

《易・乾卦》："潛龍勿用，陽氣潛藏；見龍在田，天下文明；終日乾乾，與時偕行。"王弼注："與天時俱不息。"以"時見"應"潛"，意謂今雖潛藏，但仍待時而見。

② 清人。字孔昭。

《詩・小雅・正月》："潛雖伏矣，亦孔之炤。"炤、昭通。

吕潤蕃 清人。字孝衍。

蕃、衍皆有滋息繁盛義，故相協。因《詩・大雅・既醉》有"孝子不匱，永錫爾類"語，故以"孝"飾"衍"，意欲孝子源源不竭。

吕緝熙 清人。字敬甫。

《詩・大雅・文王》："穆穆文王，於緝熙敬止。""甫"爲男子美稱。

吕調陽 明人。字和卿。

連姓成文。周興嗣《千字文》："律吕調陽。"陰六爲吕，陽六爲律，陰陽配合爲十二律。樂律必和，故以"和"應"調陽"。"卿"爲美稱。

吕 震 明人。字克聲。

《易・説卦》："震爲雷。"《禮記・月令》："雷乃發聲。"克，能。言能有聲。暗用《詩・大雅・文王有聲》"遹駿有聲"之意。

吕頤浩 宋人。字元直。

《孟子・公孫丑上》："'我善養吾浩然之氣。''敢問何謂浩然之氣？'曰：'難言也。其爲氣也，至大至剛，以直養而無害。'""頤浩"義猶"養浩"，故以"直"相應。飾以"元"，意謂"元以直養浩然之氣"。

吕 學 清人。字時敏。

《僞古文尚書・説命下》："惟學遜志，務時敏。"

吕學簡 明人。字敬甫。

《論語・雍也》："居敬而行簡，以臨其民，不亦可乎？""甫"爲男子美稱。

吕 機 元人。字審言。

《論語・子路》："定公問：'一言而可以興邦，有諸？'孔子對曰：'言不可以若是其幾也。……不幾乎一言而興邦乎？'"幾通"機"。以"審言"相應，謂於言須審慎。

吕 璜

① 清人。字禮北。

《周禮・春官・大宗伯》："以玄璜禮北方。"

② 清人。字渭占。

《宋書・符瑞志上》載，周文王將獵，以卜其兆。"史編卜之，曰：'將大獲，非熊非羆，天遺汝師以佐昌。……'王至於磻谿之水，吕尚釣於涯。王趨下拜曰：'望公七年，乃今見光景于斯。'尚立變名答曰：'望釣得玉璜，其文要曰："姬受命，昌來提，撰爾雒鈐報在齊。"'"文王獵渭，占卜以得吕尚。吕釣於磻谿，得玉璜以佐周命。故以"渭占"應"璜"。

吕餘慶 宋人。名胤。

以字行。《易・坤卦・文言》："積善之家，必有餘慶。"以"餘慶"應"胤"，意欲澤及子孫。

吕應鍾 明人。字元聲。

鍾通"鐘"。應鍾，即"應鐘"。爲十二律之一。古代截竹爲管，以爲正音之器。陰陽各六，陽爲律，陰爲吕。應鐘屬六吕。音正則合乎準則，故以"元聲"相應。"元聲"者，原爲聲律也。又，元通“玄”。應鐘屬孟冬之音，屬水屬玄（黑）。《吕氏春秋·孟冬紀》：“孟冬之月……其帝顓頊，其神玄冥。律中應鐘……盛德在水。”

吕謙恒　清人。字天益。
《易·謙卦》：“天道虧盈而益謙。”

吕　懷　明人。字汝德。
《僞古文尚書·君陳》：“昔周公師保萬民，民懷其德。”

吕　獻　明人。字丕文。
《論語·八佾》：“文獻不足故也，足則吾能徵之矣。”丕，大。以爲飾。

吕　纂　後凉人。字永緒。
《國語·周語上》：“纂修其緒。”飾以“永”，欲其功業長存。

吕　鐸　明人。字文振。
《論語·八佾》：“天將以夫子爲木鐸。”何晏集解引孔曰：“木鐸，施政教時所振也。”“文”爲飾，意在宣揚聖人文教。

吕　權　元人。字子義。
權，變通，權變。應以“義”，意謂從權則宜於事，亦必合乎義。“子”爲男子美稱。

吕　顯　後魏人。字子明。
顯、明同義，故相協。“子”爲男子美稱。

吕　讓　明人。字克遜。
讓、遜皆有謙義，故相協。克，能。言能謙遜。

〔吉〕

吉　茂　三國魏人。字叔暢。
《孟子·滕文公上》：“草木暢茂。”

吉　挹　晉人。字祖沖。
挹，退讓。沖，虚。二者義近。飾以“祖”，谓以沖虚謙挹爲法。

吉　翂　南朝梁人。字彦霄。
《玉篇·羽部》：“翂，飛貌。”以“霄”相應，取一舉沖天之義。“彦”爲美稱。

吉夢熊　清人。字毅揚。
傳説文王遇姜尚之前，曾有飛熊入夢之兆（見《武王伐紂平話》）。《詩·大雅·大明》稱頌姜尚有“維師尚父，時維鷹揚”之語，故以“毅揚”應“夢熊”。

吉　翰　南朝宋人。字休文。
《逸周書·王會解》：“蜀人以文翰，文翰者若皐鷄。”“休”爲美飾。

〔向〕

向子忞　宋人。字宣卿。
忞，不明，心所不了（見《法言·問神》李軌注）。“宣”爲明示，與“忞”義相承接。心有所不了，故須宣諭、明示。“卿”爲美稱。

向子韶　宋人。字和卿。
韶，帝舜時樂名。《書·舜典》：“帝曰：‘夔！命汝典樂……聲依永，律和聲，八音克諧，無相奪倫，神人以和。’”故以“和”應“韶”。“卿”爲美稱。

向子諲　宋人。字伯恭。
《爾雅·釋詁》：“諲、恭，敬也。”同義相協。

向文敏　明人。字懋學。
《論語·公冶長》：“敏而好學。”飾以“懋”，謂勉力於學。

向　沈　宋人。字深之。
《隋書·帝紀一·高祖上》：“沈深嚴重。”

向　秀　晉人。字子期。
秀，禾抽穗。《爾雅·釋草》：“不榮而實者謂之秀。”《詩·大雅·生民》：“誕后稷之穡……實發實秀，實堅實好。”以“期”相應，是望其成熟。“子”爲男子美稱。

向宗回　宋人。字子發。
《論語·爲政》：“吾與回言終日，不違如愚。退而省其私，亦足以發。回也不愚。”

向　拱　宋人。字星民。
《論語·爲政》：“譬如北辰，居其所而衆星拱之。”“民”爲綴飾。

向　柳　南朝宋人。字玄季。
春秋魯人展禽字季，死後謚爲惠，因居於柳下，故稱柳下惠。故以“季”應“柳”。晉宋時人崇尚玄學，因以“玄”爲飾。

向　淇　明人。字子瞻。
《詩·衛風·淇奥》：“瞻彼淇奥。”“子”爲男子美稱。

向　雄　晉人。字茂伯。
“雄”有强大義，“伯”有長義。二者義近，故相協。《爾雅·釋詁》：“茂，勉也。”以飾“伯”，意在奮發向上，爲人中之長。

向　榮　清人。字欣然。
陶潛《歸去來辭》：“木欣欣以向榮，泉涓涓而始流。”此連姓成文。“欣然”爲常語，因以相就。

向　綜　宋人。字君章。
《玉篇·糸部》：“綜，持絲交。”交錯則成文章。“君”爲美稱。

向　錦　明人。字中美。
《詩·衛風·碩人》：“衣錦褧衣。”褧衣罩於外，錦衣在内，故以“中美”相應。

向　璿　清人。字荆山。
璿，美玉。和氏玉出於荆山，因以應“璿”。

〔宇〕

宇文士及　唐人。字仁人。
宇文，複姓。《論語·泰伯》：“士不可以不弘毅，任重而道遠，仁以爲己任。”以仁爲己任，自是仁人。

宇文之邵　宋人。字公南。
《詩》有《召南》。召公又作邵公，故邵、召二字可通用，因以“南”應“邵”。“公”爲美稱。

宇文公諒　元人。字子貞。
《論語·衛靈公》：“君子貞而不諒。”“諒”爲固執，“貞”爲堅貞。以“貞”應“諒”，意在遵從孔子之誡。“子”爲男子美稱。

宇文孝伯　北周人。字胡三。
《孟子·離婁上》：“不孝有三，無後爲大。”故以“三”應“孝”。飾以“胡”，意謂不孝何止於三。又《離婁下》：“世俗所謂不孝者五。”“伯”表行第居長。

宇文延　後魏人。字慶壽。
以“慶壽”應“延”，意欲福壽綿長。

宇文忻　隋人。字仲樂。
忻、樂皆有喜義，故相協。

宇文昌齡　宋人。字伯修。
以“修”應“齡”，意在長壽。

阮籍《詠懷》詩之四十：“修齡適余願，光寵非己威。”又四一：“列仙停修齡，養志在沖虛。”

宇文述 隋人。字伯通。
《説文·辵部》：“述，循也。”《彳部》：“循，行也。”通，行義近，故以應“述”。

宇文弼 隋人。字公輔。
弼，同“弼”。輔、弼同義相協。“公”爲美稱。

宇文常 宋人。字權可。
常、權反義相協。常道爲經，通變爲權。變則能通，故曰“權可”。

宇文康 北周人。字乾定。
《爾雅·釋詁》：“康，安也。”又：“安，定也。”是康、定義相近，故相協。《易·繫辭上》：“乾坤定矣。”故以“乾”飾“定”。亦取《詩》“文定厥祥”語典。

宇文紹奕 宋人。字卷臣。
奕，謂奕世。《國語·周語上》：“奕世載德，不忝前人。”卷，通“惓”。《漢書·劉向傳》：“念忠臣雖在甽畝，猶不忘君，惓惓之義也。”以“卷臣”應“奕”，謂不忘君王奕世之恩，願作惓惓之臣。

宇文紹節 宋人。字挺臣。
《説文·手部》：“挺，拔也。”段玉裁注：“《左傳》：‘周道挺挺。’直也。”以“挺臣”應“節”，謂爲王家有節操之直臣。

宇文測 北周人。字澄鏡。
《周禮·考工記·弓人》：“漆欲測。”鄭玄注：“測，猶清也。”澄、清同義，故測、澄相協。鏡既清且明，故以爲飾。

宇文虚中 宋人。字叔通。
實則滯，虚則通。“叔”表行第居第三。

宇文愷 隋人。字安樂。
《爾雅·釋詁》：“愷，安也。”安、樂義亦近，故相連成文。

〔安〕

安元信 五代後唐人。字子言。
《論語·學而》：“與朋友交，言而有信。”“子”爲男子美稱。

安　丙 宋人。字子文。
《易·革卦》：“大人虎變，其文炳也。”丙通“炳”。

安世鼎 清人。字鑄九。
《史記·武帝本紀》：“禹收九牧之金，鑄九鼎，象九州。”

安　吉 清人。字秉占。
《儀禮·士昏禮》：“占曰吉。”《周禮·春官》有占人，掌占龜。故以“秉”飾“占”。

安如山
① 宋人。字汝止。
此連姓成文。杜甫《茅屋爲秋風所破歌》：“安得廣厦千萬間，大庇天下寒士俱歡顔，風雨不動安如山。”安然不動，即是静止。因《書·益稷》有“安汝止”之語，故以相應。
② 明人。字子静。
《論語·雍也》：“知者樂水，仁者樂山；知者動，仁者静。”“子”爲男子美稱。

安　宅 元人。字仁甫。
《孟子·離婁上》：“仁，人之安宅也。”此連姓成文。“甫”爲男子美稱。

安守忠 宋人。字信臣。
《論語·學而》：“主忠信。”又《衛靈公》：“言忠信，行篤敬。”綴以“臣”，謂作忠直誠信之臣。

安　岐 清人。字儀周。
《詩·大雅·緜》：“古公亶父，來朝走馬，率西水滸，至于岐下。”岐山爲周之發祥地。孔子有“吾從周”之言，故以“儀周”應“岐”。儀，擬向。

安希范 明人。字小范。
宋范仲淹作邊帥時，威名遠播，西夏人稱爲“小范老子”。見《孔氏談苑》。

安彦威 五代後晉人。字國俊。
彦、俊同義相協。《詩·鄭風·羔裘》：“邦之彦兮。”故以“國”飾“俊”。

安　思 明人。字曰睿。
《書·洪範》：“思曰睿。”

安致遠 清人。字静子。
諸葛亮《戒子書》：“非淡泊無以明志，非寧静無以致遠。”“子”爲男子美稱。

安重阮 五代後晉人。字晉臣。
此仰慕晉阮籍，故取其姓以爲名，而以其朝代、身份爲字。

安惟學 明人。字行之。
《孟子·梁惠王下》：“夫人幼而學之，壯而欲行之。”

安　磐 明人。字公石。
《易·漸卦》：“鴻漸于磐。”王弼注：“磐，山石之安者也。”

安　燾 宋人。字厚卿。
《説文·火部》：“燾，溥覆照也。”《禮記·中庸》：“博厚所以載物也，高明所以覆物也。……博厚配地，高明配天。”以“厚”應“燾”，即以地配天。“卿”爲美稱。

〔年〕

年希堯 清人。字允恭。
《書·堯典》：“曰若稽古帝堯，曰放勳。欽明文思安安，允恭克讓。”

年　富 明人。字大有。
《易·繫辭上》：“富有之謂大業。”故以“有”應“富”。《春秋·宣公十六年》有“大有年”之語，因以“大”飾“有”回應其姓。

年羹堯 清人。字亮工。
《後漢書·李固傳》載，帝堯殂三年，帝舜哀慕不已，“坐則見堯於墻，食則睹堯於羹”。《書·舜典》記帝舜命羣臣“惟時亮天功”。故以“亮工”應“羹堯”。工通“功”。

〔成〕

成元震 清人。字東權。
《易·説卦》：“震，東方也。”震主東，故綴以“權”。

成公綏 晉人。字子安。
成公，複姓。綏、安皆有平静、平定義，故相協。“子”爲男子美稱。

成　功 明人。字文焕。
此連姓成文。《論語·泰伯》：“巍巍乎！其有成功也。焕乎！其有文章。”

成克鞏 清人。字子固。

鞏、固同有堅義，故相協。“子”爲男子美稱。

成廷珪 元人。字原常。

珪，古代禮器，用以區别權力等級。《周禮·春官·大宗伯》：“以玉作六瑞，以等邦國：王執鎮圭，公執桓圭，侯執信圭……”圭同“珪”。原，本來者。常，法，法度。《國語·越語下》：“無忘國常。”韋昭注：“常，舊法。”以“原常”應“珪”，意謂六瑞爲國本有之法。一字元章。取義猶“原常”。章、常皆爲法，元即“原”。本作“元”，後多以“原”爲之。又字禮執，亦取義《周禮》，珪應依禮秉執，不可違法。

成始終 明人。字敬之。

《左傳·昭公五年》：“敬始而思終。”意即自始至終皆應敬慎不懈。

成 兖 清人。字魯公。

“兖”爲魯地，故以“魯”相應。“公”爲美稱。

成 勇 明人。字仁有。

《論語·憲問》：“仁者必有勇。”

成 洙 明人。字懷魯。

洙，洙水。春秋魯國河流名。孔子自衛返魯，講學於洙、泗之間。以“懷魯”應“洙”，表示景仰孔子。

成 務 明人。字惟幾。

此連姓成文。《易·繫辭上》：“唯幾也，故能成天下之務。”唯通“惟”。

成 淹 後魏人。字季文。

淹，深。應以“文”，謂於文深博淹貫。

成翊世 漢人。字季明。

《漢書·百官公卿表上》：“左内史更名左馮翊。”顔師古注引張晏曰：“翊，佐也。”以“明”應“翊世”，謂輔佐明時。又，翊、翌通。翌，明。與“明”同義相協。

成景儁 南朝梁人。字超。

儁，卓越。超，超越。皆謂有過人之才，故相協。

成無玷 宋人。字士慤。

《詩·大雅·抑》：“白圭之玷，尚可磨也；斯言之玷，不可爲也。”慤，誠實，謹慎。《荀子·臣道》：“若夫誠信端慤而不害傷。”以“士慤”應“無玷”，謂士當守白圭之箴，誠謹自處，勿玷己身。

成 閔 宋人。字居仁。

閔，憂傷，憐念。《孟子·公孫丑上》：“宋人有閔其苗之不長而揠之者。”能憐閔即是惻隱之心。《孟子·公孫丑上》：“惻隱之心，仁之端也。”故以“居仁”相應。

成 嘉 春秋楚人。字子孔。

《説文·乙部》：“孔，通也，嘉美之也。故古人名嘉字子孔。”段玉裁注：“通爲吉，塞爲凶。故凡言孔者，皆所以嘉美之。”嘉、孔同義相協。“子”爲男子美稱。

成蓉鏡 清人。字芙卿。

段成式《酉陽雜俎續集·支諾皐中》載，李固言下第，遇一老姥謂之曰：“郎君明年芙蓉鏡下及第。”明年入試，詩賦題有“人鏡芙蓉”之語，果及第。“卿”爲美稱。

成 德 明人。字玄升。

《書·舜典》：“玄德升聞，乃命以位。”

成 霄 後魏人。字景鸞。

《楚辭·遠遊》：“鸞鳥軒翥而翔飛。”以“景鸞”應“霄”，意謂羡慕鸞鳥翱翔於碧霄。比喻得志青雲。

成 諟 清人。字伯顧。

《僞古文尚書·太甲上》：“先王顧諟天之明命。”

成 遵 元人。字誼叔。

《書·洪範》：“遵王之義。”誼、義通。

〔朱〕

朱一新 清人。字鼎甫。

《易·雜卦》：“鼎，取新也。”“甫”爲男子美稱。

朱九齡 清人。字曲江。

唐張九齡爲曲江人。開元中拜同平章事、中書令。文學相業彪炳一時。人尊稱爲“曲江公”而不名，因以爲名字。

朱士彦 清人。字休承。

《爾雅·釋訓》：“美士爲彦。”又《釋詁》：“休，美也。”同義故相協。綴以“承”，謂承受其美。

朱士曾 清人。字敬身。

《論語·學而》：“曾子曰：‘吾日三省吾身。’”《左傳·成公十三年》：“敬，身之基也。”《禮記·哀公問》：“敬身爲大。”能三省其身，自是敬身。

朱 山 清人。字懷仁。

《論語·雍也》：“仁者樂山。”

朱之瑜 明人。字魯璵。

《説文·玉部》：“瑜，瑾瑜也。”“瑾，瑾瑜，美玉也。”“璠，璠璵。魯之寶玉。”璠璵即璠璵。同爲玉，故相應。

朱之蕃 明人。字元介。

《詩·周頌·雝》：“介以繁祉。”朱熹集傳：“助之以多福。”蕃諧“繁”。“元”爲大。以飾“介”，意在多得祐助。

朱之錫 清人。字夢九。

《公羊傳·莊公元年》“加我服也”何休注：“禮有九錫。”古代帝王以九種器物（車馬、衣服、樂則、朱户、納陛、虎賁、弓矢、鈇鉞、秬鬯）賜與有特殊勳績的大臣，以示崇禮。以“夢”飾“九”，意謂只是夢此吉兆，尚未致此殊榮。

朱元旭 後魏人。字君昇。

旭，初出之日。昇，謂日上。二者義近，故相協。“君”爲美稱。

朱元昇 宋人。字日華。

日升起則生光華。

朱元璋 明人。字國瑞。

即明太祖。璋爲瑞玉，是五瑞之一，因是國之禮器和符信，故瑞璋相應而以“國”爲飾。見《周禮·春官·典瑞》。

朱元龍 宋人。字景雲。

《易·乾卦》：“雲從龍。”《楚辭·七諫·哀命》：“龍舉而景雲往。”

朱公遷 元人。字克升。

《詩·小雅·伐木》：“出自幽谷，遷于喬木。”遷喬是升高。飾以“克”，謂能升遷。意在求宦途通達。

朱友文 五代後梁人。字德明。
《論語·季氏》："則修文德以來之。"《禮記·大學》有"在明明德"語，故綴以"明"。

朱友寧 五代後梁人。字安仁。
寧、安同義相協。《論語·里仁》有"仁者安仁"語，故以"仁"綴"安"。

朱友謙 五代後唐人。字德光。
《易·謙卦》："謙亨，天道下濟而光明。"又："謙尊而光。"謙爲君子之德，故以"德"飾"光"。

朱天球 明人。字君玉。
《書·顧命》："大玉、夷玉、天球、河圖，在東序。"孔穎達疏："天球，雍州所貢之玉，色如天者。"因是天子所有，故飾以"君"。

朱文震 清人。字青雷。
《易·説卦》："震爲雷。"又："震，東方也。"東方主春，其神爲青帝，故以"青"飾"雷"。

朱方藹 清人。字吉人。
《詩·大雅·卷阿》："藹藹王多吉士。"人、士義近，故以"吉人"應"藹"。

朱丕戩 清人。字愷仲。
戩，指檮戩。高陽氏有才子八人，謂之"八愷"，帝舜舉薦使主后土。檮戩爲八愷之一。

朱仕琇 清人。字斐瞻。
《詩·衛風·淇奥》："瞻彼淇奥，緑竹青青；有匪君子，充耳琇瑩。"匪、斐通。《禮記·大學》引作"有斐君子"。故以"斐瞻"應"琇"。

朱　右 明人。字伯賢。
古時以右爲尊。以"賢"相應，意在尊賢。"伯賢"一作"序賢"，取排列賢者於右之義。

朱右曾 清人。字尊魯。
曾，指曾參。孔子弟子。孔子曾謂"參也魯"，但終傳孔子之學。"右曾"即尊曾。故以"尊魯"相應。

朱　夼 清人。字公放。
《説文·大部》："夼，放也。""公"爲美稱。

朱　弁 宋人。字少章。
章，謂章甫。古代禮冠。弁，古冠名。二者同屬，故相應。"少"表行第較末。

朱正色 明人。字應明。
此連姓成文。《論語·陽貨》："惡紫之奪朱也。"朱熹集注："朱，正色。"《詩·豳風·七月》："我朱孔陽。"毛傳："陽，明也。"故以"應明"應"正色"。兼亦頌揚本朝。明朝朱姓。

朱休度 清人。字介裴。
休、度指唐代裴休、裴度。二人皆爲賢相，故襲其名而以其姓爲字，飾以"介"，意謂居於二人之間，願與同列。

朱光庭 宋人。字公掞。
左思《蜀都賦》："幽思絢道德，摛藻掞天庭。""公"爲美稱，以飾字。

朱同善 元人。字聖與。
《孟子·公孫丑上》："大舜有大焉，善與人同。"舜爲聖人，故以"聖"飾"與"。

朱　圭 清人。字上如。
《儀禮·聘禮》："上介執圭。"又："上介亦如之。"

朱存理 明人。字性甫。
《易·繫辭上》："成性存存。"又《説卦》："窮理盡性。"《後漢書·黨錮傳序》："是以聖人導人理性。"故以"性"應"理"。"甫"爲男子美稱。

朱　江 清人。字東注。
取江水東流入海之義。

朱　衣 明人。字子宜。
《詩·鄭風·緇衣》："緇衣之宜兮，敝，予又改爲兮。""子"爲男子美稱。

朱吾弼 明人。字諧卿。
《書·舜典》記帝命垂、益等輔弼之臣時，有"往哉汝諧"之語，故以之應"弼"。"卿"爲美稱。

朱孝純 清人。字子穎。
《左傳·隱公元年》："穎考叔，純孝也。""子"爲男子美稱。

朱宏祚 清人。字徽蔭。
祚，福。蔭，通"廕"。謂父祖之福澤及於子孫。故以應"祚"。"徽"爲美善之辭。

朱希周 明人。字懋尚。
姜尚佐周成王業，故以"尚"應"周"。懋，勉力。以飾"尚"，謂勉力學姜尚。

朱　序 晉人。字次倫。
序、倫皆有次第義，故相協。

朱廷立 明人。字子禮。
《論語·季氏》："不學禮，無以立。""子"爲男子美稱。

朱　沆 清人。字達夫。
《玉篇·水部》："沆，漭沆，廣貌。"廣則四通八達。"夫"爲男子通稱。

朱良育 明人。字叔英。
《孟子·盡心上》："得天下英才而教育之。"

朱　京 宋人。字世昌。
《左傳·莊公二二年》："有嬀之後，將育于姜，五世其昌，並於正卿，八世之後，莫之與京。"

朱奇穎 清人。字九愚。
穎，聰穎，才能出衆。應以"愚"，反義相協。飾以"九"，甚言其愚。

朱忠亮 唐人。字仁輔。
亮、輔皆有助或相義。《書·舜典》："惟時亮天功。"《史記·五帝本紀》作"惟時相天事"。飾以"仁"，謂以仁德相佐。《孟子·公孫丑上》："以德行仁者王。"

朱承錫 清人。字九思。
九錫爲人臣殊榮，故以"九"應"錫"。《論語·季氏》有"君子有九思"之言，故因"九"而綴以"思"，甚言其歆羡。

朱　昂 宋人。字舉之。
昂、舉皆有揚起義，故相協。

朱昌頤 清人。字朵山。
《易·頤卦》："觀我朵頤。""山"爲時尚綴飾字。

朱昆田 清人。字西畯。
《詩·豳風·七月》："田畯至喜。"古人常以"南畝""西疇"泛指田畝，故以"西"飾"畯"。

朱　松 宋人。字喬年。
松，謂赤松子。喬，謂王喬。皆爲傳説中的仙人。仙人長壽，故以"年"爲綴飾。《舊唐書·魏徵傳》："可以盡豫游之樂，可以養松喬之壽。"

朱　杲 清人。字曉蒼。
《詩·衛風·伯兮》："杲杲出

日。”日出於東方，東方主春。《爾雅·釋天》：“春爲蒼天。”又東方日出爲曉，因以“曉蒼”應“杲”。

朱東光 明人。字元曦。

東光，謂東方出日。曦，日色。元，始。日色始見，自是東方之光。

朱 治 三國吴人。字君理。

治、理同義相協。“君”爲美稱。

朱 炎 清人。字桐川。

《書·禹貢》：“嶧陽孤桐。”山南爲陽，南方爲炎帝，故以“桐”應“炎”。“川”爲時尚綴飾。

朱秉鑑 清人。字清如。

朱熹《觀書有感》詩：“半畝方塘一鑑開，天光雲影共徘徊；問渠那得清如許？爲有源頭活水來。”

朱 采 清人。字亮生。

《書·舜典》：“亮采惠疇。”“生”爲男子美稱。

朱俊噤 明人。字若訥。

噤，口閉不言。訥，言語遲鈍。二者義近，故相協。若，似。以飾“訥”，取《論語·鄉黨》“似不能言者”之義。

朱厚章 清人。字以載。

《禮記·中庸》：“博厚所以載物也。”

朱炳如 明人。字雅文。

《易·革卦》：“大人虎變，其文炳也。”文、雅義近，故相連成文。

朱修來 清人。字懷遠。

《論語·季氏》：“故遠人不服，則修文德以來之。”

朱 倬 宋人。字漢章。

《詩·大雅·雲漢》：“倬彼雲漢。”漢章，意謂《雲漢》之章。

朱倫瀚 清人。字涵齋。

《淮南子·俶真訓》：“浩浩瀚瀚。”高誘注：“瀚瀚，廣大貌。”以“涵”相應，意謂所包容者極廣。“齋”爲時尚綴飾。

朱射斗 清人。字文光。

王勃《滕王閣序》：“物華天寶，龍光射牛斗之墟。”《易·乾卦》：“見龍在田，天下文明。”故以“文”飾“光”。

朱振祖 清人。字繩武。

《詩·大雅·下武》：“繩其祖武。”

朱 桓 三國吴人。字休穆。

桓、穆皆有嚴肅義。《爾雅·釋訓》：“穆穆、肅肅，敬也。”郭璞注：“皆容儀謹敬。”又：“桓桓、烈烈，威也。”郭璞注：“皆嚴猛之貌。”“休”爲美飾。

朱桂楨 清人。字幹臣。

《書·費誓》：“峙乃楨幹。”

朱 浚 宋人。字深源。

浚，謂疏通水道使之深而暢。故以“深源”相應。

朱泰貞 明人。字道子。

《易·泰卦》：“天地交，泰，后以財成天地之道，輔相天地之宜，以左右民。”“子”爲男子美稱。

朱泰卿 宋人。字亨道。

《易·泰卦》：“泰：小往大來，吉亨。”又：“君子道長，小人道消也。”

朱 琌 清人。字玉存。

此拆名爲字。

朱 珪 清人。字石君。

珪，玉製禮器。玉爲石之美者，故以“石”相應。“君”爲美稱。

朱祖義 元人。字子由。

《孟子·離婁上》：“義，人之正路也……舍正路而不由，哀哉！”此從正面相應。“子”爲男子美稱。

朱 能 明人。字士弘。

《孟子·梁惠王上》：“惟士爲能。”《論語·泰伯》：“士不可以不弘毅。”又《衛靈公》：“人能弘道。”故以“士弘”應“能”。

朱 豹 明人。字子文。

《易·革卦》：“君子豹變，其文蔚也。”“子”爲男子美稱。

朱 健 明人。字子强。

《易·乾卦》：“天行健，君子以自强不息。”

朱國祚 明人。字兆隆。

此意在頌揚本朝。謂國運已現隆盛之兆。

朱國楨 明人。字以寧。

《詩·大雅·文王》：“王國克生，維周之楨。濟濟多士，文王以寧。”

朱 埜 宋人。字文之。

《論語·雍也》：“質勝文則野。”埜同“野”。文質相半，爲儒者所稱。故以“文之”應“埜”。

朱 彬 清人。字武曹。

彬，文質具備。與“武”爲反義。綴以“曹”，自謙爲武夫。

朱得之 明人。字本思。

《孟子·告子上》：“思則得之。”飾以“本”，謂元本在思。

朱 桴 宋人。字道濟。

《論語·公冶長》：“道不行，乘桴浮於海。”浮海亦爲行道。故以“道濟”正面應“桴”。

朱 淛 明人。字必東。

淛，同“浙”。水名。流多曲折，形如“之”字。但終東入於海。故以“必東”相應。

朱 理 清人。字燮臣。

《僞古文尚書·周官》：“兹惟三公，論道經邦，燮理陰陽。”以“燮臣”應“理”，意欲爲燮理陰陽之輔臣。

朱 紱 宋人。字君貺。

紱，官吏繫印之綬。官職乃君王所授，故以“君貺”相應。貺，賜。

朱逌然 清人。字肯甫。

《列子·力命》謂北宫子“厚於德，薄於命”，但安於貧賤，“終身逌然，不知榮辱之在彼也，在我也”。殷敬順釋文：“逌然，自得貌。”以“肯”相應，言願甘守貧賤。“甫”爲男子美稱。

朱 凱 明人。字堯民。

堯時高陽氏有才子八人，號曰八凱（愷），堯未能用。舜繼堯，舉以任官，使主后土。

朱 博 漢人。字子元。

博、元皆有大義，故相協。“子”爲男子美稱。

朱彭年 清人。字仲鏗。

老彭（彭祖）名鏗，相傳壽八百歲。故以“鏗”應“彭年”。

朱敦儒 宋人。字希真。

《後漢書·桓榮傳》：“榮被服儒衣，温恭有藴籍，辯明經義，每以禮讓相猒，不以辭長勝人，儒者莫之及……帝笑指之曰：‘此真儒生也！’”孔子有“君子儒”“小人儒”之分，後世又有“俗儒”“純儒”之别，故以

“希真”應“儒”，言欲作“真儒生”。

朱　欽　明人。字懋恭。

欽，敬。與“恭”義近。飾以“懋”，意以恭敬自勉。

朱欽相　明人。字如容。

相，容貌。《荀子·非相》：“形相雖惡，而心術善。”是容、相同義相協。又，亦或以“如容”應“欽相”，言欽敬藺相如之能容讓廉頗。

朱爲弼　清人。字右甫。

以“右”應“弼”，取“左輔右弼”之義。“甫”爲男子美稱。

朱　雲　漢人。字游。

雲，謂雲旗。《楚辭·九歌·少司命》：“入不言兮出不辭，乘回風兮載雲旗。”游，通“斿”，旗上如飄帶的裝飾物。《周禮·春官·巾車》：“建太常，十有二斿。”雲、游連類而及。

朱雲翔　清人。字遂佺。

佺，謂偓佺，古代仙人名。仙人能遨遊八極，御風乘雲，故以“遂佺”應“雲翔”。

朱嗣孟　宋人。字道鳴。

韓愈《送孟東野序》：“臧孫辰、孟軻、荀卿，以道鳴者也。”

朱嗣壽　元人。字得仁。

《論語·雍也》：“仁者壽。”又《述而》：“求仁而得仁，又何怨？”

朱　嵩　清人。字中峯。

嵩，嵩山。嵩爲中岳，故以“中”相應。山、峯連類而及。

朱　暉

① 漢人。字文季。

《易·未濟卦》：“君子之光，其暉吉也。”光有文明之象，故以“文”應“暉”。

② 明人。字東陽。

《説文·日部》：“暉，光也。”段玉裁注：“‘光也’二字當作‘日光氣也’四字。”日出於東，故以“東陽”相應。

朱　筠　清人。字竹君。

筠，竹之别名。異名同實，故相應。“君”爲美稱。

朱與言　明人。字一鶚。

《論語·衛靈公》：“可與言而不與之言，失人；不可與言而與之言，失言。知者不失人，亦不失言。”孔融《薦禰衡表》：“鷙鳥累百，不如一鶚。使衡立朝，必有可觀。”一鶚，比喻特異之士。以應“與言”，意在薦舉賢才，不失之交臂。

朱董祥　清人。字熊占。

《詩·小雅·斯干》：“大人占之，維熊維羆，男子之祥。”

朱　裒　明人。字崇晉。

晉代王裒以父爲司馬昭所殺，隱居教授，終身不事晉。每讀《詩·蓼莪》至“哀哀父母，生我劬勞”，則痛哭不已，門弟子遂爲廢此篇。以“崇晉”應“裒”，表示崇敬晉代王裒。

朱　軾　清人。字若瞻。

軾，車前横木。古人乘車，憑軾俯首爲禮以示敬。《僞古文尚書·武成》：“封比干墓，式商容閭。”式，通“軾”。“若瞻”猶汝瞻。言軾時須瞻視有節度。又，宋蘇軾字子瞻。如有意襲前賢之名，則“若瞻”意爲似子瞻。

朱載震　明人。字悔人。

《易·繫辭上》：“震无咎者存乎悔。”韓康伯注：“无咎者，善補過也。震，動也。故動而无咎，存乎悔過也。”以“悔人”應“震”，言己爲善於悔過之人。

朱道誠　宋人。字信中。

《禮記·大學》：“此所謂誠於中，形於外，故君子必慎其獨也。”“信中”即“誠於中”。

朱壽昌　宋人。字康叔。

《書·洪範》：“九，五福：一曰壽，二曰富，三曰康寧，四曰攸好德，五曰考終命。”《詩·商頌·殷武》：“壽考且寧。”康、寧義近。

朱壽隆　宋人。字仲山。

《論語·雍也》：“知者樂水，仁者樂山。知者動，仁者静。知者樂，仁者壽。”

朱　熊

① 明人。字維吉。

《詩·小雅·斯干》：“大人占之，維熊維羆，男子之祥。”

② 清人。字吉甫。

解同①。“甫”男子美稱。

朱爾漢　清人。字麗江。

漢、江同爲水名，漢水入於江，故以“麗江”相應。麗，附麗。

朱爾邁　清人。字人遠。

《説文·辵部》：“邁，遠行也。”以“人”飾“遠”，取《詩·鄭風·東門之墠》“其室則邇，其人甚遠”之義。言有所思。

朱維京　明人。字大可。

《爾雅·釋詁》：“京，大也。”

朱蒙正　宋人。字養源。

《易·蒙卦》：“蒙以養正，聖功也。”又：“山下出泉，蒙，君子以果行育德。”泉、源同義。

朱　裳　明人。字公垂。

《易·繫辭下》：“黄帝堯舜垂衣裳而天下治。”“公”爲美稱。又，黄帝堯舜之世，天下爲公，故以“公”爲飾。

朱鳳標　清人。字桐軒。

取鳳棲梧桐之義。《莊子·秋水》：“夫鵷鶵發於南海而飛於北海，非梧桐不止。”釋文引李頤云：“鵷鶵，鸞鳳之屬也。”“軒”爲時尚字飾。

朱慶聚　明人。字仲賢。

後漢陳寔父子有重名。曾偕子侄往訪荀淑父子。時人以爲德星相聚。太史奏説“五百里賢人聚”。見《世説新語·德行》劉孝標注引檀道鸞《續晉陽秋》。

朱慶餘　唐人。字可久。

《易·坤卦·文言》：“積善之家，必有餘慶。……非一朝一夕之故，其所由來者漸矣。”積善非一日，故有餘慶。有餘慶，故可久。

朱稻孫　清人。字稼翁。

《詩·小雅·甫田》：“曾孫之稼，如茨如梁。……黍稷稻粱，農夫之慶。”故以“稼翁”應“稻孫”。

朱　緗　清人。字子青。

緗，淺黄色帛。古時常以爲書衣，故亦爲書籍之稱。青，謂殺青或汗青。上古無紙時，寫作用竹簡，編以成書册。竹簡有殺青汗青之分。故以“青”應“緗”。“子”爲男子美稱。

朱緒曾　清人。字述之。

曾，謂曾參。宋以來，以孟

軻、顔回、曾參、子思配享孔子，即所謂四配。孟被尊爲亞聖，顔爲復聖，曾爲述聖，子思爲宗聖。故以“述之”應“緒曾”。

朱　蔚　明人。字文豹。
《易·革卦》：“君子豹變，其文蔚也。”

朱　賡　明人。字少欽。
《書·益稷》：“屢省乃成，欽哉！乃賡載歌曰……”“少”表行第較末。

朱　震
① 漢人。字伯厚。
震，通“振”。仁厚之義。《詩·周南·麟之趾》：“麟之趾，振振公子。”毛傳：“振振，信厚也。”
② 宋人。字子發。
《易·説卦》：“震，動也。”“震爲雷。”“動萬物者莫疾乎雷。”雷震發動萬物，故以“發”應“震”。“子”爲男子美稱。
③ 宋人。字震之。
解見②。

朱　據　三國吴人。字子範。
據，憑依。應以“範”，謂依法式而行。“子”爲男子美稱。

朱澤生　清人。字時霖。
以“時霖”應“澤生”，意謂救旱之雨，可以潤澤萬物。

朱　熹　宋人。字元晦。
熹，光明。與“晦”反義相協。元，通“玄”。宋人避其始祖玄朗諱，以“元”代“玄”，玄、晦義近，故相連。

朱　穆　漢人。字公叔。
《詩·周頌·雝》：“相維辟公，天子穆穆。”《魯頌·泮水》：“穆穆魯侯，敬明其德。”穆穆爲天子、公侯之容，故以“公”應“穆”。

朱　諤　宋人。字聖與。
《史記·商君列傳》：“千人之諾諾，不如一士之諤諤。武王諤諤以昌，殷紂墨墨以亡。”武王聖人，恃諤諤以昌，故以“聖與”相應。與，贊許。

朱謀堙　明人。字隱之。
堙，同“堙”。埋没之義，與“隱”義近，故相協。

朱謀晉　明人。字康侯。
晉，同“晉”。《易·晉卦》：“晉：康侯用錫馬蕃庶。”

朱謀轂　明人。字用虚。
《老子》第十一章：“三十輻共一轂，當其無有，車之用。”《六書故》：“輪之正中爲轂，空其中，軸所貫也。輻輳其外。”“無有”即空其中。正利用其虚以穿軸，車始能行。

朱應辰　明人。字文奎。
辰，日月星之通稱。奎，二十八宿之一。古星象家以爲奎宿掌文運，因以“文”爲飾。

朱應祥　明人。字岐鳳。
相傳周文王時鳳鳴於岐山，周王朝應此祥瑞之兆以興。事見《國語·周語上》《宋書·符瑞志上》。

朱應登　明人。字升之。
登、升同義相協。

朱　臨　宋人。字正夫。
《易·臨卦》：“咸臨貞吉，志行正也。”“夫”爲男子通稱。

朱　襄　清人。字贊皇。
襄、贊皆有助義。綴以“皇”，謂輔助皇家。

朱謙之　南齊人。字處光。
《易·謙卦》：“謙尊而光。”

朱駿聲　清人。字豐芑。
《詩·大雅·文王有聲》：“文王有聲，遹駿有聲。”又：“豐水有芑，武王豈不仕？”舊以此詩爲頌揚文王遷豐武王遷鎬業績之作，故以“豐芑”應“駿聲”，有子能繼父，孫能承祖，世世不絶之意。

朱　鴻　清人。字雲陸。
《易·漸卦》“鴻漸于陸”朱熹本義：“胡氏、程氏皆云：陸當作逵，謂雲路也。”故以“雲”飾“陸”。

朱鴻瞻　清人。字表民。
《詩·小雅·節南山》：“民具爾瞻。”飾以“表”，謂爲民之表率。

朱彝尊　清人。字錫鬯。
彝、尊皆爲上古酒器。鬯，古代祭祀所用之香酒。《詩·大雅·江漢》：“釐爾圭瓚，秬鬯一卣。”《左傳·僖公二八年》：“賜之大輅之服，戎輅之服……秬鬯一卣。”古時臣子以受秬鬯之賜爲殊榮，故以應“彝尊”。

朱邇邁　清人。字人遠。
《説文·辵部》：“邁，遠行也。”遠行人去自遠。又《詩·鄭風·東門之墠》：“其室則邇，其人甚遠。”“人遠”亦與“邇”相應。

朱　黼　宋人。字文昭。
黼，古代禮服上所繡黑白相間之斧形花紋。文有光明之象，故“文昭”連稱以應“黼”。

朱　鶴　明人。字子鳴。
《詩·小雅·鶴鳴》：“鶴鳴于九皋，聲聞于野。”“子”爲男子美稱。

朱　纓　明人。字清父。
《孟子·離婁上》：“滄浪之水清兮，可以濯我纓。”“父”爲男子美稱。

朱　驥　明人。字尚德。
《論語·憲問》：“驥不稱其力，稱其德也。”

〔江〕

江士怡　明人。字友于。
《論語·子路》：“子路問曰：‘何如斯可謂之士矣？’子曰：‘切切、偲偲、怡怡如也，可謂士矣。朋友切切偲偲，兄弟怡怡。’”《論語·爲政》：“《書》云：‘孝乎，惟孝友于兄弟。’”後世遂以“友于”爲兄弟之代稱。陶潛《庚子歲五月中從都還阻風於規林二首》詩之一：“一欣侍温顔，再喜見友于。”故以“友于”應“怡”。

江公望　宋人。字民表。
《孟子·離婁下》：“寇至，則先去以爲民望。”朱熹集注：“爲民望，言使民望而效之。”綴以“表”，即爲民之表率。

江孔殷　明人。字而九。
此連姓成文。《書·禹貢》：“九江孔殷。”

江文蔚　五代南唐人。字君章。
《易·革卦》：“其文蔚也。”言文采蔚然而盛。“章”有文采義，故相協。

江以達 明人。字子順。

達、順皆有通暢義，故相協。“子”爲男子美稱。

江　正 宋人。字元叔。

《廣雅·釋詁一》：“元……正，君也。”

江　永 清人。字慎修。

此連姓成文。《詩·周南·漢廣》：“江之永矣，不可方思。”《書·皋陶謨》：“慎厥身修，思永。”因名“永”而及《書》“思永”之語，借以申《漢廣》不爲非禮之意，故以“慎修”應“永”。言慎修其身，不越禮妄求。

江休復 宋人。字鄰幾。

《易·復卦》：“初九，不遠復，无祇悔，元吉。象曰：不遠之復，以脩身也。六二，休復，吉。象曰：休復之吉，以下仁也。”王弼於“不遠復”注云：“不遠而復，幾悔而反，以此脩身，患難遠矣。錯之於事，其殆庶幾乎！故‘元吉’也。”於“休復，吉”注云：“既處中位，親仁善鄰，復之休也。”

江　充 漢人。字次倩。

《孟子·盡心下》：“充實之爲美。”“倩”亦美，故相協。《漢書·循吏傳·朱邑》：“須魏倩而後進。”顔師古注：“倩，士之美稱。”飾以“次”，謂次列于美。

江　式 後魏人。字法安。

式、法皆有模範義，故相協。安，猶適。中於法式，自然合適。

江　沅 清人。字子蘭。

《楚辭·九歌·湘夫人》：“沅有茝兮澧有蘭。”洪興祖補注：“《水經》云，澧水又東南注於沅水曰澧口。蓋其枝瀆耳。”又：“或曰澧州有蘭江，因此爲名。”《説文·水部》：“沅，沅水出牂柯故且蘭。”故以“蘭”移就。“子”爲男子美稱。

江　昉 清人。字旭東。

昉，天初明。天初明即旭日升於東方之時。

江東偉 明人。字青來。

東方主春，其色爲青，故以“青來”應“東”。

江　泌 南齊人。字子清。

《詩·陳風·衡門》：“泌之洋洋。”朱熹集傳：“泌，泉水也。”泉爲始涌出之水，自必清。“子”爲男子美稱。

江　珏

① 明人。字玉成。

《説文·珏部》：“珏，二玉相合爲一珏。”言由二玉而成。

② 清人。字兼甫。

兼，並。二玉並合，故應以“兼”。“甫”爲男子美稱。

江　玭 明人。字用良。

《説文·玉部》：“玭，新玉色鮮也。”玉貴色澤，故以“良”應“玭”。

江秉謙 明人。字兆豫。

《易·序卦》：“有大而能謙，必豫。”《豫》承《謙》，其兆已見於《謙》，故以“兆”爲飾。

江　恂 清人。字于九。

《書·立政》：“迪知忱恂于九德之行。”

江　昱 清人。字賓谷。

《玉篇·日部》：“昱，日明也。”《書·堯典》：“分命羲仲，宅嵎夷，曰暘谷，寅賓出日。”日出則明。古人以爲日自暘谷出。故以“賓谷”應“昱”，表示敬日之出。

江　柏 明人。字廷節。

《論語·子罕》：“歲寒然後知松柏之後凋也。”松柏耐歲寒，猶人之威武不能屈。飾以“廷”，意謂在朝廷之上，臨大節而不可奪。

江盈科 明人。字進之。

《孟子·離婁下》：“盈科而後進。”

江　貞 明人。字吉夫。

《易·坤卦》：“西北得朋，東北喪朋，安貞吉。”又：“安貞之吉，應地無疆。”“夫”爲男子通稱。

江　革 漢人。字次翁。

革，鳥翼。《詩·小雅·斯干》：“如鳥斯革，如翬斯飛。”《説文·羽部》：“翁，頸毛也。”段玉裁注：“《山海經》：天帝之山有鳥，黑文而赤翁。”又：“翱，翅也。”段玉裁注：“《小雅》‘如鳥斯革’毛云：革，翼也。《韓詩》作翱，云：翅也。”革、翁同類，故相協。飾以“次”，意謂二者同列。

江悦之 後魏人。字彦和。

悦、和同義相協。“彦”爲美飾。

江　側 宋人。字處中。

側、中反義相協。飾以“處”，謂以中道自處，不使或有偏頗。

江　參 宋人。字貫道。

《論語·里仁》：“子曰：‘參乎！吾道一以貫之。’”

江　淹 南朝梁人。字文通。

“淹通”爲常語，故相協。飾以“文”，謂其文章學問博洽而通達。

江　復 明人。字來初。

《楚辭·離騷》：“進不入以離尤兮，退將復修吾初服。”故以“初”應“復”。又，《易·復卦》：“七日來復。”故以“來”飾“初”。

江　湛 南朝宋人。字徽淵。

湛、淵皆有深義，故相協。“徽”爲美善，以爲飾。

江　琦 清人。字思韓。

韓琦，宋初名臣。出將入相，深爲朝廷倚重，封魏國公。因慕其人，故拆其姓名爲名字。

江　統 晉人。字應元。

《易·乾卦》：“彖曰：大哉乾元，萬物資始，乃統天。”

江　軻 南齊人。字伯倫。

《説文·車部》：“輢，棱軸車也。”段玉裁注：“棱者，續木也。”二木相續爲一，則成同類，故應以“倫”。

江　滋 宋人。字益之。

滋、益皆有多或更加之義，故相協。

江　源 明人。字一原。

《世説新語·文學》：“明公啓晨光於積晦，澄百流以一源。”原、源古今字。

江　禄 南朝梁人。字彦遐。

《詩·小雅·天保》：“罄無不宜，受天百禄；降爾遐福，維日不足。”“彦”爲美飾。

江　� 清人。字震滄。

筤，竹別名。《易·説卦》：“震爲雷，爲龍……爲蒼筤竹。”滄，諧“蒼”。

江夢孫 五代吴人。字聿修。

《詩·大雅·文王》：“無念爾

祖，聿修厥德。”朱熹集傳：“言欲念爾祖，在於自修其德。”念其祖者自是孫，故以“聿修”相應。

江端友　宋人。字子我。

《孟子·離婁下》：“其取友必端矣。”又《公孫丑上》：“凡有四端於我者，知皆擴而充之矣。”“子”爲男子美稱。

江德量　清人。字成嘉。

《周禮·考工記·㮚氏》：“嘉量既成。”

江　潮　明人。字天信。

潮漲落有時，大小有定，時至則生，若人之有信。潮非人力，純係自然，故以“天”爲飾。

江　曉　明人。字景熙。

天曉則光明生，故以“景熙”應“曉”。

江　錡　宋人。字全叔。

《詩·豳風·破斧》：“既破我斧，又缺我錡。”以“全”應“錡”，實與“缺”反義相協。

江　默　宋人。字德功。

《易·繫辭上》：“默而成之，不言而信，存乎德行。”故以“德”應“默”。聖人處無爲之事，行不言之教，故以“功”綴“德”，言實德其“默而成之”之功。

江應曉　明人。字覺卿。

夜眠曉覺乃常理，故以“覺”應“曉”。“卿”爲美稱。

江　聲　清人。字叔澐。

此連姓成文。澐，江水大波。杜甫《禹廟》詩：“雲氣生虚壁，江聲走白沙。”江水波濤翻涌則成江聲，故以“澐”相應。

江　謐　南朝齊人。字令和。

謐，静。與“和”義近，故相協。“令”爲善美，以爲飾。

江　瓊　晉人。字孟琚。

《詩·衛風·木瓜》：“投我以木瓜，報之以瓊琚。”

江　贇　宋人。字叔圭。

《禮記·曲禮下》：“凡摯，天子鬯，諸侯圭。”摯通“贄”。

江　藩　清人。字子屏。

《詩·大雅·板》：“价人維藩，大師維垣。大邦維屏，大宗維翰。”“子”爲男子美稱。

江　韜　清人。字六奇。

古兵書有《六韜》，中有文韜、武韜、龍韜、虎韜、豹韜、犬韜。《孫子·勢篇》：“凡戰者，以正合，以奇勝。”兵貴出奇制勝，故以“奇”爲綴飾。又張良曾爲劉邦出六奇計，故因《六韜》之“六”而及“六奇計”。

江　斆　南朝齊人。字叔文。

斆，“學”之古文。《論語·學而》：“行有餘力，則以學文。”

江　灌　晉人。字道羣。

灌，謂灌灌。情意誠懇之貌。《詩·大雅·板》：“老夫灌灌。”毛傳：“灌灌，猶款款。”誠摯則善與人交。《禮記·學記》：“三年視敬業樂羣。”故以“道羣”應“灌”。亦或取《莊子·秋水》百川灌河，河伯東行至海，見海之大，始悟“聞道百，以爲莫己若”之非的故事。

〔汲〕

汲　黯　漢人。字長孺。

《説文·黑部》：“黯，深黑也。”黑則不明。《楚辭·九歎·遠逝》：“望舊邦之黯䨴兮。”王逸注：“黯䨴不明貌也。”《易·蒙卦》“匪我求童蒙”朱熹本義：“童蒙，幼稚而蒙昧。”蒙則黯。是蒙昧不明乃幼童之行，故應以“長”。乃取反義相協。“孺”爲能繼爵位而爲人后嗣者之稱。漢時始以爲字的綴飾。見《十駕齋養新録》卷二。亦兼取童蒙義。

〔牟〕

牟　谷　宋人。字子沖。

沖，虚。以應“谷”，取虚懷若谷之義。《老子》第十五章：“曠兮其若谷。”

牟　長　漢人。字君高。

長、高義近，故相協。“君”爲美稱。

牟若畯　元人。字子南。

《詩·豳風·七月》：“饁彼南畝，田畯至喜。”“子”爲男子美稱。

牟　倫　明人。字秉常。

倫、常同義相協。《詩·大雅·烝民》：“民之秉彝，好是懿德。”故以“秉”飾“常”。

牟　融　漢人。字子優。

融、優皆有和義，故相協。《左傳·隱公元年》：“其樂也融融。”杜預注：“融融，和樂也。”《文選·王褒〈洞簫賦〉》：“優柔温潤，又似君子。”李善注引《大戴禮》曰：“優之柔之。”“子”爲男子美稱。

牟應龍　元人。字伯成。

以“成”應“龍”，取化爲龍之義。《後漢書·黨錮列傳·李膺》：“士有被其容接者，名爲登龍門。”李賢注引辛氏《三秦記》：“河津一名龍門，水險不通。魚鼈之屬莫能上，江海大魚薄集龍門下數千，不得上，上則爲龍。”

〔米〕

米友仁　宋人。字元暉。

《論語·衛靈公》：“友其士之仁者。”暉，日光。《詩·大雅·行葦序》：“仁及草木。”孟郊《遊子吟》：“誰謂寸草心，報得三春暉？”春暉仁及草木，故以“暉”應“仁”。《易·乾卦·文言》：“元者善之長也。”因以“元”爲飾。

米　芾　宋人。字元章。

芾，上古祭服或朝服上的蔽膝，上繪水火龍等花紋。天子朱芾，諸侯赤芾。《詩·小雅·采菽》：“赤芾在股。”《書·臯陶謨》：“五服五章哉。”服制所以章明其用途、身份、等級，故以“章”應“芾”。“元”爲美善之辭，以爲飾。

米漢雯　清人。字紫來。

雲成章爲“雯”。雲成章必諸彩交錯，故應以“紫”。相傳老子出函谷關時，關令尹喜見有紫氣浮關，知將有聖人經過。杜甫《秋興八首》詩：“西望瑶池降王母，東來紫氣滿函關。”因有“紫氣東來”之典，故以“來”綴“紫”。

米肇灝　清人。字粱若。

粱顥，宋人，雍熙年間進士第一人及第，明敏有吏才。後世傳爲八十二歲始中進士。遂成爲老而好學的佳話。相傳爲宋人王應麟編、經元明清人增補的《三字經》有云："若梁顥，八十二，對大廷，魁多士。"因以"梁"應"灝"。"灝"或作"顥"。綴以"若"，即"若梁灝"。

〔羊〕

羊可立　明人。字子豫。
《禮記·中庸》："凡事豫則立。""子"爲男子美稱。

羊舌肸　春秋晉人。字叔向。
向，通"蠁"。《説文·十部》："肸，肸蠁，布也。"段玉裁注："《上林賦》曰：'肸蠁布寫。'彪注曰：'肸，過也。芬芳之過若蠁之布寫也。'……按：《虫部》：'蠁，知聲蟲也。'肸蠁者，蓋如知聲之蟲一時雲集。《蜀都賦》'翕響'義同。春秋晉羊舌肸字叔向。向，《釋文》許兩切，即蠁字，知肸蠁之語甚古。"

羊　希　南朝宋人。字泰聞。
《老子》第十四章："聽之不聞名曰希。"又第四一章："大音希聲。"飾以"泰"，意爲能察大音，是至高無上之聽聞。

羊　侃　南朝梁人。字祖忻。
忻、侃皆有和樂義。《論語·先進》："子路行行如也，冉有子貢侃侃如也。"劉寶楠正義："《鄉黨篇》之'侃侃'，及此下文'冉有子貢侃侃如也'，並當爲'衎衎'，假借作'侃侃'，故並訓爲和樂也。"忻同"欣"。

羊　欣　南朝宋人。字敬元。
欣，喜悦，欣慕。《易·乾卦·文言》："元者善之長也。"以"元"應"欣"，表示好善。喜悦其事，自必生敬，故以"敬"爲飾。

羊　亮　晉人。字長玄。
"亮"有光明之象，"玄"乃幽深，二者反義相協。飾以"長"，意謂崇敬老莊，永遠尚玄。

羊　祉　後魏人。字靈祐。
《爾雅·釋詁》："祉，福也。"古人以爲福自天授，故以"靈祐"相應。靈祐，言神明護助。

羊　祜　晉人。字叔子。
《爾雅·釋詁》："禄、祜，福也。"《廣雅·釋詁》："禄，善也。"古書福禄散文無别，故可互訓。禄爲善，福亦有善義。凡吉慶之事皆爲善。是祜亦爲善。叔，假爲"俶"。《説文·人部》："俶，善也。"故以"叔"應"祜"。"子"爲男子美稱。

羊　聃　晉人。字彭祖。
聃，老子之字。爲周之柱下史。彭祖，《莊子·逍遥遊》陸德明釋文云："《世本》云：姓籛，名鏗。在商爲守藏史，在周爲柱下史，年八百歲。……一云即老子也。"是晉人即以老聃與老彭爲一人。故以"彭祖"應"聃"。

羊　陟　漢人。字嗣祖。
《詩·周頌·閔予小子》："念兹皇祖，陟降庭止。維予小子，夙夜敬止。於乎皇王，繼序思不忘。"嗣，繼續。以"嗣祖"應"陟"，即因孝思極切，故常若見其祖陟降於庭，遂夙夜恭敬，思以相繼。

羊　曼　晉人。字祖延。
曼，長。延，引長。義近故相協。飾以"祖"，意欲其宗嗣延綿不絶。

羊　深　後魏人。字文淵。
"淵"猶深。《莊子·天道》："淵乎其不可測也。"故以應"深"。飾以"文"，意謂文學淵深廣博。

羊　敦　後魏人。字元禮。
《禮記·中庸》："敦厚以崇禮。""元"爲美善之辭，以爲飾。

羊鴉仁　南朝梁人。字孝穆。
鴉，指慈烏。相傳烏的雛烏長大後，能銜食反哺其母，後以比喻孝子奉養父母。李密《陳情表》："烏鳥私情，願乞終養。"烏知反哺其母，自是仁孝，故相應。"穆"有敬義。《書·金縢》："我其爲王穆卜。"孔傳："穆，敬。"綴於"孝"，意即孝敬。

羊　徽　南朝宋人。字敬猷。
《詩·小雅·角弓》："君子有徽猷。"飾以"敬"，謂敬美善之道。

羊　續　漢人。字興祖。
以"興祖"應"續"，意欲使宗嗣綿長，以光大其祖德。

羊　鑒　晉人。字景朗。
鏡貴明，明方能鑒物。故以"景朗"應"鑒"。《莊子·德充符》："鑑明則塵垢不止。"

〔邢〕

邢世材　宋人。字邦用。
材，器材，材料。《左傳·隱公五年》："其材不足以備器用，則君不舉焉。"以"用"應"材"，言其材堪用。飾以"邦"，取《周禮·地官》"以共邦用"之義。

邢　旭　明人。字景暘。
《詩·邶風·匏有苦葉》："旭日始旦。"毛傳："旭，日始出也。"《書·堯典》："宅嵎夷，曰暘谷，寅賓出日。"日出于暘谷，故以"暘"應"旭"。景，仰慕。日爲萬物所仰望，故以爲飾。

邢　侗　明人。字子愿。
《論語·泰伯》："侗而不愿，悾悾而不信，吾不知之矣。"何晏集解引孔安國曰："侗未成器之人宜謹愿。"故以"愿"應"侗"。"子"爲男子美稱。

邢　奇　明人。字彦美。
凡奇異不平凡者必美，故以"美"相應。"彦"爲美稱。

邢　昕　後魏人。字子明。
《説文·日部》："昕，且明也。""子"爲男子美稱。

邢　卲　北齊人。字子才。
揚雄《法言·修身》："公儀子、董仲舒之才之卲也。"李軌注："此二子才德高美。"同義故相協。"子"爲男子美稱。

邢　宥　明人。字克寬。
《説文·宀部》："宥，寬也。"克，能。

邢　峙　北齊人。字士峻。
《玉篇·山部》："峙，峻峙。"同義故相協。"士"爲男子美稱。

邢　昺　宋人。字叔明。
《玉篇·日部》："昺，明也。亦作昞。"同義相協。

邢　晏　後魏人。字幼平。
《漢書·谷永傳》："三垂晏然，靡有兵革之警。"顔師古注：

“晏，安也。”平、安義近，故平、晏相協。“幼”表行第較末。

邢　埴　明人。字汝器。

《老子》第十一章：“埏埴以爲器。”《論語・公冶長》記孔子贊子貢時有“汝器也”一語，故以“汝”飾“器”。

邢雲路　明人。字士登。

揚雄《解嘲》：“當塗者升青雲。”後因以“雲路”比喻宦途。鮑照《侍郎滿辭閣》：“金閨雲路，從兹自遠。”以“登”應“雲路”，即取得意於宦途之義。“士”爲男子美稱。

邢　焕　宋人。字文仲。

《論語・泰伯》：“焕乎！其有文章。”

邢　臧　後魏人。字子良。

《詩・齊風・還》：“揖我謂我臧兮。”毛傳：“臧，善也。”善、良義近，故以協“臧”。“子”爲男子美稱。

邢　遜　後魏人。字子言。

《論語・憲問》：“邦無道，危行言孫。”遜，古籍皆作“孫”。“子”爲男子美稱。

邢　澍　清人。字雨民。

《説文・水部》：“澍，時雨也。所以樹生萬物者也。”時雨蘇萬物，救下民。故以“民”綴“雨”。兼取“膏澤下於民”之義。

邢　寰　明人。字伯宇。

寰，境域。《後漢書・孔融傳》：“千里寰内，不以封建諸侯。”《左傳・昭公四年》：“失其守宇。”杜預注：“於國則四垂爲宇。”二者同爲一定界限之内，故相協。又“寰宇”並列爲天下。《北齊書・文宣帝紀》：“功浹寰宇，威稜海外。”

邢　簡　明人。字居敬。

《論語・雍也》：“居敬而行簡，以臨其民，不亦可乎？”

邢　顒　三國魏人。字子昂。

《詩・大雅・卷阿》：“顒顒卬卬，如圭如璋。”卬通“昂”。故以“昂”協“顒”。“子”爲男子美稱。

邢　讓　明人。字遜之。

《論語・先進》：“其言不讓，是故哂之。”朱熹集注：“特哂其不遜。”是讓、遜同義相協。

〔那〕

那彦成　清人。字韶九。

《書・益稷》：“《簫韶》九成。”

那蘇圖　清人。字羲文。

圖，謂《河圖》。羲，謂伏羲氏。《易・繫辭上》：“是故天生神物，聖人則之；天地變化，聖人效之；天垂象見吉凶，聖人象之；河出《圖》，洛出《書》，聖人則之。”朱熹本義：“此四者，聖人作《易》之所由也。”又《繫辭下》：“古者包犧氏之王天下也，仰則觀象於天，俯則觀法於地……於是始作八卦。”傳説伏羲氏據《河圖》始作《易》，畫八卦，是伏羲《易》之文，乃源於《河圖》。包犧即伏羲。上古無輕唇音，伏、包同聲。“犧”亦省作“羲”。

〔祁〕

祁世長　清人。字子禾。

《詩・小雅・甫田》：“禾易長畝，終善且有。”“子”爲男子美稱。

祁豸佳　明人。字止祥。

豸，獬豸。傳説中之神獸。《晉書・輿服志》：“或謂獬豸神羊，能觸邪佞。《異物志》云：‘北荒之中，有獸，名獬豸，一角，性别曲直。見人鬥，觸不直者；聞人争，咋不正者。’”因是瑞獸，故以“止祥”相應。

祁衍曾　明人。字羡仲。

曾，謂曾參。仲，謂仲由。二人皆爲孔子弟子，曾以孝著稱，仲以勇聞名，亦善養父母，有爲親負米美談。見《史記・仲尼弟子列傳》與《孔子家語・致思》。以“羡仲”應“衍曾”，言既擴展曾參之德，又企羡仲由之行。

祁彪佳　明人。字弘吉。

《易・蒙卦》：“包蒙，吉。”陸德明釋文引鄭玄云：“苞，當作彪。彪，文也。”包、苞通。故以“吉”應“彪”。因九二爻既有納婦之象，又有子克家之象，是大吉，故飾以“弘”。

祁寯藻　清人。字叔穎。

《玉篇・宀部》：“寯，才雋也。”有雋才，自必穎異，故應以“穎”。

祁韻士　清人。字諧庭。

《書・舜典》：“八音克諧。”凡音韻必協於律，故以“諧”應“韻”。奏樂皆於王庭，故綴以“庭”。亦爲時尚字飾。一字鶴皐。取義於《詩・小雅・鶴鳴》“鶴鳴于九皐”。古人以鶴爲仙禽，鳴聲清揚，合於韻律，故以應“韻”。

〔阮〕

阮大成　宋人。字希聖。

《孟子・萬章下》：“孔子之謂集大成。”孔子被尊爲聖人。故以“聖”應“大成”。飾以“希”，謂景慕。

阮中度　宋人。字正甫。

《易・同人卦》：“中正而應，君子正也。”又《豫卦》：“不終日貞吉，以中正也。”《易》“中正”連文屢見，故拆以爲名字。“甫”爲男子美稱。又“中度”連文，義爲合乎法度。既合乎度，則必正。故“正”亦可與“中度”應。

阮　元　清人。字伯元。

名與字同。“伯”表行第居長。

阮文中　明人。字用和。

《禮記・中庸》：“中也者，天下之大本也；和也者，天下之達道也。致中和，天地位焉，萬物育焉。”故以“和”應“中”。飾以“用”，即“致中和”之意。

阮　孚　晉人。字遥集。

《晉書・阮孚傳》：“其母，即胡婢也。孚之初生，其姑取王延壽《魯靈光殿賦》‘胡人遥集於上楹’而以字焉。”是以“遥集”暗喻其母爲胡人。以應“孚”，殆取信孚於外，則遠者來之義。

阮廷瓚　明人。字邦器。

《詩・大雅・旱麓》：“瑟彼玉瓚。”孔穎達疏：“瓚者盛鬯酒之器。”此爲朝廷禮器，故以“邦器”應“廷瓚”。

阮　玘　明人。字廷用。

《玉篇·玉部》："玘，玉名。"《廣韻·上止》："玘，佩玉。"古代朝臣佩玉以節步，故以"廷用"相應。

阮　放　晉人。字思度。

放，謂不拘禮法，放逸。度，謂法度。二者反義相協。飾以"思"，謂知所戒慎，不過分逾越法度。

阮昌齡　宋人。字大年。

齡，年齡。昌齡，謂長壽。大年，長壽。《莊子·逍遥遊》謂朝菌蟪蛄不知晦朔春秋，而上古大椿則以八千歲爲春，八千歲爲秋。朝菌、蟪蛄爲"小年"，大椿爲"大年"。同爲長壽，故相協。

阮　咸　晉人。字仲容。

《易·咸卦》："咸，君子以虚受人。"虚則能容。又，《詩·小雅·常棣序》鄭玄箋："周公弔二叔之不咸，而使兄弟之恩疏。"孔穎達疏："咸，和也。"《論語·子張》："君子尊賢而容衆。"能容則和，故"容"與"咸"應。又，"咸"爲皆，以"容"相應，義爲一切皆能包容。

阮思道　宋人。字元恭。

《論語·季氏》："貌思恭。"故以"恭"應"思"。"元"爲美善之辭。

阮思聰　宋人。字仲謀。

《書·洪範》："聰作謀。"

阮　种　晉人。字德猷。

《玉篇·禾部》："种，稚也。"《説文·禾部》："稺，幼禾也。"稚同"稺"。幼禾與德、猷皆無涉。种應作"種"。取《左傳·莊公八年》"皐陶邁種德，德乃降"（《僞古文尚書·大禹謨》亦録此語）文義。种、種音近，宋元以"种"代"種"，書手遂誤爲"种"。《晉書》人名因音近音同而訛者不罕見。如王濤字茂略，顯係以"濤"代"韜"；毛寶字碩真，當是以"真"代"貞"。

阮恩灤　清人。字媚川。

灤，水名。即古濡水。因是河流，故應以"川"。陸機《文賦》有"石韞玉而山輝，水懷珠而川媚"之語，故以"媚"飾"川"。

阮　珩　明人。字國用。

《説文·玉部》："珩，佩上玉也。"古代朝臣佩玉節步以爲儀，故以"國用"應"珩"。

阮　琳　明人。字廷佩。

《説文·玉部》："琳，美玉也。"《詩·鄭風·有女同車》："佩玉將將。"故以"佩"應"琳"。因是大夫於朝廷之上所佩，故飾以"廷"。

阮　逸　宋人。字天隱。

嵇康《述志詩》："巖穴多隱逸，輕舉求吾師。"又史書多有"隱逸傳"以記此類高士。因是"天生烝民"中之不仕者，故以"天"飾"隱"。

阮　瑀　漢人。字元瑜。

《説文·玉部》："瑀，石之次玉者。""瑜，瑾瑜也。""瑾，瑾瑜，美玉也。"同類故相應。"元"爲美善之辭，以爲飾。

阮葵生　清人。字寶誠。

曹植《求通親親表》："若葵藿之傾葉，太陽雖不爲之迴光，然終向之者，誠也。"故以"誠"應"葵"。飾以"寶"，言其向日之誠，良可寶貴。

阮　裕　晉人。字思曠。

《説文·衣部》："裕，衣物饒也。"段玉裁注："引伸爲凡寬足之偁。"又《日部》："曠，明也。"段玉裁注："廣大之明也。……引伸爲虚空之偁。"是裕、曠皆有寬闊義，故相協。"曠"又爲曠達、沖虚，此晉人所尚，故飾以"思"，以示向慕。

阮　詵　唐人。字孝羣。

《詩·周南·螽斯》："螽斯羽，詵詵兮。宜爾子孫振振兮。"毛傳："詵詵，衆多也。"衆多即成羣。故以"羣"應"詵"。此詩以螽斯繁衍之盛，以喻子孫衆多，而且仁厚和睦，故以"孝"爲飾。此亦東漢以來士大夫所習尚。

阮爾詢　清人。字于岳。

《書·舜典》："詢于四岳。"

阮　閱　宋人。字閎休。

《後漢書·章帝紀》："或起甽畝，不繫閥閱。"李賢注引《史記》曰："明其等曰閥，積其功曰閱。"是"閱"爲積功。《楚辭·九歎·遠逝》："山峻高以無垠兮，遂曾閎而迫身。"王逸注："閎，大也。"故以"閎"飾"閱"。積功大則光榮，故綴以"休"。《爾雅·釋詁》："休，美也。"

阮應商　清人。字次賡。

商，爲五音（宫、商、角、徵、羽）之一。賡，謂賡和。《書·益稷》："乃賡載歌曰。"以"次賡"應"應商"，言合乎樂律，可以處於賡和之列。

阮　謙　明人。字存乾。

《易·謙卦》："天道虧盈而益謙。"又《説卦》："乾，天也。"故以"乾"應"謙"。飾以"存"，謂心中常有"天道益謙"之訓。

阮　駿　宋人。字千里。

駿馬可一日千里。又駿馬號千里馬。故二者相應。

阮　瞻　晉人。字千里。

瞻，瞻望，遠望。應以"千里"，言所見極遠。

阮　韜　南朝齊人。字長明。

《説文·韋部》："韜，劍衣也。"段玉裁注："引伸爲凡包藏之偁。"包藏則生暗，故以"長明"相應。此反義相協。又，"韜"亦或取韜晦之義，與"長明"亦反義相協。

阮　籍　晉人。字嗣宗。

籍，承繼。左思《詠史詩》："金張籍舊業，七葉珥漢貂。"《爾雅·釋詁》："嗣，繼也。"同義故相協。繼以"宗"，欲其宗族昌盛，永相繼續。

阮　鶚　明人。字應薦。

《後漢書·禰衡傳》載，孔融器重禰衡，上表薦之於朝云："鷙鳥累百，不如一鶚。使衡立朝，必有可觀。"後世遂以薦舉才士爲"鶚薦"。蘇軾《次韻王定國謝韓子華過飲》詩："親嫌妨鶚薦，相對發微泚。"

七　畫

〔何〕

何人鶴　清人。字鳴九。

《詩·小雅·鶴鳴》："鶴鳴于

九皋，聲聞于野。”

何大猷 宋人。字少嘉。

《僞古文尚書·君陳》：“爾有嘉謨嘉猷，則入告爾后于内。”“少”表行第較末。

何中立 宋人。字公南。

《禮記·中庸》：“寬柔以教，不報無道，南方之强也，君子居之……故君子和而不流，强哉矯！中立而不倚，强哉矯！”以“南”應“中立”，言欲傚君子爲南方之强。“公”爲美稱。

何亢宗 清人。字聿修。

《左傳·昭公元年》：“吉不能亢身，焉能亢宗？”杜預注：“亢，蔽也。”《詩·大雅·文王》：“無念爾祖，聿脩厥德。”以“聿修”應“亢宗”，言欲不忘其祖，惟有自修其德，以致福澤，而蔽護其宗族，使綿綿不絶。

何元英 清人。字蕤音。

英，草本植物之花。《説文·艸部》：“英，草榮而不實者。”又：“蕤，草木華垂皃。”故以“蕤”應“英”。但“蕤”又指蕤賓，爲十二律之一，故綴以“音”。

何天衢 明人。字升宇。

太空四通八達無阻礙，故名“天衢”。上下四方爲“宇”，故以應“天衢”。飾以“升”，意謂騰驤雲路，蓋喻仕途通暢。

何文輝 明人。字德明。

《易·大畜卦》：“剛健篤實輝光，日新其德。”“日新其德”即“明明德”，故以“明”綴“德”。

何比干 漢人。字少卿。

比干，殷之三仁，爲紂王輔臣，故以“卿”相應。“少”表行第較末。

何世仁 清人。字元長。

《易·乾卦·文言》：“元者善之長也。”仁、善義近，故以“元長”應“仁”。

何去非 宋人。字正通。

《孟子·離婁上》：“惟大人能格君心之非……君正莫不正，一正君而國定矣。”去其非自能正，心無私蔽自必通。

何弘仁 明人。字仲淵。

《禮記·中庸》：“肫肫其仁，淵淵其淵。”

何　白 明人。字无咎。

《易·賁卦》：“白賁无咎。”

何　休 漢人。字邵公。

休、邵（卲）同義相協。《爾雅·釋詁》：“休，美也。”揚雄《法言·孝至》：“年彌高而德彌邵者是孔子之徒與？”又《修身》：“公儀子、董仲舒之才之邵也。”李軌注：“此二子才德高美。”“公”爲美稱。按，邵、卲經典通用。

何　充 晋人。字次道。

充，充實。以“道”相應，謂實之以道。次，止。“次道”即止於道，處於道。道既充盈於内，其身自必處於道。

何光裕 明人。字思問。

《僞古文尚書·仲虺之誥》：“好問則裕。”

何在田 清人。字鶴年。

《詩·小雅·鶴鳴》：“鶴鳴于九皋，聲聞于野。”田、野義近，故以“鶴”相應。古人以鶴爲長壽動物，是仙禽，故以“年”爲綴飾。郭璞《遊仙詩》：“借問蜉蝣輩，寧知龜鶴年？”

何如寵 明人。字康侯。

《易·晉卦》：“康侯用錫馬蕃庶，晝日三接。”朱熹本義：“康侯，安國之侯也。錫馬蕃庶，晝日三接，言多受大賜，而顯被親禮也。……則亦當有是寵也。”

何汝霖 清人。字雨人。

《僞古文尚書·説命上》：“若歲大旱，用汝作霖雨。”

何　兑 宋人。字泰和。

《易·兑卦》：“和兑，吉。”故以“和”應“兑”。因揚雄《法言·孝至》有“或問泰和”語（“泰和”爲唐虞盛世景象），遂以“和”就“泰”爲成語。

何　劭 晋人。字敬祖。

劭，美。揚雄《法言·修身》：“公儀子、董仲舒之才之劭也。”（劭，或作“邵”。二字同音，可相假。）以“祖”相應，取儒家歸美祖宗之義。

何廷魁 明人。字汝謙。

廷魁，謂對策殿廷，而能爲衆士之魁首。以“汝謙”相應，取天道忌滿，謙則受益之義，因以自警。

何　求 南朝齊人。字子有。

孔子弟子冉求字有（又子有）。《論語》中唯顔回和冉有之字不帶“子”字，如《論語·八佾》：“子謂冉有曰。”而《史記·仲尼弟子列傳》則加“子”字，稱“子有”。此因仰慕冉求，故襲其名字以爲用。

何良臣 明人。字惟聖。

《僞古文尚書·説命下》：“良臣惟聖。”

何邦彦 清人。字司直。

《詩·鄭風·羔裘》：“彼其之子，邦之司直。”又：“彼其之子，邦之彦兮。”

何其仁 清人。字元長。

《易·乾卦·文言》：“元者善之長也。”孔子以“仁”爲本，自是善之長者，故以“元長”應“仁”。

何孟春 明人。字子元。

《爾雅·釋詁》：“元，始也。”“孟春”爲一歲之始，故應以“元”。“子”爲男子美稱。

何宗彦 明人。字君美。

彦、美同義相協。“君”爲美稱。

何　宜 明人。字行義。

《禮記·中庸》：“義者宜也。”飾以“行”，取義於《論語·季氏》“行義以達其道”。

何尚之 南朝宋人。字彦德。

《論語·憲問》：“君子哉，若人！尚德哉，若人！”“彦”爲美稱。

何承矩 宋人。字正則。

“矩”爲畫方之具。方形必正，故以“正則”相應。又“矩”可引申爲法則，與“則”亦相協。

何昌寓 南朝齊人。字儼望。

寓，同“宇”。《莊子·庚桑楚》：“宇泰定者發乎天光。”釋文引王云：“宇，器宇也。”《論語·堯曰》：“君子正其衣冠，尊其瞻視，儼然人望而畏之。”器宇儀表乃爲人所瞻視，故以“儼望”相應。

何東序 明人。字崇教。

《孟子·滕文公上》：“設爲庠序學校以教之。”又：“夏曰校，殷曰序，周曰庠，學則三代共之。”庠序所以教育人，故以“崇教”應“序”。

何金蘭 清人。字相如。

此拆戰國藺相如之姓名以爲名字。

何長敦 清人。字厚勉。

敦、厚同義相協。《禮記·中庸》：“敦厚以崇禮。”綴以“勉”，是以敦厚自勵。

何思澄 南朝梁人。字元静。

澄、静義近故相協。道家主清静無爲，飾以“元”，是以玄默寂静爲道之本元。

何 炯 南朝梁人。字士光。

炯、光同義相協。“士”爲男子美稱。

何 祗 三國蜀漢人。字君肅。

《爾雅·釋詁》：“祗，敬也。”《詩·召南·何彼穠矣》：“曷不肅雝。”毛傳：“肅，敬。”同義相協。“君”爲美稱。

何禹疏 明人。字平九。

《孟子·滕文公上》：“禹疏九河。”《書·舜典》：“帝曰：‘俞！咨禹，汝平水土，惟時懋哉！’”因以“平九”應“禹疏”。

何秋濤 清人。字願船。

張華《博物志》卷十載，海上年年秋八月有浮槎來去，從不失期，有好奇者，竟乘以達於天河。《莊子·秋水》有“秋水時至”之語，故以“船”應“秋濤”。飾以“願”，言欲作舟楫以濟。

何若瑶 清人。字石卿。

《説文·玉部》：“瑶，石之美者。”故以“石”相應。“卿”爲美稱。

何 述 宋人。字明道。

孔子“述而不作”，“祖述堯舜”，皆所以明聖人之道。故以“明道”應“述”。

何家駿 清人。字曰千。

駿，良馬。以“千”相應，取千里馬之義。韓愈《雜説》：“世有伯樂，然後有千里馬。”

何 晏 三國魏人。字平叔。

春秋齊國晏嬰，字仲，謚爲平，故稱晏平仲。此以其姓爲名，謚爲字。

何桂珍 清人。字丹畦。

嵇含《南方草木狀·木類》：“桂有三種，葉如柏葉，皮赤者爲丹桂。”或以花紅者爲丹桂。故以“丹”應“桂”。屈原曾於《離騷》中以“滋蘭”“樹蕙”“畦留夷與揭車”，種植香草比喻修身自好，桂爲香木，因以“畦”綴“丹”，比況勤於修身。

何桂清 清人。字根雲。

《酉陽雜俎·天咫》：“舊言月中有桂。”月中桂是生於霄漢，故以“根雲”相應。言根植於雲中。

何 絜 清人。字雍南。

絜，古水名，出雍州之南山（見《集韻》）。故以“雍南”應“絜”。

何 衷 明人。字惟孝。

衷，中心。應以“惟孝”，言其内心惟有孝。此借用《論語·爲政》“《書》云：孝乎，惟孝友于兄弟”。

何 基 宋人。字子恭。

《書·大誥》：“厥考民翼其肯曰：‘予有後，弗棄基。’”孔傳解“考翼”爲“其父敬事創業”。以“恭”應“基”，意謂敬承其父之基，肯構肯堂，不使廢棄。

何 常 宋人。字德固。

《僞古文尚書·咸有一德》：“常厥德，保厥位。”以“固”綴“德”，取永固其德之義。

何彬然 明人。字文長。

《論語·雍也》：“質勝文則野，文勝質則史。文質彬彬，然後君子。”一字寧野，亦取義於此。

何淩漢 清人。字雲門。

漢，謂天漢。淩漢，猶升天。《詩·大雅·雲漢》：“倬彼雲漢，昭回于天。”《史記·司馬相如列傳》：“飄飄有淩雲之氣，似游天地之間意。”故以“雲”應“淩漢”。《楚辭·離騷》：“吾令帝閽開關兮，倚閶闔而望予。”王逸注：“閶闔，天門也。”因以“門”綴“雲”。一字仙槎，取義於張華《博物志》所記海上人乘浮槎入天漢神話故事。

何 琇 清人。字君琢。

《説文·玉部》：“琇，石之次玉者。”琇，同“琇”。《禮記·學記》：“玉不琢，不成器。”“君”爲美稱。

何紹基 清人。字子貞。

堂基須堅固，“貞”有堅義，故以相應。“子”爲男子美稱。

何 郯 宋人。字聖從。

郯，謂郯子。春秋郯國之君。《左傳·昭公十七年》載，郯子朝魯，孔子曾從學古官制。孔子被尊爲聖人，故以“聖從”應“郯”。

何 復 明人。字見元。

《易·復卦》：“復其見天地之心乎。”復則返其本元，故綴以“元”。

何復漢 清人。字楚玉。

漢，指漢水。漢水爲楚國大河。《左傳·僖公四年》：“楚國方城以爲城，漢水以爲池。”故以“楚”應“漢”。楚又稱荆。楚之荆山曾出和氏玉，名聞天下，因以“玉”綴“楚”。

何 敞 漢人。字文高。

敞、高義近，故相協。《史記·淮陰侯列傳》：“然乃行營高敞地，令其旁可置萬家。”飾以“文”，明其志尚。又，以“文高”應“敞”，亦可視作拆名爲字。高、尚義近，故可相代。

何景明 明人。字仲默。

“默”有幽暗之象，與“明”反義相協。

何景福 元人。字介夫。

《詩·小雅·小明》：“神之聽之，介爾景福。”“夫”爲男子通稱。

何 曾 晉人。字潁孝。

孔子弟子曾參號稱大孝，故以“孝”應“曾”。《左傳·隱公元年》有“潁考叔純孝也”語。潁考叔亦以孝著稱，故以“潁”飾“孝”。

何棟如 明人。字子極。

《説文·木部》：“極，棟也。”“子”爲男子美稱。

何 焯 清人。字屺瞻。

《説文·火部》：“焯，明也。……《周書》曰：‘焯見三有俊心。’”焯見則能及遠，故以“瞻”相應。《説文·目部》：

"瞻，臨視也。"《詩·魏風·陟岵》有"陟彼屺兮，瞻望母兮"。舊以此詩爲孝子行役於外思親之作。以"屺"飾"瞻"，意在孝親。又，焯有明義，明有視力義。《孟子·梁惠王上》："輿薪之不見，爲不用明焉。"有視力則可以瞻望。故以"瞻"應"焯"。

何　琦　晉人。字萬倫。

琦，美玉。《孟子·梁惠王下》："今有璞玉於此，雖萬鎰，必使玉人彫琢之。"故以"萬"應"琦"。綴以"倫"，謂美玉爲萬鎰寶物之倫。又，"倫"有選擇義，《儀禮·少牢饋食禮》："雍人倫膚九，實于一鼎。"鄭玄注："倫，擇也。"萬倫，言於千萬種寶物中挑選出者。

何　琪　清人。字東甫。

《爾雅·釋地》："東方之美者，有醫無閭之珣玗琪焉。""甫"爲男子美稱。

何　詔　明人。字廷綸。

《禮記·緇衣》："王言如絲，其出如綸。王言如綸，其出如綍。"詔爲王者之言，故應以"綸"。詔書頒於朝廷，故以"廷"爲飾。

何　進　漢人。字遂高。

向前向上皆謂之進，向上則高，故以"高"應"進"。遂、進同義。《易·大壯卦》："羝羊觸藩，不能退，不能遂。"故以"遂高"釋"進"之含義。

何　鈞　明人。字仲衡。

鈞，古衡名，三十斤爲鈞。《孟子·梁惠王上》："吾力足以舉百鈞。"衡，稱物輕重之器。鈞、衡同類，故相應。

何　戢　南朝齊人。字慧景。

戢，收斂，止息。景，同"影"。以"景"應"戢"，意在息影紅塵，高蹈世外。謝靈運《遊南亭》詩："逝將候秋水，息景偃舊崖。"六朝以來，僧人多以"慧"爲名，南齊已崇尚佛教，故以"慧"飾字。

何敬容　南朝梁人。字國禮。

《孝經·廣要道章》："禮者，敬而已矣。"《論語·先進》有"爲國以禮"語，因以"國"飾"禮"。

何　源

①宋人。字清卿。

以"清"應"源"，取"正本清源"之義。《晉書·武帝紀》："思與天下式明王度，正本清源。""卿"爲美稱。

②明人。字幼澄。

解同①。澄、清同義。"幼"表行第較末。

③明人。字仲深。

《孟子·離婁下》："資之深，則取之左右逢其原。"原同"源"。又《禮記·中庸》："溥博淵泉，而時出之。"朱熹章句："淵泉，静深而有本。"源泉貴深，深則有本而不易枯涸。故以"深"應"源"。

何道生　清人。字立之。

《論語·學而》："君子務本，本立而道生。"

何夢桂　宋人。字岩叟。

殷高宗武丁夢天帝賜以賢臣，遂圖其形象求之於野，於傅巖得説，因以爲相。史稱傅説。故以"岩"應"夢"。岩同"巖"。"叟"爲綴飾。唐以來，士大夫喜以"叟"爲字之綴飾。

何夢瑶　清人。字報之。

《詩·衛風·木瓜》："投我以木桃，報之以瓊瑶。"

何　實　元人。字誠卿。

誠、實同義相協。"卿"爲美稱。

何　楨　晉人。字元幹。

《書·費誓》："峙乃楨榦。"幹同"榦"。"元"有大或第一之義。以飾"幹"，言其作用重大。

何　蒙　宋人。字叔昭。

蒙，暗昧。"昭"爲明，與"蒙"反義相協。

何　遜　南朝梁人。字仲言。

《論語·憲問》："邦無道，危行言孫。"孫通"遜"。

何　鳳　宋人。字天儀。

《書·益稷》："鳳皇來儀。"古人以爲鳳爲瑞鳥，其來乃上天示意，故以"天"爲飾。

何慶元　清人。字積之。

《易·坤卦·文言》："積善之家，必有餘慶。"

何　憲　南朝齊人。字子思。

孔子弟子原憲字思（《史記》作子思），清貧有節操。此襲用其名字。

何　澹　宋人。字自然。

澹，恬静。恬静則無矯飾，故近乎自然。

何　璟　清人。字小宋。

唐宋璟，立朝有大節，與姚崇被稱爲開元賢相。慕其人，故拆其姓名以爲名字。"小"表行第在末。

何　遵

①晉人。字思祖。

儒家主敬天法祖，《禮記·喪服小記》："尊祖故敬宗。"《詩》有"繩其祖武"，《論語》有"三年無改於父之道"，皆謂遵其祖德。故以"思祖"應"遵"。

②明人。字孟循。

遵、循同義相協。

何應龍　明人。字子驤。

此取龍驤虎躍之義。《後漢書·吴漢傳贊》："吴公鷙强，實爲龍驤。""子"爲男子美稱。

何懋永　清人。字念修。

《書·皋陶謨》："慎厥身修，思永。"於字面，念、懋相近，修、永同義，而"念修"實念"慎厥身修，思永"之訓。

何　點　南朝梁人。字子晳。

孔子弟子曾點字晳。此襲用其名字。點、晳反義相協。

何　鎬　宋人。字叔京。

此拆鎬京以爲名字。《詩·大雅·文王有聲》："考卜維王，宅是鎬京。"

何　顒　漢人。字伯求。

"顒"有向慕、景仰義，與追求義近，故相協。《易·觀卦》："有孚顒若。"朱熹本義："謂在下之人，信而仰之也。"

何　夔　三國魏人。字叔龍。

《書·舜典》："伯拜稽首，讓于夔龍。"

何　競　明人。字邦直。

《詩·大雅·桑柔》："職競用力。"孔穎達疏引《釋言》云："競、逐，强也。俱訓爲强。"强即是有力。《詩·鄭風·羔裘》："羔裘豹飾，孔武有力。彼其之子，邦之司直。"以"邦直"應

“競”，意欲努力爲邦國直臣。

何繼高 明人。字汝登。

《漢書・藝文志》：“登高能賦，可以爲大夫。”

何繼筠 宋人。字化龍。

筠，竹之别名。馬融《長笛賦》：“近世雙笛從羌起，羌人伐竹未及已。龍鳴水中不見己，截竹吹之聲相似。”竹製笛能摹狀龍吟，故以“化龍”應“筠”。

何騰蛟 明人。字雲從。

《易・乾卦》：“雲從龍。”蛟、龍混言無别，故以“雲從”應“蛟”。

何屬乾 清人。字不息。

《易・乾卦》：“君子以自强不息。”

何　鑑 明人。字世光。

《左傳・昭公二八年》：“光可以鑑。”因“光”取義，而飾以“世”，欲世世有光寵。

〔佘〕

佘錫純 清人。字兼五。

《詩・魯頌・閟宫》：“天錫公純嘏。”《尚書・洪範》中有“五福”。以“兼五”應“錫純”，是願上天集五福於其一人。

佘應桂 明人。字夢徵。

科舉時代鄉試於八月舉行，故以“折桂”比喻中式。以“夢徵”應“桂”，意謂神已於夢中示兆，必能得第。

佘　翹 明人。字聿雲。

《説文・羽部》：“翹，尾長毛也。”段玉裁注：“《射雉賦》：‘斑尾揚翹。’按：尾長毛必高舉，故凡高舉曰翹。”以“聿雲”應“翹”，意謂舉翼疾飛入雲。比喻仕宦得意。

佘觀國 清人。字顒若。

《易・觀卦》：“觀：……有孚顒若。”又：“觀國之光，利用賓于王。”

〔余〕

余一元 清人。字占一。

元，首，第一。科舉時代鄉試第一名爲解元，會試第一名爲會元，殿試第一名爲狀元。以“占一”應“元”，意謂獨占鰲頭。

余子俊 明人。字士英。

英、俊同義相協。“士”爲男子美稱。

余允文 宋人。字隱之。

此取《列女傳》二，陶答子妻所言“豹隱”故事以爲名字。南山玄豹愛其皮毛，遇霧雨，七日不出覓食，爲遠害“以澤其毛而成文章也”。以“隱之”應“文”，即隱藏以保其文彩，以喻潔身自愛。

余元甲 清人。字茁村。

甲，謂甲坼。草木種子外甲開裂而萌芽。《易・解卦》：“雷雨作而百果草木皆甲坼。”茁，草木初生之貌。《詩・召南・騶虞》：“彼茁者葭。”又：“彼茁者蓬。”毛傳：“茁，出也。”“村”爲時尚綴飾字。

余化淳 明人。字元卿。

元，始，太初。以應“淳”，謂如太初之淳厚質樸。“卿”爲美稱。

余天錫 宋人。字純父。

《詩・魯頌・閟宫》：“天錫公純嘏，眉壽保魯。”“父”爲男子美稱。

余文本 清人。字仁山。

《論語・學而》：“孝弟也者，其爲仁之本與！”又《雍也》：“仁者樂山。”故以“仁山”應“本”。

余日强 元人。字伯莊。

《禮記・表記》：“君子莊敬日强。”

余日華 宋人。字君實。

花而後結實。二事相關，故相應。“君”爲美稱。

余日新 明人。字君又。

《禮記・大學》：“湯之《盤銘》曰：‘苟日新，日日新，又日新。’”“君”爲美稱。

余世本 清人。字立齋。

《論語・學而》：“君子務本，本立而道生。”“齋”爲時尚綴飾。

余　本 明人。字子華。

草木必本固而後枝榮，方可花實繁盛。故以“華”應“本”。“子”爲男子美稱。

余正健 清人。字乾行。

《易・乾卦》：“天行健，君子以自强不息。”

余光耿 清人。字覲文。

《書・立政》：“以覲文王之耿光。”

余安行 宋人。字勉仲。

《禮記・中庸》：“或安而行之，或利而行之，或勉强而行之：及其成功一也。”

余廷瓚 明人。字伯獻。

瓚，玉杓。古代祭祀時，以圭爲柄之灌酒器。酌酒灌地以獻神，故以“獻”應“瓚”。

余　志 明人。字志學。

《論語・爲政》：“吾十有五，而志于學。”

余　甸 清人。字田生。

甸，謂田野所生之物。《禮記・少儀》：“納貨貝於君，則曰納甸於有司。”陳澔集説：“甸，田也。臣受君之田邑，此所納者，田野所出，故云納甸也。”故以“田生”應“甸”。

余良肱 宋人。字康臣。

《書・益稷》：“股肱良哉！庶事康哉！”股肱乃比喻輔臣，故以“康臣”相應。

余良弼 宋人。字巖起。

傳説起於傅巖，輔殷高宗中興，故以“巖起”應“良弼”。

余　忠 宋人。字行老。

《論語・衛靈公》：“子張問行。子曰：‘言忠信，行篤敬，雖蠻貊之邦行矣；言不忠信，行不篤敬，雖州里行乎哉？’”“老”爲綴飾。五代以來，“老”“叟”爲士大夫時尚字飾。蓋希冀壽考。

余　旻 清人。字秋農。

《爾雅・釋天》：“秋曰旻天。”又《孟子・萬章上》：“舜往于田，號泣于旻天。”農夫力田，因以“農”爲綴飾。

余　省 清人。字曾三。

《論語・學而》：“曾子曰：‘吾日三省吾身：爲人謀而不忠乎？與朋友交而不信乎？傳不習乎？’”

余胤緒 明人。字思孝。

《書・堯典》：“胤子朱，啓明。”陸德明釋文引馬融曰：“胤，嗣也。”《詩・大雅・下武》：“永言孝思，昭哉嗣服。”

余　恭 明人。字克讓。

《書・堯典》：“允恭克讓。”《論語・學而》：“夫子温良恭儉讓以得之。”

余祚徵 明人。字符之。

祚，福。“祚徵”乃吉兆。應以“符之”，欲其應驗。

余　祐 明人。字子積。

祐，福。吉慶。《易・坤・文言》：“積善之家，必有餘慶。”“子”爲男子美稱。

余國禎 清人。字瑞人。

《禮記・中庸》：“國家將興，必有禎祥。”“瑞人”即人瑞。人世間各種祥瑞之稱。王褒《四子講德論》：“今海内樂業，朝廷淑清，天符既章，人瑞又明。”

余　爽 宋人。字荀龍。

東漢荀爽字慈明，幼好學，年十二通《春秋》《論語》。兄弟八人並有名，時人語云：“荀氏八龍，慈明無雙。”見《後漢書・荀爽傳》。

余　喆 宋人。字若蒙。

喆，同“哲”。蒙，愚昧。二者反義相協。飾以“若”，意謂“大智若愚”。

余堯臣 明人。字唐卿。

“唐”爲帝堯朝代名，故以“唐卿”應“堯臣”。

余　集 清人。字蓉裳。

《楚辭・離騷》：“製芰荷以爲衣兮，集芙蓉以爲裳。”

余　楍 清人。字生生。

楍，同“本”。草木之根柢爲“本”，有本始可生生不已。

余　㮚 宋人。字祗若。

㮚，同“栗”。栗，通“慄”，敬慎，戒懼。祗，敬。《僞古文尚書・大禹謨》：“祗載見瞽瞍，夔夔齊慄，瞽亦允若。”

余　載 元人。字大車。

《易・大有卦》：“大車以載，積中不敗也。”名字取上句，義則寓下句。

余　禎 明人。字興邦。

《禮記・中庸》：“國家將興，必有禎祥。”邦、國同義，自可更代。

余　濂 明人。字宗周。

周敦頤爲宋理學開山祖，因居於濂溪，世稱濂溪先生。因慕其人，故以其居地爲名，以其姓爲字。飾以“宗”表示尊崇、師法。

余　縉 清人。字仲紳。

古代大夫束紳（大帶）縉笏。縉紳，即插笏垂紳。《漢書・郊祀志上》：“其語不經見，縉紳者弗道。”

余懋孳 明人。字舜仲。

《孟子・盡心上》：“鷄鳴而起，孳孳爲善者，舜之徒也。”

余懋學 明人。字行之。

《孟子・梁惠王下》：“夫人幼而學之，壯而欲行之。”

余　爵 明人。字天有。

《孟子・告子上》：“仁義忠信，樂善不倦，此天爵也。”綴以“有”，謂具有此天爵之德。

余　鎬 唐人。字周京。

鎬京爲周文王所遷之都城，故拆以爲名字而飾以“周”。

余　闕 元人。字廷心。

《莊子・讓王》：“身在江海之上，心居乎魏闕之下。”“闕”爲帝居，故以“廷”爲飾。

余鵬年 清人。字伯扶。

《莊子・逍遥遊》：“鵬之徙於南冥也，水擊三千里，摶扶搖而上者九萬里。去以六月息者也。”

余鵬翀 清人。字少雲。

翀，《廣韻・平東》：“直上飛也。”《莊子・逍遥遊》：“鵬之背，不知其幾千里也；怒而飛，其翼若垂天之雲。”又：“絶雲氣，負青天，然後圖南，且適南冥也。”“少”表行第較末。

余繼登 明人。字世用。

《書・堯典》：“帝曰：‘疇咨，若時登庸。’”登庸即登用。飾以“世”，言爲世所用。

余　蘅 清人。字芳洲。

蘅，杜蘅，香草名。《楚辭・九歌・湘君》：“采芳洲兮杜若。”杜若、杜蘅同類，故可相代。

余覺華 元人。字榮甫。

《爾雅・釋草》：“木謂之華，草謂之榮。”“甫”爲男子美稱。

余　鑅 清人。字金聲。

《集韻・平庚》：“鑅，鐘聲。”

〔佟〕

佟世思 清人。字儼若。

《禮記・曲禮上》：“儼若思。”

佟世晉 清人。字康侯。

《易・晉卦》：“晉：康侯用錫馬蕃庶。”

佟毓秀 清人。字鍾山。

取“鍾靈毓秀”之義。杜甫《望嶽》詩：“造化鍾神秀，陰陽割昏曉。”

佟鳳彩 清人。字高岡。

《詩・大雅・卷阿》：“鳳皇鳴矣，于彼高岡。”

〔冷〕

冷世光 宋人。字賓王。

《易・觀卦》：“觀國之光，利用賓于王。”

冷世修 宋人。字良器。

《左傳・襄公九年》：“令於諸侯曰：修器備。”《禮記・月令》：“修耒耜，具田器。”修治器具，欲其精良，故以“良”爲飾。

冷　枚 清人。字吉臣。

《僞古文尚書・大禹謨》：“枚卜功臣，惟吉之從。”

冷　曦 明人。字景暘。

曦，日色。《書・堯典》：“宅嵎夷，曰暘谷，寅賓出日。”古人以爲日出暘谷，故以“暘”應“曦”。日爲萬衆所景仰，故以“景”飾“暘”。又“景”爲日光，亦與“曦”應。

〔初〕

初　言 明人。字幼嘉。

以“嘉”應“言”，取有嘉言懿行之義。據云其人因生而能言，故名“言”。以“幼”飾“嘉”，蓋以誌繈褓早語之異。

初　杲 明人。字啓昭。

《詩・衛風・伯兮》：“杲杲出日。”杲然日出，光明普照，故以

“啓昭”相應。

初彭齡 清人。字紹祖。

此拆彭祖以爲名字。以“紹”飾“祖”，意欲繼彭祖而長壽。

〔吴〕

吴一貫 明人。字道夫。

《論語·里仁》：“吾道一以貫之。”“夫”爲男子通稱。

吴一鵬 明人。字南夫。

《莊子·逍遥遊》：“鵬之徙於南冥也，水擊三千里。”又：“背負青天而莫之夭閼者，而後乃今將圖南。”“夫”爲男子通稱。

吴三桂 清人。字長白。

柳永《望海潮》詞：“重湖叠巘清嘉，有三秋桂子，十里荷花。”桂開花結實於三秋，而西方主秋，其色爲白，故以“長白”應“桂”，意欲永盛於秋。

吴三錫 清人。字師中。

《易·師卦》：“九二，在師中，吉。无咎。王三錫命。”

吴士功 清人。字惟亮。

《書·舜典》：“欽哉！惟時亮天功。”

吴士玉 清人。字荆山。

楚人卞和於荆山得璞，剖治得寶玉，是爲和氏璧。見《韓非子·和氏》。

吴士奇 明人。字無奇。

以“無奇”應“奇”，反義相協。兼示謙退。

吴士冠 明人。字相如。

相如，謂藺相如。以應“士冠”，意謂相如堪爲士人之冠。此景慕前賢。

吴士琇 明人。字君玉。

《説文·玉部》：“琇，石之次玉者。”“君”爲美稱。

吴士義 明人。字以行。

《論語·季氏》：“行義以達其道。”

吴士熹 清人。字伸初。

熹，微明時的陽光。天微明是初日，故以“伸初”相應。

吴士龍 宋人。字子雲。

《易·乾卦》：“雲從龍。”“子”爲男子美稱。又，晉陸雲字士龍，或慕其人，遂以其字爲名，而以其名爲字。

吴大本 明人。字性夫。

《禮記·中庸》：“天命之謂性；……喜怒哀樂之未發，謂之中；發而皆中節，謂之和。中也者，天下之大本也；和也者，天下之達道也。”朱熹章句：“大本者，天命之性。”“夫”爲男子通稱。

吴大有 宋人。字勉道。

《孟子·公孫丑下》：“故將大有爲之君，必有所不召之臣，有謀焉，則就之。其尊德樂道，不如是不足與有爲也。”以“勉道”應“大有”，意欲“尊德樂道”爲“不召之臣”，以事“大有爲之君”。

吴大素 元人。字秀章。

章，文采。與“素”反義相協。文采則彰顯特出，故以“秀”爲飾。

吴大澂 清人。字清卿。

澂，同“澄”。澄、清同義相協。“卿”爲美稱。

吴子玉 明人。字瑞穀。

《世説新語·賞譽》：“世稱庾文康爲豐年玉，稺恭爲荒年穀。”劉孝標注：“謂亮有廊廟之器，翼有匡世之才，各有其用也。”本以“瑞”應“玉”，因有“豐年玉”“荒年穀”之典，故以“穀”綴於“瑞”。

吴子孝 明人。字純叔。

《左傳·隱公元年》：“潁考叔純孝也。”

吴子良 宋人。字明輔。

《書·益稷》：“股肱良哉！”股肱比喻輔臣。《孟子·梁惠王上》：“王曰：‘吾惛，不能進於是矣。願夫子輔吾志，明以教我！’”

吴　山 明人。字曰静。

《論語·雍也》：“知者樂水，仁者樂山；知者動，仁者静。”

吴　中

① 宋人。字中行。

《易·夬卦》：“中行无咎。”《禮記·儒行》：“行必中正。”

② 明人。字思正。

《禮記·樂記》：“中正無邪。”因《論語·爲政》有“思無邪”之語，故以“思”飾“正”。

③ 明人。字孟庸。

《禮記》有《中庸》，因取以爲名字。

吴之登 清人。字雲客。

以“雲”應“登”，表示騰驤雲路，仕途通達。綴以“客”，猶言平步青雲之人。

吴之騄 清人。字耳公。

騄，謂騄耳，良馬名。《戰國策·齊策四》：“世無騏驎、騄耳，王駟已備矣。”“公”爲美稱。

吴元扆 宋人。字君華。

扆，謂斧扆。古代户牖間畫斧形的屏風。因有彩飾，故應以“華”。“君”爲美稱。

吴元珪 元人。字君璋。

《禮記·禮器》：“圭璋特。”圭同“珪”。珪璋同爲朝廷禮器，故以“君”爲飾。

吴元滿 明人。字敬甫。

古人以爲天道忌滿，故應以“敬”。言敬慎將事。又《孝經·卿大夫章》：“非先王之法服不敢服，非先王之法言不敢道，非先王之德行不敢行。……言滿天下無口過，行滿天下無怨惡。”滿而無咎，皆因敬遵先王之教。故以“敬”相應。“甫”爲男子美稱。

吴元澄 清人。字湛若。

澄、湛皆清澈義，故相協。“若”爲詞尾。

吴公約 五代吴越人。字處仁。

此反用《論語·里仁》“不仁者；不可以久處約”文義。以“處仁”應“約”，表示乃仁者。仁者自能久處約。

吴　升 宋人。字潛夫。

升、潛反義相協。“夫”爲男子通稱。

吴孔嘉 清人。字元會。

《易·乾卦·文言》：“元者，善之長也；亨者，嘉之會也。”

吴文元 明人。字善長。

《易·乾卦·文言》：“元者，善之長也。”

吴文奎 明人。字茂文。

緯書《孝經援神契》有“奎主文章”之説，後世遂以奎宿爲主文運之神。故以“茂文”相應。茂，盛。

吳文度　明人。字憲之。

憲、度皆有法則、法制義，故相協。

吳文英　宋人。字君特。

才能過千人者爲“英”。過人即特異秀出，故以“特”應“英”。“君”爲美稱。

吳文華　明人。字子彬。

《論語・雍也》：“文質彬彬，然後君子。”“子”爲男子美稱。

吳文溥　清人。字博如。

《禮記・中庸》：“溥博如天。”

吳文鎔　清人。字甄甫。

鎔，鎔冶，鎔鑄。甄，謂製造陶器。《漢書・董仲舒傳》：“猶泥之在鈞，唯甄者之所爲。”引申爲造就，造成。《漢書・班固傳》：“甄殷陶周。”古人常以天地爲爐，以陶冶比喻造化，故以“甄”應“鎔”。

吳　方　元人。字季仁。

《論語・憲問》：“子貢方仁。”

吳世忠　明人。字懋貞。

忠、貞義近，故相協。飾以“懋”，謂致力於忠貞。

吳世杰　清人。字子萬。

杰，同“傑”。《説文・人部》：“傑，材過萬人也。”“子”爲男子美稱。

吳世涵　清人。字淵若。

《説文・水部》：“涵，水澤多也。”“淵”爲深，故以相應。若，詞尾。

吳　仕　明人。字克學。

《論語・子張》：“仕而優則學，學而優則仕。”克，能。

吳必大　宋人。字伯豐。

《易・豐卦》：“彖曰：豐，大也。”同義故相協。

吳必明　宋人。字若愚。

以“若愚”應“明”，取大智若愚之義。明，明智。又《禮記・中庸》：“雖愚必明。”

吳　旦　明人。字而待。

《晉書・劉琨傳》：“吾枕戈待旦，志梟逆虜。”

吳正倫　明人。字子叙。

《書・洪範》：“彝倫攸叙。”“子”爲男子美稱。

吳玉搢　清人。字山夫。

玉産山中。和氏玉出荆山，崑山亦出玉。《荀子・勸學》：“玉在山而草木潤，淵生珠而崖不枯。”故以“山”應“玉”。“夫”爲男子通稱。

吳　申　宋人。字景山。

《詩・大雅・崧高》：“維嶽降神，生甫及申。”山之尊者爲嶽，渾言山、嶽無別。飾以“景”，言景仰申伯。

吳任臣　清人。字志伊。

《孟子・萬章下》謂伊尹“治亦進，亂亦進”，“思天下之民，匹夫匹婦有不與被堯舜之澤者，若己推而内之溝中，其自任以天下之重也”。以“志伊”應“任臣”，言欲傚伊尹，以天下爲己任。

吳仲舉　五代南唐人。字太沖。

舉，起。此指起飛。《論語・鄉黨》：“色斯舉矣，翔而後集。”《史記・楚世家》：“三年不蜚（飛），蜚將沖天。”飾以“太”，狀其迅疾。

吳　兆　明人。字非熊。

《史記・齊太公世家》謂周文王遇太公時，將出獵，占卜得兆云：“所獲非龍非彲，非虎非羆；所獲霸王之輔。”及獵，乃遇太公。自《宋書・符瑞志》起，“非羆”作“非熊”。

吳兆崙　清人。字懸圃。

《楚辭・離騷》：“朝發軔於蒼梧兮，夕余至乎縣圃。”王逸注：“縣圃，神山，在崑崙之上。……縣，一作懸。”

吳兆寬　清人。字宏人。

寬、宏同義相協。綴以“人”，謂爲氣量寬宏之人。

吳兆騫　清人。字漢槎。

張華《博物志》卷十載，有居海上者，見“年年八月有浮槎去來，不失期，人有奇志，立飛閣於槎上，多齎糧，乘槎而去”，竟達於天漢。其後附會爲漢張騫使西域，乘槎自河達於天漢。杜甫《秋興八首》“奉使虚隨八月槎”，亦以爲張騫故事。故以“漢槎”應“騫”。

吳　光

①清人。字與嚴。

此拆東漢嚴光（子陵）之名以爲名字。與，稱許之義。

②清人。字迪前。

《書・君奭》：“迪惟前人光，施于我沖子。”

吳如愚　宋人。字子發。

《論語・爲政》：“吾與回言終日，不違如愚。退而省其私，亦足以發。回也不愚。”“子”爲男子美稱。

吳式芬　清人。字子苾。

《玉篇・艸部》：“苾，芬香也。”同義相協。“子”爲男子美稱。

吳百朋　明人。字惟錫。

《詩・小雅・菁菁者莪》：“既見君子，錫我百朋。”

吳　聿　宋人。字子書。

《説文・聿部》：“聿，所以書也。”“子”爲男子美稱。

吳自守　明人。字介夫。

介，耿介，耿直不屈。以應“自守”，意謂以耿介自守。“夫”爲男子通稱。

吳　兑　明人。字君澤。

《易・説卦》：“兑爲澤。”“君”爲美稱。

吳克恭　元人。字寅夫。

《書・皐陶謨》：“同寅協恭，和衷哉。”《爾雅・釋詁》：“恭、寅，敬也。”“夫”爲男子通稱。

吳　均　南朝梁人。字叔庠。

均，謂成均。古代學校名。《禮記・文王世子》：“於成均。”鄭玄注引董仲舒云：“五帝名大學曰成均。”《孟子・滕文公上》：“設爲庠、序、學校以教之。”同爲學校，故以相協。

吳宏道　元人。字仁卿。

《論語・衛靈公》：“人能弘道，非道弘人。”弘、宏義通。仁，通“人”。“卿”爲美稱。

吳延祚　宋人。字慶之。

祚，福。福澤延長，乃是吉慶，故以“慶之”相應。

吳廷華　清人。字中林。

三國魏、吳皆有宮苑名華林園，因取以爲名字。“中”表方位。

吴廷琛 清人。字震南。
《詩·魯頌·泮水》："憬彼淮夷，來獻其琛。元龜象齒，大賂南金。"既能使江淮之夷來獻其琛，是南方諸方國已懾於周之威力而臣服，故以"震南"應"琛"。

吴 彤 明人。字文明。
彤，赤色。有色澤即成文采。文采則有文明之象。《易·乾卦·文言》："見龍在田，天下文明。"孔穎達疏："天下文明者，陽氣在田，始生萬物，故天下有文章而光明也。"

吴志淳 明人。字主一。
志淳篤則專一，故以"主一"應"志淳"。

吴成佐 清人。字贊皇。
佐、贊皆有助義，故相協。綴以"皇"，意在輔佐皇家。

吴其泰 清人。字希郭。
此拆東漢名士郭太（字林宗）之名以爲名字。郭本名"泰"。范曄作《後漢書》，爲避家諱，改爲"太"。飾以"希"，示仰慕其人。

吴其濬 清人。字瀹齋。
濬、瀹皆有疏通義，故相協。《孟子·萬章上》："使浚井。"浚同"濬"。又《滕文公上》："禹疏九河，瀹濟漯，而注諸海。""齋"爲時尚字飾。

吴叔告 宋人。字君謀。
語人以事爲"告"，以疑難問人爲"謀"，同爲語言行爲，且反義相協。"君"爲美稱。

吴 坤 清人。字皆六。
《易》數陽爻爲九，陰爻爲六。八卦之坤爲☷，坤下坤上，數皆爲六。

吴 坰 清人。字季野。
《詩·魯頌·駉》："駉駉牡馬，在坰之野。"

吴孟琦 清人。字伯蘊。
琦，美玉。《論語·子罕》："有美玉於斯，韞匵而藏諸？"韞、蘊同有藏義，故可通用。

吴承範 五代後晉人。字表微。
微子曾作《洪範》，故以"表微"應"範"。

吴 定
① 明人。字子静。
《禮記·大學》："定而后能静。""子"爲男子美稱。
② 清人。字殿麟。
《詩·周南·麟之趾》："麟之定，振振公姓。""殿"有鎮定義，與"定"同義，故以飾"麟"而應"定"。

吴定翁 元人。字仲谷。
定，静。凡山谷必静，故多稱幽谷。《詩·小雅·伐木》："出自幽谷。"因以"谷"應"定"。又，北宋有翁谷，字子静。廉介有幹才，時稱循吏。或慕此人，因拆其名以爲名字。

吴宗周 明人。字子旦。
姬旦爲西周大政治家。其采邑在周，稱爲周公。因取以爲名字。"子"爲男子美稱。

吴宗堯 明人。字仁叔。
《孟子·盡心上》："堯舜之仁，不徧愛人，急親賢也。"

吴宗儒 明人。字次魯。
孔子魯人，爲儒家學派創始人，因以"次魯"應"儒"。

吴尚鉉 清人。字惟鼎。
《易·鼎卦》："鼎黄耳，金鉉。"

吴居仁 宋人。字温父。
《孟子·盡心上》："居仁由義，大人之事備矣。"《禮記·儒行》："温良者，仁之本也。""父"爲男子美稱。

吴居厚 宋人。字敦老。
《禮記·中庸》："敦厚以崇禮。"五代以來，士大夫多以"老"爲字飾，意在祈求壽考。

吴 昕 清人。字仲微。
《説文·日部》："昕，且明也。"日將出時，晨光熹微，故以"微"相應。

吴 昂 明人。字德翼。
昂，高舉。翼之性能爲飛舉，故以"德"飾"翼"以應"昂"。

吴昆田 清人。字稼軒。
田所以耕，故以"稼"相應，以明其性。"軒"爲時尚字飾。

吴昌裔 宋人。字季永。
以"永"應"裔"，是欲其宗嗣綿長。

吴 易 明人。字日生。
《易·繫辭上》："日新之謂盛德，生生之謂易。"

吴 枋 宋人。字木方。
此拆名爲字。

吴 治 明人。字孝甫。
此取《孝經》中《孝治章》以爲名字。"甫"爲男子美稱。

吴 直 清人。字生甫。
《周禮·考工記·輿人》："直者如生焉。"又《易·繫辭上》："其動也直，是以大生焉。""甫"爲男子美稱。

吴秉鈞 清人。字自成。
《詩·小雅·節南山》："秉國之均。"又："誰秉國成？"鈞通"均"。鈞，又爲製陶器所用之轉輪。古人用以比喻造化、造就。以"自成"應"鈞"，亦或取大自然化成萬物之義。

吴 育
① 宋人。字春卿。
以"春"應"育"，取春季發育萬物之義。《爾雅·釋天》："春爲發生。""卿"爲美稱。
② 清人。字山子。
《韓詩外傳》卷三："夫仁者何以樂於山也？曰：夫山者萬民之所瞻仰也。草木生焉，萬物植焉……此仁者所以樂於山也。"《論語·雍也》："仁者樂山。"發育萬物爲仁，故以"山"相應。"子"爲男子美稱。

吴 芷 清人。字艾菴。
《楚辭·離騷》："何昔日之芳草兮，今直爲此蕭艾也？豈其有他故兮？莫好脩之害也！"芷，香草。以"艾"相應，義相反。此蓋自謙，兼以自警。菴同"庵"。爲時尚字飾。又，艾通"刈"，或取《離騷》待時刈取芳草之義。

吴表臣 宋人。字正仲。
裏爲反，表爲正，表、正同義相協。

吴亮思 清人。字幼睿。
《書·洪範》："思曰睿。""幼"表行第較末。

吴 俊 清人。字奕千。
《説文·人部》："俊，材過千人也。"故以"千"應"俊"。奕，美。俊、美義亦近，故以飾"千"。

吴 咨 清人。字聖俞。
《書·堯典》："帝曰：'咨！汝

羲暨和。’”又：“帝曰：‘俞！予聞。’”又《舜典》：“舜曰：‘咨！四岳。’……帝曰：‘俞！汝往哉。’”“咨”爲語氣詞，“俞”爲應諾之辭。此皆記堯、舜與臣下接談之語。堯、舜被尊爲聖人，故以“聖”飾“俞”應“咨”。

吴　奎　宋人。字長文。
　《孝經援神契》以爲奎宿主管人間文運，故以“長文”相應。長文，主管文，文章之府之長。

吴　宣　明人。字師尼。
　漢平帝追謚孔子爲“褒成宣尼公”，後世因尊稱爲“宣聖”。故以“尼”應“宣”。師，師法，傚法。

吴彦國　清人。字長文。
　以“文”應“國”，取文章華國之義。以“長”飾“文”，意欲國家文運久長。

吴　昶　宋人。字叔夏。
　“昶”爲日、永。《書·堯典》：“日永星火，以正仲夏。”

吴　洪　明人。字禹疇。
　《書·洪範》：“天乃錫禹《洪範》九疇，彝倫攸叙。”

吴秋士　清人。字西湄。
　《詩·秦風·蒹葭》：“蒹葭淒淒，白露未晞。所謂伊人，在水之湄。”此詩寫秋日懷人。故名“秋士”，而以“湄”相應。西方主秋，因以“西”飾“湄”。

吴脈鬯　清人。字灌先。
　鬯，古代祭祀時所用之香酒。祭則以鬯灌地。《禮記·禮器》：“灌用鬱鬯。”灌先，謂灌祭其祖。

吴　郁　明人。字文盛。
　《論語·八佾》：“郁郁乎文哉！”郁郁，盛貌。

吴　倬　清人。字啓明。
　《詩·小雅·甫田》：“倬彼甫田。”毛傳：“倬，明貌。”又《小雅·大東》：“東有啓明。”啓明星極明，故以應“倬”。

吴師仁　宋人。字坦求。
　《論語·述而》：“求仁而得仁，又何怨？”又《衛靈公》：“志士仁人，無求生以害仁，有殺身以成仁。”寧可殺身以求仁，自是坦然無怨。故以“坦求”應“仁”。

吴師服　宋人。字夢得。
　《詩·周南·關雎》：“求之不得，寤寐思服。”

吴　恕　元人。字如心。
　此拆名爲字。

吴振纓　明人。字長組。
　纓、組同類，故相應。《漢書·終軍傳》：“願受長纓，必羈南越王而致之闕下。”因以“長”飾“組”。

吴　晉　清人。字日三。
　《易·晉卦》：“晉：康侯用錫馬蕃庶，晝日三接。”

吴晉元　清人。字錫康。
　《易·晉卦》：“晉：康侯用錫馬蕃庶。”

吴　海　明人。字朝宗。
　《書·禹貢》：“江漢朝宗于海。”

吴　浩
　① 清人。字天濤。
　《書·堯典》：“湯湯洪水方割，蕩蕩懷山襄陵，浩浩滔天。”浩浩，水大貌。水大則生濤，故相應。
　② 清人。字養齋。
　《孟子·公孫丑上》：“我善養吾浩然之氣。”“齋”爲時尚字飾。

吴　甡　明人。字鹿友。
　《詩·大雅·桑柔》：“瞻彼中林，甡甡其鹿。”因《楚辭·七諫·謬諫》有“鹿鳴求其友”之語，故以“友”綴“鹿”。

吴偉業　清人。字駿公。
　《爾雅·釋詁》：“駿，業，大也。”“公”爲美稱。

吴　商　晉人。字彦聲。
　“商”爲五音之一，故以“聲”相應。彦，美。

吴國琦　明人。字公良。
　琦，卓異，奇特。宋玉《對楚王問》：“夫聖人瑰意琦行，超然獨處。”國琦，猶言國家卓異之士。春秋秦國子車氏三兄弟有才能，被稱爲“三良”，故以“良”應“國琦”。《詩·周南·兔罝》有“公侯干城”之語，因以“公”飾“良”。

吴國梅　清人。字調和。
　《僞古文尚書·説命下》：“若作和羹，爾惟鹽梅。”後世以調和鼎鼐比喻宰輔職能，故以“調”與“和”相連成文。

吴崇禮　明人。字彬卿。
　此取“彬彬有禮”之義。“卿”爲美稱。

吴　彬　明人。字文中。
　《論語·雍也》：“質勝文則野，文勝質則史。文質彬彬，然後君子。”綴以“中”，取文質各半之義。

吴從龍　宋人。字子雲。
　《易·乾卦》：“雲從龍。”“子”爲男子美稱。

吴敏樹　清人。字本深。
　《禮記·中庸》：“地道敏樹。”根本植地深，樹木始生長速。

吴　淑　宋人。字正儀。
　《詩·曹風·鳲鳩》：“淑人君子，其儀一兮。”

吴　涵　清人。字容大。
　涵、容皆有包含義，故相協。因《僞古文尚書·君陳》有“有容德乃大”一語，故以“大”綴“容”。

吴　球　宋人。字元璞。
　《詩·商頌·長發》：“受小球大球。”毛傳：“球，玉。”“璞”爲未治之玉。未治者則是元始之狀，故以“元”爲飾。

吴　珵　明人。字元玉。
　《楚辭·離騷》：“豈珵美之能當？”王逸注：“珵，美玉也。”“元”爲美善之辭，故以爲飾。

吴　臯　元人。字舜舉。
　《論語·顔淵》：“舜有天下，選於衆，舉臯陶。”

吴紹詩　清人。字二南。
　《詩》有《周南》《召南》，合稱“二南”。

吴　翌　宋人。字晦叔。
　《爾雅·釋言》：“翌，明也。”晦、翌反義相協。

吴處厚　宋人。字伯固。
　《老子》第三八章：“是以大丈夫處其厚不居其薄。”厚則固，故相協。

吴　訥
　① 元人。字克敏。
　《論語·里仁》：“君子欲訥於言而敏於行。”克，能。言能敏於行。

② 明人。字敏德。

解同①。又《論語・憲問》："有德者必有言，有言者不必有德。"以"德"綴於"敏"，意謂既有德又有言，所不同者惟口訥，但敏於身體力行以成其德。

③ 清人。字仲言。

解同①。

吴陳琬 清人。字寶崖。

《書・顧命》："越玉五重，陳寶、赤刀、大訓、弘璧、琬琰，在西序。""崖"爲時尚綴飾。

吴 傑

① 明人。字士奇。

豪傑乃士之奇特卓異者。故以"士奇"應"傑"。

② 明人。字漢甫。

漢蕭何、張良、韓信被譽爲三傑，故以"漢"應"傑"。"甫"爲男子美稱。

吴 復

① 元人。字子中。

《易・復卦》："中行獨復，以從道也。"又："敦復無悔，中以自考也。""子"爲男子美稱。

② 明人。字伯起。

《孟子・滕文公下》："聖人復起，不易吾言矣。"

吴復古 宋人。字子野。

太古時期無禮樂文章。《論語・先進》："先進於禮樂，野人也。"復古則回到蒙昧時期，故以"野"相應。"子"爲男子美稱。

吴 愗 清人。字去慵。

愗，愚魯。慵，懶惰。《禮記・中庸》："人一能之己百之，人十能之己千之，果能此道矣，雖愚必明。"愚而能勤奮，則能變聰明，故以"去慵"自警。

吴 惠 明人。字孟仁。

《論語・憲問》："問子産，曰：'惠人也。'"朱熹集注："然其心則一以愛人爲主，故孔子以爲惠人。"《孟子・離婁下》："仁者愛人。"惠即仁，故可相應。

吴 曾 宋人。字虎臣。

《左傳・襄公十八年》："曾臣彪將率諸侯以討焉。"杜預注："曾臣，猶末臣。"此係禱於河神，故謙稱"曾臣"。但捍衛國家，固須猛士。因《詩・魯頌・泮水》有"矯矯虎臣"之語，故以"虎"飾"臣"以應"曾"。

吴景旭 清人。字旦生。

《詩・邶風・匏有苦葉》："旭日始旦。"日出爲"旦"，故綴以"生"。

吴景奎 元人。字文可。

古人以爲奎宿主人間文運，故以"文可"相應。

吴 棫 宋人。字才老。

《詩・大雅・棫樸》："芃芃棫樸，薪之槱之。濟濟辟王，左右趣之。"此詩乃歌誦文王善於選拔人才，"能官人"，故以"才"應"棫"。宋人喜以"老"爲字飾。意在祈壽。

吴 植 明人。字子立。

《論語・微子》："植其杖而芸。"朱熹集注："植，立之也。"同義相協。"子"爲男子美稱。

吴 極 明人。字元無。

《老子》第二八章："復歸於無極。"無極即元始，故以"元"爲飾。

吴 渭 宋人。字清翁。

《詩・邶風・谷風》："涇以渭濁。"孔穎達疏："言涇清以有渭水清，故見涇水濁。"宋人喜以翁、叟、老諸字爲字的綴飾。

吴 湘 明人。字江筠。

神話傳説，帝舜南巡，死於湘江的九嶷。二妃哀痛，淚水揮灑竹上，盡成斑痕。二妃死後爲湘水之神，人稱此竹爲湘妃竹。事見《博物志》與《述異記》。"筠"爲竹之別名。

吴爲龍 清人。字思雲。

《易・乾卦》："雲從龍。"

吴 琛 明人。字興璧。

《詩・魯頌・泮水》："憬彼淮夷，來獻其琛。"以"興璧"應"琛"，意謂興載珍寶來獻。

吴 琠 清人。字伯美。

《説文・玉部》："琠，玉也。"石之美者爲玉。故以"美"相應。

吴 發 宋人。字伯韞。

發，開，打開。韞，藏，收藏。二者反義相協。

吴 程 五代吴越人。字正臣。

程，度量名。《荀子・致士》："程者，物之準也。"物賴程以取正，故以"正"相應。封建時代一切人皆爲"臣"，所謂"率土之濱，莫非王臣"，故以爲綴飾。

吴統持 明人。字巨手。

"統持"則總攬一切，故須"巨手"。

吴貽詠 清人。字惠連。

惠連，南朝宋詩人謝惠連，深爲其族兄謝靈運賞識。據鍾嶸《詩品》引《謝氏家録》載，靈運曾謂吟詠如對惠連，輒得佳句。嘗於永嘉西樓構思，竟日不成，忽夢見惠連，遂得"池塘生春草，園柳變鳴禽"兩句，大以爲佳。以"惠連"應"貽詠"，意謂惠連貽以佳句。又，李白《春夜宴桃李園序》："羣季俊秀，皆爲惠連；吾人詠歌，獨慚康樂。"謝靈運襲封康樂公。

吴 超 南朝陳人。字逸世。

超、逸皆有超越尋常義，故相協。綴以"世"，謂超越當世。

吴 逵 清人。字遇鴻。

《易・漸卦》："鴻漸于陸。"朱熹本義引胡氏、程氏云："陸，當作逵。"

吴 鈞 清人。字陶宰。

鈞，製陶器所用之轉輪。"宰"謂主宰。陶鈞以喻造化，故綴以"宰"。

吴 雄

① 漢人。字季高。

以"高"應"雄"，取雄飛之義。《詩・邶風・雄雉》："雄雉于飛。"《後漢書・趙典傳》："歎曰：'大丈夫當雄飛，安能雌伏！'"飛欲其高，以喻志向遠大。

② 宋人。字仲英。

"英雄"常語，故相協。

③ 元人。字一飛。

解同①。飾以"一"，取一飛沖天之義。

吴 雯 清人。字天章。

雲成章爲"雯"。雲行天空，故飾以"天"。

吴雯清 清人。字方漣。

《詩・魏風・伐檀》："河水清且漣猗。"方，正在。言水正形成細浪。

吴嗣爵 清人。字尊一。
《孟子·公孫丑下》:“天下有達尊三:爵一、齒一、德一。”

吴　塤 宋人。字仲和。
《詩·小雅·何人斯》:“伯氏吹壎，仲氏吹篪。”朱熹集傳:“伯氏吹壎，而仲氏吹篪，言其心相親愛，而聲相應和也。”壎同“塤”。

吴　慎 清人。字徽仲。
《書·舜典》:“慎徽五典。”

吴敬臣 明人。字伯一。
《孝經·廣要道章》:“敬其君則臣悦，敬一人而千萬人悦。”

吴敬梓 清人。字敏軒。
《詩·小雅·小弁》:“維桑與梓，必恭敬止。”梓爲樹木，因《禮記·中庸》有“地道敏樹”之語，故以“敏”相應。“軒”爲時尚字飾。一字文木。《墨子·公輸》:“荆有長松、文梓、楩枏、豫章。”故以“文”應“梓”。“梓”爲木名，故綴以“木”。

吴　會
①元人。字慶伯。
以“慶”應“會”，義取吉祥。《易·乾卦·文言》:“嘉會足以合禮。”曹植《元會詩》:“乃爲嘉會，讌此高堂。”嘉、慶義近。
②明人。字指雲。
此連姓成文。王勃《滕王閣序》:“望長安於日下，指吴會於雲間。”

吴　楫 宋人。字公濟。
《僞古文尚書·説命上》:“若濟巨川，用汝作舟楫。”“公”爲美稱。

吴楚材 宋人。名炎。
古人以爲南方屬火，主夏，“其帝炎帝”。楚在南方，故以“楚”應“炎”。因《左傳·襄公二六年》有“雖楚有材，晉實用之”之語，故以“材”綴“楚”。

吴楚奇 清人。字南英。
楚在南，楚地之奇士，自是南國之英。

吴　照
①清人。字照南。
《禮記·中庸》:“日月所照。”日月皆運行於南天，故以“照南”應“照”。
②清人。字清暉。
照，日光映射。亦有日光義，如夕照，晚照。“暉”爲日光，故相應。“暉”又有清明，晴朗義，故以“清”爲飾。

吴熙載 清人。字讓之。
《書·舜典》:“舜曰:‘咨四岳，有能奮庸熙帝之載，使宅百揆，亮采惠疇。’僉曰:‘伯禹作司空。’……禹拜稽首，讓于稷契，暨皋陶。”原名“廷颺”，是取義於《書·益稷》“工以納言，時而颺之”或“皋陶拜手稽首，颺言曰:‘念哉’”。颺、讓同爲虞舜君臣朝廷中事，故相應。

吴瑞登 明人。字雲卿。
以“雲”應“登”，取躍登雲路或平步青雲之義。“卿”爲美稱，又爲顯位。

吴　瑛 宋人。字德仁。
《説文·玉部》:“瑛，玉光也。”《玉篇·玉部》:“瑛，水精謂之玉瑛。”《説文·玉部》:“玉，石之美有五德者:潤澤以温，仁之方也;……”

吴　筠 唐人。字貞節。
筠，竹之别名。竹有節，且經霜不凋，其德似君子，故以“貞節”相應。

吴肅公 清人。字雨若。
《書·洪範》:“曰肅，時雨若。”

吴　與 宋人。字可權。
《論語·子罕》:“可與立，未可與權。”

吴與弼 明人。字子傅。
弼、傅皆有輔佐義，故相協。“子”爲男子美稱。

吴　葵 宋人。字景陽。
杜甫《自京赴奉先縣詠懷五百字》詩:“葵藿傾太陽，物性固難奪。”

吴農祥 清人。字慶百。
《詩·小雅·甫田》:“黍稷稻粱，農夫之慶。報以介福，萬壽無疆。”以“百”綴“慶”，取“百福駢臻”之義。

吴　道 宋人。字真常。
《老子》第一章:“道可道，非常道。”飾以“真”，蓋反《老子》之義，以示謙退。

吴道玄 唐人。字道子。
以“道”應“玄”，意謂崇尚老子玄默之道。“子”爲男子美稱。“道子”亦可解爲道家之弟子。

吴達老 宋人。字信遇。
達，謂得行其道，顯達。以“信遇”相應，謂顯達與否，確在於際遇。

吴雷發 清人。字起蛟。
《易·説卦》:“震爲雷，爲龍。”古人以蛟爲龍屬，渾言無别，蛟龍起則有雲雷相從。《三國志·吴志·周瑜傳》:“恐蛟龍得雲雨，終非池中物也。”

吴　鼎
①元人。字國器。
相傳大禹鑄九鼎，以象九州，夏商周奉爲傳國重器。故以“國器”應“鼎”。
②元人。字鼎臣。
封建時代以“調和鼎鼐”比喻宰輔之職權。以“鼎臣”應“鼎”，意猶爲宰輔之臣。
③明人。字維新。
《易·雜卦》:“鼎，取新也。”因《詩·大雅·文王》有“周雖舊邦，其命維新”語，因取以相應。
④清人。字尊彝。
鼎、尊、彝皆爲上古禮器。同類故相應。

吴嘉枚 清人。字个臣。
《僞古文尚書·大禹謨》:“枚卜功臣。”《禮記·大學》:“若有一个臣。”

吴嘉泆 清人。字清如。
泆，《玉篇》以爲古“泉”字。杜甫《佳人》詩:“在山泉水清，出山泉水濁。”以“清如”應“泆”，是以潔身自好之隱者自比。

吴嘉賓 清人。字子序。
《儀禮·大射》:“賓升立于西序東面。”又《燕禮》:“賓升立于序内東面。”“子”爲男子美稱。

吴壽昌 宋人。字大年。
大年，猶長壽。故以應“壽昌”。《莊子·逍遥遊》:“小年不及大年。……楚之南有冥靈者，以五百歲爲春，五百歲爲秋;上古有大椿者，以八千歲爲春，八千歲爲秋。”

吴夢暘 明人。字允兆。

古人以爲夢見日出主大貴，“暘”爲日出，故以“允兆”相應，言欲事實與兆相符。

吴 實 明人。字中美。

《孟子·盡心下》：“充實之謂美。”華在外觀，實爲内孕，故飾以“中”。

吴 寧 明人。字永清。

寧、清皆有静義，故相協。

吴暢春 明人。字梅初。

梅於冬末春初開花，在野生大型花木中爲最早，故以“梅初”應“春”。陸凱《贈范曄詩》：“折梅逢驛使，寄與隴頭人。江南無所有，聊贈一枝春。”孟浩然《洛中訪袁拾遺不遇》詩：“聞説梅花早，何如此地春？”

吴慈鶴 清人。字韻皋。

《詩·小雅·鶴鳴》：“鶴鳴于九皋。”古人以鶴爲仙禽，且爲幽人雅士所賞，故以“韻”爲飾。

吴漢英 宋人。字長卿。

漢司馬相如字長卿。相如爲辭賦大家，堪稱漢之英俊之士。故以“長卿”應“漢英”。

吴爾壎 明人。字介之。

《詩·大雅·板》：“如壎如篪。”毛傳：“如壎如篪，言相和也。”“介”爲協助，相助。相助則是和睦。

吴 碭 漢人。字叔山。

此拆碭山以爲名字。劉邦起事於碭山，創漢之基業，漢人推崇本朝，故以爲名字。

吴 福 明人。字好德。

《書·洪範》：“九，五福：一曰壽，二曰富，三曰康寧，四曰攸好德，五曰考終命。”

吴 綺 清人。字園次。

西漢時有商山四皓，即東園公、綺里季、夏黄公、甪里先生。以“園次”應“綺”，言綺里季與東園公同屬一流人物。

吴維嶽 明人。字峻伯。

《詩·大雅·崧高》：“崧高維嶽，駿極于天。”駿、峻通。

吴儀洛 清人。字遵程。

宋程顥、程頤講學於伊洛之間，世稱伊洛之學。朱熹著有《伊洛淵源録》。“儀洛”“遵程”爲同義語。

吴 億 宋人。字大年。

古人以十萬或萬萬爲“億”，應以“大年”，意在長生。《莊子·逍遥遊》謂上古有大椿，以八千歲爲春，八千歲爲秋，是爲“大年”。

吴德信 清人。字成友。

《論語·學而》：“與朋友交，言而有信。”

吴 徹 明人。字文通。

徹、通同義相協。飾以“文”，意欲文章通達，不遭困窮。

吴 戭 宋人。字叔才。

唐虞之世，高陽氏有才子八人，號爲“八愷”。檮戭是其中之一。故以“才”應“戭”。

吴 潛 宋人。字毅夫。

《書·洪範》：“沈潛剛克。”剛、毅義近，又相連，故可相代。《論語·子路》：“剛毅木訥，近仁。”故以“毅夫”應“潛”。

吴 澄 元人。字幼清。

澄、清義近，故相協。“幼”表行第在後。

吴 璋 明人。字廷獻。

據《周禮·秋官·小行人》，璋爲五等諸侯朝於天子時，供享獻之用，故以“廷獻”相應。

吴 範 三國吴人。字文則。

範、則皆有法式、楷模義，故相協。飾以“文”，意爲文章之楷模。

吴 節 明人。字與儉。

《論語·學而》：“夫子温良恭儉讓以得之。”朱熹集注：“儉，節制也。”是儉、節同義相協。因《論語·述而》有“奢則不孫，儉則固，與其不孫也，寧固”之語，是孔子於不得已時亦贊成“儉”，故以“與”爲飾。

吴 誾 明人。字朝言。

《論語·鄉黨》：“朝，與下大夫言，侃侃如也；與上大夫言，誾誾如也。”

吴 質 三國魏人。字季重。

質，文之反。樸厚無文。《史記·高祖本紀》：“周勃重厚少文。”

吴賡枚 清人。字登虞。

《僞古文尚書·大禹謨》：“禹曰：‘枚卜功臣，惟吉之從。’帝曰：‘禹，官占，惟先蔽志，昆命于龜，朕志先定。’”舜命禹，自是登於虞之世。

吴震方 清人。字青壇。

《易·説卦》：“震，東方也。”東方青帝所司。故以“青”應“震”。綴以“壇”，謂青帝之神壇。

吴震生 清人。字長公。

《易·説卦》：“震一索而得男，故謂之長男。”“公”爲美稱。

吴 叡 元人。字孟思。

《書·洪範》：“思曰睿。”叡同“睿”。

吴擇仁 宋人。字智夫。

《論語·里仁》：“擇不處仁，焉得知？”知同“智”。

吴 暾 元人。字朝陽。

日始出爲“暾”，故應以“朝陽”。

吴 激 金人。字彦高。

《孟子·告子上》：“激而行之，可使在山。”能在山，其高自不待言。“彦”爲美飾。

吴 璘 宋人。字唐卿。

唐馬璘，少貧賤，遊蕩無業。讀《後漢書·馬援傳》，慨然以勳自勵，卒立功邊陲，成爲開元時期名將。以“唐卿”應“璘”，猶言馬璘爲唐代卿相。

吴 穎 清人。字見末。

此用戰國毛遂“脱穎而出”故事。錐之鋒自囊中脱出，自必見其末端。

吴穎芳 清人。字西林。

東漢時，洛陽宫苑名芳林園，曹魏爲避齊王芳諱，改爲華林園。故以“林”應“芳”。曹魏鄴下又有西園，因以“西”移就“林”。曹植《公讌》詩：“清夜遊西園。”張説《恩賜麗正殿書院賜宴應得林字》詩：“東壁圖書府，西園翰墨林。”

吴蕃昌 清人。字仲木。

《易·坤卦·文言》：“草木蕃。”

吴豫杰 清人。字次謙。

《豫卦》列在《謙卦》之後，

故曰“次謙”。

吴遵世　北齊人。字季緒。

世，繼承。《漢書·賈誼傳》：“世其家。”顏師古注：“言繼其家業。”緒，功業。《詩·魯頌·閟宫》：“纘禹之緒。”

吴遵路　宋人。字安道。

《書·洪範》：“無有作好，遵王之道；無有作惡，遵王之路。”《楚辭·離騷》：“彼堯舜之耿介兮，既遵道而得路。”

吴錫綬　清人。字紫卿。

西漢最高官階如相國、丞相、太尉等皆“金印紫綬”。“卿”爲顯位，亦美稱。

吴錫麒　清人。字聖徵。

麒，指麒麟。王嘉《拾遺記·周靈王》謂孔子未生時，有麟於闕里吐玉書，“文云：‘水精之子，係衰周而素王。’”麒麟爲聖人之徵。

吴孺子　明人。字少君。

“孺子”爲年幼者之稱，故以“少”相應。“君”爲美稱。

吴　嶽　明人。字汝喬。

《詩·周頌·般》：“墮山喬嶽。”

吴嶽秀　明人。字幼鍾。

杜甫《望嶽》詩：“造化鍾神秀，陰陽割昏曉。”“幼”表行第較末。

吴　懋　宋人。字禹功。

《書·舜典》：“帝曰：‘俞！咨禹，汝平水土，惟時懋哉！’”因《僞古文尚書·大禹謨》有“九功惟叙”“成允成功”，故以“功”綴“禹”。

吴懋謙　清人。字六益。

《易·謙卦》：“初六，謙謙君子。”《僞古文尚書·大禹謨》：“謙受益。”

吴應筵　清人。字山賓。

《詩·小雅·賓之初筵》：“賓之初筵。”

吴應逵　清人。字鴻來。

《易·漸卦》：“鴻漸于陸。”朱熹本義引胡氏、程氏曰：“陸，當作逵。謂雲路也。”故以“鴻”應“逵”。因《禮記·月令》有“鴻雁來賓”之語，故綴以“來”。

吴應賓　明人。字客卿。

賓、客同義相協。“卿”爲美稱。

吴應箕　明人。字次尾。

東方蒼龍七宿爲：角、亢、氐、房、心、尾、箕。“箕”在“尾”之後，故字“次尾”。又《莊子·大宗師》：“傅説得之以相武丁，奄有天下，乘東維，騎箕尾，而比于列星。”

吴應鵬　明人。字圖南。

《莊子·逍遥遊》謂鵬“背負青天而莫之夭閼者，而後乃今將圖南”。

吴　檠　清人。字青然。

檠，燈架或燈。《三輔黄圖·閣》謂劉向校書天禄閣，“夜有老人著黄衣，植青藜杖……向暗中獨坐誦書，老父乃吹杖端，烟然，因以見向，授五行《洪範》之文”。青然，謂燃青藜杖以爲照明之具。故以應“檠”。

吴　燧

① 宋人。字茂新。

《論語·陽貨》：“鑽燧改火。”取火之木，因季更新，故以“新”應“燧”。《爾雅·釋詁》：“茂，勉也。”以飾“新”，謂隨季節變换而勤於更新。

② 清人。字蕃宣。

燧應作“遂”。《漢書·禮樂志》：“青陽開動，根荄以遂。”臣瓚曰：“春爲青陽。”師古曰：“草根曰荄，遂者，言皆生出也。”春日陽氣宣泄，草木萌生蕃盛，故以“蕃宣”應“遂”。

吴　襄　清人。字七雲。

《詩·小雅·大東》：“維天有漢，監亦有光。跂彼織女，終日七襄。”織女居天漢，故以“七”應“襄”而飾以“雲”。

吴　謙　元人。字尊光。

《易·謙卦》：“謙尊而光。”

吴謙牧　清人。字裒仲。

《易·謙卦》：“謙，君子以裒多益寡。”“謙謙君子，卑以自牧。”

吴隱之　晉人。字處默。

隱、默皆有幽暗、幽静義，故相協。“隱之”即是以玄默自處。

吴鴻錫　清人。字允康。

《易·晉卦》：“康侯用錫馬蕃庶。”

吴　擴　明人。字子充。

《孟子·公孫丑上》：“知皆擴而充之矣。”“子”爲男子美稱。

吴　獵　宋人。字德夫。

獵則殺生，而以“德”相應，取成湯網開三面故事。《史記·殷本紀》載，湯於野外見張網捕獵者祝云：“‘自天下四方皆入吾網。’湯曰：‘嘻，盡之矣！’乃祝曰：‘欲左，左；欲右，右。不用命，乃入吾網。’諸侯聞之，曰：‘湯德至矣，及禽獸。’”“夫”爲男子通稱。

吴瞻泰　清人。字東巖。

《詩·魯頌·閟宫》：“泰山巖巖，魯邦所瞻。”泰山爲東岳，故飾以“東”。

吴　鎮　元人。字仲圭。

《周禮·考工記·玉人》：“鎮圭尺有二寸。”

吴　鎰　宋人。字仲權。

鎰，古衡名。二十四兩或二十兩爲一鎰。權，衡量，稱量。二者同類相應。“仲”表行第居第二。

吴　騏　明人。字日千。

騏，千里馬。《莊子·秋水》：“騏驥驊騮，一日而馳千里。”

吴　鵬　明人。字萬里。

此取《莊子·逍遥遊》鵬徙於南冥，“摶扶摇而上者九萬里”之義。

吴　麒　清人。字子仁。

傳説麒麟不踐生蟲，不履生草，是仁獸。故以“仁”應“麒”。“子”爲男子美稱。

吴寶秀　明人。字汝珍。

珍、寶同義相協。

吴寶信　宋人。字叔誠。

信、誠皆爲不欺，故相協。“叔”表行第居第三。

吴　藻　清人。字蘋香。

《詩·召南·采蘋》：“于以采蘋，南澗之濱。于以采藻，于彼行潦。”藻、蘋皆用于祭祀，而祭品貴豐潔馨香，故以“香”爲飾。

吴　騫

① 清人。字益存。

騫，虧損。《詩·小雅·天保》：“如南山之壽，不騫不崩。”存，在。存在即不損。“存”與“騫”反義相協。飾以“益”，言其更加完好。

②清人。字槎客。

張華《博物志》記載有海上人乘浮槎達於天河的神話故事，後附會爲西漢張騫出使西域，自黄河乘槎逆流而上，竟至天河。故以“槎客”應“騫”。

吴蘭亭 清人。字胥石。

王充《論衡·本性》：“稟蘭石之性，故有堅香之驗。”《三國志·魏志·公孫淵傳》裴松之注引《魏書》：“淵生有蘭石之姿，少含愷悌之訓。”胥，等待。又爲輔助。以飾“石”，意爲蘭、石相胥，香堅兼備。

吴蘭修 清人。字石華。

王充《論衡·本性》：“稟蘭石之性。”蘭爲花草，故以“華”綴“石”。

吴儼 明人。字克温。

《論語·子張》：“君子有三變：望之儼然，即之也温，聽其言也厲。”克，能。

吴巒 五代後晉人。字寶川。

巒，山之紆回連綿者，或小而鋭者。山、川同類相應。又，高而鋭者爲巒，平野爲川。二者反義相協。高則危，平則安，飾以“寶”，謂珍視安居。

吴瓘 元人。字瑩之。

《説文·玉部》：“瓘，玉也。”又：“瑩，玉色也。”

吴霽 清人。字倬雲。

霽，雨止。《書·洪範》：“曰雨曰霽。”《詩·大雅·雲漢》：“倬彼雲漢，昭回于天。”朱熹集傳：“言雲漢者，夜晴則天河明。”

吴瓚 明人。字器之。

瓚，禮器。祼祭時所用之玉勺。《論語·公冶長》：“曰：‘汝器也。’曰：‘何器也？’曰：‘瑚璉也。’”瓚與瑚璉同類，故以“器”相應。

吴麟 明人。字允祥。

此取“麟趾呈祥”之義。允，誠，誠然。

吴麟徵 明人。字聖生。

王嘉《拾遺記·周靈王》載，孔子未生時，有麟於闕里吐玉書，“文云：‘水精之子，係衰周而素王。’”是聖人之生，先有麒麟出現之徵。

〔吾〕

吾丘壽王 漢人。字子贛。

吾丘，複姓。以金帛奉人爲“壽”。贛，同“貢”。貢有奉獻、進獻義。以“貢”應“壽王”，即進獻金帛爲王者壽。“子”爲男子美稱。

吾丘衍 元人。字子行。

或作吾衍。衍，疾行。《楚辭·七諫·自悲》：“駕青龍以馳騖兮，班衍衍之冥冥。”王逸注：“言極疾也。”“子”爲男子美稱。

吾冔 明人。字景端。

冔，冠名。《儀禮·士冠禮》：“周弁，殷冔，夏收。”端，謂玄端。禮服。《論語·先進》：“端章甫。”章甫，亦殷代禮冠。冠冔，衣玄端，與“端章甫”同，故以“端”應“冔”。景，景慕。

吾紳 明人。字叔縉。

紳，謂束紳。縉，謂搢笏。束紳縉笏爲古代仕宦者裝束，故二者可相應。

吾粲 三國吴人。字孔休。

《玉篇·米部》：“粲，鮮好貌。”《爾雅·釋詁》：“休，美也。”鮮好即美，故相協。孔，甚。

吾慶 明人。字善有。

《易·坤卦·文言》：“積善之家，必有餘慶。”

吾謹 明人。字惟可。

《論語·鄉黨》：“其在宗廟朝廷，便便言，唯謹爾。”故以“惟”應“謹”。惟、唯通。綴以“可”，謂惟謹爲可。

〔宋〕

宋九嘉 金人。字飛卿。

自秦漢至明清，中央皆有九卿。在漢爲二千石，明清亦爲顯職，故以“卿”應“九”。飾以“飛”，取姜尚遇文王時有“飛熊”卜兆，得以致卿相之義。

宋士宗 清人。字司秩。

《書·舜典》：“汝作秩宗，夙夜惟寅，直哉惟清。”孔穎達疏：“主郊廟之官，掌序鬼神尊卑。”以“司”飾“秩”意即掌其序。

宋大鐏 清人。字左彝。

鐏，同“尊”。《康熙字典·金部》引《集韻》：“鐏，音尊，義並同。”《禮記·少儀》：“尊者，以酌者之左爲上尊。”陳澔集説：“尊者，謂設尊之人也。酌者，酌酒之人也。……設尊者在尊西而向東，以右爲上；酌人在尊東而向西，以左爲上：二人俱以南爲上也。”“彝”爲盛酒之尊，故以“左彝”應“尊”。

宋子房 宋人。字漢傑。

漢張良字子房。漢高祖劉邦曾稱贊張良、蕭何、韓信“此三者，皆人傑也”。故以“漢傑”應“子房”。

宋子環 明人。字文瑩。

《説文·玉部》：“環，璧也。”又：“瑩，玉色也。”

宋之才 宋人。字廷佐。

謂以其才輔佐朝廷。

宋之珍 宋人。字國寶。

珍、寶同義相協。飾以“國”，意謂爲國之珍寶。

宋之問 唐人。字廷清。

《書·吕刑》：“皇帝清問下民。”因是皇帝之問，故以“廷”爲飾。

宋之盛 清人。字未有。

《孟子·公孫丑上》：“自生民以來，未有盛於孔子也。”

宋之源 宋人。字積之。

《荀子·勸學》：“積水成淵，蛟龍生焉。”淵、源義近，故可以“積之”相應。後改字“深之”，係取義於《孟子·離婁下》“資之深，則取之左右逢其原”。原，同“源”。

宋元之 宋人。字伯允。

《書·舜典》：“惇德允元。”

宋元徵 清人。字式虞。

徵，謂徵聘賢人。式，謂憑軾致敬。《僞古文尚書·武成》：“式商容閭。”商容爲殷之賢人，武王過其閭，伏軾示敬。虞，謂周之八虞（八士）。《國語·晉語四》：

"於是乎用四方之賢良，及其即位也，詢于八虞。"韋昭注："賈唐曰：八虞，周八士。"以"式虞"應"徵"，意在敬禮賢人。

宋太元 宋人。字一翁。

《禮記·禮運》："是故夫禮必本於大一。"陸德明釋文："大，音泰。"故以"一"應"太"。"翁"爲綴飾，意在長壽。

宋天顯 明人。字敬之。

《詩·周頌·敬之》："敬之敬之，天維顯思。"

宋 旡 元人。字子虛。

旡，"無"的俗字，元明以來多如此作。虛、無義近，道家常連稱，故相應。"子"爲男子美稱。

宋 文 明人。字彦周。

《論語·八佾》："周監於二代，郁郁乎文哉！吾從周。""彦"爲美飾。

宋文仲 宋人。字伯華。

文、華義近，故相協。《論語·雍也》"文質彬彬，然後君子"邢昺疏："言文華質朴相半，彬彬然然後可爲君子也。"

宋文運 清人。字開之。

以"開之"應"文運"，意欲使文章事業亨通，以佐治太平盛世。

宋世良 後魏人。字元友。

以"友"應"良"，取《論語·季氏》"友直、友諒、友多聞"之義，言欲得良友。《易·乾卦·文言》："元者，善之長也。"故以爲飾。

宋世犖 清人。字卣勛。

犖，大，卓異。以世、勛相應，意欲世世建立殊勛。卣，通"攸"，語助詞，無義。

宋以方 明人。字義卿。

《左傳·隱公三年》："臣聞：愛子教之以義方，弗納於邪。""卿"爲美稱，以爲綴飾。

宋 可 金人。字予之。

《論語·子張》："可者與之。"予，通"與"。

宋必達 清人。字其在。

《論語·顔淵》："在邦必達，在家必達。"其，義猶當，表命令或期望。

宋 本 元人。字誠夫。

《禮記·中庸》："唯天下至誠，爲能經綸天下之大經，立天下之大本。""夫"爲男子通稱。

宋申錫 唐人。字慶臣。

《詩·大雅·皇矣》："則友其兄，則篤其慶，載錫之光。"封建時代"溥天之下，莫非王臣"，故以"臣"爲綴飾。

宋 白 宋人。字太素。

白、素同義相協。古人鼓吹返真還樸，謂原始自然狀態爲太素。何晏《景福殿賦》："絶流遁之繁禮，反民情於太素。"因以"太"飾"素"。

宋存標 明人。字子建。

孫綽《遊天台山賦》："赤城霞起而建標。""子"爲男子美稱。

宋有元 清人。字孚交。

《易·序卦》："節而信之，故受之以中孚。"又《雜卦》："中孚，信也。"《論語·學而》："與朋友交，言而有信。"故以"孚交"應"有"。言交有信。

宋汝爲 宋人。字師禹。

《書·益稷》："帝曰：'臣作朕股肱耳目：予欲左右有民，汝翼；予欲宣力四方，汝爲。'"禹曾受帝命治水，宣力四方，故以"師禹"應"汝爲"，言欲如大禹爲國宣勞。

宋 臣 明人。字子忠。

爲臣須忠，故相應。"子"爲男子美稱。

宋自遜 宋人。字謙父。

謙、遜義近，故相應。"父"爲男子美稱。

宋 至 清人。字山言。

《禮記·郊特牲》："仁之至，義之盡也。"《論語·雍也》："仁者樂山。"又《顔淵》："仁者其言也訒。"故以"山言"應"至"。

宋伯仁 宋人。字器之。

《禮記·表記》："仁之爲器重，其爲道遠。"

宋 克 明人。字仲温。

《書·洪範》："三曰柔克。"温、柔義近，故以應"克"。

宋圻安 清人。字臣税。

《爾雅·釋詁》："安，止也。"又："税，舍也。"《周禮·夏官·司戈盾》："及舍，設藩盾。"鄭玄注："舍，止也。"是安、税皆有止義，故相協。戰國至漢初，人多以"臣"爲謙稱，故倣傚以爲字飾。

宋 均 漢人。字叔庠。

均，謂成均。《禮記·文王世子》："於成均。"鄭玄注引董仲舒云："五帝名大學曰成均。"《孟子·滕文公上》："夏曰校，殷曰序，周曰庠。學則三代共之。"同爲學校名，故相應。

宋 沂 元人。字子與。

《論語·先進》"侍坐章"記曾點言志，願"浴乎沂，風乎舞雩，詠而歸"。孔子聽罷，"喟然嘆曰：'吾與點也！'"因以"子與"應"沂"。

宋邦輔 明人。字子相。

輔、相皆有佐助義，故相協。

宋 和 清人。字介山。

《禮記·儒行》："歌樂者，仁之和也。"《論語·雍也》："仁者樂山。"故以"山"應"和"。因《論語·子路》有"君子和而不同"語，故以"介"飾"山"，取介然獨立不阿比之義。

宋承庠 清人。字養初。

《孟子·滕文公上》："設爲庠序學校以教之。庠者，養也。"《易·序卦》："蒙者，蒙也，物之稺也。物稺不可不養也。"人、物之調護、教養，必自幼小時起，故以"初"綴"養"。

宋 昇 宋人。字景裕。

《説文·日部新附字》："昇，日上也。"又《日部》："景，日光也。"日上時乃一日之始，時光尚多，故以"景裕"應"昇"。

宋昌言 宋人。字仲謨。

《尚書·臯陶謨》有"禹拜昌言"，故以"謨"應"昌言"。

宋 果 漢人。字仲乙。

果，樹木果實。乙，《説文》以爲象草木初生彎曲出土之形。二事同類，故相應。取生長結實之義。

宋松年 宋人。字德操。

《論語·子罕》："歲寒，然後

知松柏之後彫也。”《荀子·修身》：“生乎由是，死乎由是，夫是謂之德操。”松柏如君子，故以“德操”相應。

宋　珏　明人。字比玉。

《説文·玨部》：“玨，二玉相合爲一玨。”比，相並，合併。

宋　玫　明人。字文玉。

此拆名爲字。

宋直方　宋人。字順中。

《易·坤卦》：“直方大，不習无不利。”又《文言》：“坤道其順乎！……直，其正也；方，其義也。君子敬以直内，義以方外。敬義立而德不孤。直方大，不習无不利，則不疑其所行也。”“順中”即敬以直内，故以應“直方”。

宋　祁　宋人。字子京。

《僞古文尚書·君牙》：“冬祁寒。”僞孔傳：“冬大寒。”《爾雅·釋詁》：“京，大也。”此同義相協。“子”爲男子美稱。

宋長春　清人。字柏山。

松柏耐歲寒，四季暢茂，故以“柏”應“長春”。長春即長壽，因《詩·小雅·天保》有“如南山之壽”，故以“山”爲綴飾。

宋　亮　明人。字均禮。

初名克剛，字毅夫。剛、毅義近，故相協。《論語·子路》：“剛毅木訥，近仁。”“夫”爲男子通稱，故以爲綴飾。因慕諸葛亮之爲人，改名“亮”。據《三國志·蜀志·諸葛亮傳》裴注引《襄陽記》云，諸葛亮死後，百姓懷其德，“遂因時節私祭之於道陌上”，以示敬禮。朝廷乃立廟於沔陽，“斷其私祀，以崇正禮”。故以“均禮”應“亮”。

宋　則　漢人。字元矩。

則、矩皆有規範、標準義，故相協。“元”爲美善之辭，以爲飾。

宋南强　宋人。字子居。

《禮記·中庸》：“南方之强也，君子居之。”“子”爲男子美稱。

宋　咸　宋人。字貫之。

《易·咸卦》：“咸，感也。柔上而剛下，二氣感以相與。”王弼注：“是以亨也。”互相感應，即是亨通。故以“貫之”應“咸”。

宋　庠　宋人。字公序。

《孟子·滕文公上》：“設爲庠序學校以教之。”庠、序皆官府所設，故以“公”爲飾。

宋　度　漢人。字叔平。

度，法，法度。持法須平，故相應。又，度有度量義，度量亦必須平。

宋思仁　清人。字藹若。

《禮記·儒行》：“歌樂者，仁之和也。”藹若，義猶藹然，和悦之貌，故以應“仁”。

宋思玉　清人。字楚鴻。

和氏璧出於楚之荆山，爲玉之最負盛名者。《吕氏春秋·執一》：“神農以鴻。”高誘注：“鴻，盛也。”楚鴻，義猶楚盛。言玉以楚産者最盛。

宋思禮　唐人。字過廷。

《論語·季氏》：“他日又獨立，鯉趨而過庭。曰：‘學《禮》乎？’對曰：‘未也。’‘不學《禮》，無以立。’鯉退而學《禮》。”故以“過廷”應“禮”。廷通“庭”。

宋　昰　清人。字懼聞。

昰，即“是”字。《荀子·修身》：“故非我而當者，吾師也；是我而當者，吾友也；諂諛我者，吾賊也。”君子嚴以律己，故承《荀子》文義闡明己志：懼聞人言其是，而喜聞人指摘其非。

宋　紀　後魏人。字仲烈。

《禮記·文王世子》：“喪紀以服之輕重爲序。”鄭玄注：“紀，猶事也。”《爾雅·釋詁》：“烈，業也。”事、業義近，故相協。

宋　迪

① 宋人。字復古。

《爾雅·釋詁》：“迪，進也。”又：“迪，至也。”古人崇古，故以“復古”應“迪”，言進而至於古。

② 明人。字吉之。

《僞古文尚書·大禹謨》：“惠迪吉。”“之”爲綴飾。

宋剛仲　宋人。字仲潛。

《書·洪範》：“沈潛剛克。”

宋師襄　明人。字一衷。

襄，佐助，贊助。衷，中心。以“一衷”應“襄”，意謂一心佐助，矢志不移。

宋振麟　清人。字子禎。

《詩·周南·麟之趾》：“麟之趾，振振公子。”禎，吉祥。麟爲瑞獸，故以“禎”相應。“子”爲男子美稱。

宋　旅　宋人。字庭實。

《左傳·莊公二二年》：“庭實旅百，奉之以玉帛。”

宋　晉　清人。字錫蕃。

《易·晉卦》：“晉：康侯用錫馬蕃庶。”

宋晉之　宋人。字舜卿。

原名孝先，字舜卿。《禮記·中庸》：“舜其大孝也與！”又《孟子·告子下》：“舜其至孝矣！”故以“舜”應“孝”。“卿”爲美稱。改名後仍字舜卿，是取義於《易·晉卦》。《晉卦》云：“晉，進也。明出地上，順而麗乎大明，柔進而上行。”王弼注：“凡言上行者，所之在貴也。”“柔進受寵”，則貴爲卿相。故以“卿”應“晉之”。“順而麗乎大明”，是當盛世。唐虞之際爲盛世，故以“舜”爲飾。

宋　甡　宋人。字茂叔

《詩·大雅·桑柔》：“甡甡其鹿。”毛傳：“甡甡，衆多也。”“茂”有盛義，與衆多義近，故相協。

宋　矩　晉人。字處規。

矩、規義近，故相協。飾以“處”，謂以規矩自守。

宋　衷　漢人。字仲子。

此以行第爲字，與名無涉。“子”爲男子美稱。

宋　偓　宋人。字延渥。

偓，謂偓佺，古仙人。見《搜神記》卷一。渥，謂渥丹。紅而有光澤。《詩·秦風·終南》：“顔如渥丹。”鄭箋：“顔色如厚漬之丹，言赤而澤也。”“延渥”意謂朱顔常駐，仙人皆長壽，故以應“偓”。

宋務光　唐人。字子昂。

務光，傳説商時高士。湯欲讓以天下，乃負石自沉於水。昂，高，以應“務光”，表示其品行高尚之意。"子"爲男子美稱。

宋國永 清人。字長慶。

國祚永長，乃爲吉慶。

宋 敏 元人。字好古。

《論語・述而》："我非生而知之者，好古敏以求之者也。"

宋敏求 宋人。字次道。

《論語・述而》："好古敏以求之者也。"次，止。以"次道"應"敏求"，言所追求者，惟古聖先賢之道。

宋 晟 明人。字景陽。

《説文・日部新附字》："晟，明也。"太陽爲光明之源，爲萬物所仰，故以"景陽"相應。

宋 曹 清人。字彬臣。

曹彬爲宋開國功臣。拆其姓名以爲名字。"臣"爲字飾。

宋 涵 清人。字叔邃。

涵，包容。邃，深，深密。包容是掩於内，則深密難見。

宋 訥 明人。字仲敏。

《論語・里仁》："君子欲訥於言，而敏於行。"

宋喬年 宋人。字仙民。

喬，謂仙人王喬。有王喬之壽，自是仙人。故以"仙民"應"喬年"。民、人義近。

宋惠直 宋人。字子温。

《書・舜典》："直而温。"《詩・邶風・燕燕》："終温且惠，淑慎其身。""子"爲男子美稱。

宋景雲 明人。字祥禎。

《楚辭・七諫・哀命》："龍舉而景雲生。"王逸注："景雲，大雲有光者。"《瑞應圖》："景雲者，太平之應也。"古人以景雲爲瑞徵，故以"祥禎"相應。

宋 湜 宋人。字持正。

《詩・邶風・谷風》："湜湜其沚。"鄭玄箋："湜湜，持正貌。"

宋 無 宋人。字子虚。

虚、無義近，故相協。"子"爲男子美稱。疑與宋旡爲一人。

宋 琪 宋人。字俶寶。

《玉篇・玉部》："琪，玉屬。"俶，俶詭，奇異。玉爲珍寶，故以"俶"爲飾。

宋 琬 清人。字玉叔。

琬，玉圭的一種。故應以"玉"。

宋登春 明人。字應元。

《爾雅・釋詁》："元，始也。"春爲一歲之始，故應以"元"。

宋 翔 宋人。字子飛。

《説文・羽部》："翔，回飛也。"故應以"飛"。"子"爲男子美稱。

宋翔鳳 清人。字于庭。

《史記・五帝本紀》："鳳皇來翔。"《宋書・符瑞志》載，唐堯時"鳳皇在庭"，虞舜時"鳳皇巢於庭"，故以"于庭"相應。

宋 意 漢人。字伯志。

《孟子・萬章上》："以意逆志，是謂得之。"

宋 準 宋人。字子平。

準、平義近。《史記》有《平準書》，記叙"均天下郡國轉販"等事。《漢書・律曆志上》："繩直生準，準正則平衡而鈞權矣。"顔師古引韋昭曰："立準以望繩，以水爲平。"

宋 煜 宋人。字伯華。

《説文・火部》："煜，燿也。"華，光華，故以應"煜"。

宋葆淳 清人。字帥初。

淳，質樸，淳樸。初，謂太初。道家崇尚素樸，主張返於太古之本源。故以"初"應"淳"。帥，遵循。"帥初"意謂以太古爲法而遵循之。

宋 道 宋人。字公達。

道，大路。大路必暢通，故以"達"相應。古時道爲官道，通驛傳，故飾以"公"。

宋 僖 明人。字無逸。

《説文・人部》："僖，樂也。"應以"無逸"，取《詩・唐風・蟋蟀》"好樂無荒，良士瞿瞿"文義。《尚書》有《無逸》，傳爲周公告誡成王之作，令無貪安逸。《僞古文尚書・君陳》："惟日孜孜，無敢逸豫。"無逸、無荒義相同。

宋實穎 清人。字既庭。

《詩・大雅・生民》："實穎實栗。"孔穎達疏："實穗重而垂穎，實成就而栗栗然。"《詩・小雅・大田》："播厥百穀，既庭且碩。"孔穎達疏："以種其百種之衆穀，其穀之生，盡條直且又長而茂大。"以"既庭"應"實穎"，皆切穀物長大而結實累累之意。

宋 摶 宋人。字鵬舉。

《莊子・逍遥遊》："鵬之徙於南冥也，水擊三千里，摶扶摇而上者九萬里，去以六月息者也。"

宋 犖 清人。字牧仲。

《説文・牛部》："犖，駁牛也。"段玉裁注："馬色不純曰駁。"又《攴部》："牧，養牛人也。"

宋 綬 宋人。字公垂。

綬，繫印之絲帶。漢代官吏以綬繫印，懸掛於肘後腰際，故以"垂"相應。印綬皆爲朝廷制度，故飾以"公"。

宋維藩 清人。字价人。

《詩・大雅・板》："价人維藩。"

宋綿初 清人。字守端。

《詩・大雅・緜》："緜緜瓜瓞，民之初生。"此詩歌頌周文王能繼太王之業興周。以"守端"應"綿初"即言能守先祖之初業而發揚光大。綿同"緜"。端，初，首。

宋綸邦 清人。字殿傳。

《禮記・緇衣》："王言如綸。"殿廷之上所傳者，自是帝王之言。

宋鳳翔 明人。字羽皇。

《詩・大雅・卷阿》："鳳皇于飛。"鳳、皇爲羽類之長，故以"羽"爲飾。

宋 儋 唐人。字藏諸。

儋，古代貧家藏糧陶器。《漢書・揚雄傳》："家産不過十金，乏無儋石之儲。"《蒯通傳》顔師古注引應劭云："齊人名小甖爲儋，受二斛。"《易・繫辭上》："顯諸仁，藏諸用。"又《繫辭下》："君子藏器於身，待時而動。""儋"爲儲藏之器，應以"藏諸"，即取藏以待用之義，以喻懷才待時。

宋儀望 明人。字望之。

儀望，猶姿望，儀態。儀態重觀瞻，應以"望之"，取《論語・堯曰》"故君子正其衣冠，尊其瞻視，儼然人望而畏之"之義。連其姓亦移就《詩・衛風・河廣》"誰謂宋遠？跂予望之"詩句。

宋廣之 南朝齊人。字處深。

深、廣義近，故相協。飾以

"處"，取《孟子·離婁下》"君子深造之以道"及"資之深則取之左右逢其原"之義。

宋德宜　清人。字右之。

《詩·小雅·裳裳者華》："左之左之，君子宜之；右之右之，君子有之。"

宋　慶　清人。字祝三。

慶、祝義近，故相協。因《莊子·天地》載有帝堯遊於華，華封人祝其福、壽、多男子之説，後世遂稱"華封三祝"，故以"三"爲綴飾。

宋慶之　宋人。字元積。

《易·坤卦·文言》："積善之家，必有餘慶。"故以"積"應"慶"。又《乾卦·文言》有"元者，善之長也"，故以"元"飾"積"。

宋　緒　明人。字公傳。

緒，事業。《詩·魯頌·閟宫》："纘禹之緒。"毛傳："緒，業也。"鄭箋："事也。"以"傳"應"緒"，意謂使聖賢之事業不絶。此爲至大至公之事，故以"公"爲飾。

宋　衜　元人。字弘道。

衜，同"道"。《論語·衛靈公》："人能弘道。"

宋　駒　宋人。字廐父。

駒，幼小之馬。《論語·鄉黨》："廐焚。子退朝，曰：'傷人乎？'不問馬。""父"爲男子美稱。

宋　儒　明人。字文卿。

《漢書·儒林傳》："古文儒者，博學乎《六藝》之文。"儒家專習先聖文獻典籍，故以"文"應"儒"。"卿"爲美稱。

宋學朱　明人。字用晦。

朱熹字元晦。南宋理學家。以"用晦"應"學朱"，表示崇奉朱熹之學。

宋　懌　明人。字子夷。

《詩·小雅·節南山》："既夷既懌，如相醻矣。""子"爲男子美稱。

宋　濂　明人。字景濂。

北宋理學家周敦頤，世居濂溪，因稱其學派爲濂學。"景濂"即景仰此學派之意。

宋　澤　清人。字理卿。

《説文·玉部》："玉，石之美有五德者：潤澤以温，仁之方也；䚡理自外，可以知中，義之方也；……"儒家以玉比君子之德，故以玉之特性爲名字。

宋　褧　元人。字顯夫。

《禮記·中庸》："《詩》曰衣錦尚絅，惡其文之著也。"《文心雕龍·情采》："是以'衣錦褧衣'，惡文太章。"褧、絅同。以"顯"應"褧"，即闡明"惡其文之著"之義。"夫"爲男子通稱。

宋　諾　明人。字子重。

《史記·季布欒布列傳》："楚人諺曰：'得黄金百，不如得季布一諾。'"後世有"一諾千金"或"千金一諾"之説。千金重幣，始敵一諾，其重可知。"子"爲男子美稱。

宋　霖　清人。字六雨。

霖，救旱之雨。《僞古文尚書·説命上》："若歲大旱，用汝作霖雨。"《易·乾卦·文言》："時乘六龍以御天也。雲行雨施，天下平也。"故以"六雨"應"霖"。

宋應昌　明人。字桐岡。

《左傳·莊公二二年》："是謂鳳皇于飛，和鳴鏘鏘。有嬀之後，將育于姜，五世其昌。"《詩·大雅·卷阿》："鳳皇鳴矣，于彼高岡。梧桐生矣，于彼朝陽。""應昌"取《左傳》懿氏卜兆之辭，"桐岡"取《詩》文義，同爲鳳凰之典，故相應。

宋應星　明人。字長庚。

《詩·小雅·大東》："東有啓明，西有長庚。"朱熹集傳："啓明、長庚，皆金星也。"

宋　璲　明人。字仲珩。

《詩·小雅·大東》："鞙鞙佩璲。"珩，珮上之横玉。同爲佩玉，故相應。

宋　隱　後魏人。字處默。

隱、默同有幽寂義，故相協。飾以"處"，意謂不求聞達，願寂寞隱居。

宋駿業　清人。字聲求。

《詩·大雅·文王有聲》："文王有聲，遹駿有聲，遹求厥寧。"

宋　禮　明人。字大本。

《論語·八佾》："林放問禮之本。子曰：'大哉問！'"

宋　翼　元人。字雲舉。

《莊子·逍遥遊》謂鵬"怒而飛，其翼若垂天之雲"，故以"雲"應"翼"。舉，起飛。

宋　鎔　清人。字亦陶。

鎔，鎔鑄。陶，陶鑄。皆以比喻創造或造就。

宋　權　清人。字平公。

權，稱，稱量。稱物須平，故以"平"相應。"公"爲美稱，亦借"公平"之義。

宋　鑑

①明人。字克明。

鑑，銅鏡。《韓詩外傳》卷七："明鏡者，所以照形也。"鑑不明則不能照形，故以"克明"相應。

②清人。字元衡。

鑑、衡皆所以辨物：鑑以辨美丑，衡以别輕重，其功能相似，故可相應。"元"爲美善之辭。

宋　纖　晉人。字令艾。

纖，謂柔美。司馬相如《上林賦》："嫵媚纖弱。"《孟子·萬章上》："知好色，則慕少艾。"趙岐注："艾，美好也。""令"亦美，故以爲飾。"令艾"一作"令文"。"文"與"纖"不協，當因形近致訛。

〔岑〕

岑之敬　南朝陳人。字思禮。

《孝經·廣要道章》："禮者，敬而已矣。"《左傳·昭公三一年》："是故君子動則思禮。"

岑文本　唐人。字景仁。

《論語·學而》："孝弟也者，其爲仁之本與！"

岑用賓　明人。字允穆。

《易·觀卦》："觀國之光，利用賓于王。"因《書·舜典》有"賓于四門，四門穆穆"之語，故承《觀卦》"賓于"之句而及"穆"。允，誠。言誠然穆穆而和。

岑安卿　明人。字静能。

《禮記·大學》："静而後能安。"

岑　俊　明人。字子英。

英、俊義近。古人以爲才智過

萬人爲英，過千人者爲俊。故相協。“子”爲男子美稱。

岑　晊　漢人。字公孝。
《爾雅·釋詁》：“晊，大也。”以“孝”相應，意在如帝舜之孝。《禮記·中庸》：“舜其大孝也與！”

岑善方　北周人。字思義。
《易·坤卦·文言》：“直其正也，方其義也。”《左傳·昭公三一年》：“是故君子動則思禮，行則思義。”

岑毓英　清人。字彦卿。
英、彦皆謂俊才，故相協。“卿”爲美稱。

〔扶〕

扶克儉　明人。字共之。
《論語·學而》：“夫子温良恭儉讓以得之。”共、恭古今字。

扶　猛　北周人。字宗略。
《左傳·昭公二十年》：“唯有德者能以寬服民；其次，莫如猛。……政寬則民慢，慢則糾之以猛；猛則民殘，殘則施之以寬：寬以濟猛，猛以濟寬，政是以和。”以“宗略”應“猛”，意謂德不足以用寬，願行用猛之略。又苻秦王猛字景略，亦或景慕前賢故襲取其名。王猛名字亦取義《左傳》。

〔折〕

折克行　宋人。字遵道。
《書·洪範》：“遵王之道。”《楚辭·離騷》：“既遵道而得路。”以“遵道”應“克行”，意即遵先聖之道始能行。

折彦質　宋人。字仲古。
質、古皆有樸實義，故相協。

折從阮　五代後周人。字可久。
原名從遠。久、遠皆有長義，故相協。因避後漢高祖劉知遠諱，遂以音近字“阮”代“遠”，字則仍其舊。

折御勳　宋人。字世隆。
以“世隆”應“勳”，意欲世世有殊勳而叨隆寵。

折惟忠　宋人。字藎臣。
《詩·大雅·文王》：“王之藎臣。”朱熹集傳：“藎，進也。言其忠愛之篤，進進無已也。”

折　像　漢人。字伯式。
像、式皆有法義，故相協。《楚辭·九章·懷沙》：“願志之有像。”王逸注：“像，法也。”《逸周書·謚法解》：“式，法也。”

折繼祖　宋人。字應之。
以“應之”應“繼祖”，謂應繼其父祖之業。此取儒家敬天法祖之教。

折繼閔　宋人。字廣孝。
《論語·先進》：“孝哉閔子騫！”以“廣孝”應“繼閔”，言欲繼閔子騫之德而廣其孝道。

〔改〕

改　琦　清人。字伯蘊。
琦，美玉。《論語·子罕》：“有美玉於斯，韞匵而藏諸？”蘊同“韞”。

〔李〕

李一元　明人。字調卿。
元，古人以爲天地初闢陰陽始分時之氣。《大戴禮記·保傅》：“《春秋》之元。”盧辯注：“元者，氣之始也。”王聘珍解詁：“何注云：元者，氣也。無形以起，有形以分，造起天地，天地之始也。”《僞古文尚書·周官》：“論道經邦，燮理陰陽。”蔡沈集傳：“陰陽，以氣言。道者，陰陽之理。……燮理者，和調之也。”舊以調和陰陽比喻三公宰輔之職能，故以“調卿”應“元”。

李人鳳　清人。字亦凡。
《世説新語·簡傲》：“嵇康與吕安善，每一相思，千里命駕。安後來，值康不在，〔嵇〕喜出户延之，不入，題門上作‘鳳’字而去。喜不覺，猶以爲欣，故作。——‘鳳’字‘凡鳥’也。”吕安題鳳，譏嵇喜爲凡鳥。以“凡”應“鳳”，用此故事，以示謙卑。

李三才　明人。字道甫。
《易·繫辭下》：“有天道焉，有人道焉，有地道焉，兼三才而兩之故六。六者非它也，三才之道也。”“甫”爲男子美稱。

李上達　金人。字達道。
《論語·憲問》：“君子上達，小人下達。”《禮記·中庸》：“天下之達道五。”

李士安　宋人。字永和。
安、和皆有平義，故相協。

李士行　元人。字遵道。
《書·洪範》：“無有作好，遵王之道。”以“遵道”應“士行”，意謂士人之行，皆須遵先王之道。又，行（háng）、道同爲道路。或取《詩·豳風·七月》“遵彼微行”文義。遵道即遵行。

李士燮　宋人。字和甫。
《書·顧命》：“燮和天下。”“甫”爲男子美稱。

李士謙　隋人。字子約。
《文選·曹大家〈東征賦〉》：“敬慎無怠，思嗛約兮。”李善注：“《周易》曰：‘人道惡盈而好謙。’嗛與謙音義同。”又引《封禪書》云：“上猶嗛讓而未俞也。”“子”爲男子美稱。

李士璸　清人。字文伯。
《史記·司馬相如列傳》：“璸斒文鱗。”

李大本　清人。字立之。
《論語·學而》：“君子務本，本立而道生。”

李大同　宋人。字從仲。
《易·序卦》：“物不可以終否，故受之以《同人》。與人同者，物必歸焉。”物歸之即是相從。故以“從”應“同”。其兄名大有，兄弟同以《易》爲名字。

李大有　宋人。字謙仲。
《易》《謙卦》次《大有卦》之下。《序卦》：“與人同者物必歸焉，故受之以《大有》。有大者不可以盈，故受之以《謙》。”故以“謙”應“大有。”

李大臨　宋人。字才元。
臨、元皆有大義，故相協。《易·序卦》：“臨，大也。”《詩·小雅·六月》：“元戎十乘。”

毛傳："元，大也。"飾以"才"，意謂所欲者惟大才。

李　山　清人。字少華。

此拆華山爲名字。"少"表行第居末。

李　己　明人。字子復。

《論語·顔淵》："克己復禮爲仁。""子"爲男子美稱。

李丑父　宋人。字良翁。

《左傳·成公二年》載，齊晉戰於鞌，齊大敗，逢丑父以身代齊侯，使免於難。丑父臨難不苟免，是齊之賢臣。子車氏兄弟三人爲秦之賢臣，史稱"三良"。故以"良"應"丑父"。"翁"爲宋人時尚綴飾。

李　中　明人。字子庸。

《禮記》有《中庸》。中庸之道爲儒家所推重，故拆以爲名字。"子"爲男子美稱。

李中師　宋人。字君錫。

《易·師卦》："在師中，吉，无咎。王三錫命。"

李中梓　明人。字士材。

《尚書·梓材》："若作梓材。"蔡沈集傳："梓，良材。"飾以"士"，謂士皆爲可用之良材。

李中敏　唐人。字藏之。

《詩·小雅·隰桑》："中心藏之，何日忘之。"

李中簡　清人。字廉衣。

《書·皋陶謨》："簡而廉。""衣"爲綴飾。謂服行廉隅之德。《書·康誥》："紹聞衣德言。"

李之才　宋人。字挺之。

《説文·手部》："挺，拔也。"以應"才"，謂拔擢才士。

李之純　宋人。字端伯。

純、端皆有正義，故相協。

李之紹　元人。字伯宗。

紹，繼承。應以"宗"，謂能繼其祖宗之德業。

李之鉉　清人。字子金。

《易·鼎卦》："鼎黄耳，金鉉。""子"爲男子美稱。

李之儀　宋人。字端叔。

儀，儀容。儒者重儀容，應以"端"，取《論語·堯曰》"君子正其衣冠，尊其瞻視"之義。

李之藻　明人。字振之。

曹植《與楊德祖書》："偉長擅名於青土，公幹振藻於海隅。"

李仁罕　五代後蜀人。字德美。

《論語·子罕》："子罕言利，與命與仁。"罕，希。有仁德之善行而希言，自是美德。

李仁垕　宋人。字載叔。

垕，同"厚"。《易·坤卦》："坤厚載物。"《禮記·中庸》："博厚，所以載物也。"

李　介　明人。字守貞。

《易·豫卦》："介于石，不終日，貞吉。"孔穎達疏："守志耿介似於石……去惡修善，相守正得吉也。"

李允正　宋人。字修己。

《禮記·中庸》："正己而不求於人。"故以"己"應"正"。《左傳·閔公二年》："修己而不責人。"故以"修"飾"己"。

李允則　宋人。字垂範。

則、範皆有法式義，故相協。飾以"垂"，意謂垂法後世。

李允簡　明人。字可大。

《論語·雍也》："子曰：'可也簡。'仲弓曰：'居敬而行簡，以臨其民，不亦可乎？'"故以"可"應"簡"。《書·皋陶謨》"簡而廉"僞孔傳以爲"簡大而有廉隅"，故以"大"綴"可"。

李元直　清人。字愚村。

《論語·陽貨》："古之愚也直。""村"爲綴飾，宋以來士大夫習俗所尚。

李元則　唐人。字彝。

《詩·大雅·烝民》："天生烝民，有物有則；民之秉彝，好是懿德。"毛傳："則，法。彝，常。"常則謂永恒不變之法則。

李元珪　元人。字廷璧。

《周禮·春官·典瑞》有六瑞，其中有珪有璧。珪璧皆爲朝廷禮器，故以"廷璧"應"珪"。

李元紘　唐人。字大綱。

《説文·糸部》："紘，網紘也。"段玉裁注："孔穎達云：紘者，綱之大繩。"同爲大繩，故相應。

李元素　唐人。字太朴。

《老子》第十九章："見素抱樸，少私寡欲。"朴，通"樸"。飾以"太"，意欲達其極。

李元弼　明人。字靖吾。

弼，使弓端正之器。《説文·弜部》："弼，輔也。"段玉裁注："弓必有輔而後正，人亦然。故輔謂之弼。"《詩·小雅·菀柳》："俾予靖之。"毛傳："靖，治。""靖吾"即治吾。言如弼之正弓，以治己身。

李元開　清人。字春田。

《爾雅·釋詁》："元，始也。"春爲歲之始，故以應"元"。古以農立國，春日特重耕種，故綴以"田"。

李元陽　明人。字仁甫。

古人以太陽覆照萬物，使其生長，是施仁德，故應以"仁"。"甫"爲男子美稱。

李元鼎　清人。字梅公。

鼎，古人烹飪之器。《僞古文尚書·説命下》："若作和羹，爾惟鹽梅。"殷高宗以傅説爲相，將其作用比爲和羹之鹽梅。故以"梅"應"鼎"。後世以"鹽梅""調和鼎鼐"比喻宰輔職守。宰輔位比三公，故以"公"爲綴飾。

李元瑫　明人。字世玉。

《廣韻·平豪》："瑫，玉名。"飾以"世"，意爲傳世之珍。

李元綱　宋人。字國紀。

綱紀爲國之大法，故飾以"國"。

李元禮　元人。字庭訓。

《論語·季氏》："〔孔子〕他日又獨立，鯉趨而過庭。曰：'學《禮》乎？'對曰：'未也。''不學《禮》，無以立。'鯉退而學《禮》。"孔鯉遵父訓而學《禮》，故以"庭訓"應"禮"。

李公柱　明人。字子喬。

初名松。以"喬"應"松"，取仙人赤松子與王喬以爲名字。改名後仍用原字，意謂喬木始可爲梁柱。"子"爲男子美稱。

李公麟　宋人。字伯時。

《詩·周南·麟之趾序》："皆信厚如麟趾之時也。"古人以麟爲瑞獸，於昌明太平之時出現，故以"時"相應。

李化龍　明人。字于田。

《易·乾卦》："見龍在田，利

見大人。”“于田”即在田。

李及之 宋人。字公達。

及、達皆有到義，故相協。“公”爲美稱。

李天植

① 明人。字性甫。

《禮記·中庸》：“天命之謂性。”“甫”爲男子美稱。

② 清人。字因仲。

《論語·中庸》：“故天之生物，必因其材而篤焉，故栽者培之，頃者覆之。”故以“因”應“天植”。

李天麟 明人。字公振。

《詩·周南·麟之趾》：“麟之趾，振振公子。”

李孔昭 清人。字潛夫。

《禮記·中庸》：“《詩》云：‘潛雖伏矣，亦孔之昭。’”“夫”爲男子通稱。

李孔修 明人。字子長。

修、長同義相協。《楚辭·離騷》：“路曼曼其脩遠兮。”王逸注：“脩，長。”脩，通“修”。

李　尤 漢人。字伯仁。

《論語·爲政》：“則寡尤。”何晏集解引包咸曰：“尤，過也。”又《里仁》：“觀過，斯知仁矣。”故以“仁”應“尤”。

李心傳 宋人。字微之。

宋理學家以《僞古文尚書·大禹謨》中“人心惟危，道心惟微，惟精惟一，允執厥中”十六字，爲堯、舜、禹心傳的治國修身之道，稱爲“十六字心傳”。故以“微”應“心傳”。“之”爲綴飾。

李文田 清人。字仲約。

《論語·子罕》：“博我以文，約我以禮。”

李文忠 明人。字思本。

《論語·學而》：“孝弟也者，其爲仁之本與！”《孝經·士章》：“故以孝事君則忠。”封建時代忠孝一體，故同爲根本。以“思本”應“忠”，即欲“以孝事君”。

李文昊 清人。字岳泉。

昊，昊天。《詩·小雅·蓼莪》：“欲報之德，昊天罔極。”又《大雅·崧高》：“崧高維嶽，駿極于天。”岳，同“嶽”。因岳可與天比高，故以應“昊”。“泉”爲時尚綴飾，無義可言。

李文炤 清人。字元朗。

炤，同“昭”。昭、朗同有明義，故相協。

李文郁 明人。字允實。

《論衡·量知》：“物實無中核者謂之郁。”允，誠。

李文耕 清人。字心田。

耕必有田。故以“田”應“耕”。佛家有“心田”一語。遂因以成文，兼寓如農夫之治田，勤修治其心，以合於聖賢之道。

李文淵 清人。字静叔。

“淵”有静默義，故以“静”相協。《淮南子·泰族訓》：“淵默而不言。”

李文祥 明人。字天瑞。

祥、瑞義近，故相協。古人以爲禎祥禍福皆天所主，故飾以“天”。

李文鳳 明人。字廷儀。

《書·益稷》：“鳳皇來儀。”《宋書·符瑞志上》謂帝舜時“鳳皇巢於庭”，故以“廷”飾“儀”。庭，通“廷”。

李文燭 明人。字晦卿。

“燭”有照耀義。《韓非子·内儲説上》：“夫日，兼燭天下。”照則有光明，與“晦”反義相協。“卿”爲美稱。

李文藻 清人。字素伯。

藻，彩繪，藻繪。劉勰《文心雕龍·原道》：“龍鳳以藻繪呈瑞。”又《情采》：“謂藻飾也。”《論語·八佾》：“繪事後素。”以“素”應“藻”既取“繪事後素”之義，亦反義相協。“伯”表行第居長。

李文纘 清人。字昭武。

《詩·豳風·七月》：“載纘武功。”飾以“昭”，意欲彰明武事，所謂有文治者必有武功。

李方膺 清人。字虬仲。

《説文·蟲部》：“虯，龍無角者。”虯，同“虬”。以應“膺”，謂胸有旋毛如鱗的良馬。蘇軾《書李伯時所藏韓幹馬》詩：“龍膺豹股頭八尺，奮迅不受人間羈。”亦或取後漢李膺故事。膺有重名，“士有被其容接者，名爲登龍門”。以“虬”代，示謙撝。

李日宣 明人。字晦伯。

宣，宣示，明示。晦，幽暗。二者反義相協。

李日茂 明人。字文華。

茂、華皆有美盛義，故相協。“華”亦可與“日”應，取日月光華之義。飾以“文”，意欲文運昌盛。

李日煋 清人。字省甫。

《論語·學而》：“曾子曰：‘吾日三省吾身。’”故以“省”應“日”。“甫”爲男子美稱。

李日華 明人。字君實。

春華秋實，二事相連，故相應。“君”爲美稱。

李日榮 清人。字君寵。

榮、寵皆有顯赫尊榮義，故相協。“君”爲飾，言尊榮乃君所賜。“君”亦美稱。

李日輔 明人。字元卿。

宰輔之臣，乃國之元勳，位同上卿，故以“元卿”應“輔”。

李曰滌 清人。字亦白。

滌，洗，洗濯。白，潔凈。洗與潔二事相連，故相應。洗滌如修身，飾以“亦”，以示謙沖，意謂權且爲白。

李世南 宋人。字唐臣。

世南，指唐虞世南。世南德行、文章、書法爲後代所欽仰，故襲取其名，表明爲“唐臣”，以示景慕其爲人。

李世傑 清人。字漢三。

《史記·高祖本紀》謂張良、蕭何、韓信“此三者，皆人傑也”，故以“漢三”應“傑”。

李世祺 明人。字壽生。

《詩·大雅·行葦》：“壽考維祺。”壽生，猶言長生。“生”亦美稱。

李世達 明人。字子成。

達，通，通達。《易·説卦》：“山澤通氣，然後能變化，既成萬物也。”“子”爲男子美稱。

李世熊 清人。字元仲。

《左傳·文公十八年》載高辛氏有才子八人，謂之“八元”，中有仲熊。因拆以爲名字，而飾以

"元"，意即八元之仲熊。

李仕魯 明人。字宗孔。

孔子爲魯人。故以"宗孔"應"魯"。言尊崇孔子。

李仕學 清人。字亨敏。

《論語·公冶長》："敏而好學。"亨，通。好學則通達，故以飾"敏"。

李可玖 清人。字次玉。

《說文·玉部》："玖，石之次玉黑色者。"

李可秩 清人。字萬宗。

《書·舜典》："汝作秩宗。"秩宗爲古代"主叙次百神之官"。飾以"萬"，極言其多。古人以爲天地萬物莫不有神。

李可登 明人。字思善。

《禮記·月令》："農乃登麥。"鄭玄注："登，進也。"《史記·汲鄭列傳》："聞人之善言，進之上。"以"思善"應"登"，意謂思得善言而進之於君上。

李巨川 唐人。字下已。

《孟子·告子上》："人性之善也，猶水之就下也；人無有不善，水無有不下。"江河大川，概莫能外，故以"下"應"巨川"。已，猶矣。表語氣已完了。亦或取《老子》第六六章"江海所以能爲百谷王者，以其善下之"文義。

李　平 後魏人。字曇定。

平、定義近。故相協。曇，謂瞿曇。釋迦牟尼姓瞿曇，因以爲佛或僧人代稱。北魏崇尚佛教，故取以飾字。

李幼武 宋人。字士英。

勇武、英勇義近，英武又爲常語，故可相協。"士"爲男子通稱。

李幼卿 唐人。字長夫。

長、幼反義相協。"夫"爲男子通稱。

李　弘 漢人。字仲元。

《爾雅·釋詁》："弘，大也。"《詩·小雅·六月》："元戎十乘。"毛傳："元，大也。"弘、元同義相協。

李必恒 清人。字北岳。

恒，謂恒山。恒山於五岳中爲北岳。

李　旦 明人。字啓東。

《說文·旦部》："旦，明也。"段玉裁注："明當作朝。"朝爲日出之時。日出於東，故以"東"應"旦"。《詩·小雅·大東》有"東有啓明"一語，故以飾"東"。又，啓明星於日出前，現於東方，與旦亦同爲天將曉之象。

李旦華 清人。字憲吉。

《尚書大傳》卷一："於時卿雲聚……帝乃倡之曰：'卿雲爛兮，糺縵縵兮，日月光華，旦復旦兮！'"卿雲即慶雲，古人以爲祥瑞之氣，故以"吉"應"旦華"。憲，光盛之貌。《詩·大雅·嘉樂》"顯顯令德"，《中庸》引作"憲憲令德"。因承歌詞文義而以"憲"爲飾。

李　本 元人。字伯宗。

《論語·學而》："君子務本，本立而道生。孝弟也者，其爲仁之本與。"以"宗"應"本"，言歸向儒家之學。

李本固

① 明人。字叔茂。

此取本固枝榮、根深葉茂之義。

② 明人。字維寧。

《僞古文尚書·五子之歌》："本固邦寧。"

李永昌 明人。字周生。

漢周昌木强，敢直言，因慕其爲人，故拆其姓名以爲名字。生，先生。西漢人習慣稱呼，後以爲男子美稱。故以爲綴飾。

李生光 清人。字闇章。

光、章皆有明義，故相協。《禮記·中庸》有"故君子之道，闇然而日章"語，故以"闇"飾"章"。以示章明者乃君子之道。

李生寅 明人。字賓父。

《書·堯典》："寅賓出日。""父"爲男子美稱。

李　用 宋人。字叔大。

《周禮·天官·内府》："以待邦之大用。"

李用和 宋人。字審禮。

《論語·學而》："禮之用，和爲貴。"飾以"審"，謂明於禮。

李用清 清人。字澄齋。

澄、清義近，故相協。"齋"爲宋以來習尚字飾。

李用敬 明人。字仲學。

《禮記·學記》："道尊然後民知敬學。"

李　甲 宋人。字景元。

甲，謂甲科。漢時課士分甲乙丙三科，唐時進士分甲乙二科。又，唐代舉子應進士科，經策全通者爲甲第。其第一名爲狀頭，又稱狀元。故以"景元"應"甲"。言欲列甲第，且得狀頭。

李　白 唐人。字太白。

《新唐書·文藝傳中·李白》："白之生，母夢長庚星，因以命之。"長庚又名太白。《史記·天官書》："太白，白，比狼。"太白星光亮而白，亮度如天狼星。故以"太白"應"白"。

李　石

① 唐人。字仲玉。

《說文·玉部》："玉，石之美有五德者。"

② 宋人。字知幾。

《易·繫辭下》："子曰：'知幾其神乎！君子上交不諂，下交不瀆，其知幾乎！……君子見幾而作，不俟終日。《易》曰："介于石，不終日，貞吉。"介如石焉，寧用終日？'"

③ 金人。字子堅。

古人以爲石質最堅，故常以爲喻。《公孫龍子·堅白論》："天下無堅，不可以謂石。""子"爲男子美稱。

李伍漢 清人。字聖水。

《廣韻·平庚》："漢，水名。出青丘山。"託名漢東方朔撰《十洲記》謂青丘乃神仙所居之地，故以"聖"飾"水"。

李仲元 清人。字筱乾。

《易·乾卦》："大哉乾元。"筱，通"小"。清人喜以飾字，並與"大"反義相協。一字蒙石。清避聖祖玄燁諱，以元代"玄"。玄、蒙皆爲幽暗不明之義。不明則冥頑如石，故以爲綴飾。

李仲光 宋人。字景温。

司馬光死後贈温國公。李仲光南宋開禧時人。因慕前賢，故取以爲名字。

李仲容 宋人。字儀父。

儀、容義近，故相協。“父”爲男子美稱。

李仲略 金人。字簡之。

簡、略義近，故相協。“之”爲綴飾，亦以足意。

李 充

① 漢人。字大遜。

《淮南子・説山訓》：“近之則鐘音充。”高誘注：“充，大也。”充又有滿義。天道忌滿，《易・謙卦》有“天道虧盈而益謙”之戒，因以“遜”綴“大”。

② 晉人。字弘度。

充、弘皆有大義，故相協。飾以“度”，欲氣度恢弘。

③ 宋人。字仲實。

《孟子・盡心下》：“充實之謂美。”

李充嗣 明人。字士修。

《孟子・盡心下》：“充實之爲美。”朱熹集注：“力行其善，至於充滿而積實，則美在其中而無待於外矣。”《楚辭・離騷》：“紛吾既有此内美兮，又重之以修能。”“士”爲男子通稱。

李兆先 明人。字徵伯。

徵、兆皆謂事件未發之跡，故相協。

李兆洛 清人。字申耆。

宋文彦博爲洛陽留守時，曾邀集年老名流十一人，飲宴賦詩，號“洛下耆英會”，故以“耆”應“洛”。飾以“申”，意欲使盛事重現。

李 先 後魏人。字容仁。

《禮記・緇衣》：“上好仁，則下之爲仁争先人。”因《莊子・繕性》有“德無不容，仁也”之語，故因“仁”而以“容”爲飾。

李先芳 明人。字伯承。

陸機《文賦》：“誦先人之清芬。”芬、芳同義。以“承”應“先芳”，言繼承其父祖清德美名。

李先復 清人。字曲江。

復，回轉反復，與“曲”義近，故相協。曲江爲唐代長安勝地，遂因“曲”而及“江”，相連成文。

李 光 宋人。字泰發。

《易・泰卦》：“以光大也。”光大因通泰而生，故綴以“發”。

李光地 清人。字晉卿。

《易・坤卦》：“地道光也。”又《晉卦》：“明出地上。晉，君子以自昭明德。”《晉》有受賜升遷之象，故綴以“卿”，言進而爲卿相。

李光坡 清人。字耜卿。

坡，傾斜之地。耜，耕種之具。耕作與土地事相連，故相協。“卿”爲美稱。

李光型 清人。字儀卿。

儀、型皆有法式義，故相協。“卿”爲美稱。

李匡乂 唐人。字濟翁。

匡、濟皆有救助義，故相協。翁，老壽者之稱。唐宋以來，多以爲字飾。

李吉甫 唐人。字弘憲。

《詩・小雅・六月》：“文武吉甫，萬邦爲憲。”飾以“弘”，謂弘大其法。

李 回 唐人。字昭度。

《詩・大雅・雲漢》：“昭回于天。”因《左傳・桓公二年》有“昭其度也”語，故因“昭”及“度”，相連成文。

李 因 清人。字今生。

因，謂前因。佛家有三生説，即前生、今生、來生。前生之因，可以決定今生之果；今生所種之因，又可影響來生。故以“今生”應“因”。

李因培 清人。字其材。

《禮記・中庸》：“故天之生物，必因其材而篤焉，故栽者培之。”

李因篤 清人。字天生。

《禮記・中庸》：“故天之生物，必因其材而篤焉。”一字子德。或後以“天生”爲名，因《論語・述而》有“天生德於予”一語，遂另字“子德”。

李夷簡 唐人。字易之。

《逸周書・謚法解》：“平易不疵曰簡。”簡易，夷易，平易義皆相近，故相協。

李如一 明人。名鶴翀。

以字行。《玉篇・羽部》：“翀，飛上天。”名鶴翀，字如一，是取唐楊衡“一一鶴聲飛上天”詩義。

李如圭 宋人。字寶之。

圭，古代王侯舉行大典時所執的玉製禮器。《詩・大雅・崧高》：“錫爾介圭，以作爾寶。”

李如松 明人。字子茂。

《詩・小雅・斯干》：“如松茂矣。”“子”爲男子美稱。

李如柏 明人。字子貞。

《論語・子罕》：“歲寒然後知松柏之後彫也。”不畏寒，如人之有操守，故以“貞”相應。“子”爲男子美稱。

李如梅 明人。字子清。

古人以梅衝寒獨放山野，清高孤傲如隱逸之士，多以“清”摹狀其神韻。宋陸游《梅花》詩：“已教清徹骨，更向月中看。”宋張道洽《詠梅》詩：“神清和月寫，香遠隔烟知。”以“清”應“如梅”，即如梅之清。“子”爲男子美稱。

李如箎 宋人。字季牖。

《詩・大雅・板》：“天之牖民，如壎如箎。”

李守欽 明人。字肅菴。

《爾雅・釋詁》：“欽，敬也。”《詩・召南・何彼襛矣》：“曷不肅雝。”毛傳：“肅，敬也。”同義故相協。“菴”爲時尚字飾。

李守賢 元人。字才叔。

《論語・子路》：“舉賢才。”

李 安 隋人。字玄德。

《書・舜典》：“玄德升聞，乃命以位。”安其處爲位。《禮記・中庸》：“天地位焉。”朱熹章句：“位者，安其所也。”故以“玄德”應“安”。

李 式 後魏人。字景則。

式、則皆有法義，故相協。飾以“景”，謂景仰前代儀範法式。

李旭升 清人。字東生。

旭，初出之日。日出於東，故以“東生”相應。生，猶言出。

李 朴

① 宋人。字先之。

《説文・木部》：“樸，木素也。”段玉裁注：“素，猶質也。以木爲質，未彫飾如瓦器之坯然。……

《漢書》'以敦朴爲天下先'，假朴爲樸也。"又《木部》"朴"段注云："凡朴素字作'樸'。"是朴爲樸之假。《論語·八佾》："繪事後素。"彩繪、彫飾皆在素之後，故以"先之"應"朴"。亦或取《漢書》"以敦朴爲天下先"之義。

② 明人。字繼白。

"朴"爲木素，素爲白。彩繪皆繼白而成。解見①。

李汝珍 清人。字松石。

《後漢書·應劭傳》："宋愚人亦竇燕石。"李白《古風五九首》之五十："宋國梧臺東，野人得燕石。誇作天下珍，却哂趙王璧。"以"石"應"珍"，意謂愚魯似古之宋人，乃以石爲珍寶。此示謙撝。《南史·隱逸傳上·褚伯玉》："而此子索然，唯朋松石。"隱逸之士既與松石爲伍，故因"石"而及"松"。又，松石，即緑松石，一種珍貴的石名。故以"松石"應"珍"。

李汝華 明人。字茂夫。

華、茂皆有盛義，故相協。"夫"爲男子通稱。

李汝龍 清人。字海門。

《太平廣記》卷四六六引《三秦記·龍門》云，每歲季春，江海百川之黄鯉，齊集黄河之龍門下，凡能躍登龍門者，天火自後燒其尾，即化爲龍。魚化龍常以喻士人發跡，因以"門"應"龍"。傳説海爲龍潛身之所，故又以"海"爲飾。

李汝燦 明人。字用章。

燦、章皆有明義，故相協。

李百藥 唐人。字重規。

新、舊《唐書·李百藥傳》皆謂，祖母以其幼時多病，故以"百藥"爲名。《淮南子·墬形訓》："帝之神泉，以和百藥。"規，謀求，規劃。葛洪《抱朴子·至理》："絶穀一年，規輕舉之道。"又《釋滯》："以規神仙。"以"重規"應"百藥"。意謂藥有千百，貴在謀求應用得當。

李　耳 春秋楚人。字聃。

或作名耳，字伯陽。一作一名重耳，外字聃。《説文·耳部》："聃，耳曼也。"段玉裁注："曼者，引也。耳曼者，耳如引之而大也。……今本《史記》作名耳字伯陽，謚曰聃，淺人妄改者也。"耳、聃同義相協。先秦文獻或稱李耳爲老耽（如《吕氏春秋》中的《不二》《重言》）。《説文·耳部》："耽，耳大垂也。"亦與"耳"協。但《詩·衛風·氓》"士之耽兮""無與士耽"皆假借爲"媅"。毛傳："耽，樂也。"遂附會爲字"伯陽"。"陽"亦樂。《詩·王風·君子陽陽》："君子陽陽，左執簧，右招我由房，其樂只且。"故善相馬者孫陽字伯樂。

李　至 宋人。字言幾。

《易·乾卦》："知至至之，可與幾也。"《論語·子路》有"言不可以若是其幾也"，故以"言"爲飾。

李至清 明人。字超無。

《孔子家語·入官》："水至清則無魚，人至察則無徒。"故以"無"應"至清"飾以"超"，謂遠出於無。李至清狂放不羈，恃才傲物，意欲獨清，不與一般人爲伍。

李行簡 宋人。字易從。

《易·繫辭上》："簡則易從。"《論語·雍也》："居敬而行簡，以臨其民，不亦可乎？"簡則不擾民，故民衆易從。

李伯玉 宋人。字純甫。

玉以無瑕爲上，故以"純"相應。"甫"爲男子美稱。

李伯宗 宋人。字會之。

"宗"有歸向義，"會"有聚合義，皆就一中心而集中。《書·禹貢》："灉沮會同。"又："江漢朝宗于海。"孔穎達疏："合爲一共赴海也。"

李伯敏 宋人。字敏求。

《論語·述而》："好古敏以求之者也。"

李　佐 後魏人。字季翼。

佐、翼皆有輔助義，故相協。《孟子·滕文公上》："輔之翼之。"

李　佑 明人。字吉甫。

《易·大有卦》："大有上吉，自天祐也。"祐，上天護助。佑，扶助。二者義近形似，或有意混用。"甫"爲男子美稱。

李克家 元人。字肖翁。

《易·蒙卦》："納婦吉，子克家。"《説文·肉部》："肖，骨肉相似也。……不似其先，故曰不肖也。"子能承其家業，即是似其父之賢。故以"肖"應"克家"。"翁"爲綴飾，亦指父，言肖其父。

李克脩 五代後唐人。字崇遠。

《楚辭·離騷》："路曼曼其脩遠兮，吾將上下而求索。"路遠即謂前程遠，故飾以"崇"。言重其有前程。

李　兑 宋人。字子西。

古人以八卦代表八方，《兑》爲西方，故以"西"應"兑"。"子"爲男子美稱。

李　冏 後魏人。字道度。

《説文·冏部》："冏，窗牖麗廔闓明也。"段玉裁注："闓明，謂開明也。"《左傳·桓公二年》："昭其度也。"孔穎達疏："明其尊卑各有制度。"故以"度"應"冏"。道，從。道度，猶言遵從制度。

李　冶（女） 唐人。字季蘭。

《漢書·崔駰傳》："犯孔戒之冶容。"李賢注引鄭玄《易》注云："謂飾其容而見於外曰冶。"《楚辭·離騷》："紉秋蘭以爲佩。"王逸注："蘭，香草也，秋而芳。佩，飾也。"言以蘭修飾儀容。

李　含 晉人。字世容。

含、容皆有包涵義，故相協。飾以"世"，言爲世所容。

李含渼 清人。字南溟。

渼，謂渼陂。古代池名。《莊子·逍遥遊》："南溟者，天池也。"因承池而字"南溟"。

李呈祥

① 清人。字麟埜。

《孔叢子·記問》："天子布德將致太平，則麟、鳳、龜、龍先爲之祥。"古代傳説麟爲瑞獸，每出即是呈現祥徵。《詩·周南·麟之趾》孔穎達疏引《孔叢子》云："唐虞之世，麟鳳遊於田。"故以"埜"綴于"麟"。埜同"野"。

②清人。字吉津。

吉祥同義，故相應。飾以“津”，謂吉慶之通路。

李　吕　宋人。字濱老。

吕，謂吕尚，即姜太公。《孟子·離婁上》：“太公辟紂，居東海之濱。”因孟子稱伯夷、太公爲“天下之大老”，故以“濱老”應“吕”。一字東老，亦取義於《孟子》，意即東海之老。

李　沂　明人。字景曾。

《論語·先進》“侍坐”章記曾皙言志，有“浴乎沂，風乎舞雩，詠而歸”之言，深爲孔子贊許，故以“景曾”應“沂”。《中國人名大辭典》沂作“圻”，字“景曾”；《明史》本傳則作“沂”，字“景魯”。曾、圻不協，沂、魯雖稍優，但仍不免牽强。當是圻沂、曾魯形近致訛。

李孚青　清人。字丹壑。

《漢書·蘇武傳》：“雖古竹帛所載，丹青所畫，何以過子卿（蘇武）？”壑，諧“臒”。丹臒，義猶丹青。先秦兩漢人名字多通假。清人追求古奥，名字喜用同音字，以示博雅。

李　孜　明人。字日孜。

《書·益稷》：“予思日孜孜。”又，《僞古文尚書·君陳》：“惟日孜孜，無敢逸豫。”

李孝光　元人。字季和。

《老子》第五六章：“和其光。”

李孝怡　後魏人。字悦宗。

怡、悦皆有和樂義，故相協。綴以“宗”，意欲宗族和樂。

李孝貞　隋人。字元操。

貞、操皆謂不失其節。元，美善之辭，故以爲飾。

李孝基　宋人。字伯始。

《爾雅·釋詁》：“基，始也。”

李孝壽　宋人。字景山。

《詩·小雅·天保》：“如南山之壽。”又《論語·雍也》：“知者樂水，仁者樂山……知者樂，仁者壽。”景，仰慕。

李孝稱　宋人。字彦聞。

稱，揚譽，稱揚。聞，讀wèn。名譽。《詩·大雅·卷阿》：“令聞令望。”《孟子·告子上》：“令聞廣譽施於身。”彦，士之美者，俊美。

李　完　金人。字全道。

完、全皆謂不破。飾以“道”，謂保其道使全。《論語·泰伯》：“子曰：‘篤信好學，守死善道。’”

李宏道　明人。字汝大。

宏、大同義相協。《尚書》於命令、告誡語氣，多用“汝”，故襲其格式，言汝當宏大聖人之道。

李希宗　後魏人。字景玄。

《詩·大雅·雲漢》：“靡神不宗。”毛傳：“宗，尊也。”應以“玄”，言尊崇道家之學。景，景仰。

李希喬　清人。字遷于。

《詩·小雅·伐木》：“遷于喬木。”

李希閔　元人。字之孝。

《論語·先進》：“子曰：‘孝哉閔子騫！’”連名成文，言希冀有閔子之孝行。

李希顔　明人。字愚菴。

《論語·爲政》：“子曰：‘吾與回言終日，不違如愚。退而省其私，亦足以發。回也不愚。’”回，顔回。顔爲孔門高弟，故願師顔回之愚。

李　序　元人。字仲倫。

序、倫皆有次第義，故相協。

李延壽　唐人。字遐齡。

遐，長久。遐齡、延壽爲一事，故相協。

李延興　明人。字繼本。

延、繼皆有續義，故相協。本，本原，原始。願繼其始，即是善其終。又，以“繼”應“興”，則是取《論語》“興滅繼絶”之義。綴以“本”，仍是復其本原。

李廷忠　宋人。字居厚。

《後漢書·劉虞公孫瓚傳論》：“劉虞守道慕名，以忠厚自牧。”以“居厚”應“廷忠”，意謂在朝思忠，居家謹厚。

李廷相　明人。字夢弼。

相、弼皆謂輔臣。殷高宗因夢而得賢相傅説，周文王因夢而得姜尚，故以“弼”應“相”而飾以“夢”。

李廷機　明人。字爾張。

《僞古文尚書·太甲上》：“若虞機張，往省括于度，則釋。”飾以“爾”，乃傚《尚書》祈使、命令之語，言令汝張機發射。

李　志　後魏人。字鴻道。

《論語·里仁》：“士志於道。”飾以“鴻”，取《論語·衛靈公》“人能弘道”義。鴻、弘皆謂廓而大之。

李　成　宋人。字咸熙。

《書·堯典》：“四時成歲，允釐百工，庶績咸熙。”

李成大　宋人。字實夫。

《孟子·盡心下》：“充實而有光輝之謂大。”“夫”爲男子通稱。

李成文　清人。字仲彭。

取明人文彭以爲名字。

李成名　明人。字寰知。

以“寰知”應“成名”，言一成名則爲寰宇所知。

李成謀　清人。字與吾。

《論語·學而》：“吾日三省吾身：爲人謀而不忠乎？……”

李　攸　宋人。字好德。

《書·洪範》：“予攸好德。”又：“四曰攸好德。”

李　材　元人。字孟誠。

《禮記·中庸》：“故天之生物，必因其材而篤焉。”誠、篤義近，故以爲飾。

李　杞

①宋人。字良仲。

《詩·小雅·南山有臺》：“南山有杞，北山有李。”《國語·楚語上》：“若杞梓辛皮革焉，楚實遺之。”韋昭注：“杞、梓，良材也。”連姓以成文，故又以“良”相應。

②宋人。字子才。

解見①。才通“材”。“子”爲男子美稱。

李　沖　後魏人。字思順。

沖，謙沖，謙虚。《易·謙卦》：“謙：亨，君子有終。”朱熹注：“止乎内而順乎外，謙之意也。”謙則能屈己順人，故以“思順”應“沖”。

李　系　後魏人。字乾經。

系，謂《周易》中《繫辭》。系通“繫”。相傳《繫辭》乃周文王與周公所作，即今繫於卦爻之下的經文。《乾卦》爲《易》之首，故以“乾經”應“系”。

李肖龍 宋人。字叔膺。

龍，謂良馬。《周禮·夏官·廋人》：“馬八尺以上爲龍。”《爾雅·釋畜》：“回毛在膺，宜乘。”郭璞注：“伯樂《相馬法》：旋毛在腹下如乳者千里馬。”郝懿行義疏：“旋毛在胸者名宜乘。”古人以馬胸部旋毛如鱗狀，其形似龍，故“龍膺”合稱。蘇軾《書李伯時所藏韓幹馬》詩：“龍膺豹股頭八尺，奮迅不受人間羈。”故以“膺”應“肖龍”。

李 芃 唐人。字茂初。

芃，茂盛。《詩·鄘風·載馳》：“芃芃其麥。”毛傳：“麥芃芃然方盛長。”綴以“初”，言乃始盛，其生長正方興未艾。

李言恭 明人。字惟寅。

《書·臯陶謨》：“同寅協恭。”又《舜典》：“夙夜惟寅。”

李 辰 明人。字奎南。

辰，辰極，北極星。《論語·爲政》：“譬如北辰，居其所，而衆星共之。”《抱朴子·嘉遯》：“竝乎滄海者，必仰辰極以得反。”奎，二十八宿之一。《史記·天官書》：“奎曰封豕。”正義曰：“西南大星。”同爲星辰，故相應。綴以“南”，因奎運行於黄道帶，在南天，亦以應北辰。又名宸。北極星所在爲宸。亦與“奎南”相應。

李邦彦 宋人。字士美。

《詩·鄭風·羔裘》：“彼其之子，邦之彦兮。”毛傳：“彦，士之美稱。”

李邦華 明人。字孟闇。

華，光彩，光明。《卿雲歌》：“日月光華，旦復旦兮。”闇，暗，昏冥。與“華”反義相協。又《禮記·中庸》：“故君子之道，闇然而日章。”君子之道外暗内美，故終爲人知而日益光大。以“闇”應“華”亦兼寓此義。

李邦瑞 元人。字昌國。

邦有瑞徵，是昌盛之兆，故以“昌国”應“邦瑞”。

李邦寧 元人。字叔固。

《僞古文尚書·五子之歌》：“本固邦寧。”

李 防 宋人。字智周。

如防患於未然，須智慮周密。

李 京

① 宋人。字伯升。

《文選·張衡〈西京賦〉》：“散似驚波，聚似京峙。”薛綜注：“京，高也。”“升”爲上或登高，與“京”義近，故相協。

② 元人。字景山。

《詩·鄘風·定之方中》：“景山與京。”毛傳：“京，高丘也。”

③ 清人。字元伯。

《爾雅·釋詁》：“京，大也。”《詩·小雅·六月》：“元戎十乘。”毛傳：“元，大也。”

李 侃 明人。字希正。

《論語·鄉黨》：“與下大夫言，侃侃如也。”朱熹集注：“侃侃，剛直也。”正、直義近，故相協。飾以“希”，表示意之所向。

李來章 清人。名灼然。

以字行。《詩·周南·桃夭》：“桃之夭夭，灼灼其華。”毛傳：“灼灼，華之盛也。”《吕氏春秋·審時》：“其氣章。”高誘注：“章，盛也。”

李 侗 宋人。字愿中。

《論語·泰伯》：“子曰：‘狂而不直，侗而不愿，悾悾而不信，吾不知之矣。’”何晏集解引孔安國云：“侗未成器之人宜謹愿。”孔子疾“侗而不愿”之人，故以“愿中”應“侗”。“愿中”猶言誠於中。

李 典 三國魏人。字曼成。

“典”有常義，常則不變。“成”有定義，定亦不變，故相協。《爾雅·釋詁》：“典，常也。”《國語·吴語》：“吴晉争長未成。”韋昭注：“成，定也。”曼，長。久長亦即不變，故以飾“成”。

李叔明 唐人。字晉。

《易·晉卦》：“晉，進也，明出地上，順而麗乎大明。”

李叔義 明人。字文宜。

《禮記·中庸》：“仁者人也，親親爲大；義者宜也，尊賢爲大。親親之殺，尊賢之等，禮所生也。”朱熹《中庸章句》云：“宜者，分别事理，各有所宜也。禮，則節文斯二者而已。”故以“宜”應“義”而飾以“文”。

李周望 清人。字渭湄。

《史記·齊太公世家》載，周文王出獵渭水之濱，遇姜尚，“與語大悦，曰：‘自吾先君太公曰：“當有聖人適周，周以興。”子真是邪？吾太公望子久矣。’”姜尚因號“太公望”，故以“渭”應“周望”。湄，水濱。《詩·秦風·蒹葭》：“在水之湄。”

李 固 漢人。字子堅。

堅、固同義相協。“子”爲男子美稱。

李固言 唐人。字仲樞。

《易·繫辭上》：“言行，君子之樞機。”

李 垂 宋人。字舜工。

《書·舜典》：“帝曰：‘俞！咨垂。汝共工。’”

李奇玉 清人。字元美。

《説文·玉部》：“玉，石之美有五德者。”“元”爲美善之辭，故以爲飾。

李 始 成漢人。字伯起。

“起”有發生義，與“始”義近，故相協。

李 孟 元人。字道復。

儒家以爲孟子繼承孔子學説，能“辟邪説”“拒楊墨”，使“聖道”復興，故以“道復”應“孟”。

李孟傳 宋人。字文授。

傳、授義近，故相協。《論語·子罕》記顔回稱孔子對門人能循循善誘，“博我以文”，故以“文”飾“授”，言授以先王禮樂典章。

李孟羣 清人。字鶴人。

《世説新語·容止》：“有人語王戎曰：‘嵇延祖卓卓如野鶴之在雞羣！’”

李宗易 宋人。字簡夫。

《易·繫辭上》：“易則易知，簡則易從。”“夫”爲男子通稱。

李宗泗 明人。字希顔。

孔子設教於洙泗之間，有弟子三千，身通六藝者七十二人，而顔子爲其首。故以“希顔”應“宗泗”。

李宗勉 宋人。字彊父。

勉、彊皆爲用力，故相協。《漢書·楚元王傳》："勉彊以從王事。""父"爲男子美稱。

李宗思 宋人。字伯諫。

《孝經·事君章》："君子之事上也，進思盡忠。"又《諫争章》："故當不義，則子不可不争於父，臣不可以不争於君。"《孟子·萬章上》："君有大過則諫。"既思盡忠於君，故"當不義"則不能不諫，以匡救君過。

李宗埴 清人。字範方。

埴，黏土。此謂摶製黏土使成陶坯。《周禮·考工記總序》："摶埴之工二。"賈公彦疏："以手拍黏土以爲培乃燒之。"範，謂陶範。古代鑄青銅器所用之陶製模型。陶、冶性質相近，又常連稱，故以"範"應"埴"。埴、範皆爲器皿成形之方，故以"方"綴"範"。"方"又有技藝義，陶埴、陶範同爲技藝，"方"亦與之相配。

李宗訥 宋人。字大辨。

《老子》第四五章："大辯若訥。"辨通"辯"。

李宗閔 唐人。字損之。

孔子弟子閔損以孝著稱。此以其姓爲名，以其名爲字。"之"爲綴飾。

李宗諤 宋人。字昌武。

《史記·商君列傳》："武王諤諤以昌，殷紂墨墨以亡。"

李宗瀚 清人。字公博。

瀚，浩瀚，廣大貌。"博"爲寬廣，與"瀚"義近，故相協。"公"爲美稱，以爲飾。

李 定 宋人。字資深。

《孟子·離婁下》："居之安，則資之深。"安即定。朱熹集注："處之安固，則所藉者深遠而無盡。"

李定國 明人。字一人。

《禮記·大學》："一人定國。"又字寧宇。古人以爲中國已盡天下之大，故稱中國境内爲宇内，"寧宇"即定國。

李 岸 清人。字新之。

佛家有回頭是岸之説，以爲人能徹悟即可登彼岸，獲得超度。得超度即新生，故以"新"應"岸"。

李 庚 宋人。字子長。

《詩·小雅·大東》："西有長庚。""子"爲男子美稱。

李 忠

① 漢人。字仲都。

都，歎美之辭。《尚書》習見。封建時代"忠"乃臣子美德，故以"都"相應。

② 唐人。字正本。

《禮記·禮器》："忠信禮之本也。"飾以"正"，謂使其根本得以正。

李念慈 清人。字屺瞻。

《禮記·大學》："爲人父，止於慈。"後世特以"慈"指母。《詩·魏風·陟岵》："陟彼屺兮，瞻望母兮。"故以"屺瞻"應"念慈"。

李 承 後魏人。字伯業。

以"業"應"承"，謂繼承其父祖之業。

李承之 宋人。字奉世。

《左傳·昭公三二年》："天子有命，敢不奉承。"奉、承同義，皆謂敬謹接受。綴以"世"，意在敬其所處之時。

李承約 五代後晉人。字德儉。

儉、約義近，故相協。孔子"温良恭儉讓"，曾子"守約"，皆爲自我修養，故飾以"德"。

李承乾 唐人。字高明。

《易·説卦》："乾，天也。"又："乾爲天。"《禮記·中庸》："高明配天。"

李承箕 明人。字世卿。

《禮記·學記》："良冶之子，必學爲裘；良弓之子，必學爲箕。"因以"紹箕裘"比喻能承父業。《禮記·禮運》："大人世及以爲禮。"孔穎達疏："父子曰世。"此謂父子相繼，故以"世"應"承箕"。"卿"爲高位，亦爲美稱。言子能繼父爲卿相。

李抱真 唐人。字太玄。

道家主張返真還樸，崇尚玄默，故以"玄"應"真"。飾以"太"，言其至高至上，無以復加，亦因揚雄有《太玄經》，遂取以相就。

李 昂 明人。字文舉。

昂、舉皆有高或高揚義，故相協。飾以"文"，意欲文運昌盛或才華出衆。

李 昆 明人。字承裕。

《僞古文尚書·仲虺之誥》："垂裕後昆。"飾以"承"，謂能繼前人之功業、德澤。

李 昉 宋人。字明遠。

昉，天明。日出則光照萬里，故以"明遠"相應。

李 昊 五代後蜀人。字穹佐。

昊，謂昊天。《爾雅·釋天》："夏爲昊天。"亦泛指天。穹，謂穹蒼。《爾雅·釋天》："穹蒼，蒼天也。"郭璞注："天形穹窿，其色蒼蒼，因名云。"同實異名，故相協。飾以"佐"，比喻輔佐天子燮理陰陽。

李 昌 清人。字爾熾。

《詩·魯頌·閟宫》："俾爾熾而昌，俾爾壽而臧。"

李昌祺 明人。名禎。

以字行。祺、禎皆有吉祥義，故相協。

李昌齡 宋人。字天錫。

《禮記·文王世子》："文王謂武王曰：'女何夢矣？'武王對曰：'夢帝與我九齡。'"上帝與九齡，即是"天錫"。

李明性 清人。字洞初。

《禮記·中庸》："天命之謂性。"鄭玄注："天命，謂天所命生人者也，是謂性命。"人生之初即有性，故以"初"應"性"。"洞初"，謂洞曉性命之理，與"明性"同。

李東陽 明人。字賓之。

《書·堯典》："寅賓出日，平秩東作。""東陽"即東方之日，故以"賓之"相應。

李 杲 金人。字明之。

《詩·衛風·伯兮》："其雨其雨，杲杲出日。"毛傳："杲杲然日復出矣。"日出則明，故以"明"相應，"之"爲綴飾。

李 果 清人。字碩夫。

《易·剥卦》："上九，碩果不食，

君子得輿。”“夫”爲男子通稱。

李　欣　宋人。字公愉。

欣、愉皆有喜樂義。《廣雅·釋詁一》:“欣，喜也。”《楚辭·九歌·東皇太一》:“穆將愉兮上皇。”王逸注:“愉，樂也。”“公”爲美稱。

李　洞　元人。字溉之。

《詩·大雅·泂酌》:“泂酌彼行潦，挹彼注兹，可以溉濯。”

李　泌　唐人。字長源。

《詩·陳風·衡門》:“泌之洋洋，可以樂飢。”毛傳:“泌，泉水也。洋洋，廣大也。”泉水而能成巨流，是其源泉長久而不枯涸，故以“長源”應“泌”。

李　法　漢人。字伯度。

法、度義近，故相協。“伯”表行第居長。

李　玨　唐人。字待價。

《説文·玨部》:“玨，二玉相合爲一玨。”《論語·子罕》:“子貢曰:‘有美玉於斯，韞匵而藏諸？求善價而沽？’子曰:‘沽之哉！沽之哉！我待賈者也。’”

李直養　宋人。字無害。

《孟子·公孫丑上》:“以直養而無害。”

李知損　五代後周人。字化機。

《老子》第四八章:“損之又損，以至於無爲。”《莊子·天地》:“無爲而萬物化。”又:“機心存於胸中，則純白不備。”既至無爲，則機心必與之俱化。

李　秉　明人。字執中。

《爾雅·釋詁》:“秉，執也。”《僞古文尚書·大禹謨》有“允執厥中”語，故以“中”綴“執”。

李秉彝　元人。字仲常。

《詩·大雅·烝民》:“民之秉彝。”毛傳:“彝，常。”

李　育　漢人。字元春。

《爾雅·釋天》:“春爲發生。”春日萬物發育生長，故以“春”應“育”。春爲歲之始，故飾以“元”。《爾雅·釋詁》:“元，始也。”

李芳華　清人。字實庵。

華落則實結，二者相關，義又相連，故相應。“庵”爲時尚字飾。

李　芾　宋人。字叔章。

芾，同“韍”“紱”。皆爲“巿”的後起字。上古漁獵時代，先民無衣服，只以皮革蔽下體前部，“巿”象其形。文明時代巿發展爲禮服的構成部分。《説文·巿部》:“巿，韠也。上古衣蔽前而已，巿以象之。天子朱巿，諸侯赤巿。”衣以章身，故以“章”相應。又，後代各級官員均佩戴不同的“章紱”(綬帶)，故“章紱”也代指官爵。杜甫《客堂》詩:“居然綰章紱，受性本幽獨。”仇兆鰲注:“章紱，謂所服緋魚。”故以“章”應“芾”。“叔”表行第較末。

李　迎　宋人。字彦將。

《詩·召南·鵲巢》:“之子于歸，百兩御之。”鄭箋:“御，迎也。”又:“之子于歸，百兩將之。”毛傳:“將，送也。”鄭箋:“故以百兩之禮，迎送成之。”迎送相連，故相協。“彦”爲男子美稱，古代娶妻，男子須親迎，“彦”爲雙關。

李　邴　宋人。字漢老。

漢有邴漢，西漢末爲太中大夫。王莽專權後歸隱故里。又，東漢末有邴原，與管寧同以操行高尚著稱。因避亂，携家屬入海，後居遼東。以“漢”應“邴”，是拆前賢姓名以爲名字。“老”爲綴飾，宋人所尚。亦或以“邴”指邴原，應以“漢老”，猶太公居東海之濱，孟子尊之爲“老”，言邴原乃漢之“大老”。

李長庚

①宋人。字子西。

《詩·小雅·大東》:“西有長庚。”“子”爲男子美稱。

②明人。字酉卿。

長庚，太白星。解見①。古人以“子”指代北，“午”指南，“卯”指東，“酉”指西，故以“酉”應“長庚”。“卿”爲美稱。

李長茂　清人。字齡侯。

《詩·小雅·天保》:“如南山之壽，不騫不崩，如松柏之茂，無不爾或承。”“茂”取“松柏之茂”，“齡”應“南山之壽”。“侯”爲顯位，以爲綴飾。

李長琨　清人。字越石。

晉劉琨字越石。晉王朝南遷後，仍長期堅守并州，忠於晉室，枕戈待旦，志圖恢復中原。其詩歌慷慨激昂，頗爲後世所重。後爲段匹磾所殺。因慕其爲人，故襲用其名字。

李　俊　明人。字子英。

英、俊皆謂才能過人者，故相協。“子”爲男子美稱。

李俊民　元人。字用章。

《書·洪範》:“俊民用章。”

李信圭　明人。字君信。

《周禮·春官·典瑞》:“侯執信圭。”《禮記·郊特牲》:“大夫執圭而使，所以申信也。”圭爲君所頒賜，故以“君”爲飾。

李　南　漢人。字孝山。

《詩》中多言“南山”，故以爲名字。東漢人喜以“孝”飾字。

李南公　宋人。字楚老。

楚國在南方，故以“楚”應“南”。又《方言》多言“南楚”。“老”爲綴飾，宋人所尚。

李　奕　後魏人。字景世。

奕，重。《國語·周語上》:“奕世載德。”言代代載德。景，企羨、希冀之辭。

李　威　前秦人。字伯龍。

龍威，傳説春秋吴王闔閭時之仙人。因拆以爲名字。

李　庠　成漢人。字元序。

庠、序皆古代學校名，故相協。《孟子·滕文公上》:“設爲庠序學校以教之。”

李　建　唐人。字杓直。

《漢書·天文志》:“直斗杓所指，以建時節。”

李建中　宋人。字得中。

《禮記·中庸》:“中也者，天下之大本也。”《易·巽卦》:“紛若之吉，得中也。”儒家重中庸之道，故以“得中”應“中”。

李建勳　五代南唐人。字致堯。

《書·堯典》:“曰若稽古帝堯，曰放勳。”杜甫《奉贈韋左丞丈二十二韻》:“致君堯舜上，再使風俗淳。”以“致堯”應“勳”，言願竭其力，輔佐其君，使之如帝堯建大勳於世。

李　彦　北周人。字彦士。

《詩·鄭風·羔裘》："彼其之子，邦之彦兮。"毛傳："彦，士之美稱。"

李彦從　五代後漢人。字士元。

《詩·鄭風·羔裘》："邦之彦兮。"毛傳："彦，士之美稱。"《易·乾卦·文言》："元者，善之長也。"善亦美，故以"士元"應"彦"。

李彦穎　宋人。字秀叔。

《説文·禾部》："穎，禾末也。"禾抽穗爲秀。《爾雅·釋草》："不榮而實者謂之秀。"二者同就穀穗而言，故相協。

李思衍　元人。字昌翁。

衍、昌皆有繁盛義，故相協。"翁"爲老壽之稱，以爲綴飾。

李思齊　明人。字世賢。

《論語·里仁》："見賢思齊焉。"飾以"世"，謂世世如此。

李思廣　宋人。字景淵。

"淵"有深義，深與廣義近，故相協。"景"義猶"思"。"景淵"與"思廣"亦相應。

李　恒

①元人。字德卿。

《易·恒卦》："恒其德，貞。""卿"爲美稱，以爲綴飾。

②元人。字可道。

《易·恒卦》："天地之道，恒，久而不已也。"又："聖人久於其道而天下化成。觀其所恒，而天地萬物之情可見矣。"故以"可道"應"恒"。

李　恢　三國蜀漢人。字德昂。

《易·屯卦》"屯其膏"王弼注："恢弘博施。"陸德明釋文云："〔恢〕大也。""昂"爲高，高大義近，故相協。飾以"德"，意欲張大其德。

李持正　宋人。字季秉。

秉、持皆有執義，故相協。

李　拯　唐人。字昌時。

以"時"應"拯"，意欲救世。飾以"昌"，欲使其所處之時代昌明。

李星井　明人。字聚東。

井，謂東井，星名。《漢書·天文志》："漢元年十月，五星聚於東井。"古代星象家以爲漢受天命之兆，故以爲名字。

李星沅　清人。字子湘。

沅、湘皆爲湖南境内大川，故相應。"子"爲男子美稱。

李　春　明人。字景陽。

《詩·豳風·七月》："春日載陽。"春日陽光明媚，爲人所愛，故飾以"景"。又，"景"爲日光，引申以爲晴朗佳日，故可與"陽"共應"春"。

李春芳　明人。字子實。

芳，花，花卉。宋玉《風賦》："蕭條衆芳。"春芳，猶言春華。以"實"相應，取春華秋實之義。

李春叟　宋人。字子先。

春爲歲之首，故應以"先"。"子"爲男子美稱。

李　昭　宋人。字晉傑。

《易·晉卦》："晉，君子以自昭明德。"傑，才能出衆者之稱，以爲綴飾。

李昭亮　宋人。字晦之。

昭、亮皆爲光明，應以"晦"，反義相協。

李昭述　宋人。字從祖。

《禮記·中庸》："仲尼祖述堯舜。"故以"祖"應"述"。飾以"從"，欲傚孔子之行。

李昭象　唐人。字化文。

《易·繫辭上》："在天成象，在地成形，變化見矣。"故以"文"應"象"。又《賁卦》："彖：觀乎天文，以察時變。觀乎人文，以化成天下。"故又以"文"飾"化"。

李昭遘　宋人。字逢吉。

遘、逢皆有遇義，故相協。《書·洪範》有"子孫其逢吉"語，因綴以"吉"示其心願。

李昴英　宋人。字俊明。

《史記·天官書》："昴曰髦頭，胡星也。"張守節正義："昴七星爲髦頭，胡星，亦爲獄事。明，天下訟獄平。"以"明"應"昴"，言國家政平人和。《爾雅·釋言》："髦，俊也。"故以"俊"飾"明"再應"昴"。又，英、俊亦相協。

李　昶　元人。字士都。

昶，通"暢"。《文選·嵇康〈琴賦〉》："雅昶唐堯，終詠微子。"李善注："昶與暢同。"《管子·水地》："而水以爲都居。"尹知章注："都，聚也。"暢通、聚積爲反義相協。"士"爲男子美稱。

李　杲　明人。字光遠。

杲，同"昶"。《説文·日部新附字》："昶，日長也。"日長則光照久遠，故以"光遠"相應。

李　昺　漢人。字子然。

昺，同"炳"。亮，明，光明。然，同"燃"。二者爲古今字。引火取光。然、昺義相連，故相協。"子"爲男子美稱。

李　枘　清人。字木庵。

"枘"爲樹木。故以"木"明其屬性。"庵"爲時尚字飾。

李　柏　清人。字雪木。

柏，樹木名。《論語·子罕》："歲寒然後知松柏之後彫也。"能耐歲寒，故以"雪"爲飾。

李　柬　後魏人。字休賢。

《爾雅·釋詁》："柬，擇也。"應以"賢"，意謂選賢任能。休，美。賢者乃人之美者，故以爲飾。

李柬之　宋人。字公明。

柬，選擇。應以"公明"，意謂揀選人才須至公且明。

李　津　明人。字濟之。

津，渡口。濟，渡河。二者義相連，故相協。綴以"之"，謂自此處渡河。

李　洪　宋人。字子大。

洪、大同義相協。"子"爲男子美稱。

李炳旦　清人。字震男。

《説文·旦部》："旦，明也。"日出東方時則明。《易·説卦》："震，東方也。"故以"震"應"旦"。又《易·説卦》有"震一索而得男"之語，故以"男"綴"震"。

李　珉　明人。字美中。

《説文·玉部》："珉，石之美者。"因《易·坤卦·文言》有"美在其中"，故承"美"而綴以"中"。

李　紀　明人。字大正。

《僞古文尚書·伊訓》："先王肇修人紀。"蔡沈注："人紀，三綱五常。"封建時代以倫常爲至大至正之道，故以“大正”應“紀”。

李　約　唐人。字在博。

《論語·子罕》：“博我以文，約我以禮。”《孟子·離婁下》：“博學而詳説之，將以反説約也。”不博無以反約，故以“在博”應“約”。

李　胤　晉人。字宣伯。

胤，後嗣，子孫。《詩·大雅·既醉》：“永錫祚胤。”毛傳：“胤，嗣也。”宣，布散，分布。《書·臯陶謨》：“日宣三德。”孔傳：“宣，布。”《左傳·昭公元年》：“於是乎節宣其氣。”杜預注：“宣，散也。”以“宣”應“胤”，欲子孫昌盛，使其枝派繁衍分布。

李　苗　後魏人。字子宣。

苗，謂苗裔，後代子孫。《楚辭·離騷》：“帝高陽之苗裔兮。”宣，分布。以“宣”應“苗”，欲後代昌盛，能繁衍分布。“子”爲男子美稱。

李若水　宋人。字清卿。

名與字取清若水之義。《老子》第八章：“上善若水。”《孟子·離婁上》：“滄浪之水清兮。”“卿”爲美稱。

李若谷　宋人。字子淵。

《老子》第四一章：“上德若谷。”又第八章：“心善淵。”“子”爲男子美稱。

李若拙　宋人。字藏用。

《老子》第四五章：“大巧若拙。”《易·繫辭上》：“顯諸仁，藏諸用。”

李若星　明人。字紫垣。

中國古代天文學家分天宇爲天市、太微、紫微三垣。“紫垣”即紫微垣。古人將天象比附人世，紫微垣爲帝居，衆星則將相弼輔。神話傳説，殷高宗賢相傅説，死後化爲列星。以“紫垣”應“若星”，言如傅説，當爲帝王良佐。

李　英　金人。字子賢。

賢者自是英俊之士，故“英”“賢”相應。“子”爲男子美稱。

李　茂　後魏人。字仲宗。

以“宗”應“茂”，欲其宗族昌盛。

李茂春　明人。字蔚元。

《爾雅·釋詁》：“元，始也。”春爲歲之始，故春、元相應。茂、蔚皆有盛義，均狀春日萬物滋生。

李　衍　明人。字文盛。

衍，繁盛，豐盛。與“盛”同義相協。飾以“文”，取“郁郁乎文哉”之義，願當世文明昌盛。

李　衎　元人。字仲賓。

《詩·小雅·南有嘉魚》：“君子有酒，嘉賓式燕以衎。”

李　軌　唐人。字處則。

軌、則皆有法義。飾以“處”，謂以法自處，不敢越軌。

李述芳　清人。字贊芝。

芝，蘭屬，爲香草之一種，故以應“芳”。贊，美，稱美。

李迴秀　唐人。字茂之。

秀、茂皆有美盛特出義，故相協。

李　郁

① 五代後晉人。字文緯。

郁，文盛貌。《論語·八佾》：“郁郁乎文哉！”故以“文”應“郁”。古人以交錯爲文。“緯”爲與經相交之横綫，故爲“文”之綴飾。

② 宋人。字光祖。

“郁”解見①。凡文采皆有光明顯著之象。故以“光”相應。古人敬天法祖，子孫應光大其祖德，故以“祖”綴“光”。

李　郃

① 漢人。字孟節。

郃，假作“合”。《孟子·離婁下》：“若合符節。”

② 唐人。字子玄。

郃，假作“合”。合，閉合。閉合則幽暗，沉寂。故應以“玄”。“玄”爲黑色，引申爲幽暗、寂默。“子”爲男子美稱。

李　重　晉人。字茂曾。

重，讀chóng。重疊。曾，讀céng，即“層”。二者皆有累積義，故相協。“茂”有高大義，故以飾重疊多層之物。

李重華　清人。字實君。

開華結實，二事相連，故相協。“君”爲美稱。

李　革　金人。字君美。

《易·革卦》朱熹本義云：“内有文明之德，而外有和悦之氣，故其占爲有所更革。”内外皆爲美質，故以“美”應“革”。“君”爲美稱。

李　修　後魏人。字思祖。

《詩·大雅·文王》：“無念爾祖，聿修厥德。”毛傳：“無念，念也。”念即“思”。故以“思祖”應“修”。

李修己　宋人。字思永。

《書·臯陶謨》：“慎厥身修，思永。”

李修易　清人。字乾齋。

《乾卦》爲《易》之首，故相應。“齋”爲時尚字飾。一作字子健，號乾齋。則取《易·乾卦》“天行健”之義。是名、字、號皆取義於《易》。

李　倜　元人。字士宏。

倜，高，高舉貌。《荀子·彊國》：“俄而天下倜然舉去桀紂而奔湯武。”楊倞注：“倜然，高舉之貌。”“宏”爲大，高大義近，故相協。《論語·泰伯》有“士不可以不弘毅”語，故飾以“士”。宏、弘皆有廣大、寬廣義。

李原名　明人。字資善。

《孟子·離婁下》：“資之深，則取之左右逢其原。”故以“資”應“原”。名字取義於孟子之書，是服膺孟子之學。“孟子道性善”，故綴“資”以“善”。

李　唐

① 宋人。字晞古。

唐，謂陶唐氏，帝堯之號。因《書·堯典》有“稽古帝堯”之語，故以“古”相應。晞，黎明時之日光。以飾“古”，謂得被古聖賢之德輝。

② 元人。字仲宏。

唐，廣大。《論衡·正説》：“唐之爲言蕩蕩也。”蕩蕩爲寬廣之貌。應以“宏”，宏亦寬大之義。

李唐咨　宋人。字堯卿。

《書·堯典》記帝堯命羣臣之言，皆用虚詞“咨”。如：“咨，汝羲暨和！”“咨，四岳！”故以“堯卿”相應。

李孫宸 明人。字伯襄。
宸，皇帝之居處，或與皇帝有關之事物。襄，輔助。以應“宸”，謂作天子弼輔大臣。

李 峻 清人。字公起。
峻，高。起，立。立則高。故二者相應。“公”爲美稱。

李師中 宋人。字誠之。
《禮記·大學》：“此謂誠於中，形於外。”

李師雄 金人。字伯威。
《楚辭·大招》：“雄雄赫赫，天德明只。”王逸注：“雄雄赫赫，威勢盛也。言楚王有雄雄之威。”故以“威”應“雄”。

李師愈 宋人。字好古。
唐韓愈以恢復孔子道統自任，爲文宗秦漢，自謂“非三代兩漢之書不敢觀，非聖人之志不敢存”，志在復古。故以“好古”應“師愈”，言師法韓愈之好古。

李師夔 金人。字賢佐。
夔，帝舜之臣，典樂，掌教化，佐舜治天下。故以“賢佐”相應。

李庭芝 宋人。字祥甫。
《世説新語·言語》：“謝太傅問諸子姪：‘子弟亦何預人事，而正欲使其佳？’諸人莫有言者，車騎（玄）答曰：‘譬如芝蘭玉樹，欲使其生於庭階耳。’”後遂以芝蘭玉樹稱人佳子弟。有佳子弟乃家門之慶，故以“祥”應“庭芝”。“甫”爲男子美稱。又芝亦可指靈芝。芝爲瑞草，亦可以“祥”應。

李 彧 後魏人。字子文。
彧，文采美盛。何晏《景福殿賦》：“羌瓌瑋以壯麗，紛彧彧其難分。”“子”爲男子美稱。

李 振 五代後梁人。字興緒。
振、興皆有起或奮發義，故相協。《禮記·中庸》：“武王纘大王、王季、文王之緒。”鄭玄注：“緒，業也。”以綴“興”，謂振興其先人之業。

李振祜 清人。字受之。
《詩·小雅·信南山》：“受天之祜。”

李振裕 清人。字維饒。
饒、裕皆有豐足、豐富義，故相協。維，但，只。用以申明豐足之義。

李 挺 明人。字正立。
挺、立皆有直義，故相協。“正”與“直”義亦近，故以爲飾。

李 時 明人。字宗易。
《易·乾卦》：“乾乾因其時而惕，雖危无咎矣。”又：“君子進德修業，欲及時也，故无咎。”又：“終日乾乾，與時偕行。”以“宗易”應“時”，意即法《易》之善用時。

李時行 明人。字少偕。
《易·乾卦》：“終日乾乾，與時偕行。”“少”表行第較末。

李時亮 宋人。字端夫。
《書·舜典》：“欽哉，惟時亮天功。”孔傳：“惟是乃能信立天下之功。”《孟子·告子下》：“君子不亮，惡乎執！”趙岐注：“亮，信也。”“端”爲正直、方正，與“亮”義近，故相協。“夫”爲男子通稱。

李時勉 明人。名懋。
以字行。《書·舜典》：“惟時懋哉。”孔傳：“懋，勉也。”

李時珍 明人。字東璧。
《周禮·春官·大宗伯》：“以蒼璧禮天。”《禮記·月令》：“孟春之月……載青旂，衣青衣，服倉玉。”蒼爲青色，東方主青，故以“東”飾“璧”應“珍”。

李時敏 宋人。字致道。
《僞古文尚書·説命下》：“惟學遜志，務時敏。”《論語·子張》：“君子學以致其道。”

李時雍 宋人。字致堯。
《論語·雍也》：“雍也可使南面。”謂仲雍可以爲君。又《衛靈公》：“無爲而治者，其舜也與！夫何爲哉？恭己正南面而已矣。”堯、舜垂衣裳而天下治，被視爲聖君。杜甫《奉贈韋左丞丈二十二韻》：“致君堯舜上。”

李時漸 明人。字伯鴻。
《易·漸卦》：“鴻漸于干。”

李 晏 金人。字致美。
《詩·鄭風·羔裘》：“羔裘晏兮，三英粲兮。”毛傳：“晏，鮮盛貌。”鮮盛即美。“晏”又訓樂，樂亦美。必以爲美者始樂。故以“致美”應“晏”。致，招，使。

李栖筠 唐人。字貞一。
筠，竹之别名。竹耐寒、有節，常以比君子。故以“貞”相應。綴以“一”，謂純一不二。

李 根 清人。字阿靈。
張衡《南都賦》：“固靈根於夏葉，終三代而始蕃。”東漢以來，文人小字多名“阿 ×”，故倣以爲字。一字雲谷。道家以爲仙人多居名山幽谷。以“雲谷”應“根”，謂此非凡俗之根。

李 栻
① 明人。字孟敬。
栻，古代卜筮所用之器具。《史記·日者列傳》：“分策定卦，旋式正棊。”集解引徐廣曰：“式，音栻。”索隱：“式即栻也。”卜筮須誠敬。“且夫卜筮者，掃除設坐，正其冠帶，然後乃言事，此有禮也。”卜筮以禮，禮主敬。故以“敬”應“栻”。
② 清人。字楷士。
栻、式通。解見①。《老子》第六五章：“常知楷式，是謂玄德。”“士”爲男子美稱。

李格非 宋人。字文叔。
《僞古文尚書·冏命》：“繩愆糾繆，格其非心。”《論語·學而》：“行有餘力，則以學文。”何晏集解引馬融云：“文者，古之遺文。”邢昺疏：“古之遺文者，則《詩》《書》《禮》《樂》《易》《春秋》六經是也。”以“文”應“格非”，謂以聖賢之六經爲準則，以正其言行，以免“言非行僞”。

李 桓 清人。字叔虎。
《爾雅·釋訓》：“桓桓、烈烈，威也。”郭璞注：“皆嚴猛之貌。”虎爲猛獸，故以相應。

李 泰
① 唐人。字惠褒。
《僞古文尚書·泰誓》孔穎達疏引顧氏云：“泰者，大之極也。”《説文·衣部》：“褒，衣博大也。”段玉裁注：“引伸之爲凡大之偁。”泰、褒同有大義，故相協。飾以“惠”，取“博施於民”，使恩德廣被之義。

② 明人。字淑通。

《易·序卦》:"泰者,通也。"天地交泰而萬物通,則生淑善之氣,故以"淑"爲飾。

李 浩

① 唐人。字太素。

浩,假作"皓"。潔白。"素"亦白,故相協。太,表程度。言極白。

② 宋人。字直夫。

浩,謂浩然之氣。《孟子·公孫丑上》:"敢問何謂浩然之氣?曰:'難言也。其爲氣也,至大至剛,以直養而無害,則塞於天地之間。'"故以"直"應"浩"。"夫"爲男子通稱。

③ 宋人。字德遠。

浩,謂浩浩,有廣袤、曠遠之義。李華《弔古戰場文》:"浩浩乎平沙無垠。"故以"遠"應"浩"。飾以"德",謂其德廣大,或德澤遠被。

④ 明人。字師孟。

《孟子·公孫丑上》:"〔公孫丑曰〕'敢問夫子惡乎長?'〔孟子〕曰:'我知言。我善養吾浩然之氣。'""師孟"謂師法孟子養浩然之氣。

李 涓 宋人。字浩然。

涓,水流細。浩,謂浩浩或浩蕩。水波廣大貌。此反義相協。亦暗喻涓涓細流可以匯成江河。

李 流 成漢人。字玄通。

水流則通,無滯礙水則流。故流、通相應。《老子》第十五章:"古之善爲士者,微妙玄通。"因以"玄"飾"通"。

李流芳 明人。字茂宰。

芳,花卉。宋玉《風賦》:"蕭條衆芳。"引申爲美盛。故以喻人之美名、美德。"茂"亦盛。故相協。宰,主,主宰。以綴"茂",謂爲美盛之主宰。能流芳後世,即是已主宰美名。

李流謙 宋人。字無變。

《易·謙卦》:"天道虧盈而益謙,地道變盈而流謙。"朱熹本義:"變,謂傾壞。"以"無變"應"流謙",意謂不變此"益謙""流謙"之道。

李珪之 南朝齊人。字孔璋。

珪、璋皆爲玉製禮器。《禮記·聘義》:"以圭璋聘,禮也。"《老子》第二一章:"孔德之容。"河上公注:"孔,大也。"璋形如半珪,珪則倍於璋,故以"孔"飾"璋"。

李 珣 宋人。字公粹。

《説文·玉部》:"珣,醫無閭之珣玗琪,《周書》所謂夷玉也。"玉以純粹無雜質爲貴,故以"粹"相應。"公"爲美稱。

李 班 成漢人。字世文。

《禮記·王制》:"班白不提挈。"鄭玄注:"雜色曰班。"有雜色方成文,故以"文"應"班"。班、斑,古書於此義常混用。飾以"世",欲世世文盛。

李 益 明人。字守謙。

《易·謙卦》:"天地虧盈而益謙。"飾以"守",謂永守謙卑之操。

李 矩 晉人。字世迴。

矩,畫方形之器具,引申爲方,方折。迴,同"回"。轉,回轉。二者義近,故相協。

李 祐

① 後魏人。字長禧。

《爾雅·釋詁》:"禧,福也。"《楚辭·天問》:"驚女采薇鹿何祐?"王逸注:"祐,福也。"飾以"長",謂永久受福。

② 唐人。字贊。

祐、贊皆有助義,故相協。

③ 唐人。字慶之。

《易·大有卦》:"自天祐之,吉无不利。"能得神明之助,自是吉慶,故相應。

李祖陶 清人。字欽之。

陶,謂陶唐氏。帝堯之號。《書·堯典》:"曰若稽古帝堯,曰放勳。欽明文思安安。"蔡沈集傳:"故《書》叙帝王之德,莫盛於堯,而其贊堯之德,莫備於此,且又首以'欽'之一字爲言。"祖陶,猶言法陶,故以"欽之"相應。一作字"邁堂"。與名不協。此當是號。

李 紓 唐人。字仲舒。

紓、舒皆有緩義,故相協。

李 紘

① 宋人。字仲綱。

《説文·糸部》:"紘,網紘也。"段玉裁注引孔穎達曰:"紘者網之大繩。"

② 清人。字巨州。

《淮南子·墬形訓》:"九州之外,乃有八殥。……八殥之外,而有八紘。""紘"遠在九州之外,區域更大,故以"巨州"相應。

李翀霄 清人。字息六。

《玉篇·羽部》:"翀,飛上天。"《廣韻·平東》爲"直上飛"。《莊子·逍遥遊》謂鵬鳥之飛"摶扶摇而上者九萬里,去以六月息者也",故以"息六"應"翀霄"。

李 翃 清人。字和之。

《玉篇·羽部》:"翃,蟲飛。"《詩·周南·螽斯》以螽羣飛比喻文王子孫衆多而和睦,故以"和"應"翃"。

李耆壽 宋人。字南公。

《詩·小雅·天保》:"如南山之壽,不騫不崩。""公"爲美稱。

李茹旻 清人。字覆如。

《詩·王風·黍離》"悠悠蒼天"毛傳:"仁覆閔下則稱旻天。"故以"覆"應"旻"。言能如旻天仁覆愍下。

李 虔 後魏人。字叔恭。

《詩·大雅·韓奕》:"夙夜匪解,虔共爾位。"共、恭古今字。

李 訓 唐人。字子垂。

《説文·言部》:"訓,説教也。"引申爲可以成爲法則的話。以"垂"相應,意謂垂法於後世。"子"爲男子美稱。始名仲言,字子訓。是謂其言語可以成爲教言或法則。又,言、訓皆爲言語行爲,亦自相協。《爾雅》有《釋言》《釋訓》。

李 貢 明人。字惟正。

貢,謂貢舉。向朝廷薦士。應以"正",取《論語·爲政》"舉直錯諸枉"之義。

李 邕

① 後魏人。字修穆。

《詩·召南·何彼襛矣》:"曷不肅雝。"毛傳:"雝,和。"雝,同"邕"。《詩·大雅·烝民》:

"穆如清風。"鄭箋:"穆,和也。"修,治,致力。

②唐人。字泰和。

邕,和。解見①。又《詩·小雅·蓼蕭》:"和鸞雝雝,萬福攸同。"泰,極,甚。

李 偉 明人。字世奇。

奇、偉義近,故相協。飾以"世",意謂爲一世之奇偉人物。

李 偲 金人。字子友。

《論語·子路》:"朋友切切偲偲。""子"爲男子美稱。

李 勖 明人。字文勉。

勖、勉皆有努力、盡力義,故相協。飾以"文",謂致力於文。《論語·學而》:"行有餘力,則以學文。"

李 參 宋人。字清臣。

漢曹參代蕭何爲相,尚清静無爲,一遵蕭所定諸法,民賴以休養生息。"百姓歌之曰:'蕭何爲法,顜若畫一;曹參代之,守而無失。載其清净,民以寧一。'"(《史記·曹相國世家》)故以"清"應"參"。飾以"臣"言曹參爲治世安民之輔臣。

李商隱 唐人。字義山。

商末周武王伐紂,伯夷、叔齊以爲"以臣弑君",叩馬而諫,太公稱爲"義士",捨而不殺。周建國後,"而伯夷、叔齊恥之,義不食周粟,隱於首陽山"。事見《史記·伯夷列傳》。故以"義山"應"商隱"。又,漢初有四皓隱於商山。亦或取義於此。

李國宋 清人。字湯孫。

周滅商後,封微子於宋,以奉殷祀。微子乃商湯之子孫,而《詩·商頌·殷武》又有"湯孫之緒"之語,因取以應"宋"。

李國亮 清人。字朗菴。

亮、朗皆有光明義,故相協。"菴"爲時尚字飾。

李國祥 明人。字休徵。

祥,吉祥,祥瑞。休徵,猶言吉兆。《禮記·中庸》:"國家將興,必有禎祥。"故以"休徵"應"國祥"。

李國標 清人。字君龍。

《説文·木部》:"標,木杪末也。"段玉裁注:"標在最上,故引伸之義曰標舉。"凡顯明突出者亦曰標。國標,猶言國之突出特異者。後漢荀淑有八子,號八龍,以"龍"應"國標",言國之特異之士乃人中之龍。"君"爲美稱。

李國翰 清人。字伯藩。

《詩·大雅·板》:"价人維藩,大師維垣,大邦維屏,大宗維翰。"皆謂爲國之屏障。

李培源 清人。字道園。

《孟子·離婁下》:"君子深造之以道。……則取之左右逢其原。"原、源古今字。"園"爲時尚字飾。

李基和 清人。字協萬。

《書·堯典》:"協和萬邦。"

李 堂

①明人。字時升。

《論語·先進》:"由也升堂矣,未入於室也。"飾以"時",殆示謙退,言尚未升堂,須待以時日乃可。

②清人。字肯菴。

《書·大誥》:"厥子乃弗肯堂,矧肯構?"後以"肯構肯堂"喻子能承父業。故以"肯"應"堂"。"菴"爲時尚字飾。

李 堅 後魏人。字次壽。

古人以爲金石最堅固,故常以金石之固比喻長壽。《古詩十九首》:"人生忽如寄,壽無金石固。"以"次壽"應"堅",意謂壽命之久,可與金石同列。

李 寅

①清人。字露禎。

於十二屬相中"寅"爲虎;於四象中白虎爲西方七宿(奎、婁、胃、昴、畢、觜、參);於四時中西方主秋。《禮記·月令》:"孟秋之月……白露降。"故以"露"應"寅"。古人以"甘露降"爲禎祥,乃因露而及甘露,故綴以"禎"。

②清人。字白也。

寅,解見①。西方既爲白虎,於五行中西方又屬金,其色爲白。金星現於西方名長庚,又名太白。是西方爲諸"白"之匯,故以"白也"應"寅"。亦採杜甫"白也詩無敵"成語。

李 密

①晉人。字令伯。

賈誼《道德説》:"德有六美。何謂六美?有道,有仁,有義,有忠,有信,有密。"又:"密者,德之高也。"密既爲德之一美,《詩·大雅·假樂》又有"顯顯令德"之語,故以"令"應"密"。

②唐人。字玄邃。

密、邃皆有幽深或深奥義,故相協。"玄"有幽寂、玄妙義,亦與密邃相近,故以爲飾。

李專美 五代後晉人。字翊商。

《僞古文尚書·説命下》:"爾尚明保予,罔俾阿衡專美有商。"伊尹爲商湯賢相,故以"翊商"相應。翊,輔助。

李 崇

①後魏人。字繼長。

崇,高,高大。"長"亦爲高大。故相協。飾以"繼",欲不斷高大。

②隋人。字永隆。

崇、隆皆有盛義。《爾雅·釋詁》:"崇,充也。"郭璞注:"亦爲充盛。"楊惲《報孫會宗書》:"方當盛漢之隆。"飾以"永",意謂永遠興盛。

李崇矩 宋人。字守則。

矩、則皆有法式義,故相協。飾以"守",謂遵循法度。

李崇祖 北齊人。字子述。

《禮記·中庸》:"仲尼祖述堯舜。""子"爲男子美稱。

李崑瑜 清人。名琳。

以字行。《説文·玉部》:"琳,美玉也。""瑜,瑾瑜也。""瑾,瑾瑜,美玉也。"崑,山名。《僞古文尚書·胤征》:"火炎崐岡,玉石俱焚。"僞孔傳:"崐山出玉。"崐、崑同。

李 崧 清人。字静山。

《詩·大雅·崧高》:"崧高維嶽。"毛傳:"山大而高曰崧。"《論語·雍也》:"知者樂水,仁者樂山;知者動,仁者静。"仁者"厚重不遷,有似於山",其形爲静,故以"静"飾"山"。

李 康 元人。字寧之。

《書·洪範》:"三曰康寧。"

李康年 宋人。字樂道。

《詩·唐風·蟋蟀》:"無已大康。"毛傳:"康,樂。"綴以"道",謂樂於聖人之道。

李 彪 後魏人。字道固。

彪,謂東漢史學家班彪。彪作《漢書》,未成而死,其子班固,繼承父志,卒成其業。道,同"導"。古今字。謂導班固成事。

李 彬

①明人。字質文。

《論語·雍也》:"文質彬彬,然後君子。"

②明人。字文中。

解見①。朱熹於"彬彬"注云:"彬彬,猶班班。物相雜而適均之貌。"以"中"綴"文",意謂適中。

李得春 清人。字東垣。

古人以爲東方屬木,主春。故以"東"應"春"。《禮記·月令》:"以迎春於東郊。"宋以來文人學士多喜以建築名詞爲字飾,詩文中又多有"東家""東鄰""東壁"字樣,故以"垣"綴"東"。

李從周 宋人。字肩吾。

《詩·周頌·敬之》:"佛時仔肩,示我顯德行。"以"肩吾"應"從周",意欲從《周頌》之戒,願人輔助以成其德。又,孔子屢言"吾從周"(見《論語》《禮記·中庸》等),故以"吾"應"從周"。"肩吾"爲傳説中的神名(見《莊子》《山海經》等),故以"肩"飾"吾"。

李從敏 五代後周人。字叔達。

《論語·公冶長》:"敏而好學,不恥下問。"又《憲問》:"下學而上達。""叔"表行第居第三。

李從温 五代後晋人。字德基。

《詩·大雅·抑》:"温温恭人,維德之基。"

李 惇 清人。字成裕。

《書·洛誥》:"惇大成裕,汝永有辭。"

李惇頤 宋人。字子修。

《易·序卦》:"頤者,養也。"修、養義近。養、修又皆有治義。《禮記·中庸》:"修道之謂教。"鄭玄注:"修,治也。"《孟子·盡心下》:"養心莫善於寡欲。"趙岐注:"養,治也。"是頤、修又可同義相協。"子"爲男子美稱。

李惟清 宋人。字直臣。

《書·舜典》:"直哉,惟清!"此帝舜告誡其臣伯夷之辭,故以"臣"綴"直"。

李 敏

①隋人。字樹生。

《禮記·中庸》:"地道敏樹。"地利種植而速成,是即易生,故以"生"綴"樹"。

②明人。字公勉。

敏、勉皆有奮力、勤奮義。《論語·述而》:"好古敏以求之者也。"故相協。"公"爲美稱。

李敏之 宋人。字仲通。

敏,聰慧,慧捷。聰敏則通,故以"通"應"敏"。

李 晦 宋人。字隨甫。

《易·隨卦》:"君子以嚮晦入宴息。""甫"爲男子美稱。

李 晟 唐人。字良器。

《集韻·平清》:"晟,飯匱也。"能盛物即爲良器。又,"晟"亦或假作"盛"(chéng)。應以"器",謂盛物之器。

李梓發 宋人。字材甫。

《尚書》有《梓材》,故拆以爲名字。"甫"爲男子美稱。

李 淑 宋人。字獻臣。

《爾雅·釋詁》:"淑,善也。"《莊子·大宗師》:"獻笑不及排。"陸德明釋文引向秀云:"獻,善也。"二者同義相協。"臣"爲綴飾。

李 淶 明人。字源甫。

淶,水名。水貴有源,故應以"源"。"甫"爲男子美稱。

李 清 清人。字心水。

《漢書·鄭崇傳》:"上責崇曰:'君門如市人,何以欲禁切主上?'崇對曰:'臣門如市,臣心如水。'"言其心如水之清。

李清臣 宋人。字邦直。

《書·舜典》:"直哉,惟清!"《詩·鄭風·羔裘》:"彼其之子,邦之司直。"故以"直"應"清",又取《羔裘》之義,以"邦"飾"直"。

李清時 清人。字授侯。

《書·堯典》:"曆象日月星辰。敬授人時。""侯"爲顯爵,以爲綴飾。

李清植 清人。字立侯。

植、立同有豎義,故相協。"侯"爲顯爵,以爲綴飾。

李清馥 清人。字根侯。

馥,香,芳香。《荀子·勸學》:"蘭槐之根是爲芷。"芷即白芷,根爲香料。故以應"馥"。"侯"爲顯爵,以爲綴飾。

李清藻 清人。字信侯。

《左傳·隱公三年》:"蘋蘩蕰藻之菜……可薦於鬼神,可羞於王公,而況君子結二國之信?""侯"爲顯爵,以爲綴飾。

李 産 前燕人。字子喬。

産,謂子産,春秋鄭國大夫,複姓公孫,名僑,字子産。執政四十年,甚得民心,極爲孔子所稱道。因慕前賢,故拆以爲名字。"僑"古書亦作"喬"。《後漢書·陳寵傳》:"故子貢非臧孫之猛法,而美鄭喬之仁政。"即指子産。

李 臯 唐人。字子蘭。

《楚辭·離騷》:"步余馬於蘭臯兮,馳椒丘且焉止息。"

李 祥

①後魏人。字元善。

《爾雅·釋詁上》:"祥,善也。"《易·乾卦·文言》:"元者,善之長也。"故以"元善"應"祥"。

②宋人。字元德。

祥、元解見①。"德"亦善。《禮記·曲禮上》:"道德仁義,非禮不行。"孔穎達疏:"德謂善行。"故綴於"元",一並應"祥"。

李 符

①宋人。字德昌。

符,謂符瑞。古人以爲上天降福之憑證。故以"昌"相應。言其家族將以昌盛。飾以"德",取"有德者昌"之義。

②清人。字分虎。

古代君王授將帥兵權時,將銅製虎符右半留下,左半分與率兵者，既爲權力象徵，又作調遣軍隊的憑證。虎符合則執行君王之命。

李符清 清人。字仲節。

符、節皆爲古代朝廷傳命、布政的信物，故相應。

李 紳 唐人。字公垂。

紳，古代官員所束大帶。“束帶立於朝”時必“端笏垂紳”，故以“垂”應“紳”。“公”爲高位，亦爲美稱。

李 紹

①唐人。字克述。

紹，繼承。《説文·辵部》：“述，循也。”遵循與繼承義近，故相協。克，能。謂能繼其前人。

②清人。字承芳。

紹、承皆有繼義，故相協。芳，比喻先人之美德。陸機《文賦》：“誦先人之清芬。”芬、芳同義。以綴“承”，言繼其先人之美德。

李紹文 明人。字節之。

孔子以爲“文勝質則史”，“文質”相半最宜。故以“節之”應“文”，言不令文勝質。

李 習 明人。字伯羽。

《禮記·月令》：“季夏之月……鷹乃學習。”陳澔注：“學習，雛學數飛也。”羽爲飛行之具，故應“習”。

李處權 宋人。字巽伯。

《易·繫辭下》：“巽以行權。”

李 訢 後魏人。字玄盛。

訢，同“欣”。《漢書·賈山傳》“天下皆訢訢焉”顔師古注：“訢讀與欣同。”“欣”有盛義。陶潛《歸去來辭》：“木欣欣以向榮。”故以“盛”應“訢”。《老子》第五一章：“蓋之覆之，生而不有，爲而不恃，長而不宰，是謂玄德。”以“玄”飾“盛”，謂天地以幽潛之德撫育萬物，使之滋生繁茂。

李 訥 唐人。字敦止。

《論語·子路》：“剛、毅、木、訥，近仁。”何晏集解引王肅曰：“訥，遲鈍。”《禮記·表記》：“仁者之爲器重。”“重”謂厚重。厚重則外在表現爲遲鈍。《詩·邶風·北門》：“王事敦我。”毛傳：“敦，厚。”以“止”綴“敦”而應“訥”，言訥之謂仁，止於敦厚而已。

李 通

①漢人。字次元。

《易·乾卦》：“元亨利貞。”孔穎達疏引子夏傳云：“元，始也。亨，通也。”元亨猶元通，故以“元”應“通”。飾以“次”，謂“通”與“元”同列。

②三國魏人。字文達。

通、達同義相協。自東漢崇儒尚文，士大夫多以“文”“孝”等飾字。

李 逢 明人。字邦吉。

《書·洪範》：“身其康彊，子孫其逢吉。”飾以“邦”，願其邦家昌盛。

李 陶 宋人。字唐父。

帝堯號陶唐氏，因拆以爲名字。“父”爲男子美稱，以爲綴飾。

李 陵 漢人。字少卿。

陵，有高大義。《後漢書·五行志二》：“夫陵者，高大之象也。”少，猶小。與“陵”反義相協。“卿”爲高位，亦爲美稱，以爲綴飾。

李 傕 漢人。字稚然。

傕，假作“確”，義爲真實。《易·乾卦》：“確乎其不可拔。”孔穎達疏：“確乎堅實其不可拔。”然，猶是。《論語·雍也》：“子曰：‘雍之言然！’”真實與是義近，故相協。“稚”表行第較末。

李 善

①漢人。字次孫。

孫，假作“遜”。恭順，謙讓。謙遜爲美德，亦善行，故以應“善”。飾以“次”，言與“遜”同列。

②元人。字元善。

《易·乾卦·文言》：“元者，善之長也。”名與字相同。

李善蘭 清人。字壬叔。

《孔子家語·文本》：“與善人居，如入芝蘭之室。”《楚辭·離騷》：“紉秋蘭以爲佩。”壬，以代同音字“紝”。紝、紉義近。先秦、兩漢人名字多通假字，清人喜倣古，以示博雅古奥，多用同音字以代原字。

李堯文 清人。字宛林。

此拆“文林”以爲名字。《後漢書·崔駰傳論》：“崔氏世有美才，兼以沉淪典籍，遂爲儒家文林。”宛，似，相似，如同。以飾“林”，意謂猶未是真，表示謙遜。

李堯民 明人。字耕堯。

既爲帝堯之民，自是耕種帝堯之田。

李 富 明人。字尚禮。

《論語·學而》：“未若貧而樂，富而好禮者也。”尚，崇尚。與“好”義近。

李 尋 漢人。字子長。

尋，古代度量單位名。八尺爲尋。《孟子·滕文公下》：“枉尺而直尋。”因是長度，故應以“長”，“子”爲男子美稱。

李 崿 唐人。字伯高。

《文選·張衡〈西京賦〉》：“坻崿鱗眴。”李善注引《文字集略》曰：“崿，崖也。”山崖陡峻，故以“高”相應。“伯”表行第居長。崿、㖂异體字。

李 對 清人。字霞表。

《廣韻·平鍾》：“對，山名。一名龍門山，在封州。大魚上，即化爲龍；上不得，點額流血，水爲之丹色也。”以“霞表”應“對”，謂山高峻，出於天外。亦或取魚躍龍門，“不得上，點額流血，水爲之丹”之意。“霞表”猶丹色爲之表識。李對與孫奇逢同爲清初理學家，取此名字，或以明遯世之志？

李 巽

①唐人。字令伯。

《論語·子罕》：“巽與之言，能無説乎？繹之爲貴。”何晏集解引馬融曰：“巽，恭也。謂恭孫（遜）謹敬之言。”恭遜爲美德，故以“令”相應，“令”亦美。

②宋人。字仲權。

《易·繫辭下》：“巽以行權。”

李 彭 宋人。字商老。

彭，謂彭祖。傳説姓籛名鏗，生於夏，爲商賢大夫，因封於彭，故稱老彭或彭祖。老，有壽者之稱，宋人喜以爲字飾，且亦以應彭祖壽八百歲的傳説。言老彭爲商之耆老。

李　復

①唐人。字初陽。

《易・復卦》："七日來復。"王弼注："陽氣始剥盡，至來復時，凡七日。"又："雷在地中，復。"王弼注："夏至，陽之復也。"故以"陽"應"復"。復乃返其初，故以"初"爲飾。

②宋人。字履中。

《易・復卦》："中行獨復，以從道也。六五，敦復，无悔。"王弼注："居厚而履中。居厚則无怨，履中則可以自考。"

李復圭　宋人。字審言。

《詩・大雅・抑》："白圭之玷，尚可磨也；斯言之玷，不可爲也。"審，慎。以飾"言"，謂遵白圭之戒，慎言語。又《論語・先進》："南容三復'白圭'。"

李　惠　元人。字公澤。

惠，恩德，恩澤。澤，德澤。二者義近，故相協。"公"爲美稱。

李　惲

①後魏人。字善祖。

《方言》卷十三："惲，謀也。"《詩・大雅・文王有聲》："詒厥孫謀，以燕翼子。"孔穎達疏："言子孫敬事，能遵用其道，則得安也。"子孫能敬其父祖之業而用其道，即是以其祖之謀劃爲善而遵行。故以"善祖"應"惲"。

②宋人。字孟深。

《説文・心部》："惲，重厚也。"厚、深義近，故相協。

李　揆　唐人。字端卿。

揆，謂端揆。宰相居百官之首，總持朝政，因《書・舜典》有"百揆時叙"語，故名。《南史・沈約傳》："約久處端揆，有志台司。""卿"爲高位，亦爲美稱。

李　景　隋人。字道興。

以"道"應"景"，意在景仰聖賢之道。綴以"興"，願其昌明興盛。

李景年　前趙人。字延祐。

年，謂五穀豐收。《穀梁傳・桓公三年》："五穀皆熟爲有年也。"古人以爲年成爲神所賜，故有"祈年"之祀。以"延祐"應"年"，意求永遠豐收。

李景温　唐人。字德己。

《詩・大雅・抑》："温温恭人，維德之基。"又《書・臯陶謨》有"九德"，"直而温"爲其一。故以"德"應"温"。綴以"己"，取"德潤身"之義，謂能增益自身。

李景儉　唐人。字寬中。

《老子》第六七章："儉故能廣。"寬、廣同義，故以"寬"應"儉"。綴以"中"，謂内中寬博。

李景讓　唐人。字後己。

《論語・學而》："夫子温良恭儉讓以得之。"邢昺疏："先人後己謂之讓。"

李曾伯　宋人。字長孺。

伯、長皆有大義，故相協。孺，謂孺子。先秦謂爲人後代而繼承君位者之稱。見錢大昕《十駕齋養新録》卷二。後以爲美稱，故以爲字飾。又，曾通"層"。層爲重叠，亦有高大義，與"長"亦可相協。

李朝斌　清人。字質堂。

斌，通"彬"。《論語・雍也》："文質彬彬，然後君子。""堂"爲時尚字飾。

李朝隱　唐人。字光國。

王康琚《反招隱詩》："小隱隱陵藪，大隱隱朝市；伯夷竄首陽，老聃伏柱史。"古以隱者爲高士、賢人。"朝隱"謂仕於朝而不慕榮利。賢人高士在位，是乃國家之光，故以"光國"應"朝隱"。又，"隱"有幽暗之象，"光"爲明亮，二者反義相協。因"光"而及"國"，是願使邦家有榮光。

李　期　成漢人。字世運。

期運，古人以爲上天所定人間興亡盛衰之數。故拆以爲名字。《晉書・羊祜傳》："夫期運雖天所授，而功業必由人而成。"

李　棟

①清人。字東木。

此拆名爲字。

②清人。字吉士。

《易・大過卦》："棟隆吉。"又："棟隆之吉，不橈乎下也。"《詩・大雅・卷阿》："藹藹王多吉士，維君子使，媚于天子。"箋："王之朝多善士，藹藹然君子在上位者，率化之使之親愛天子，奉職盡力。"吉士奉事王家，即如棟之能支撑堂厦。故以"吉士"應"棟"。

李棠階　清人。字樹南。

棠，甘棠。樹名。《詩・召南・甘棠》："蔽芾甘棠，勿翦勿伐，召伯所茇。"朱熹集傳："召伯循行南國，以布文王之政，或舍甘棠之下；其後，人思其德，故愛其樹而不忍傷也。"故以"樹南"應"棠"。言樹於南國之棠。

李　森　明人。字時茂。

《文選・潘岳〈藉田賦〉》："森奉璋以階列，望皇軒而肅震。"李善注："森，盛貌也。""茂"亦盛。故相協。又《文選・陸機〈文賦〉》："播芳蕤之馥馥，發青條之森森。"李善注引《字林》曰："森，多木長貌。以喻文采若芳蕤之香馥、青條之森盛也。"飾以"時"，意謂人待明時而興起，猶草木待春而茂盛。

李森先　清人。字琳枝。

森，樹木茂盛。《文選・陸機〈文賦〉》："發青條之森森。"李善注："森，多木長貌。"故以"枝"應"森"。"琳"爲美玉，常以喻人才之美盛，故以飾"枝"。

李棲鳳　清人。字瑞梧。

《詩・大雅・卷阿》："鳳皇鳴矣，于彼高岡。梧桐生矣，于彼朝陽。"鄭玄箋："鳳皇之性，非梧桐不棲。"傳説鳳凰於太平盛世始出現，古人以爲瑞徵，故以"瑞"爲飾。

李　植

①宋人。字元直。

《左傳・定公十年》："皆至而立，如植。"杜預注："然後立待，如立木不動。"立木必直，故以"直"應"植"。"元"爲美善之辭。

②明人。字汝培。

培、植義相連，皆栽種之事，

故相協。飾以“汝”，倣《尚書》而作命令之辭。

李　渭

①宋人。字師望。

《史記·齊太公世家》謂周文王遇姜尚於渭水之陽，一見大悦：“‘吾太公望子久矣。’故號之曰‘太公望’，載與俱歸，立爲師。”

②明人。字湜之。

《詩·邶風·谷風》：“涇以渭濁，湜湜其沚。”

李　渾

①北齊人。字季初。

渾，謂渾沌。古人以爲天地未分時的狀態。曹植《七啓》：“夫太極之初，渾沌未分。”故以“初”應“渾”。

②隋人。字金才。

梁元帝《爲東宫薦石門侯啓》：“渾金璞玉，才匹山濤。”綴以“才”，言其有渾金璞玉之美質。

李　湖　清人。字又川。

湖、川同類，故相協。飾以“又”，以示同列。

李　湘　明人。字永懷。

屈原流放江南，行吟於沅湘之畔，作《九章》以抒其思君愛國之情，故以“永懷”應“湘”。又，《史記·屈原賈生列傳》謂賈誼“過湘水，投書以弔屈原”，亦切“永懷”之意。

李　琛　唐人。字仲寶。

《詩·魯頌·泮水》：“憬彼淮夷，來獻其琛。”毛傳：“琛，寶也。”

李琪枝　明人。字雲連。

《文選·蘇武〈詩四首〉》：“況我連枝樹，與子同一身。”後人以“連枝”喻兄弟。又，古人以連理木爲祥瑞。見《宋書·符瑞志下》。故以“連”應“枝”。飾以“雲”，狀其高大茂盛。

李　琮　宋人。字獻甫。

琮，玉製禮器。古代諸侯朝聘，以琮獻享於王后。見《周禮·秋官·小行人》。“甫”爲男子美稱。

李琰之　後魏人。字景珍。

《説文·玉部》：“琰，璧上起美色也。”段玉裁以爲應是圭上起美色者。是圭之尤珍貴者，故以“珍”相應。景，仰慕，企羡。

李　畬　唐人。字玉田。

《詩·周頌·臣工》：“如何新畬？”毛傳：“田，二歲曰新，三歲曰畬。”是已墾之田。舊有“藍田生玉”和“藍田種玉”之説，因以“玉”爲飾，以狀田之美。

李　登　明人。字士龍。

《太平廣記》卷四六六引《三秦記》云：“龍門之下，每歲季春有黄鯉魚，自海及諸川争來赴之。一歲中，登龍門者不過七十二。初登龍門，即有雲雨隨之；天火自後燒其尾，乃化爲龍矣。”又後漢李膺有盛名，“士有被其容接者，名爲登龍門”。故以“龍”應“登”。“士”爲男子美稱。

李登鼇　清人。字冠蓬。

“登鼇”謂獨占鼇頭。科舉時代，迎殿試榜時，狀元、榜眼等同趨至殿陛下，狀元則稍前，立於中陛石上。因石正中鎸刻升龍與巨鼇，故稱狀元及第爲獨占鼇頭。《藝文類聚》卷九七載東晉苻朗云：“東海有鼇焉，冠蓬萊而浮游於沧海。騰越而上則干雲，沉没而下則潛嶠於重泉……”以“冠蓬”應“鼇”，義謂期如東海之鼇，上可干雲，下可潛於重泉。

李　皓　宋人。字雲叟。

皓，潔白。白雲爲詩文中常語，故以“雲”應“皓”。“叟”爲宋人習用字飾。

李　絢　宋人。字公素。

《論語·八佾》：“素以爲絢兮。”“公”爲美稱。

李　翕　漢人。字伯都。

《詩·小雅·常棣》：“兄弟既翕。”毛傳：“翕，合也。”《管子·水地》：“而水以爲都居。”尹知章注：“都，聚也。”聚、合皆爲收斂，故翕、都相協。又《書·皋陶謨》：“都，亦行有九德。……翕受敷施，九德咸事。”

李舜臣

①宋人。字子思。

皋陶、禹皆爲舜臣，皋陶謂“慎厥身修，思永”，禹則謂“予思日孜孜”，皆是思盡臣職。故以“思”應“舜臣”，“子”爲男子美稱。

②明人。字懋欽。

懋、欽皆爲帝舜命臣工時勖勉之辭。《書·舜典》：“帝曰：‘俞！咨禹，汝平水土，惟時懋哉！’”又：“帝曰：‘俞！往欽哉。’”故與“舜臣”相應。一字夢虞。“虞”爲帝舜之號。飾以“夢”，謂仰慕之切。

李舜舉　宋人。字公輔。

舜舉禹以平水土，命契爲司徒，使棄播百穀，皋陶掌刑，皆爲弼輔之臣。“公”爲美稱。

李　華

①後魏人。字寧夏。

《僞古文尚書·武成》：“華夏蠻貊，罔不率俾。”古代華、夏爲漢族之稱，亦以指稱中國。飾以“寧”，謂以安中國。

②唐人。字遐叔。

華，光華，光輝。鮑照《河清頌》：“垂光九野，騰響四遐。”以“遐”應“華”，謂其光華遠射邊遠之處。

李華之　清人。字秀實。

華，草木開花，花。《禮記·月令》：“桃始華。”《詩·小雅·出車》：“黍稷方華。”開花而後結實，故以“實”應“華”。古人以爲禾本植物不華而實，故《爾雅·釋草》謂“不榮而實者謂之秀”。是秀、實義可通。因以“秀實”並應“華”。

李虚己　宋人。字公受。

《韓詩外傳》卷二：“虚己以受人。”“公”爲美稱。

李虚中　唐人。字常容。

物必中空，然後始能容。故以“容”應“虚中”。又，祭祀必有恭敬之容。《禮記·祭義》：“孝子將祭……虚中以治之。”飾以“常”，言爲正常之儀容。

李　評　宋人。字持正。

品評須公正，故以“持正”相應。

李　象　後魏人。字孟則。

《書·舜典》：“象以典刑。”孔傳：“象，法也。”《詩·豳風·伐柯》：“伐柯伐柯，其則不遠。”鄭玄箋："則，法也。"同義故相協。

李象鷗　清人。字雲皋。

《文選·張衡〈西京賦〉》："翔鶤仰而不逮，況青鳥與黄雀？"薛綜注："鶤，大鳥。"李善注引《穆天子傳》曰："鶤鷄飛八百里。郭璞曰：'鶤，即鵾鷄也。'鵾與鶤同。"因鷗善飛翔，故以"雲皋"相應。此取《詩·小雅·鶴鳴》"鶴鳴于九皋，聲聞于天"之義。

李貽德　清人。字天彝。

《詩·大雅·烝民》："民之秉彝，好是懿德。"毛傳："彝，常。"古人以爲人所秉之常性，乃天所授，故以"天"爲飾。

李　賀　唐人。字長吉。

《説文·貝部》："賀，以禮物相奉慶也。"有吉慶始相賀。長，久，永久。以飾"吉"，謂吉慶長在。

李　進　漢人。字子賢。

以"賢"應"進"，意在薦賢。《孟子·梁惠王下》："國君進賢。""子"爲男子美稱。

李　鈞　元人。字伯衡。

鈞，古代重三十斤爲一鈞。衡，稱量之器。二者相關，故相協。

李開先　明人。字伯華。

華，同"花"，古今字。以應"開先"，取逢春早發之義。又，《禮記·孔子閒居》："嗜俗將至，有開必先。"

李開芳　明人。字伯東。

束，收斂，使之縮。與"開"反義相協。

李開葉　清人。字奕夫。

拆奕葉爲名字。曹植《王仲宣誄》："奕葉佐時。""夫"爲男子通稱。

李閎祖　宋人。字守約。

《禮記·月令》："其器圜以閎。"鄭玄注："閎……謂中寬。"約，束。束之則狹。與閎反義相協。《孟子·公孫丑上》有"孟施舍之守氣，又不如曾子之守約也"之語，又《離婁下》："博學而詳説之，將以反説約也。"古人重由博反約，以"守約"應"閎"，即取此義。

李陽冰　唐人。字少温。

《文選·木華〈海賦〉》："陽冰不冶，陰火潛然。"李善注："言其陽，則有不冶之冰；言其陰，則有潛然之火也。……《説文》曰：'冶，銷也。'"以"少温"相應，即明"不冶"之故。

李　隆　明人。字彦平。

隆，高起。平，平坦。二者反義相協。"彦"爲美稱。

李隆萼　清人。字棣春。

《詩·小雅·常棣》："常棣之華，鄂不韡韡。凡今之人，莫如兄弟。""鄂"爲"萼"之假。韡韡，花盛貌。以"棣春"應"萼"，意謂常棣花春日盛開，且以喻弟兄情深。

李　雄

① 成漢人。字仲儁。

雄，人中之强者。儁，同"俊"。才能過人者之稱。二者義近，故相協。

② 隋人。字毗盧。

雄，勇武。佛家謂佛有大力，能服四魔，故號大雄。《法華經·涌出品》："善哉，善哉，大雄世尊。"毗盧，佛真身之尊稱。

李　集　清人。字繹初。

集，通"輯"。和睦，協調。《左傳·成公十六年》："我若羣臣輯睦以事君。"陸德明釋文："輯，又作集。"《漢書·韋玄成傳》："繹繹六轡，是列是理。"顔師古注："繹繹，和調之貌。"集、繹同有和義，故相協。《詩·大雅·蕩》："靡不有初，鮮克有終。"綴以"初"，謂和協如初。能如初即是有終。

李　雯　清人。字舒章。

《集韻·平文》："雲成章曰雯。"飾以"舒"，謂布散其文。

李　雲　漢人。字行祖。

《易·乾卦·文言》："雲行雨施。""祖"爲綴飾。

李雲翔　明人。字爲霖。

霖，救旱之雨。雲、霖義相連。《僞古文尚書·説命上》有"若歲大旱，用汝作霖雨"之語，故以"爲"爲飾。

李雲鵠　明人。字黄羽。

《楚辭·惜誓》："黄鵠之一舉兮，知山川之紆曲；再舉兮，睹天地之圜方。"黄鵠爲禽類，且善飛翔，故綴以"羽"。

李雲麟　清人。字雨蒼。

雲、雨義相連，故相協。蒼，謂蒼天。"天油然作雲，沛然下雨"(《孟子·梁惠王上》)，故以爲綴飾。

李傳敏　清人。字慧超。

敏、慧皆有聰明義，故相協。綴以"超"，謂智慧過人。

李　勣　唐人。字懋功。

《玉篇·力部》："勣，功也。"《説文·心部》："懋，勉也。"以飾"功"，謂努力於功業。"懋"又有盛大義，亦或謂建大功業。

李嗣真　唐人。字承胄。

嗣、胄皆謂後代子孫，故相應。飾以"承"，謂繼承其祖先。又，"嗣"有繼承義，"胄"指長子。古代宗法制，嫡長子始能繼承其父祖之業，故以"承"爲飾。

李　廌　宋人。字方叔。

廌，謂獬廌（獬豸）。傳説中的异獸名，一角，能辨曲直，古代朝廷之上用以觸不直者。方，方正，正直。以應"廌"，謂秉性正直之獸。

李　廉　元人。字行簡。

廉，清廉。《論語·雍也》："居敬而行簡，以臨其民，不以可乎？"朱熹集注："言自處以敬，則中有主而自治嚴，如是而行簡，則事不煩而民不擾。"不擾民即是清廉，故相應。

李　愈　金人。字景韓。

唐韓愈爲古文大家，拆其姓名爲名字，以示景仰。

李　愍　北齊人。字魔憐。

憐、愍皆有哀矜義，故相協。佛以擾人身心、破壞好事、阻礙善法者爲魔。因崇尚釋道，故以"魔"爲飾，意爲不皈依佛法者，終無法脱離魔障，實可憐憫。

李　愷　明人。字克諧。

愷、諧皆有和義，故相協。《左傳·文公十八年》："謂之八愷。"杜預注："愷，和也。"《書·舜典》："八音克諧。"孔穎達疏："八音皆能和諧。"

李　戡　唐人。字定臣。

戡，平定，勝。《書·康王之誥》："戡定厥功。"封建時代以爲"率土之濱，莫非王臣"，故以"臣"爲字飾。

李　敬　清人。字聖一。

《孝經·廣要道章》："敬一人而千萬人説。"故以"一"應"敬"。《詩·商頌·長發》："聖敬日躋。"是聖、敬亦相應。

李　暉　五代後周人。字順光。

《易·未濟卦》："君子之光，其暉吉也。"吉則無不順，故以"順"飾"光"。又《玉篇·日部》："暉，光也。"是暉、光亦同義相協。

李　椿　宋人。字壽翁。

《莊子·逍遥遊》："上古有大椿者，以八千歲爲春，八千歲爲秋。"因以椿爲長壽之徵。"翁"爲老壽之名，宋人喜以爲字飾。

李　楨　元人。字幹臣。

《詩·大雅·文王》："維周之楨。"毛傳："楨，幹也。"封建時代"率土之濱，莫非王臣"，故以"臣"爲字飾。

李　楷

① 明人。字邦正。

《禮記·儒行》："今世行之，後世以爲楷。"陸德明釋文："楷，法式也。"法式爲取正之則，故以"正"相應。飾以"邦"謂以爲邦家正物之則。

② 清人。宋叔則。

楷，解見①。《詩·大雅·抑》："敬慎威儀，維民之則。"鄭玄箋："則，法也。"

李　業　漢人。字巨游。

《爾雅·釋詁》："業，大也。""巨"亦大，故相協。"游"爲綴飾。或取遠游之義。又，《詩·周頌·有瞽》："設業設虡，崇牙樹羽。"毛傳："業，大板也。所以飾栒爲縣（懸）也。捷業如鋸齒。或曰畫之植者爲虡，衡者爲栒，崇牙上飾，卷然可以縣也。"劉熙《釋名·釋樂器》："簨（栒）上之板曰業，刻爲牙，捷業如鋸齒也。"古代樂器架横木（栒、簨）上大板，方位、形制如旗上之斿，故以"巨游"應"業"。游，同"斿"。

李源道　元人。字仲淵。

水之本爲源，水深爲淵，二者義近，亦相連，故相協。又，《老子》第四章："道沖而用之或不盈，淵兮似萬物之宗。"

李　煇　宋人。字晦叔。

《説文·火部》："煇，光也。"應以"晦"，反義相協。

李熙靖　宋人。字子安。

《左傳·襄公七年》："《詩》曰：'靖共爾位。'"杜預注："靖，安也。""子"爲男子美稱。

李　煜　五代南唐人。字重光。

《説文·火部》："煜，燿也。""燿，照也。"《禮記·中庸》："日月所照。"日月爲重光。《文選·左思〈吴都賦〉》："常重光。"李善注："謂日月晝於旂上也。"《漢書·兒寬傳》："日宣重光。"顔師古注引李奇云："太平之世，日抱重光。"故以"重光"應"煜"。

李　焕　後魏人。字仲文。

《論語·泰伯》："焕乎！其有文章。"

李　瑗　唐人。字德圭。

《説文·玉部》："瑗，大孔璧。人君上除陛以相引。"段玉裁注："孫卿曰：聘人以珪，召人以瑗。"是圭瑗皆徵聘所用，故相協。珪、圭古今字。玉有五德，故以"德"爲飾。

李筠嘉　清人。字修林。

《史記·龜策列傳》："傳曰：'有神龜在江南嘉林中。嘉林者，獸無虎狼，鳥無鴟梟，草無毒螫，野火不及，斧斤不至，是爲嘉林。'"故以"林"應"嘉"。又，竹之别名爲"筠"。王羲之《蘭亭集序》："此地有崇山峻嶺，茂林修竹。"以"修林"應"筠"，言爲茂林修竹。

李　經　金人。字天英。

以"天"應"經"，取"天經地義"之義。《孝經·三才章》："夫孝，天之經也，地之義也。"《孟子·盡心上》有"得天下英才而教育之"之語，因以"英"綴"天"。

李經綸　明人。字大經。

《禮記·中庸》："唯天下至誠，爲能經綸天下之大經。"

李羣玉　唐人。字文山。

羣玉，謂羣玉山。《穆天子傳》卷二："天子北征東還，乃循黑水，至於羣玉之山。阿平無險，四徹中繩，先王之所謂策府。"郭璞注："言往古帝王以爲藏書册之府，所謂藏之名山者也。"因此山是藏書册之所，故以"文"飾"山"。

李義山　宋人。字伯高。

《詩·小雅·小弁》："莫高匪山。"

李義壯　明人。字稚大。

壯、大義近，故相協。"稚"表行第較末。

李　肅

① 三國吴人。字偉恭。

《爾雅·釋訓》："肅肅，恭也。"《書·洪範》："恭作肅。"偉，大。以飾"恭"，猶言極恭。

② 後魏人。字彦邕。

《詩·召南·何彼穠矣》："曷不肅雝。"毛傳："肅，敬；雝，和。"雝，同"邕"。"彦"爲美稱。

③ 宋人。字季雍。

雍，同"雝"。解見②。

④ 宋人。字仲欽。

肅、欽皆有敬義，故相協。肅，解見②。《爾雅·釋詁》："欽，敬也。"

李肅之　宋人。字公儀。

《爾雅·釋訓》："穆穆、肅肅，敬也。"郭璞注："皆容儀謹敬。""公"爲美稱。

李　著

① 金人。字彦明。

《禮記·中庸》："著則明。""彦"爲美稱。

② 明人。字潛夫。

著，明。應以"潛"，反義相協。亦取《詩·小雅·正月》"潛雖伏矣，亦孔之昭"文義。"夫"爲男子通稱。

李　裔　後魏人。字徽伯。

裔，後嗣，遠代子孫。徽，美。二者相應，謂後代子孫能繼其祖德之美。

李　裕
①元人。字公鐃。
《詩・小雅・角弓》:"綽綽有裕。"毛傳:"裕，饒。""公"爲美稱。
②明人。字資德。
《書・康誥》:"若德裕乃身。"資，藉。以飾"德"，言藉德以裕其身。

李　詡　明人。字厚德。
《禮記・禮器》:"德發揚詡萬物。"鄭玄注:"詡，猶普也，徧也。"德能徧及萬物，自是厚德。

李資坤　明人。字伯生。
《易・坤卦》:"至哉坤元，萬物資生。"

李　載　宋人。字伯熙。
《書・舜典》:"舜曰:'咨，四岳! 有能奮庸熙帝之載，使宅百揆。"

李　遂　明人。字邦良。
《禮記・月令》:"令太尉贊俊桀，遂賢良。"陳澔集説:"遂，謂使之得行其志也。"飾以"邦"，謂使國之賢良之士，皆能行其志。

李　遐　後魏人。字智遠。
《爾雅・釋詁》:"遐，遠也。"飾以"智"，謂智慮深遠。

李　道　宋人。字行之。
道路乃人所行走者，故相應。又,《孟子・公孫丑上》:"夫子加齊之卿相，得行道焉，雖由此霸王不異矣。"以"行之"應"道"，亦取得志行道之義。

李道泰　清人。字子交。
《易・泰卦》:"天地交泰。""子"爲男子美稱。

李道傳　宋人。字貫之。
《論語・里仁》:"吾道一以貫之。"

李　鉉
①北齊人。字寶鼎。
《易・鼎卦》:"鼎黄耳，金鉉。"鼎爲重器，故以"寶"爲飾。
②元人。字伯鼎。
解見①。

李　鉞　明人。字虔甫。
《詩・商頌・長發》:"有虔秉鉞。""甫"爲男子美稱。

李　預　後魏人。字元愷。
《爾雅・釋詁》:"愷，樂也。"《説文・頁部新附字》:"預，安也。"安、樂義近，故相協。"元"美善之辭，以爲飾。又，晉杜預字元凱，亦或襲取其名。凱、愷通。

李嘉福　清人。字笙漁。
嘉，謂《詩・小雅》中《南有嘉魚》。魚通"漁"，故以"漁"應"嘉"。《南陔》《白華》《華黍》《由庚》《崇丘》《由儀》爲已佚之六笙詩。朱熹以爲古燕禮"歌《南有嘉魚》，笙《崇丘》"，故於《詩經集傳》中，以《南陔》屬《鹿鳴》之什，另列《白華》之什，以《南有嘉魚》與其餘笙詩五首同列，是《南有嘉魚》亦即爲笙詩，因以"笙"飾"漁"。古籍中魚可通"漁"，但漁不假作"魚"。清人喜倣古，取其同音相代，故示古奥。

李嘉端　清人。字吉臣。
《漢書・禮樂志》:"休嘉砰隱溢四方。"顏師古注:"嘉，慶也。"吉、慶義近，故相協。"臣"爲綴飾。

李　壽　成漢人。字武考。
《詩・大雅・棫樸》:"周王壽考。"《禮記・文王世子》:"武王九十三而終。"故以"考"應"壽"，而以"武"爲飾。

李壽朋　宋人。字延老。
《詩・魯頌・閟宫》:"三壽作朋。""延老"即壽，故相應。

李夢辰　明人。字元居。
《論語・爲政》:"譬如北辰，居其所，而衆星共之。"故以"居"應"辰"。北辰高居北天，故飾以"元"。亦取《孟子・盡心上》"大哉居乎"之義。

李夢陽　明人。字獻吉。
《周禮・春官・占夢》:"獻吉夢於王。"

李　愬　唐人。字元直。
愬，申訴。愬爲求直，以"元直"相應，意謂原本即直，因受屈，故申訴。

李慈銘　清人。字炁伯。
炁，同"愛"。慈、愛義近，故相協。

李　暠　西涼人。字玄盛。
《文選・潘岳〈懷舊賦〉》:"夕雪暠以掩路。"李善注引《埤蒼》曰:"暠，白也。""玄"猶"黑"，與"暠"反義相協。揚雄《解嘲》:"意者玄得無尚白乎? 何爲官之拓落也? ""玄"又有清静、玄寂義。天不言而四時行，萬物生，故以"盛"綴"玄"，取"聖人處無爲之事，行不言之教"之義。

李　榕　清人。字申夫。
榕，假作"容"。《論語・述而》:"子之燕居，申申如也。"朱熹集注引楊氏曰:"申申，其容舒也。""夫"爲男子通稱。

李　榮　清人。字散木。
《列子・周穆王》:"榮汝之糧，不若遄歸也。"張湛注:"榮，棄也。"《莊子・人間世》:"曰:'已矣，勿言之矣，是散木也。以爲舟則沉，以爲棺槨則速腐，以爲器則速毁……是不材之木也，無所可用。'"無所可用，則可棄。故以"散木"應"榮"。此自謙爲無用之材。

李榮陛　清人。字奠基。
《楚辭・大招》:"舉傑壓陛。"王逸注:"陛，階次也。"階所以升堂，基則載堂，二者同類，故相協。營建殿堂須先作基，故飾以"奠"。

李　構　北齊人。字祖基。
此取《書・大誥》文義，言能不棄乃祖乃父所作之基，"肯構""肯堂"。

李毓之　清人。字喆生。
毓，同"育"。生、育同義相協。喆，同"哲"。生，又爲男子之稱。飾以"喆"，謂爲明哲之士。"生"爲多義詞，假其字面應"毓"而轉用他義。

李毓昌　清人。字皐言。
取《書・益稷》"皐陶曰:'俞! 師汝昌言。'"文義，故以"言"應"昌"，而以"皐"爲飾。

李　漁　清人。字笠翁。
柳宗元《漁翁》詩:"漁翁夜傍西巖宿，曉汲清湘燃楚竹。"又《江雪》詩:"孤舟簑笠翁，獨釣寒江雪。"

李　演　金人。字巨川。
《説文・水部》:"演，長流也。"

水流而長，自是巨川。

李　漢　唐人。字南紀。

《詩・小雅・四月》："滔滔江漢，南國之紀。"故以"南紀"應"漢"。

李漢臣　宋人。字仲良。

張良爲漢高祖謀臣。故以"良"應"漢臣"。

李漱芳　清人。字藝圃。

芳，謂香草，芳草。藝，種植。二者相應，取《楚辭・離騷》"余既滋蘭之九畹兮，又樹蕙之百畝"之義。種蔬菜之場爲"圃"。花草非五穀、果類，近於蔬菜，故以"圃"綴"藝"，亦爲時尚字飾。

李　轂　清人。字中玉。

《左傳・僖公三十年》："納玉於王與晉侯，皆十轂。"杜預注："雙玉曰轂。"

李　禎

① 明人。字昌祺。

禎、祺皆爲吉祥，故相應。《禮記・中庸》："國家將興，必有禎祥。"吉祥爲昌盛之兆，故以"昌"爲飾。

② 明人。字維卿。

《詩・周頌・維清》："維周之禎。""卿"爲美飾。

③ 清人。字佐周。

解見②。天降吉祥於周，自是佐周。

李　福

① 唐人。字能之。

《禮記・祭統》："賢者之祭也，必受其福。非世所謂福也。福者，備也。……如此之謂備，唯賢者能備。"以"能之"應"福"，意謂所受之"福"非世俗之所謂"福"，乃賢者始能致者。

② 清人。字備五。

《書・洪範》："九，五福。"飾以"備"，取《禮記・祭統》"福者，備也"之義。

李福泰　清人。字星衢。

此取"一路福星"之義。宋時鮮于侁爲京東轉運使。將赴任，司馬光謂人曰："福星往矣。"見秦觀《鮮于子駿行狀》。宋時行政大區爲路，因目能造福一方人民之官吏爲"一路福星"。後世以爲祝人旅途平安之語。以"星衢"應"福"，即取此義。衢，四通八達之路。

李福培　清人。字仲謙。

《易・謙卦》："鬼神害盈而福謙。"

李　端

① 元人。字彦章。

《論語・先進》："端章甫，願爲小相焉。"朱熹集注："端，玄端服。章甫，禮冠。""彦"爲男子美稱。

② 明人。字表正。

端、正義近，故相協。飾以"表"，意欲示人以楷式。

③ 明人。字正宗。

解見②。綴以"宗"，謂所受學業乃嫡傳正派。

李端行　宋人。字正達。

端、正義近，故相協。行則能達，因承"行"而以"達"爲綴飾。

李端愿　宋人。字公謹。

《説文・心部》："愿，謹也。""公"爲美稱。

李端慤　宋人。字守道。

《荀子・修身》："端慤誠信，拘守而詳。"因《孟子・滕文公下》有"守先王之道"之語，故因"守"而及"道"。以"守道"應"慤"，意謂謹守先王之道而不移。

李端懿　宋人。字元伯。

《孔子家語・禮運》："故人者天地之心，而五行之端。"王肅注："端，始也。"《爾雅・釋詁》："元，始也。"同義，故相協。

李　綬　清人。字佩廷。

綬，繫印絲帶。秦漢時官吏以綬繫印佩於身，故以"佩"應"綬"。官吏佩印垂綬立於朝，故以"廷"爲綴飾。

李維楨　明人。字本寧。

《詩・大雅・文王》："王國克生，維周之楨。濟濟多士，文王以寧。"飾以"本"，取"本固邦寧"之義。

李維煌　清人。字裕光。

煌，光明。光、煌義近，故相協。飾以"裕"，取"光前裕後"之義。

李　綱

① 唐人。字文紀。

《史記・太史公自序》："此天道之大經也，弗順則無以爲天下綱紀。"爲綱紀則成文法。故以"文"爲飾。

② 宋人。字伯紀。

解見①。

③ 明人。字廷張。

鄭玄《詩譜序》："舉一綱而萬目張。"故以"張"應"綱"。又後漢順帝時梁冀專權，朝臣噤不敢言，獨張綱首揭其惡。亦或慕其人，故以其姓名爲名字。張綱敢直言，飾以"廷"，取"其在宗廟朝廷便便言"文義。又，"廷張"與"綱"相應，亦有振朝綱之意。

李　綽　唐人。字肩孟。

孟公綽，春秋魯大夫，性寡欲，不妄取，孔子許以"成人"。此以其姓名爲名字。飾以"肩"，言欲繼承其德，不妄取。

李肇亨　明人。字會泰。

《易・泰卦》："泰：小往大來，吉亨。"飾以"會"，取"天地交泰"文義。會猶交。

李　蓘　明人。字于田。

《左傳・昭公元年》："譬如農夫，是穮是蓘。"孔穎達疏："以土壅苗根爲蓘也。"此爲農田事，故應以"田"。因《詩・鄭風・叔于田》有"叔于田"語，故因"田"而及"于"。

李　説　唐人。字巖甫。

説，謂殷高宗賢相傅説（yuè）。傅説築於傅巖之野，高宗用以爲相。故以"巖"應"説"。"甫"爲男子美稱。

李　賓　明人。字煙客。

賓、客皆對主人而言，二者義近，故相協。煙，指山林中雲霞、煙霧等景物，因以指代山林。古代求仙者與隱逸之士多棲於山林。以"煙"飾"客"，意謂乃山林之客，即隱士或求仙者。江淹《郭弘農璞游仙》詩："眇然萬里遊，矯掌望煙客；永得安期術，豈愁濛汜迫。"《北史・隱逸傳・徐則》："飡松餌木，栖息煙霞。"

李　輔　成漢人。字元政。

《漢書·金日磾傳》："輔政歲餘。"又《杜周傳》："時帝舅大將軍王鳳以外戚輔政，求賢知自助。"輔政大臣位最尊，故以"元"爲飾。"元"猶首。

李　韶

① 後魏人。字元伯。

《論語·八佾》："子謂《韶》盡美矣，又盡善也。"《易·乾卦·文言》："元者，善之長也。"故以"元"應"韶"。

② 唐人。字元善。

解見①。

李魁春　清人。字元英。

魁、元皆有第一或首領義，故相應。《禮記·禮運》："大道之行也，與三代之英。"鄭玄注："英，俊選之尤者。"爲首領，居第一，自是"俊選之尤者"，故以"英"爲綴飾。

李鳳苞　清人。字丹巖。

此取丹鳳以爲名字。梁簡文帝《漢高廟賽神》："白雲蒼梧去，丹鳳咸陽來。"綴以"巖"，取《詩·大雅·卷阿》"鳳皇鳴矣，于彼高岡"文義。又"丹巖"亦爲詩文常語。宋之問《太平公主山池賦》："高閣翔雲，丹巖吐緑。"故以"巖"易"岡"，以就成語。

李　齊　元人。字公平。

《禮記·大學》："家齊而後國治，國治而後天下平。"又《説文·齊部》："齊，禾麥吐穗上平也。"齊、平義亦相近。"公"爲美稱。

李　劉　宋人。字公甫。

此取公劉以爲名字。公劉爲后稷曾孫，能修后稷之業，是周王朝的奠基者。"甫"爲男子美稱。

李　諰　後魏人。字小同。

《爾雅·釋詁》："諰，和也。"《禮記·禮運》："是謂大同。"鄭玄注："同，猶和也，平也。"是諰、同皆有和義，故相協。飾以"小"，以示謙撝。亦或表行第較末。

李　嶠　唐人。字巨山。

《爾雅·釋山》："山小而高，岑；鋭而高，嶠。"既鋭且高，自是巨大之山。

李　廣　北齊人。字弘基。

廣、弘皆有寬大義，故相協。綴以"基"，謂擴大其根本。《詩·大雅·抑》："温温恭人，維德之基。"

李　徵　明人。字誠之。

《論語·八佾》："夏禮吾能言之，杞不足徵也。"朱熹集注："徵，證也。……二國不足取以爲證。"能爲徵，自必誠信。故以"誠"應"徵"。

李　德　明人。字仲修。

《論語·季氏》："則修文德以來之。"

李德林　隋人。字公輔。

《僞古文尚書·蔡仲之命》："皇天無親，惟德是輔。""公"爲美稱。

李德昭　宋人。字子晉。

《易·晉卦》："晉，君子以自昭明德。""子"爲男子美稱。

李德柔

① 五代南唐人。字子懷。

《禮記·中庸》："柔遠人則四方歸之，懷諸侯則天下畏之。""子"爲男子美稱。

② 宋人。字勝之。

《老子》第七八章："天下莫柔弱於水，而攻堅强者莫之能勝。"又："弱之勝强，柔之勝剛，天下莫不知，莫能行。"

李德裕　唐人。字文饒。

《易·繫辭下》："益，德之裕也。"《詩·小雅·角弓》："綽綽有裕。"毛傳："裕，饒。"同義故相協。飾以"文"，意欲多有文采。

李德輝　元人。字仲實。

《易·大畜》："剛健篤實輝光，日新其德。"

李德饒　隋人。字世文。

《論語·季氏》："則修文德以來之。"飾以"世"，謂能繼其上世而修文德。

李　徹　隋人。字廣達。

通透爲"徹"，"達"爲通。義近故相協。飾以"廣"，極言無所不通。

李慶良　清人。字賡卿。

《書·益稷》："乃賡載歌曰：'元首明哉，股肱良哉，庶事康哉！'""卿"爲美稱。

李慶來　清人。字章有。

《易·坤卦·文言》："積善之家，必有餘慶。"又《書·吕刑》："一人有慶，兆民賴之。"章，表明。

李慶緒　南朝梁人。字孝緒。

緒，事業，功業。此名、字相同。東漢以來，文人士大夫喜以"孝"飾字。

李　敷　後魏人。字景文。

《僞古文尚書·大禹謨》："文命敷於四海。"飾以"景"，以表欽仰。

李　樂　明人。字彦和。

《詩·小雅·常棣》："兄弟既翕，和樂且湛。""彦"爲美稱。《爾雅·釋訓》："美士爲彦"。

李　樗　宋人。字迂仲。

樗，謂無用之材。《莊子·逍遥遊》："吾有大樹，人謂之樗，其大本擁腫而不中繩墨，其小枝卷曲而不中規矩。立之塗，匠者不顧。"迂，不切時用之稱。以應"樗"，自謙爲迂腐無用之樗材。

李　標　明人。字汝立。

標，表識。《文選·孫綽〈遊天台山賦〉》："赤城霞起而建標。"李善注："立物以爲之表識也。"《尚書》有"汝諧""汝往哉"文例，因倣傚以"汝"飾字。

李　毅　晉人。字允剛。

《論語·子路》："剛毅木訥，近仁。"允，誠然。

李　潛　宋人。字君行。

《禮記·中庸》："《詩》云：'潛雖伏矣，亦孔之昭。'故君子内省不疚，無惡於志，君子之所不可及者，其唯人之所不見乎。"君子貴有潛德，故以"君行"應"潛"。行，德行。

李澄中　清人。字渭清。

澄，清。《詩·邶風·谷風》："涇以渭濁，湜湜其沚。"朱熹集傳："涇濁渭清。"澄、清同義相協。因清而及渭水清，故取以爲飾。

李　璆　宋人。字西美。

《爾雅·釋地》："西方之美者，

有峣崘虚之璆琳琅玕焉。”故以“西美”應“璆”。

李　碤　唐人。字景望。

姜尚未遇文王時釣於磻碤，後爲文王師，號曰“太公望”（見《史記·齊太公世家》）。飾以“景”，謂企慕姜尚。

李　稷

① 宋人。字長卿。

《説文·禾部》：“稷……五穀之長。”“卿”爲美稱。

② 元人。字孟豳。

周之始祖棄，帝舜時爲農官，是爲后稷。其子不窋失官，至曾孫公劉復修后稷之業，立國於豳，爲周王朝奠定下王業之基。故以“豳”應“稷”。

李　穀　宋人。字惟珍。

《世説新語·賞譽》：“世稱庾文康爲豐年玉，穉恭爲荒年穀。”穀在荒年如玉之在豐年，至爲珍貴。

李　翥　北齊人。字彦鴻。

《説文·羽部》：“翥，飛舉也。”《詩·豳風·九罭》：“鴻飛遵渚。”“彦”爲美稱。《爾雅·釋訓》：“美士爲彦。”

李　蔚　唐人。字茂休。

蔚、茂皆有盛義，故相協。《爾雅·釋詁》：“休，美也。”盛則美，故以“休”綴“茂”。

李蔭祖　清人。字繩武。

《詩·大雅·下武》：“繩其祖武。”

李賡芸　清人。字生甫。

以“生”應“芸”，取“芸芸衆生”之義。“甫”爲男子美稱。

李　賢

① 北周人。字賢和。

《論語·子張》：“我之大賢與，於人何所不容。”賢則能容衆，容衆即和，故以“和”綴“賢”。

② 唐人。字明允。

《孟子·盡心下》：“賢者以其昭昭，使人昭昭。”昭，明。允，信，實，誠然。言誠然爲明。

③ 明人。字原德。

賢德爲常語，故拆以爲名字。飾以“原”，言賢者原本有美德。

李　質　明人。字文彬。

《論語·雍也》：“文質彬彬，然後君子。”

李　適　唐人。字子至。

《莊子·天地》：“以二缶鍾惑，而所適不得矣。”陸德明釋文：“適，司馬云：至也。”“子”爲男子美稱。

李　靚　宋人。字彦和。

《文選·揚雄〈甘泉賦〉》：“稍暗暗而靚深。”李善注：“靚，即静字耳。”静爲安。安、和義近且相連。《論語·季氏》：“蓋均無貧，和無寡，安無傾。”故“和”與“靚”協。“彦”爲美稱。

李　鞉　宋人。字彦淵。

《詩·商頌·那》：“鞉鼓淵淵。”《詩·小雅·采芑》：“伐鼓淵淵。”故以“淵”應“鞉”。“彦”爲美稱。

李　頤　明人。字惟貞。

《易·頤卦》：“頤：貞吉。”

李學裕　清人。字餘三。

《三國志·魏志·王肅傳》“明帝時大司農弘農董遇等”裴松之注引《魏略》曰：“遇字季直，性質訥而好學。……從學者云：‘苦渴無日。’遇言：‘當以三餘。’或問‘三餘’之意，遇言：‘冬者歲之餘，夜者日之餘，陰雨者時之餘也。’”

李　憲

① 後魏人。字仲軌。

憲、軌皆有法則義，故相協。《爾雅·釋詁》：“憲，法也。”《漢書·霍光傳》：“行淫辟不軌。”顔師古注：“軌，法也。”

② 宋人。字子範。

《爾雅·釋詁》：“柯、憲、刑、範、辟……，法也。”同義相協。“子”爲男子美稱。

李憲喬　清人。字子喬。

名、字相同。“子”爲男子美稱。又，《爾雅·釋詁》：“憲，法也。”子喬，仙人王子喬（王喬）。以應“憲喬”，或欲求仙，傚法王喬。

李　暾　清人。字寅伯。

《楚辭·九歌·東君》：“暾將出兮東方，照吾檻兮扶桑。”王逸注：“謂日始出東方，其容暾暾而盛大也。”《書·堯典》：“寅賓出日。”

李　曇　後魏人。字雲。

《説文·日部新附字》：“曇，雲布也。”

李　曄　後魏人。字季顯。

《廣雅·釋詁》：“曄，明也。”明則顯。

李　樸　清人。字天木。

《説文·木部》：“樸，木素也。”段玉裁注：“素，猶質也。以木爲質，未彫飾如瓦器之坯然。”飾以“天”，猶言天然未飾之木。

李　歷　漢人。字季子。

季歷，周文王之父。此以古聖賢爲名字。“子”爲男子美稱。

李　澣　宋人。字日新。

《詩·周南·葛覃》：“薄澣我衣。”鄭玄箋：“澣，謂濯之耳。”《禮記·大學》：“湯之《盤銘》曰：‘苟日新，日日新，又日新。’”盤，古人沐浴之器。成湯以沐浴喻修身，澣衣、沐浴同爲潔身，故以“日新”應“澣”。

李　澥　金人。字公渡。

澥，爲渤澥。司馬相如《子虚賦》：“浮渤澥，游孟諸。”渤澥爲海之别枝，浮渤澥即渡海。“公”爲美稱。

李　濂　明人。字川父。

濂，即濂溪。水名。故以“川”相應。“父”爲男子美稱。

李　璜　宋人。字德劭。

《尚書大傳》卷二：“周文王至磻溪，見吕尚釣。文王拜，尚云：‘望釣得玉璜，刻曰“姬受命，吕佐檢，德合於今，昌來提”。’”故以“德”應“璜”。劭，美。“德合於今”，自是美盛，因以爲綴飾。

李　璞　後魏人。字季真。

《戰國策·齊策四》：“歸真反璞，則終身不辱也。”

李　穆　宋人。字孟雍。

《詩·大雅·烝民》：“穆如清風。”鄭玄箋：“穆，和也。”又《召南·何彼穠矣》：“曷不肅雝。”毛傳：“雝，和。”雝同“雍”。同義相協。

李　穎　清人。字箕山。

《高士傳》載，帝堯時有隱士許由，居於“穎水之陽，箕山之下"。堯欲召爲九州長，許由以爲此言污其耳，因於潁水之濱洗耳。

李　緼　宋人。字仲淵。

《易·繫辭上》："《乾》《坤》其《易》之緼也。"韓康伯注："緼，淵奥也。"

李興元　清人。字若始。

《爾雅·釋詁》："元，始也。"飾以"若"，言乃爲始。

李　蕃

① 宋人。字元翰。

《詩·大雅·板》："价人維藩，大師維垣，大邦維屏，大宗維翰。"藩、蕃古通用。《僞古文尚書·微子之命》"以蕃王室"，陸德明釋文"蕃"作"藩"。元，首，大。以飾"翰"，言爲王家首要楨幹。亦或謂原本爲翰。

② 清人。字錫徵。

《易·晉卦》："康侯用錫馬蕃庶，晝日三接。"朱熹本義："言多受大賜，而顯被親禮也。"《晉卦》爲多受寵禮厚賜之兆，故綴以"徵"。

李　蕩　成漢人。字仲平。

《書·洪範》："無偏無黨，王道蕩蕩；無黨無偏，王道平平。"《廣雅·釋訓》："蕩蕩，平也。"

李　衛　清人。字又玠。

晉衛玠美風姿，善談玄理，有重名。慕其人，故以其姓名爲名字。飾以"又"，意謂重現。

李　衡

① 三國吴人。字叔平。

衡，稱物輕重之器。稱物須平，故平、衡相應。

② 宋人。字彦平。

解見①。"彦"爲美稱。《爾雅·釋訓》："美士爲彦。"故以爲飾。

李　諤　隋人。字士恢。

《史記·商君列傳》："千人之諾諾，不如一士之諤諤。"恢，大，廣大。以爲飾，取《論語·泰伯》"士不可以不弘毅"之義。

李　諧　後魏人。字虔和。

和、諧義近，故相協。《廣雅·釋詁一》："虔，敬也。"敬則能和，故以"虔"爲飾。

李　諮　宋人。字仲詢。

諮、詢皆有問義，故相協。

李豫亨　明人。字元薦。

《易·豫卦》："雷出地奮，豫。先王以作樂崇德，殷薦之上帝，以配祖考。"孔穎達疏："雷是鼓動，故先王法此鼓動而作樂崇盛德業，樂以發揚盛德故也。……用此殷盛之樂薦祭上帝也。"元，大。大則盛，故以飾"薦"。

李遵勖　宋人。字公武。

《楚辭·離騷》："彼堯舜之耿介兮，既遵道而得路。……忽奔走以先後兮，及前王之踵武。"以"武"應"遵"，意欲循前聖之跡以進。"公"爲美稱。

李　遷　明人。字子安。

遷，移。安，定。一動一静，反義相協。"子"爲男子美稱。

李鄴嗣　清人。名文胤。

以字行。胤、嗣皆謂後代子孫。唐李泌七歲能文，相德宗，封鄴侯，有名於時。因景仰其人，且同姓，故以"鄴"飾"嗣"。意以鄴侯後代自居。

李　錦　明人。字在中。

《詩·衛風·碩人》："衣錦褧衣。"《禮記·中庸》："《詩》曰：衣錦尚絅。惡其文之著也。"錦衣在内，絅衣在外，故以"在中"應"錦"，言美在其中，或具内美。

李錫蕃　清人。字晉夫。

《易·晉卦》："晉：康侯用錫馬蕃庶，晝日三接。""夫"爲男子通稱。

李錫疇　清人。字範卿。

《書·洪範》："天乃錫禹《洪範》九疇，彝倫攸叙。"

李餘慶　宋人。字昌宗。

《易·坤卦·文言》："積善之家，必有餘慶。"家有餘慶，則宗族必昌盛。故以"昌宗"相應。

李　默　明人。字時言。

不語爲"默"。《易·繫辭上》："或語或默。"《論語·憲問》："夫子時然後言。"此以不妄言自警。言、默亦反義相協。

李彌大　宋人。字似矩。

《吕氏春秋·序意》："大矩在下。"其兄彌遜字似之，故亦以"似"飾字，以爲行輩標識。

李彌遜　宋人。字似之。

《詩·小雅·裳裳者華》："左之左之，君子宜之；右之右之，君子有之；維其有之，是以似之。"朱熹集傳："言其才全德備，以左之，則無所不宜；以右之，則無所不有：維其有之於内，是以形之於外者，無不似其所有也。"謙遜爲美德，應以"似之"，即"似其所有"之意。

李應占　清人。字南人。

占，占卜，卜筮。《禮記·緇衣》："南人有言曰：人而無恒，不可以爲卜筮。"以"南人"應"應占"，言其有恒。古人以有恒心爲美德。《孟子·梁惠王上》以爲"無恒産而有恒心者，惟士爲能"。故反用古諺以爲名字。

李懋緒　清人。字汝時。

《書·舜典》："汝平水土，惟時懋哉。"

李　樫　宋人。字與幾。

《爾雅翼·釋木》："樫，天之將雨，樫先起氣以應之。……《字説》曰：'知雨而應，與於天道。'"《易·繫辭下》："幾者，動之微，吉之先見者也。"天未雨而能先知，是已參與天地造化之幾微。故以"與幾"相應。

李　績　前燕人。字伯陽。

《詩·豳風·七月》："八月載績，載玄載黄，我朱孔陽。"

李羲叟　唐人。字聖僕。

羲，伏羲氏。相傳他畫八卦，教民結繩記事，被尊爲聖人。羲叟，猶言伏羲之世的老者。應以"聖僕"，猶《孟子》"願爲聖人氓"之意。

李聯琇　清人。字季瑩。

《詩·衛風·淇奥》："有匪君子，充耳琇瑩。"

李　謐　後魏人。字永和。

謐、和皆有安静義，故相協。

李　謙　元人。字受益。

《僞古文尚書·大禹謨》："滿招損，謙受益。"

李謙溥　宋人。字德明。

《易·繫辭下》："謙，德之柄也。"《老子》第五四章："修之於天下，其德乃普。"普、溥義通。故以“德”應“謙溥”。《禮記·大學》有“在明明德”語，故以“明”綴“德”。

李 鍇 清人。字鐵君。

《説文·金部》：“鍇，九江謂鐵曰鍇。”是鐵、鍇同義相協。“君”爲美稱。

李鍾泗 清人。字濱石。

《書·禹貢》：“泗濱浮磬。”孔傳：“泗水涯水中見石，可以爲磬。”

李鴻賓 清人。字鹿苹。

《詩·小雅·鹿鳴》：“呦呦鹿鳴，食野之苹；我有嘉賓，鼓瑟吹笙。”

李 瀆 宋人。字長源。

《爾雅·釋水》：“江、河、淮、濟爲四瀆。四瀆者，發原注海者也。”原、源古今字。四瀆流域廣，故以“長”爲飾。

李 燾 宋人。字仁甫。

《説文·火部》：“燾，溥覆照也。”段玉裁注：“《中庸》曰：‘辟如天地之無不持載，無不覆幬。’注云：‘幬，或作燾。’按《左傳》亦云：‘如天之無不幬。’”天覆照，則萬物發育生長。故以“仁”相應。“甫”爲男子美稱。

李 壁 宋人。字季章。

《史記·天官書》：“〔歲星〕以三月與營室、東壁晨出，曰青章。”又，古人以東壁主文章。《晉書·天文志上》：“東壁二星主文章，天下圖書之秘府也。”故以“章”應“壁”。按《宋史》“壁”作“璧”。璧、章不協。又，李壁二兄一名垕，一名塈，皆從“土”，作“壁”是。

李 璵 北齊人。字道璠。

《説文·玉部》：“璠，璠璵，魯之寶玉。”段玉裁注：“考《左傳》釋文曰：璵，本又作與。”《論語·雍也》有“魯一變至於道”語，故以“道”爲飾。

李禮成 隋人。字孝諧。

《禮記·樂記》：“樂著太始而禮居成物。”《書·舜典》：“聲依永，律和聲，八音克諧。”名“禮成”而切樂，故以“諧”應。東漢以來士大夫多以“孝”飾字。又，《周禮·地官·調人》：“凡有鬥怒者成之。”鄭玄注引鄭司農云：“成之謂和之也。”是成、諧亦相協。

李 翺 唐人。字習之。

《説文·羽部》：“翺，翺翔也。”“翔，回飛也。”《習部》：“習，數飛也。”

李 謨 清人。字采臣。

《書·臯陶謨》：“乃言曰：載采采。”蔡沈集傳：“必言其行某事某事爲可信驗也。”臯陶爲舜臣，《臯陶謨》乃記其爲帝舜所謀，故以“采”應“謨”而以“臣”爲綴飾。

李 贄 明人。字卓吾。

《莊子·在宥》：“倘然止，贄然立。”陸德明釋文：“贄……李云：不動貌。”《論語·子罕》：“欲罷不能，既竭吾才，如有所立卓爾。”朱熹集注：“卓，立貌。”贄、卓皆形容“立”，故相協。承《論語》文義，故綴以“吾”。

李 邈 宋人。字彦思。

《廣雅·釋詁一》：“邈，遠也。”《論語·子罕》：“‘唐棣之華，偏其反而，豈不爾思？室是遠而。’子曰：‘未之思也。夫何遠之有？’”以“思”應“邈”，反此意而用之。言思遠人。“彦”爲美稱。

李 顒 清人。字中孚。

《易·觀卦》：“有孚顒若。”《易》又有《中孚卦》，故以“中”飾“孚”。

李攀龍 明人。字于鱗。

揚雄《法言·淵騫》：“攀龍鱗，附鳳翼。”于，介詞。言攀于龍鱗。

李繩遠 清人。字斯年。

《詩·大雅·下武》：“昭茲來許，繩其祖武，於萬斯年，受天之祜。”

李 繪 北齊人。字敬文。

繪畫則成文。飾以“敬”，言其重文。

李 繹 宋人。字縱之。

《論語·八佾》：“從之，純如也，皦如也，繹如也，以成。”從、縱古今字。

李 藩

① 唐人。字叔翰。

《詩·大雅·板》：“价人維藩，大師維垣，大邦維屏，大宗維翰。”

② 清人。字介人。

解見①。陸德明釋文：“价，鄭作介。”

李 譓 宋人。字智甫。

《玉篇·言部》：“譓，同譿。”“譿，才智也。”“甫”爲男子美稱。

李 贊 明人。字惟誠。

《禮記·中庸》：“惟天下至誠，爲能盡其性……能盡物之性，則可以贊天地之化育。”

李 關 元人。字子羽。

此取三國蜀漢關羽姓名以爲名字。“子”爲男子美稱。

李 鯤 清人。字化鵬。

《莊子·逍遥遊》：“北冥有魚，其名爲鯤。……化而爲鳥，其名爲鵬。”

李 黼 元人。字子威。

《爾雅·釋器》：“斧謂之黼。”郭璞注：“黼文畫斧形，因名云。”承斧應以“威”，取斧鉞之威之義。“子”爲男子美稱。

李黼平 清人。字繡子。

黼，古代禮服刺繡之花紋如斧形者。故以“繡”相應。言爲文繡。“子”爲男子美稱。

李 龔 宋人。字和父。

《説文·龔部》：“龔，慤也。”段玉裁注：“《心部》曰：‘慤，謹也。’此與《心部》‘恭’，音義同。”《書·臯陶謨》：“同寅協恭，和衷哉。”故以“和”應“龔”。“父”爲男子美稱。

李 嚴 三國蜀漢人。字正方。

嚴、正義近，方、正義亦近，故相協。

李 夔 宋人。字師和。

《書·舜典》：“帝曰：‘夔！命汝典樂，……聲依永，律和聲，八音克諧，無奪倫，神人以和。’”飾以“師”，言師夔之典樂，以“和”爲準則。

李寶臣 唐人。字爲輔。

言爲君王弼輔之臣，而弼輔之

臣亦最可寶。

李寶嘉 清人。字伯元。

《易·乾卦·文言》："元者，善之長也。亨者，嘉之會也。"名暗用"亨"，故字用"元"以表明。

李 㬢 清人。字晴沙。

㬢，同"曦"。日光。有日光則是晴朗，故以"晴"應"㬢"。唐人多以"晴沙"入詩，如杜甫《曲江陪鄭八丈南史飲》詩："雀啄江頭黄柳花，鵁鶄鸂鶒滿晴沙。"錢起《同嚴逸人東溪泛舟》詩："寒花古岸傍，唳鶴晴沙上。"因以"沙"綴"晴"。

李獻可 明人。字堯俞。

此取"獻可替否"之義。事見《左傳·昭公二十年》。後世謂臣對君勸善規過，爲國興利除弊爲"獻可替否"。"俞"爲許諾之辭，《書·堯典》記帝堯、帝舜命臣下時多用此詞，故以"堯"飾"俞"，以頌揚其君。

李獻民 宋人。字彦文。

以"文"應"獻"，是離合"文獻"一詞以爲名字。《論語·八佾》："文獻不足故也。""彦"爲美稱。

李獻甫 金人。字欽用。

此取"獻可替否"之義。以"用"應"獻"，言臣向君獻其可者，替其否者，皆被採納。《尚書》記堯舜命臣工多用"欽"，封建時代爲皇帝行爲專用詞，故以飾"用"。

李繼和 宋人。字周叔。

《論語·爲政》："其或繼周者，雖百世可知也。"

李繼昌 宋人。字世長。

以"世長"應"昌"，意欲家族昌盛，傳世久長。《左傳·莊公二二年》："五世其昌，並于正卿。"

李 覺

① 宋人。字仲明。

覺，覺悟。覺悟則明。故相應。

② 宋人。字民先。

《孟子·萬章下》："予天民之先覺者也。予將以此道覺此民也。"

李 隲 宋人。字顯夫。

《書·洪範》："惟天陰隲下民。"蔡沈集傳："天於冥冥之中，默有以安定其民。"應以"顯"，是並願明降福於人民。亦與默祐反義相協。"夫"爲男子通稱。

李鶚翀 明人。字如一。

孔融《薦禰衡表》："鷙鳥累百，不如一鶚。"

李 灌 清人。字向若。

《莊子·秋水》："秋水時至，百川灌河。……於是焉河伯始旋其面目，望洋向若而歎曰：'野語有之曰："聞道百，以爲莫己若"者，我之謂也。'"取義於此故事，意在自警：不可妄自尊大，以見笑大方之家。

李 燧 明人。字時器。

《説文·金部》："鐩，陽鐩也。"鐩，同"燧"。《周禮》作"遂"。古人取火器具。即火鏡。"民非水火不生活"，火鏡爲生活隨時用具。故以"時器"相應。

李 巒 清人。字亦山。

《説文·山部》："巒，山小而鋭。"雖小，但不失爲山，故飾以"亦"。

李 聽 唐人。字正思。

《論語·季氏》："聽思聰。""正"表在進行。

李襲志 唐人。字重光。

《史記·屈原賈生列傳》："推此志也，雖與日月爭光可也。"因是承襲前人，故以"重"爲飾。言使屈子之志，得實現於今世。

李襲譽 唐人。字茂實。

《孟子·告子下》："先名實者爲人也。"朱熹集注："名，聲譽也。實，事功也。"以"茂"飾"實"，言不欲使名譽不副實，惟願事功大於名。

李 鑑

① 宋人。字汝明。

《莊子·德充符》："鑑明則塵垢不止，止則不明也。"《書·益稷》有"汝明"一語，故因"明"以"汝"爲飾。

② 明人。字明遠。

解見①，鑑能照形，而往古可以爲今日之鑑，以比較其得失。《詩·大雅·蕩》："殷鑑不遠，在夏后之世。"故以"遠"綴"明"而應"鑑"。又《後漢書·陳蕃傳》："明鑒未遠，覆車如昨。"鑒，同"鑑"。

李 巖 清人。字築夫。

此取殷高宗賢相傅説築於傅巖的故事以爲名字。《僞古文尚書·説命上》："説築傅巖之野。""夫"爲男子通稱。

李 瓚 後魏人。字道璋。

瓚，古代祼祭時所用之勺。璋，古玉器，形如半圭。二者同爲禮器，故相協。

李 顯 明人。字榮宗。

顯、榮皆有光彩、昭明義，故相協。綴以"宗"，欲宗族光顯。

李 觶 清人。字宗揚。

此取《禮記·檀弓下》杜蕢揚觶故事以爲名字。杜蕢雖爲宰夫，能執禮勸諫其君，並揚觶罰酒，故飾以"宗"。言欲傚其行。李觶多訛作李鱓。蓋因篆書"角""魚"形似。隸變後"六書裂壞"，形旁"角"與"魚"被混淆，以致觶、鱓相混。但"鱓"與"揚"不協。或以觶字復堂，號宗揚。"復堂"乃取杜蕢先飲師曠，再飲李調，己乃"又酌堂上北面坐飲之"之義。是字與號皆取同一故事。復，又。"復堂"謂"又酌堂上"。

李 麟

① 明人。字次公。

《詩·周南·麟之趾》："麟之趾，振振公子，于嗟麟兮！"次，在，止。此詩頌揚公族，故以爲飾。

② 清人。字振公。

解見①。

李麟友 清人。字振公。

《詩·周南·麟之趾》："麟之趾，振振公子。"

李 觀

① 唐人。字元賓。

《易·觀卦》："觀國之光，尚賓也。"元，美善之辭。"元賓"猶言嘉賓。"元"又有大義。"元賓"亦爲大賓。《論語·顔淵》："出門如見大賓。"

② 清人。字文瀾。

《孟子·盡心上》："觀水有術，必觀其瀾。"飾以"文"，欲文思如波瀾之奔涌。

李 驤 成漢人。字元龍。

《後漢書·吴漢傳贊》："吴公鷙强，實爲龍驤。""元"美善之辭。古代才德之士有"八元"，故以"元"爲飾。

李 驥

①明人。字尚德。

《論語·憲問》："驥不稱其力，稱其德也。"朱熹集注引尹氏曰："驥雖有力，其稱在德。人有才而無德，則亦奚足尚哉！"

②明人。字次德。

解見①。次，在，止。次德，言其稱在德。

〔杜〕

杜 乂 晉人。字弘理。

《書·堯典》："有能俾乂。"孔傳："乂，治也。"唐人避高宗諱，改"治"爲"理"，故以"理"協"乂"。弘，大。以飾"理"，取大治之義。

杜大成 明人。字允修。

《僞古文尚書·大禹謨》："地平天成，六府三事允治。"治、修同義。《書·禹貢》："六府孔修。"允治亦即孔修。

杜大綬 明人。字子紆。

綬，漢代官吏繫印的絲帶。漢時官吏隨身佩印，以綬繫鈕，懸於肘後腰際。綬或垂於外，或紆於鞶囊中。《文選·揚雄〈解嘲〉》："紆青拖紫，朱丹其轂。"李善注引《東觀漢記》曰："印綬，漢制公侯紫綬，九卿青綬。"

杜子瓌 五代前蜀人。字懷玉。

瓌，同"瑰"。《説文·玉部》："瑰，玫瑰也。"段玉裁注："按《詩·秦風》傳曰：瑰，石而次玉。"《老子》第七十章："是以聖人被褐懷玉。"瓌爲玉，因玉而飾以"懷"，以喻身懷美才。

杜之偉 南朝梁人。字子大。

偉、大同義相協。"子"爲男子美稱。

杜仁傑 元人。字仲梁。

唐狄仁杰爲中興名臣，以功封梁國公。此以其名爲名，以其封號爲字。

杜元枝 清人。字友梅。

《太平御覽》卷九七〇引南朝宋盛弘之《荆州記》云，陸凱與范曄相友善，自江南寄梅花一枝與曄，並贈詩曰："折梅逢驛使，寄與隴頭人。江南無所有，聊贈一枝春。"後人以"一枝春"爲梅代稱。故以"梅"應"枝"。事起於朋友投贈，因以"友"爲飾。兼取與梅爲友之義。

杜 本 元人。字伯原。

《禮記·孔子閒居》："必達於禮樂之原。"鄭玄注："原，猶本也。"

杜正玄 隋人。字慎徽。

玄，謂玄德，即蓄而不露之德。《書·舜典》："玄德升聞，乃命以位；慎徽五典，五典克從。"

杜正藏 隋人。字爲善。

《老子》第二章："皆知善之爲善，斯不善矣。"又第二七章："善行無轍跡。"不欲人知之善乃爲真善。故以"爲善"應"藏"。

杜立德 清人。字純一。

《左傳·襄公二四年》："大上有立德。"《禮記·孔子閒居》："純德孔明。""一"亦純，故並以應"德"。

杜 充 宋人。字公美。

《孟子·盡心下》："充實之謂美。""公"爲美稱。

杜光庭 唐人。字賓聖。

《易·觀卦》："觀國之光，利用賓于王。"又："觀國之光，尚賓也。"帝王皆號聖人。"賓聖"即"賓于王"。

杜 圯 宋人。字受言。

《史記·留侯世家》記張良亡匿下邳時，"嘗從容步游下邳圯上"，遇一老父，"出一編書，曰：'讀此則爲王者師矣。後十年興。十三年孺子見我濟北，穀城山下黄石即我矣。'遂去，無他言，不復見。旦日視其書，乃《太公兵法》也。良因異之，常習誦讀之"。以"受言"應"圯"，即受兵法之言於圯上。

杜 夷 晉人。字行齊。

夷，謂伯夷。齊，謂叔齊。殷末孤竹君的二子，因讓國出走。古時被認爲有崇高品行的聖人。以"行齊"應"夷"，謂有夷齊之行。

杜如晦 唐人。字克明。

晦，暗。應以"明"，反義相協。《書·堯典》有"克明俊德"語，故因"明"而及"克"。言能明察。

杜 安 漢人。字伯夷。

《儀禮·少牢饋食禮》"心皆安下切上"鄭玄注："安，平也。平割其下，於載便也。"《詩·召南·草蟲》："我心則夷。"毛傳："夷，平也。"同義相協。

杜式方 唐人。字考元。

方，謂漢陳寔長子元方。元方與其弟季方皆有美德重名。陳寔評論其二子時曾有"元方難爲兄，季方難爲弟"之語（見《世説新語·德行》）。杜式方爲兄（其弟從郁），猶元方，故以"元"應"方"。"式"爲傚法，以爲法式。"考"爲稽考。意爲稽考元方之德行而以爲法式。

杜汝霖 宋人。字仁翁。

《僞古文尚書·説命上》："若歲大旱，用汝作霖雨。"甘霖可使萬物復蘇，故以"仁"相應。"翁"爲時尚字飾，意在長壽。

杜 佑 唐人。字君卿。

《漢書·蕭何傳》："高祖爲亭長，常佑之。"顔師古注："佑，助也。言居家時，爲何所護。"以"君卿"應"佑"，取爲卿相者應扶助救護其君之義。按，漢樓護字君卿，杜佑或取法於此。護、佑同義。

杜延年 漢人。字幼公。

延年則長壽，即年高。應以"幼"，反義相協。"公"爲美稱。

杜 杞 宋人。字偉長。

《易·姤卦》："以杞包瓜。"朱熹本義："杞，高大堅實之木也。"《國語·楚語上》："其大夫皆卿材也，若杞、梓、皮革焉。"韋昭注："杞、梓，良材也。"故以"偉長"應"杞"。言爲偉材。

杜 甫 唐人。字子美。

《顔氏家訓·音辭》："甫者男子之美稱。"《漢書·律曆志下》

"變父、禽父"顔師古注:"父,讀曰甫。甫者,男子之美稱。"故以"美"應"甫"。"子"亦男子美稱。

杜　秀　晉人。字彦穎。

《詩·大雅·生民》:"誕后稷之穡……實發實秀,實堅實好,實穎實栗,即有邰家室。"毛傳:"不榮而實曰秀。穎,垂穎也。"《説文·禾部》:"穎,禾末也。"禾抽穗爲秀,秀出之穗即穎。二義相連,故相協。"彦"爲美稱。

杜　亞　唐人。字次公。

《左傳·文公六年》:"先君是以愛其子,而仕諸秦,爲亞卿焉。"杜預注:"亞,次也。""公"爲美稱,以爲綴飾。

杜叔毗　北周人。字子弼。

《詩·小雅·節南山》:"天子是毗。"鄭玄箋:"毗,輔也。"《説文·弜部》:"弼,輔也。""子"爲男子美稱。

杜叔高　宋人。名斿。

以字行。《説文·㫃部》:"斿,旗有衆鈴,以令衆也。"《孫子·軍政》:"視不相見,故爲旌旗。"令衆,須令人見;令人見,則須高其位置。故以"高"應"斿"。"叔"表行第居第三。

杜受田　清人。字芝農。

古代以農立國,一夫受田百畝,故以"農"應"受田"。《文選·曹植〈洛神賦〉》:"税駕乎蘅皋,秣駟乎芝田。"李善注引《十洲記》曰:"鍾山仙家耕田種芝草。"故以"芝"飾"農",以示非尋常耕者。

杜　和　元人。字彦謙。

《易·繫辭下》:"履以和行,謙以制禮。"《論語·學而》:"禮之用,和爲貴。""彦"爲美稱。

杜　弢　晉人。字景文。

《説文·弓部》:"弢,弓衣也。"即盛弓之袋。弓爲武事,應以"文",反義相協。又或取"文弢(韜)武略""有文治者必有武功"之義。飾以"景",以示仰慕。

杜　杲

① 北周人。字子暉。

《詩·衛風·伯兮》:"杲杲出日。"毛傳:"杲杲然日復出矣。""暉"爲日光,故相應。"子"爲男子美稱。

② 宋人。字子昕。

解見①。《説文·日部》:"昕,旦明也。"天將明則是日出之候。

杜　松　明人。字來青。

松樹冬夏常青,四季可以觀覽。陶潛《擬古》詩:"青松夾路生。"故以"青"應"松"。王安石《茅檐》詩有"兩山排闥送青來"語,故以"來"飾"青"。

杜　林　漢人。字伯山。

山林常語,故相應。《孟子·梁惠王上》:"斧斤以時入山林。"

杜　牧　唐人。字牧之。

《説文·攴部》:"牧,養牛人也。《詩》曰:'牧人乃夢。'"段玉裁注:"引伸爲牧民之牧。"名與字同,飾以"之",謂牧養之。

杜知仁　宋人。字方山。

《論語·雍也》:"仁者樂山。"方,正,纔。以飾"山",猶言正"依於仁","纔能知仁"。乃表謙抑。

杜知耕　清人。字臨甫。

知農夫之耕作,則知"不違農時"(《孟子·梁惠王上》),便可"使民以時"(《論語·學而》),如此方可"以臨其民"(《論語·雍也》)。故以"臨"應"知耕"。"甫"爲男子美稱。

杜亮采　清人。字嚴六。

《書·皋陶謨》:"日嚴祗敬六德,亮采有邦。"

杜　俁　宋人。字碩甫。

《詩·邶風·簡兮》:"碩人俁俁。""甫"爲男子美稱。

杜　厚　清人。字載焉。

《禮記·中庸》:"博厚所以載物也。"又:"博厚配地。"以"載"應"厚",謂大地載萬物。焉,指代性語氣詞。言萬物咸載於其上。

杜　契　三國吴人。字廣平。

《詩·邶風·擊鼓》:"死生契闊。"朱熹集傳:"契闊,隔遠之意。"又:"于嗟闊兮!"集傳:"闊,契闊也。""契闊"雖爲連語,亦可分用,則合訓、分訓皆爲遠。廣遠、廣闊義皆相近相連,故相協。廣、平義亦近,故一並相應。

杜　庠　明人。字公序。

《孟子·梁惠王上》:"謹庠序之教。"又《滕文公上》:"夏曰校,殷曰序,周曰庠:學則三代共之。"庠、序皆國君所設,以教國子,故飾以"公"。"公"亦美稱。

杜　炤　宋人。字自明。

《國語·晉語三》:"明曜以炤之。"照耀自明,故應以"自明"。

杜　茂　漢人。字諸公。

諸,假作"都"。《書·禹貢》"被孟豬"。《史記·夏本紀》作"被明都",而《爾雅·釋地》謂"宋有孟諸"。是都、豬、諸古同聲。茂、都皆有美盛義,故相協。《詩·齊風·還》:"子之茂兮。"毛傳:"茂,美也。"又《鄭風·有女同車》:"洵美且都。""公"爲美稱。

杜　衍　宋人。字世昌。

衍,謂蔓延。《文選·張衡〈西京賦〉》:"篠簜敷衍。"薛綜注:"衍,蔓也。"以"世昌"相應,意欲其家族世代繁衍昌盛。

杜　恕　三國魏人。字務伯。

《論語·里仁》:"夫子之道,忠恕而已矣。"又《學而》:"君子務本。""忠恕"爲孔子學説的根本,以"務"應"恕",謂專力於恕,以繼孔子之道。

杜　根　漢人。字伯堅。

以"堅"應"根",取固其根本之義。《論語·學而》有"君子固本"之訓,《左傳·文公七年》有"葛藟猶能庇其本根,故君子以爲比"之誡,因法其義。

杜　桐　明人。字來儀。

《詩·大雅·卷阿》:"鳳皇鳴矣,于彼高岡。梧桐生矣,于彼朝陽。"鄭玄箋:"鳳皇之性,非梧桐不棲,非竹實不食。"《書·益稷》:"鳳皇來儀。"來儀當棲於梧桐上,故相應。

杜　純　宋人。字孝錫。

《左傳·隱公元年》:"君子曰:'潁考叔純孝也,愛其母施及莊公。《詩》曰:"孝子不匱,永錫爾類。”其是之謂乎？’”

杜 紘 宋人。字君章。

《禮記·雜記》：“管仲鏤簋而朱紘。”鄭玄注：“冠有笄者爲紘。”古代貴族男子二十歲行冠禮，始戴冠。冠有名章甫者（意即表明成年男子身份）。章，表明。以應“紘”，即表明爲成年男子所戴者。

杜荀鶴 五代後梁人。字彦之。

《世説新語·排調》：“荀鳴鶴、陸士龍，二人未相識，俱會張茂先坐。張令共語，以其並有大才，‘可勿作常語’。陸舉手曰：‘雲間陸士龍！’荀答曰：‘日下荀鳴鶴！’陸曰：‘既開青雲，覩白雉，何不張爾弓、布爾矢？’荀答曰：‘本謂雲龍騤騤，定是山鹿野麋。獸弱弩彊，是以發遲。’張乃撫掌大笑。”劉孝標注引《荀氏家傳》：“隱與陸雲在張華坐語，互相反覆，陸連受屈。隱辭皆美麗，張公稱善云。”彦，俊彦，優美之士。以“彦之”應“荀鶴”，即取張華稱美荀鳴鶴，以爲俊美之士之意。

杜 密 漢人。字周甫。

此析“周密”一詞爲名字。《漢書·張安世傳》：“以謹慎周密自著。”“甫”爲男子美稱。

杜 崧 晉人。字行高。

《詩·大雅·崧高》：“崧高維嶽。”毛傳：“崧，高貌。山大而高曰崧。”飾以“行”，是以品行高自期。

杜 庶 宋人。字康侯。

《易·晉卦》：“晉：康侯用錫馬蕃庶。”

杜 悰 唐人。字永裕。

《説文·心部》：“悰，樂也。”段玉裁注：“此哀樂字也。”揚雄《法言·孝至》：“天地裕於萬物乎？萬物裕於天地乎？”李軌注：“裕，足也。言萬物取足於天地，天地不取足於萬物也。”以“永裕”應“悰”，意謂永以歡樂爲足。

杜惟熙 明人。字子光。

《詩·周頌·敬之》：“學有緝熙于光明。”“子”爲男子美稱。

杜 淹 唐人。字執禮。

《禮記·儒行》：“淹之以樂好。”鄭玄注：“淹，謂浸漬之。”《論語·述而》：“子所雅言，《詩》《書》，執《禮》。”以“執禮”應“淹”，意謂酷好《禮》，願浸漬其中。

杜 理 三國魏人。字務仲。

父以其自幼“機察精要”，故名之曰“理”。言能理事。其兄名恕，字務伯，故仍以“務”爲弟兄標識。“務”謂專力。

杜莘老 宋人。字起莘。

伊尹耕於有莘之野，商湯聘以爲相，是發跡興起於莘。相傳伊尹壽過百歲，故稱“莘老”。此亦宋人命名取字習尚。

杜 勝 唐人。字斌卿。

《論語·雍也》：“質勝文則野，文勝質則史。文質彬彬，然後君子。”斌，通“彬”。以應“勝”，謂文質相勝之弊須以“彬彬”之則救助。“卿”爲美稱。

杜博聞 明人。字景預。

《晉書·杜預傳》：“預博學多通，明於興廢之道。”連姓成文，取杜預博學多聞之義。飾以“景”，以示欽仰。

杜 弼 北齊人。字輔玄。

弼、輔皆有佐助義，故相協。綴以“玄”，欲輔其君使之“玄德升聞”。

杜 詔 清人。字紫綸。

皇帝之命令爲“詔”。《禮記·緇衣》：“王言如綸。”故又稱皇帝之言爲“綸音”。古時皇帝詔書的封袋以紫泥封口，加蓋印璽，故以“紫”飾“綸”。

杜黄裳 唐人。字遵素。

《易·坤卦》：“黄裳，元吉。”王弼注：“黄，中之色也；裳，下之飾也。”《賁卦》：“白賁，无咎。”王弼注：“處飾之終，飾終反素，故任其質素，不勞文飾，而无咎也。”以“遵素”應“黄裳”，即“任其質素，不勞文飾”。本已“元吉”，更欲永“无咎”。

杜 煦 清人。字春暉。

《説文·火部》：“煦，烝也。一曰昷潤也。”段玉裁注：“《方言》：煦、煆，熱也。《文選》注引《韓詩章句》：煦，暖也。”又，《日部》：“昫，日出昷也。”段玉裁注：“與《火部》‘煦’義略同。《樂記》‘煦嫗’《淮南》書作‘昫嫗’。《廣韻》直以爲一字。”是昫、煦既略同，亦相通。“煦”爲熱，或日出温暖。《説文·日部》（大徐本）：“暉，光也。”江總《燕燕于飛》詩：“二月春暉暉。”孟郊《遊子吟》：“報得三春暉。”春日温煦，故相應。

杜 瑛 元人。字文玉。

《説文·玉部》：“瑛，玉光也。”玉有光澤而且具鰓理，故以“文”爲飾。

杜 稜 南朝陳人。字雄盛。

《漢書·李廣傳》：“威稜憺乎鄰國。”顔師古注引李奇曰：“神靈之威曰稜。”雄，强有力者之稱。强有力始有威可施。故以應“稜”。綴以“盛”，甚言其强。

杜 預 晉人。字元凱。

預，通“豫”。《左傳·莊公二二年》“成子得政”杜預注：“聖人所以定由豫，決疑似。”陸德明釋文：“豫，音預。本亦作預。”經典豫、預多同聲通假。《爾雅·釋詁》：“豫，樂也。”《詩·邶風·凱風》：“凱風自南。”毛傳：“南風謂之凱風，樂夏之長養者。”孔穎達疏：“言凱樂之風，從南長養之方而來。”預、凱同有樂義，故相協。《易·乾卦·文言》：“元者，善之長也。”和樂則善，故以“元”爲飾。

杜僧明 南朝陳人。字弘照。

明、照義近，亦相連。以“弘照”應“僧明”，取佛光普照之義。

杜 榮 明人。字景華。

《爾雅·釋草》：“木謂之華，草謂之榮。”渾言無别。《禮記·月令》：“鞠有黄華。”草木皆可稱“華”。草木茂盛皆可稱“榮”，二者引申義又相同，故以“華”應“榮”。景，企羡，仰慕。

杜 槐 明人。字茂卿。

《周禮·秋官·朝士》載，周時於外朝種植槐棘，以爲公卿大夫列班的位次，故以“卿”應

"槐"。"槐"爲樹木，故以"茂"爲飾。

杜臺卿 隋人。字少山。

《詩·小雅·南山有臺》："南山有臺，北山有萊；樂只君子，邦家之基。"《序》云："《南山有臺》樂得賢也。得賢則能爲邦家立太平之基矣。"故以"山"應"臺卿"。

杜 銓 後魏人。字士衡。

《説文·金部》："銓，稱也。"段玉裁注："稱，各本作衡。今正。"銓、衡皆爲稱量，故相協。"士"爲男子美稱。

杜審言 唐人。字必簡。

《吕氏春秋·先己》："審此言也。"言語審慎，必須簡約其辭。飾以"必"，以示戒飭。

杜 寬 晉人。字務叔。

寬，寬厚，寬和。應以"務"，表示致力，專力。

杜 摯 三國魏人。字德魯。

《論語·泰伯》："子曰：'師摯之始，《關雎》之亂，洋洋乎，盈耳哉！'"何晏集解引鄭玄曰："師摯，魯太史之名。始，猶首也。周道衰微，鄭衛之音作，正樂廢而失節，魯大師摯識《關雎》之聲，而首理其亂。"德魯，言能興雅樂，排鄭衛之音，而爲魯德。

杜 撫 漢人。字叔和。

張衡《東京賦》："宣重威以撫和戎狄。"

杜 畿 三國魏人。字伯侯。

《周禮·秋官·小司徒》："正其畿疆之封。"賈公彦疏："司馬除王畿之外，仍有九畿，謂侯、甸、男、采……"故以"侯"應"畿"。

杜 誼 宋人。字漢臣。

誼，謂賈誼。漢文帝時爲長沙王太傅，故以"漢臣"相應。

杜 曉 後魏人。字明遠。

天明爲"曉"。日出則明照萬里，故以"遠"綴"明"。

杜 澤 明人。字子潤。

《孟子·滕文公上》："若夫潤澤之，則在君與子矣。""子"爲男子美稱。

杜 鄴 漢人。字子夏。

鄴，通"業"。《爾雅·釋詁》："夏……業，大也。"同義故相協。"子"爲男子美稱。

杜 錫 晉人。字世嘏。

《詩·魯頌·閟宫》："天錫公純嘏。"飾以"世"，願世世受天之賜。

杜孺休 唐人。字休之。

《爾雅·釋詁》："休，美也。"名與字同。綴以"之"，謂美之。

杜濬之 宋人。字若川。

《書·益稷》："濬畎澮，距川。"孔穎達疏："深其畎澮，以至於川。"飾以"若"，言疏濬之使深而且暢，流通若川。

杜 謙 明人。字益之。

《易·謙卦》："天道虧盈而益謙。"綴以"之"，言使之增益。

杜鴻漸 唐人。字之巽。

《易·漸卦》："鴻漸于干。"又："止而巽，動不窮也。"王弼注："漸者，漸進之卦也。止而巽，以斯適進漸進者也。"以"之巽"應"鴻漸"，言鴻之漸進止而巽。字或作"之選"。《史記·仲尼弟子列傳》"邦巽"司馬貞索隱："《家語》'巽'作'選'。文翁圖作'國選'……劉氏作'邦巽'。"是巽、選可通用。

杜 曙 清人。字旭初。

《玉篇·日部》："曙，東方明也。"《説文·日部》："旭，日旦出皃。"《詩·邶風·匏有苦葉》："旭日始旦。"毛傳："旭，日始出。"日始初，故東方明。"初"猶始，故以綴"旭"。

杜 鎬 宋人。字文周。

鎬，周武王建都之地，亦稱宗周。《論語·八佾》："周監於二代，郁郁乎文哉！吾從周。"因"鎬"而及"周"，又及其禮樂之盛，故飾以"文"。

杜 旝 宋人。字幼高。

《説文·㫃部》："旝，旌旗也。"《孫子·軍政》："視不相見，故爲旌旗。"旌旗所以令衆，必須高揚以示人。故以"高"相應。"幼"表行第較末。

杜 旞 宋人。字季高。

其兄名旃字叔高，弟名旝，字幼高。"旞"爲旗一種。旗須高揚以示衆，故承其弟兄命名之義而字"季高"。"季"表行第居第四。

杜 瓊 三國蜀漢人。字伯瑜。

《説文·玉部》："瓊，亦玉也。""瑜，瑾瑜也。""瑾，瑾瑜，美玉也。"同爲玉，故相應。

杜 夔 三國魏人。字公良。

夔，帝舜典樂之官，與禹、棄、皋陶等輔舜，皆爲股肱之臣。《書·益稷》記舜作歌贊譽諸臣有"股肱良哉"語，故以"良"應"夔"。"公"爲美稱。

杜 斆 明人。字致道。

《説文·攴部》："斆，覺悟也。""斆"的篆文亦省作"學"。《書·兑命》"學學半"，《僞古文尚書·説命下》作"斆學半"。段玉裁於"斆"注云："教人謂之學者，學所以自覺，下之效也；教人所以覺人，上之施也：故古統謂之學也。"是斆、學爲一事之兩方面。《論語·子張》："君子學以致其道。"學以自覺，固能"致道"；以覺人，則亦使他人"致道"。亦謂將我之道致於人。故以"致道"應"斆"。

杜 旟 宋人。字伯高。

《説文·㫃部》："旟，錯革鳥其上，所以進士衆。……《周禮》曰：州里建旟。"段玉裁注："鄭注《周禮》云：畫日月，畫交龍，畫熊虎、鳥隼、龜蛇。是則鄭之説'錯革鳥'，謂畫鳥隼。……許云'其上'者，謂畫於正幅高處。"故以"高"應"旟"。按，杜旟有四弟，皆以旗屬命名，依次爲旃、旂（或作斿）、旞、旝，字皆爲"高"，而別以仲、叔、季、幼。《孫子·軍政》："視不相見，故爲旌旗。"旌旗所以令衆，令衆須使相見，爲使衆人見，故須高其位置。故旃、旂、旞、旝、旟皆應以"高"。

杜 纂 後魏人。字榮孫。

《禮記·祭統》："纂乃祖服。"鄭玄注："纂，繼也。"陳澔集説："纂繼爾祖舊所服行之事也。"儒家敬宗法祖，子孫能繼其祖德，自亦被祖宗之榮。

杜　襲　三國魏人。字子緒。

《漢書·揚雄傳上》："襲琁室與傾宫兮，若登高妙遠，肅虖臨淵。"顔師古注引服虔曰："襲，繼也。"《詩·魯頌·閟宫》："纘禹之緒。"毛傳："緒，業也。"二者相應，言欲繼其前人之業。"子"爲男子美稱。

杜　鐸　宋人。字文振。

鐸，木鐸。金口木舌之鈴。古代施政教時，振之以警衆。《禮記·明堂位》："振木鐸於朝。"《論語·八佾》："天將以夫子爲木鐸。"因是宣揚禮樂政教，故以"文"爲飾。

杜　鼇　清人。字海山。

《列子·湯問》載，大海中有五山，上居仙人。而五山無定處，常隨波飄蕩，上帝乃命巨鼇十五，"舉首而戴之"，"五山始峙而不動"。王淇《上元應制》詩："六鼇海上駕山來。"

〔束〕

束　皙　晉人。字廣微。

《説文·白部》："皙，人色白也。"段玉裁注："今字皆省作晳，非也。"按，字"廣微"與名"皙"（或誤省作"晳"）人色白義不協。疑"皙（晳）"當是"晢"之訛。《説文·日部》："晢，昭晢。明也。從日，折聲。《禮》：'晢明行事。'"段玉裁注："《周易》王弼本'明辨晢也'。《陳風》：'明星晢晢。'傳曰：'晢晢，猶煌煌也。'《洪範》：'明作晢。'鄭注：'君視明，則臣晢晢。'按明晢皆從日。日謂日之光。引伸之爲人之明晢。"字"廣微"，清朱駿聲《説文通訓定聲·壯部》："廣，假借爲光。"光，光明，光耀。微，隱微，微茫。煌煌日光，自能光耀普照微茫之事物。比之於人，明晢自能洞察隱微。故以"廣微"應"晢"。

〔步〕

步叔乘　春秋齊人。字子車。

步叔，複姓。以"車"應"乘"，表明取乘駕之義。意在指實。"子"爲男子美稱。

步　熊　晉人。字叔熊。

名與字同。古高辛氏有才子八人，中有仲熊。世號"八元"。

步　隲　三國吴人。字子山。

《爾雅·釋詁》："隲，陞也。"陞，登。應以"山"，取登山義。"子"爲男子美稱。

〔汪〕

汪一中　明人。字正叔。

《易·節卦》："中正以通。"又《觀卦》："中正以觀天下。"

汪一元　清人。字兆初。

《爾雅·釋詁》："初、元，始也。"同義故相協。《漢書·董仲舒傳》："臣謹案《春秋》謂一元之意：一者，萬物之所從始也；元者，辭之所謂大也。"古人以"一元"爲事物之始，故以"兆初"應"一元"。

汪一初　明人。字陽復。

《易·復卦》："七日來復，利有攸往。"朱熹本義："然後一陽之體始成而來復。"又："至此七爻而一陽來復。""一初"即"一陽之體始成"，"陽復"即"一陽來復"。

汪一龍　元人。字遠翔。

《易·乾卦》："飛龍在天，利見大人。""遠翔"之龍，自是飛龍。比喻得志青雲，飛黄騰達。

汪士通　清人。字宇亨。

《易·乾卦》："乾：元亨利貞。"孔穎達疏引子夏傳云："亨，通也。"飾以"宇"，謂宇内亨通。

汪士慎　清人。字近人。

《詩·大雅·民勞》："敬慎威儀，以近有德。"

汪士韶　清人。字虞九。

《書·益稷》："《簫韶》九成。"《韶》乃虞舜之樂，故以"虞"爲飾。

汪士鐸　清人。字振菴。

《論語·八佾》："天將以夫子爲木鐸。"何晏集解引孔安國曰："木鐸，施政教時所振也。"《禮記·明堂位》："振木鐸於朝，天子之政也。""菴"爲時尚字飾。

汪大年　明人。字未央。

大年，謂長壽。語出《莊子·逍遥遊》。未央，未盡。《詩·小雅·庭燎》："夜未央。"二者相應，取長生不老之義。

汪大度　宋人。字時法。

《論語·堯曰》："審法度。"法度爲時時所遵守者，故以"時"爲飾。

汪大淵　元人。字焕章。

《論衡·亂龍》："子駿漢朝智囊，筆墨淵海。"《論語·泰伯》："焕乎！其有文章。"以"焕章"應"大淵"，言其學問文章燦然彪炳，深廣如大海。

汪大猷　宋人。字仲嘉。

《禮記·坊記》："爾有嘉謀嘉猷，入告爾君于内。"

汪大經

① 宋人。字淳夫。

《孟子·盡心下》："經德不回。"趙岐注："經，行也。體德之人行其節操，自不回邪。"操行不邪曲則淳樸。以"淳"應"經"，欲操行淳樸。"夫"爲男子通稱。

② 清人。字書年。

以"年"應"大"，取《莊子·逍遥遊》"小年不及大年"之義，意在長壽。"書"與"經"義相連，故以飾"年"。

汪子祜　明人。字受夫。

《詩·小雅·信南山》："受天之祜。""夫"爲男子通稱。

汪　山　明人。字仁夫。

《論語·雍也》："仁者樂山。""夫"爲男子通稱。

汪　中　清人。字容甫。

《説文·丨部》："中，内也。"《宀部》："容，盛也。"器内所以盛物。器受物於中爲容，故相應。"甫"爲男子美稱。

汪之璞　明人。字石生。

玉在石中未治者爲璞。故以"石"應"璞"。綴以"生"，既取玉生石中之義，又取男子美稱義。

汪介然　宋人。字彦準。

《孟子·盡心上》："柳下惠不以三公易其介。"《荀子·脩身》：

"善在身，介然必以自好也。"《漢書·東方朔傳》："以仁義爲準。"言欲以堅貞之節操爲行爲之準則。"彦"爲美稱。

汪元春 宋人。字景新。

一歲之始爲春。故名元春。春則萬象更新，故以"景新"應"元春"。楊巨源《城東早春》詩："詩家清景在新春。"

汪元量 宋人。字大有。

以"大有"應"量"，謂極有容人之氣量。

汪元錫 明人。字天啓。

《左傳·閔公元年》："以是始賞，天啓之矣。"《説文·貝部》："賞，賜有功也。""賜，予也。"段玉裁注："凡經傳言'錫'者，賜之假借也。"是"錫"與"賞"義同，故以"天啓"相應。

汪元麟 清人。字石恬。

《南史·徐陵傳》："〔徐陵〕年數歲，家人攜以候沙門釋寶誌，寶誌摩其頂曰：'天上石麒麟也。'"後以喻人自幼不凡，前程遠大。人多望子成材，故以"石麟"爲名字。恬，安静。故以綴石。

汪文柏 清人。字季青。

柏樹冬夏常青，故以"青"應"柏"。

汪文桂 清人。字周士。

《論語·八佾》："周監於二代，郁郁乎文哉！吾從周。"既美周之文，而又從之，自必成爲周士。

汪文盛 明人。字希周。

《論語·八佾》："郁郁乎文哉！吾從周。"朱熹集注："郁郁，文盛貌。"所以從周，乃仰慕其文盛，故以"希周"相應。

汪文輝 明人。字德充。

《孟子·盡心下》："充實之謂美，充實而有光輝之謂大。"此孟子論樂正子之人品，故以"德"爲飾。

汪日宣 清人。字在三。

《書·皋陶謨》："日宣三德。"因《禮記·大學》有"在明明德"之語，故因"德"而及"在"。

汪曰楨 清人。字剛木。

《説文·木部》："楨，剛木也。"

汪必達 宋人。字兼善。

《孟子·盡心上》："達則兼善天下。"

汪本銓 清人。字衡甫。

《説文·金部》："銓，稱也。"段玉裁注："稱，即今秤字。""衡"亦秤。二者同義相協。"甫"爲男子美稱。

汪　正 明人。字惟中。

"正中"常語，《易》屢見。如《需卦》："位乎天位，以正中也。"《比卦》："顯比之吉，位正中也。"飾以"惟"，意在强調。

汪　玉 明人。字汝成。

《詩·大雅·民勞》："王欲玉女。"鄭玄箋："王乎，我欲令女如玉然。"張載《西銘》："貧賤憂戚，庸玉女於成也。"原謂因愛之，而欲使之如玉然，後謂助之使有成，再變而以"玉成"爲他人之成全。女、汝通。又，《禮記·學記》："玉不琢，不成器；人不學，不知道。"玉、成亦相應。

汪　价 清人。字介人。

此拆名爲字。

汪　份 清人。字武曹。

《説文·人部》："份，文質備也。从人，分聲。《論語》曰：'文質份份。'彬，古文份。"段玉裁注："今《論語》作'彬'，古文也。"彬彬爲文質相半之貌。後以爲文雅之稱。以"武"應"份"，反義相協。意在文武兼備。曹，猶輩、儕。以綴"武"，謂爲武夫。

汪仲鈖 清人。字豐玉。

《康熙字典·金部》"鈖"引《篇海》云："玉名。"故應以"玉"。《世説新語·賞譽》："世稱'庾文康爲豐年玉，稺恭爲荒年穀'。"言二者各有其用，皆足寶貴。故因"玉"而及"豐"。

汪如玉 明人。字德温。

《詩·秦風·小戎》："言念君子，温其如玉。"故以"温"應"如玉"。《説文·玉部》："玉，石之美有五德者。"故以"德"飾"玉"。

汪安行 宋人。字伯壽。

《論語·里仁》："仁者安仁。"《雍也》："仁者壽。"故以"壽"應"安"。

汪汝淮 清人。字禹績。

《書·禹貢》："淮沂其乂。"《孟子·滕文公上》："禹疏九河：……決汝漢，排淮泗，而注之江。"治淮乃大禹之功，故以"禹績"應"淮"。

汪汝懋 元人。字以敬。

《尚書》《史記·五帝本紀》記堯舜命臣工時，皆以"懋""敬"爲勸勉、告誡之辭。"懋"爲勉力，"敬"爲嚴肅、慎重。凡任事，能敬慎自必勉力，故以相應。

汪自强 宋人。字之行。

《易·乾卦》："天行健，君子以自强不息。"以"之行"應"自强"，言君子法天之運行，能自强不息。又《禮記·中庸》："或安而行之，或利而行之，或勉强而行之：及其成功一也。"生而知之者，安行；學而知之者，利行；困而知之者，勉行。此兼取勉强而行之義，以示資質非上等。

汪行恭 清人。字仲行。

《論語·公冶長》："其行己也恭。"以"行"應"行恭"，申明取義着意於履行。

汪伯彦 宋人。字廷俊。

俊、彦皆爲士之傑出者。"俊乂在官"，是立於朝廷，故以"廷"爲飾。

汪　佑 清人。字啓我。

《僞古文尚書·君牙》："啓佑我後人。"

汪克寬 明人。字德輔。

《左傳·昭公二十年》："唯有德者能以寬服民。"能寬自是有德。綴以"輔"，言輔之以德。

汪希旦 宋人。字周佐。

旦，謂周公旦。姬姓。周武王之弟。武王崩，成王幼，周公乃輔幼君，平叛亂，鎮國家。成王年長，乃歸政於王。封建時代以周公爲弼輔之臣的最高典範。故以"周佐"應"希旦"。言欲如周公旦爲君王輔佐良臣。

汪廷訥 明人。字昌朝。

漢周昌"爲人强力，敢直言"，但口吃，廷爭"期期"不能成辭（《漢書》本傳），故以"昌"應"廷訥"。言在朝廷訥於言。綴以

"朝"，與"廷"相應。亦爲移用《詩·齊風·鷄鳴》"朝既昌矣"之語。

汪廷榜 清人。字自占。

科舉時代，殿試爲最高一級考試，名次由朝廷張榜宣示。以"自占"應"廷榜"，取"獨占鰲頭"之義。獨、自義近。

汪志伊 清人。字稼門。

伊，謂伊尹。伊尹耕於有莘之野，成湯聘以爲相，助湯伐夏而有天下。故以"稼"應"志伊"。言有伊尹耕稼之志（實欲待時相當世之君）。以"門"綴"稼"，意謂乃耕稼之家。

汪志曾 清人。字養可。

《孟子·離婁上》："曾子養曾晳，必有酒肉；將徹，必請所與。問有餘，必曰'有'。……若曾子，則可謂養志也。"

汪　杞 宋人。字南美。

《國語·楚語上》："其大夫皆卿材也，若杞、梓、皮革焉，楚實遺之。"韋昭注："杞、梓，良材也。"楚爲南國，杞、梓皆南國之美材。又，《詩·小雅·南山有臺》："南山有杞。"故以"南美"應"杞"。

汪　來 明人。字君復。

《易·復卦》："七日來復。""君"爲美稱。

汪宗伊 明人。字子衡。

伊，伊尹。伊尹一名阿衡，故以"衡"應"伊"。"子"爲男子美稱。

汪宗姬 明人。字肇邰。

周始祖后稷，其母爲有邰氏女。周爲姬姓，故以"肇邰"應"姬"。《爾雅·釋詁》："肇，始也。"言姬姓始自有邰氏。

汪宗洙 清人。字魯源。

洙，水名。源出春秋時魯國都城之北，南流合沂水而入泗水。孔子曾講學於洙泗之間，後世以洙或洙泗指稱儒家學派，故以"魯源"應"洙"。言儒家起源於魯。

汪承霈 清人。字春農。

《玉篇·雨部》："霈，大雨。"春日農事待雨而作。崔寔《四民月令·三月》："時雨降，可種秔稻及植禾、苴麻……"故以"春農"應"霈"。

汪　昉 清人。字叔明。

《玉篇·日部》："昉，明也。"

汪泗綸 明人。字自魯。

《説文·水部》："泗，泗水。"段玉裁注引《水經》曰："泗水出魯卞縣北山。"以"自魯"應"泗"，言泗水源於魯。

汪　俅 明人。字克敬。

《詩·周頌·絲衣》："載弁俅俅。"毛傳："俅俅，恭順貌。"恭敬義近，可相代，故以"敬"應"俅"。克，能。

汪　奎 明人。字文燦。

奎，屬西方白虎七宿。《孝經援神契》："奎主文章。"故以"文燦"相應。欲人間文運昌盛。

汪彦博 清人。字潞勳。

宋文彦博，歷事四朝，出將入相凡五十年，封潞國公。因景仰前賢，故襲其名，而以其勳爵爲字。一字厚夫，取《禮記·中庸》"博厚所以載物也"文義。"夫"爲男子通稱。

汪待舉 宋人。字懷忠。

《禮記·儒行》："懷忠信以待舉。"

汪　思 明人。字得之。

《孟子·告子上》："心之官則思，思則得之。"

汪　洪 明人。字克容。

洪，大。《僞古文尚書·君陳》："有容，德乃大。"克，能。既能容，其德自大。

汪　珍 元人。字聘之。

《禮記·儒行》："儒有席上之珍以待聘。"

汪　珊 明人。字德聲。

珊，謂珊珊。《文選·宋玉〈神女賦〉》："動霧縠以徐步兮，拂墀聲之珊珊。"李善注："珊珊，聲也。"珊珊爲玉珮之聲，玉有五德，故以"德"爲飾。

汪　相 元人。字魏夫。

此拆西漢魏相以爲名字。魏相字弱翁，曾請奪霍氏權以全功臣之家。相宣帝，多所建白，與丙吉齊名。"夫"爲男子通稱。

汪若容 宋人。字正夫。

《禮記·曲禮上》："正爾容。""夫"爲男子通稱。

汪若海 宋人。字東叟。

《孟子·離婁上》謂姜尚爲避紂居東海之濱，聞文王敬賢養老，乃歸周。孟子譽之爲"大老"。以"東叟"應"海"，即取此典。叟，老壽者之稱。

汪若楫 宋人。字作舟。

《僞古文尚書·説命上》："若濟巨川，用汝作舟楫。"

汪若霖 明人。字時甫。

《僞古文尚書·説命上》："若歲大旱，用汝作霖雨。"僞孔傳："霖，三日雨。霖以救旱。"能救旱則及時，故以"時"相應。"甫"爲男子美稱。

汪　革 宋人。字信民。

《易·革卦》："革而信之，文明以説。"民，猶人。《書·皐陶謨》"安民則惠"，《後漢書·左雄傳》作"安人則惠"。"信民"即信人。

汪康年 清人。字穰卿。

《詩·商頌·烈祖》："自天降康，豐年穰穰。""卿"爲美稱。

汪　梅 清人。字燮和。

《僞古文尚書·説命下》："若作和羹，爾惟鹽梅。"後以鹽梅比喻宰相職能。《書·顧命》："燮和天下。"宰相三公助天子燮理陰陽，治理天下。故以"燮和"應"梅"。

汪　淇

① 清人。字瞻漪。

《詩·衛風·淇奥》："瞻彼淇奥，緑竹猗猗。"漪、猗通。

② 清人。字竹里。

解見①。淇水之上多竹，是爲淇園。故因"竹"而綴以"里"。言淇上乃竹之居里。又唐王維輞川别業有竹里館。

汪　深 元人。字萬頃。

《世説新語·德行》："〔郭〕林宗曰：'叔度汪汪如萬頃之陂，澄之不清，擾之不濁，其器深廣，難測量也。'"

汪　涯 宋人。字萬頃。

涯，謂涯涘。水的邊際。韓愈

《柳子厚墓誌銘》："爲詞章，泛濫停蓄，爲深博無涯涘。"《世説新語·德行》："叔度汪汪如萬頃之陂。"以"萬頃"應"涯"，甚言其水域遼闊，無邊際。

汪　淮　明人。字禹乂。

《書·禹貢》："淮沂其乂。"淮爲古九河之一，乃大禹所治理，故應以"禹乂"。

汪清卿　宋人。字湛仲。

清、湛同義。《文選·謝混〈遊西池詩〉》："水木湛清華。"李周翰注："湛，澄。"謂清澄。

汪　舸　清人。字可舟。

此拆名爲字。舸亦即舟。

汪　莘　宋人。字叔耕。

《孟子·萬章上》："伊尹耕於有莘之野。"

汪逢辰　元人。字虞卿。

辰，辰星。《史記·天官書》："罰出辰星。"張守節正義引《天官占》云："辰星，北水之精，黑帝之子，宰相之祥也。"《史記·平原君虞卿列傳》："虞卿者，游説之士也。……爲趙上卿，故號爲虞卿。"戰國上卿猶後世的宰相。又，"逢辰"爲生逢明時。相傳虞舜時乃太平盛世。爲帝舜之卿，自是身逢其辰。

汪　善　明人。字存初。

孟子倡性善之説，以爲人之本性皆善。初，本來。以"存初"應"善"，即保存其原本之善性。

汪喜孫　清人。字孟慈。

以"慈"應"孫"，取《孟子·離婁上》"孝子慈孫"之義。一名喜荀。古荀、孫聲近。荀子，時人尊稱爲荀卿，漢人爲避宣帝諱，改爲孫卿。"喜荀"亦即"喜孫"。

汪喬年

① 明人。字歲星。

年、歲義近，故相協。木星約十二年運行一周天。於黄道帶一年經過一宫，故名歲星，先秦曾用以紀年，故因"歲"而綴以"星"。謂歲星值年。

② 清人。字修齡。

年，年齡。《禮記·曲禮下》："問天子之年。"又："問國君之年。"皆謂年齡。阮籍《詠懷詩》有"修齡適余願"語，故以"修"飾"齡"，意在長壽。

汪　復　宋人。字希顔。

顔，謂孔子弟子顔回。回字淵，爲孔門四科十哲之首，最爲孔子所稱道。《論語·顔淵》記顔淵問仁，孔子告以"克己復禮爲仁"之理，能"三月不違仁"。故以"顔"應"復"。飾以"希"，以示景慕，言欲倣顔回力行"克己復禮"。

汪　循　明人。字進之。

《説文·彳部》："循，行也。"行即前進，故以"進之"相應。

汪景純　明人。字宗孝。

《左傳·隱公元年》："君子曰：'潁考叔純孝也。'"故以"孝"應"純"。宗，謂宗法潁考叔。

汪景望　清人。字企山。

《説文·人部》："企，舉踵也。"段玉裁注："企，或作跂。《衛風》曰：'跂予望之。'"是企、跂通，故以"企"應"望"。因"企"而及"山"，謂望山。《詩·小雅·車舝》："高山仰止，景行行止。"仰、望義亦相連，故綴以"山"。《論語·雍也》："仁者樂山。"是亦兼示崇尚仁。

汪　智　清人。字睿生。

《禮記·中庸》："爲能聰明睿知。""生"男子美稱。

汪　棣　清人。字韡懷。

《詩·小雅·常棣》："常棣之華，鄂不韡韡。凡今之人，莫如兄弟。"《詩序》："《常棣》燕兄弟也。"因下文有"兄弟孔懷"語，故以"懷"飾"韡"。

汪　渢　清人。字魏美。

《左傳·襄公二九年》："歌《魏》，曰：'美哉！渢渢乎，大而婉，險而易行，以德輔此，則明主也。'"以"魏美"應"渢"，言渢渢乃季札贊美《魏風》之辭。

汪游龍　明人。字六御。

《易·乾卦》："時乘六龍以御天。"

汪爲霖　清人。字春田。

《僞古文尚書·説命上》："若歲大旱，用汝作霖雨。"霖爲救旱之雨，有益農田，故以"田"相應。"春"日備耕，爲農忙之始，所謂"一年之計在於春"，故以爲飾。

汪　琬　清人。字苕文。

琬，謂琬琰，美玉。《梁書·劉遵傳》："文史該富，琬琰爲心；辭章博贍，玄黄成采。"因以琬琰比喻錦心繡口，故應以"文"。陸機《文賦》："或苕發穎竪，離衆絶致。"飾以"苕"，謂文采秀出。

汪舜民　明人。字從仁。

《禮記·大學》："堯舜帥天下以仁，而民從之。"

汪舜舉　宋人。字伯俞。

《尚書·舜典》記帝舜舉賢命官，多用"俞！汝往哉""俞！往哉，汝諧""俞！往欽哉"，故以"俞"應"舜舉"。

汪　華　元人。字榮夫。

榮、華義近，故相協。《爾雅·釋草》："木謂之華，草謂之榮。"渾言則無别。"夫"爲男子通稱。

汪　萊　清人。字孝嬰。

萊，謂老萊子。《藝文類聚·人四·孝》引《列女傳》，謂老萊子年七十，父母猶存，爲使父母歡樂，常衣五綵衣，佯仆堂上，倣小兒啼。故以"孝嬰"應"萊"。

汪　越　清人。字季超。

《説文·走部》："超，跳也。"《玉篇·走部》："超，超越也。"義近，故相協。一字師退。"越"則前進，故應以"退"。反義相協。《論語·先進》："由也兼人，故退之。"古人以勝人爲戒，故以退讓自警。飾以"師"，即欲倣謙退。

汪　逵　宋人。字季路。

《詩·周南·兔罝》："施于中逵。"毛傳："逵，九達之道。"即四通八達之路。

汪　鈞　清人。字右衡。

鈞，陶工製圓器之轉輪。比喻政權。《詩·小雅·節南山》："秉國之均。"均通"鈞"。《抱朴子·漢過》："操弄神器，秉國之鈞。""衡"爲稱物之具，亦比喻權柄。衡鈞連用，常指政權或宰輔重臣。韓愈《祭馬僕射文》：“顧瞻衡鈞，將舉以付。”故衡、鈞相應。古人尚右，以爲飾，表示位尊。

汪雄圖 宋人。字思遠。

《莊子·逍遥遊》謂北冥之鵬“摶扶摇而上者九萬里”，“背負青天而莫之夭閼者，而後乃今將圖南”。須高飛九萬里之上，而後乃可南行，可謂“雄圖”；北冥至南冥可謂“遠”。故以“思遠”應“雄圖”。

汪　新 清人。字又新。

《禮記·大學》：“湯之《盤銘》曰：‘苟日新，日日新，又日新。’”

汪　楫 清人。字舟次。

《僞古文尚書·説命上》：“若濟巨川，用汝作舟楫。”綴以“次”，言舟楫同列。

汪　㮈 清人。字中也。

㮈，“本”的古文。《禮記·中庸》：“中也者，天下之大本也。”

汪　溥

① 明人。字源學。

《禮記·中庸》：“溥博淵泉，而時出之。”《説文·水部》：“溥，大也。”水大必有源，故以應“溥”。綴以“學”，言其學師承有自，如水之有源。

② 清人。字永思。

解見①。《詩·周南·漢廣》：“江之永矣，不可方思。”《説文·永部》：“永，水長也。”水大則流長，故以應“溥”。因傚《漢廣》，故以“思”綴“永”。“思”爲語氣詞。

汪　焕 清人。字雲章。

《論語·泰伯》：“焕乎！其有文章。”古人多以雲霞比喻文章美盛或絢麗，故以“雲”飾“章”。

汪與立 明人。字師道。

《論語·子罕》：“子曰：‘可與共學，未可與適道；可與適道，未可與立；可與立，未可與權。’”既可與之共同篤志不變，自可與之共同問道。師，傚法，宗法。

汪道昆 明人。字伯玉。

昆，謂昆（崑）山。傳説昆山産玉。《晉書·郤詵傳》：“詵對曰：‘臣舉賢良對策，爲天下第一，猶桂林之一枝，崑山之片玉。’”

汪道貫 明人。字仲淹。

《新唐書·柳登傳》：“淹貫羣書。”以“淹”應“貫”，取淹博貫通之義。

汪道會 明人。字仲嘉。

《易·乾卦·文言》：“亨者，嘉之會也。”暗取亨通之義。

汪道誠 清人。字勉旃。

《禮記·中庸》：“誠者不勉而中。”旃，“之焉”二字的合音。以綴“勉”，言雖已誠，然於中道，尚須勉之。以示戒慎。

汪夢斗 元人。字以南。

《新唐書·狄仁傑傳》：“狄公之賢，北斗以南一人而已。”意欲傚狄仁傑之賢，故以“以南”應“斗”。又，《晉書·天文志上》：“相一星，在北斗南。相者，總領百司而掌邦教，以佐帝王安邦國。”或欲致位卿相，故以“以南”應“夢斗”之吉兆。

汪漢卿 元人。字景良。

漢張良佐劉邦定天下，以功封留侯，位猶卿相，爲“三傑”之一。故以“良”應“漢卿”。飾以“景”，表示景慕。

汪　禔 明人。字介夫。

《玉篇·示部》：“禔，福也。”《詩·小雅·小明》：“介爾景福。”又《楚茨》：“以介景福。”故以“介”應“禔”。“夫”爲男子通稱。

汪　端 清人。字允莊。

端、莊義近，故相協。謝靈運《佛影銘序》：“容儀端莊。”允，誠然。

汪維恕 清人。字如心。

此拆名爲字。又《論語·里仁》“忠恕而已矣”朱熹集注：“推己之謂恕。”能忖己以度物，亦即如其心。

汪　綱 宋人。字仲舉。

鄭玄《詩譜序》：“舉一綱而萬目張，解一卷而衆篇明。”

汪　肇 明人。字德初。

《爾雅·釋詁》：“初、肇，始也。”孟子以人性皆善，是人生之始即有德，故以飾“初”。

汪輔之 宋人。字正夫。

輔爲使之正，故以“正”應“輔”。“夫”爲男子通稱。

汪遠孫 清人。字久也。

久、遠皆有長義，故相協。《禮記·中庸》有“悠也，久也”之語，因以“也”綴“久”。

汪　齊 宋人。字子思。

《論語·里仁》：“見賢思齊焉，見不賢而内自省也。”

汪儀鳳 宋人。字祥甫。

古人以鳳爲祥瑞之鳥，太平盛世始出現。《書·益稷》記帝舜大治之後有“鳳皇來儀”，《宋書·符瑞志上》謂周之將興，有鳳鳴岐山之祥，故以“祥”應“儀鳳”。“甫”爲男子美稱。

汪廣洋 明人。字朝宗。

洋，海之大者。《書·禹貢》：“江漢朝宗于海。”

汪德臣 元人。字舜輔。

《論語·泰伯》：“舜有臣五人，而天下治。”故以“舜”應“臣”。禹、稷、契、臯陶、伯益皆舜之良輔，故綴以“輔”。

汪德鉞 清人。字崇義。

《論語·顔淵》：“子曰：‘主忠信；徙義，崇德也。’”故以“崇”應“德”而綴以“義”。一字鋭齋，是以“鋭”應“鉞”，欲其鋭利以立威。“齋”爲時綴飾。又字三藥。仍取《論語·顔淵》文義，言以“崇德、脩慝、辨惑”三者爲藥石。按，鋭齋、三藥似爲號。明清人别號間有與名相協者。

汪潮生 清人。字汝信。

江河湖海潮水按時而至，如人之守信。李益《江南曲》：“早知潮有信，嫁與弄潮兒。”

汪　澈 宋人。字明遠。

《玉篇·水部》：“澈，水澄也。”澄清則明。明則所見遠。

汪　穀

① 宋人。字次元。

《爾雅·釋詁》：“穀，善也。”《易·乾卦·文言》：“元者，善之長也。”同義故相協。飾以“次”，謂二者同列。

② 清人。字琴田。

五穀生於田中，故相應。古

代隱逸之士多躬耕隴畝，且寄情琴書。以“琴”飾“田”而應“穀”，表示志在隱居。

汪膚敏 清人。字公碩。

《詩·大雅·文王》：“殷士膚敏。”又，《豳風·狼跋》：“公孫碩膚。”

汪 叡 明人。字仲魯。

叡，同“睿”。智慧。《禮記·中庸》：“唯天下至聖，爲能聰明睿知。”《論語·先進》：“柴也愚，參也魯。”何晏集解引孔安國曰：“魯，鈍也。”叡、魯反義相協。

汪學金 清人。字敬箴。

《孔子家語·觀周》：“廟堂右階之前，有金人焉，三緘其口而銘其背曰：‘古之慎言人也！戒之哉，無多言，多言多敗。’”以“敬箴”應“學金”，言敬奉此箴言，以學金人之慎。

汪 憲 清人。字千陂。

《後漢書·黄憲傳》：“叔度（黄憲）汪汪若千頃陂，澄之不清，淆之不濁，不可量也。”

汪 樸 清人。字素公。

《説文·木部》：“樸，木素也。”“公”爲美稱。

汪澤民 元人。字叔志。

《孟子·盡心上》：“古之人，得志，澤加於民；不得志，修身見於世。”

汪 澥 宋人。字仲容。

澥，謂渤澥。古代以稱渤海。《初學記·地中·海》：“按東海之别有渤澥，故東海共稱渤海，又通謂之滄海。”百川皆入於海，是即能容。

汪 縉 清人。字大紳。

《荀子·禮論》：“縉紳而無鉤帶矣。”《論語·衛靈公》：“子張書諸紳。”朱熹集注：“紳，大帶之垂者。”縉紳，謂縉笏束紳。“紳”乃大帶，故飾以“大”而應“縉”。

汪 鋑 明人。字劍池。

《玉篇·金部》：“鋑，金名。”劍爲金屬，故相應。世之寶劍有龍泉、太阿，而豐城有晉雷焕得二劍處，名曰劍池，吴縣虎丘則有秦始皇求吴王寶劍處，亦名劍池。故因“劍”而及寶劍典故，遂綴以“池”。

汪 霖 明人。字潤夫。

“霖”爲救旱之雨，可以潤澤五穀、草木，故應以“潤”。“夫”爲男子通稱。

汪 龍

① 明人。字潤軒。

古人以爲“龍騰致雨”，而雨能潤萬物，故應以“潤”。“軒”爲時尚綴飾。

② 清人。字叔辰。

十二地支中“辰”爲龍，故相應。一字蟄泉。《説文·虫部》：“蟄，藏也。”段玉裁注：“凡蟲之伏爲蟄。”《易·乾卦》：“潛龍勿用。”又：“或躍在淵，无咎。”龍潛于淵，即是蟄。淵猶泉。《禮記·中庸》：“淵泉如淵。”故以“蟄泉”應“龍”。此意在隱遯以待時用。

汪應蛟 明人。字潛夫。

《説文·虫部》：“蛟，龍屬。無角曰蛟。”《玉篇·虫部》：“蛟，蛟龍也。”渾言無别。《易·乾卦》：“潛龍勿用。”言如潛龍，將飛騰於天。故以“潛”相應。“夫”爲男子通稱。

汪應軫 明人。字子宿。

軫，南方朱雀七宿之一。故應以“宿”。“子”爲男子美稱。

汪懋麟 清人。字季角。

《詩·周南·麟之趾》：“麟之角，振振公族。”

汪 璲 清人。字文儀。

《玉篇·玉部》：“璲，玉璲。以玉爲佩也。”《禮記·玉藻》“古之君子必佩玉”陳澔集説：“蓋佩所以爲行止之節。”以佩節行止，爲保持其儀容，故以“儀”應“璲”。有儀容則不野，故飾以“文”。

汪 襄 宋人。字公弼。

襄、弼皆有輔佐義，故相協。飾以“公”，謂爲王公之佐。“公”亦美稱。

汪 曙 清人。字曉山。

《玉篇·日部》：“曉，《説文》：明也。又曙也。”是曉、曙同義，故相協。“山”爲時尚綴飾。

汪 瀚 元人。字幼海。

《初學記·地中·海》：“大海之别有瀚海。”“幼”表行第較末。

汪繩英 清人。字祖肩。

《詩·大雅·下武》：“繩其祖武。”故以“祖”應“繩”。又《周頌·敬之》：“佛時仔肩。”古代爲世卿世禄制，以“肩”綴“祖”。言繼其宗職，不墜家聲。

汪 繹

① 宋人。字仲成。

《論語·八佾》：“始作，翕如也；從之，純如也，皦如也，繹如也，以成。”

② 清人。字玉輪。

《詩·魯頌·駉》：“以車繹繹。”車有輪，以局部代全體，故以“輪”應“繹”。飾以“玉”，甚言其華貴。

汪繹辰 清人。字陳也。

《詩·小雅·車攻》：“會同有繹。”毛傳：“繹，陳也。”

汪 鏜 明人。字振宗。

《説文·金部》：“鏜，鐘鼓之聲也。”《左傳·僖公二二年》：“金鼓以聲氣也。”鐘鼓所以振作士氣，故以“振”應“鏜”。“振”又有興義，故綴以“宗”，意在振興其宗。

汪 鵬 清人。字翼倉。

《莊子·逍遥遊》：“有鳥焉，其名爲鵬，背若太山，其翼若垂天之雲。”故以“翼”應“鵬”。鵬之飛，“絶雲氣，負青天”，故綴以“倉”。倉，謂蒼天。倉，通“蒼”。

汪繼昌 清人。字徵五。

《左傳·莊公二二年》：“五世其昌。”以“徵”飾“五”，言五世而昌已見於卜兆。

汪 藻

① 宋人。字彦章。

藻、章皆爲文采，故相協。曹植《七啓》：“華藻繁縟。”《書·皋陶謨》：“五服五章哉。”孔傳：“尊卑彩章各異。”“彦”爲美稱。

② 明人。字文潔。

《詩·召南·采蘋》：“于以采藻，于彼行潦。”鄭玄箋：“藻之言澡也。婦人之行尚柔順，自絜清。”絜，同“潔”。“藻”又有文采義，故以“文”飾“潔”。

汪體仁　宋人。字濟仲。

《易·乾卦·文言》：“君子體仁足以長人。”《論語·雍也》：“子貢曰：‘如有博施於民，而能濟衆，何如？可謂仁乎？’子曰：‘何事於仁，必也聖乎！’”

汪　灝

① 元人。字季夷。

揚雄《法言·問神》：“《商書》灝灝爾。”李軌注：“夷曠。”夷曠即平。

② 清人。字文漪。

灝，謂灝涆。水大貌。《漢書·司馬相如傳上》：“然後灝涆潢漾。”顔師古注引郭璞曰：“皆水無涯際貌。”《玉篇·水部》：“涆，浩涆滉瀁水無際。”是灝、浩同。《書·堯典》：“湯湯洪水方割……浩浩滔天。”《詩·魏風·伐檀》：“河水清且漣猗。”毛傳：“風行水成文曰漣。”因孔穎達疏有“河水澄清且有波漣猗然也”語，後遂誤“漣猗”爲波。猗、漪古今字。水大必起波文，故以“文漪”應“灝”。

③ 清人。字石梁。

梁灝，宋雍熙年間進士第一及第。後世傳説他八十二歲始中進士，成爲老而好學的榜樣。《三字經》云：“若梁灝，八十二，對大廷，魁多士。”故以“梁”應“灝”。飾以“石”，言爲石橋。（按，清人考證梁灝八十二歲中進士之説不可信。）

〔沈〕

沈一貫　明人。字肩吾。

《論語·里仁》：“吾道一以貫之。”以“肩”飾“吾”，言吾欲肩負聖人之道。明清儒生多以“吾夫子”指稱孔子，而下文又有“夫子之道，忠恕而已矣”語，“肩吾”亦有“肩吾夫子之道”之意。古有仙人肩吾，兼借其名。

沈三曾　清人。字尹斌。

《論語·公冶長》：“令尹子文三仕爲令尹，無喜色；三已之，無愠色。”孔子稱之爲“忠”。斌，通“彬”。暗取“文質彬彬”之“文”。以“尹斌”應“三曾”，即謂令尹子文曾三仕三黜而無喜愠之容。

沈士充　明人。字子居。

《周禮·夏官·圉師》：“射則充椹質。”鄭玄注：“充，猶居也。”充、居同義相協。“子”爲男子美稱。

沈士則　清人。字志可。

《論語·里仁》：“士志於道。”又《子罕》：“可與適道。”故以“志”應“士”而以“可”爲綴飾。言既有志於“道”，而又可共適於“道”。

沈不負　清人。字集九。

《孟子·梁惠王上》：“海内之地方千里者九，齊集有其一；以一服八，何以異於鄒敵楚哉？”以一敵八，猶如使小國鄒抗大國楚，是必敗；然集有九而統一，則必勝。故以“集九”應“不負”。“不負”即不敗。

沈不害　南朝陳人。字孝和。

《易·坤卦》：“括囊无咎，慎不害也。”孔穎達疏：“其謹慎不與物競，故不被害也。”“不害”即是和睦，故以“和”應“不害”。“和”與“害”則反義相協。“孝”爲飾字。東漢以來士大夫習用。

沈介之　清人。名祺。

以字行。《詩·大雅·行葦》：“壽考維祺，以介景福。”鄭玄箋：“介，助也。”朱熹集傳：“以享壽祺，介景福也。”之，代詞，指福。

沈　友　三國吴人。字子正。

以“正”應“友”，取《論語·衛靈公》“友其士之仁者”之義，言須交正人。“子”爲男子美稱。

沈友琴　清人。字參荇。

《詩·周南·關雎》：“參差荇菜，左右采之；窈窕淑女，琴瑟友之。”

沈　心　清人。字房仲。

心，謂心宿。房，謂房宿。心、房同爲東方蒼龍七宿（角、亢、氐、房、心、尾、箕）。

沈文秀　後魏人。字仲遠。

《左傳·襄公二五年》：“言之無文，行而不遠。”此反其義而用，言有文，故行遠。

沈文季　南朝齊人。字仲達。

《左傳·襄公二五年》：“言之無文，行而不遠。”是有文始能行遠。達，通達。通達則可行。故以應“文”。

沈文阿　南朝陳人。字國衡。

湯之賢相伊尹名阿衡，故拆以爲名字。飾以“國”，言阿衡爲國之良輔。

沈文奎　清人。字清遠。

《左傳·襄公二五年》：“言之無文，行而不遠。”以“遠”應“文”，言有文，故能行之遠。“奎”謂奎宿。《孝經援神契》：“奎主文章。”奎主文章，則文運亨通，亦與“遠”應。周敦頤《愛蓮説》有“香遠益清”語，故以“清”飾“遠”，意欲文章如高潔之蓮，能遠播其清芬。

沈可均　清人。字師衡。

均、衡皆有平義，故相協。飾以“師”，言欲師法公平。

沈可培　清人。字養原。

歐陽玄《示侄》詩：“初陽萌動慎培養，萬木一本含春滋。”綴以“原”，謂養其本原。

沈　正　南朝宋人。字元直。

《詩·小雅·小明》：“靖共爾位，好是正直。”飾以“元”，謂元本即正直。

沈永令　清人。字聞人。

《詩·大雅·文王》：“令聞不已。”朱熹集傳：“令聞，善譽也。”因《荀子·宥坐》有“魯之聞人也”一語，故因“聞”而綴以“人”。

沈　玄　明人。字以潛。

“玄”有幽暗之象，應以“以潛”，謂以沉潛而致之。此取道家淵默自守之義。

沈用濟　清人。字方舟。

《僞古文尚書·説命上》：“若濟巨川，用汝作舟楫。”因《詩·邶風·谷風》有“就其深矣，方之舟之”之語，故以“方”與“舟”

相並。"方"爲桴(筏),"舟"爲船,二者同類。

沈田子 南朝宋人。字敬光。

田子,謂田光。《戰國策·燕策三》記燕有處士田光,向太子丹薦荆軻以謀秦,爲激勵荆軻,自刎而死。此拆其姓名以爲名字。飾以"敬",謂欽仰其人。

沈甲秀 明人。字凝芝。

《爾雅·釋草》:"草謂之榮,不榮而實者謂之秀。"秀爲草本植物結實之稱。"凝"爲結。故以應"秀"。古人以芝爲祥瑞之物,且以爲草類,有靈芝草之名,故以綴"凝"。

沈 充 晉人。字士居。

《周禮·夏官·圉師》:"射則充椹質。"鄭玄注:"充,猶居也。"充、居同義,故相協。"士"爲男子美稱,故以爲飾。

沈冰壺 清人。字心玉。

王昌齡《芙蓉樓送辛漸》詩:"洛陽親友如相問,一片冰心在玉壺。"

沈在廷 清人。字楓墀。

廷,謂殿廷,天子布政之所。《説文·土部》:"墀,《禮》:天子丹墀。"段玉裁注:"故漢未央殿青瑣丹墀。……《漢典職儀》曰:以丹塗地,故偁丹墀。"故以"墀"應"廷"。漢時殿廷多植楓,何晏《景福殿賦》:"芸若充庭,槐楓被宸。"故以"楓"飾"墀"。又楓葉赤色,詩文多以泛指紅葉。赤、紅皆丹,亦與"丹墀"相協。

沈守正 明人。字無回。

正,謂端正,不邪曲。《禮記·樂記》:"中正無邪,禮之質也。"《詩·小雅·鼓鐘》:"淑人君子,其德不回。"毛傳:"回,邪也。""無回"即"不回"。言守正不阿,無邪曲。

沈 戎 漢人。字威卿。

《説文·戈部》:"戎,兵也。"段玉裁注:"兵者,械也。"武器有殺伐之威,故以"威"應"戎"。"卿"爲高位,亦爲美稱,以爲字飾。

沈有容 明人。字士弘。

《僞古文尚書·君陳》:"有容德乃大。"《爾雅·釋詁》:"弘,大也。"故以"弘"應"有容"。《論語·泰伯》:"士不可以不弘毅。"因以"士"飾"弘"。言士之氣度應恢閎剛毅而能容人。

沈有開 宋人。字應先。

《廣雅·釋詁一》:"先,始也。"《後漢書·馮衍傳下》:"開歲發春兮。"李賢注:"開,發,皆始也。"同義故相協。又《禮記·孔子閒居》:"有開必先。"

沈自徵 明人。字君庸。

《書·舜典》:"舜生三十徵庸。"飾以"君",謂爲君所用。

沈 行

① 明人。字履德。

《易·乾卦·文言》:"君子以成德爲行,日可見之行也。"又《繫辭下》:"是故履德之基也。"

② 清人。字行嘉。

《易·革卦》:"行有嘉也。"故以"行嘉"應"行"。

沈伯玉 南朝宋人。字德潤。

《説文·玉部》:"玉,石之美有五德者。潤澤以温,仁之方也。"

沈作賓 宋人。字賓王。

《僞古文尚書·微子之命》:"作賓于王家,與國咸休,永世無窮。"《易·觀卦》:"觀國之光,利用賓于王。"

沈君理 南朝陳人。字仲倫。

《書·舜典》:"無相奪倫。"孔傳:"倫,理也。"又《禮記·樂記》:"樂者,通倫理者也。"同義故相協。

沈希儀 明人。字唐佐。

儀,謂郭子儀。子儀平安史之亂,結好回紇,一身繫唐室安危者二十年,史以爲唐之佐命功臣。故以"唐佐"相應。

沈希稷 宋人。字濟叔。

稷,謂周之始祖棄,爲帝舜農官,教民稼穡。《書·舜典》:"帝曰:'棄!黎民阻飢,汝后稷,播時百穀。'"《孟子·滕文公上》:"后稷教民稼穡,樹藝五穀,五穀熟而人民育。"以"濟"應"稷",謂稷能濟萬民。稷爲舜之良佐,故欲傚其人。又,稷爲百穀之長,可以活民,亦可以"濟"相應。

沈廷芳 清人。字椒園。

《説文·艸部》:"芳,香艸也。"《楚辭·離騷》:"昔三后之純粹兮,固衆芳之所在;雜申椒與菌桂兮,豈惟紉夫蕙茝。"王逸注:"椒,香木也。"同類故相協。"園"爲時尚字飾。一字畹叔。亦取《離騷》"余既滋蘭之九畹兮,又樹蕙之百畝"之義。蘭爲香草,故與"芳"應。"叔"表行第居第三。

沈廷揚 明人。字季明。

《書·堯典》:"明明揚側陋。"以"明"應"揚",言不拘貴賤,惟德是舉。

沈廷勵 清人。字克齋。

《書·立政》:"用勵相我國家。"孔傳:"用勉治我國家。"應以"克",謂能勉力從事。"齋"爲時尚字飾。

沈 彤 清人。字冠雲。

孫綽《遊天台山賦》:"彤雲斐亹以翼櫺。"故以"雲"應"彤"。"冠"爲顯貴者所戴,以飾"雲",取冠蓋如雲之義。亦或取屈原"冠切雲之崔嵬"之義。

沈亞之 唐人。字下賢。

以"下賢"應"亞之",言願次於賢者之下。意在敬賢。

沈佺期 唐人。字雲卿。

佺,謂偓佺。相傳堯時仙人。仙人居天上,故以"雲"相應。言與仙人相期於雲間。"卿"爲美稱。

沈叔埏 清人。字埴爲。

《老子》第十一章:"埏埴以爲器。"或作字劍舟。"劍舟"與"埏"不協。當是别號。

沈受宏 清人。字台臣。

《論語·衛靈公》:"君子不可小知,而可大受也。"朱熹集注:"蓋君子於細事未必可觀,而材德足以任重。"所受者宏,即是可以大受。應以"台臣",言其材德可任台輔之臣。

沈 周 明人。字啓南。

《詩·大序》:"然則《關雎》《麟趾》之化,王者之風,故繫之周公。南,言化自北而南也。……

《周南》《召南》正始之道，王化之基。”以“南”應“周”，取《周南》爲名字。飾以“啓”，言周之教化“自北而南”，實啓南國。

沈季友 清人。字客子。

朋友皆爲賓客，故相應。“子”爲男子美稱。

沈季詮 唐人。字子平。

《廣韻·平仙》：“詮，平也。”同義故相協。“子”爲男子美稱。

沈宗騫 清人。字熙遠。

漢張騫使西域，將中原地區文化遠播西部邊疆。故以“遠”應“騫”。《書·堯典》：“庶績咸熙。”孔傳：“熙，廣也。”以“熙”飾“遠”，言張騫能將漢朝政教廣被遠方。

沈承焕 清人。字文陶。

《論語·泰伯》：“大哉堯之爲君也！唯天爲大，唯堯則之。……焕乎！其有文章。”故以“文”應“焕”。此爲頌堯之辭。堯爲陶唐氏，故以“陶”綴“文”。

沈　政

① 明人。字行之。

《禮記·樂記》：“政以行之。”又《祭統》：“政行則事成。”

② 明人。字以政。

名與字同。飾以“以”，取《論語·爲政》“道之以政”文義。

沈　易 明人。字翼之。

《易乾鑿度》：“仲尼五十究《易》，作十翼。”以“翼之”應“易”，謂輔翼《易》。之，代詞。

沈　昫 清人。字朗思。

《玉篇·日部》：“昫，日光也。”日光則明朗，故以“朗”相應。思，語氣詞。

沈林子 南朝宋人。字敬士。

林子，謂林下隱逸高士。郭璞《遊仙詩》：“山林隱遯棲。”《世説新語·賢媛》：“王夫人神情散朗，故有林下風氣。”余嘉錫箋疏：“林下，謂竹林名士也。《賞譽篇》曰：‘林下諸賢，各有儁才子。’是其證。”故以“士”應“林子”。飾以“敬”，以示欽仰。

沈　泓 明人。字臨秋。

泓，水深貌。郭璞《江賦》：“極泓量而海運，狀滔天以淼茫。”《莊子·秋水》：“秋水時至，百川灌河。涇流之大，兩涘渚崖之間，不辯牛馬。”故以“秋”應“泓”。飾以“臨”，言正當秋季，水始泓然深廣。又，“泓”有清澈義，水當秋而澄静。王勃《滕王閣序》：“時維九月，序屬三秋。潦水盡而寒潭清……”亦或取秋水澄泓之義。

沈　炎 宋人。字若晦。

《説文·火部》：“炎，火光上也。”火光上騰則光明，應以“晦”，反義相協。若，如，似。

沈近思 清人。字位山。

《論語·子張》：“切問而近思，仁在其中矣。”又《雍也》：“仁者樂山。”故以“山”應“近思”。《禮記·中庸》：“天地位焉。”朱熹集注：“位者，安其所也。”以“位”飾“山”，意欲安於仁。

沈　邵 南朝宋人。字道輝。

揚雄《法言·修身》：“公儀子、董仲舒之才之邵也。”李軌注：“此二子才德高美。”《孟子·盡心下》：“充實之謂美，充實而有光輝之謂大。”大亦美。古人以長大爲美。輝、邵皆爲美，同義相協。飾以“道”，是欲其道德能有光輝之美。

沈　信 清人。字孚中。

《易·中孚卦》：“中孚，豚魚吉。”朱熹本義：“孚，信也。……以一卦言之爲中虚，以二體言之爲中實，皆孚信之象也。”故以“孚中”應“信”。

沈　勁 晉人。字世堅。

《説文·力部》：“勁，彊也。”《臤部》：“堅，土剛也。”剛、强，剛、勁，堅、强義皆近，故相協。綴以“世”，欲其家族世代强盛有力。

沈　度

① 宋人。字公雅。

《説文·又部》：“度，法制也。”《荀子·儒效》：“法二後王，謂之不雅。”楊倞注：“雅，正也。”又《王制》：“使夷俗邪音不敢亂雅。”度、雅皆是使人所守之則，故相協。法則皆在上者所制，故飾以“公”。

② 明人。字民則。

度，風度，儀表。《詩·大雅·抑》：“敬慎威儀，維民之則。”

沈思孝 明人。字純父。

《左傳·隱公元年》：“潁考叔純孝也。”“父”爲男子美稱。先秦人之字多以“父”爲字飾，後世易以“甫”，倣古者仍用“父”。

沈　恪 南朝陳人。字子恭。

《爾雅·釋詁》：“恪，敬也。”恭、敬義近，故相協。“子”爲男子美稱。

沈　括 宋人。字存中。

《易·坤卦·文言》：“括囊，无咎无譽，蓋言謹也。君子黄中通理，正位居體，美在其中，而暢於四支，發於事業，美之至也。”“括”即“括囊”，“存中”即“美在其中”。此以六五爻應六四爻。

沈映輝 清人。字朗乾。

《易·説卦》：“乾，天也。”以“朗乾”應“映輝”，謂日月五星交相映輝於天。

沈春澤 明人。字雨若。

以“雨”應“澤”，取雨露滋潤大地之義。《孟子·告子上》：“雨露之所潤。”因《書·洪範》有“時雨若”之語，故以“若”綴“雨”。若，猶“然”。詞尾。

沈　洙 南朝陳人。字弘道。

洙，春秋時魯國境内河流名。爲泗水支流。孔子曾於洙泗之間，教授弟子。後因以洙或洙泗指稱儒家。任昉《齊竟陵文宣王行狀》：“弘洙泗之風，闡迦維之化。”以“弘道”應“洙”，謂發揚光大孔子之道。

沈　津 明人。字潤卿。

《周禮·地官·大司徒》：“其民黑而津。”鄭玄注：“津，潤也。”“卿”爲美稱。

沈　烱 南朝陳人。字禮明。

《説文·火部》：“烱，光也。”光、明義近，故相協。飾以“禮”，意欲禮制昌明。

沈　炳 宋人。字季文。

《易·革卦》：“大人虎變，其文炳也。”

沈炳垣 清人。字紫卿。

封建時代以“紫垣”指代皇帝所居。白居易《初除郎中知制誥》詩:“紫垣曹署榮華地,白鬢郎官老醜詩。”以“紫”應“垣”,義取此。是欲入侍宫禁,居清顯之位。“卿”爲高位,亦爲美稱。一字曉滄。“炳”爲明,“曉”亦明。二者同義相協。滄,謂滄海。東海之别名。曹操《步出夏門行》:“東臨碣石,以觀滄海。”日出東海則天破曉,故以“滄”綴“曉”。

沈炳巽 清人。字繹旃。

《論語·子罕》:“巽與之言,能無説乎?繹之爲貴。”旃,“之焉”二字合音。指代“巽與之言”。以綴“繹”,謂對婉轉而有啓發之言,應尋繹其緒而達其旨。

沈炳震 清人。字寅馭。

《易·説卦》:“震,東方也。”《書·堯典》:“分命羲仲,宅嵎夷,曰暘谷,寅賓出日。”日出於東方暘谷,應以賓禮恭敬相接。故以“寅”應“震”。神話傳説謂羲和爲日神馭夫,以“馭”綴“寅”,言敬爲馭車。

沈　約 南朝梁人。字休文。

《論語·雍也》:“君子博學於文,約之以禮,亦可以弗畔矣夫!”欲二者皆備,故交錯以爲名字。《爾雅·釋詁》:“休,美也。”以飾“文”,欲既博且美。

沈　重 北周人。字子厚。

《史記·高祖本紀》:“周勃重厚少文,然安劉氏者必勃也,可令爲太尉。”“子”爲男子美稱。爲敬佩絳侯,故取其事以爲名字。“子”爲男子美稱。

沈修齡 清人。字遐庵。

修、遐皆有長或遠義,故相協。《楚辭·離騷》:“路曼曼其脩遠兮,吾將上下而求索。”《爾雅·釋詁》:“遐,遠也。……遠,遐也。”“庵”爲時尚字飾。又,“修齡”“遐齡”皆謂長壽。故“遐”亦可與“修齡”相應。

沈宸荃 明人。字友蓀。

荃、蓀皆爲香草,故相應。《楚辭·九歌·湘君》:“薜荔柏兮蕙綢,蓀橈兮蘭旌。”王逸注:“蓀,香草也。……蓀,一作荃。”又《離騷》:“荃不察余之中情兮,反信讒而齌怒。”洪興祖補注:“荃與蓀同。”荃、蓀皆以喻賢人,故飾以“友”。言欲與賢人爲友。

沈　峻

① 三國吴人。字敬山。

《玉篇·山部》:“峻,嶮峻也。”“嶮,山嶮也。”“峻”爲山嶮,故以“山”相應。飾以“敬”,取《論語·雍也》“仁者樂山”文義。敬山即樂山之仁者。

② 南朝梁人。字士嵩。

“峻”解見①。《爾雅·釋山》:“山大而高,崧。”郭璞注:“今中嶽嵩高山蓋依此名。”郝懿行義疏:“《釋文》崧又作嵩。《釋名》云,山大而高曰嵩。嵩,竦也。”是峻、嵩皆謂山之高大,故相協。“士”爲男子美稱。

沈恩嘉 清人。字鹿苹。

《詩·小雅·鹿鳴》:“呦呦鹿鳴,食野之苹;我有嘉賓,鼓瑟吹笙。”

沈　敕 明人。字克寅。

《説文·攴部》:“敕,誡也。”《爾雅·釋詁》:“寅,敬也。”郝懿行義疏:“《釋名》云:‘敬,警也,恒自肅警也。’《謚法》云:‘夙夜警戒曰敬。’”《書·舜典》:“夙夜惟寅。”此虞舜戒敕伯夷之語。《史記·樂書》:“余每讀《虞書》,至於君臣相敕,維是幾安。”以“克寅”應“敕”,言能遵皇帝之戒敕,知所敬畏。

沈　栻 清人。字欽伯。

栻,古代占卜之具。《漢書·王莽傳下》:“天文郎桉栻於前。”顔師古注:“栻,所以占時日。”占卜必敬,故以“欽”應“栻”。《爾雅·釋詁》:“欽,敬也。”

沈　烜 清人。字再中。

《易·説卦》:“日以烜之。”朱熹本義:“烜,與晅同。”謂曝晒使乾。中,謂日中。正午。《史記·司馬穰苴列傳》:“日中而賈不至。”正午光盛,宜曝乾,故以應“烜”。飾以“再”,言曝晒不止一次。一字午亭。午,正午。猶日中。亦與“烜”應。“亭”爲時尚字飾。亦化用“亭午”。李白《古風》詩:“亭午暗阡陌。”“亭午”即正午。

沈　珩 三國吴人。字仲山。

《説文·玉部》:“珩,佩上玉也。”《詩·小雅·鶴鳴》:“他山之石,可以攻玉。”故以“山”應“珩”。

沈　益 清人。字友三。

《論語·季氏》:“孔子曰:‘益者三友,損者三友。友直、友諒、友多聞,益矣。’”

沈祚昌 清人。字乘時。

《孟子·公孫丑上》:“雖有智慧,不如乘勢;雖有鎡基,不如待時。”以“乘時”應“昌”,言昌盛須趁時勢。

沈　秩 明人。字仲庸。

《書·皋陶謨》:“天秩有禮,自我五禮,有庸哉。”“仲”表行第居第二。

沈　茎 清人。字貞蕤。

茎,香草。《楚辭·離騷》:“蘭芷變而不芳兮,荃蕙化而爲茅。”《説文·艸部》:“蕤,草木華垂貌。”以“蕤”應“茎”,狀香草生長之形貌。貞,正。以飾“蕤”,言花正葳蕤下垂。

沈　起

① 宋人。字興宗。

《説文·异部》:“興,起也。”同義,故相協。綴以“宗”,欲其宗族興盛。

② 清人。字仲方。

以“方”應“起”,取“方興未艾”之義。

沈起元 清人。字子大。

《詩·小雅·六月》:“元戎十乘。”毛傳:“元,大也。”同義相協。“子”爲男子美稱。

沈起鳳 清人。字桐威。

王勃《滕王閣序》:“騰蛟起鳳,孟學士之詞宗。”《關尹子·藥》:“威鳳以難見爲神,是以聖人以深爲根。”《詩·大雅·卷阿》:“鳳皇鳴矣,于彼高岡。梧桐生矣,于彼朝陽。”俗以鳳非梧桐不棲,故以“桐”飾“威”而應“起鳳”。

沈　偕　宋人。字君與。

《漢書・淮陽憲王欽傳》："《詩》不云乎？'靖恭爾位，正直是與'。"顔師古注："與，偕也。"同義故相協。"君"爲美稱。

沈　崑　清人。字玉田。

陸倕《新刻漏銘》："孫綽之賦，空擅崑玉。"古人謂崑山産玉，故云。《三國志・吴志・諸葛瑾傳》裴松之注引《江表傳》："恪少有才名，孫權謂其父瑾曰：'藍田生玉，真不虚也！'"故以"田"綴"玉"。

沈　崧　五代吴越人。字吉甫。

崧，謂《詩・大雅》中的《崧高》。《詩序》以爲此篇乃"尹吉甫美宣王也"。故以"吉甫"應"崧"。

沈　康　明人。字士康。

《書・洪範》："三曰康寧。""士"爲男子美稱。

沈　彬

① 五代南唐人。字子文。

《論語・雍也》："文質彬彬，然後君子。""子"爲男子美稱。

② 明人。字原質。

解見①。文附於質，質在文之先。故以"原"飾"質"。言原本乃爲質。

沈　教　明人。字敬敷。

《書・舜典》："敬敷五教。"

沈　旋　南朝梁人。字士規。

《莊子・達生》："工倕旋而蓋規矩。""士"爲男子美稱。以"士規"應"旋"，兼取進退如儀，堪爲士則之義。

沈　晦　宋人。字元用。

《易・明夷卦》："用晦而明。"故以"用"應"晦"。"元"爲美善之辭。《易・乾卦・文言》："元者，善之長也。"以飾"用"，言善用晦。

沈　淑　清人。字季和。

陸機《悲哉行》："蕙草饒淑氣，時鳥多好音。"《淮南子・俶真訓》："被德含和，繽紛蘢蓯。"高誘注："和，氣也。"又："天含和而未降，地懷氣而未揚。"是淑、和同謂清明温和之氣，故相協。又，淑、和同有美善之義，亦可相協。

沈淵子　南朝宋人。字敬深。

《詩・鄘風・定之方中》："秉心塞淵。"鄭玄箋："淵，深也。"同義相協。飾以"敬"，謂敬重。

沈清臣　宋人。字正卿。

清、正義近。《書・舜典》："直哉惟清。"孔傳："使正直而清明。""卿"爲高位，亦爲美稱，既爲綴飾，亦以應"臣"。

沈清瑞　清人。字吉人。

瑞、吉皆爲禎祥之兆，故相協。因《易・繫辭下》有"吉人之辭寡"語，故以"人"綴"吉"。

沈　珵　明人。字君玉。

《玉篇・玉部》："珵，美玉也。""君"爲美稱。

沈　臯　清人。字聞天。

《詩・小雅・鶴鳴》："鶴鳴于九臯，聲聞于天。"

沈　衆　南朝陳人。字仲師。

《易・師卦》："師，衆也。"

沈紹賓　清人。字廷作。

《僞古文尚書・微子之命》："作賓于王家。"王之賓必在朝廷之上，故以"廷"飾"作"。

沈　野　明人。字從先。

《論語・先進》："子曰：'先進於禮樂，野人也；後進於禮樂，君子也。如用之，則吾從先進。'"孔子爲損過以就中，故從先進。以"從先"應"野"，是欲傚孔子。

沈　陵

① 晉人。字景高。

《詩・小雅・天保》："如山如阜，如岡如陵。"毛傳："高平曰陸，大陸曰阜，大阜曰陵。"鄭玄箋："此言其福禄委積高大也。"《孟子・離婁上》："爲高必因丘陵。"故以"高"應"陵"。景，仰慕。

② 後魏人。字道通。

《禮記・學記》："不陵節而施之謂孫（遜）。"孔穎達疏："陵，猶越也。"越即通過。故以"通"協"陵"。飾以"道"，既謂道路通暢，又謂其所宗尚之學説得行。

沈　寓　清人。字寄廬。

《説文・宀部》："寓，寄也。"寓、寄同義相協。《説文・广部》："廬，寄也。秋冬去，春夏居。""廬"爲農田中所居之舍，以便農事者。以綴"寄"，謂暫居之所。亦爲時尚字飾。

沈　復

① 宋人。字德之。

《易・繫辭下》："復，德之本也。"

② 清人。字三白。

《論語・先進》："南容三復白圭。"《詩・大雅・抑》有"白圭之玷，尚可磨也；斯言之玷，不可爲也"之語，南容奉以爲謹言之箴，故三復此詩。以"三白"應"復"，言欲傚南容之行。

沈欽韓　清人。字文起。

欽韓，謂欽仰韓愈。愈爲唐代文學家，與柳宗元倡古文運動，反對六朝以來駢偶文風。其文雄健宏深，後人尊爲"唐宋八大家"之首，蘇軾稱之爲"文起八代之衰"（《潮州韓文公廟碑》）。故以"文起"應"欽韓"。

沈　湄　清人。字伊在。

《詩・秦風・蒹葭》："所謂伊人，在水之湄。"

沈猶龍　明人。字雲升。

《史記・老子韓非列傳》："吾今日見老子，其猶龍邪！"《易・乾卦》："飛龍在天，利見大人。"又《乾卦・文言》："雲從龍。"龍升騰於天，必有雲從，故以"雲升"應"猶龍"。

沈　琪　宋人。字東美。

《爾雅・釋地》："東方之美者，有醫無閭之珣玗琪焉。"

沈　琮　明人。字公禮。

《周禮・春官・大宗伯》："以黄琮禮地。"

沈　琯　宋人。字次律。

琯，謂六琯。即六律之管。《後漢書・律曆志上》："截管爲律，吹以考聲。"李賢注引《漢書》注："章帝時，零陵文學奚景於泠道縣舜祠下得白玉琯。古以玉爲琯。"故六律之管以玉製者稱"六琯"。十二律管亦有以玉製者。《後漢書·律曆志上》有“玉律十二”。杜甫《小至》詩:“吹葭六琯動飛灰。”故以“律”應“琯”。飾以“次”言“琯”屬於六律之管。

沈雲祚 明人。字子淩。

《漢書·司馬相如傳下》:“相如既奏《大人賦》,天子大説,飄飄有陵雲氣游天地之間意。”陵、凌、淩皆有升或騰越義,故通用。故以“淩”應“雲”。“子”爲男子美稱。

沈嗣選 明人。字仁舉。

《淮南子·兵略訓》:“選舉足以得賢士之心。”飾以“仁”,意欲仁人在位。

沈 愚 明人。字通理。

此取《禮記·中庸》“雖愚必明”文義。蓋示謙卑,言雖愚,但明事理。

沈 愷 明人。字舜臣。

《左傳·文公十八年》載,帝堯時高陽氏有才子八人,“天下之民,謂之八愷”。舜繼堯位,舉而用之。故以“舜臣”應“愷”。

沈愷曾 清人。字虞士。

高陽氏有才子八人,號“八愷”,舜舉以主后土。舜爲有虞氏,故以“虞”應“愷”。士,猶臣。既爲美稱,又表明爲虞舜之士臣。

沈 焕

① 南朝宋人。字士蔚。

《論語·泰伯》:“焕乎!其有文章。”《易·革卦》:“其文蔚也。”焕、蔚皆謂文盛,故相協。“士”爲男子美稱。

② 宋人。字叔晦。

《玉篇·火部》:“焕,明也。”晦、明反義相協。

沈 瑀 南朝梁人。字伯瑜。

《説文·玉部》:“瑀,石之次玉者。”“瑜,瑾瑜也。”“瑾,瑾瑜,美玉也。”同屬玉,故相協。

沈 畸 宋人。字德侔。

《莊子·大宗師》:“畸人者,畸於人而侔於天。”《説文·人部》:“侔,齊等也。”飾以“德”,意欲以德相齊。

沈義父 宋人。字伯時。

《禮記·中庸》:“義者,宜也。”應以“時”,意欲合於時宜。

沈葆楨 清人。字翰宇。

《詩·大雅·文王》:“維周之楨。”又《大雅·崧高》:“維周之翰。”綴以“宇”,謂屏藩宇内。亦即爲國之屏藩以禦外侮。

沈 詢 唐人。字誠之。

《説文·言部》:“誠,信也。”《爾雅·釋詁》:“詢,信也。”同義相協。“之”爲綴飾。

沈 該 宋人。字約文。

《説文·言部》:“該,軍中約也。”綴以“文”,言軍中所約之文字内容。

沈 鉉 明人。字鼎臣。

《易·鼎卦》:“鼎黄耳,金鉉。”“臣”爲綴飾。

沈 鼎 明人。字燮堂。

鼎,上古烹飪器。封建時代以於鼎内和羹,調和五味,比喻三公或宰相職能,稱爲“調和鼎鼐”。《僞古文尚書·周官》:“立太師、太傅、太保,兹惟三公,論道經邦,燮理陰陽。”後亦以“燮理陰陽”爲三公或宰相職能。故以“燮”應“鼎”。“堂”爲時尚字飾。

沈嘉然 清人。字滕友。

然友,戰國滕世子之傅。見《孟子·滕文公上》。此拆其名以爲名字。飾以“滕”,示其時代、國籍。

沈嘉轍 清人。字欒城。

轍,謂宋蘇轍。與其父洵、兄軾號稱三蘇。善詩文。其集名《欒城集》。此以其名爲名,而以其文集爲字。

沈壽民 明人。字眉生。

《詩·豳風·七月》:“爲此春酒,以介眉壽。”生,先生之省稱。西漢人習用,後以爲男子之稱。

沈壽崇 明人。字宗山。

《詩·小雅·天保》:“如南山之壽,不騫不崩。”飾以“宗”,言欲如《天保》所言。又,崇、山亦可相協。崇,高。《詩·小雅·小弁》:“莫高匪山。”故以“山”應“崇”。

沈 漢 明人。字宗海。

《書·禹貢》:“江漢朝宗于海。”

沈端節 宋人。字約之。

《後漢書·百官志一》:“務從節約,并官省職。”同義故相協。“之”爲綴飾。

沈 綺 清人。字素君。

《説文·糸部》:“綺,文繒也。”段玉裁注:“謂繒之有文者。”又:“素,白致繒也。”段玉裁注:“繒之白而細者。”同爲絲織物,故相協。就其文采言,則成反義相協。“君”爲美稱。

沈維鐈 清人。字子彝。

《玉篇·金部》:“鐈,鼎長足者。”“彝”爲鐘、鼎、尊等禮器之通稱,故以應“鐈”。“子”爲男子美稱。

沈 誠 明人。字文實。

誠、實義近,故相協。《孟子·盡心下》:“充實而有光輝之謂美。”有文采則光輝。故以“文”飾“實”。

沈 賓 明人。字永嘉。

《詩·小雅·鹿鳴》:“我有嘉賓。”“嘉”有美義,飾以“永”,欲美質永存。

沈 輔 明人。字良弼。

縛直木於車輻之上以助車負重爲“輔”,縛弓於檠保持其端正爲“弼”。二者皆有佐助義,故相協。飾以“良”,謂其作用美善,或謂美善之具。以喻輔政宰臣。

沈 遘

① 五代後周人。字期遠。

《説文·辵部》:“遘,遇也。”應以“期遠”,意即期於久遠,以圖長相會。

② 宋人。字文通。

遘,通“構”。王粲《七哀詩》:“豺虎方遘患。”《釋名·釋水》:“溝,搆也,縱横交搆也。”是“溝”與“搆”通。而“搆”又與“構”通,可知“遘”亦通“溝”。“溝”有通義,故以“通”應“遘”。飾以“文”,欲文運亨通。

沈 銖

① 宋人。字子平。

銖,古代衡制中重量單位名。《説文·禾部》“稱”下云:“其以爲重,十二粟爲一分,十二分爲一銖。”段玉裁注：“《天文訓》曰，十二粟而當一分，十二分而當一銖，十二銖而當半兩。”稱是爲别銖兩，須持平，故以“平”應“銖”。“子”爲男子美稱。

② 宋人。字公權。

權，秤錘。又爲衡量。故與“銖”應。“公”爲美稱，兼示公平之則。

沈　儀　漢人。字仲則。

《詩·大雅·抑》：“敬慎威儀，維民之則。”

沈德符　明人。字景倩。

《論語·八佾》：“巧笑倩兮。”朱熹集注：“言人有此倩盼之美質。”“德”亦美質，故以“倩”相應。景，仰慕，傾慕。又，漢東方朔字曼倩，《漢書·東方朔傳贊》：“而揚雄亦以爲朔言不純師，行不純德。”以“景倩”應“德”，亦或景仰東方朔不拘於一師，不守於一德之行。一字虎臣。此取“虎符”以爲名字。古代兵符爲虎形，背鑄銘文，分左右兩片。右半留中，左半授統兵將帥。朝廷調動軍隊，合符爲憑。“臣”爲綴飾。

沈德威　南朝陳人。字懷遠。

《左傳·僖公七年》：“懷遠以德。”以“懷遠”應“德”，謂以德懷柔遠人使之歸服。

沈德潛　清人。字確士。

《易·乾卦·文言》：“確乎其不可拔，潛龍也。”“士”爲男子美稱。

沈慶之　南朝宋人。字弘先。

《易·坤卦·文言》：“積善之家，必有餘慶；積不善之家，必有餘殃。”以“弘先”應“慶”，謂先弘大其善，以收餘慶。

沈　樞　宋人。字持要。

《説文·木部》：“樞，户樞也。”段玉裁注：“户所以轉動開閉之樞機也。”以“持要”應“樞”即欲把握轉動開閉之機要。

沈　璇　清人。字亞斗。

《史記·天官書》：“北斗七星，所謂旋、璣、玉衡以齊七政。”司馬貞索隱引《春秋運斗樞》：“斗，第一天樞，第二旋，第三璣，第四權，第五衡，第六開陽，第七摇光。”旋亦作“璇”或“璿”，故以“斗”應“璇”。璇在北斗七星中居第二，故以“亞”飾“斗”，言斗之次星。

沈　璋　金人。字之達。

《禮記·聘義》：“圭璋特達，德也。”後世以“圭璋特達”喻人之才德特異。《世説新語·言語》：“此子圭璋特達，機警有鋒。”以“之達”應“璋”，言如圭璋之特達。

沈節甫　明人。字以安。

《易·節卦》：“安節，亨。”又：“安節之亨，承上道也。”

沈　鼐　清人。字枚臣。

《説文·鼎部》：“鼐，鼎之絶大者。”鼎、鼐皆爲上古烹飪之器。古人將宰相治國比作於鼎内調和五味，故有“調鼎”“調和鼎鼐”之語。上古用占卜選用官吏。《僞古文尚書·大禹謨》：“枚卜功臣，惟吉之從。”後世以“枚卜”爲命相之稱。以“枚”應“鼐”，即取將拜相之義。“臣”爲綴飾。亦借《僞古文尚書》原文。

沈　憲　南朝齊人。字彦璋。

《禮記·中庸》：“憲章文武。”故以“璋”應“憲”。東漢以來，名字多以玉旁字代本字，如英作“瑛”，階作“瑎”。璋即“章”。“彦”爲美稱。

沈樹鏞　清人。字韻初。

《詩·大雅·靈臺》：“賁鼓維鏞。”毛傳：“鏞，大鐘也。”鐘爲樂器，樂應和諧，故以“韻”應“鏞”。綴以“初”，言樂之初始，聲音即須和諧。

沈　璞　南朝宋人。字道真。

《戰國策·齊策四》：“歸真反璞，則終身不辱也。”反真還璞乃道家之説。《老子》第三二章：“道常無名樸。”高亨正詁：“無名之樸即道也。”璞、樸皆謂原始自然之形態。故以“道”飾“真”。

沈皞日　清人。字融谷。

《書·堯典》：“曰暘谷，寅賓出日。”故以“谷”應“日”。《詩·大雅·既醉》：“昭明有融。”毛傳：“融，長朗明也。”日出於暘谷，則暘谷爲長明之地，故以“融”爲飾。

沈穆夫　晉人。字彦和。

《詩·大雅·烝民》：“穆如清風。”鄭玄箋：“穆，和也。”“彦”爲美稱。

沈諸梁　春秋楚人。字子高。

諸，通“都”。諸梁，即都梁，山名。故以“高”應“諸梁”。見王引之《春秋名字解詁》。

沈　遼　宋人。字叡達。

《説文·辵部》：“遼，遠也。”段玉裁注：“《小雅》：‘山川悠遠，維其勞矣。’箋云：其道里長遠，邦域又勞勞廣闊。勞者，遼之假借也。”是“遼”爲遼闊。遼闊則可四通八達。放以“達”相協。《説文·𣦼部》：“叡，深明也。”智慮深明則無不通達，故以“叡”飾“達”。是意在才智之通達。

沈　錫　宋人。字子昭。

《易·晉卦》：“康侯用錫馬蕃庶，晝日三接。”朱熹本義：“言多受大賜，而顯被親禮也。”又：“象曰：明出地上，晉。君子以自昭明德。”“昭”爲顯明，故以應“錫”。

沈　龍　明人。字友夔。

《書·舜典》：“讓于夔龍。”夔、龍同爲舜臣，故以“友”飾“夔”而應“龍”。

沈應霖　清人。字仁甫。

“霖”爲救旱之雨，能解民之困，故應以“仁”。“甫”爲男子美稱。

沈應龍　明人。字翔卿。

《廣雅·釋魚》：“有鱗曰蛟龍，有翼曰應龍。”《易·乾卦》：“飛龍在天，利見大人。”“翔”爲迴旋而飛，故以應“應龍”。“卿”爲美稱。

沈　矯　晉人。字仲桓。

《爾雅·釋訓》：“矯矯，勇也。”“桓桓，威也。”皆爲勇猛之貌，故相協。

沈　謐　明人。字靖夫。

《説文·言部》：“謐，静語也。……一曰無聲也。”《左傳·襄公七年》：“靖共爾位。”杜預注：

"靖，安也。"安即無聲。故以"靖"應"謐"。"夫"爲男子通稱。

沈　謙　清人。字去矜。

謙，不傲慢自大。《説文·言部》："謙，敬也。"《禮記·表記》："不矜而莊。"鄭玄注："矜，謂自尊大也。""去矜"即不妄自尊大。故與"謙"協。

沈　鍊　明人。字純甫。

《説文·金部》："鍊，冶金也。"段玉裁注："凡冶之使精曰鍊。"錘鍊則精純，故以"純"應"鍊"。"甫"爲男子美稱。

沈　翼

① 明人。字克敬。

《爾雅·釋詁》："翼，敬也。"克，能。

② 清人。字寅中。

翼，解見①。《書·堯典》："寅賓出日。"孔傳："寅，敬。"同義故相協。《論語·子路》："居處恭，執事敬。"朱熹集注："恭見於外，敬主乎中。"在心中爲敬，故以"中"綴"寅"。原名敬，敬、寅正相協。一字習之。當是名翼後所取。《説文·飛部》："翼，翅也。"《羽部》："習，數飛也。"段玉裁注："《月令》：'鷹乃學習。'"翼爲飛翔之具，故以"習"協"翼"。

沈　鯉　明人。字仲化。

《太平廣記》卷四六六引《三秦記》云，龍門山在河東界，每歲暮春黄鯉魚齊集龍門下，能躍過者即化爲龍。故以"化"應"鯉"。

沈　瀛　宋人。字子壽。

瀛，謂瀛洲。傳説仙人所居山名。《史記·秦始皇本紀》："齊人徐市等上書，言海中有三神山，名曰蓬萊、方丈、瀛洲，仙人居之。"仙人則長生。故以"壽"應"瀛"。"子"爲男子美稱。

沈　譓　明人。字用正。

《玉篇·言部》："譓，智也，察也。"以"用正"相應，言皆須持之以正，不行詐，不苛求。又，《漢書·司馬相如傳下》："陛下仁育羣生，義征不譓。"顏師古注引文穎曰："譓，順也。"應以"用正"，或取《論語·子路》"名不正則言不順"之義。

沈　顗　南朝梁人。字處默。

《爾雅·釋詁》："顗，静也"。静、默義近，故相協。飾以"處"，謂宗法老莊，以寂静玄默自守。

沈　麐　明人。字天鹿。

《爾雅·釋獸》："麐，大麃。牛尾，一角。"郭璞注："漢武帝郊雍，得一角獸，若麃然，謂之麟者，此是也。"郝懿行義疏："《説文》用《爾雅》。麐，或作麐。麃，麞屬。《王會篇》云：'發人麃，麃者若鹿，迅走。'然則麃亦鹿屬也。"故以"鹿"應"麐"。古人以"天鹿"爲瑞獸。《藝文類聚》卷九九引《瑞應圖》："天鹿者，純善之獸也。王者明惠及下則見。"故以"天"飾"鹿"。

沈　嚴　宋人。字德寬。

嚴、寬反義相協。飾以"德"，謂不尚嚴刑峻法，唯尚德務寬仁。

沈寶麟　清人。字孔徵。

王嘉《拾遺記·周靈王》："夫子未生時，有麟吐玉書於闕里人家。……信宿而麟去。"麟現闕里，爲孔子降生之徵。故以"孔徵"應"麟"。

沈　瀾　清人。字維涓。

《説文·水部》："瀾，大波爲瀾。""涓，小流也。"二者反義相協。飾以"維"，連上成文，意謂大波乃細流而成。

沈繼宗　宋人。字世卿。

父子相繼爲"世"。綴以"卿"，意欲世代相傳而爲"卿"，以光大其宗。

沈繼美　明人。字子充。

《孟子·盡心下》："充實之謂美。"故以"充"應"美"。"子"爲男子美稱。

沈繼祖　明人。字公繩。

《詩·大雅·下武》："繩其祖武。""公"爲美稱。

沈鶴齡　清人。字海籌。

《淮南子·説林訓》："鶴壽千歲，以極其遊。"中國古代以鶴爲長壽仙禽，故有鶴年、鶴齡、鶴壽諸語。蘇軾《東坡志林·三老語》："嘗有三老人相遇，或問之年。一人曰：'吾年不可記，但憶少年時與盤古有舊。'一人曰：'海水變桑田時，吾輒下一籌，爾來吾籌已滿十間屋。'……"因以"海屋添籌"祝人之壽。故以"海籌"應"鶴齡"。

沈　顥　清人。字朗倩。

《楚辭·大招》："天白顥顥。"王逸注："顥顥，光貌。"光則明朗，故以"朗"協"顥"，"倩"爲美稱。

沈　觀　明人。字用賓。

《易·觀卦》："觀國之光，利用賓于王。"

〔沐〕

沐　昂　明人。字景高。

《楚辭·卜居》："寧昂昂若千里之駒乎？"王逸注："志行高也。"又《遠遊》："服偃蹇以低昂兮。"是高、昂同義相協。飾以"景"，謂欽仰。

沐　春　明人。字景春。

名、字相同。飾以"景"，謂欣羡春日。

沐　英　明人。字文英。

名、字相同。草木之花爲"英"，引申爲才能過人者之稱。飾以"文"，意欲文才出衆。

沐　斌　明人。字文輝。

斌，通"彬"。《論語·雍也》："文質彬彬，然後君子。"綴以"輝"，欲文采燦爛光輝。

沐　晟　明人。字景茂。

《楚辭·九章·懷沙》："内厚質正兮，大人所晠。"朱熹集注："晠，《史記》作'盛'。……所盛，所盛美也。"晠，同"晟"。茂、盛義近，故相協。景，仰慕。

沐　璘　明人。字廷章。

《玉篇·玉部》："璘，璘瑞，文貌。又玉色光彩。"花紋、光彩皆爲文章。故以"章"應"璘"。文章又爲法度、制度，"非天子，不議禮，不制度"，故以"廷"飾"章"。

〔沙〕

沙張白　清人。字介臣。

初名一卿。此取義於《書·秦

誓》"如有一介臣……以保我子孫黎民。"改名"張白"後，仍字"介臣"。張、介同義,《詩・大雅・韓奕》:"孔脩且張。"毛傳:"張，大。"《爾雅・釋詁上》:"介，大也。"故以"介"應"張"。飾以"臣"，取《書・秦誓》"如有一介臣"之義。

沙　瑞　明人。字鳳翔。

古人以鳳爲瑞鳥，故相應。東方朔《七諫・怨思》:"鳳皇飛而高翔。"故以"翔"綴"鳳"。

沙維杓　清人。字斗初。

《史記・天官書》:"杓攜龍角。"裴駰集解引孟康曰:"杓，北斗杓也。"杓即斗柄。此以整體應局部。杓爲斗之一端，爲手所執，故綴以"初"。

〔狄〕

狄仁傑　唐人。字懷英。

《説文・人部》:"傑，材過萬人也。"《吕氏春秋・知分》:"此天下之豪英。"高誘注:"萬人爲英。"英、傑皆謂人中之特出者，故相協。因《禮記・禮運》有"孔子曰：大道之行也，與三代之英，丘未之逮也，而有志焉"之語，故飾以"懷"，言有志於英傑之所爲，故懷思之。

狄　沖　明人。字仲虚。

《晉書・夏侯湛傳》:"玄白沖虚，仡爾養真。"

狄　青　宋人。字漢臣。

漢衛青爲武帝名將，曾七次出擊匈奴，保境安疆，因功封長平侯，官大將軍。因慕其人，故以其名爲名，而應以"漢臣"，以示其時代、身份。

狄兼謨　唐人。字汝諧。

《尚書》有《大禹謨》《皋陶謨》二篇，故名"兼謨"。又,《書・皋陶謨》:"允迪厥德，謨明弼諧。"故以"諧"應"謨"。《尚書》記帝舜與臣下謀劃，或任命臣工，多用"汝諧"以嘉勉。故以"汝"飾"諧"。

狄　栗　宋人。字孟章。

《論語・八佾》:"夏后氏以松，殷人以柏，周人以栗。"又:"周監於二代，郁郁乎文哉！吾從周。"周社樹栗，又借鑑於夏商二代之禮而加損益，以成其文治之盛。故以"章"應"栗"。章，猶文。《論語・泰伯》:"焕乎！其有文章。"

狄　棐　宋人。字輔之。

《説文・木部》:"棐，輔也。"

狄　琮　元人。字子玉。

《説文・玉部》:"琮，瑞玉。大八寸，似車釭。""子"爲男子美稱。

狄　黑　春秋衛人。字皙。

《説文・白部》:"皙，人色白也。"黑、皙反義相協。一作字哲之。誤。

狄　諮　宋人。字君謀。

《玉篇・言部》:"諮，問也，謀也。"同義相協。"君"爲美稱。亦有國君向其諮謀之意。言爲重臣，輔君謀劃。

狄遵度　宋人。字元規。

《説文・又部》:"度，法制也。"段玉裁注:"古者五度：分、寸、尺、丈、引謂之制。"《夫部》:"規，規巨，有法度也。"《玉篇・夫部》:"規，正圓之器也。"度、規一爲長短之制，一爲正圓之具，同爲使人遵守者；又同有"法"義，故相協。"元"爲美善之詞。

狄遵禮　宋人。字子安。

《左傳・成公十五年》:"禮以庇身。"既能"遵禮"，其身自安。故以"安"應"禮"。

狄　燠　宋人。字子炎。

《説文・火部》:"燠，熱在中也。"《炎部》:"炎，火光上也。"燠因火生，故炎、燠相協。"子"爲男子美稱。

〔罕〕

罕父黑　春秋魯人。字子索。

罕父，複姓。索,"素"之假。《釋名・釋典藝》:"八索。索，素也。著素王之法若孔子者，聖而不王制此法者有八也。"《小爾雅・廣言》:"索，空也。"《廣雅・釋詁三》:"素，空也。"是索、素古音相近，而義亦通，故可相假。"素"爲白，以應"黑"，反義相協。"子"爲男子美稱。

罕　虎　春秋鄭人。字子皮。

《易・革卦》:"大人虎變，其文炳也。"虎皮盛文采，古人所重。"虎豹無文，則鞟同犬羊"，故《論語》記子貢譏棘子成不辨文質而等同犬羊虎豹之鞟。以"皮"應"虎"，示其貴重所在。"子"爲男子美稱。

〔良〕

良　弼　清人。字賚臣。

《僞古文尚書・説命上》:"夢帝賚予良弼。"以"賚臣"應"弼"，言乃天帝所賜予的弼輔良臣。此以殷高宗賢相傅説自期。

良　夒　漢人。字惟和。

《爾雅・釋詁》:"夒，和也。"惟，爲。言夒爲和。

〔言〕

言　芳　明人。字時榮。

《説文・艸部》:"芳，香草也。"段玉裁注:"香草當作草香。"《爾雅・釋草》:"木謂之華，草謂之榮。"草因花而芬芳，故以"榮"相應。飾以"時"，謂草皆以時而榮。

言　偃　春秋吴人。字子游。

《説文・㫃部》:"㫃，旌旗之游㫃蹇之貌。……讀若偃。古人名㫃，字子游。"段玉裁注:"晉有籍偃、荀偃，鄭有公子偃、駟偃，孔子弟子有言偃，皆字游。今之經傳皆變作偃，偃行而㫃廢矣。""子"爲男子美稱。

〔谷〕

谷士恢　後魏人。字紹達。

《荀子・非十二子》:"恢然如天地之苞萬物。"恢然而寬廣，則無不通達。又《世説新語・賢媛》"山公與嵇、阮一面"劉孝標注引

《晉陽秋》曰："〔山〕濤雅素恢達，度量宏遠。"恢、達皆有廣闊義，故相協。飾以"紹"，謂繼此闊達。

谷　洪　後魏人。字元孫。

《書·堯典》："湯湯洪水方割。"孔傳："洪，大。"《詩·小雅·六月》："元戎十乘。"毛傳："元，大也。"同義故相協。孫，假作"遜"。謂謙遜。

谷際岐　清人。字西阿。

岐，謂岐山。周古公亶父始居於此。《史記·封禪書》："自華以西，名山七，名川四。曰華山……岐山。"故以"西"應"岐"。又，周起於中國西部。周文王被尊爲"西伯"（西部諸侯之長），故亦稱岐爲"西岐"。《楚辭·九歌·山鬼》："若有人兮山之阿。"因山而及"阿"，故以綴"西"。

谷應泰　清人。字賡虞。

《爾雅·釋樂》："大鼓謂之鼖，小者謂之應。"陸德明釋文引李巡云："小者音聲相承，故曰應。應，承也。"《書·益稷》："乃賡載歌曰。"孔傳："賡，續。"續即承接其上，故應、賡相協。《尚書》乃記皋陶賡虞舜之歌。故綴以"虞"。

谷　纂　後魏人。字靈紹。

《左傳·襄公十四年》："纂乃祖考，無忝乃舊。"杜預注："纂，繼也。"《詩·大雅·抑》："弗念厥紹。"毛傳："紹，繼。"纂、紹同義相協。《詩·鄘風·定之方中》："靈雨既零。"鄭玄箋："靈，善也。"以飾"紹"，謂善於繼承。

〔豆〕

豆盧通　隋人。字平東。

豆盧，複姓。平坦則通，故以"平"應"通"。《隋書》本傳謂"一名會"。當是原名"會"字"通"，取《易·繫辭上》"聖人有以見天下之動，而觀其會通"之義。俟北周太祖爲其弟勣取字"定東"後，始名"通"字"平東"。時北周志在滅北齊，故順太祖之意而有此舉。

豆盧勣　隋人。字定東。

勣，通"績"。功業。《隋書·豆盧勣傳》："勣初生時，周太祖親幸寧家稱慶，時遇新破齊師，太祖因字之曰'定東'。"言功業在於平定北齊。

豆盧寧　北周人。字永安。

安、寧義近，故相協。飾以"永"，欲長治久安。

豆盧毓　隋人。字道生。

毓，同"育"。生、育義近，故相協。《論語·學而》有"本立而道生"之語，遂因"生"而飾以"道"。

〔貝〕

貝　恒　明人。字秉彝。

《説文·二部》："恒，常也。"《易·繫辭下》："恒，德之固也。"《詩·大雅·烝民》："民之秉彝，好是懿德。"毛傳："彝，常。"同義故相協。並取《烝民》文義而以"秉"爲飾。

貝　泰　明人。字宗魯。

泰，謂泰山。《詩·魯頌·閟宫》："泰山巖巖，魯邦所詹。"泰山爲魯之望，故以"魯"應"泰"。泰山又稱岱宗，故以"宗"飾"魯"。

貝　琳　明人。字宗器。

《爾雅·釋器》："璆、琳，玉也。"郭璞注："璆、琳，美玉也。"《禮記·學記》："玉不琢，不成器；人不學，不知道。"既爲美玉，願琢以成器，以期致用。故以"宗"飾"器"而應"琳"。宗，歸向，宗法。言宗法"成器"之箴。

貝　翱　明人。字季翔。

《詩·鄭風·女曰雞鳴》："將翱將翔，弋鳧與雁。"

貝　瓊　明人。字廷琚。

《詩·衛風·木瓜》："投我以木瓜，報之以瓊琚。"故以"琚"應"瓊"。又《詩·鄭風·有女同車》："佩玉瓊琚。"古代朝廷之上必佩玉，故飾以"廷"。一名闕，字廷臣。闕，古代宫門外之望樓。引申爲帝王之居，故宫闕連稱。故以"廷"相應。"臣"爲綴飾，亦表示朝廷之臣。

〔車〕

車大任　明人。字子仁。

連姓成文。《易·大有卦》："大車以載。"孔穎達疏："身被委任，其任重也。"《論語·泰伯》："仁以爲己任。""子"爲男子美稱。

車以遵　明人。字孝則。

則，法，法則。以應"遵"，取《詩·大雅·皇矣》"順帝之則"之義。東漢以來察舉孝廉，重孝道，士大夫喜以"孝"爲字飾。

車任遠　明人。字柅齋。

此連姓成文。言車荷重行遠。《易·繫辭下》："服牛乘馬，引重致遠。"柅，止車之木。《易·姤卦》："繫于金柅，貞吉。有攸往，見凶。……象曰：繫于金柅，柔道牽也。"朱熹本義："柅，所以止車。……静正則吉，往進則凶。"又："牽，進也。以其進，故止之。"以"柅"應"任遠"，即取"深爲之備"，"静正則吉"勿躁進之義。"齋"爲時尚飾字。

車安行　宋人。字正路。

連姓成文。車由正路，則可安然而行。《孟子·離婁上》："舍正路而不由，哀哉！"此引以爲戒而反用其義。

車似慶　宋人。字石卿。

《史記·萬石張叔列傳》載，萬石君石奮，以恭謹事上，父子五人官皆至二千石，因號萬石君。子孫皆以孝謹著稱。少子石慶爲太僕，"御出，上問車中幾馬，慶以策數馬畢，舉手曰：'六馬。'慶於諸子中最爲簡易矣，然猶如此"。故以其名爲名，而以其姓爲字。"卿"既爲美稱，又尊稱石慶。

車　胤　晉人。字武子。

《説文·肉部》："胤，子孫相承續也。"段玉裁注："《釋詁》：'胤，嗣繼也。《大雅》毛傳：胤，嗣也。'"又《書·堯典》有"胤子"。故以"子"應"胤"。飾以"武"，取《詩·大雅·下武》"繩其祖武”文義，言是繼其先人之跡的子孫。

車若水 宋人。字清臣。

《漢書·鄭崇傳》載，趙昌誣鄭崇交通賓客，多請託，哀帝責問：“君門如市人，何以欲禁切主上？崇對曰：‘臣門如市，臣心如水。願得考覆。’”此用其事。

車 倬 宋人。字章甫。

《詩·大雅·棫樸》：“倬彼雲漢，爲章于天。”“甫”爲男子美稱。

車惠疇 隋人。字迪之。

《僞古文尚書·大禹謨》：“惠迪吉。”《書·洪範》：“天乃錫禹《洪範》九疇。”故以“迪”應“惠疇”。之，代詞。以綴“迪”，言開導之。

車無咎 清人。字補旃。

連姓成文。《易·大有卦》：“大車以載，有攸往，无咎。”《左傳·宣公二年》：“人誰無過，過而能改，善莫大焉。《詩》曰：‘靡不有初，鮮克有終。’夫如是，則能補過者鮮矣！……君能補過，衮不廢矣。”故以“補旃”應“無咎”。能補過則無咎。旃，“之焉”合音。之，指代“過”。

車萬合 明人。字造父。

此連姓成文。言萬輛車皆適合。造父，周穆王時人，最善御車，傳説爲穆王馭車巡行天下。名、字相應，言造父之馭，無車不適。

車鼎晉 清人。字麗上。

《易·晉卦》：“晉，進也。明出地上，順而麗乎大明。”日出乎地上，既而麗乎天，則大明。故以“麗上”應“晉”。

車 寧 明人。字子静。

寧、静義近，故相協。“子”爲男子美稱。

車 瑾 明人。字元瑜。

《説文·玉部》：“瑾，瑾瑜，美玉也。”“瑜，瑾瑜也。”“元”爲美善之辭，以爲飾。

車 濟 晉人。字萬度。

《方言》卷七：“過度謂之涉濟。”郭璞注：“猶今云濟度。”是濟、度同義相協。飾以“萬”，甚言其次數多。

車騰芳 清人。字圖南。

騰，飛騰。《莊子·逍遥遊》：“有鳥焉，其名爲鵬，背若泰山，翼若垂天之雲，摶扶摇羊角而上者九萬里，絶雲氣，負青天，然後圖南，且適南冥也。”故以“圖南”應“騰”，言如大鵬之飛，將有圖南壯舉。此喻前程不凡。

〔辛〕

辛少雍 後魏人。字季和。

《書·堯典》：“黎民於變時雍。”孔傳：“雍，和也。”

辛文房 元人。字良史。

漢張良字子房，因取以爲名字。《左傳·宣公二年》有“董狐古之良史也”語，遂因“良”而綴以“史”。

辛仲甫 宋人。字之翰。

《詩·大雅·崧高》：“維申及甫，維周之翰。”

辛 全 元人。字復元。

《説文·入部》：“全，完也。”完整爲“全”。復元，即恢復其本初完整之形。

辛 匡 後魏人。字季政。

《左傳·哀公十六年》：“匡正王室。”《禮記·哀公問》：“政者，正也。”故以“政”應“匡”。

辛次膺 宋人。字起季。

《漢書·魏相傳》：“敵加於己，不得已而起者，謂之應兵，兵應者勝。”故以“起”應“膺”。意謂本非好戰。應，通“膺”。又，後漢李膺有重名，士人被接納者，以爲登龍門。李白《與韓荆州書》：“一登龍門，則聲價十倍。”“次膺”謂列李膺門下，“起”謂聲譽鵲起。

辛 昂 北周人。字君進。

《楚辭·卜居》：“寧昂昂若千里之駒乎？”王逸注：“昂昂，馬行貌。”以“進”應“昂”，言如駿馬之奔騰。“君”爲美稱。

辛 俊 後魏人。字叔義。

義，應作“乂”。“義”與“俊”不協。此取《書·皋陶謨》“俊乂在官”文義。陸德明釋文引馬融曰：“千人曰俊，百人曰乂。”故乂、俊相協。宋元以來“義”俗作“义”，遂誤將“叔乂”回改爲“叔義”。

辛 勉 晉人。字伯力。

《説文·力部》：“勉，勥也。”段玉裁注：“凡言勉者，皆相迫之意。自勉者，自迫也。勉人者，迫人也。”又“勥，迫也。”段玉裁注：“以力相迫也。”用力曰勉，故相應。

辛 毗 三國魏人。字佐治。

《詩·小雅·節南山》：“天子是毗，俾民不迷。”鄭玄箋：“毗，輔也。”《廣雅·釋詁二》：“輔，佐，助也。”是毗、佐同義相協。綴以“治”，謂輔佐其君以治天下。

辛 炳 宋人。字如晦。

《説文·火部》：“炳，明也。”《玉篇·日部》：“晦，昧也。”炳、晦反義相協。飾以“如”，謂似晦暗。此取《老子》“明道若昧”之義，不欲太明。

辛 浩 明人。字養正。

《孟子·公孫丑上》：“我善養吾浩然之氣。……其爲氣也，至大至剛，以直養而無害。”故以“養”應“浩”。飾以“正”，謂養浩然正氣。

辛從益 清人。字謙受。

《僞古文尚書·大禹謨》：“滿招損，謙受益。”

辛 淵 西涼人。字子深。

《詩·鄘風·定之方中》：“秉心塞淵。”毛傳：“淵，深也。”“子”爲男子通稱。

辛 祥 後魏人。字萬福。

《説文·示部》：“祥，福也。”同義故相協。飾以“萬”，取《詩·小雅·蓼蕭》“萬福攸同”文義，願萬福齊集。

辛 術 北齊人。字懷哲。

《爾雅·釋言》：“哲，智也。”以“懷哲”應“術”，謂有智術。

辛替否 唐人。字協時。

替否，謂“獻可替否”。語本《左傳·昭公二十年》晏子與齊侯論和、同之異。《後漢書·胡廣傳》：“臣以獻可替否爲忠。”因是晏子論君臣之間應如“和五味”“和五聲”，以成其政事，故以“協”應“替否”。綴以“時”，謂相其機宜而協和。

辛棄疾　宋人。字幼安。

先秦時人多名“去疾”“棄疾”，意在祈禳消灾。此傚古人之行，而應以“幼安”。《論語·爲政》：“父母唯其疾之憂。”父母愛子，願其自幼即百病不生，平安成長。

辛　琛　後魏人。字僧貴。

《詩·魯頌·泮水》：“憬彼淮夷，來獻其琛。”毛傳：“琛，寶。”寶、貴義近，故以應“琛”。南北朝人佞佛，故以“僧”爲飾。

辛　賁　後魏人。字叔文。

《易·賁卦》：“賁，亨。柔來而文剛，故亨。”孔穎達疏：“賁，飾也。以剛柔二象交相文飾也。”故以“文”應“賁”。

辛　愿　金人。字敬之。

《説文·心部》：“愿，謹也。”敬、謹義近，故以應“愿”。

辛德源　隋人。字孝基。

《詩·大雅·抑》：“温温恭人，維德之基。”故以“基”應“德”。承東漢風尚，以“孝”爲飾。

辛應乾　明人。字伯符。

《後漢書·班固傳》：“於是聖皇乃握乾符。”古以“乾符”爲帝王受命於天之兆。故以“符”應“乾”。

辛　謐　晉人。字叔重。

《廣韻·入質》：“謐，愼也，安也。”愼、重義近。安、穩、重義亦近，故謐、重相協。

辛　纂　後魏人。字伯將。

《左傳·襄公十四年》：“纂乃祖考。”杜預注：“纂，繼也。”《論語·憲問》：“闕黨童子將命。”何晏集解引馬融曰：“闕黨之童子將命者，傳主人之語出入。”即不使主人之言中斷而達於聽者之耳。《莊子·養生主》：“指窮於爲薪，火傳也。”陸德明釋文：“傳者，相傳繼續也。崔云：傳，延也。”是將、傳即繼續。故以“將”協“纂”。

〔邴〕

邴　郁　晉人。字弘文。

《論語·八佾》：“郁郁乎文哉！”飾以“弘”，謂光大其事。

邴　原　漢人。字根矩。

根、原皆有本義，故相協。綴以“矩”，意謂一切皆本於規矩，不違聖人之道。

〔邵〕

邵一儒　明人。字仲魯。

孔子爲春秋魯人，儒家學派創始者，自是天下第一儒。

邵士夔　清人。字友園。

《書·洪範》：“燮友柔克。”“園”爲時尚字飾。

邵　亢　宋人。字興宗。

《左傳·昭公元年》：“太叔曰：‘吉不能亢身，焉能亢宗？’”杜預注：“亢，蔽也。”能庇護其宗，自能使之振興，故飾以“興”。

邵以貫　清人。字得魯。

《論語·里仁》：“子曰：‘參乎，吾道一以貫之。’曾子曰：‘唯。’子出。門人問曰：‘何謂也？’曾子曰：‘夫子之道，忠恕而已矣。’”孔子之道，唯曾參能解，而孔子又謂“參也魯”。故以“得魯”應“以貫”。

邵　必　宋人。字不疑。

《論語·子罕》：“毋意，毋必，毋固，毋我。”邢昺疏：“不專必也。”專必則是不疑。

邵正魁　明人。字長孺。

“魁”爲第一，第一則居長，故相應。先秦嫡子能襲爵位者得稱孺子，後世以“孺”爲男子美稱。見《十駕齋養新録》。

邵　玉　明人。字德温。

《詩·秦風·小戎》：“言念君子，温其如玉。”君子比德於玉，故以“德”爲飾。

邵向榮　清人。字東葵。

曹植《求通親親表》：“若葵藿之傾葉，太陽雖不爲之迴光，然終向之者，誠也。”葵向日而傾，日出自東，故以“東”飾“葵”而應“向”。

邵伯温　宋人。字子文。

《禮記·文王世子》：“是故其成也懌，恭敬而温文。”“子”爲男子美稱。

邵長蘅　清人。字子湘。

蘅，本謂杜蘅。香草名。《楚辭·離騷》：“雜杜衡與芳芷。”王逸注云：“衡一作‘蘅’。”古籍多以“衡”作“蘅”，此則以“蘅”爲“衡”，指衡山。衡山在湖南，爲湘、資二水分水嶺，故應以“湘”。清人尚古奥，名字多同音代替，以傚古音通假。“子”爲男子美稱。

邵　南　明人。字文化。

《詩·大序》：“南，言化自北而南也。”舊説以爲“被文王之化”，故以“文”飾“化”。

邵　浩　宋人。字叔義。

《孟子·公孫丑上》：“‘敢問夫子惡乎長？’曰：‘我知言。我善養吾浩然之氣。’‘敢問何謂浩然之氣？’曰：‘難言也。……其爲氣也，配義與道，無是餒也，是集義所生者，非義襲而取之也。’”

邵　泰　清人。字峙東。

泰山爲東岳，雄峙於東方。

邵　堅　明人。字不磷。

《論語·陽貨》：“不曰堅乎？磨而不磷。不曰白乎？涅而不緇。”

邵　博　宋人。字公濟。

《論語·雍也》：“子貢曰：‘如有博施於民，而能濟衆，可謂仁乎？’子曰：‘何事於仁，必也聖乎！堯舜其猶病諸。’”“公”爲美稱。

邵景之　宋人。字季山。

《詩·小雅·車舝》：“高山仰止，景行行止。”

邵曾可　清人。字子唯。

《論語·里仁》：“子曰：‘參乎，吾道一以貫之。’曾子曰：‘唯。’”

邵　嵩　明人。字惟嶽。

《詩·大雅·崧高》：“崧高惟嶽，駿極于天。”嵩同“崧”。

邵　雍　宋人。字堯夫。

《書·堯典》：“百姓昭明，協和萬邦，黎民於變時雍。”孔傳：“言天下衆民皆變化化（從）上，是以風俗大和。”以“堯夫”應“雍”，言爲堯雍熙盛世之民。

邵齊燾　清人。字荀慈。

《史記·吴太伯世家》：“如天

之無不燾也，如地之無不載也，雖甚盛德，無加矣。”裴駰集解引賈逵曰：“燾，覆也。”上天覆育萬物，是以爲慈。“荀”爲香草。以飾“慈”，取寸草春暉之義。

邵 誼 明人。字思宜。

《禮記·中庸》：“義者，宜也。”誼、義古字通。《漢書》義多作“誼”。

邵 曄 宋人。字日華。

《説文·日部》：“曅，光也。”段玉裁注引《思玄賦》舊注云：“曄，光貌。”是日光照耀之貌。亦析名爲字。

邵 燈 清人。字無盡。

《莊子·養生主》：“指窮於爲薪，火傳也，不知其盡也。”後以師徒相傳爲傳薪，而佛家以傳法爲傳燈，故以“無盡”應“燈”，言其道世世不絶。

邵 蕡 明人。字文實。

《詩·周南·桃夭》：“桃之夭夭，有蕡其實。”

邵應豹 宋人。字起南。

《列女傳·陶答子妻》：“妾聞南山有玄豹，霧雨七日而不下食者，何也？欲以澤其毛而成文章也，故藏而遠害。”以“起南”應“豹”，謂出處應如南山玄豹。

邵 點 清人。字子與。

《論語·先進》：“夫子喟然嘆曰：‘吾與點也！’”“子”爲男子美稱。

邵 璿 清人。字虞在。

《書·舜典》：“在璿璣玉衡，以齊七政。”帝舜爲虞。一字璣亭，亦取義於《舜典》。“亭”爲時尚字飾。

邵 颿 清人。字無恙。

颿，船帆。《世説新語·排調》：“顧長康作殷荆州佐，請假還東。爾時例不給布颿，顧苦求之乃得。”途中遭大風，顧長康寫信給殷荆州説：“行人安穩，布颿無恙。”因取此典爲名字。

邵懿辰 清人。字位西。

《左傳·昭公元年》：“遷閼伯於商丘，主辰。”杜預注：“辰，星辰大火也。”《詩·豳風·七月》：“七月流火，九月授衣。”毛傳：“火，大火也。”朱熹集傳：“火，大火，心星也。以六月之昏，加於地之南方，至七月之昏，則下而西流矣。”故以“位西”應“辰”。

八 畫

〔來〕

來之邵 宋人。字祖德。

揚雄《法言·重黎》：“賢皆不足邵也。”李軌注：“邵，美。”以“祖德”相應，言其祖德甚美。

來汝賢 明人。字子禹。

此爲連姓成文。《僞古文尚書·大禹謨》：“帝曰：‘來禹，洚水儆予，成允成功，惟汝賢。’”“子”爲男子美稱。

來 和 隋人。字弘順。

和、順義近，故相協。《詩·鄭風·女曰鷄鳴》：“知子之順之。”鄭玄箋：“順，謂與已和順。”弘，大。以飾“順”，意謂大順、極順。

來知德 明人。字矣鮮。

《論語·雍也》：“中庸之爲德也，其至矣乎！民鮮久矣。”朱熹集注：“言民少此德，今已久矣。”以“矣鮮”應“德”，意謂中庸之至德，人已少有。蓋以此自勵。欲追求此“正道”“定理”。又《易·繫辭下》：“德薄而位尊，知小而謀大，力小而任重，鮮不及矣。”亦或取德薄智小之義，以示謙撝。

來 復

① 明人。字陽仲。

此連姓成文。《易·復卦》：“七日來復，天行也。”王弼注：“陽氣始剥盡，至來復時，凡七日。”故以“陽”應“復”。

② 明釋。字見心。

《易·復卦》：“七日來復……復其見天地之心乎？”

來斯行 明人。字道之。

行、道同義相協。《荀子·王霸》：“故古之人，有大功名者，必道是者也。”楊倞注：“道，行也。必行此任賢之事。”“之”爲綴飾，以指代所行之事。

來集之 明人。字元成。

集、成同義相協。《左傳·桓公五年》：“可以集事。”杜預注：“集，成也。”飾以“元”，謂大成。

來 儀 明人。字爻先。

連姓成文。《書·益稷》：“鳳皇來儀。”《易·漸卦》：“上九，鴻漸于陸，其羽可用爲儀。”朱熹本義：“上九至高，出乎人位之外。”上九爲外卦最上一爻之名，故以“先”綴“爻”而應“儀”。

來儼然 明人。字望之。

《論語·子張》：“君子有三變：望之儼然，即之也温，聽其言也厲。”又《堯曰》：“儼然人望而畏之。”

〔到〕

到仲舉 南朝陳人。字德言。

《左傳·宣公十二年》：“舉不失德。”朝廷重直言正諫，故以“言”綴“德”而應“舉”。

到 沆 南朝梁人。字茂瀣。

《楚辭·遠遊》：“飡六氣而飲沆瀣兮，漱正陽而含朝霞。”王逸注：“沆瀣者，北方夜半氣也。”飾以“茂”，謂其氣正盛。

到彦之 南朝宋人。字道豫。

《爾雅·釋訓》：“美士爲彦。”《論語·里仁》：“士志於道，而恥惡衣惡食者，未足與議也。”《爾雅·釋詁》：“豫，樂也。”既爲美士，自必樂道，故以“道豫”應“彦”。

到 溉 南朝梁人。字茂灌。

《玉篇·水部》：“溉，又灌注也。”同義故相協。飾以“茂”，謂多灌溉之利。

到 撝 南朝齊人。字茂謙。

《易·謙卦》：“六四，无不利，撝謙。”飾以“茂”，謂多有謙謙之德。

到 鏡 南朝梁人。字圓照。

戰國以來銅鏡多作圓形，用以照影，故以“圓照”應“鏡”。又鏡、照亦同義相協。《墨子·非攻中》：“君子不鏡於水而鏡於人。”

〔卓〕

卓　立　宋人。字志道。
《論語·子罕》："夫子循循然善誘人。博我以文，約我以禮，欲罷不能，既竭吾才，如有所立，卓爾。雖欲從之，末由也已！"孔穎達疏："此章美夫子之道也。……言夫子既開我以文章，又節約我以禮節，使我欲罷止而不能已，竭盡我才矣，其夫子更有所創立，則又卓然絶異已，雖欲縱之，無由得及。""卓立"爲連姓成文。以"志道"相應，言已竭其才力以從，而夫子却卓然又有所立，雖如此，仍志於道，以求精進。

卓秉恬　清人。字静遠。
恬、静同義相協。《方言》卷十三："恬，静也。"諸葛亮《誡外生書》有"非寧静無以致遠"語，故以"遠"綴"静"。

卓　茂　漢人。字子康。
茂、康同義相協。《詩·小雅·南山有臺》："德音是茂。"鄭玄箋："茂，盛也。"《淮南子·天文訓》："十二歲一康。"高誘注："康，盛也。""子"爲男子美稱。

卓得慶　宋人。字善夫。
《易·坤卦·文言》："積善之家，必有餘慶。""夫"爲男子通稱。

卓　琮　宋人。字廷瑞。
《説文·玉部》："琮，瑞玉。"因是朝廷禮器，故飾以"廷"。

卓爾康　明人。字去病。
《易·晉卦》："晉：康侯用錫馬蕃庶。"陸德明釋文："陸云：康，安也，樂也。"無疾病自是安樂，故以"去病"相應。

卓爾堪　清人。字子立。
姓名與字相連成文。《論語·子罕》："如有所立卓爾。"

〔周〕

周二南　明人。字汝爲。
《論語·陽貨》："汝爲《周南》《召南》矣乎？人而不爲《周南》《召南》，其猶正墻面而立也與！"《周南》《召南》合稱"二南"。

周士晉　清人。字康侯。
《易·晉卦》："晉：康侯用錫馬蕃庶。"

周士彬　清人。字介文。
《論語·雍也》："文質彬彬，然後君子。"何晏集解引包咸曰："彬彬，文質相半之貌。"以"介"飾"文"，謂介于文質之間，亦即文質相半。

周士樸　明人。字丹其。
《説文·木部》："樸，木素也。"段玉裁注："素，猶質也。以木爲質，未彫飾如瓦器之坯然。《士喪禮》《周禮·稾人》皆云'獻素獻成'。注云'形法定爲素，飾治畢爲成'是也。"以"丹其"應"樸"，謂以朱丹飾治。

周大樞　清人。字元木。
《説文·木部》："樞，户樞也。"户樞爲門户轉動啓閉之樞機，原須用大木製作，故以"元木"相應。一字元牧，是以"牧"諧"木"。清人喜倣古人同聲相假，以示古奥。

周大禮　明人。字子和。
《論語·學而》："禮之用，和爲貴。""子"爲男子美稱。

周子文　明人。字岐陽。
文，謂周文王。周自太王遷於岐山之陽，至文王而成大業，故以"岐陽"應"文"。

周子義　明人。字以方。
《左傳·隱公三年》："愛子教之以義方。"

周山圖　南朝齊人。字季寂。
《論語·雍也》："知者樂水，仁者樂山；知者動，仁者静。"水動山静，故以"寂"應"山"。又，"山圖"爲古仙人名。左思《蜀都賦》："山圖採而得道，赤斧服而不朽。"劉逵注："山圖，隴西人也。隨道士之名山採藥，身輕不食，莫知所如。"仙人習静，亦可以"寂"相應。

周中孚　清人。字信之。
《易·中孚卦》："中孚：豚魚吉。"又："豚魚吉，信及豚魚也。"王弼注："中信之德淳著，則雖微隱之物，信皆及之。"

周之茂　明人。字松如。
《詩·小雅·天保》："如松柏之茂，無不爾或承。"

周之訓　明人。字無逸。
《尚書》有《無逸》篇，舊説以爲"成王初政，周公懼其知逸而不知無逸也，故作是書以訓之"。故以"無逸"應"訓"。亦連姓成文。

周之翰
①元人。字申甫。
《詩·大雅·崧高》："維申及甫，維周之翰。"連姓成文。
②明人。字景玉。
翰，謂文翰，文章。以"景玉"相應，意謂景仰宋玉的文學成就。周之翰爲荆門人，於古爲楚地，故敬其鄉賢。

周仁榮　元人。字本心。
《孟子·公孫丑》："仁則榮。"又《告子上》："仁，人心也。"孟子倡性善之説，以爲仁乃人先天所具備者，故以"本"爲飾。

周允元　唐人。字汝良。
《書·益稷》："元首明哉，股肱良哉！"以"良"應"元"，取君明臣良之義。《書》記帝舜勉臣工，多有"汝爲""汝明"之言，故倣其例，以"汝"爲飾。

周升桓　清人。字稺圭。
《周禮·春官·典瑞》："公執桓圭。""稺"表行第較末。

周天受　清人。字百禄。
《詩·小雅·天保》："罄無不宜，受天百禄。"

周天球　明人。字公瑕。
《説文·玉部》："球，玉也。"又："瑕，玉小赤也。"段玉裁注："張揖曰：赤瑕，赤玉也。……《廣雅》：'玉屬有赤瑕。'若《聘義》'瑕不揜瑜'注：'瑕，玉之病也。'"玉以純爲上，以"瑕"應"球"，蓋謙稱非完美之人。

周天爵　清人。字敬修。
《孟子·告子上》："古之人，修其天爵，而人爵從之。"飾以"敬"，言對德義極爲誠篤。

周文璞　宋人。字晉仙。
晉郭璞精於卜筮之術。《晉書》

本傳又多誇誕之辭，故後人視以爲仙。郭璞又有《遊仙詩》。因以“晉仙”應“璞”。

周世金 清人。字仲蘭。

《易·繫辭上》：“二人同心，其利斷金；同心之言，其臭如蘭。”後以“金蘭”喻朋友相契。故以“蘭”應“金”。

周弘正 南朝陳人。字思行。

《禮記·儒行》：“行必中正。”飾以“思”，言其不忘。

周弘謨 南朝陳人。字元文。

《孟子·滕文公下》：“《書》曰：‘丕顯哉，文王謨！’”元，猶丕，大。

周必大 宋人。字子充。

《孟子·盡心下》：“充實而有光輝之謂大。”“子”爲男子美稱。

周必剛 宋人。字子栗。

《國語·周語中》：“四軍之帥，旅力方剛。”韋昭注：“剛，强也。”《禮記·聘義》：“縝密以栗。”鄭玄注：“栗，堅貌。”堅、强義近，故剛、栗相協。“子”爲男子美稱。

周 札 晉人。字宣季。

此拆春秋吴公子季札之名以爲名字。《漢書古今人表》將季札列爲“上中仁人”。因仰慕前賢，故飾以“宣”。意謂宣揚季札之爲人。

周永年 明人。字安期。

永年，謂長壽。安期，謂安期生。道教傳説的仙人。仙人則長生，故以應“永年”。又《禮記·曲禮上》：“百年曰期，頤。”人生百年，亦可謂長壽。故以“期”應“永年”。飾以“安”，謂安樂長壽。

周玉立 清人。字静植。

桓温《薦譙元彦表》：“身寄虎吻，危同朝露，而能抗節玉立，誓不降辱。”《説文·木部》“植”段玉裁注：“引伸爲凡植物、植立之植。”是立、植同義相協。立即静止，故以“静”爲飾。亦或取周敦頤《愛蓮説》“亭亭净植”之義。净、静同音相諧。

周 用 明人。字行之。

《論語·述而》：“用之則行。”

周行己 宋人。字恭叔。

《論語·公冶長》：“其行己也恭。”

周 西 清人。字方人。

姓名與字相連成文。《詩·邶風·簡兮》：“彼美人兮，西方之人兮。”孔穎達疏：“上言西方之美人，謂周室之賢人。”

周 孚 宋人。字信道。

《易·需卦》：“需。有孚，光亨。”陸德明釋文：“孚，徐音敷。信也。”孔穎達疏：“需之爲體，唯有信也。……若能有信，既需道光明。”故以“信”協“孚”而綴以“道”。

周希孟 宋人。字公闢。

孟子繼承孔子之道，“闢邪説”，“距楊墨”，爲後世儒者所尊崇。以“闢”應“希孟”，言欲如孟子“闢邪説”，以張大孔子之道。

周希聖 明人。字維學。

《孟子·公孫丑上》：“乃所願則學孔子也。”孔子被尊爲聖人，故以“維學”應“希聖”，言欲學孔子。

周序培 清人。字殷士。

《孟子·滕文公上》：“夏曰校，殷曰序，周曰庠，學則三代共之。”學校爲培養人才之所。殷代學校培養者，自是殷士。

周 忱 明人。字恂如。

《書·立政》：“迪知忱恂于九德之行。”如，猶然。詞尾。

周 沆 宋人。字子真。

《楚辭·遠遊》：“飡六氣而飲沆瀣兮，漱正陽而含朝霞。”沆瀣爲北方夜半之氣。《説文·匕部》：“真，僊人變形而登天也。”仙人服氣養性，故以“真”應“沆”。“子”爲男子美稱。

周 邠 宋人。字開祖。

邠，地名。在古雍州岐山之北。亦作“豳”。周之先祖曾廢后稷之業，至公劉，遷於邠，復修后稷之業，十二世至文王，“三分天下有其二”，至武王遂代殷而爲天子。是周之開國，始於公劉遷邠，故以“開祖”相應。

周邦彦 宋人。字美成。

《詩·鄭風·羔裘》：“彼其之子，邦之彦兮。”毛傳：“彦，士之美稱。”

周 京 清人。字西穆。

此連姓成文。《詩·大雅·皇矣》：“依其在京。”朱熹集傳：“京，周京也。言文王安然在周之京。”文王都豐，武王都鎬，於成周言，皆在西。故以“西”相應。“周世世修德，莫若文王”（《皇矣》序），《楚辭·九歌·東皇太一》：“穆將愉兮上皇。”王逸注：“穆，敬也。”以“穆”綴“西”，意在崇敬文王。一字少穆，“少”表行第較末。

周季鳳 明人。字公儀。

《書·益稷》：“鳳皇來儀。”“公”爲美稱。

周宗建 明人。字季侯。

《易·屯卦》：“利建侯。”

周 怡 明人。字順之。

《論語·子路》：“切切、偲偲、怡怡如也。”何晏集解引馬融曰：“怡怡，和順之貌。”

周於禮 清人。字立崖。

《論語·季氏》：“不學禮，無以立。”“崖”爲時尚字飾。

周 昉

① 唐人。字仲朗。

《説文·日部新附字》：“昉，明也。”明、朗義近，故相協。一字景元。《列子·黄帝》：“衆昉同疑。”張湛注：“昉，始也。”《爾雅·釋詁》：“元，始也。”是昉、元同義相協。《説文·日部》：“景，日光也。”日出則明，“昉”爲明，是日出之始。故以“景”爲飾。

② 清人。字浚明。

昉、明同義相協。解見①。《書·皋陶謨》有“夙夜浚明有家”語，故因“明”而及“浚”。

周 昕 漢人。字大明。

《禮記·文王世子》：“大昕鼓徵。”《説文·日部》：“昕，且明也。”

周 東 明人。字伯震。

《易·説卦》：“震，東方也。”

周知裕 五代後唐人。字好問。

《僞古文尚書·仲虺之誥》：“好問則裕。”

周亮工 清人。字元亮。

《書·舜典》：“惟時亮天功。”

《臯陶謨》“天工人其代之”，《漢書·律曆志》引作“天功”是功、工通，“亮工”即亮功。以“元”飾“亮”，謂大力輔相天事。

周　南

①宋人。字南仲。

此連姓成文。《詩》有《周南》。以“南”相應，謂南方諸侯之國。因《詩·小雅·出車》有“王命南仲”之語，故綴以“仲”。

②明人。字文化。

解見①。以“文化”相應，取“南國被文王之化”之義。

周厚轅　清人。字載軒。

《禮記·中庸》：“博厚所以載物也。”此謂大地負載萬物，故以“載”應“厚”。轅、軒皆指車，故亦相應。又“軒”亦爲當時習尚字飾。

周　垕　宋人。字良載。

垕，古“厚”字。《禮記·中庸》：“博厚所以載物也。”以“良”飾“載”，謂善於載物。

周彦曾　清人。字抱孫。

《詩·小雅·甫田》：“曾孫來止。”又《周頌·維天之命》：“曾孫篤之。”故以“孫”應“曾”。《禮記·曲禮上》有“君子抱孫不抱子”之語，故以“抱”飾“孫”。

周星詒　清人。字季貺。

《左傳·昭公六年》：“叔向使詒子産書。”杜預注：“詒，遺也。”《説文·貝部新附字》：“貺，賜也。”遺、賜皆有饋送義，故相協。

周星譽　清人。字畇叔。

《詩·周頌·振鷺》：“以永終譽。”鄭玄箋：“譽，聲美也。”《詩·小雅·信南山》：“畇畇原隰。”毛傳：“畇畇，墾辟貌。”以應“譽”，言聲譽日廣。一字叔雲。《詩·鄭風·出其東門》：“有女如雲。”朱熹集傳：“如雲，美而衆也。”以“雲”應“譽”，言聲譽美且盛。

周　春　清人。字芚兮。

《説文·艸部》：“萅（春），推也。从日艸屯，屯亦聲。”段玉裁注：“《尚書大傳》曰：“春，出也，萬物之出也。”揚雄《法言·寡見》：“春木之芚兮，援我手之鶉兮。”李軌注：“春木芚芚然而生。”春季發育萬物，草木芚芚然而生，故以“芚”應“春”。

周　津　明人。字文濟。

《論語·微子》：“使子路問津焉。”何晏集解引鄭玄曰：“津，濟渡處。”飾以“文”，意欲以文渡世人。

周　眉　清人。字白公。

《三國志·蜀志·馬良傳》：“兄弟五人，並有才名。鄉里爲之諺曰：‘馬氏五常，白眉最良。’良眉中有白毛，故以稱之。”“公”爲美稱。

周茂蘭　明人。字子佩。

《楚辭·離騷》：“紉秋蘭以爲佩。”“子”爲男子美稱。

周　述　明人。字崇述。

《論語·述而》：“子曰：‘述而不作，信而好古，竊比於我老彭。’”孔子聖人，述而不作，“德愈盛，而心愈下”（朱熹語），他人愈應如此，故飾以“崇”。言崇尚“述而不作”。

周恭先　宋人。字伯温。

《詩·小雅·賓之初筵》：“温温其恭。”

周　晉　宋人。字明叔。

《易·晉卦》：“晉，進也，明出地上。”

周　砥　明人。字履道。

《詩·小雅·大東》：“周道如砥。”履，踐，行。以飾“道”，既謂行道，又喻遵循聖人之道。

周祖培　清人。字叔滋。

培，栽培。《楚辭·離騷》：“余既滋蘭之九畹兮，又樹蕙之百畝。”王逸注：“滋，莳也。……《釋文》作莪，音栽。”培、滋同義相協。一字芝臺，即取“滋蘭”之義。芝蘭同類。“臺”爲時尚字飾。

周　虓　晉人。字孟威。

《詩·大雅·常武》：“進厥虎臣，闞如虓虎。”毛傳：“虎之自怒虓然。”孔穎達疏：“虓，虎怒貌。”虎怒則威。

周起渭　清人。字漁璜。

《史記·齊太公世家》載，吕尚釣於渭水，周文王出獵，與之相遇，知其賢，遂載以歸，立爲師。是吕尚起於渭。《尚書大傳》卷二謂吕尚釣於磻溪，得一玉璜，上刻“周受命，吕佐檢”。故以“漁璜”應“起渭”。

周　冕　明人。字服御。

《論語·衛靈公》：“服周之冕。”御，猶服。

周　啓

①明人。字公明。

《詩·小雅·大東》：“東有啓明。”“公”爲美稱。

②明人。字孟啓。

將名作字。

周啓明　宋人。字昭回。

《詩·小雅·大東》：“東有啓明，西有長庚。”又《大雅·雲漢》：“倬彼雲漢，昭回于天。”毛傳：“回，轉也。”鄭玄箋：“雲漢，謂天河也。昭，光也。”金星晚現於西方爲長庚，晨現於東方爲啓明。以“昭回”應“啓明”，言其光隨天而轉。

周　寅　明人。字汝欽。

《爾雅·釋詁》：“欽、寅，敬也。”同義故相協。《書》記堯、舜命臣工時，多用“汝諧”“往欽哉”之辭，故以“汝”飾“欽”。

周　密

①晉人。字泰玄。

《玉篇·宀部》：“宓，止也，静也，默也。今作密。”《漢書·揚雄傳下》：“且人君以玄默爲神。”是密、玄皆有静默之義，故相協。魏晉人崇尚老莊玄學，以“泰”飾“玄”，取揚子“太玄”之義。

②宋人。字公謹。

《易·繫辭上》：“是以君子慎密而不出也。”不密則失身害成，故須謹慎將事。“公”爲美稱。

周　常　宋人。字仲修。

《楚辭·離騷》：“民生各有所樂兮，余獨好修以爲常。”

周　斌

①明人。字質夫。

《論語·雍也》：“文質彬彬，然後君子。”斌同“彬”。“夫”爲男子通稱。

②明人。字國用。

文、武爲"斌"，以"國用"相應，意謂才兼文武，堪備國用。

周 旋 明人。字克敬。

此連姓成文。《左傳·昭公二五年》："簡子問揖讓周旋之禮焉。"應以"克敬"，言應酬能盡禮。

周 朗 南朝宋人。字義利。

《詩·大雅·既醉》："高朗令終。"毛傳："朗，明也。"應以"義利"，言能明於義與利而不苟取。

周淵明 明人。字孟潛。

晉陶潛字淵明，慕其人，故拆其名字以爲名字。

周清原 清人。字雅楫。

《晉書·祖逖傳》："仍將本流徙部曲百餘家渡江，中流擊楫而誓曰：'祖逖不能清中原而復濟者，有如大江！'辭色壯烈，衆皆慨嘆。"祖逖字士稚，故以"稚"飾"楫"。作"雅"，乃形近而訛。

周 處 晉人。字子隱。

《易·繫辭上》："君子之道，或出或處，或默或語。"處即退隱，故以"隱"相協。"子"爲男子美稱。

周堪賡 清人。字仲聲。

《書·益稷》："乃賡載歌曰。"孔傳："賡，續。"應以"聲"，即取賡歌之義。

周堯卿 宋人。字子俞。

《書·堯典》："帝曰：'俞！予聞。'""俞"爲應諾之辭，《堯典》記帝堯命臣工多用此語。既爲"堯卿"，自必得其俞允。"子"爲男子美稱。

周 巽 元人。字巽亨。

《易·巽卦》："巽：小亨，利用攸往。"

周 弼 宋人。字伯弜。

"弜"爲"弼"之古文。

周敦頤 宋人。字茂叔。

《易·頤卦》："觀頤，觀其所養也；自求口實，觀其自養也。天地養萬物，聖人養賢以及萬民，頤之時大矣哉！"孔穎達疏："頤，養也。"又《无妄卦》："先王以茂對時育萬物。"故以"茂"應"頤"。

周 景 漢人。字仲響。

景，古"影"字。響，通"響"。《楚辭·悲回風》："入景響而無應兮，聞省想而不可得。"影隨形，響應聲，二事相似，故相應。

周期雍 明人。字汝和。

《書·堯典》："黎民於變時雍。"孔傳："雍，和也。"《尚書》記堯、舜命臣工，多用"汝諧""汝明""汝翼"以勖勉，故倣其文例以"汝"飾"和"而自勉。

周 棐 元人。字致堯。

《説文·木部》："棐，輔也。"以"致堯"應"棐"，言欲輔佐其君，使如帝堯。杜甫《奉贈韋左丞丈二十二韻》："致君堯舜上，再使風俗淳。"

周 棠 清人。字少白。

《爾雅·釋木》："杜，赤棠。白者棠。"邢昺疏引樊光云："赤者爲杜，白者爲棠。""少"表行第較末。

周 渭 宋人。字得臣。

《史記·齊太公世家》載，周文王出獵，遇吕尚於渭水，載歸立爲師，周遂以興。以"得臣"應"渭"，言於渭濱得輔弼之臣。

周 湛 宋人。字文淵。

《文選·司馬相如〈封禪文〉》："湛恩厖鴻易豐也。"李善注："湛，深也。"《詩·邶風·燕燕》："其心塞淵。"毛傳："淵，深也。"同義相協。"文"爲東漢以來時尚字飾。

周盛傳 清人。字薪如。

《莊子·養生主》："指窮於爲薪也，而火傳也，不知其盡也。"後世以"薪傳"爲學術道業世代相傳之稱，故取以爲名字。如，猶"然"，爲綴飾。

周 鈇 明人。字汝威。

《禮記·中庸》："不怒而民威于鈇鉞。"鈇鉞所以立威，故相應。倣《尚書》文例，故以"汝"爲飾。

周 閔 晉人。字子騫。

孔子弟子閔損字子騫，以孝著稱，故拆其姓與字以爲名字。

周 階 明人。字伯升。

《論語·子張》："猶天之不可階而升也。"階所以升高，故相應。

周順昌 明人。字景文。

周文王名昌。飾以"景"，謂仰慕文王。

周嗣明 金人。字晦之。

晦、明反義相協。"之"爲綴飾。亦示志在養晦。

周 愷

①明人。字晉卿。

愷，謂顧愷之。顧爲晉人，故以"晉卿"爲字。又，亦或取杜預之字爲名。杜字元凱。凱通"愷"。杜爲晉名臣。

②清人。字長康。

晉人顧愷之字長康。此襲其名字。

周 搖 隋人。字世安。

搖即動，動則不安。搖、安反義相協。飾以"世"，欲天下太平。

周 煇 宋人。字昭禮。

《説文·火部》："煇，光也。"段玉裁注："析言之則煇光有别，如管輅答劉邠云：'不同之名，朝旦爲煇，日中爲光。'"又《日部》："昭，日明也。"引申凡明之稱。日出則明，故煇、昭相協。綴以"禮"，謂使禮制大明或明于禮。

周 瑜 三國吴人。字公瑾。

《説文·玉部》："瑜，瑾瑜也。""瑾，瑾瑜，美玉也。""公"爲美稱。

周 葵 宋人。字立義。

《文選·曹植〈求通親親表〉》："若葵藿之傾葉，太陽雖不爲之迴光，然終向之者，誠也。"李善注："《淮南子》曰：'聖人之於道，猶葵之與日，雖不能終始哉，其鄉之者，誠也。'"草木知傾誠，是其義。以"立義"應"葵"，意即立向日之誠。

周 詩 明人。字以言。

《論語·季氏》："不學《詩》，無以言。"

周夢暘 明人。字啓明。

暘，謂暘谷。《書·堯典》："分命羲仲，宅嵎夷，曰暘谷，寅賓出日。"古人以爲日出暘谷。日出則天破曉，故以"啓明"相應。

周漁 清人。字大西。

連姓成文。周之姜尚釣於渭水，後佐文王興周。文王居西土，號西伯。以“大西”應“周漁”，意即周之漁人光大西土。

周端禮 宋人。字應和。

《論語·學而》：“禮之用，和爲貴。”應，宜，應當。

周綵 清人。字萊衣。

春秋時老萊子事父母孝，年七十常着五彩衣，傚嬰兒嬉戲，以博雙親歡娱。

周綸 清人。字鷹垂。

以“垂”應“綸”，取垂綸而釣義。嵇康《贈秀才入軍》詩之四：“流皤平原，垂綸長川。”姜尚曾垂釣於渭水，後佐武王滅商而有天下，尊爲尚父。《詩·大雅·大明》：“維師尚父，時維鷹揚，涼彼武王，肆伐大商，會朝清明。”故以“鷹”飾“垂”。言欲如周之姜尚，佐君主建立武功。

周聞孫 元人。字以立。

《論語·季氏》：“他日又獨立，鯉趨而過庭。曰：‘學《禮》乎？’對曰：‘未也。’‘不學《禮》，無以立。’鯉退而學《禮》。聞斯二者。”

周銘 清人。字勒山。

此取後漢大將軍竇憲伐匈奴，登燕然山，勒銘紀功而還的故事以爲名字。

周鳳岐 明人。字宇和。

《國語·周語上》：“周之興也，鸑鷟鳴於岐山。”韋昭注引三君云：“鸑鷟，鳳之别名也。”《左傳·莊公二二年》：“是謂鳳凰于飛，和鳴鏘鏘。”故以“和”應“鳳岐”。周興而滅商紂，宇内大治，故以“宇”飾“和”。

周鳳翔 明人。字儀伯。

《楚辭·惜誓》：“獨不見夫鸞鳳之高翔兮，乃集大皇之壄。”因《書·益稷》有“鳳皇來儀”語，故以“儀”應“鳳翔”。

周鳳鳴 明人。字於岐。

相傳周之將興，鳳凰鳴於岐山。故取以爲名字。事見《國語·周語上》。

周齊曾 清人。字思沂。

《論語·里仁》：“見賢思齊焉。”何晏集解引包咸曰：“思與賢者等。”曾，謂孔子弟子曾點。《論語·先進》記諸弟子言志，曾點“對曰：‘異乎三子者之撰。’子曰：‘何傷乎！亦各言其志也。’曰：‘莫春者，春服既成，冠者五六人，童子六七人，浴乎沂，風乎舞雩，詠而歸。’夫子喟然嘆曰：‘吾與點也！’”因孔子贊許曾點浴沂風雩之志，故以“思沂”應“齊曾”。

周廣業 清人。字勤補。

《僞古文尚書·周官》：“業廣惟勤。”綴以“補”，取勤能補拙之義。

周德清 元人。字挺齋。

《舊唐書·蕭定傳》：“莅事清挺。”“齋”爲時尚綴飾。

周潤祖 元人。字彦德。

《禮記·大學》：“富潤屋，德潤身。”故以“德”應“潤”。《爾雅·釋訓》：“美士爲彦。”故以爲飾。

周璆 漢人。字孟玉。

《玉篇·玉部》：“璆，美玉也。”

周確 南朝陳人。字士潛。

《易·乾卦·文言》：“樂則行之，憂則違之，確乎其不可拔，潛龍也。”飾以“士”，謂士當具此潛龍之德。

周磐 漢人。字堅伯。

《易·漸卦》：“鴻漸于磐，飲食衎衎，吉。”王弼注：“磐，山石之安者。”安必堅固，故以“堅”應“磐”。

周篆 清人。字籀書。

篆，漢字書體名。“籀”爲篆書之一種，故相應。

周霆震 元人。字亨遠。

《易·震卦》：“震：亨……震驚百里，不喪匕鬯。”又：“震驚百里，驚遠而懼邇也。”

周魴 三國吴人。字子魚。

《詩·周南·汝墳》：“魴魚赬尾。”“子”爲男子美稱。

周鼐 清人。字公調。

《詩·周頌·絲衣》：“鼐鼎及鼒。”毛傳：“大鼎謂之鼐。”鼎鼐皆爲上古烹飪之器。因《僞古文尚書·説命下》記殷高宗命傅説爲相時，比之爲“若作和羹，爾惟鹽梅”。而和羹須于鼎鼐中，後世遂以“調和鼎鼐”喻宰輔職權。韋莊《和薛先輩見寄》詩：“期君調鼎鼐，他日俟羊斟。”故以“調”應“鼐”。“公”爲美稱。

周學古 宋人。字會卿。

《僞古文尚書·周官》：“學古入官，議事以制。”孔穎達疏：“學古之典訓，然後入官治政。”入官即是會於卿大夫之列。

周學汝 清人。字禮傳。

《論語·季氏》記陳亢問孔鯉，孔子如何教子，孔鯉答以惟教之學《詩》學《禮》。以“禮”應“學汝”，意即欲傚孔鯉，秉孔子之教而學《禮》。能學《禮》，《禮》即可以傳，故以“傳”爲綴飾。

周澤 漢人。字稚都。

《楚辭·離騷》：“芳與澤其雜糅兮，唯昭質其猶未虧。”王逸注：“澤，質之潤也。玉堅而有潤澤。”《荀子·禮論》：“故悦豫娩澤，憂戚萃惡。”楊倞注：“澤，顔色潤澤也。”潤澤則美好。《詩·鄭風·有女同車》：“洵美且都。”朱熹集傳：“都，閑雅也。”閑雅又進於美好，故澤、都相協。“稚”表行第較末。

周篔 清人。字青士。

篔，篔簹。《玉篇·竹部》：“篔，篔簹，竹。”《詩·衛風·淇奥》：“緑竹青青。”故以“青”應“篔”。“士”爲男子美稱。一字簹谷。此取篔簹谷爲名字。谷在陝西洋縣。谷中多竹。北宋畫竹名家文同（與可）曾建披雲亭於其中。

周縉 明人。字伯紳。

縉紳，古代士大夫之裝束。謂搢笏於紳。語見《荀子·禮論》。後以指稱仕宦者。《後漢書·趙壹傳》：“縉紳歸暮。”

周興嗣 南朝梁人。字思纂。

《爾雅·釋詁》：“嗣，纂，繼也。”《禮記·祭統》：“子孫纂之，至于今不廢。”以“思”飾“纂”，意即思繼其祖先。

周 蕙 明人。字廷芳。

《楚辭·離騷》:"雜申椒與菌桂兮,豈惟紉夫蕙茝!"王逸注:"蕙、茝皆香草。"又:"謂申椒其不芳。"王逸注:"反謂申椒臭而不香。"香草自必芳香,故以"芳"應"蕙"。廷,通"庭"。《詩·唐風·山有樞》:"子有廷内,弗洒弗埽。"以飾"芳",言於庭中植香草。蓋喻高潔。

周 諝 宋人。字希聖。

《廣雅·釋詁三》:"諝,智也。"《玉篇·言部》:"諝,才智之稱也。"聖則無不知,故以應"諝"。飾以"希",意冀成聖哲。

周錫珪 明人。字禹錫。

《書·禹貢》:"禹錫玄圭,告厥成功。"珪,"圭"古文。

周 濟

① 明人。字大亨。

《易·未濟卦》:"未濟。亨。"《既濟》爲小亨,此爲《未濟》,故以"大"飾"亨"。朱熹解六五爻云:"信實而不妄,吉而又吉也。"是即大亨。

② 清人。字保緒。

《爾雅·釋言》:"濟,成也。"郝懿行義疏:"濟又訓成者,成就也。"又《釋詁》:"緒,事也。"邢昺疏:"緒者,事業也。"以"緒"應"濟",謂成就其事業。事業既有成,故須保有不使廢替。

周 燦

① 清人。字光甫。

《後漢書·班固傳下》:"備哉燦爛。"李賢注:"燦爛,盛明也。"故以"光"應"燦"。"甫"爲男子美稱。

② 清人。字星公。

曹操《觀滄海》:"星漢燦爛,若出其裏。""公"爲美稱。

周 穜 宋人。字仁熟。

《周禮·天官·内宰》:"而生穜稑之種,而獻之于王。"鄭玄注引鄭司農云:"先種後熟謂之穜。"穀熟則可以活人,故以"仁"飾"熟"。又,果核中之種子曰仁,穀熟亦即其種熟,"仁"亦兼取此義。

周 鍔 宋人。字廉彦。

《史記·酈生陸賈列傳》"刓而不能授"集解引三國魏孟康曰:"刓斷無復廉鍔也。""彦"爲士之美稱。

周韓起 清人。字聘伊。

起,舉用;使之出仕。《戰國策·秦策二》:"起樗里子於國。"《孟子·萬章上》:"伊尹耕於有莘之野……湯使人以幣聘之。"以"聘伊"應"起",意即聘伊尹使之出仕。

周懶予 清人。名嘉錫。

以字行。《楚辭·離騷》:"皇覽揆余初度兮,肇錫余以嘉名。"本字"覽予",因覽、懶同聲,故意訛作"懶",以示古奥詭奇。此清代文人癖好。予、余同爲第一人稱代詞。

周 謨 宋人。字舜弼。

《書·臯陶謨》孔傳:"謨,謀也。"《尚書》有《大禹謨》《臯陶謨》記大禹、臯陶爲帝舜謀劃事。二人皆舜弼輔之臣,故以"舜弼"應"謨"。

周 鎬 清人。字懷西。

鎬,鎬京。周武王所建。因是西周都城,故應以"西"。飾以"懷",謂景慕西周盛世。

周 璽

① 明人。字廷玉。

《史記·秦始皇本紀》"矯王御璽"集解引漢衛宏曰:"秦以來,天子獨以印稱璽。"因是天子印信,故飾以"廷"。

② 明人。字天章。

《漢舊儀》卷下:"皇太子黄金印,龜紐,印文曰章。"後以章爲印之通稱。飾以"天",謂天子印章。

周羅睺 隋人。字公布。

羅睺,指佛十大弟子羅睺羅。梵語謂阿修羅食月時爲羅睺羅。華言意爲障蔽月光。傳説釋迦牟尼之子在母腹中六載,於釋迦牟尼成道之夜始出生。胎在母腹,猶月之被覆障。故名之曰羅睺羅。見《翻譯名義集·十大弟子》。《廣雅·釋詁三》:"布,散也。"散則障蔽破解。此反義相協。"公"爲美稱。

周 鏜 元人。字以聲。

《詩·邶風·擊鼓》:"擊鼓其鏜。"毛傳:"鏜然擊鼓聲也。"

周 顗 晉人。字伯仁。

《爾雅·釋詁》:"顗,静也。"《論語·雍也》:"仁者静。"

周 鯤 清人。字天池。

《莊子·逍遥遊》:"窮海之北,有冥海者,天池也。有魚焉,其廣數千里,未有知其修者,其名爲鯤。"

周 鵬 明人。字萬里。

《莊子·逍遥遊》:"鵬之徙於南冥也,水擊三千里,摶扶摇而上者九萬里。"

周騰虎 清人。字韜甫。

《六韜》中有《虎韜》,故取以爲名字。"甫"爲男子美稱。

周 黨 漢人。字伯况。

《廣雅·釋詁三》:"黨,比也。"《荀子·非十二子》:"成名况乎諸侯。"楊倞注:"况,比也。"同義相協。

周 鑑 明人。字以人。

《新唐書·魏徵傳》:"〔太宗〕嘆曰:'以銅爲鑑,可正衣冠;以古爲鑑,可知興替;以人爲鑑,可明得失。'"

周 鑣 明人。字仲御。

《楚辭·九歎·離世》:"斷鑣銜以馳騖兮。"王逸注:"鑣,勒也。"馬勒所以控御馬者,故以"御"應"鑣"。

周麟之 宋人。字茂振。

《詩·周南·麟之趾》:"麟之趾,振振公子,于嗟麟兮!"毛傳:"振振,信厚也。"飾以"茂",謂極信厚。

周 讓 明人。字克遜。

《玉篇·言部》:"讓,又謙讓。《書》曰:'允恭克讓。'"《僞古文尚書·説命下》:"惟學遜志。"蔡沈集傳:"遜,謙抑也。"同義故相協。

〔和〕

和有禮 明人。字範六。

《禮記·王制》:"六禮:冠、昏、

喪、祭、鄉、相見。”飾以“範”，謂奉此六禮以爲軌範。

和 珅 清人。字致齋。

《集韻·平真》：“珅，玉名。”《禮記·玉藻》：“君子於玉比德焉。”《詩·小雅·白駒》：“其人如玉。”以“致”應“珅”，言欲致其身有玉之德。“齋”爲時尚綴飾。

和 峴 宋人。字晦仁。

峴，借作“現”。據《古今韻會舉要》，峴山原作現山。應以“晦”，是隱晦與顯現反義相協。綴以“仁”，意在修玄德。亦暗用“仁者樂山”語典。

和 斌 宋人。字勝之。

斌，同“彬”。《論語·雍也》：“質勝文則野，文勝質則史。文質彬彬，然後君子。”

和 嶠 晉人。字長輿。

嶠，員嶠。輿，岱輿。二者皆仙山名。《列子·湯問》：“其中有五山焉：一曰岱輿，二曰員嶠，三曰方壺……”“長”表行第居長。

和 凝 五代後周人。字成績。

《書·臯陶謨》：“庶績其凝。”孔傳：“凝，成也。”

和 嵘 宋人。字顥仁。

嵘，山名。借作“蒙”。山名本亦作“蒙”。《論語·季氏》：“昔者先王以爲東蒙主。”何晏集解引孔安國曰：“使主祭蒙山。”蒙則暗，顯則明，二者反義相協。其兄名峴字晦仁。弟兄命名取字，用同一方式。

和 鵬 明人。字大舉。

《莊子·逍遥遊》：“鵬之徙於南冥也，水擊三千里，摶扶摇而上者九萬里，去以六月息者也。”《吕氏春秋·論威》：“知其不可久處，則知所兔起鳧舉死殙之地矣。”高誘注：“舉，飛也。”騰飛九萬里，可謂大舉。

〔孟〕

孟一脈 明人。字淑孔。

此連姓成文。孟子爲孔子之孫孔伋（子思）再傳弟子，堪稱一脉相承。《孟子·離婁下》：“予未得爲孔子徒也，予私淑諸人也。”雖繼承孔子之學，然未得爲孔子徒，故以“淑孔”應“一脈”。

孟之反 春秋魯人。名側。

以字行。《詩·周南·關雎》：“輾轉反側。”朱熹集傳：“反者，輾之過；側者，轉之留。”義近故相協。

孟 元 宋人。字善長。

《易·乾卦·文言》：“元者，善之長也。”

孟化鯉 明人。字叔龍。

《太平廣記》卷四六六引《三秦記·龍門》云，每歲暮春，黄鯉魚自諸川來赴，能登龍門者，“即有雲雨隨之，天火自後燒其尾，乃化爲龍矣”。

孟 光

① 漢人。字德耀。

光、耀義近，故相協。飾以“德”，言欲光耀其德。

② 三國蜀漢人。字孝裕。

以“裕”應“光”，取“光前裕後”之義。東漢以來，“孝”爲習尚字飾。

孟 充 明人。字實夫。

《孟子·盡心下》：“充實之謂美。”“夫”爲男子通稱。

孟承光 明人。字永觀。

《易·觀卦》：“觀國之光，利用賓于主。以“永”飾“觀”，意欲永遠仕進。

孟 明 春秋秦人。名視。

即百里視。百里奚之子。《孟子·梁惠王上》：“輿薪之不見，爲不用明焉。”《禮記·檀弓上》：“子夏喪其子而喪其明。”鄭玄注：“明，目精。”視賴目力，故相協。“孟”表行第居長。

孟 洋 明人。字望之。

《莊子·秋水》：“於是焉，河伯始旋其面目，望洋向若而嘆曰……”望洋，原爲舉首仰視之貌。唐宋以來，“洋”有大海義，明人遂誤爲“望海洋”，故拆以爲名字，且以“之”綴“望”後以指“洋”。一字有涯。河伯始以河寬無涯涘，“天下之美盡在己”；及見北海，乃自愧不及海洋，故以“有涯”應“洋”。言己有涯涘，不如海之廣袤無垠。

孟 秋 明人。字子成。

《釋名·釋天》：“秋，緧也，緧迫品物使時成也。”“子”爲男子美稱。

孟 郊 唐人。字東野。

《爾雅·釋地》：“邑外謂之郊，郊外謂之牧，牧外謂之野。”《説文·里部》：“野，郊外也。”段玉裁注引《鄭風》傳曰：“野，四郊之外也。”“東”爲四方之首，且主春；春爲農作之始，郊野爲農作之所，故以“東”飾“野”。

孟 陋 晉人。字少孤。

《釋名·釋親屬》：“孤，顧也。顧望無所瞻見也。”無所瞻見則鄙陋。《禮記·學記》：“獨學無所友，則孤陋而寡聞。”古人不避粗鄙，故以孤陋爲名字。“少”表行第較末。

孟 浩

① 宋人。字養直。

《孟子·公孫丑上》：“我善養吾浩然之氣。……其爲氣也，至大至剛，以直養而無害，則塞于天地之間。”

② 金人。字浩然。

解見①。

孟 珙 宋人。字璞玉。

《玉篇·玉部》：“珙，大璧也。”又：“璞，玉未治者。”

孟 敏 漢人。字叔達。

《釋名·釋言語》：“敏，閔也。進叙無否滯之言也。”又：“達，徹也。”無否滯即是通徹暢達。

孟 康 三國魏人。字公休。

《爾雅·釋詁》：“康，樂也。”又：“休，美也。”安樂自是美善。“公”爲美稱。

孟 淮 明人。字豫川。

《書·禹貢》：“淮沂其乂放。”蔡沈集傳引曾氏曰：“淮之源，出于豫之境。”豫川，猶言豫州之水。

孟 涣 宋人。字濟父。

《易·涣卦》：“涣：……利涉大川。利貞。”又：“利涉大川，乘木有功也。”既利涉大川，自是可以濟渡。“父”爲男子美稱。

孟超然 清人。字朝舉。

《楚辭·卜居》：“寧超然高舉

以保真乎？”《世説新語·容止》：“軒軒如朝霞舉。”

孟 軻　戰國魯人。字子輿。

《説文·車部》：“軻，椄軸車也。”“輿，車輿也。”同爲車之構成部分，故相協。“子”爲男子美稱。段玉裁於“軻”注云：“椄者，續木也。軸所以持輪，而兩木相椄則危矣。故引伸之多迍曰轗軻。趙邠卿曰：‘孟子名軻，字則未聞也。’而《廣韻》曰：‘孟子居貧轗軻，故名軻字子居。”

孟 陽　明人。字子乾。

《易·乾卦》朱熹本義：“乾者，健也，陽之性也。“子”爲男子美稱。

孟 業　北齊人。字敬業。

《禮記·學記》：“三年視敬業樂羣。”

孟稱舜　明人。字子若。

《孟子·滕文公上》：“孟子道性善，言必稱堯舜。”《書·舜典》：“曰若，稽古帝舜。”曰、若皆爲發語辭。因叙述帝舜功業之前有曰、若，故以應“稱舜”。“子”爲男子美稱。

孟賓于　五代後晉人。字國儀。

《易·觀卦》：“觀國之光，利用賓于王。”王弼注：“居觀之時，最近至尊，觀國之光者也。居近得位，明習國儀者也，故曰‘利用賓于王’也。”

孟 鳳　明人。字瑞周。

《國語·周語上》謂周之興，有鳳鳴於岐山。是鳳爲周之祥瑞。

孟養浩　明人。字義甫。

《孟子·公孫丑上》：“‘敢問何謂浩然之氣？’曰：‘難言也。其爲氣也，至大至剛……是集義所生者。’”“甫”爲男子美稱。

孟 導　宋人。字達甫。

《書·禹貢》：“九河既道……浮于濟漯，達于河。”道、導古通。“甫”爲男子美稱。

孟 顓　南朝宋人。字彦重。

《説文·頁部》：“顓，謹莊貌。”莊、重義近，故相協。士之美者爲“彦”，故以飾字。

孟 麟　明人。字瑞魯。

王嘉《拾遺記·周靈王》載，孔子未生時，有麟現於魯之闕里，口吐玉書一卷。是麟爲魯生聖人之祥瑞。

孟 驥　明人。字尚德。

《論語·憲問》：“驥不稱其力，稱其德也。”尚，崇尚。

〔季〕

季 本　明人。字明德。

《禮記·大學》：“大學之道，在明明德……物有本末，事有終始，知所先後，則近道矣。”朱熹《大學章句集注》：“明德爲本，新民爲末。”

季振宜　清人。字詵兮。

《詩·周南·螽斯》：“螽斯羽，詵詵兮，宜爾子孫，振振兮！”

季逢昌　宋人。字子明。

《詩·齊風·雞鳴》：“東方明矣，朝既昌矣。”亦取身逢昌明盛世之義。“子”爲男子美稱。

季 陵　宋人。字延仲。

春秋吴季札有賢名，因封於延陵，號延陵季子，故取以爲名字。

季幾復　宋人。字晞顔。

《論語·顔淵》：“顔淵問仁。子曰：‘克己復禮爲仁。’”《易·繫辭下》：“顔氏之子，其殆庶幾乎！有不善未嘗不知，知之未嘗復行也。”顔淵後世被尊爲復聖。晞，借作“希”。

季 篪　明人。字仲怡。

《詩·小雅·何人斯》：“伯氏吹壎，仲氏吹篪。”朱熹集傳：“言其心相親愛，而聲相應和也。”《爾雅·釋言》：“怡，悦也。”《説文·心部》：“怡，和也。”親愛自必和悦。

季錫疇　清人。字菘耘。

《禮記·月令》：“可以糞田疇。”孔穎達疏引蔡云：“穀田曰田，麻田曰疇。”引申以爲農田之稱。《玉篇·艸部》：“菘，《方言》云：“豐，江東曰菘。蕪菁也。”今謂白菜。《論語·微子》：“植其杖而芸。”何晏集解引孔曰：“除草曰芸。”芸，石經作“耘”。以“菘耘”應“疇”，意謂作老圃老農。

〔宗〕

宗元鼎　清人。字定九。

《左傳·宣公三年》：“成王定鼎於郟鄏。”故以“定”應“鼎”。《史記·武帝本紀》：“禹收九牧之金，鑄九鼎，象九州。”故以“九”綴“定”。

宗元豫　清人。字子發。

《易·豫卦》：“順以動，豫。”朱熹本義：“又以《坤》遇《震》，爲順以動，故其卦爲《豫》。”動即是發。“子”爲男子美稱。

宗 夬　南朝梁人。字明揚。

《易·夬卦》：“夬：揚于王庭。”《夬》有陽決陰之象，故飾以“明”。

宗 臣　明人。字子相。

《論語·憲問》：“管仲相桓公。”臣子應佐助其君，故以“相”應“臣”。“子”爲男子美稱。

宗 周

① 明人。字思兼。

連姓成文，言宗周公。應以“思兼”，謂兼法孔子。

② 明人。字維翰。

《詩·大雅·崧高》：“維周之翰。”

宗 炳　南朝宋人。字少文。

《易·革卦》：“大人虎變，其文炳也。”“少”表行第較末。

宗 欽　后魏人。字景若。

《書·堯典》：“欽若昊天。”

宗 測　南朝齊人。字敬微。

《易·繫辭上》：“陰陽不測之謂神。”測度是欲知深隱而不可見者。“君子見幾而作，不俟終日”，故於幾微之兆猶爲戒慎，故以“敬”飾“微”。一字茂深。《爾雅·釋言》：“深，測也。”郭璞注：“測，亦水深之别名。”是同義相協。“茂”有盛義。以飾“深”，言極深。

宗 傳　明人。字習夫。

《論語·學而》：“曾子曰：‘吾日三省吾身：爲人謀而不忠乎？與朋友交而不信乎？傳不習乎？’”“夫”爲男子通稱。

宗楚客　唐人。字叔敖。

叔敖，指春秋楚莊王賢相孫叔

敖。故以應“楚客”。

宗源瀚 清人。字湘文。

《淮南子·俶真訓》:“浩浩瀚瀚。”高誘注:“瀚瀚,廣大貌。”《文心雕龍·事類》:“載籍浩瀚。”以“文”應“瀚”,言其文浩瀚廣博。屈原爲一代文豪,晚年生活於湘水之區,故以“湘”飾“文”。

宗裕昆 清人。字昭仲。

《僞古文尚書·仲虺之誥》:“垂裕後昆。”後昆原謂後世或後嗣。《詩·王風·葛藟》:“終遠兄弟,謂他人昆。”毛傳:“昆,兄也。”後世遂敬稱他人兄弟曰昆仲。此名取《書》之字面,義則取《詩》。應以“昭仲”,意謂既裕兄,又昭弟。“仲”亦兼表行第居第二。

宗　資 漢人。字叔都。

資,資質,資材。《漢書·董仲舒傳》:“操可致之勢,又有能致之資。”顔師古注:“資,材資也。”《漢書·司馬相如傳上》:“雍容閑雅,甚都。”顔師古注:“都,閑都之稱也。……〈詩·鄭風·有女同車〉之篇曰‘洵美且都’,〈山有扶蘇〉之篇又云‘不見子都’,則知都者,美也。”以“都”應“資”,謂資質美。

宗　慤 南朝宋人。字元幹。

《淮南子·主術訓》:“其民樸重端慤。”《文選·張衡〈西京賦〉》:“幹非其議。”李善注引薛君《韓詩章句》曰:“幹,正也。謂以其議非,而正之。”慤、幹義近,故相協。“元”爲美善之辭,以爲飾。

宗　懍 北周人。字元懍。

《廣雅·釋詁一》:“懍,敬也。”名與字同。“元”爲美善之辭,以爲飾。

宗　澤 宋人。字汝霖。

《僞古文尚書·畢命》:“澤潤生民。”又《説命上》:“若歲大旱,用汝作霖雨。”以“汝霖”應“澤”,言欲如救旱之甘霖施恩澤於民。

宗　璽 明人。字朝用。

秦漢以來,天子之印稱璽,故以“朝用”相應。言乃朝廷所用者。

〔況〕

況　文 明人。字應奎。

奎,星宿名。二十八宿之一。《孝經援神契》:“奎主文章。”

況叔祺 明人。字吉甫。

《説文·示部》:“祺,吉也。”“甫”爲男子美稱。

況　鍾 明人。字伯律。

鍾,通“鐘”。凡樂器必合律,故應以“律”。又,十二律中有黄鍾、林鍾。

〔尚〕

尚大倫 明人。字崇雅。

《孟子·公孫丑下》:“内則父子,外則君臣,人之大倫。”以“崇”應“尚大倫”,傍名成文。意謂崇尚父子君臣之大倫。因《詩》有《大雅》,又以“雅”應“大”。

尚　文 元人。字周卿。

《論語·八佾》:“郁郁乎文哉!吾從周。”既從周,即願爲周之臣民,故綴以“卿”。“卿”後世亦美稱。

尚兆山 清人。字仰止。

《詩·小雅·車舝》:“高山仰止。”

尚　志 明人。字士行。

《易·升卦》:“南征吉,志行也。”謂得行其志。《論語·里仁》:“士志於道。”士如得行其志,當行聖人之道。

尚　野 元人。字文蔚。

《論語·雍也》:“質勝文則野。”《易·革卦》:“君子豹變,其文蔚也。”野、文反義相協。

尚　達 明人。字兼善。

《孟子·盡心上》:“達則兼善天下。”

尚　褫 明人。字景福。

《易·訟卦》:“九五,訟,元吉。象曰‘訟,元吉’,以中正也。上九,或錫之鞶帶,終朝三褫之。象曰:以訟受服,亦不足敬也。”訟以中正取勝方吉,以不直獲勝,雖受賜,終必失之。朱熹本義云:“無理而或取勝,然其所得,終必失之。聖人爲戒之意深矣。”《詩·小雅·小明》:“靖共爾位,好是正直;神之聽之,介爾景福。”以“景福”應“褫”,意在以中正自守而戒妄争,任自然受福。

〔屈〕

屈大均 清人。字翁山。

初名紹隆。地勢隆起者爲山。《爾雅·釋山》:“宛中,隆。”郝懿行義疏:“謂中央下而四邊高,因其高處名之爲隆。”《釋名·釋山》:“陵,隆也。體隆高也。”故以“山”應“隆”。屈爲廣東人,因其省有翁山,故以“翁”飾“山”。是“翁山”與其初名相應而不與今名相協。明亡後,屈曾削髮爲僧,名今種,字一靈,還俗後改今名大均,與“靈”相應,取《離騷》“字余曰靈均”之義。一字騷餘,乃以協“均”。又字介子者,是借“介”爲“芥”,與僧名今種相應。

屈可伸 明人。字謙仲。

連姓成文。《易·謙卦》:“謙:亨,君子有終。”朱熹本義:“謙者,有而不居之義。……有終,謂先屈而後伸也。”

屈　伸 明人。字引之。

連姓成文。《易·繫辭上》:“引而伸之。”《繫辭下》有“屈信(伸)相感”。

屈成霖 清人。字啓商。

《僞古文尚書·説命上》:“若歲大旱,用汝作霖雨,啓乃心,沃朕心。”殷高宗目傅説爲救旱甘霖,傅説果輔高宗中興殷商之業,故以“啓商”應“成霖”。

屈　原 戰國楚人。名平。

以字行。《爾雅·釋地》:“大野曰平,廣平曰原。”《楚辭·離騷》:“名余曰正則兮,字余曰靈均。”詩人不欲出其真名,故以“正則”射“平”,以“靈均”射“原”。王逸注云:“正,平也,則,法也。靈,神也;均,調也。言正平可法則者,莫過於天,養物均調者,莫過於地。高平曰原。”洪興祖補注：“正則以釋名平之義，靈均以釋字原之義。”

屈培基 清人。字子載。

“基”所以承載墻壁，故應以“載”。“子”爲男子美稱。

屈 復 清人。字見心。

《易·復卦》：“復其見天地之心乎。”

屈 遵 後魏人。字子皮。

遵、皮義不協。《魏書》作“子皮”，《北史》作“子度”。皮、度形近而訛，以作“度”爲是。以應“遵”，謂遵法度。

屈繼平 元人。字正卿。

《楚辭·離騷》：“名余曰正則兮。”王逸注：“正，平也。”“卿”爲時尚字飾。亦就春秋職官正卿之名。

〔岳〕

岳 正 明人。字季方。

方、正義近，故相協。《管子·明法》：“明主者，有法度之制，故羣臣皆出於方正之治，而不敢爲姦。”

岳 存 元人。字彦誠。

《禮記·中庸》：“誠者非自成己而已也，所以成物也。成己，仁也；成物，知也：性之德也，合内外之道也。故時措之宜也。”朱熹《中庸章句集注》：“誠雖所以成己，然既有以自成，則自然及物，而道亦行於彼矣。仁者體之存，知者用之發，是皆吾性之固有……”故以“誠”應“存”。“彦”爲士之美者，以爲飾。

岳 岱 明人。字東伯。

《説文·山部》：“岱，大山也。”段玉裁注：“《釋山》曰：‘泰山爲東嶽。’毛傳曰：‘東嶽，岱。’”又：“嶽，東岱……”

岳昇龍 清人。字見之。

《易·乾卦》：“見龍在田，利見大人。”又：“飛龍在天，利見大人。”昇龍即現龍、飛龍，故以“見”相應。

岳 珂 宋人。字肅之。

珂，謂珂珮。朝服之飾。《舊唐書·職官志二》：“凡百僚冠笏、纖[?]、珂珮，各有差。”朝服佩飾爲肅容，故以“肅之”應“珂”。

岳 飛 宋人。字鵬舉。

《莊子·逍遥遊》：“鵬之背，不知其幾千里也，怒而飛，其翼若垂天之雲。”“舉”亦飛。《論語·鄉黨》：“色斯舉矣。”朱熹集注：“言鳥見人之顔色不善則飛去。”

岳虞巒 清人。字舜牧。

《書·舜典》：“帝曰：‘俞！咨益，汝作朕虞。’”孔傳：“虞，掌山澤之官。”故以“舜牧”應“虞”。

岳夢淵 清人。字嶼渟。

《抱朴子·名實》：“執經衡門，淵渟嶽立；寧潔身以守滯，恥脅肩以苟合。”嶼、嶽音義皆近，故相易以飾“渟”。

岳震川 清人。字一山。

《易·説卦》：“乾，天也，故稱乎父；坤，地也，故稱乎母；震一索而得男，故謂之長男。”故以“一”應“震”。山、川皆爲地所生，既同列，且相連，故亦相應。

岳鍾琪 清人。字東美。

《爾雅·釋地》：“東方之美者，有醫無閭之珣玗琪焉。”

岳鍾璜 清人。字吕端。

《尚書大傳》卷二載，吕尚（姜尚）釣於磻溪，得玉璜，有文曰“周受命，吕佐檢”。後爲文王師，佐武王滅商興周，故以“吕”應“璜”。宋有名相吕端，故因“吕”而綴以“端”，以示景仰吕尚、吕端之偉業。

岳 璿 明人。字文璣。

《書·舜典》：“受終于文祖，在璿璣玉衡，以齊七政。”

〔房〕

房千里 唐人。字鵠舉。

《史記·留侯世家》：“鴻鵠高飛，一舉千里。”

房玄齡 唐人。字喬。

《舊唐書》作名喬，字玄齡。喬，謂仙人王喬。仙人長生，故應以“玄齡”。猶言仙壽。

房如式 明人。字憲甫。

《廣雅·釋詁一》：“式，法也。”《爾雅·釋詁》：“憲，法也。”同義故相協。“甫”爲男子美稱。

房叔安 南朝齊人。字子仁。

《論語·里仁》：“仁者安仁。”“子”爲男子美稱。

房知温 五代後唐人。字伯玉。

《詩·秦風·小戎》：“言念君子，温其如玉。”

房 亮 後魏人。字景高。

《文選·〈古詩十九首〉》：“君亮執高節。”李善注引《爾雅》曰：“亮，信也。”景，景仰，仰慕。

房彦謙 隋人。字孝沖。

《玉篇·水部》：“沖，沖虚也。”謙、虚義近，故相協。“孝”東漢以來習尚字飾。

房 悦 後魏人。字季欣。

悦、欣皆有喜義，故相協。

房恭懿 隋人。字慎言。

《説文·心部》：“慎，謹也。”“恭，肅也。”段玉裁注：“持事振敬也。”義近故相協。綴以“言”，意在慎言語。

房景遠 後魏人。字叔遐。

《爾雅·釋詁》：“遠，遐也。”“遐，遠也。”同義故相協。

房 琯 唐人。字次律。

琯，古代玉製之律管。《後漢書·律曆志上》：“截管爲律，吹以考聲。”劉昭注引《漢書》曰：“古以玉爲琯。”又：“殿中候，用玉律十二。”琯以定律，故飾以“次”。

〔易〕

易三接 明人。字康侯。

《易·晉卦》：“康侯用錫馬蕃庶，晝日三接。”

易之貞 明人。字忠甫。

忠、貞義近，故相協。“甫”爲男子美稱。

易元吉 宋人。字慶之。

《易·坤卦》：“黄裳，元吉。……積善之家，必有餘慶。”

易元貞 明人。字正之。

《易·乾卦》：“元亨利貞。”孔穎達疏：“貞，正也。”

昜佩紳 清人。字笏山。
《説文·糸部》:"紳,大帶也。"古代仕宦者搢笏於紳,故以"笏"應"紳"。"山"爲時尚綴字。

昜宗涒 清人。字公申。
《文選·郭璞〈江賦〉》:"泓汯泂瀯,涒鄰圜瀯。"李善注:"皆水勢順旋之貌。"迴旋則曲折難舒,與申反義相協。"公"爲美稱。

昜宗瀛 清人。字公仙。
瀛,謂瀛州。《史記·秦始皇本紀》載,海上有三神山,名蓬萊、方丈、瀛州,"仙人居之"。故以"仙"應"瀛"。"公"爲美稱。

昜貞言 清人。字内美。
《書·洪範》:"曰貞曰悔。"孔傳:"内卦曰貞,外卦曰悔。"故以"内"應"貞"。《楚辭·離騷》:"紛吾既有此内美兮,又重之以脩能。"故因"内"而綴以"美"。

昜 祓 宋人。字彦章。
《説文·衣部》:"祓,一曰蔽膝。"後借作"韍"。《説文·韋部》:"韍,所以蔽前者。"先民之衣,先知蔽前,後知蔽後。衣以彰身,故以"章"應"祓"。"彦"爲士之美稱。

昜 棠 清人。字念園。
《説文·囗部》:"園,所以樹果也。""棠"爲果樹之一種。《説文·木部》:"棠,牡曰棠,牝曰杜。"段玉裁注引陸璣《詩疏》曰:"子白色爲白棠、甘棠,少酢,滑美。"故以"園"應"棠"。《詩·召南》有《甘棠》,爲後人思念召公德政之作,故以"念"爲飾而應"棠"。

昜爲鼎 明人。字用玉。
《易·鼎卦》:"鼎玉鉉,大吉无不利。"

昜舒誥 明人。字欽之。
《説文·言部》:"誥,告也。"段玉裁注:"以言告人,古用此字,今則用告字,以誥爲上告下之字。"《書》有《湯誥》《酒誥》《康誥》。上告其下,下當敬從。故以"欽"相應。《書·堯典》:"欽明文思安安。"孔傳:"欽,敬也。"

昜道暹 明人。字曦侯。
《廣韻·平鹽》:"暹,日光升也。"《玉篇·日部》:"曦,日色也。"義近故相協。"侯"爲顯爵,亦有官位者之尊稱,以爲綴飾。

昜 節 明人。字時中。
《易·節卦》:"當位以節,中正以通。"又:"甘節之吉,居位中也。"《節》之卦體陰陽各半,故以"中"相應。"天地節而四時成",皆賴得中,失節則四時失序,故以"時"飾"中"。

昜學實 清人。字去浮。
屏去浮華,自然顯現本色,即是學實。

昜翼之 明人。字孔章。
《易乾鑿度》:"仲尼五十究《易》,作十翼。"十翼乃孔子爲贊《易》而作,故以"孔章"應"翼"。

〔杭〕

杭世駿 清人。字大宗。
《爾雅·釋詁》:"駿,大也。"《詩·大雅·板》:"大宗維翰。"封建宗法制以王之同姓中嫡長子一系爲大宗。朱熹集傳:"大宗,强族也。"以"大宗"應"世駿",亦含世代强盛,光大其宗之意。

杭 淮 明人。字東卿。
《書·禹貢》:"導淮自桐柏,東會于泗沂,東入于海。""卿"爲美稱,亦爲時尚字飾。

杭 濟 明人。字世卿。
以"世"應"濟",意在濟世經國。"卿"爲美稱。

〔東〕

東方朔 漢人。字曼倩。
東方,複姓。《説文·月部》:"朔,月一日始蘇也。"段玉裁注引《樂記》曰:"更息曰蘇。息,止也,生也。止而生矣。"《詩·魯頌·閟宮》:"孔曼且碩。"毛傳:"曼,長也。"復甦即生,生則長,故曼、朔相協。《説文·人部》:"倩,人美字也。"段玉裁注引顔師古曰:"倩,士之美稱也。"故爲字飾。又據《書·堯典》"平在朔易"孔疏,《尚書大傳》卷一與《史記·五帝本紀》索隱,"朔"有盡義和藏伏義,"曼"則與之反義相協。蓋盡則不長,藏伏則蜷縮。

東門遂 春秋魯人。字襄仲。
東門,複姓。《禮記·月令》:"百事乃遂。"鄭玄注:"遂,猶成也。"《左傳·定公十五年》:"不克襄事。"杜預注:"襄,成也。"同義故相協。

東門歸父 春秋魯人。字子家。
《公羊傳·隱公二年》:"其言歸何?婦人謂嫁曰歸。"何休注:"婦人生以父母爲家,嫁以夫爲家,故謂嫁曰歸。"引申以爲返回家。《説文·止部》"歸"段玉裁注:"此非婦人假歸名,乃凡還家者,假婦嫁之名也。"故以"家"應"歸"。"子"爲男子美稱。

東野玘 明人。字廷玉。
東野,複姓。《玉篇·玉部》:"玘,玉名。"《廣韻》釋爲佩玉。佩玉乃朝臣服飾,故以"廷"爲飾。

〔林〕

林一鳴 宋人。字聞卿。
《詩·小雅·鶴鳴》:"鶴鳴于九臯,聲聞于天。""卿"爲美稱。

林士元 明人。字舜卿。
元,指八元。《左傳·文公十八年》載高辛氏有才子八人,天下之民謂之八元,帝舜舉以爲官,使布五教於四方。故以"舜卿"應"元"。又,《禮記·王制》載天子有八十一元士。舜爲天子自必有士,亦可以"舜卿"應"士"。

林大中 宋人。字和叔。
《禮記·中庸》:"致中和,天地位焉,萬物育焉。"

林大有 宋人。字亨之。
《易·大有卦》:"大有:元亨。"

林大春
①宋人。字熙之。
《文選·潘岳〈閑居賦〉》:"於是凛秋暑退,熙春寒往。"李善注

引《老子》曰："衆人熙熙，如登春臺。"

② 明人。字井丹。

東漢井丹，字大春，學通五經，時人語云："五經紛綸井大春。"見《後漢書·逸民傳》。因慕其人，故以其字爲名，以其名爲字。

林大輅 明人。字以乘。

《論語·衛靈公》："乘殷之輅。"

林子立 宋人。字伯與。

《論語·子罕》："可與立，未可與權。"

林子沖 宋人。字通卿。

《文選·陸機〈演連珠〉》："山盈川沖，后土所以播氣。"劉孝標注："在山則實，在地則化，所以散剛柔之氣也。"能散氣則必通暢。李善注引《字書》曰："沖，虚也。"凡物實則滯，虚則通，故以"通"應"沖"。"卿"爲美稱。

林之奇 宋人。字少穎。

奇、穎皆謂才能出衆，故相應。《史記·張丞相列傳》："雖年少，然奇才也。"陶潛《飲酒》詩："規規一何愚，兀傲差若穎。""少"表行第較末。

林公玉 宋人。字文振。

《孟子·萬章下》："集大成也者，金聲而玉振之也。"蕭統《〈文選〉序》以"玉振"形容文辭之美，故以"文"飾"振"。

林公黼 明人。字質夫。

《説文·黹部》："黼，白與黑相次文。""黼"爲黑白相錯之文，故應以"質"。取《論語·雍也》"文質彬彬，然後君子"之義。

林文之 宋人。字子彬。

《論語·雍也》："文質彬彬，然後君子。""子"爲男子美稱。

林文俊 明人。字汝英。

《禮記·禮運》："大道之行也，與三代之英，丘未之逮也。"鄭玄注："英，俊選之尤者。"孔穎達疏引《辨名記》云："倍選曰俊，千人曰英。"義近故相協。《尚書》記帝舜勖勉臣工多用"汝諧""惟汝賢"，故以"汝"飾"英"。

林文察 清人。字子明。

《孟子·梁惠王上》："明足以察秋毫之末。""子"爲男子美稱。

林日瑞 明人。字廷輯。

《書·舜典》："輯五瑞。"徵合五瑞，乃朝廷之事，故以"廷"爲飾。

林世璧 明人。字天瑞。

《周禮·春官·大宗伯》："以玉作六瑞……子執穀璧，男執蒲璧。"因是天子所頒信物，故以"天"爲飾。

林　右 明人。字公輔。

《孔叢子·論書》："王者前有疑，後有丞，左有輔，右有弼，謂之四近。"後以"左輔右弼"爲天子重臣之稱。弼、輔同義，故易"輔"應"右"。

林　外 宋人。字豈塵。

連姓成文。林外，林泉之外，山林之外。舊以林或林下指隱士幽棲之處。塵，比喻俗務，機務。以"豈塵"應"林外"，言既居林外，豈爲塵氛所染。

林必仁 清人。字樂山。

《論語·雍也》："仁者樂山。"

林正青 清人。字洙雲。

以"雲"應"青"，取"得志青雲"之義，喻仕途騰達。洙，謂洙水。孔子曾與諸弟子講學於洙泗之間，後人遂以"洙"或"洙泗"爲儒學之代稱。以"洙"飾"雲"，意在循孔子"學而優則仕"之教。

林用中 宋人。字擇之。

《禮記·中庸》："用其中於民。"又："擇乎中庸。"

林　石 宋人。字介夫。

《易·豫卦》："介于石，不終日，貞吉。""夫"爲男子通稱。

林亦之 宋人。字學可。

《論語·學而》："學而時習之，不亦説乎？"以"學可"應"亦之"，言欲達"亦説"之境，須"學而時習"始可。

林兆珂 明人。字孟鳴。

古代顯貴以玉飾馬，行則撞擊作響，謂之鳴珂。何遜《車中見新林分别甚盛》詩："隔林望行幰，下坂聽鳴珂。"

林兆豐 清人。字玉如。

《世説新語·賞譽》："世稱庾文康爲豐年玉。"劉孝標注："謂〔庾〕亮有廊廟之器。"如，詞尾，猶然。以爲綴飾。

林　光

① 宋人。字子輝。

光、輝義近，故相協。"子"爲男子美稱。

② 明人。字緝熙。

《詩·周頌·敬之》："日就月將，學有緝熙于光明。"

林光世 宋人。字逢聖。

以"逢聖"應"世"，意謂身逢聖人當世，得行其志。既冀大用，亦頌揚本朝。

林光朝 宋人。字謙之。

《易·謙卦》："人道惡盈而好謙，謙尊而光，卑而不可踰，君子之終也。"

林　圭 明人。字信玉。

《周禮·春官·典瑞》："侯執信圭。""圭"爲玉製，故以"玉"綴"信"。

林　旭 明人。字景初。

《説文·日部》："旭，日旦出貌。"段玉裁注引《邶風》"旭日始旦"毛傳曰："旭者，日始出。"又"景，日光也"。日出乃光現之初，故以"景初"應"旭"。

林有席 清人。字儒珍。

《禮記·儒行》："儒有席上之珍以待聘。"

林有臺 明人。字德基。

《詩·小雅·南山有臺》："南山有臺，北山有萊，樂只君子，邦家之基。"故以"基"應"有臺"。因《大雅·抑》有"維德之基"之語，故以"德"飾"基"。

林有麟 明人。字仁甫。

《詩·周南·麟之趾》陸德明釋文："瑞獸也。《草木疏》云：麕身，牛尾，馬足，黄色，員蹄，一角……王者至仁則出。"故以"仁"應"麟"。"甫"爲男子美稱。

林汝霖 清人。字小巖。

殷高宗得賢臣傅説於傅巖，命之爲相時，曾有"若歲大旱，用汝作霖雨"之語，故以"巖"應"汝霖"。見《僞古文尚書·説命上》。

林　至　宋人。字德久。

《禮記·中庸》:"中庸其至矣乎！民鮮能久矣。"陸德明釋文："一本作'中庸之爲德也，其至矣乎'。"故以"德"應"至"，綴以"久"，蓋感於孔子之言，堅以自勵。

林伯桐　清人。字桐君。

名、字相同。桐可以爲琴，文人因稱琴爲桐君。陳師道《次韻蘇公西湖觀月聽琴》詩之一："人生亦何須，有酒與桐君。"故因"桐"而綴以"君"。

林克鉦　清人。字式如。

《玉篇·金部》:"鉦，堅金。"《左傳·昭公十二年》:"式如玉，式如金。"金玉相合爲"鉦"字。

林宋卿　宋人。字朝彦。

此拆春秋宋公子朝以爲名字。以"朝彦"應"宋卿"，亦借以頌揚本朝，言宋之朝臣皆一時之俊彦。

林　岊　宋人。字仲山。

《説文·山部》:"岊，陬隅，高山之卪也。"

林希元　明人。字茂貞。

《易·乾卦》:"乾：元亨利貞。"飾以"茂"，欲極堅固貞正。

林希逸　宋人。字肅翁。

逸，放縱。《孟子·滕文公上》:"逸居而無教。"朱熹集傳："然無教則亦放逸怠惰而失之。"肅，嚴正敬慎。《書·洪範》:"恭作肅。"孔穎達疏："貌能恭則心肅敬也。"逸、肅反義相協。"翁"爲時尚字飾。

林　杞　宋人。字卿材。

《國語·楚語上》:"其大夫皆卿材也，若杞、梓、皮革焉，楚實遺之。"

林沖之　宋人。字和叔。

《列子·天瑞》:"清輕者上爲天，濁重者下爲地，沖和氣者爲人。"又《晉書·阮瞻傳》:"神氣沖和。"

林　良　明人。字以善。

《説文·畗部》:"良，善也。"飾以"以"，謂爲善。

林　侗　清人。字同人。

析名爲字。《易》有《同人卦》。其卦内文明而外剛健，故用以爲字。

林　佶　清人。字吉人。

析名爲字。《易·繫辭下》有"吉人之辭寡"，《詩·大雅·卷阿》有"藹藹王多吉人"等語，故以爲字。

林其茂　清人。字培根。

連姓成文。林木以土培護其根，則必茂。

林叔豹　宋人。字懿文。

《易·革卦》:"君子豹變，其文蔚也。"《爾雅·釋詁》:"懿，美也。"有文采則美，故以爲飾。

林　坤　元人。字載卿。

《易·坤卦》:"坤厚載物。"又："地勢坤，君子以厚德載物。"

林宗放　宋人。字問禮。

《論語·八佾》:"林放問禮之本。"

林宗道　宋人。字仲學。

《論語·陽貨》:"君子學道則愛人。"又《子張》:"君子學以致其道。"

林昌彝　清人。字惠常。

《詩·大雅·烝民》:"民之秉彝，好是懿德。"毛傳："彝，常。"飾以"惠"，意謂天生衆民，而賦以美德。

林　泮　明人。字用養。

泮，謂泮宫。周代諸侯之學名泮宫。鄉射、飲酒、養老之禮，皆於此舉行，故以"用養"應"泮"。見《詩·魯頌·泮宫》經文與疏。

林秉漢　明人。字伯昭。

《詩·大雅·雲漢》:"倬彼雲漢，昭回于天。"

林　保　宋人。字庇民。

《孟子·梁惠王上》:"保民而王，莫之能禦也。"《説文·广部》:"庇，蔭也。"段玉裁注："引伸之爲凡覆庇之稱。"覆庇亦即護持，與"保"義近，故相協。

林　俊　明人。字待用。

《書·皋陶謨》:"俊乂在官。"《孟子·公孫丑上》:"尊賢使能，俊傑在位，則天下之士，皆悦而願立於其朝矣。"以"待用"應"俊"，意以俊傑自許，待國君選用。

林則徐　清人。字少穆。

南朝陳徐陵字孝穆，爲文綺麗華贍，與庾信齊名，世號徐庾體。因景仰其人，故襲其姓爲名，而以其字爲字。按，林初字元撫。據施保鴻《閩雜記·林文忠公取名》載，林生時，適值閩巡撫徐嗣曾鳴騶過其門。徐在閩頗得士心，故林父爲取名則徐，字元撫。蓋願其子能傚徐嗣曾爲督撫。又字石麟，取寶誌贊徐陵爲"天上石麒麟"之語。

林　彖　宋人。字商卿。

《易·乾卦》"彖曰"孔穎達疏引褚氏、莊氏云："彖，斷也，斷定一卦之義，所以名爲彖也。"又《兑卦》:"商兑未寧。"王弼注："商，商量裁制之謂也。"商量與判斷義相聯，亦相近，故相協。"卿"爲綴飾。

林　春　明人。字子仁。

《釋名·釋天》:"春，蠢也，萬物蠢然而生也。"能生育萬物即爲仁。"子"爲男子美稱。

林殆庶　宋人。字希顔。

《易·繫辭下》:"顔氏之子，其殆庶幾乎！"飾以"希"，謂希冀如顔子之能前知。

林師蒧　宋人。字詠道。

蒧，通"點"。指孔子弟子曾晳。晳名點。《史記·仲尼弟子列傳》"點"作"蒧"。《論語·先進》記羣弟子言志，曾點願與"冠者五六人，童子六七人，浴乎沂，風乎舞雩，詠而歸"。邢昺疏云："歌詠先王之道，而歸夫子之門也。"故以"詠道"應"師蒧"。言師曾點浴沂風雩之志。

林師説　宋人。字箕仲。

説，指殷高宗賢相傅説。《莊子·大宗師》:"夫道，傅説得之，以相武丁，奄有天下，乘東維，騎箕尾，而比於列星。"

林師點　宋人。字詠道。

按，即林師蒧。《中國人名大辭典》以林師蒧爲臨海人，以師點爲天台人。宋之天台隸台州臨海郡。天台，稱其縣；臨海，名其郡。猶今之或稱縣，或稱省。

又不知葴即“點”，遂誤一人爲二人。

林時對 清人。字殿颺。

《詩・大雅・江漢》：“虎拜稽首，對揚王休。”鄭玄箋：“虎既拜而答王策命之時，稱揚王之德美。”古者受賜於君王殿廷之時，則稱揚王之休美。颺、揚義通。《書・益稷》：“臯陶拜手稽首，颺言曰。”

林 栗 宋人。字黄中。

《禮記・聘義》：“夫昔者，君子比德於玉焉：温潤而澤，仁也；縝密以栗，知也。”鄭玄注：“栗，堅貌。”孔穎達疏：“言玉體密緻而堅剛，人有智者性亦密緻堅剛。”《易・坤卦・文言》：“君子黄中通理，正位居體，美在其中。”以“黄中”應“栗”，言有玉之内美。

林國鈞 宋人。字公秉。

《詩・小雅・節南山》：“秉國之均，四方是維。”鈞，假爲“均”。“公”爲美稱。

林 逋 宋人。字君復。

《易・訟卦》：“不克訟，歸而逋。”又：“不克訟，復即命。渝，安貞，吉。”“君”爲美稱。

林喬蔭 清人。字樾亭。

《淮南子・人間訓》：“武王蔭暍人於樾下。”《玉篇・木部》：“樾，楚人謂兩樹交陰之下曰樾。”“亭”爲時尚字飾。一字育萬，不詳其義。

林堯光 清人。字覲伯。

《易・觀卦》：“觀國之光，利用賓于王。”王弼注：“觀國之光者，居近得位，明習國儀者也。”朱熹本義：“其占爲利於朝覲仕進也。”《廣雅・釋詁一》：“伯，君也。”朝覲其君，故得觀國之光，明習國之禮儀。

林堯俞 明人。字咨伯。

《尚書》中《堯典》記帝堯命臣工多用“俞”“咨”二詞，故以相應。

林堯英 清人。字蜚伯。

《史記・司馬相如列傳》：“蜚英聲，騰茂實。”司馬貞索隱引胡廣曰：“飛揚英華之聲，騰馳茂盛之實也。”

林堯華 清人。字開伯。

宋有開先華藏，故以爲名字。亦或徑取華（花）開之義以爲名字。堯光、堯英、堯華皆爲堯俞之弟。名皆以“堯”爲行輩標志字，字皆以“伯”爲識，或有義，或純爲區别符號，而毫無意義。

林雲銘 清人。字西仲。

《西銘》乃宋理學家張載所著《正蒙》中篇名，故取以爲名字。

林 嵩 唐人。字降神。

《詩・大雅・崧高》：“崧高維嶽，駿極于天；維嶽降神，生甫及申。”嵩同“崧”。

林 幹 宋人。字國材。

《書・費誓》：“峙乃楨榦。”榦本爲築墻時兩側所用之木板，楨爲兩端之板。後以楨榦喻國家輔臣。《三國志・吴志・陸凱傳》：“皆社稷之楨幹，國家之良輔。”“國材”猶國之輔臣，國之棟梁。幹同“榦”。

林 摶 宋人。字圖南。

《莊子・逍遥遊》：“鵬之徙於南冥也，水擊三千里，摶扶摇而上者九萬里，去以六月息者也。……而後乃今將圖南。”

林 椿 明人。字永年。

《莊子・逍遥遊》：“上古有大椿者，以八千歲爲春，八千歲爲秋，此大年也。”永年亦即大年。

林 遂 明人。字元成。

《禮記・月令》：“上無乏用，百事乃遂。”鄭玄注：“遂，猶成也。”飾以“元”，猶言大成或始成。

林維屏 宋人。字邦授。

《詩・大雅・板》：“大邦維屏，大宗維翰。”綴以“授”，言屏藩之任，乃邦國所授。

林 誌 明人。字尚默。

《説文・言部新附字》：“誌，記誌也。”《論語・述而》：“默而識之。”邢昺疏：“言已不言而記識之。”

林銘几 清人。字祖册。

蔡邕《銘論》：“黄帝有巾几之法。”相傳軒轅黄帝曾作《巾几之銘》以自警。故以“銘几”爲名。《禮記・祭統》：“銘者，論譔其先祖之有德善功烈勳勞慶賞聲名，列於天下。”以“祖册”應“銘几”，言作銘頌揚其先祖之德，以垂史册。

林 魁 明人。字廷元。

《禮記・檀弓上》：“不爲魁。”鄭玄注：“魁，猶首也。”《孟子・滕文公下》：“勇士不忘喪其元。”趙岐注：“元，首也。”魁、元又皆有第一義，科舉時代殿試第一稱大魁，又稱掄元，故以“廷”飾“元”。

林廣發 元人。字明卿。

《詩・小雅・小宛》：“明發不寐，有懷二人。”毛傳、孔疏以爲“二人”指文王武王，朱熹則以爲指父母。“卿”爲美稱。

林 駉 宋人。字德頌。

《詩・魯頌》有《駉》一篇，舊以此詩爲頌揚僖公之德。

林學蒙 宋人。字正卿。

《易・蒙卦》：“蒙以養正，聖功也。”“卿”爲美稱。

林憲卿 宋人。字公度。

後漢黄憲字叔度，器宇深廣，爲士林所重，因襲其名而用其字，以表景慕。“公”爲美稱。

林 静 元人。字子山。

《論語・雍也》：“知者樂水，仁者樂山；知者動，仁者静。”“子”爲男子美稱。

林應亮 明人。字熙載。

《書・舜典》：“有能奮庸熙帝之載，使宅百揆，亮采惠疇。”

林 鴻 明人。字子羽。

《易・漸卦》：“鴻漸于陸，其羽可用爲儀。”“子”爲男子美稱。

林 瀌 明人。字元盛。

《詩・小雅・角弓》：“雨雪瀌瀌。”鄭玄箋：“雨雪之盛瀌瀌然。”朱熹集傳：“瀌瀌，盛貌。”“元”有大義，故以爲飾。

林簡言 唐人。字欲訥。

《論語・里仁》：“君子欲訥於言而敏於行。”簡於言語即是訥。

林 謨 宋人。字丕顯。

《僞古文尚書・君牙》：“丕顯哉！文王謨。”

林夔孫 宋人。字子武。

此拆孫武以爲名字。

林　瀾　清人。字觀子。

《孟子·盡心上》："觀水有術，必觀其瀾。""子"爲男子美稱。

林　鶚　明人。字一鶚。

鄒陽《上吳王書》："臣聞鷙鳥累百，不如一鶚。"

林麟焻　清人。字石來。

南朝陳文學家徐陵，幼穎異，八歲能文，釋寶誌摩其頂贊曰："此天上石麒麟也！"見《南史·徐陵傳》。綴以"來"，謂石麟來自天上。

〔枚〕

枚　乘　漢人。字叔。

此以行第爲字，如劉邦字季。先秦稱行第時，常表親愛或尊敬，如《詩》"伯也執殳"，"不如叔也"，"予季行役"等，皆是。後遂取以爲字。

枚　倫　明人。字彦常。

倫、常同義，亦常語，故相協。《書·洪範》："我不知其彝倫攸叙。"孔穎達疏引王肅注："我不知其常道倫理所以次序……""彦"爲男子美稱。

枚　皐　漢人。字少孺。

《禮記·明堂位》："天子皐門。"鄭玄注："皐之言高也。"高則大，少必小，故少、皐反義相協。先秦時嫡子能襲爵位者得稱孺子，後遂以爲男子美稱。西漢人喜以"孺"爲字之綴飾。

〔武〕

武士彠　唐人。字信。

彠，同"矱"。法，法度。馬融《長笛賦》："挑截本末，規摹彠矩。"凡法必準確可信，故應以"信"。

武允蹈　宋人。字德由。

《説文·足部》："蹈，踐也。"又《糸部》"䌛（由），隨從也。"《孟子·離婁上》："舍正路而不由。"義近故相協。飾以"德"，謂履端行方，動必以道德爲準。

武　英　宋人。字漢傑。

英、傑義近。《禮記·禮運》"三代之英"孔穎達疏引《辨名記》云："倍人曰茂，十人曰選，倍選曰俊，千人曰英，倍英曰賢，萬人曰傑。"《史記·高祖本紀》記劉邦稱張良、蕭何、韓信："此三者，皆人傑也。"後以此三人爲"漢三傑"，故以"漢"飾"傑"。

武　陔　晉人。字元夏。

《儀禮·鄉飲酒禮》："賓出奏陔。"鄭玄注："陔，陔夏也。"陔夏爲九夏之一。元，大。以飾"夏"，意在稱美。

武　韶　晉人。字叔夏。

韶、夏皆樂名，故相協。韶爲虞舜之樂，夏爲周樂。

武　億　清人。字虚谷。

《論語·先進》："子曰：'回也其庶乎，屢空；賜不受命，而貨殖焉，億則屢中。'"何晏集解："其於庶幾每能虚中者，唯回懷道深遠。不虚心不能知道，子貢雖無數子之病，然亦不知道者，雖不窮理而幸中，雖非天命而偶富，亦所以不虚心也。"以"虚"應"億"，言雖僅能如子貢之億度而中，但亦願能學顔子之虚中近聖道。"谷"爲時尚字飾。綴於"虚"，亦取虚懷若谷之義。

〔法〕

法　正　三國蜀漢人。字孝直。

《詩·小雅·小明》："靖共爾位，正直是與。"又："好是正直。"東漢以來，士大夫喜以"孝"飾字。

法式善　清人。字開文。

原名運昌。應以"開文"，取文運昌明之義。清高宗賜名式善後未改字。

法坤宏　清人。字直方。

《易·説卦》："坤，地也。"中國古代以爲天圓地方，故以"方"應"坤"。飾以"直"，意謂但方形而已。又，直、方如作爲形容詞，義相近，故連類而及。一字鏡野，取大地廣平之義。

法若真　清人。字漢儒。

《後漢書·桓榮傳》："帝笑指之曰：'此真儒生也。'"

〔范〕

范元愷　明人。字虞賢。

上古高陽氏有才子八人，"天下之民，謂之八愷"，虞舜舉薦於朝，"使主后土"。高辛氏有才子八人，"天下之民，謂之八元"，舜舉以主教化，"使布五教於四方"。故以"虞賢"應"元愷"。言虞舜時之賢才有八元八愷。

范文程　清人。字憲斗。

文程，謂文章規程，文章範式。憲，法，以爲法則。古人迷信，以爲奎宿主文運。後將奎作魁。魁爲北斗七星中一至四星呈斗形者之稱。科舉時代塑魁星像者，遂據"魁"字創造爲一渾身靛青形貌猙獰之鬼：一足後翹，左手執斗以示衡文，右手持朱筆，以示將點中其文章合乎文程者。"憲斗"即言以魁星所執之衡文之斗以爲法式，以期合乎文程得居高第。見《史記·天官書》索隱、《孝經援神契》及《日知録·魁》。

范必英　清人。字秀實。

《爾雅·釋草》："不榮而實者謂之秀，榮而不實者謂之英。"

范正平　宋人。字子夷。

《詩·召南·草蟲》："我心則夷。"毛傳："夷，平也。"同義相協。"子"爲男子美稱。

范仲淹　宋人。字希文。

《禮記·儒行》："淹之以樂好。"鄭玄注："淹，謂浸漬之。"以"希文"應"淹"，謂願浸漬於文。

范仲温　宋人。字伯玉。

《詩·秦風·小戎》："言念君子，温其如玉。"

范　同　宋人。字擇善。

《孟子·公孫丑上》："善與人同。"故以"善"應"同"。因《論語·述而》有"擇其善者而從之"之語，故以"擇"飾"善"。

范如圭　宋人。字伯達。

《禮記·聘義》："圭璋特達，德也。"

范百禄　宋人。字子功。

《詩·小雅·天保》："罄無不宜，受天百禄。"又《商頌·玄鳥》："百禄是何。"應以"功"，言因功而受賜。

范成大 宋人。字致能。

《文選·李斯〈上秦始皇書〉》："是以太山不讓土壤，故能成其大。"李善注引《管子》曰："海不辭水，故成其大。"《三國志·吴志·顧雍傳》裴注引《江表傳》："卿必成致。"成致常語，故成與致亦相應。

范來宗 清人。字翰尊。

《詩·大雅·板》："大邦維屏，大宗維翰。"封建宗法制大宗爲尊，故綴以"尊"。

范 坦 宋人。字伯履。

《易·履卦》："履道坦坦，幽人貞吉。"

范宗尹 宋人。字覺民。

尹，謂湯賢相伊尹。《孟子·萬章上》載，伊尹耕於有莘之野，湯使人往聘，辭不就。三往，始"幡然改曰：'……天之生此民也，使先知覺後知，使先覺覺後覺也。予天民之先覺者也。予將以斯道覺斯民也，非予覺之而誰也？'"遂就聘，以"覺斯民"爲己任，佐湯伐夏救民。

范念德 宋人。字伯崇。

《論語·顔淵》："主忠信，徙義，崇德也。"又："先事後得，非崇德與？"

范 咸 清人。字貞吉。

《易·咸卦》："咸：亨，利貞。取女吉。"又："九四，貞吉。"

范述曾 南朝梁人。字子玄。

曾，謂曾孫。玄，謂玄孫。《爾雅·釋親》："孫之子爲曾孫，曾孫之子爲玄孫。"一字穎彦。則是以"曾"爲曾參。曾參，孔子弟子。應以"穎"，謂曾参爲穎異之士。"彦"爲美稱。

范師孔 宋人。字學可。

《論語·述而》："子曰：'加我數年，五十以學《易》，可以無大過矣。'"以"學可"應"師孔"，謂師法孔子五十學《易》，可期無大過。

范師道 宋人。字貫之。

《論語·里仁》："子曰：'參乎！吾道一以貫之。'"

范時崇 清人。字自牧。

《説文·山部》："崇，山大而高也。"《易·謙卦》："謙謙君子，卑以自牧也。"朱熹本義："山至高而地至卑，乃屈而止於下，謙之象也。"以"自牧"應"崇"，既取《謙卦》義，又暗以"卑"與"崇"反義相協，並以謙卑自勉。

范祖禹 宋人。字淳夫。一字夢得。

《宋史·范祖禹傳》："祖禹字淳甫，一字夢得。其生也，母夢一偉丈夫被金甲入寢室，曰：'吾漢將軍鄧禹。'既寤，猶見之。遂以爲名。"故名"祖禹"，謂祖述鄧禹。

錢大昕《十駕齋養新録》卷十九"爲友改字"載："范淳父之母夢鄧禹來而生淳父，故名祖禹，字夢得。司馬温公與之帖云：'按：《鄧仲華傳》："仲華内文明，篤行淳備。"輒欲更表德曰"淳備"。既協吉夢，又可正訛，且與令德相應。未審可否？'次日，范復一帖，云：'昨夕再思，"淳備"字太顯而盡，不若單字"淳"，臨時配以"甫"字再稱之。五十則稱伯仲，亦猶子路或稱季路。如何如何。'見《梁溪漫志》。按：'夢得'字，與劉賓客同，而名又有'禹'字，當時必有以爲慕劉者，故温公帖有'正訛'之語。"

據此，則范祖禹，字"夢得"或"淳甫（父）"，皆因崇敬漢代鄧禹。夫，同"甫（父）"。

范純仁 宋人。字堯夫。

唐堯之時，稱爲盛世，堯被譽爲"其仁如天"，涵養萬物。故以"堯"應"仁"。見《史記·五帝本紀》。"夫"爲男子通稱。

范純祐 宋人。字天成。

《易·大有卦》："自天祐之，吉无不利。"因《僞古文尚書·大禹謨》有"地平天成"之語，故因"天"而綴以"成"。

范純誠 宋人。字子明。

《禮記·中庸》："誠則明矣，明則誠矣。""子"爲男子美稱。

范純禮 宋人。字彝叟。

《爾雅·釋器》："彝、卣、罍，器也。"郭璞注："皆盛酒，尊彝其總名。"郝懿行義疏："獨於此言器者，尊彝禮器莫尚，故獨擅器名。""彝"爲宗廟禮器，故以應"禮"。"叟"爲綴飾，五代以來所尚。

范 寅 明人。字敬時。

《書·堯典》："寅賓出日。"孔傳："寅，敬。"又："曆象日月星辰，敬授人時。"

范 梈 元人。字德機。

《玉篇·木部》："梈，木弩也。""機，弩牙也。"一字亨甫，是取名之偏旁爲字。"甫"爲男子美稱。

范 淶 明人。字原易。

《周禮·夏官·職方氏》："其浸淶易。"鄭玄注："淶出廣昌，易出故安。"據《水經注》，淶水即今拒馬河。中易水東流至定興西南，匯於拒馬河，是易水爲淶源之一。故以"原"飾"易"應"淶"，言原於易水。原、源古今字。

范 祥 宋人。字晉公。

西晉王祥，事繼母孝，曾卧冰求魚以奉母。官至太保，封睢陵公。此襲其名而示其朝代。"公"既尊稱王祥，亦爲字飾。

范景福 清人。字介兹。

《詩·小雅·小明》："神之聽之，介爾景福。"兹，此。指代景福。

范 甯 晉人。字武子。

甯武子，春秋衛大夫，名俞。盡心輔文公、成公。孔子譽爲"邦有道則知，邦無道則愚；其知可及也，其愚不可及也"。見《論語·公冶長》。因敬慕其人，故襲其名。

范 雲 南朝梁人。字彦龍。

《易·乾卦·文言》："雲從龍。""彦"爲士之美稱。

范 慎 三國吴人。字孝敬。

《詩·大雅·生民》："敬慎威儀。"東漢以來，士大夫喜以"孝"飾字。

范 準 明人。字平仲。

宋寇準字平仲，相太宗、真宗。頗敢直諫，太宗比作魏徵。此襲其名字。

范 滂 漢人。字孟博。

此析"磅礴"爲名字。同聲假借。

范 路 清人。字遵甫。

《詩・鄭風・遵大路》："遵大路兮。"《楚辭・離騷》："彼堯舜之耿介兮，既遵道而得路。""甫"爲男子美稱。

范 輅 明人。字以載。

《論語・衛靈公》："乘殷之輅。"朱熹集注："輅者，大車之名。"《易・大有卦》有"大車以載"之語，故以"以載"應"輅"。

范爾梅 清人。字梅臣。

《僞古文尚書・説命下》："若作和羹，爾惟鹽梅。"後世以鹽梅比喻宰輔之臣。"臣"亦綴飾。

范 質 宋人。字文素。

《論語・雍也》："文質彬彬然後君子。"又《八佾》："繪事後素。"何晏集解引鄭玄曰："繪畫，文也。凡繪畫先布衆色，然後以素分布其間，以成其文。"文因素而成，故以"素"綴"文"。

范 曄 南朝宋人。字蔚宗。

《漢書・叙傳下》："世宗曄曄，思弘祖業。"顔師古注："曄曄，盛貌也。"又："蔚爲辭宗，賦頌之首。"顔師古注："蔚，文綵盛也。"同義故相協。綴以"宗"，欲其宗族昌盛。

范應鈴 宋人。字旂叟。

《爾雅・釋天》："有鈴曰旂。""叟"爲五代以來時尚字飾。

范 璿 宋人。字舜文。

《書・舜典》："在璿璣玉衡，以齊七政。""璿璣"乃《舜典》之文。

范 纘 清人。字武公。

《詩・豳風・七月》："二之日其同，載纘武功。""公"爲美稱，亦以諧"功"。

〔茅〕

茅元儀 明人。字止生。

《詩・鄘風・相鼠》"人而無儀""人而無止"鄭玄箋："儀，威儀也。""止，容止。"儀、止義近，故相協。生，秦漢時稱有才德者，猶先生。後世以爲美稱。

茅 坤 明人。字順甫。

《易・坤卦・文言》："坤道其順乎。"又《繫辭下》："夫坤，天下之至順也。""甫"爲男子美稱。

茅 維 明人。字孝若。

《論語・爲政》："《書》云孝乎，惟孝友于兄弟。"《僞古文尚書・君陳》："惟爾令德孝恭，惟孝友于兄弟。"維、惟作爲虛詞可通用。但《詩》多用"維"，《書》多用"惟"，《左傳》用"惟"用"唯"，亦間作"維"，不一。"若"爲綴飾，猶然。

茅 麐 清人。字天石。

麐，同"麟"。《説文・鹿部》："麐，牝麒也。""麒，麒麟，仁獸也。"南朝陳徐陵，幼年不凡，釋寶誌手摩其頂贊曰："天上石麒麟也！"見《陳書・徐陵傳》。

〔郎〕

郎兆玉 明人。字完白。

《孟子・告子上》："白雪之白，猶白玉之白與？"飾以"完"，謂純白無瑕。

郎 滋 明人。字德潤。

《左傳・哀公元年》："樹德莫如滋。"故以"德"應"滋"。《禮記・大學》有"富潤屋，德潤身"之語，因以"潤"綴"德"。

郎 瑛 明人。字仁寶。

《玉篇・玉部》："瑛，美石似玉。《尸子》：龍淵玉光也。水精謂之玉瑛也。"玉誠可以爲寶，但《左傳・桓公十年》有"匹夫無罪，懷璧其罪"之戒，故取《禮記・檀弓下》"仁親以爲寶"之義自警。以"仁"飾"寶"，言可寶貴者惟"仁"。

郎 遂 清人。字趙客。

遂，謂毛遂。毛遂爲戰國時趙平原君趙勝門客，曾以佐平原君使楚，迫楚王與趙成合縱之盟，名揚後世。此襲其名，而以"趙客"明其身份。

〔金〕

金大輿 明人。字子坤。

《易・説卦》："坤爲地……爲大輿。""子"爲男子美稱。

金幼孜 明人。名善。

以字行。《孟子・盡心上》："雞鳴而起，孳孳爲善者，舜之徒也。"朱熹集注："孳孳，勤勉之意。"《書・益稷》："予思日孜孜。"孔傳："言己思日孜孜不怠。"蔡沈集傳："孜孜者，勉力不怠之謂。"是孜孜猶孳孳，故以"孜"應"善"。

金光辰 明人。字居垣。

辰，謂北辰。《論語・爲政》："譬如北辰，居其所，而衆星共之。"邢昺疏："《爾雅・釋天》云：'北極謂之北辰。'郭璞曰：'北極天之中樞。'"中國古代天文學家分星空爲三垣，北極在紫微垣，故以"居垣"應"辰"。

金安節 宋人。字彦亨。

《易・節卦》："節：亨；苦節不可貞。"又："安節，亨。""彦"爲男子美稱。

金 江 明人。字孔殷。

《書・禹貢》："九江孔殷。"

金 侃 明人。字亦陶。

此取東晉陶侃以爲名字。陶爲當時軍事家、政治家，敏於事功，多嘉言善政。

金始桓 清人。字匡夏。

《論語・憲問》："管仲相桓公，霸諸侯，一匡天下，民到於今受其賜。微管仲，吾其被髮左衽矣！"因使中原華夏族免淪於"被髮左衽"之夷狄，故以"匡夏"應"桓"。

金 信 元人。字中孚。

《易・序卦》："節而信之，故受之以中孚。"

金建中 明人。字仲立。

《禮記・中庸》："中立而不倚，强哉矯。"

金 約 明人。字用博。

《論語・子罕》："夫子循循然善誘人，博我以文，約我以禮。"

金 革 宋人。字貴從。

連姓成文。《禮記・中庸》："衽金革，死而不厭。"《易・革卦》："小人革面，順以從君也。"飾以"貴"，謂重在順從其君上。

金時儀 清人。字朝九。

《易・漸卦》："上九，鴻漸于陸。其羽可用爲儀，吉。"飾以

"朝"，意在朝儀。

金祖静 清人。字會川。

《論語·雍也》："知者樂水，仁者樂山；知者動，仁者静。""川"爲水，以應"静"，意在智仁兼備。飾以"會"，謂諸水合而爲一。水會合則勢大，蓋喻智廣。

金惟駿 清人。字昂千。

駿，良馬，千里馬。《楚辭·卜居》："寧昂昂若千里之駒乎？將氾氾若水中之鳧乎？"

金 淑（女） 清人。字慎史。

《詩·大雅·抑》："淑慎爾止，不愆于儀。"古代女官有女史，後世以爲女性之敬稱。金爲沈錫章之妻，故以"史"爲字飾。

金 湜 明人。字本清。

《詩·邶風·谷風》："涇以渭濁，湜湜其沚。"朱熹集傳："湜湜，清貌。"

金賁亨 明人。字汝白。

《易·賁卦》："賁：亨。"又："上九，白賁，无咎。"朱熹本義："賁極反本，復於无色，善補過矣。"飾以"汝"，以第三者口吻勸勉反本還原。

金 綎 清人。字絲五。

《説文·糸部》："綎，絲綬也。"因《詩·召南·羔羊》有"素絲五紽""五緎""五總"之詞，故以"五"綴"絲"。

金聖嘆 清人。名喟。

以字行。《論語·先進》有"夫子喟然嘆曰"之語。孔子被尊爲聖人，故以"聖嘆"應"喟"。

金 葵 宋人。字景陽。

杜甫《自京赴奉先縣詠懷五百字》："葵藿傾太陽，物性固莫奪。"景，傾慕。

金 輅 清人。字式度。

《論語·衛靈公》："乘殷之輅。"何晏集解引馬融曰："殷車曰大輅。"古人立乘，凡致敬必憑式（軾）爲禮。故以"式"應"輅"。禮儀須有度，故以"度"綴"式"。

金道源 元人。字本仲。

《論語·學而》："君子務本，本立而道生。"又，本與源義相近，亦可相協。

金 鉉

① 明人。字文鼎。

連姓成文。《易·鼎卦》："鼎黄耳金鉉。"又："鼎玉鉉，大吉无不利。"

② 明人。字伯玉。

解見①。

金維寧 清人。字德藩。

《詩·大雅·板》："价人維藩，大師維垣。……懷德維寧，宗子維城。"

金 誠 明人。字成之。

《禮記·中庸》："誠者自成也。"

金德嘉 清人。字會公。

《易·乾卦·文言》："亨者，嘉之會也。""公"爲美稱。

金 潤 明人。字伯玉。

《説文·玉部》："玉，石之美有五德者：潤澤以温，仁之方也；……"

金 聲 明人。字正希。

連姓成文。《孟子·萬章下》："金聲而玉振之也。金聲也者，始條理也。"《老子》第四一章："大方無隅，大器晚成，大音希聲。"

金鷹揚 清人。字君選。

《詩·大雅·大明》："維師尚父，時維鷹揚。"應以"君選"，言姜尚之能如鷹隼搏擊，佐武王一舉滅商，實爲文王選賢任能所致。姜尚本爲隱者，釣於渭水。文王出獵，一見即與同載而歸，立爲師，委以重任。

〔長〕

長孫平 隋人。字處均。

長孫，複姓。《説文·土部》："均，平徧也。"段玉裁注："言無所不平也。《小雅·節南山》傳：'均，平也。'"同義故相協。飾以"處"，謂立身惟以均平爲準。

長孫敞 唐人。字休明。

《説文·攴部》："敞，平治高土可以遠望也。"可遠望則必軒豁明亮。以"休"飾"明"，意在政治休明。

長孫無忌 唐人。字輔機。

《説文·心部》："忌，憎惡也。"無忌，謂無憎惡忌妒之心。機，樞機。以"輔機"應"無忌"，言無忌妒之心，則可以輔政。此用《書·秦誓》文義。

長 海 清人。字匯川。

此取《書·禹貢》"江漢朝宗于海"文義。以"匯川"應"海"，言海爲百川所匯。百川匯海亦爲常語。

九 畫

〔侯〕

侯一元 明人。字舜舉。

元，謂八元。高辛氏有才子八人，"天下之民，謂之八元"，舜"舉八元，使布五教於四方"。見《左傳·文公十八年》。

侯七乘 清人。字仲輅。

《論語·衛靈公》："乘殷之輅。"

侯方域 清人。字朝宗。

《詩·商頌·玄鳥》："古帝命武湯，正域彼四方。"又："肇域彼四海。"因《書·禹貢》有"江漢朝宗于海"，故暗承《詩》之"海"而字"朝宗"。

侯 白 隋人。字君素。

《詩·召南·羔羊》："素絲五紽。"毛傳："素，白也。"

侯仲良 宋人。字師聖。

《僞古文尚書·説命下》："良臣惟聖。"一字希聖。取義同。以"師""希"爲飾，皆以良臣自期。

侯安都 南朝陳人。字成師。

《周禮·春官·司常》："師都建旗，州里建旟。"鄭玄注："謂之師都，都民所聚也。"《史記·五帝本紀》謂帝舜"一年而所居成聚，二年成邑，三年成都"，師亦民衆所居，故倣此文例以"成"爲飾。

侯良柱 明人。字朝石。

《漢書·霍光傳》："將軍爲國柱石。"以"朝"飾"石"應"柱"，謂是朝廷柱石。

侯 度 明人。字憲甫。

後漢黄憲字叔度，有重名於時，人比之爲顔子。見《世説新語·德行》及《後漢書》本傳。因景仰其人，故襲其名字。“甫”爲男子美稱。

侯　剛　後魏人。字乾之。

《易·乾卦·文言》：“大哉，乾乎！剛健中正。”又《雜卦》：“乾剛坤柔。”綴以“之”，謂乾之剛。

侯　康　清人。字君模。

原名廷楷，是君模與原名相協，改名後未改字。《三國志·魏志·盧毓傳》裴松之注引《續漢書》曰：“故北中郎將盧植，名著海内，學爲儒宗，士之楷模，國之楨幹。”“君”爲美稱。

侯　庸　明人。字景中。

此析《中庸》以爲名字。飾以“景”，謂景仰中庸之道。

侯莫陳崇　北周人。字尚樂。

侯莫陳，三字姓。崇、尚義近。故相協。《晏子春秋·諫上》：“崇尚勇力，不顧義理，是以桀紂以滅，殷夏以衰。”綴以“樂”，言尚禮樂。

侯莫陳凱　北周人。字敬樂。

三字姓。《詩·邶風·凱風》：“凱風自南。”毛傳：“南風謂之凱風，樂夏之長養者。”釋文：“樂，音洛。”是“凱”有喜悦、快樂義。引申爲享樂、安樂。因《詩·唐風·蟋蟀》有“好樂無荒，良士瞿瞿”之戒，故飾以“敬”，以示不敢享樂太甚。

侯　蒙　宋人。字元功。

《易·蒙卦》：“蒙以養正，聖功也。”“元”爲諸善之長，又爲大，故以飾“功”。

侯　摯　金人。字莘卿。

商湯賢相伊尹名摯。《孟子·萬章上》：“伊尹耕於有莘之野……湯使人以幣聘之。”以“卿”綴“莘”，言伊尹乃起自莘野之臣。“卿”亦爲美稱。

侯　瑾　漢人。字子瑜。

《説文·玉部》：“瑾，瑾瑜，美玉也。”“子”爲男子美稱。

侯震暘　明人。字得一。

《易·説卦》：“震一索而得男。”

侯　琟　明人。字廷玉。

《説文·玉部》：“琟，石之似玉者。”古代朝會必佩玉，故飾以“廷”。

侯應爵　明人。字天錫。

《孟子·告子上》：“有天爵者，有人爵者。仁義忠信，樂善不倦，此天爵也；公卿大夫，此人爵也。”朱熹集注：“天爵者，德義可尊，自然之貴也。”綴以“錫”，言天然之賜與。

〔俞〕

俞士吉　明人。字用貞。

《易》各卦多用“貞吉”之詞，如《坤卦》之“安貞吉”，《需卦》之“光亨，貞吉”，《比卦》之“比之自内，貞吉”等。故以“用貞”應“吉”。

俞士悦　明人。字仕朝。

《孟子·梁惠王上》：“今王發政施仁，使天下仕者皆欲立於王之朝。”以“仕朝”應“士悦”，即天下之士皆欲仕於王之朝之意。

俞大猷　明人。字志輔。

《僞古文尚書·周官》：“若昔大猷，制治于未亂，保邦于未危。”志輔，言志在輔佐，使國家免於危亂。

俞　山　明人。字積之。

《荀子·勸學》：“積土成山，風雨興焉；積水成淵，蛟龍生焉；積善成德，而神明自得，聖心備焉。”

俞允文　明人。字仲蔚。

《易·革卦》：“君子豹變，其文蔚也。”

俞友仁　明人。字文輔。

《論語·顔淵》：“君子以文會友，以友輔仁。”

俞文豹　宋人。字文蔚。

《易·革卦》：“君子豹變，其文蔚也。”

俞正燮　清人。字理初。

《僞古文尚書·周官》：“論道經邦，燮理陰陽。”綴以“初”，謂陰陽不測，宜重未然之時。

俞安期　明人。字羡長。

安期，指安期生，秦時仙人。羡長，羡慕仙人長生不老。初名策，字公臨，取臨軒策士之義。

俞志虞　明人。字際華。

《史記·五帝本紀》：“虞舜者，名曰重華。”司馬貞索隱：“虞，國名……舜謚也。”既志在有虞盛世，自必須際遇如重華之君。

俞　和　明人。字子中。

《禮記·中庸》：“致中和，天地位焉，萬物育焉。”

俞　岳　清人。字子駿。

《詩·大雅·崧高》：“崧高維嶽，駿極于天。”岳同“嶽”。“子”爲男子美稱。

俞奕曾　元人。字唯父。

《論語·里仁》：“子曰：‘參乎！吾道一以貫之。’曾子曰：‘唯。’”上古人類曾經歷羣婚制，故一切男性皆稱“父”。先秦男子多以爲字飾，以彰男子之德。後世多以“甫”相代。此乃倣古。

俞　迪　明人。字允吉。

《書·大誥》：“惠迪吉。”允，誠然。

俞師魯　元人。字唯通。

《論語·先進》：“柴也愚，參也魯。”又《里仁》：“子曰：‘參乎！吾道一以貫之。’曾子曰：‘唯。’子出，門人問曰：‘何謂也？’曾子曰：‘夫子之道，忠恕而已矣。’”孔子以曾參爲魯鈍，而一貫之説諸弟子皆不曉所謂，惟曾參通其意而應之曰“唯”。故以“唯通”應“師魯”。

俞庭椿　宋人。字壽翁。

《莊子·逍遥遊》：“上古有大椿者，以八千歲爲春，八千歲爲秋。”八千歲爲春秋，可謂長壽。“翁”爲老壽之稱，亦五代以來時尚字飾。

俞　烈　宋人。字若晦。

《説文·火部》：“烈，火猛也。”段玉裁注：“《大雅》曰：‘載燔載烈。’傳曰：‘傳火曰燔，貫之加於火曰烈。’《商頌》曰：‘如火烈烈。’引伸爲光也。”光則明，晦則暗，反義相協。《詩·鄭風·風雨》有“風雨如晦”之語，故以“若”飾“晦”。若猶如。

俞　益　明人。字友謙。

《易·謙卦》：“天道虧盈而益謙。”飾以“友”，言欲以謙德爲友。

俞維屏　明人。字樹德。

《詩·大雅·板》：“大邦維屏，

大宗維翰。懷德維寧，宗子維城。”朱熹集傳：“屏，樹也，所以爲蔽也。”以“德”綴“樹”，取《史記·孫子吳起列傳》“在德不在險”之義。國家之屏障，不在山河之險，而在於德。有德則民和，民和則國家鞏固。

俞琬綸 明人。字君宣。

《禮記·緇衣》：“王言如絲，其出如綸。”孔穎達疏：“王言初出細微如絲，及其出行於外，言更漸大如似綸也。”《書·皋陶謨》：“日宣三德。”孔傳：“宣，布。”君王之言，在於公布施行。故以“君宣”應“綸”。

俞　㮚 宋人。字祗若。

㮚即“栗”。《書·皋陶謨》：“寬而栗。”孔傳：“性寬弘而能莊栗。”莊栗，謂嚴肅敬慎。《僞古文尚書·大禹謨》：“祗載見瞽瞍，夔夔齊慄，瞽亦允若。”故以“祗若”應“栗”。

俞焕章 明人。字文伯。

《論語·泰伯》：“焕乎！其有文章。”

俞萬春 清人。字仲華。

此取春華秋實之義。

俞　誠 宋人。字則明。

《禮記·中庸》：“誠則明矣，明則誠矣。”

俞　遠 元人。字之近。

遠、近反義相協。連名成文，意爲由遠至近。

俞德淵 清人。字陶泉。

《禮記·中庸》：“溥博淵泉，而時出之。”又：“淵泉如淵。”因上章言天道堯舜事，此章承上章。堯爲陶唐氏，故以“陶”飾“泉”。亦或因“淵”而及陶淵明。文人志趣，遊移難測。

俞德鄰 宋人。字宗大。

《論語·里仁》：“德不孤，必有鄰。”又《子張》：“大德不踰閑，小德出入可也。”飾以“宗”，言法其大者，勿拘泥於小節。

俞　樾 清人。字蔭甫。

《淮南子·人間訓》：“武王蔭暍人於樾下。”《玉篇·木部》：“樾，楚人謂兩樹交陰之下曰樾。”“甫”爲男子美稱。

俞　藎 明人。字廷臣。

《詩·大雅·文王》：“王之藎臣，無念爾祖。”廷，謂朝廷。忠藎之臣，當在帝左右，故以“廷”爲飾。

俞　夔

① 宋人。字堯臣。

《書·舜典》：“帝曰：‘夔！命汝典樂。’”夔原爲堯之臣，帝舜登位後，乃命爲典樂之官。

② 明人。字舜臣。

解見①。

俞獻卿 宋人。字諫臣。

《左傳·昭公二十年》：“君所謂可，而有否焉，臣獻其否，以成其可；君所謂否，而有可焉，臣獻其可，以去其否：是以致平而民不干。”能獻可替否，方爲能言正諫之臣。

〔南〕

南大吉 明人。字元善。

《易·鼎卦》：“大吉无不利。”又《乾卦·文言》：“元者，善之長也。”諸善之長，自是大吉。

南元善 明人。字伯子。

《易·乾卦·文言》：“元者，善之長也。”伯亦長。《禮記·王制》：“州有伯。”鄭玄注：“殷之州長曰伯。”故以“伯”應“善”。“子”爲男子美稱。

南天章 清人。字漢雯。

《詩·大雅·棫樸》：“倬彼雲漢，爲章于天。”《集韻·平文》：“雯，雲成章曰雯。”故以“雯”綴“漢”。漢，天漢，天河。

南居益 明人。字思受。

《僞古文尚書·大禹謨》：“滿招損，謙受益。”

南　金 明人。字楚重。

連姓成文。《詩·魯頌·泮水》：“憬彼淮夷，來獻其琛。元龜象齒，大賂南金。”淮夷之地後爲楚。珍寶美金爲世所重，故應以“楚重”。

南師仲 明人。字子興。

《詩·秦風·無衣》：“王于興師，修我戈矛。”

南　軒 明人。字叔後。

《玉篇·車部》：“輦，前頓曰輦，後頓曰軒。”輦即“輊”。車前頓則後部高揚，是爲輊；後頓則前部高揚，是爲軒。應以“後”，謂後頓所致。

南　漢 明人。字天章。

《詩·大雅·棫樸》：“倬彼雲漢，爲章于天。”

南　鏜 明人。字彦聲。

《詩·邶風·擊鼓》：“擊鼓其鏜。”毛傳：“鏜然擊鼓聲也。”“彦”爲男子美稱。

〔姚〕

姚一元 明人。字唯貞。

《易·乾卦》：“乾：元亨利貞。”

姚之駰 清人。字魯斯。

《詩·魯頌·駉》：“薄言駉者，有駰有騢……思無邪，思馬斯徂。”

姚允在 明人。字簡叔。

《論語·堯曰》：“簡在帝心。”今《僞古文尚書·湯誥》作“惟簡在上帝之心”。

姚　文 明人。字敏學。

《論語·公冶長》：“敏而好學，不恥下問，是以謂之文也。”

姚文奂 元人。字子章。

《論語·泰伯》：“焕乎！其有文章。”奂，通“焕”。“子”爲男子美稱。

姚平仲 宋人。字希晏。

春秋齊國賢相晏嬰，謚爲平，字仲，經史稱作晏平仲。因景慕前賢，故襲其謚與字爲名，而以其姓爲字。

姚伯良 明人。名驥。

以字行。《論語·憲問》：“驥不稱其力，稱其德也。”何晏集解引鄭玄曰：“德者，調良之謂。”

姚孝錫 宋人。字仲純。

《左傳·隱公元年》：“君子曰：‘潁考叔純孝也，愛其母，施及莊公。《詩》曰：“孝子不匱，永錫爾類。”其是之謂乎！’”

姚希孟 明人。字孟長。

孟，指孟子。《孟子·公孫丑上》：“〔公孫丑曰〕‘敢問夫子惡乎長？’曰：‘我知言。我善養吾浩然之氣。’”以“孟長”應“希孟”，言欲如孟子之所長，能養浩然之氣。

姚希得 宋人。字逢源。
《孟子·離婁下》："君子深造之以道，欲其自得之也。自得之，則居之安；居之安，則資之深；資之深，則取之左右逢其原。"原、源古今字。

姚廷槐 清人。字植三。
《周禮·秋官·朝士》："面三槐，三公位焉。"因《宋史·王旦傳》載，王旦之父王祐，自以有陰德，於其庭中植三槐樹，曰："吾之後世，必有爲三公者。"故以"植"飾"三"而應"槐"。

姚岳祥 明人。字于定。
《詩·大雅·文王》："文定厥祥，親迎于渭。"

姚 昌 清人。字鳳和。
《左傳·莊公二二年》："初懿氏卜妻敬仲。其妻占之，曰：'吉。是謂"鳳皇于飛，和鳴鏘鏘，有嬀之後，將育于姜，五世其昌，并於正卿，八世之後，莫之與京"。'"此陳公子完奔齊後娶妻故事。陳爲帝舜之後，帝舜姓姚氏，故"姚昌"連姓成文。言帝舜之後必將昌盛。

姚 信 三國吳人。字元直。
信，讀申，謂舒展。《易·繫辭下》："往者屈也，來者信也。屈信相感，而利生焉。尺蠖之屈，以求信也。"伸展則直，故以應"信"。元，原本。

姚 咨 明人。字舜咨。
《書·舜典》："舜曰：'咨四岳，有能奮庸熙帝之載，使宅百揆，亮采惠疇。'"

姚思孝 明人。字永言。
《詩·大雅·下武》："永言孝思，孝思維則。"

姚思廉 唐人。名簡。
以字行。《書·皋陶謨》："簡而廉。"

姚 夏 清人。字大也。
《爾雅·釋詁》："夏，大也。"

姚 邕 後秦人。字子和。
《爾雅·釋詁》："噰噰，和也。"郝懿行義疏："《四子講德論》又作邕邕。"是邕通"噰"。"子"爲男子美稱。

姚 堃 清人。字子方。
堃，同"坤"。《易·説卦》："坤也者，地也。"又："坤爲地。"古人以爲天圓地方，故以"方"應"堃"。

姚 崇 唐人。字元之。
《詩·周頌·烈文》："維王其崇之。"朱熹集傳："崇，尊尚也。"《易·乾卦·文言》："元者，善之長也。"以"元之"應"崇"，意謂尊崇之而使之爲長。

姚 康 清人。字休那。
《詩·唐風·蟋蟀》："無已大康，職思其憂，好樂無荒，良士休休。"那，語氣詞。《詩·商頌·那》："猗與那與！置我鞉鼓。"

姚 涣 宋人。字虛舟。
《易·涣卦》："彖曰：……利涉大川，乘木有功也。"上古刳木爲舟，乘木即是乘舟。故以"舟"應"涣"。天道惡盈，故以"虛"爲飾。舟空則利行。

姚舜牧 明人。字虞佐。
有虞爲帝舜之號。爲舜之州牧，自是有虞氏之佐。

姚 萇 後秦人。字景茂。
萇，萇楚，植物名。《詩·檜風·隰有萇楚》："隰有萇楚，猗儺其枝。"朱熹集傳："今羊桃也。"植物自宜暢茂，故以"茂"應"萇"。飾以"景"，企望之意。

姚 孳 宋人。字舜徒。
《孟子·盡心上》："鷄鳴而起，孳孳爲善者，舜之徒也。"

姚 椿 清人。字春木。
析名爲字。草木春乃萌生，"春木"亦可與"椿"應。一字子壽，取《莊子·逍遥遊》"上古有大椿者，以八千歲爲春，八千歲爲秋"文義。

姚 楗 清人。字建木。
析名爲字。《説文·木部》："楗，歫門也。"段玉裁注："楗閉即今木鎖也。諸經多借鍵爲楗。"建木爲鎖以閉門，亦與"楗"相應。一字子樞。樞所以持門扇者，楗所以閉門者，同類同功，故相協。

姚 虞 明人。字澤山。
虞，虞衡，古代掌山澤之官。《周禮·天官·大宰》："三曰虞衡，作山澤之材。"

姚 寬 宋人。字令威。
《左傳·昭公二十年》："政寬則民慢，慢則糾之以猛；猛則民殘，殘則施之以寬。寬以濟猛，猛以濟寬，政是以和。"威、猛義近，故可相代。飾以"令"，言使之以威。

姚 瑩 清人。字石甫。
《詩·齊風·著》："俟我於庭乎而，充耳以青乎而，尚之以瓊瑩乎而。"毛傳："瓊、瑩，石似玉。""甫"爲男子美稱。

姚 震 明人。字起東。
《易·説卦》："震，東方也。"又《雜卦》："震，起也。"

姚 鼐 清人。字姬傳。
《詩·周頌·絲衣》："鼐鼎及鼒，兕觥其觩。"毛傳："大鼎謂之鼐。"傳世重器，亦多稱商彝周鼎，周爲姬姓，故以"姬傳"應"鼐"。一字夢穀。《論語·憲問》："邦有道，穀；邦無道，穀，恥也。"何晏集解引孔安國曰："穀，禄也。邦有道當食禄。"鼎有三公之象，以"夢穀"應"鼐"，言欲仕進而至三公之位。

姚學禮 明人。字以立。
《論語·季氏》："'不學《禮》，無以立。'鯉退而學《禮》。"

姚 諶 清人。字子展。
《詩·大雅·蕩》："天生烝民，其命匪諶。"毛傳："諶，誠也。"《詩·鄘風·君子偕老》："展如之人兮，邦之媛也。"毛傳："展，誠也。"同義故相協。"子"爲男子美稱。

姚應鳳 元人。字時和。
《左傳·莊公二二年》："是謂鳳皇于飛，和鳴鏘鏘。"因《書·堯典》有"黎民於變時雍"語，"雍"爲和，故以"時"飾"和"。

姚 燮 清人。字梅伯。
《僞古文尚書·周官》："立太師、太傅、太保，兹惟三公，論道經邦，燮理陰陽。"又《説命下》："若作和羹，爾惟鹽梅。"後世以"燮理陰陽"與"鹽梅"比喻三公、宰相或三公宰相之職權。故以"梅"應"燮"。

姚　瀛　宋人。字子山。

相傳海上三仙山，其一爲瀛洲。故以“山”應“瀛”。見《史記·秦始皇本紀》。“子”爲男子美稱。

姚　夔

①明人。字大章。

《書·舜典》：“帝曰：‘夔！命汝典樂，教胄子……’”《説文·音部》：“章，樂竟爲一章。”段玉裁注：“歌所止曰章。”因是典帝舜之樂，故以“大”飾“章”。

②清人。字冑師。

解見①。

姚　麟　宋人。字君瑞。

《詩·周南·麟之趾》陸德明釋文：“麟之趾，……瑞獸也。”《宋書·符瑞志中》謂麒麟於“明王動静有儀則見”，是麟乃君王之祥瑞。

〔姜〕

姜士昌　明人。字仲文。

姜尚因遇周文王，得以建功立業，封於齊。是姜之昌由文王，故以“文”相應。又周文王名昌，“文”亦可應“昌”。以“文”應“昌”，亦可視爲欲國家文運昌盛。

姜曰廣　明人。字居之。

《孟子·滕文公下》：“居天下之廣居，立天下之正位，行天下之大道；得志與民由之，不得志獨行其道；富貴不能淫，貧賤不能移，威武不能屈：此之謂大丈夫。”

姜名武　明人。字我揚。

《僞古文尚書·泰誓中》：“我武惟揚。”

姜希轍　清人。字二濱。

宋蘇轍（蘇軾之弟）晚居許州，地臨潁水，因自號潁濱遺老。故以“濱”應“轍”。相傳帝堯時高士許由，因堯欲讓與天下，遂逃於潁水之陽；堯又欲召爲九州長，許由惡聞此言，乃洗耳於潁水之濱。蘇轍字子由，與許名同，又同居於潁，故以“二”飾“濱”，言潁水之濱有二高潔之士。

姜廷頤　明人。字以正。

《易·頤卦》：“彖曰：頤，貞吉。養正則吉也。”

姜志禮　明人。字立之。

《論語·季氏》：“‘不學《禮》，無以立。’鯉退而學《禮》。”

姜　昂　明人。字恒頫。

《楚辭·遠遊》：“服偃蹇以低昂兮，驂連蜷以驕驁。”《説文·日部新附字》：“昂，舉也。”又《頁部》：“頫，低頭也。”是昂、頫反義相協。飾以“恒”，以示謙撝。

姜思睿　明人。字顓愚。

《禮記·中庸》：“唯天下至聖，爲能聰明睿知。”愚則無知，是睿、愚反義相協。《説文·頁部》：“顓，頭顓顓謹貌。”以飾“愚”，爲狀其魯鈍謹厚之貌。亦兼寓大智若愚之意。

姜　洪

①明人。字啓洪。

相傳大禹治洪水，天賜《洛書》，因“法而陳之”，以成《洪範》。箕子推衍增益以授武王。啓洪，謂闡發大禹《洪範》。

②明人。字希範。

析《洪範》篇名爲名字。

姜特立　宋人。字邦傑。

《詩·秦風·黄鳥》：“維此奄息，百夫之特。”朱熹集傳：“特，傑出之稱。”《漢書·元帝紀》：“舉茂才特立之士。”因《詩·衛風·伯兮》有“邦之桀兮”之語，故以“邦傑”應“特立”。桀通“傑”。

姜紹書　清人。字二酉。

紹書，繼承書籍。二酉，指大酉山、小酉山。相傳秦人曾學於此，石穴中遺留有古書千卷。因是秦火後幸存者，後遂以“二酉”爲收藏珍貴秘笈處所之稱。事見《太平御覽》卷四九引《荆州記》。

姜　彭　清人。字又籛。

《莊子·逍遥遊》：“而彭祖乃今以久特聞。”陸德明釋文：“彭祖。李云名鏗，堯臣，封於彭城。……《世本》云，姓籛，名鏗。”飾以“又”，言己亦願老壽，成爲彭祖。

姜　愚　宋人。字子發。

《論語·爲政》：“子曰：‘吾與回言終日，不違如愚。退而省其私，亦足以發。回也不愚。’”

姜　維　三國蜀漢人。字伯約。

《詩·小雅·白駒》：“縶之維之，以永今朝。”毛傳：“維，繫也。”又《斯干》：“約之閣閣。”毛傳：“約，束也。”束、縛、維、繫義近，故相協。

姜錫嘏　清人。字爾常。

《詩·魯頌·閟宫》：“天錫公純嘏，眉壽保魯。”又《大雅·卷阿》：“純嘏爾常矣。”

姜燮鼎　清人。字理夫。

《僞古文尚書·周官》：“燮理陰陽，論道經邦。”以“理夫”應“燮鼎”，言爲燮理陰陽、調和鼎鼐之人。此以三公宰相自期。

姜　夔　宋人。字堯章。

《書·舜典》：“帝曰：‘夔！命汝典樂。’”《説文·音部》：“章，樂竟爲一章。”夔爲舜典樂，舜繼堯位，是其樂亦即堯之樂，故以“堯章”相應。

姜　寶　明人。字廷善。

《禮記·大學》：“《楚書》曰：‘楚國無以爲寶，惟善以爲寶。’”

〔宫〕

宫夢仁　清人。字定山。

《論語·雍也》：“知者樂水，仁者樂山；知者動，仁者静。”定、静義近，故以飾“山”。

宫爾勸　清人。字九叙。

《僞古文尚書·大禹謨》：“九功惟叙，九叙惟歌……勸之以九歌，俾勿壞。”

〔封〕

封子繪　北齊人。字仲藻。

劉勰《文心雕龍·原道》：“龍鳳以藻繪呈瑞，虎豹以炳蔚凝姿。”

封　肅　後魏人。字元邕。

《詩·周頌·有瞽》：“肅雝和鳴。”邕通“雝”。“元”美善之辭。

封德彝　唐人。名倫。

以字行。《書·洪範》：“彝倫攸叙。”

〔施〕

施大經 明人。字天卿。
《禮記·中庸》:"唯天下至誠,爲能經綸天下之大經。""卿"爲美稱。

施天德 明人。字象尼。
《論語·述而》:"子曰:'天生德於予,桓魋其如予何?'"孔子字仲尼,故以"象尼"應"天德"。

施世綸 清人。字文賢。
《易·屯卦》:"雲雷,屯。君子以經綸。"王弼注:"君子經綸之時。"孔穎達疏:"言君子法此《屯》象有爲之時,以經綸天下,約束於物。"後世以經綸喻指定國安邦之才能。文賢,謂有文韜之賢才。

施 侃 明人。字邦直。
《論語·鄉黨》:"朝,與下大夫言,侃侃如也。"朱熹集注引許氏《説文》:"侃侃,剛直也。"《詩·鄭風·羔裘》:"彼其之子,邦之司直。"

施 坰 宋人。字林宗。
《詩·魯頌·駉》:"駉駉牡馬,在坰之野。"毛傳:"邑外曰郊,郊外曰野,野外曰林,林外曰坰。"

施念曾 清人。字得仍。
曾,謂曾孫。仍,謂仍孫。《爾雅·釋親》:"孫之子爲曾孫……晜孫之子爲仍孫。"以"得仍"應"念曾",意欲子孫繁衍昌盛。

施昌言 宋人。字正臣。
《書·臯陶謨》:"禹拜昌言曰:'俞。'"又《益稷》:"帝曰:'來禹。汝亦昌言!'"能昌言乃正諫之臣。

施肩吾 唐人。字希聖。
肩吾,傳説上古有道之士。或以爲仙人。見《莊子·大宗師》及陸德明釋文。

施師點 宋人。字聖與。
《論語·先進》:"夫子喟然嘆曰:'吾與點也!'"因是孔子所贊同者,故以"聖"飾"與"。

施浴升 清人。字旭臣。
《詩·小雅·天保》:"如月之恒,如日之升。"毛傳:"升,出也。"又《邶風·匏有苦葉》:"旭日始旦。"毛傳:"旭,日始出。"封建時代"溥天之下,莫非王土;率土之濱,莫非王臣",故男子字多以"臣"爲綴飾。

施紹莘 明人。字子野。
《孟子·萬章上》:"伊尹耕於有莘之野。""子"爲男子美稱。

施 惠 元人。字君美。
連姓成文。《周禮·地官·旅師》:"施其惠,散其利。"以"君美"應"施惠",言人君施恩惠於民,乃是善政美德。

施閏章 清人。字尚白。
《周禮·考工記·畫繢》:"畫繢之事……青與赤謂之文,赤與白謂之章。"《易·賁卦》:"白賁,无咎。"王弼注:"處飾之終。飾終反素,故任其質素,不勞文飾而无咎也。以白爲飾而无患憂,得志者也。"有文采爲章,應以"白",反義相協。飾以"尚",意欲任其質素,不勞文飾。

施 槃 清人。字宗銘。
《禮記·大學》:"湯之《盤銘》曰:'苟日新,日日新,又日新。'"槃同"盤"。

施維翰 清人。字及甫。
《詩·大雅·崧高》:"維嶽降神,生甫及申。維申及甫,維周之翰。"

施德操 宋人。字彦執。
《荀子·勸學》:"生乎由是,死乎由是,夫是之謂德操。"操、執皆有持義,故相協。"彦"爲美稱。

施 儒 明人。字聘之。
《禮記·儒行》:"儒有席上之珍以待聘。"

施 鴻 清人。字則威。
《易·漸卦》:"鴻漸于陸,其羽可用爲儀。"《詩·邶風·柏舟》:"威儀棣棣,不可選也。"則威,猶言法儀。

〔查〕

查日乾 清人。字天行。
《易·乾卦》:"天行健,君子以自强不息。"

查 厚 明人。字文載。
《易·坤卦》:"坤厚載物。"又:"地勢坤,君子以厚德載物。"

查 約 明人。字原博。
《論語·子罕》:"夫子循循然善誘人:博我以文,約我以禮。"朱熹集注:"博文約禮,教之序也。"約原由博來,故以"原"爲飾。

查 容 清人。字韜荒。
容,包容,容受。《僞古文尚書·君陳》:"有容德乃大。"《易·泰卦》:"包荒,用馮河。"王弼注:"能包含荒穢,受納馮河者也。"孔穎達疏:"能包含容受,故曰用馮河也。"韜、包、容義近。韜荒猶包荒。

查爲仁 清人。字心穀。
《孟子·告子上》:"仁,人心也。"朱熹集注:"仁者,心之德。程子所謂心如穀種,仁則其生之性,是也。"

查嗣瑮 清人。字德尹。
《説文·玉部》:"瑮,玉英華羅列秩秩。……《逸論語》:'玉粲之瑳兮,其瑮猛也。"《禮記·聘義》:"夫昔者,君子比德於玉焉;温潤而澤,仁也;縝密以栗,知也;……孚尹旁達,信也。"玉有多種德,志在於信,故以"德尹"應"瑮"。

查慎行 清人。字悔餘。
《論語·爲政》:"慎行其餘,則寡悔。"初名嗣璉,字夏重。《論語·公冶長》:"曰:'瑚璉也。'"何晏集解引包咸曰:"瑚璉,黍稷之器。夏曰瑚,殷曰璉。"以"夏重"應"璉",即隱以"瑚"應"璉"。

查應光 明人。字賓王。
《易·觀卦》:"觀國之光,利用賓于王。"

查繼佐 清人。字伊璜。
《尚書大傳》卷二:"周文王至磻溪,見吕望。文王拜之。尚父曰:'望釣得玉璜,刻曰:周受命,吕佐檢,德合於今,昌來提。'"故以"璜"應"佐"。伊,彼。言彼玉璜已示吕尚佐周之讖。"伊"亦或指伊尹。

查　鐸　明人。字子警。

《僞古文尚書·胤征》："每歲孟春，遒人以木鐸徇于路。"蔡沈集傳："木鐸，金口木舌。施政教時，振以警衆也。"

〔柯〕

柯九思　元人。字敬仲。

《論語·季氏》："孔子曰：'君子有九思：視思明，聽思聰，色思温，貌思恭，言思忠，事思敬，疑思問，忿思難，見得思義。'"

柯尚遷　明人。字喬可。

《詩·小雅·伐木》："出自幽谷，遷于喬木。"

柯　昌　明人。字廷言。

《書·皋陶謨》："禹拜昌言曰。"又《益稷》："帝曰：'來禹！汝亦昌言。'"因是於朝廷之上，故以"廷"飾"言"。

柯　相　明人。字元卿。

《孟子·公孫丑上》："夫子加齊之卿相，得行道焉，雖由此霸王不異矣。"元卿，猶言首輔。

柯夢得　宋人。字東海。

此用姜太公故事爲名字。相傳周文王出獵前，曾有飛熊入夢，占卜以爲得賢臣之兆。次日獵於渭陽，果得姜尚。因《孟子·離婁上》有"太公辟紂，居東海之濱"之語，故以"東海"應"夢得"。

柯維楨　清人。字翰周。

《詩·大雅·文王》："王國克生，維周之楨。"又《崧高》："維申及甫，維周之翰。"

柯維騏　明人。字奇純。

《詩·小雅·皇皇者華》："我馬維騏，六轡如絲。"奇純，言其毛青黑無雜色。

〔柳〕

柳公綽　唐人。字寬。

《詩·衛風·淇奧》："寬兮綽兮，猗重較兮。"

柳公權　唐人。字誠懸。

《孟子·梁惠王上》："權，然後知輕重。"《禮記·經解》："故衡誠縣不可欺以輕重。"縣，古懸字。《荀子·禮論》："衡誠懸矣，則不可欺以輕重。"

柳以蕃　清人。字价人。

《詩·大雅·板》："价人維藩，大師維垣。"蕃、藩同音相代。

柳　弘　北周人。字匡道。

《論語·衛靈公》："人能弘道，非道弘人。"匡，救助。

柳　永　宋人。字耆卿。

《詩·周南·漢廣》："江之永矣。"毛傳："永，長。"《玉篇·老部》："耆，長也，老也。"《詩》《禮》皆以爲老壽之稱，以應"永"，是欲長壽。

柳仲郢　唐人。字諭蒙。

《莊子·徐无鬼》："莊子送葬，過惠子之墓，顧謂從者曰：'郢人堊慢其鼻端若蠅翼，使匠石斲之。匠石運斤成風，聽而斲之，盡堊而鼻不傷，郢人立不失容。宋元君聞之，召匠石曰："嘗試爲寡人爲之。"匠石曰："臣則嘗能斲之；雖然，臣之質死久矣。"自夫子之死也，吾無以爲質矣。吾無與言之矣！'"郭象注："非夫不動之質，忘言之對，則雖至言、妙斲，而無所用之。"莊子以郢人之死使匠石無從施其神技，比喻惠子之死，使己無可與討論至言要道者。莊子爲蒙人，故以"諭蒙"應"郢"。

柳　亨　唐人。字嘉禮。

《易·乾卦·文言》："亨者，嘉之會也。"會有聚衆集會義，凡會必以禮，故綴以"禮"。

柳宗元　唐人。字子厚。

《易·坤卦》："至哉坤元，萬物資生……坤厚載物，德合无疆。""子"爲男子美稱。

柳宗直　唐人。字正夫。

《詩·小雅·小明》："靖共爾位，好是正直。""夫"爲男子通稱。

柳　昂　隋人。字千里。

《楚辭·卜居》："寧昂昂若千里之駒乎？將氾氾若水中之鳧乎？"

柳　約　宋人。字元禮。

《論語·子罕》："博我以文，約我以禮。""元"爲美善之辭，以爲飾。

柳　彧　隋人。字幼文。

《廣雅·釋詁三》："彧，文也。"

柳　珪　唐人。字交玄。

《書·禹貢》："朔南暨聲教，訖于南海，禹錫玄圭，告厥成功。"孔穎達疏："其南與北，雖在服外，皆與聞天子威聲文教，時來朝見。……以禹功如是，故帝錫以玄色之圭。"珪同"圭"。"交玄"不辭。"交"疑爲"文"之訛。以禹能使"文命敷于四海"，乃受玄圭之賜，故以"文"爲飾。

柳　偃　南朝梁人。字彦游。

孔子弟子言偃字子游。因仰慕前賢，故襲其名字。"彦"爲美稱。

柳　冕　唐人。字敬叔。

"冕"爲禮服。《孝經·廣要道章》："禮者，敬而已矣。"《論語·鄉黨》："見冕者與瞽者，雖褻必以貌。"何晏集解引周氏曰："必當以貌禮之。"

柳　貫　元人。字道傳。

《論語·里仁》："子曰：'参乎！吾道一以貫之。'"

柳　登　唐人。字成伯。

《孟子·滕文公上》："五穀不登。"朱熹集傳："登，成熟也。"

柳　䛒　隋人。字顧言。

䛒即"辯"字。《字彙補》以爲北齊時造此字。"辯"爲言語行爲，故應以"言"。飾以"顧"，取《禮記·中庸》"言顧行，行顧言"之訓，不可徒逞口舌之巧。

柳　開　宋人。字仲塗。

開爲北宋初古文倡導者，因慕韓愈、柳宗元，曾名肩愈字紹元，以示欲繼韓柳之業。改名開，字仲塗，意謂欲開闢聖道之塗。

柳　奭　唐人。字子邵。

召公名奭，與周公旦同輔成王，有善政。召亦作"邵"。召爲地名，故後世多加"邑"旁。

柳　璞　唐人。字韜玉。

《孟子·梁惠王下》："今有璞玉於此，雖萬鎰，必使玉人彫琢之。"朱熹集注："璞，玉之在石中者。"韜玉，謂玉藏於石中。

柳謇之　隋人。字公正。

《楚辭·離騷》："余固知謇謇

之爲患兮，忍而不能舍也。”王逸注：“謇謇，忠貞貌。”《易·師卦》：“貞，正也。”“公”爲美稱。

〔段〕

段天祐 元人。字吉甫。

《易·大有卦》：“自天祐之，吉无不利。”“甫”爲男子美稱。

段少連 宋人。字希逸。

連，謂成連。春秋時高士，精音樂。俞伯牙曾從學琴。因是隱逸者，故以“逸”相應。

段玉裁 清人。字若膺。

裁，裁奪，裁度。《左傳·僖公十五年》：“唯君裁之！”應以“若膺”，言於其裁奪，若拳拳服膺。《禮記·中庸》：“則拳拳服膺，而弗失之矣。”朱熹《中庸章句》：“奉持而著之心胸之間，言能守也。”

段克己 金人。字復之。

《論語·顏淵》：“克己復禮爲仁。”

段成己 金人。字誠之。

《禮記·中庸》：“誠者，自成也。”又：“誠者非自成己而已也，所以成物也。成己仁也，成物知也，性之德也。”

段成式 唐人。字柯古。

《説文·工部》：“式，法也。”《爾雅·釋詁》：“柯，法也。”同義故相協。綴以“古”，言取法於古。

段秀實 唐人。字成公。

《詩·大雅·生民》：“實發實秀，實堅實好。”毛傳：“不榮而實曰秀。”孔穎達疏：“稍至秋初，禾又出穗，實盡發於管，實生粒皆秀；更復少時，其粒實皆堅成，實又齊好。”“公”爲美稱。

段　韶 北齊人。字孝先。

後漢邊韶字孝先，通五經，常教授生徒數百人，知名於時，此襲其名字。

段諤廷 清人。字訒庵。

《史記·商君列傳》：“武王諤諤以昌，殷紂墨墨以亡，君若不非武王乎，則僕請終日正言而無誅，可乎？”諤廷，謂直言正諫於朝廷。應以“訒”，謂爲之實難。《論語·顏淵》：“爲之難，言之得無訒乎！”“庵”爲時尚字飾。

〔洪〕

洪上庠 清人。字序也。

《孟子·滕文公上》：“設爲庠序學校以教之。”

洪希文 元人。字汝質。

《論語·雍也》：“文質彬彬，然後君子。”

洪承疇 清人。字亨九。

《書·洪範》：“天乃錫禹《洪範》九疇。”故以“九”應“疇”，因《易·大畜卦》有“上九，何天之衢，亨”之語，因以“亨”飾“九”。朱熹《周易本義》釋此爻云：“何天之衢，言何其通達之甚也。畜極而通，豁達無礙，故其象占如此。”“九”本爲極數，“亨九”猶言無不亨通。按，何似應讀爲“荷”。《易·乾卦·文言》：“亨者，嘉之會也。”朱熹本義：“亨者，生物之通。物至於此，莫不嘉美。”

洪　昇 清人。字昉思。

《詩·小雅·天保》：“如日之升。”鄭玄箋：“日始出而就明。”後代升作“昇”。《説文·日部新附字》：“昇，日上也。从日升聲。古只用升。”又：“昉，明也。”因《詩·周南·漢廣》有“不可方思”之句，而昉、方同音，故倣其文例以“思”綴“昉”。

洪　朋 宋人。字龜父。

《易·損卦》：“或益之十朋之龜。”

洪　炎 宋人。字玉父。

《僞古文尚書·胤征》：“火炎崐岡，玉石俱焚，天吏逸德，烈於猛火。”因“炎”而及“崐岡”，崐岡出玉，故以“玉”應“炎”。“父”爲男子美稱。

洪亮吉 清人。字稚存。

《禮記·祭義》：“吉然後養之。”又《月令》：“養幼小，存諸孤。”

洪咨夔 宋人。字舜俞。

《尚書》記帝舜命臣工時，多用咨、俞二辭。如《舜典》：“舜曰：‘咨四岳。’”“帝曰：‘俞！汝往哉。’”“帝曰：‘俞！咨益，汝作朕虞。’”“帝曰：‘夔！命汝典樂。’”故以“舜俞”應“咨夔”。

洪若臯 清人。字叔叙。

《書·益稷》：“臯陶方祗厥叙。”

洪　芻 宋人。字駒父。

《詩·小雅·白駒》：“皎皎白駒，在彼空谷，生芻一束，其人如玉。”“父”爲男子美稱。

洪　适 宋人。字景伯。

以“景伯”應“适”，謂景慕周之伯适。《論語·微子》：“周有八士：伯達，伯适，仲突，仲忽……”

洪　堪 明人。字子輿。

揚雄《甘泉賦》：“屬堪輿以壁壘兮，捎夔魖而抶獝狂。”“子”爲男子美稱。

洪　尋 清人。字味須。

《世説新語·文學》：“支道林在白馬寺中，與馮太常共語，因及《逍遥》。支卓然標新理於二家之表，立異於衆賢之外，皆是諸名賢尋味之所不得。後遂用支理。”以“須”綴“味”應“尋”，言須尋味。

洪　皓 宋人。字光弼。

《詩·陳風·月出》：“月出皓兮。”《僞古文尚書·周官》：“寅亮天地，弼予一人。”又《畢命》：“弼亮四世，正色率下。”“皓”爲明亮，故承其義而應以“光”。又因《周官》《畢命》之辭而綴以“弼”。

洪　鈞 清人。字文卿。

連姓成文。“鈞”爲製陶器之轉輪，可以成各類陶器。洪，大，表尊敬之意。天能化育萬物，故以“洪鈞”喻指天。《文選·張華〈答何劭詩〉之二》：“洪鈞陶萬類，大塊稟羣生。”李善注：“洪鈞，大鈞。謂天也。”應以“文”，《易·賁卦》：“彖曰：剛柔交錯，天文也。文明以止，人文也。觀乎天文，以察時變。觀乎人文，以化成天下。”又，或欲天使文運昌盛。“卿”爲美稱。

洪飴孫 清人。字孟慈。

《後漢書·皇后紀·明德馬皇后》："吾但當含飴弄孫，不能復關政矣。"因《孟子·離婁上》有"孝子慈孫"之語，故以"慈"應"孫"。

洪 鼐 明人。字廷器。

《説文·鼎部》："鼐，鼎之絶大者。"段玉裁於"鼎"字注引《九家易》曰："鼎三足，以象三台也。"鼎既爲傳國重器，又有三公之象，故以"廷器"相應，言爲朝廷偉器（宰輔之臣）。

洪興祖 宋人。字慶善。

《易·坤卦·文言》："積善之家，必有餘慶。"周興嗣《千字文》："福緣善慶。"古人敬天法祖，且認爲上代積善能福祐子孫。以"慶善"應"興祖"，言欲憑借上代積善之餘慶，振興其祖德。

洪 遵 宋人。字景嚴。

漢嚴君平名遵，精《老子》，揚雄曾從問學，賣卜成都，不妄取。又，東漢嚴光，字子陵，一名遵。少與光武帝同學，有重名。光武即位後，乃變名姓逃去，後終老於富春山。見《漢書·王吉傳》與《後漢書·逸民傳》。二人並爲世外高士，因慕其人，故以"景嚴"應"遵"。

洪 邁 宋人。字景盧。

唐盧邁，爲諫議大夫，能指陳時弊。貞元中進中書侍郎，一生清正自守。故以"景盧"應"邁"。言景仰盧邁。

洪 簡 宋人。字子斐。

《論語·公冶長》："吾黨之小子狂簡，斐然成章，不知所以裁之。""子"爲男子美稱。

洪騰蛟 清人。字鱗雨。

王勃《滕王閣序》："騰蛟起鳳，孟學士之詞宗。"《説文·虫部》："蛟，龍屬。無角曰蛟。"段玉裁注："龍者，鱗蟲之長，蛟其屬，無角則屬而别也。"渾言蛟龍則無别。古人以爲龍能致雨，故以"雨"應"蛟"。龍爲鱗之長，故以"鱗"飾"雨"。亦以諧"霖雨"。救旱之雨爲霖。

洪巖虎 元人。字德章。

《易·革卦》："大人虎變，其文炳也。"《周禮·考工記·畫繢》："畫繢之事……青與赤謂之文，赤與白謂之章。"渾言文、章無别，故以"章"代"文"應"虎"。有德則美，以飾"章"，亦諧音"德彰"，謂以彰顯虎豹有文之美。

〔皇〕

皇甫冉 唐人。字茂政。

皇甫，複姓。冉，指孔子弟子冉有。冉有在孔門四科中長於政事。《論語·先進》："政事冉有，季路。"故以"政"應"冉"。《爾雅·釋詁》："茂，勉也。"以飾"政"，謂勤於政事。

皇甫曾 唐人。字孝常。

曾，指孔子弟子曾參。曾參以孝著稱。《史記·仲尼弟子列傳》："曾參……孔子以爲能通孝道，故授之業，作《孝經》。"故以"孝"應"曾"。古人以爲孝乃永恒不變之道，故綴以"常"。

皇甫湜 唐人。字持正。

《詩·邶風·谷風》："涇以渭濁，湜湜其沚。"鄭玄箋："湜湜，持正貌。"

皇甫無逸 唐人。字仁儉。

《書·無逸》："嗚呼！君子所其無逸。"《説文·人部》："儉，約也。"段玉裁注："儉者，不敢放侈之意。""無逸"爲勿放縱逸豫，"儉"則申明此意。在上者不享樂無度，民衆則受其德，故以"仁"飾"儉"。又，逸、儉反義相協。

皇甫録 明人。字世庸。

《後漢書·袁紹傳》："廣羅英雄，弃瑕録用。"《書·堯典》："疇咨，若時登庸。"孔傳："庸，用也。"飾以"世"，欲世世皆能登仕途，被録用。

皇甫謐 晉人。字士安。

《爾雅·釋詁》："謐，静也。"郝懿行義疏引《賈子·禮容篇》云："'謐者，寧也，億也。'億訓安，安寧亦静。"安、謐義近，故相協。

〔祖〕

祖沖之 南朝齊人。字文遠。

《史記·楚世家》："三年不蜚（飛），蜚將沖天。"沖則能高遠。以"文"爲飾，取言文行遠之義。

祖 約 晉人。字士少。

《廣雅·釋詁三》："約，少也。"《詩·鄭風·女曰雞鳴》"士曰昧旦"孔穎達疏："士者男子之大號。"故以"士"爲飾。

祖 述 明人。字尚賢。

連姓成文。《禮記·中庸》："仲尼祖述堯舜。"朱熹《中庸章句》："祖述者，遠宗其道。"遠宗前人之道即是尚賢。

祖浩然 元人。字養吾。

《孟子·公孫丑上》："我善養吾浩然之氣。"

祖 納 晉人。字士言。

《書·舜典》："命汝作納言，夙夜出納朕命。惟允。""士"爲男子美稱。

祖望之 清人。字載璜。

據《史記·齊太公世家》載，姜尚釣於渭水，周文王出獵見之，與語大悦，謂之曰："吾太公望子久矣！"載與俱歸，號爲"太公望"。《尚書大傳》卷二謂姜尚釣於渭，得一玉璜，上刻"周受命，吕佐檢"等語。故以"載璜"應"望之"。

祖 逖 晉人。字士稚。

逖，假作"狄"。《易·涣卦》"涣其血去逖出"王弼注："逖，遠也。"《詩·大雅·瞻卬》"舍爾介狄"毛傳："狄，遠。"是逖、狄通。《書·顧命》："狄設黼扆綴衣。"孔傳："狄，下士。"孔穎達疏："《禮記·祭統》云：'狄者，樂吏之賤者也。'是賤官有名爲狄者，故以狄爲下士。"以"士稚"應"逖"正謂士之卑小者。此示謙撝。其兄字士言，弟字士少，弟兄皆以"士"爲行輩區别字。

祖無擇 宋人。字擇之。

《孝經·卿大夫章》："是故非法不言，非道不行；口無擇言，身無擇行；言滿天下無口過，行滿天下無怨惡：三者備矣，然後能守其宗廟。”注：“言行皆遵法道，所以無可擇也。”然“非法不言，非道不行”，仍是有所擇，故以“擇之”應“無擇”。言所擇者惟先王之法與道。

〔祝〕

祝允明 明人。字希哲。
《書·洪範》：“明作哲。”

祝次仲 宋人。字孝友。
《詩·小雅·六月》：“侯誰在矣？張仲孝友。”

祝廷彪 清人。字虎臣。
《説文·虎部》：“彪，虎文也。”因《詩·魯頌·泮水》有“矯矯虎臣，在泮獻馘”之語，故因“虎”而綴以“臣”。

祝　明 元人。字文卿。
《易·乾卦·文言》：“見龍在田，天下文明。”“卿”爲美稱。

祝禹圭 宋人。字汝玉。
《書·禹貢》：“禹錫玄圭，告厥成功。”圭爲玉製，故以“玉”相應。《書》多用“汝賢”“汝諧”，故倣其文例以“汝”飾“玉”。言汝乃玉製者。

祝欽明 唐人。字文思。
《書·堯典》：“欽明文思安安。”

祝夢熊 宋人。字寬夫。
《詩·小雅·斯干》：“吉夢維何？維熊維羆，男子之祥。”夢熊爲生男之兆，故以男子之通稱“夫”相應。因《孟子·萬章下》有“故聞柳下惠之風者，鄙夫寬，薄夫敦”之語，因以“寬”爲飾，言欲爲寬博敦厚之男兒，不作鄙夫。

祝維岳 宋人。字周輔。
《詩·魯頌·閟宫》：“泰山巖巖，魯邦所瞻。”又：“俾侯于魯，大啓爾宇，爲周室輔。”泰山爲五岳之首，在魯國境内。爲“魯之望”。成王封周公長子伯禽於魯。以爲東方屏藩，故以“周輔”應“岳”。

祝維誥 清人。字宣臣。
《説文·言部》：“誥，告也。”段玉裁注：“按以言告人，古用此字，今則用告字，以此誥爲上告下之字。”封建時代特指天子之詔令。天子之告爲宣示臣民，故以“宣臣”應“誥”。作字豫堂者，恐非。與“誥”不協，當是别號。

祝德麟 清人。字止堂。
《詩·周南·麟之趾》：“麟之趾，振振公子，于嗟麟兮！”朱熹集傳：“文王后妃德脩于身，而子孫宗族皆化于善，故詩人以麟之趾興公之子，言麟性仁厚，故其趾亦仁厚。”麟不踐生草，不履生蟲，故是德麟。止，“趾”之古字。“堂”爲時尚字飾。

〔紀〕

紀大奎 清人。字向辰。
奎，奎宿。爲西方白虎七宿之首。《史記·天官書》：“辰星不出，太白爲客；其出，太白爲主。”司馬貞索隱：“謂辰星出西方。”

紀大復 清人。字子初。
《楚辭·離騷》：“進不入以離尤兮，退將復脩吾初服。”“子”爲男子美稱。

紀　坤 明人。字厚齋。
《易·坤卦》：“坤厚載物。”“齋”爲時尚字飾。

紀　昀 清人。字曉嵐。
《玉篇·日部》：“昀，日光也。”《説文·日部》：“曉，明也。”段玉裁注：“此亦謂旦也，俗云天曉是也。”日生光，天則破曉，故“昀”“曉”相應。晴朗日山巒蒸潤之氣爲“嵐”，與日光相關，故以爲綴飾。

紀容舒 清人。字遲叟。
《禮記·玉藻》：“君子之容舒遲。”陳澔集説：“舒遲，閑雅之貌。”五代以來，“叟”爲時尚字飾。

〔胡〕

胡一桂
① 宋人。字德夫。
《晉書·郤詵傳》：“武帝於東堂會送，問詵曰：‘卿自以爲何如？’詵對曰：‘臣舉賢良對策，爲天下第一，猶桂林之一枝，崑山之片玉。’”“一桂”爲郤詵之典，而郤既孝親，且剛正，“甚得四方聲譽”，故以“德夫”相應。
② 元人。字庭芳。
“一桂”解見①。《世説新語·言語》記謝安問人家何以欲有佳子弟時，謝玄答以“譬如芝蘭玉樹，欲使其生於階庭耳”。後世又以“蘭桂騰芳”稱美人家子弟能繼祖德，振家聲，故因“桂”而應以“芳”。飾以“庭”，言其宗族多佳子弟。

胡九韶 明人。字鳳儀。
《書·益稷》：“《簫韶》九成，鳳皇來儀。”

胡三省 元人。字身之。
《論語·學而》：“曾子曰：‘吾日三省吾身。’”綴以“之”，謂對曾子此言，應身體力行。

胡大原 宋人。字伯逢。
《孟子·離婁下》：“資之深，則取之左右逢其原。”

胡子祺 明人。名壽昌。
以字行。《詩·大雅·行葦》：“壽考維祺，以介景福。”

胡元玉 清人。字子瑞。
《周禮·春官·典瑞》：“典瑞，掌玉瑞玉器之藏。”“子”爲男子美稱。

胡元儀 清人。字子威。
《詩·邶風·柏舟》：“威儀棣棣，不可選也。”

胡元質 宋人。字長文。
《論語·雍也》：“文質彬彬，然後君子。”《玉篇·一部》：“元，《韓詩》曰：‘元，長也。’”以“長”飾“文”意在主文，與“元”亦同義相協。

胡友信 明人。字成之。
《論語·衛靈公》：“信以成之。”

胡天作 金人。字景山。
《詩·周頌·天作》：“天作高山，大王荒之。”因《詩·小雅·車舝》有“高山仰止，景行行止”之語，故以“景”飾“山”。

胡天游 元人。名乘龍。
以字行。《易·乾卦》：“時乘六龍以御天。”飛龍在天，乘之自必翱遊於天上。

胡文焕 明人。字德甫。

《論語・泰伯》:"子曰:'大哉堯之爲君也!巍巍乎!唯天爲大,唯堯則之。蕩蕩乎!民無能名焉。巍巍乎!其有成功也。焕乎!其有文章。'"因是頌帝堯之德,故以"德"應"文焕"。"甫"爲男子美稱。

胡 仔 宋人。字元任。

《詩・周頌・敬之》:"佛時仔肩,示我顯德行。"鄭玄箋:"仔肩,任也。"又《小雅・六月》:"元戎十乘。"毛傳:"元,大也。"以飾"任",謂大任、重任。

胡 旦 宋人。字周父。

姬旦佐其兄周武王滅商,後又相成王,有大功於周室。因食采於周,被稱爲周公、周公旦,故以"周"應"旦"。"父"爲男子美稱。

胡正言 清人。字曰從。

《書・洪範》:"言曰從。"

胡母輔之 晉人。字彦國。

胡母,複姓。以"國"應"輔之",意欲爲國之重臣,以輔佐王家。《爾雅・釋訓》:"美士曰彦。"以飾"國",言輔佐國家者皆爲人所稱贊之美士。

胡母謙之 晉人。字子光。

《易・謙卦》:"謙尊而光,卑而不可愈,君子之終也。""子"爲男子美稱。

胡仲弓 宋人。字希聖。

仲弓,名雍,孔子弟子。孔子以爲有人君之度,許以"可使南面"。見《論語・雍也》。封建時代帝王被尊爲聖人,故以"希聖"應"仲弓",言景慕其有人君之德。

胡仲雲 宋人。字從甫。

《易・乾卦》:"雲從龍。""甫"爲男子美稱。

胡光北 清人。字楚良。

《孟子・滕文公上》:"陳良,楚産也,悦周公仲尼之道,北學於中國,北方之學者,未能或之先也,彼所謂豪傑之士也。"楚之陳良北學於中國,乃爲北方增光,故以"楚良"應"光北"。

胡光龍 清人。字雲川。

《易・乾卦》:"雲從龍。"天上有銀河,又名雲漢,故因"雲"而綴以"川"。"川"亦時尚字飾。

胡安國 宋人。字康侯。

《易・晉卦》:"晉:康侯用錫馬蕃庶,晝日三接。"朱熹本義:"康侯,安國之侯也。"

胡次焱 宋人。字濟鼎。

《説文・火部》:"焱,火華也。"《易・鼎卦》:"鼎,象也,以木巽火,亨飪也。"鼎爲烹飪之器,故須濟以火。

胡行簡 元人。字居敬。

《論語・雍也》:"居敬而行簡,以臨其民,不亦可乎?"

胡志仁 清人。字井輝。

《論語・里仁》:"苟志於仁矣,無惡也。"《孟子・離婁上》:"苟不志於仁,終身憂辱。"因《論語・雍也》有"井有仁焉"之語,故應以"井"。井如有仁,自必生輝。

胡季堂 清人。字升夫。

《論語・先進》:"由也升堂矣,未入於室也。""夫"爲男子通稱。

胡居仁 明人。字叔心。

《孟子・盡心上》:"居仁由義。"又《告子上》:"仁,人心也。"

胡承珙 清人。字景孟。

南宋孟珙資兼文武,志在恢復中原,坐鎮荆襄,深爲朝廷倚重。慕其人,故襲其姓名。

胡承諾 清人。字君信。

既承諾,必守信。《老子》第六三章:"夫輕諾必寡信。"此反其意而用之。《史記・季布欒布列傳》記季布重然諾,楚人譽爲一諾千金。"君"爲美稱。

胡東皐 明人。字汝登。

陶潛《歸去來辭》:"登東皐以舒嘯,臨清流而賦詩。"

胡 松 明人。字茂卿。

《詩・小雅・天保》:"如松柏之茂,無不爾或承。"又《斯干》:"如竹苞矣,如松茂矣。""卿"爲美稱。

胡松年 宋人。字茂老。

《詩・小雅・天保》:"如南山之壽,不騫不崩;如松柏之茂,無不爾或承。"松柏後凋長壽,故綴以"老"。"老"亦時尚字飾。

胡林翼 清人。字貺生。

《爾雅・釋詁》:"林,君也。"《小爾雅・廣言》:"翼,送也。"贈行爲送。《詩・秦風・渭陽》:"我送舅氏,曰至渭陽,何以贈之?路車乘黄。"《序》云:"康公時爲太子,曾送文公于渭之陽。""林翼"猶言君送,故應以"貺"。《詩・小雅・彤弓》:"中心貺之。"毛傳:"貺,賜也。"贈送與賜皆以物與人,故相協。秦漢稱有才德者爲"生",猶言先生。後以爲男子之稱,故以爲綴飾。按,《清稗類鈔・婚姻》謂胡母娠林翼時,夢五色鳥"張兩翼翔鳴,羣鳥從飛,啄林中之芝,因名林翼,字詠芝"。是後乃取《小爾雅》義,改字貺生。

胡 直 明人。字正甫。

《詩・小雅・小明》:"靖共爾位,正直是與。""甫"爲男子美稱。

胡直孺 宋人。字少汲。

漢汲黯,字長孺,事武帝,以戇直著名。《漢書・張馮汲鄭傳贊》:"汲黯之正直,鄭當時之推士,不如是,亦何以成名哉!"

胡 則 宋人。字子正。

《楚辭・離騷》:"名余曰正則兮,字余曰靈均。"王逸注:"正,平也;則,法也。""子"爲男子美稱。

胡拱辰 明人。字共之。

《論語・爲政》:"譬如北辰,居其所而衆星共之。"共、拱古今字。

胡 昭 三國魏人。字孔明。

昭、明同義相協。《詩・大雅・既醉》:"君子萬年,介爾昭明。"又:"昭明有融,高朗令終。"因《詩・小雅・楚茨》有"祀事孔明"成語,故以"孔明"應"昭"。

胡炳文 元人。字仲虎。

《易・革卦》:"大人虎變,其文炳也。"

胡 重 清人。字菊圃。

重,謂重九。陶潛《九日閒居詩》序:"余閒居,愛重九之名,秋菊盈園，而持醪靡由，空服九華，寄懷於言。”故以“菊”應“重”。種蔬菜花木之所爲圃，故以綴“菊”。“圃”亦時尚字飾。

胡唐老 宋人。字俊明。

《書·堯典》有“克明俊德”之語，帝堯爲陶唐氏，故以“俊明”應“唐老”。五代以來，士人喜以“老”“叟”爲名或字。

胡時顯 清人。字行偕。

《易·乾卦·文言》：“與時偕行。”

胡 浚 清人。字希張。

南宋張浚爲抗金名將，志在恢復中原，一生不主和議。慕其人，故襲其姓名。

胡 唯 明人。字貫道。

《論語·里仁》：“子曰：‘參乎！吾道一以貫之。’曾子曰：‘唯。’”

胡 埜 宋人。字德林。

《詩·魯頌·駉》：“在坰之野。”毛傳：“邑外曰郊，郊外曰野，野外曰林，林外曰坰。”故以“林”應“野”。埜，野之古字。

胡 珵 宋人。字德輝。

《玉篇·玉部》：“珵，美玉也。埋六寸，光自輝。”君子比德於玉，故以“德”爲飾。

胡祥麟 清人。字仁圃。

《詩·周南·麟之趾》陸德明釋文：“瑞獸也。……王者至仁則出。”“圃”爲時尚字飾。

胡 渭 清人。字朏明。

原名渭生，字朏明。《僞古文尚書·武成》：“厥四月哉生明。”故以“明”應“生”。《書·召誥》：“惟丙午朏。”孔傳：“朏，明也。月三日明生之名。”月再生明爲朏，故以“朏”飾“明”。改名後未改字，以渭、朏音近，可相代。

胡統虞 清人。字孝緒。

《説文·糸部》：“統，紀也。”段玉裁注引《淮南子·泰族訓》曰：“繭之性爲絲，然非得女工煮以熱湯，而抽其統紀，則不能成絲。”“紀，别絲也。”段玉裁注：“别絲者，一絲必有首，别之是爲紀，衆絲皆得其首，是爲統。”“緒，絲耑也。”段玉裁注：“抽絲者得緒而可引，引伸之，凡事皆有緒可續。”是統、緒義近，故相協。“孝”爲東漢以來士人喜用字飾。

胡舜元 宋人。字叔才。

高辛氏有才子八人，“天下之民，謂之八元”，帝舜皆任以職，“使布五教於四方”。見《左傳·文公十八年》。故以“才”應“舜元”。

胡舜陟 宋人。字汝明。

《書·舜典》：“帝曰：‘格！汝舜。詢事考言，乃言底可績，三載。汝陟帝位。’”又：“三考黜陟幽明。”

胡閎休 宋人。字良弼。

閎，謂閎夭。周初佐命功臣。《爾雅·釋詁》：“休，美也。”以“良弼”應“閎休”，言以閎夭之美，堪稱良弼。

胡 敬 清人。字以莊。

《禮記·樂記》：“莊敬則嚴威。”

胡 綱 清人。字百鍊。

劉琨《重贈盧諶》詩：“何意百鍊剛，化爲繞指柔！”綱，疑當作“剛”。但清人或故意同音相代，以示古雅。

胡 銓 宋人。字邦衡。

《漢書·王莽傳中》：“考量以銓。”顏師古注引應劭曰：“銓，權衡也。”《周禮》有“掌邦治”“掌邦教”之語，故傚其例以“邦”飾“衡”，言爲國家銓衡人材。

胡鳴玉 清人。字廷佩。

《禮記·玉藻》：“古之君子必佩玉，右徵角，左宫羽。……在車則聞鸞和之聲，行則鳴佩玉。”佩玉乃大夫朝會宴享之飾，故飾以“廷”。

胡 澍 清人。字荄甫。

《説文·水部》：“澍，時雨也，所以樹生萬物者也。”《漢書·禮樂志》：“青陽初開，根荄以遂。”顏師古注：“臣瓚曰：‘春爲青陽。’師古曰：草根曰荄。遂者，言皆生出也。”時雨潤物，雖細微如草根，亦得以復甦。“甫”爲男子美稱。

胡 渼 元人。字景雲。

《説文·水部》：“渼，古文‘漢’如此。”《詩·大雅·雲漢》：“倬彼雲漢，昭回于天。”

胡 璉

① 明人。字商用。

《論語·公冶長》：“曰：‘瑚璉也。’”何晏集解引包咸曰：“夏曰瑚，殷曰璉，周曰簠簋，宗廟之器貴者。”殷商人既名之曰璉，自是殷商人所用。

② 明人。字重器。

璉，解見①。《左傳·成公十四年》：“自是不敢舍其重器於衛。”鼎彝簠簋皆爲重器。

胡賡善 清人。字受穀。

《易·坤卦·文言》：“積善之家，必有餘慶。”《詩·小雅·天保》：“天保定爾，俾爾戩穀，罄無不宜，受天百禄。”毛傳：“穀，禄。”積善之家，尚有餘慶，能繼續爲善者，更應受天之禄，故以“受穀”應“賡善”。賡，繼。

胡 質 三國魏人。字文德。

《論語·雍也》：“文質彬彬，然後君子。”因《季氏》有“則修文德以來之”之語，故由“文”而及“德”。

胡 憲 宋人。字原仲。

孔子弟子原憲，性狷介，甘於貧賤。慕其人，故襲其姓名。

胡 穎 南朝陳人。字方秀。

《詩·大雅·生民》：“誕后稷之穡，有相之道。……實方實苞，實種實褎，實發實秀，實堅實好，實穎實栗，即有邰家室。”

胡 翰 明人。字仲申。

《詩·大雅·崧高》：“維申及甫，維周之翰。”

胡應麟 明人。字元瑞。

《詩·周南·麟之趾》毛傳：“《關雎》之時，以麟爲應。”陸德明釋文：“瑞獸也。……王者至仁則出。”《易·乾卦·文言》：“元者，善之長也。”王者至仁，則是太平盛世，麟應運而出，乃最大之祥瑞，故以“元瑞”應“應麟”。

胡 謙 宋人。字牧之。

《易·謙卦》：“謙謙君子，卑以自牧也。”

胡 翼 南朝梁人。字鵬雲。

《莊子·逍遥遊》：“化而爲鳥，

其名爲鵬。……其翼若垂天之雲。”

胡　瓊　明人。字國華。

《詩・齊風・著》：“尚之以瓊華乎而。”毛傳：“瓊華，美石。士之服也。”飾以“國”，謂邦國之珍。亦因有“文章華國”之語，故以“華”就“國”。

胡　鐸　明人。字時振。

《僞古文尚書・胤征》：“每歲孟春，遒人以木鐸徇于路。”孔傳：“木鐸，金鈴木舌，所以振文教。”每歲以時而行，故飾以“時”。

胡　儼　明人。字若思。

《禮記・曲禮上》：“儼若思。”

胡　瓚

① 元人。字元禮。

《周禮・春官・典瑞》：“祼圭有瓚，以肆先王。”鄭玄注引鄭司農云：“於圭頭爲器，可以挹鬯祼祭謂之瓚。”古人以爲國之大事，惟祀與戎。祼祭先王，自屬大事，故以“元”飾“禮”。

② 明人。字伯珩。

瓚，解見①。《説文・玉部》：“珩，佩上玉也。”同爲玉屬，同用於禮儀，故相應。

③ 明人。字伯玉。

解見①②。

〔荀〕

荀　攸　漢人。字公達。

《漢書・叙傳下》：“攸攸外寓。”顔師古注：“攸攸，遠貌。”《玉篇・辵部》：“達，通也。”以“達”應“攸”，取可通於遠之義。

荀伯玉　南朝齊人。字弄璋。

《詩・小雅・斯干》：“乃生男子，載寢之牀，載衣之裳，載弄之璋。”毛傳：“半圭曰璋，裳下之飾也。璋，臣之職也。”鄭玄箋：“玩以璋者，欲其比德焉。玉以璋者，明成之有漸。”

荀　彧　漢人。字文若。

《廣雅・釋詁三》：“彧，文也。”王念孫疏證：“後漢荀彧字文若。”若，猶“然”。形容詞詞尾。

荀　悦　漢人。字仲豫。

《莊子・應帝王》：“何問之不豫也？”陸德明釋文引簡文云：“豫，悦也。”

荀　淑　漢人。字季和。

《詩・周南・關雎》：“窈窕淑女。”毛傳：“淑，善。”《呂氏春秋・貴公》：“夷吾善鮑叔牙。”高誘注：“善，猶和也。”淑、和同義相協。

荀　爽　漢人。字慈明。

《書・牧誓》：“時甲子昧爽。”孔傳：“爽，明也。”《禮記・内則》：“父子皆異宫，昧爽而朝，慈以甘旨。”鄭玄注：“慈，愛敬進之。”以“慈”飾“明”以應“爽”，意謂昧爽朝父敬進甘旨。

荀　粲　三國魏人。字奉倩。

《穀梁傳・昭公四年》：“軍人粲然皆笑。”范甯集解：“粲然，盛笑貌。”《論語・八佾》：“巧笑倩兮。”何晏集解引馬融曰：“倩，笑貌。”又，“倩”有美義，“粲”有鮮明、文采義。鮮明亦即美。皆爲同義相協。

荀　隱　晉人。字鳴鶴。

《詩・小雅・鶴鳴》：“鶴鳴于九皋，聲聞于野。”毛傳：“言身隱而名著也。”鄭玄箋：“喻賢雖隱居，人咸知之。”

〔計〕

計有功　宋人。字敏夫。

《論語・陽貨》：“敏則有功。”“夫”爲男子通稱。

計　楠　清人。字壽喬。

《山海經・南山經》：“其上多梓枏。”郭璞注：“枏，大木，葉似桑，今作‘楠’，音南。”《爾雅・釋木》：“小枝上繚爲喬。”郭璞注：“謂細枝皆翹繚上句者名爲喬木。”凡大木則生長久，故以“壽”飾“喬”。

計　默　清人。字希深。

《莊子・在宥》：“淵默而雷聲。”《詩・邶風・燕燕》：“其心塞淵。”毛傳：“淵，深也。”

計　禮　明人。字汝和。

《論語・學而》：“禮之用，和爲貴。”《書》多用“汝諧”“汝賢”，故倣其文例，以“汝”飾“和”。

〔郝〕

郝志義　明人。字宜之。

《禮記・中庸》：“義者，宜也。”又《祭義》：“義者，宜此者也。”

郝　彬　元人。字景文。

《論語・雍也》：“文質彬彬，然後君子。”

郝惟訥　清人。字敏公。

《論語・里仁》：“君子欲訥於言而敏於行。”“公”爲美稱。

郝　經　元人。字伯常。

《詩・小雅・小旻》：“匪大猶是經。”毛傳：“經，常。”

郝　錦　明人。字絅卿。

《禮記・中庸》：“《詩》曰：衣錦尚絅。”

郝懿行　清人。字恂九。

《書・立政》：“迪知忱恂于九德之行。”《爾雅・釋詁》：“懿，美也。”九德之行自爲美行。

〔韋〕

韋光黻　清人。字君繡。

《周禮・考工記・畫繢》：“黑與青謂之黻，五采備謂之繡。”“君”爲美稱。

韋君載　宋人。字元厚。

《易・坤卦》：“坤厚載物，德合无疆。”又：“君子以厚德載物。”“元”爲美善之辭。

韋孝寛　北周人。名叔裕。

以字行。《荀子・君道》：“其於人也，寡怨寛裕而無阿。”東漢以來，士人喜以“孝”飾字。

韋見素　唐人。字會微。

微素，謙稱個人之見。姜公輔《對直言極諫策》：“欲申微素，進退憂惶。”見、會義近，亦相協。

韋昭度　唐人。字正紀。

《左傳・桓公二年》：“衮冕黻珽，帶裳幅舄，衡紞紘綖，昭其度也。……百官於是乎戒懼，而不敢易紀律。”“不敢易”即得以正。故以“正紀”應“昭度”。

韋　豹　漢人。字季明。

《易・革卦》：“君子豹變，其文蔚也。”《革卦》爲《離》下《兑》上，離爲火，《革》内有文明之象，故以“明”應“豹”。

韋　陟　唐人。字殷卿。

陟，謂伊尹之子伊陟。陟相太戊，使殷中興。見《史記·殷本紀》。

韋商臣　明人。字希尹。

伊尹相成湯，伐夏滅桀，建立商王朝。故以“尹”應“商臣”。飾以“希”，謂景慕伊尹。

韋　莊　五代前蜀人。字端己。

謝靈運《佛影銘序》：“容儀端莊，相好具足。”端、莊義近，故相協。因《論語·衛靈公》有“恭己正南面而已矣”之語，故倣其文例以“己”綴“端”，言端正其儀容。

韋處厚　唐人。字德載。

《易·坤卦》：“坤厚載物，德合无疆。”

韋善道　明人。字守約。

《論語·泰伯》：“篤信好學，守死善道。”邢昺疏：“守節至死，不離善道也。”因《孟子·公孫丑上》有“孟施舍之守氣，又不如曾子之守約也”之語，故因“守”而綴以“約”。

韋　斌　明人。字彦質。

《論語·雍也》：“文質彬彬，然後君子。”《玉篇·文部》：“斌，文質貌。亦作份份。”美士曰“彦”，以飾字。

韋　絢　唐人。字文明。

《論語·八佾》：“素以爲絢兮。”朱熹集注：“絢，采色。畫之飾也。”《易·大有卦》：“其德剛健而文明。”古人以采繪皆有文明之象，故以“文明”應“絢”。

韋嗣立　唐人。字延構。

《書·大誥》：“若考作室，既底法，厥子乃弗肯堂，矧肯構？……厥考翼，其肯曰‘予有後，弗棄基’？”孔傳：“以作室喻治政也。父已致法，子乃不肯爲堂基，况肯構立屋乎？……其父敬事創業，而子不能繼成其功，其肯言我有後不棄我基業乎？”後以子能繼其父之功業爲“肯構肯堂”。以“延構”應“嗣立”，意謂後嗣能繼續構室。

韋　著　漢人。字休明。

《禮記·中庸》：“形則著，著則明。”《爾雅·釋詁》：“休，美也。”明則美盛。故以“休”飾“明”。

韋　載　南朝陳人。字德基。

《易·坤卦》：“君子以厚德載物。”《詩·大雅·抑》有“温温恭人，維德之基”之語，故因“德”而綴以“基”。

韋　鼎　隋人。字超盛。

《漢書·賈誼傳》：“天子春秋鼎盛。”顔師古注引應劭曰：“鼎，方也。”言正盛。飾以“超”，極言其盛。

韋　敻　北周人。字敬遠。

《文選·司馬相如〈上林賦〉》：“然後侵淫促節，儵敻遠去。”郭璞注：“儵忽長逝也。”李善注引曹大家《幽通賦》注曰：“敻，遠也。”同義故相協。飾以“敬”，以明其志在遠。

韋　綱　隋人。字世紀。

揚雄《解嘲》：“吾聞上世之士，人綱人紀，不生則已，生必上尊人君，下榮父母。”《僞古文尚書·伊訓》：“先王肇修人紀。”孔傳：“言湯始修爲人綱紀。”

韋　震　五代後梁人。字東卿。

《易·説卦》：“震，東方也。”“卿”爲顯位，亦爲美稱。

韋　澳　唐人。字子斐。

《詩·衛風·淇奥》：“瞻彼淇奥，緑竹猗猗。有匪君子，如切如磋，如琢如磨，瑟兮僩兮，赫兮咺兮。有匪君子，終不可諼兮。”毛傳：“奥，隈也。”“匪，文章貌。”釋文：“匪，本又作斐。”是奥假作“澳”，匪假作“斐”。《説文·水部》：“澳，隈厓也。其内曰澳，其外曰鞫。”段玉裁注：“今《毛詩》‘瞻彼淇奥’字作‘奥’。古文假借也。……《大雅》‘芮鞫之即’箋云：‘水之内曰澳，水之外曰鞫。’”此詩乃詩人贊美衛武公之德，言其好學問，有文章，故以“斐”應“澳”。《中國人名大辭典》“斐”訛作“裴”。新、舊《唐書》作“斐”。

韋　翽　南朝陳人。字子羽。

《詩·大雅·卷阿》：“鳳皇于飛，翽翽其羽，亦傅于天。”

韋　顗　唐人。字周仁。

晉周顗，字伯仁。王導因其從兄王敦作亂被罪，周顗百計相救，而導不知。王敦入都翦除異己，王導默許王敦殺周，後知周顗曾相救，始悔恨不已。見《世説新語·尤悔》。因以周顗施恩不使人知，敬重其德，故襲其名。綴以“仁”，言其有仁德，且就其字。

韋　黯　南朝梁人。字務直。

漢汲黯，事武帝，以戇直著稱於時。見《漢書·汲黯傳》。以“務”飾“直”，言盡力傚汲黯之直。

十　畫

〔倪〕

倪一膺　清人。字服顔。

《論語·公冶長》：“子謂子貢曰：‘女與回也孰愈？’對曰：‘賜也何敢望回！回也聞一知十，賜也聞一知二。’子曰：‘弗如也。吾與女弗如也！’”顔回聞一知十，孔子與子貢皆服膺其才德。

倪士毅　元人。字仲弘。

《論語·泰伯》：“士不可以不弘毅。”故以“弘”應“毅”。

倪元璐　明人。字玉汝。

《説文·玉部》：“璐，玉也。”因《詩·大雅·民勞》有“王欲玉女（汝）”之語，故以“汝”綴“玉”。

倪天淵　元人。字震亨。

《易·乾卦》：“九二，見龍在田，利見大人。……九四，或躍在淵，无咎。”朱熹本義：“龍之在是，若下於田，或躍而起，則向乎天。”《易·説卦》：“震爲龍。”故以“震”應“天淵”。因《震卦》有“震，亨”之語，故以“亨”綴“震”。

倪文蔚　清人。字豹臣。

《易·革卦》：“君子豹變，其文

蔚也。”封建時代“率土之濱，莫非王臣”（《詩·小雅·北山》），秦漢時“臣”多用作謙稱，後漸以爲字的綴飾。

倪志遠　清人。字澄可。

《後漢書·陳蕃傳》謂陳蕃少有大志，庭宇蕪穢不治，父友“謂蕃曰：‘孺子何不洒埽以待賓客？’蕃曰：‘大丈夫處世，當埽除天下，安事一室乎！’”《世説新語·德行》謂陳蕃“言爲士則，行爲世範，登車攬轡，有澄清天下之志”。以“澄”應“志遠”，言其抱負遠大，有陳蕃澄清天下之志。綴以“可”，言唯澄天下，始可謂志遠。

倪　岳　明人。字舜咨。

《書·舜典》：“舜曰：‘咨，四岳，有能奮庸熙帝之載……’”

倪　思　宋人。字正甫。

《易·艮卦》：“君子以思不出其位。……象曰：艮其趾，未失正也。”“甫”爲男子美稱。

倪祖常　宋人。字子武。

《詩·大雅·下武》：“昭茲來許，繩其祖武。”“子”爲男子美稱。

倪祚善　明人。字永錫。

《詩·大雅·既醉》：“君子萬年，永錫祚胤。”

倪會鼎　清人。字子新。

《易·雜卦》：“鼎，取新也。”

倪嘉慶　明人。字篤之。

《詩·大雅·皇矣》：“則篤其慶。”“之”爲綴飾，亦指代“慶”。

倪維德　明人。字仲賢。

《僞古文尚書·大禹謨》：“克勤于邦，克儉于家，不自滿假，惟汝賢……予懋乃德。”

倪　賜　清人。字三錫。

《易·晉卦》：“康侯用錫馬蕃庶，晝日三接。”朱熹本義：“言多受大賜，而顯被親禮也。”

倪　璣　明人。字公在。

《書·舜典》：“在璿璣玉衡。”“公”爲美稱。

倪　璠　清人。字魯玉。

《説文·玉部》：“璠，璠璵，魯之寶玉。”

倪　瓚　元人。字元鎮。

瓚、鎮皆圭名，故相協。《周禮·春官·典瑞》：“王晉大圭，執鎮圭。”又：“祼圭有瓚。”鄭玄注引鄭司農曰：“於圭頭爲器，可以挹鬯祼祭，謂之瓚。”“元”爲美善之辭。

〔唐〕

唐仁祖　元人。字壽卿。

《論語·雍也》：“仁者壽。”“卿”爲美稱。

唐　元

① 元人。字長孺。

《易·乾卦·文言》：“元者，善之長也。”元、長又皆有大義，亦相協。先秦謂嫡子之能繼君位者爲孺子，後遂以“孺”爲美稱。見錢大昕《十駕齋養新録》。

② 明人。字本初。

《爾雅·釋詁》：“初、元，始也。”同義相協。《廣雅·釋詁一》：“本，始也。”故以“本”“初”並列以應“元”。

唐允功　宋人。字汝賢。

《僞古文尚書·大禹謨》：“成允成功，惟汝賢。”

唐文鳳　明人。字子儀。

《書·益稷》：“鳳皇來儀。”“子”爲男子美稱。

唐文獻　明人。字元徵。

《論語·八佾》：“文獻不足故也，足則吾能徵之矣。”“元”爲美善之辭，以爲飾。

唐充之　宋人。字廣仁。

《孟子·盡心下》：“人能充無欲害人之心，而仁不可勝用也。”廣、充義近，故以飾“仁”。

唐仲友　宋人。字與政。

《詩·小雅·六月》：“侯誰在矣？張仲孝友。”《論語·爲政》：“《書》云：‘孝乎！惟孝，友于兄弟，施於有政。’是亦爲政，奚其爲爲政？”

唐　次　唐人。字文編。

《史記·孔子世家》：“追迹三代之禮，序《書傳》，上紀唐虞之際，下至秦繆，編次其事。”

唐汝詢　清人。字仲言。

《書·舜典》：“帝曰：‘格汝舜，詢事考言，乃言底可績。’”

唐汝楫　明人。字思濟。

《僞古文尚書·説命上》：“若濟巨川，用汝作舟楫。”

唐汝諤　明人。字士雅。

《史記·商君列傳》：“千人之諾諾，不如一士之諤諤。”綴以“雅”，謂諤諤直言，乃士之風範。

唐希介　明人。字景賢。

介，謂介之推。春秋晉文公（重耳）賢臣。重耳封從亡者，介之推不言己功，與母隱於緜山而死。事見《左傳·僖公二四年》。

唐志尹　明人。字聘三。

尹，謂成湯賢相伊尹。伊尹耕於有莘之野，湯使人三聘始出。事見《孟子·萬章上》。

唐　岱　清人。字毓東。

《説文·山部》：“岱，大（泰）山也。”《爾雅·釋山》：“河東，岱。”又：“泰山爲東嶽。”飾以“毓”，謂毓秀於東方。

唐　庚　宋人。字子西。

《詩·小雅·大東》：“東有啓明，西有長庚。”又西方於天干爲庚辛，故以“西”應“庚”。“子”爲男子美稱。

唐　則　宋人。字世範。

《世説新語·德行》：“陳仲舉言爲士則，行爲世範。”

唐彦謙　唐人。字茂業。

《易·謙卦》朱熹本義：“謙者，有而不居之義。”《爾雅·釋詁》：“茂，勉也。”“業，事也。”以“茂業”應“謙”，意謂勉於事而不居其功。此取《老子》“功成而不居”之義。

唐　重　宋人。字聖任。

《論語·泰伯》：“曾子曰：‘士不可以不弘毅，任重而道遠。仁以爲己任，不亦重乎！死而後已，不亦遠乎！’”因是聖賢遺訓，故以“聖”飾“任”。

唐　泰

① 明人。字亨仲。

《易·泰卦》：“泰：小往大來，吉亨。”

② 清人。字大來。

解見①。

唐　衮　清人。字山補。

《詩·大雅·烝民》：“衮職有

闕，維仲山甫補之。”

唐 寅 明人。字伯虎。

十二生肖中“寅”爲虎。一字子畏。春秋時魯大夫季氏家臣陽虎，曾爲暴於匡。孔子貌似陽虎，經其地，遂爲匡人所圍。《論語·子罕》：“子畏於匡。”孔子畏於匡，事起陽虎，故以“子畏”應“寅”。

唐 敏 明人。字學志。

《論語·公冶長》：“敏而好學。”《爲政》有“吾十有五而志于學”之語，故以“志”綴“學”。

唐敏求 宋人。字好古。

《論語·述而》：“我非生而知之者，好古敏以求之者也。”

唐淑問 宋人。字士憲。

《論語·憲問》：“憲問恥。子曰：‘邦有道，穀；邦無道，穀，恥也。’”

唐紹成 清人。字九韶。

《書·益稷》：“《簫韶》九成。”

唐紹祖 清人。字次衣。

《書·康誥》：“今民將在祇遹乃文考，紹聞衣德言。”孔傳：“繼其所聞，服行其德言以爲政教。”“次”猶止，處。以飾“衣”，謂志在“服行其德言”。按，衣實當讀“殷”，謂繼殷之舊德。

唐景皐 清人。字鶴九。

《詩·小雅·鶴鳴》：“鶴鳴于九皐，聲聞于野。”

唐 棣

① 宋人。字彦思。

《論語·子罕》：“‘唐棣之華，偏其反而，豈不爾思？室是遠而！’子曰：‘未之思也，夫何遠之有？’”《詩·鄭風·羔裘》：“彼其之子，邦之彦兮。”毛傳：“彦，士之美稱。”故以“彦”飾“思”。

② 元人。字子華。

解見①。又《詩·小雅·常棣》：“常棣之華，鄂不韡韡。”“子”爲男子美稱。

唐順之 明人。字應德。

《易·繫辭下》：“夫坤，天下之至順也。”《説卦》：“坤，順也。”《坤卦》：“安貞之吉，應地无疆。象曰：地勢坤，君子以厚德載物。”朱熹本義：“至順極厚而无所不載也。”以“應德”應“順”，意即如地德之順，以厚德載物。

唐 詩 明人。字子言。

《書·舜典》：“詩言志，歌永言。”《〈詩〉大序》：“詩者，志之所之也。在心爲志，發言爲詩。”“子”爲男子美稱。

唐 頌 漢人。字德雅。

《詩》有《雅》《頌》，故相應。又“德”亦與“頌”應。《詩譜序》：“論功頌德，所以將順其美。”

唐夢賚 清人。字濟武。

《僞古文尚書·説命上》：“夢帝賚予良弼，其代予言。”此記殷高宗武丁夢得賢臣傅説事。傅説相武丁復興殷，故以“濟武”應“夢賚”。濟，助。

唐夢鯤 明人。字化卿。

《莊子·逍遥遊》：“北冥有魚，其名爲鯤。……化而爲鳥，其名爲鵬。”“卿”爲美稱。

唐 甄 清人。名大陶。

揚雄《法言·先知》：“甄陶天下者，其在和乎！”何晏《景福殿賦》：“甄陶國風。”李周翰注：“言欲政化淳厚，亦如甄陶而成。”後改字“鑄萬”。《隋書·高祖紀》：“五氣陶鑄，萬物流形。”

唐鳳儀 明人。字應韶。

《書·益稷》：“《簫韶》九成，鳳皇來儀。”鳳凰之來飛翔起舞是爲《韶》樂所感，故以“應”爲飾。

唐 寬 明人。字栗夫。

《書·皐陶謨》：“寬而栗。”“夫”爲男子通稱。

唐 廣 明人。字惟勤。

《僞古文尚書·周官》：“業廣惟勤。”

唐 璉 清人。字汝器。

《論語·公冶長》：“子曰：‘汝器也。’曰：‘何器也？’曰：‘瑚璉也。’”

唐樹義 清人。字子方。

《左傳·隱公三年》：“愛子教之以義方，弗納於邪。”

唐 錦 明人。字士絅。

《禮記·中庸》：“《詩》曰‘衣錦尚絅’。惡其文之著也。”“士”爲男子美稱。

唐 龍 明人。字虞佐。

龍，爲虞舜納言，佐舜以治。《書·舜典》：“帝曰：‘龍！……命汝作納言，夙夜出納朕命，惟允。’”

唐懋載 清人。字袖石。

《禮記·中庸》：“今夫地，一撮土之多，及其廣厚，載華嶽而不重，振河海而不洩，萬物載焉。今夫山，一拳石之多，及其廣大，草木生之，禽獸居之……”華嶽即山，故以“石”應“載”。因“拳”及“袖”，故以飾“石”。又據《宋稗類鈔》載，米芾性愛石，守漣水，至廢政事。楊次公責以“‘那得終日弄？’米徑前以手於左袖取一石，其狀嵌空玲瓏，峯巒洞壑皆具，色極清潤。米舉石宛轉示楊曰：‘如此石，安得不愛？’楊殊不顧，乃納之左袖。又出一石……又納之左袖”。以“袖”飾“石”，亦或取此典。

唐獻可 明人。字君俞。

《左傳·昭公二十年》：“君所謂可，而有否焉，臣獻其否，以成其可；君所謂否，而有可焉，臣獻其可，以去其否。”《書》記堯、舜採納臣工之言，多用“俞”。如《堯典》：“帝曰：‘俞！予聞，如何？’”《舜典》：“帝曰：‘俞！咨禹，汝平水土。’”以應“獻可”，謂有所諍諫，皆被君主採納。

唐 鐸 明人。字振之。

《僞古文尚書·胤征》：“每歲孟春，遒人以木鐸徇于路。”孔傳：“木鐸，金鈴木舌，所以振文教。”“之”指代“鐸”，亦爲綴飾。

〔夏〕

夏力恕 清人。字觀川。

《論語·里仁》：“夫子之道，忠恕而已矣。”又《衛靈公》：“子貢問曰：‘有一言而可以終身行之者乎？’子曰：‘其恕乎！’”又《子罕》：“子在川上曰：‘逝者如斯夫！不舍晝夜。’”朱熹集注：“欲學者時時省察而無毫髮之間斷也。”以“觀川”應“力恕”，謂身體力行恕道，欲如川之東流，永不停息。

夏之蓉 清人。字芙裳。

《楚辭·離騷》："製芰荷以爲衣兮，集芙蓉以爲裳。"

夏元鼎 宋人。字宗禹。

連姓成文：夏禹之大鼎。《史記·武帝本紀》："禹收九牧之金，鑄九鼎，象九州。"

夏光洛 清人。字禹書。

《漢書·五行志上》："禹治洪水，賜《雒書》，法而陳之，《洪範》是也。"又《地理志上》河南郡"雒陽"顔師古注引魚豢云："漢火行忌水，故去'洛''水'而加'隹'。"是"雒"原作"洛"。

夏完淳 明人。字存古。

高適《留上李右相》詩："風俗登淳古，君臣挹大庭。"存古風即是保全淳厚之俗。

夏　言 明人。字公謹。

《論語·鄉黨》："其在宗廟朝廷，便便言，唯謹爾。"

夏尚忠 宋人。字信卿。

《論語·學而》："主忠信，無友不如己者，過則勿憚改。"

夏侯玄 三國魏人。字太初。

夏侯，複姓。《莊子·天地》："君原於德而成於天，故曰玄古之君，天下無爲也，天德而已矣。"阮毓崧集注："玄，遠也。謂遠古聖君，無爲而治，亦本自然之德而已。"又《列禦寇》："迷惑於宇宙形累，不知太初。"《列子·天瑞》："太初者，氣之始也。"天地未分之時，亦即遠古。

夏侯嘉正 宋人。字會之。

《易·乾卦·文言》："亨者，嘉之會也。"

夏侯嶠 宋人。字峻極。

《爾雅·釋山》："山小而高，岑；鋭而高，嶠。"《詩·大雅·崧高》："崧高維嶽，駿極于天。"駿、峻通。

夏侯夔 南朝梁人。字季龍。

《書·舜典》："伯拜稽首，讓于夔龍。"

夏　昺 明人。字孟暘。

《玉篇·日部》："昺，明也。"《説文·日部》："暘，日出也。"日出則明，故相協。

夏　昶 明人。字仲昭。

昶，同"昶"。《玉篇·日部》："昶，明久。"《説文·日部》："昭，日明也。"

夏　英 明人。字育才。

《孟子·盡心上》："君子有三樂：……得天下英才而教育之，三樂也。"

夏　倪 宋人。字均父。

《莊子·齊物論》："和之以天倪。"阮毓崧集注："天倪，即上文天鈞，即自然均平之理。《寓言篇》：'天鈞者，天倪也。'"故以"均"應"倪"。"父"爲男子美稱。

夏　時 明人。字以正。

連姓成文。《論語·衛靈公》："行夏之時。"朱熹集注："夏以寅爲人正，商以丑爲地正，周以子爲天正也。……而説者以爲謂夏小正之屬，蓋取其時之正。"

夏　珪 宋人。字禹玉。

《書·禹貢》："禹錫玄圭，告厥成功。"圭、珪同。

夏　基 清人。字樂只。

《詩·小雅·南山有臺》："樂只君子，邦家之基。"

夏　寅 明人。字正夫。

《論語·衛靈公》："行夏之時。"朱熹集注："夏以寅爲人正。""夫"爲男子通稱。

夏　竦 宋人。字子喬。

《詩·周南·漢廣》："南有喬木，不可休息。"毛傳："喬，上竦也。"

夏　維 清人。字四只。

《管子·牧民》："四維張則國令行。"《詩·小雅·節南山》："秉國之均，四方是維。"《楚辭·大招》語氣詞皆用"只"，又有"名聲若日照四海只"，故以"只"綴"四"。

夏　穎 清人。字稼民。

《詩·大雅·生民》："誕后稷之穡，有相之道。……實穎實栗，即有邰家室。"《孟子·滕文公上》："后稷教民稼穡。"民，猶"人"。言爲耕稼之人。

夏　鍭 明人。字德樹。

《詩·大雅·行葦》："四鍭如樹，序賓以不侮。"毛傳："言皆中也。言其皆有賢才也。"鄭玄箋："不侮者，敬也。其人敬於禮，則射多中。"以"德"飾"樹"，意即謂依禮而射。

〔奚〕

奚世亮 明人。字明仲。

明、亮義近，故相協。一字汝寅。《僞古文尚書·周官》："寅亮天地，弼於一人。"《書》有"汝諧""汝賢"之語，倣其文例，故以"汝"飾"寅"。

奚　陟 唐人。字殷卿。

陟，伊陟，商湯賢相伊尹之子，相太戊，使殷中興。事見《史記·殷本紀》。

奚　疑 清人。字子復。

陶潛《歸去來辭》："聊乘化以歸盡，樂夫天命復奚疑？"此亦連姓成文。"子"爲男子美稱。

〔姬〕

姬汝作 金人。字欽之。

《書·舜典》記帝舜命臣工，有"汝作司徒""汝作朕虞""汝作秩宗""汝作納言"等語，而勉力諸臣接任新職時，則用"欽哉""往欽哉"。故以"欽之"應"汝作"。

姬　敏 明人。字好學。

《論語·公冶長》："敏而好學，不恥下問。"

〔孫〕

孫一元 明人。字太初。

《關尹子·二柱》："先想乎一元之氣，具乎一物。"此謂天地未分時之氣。《列子·天瑞》："太初者，氣之始也。"張湛注："陰陽未判，即下文所謂渾淪也。"

孫一奎 明人。字文垣。

奎，星名。《孝經援神契》："奎主文章。"我國古代分天體恒星區爲三垣，故以綴"文"，亦取文章之府之義。

孫七政 明人。字齊之。

《書·舜典》："在璿璣玉衡，以齊七政。""之"指代"七政"，亦爲綴飾。

孫子秀 宋人。字元實。

《詩·大雅·生民》："實發實秀。"《爾雅·釋草》："不榮而實者謂之秀。""元"爲美善之辭。

孫元衡 清人。字湘南。

衡，謂南岳衡山。因綿亘於湖南之東南部，故應以"湘南"。"湘"爲湖南之別稱。

孫 升 宋人。字君孚。

《易·升卦》："九二，孚乃利用禴，无咎。象曰：九二之孚，有喜也。""君"爲美稱。

孫丕揚 明人。字叔孝。

《孝經·開宗明義章》："立身行道，揚名於後世，以顯父母，孝之終也。"

孫占鼇 清人。字玉山。

占鼇，謂占鼇頭。科舉時代，殿試迎榜，進士齊集殿陛下，狀元居最前，恰當中陛石之升龍、巨鼇，因稱狀元及第爲"占鼇頭""獨占鼇頭"。盧摯《沉醉東風·舉子》曲："脱布衫，披羅綬，跳龍門獨占鼇頭。"因《楚辭·天問》有"鼇戴山抃，何以安之"語，故因"鼇"而及"山"。又據《列子·湯問》，海上巨鼇所戴五山乃仙人所居。仙山則是瓊樓玉宇，故又以"玉"爲飾。

孫必顯 明人。字克孝。

《孝經·開宗明義章》："以顯父母，孝之終也。"飾以"克"，謂能顯其親，以成孝道。

孫光憲 宋人。字孟文。

《僞古文尚書·説命下》："監于先王成憲，其永無愆。"孔傳："視先王成法，其長無過。"是典章制度皆爲憲。《論語·子罕》："文王既没，文不在兹乎！"朱熹集注："道之顯者謂之文，蓋禮樂制度之謂。"文、憲義近，故相協。

孫如游 明人。字景文。

游，謂孔子弟子言偃。言字子游。爲四科十哲，長於文學。《論語·先進》："文學：子游，子夏。"飾以"景"，謂仰慕子游之長於古代典章禮制。

孫汝敬 明人。名簡。

以字行。《論語·雍也》："居敬而行簡，以臨其民，不亦可乎？"

孫 江 明人。字岷自。

《書·禹貢》："岷嶓既藝。"孔穎達疏："岷山在西徼外，江水所出也。"又："岷山導江。"江水源自岷山，故以"岷自"應"江"。

孫自務 清人。字樹本。

《論語·學而》："君子務本。"本，乃草木之莖幹，故飾以"樹"。作動詞，則謂樹立。

孫 何 宋人。字漢公。

何，謂西漢之蕭何。何爲相國，位在三公，故應以"漢公"。

孫 作 明人。字大雅。

作，創製。《論語·述而》："子曰：'述而不作，信而好古，竊比於我老彭。'"《詩》有《大雅》，多西周作品，内容多寫重大歷史事件。後常以指盛世之音或鴻篇巨製。李白《古風五十九首》之一："大雅久不作，吾衰竟誰陳！"此反其意而用之。一字次知。《論語·述而》："蓋有不知而作之者，我無是也。多聞，擇其善者而從之；多見而識之，知之次也。"

孫克恕 明人。字推之。

《論語·里仁》："夫子之道，忠恕而已矣。"朱熹集注："盡己之謂忠，推己之謂恕。"

孫希朱 清人。字仰晦。

宋理學家朱熹字元晦，明清兩代備受尊寵。此以其姓爲名，以其字爲字。飾以"仰"，以示景仰。

孫志祖 清人。字詒穀。

《詩·魯頌·有駜》："君子有穀，詒孫子，于胥樂兮。"志其祖，正爲其祖遺善於後世子孫。

孫 抃 宋人。字夢得。

原名貫，字道卿。取《論語·里仁》"吾道一以貫之"文義。後因夢春榜中第三人有名孫抃者，遂改名"抃"，字"夢得"，言夢中受神啓示而得第。見宋范鎮《東齋記事》卷五。

孫 杕 清人。字子周。

《詩·唐風·有杕之杜》："有杕之杜，生于道周。"

孫 甫 宋人。字之翰。

《詩·大雅·崧高》："維申及甫，維周之翰。"

孫見龍 清人。字叶飛。

《易·乾卦》："九二，見龍在田，利見大人。……九五，飛龍在天，利見大人。"九二、九五占法同，故以"叶"爲飾。叶，"協"古文。

孫叔謹 宋人。字信之。

《論語·學而》："謹而信。"

孫岵瞻 清人。字慎旃。

《詩·魏風·陟岵》："陟彼岵兮，瞻望父兮。父曰：嗟予子行役，夙夜無已，上慎旃哉！猶來無止。"

孫承宗 明人。字稚繩。

承宗，謂繼其先人。《詩·大雅·下武》："昭兹來許，繩其祖武。"毛傳："繩，戒；武，迹也。"鄭玄箋："武王能明此勤行進於善道，戒慎其祖考所履踐之迹，美其終成之。"以"繩"應"承宗"，謂能繼先人之志，謹遵其所行不敢有違，以成其業。稚表行第。

孫 放 晉人。字齊莊。

《世説新語·言語》載，孫放見庾亮，亮問放何字，"答曰：'字齊莊。'公曰：'欲何齊？'曰：'齊莊周。'公曰：'何不慕仲尼而慕莊周？'對曰：'聖人生知，故難企慕。'"莊周喪妻鼓盆而歌，形近狂放、放達，故以"齊莊"應"放"。

孫 枝 宋人。字吉甫。

連姓成文。嵇康《琴賦》："乃斲孫枝，准量所任。"李善注引張衡《應問》曰："可剖其孫枝。"張銑注："孫枝，側生枝也。"後世以喻指孫子。古人以有子孫爲喜慶事，故應以"吉"。"甫"爲男子美稱。

孫枝蔚 清人。字豹人。

《易·革卦》："君子豹變，其文蔚也。"因是喻君子，故綴以"人"。

孫　炎
①三國魏人。字叔然。
《説文·炎部》:“炎，火光上也。”《火部》:“然，燒也。”燃燒火光自是上升，故然、炎相應。然、燃古今字。
②明人。字伯融。
《禮記·月令》:“孟夏之月……其日丙丁，其帝炎帝，其神祝融。”故以“融”應“炎”。

孫　奎　明人。字啓文。
奎，星名。二十八宿之一。舊謂奎宿主人間文運，故以“啓文”相應。見《孝經援神契》。

孫星衍　清人。字淵如。
《説文·水部》:“衍，水朝宗于海貌也。”《詩·大雅·旱麓》:“魚躍于淵。”同謂水，故相協。綴以“如”，摹狀水勢之盛。

孫胤伽　明人。字唐卿。
伽，謂孫伏伽。由隋入唐，事高祖、太宗，能直言正諫，頗有益時政。胤伽，自認爲伏伽之後，以嗣其祖業。應以“唐卿”，指示其時代、身份。

孫原湘　清人。字子瀟。
瀟、湘同爲湖南境内水名，故相應。“子”爲男子美稱。

孫家鼐　清人。字燮臣。
《詩·周頌·絲衣》:“鼐鼎及鼒。”毛傳:“大鼎謂之鼐。”古人以鼎有三公之象，以鼎鼐比喻弼輔重臣。如王君玉《國老談苑》記寇凖爲相三十年不治私第，魏野贈詩頌其清德云:“有官居鼎鼐，無地起樓臺。”《僞古文尚書·周官》有“兹惟三公，論道經邦，燮理陰陽”之語，故以“燮臣”應“鼐”。

孫　時
①宋人。字季中。
《禮記·中庸》:“君子而時中。”
②明人。字習之。
《論語·學而》:“學而時習之。”

孫　桓　三國吴人。字叔武。
《詩·魯頌·泮水》:“桓桓於征。”毛傳:“桓桓，威武貌。”

孫祖壽　明人。字必之。
《禮記·中庸》:“故大德者，必得其位，必得其禄，必得其名，必得其壽。”以“必之”應“壽”，隱以“大德者”自勵。“之”指代“壽”。

孫　紘　明人。字文冕。
《説文·冃部》:“冕，大夫以上冠也。”《周禮·夏官·弁師》:“弁師掌王之五冕……玉笄朱紘。”《儀禮·士冠禮》:“緇組紘。”鄭玄注:“屈組爲紘，垂爲飾。”紘爲冕之飾，“文冕”即飾冕。

孫虔禮　唐人。字過庭。
《論語·季氏》:“他日又獨立，鯉趨而過庭。曰:‘學《禮》乎?’對曰:‘未也。’‘不學《禮》，無以立。’鯉退而學《禮》。”

孫康周　明人。字晉侯。
《易·晉卦》:“晉:康侯用錫馬蕃庶，晝日三接。”

孫　梅　清人。字松友。
宋以來文士稱松竹梅爲歲寒三友，多以入詩畫。林景熙《五雲梅舍記》:“即其居累土爲山，種梅百本，與喬松、脩篁爲歲寒友。”

孫　傅　宋人。字伯野。
傅，指殷高宗賢臣傅説。因築于傅巖之野，故以“野”應“傅”。《僞古文尚書·説命上》:“説築傅巖之野。”

孫　博　明人。字約之。
《論語·子罕》:“博我以文，約我以禮。”

孫　㮚　宋人。字實甫。
㮚，“栗”之古文。《説文·鹵部》:“㮚，栗木也。從鹵木。其實下垂，故從鹵。”“甫”爲男子美稱。

孫　瑒　南朝陳人。字德璉。
漢應瑒字德璉，爲建安七子之一。慕其人，故襲其名字。

孫詒讓　清人。字仲容。
《書·堯典》:“允恭克讓。”孔傳:“既有四德，又信恭能讓。”孔穎達疏:“又能信實恭勤，善能謙讓。”謙讓必能容物，故以“容”相應。

孫　賁　三國吴人。字伯陽。
《易·賁卦》:“文明以止。”又:“象曰:山下有火，賁。”是賁有文明之象。《廣雅·釋詁四》:“陽，明也。”故以“陽”應“賁”。

孫　逸　清人。字無逸。
《書·無逸》“周公作《無逸》”孔傳:“中人之性好逸豫，故戒以無逸。”以“無逸”應“逸”，即取此義。言不僅知逸，更知無逸。

孫　陽　春秋秦人。字伯樂。
《廣雅·釋詁一》“養，樂也”王念孫疏證:“嵇康《琴賦》云:‘怡養悦悆。’是養爲樂也。養之言陽陽也。《王風·君子陽陽》篇云:‘君子陽陽……其樂只且。’陽與養古同聲，故孫陽字伯樂矣。”是陽、樂同義相協。

孫雲鵬　清人。字扶雲。
《莊子·逍遥遊》:“有鳥焉，其名爲鵬，背若泰山，翼若垂天之云，摶扶摇羊角而上者九萬里。”

孫慎行　明人。字聞斯。
《論語·爲政》:“多見闕殆，慎行其餘，則寡悔。”又《先進》:“有父兄在，如之何其聞斯行之?”言當稟父兄後再行，故以應“慎行”。

孫　楙　宋人。字德操。
《漢書·律曆志上》:“林鐘……助蕤賓君主種物使長大楙盛也。”顔師古注:“楙，古茂字也。”《爾雅·釋詁》:“茂，勉也。”以“德操”相應，意在勉於品德操守。

孫　楚　晉人。字子荆。
《説文·林部》:“楚，叢木，一曰荆也。”

孫　楨　明人。字仲墻。
《書·費誓》:“峙乃楨榦，甲戌，我惟築。”孔穎達疏:“峙具楨榦，以擬築之用。題曰楨，謂當墻兩端者也；旁曰榦，謂在墻兩邊者也。”楨爲築墻之具，故以“墻”應“楨”。

孫　策　三國吴人。字伯符。
策、符皆爲受君命或受天命之憑證。《左傳·僖公二八年》:“策命晉侯爲侯伯。”杜預注:“以策書命晉侯爲伯也。”《漢書·燕剌王旦傳》:“嘉獨以獻符命封扶美侯，賜姓王氏。”二者同義，故相協。

孫裘仁　清人。字立三。
《論語·雍也》:“夫仁者，己

欲立而立人，己欲達而達人。”因《微子》有“孔子曰：‘殷有三仁焉。’”之語，故以“三”綴“立”。又，“衺仁”亦諧“求仁”。或取《論語·述而》“求仁而得仁”之義。

孫　路　宋人。字正甫。
《孟子·離婁上》：“義，人之正路也。”“甫”爲男子美稱。

孫　載　宋人。字積中。
《易·小畜卦》：“德積載也。”又《大有卦》：“大車以載，積中不敗也。”

孫道易　明人。字景周。
此拆《周易》以爲名字。

孫　鼎　明人。字宜鉉。
《易·鼎卦》：“鼎黄耳，金鉉，利貞。”鉉所以貫耳舉鼎者，故飾以“宜”。

孫嘉淦　清人。字錫公。
《楚辭·離騷》：“肇錫余以嘉名。”“公”爲美稱。

孫嘉績　明人。字碩膚。
《詩·豳風·狼跋》：“公孫碩膚。”毛傳：“碩，大；膚，美。”又《小雅·六月》：“以奏膚公。”朱熹集傳：“膚，大；公，功。”以“碩膚”應“嘉績”，是欲有建樹，故預加稱美。

孫夢卿　宋人。字輔之。
殷高宗夢得賢相傅説，殷得以再興。周文王因夢得姜尚，後佐武王伐紂，成一統天下。輔弼之臣皆因夢而得，故以“輔之”應“夢卿”。事見《史記·殷本紀》《齊太公世家》，《僞古文尚書·説命》。

孫　構　宋人。字紹先。
《書·大誥》：“若考作室，既底法，厥子乃弗肯堂，矧肯構？”以“紹先”應“構”，反其意而用，言肯繼先人之志，以成其室。

孫維城　明人。字宗甫。
《詩·大雅·板》：“宗子維城。”“甫”爲男子美稱。

孫　絥　三國吴人。字子通。
《説文·糸部》：“絥，止也。”止則不通。應以“通”，反義相協。“子”爲男子美稱。

孫蒙正　宋人。字正孺。
《易·蒙卦》：“蒙以養正，聖功也。”先秦時嫡子之能繼承爵位者始得稱孺子，遂以“孺”爲男子美稱，漢以來用作字的綴飾。

孫　需　明人。字孚吉。
《易·需卦》：“需：有孚，光亨，貞吉。”

孫　鳳　明人。字鳴岐。
《國語·周語上》：“周之興也，鸑鷟鳴於岐山。”韋昭注引三君云：“鸑鷟，鳳之别名。”

孫　撝　元人。字自謙。
《易·謙卦》：“無不利，撝謙。”又：“謙謙君子，卑以自牧也。”孔穎達疏：“君子之義，恒以謙卑自養其德也。”故以“自”飾“謙”以應“撝”。

孫　魴　五代南唐人。字伯魚。
《詩·陳風·衡門》：“豈其食魚，必河之魴？”

孫　蕙　清人。字樹百。
《楚辭·離騷》：“余既滋蘭之九畹兮，又樹蕙之百畝。”

孫應奎
① 明人。字文卿。
奎，謂奎宿。舊以奎主文運，故以“文”應“奎”。見《孝經援神契》。“卿”爲美稱。
② 明人。字文宿。
解見①。

孫應鼇　明人。字山甫。
《列子·湯問》載，海上有五山，所居皆仙人。山之根無所連屬，隨波飄蕩不定，上帝恐羣仙失所，命十五巨鼇，迭相舉首而戴之。後遂以“鼇山”爲仙境之稱，多以喻指帝王宫闕或文士聚集之翰苑，故以爲名字。“甫”爲男子美稱。

孫　燧　明人。字德成。
燧，借作“遂”。《禮記·月令》：“百事乃遂。”鄭玄注：“遂，猶成也。”飾以“德”，意欲其德有成。

孫　鏜　明人。字振遠。
《詩·衛風·擊鼓》：“擊鼓其鏜。”毛傳：“鏜然擊鼓聲也。”《左傳·僖公二二年》：“金鼓以聲氣也。”鼓以聲氣，則欲遠聞，故以“振遠”應“鏜”。

孫　鵬　清人。字圖南。
《莊子·逍遥遊》：“鵬之徙於南冥也，水擊三千里，摶扶摇而上者九萬里……而後乃今將圖南。”

孫寶侗　清人。字仲愚。
《書·顧命》：“在後之侗，敬迓天威。”蔡沈集傳：“侗，愚也。”

孫繼芳　明人。字世其。
芳，比喻美德、美譽。《楚辭·離騷》：“芳與澤其雜糅兮，唯昭質其猶未虧。”王逸注：“芳，德之臭也。《易》曰：‘其臭如蘭。’”《漢書·賈誼傳》：“賈嘉最好學，世其家。”顏師古注：“言繼其家業。”以“世其”應“繼芳”，謂繼其祖上之美德令聞。

孫繼皋　明人。字以德。
《僞古文尚書·大禹謨》：“皋陶邁種德，德乃降。”以“以德”應“繼皋”，即欲繼皋陶之勇於布德。

孫繼魯　明人。字道甫。
《論語·雍也》：“齊一變至於魯，魯一變至於道。”“甫”爲男子美稱。

孫　覺　宋人。字莘老。
《孟子·萬章上》：“伊尹耕於有莘之野，而樂堯舜之道焉。……天之生此民也，使先知覺後知，使先覺覺後覺也。予天民之先覺者也。予將以斯道覺斯民也，非予覺之而誰也？”“老”爲宋人習尚字飾。

孫　蘭　清人。字滋九。
《楚辭·離騷》：“余既滋蘭之九畹兮，又樹蕙之百畝。”

孫　鐸　金人。字振之。
《論語·八佾》：“天將以夫子爲木鐸。”何晏集解引孔安國曰：“木鐸，施政教時所振也。”

〔席〕

席　旦　宋人。字晉仲。
《説文·旦部》：“旦，明也。從日見一上。一，地也。”《易·晉卦》：“晉，進也。明出地上，順而麗乎大明，柔進而上行。”

席　書　明人。字文同。
《禮記·中庸》：“今天下車同

軌，書同文。”

席　豫　唐人。字建侯。

《易·豫卦》：“豫：利建侯行師。”

席　鑑　清人。字玉照。

鑑所以照容貌，故以“照”應“鑑”。《戰國策·趙策三》有“今吾視先生之玉貌”之語，故以“玉”飾“照”。

〔徐〕

徐一夔　明人。字大章。

夔爲虞舜之樂官。《書·舜典》：“帝曰：‘夔，命汝典樂！’”《吕氏春秋·察傳》：“舜以〔夔〕爲樂正。夔於是正六律，和五聲，以通八風，而天下大服。重黎又欲益求人，舜曰：‘……若夔者，一而足矣。’故曰夔一足，非一足也。”《説文·音部》：“章，樂竟爲一章。”夔爲帝舜典樂，故飾以“大”。

徐九思

① 宋人。字公謹。

《論語·季氏》：“君子有九思。”季文子三思而後行，此言九思，可謂至謹至慎。“公”爲美稱。

② 明人。字子慎。

解見①。

徐人傑　宋人。字漢英。

《史記·高祖本紀》：“夫運籌帷幄之中，決勝千里之外，吾不如子房；鎮國家，撫百姓，給餽饟，不絶糧道，吾不如蕭何；連百萬之軍，戰必勝，攻必取，吾不如韓信：此三者，皆人傑也。”三人皆爲漢之佐命之臣，故以“漢英”相應。一作名仁傑。解亦同。

徐士芳　清人。字誦清。

《文選·陸機〈文賦〉》：“詠世德之駿烈，誦先人之清芬。”李善注：“有清美芬芳之德而誦勉。”芬、芳同義。

徐士訥　清人。字恂若。

《論語·里仁》：“君子欲訥於言而敏於行。”何晏集解引包咸曰：“訥，遲鈍也。言欲遲而行欲速。”又《鄉黨》：“孔子於鄉黨，恂恂如也，似不能言者。”若，猶如。狀温恭之貌。

徐大任　明人。字重夫。

《論語·泰伯》：“任重而道遠。”“夫”爲男子通稱。

徐大受　宋人。字季可。

《論語·衛靈公》：“君子不可小知，而可大受也；小人不可大受，而可小知也。”

徐大相　明人。字覺斯。

伊尹相成湯，伐夏桀，創立商，爲千古賢相。伊尹以天下爲己任，思以堯舜之道救助百姓，“予將以斯道覺斯民也”。故以“覺斯”應“大相”。見《孟子·萬章上》。

徐大椿　清人。字靈胎。

《莊子·逍遥遊》：“上古有大椿者，以八千歲爲春，八千歲爲秋。”以八千歲爲春秋，必是靈異之仙樹。五代馮道《贈竇禹鈞》詩有“靈椿一株老”之語，故以“靈胎”應“大椿”。

徐子苓　清人。字西叔。

《詩·唐風·采苓》：“采苓采苓，首陽之巔。”《史記·伯夷列傳》：“義不食周粟，隱於首陽山，采薇而食之。及餓且死，作歌。其辭曰：‘登彼西山兮，采其薇矣。’”司馬貞索隱：“西山即首陽山也。”故以“西”應“苓”。

徐中行

① 宋人。字德臣。

《論語·子路》：“子曰：‘不得中行而與之，必也狂狷乎！’”孔子欲得中道之人而教之，是中道之人可以進德。封建時代“率土之濱，莫非王臣”，故以“臣”爲綴飾。

② 明人。字子與。

解見①。

徐元夢　清人。字善長。

《易·乾卦·文言》：“元者善之長也。”一字蝶園。取《莊子·齊物論》“昔者莊周夢爲胡蝶”故事以爲名字。莊周曾爲漆園吏，故以“園”綴“蝶”。“園”亦爲元明清時尚字飾。

徐天麟　宋人。字仲祥。

《左傳·哀公十四年》杜預注：“麟者，仁獸，聖王之嘉瑞也。”《詩·周南·麟之趾》陸德明釋文：“瑞獸也。……王者至仁則出。”是麟之出乃天示祥瑞，故以“祥”相應。

徐文靖　清人。字位山。

《詩·小雅·小明》：“靖共爾位，正直是與。”《易·艮卦》：“象曰：兼山，艮，君子以思不出其位。”以“山”綴“位”，謂安於其位，如山之不動。又靖、静義相通，《論語·雍也》有“仁者樂山”“仁者静”之語，故“山”與“靖”亦相應。

徐必達　明人。字德夫。

《論語·顔淵》：“夫達也者，質直而好義，察言而觀色，慮以下人，在邦必達，在家必達。”朱熹集注：“達者，德孚於人，而行無不得之謂。”“夫”爲男子通稱。

徐　本　清人。字立人。

《論語·學而》：“本立而道生，孝弟也者，其爲仁之本與。”又《雍也》：“夫仁者，己欲立而立人。”

徐用儀　清人。字吉甫。

《易·漸卦》：“其羽可用爲儀，吉。”“甫”爲男子美稱。

徐　申

① 唐人。字維降。

《詩·大雅·崧高》：“維嶽降神，生甫及申。”

② 明人。字周翰。

《詩·大雅·崧高》：“維申及甫，維周之翰。”

徐石麟

① 明人。字寶摩。

《陳書·徐陵傳》載，徐陵幼年不凡，家人携以謁高僧寶誌。“寶誌手摩其頂曰：‘天上石麒麟也！’”

② 清人。字又陵。

解見①。又陵，言又是一徐陵。

徐旭旦　清人。字浴咸。

《詩·邶風·匏有苦葉》：“旭日始旦。”毛傳：“旭，日始出。”《楚辭·離騷》：“飲余馬於咸池兮，總余轡乎扶桑。”王逸章句：“咸池，日浴處也。”《淮南子·天文訓》：“日出於暘谷，浴於咸池。”

徐有壬 清人。字君青。

《詩·小雅·賓之初筵》:"百禮既至，有壬有林。"毛傳:"壬，大。林，君也。"是名取"有壬"，字取"林，君也"之義。借"林木"之義而綴以"青"。又《史記·律書》:"壬之爲言任也，言陽氣任養萬物於下也。"《釋名·釋采帛》:"青，生也，象物生時色也。"任養萬物，則是使萬物生長，故以"青"相應。"君"則爲美稱。一字鈞卿。是取"大鈞播物"之義，正與"壬"協。"卿"爲美稱。

徐有功 唐人。名弘敏。

以字行。《論語·陽貨》:"敏則有功。"

徐汝舟 清人。名楫。

以字行。《僞古文尚書·説命上》:"若濟巨川，用汝作舟楫。"

徐自明 宋人。字誠甫。

《禮記·中庸》:"自明誠謂之教。"

徐宏澤 明人。字潤卿。

《孟子·滕文公上》:"若夫潤澤之，則在君與子矣。"

徐廷槐 清人。字立三。

《周禮·秋官·朝士》:"面三槐，三公位焉。"

徐 沂 明人。字希曾。

《論語·先進》記子路、曾皙、冉有、公西華侍坐言志，曾皙願"欲乎沂，風乎舞雩，詠而歸"，得孔子贊許，故以"希曾"應"沂"，言願學曾皙。

徐 良 清人。字鄰哉。

《書·益稷》:"股肱良哉。"蔡沈集傳:"股肱，臣也。"又"帝曰:'吁，臣哉，鄰哉！鄰哉，臣哉！'"蔡沈集傳:"鄰，左右輔弼也。"是良、鄰皆指弼輔重臣。

徐 言 清人。字以時。

《論語·憲問》:"夫子時然後言，人不厭其言。"

徐宗仁 宋人。字求心。

《孟子·告子上》:"仁，人心也。"又:"求其放心而已矣。"

徐宗泌 清人。字鄴侯。

唐李泌封鄴侯。泌歷事玄宗、肅宗、代宗、德宗，於朝政多所匡救。慕其人，故襲其名爵以爲名字。

徐 枋 清人。字昭法。

《周禮·春官·内史》:"内史掌王之八枋之法，以詔王治。"

徐待聘 明人。字廷珍。

《禮記·儒行》:"儒有席上之珍以待聘。"

徐柱臣 清人。字題客。

《唐語林·企羡》:"宣宗好儒，多與學士小殿從容議論。殿柱自題曰:'鄉貢進士李某。'"以"題客"應"柱臣"，欲從科舉入仕途。"柱臣"亦雙關，既是桂苑題名者，亦是國家柱石之臣。

徐 盈 明人。字子謙。

《易·謙卦》:"天道虧盈而益謙，地道變盈而流謙。"此以天道忌滿爲戒。"子"爲男子美稱。

徐 紇 後魏人。字武伯。

孔子父名紇，字叔梁。"梁"有强義，與"紇"相協。春秋魯大夫臧孫紇字武仲，"武"與"紇"相協，是"紇"有勇武義，同義故相協。

徐 胤 漢人。字季登。

《説文·肉部》:"胤，子孫相承續也。"又《豆部》:"𤼷，禮器也。"段玉裁注:"《生民》曰:'于豆于登。'《釋器》、毛傳皆曰'瓦豆謂之登'。毛云:'登薦大羹。'《公食大夫禮》:'大羹湆不和實于鐙。'登、鐙皆假借字。"後世於此義作"登"以爲區别。以"登"(𤼷)應"胤"，欲子孫相續，以奉祭祀，使祖宗不絶血食。

徐 述 明人。字信古。

《論語·述而》:"子曰:'述而不作，信而好古，竊比於我老彭。'"

徐師回 宋人。字望聖。

回，指孔子弟子顔回。《論語·公冶長》:"子謂子貢曰:'女與回也孰愈？'對曰:'賜也何敢望回。回也聞一知十，賜也聞一知二。'子曰:'弗如也。吾與女弗如也！'"孔子大聖猶歎弗如顔回，則師法之者，是希望如聖人。

徐師曾 明人。字伯魯。

曾，指孔子弟子曾參。《論語·先進》:"參也魯。"

徐師閔 宋人。字聖徒。

閔，指閔子騫(損)，孔子弟子，在德行科，以孝著稱。孔子被尊爲聖人，閔損自是聖人之徒。

徐時棟 清人。字定宇。

《易·繫辭下》:"後世聖人易之以宫室，上棟下宇，以待風雨。"有宫室即可以定居，故以"定"飾"宇"。

徐 甡 清人。字行來。

《詩·大雅·桑柔》:"瞻彼中林，甡甡其鹿。"朱熹集傳:"甡，衆多並行之貌。"

徐 退 清人。字進之。

《論語·先進》:"求也退，故進之。"

徐 郙 清人。字頌閣。

郙閣，漢閣道名。東漢靈帝時太守李翕以地臨嘉陵江，水大則路途難通，遂於崖上鑿石架木，建閣以濟行人。時人懷其德，刻碑贊頌，是爲《郙閣頌》。此拆以爲名字。

徐 釚 清人。字電發。

《玉篇·金部》:"釚，弩牙。"弩牙乃弩弓發矢之機。飾以"電"，形容弩箭發射之迅疾如電。

徐乾學 清人。字原一。

《易·説卦》:"乾，天也。"又《繫辭上》:"天一，地二。"故以"一"應"乾"。古人以爲萬物皆生於"一"。《淮南子·詮言訓》:"一也者，萬物之本也。"故以"原"飾"一"。言皆原於一。

徐 庶 三國蜀漢人。字元直。

庶，讀作"愬"(訴)。原本爲直，因屈故訴以求申。

徐得之 宋人。字思叔。

《孟子·告子上》:"思則得之。"

徐 畛 明人。字仲田。

畛，古"畛"字。見《玉篇》。《説文·田部》:"畛，井田間有(陌)也。"

徐處仁 宋人。字擇之。

《論語·里仁》:"子曰:'里仁爲美，擇不處仁，焉得知？'"

徐 貫 明人。字元一。

《論語·里仁》:"吾道一以貫之。"

徐　陵　南朝陳人。字孝穆。

《詩·小雅·天保》："如山如阜，如岡如陵。"毛傳："大阜曰陵。"《漢書·東方朔傳》："於是吴王穆然。"顔師古注："穆然，静思貌。"又《揚雄傳上》："穆穆肅肅。"顔師古注："穆穆，静也。"山、陵渾言則無别。《孫子·軍争》："不動如山。"山陵不動，故以"穆"相應。亦取《論語·雍也》"仁者樂山""仁者静"之義。東漢以來，士大夫喜以"孝"飾字。

徐善述　明人。字好古。

《論語·述而》："述而不作，信而好古。"

徐善建　清人。字孝標。

孫綽《遊天台山賦》："赤城霞起而建標，瀑布飛流以界道。"飾以"孝"，欲孝行昭著。西漢舉孝廉，重孝行，東漢以來，士人遂以"孝"飾字。又南朝梁劉峻字孝標，唐有章孝標，亦有意襲前賢名字。

徐喈鳳　清人。字鳴岐。

《詩·大雅·卷阿》："鳳皇鳴矣。"又《周南·葛覃》："其鳴喈喈。"《國語·周語上》："周之興也，鸑鷟鳴於岐山。"韋昭注引三君云："鸑鷟，鳳之别名也。"故以"鳴岐"應"喈鳳"。

徐景福　清人。字介亭。

《詩·小雅·小明》："神之聽之，介爾景福。"明清人喜以亭、臺、堂、齋等爲字之綴飾。

徐　渭　明人。字文長。

渭，渭水。文，謂周文王。周之興，實成於文王。文王發跡皆在渭水。得太姒以爲配，是"在渭之涘""親迎於渭"，後乃"篤生武王"，以嗣其業。獵於渭水，得姜尚，"立爲師"，遂佐武王滅商，建立周王朝。文王"本支百世"皆起於渭，故以"文長"應"渭"。見《詩·大雅·文王》《大明》，《史記·齊太公世家》。

徐象梅　明人。字仲和。

《僞古文尚書·説命下》："若作和羹，爾惟鹽梅。"

徐　賁　明人。字幼文。

《易·賁卦》："賁，亨，柔來而文剛，故亨。"

徐　幹　漢人。字偉長。

《孔叢子·執節》："臣見回非不偉其體幹也。"以"偉長"應"幹"，蓋自謙非幹材，徒體軀長大而已。

徐　愷　元人。字士元。

《左傳·文公十八年》："昔高陽氏有才子八人……天下之民謂之八愷。高辛氏有才子八人……天下之民謂之八元。""士"爲男子美稱。

徐椿年　宋人。字壽卿。

《莊子·逍遥遊》："上古有大椿者，以八千歲爲春，八千歲爲秋。"以八千歲計春秋，可謂長壽。"卿"爲美稱。

徐　溥　明人。字時用。

《禮記·中庸》："溥博淵泉，而時出之。"故以"時"應"溥"。綴以"用"，取朱熹章句"充積於中，而以時發見於外"之義，言出爲世所用。

徐　準　明人。字子式。

準、式皆有法義，故相協。《吕氏春秋·君守》："有准不以平。"高誘注："准，法。"准、準同。《逸周書·謚法解》："式，法也。""子"爲男子美稱。

徐準宜　清人。字仲平。

《説文·水部》："準，平也。"

徐　焕　清人。字舫亭。

以"焕"諧"涣"。《易·涣卦》："涣：亨……利涉大川，利貞。"又："利涉大川，乘木有功也。"濟川須以舫，即"乘木"之意。又，"舫"亦諧"方"。《詩·邶風·谷風》："就其深矣，方之舟之。"朱熹集傳："方，桴。"深則乘筏以渡。

徐焕然　清人。字晉叔。

《論語·泰伯》："焕乎！其有文章。"何晏集解："焕，明也。"《易·晉卦》："晉，進也。明出地上，順而麗乎大明。"

徐　詡　宋人。字元敏。

《禮記·少儀》："會同主詡。"鄭玄注："詡，謂敏而有勇。"

徐　達　明人。字天德。

《禮記·中庸》："知仁勇三者，天下之達德也，所以行之者一也。"又："苟不固聰明聖知達天德者，其孰能知之？"

徐　鉉　宋人。字鼎臣。

《易·鼎卦》："鼎黄耳，金鉉。""臣"爲綴飾。

徐嘉泰　明人。字道亨。

《易·泰卦》："泰，小往大來，吉亨。……内君子而外小人，君子道長，小人道消也。"

徐夢莘　宋人。字商老。

伊尹耕於有莘之野，湯聘以爲相，伐夏創立商王朝。見《孟子·萬章上》《史記·殷本紀》。"老"爲宋人時尚字飾。

徐熊飛　清人。字渭揚。

《史記·齊太公世家》："西伯將出獵，卜之，曰：'所獲非龍非彨，非虎非羆，所獲霸王之輔。'於是周西伯獵，果遇太公於渭之陽。"漢以後訛"非虎非羆"爲"非熊非羆"，又進而訛"非熊"爲"飛熊"。"卜獵"訛爲"占夢"。後世遂成文王夢飛熊，乃於渭水訪得姜太公以爲相的傳説。故以"渭"應"熊飛"。因《詩·大雅·大明》頌姜尚之功業有"維師尚父，時維鷹揚，涼彼武王，肆伐大商"之語，故以"揚"綴"渭"。

徐禎卿　明人。字昌穀。

《文選·左思〈魏都賦〉》："顯禎祥以曲成。"李善注引《蒼頡篇》曰："禎，善也。"《詩·魯頌·閟宫》："俾爾昌而熾。"又《小雅·天保》："俾爾戩穀。"朱熹集傳："穀，善也。"

徐　端　清人。字肇之。

《孔子家語·禮運》："故人者天地之心，而五行之端。"王肅注："端，始也。"《爾雅·釋詁》："肇，始也。"

徐　賓　清人。字用王。

《易·觀卦》："觀國之光，利用賓于王。"

徐鳴時　明人。字君和。

《左傳·莊公二二年》："是謂鳳皇于飛，和鳴鏘鏘。""君"爲美稱。

徐　鳳　宋人。字子儀。

《書·益稷》："鳳皇來儀。"

“子”爲男子美稱。

徐齊聃 唐人。字將道。

聃，謂李耳。聃爲其字。爲道家創始人，著有《道德經》(《老子》)。故以“道”應“聃”。飾以“將”，謂奉行其道。

徐　增 清人。字子能。

《孟子·告子下》：“所以動心忍性，曾益其所不能。”曾同“增”。“子”爲男子美稱。

徐　寬 明人。字仲栗。

《書·舜典》：“直而温，寬而栗。”

徐　璆 漢人。字孟玉。

《史記·孔子世家》：“環珮玉聲璆然。”《玉篇·玉部》：“璆，美玉也。”“孟”表行第居長。

徐　確 宋人。字居易。

《易·乾卦·文言》：“確乎其不可拔，潛龍也。”飾以“居”，謂堅守《易》所示潛龍之德。又《易·繫辭下》：“夫乾，確然示人易矣。”居易，則謂以簡易自處。

徐　穉 漢人。字孺子。

《説文·禾部》：“穉，幼禾也。”段玉裁注：“引伸爲凡幼之偁。”《子部》：“孺，乳子也。”段玉裁注：“凡幼者曰孺子。”是穉、孺同義相協。先秦嫡子可以繼承爵位、奉祭祀者得稱孺子，後以爲美稱，故因“孺”而綴以“子”。

徐　誼

① 宋人。字子宜。

誼、義通。史傳常互用。《漢書·賈誼傳》：“湯武置天下於仁義禮樂而德澤洽……今或言禮誼之不如法令，教化之不如刑罰。”《禮記·中庸》：“義者，宜也。”又《祭義》：“義者，宜此者也。”“子”爲男子美稱。

② 明人。字宜叔。

解見①。

徐養元 明人。字長善。

《易·乾卦·文言》：“元者，善之長也。”

徐養正 明人。字吉甫。

《易·蒙卦》：“蒙以養正……包蒙，吉。”“甫”爲男子美稱。

徐養原 清人。字新田。

《左傳·僖公二八年》：“原田每每，舍其舊而新是謀。”

徐學詩 明人。字以言。

《論語·季氏》：“‘不學《詩》，無以言。’鯉退而學《詩》。”

徐學顔 明人。字君復。

《論語·顔淵》：“顔淵問仁。子曰：‘克己復禮爲仁……’顔淵曰：‘回雖不敏，請事斯語矣。’”以“復”應“學顔”，即欲學顔回立志克己復禮。

徐　嶧 清人。字桐華。

《書·禹貢》：“嶧陽孤桐。”因《禮記·月令》有“桐始華”之語，故因“桐”而綴以“華”。

徐　澤 明人。字兑若。

《易·説卦》：“兑爲澤。”

徐　積 宋人。字仲車。

《易·大有卦》：“大車以載，積中不敗也。”

徐　適 宋人。字紹聞。

《書·康誥》：“今民將在祇遹乃文考，紹聞衣德言。”

徐　霖

① 宋人。字景説。

《僞古文尚書·説命上》：“若歲大旱，用汝作霖雨。”此殷高宗命傅説之辭。説爲賢臣，故以“景”爲飾，以示景慕。

② 明人。字子仁。

霖能救旱，使萬物復蘇，故以“仁”相應。“子”爲男子美稱。

徐應龍 宋人。字亢叔。

《易·乾卦·文言》：“亢龍有悔，與時偕極。”

徐　謙 明人。字仲光。

《易·謙卦》：“謙尊而光。”

徐　鍇 五代南唐人。字楚金。

《説文·金部》：“九江謂鐵曰鍇。”九江，楚地，鐵爲金屬，故云。

徐　夔 清人。字龍友。

《書·舜典》：“伯拜稽首，讓于夔龍。”夔、龍皆爲虞舜之臣，是僚友。故以“友”綴“龍”。

徐　鐸

① 宋人。字振文。

《論語·八佾》：“天將以夫子爲木鐸。”何晏集解引孔安國曰：“木鐸，施政教時所振也。”禮樂制度謂之文，正政教之所從出，故以“文”綴“振”。

② 清人。字令民。

解見①。施政教即所以令民。

徐體乾 明人。字行健。

《易·乾卦》：“天行健，君子以自强不息。”

徐　觀 明人。字尚賓。

《易·觀卦》：“觀國之光，尚賓也。”

徐　驥 明人。字尚德。

《論語·憲問》：“驥不稱其力，稱其德也。”尚，崇尚。

〔晁〕

晁公武 宋人。字子止。

《左傳·宣公十二年》：“夫文，止戈爲武。”“子”爲男子美稱。

晁公遡 宋人。字子西。

《詩·秦風·蒹葭》：“所謂伊人，在水一方，遡洄從之，道阻且長。”毛傳：“逆流而上曰遡洄。”中國大川多自西而東，逆流而上則是向西。故以“西”應“遡”。又《邶風·簡兮》：“云誰之思？西方美人。彼美人兮，西方之人兮。”毛傳、鄭箋皆謂“美人”指“碩人”，即大德者。逆流西行乃尋求所仰慕之人。

晁公邁 宋人。字伯皋。

《僞古文尚書·大禹謨》：“皋陶邁種德，德乃降。”

晁百談 宋人。字元默。

《説文·言部》：“談，語也。”《易·繫辭上》：“君子之道，或出或處，或默或語。”元同“玄”，宋人諱“玄”。元默即玄默。《淮南子·主術訓》：“儼然玄默而吉祥受福。”故因“默”而以“元”爲飾。

晁貫之 宋人。字季一。

《論語·里仁》：“吾道一以貫之。”

晁補之 宋人。字无咎。

《詩·大雅·烝民》：“衮職有闕，維仲山甫補之。”《左傳·宣公二年》：“‘衮職有闕，惟仲山甫補之’，能補過也。”能補過則无灾。《易·乾卦》：“終日乾乾，夕愓若，无咎。”孔穎達疏：“謂既能如此戒慎，則无罪咎。”

晁詠之 宋人。字之道。

《論語·先進》：“浴乎沂，風乎舞雩，詠而歸。”何晏集解引包咸曰：“歌詠先王之道，而歸夫子之門。”

晁 瑮 明人。字君石。

《説文·玉部》：“瑮，玉英華羅列秩秩。”段玉裁注引《爾雅·釋訓》：“秩秩，清也。”玉爲“石之美有五德者”，故以“石”應“瑮”。“君”爲美稱。

晁端彦 宋人。字美叔。

《詩·鄭風·羔裘》：“彼其之子，邦之彦兮。”毛傳：“彦，士之美稱。”

晁説之 宋人。字以道。

《論語·子路》：“君子易事而難説也，説之不以道，不説也。……小人難事而易説也，説之雖不以道，説也。”以“以道”應“説之”，言欲得君子而事之，不願從小人。説，喜悦，使喜悦。

〔晏〕

晏 殊 宋人。字同叔。

《易·繫辭下》：“天下同歸而殊塗，一致而百慮。”殊、同亦反義相協。

晏幾道 宋人。字叔原。

幾道，猶言近道。謂近聖人之道。《禮記·樂記》：“知樂則幾於禮矣。”鄭玄注：“幾，近也。”又《大學》：“知所先後，則近道矣。”《淮南子》有《原道》，韓愈亦作《原道》，故因“道”而以“原”相應。

晏敦復 宋人。字景初。

《楚辭·離騷》：“進不入以離尤兮，退將復脩吾初服。”飾以“景”，示仰慕。又《易·復卦》：“復其見天地之心乎？”王弼注：“復者反本之謂也。”本、初義近，亦可相應。

晏 鐸 明人。字振之。

《論語·八佾》：“天將以夫子爲木鐸。”何晏集解引孔安國曰：“木鐸，施政教時所振也。”

〔桂〕

桂 山 明人。字本寧。

《論語·雍也》：“知者樂水，仁者樂山；知者動，仁者静。”寧、静義近，故以應“山”。

桂天祥 明人。字子興。

《禮記·中庸》：“國家將興，必有禎祥。”“子”爲男子美稱。

桂文燦 清人。字子白。

《説文·米部》“燦”段玉裁注：“漢刑法有鬼薪、白粲。白粲，謂舂也。粲米取白。”“粲”爲舂好之稻米，精者特白。燦，諧“粲”。清人喜倣秦漢人名字用假借，故避本字，以求古奥。

桂 萼 明人。字子實。

《晉書·皇甫謐傳》：“是以春華發萼，夏繁其實。”“子”爲男子美稱。亦連姓成文。

桂 瑮 明人。字懷英。

“瑮”爲“瑮”之古體。《説文·玉部》：“玉英華羅列秩秩。”“瑮”爲美玉英華清潤之貌，故以“英”相應。飾以“懷”，謂當含有。

桂 馥 清人。字冬卉。

此連姓成文。《楚辭·遠遊》：“嘉南州之炎德兮，麗桂樹之冬榮。”洪興祖補注：“桂凌冬不凋。”《玉篇·香部》：“馥，香也。”駱賓王《上齊州張司馬啓》：“博望侯之蘭薰桂馥。”桂之華、實、皮皆香，且凌冬不凋，故以“冬卉”相應。《説文·艸部》：“卉，艸之總名也。”作“字未谷”者誤，與名不協。“未谷”當爲號。

〔桑〕

桑 豸 清人。字楚執。

豸，獬豸。傳説中之神獸。《晉書·輿服志》：“法冠，一名柱後，或謂之獬豸冠。……凡執法官皆服之。或謂獬豸神羊，能獨邪佞。《异物志》云：‘北荒之中，有獸名獬豸，一角，性别曲直。見人鬥，觸不直者。聞人争，咋不正者。楚王嘗獲此獸，因象其形以製衣冠。’”因是楚王曾執獲此獸，故以“楚執”相應。

桑 喬 明人。字子木。

《詩·周南·漢廣》：“南有喬木。”此亦連姓成文。桑爲落葉喬木。

桑 欽 漢人。字君長。

《書·堯典》：“欽明文思安安。”孔傳：“欽，敬。”應以“長”，取《禮記·祭義》“敬長”之義。又《孟子·盡心上》：“敬長，義也。”“君”爲美稱。

桑維翰 五代後晉人。字國僑。

《詩·大雅·板》：“大邦維屏，大宗維翰。”毛傳：“翰，幹也。”楨幹須以喬木爲之。爲國之楨幹，故以“國”飾“喬”。僑通“喬”。此亦連姓成文。謂桑作楨幹。

〔桓〕

桓 玄 晉人。字敬道。

玄，謂道家之學或道。《南齊書·百官志》：“太始六年，以國學廢，初置總明觀，玄、儒、文、史四科，科置學士各十人。”魏晉人尚老莊，喜談玄，故以“敬道”應“玄”。

桓 沖 晉人。字幼子。

《書·金縢》：“惟予沖人弗及知。”孔傳：“言己童幼，不及知周公昔日忠勤。”沖、幼同義相協。“子”爲男子美稱。

桓彦範 唐人。字士則。

《世説新語·德行》：“陳仲舉言爲士則，行爲世範，登車攬轡，有澄清天下之志。”

桓 振 晉人。字道金。

《周禮·地官·鼓人》：“以金鐸通鼓。”鄭玄注：“鐸，大鈴也，振之以通鼓。”賈公彦疏：“此是金鈴金舌，故曰金鐸，在軍所振。”據此，“道金”當作“通金”。《晉書》本傳作“振字道全”。則是兩字皆訛。

桓 温 晉人。字元子。

據《晉書·桓温傳》，温生未滿周歲，温嶠見而奇之，試其啼聲，“曰：‘真英物也！’〔桓〕彝以嶠所賞，故遂名之曰温。”《易·乾卦·文言》：“元者，善之長也。”温嶠許爲英物，故以

"元"爲字，言爲美善之亢宗子。"子"爲男子之美稱。

桓　彝　晉人。字茂倫。

《書·洪範》："彝倫攸敘。"《爾雅·釋詁》："茂，勉也。"以飾"倫"，意在重視大法。

桓　麟　漢人。字元鳳。

《禮記·禮運》："麟鳳龜龍，謂之四靈。"《易·乾卦·文言》："元者，善之長也。"麟、鳳皆爲瑞物，故以"元"爲飾。

桓　鸞　漢人。字始春。

《禮記·月令》："孟春之月……天子居青陽左个，乘鸞路，駕倉龍。"孟春乃一歲之始，故以"始"爲飾。

〔柴〕

柴中行　宋人。字與之。

《論語·子路》："不得中行而與之，必也狂狷乎！狂者進取，狷者有所不爲也。"

柴元亨　宋人。字吉甫。

《易·乾卦》："乾：元亨利貞。"又《鼎卦》："鼎：元吉，亨。""甫"爲男子美稱。

柴元彪　宋人。字炳中。

《易·革卦》："大人虎變，其文炳也。"《説文·虎部》："彪，虎文也。"以"中"綴"炳"，取朱熹本義"變革之事，非得已者，不可以過"之義。

柴元裕　宋人。字益之。

《易·繫辭下》："益，德之裕也。"

柴禹錫　宋人。字元圭。

《書·禹貢》："禹錫玄圭，告厥成功。"

柴惟道　明人。字允中。

《僞古文尚書·大禹謨》："人心惟危，道心惟微，惟精惟一，允執厥中。"

柴紹炳　清人。字虎臣。

《易·革卦》："大人虎變，其文炳也。"《詩·魯頌·泮宫》有"矯矯虎臣"之語，故因"虎"而綴以"臣"。

柴通玄　宋人。字又玄。

《老子》第一章："玄之又玄，衆妙之門。"

柴　瑾　宋人。字懷叔。

《楚辭·九章·懷沙》："懷瑾握瑜兮，窮不知所示。"

柴　震　明人。字景春。

《易·説卦》："萬物出乎震。震，東方也。"東方主春，故以"春"應"震"。萬物皆爲春生，自當景慕。又，"景"爲日光。春陽甦物，亦可以飾"春"。

〔殷〕

殷士儋　明人。字正甫。

《國語·齊語》："以知其市之賈，負任儋荷。"韋昭注："背曰負，肩曰儋。"擔不平正則不平衡，故以"正"相應。亦隱以道義爲任。"甫"爲男子美稱。

殷仲春　明人。字方叔。

連姓成文。《書·堯典》："以殷仲春。"因《楚辭》有"方仲春而東遷"之語，故以"方"應"仲春"。言正當仲春。

殷　序　明人。字序賓。

《詩·大雅·行葦》："序賓以賢。"

殷　芸　南朝梁人。字灌蔬。

《吕氏春秋·本味》："陽華之芸，雲夢之芹。"高誘注："芸，芳菜也。"蔬菜自當灌溉。

殷　奎　明人。字孝章。

《孝經援神契》："奎主文章。"漢時文人喜以"孝"飾字，此承其風。

殷　浩　晉人。字深源。

《書·堯典》："湯湯洪水方割……浩浩滔天。"水大其源自深。

殷從儉　明人。字汝中。

《論語·子罕》："子曰：'麻冕，禮也。今也純，儉，吾從衆。'"何晏集解引孔安國曰："純，絲也。絲易成，故從儉。"《詩·唐風·蟋蟀》序以爲"儉不中禮"，故以"汝中"自警，願能"儉而用禮"。

殷　琰　南朝宋人。字敬珉。

《説文·玉部》："琰，璧上起美色也。"段玉裁以爲當是"圭上起美色者"。琰爲圭之一種。又："珉，石之美者。"段玉裁注："《弁師》：'珉玉三采。'"琰、珉同爲玉，故相協。君子比德於玉，故以"敬"爲飾。《中國人名大辭典》珉訛爲"氓"。

殷　羡　晉人。字洪喬。

羡，謂羡門；洪，謂洪崖；喬，謂王子喬：皆古仙人。《史記·秦始皇本紀》："使燕人盧生求羡門。"集解引韋昭曰："古仙人。"《文選·郭璞〈遊仙詩〉》："左挹浮丘袖，右拍洪崖肩。"李善注："《列仙傳》曰：'浮丘公接王子喬以上嵩高山。'……《神仙傳》曰：'衛叔卿與數人博，其子度曰："向與博者爲誰？"叔卿曰："是洪崖先生。"'"

〔浦〕

浦　杲　明人。字東白。

《詩·衛風·伯兮》："杲杲出日。"日出於東，故以"東"應"杲"。日光白色，日出亦爲白。蘇軾《赤壁賦》："不知東方之既白。"故以"白"綴"東"。

浦南金　明人。字伯兼。

《詩·魯頌·泮水》："元龜象齒，大賂南金。"《孟子·公孫丑下》："餽兼金一百而不受。"趙岐注："兼金，好金也。其價兼倍於常者，故謂之兼金。"

浦起龍　清人。字二田。

《易·乾卦》："九二，見龍在田。"

浦龍淵　清人。字潛夫。

《易·乾卦》："初九，潛龍，勿用。"又："九四，或躍在淵，无咎。"朱熹本義："龍之在是，若下於田，或躍而起，則向乎天。"龍在淵即是潛龍。"夫"爲男子通稱。

〔班〕

班　固　漢人。字孟堅。

《説文·口部》："固，四塞也。"段玉裁注："凡堅牢曰固。"又《臤部》："堅，土剛也。"固、堅義近，故相協。

班　彪　漢人。字叔皮。

《説文·虎部》："彪，虎文也。"

段玉裁注:“虎皮,《詩》謂之虎。如‘虎韔’是也。亦謂之文,如文茵是也。……班彪字叔皮,此取虎文之義也。”

班 超　漢人。字仲升。
《說文·走部》:“超,跳也。”跳則使身升騰。

〔秦〕

秦士文　明人。字彬予。
《論語·雍也》:“文質彬彬,然後君子。”以“予”綴“彬”,言我欲有此文質彬彬之德。

秦大士　清人。字魯一。
《韓詩外傳》卷九:“孔子與子貢、子路、顏淵遊於戎山之上。孔子喟然嘆曰:‘二三子各言爾志,予將覽焉。’……顏淵曰:‘願得明王聖主爲之相,使城郭不治,溝池不鑿,陰陽和調,家給人足,鑄庫兵以爲農器。’孔子曰:‘大士哉!’”顏淵魯人,且最爲孔子所器重。以“魯一”應“大士”,言魯國堪稱大士者,顏子一人而已。

秦民悦　明人。字宗化。
《孟子·公孫丑下》:“民之悦之,猶解倒懸也。”又《史記·高祖本紀》載,劉邦入咸陽,除秦苛政,約法三章,“秦人大喜”,極欲劉邦爲秦王。以“宗化”應“民悦”,言民衆悦其德政而願歸化。此亦連姓成文。

秦 旭　明人。字景暘。
《說文·日部》:“旭,日旦出皃。”段玉裁注:“《邶風》:‘旭日始旦。’傳曰:‘旭者,日始出。’”又:“暘,日出也。”《書·堯典》:“宅嵎夷,曰暘谷,寅賓出日。”釋文引馬融曰:“暘谷,海嵎夷之地名,日出於谷。”

秦 坊　清人。字表行。
《禮記》有《坊記》《表記》二篇。《坊記》記六藝之義,以防人之失;《表記》則是“記君子之德見於儀表者也”(陳澔集説引鄭氏語)。此取以爲名字。

秦 岳　明人。字維翰。
《詩·大雅·崧高》:“崧高維嶽,駿極于天。維嶽降神,生甫及申。維申及甫,維周之翰。”

秦 約　明人。字文仲。
《論語·雍也》:“君子博學於文,約之以禮。”此以“約”應“禮”,寓“博”於“文”。兼具二德。

秦 涇　明人。字汝清。
《詩·邶風·谷風》:“涇以渭濁。”涇水既因渭而濁,是涇原爲清流,故以“清”相應。飾以“汝”,傚《書》文例。蓋自勖勉。

秦 梓　宋人。字楚材。
《國語·楚語》:“其大夫皆卿材也,若杞、梓、皮革焉,楚實遺之。雖楚有材,不能用也。”韋昭注:“杞、梓,良材也。”

秦 梁　明人。字子成。
《孟子·離婁下》:“歲十二月輿梁成,民未病涉也。”朱熹集注引夏令曰:“十月成梁。”“子”爲男子美稱。

秦 鉅　宋人。字子野。
《書·禹貢》“大野既豬”孔穎達疏:“《地理志》云:‘大野澤在山陽鉅野縣北。’鉅即大也。”是大野即鉅野,故以“野”應“鉅”。

秦嘉楫　明人。字少説。
《僞古文尚書·説命》:“若濟巨川,用汝作舟楫。”因是殷高宗以舟楫之功用贊傅説,故以“説”應“嘉楫”。“少”表行第較末。

秦鳴雷　明人。字子豫。
《易·豫卦》:“象曰:雷出地奮,豫。”

秦 羲　宋人。字致堯。
《書·堯典》:“乃命羲和,欽若昊天。”孔傳:“羲氏和氏世掌天地四時之官,故堯命之使敬順昊天。”羲氏能得堯致以爲臣,故以“致”爲飾。亦因“堯”而暗用杜甫《奉贈韋左丞丈二十二韻》“致君堯舜上,再使風俗淳”詩義。

秦 鎬　明人。字子京。
《詩·大雅·文王有聲》:“鎬京辟廱。”又:“宅是鎬京。”“子”爲男子美稱。

秦 顒　明人。字士昂。
《詩·大雅·卷阿》:“顒顒卬卬,如圭如璋。”昂通作“卬”。

秦 瓊　唐人。字叔寶。
《詩·衛風·木瓜》:“投我以木瓜,報之以瓊琚。”毛傳:“瓊,玉之美者。”玉之美者,故可寶。

秦 鏞　明人。字大音。
《爾雅·釋樂》:“大鐘謂之鏞。”鐘大音自洪。因《老子》有“大音希聲”之語,故借以應“鏞”。

秦 夔　明人。字廷韶。
《書·舜典》:“帝曰:‘夔!命汝典樂。’”又《益稷》:“夔曰:‘戛擊鳴球……’《簫韶》九成,鳳皇來儀。”夔爲帝舜樂正,《韶》爲帝舜之樂,故二者相應。演奏於朝廷之上,故以“廷”爲飾。

秦 觀　宋人。字少游。
初字太初,後字少游,皆用《莊子·知北遊》“外不觀乎宇宙,内不知乎太初,是以不過乎昆侖,不遊乎太虚”文義。據秦觀二十八世孫清秦瀛重編《淮海先生年譜》謂:“先生始入小學,父元化公遊太學,歸觀,言太學人物之盛,數稱海陵王君觀,高才力學,遂以其名名先生。”王從弟名覿,少游之弟亦名覿。是其父取王氏兄弟之名以名少游弟兄。游、遊二字音同義通,古書中常相互通用。但涉及水者,一般多用“游”而少用“遊”。

〔翁〕

翁大年　清人。字叔均。
《莊子·逍遥遊》:“朝菌不知晦朔,蟪蛄不知春秋,此小年也。……上古有大椿者,以八千歲爲春,八千歲爲秋。”《列子·湯問》論證其事,以爲“地氣然也。雖然,形氣異也,性情鈞已,無相易已”。故以“均”應“大年”。言萬物修短、巨細、壽夭雖各異,但其性情則皆同,且不能更易。均通“鈞”。《詩·小雅·節南山》“秉國之均”《漢書·律曆志》引作“秉國之鈞”。

翁 升　宋人。字南仲。
《易·升卦》:“升:元亨,用見大人,勿恤,南征吉。”

翁心存 清人。字二銘。

朱用純《治家格言》："爲官心存君國。"謂以君、國二事銘記於心。亦或取《孟子·離婁下》"君子以仁存心，以禮存心"之義。

翁方綱 清人。字正三。

《白虎通·三綱六紀》："三綱者，何謂也？謂君臣、父子、夫婦也。"《禮記·樂記》："爲父子君臣，以爲紀綱。"孔穎達疏引《禮緯含文嘉》云："三綱謂君爲臣綱，父爲子綱，夫爲妻綱。"以"正"飾"三"，謂欲正三綱。

翁世資 明人。字資甫。

字與名同。"甫"爲男子美稱，以爲綴飾。亦或暗用《莊子·逍遥遊》"宋人資章甫而適諸越，越人斷髮文身無所用之"之意，以示推行教化之志之堅，欲倣孔子"事知其不可而爲之"。

翁正春 明人。字兆震。

《易·説卦》："萬物出乎震。震，東方也。"孔穎達疏："斗柄指東爲春，春時萬物出生也。"春始於東方，故以"兆震"應"正春"。

翁同龢 清人。字叔平。

《漢書·叙傳上》："吹中龢爲庶幾兮。"顔師古注："吹，古聿字也。龢，古和字也。"《戰國策·秦策一》："引軍而退，與荆人和。"高誘注："和，平也。"

翁　卷 宋人。字靈舒。

《淮南子·本經訓》："贏縮卷舒。"卷、舒亦反義相協。飾以"靈"，謂舒卷自如。一字續古。《史記·蘇秦列傳》："我舉安邑，塞女戟，韓氏太原卷。"正義引劉伯莊云："卷，猶斷絶。"斷、續反義相協。綴以"古"，意欲倣孔子興滅繼絶，信而好古。

翁　陵 清人。字壽如。

《詩·小雅·天保》："天保定爾，以莫不興。如山如阜，如岡如陵。……如南山之壽，不騫不崩。"

翁萬達 明人。字仁夫。

《孟子·盡心下》："人皆有所不忍，達之於其所忍，仁也。"

翁夢得 宋人。字景説。

《史記·殷本紀》："武丁夜夢得聖人，名曰説。……於是迺使百工營求之野，得説於傅險中。"飾以"景"，謂仰慕傅説。

翁蒙之 宋人。字子功。

《易·蒙卦》："蒙以養正，聖功也。""子"爲男子美稱。

翁樹培 清人。字宜泉。

王維《送梓州李使君》詩："山中一夜雨，樹杪百重泉。"以"宜泉"應"樹培"，謂樹藉雨而成泉。亦可解爲樹木之栽培賴泉水澆灌。

翁　績 宋人。字熙載。

《書·堯典》："庶績咸熙。"

翁　點 宋人。字沂伯。

《論語·先進》記孔子命子路、曾皙、冉有、公西華言志。曾皙願與二三子，暮春"浴乎沂，風乎舞雩，詠而歸"。孔子"喟然歎曰：'吾與點也！'"故以"沂"應"點"。曾皙名點。

翁巖壽 宋人。字如山。

《詩·魯頌·閟宫》："泰山巖巖，魯邦所詹。"又："天錫公純嘏，眉壽保魯。"《小雅·天保》："如南山之壽，不騫不崩。"

〔耿〕

耿九疇 明人。字禹範。

《書·洪範》："天乃錫禹《洪範》九疇。"

耿　介 清人。字介石。

連姓成文。《楚辭·離騷》："彼堯舜之耿介兮，既遵道而得路。"《易·豫卦》："介于石，不終日，貞吉。"

耿如杞 明人。字楚材。

《國語·楚語》："若杞梓皮革焉，楚實遺之。雖楚有材，不能用也。"韋昭注："杞、梓，良材也。"

耿定理 明人。字子庸。

朱熹《中庸章句》："子程子曰：'不偏之謂中，不易之謂庸。中者，天下之正道；庸者，天下之定理。'"

耿　弇 漢人。字伯昭。

《爾雅·釋天》："弇日爲蔽雲。"郭璞注："即暈氣五綵覆日也。"《説文·日部》："昭，日明也。"日爲雲弇則暗，與"昭"反義相協。

耿　裕 明人。字好問。

《僞古文尚書·仲虺之誥》："好問則裕，自用則小。"

耿　詢 隋人。字敦信。

《爾雅·釋詁》："詢，信也。"又："敦，勉也。"敦信，言勉於誠信。

耿　橘 明人。字庭懷。

《三國志·吴志·陸績傳》："績年六歲，於九江見袁術。術出橘，績懷三枚，去，拜辭墮地，術謂曰：'陸郎作賓客而懷橘乎？'績跪答曰：'欲歸遺母。'術大奇之。"《論語·季氏》記孔子立於庭，子伯魚趨而過之。又《文選·束皙〈補亡詩·南陔〉》："眷戀庭闈，心不遑安。"李善注："庭闈。親之所居。"因以"庭"指父母。

耿　邁 清人。字子行。

《詩·王風·黍離》："行邁靡靡。""子"爲男子美稱。

耿　夔 漢人。字定公。

《吕氏春秋·察傳》："夔於是正六律，和五聲，以通八風，而天下大服。重黎又欲益求人，舜曰：'……若夔者，一而足矣。'故曰夔一足，非一足也。"因《孟子·梁惠王上》有"定于一"之語，故承"夔一足"之語而以"定"相應。"公"爲美稱。

〔莊〕

莊一夔 清人。字在田。

《吕氏春秋·察傳》："舜曰：'……若夔者，一而足矣。'故曰夔一足，非一足也。"《書·舜典》："讓于夔龍。"《易·乾卦》："見龍在田。"夔、龍同爲舜臣，名"一夔"，而以"在田"隱"龍"相應。

莊士敏 清人。字仲求。

《論語·述而》："我非生而知之者，好古敏以求之者也。"

莊曰璜 清人。字渭川。

姜尚於渭之磻溪釣得玉璜，有文云："周受命，吕佐檢，德合於今，昌來提。”後周文王聘以爲師，佐武王滅商。事見《尚書大傳》卷二。

莊同生 清人。字玉驄。

《説文·冂部》：“冂，邑外謂之郊，郊外謂之野，野外謂之林，林外謂之冂，象遠介也。……回，古文冂，從口，象國邑。坰，回或從土。”今通作“坰”。《詩·魯頌·駉》：“駉駉牡馬，在坰之野。”《説文·馬部》：“驄，馬青白襍毛也。”段玉裁注：“俗所謂葱白色。《詩》曰：‘有瑲葱衡。’”玉有葱色，故以“玉”飾“驄”。

莊宇逵 清人。字達甫。

《詩·周南·兔罝》：“施于中逵。”毛傳：“逵，九達之道。”“甫”爲男子美稱。

莊有可 清人。字大久。

《孟子·公孫丑上》：“可以仕則仕，可以止則止，可以久則久，可以速則速：孔子也。”

莊亨陽 清人。字復齋。

《易·復卦》：“復：亨，出入无疾。”孔穎達疏：“陽氣反復而得亨通，故云復亨也。”朱熹本義：“復，陽復生於下也。”“齋”爲時尚綴字。

莊受祺 清人。字衛生。

《詩·大雅·行葦》：“壽考維祺，以介景福。”毛傳：“祺，吉也。”《莊子·庚桑楚》：“趎願聞衛生之經而已矣。”陸德明釋文引李頤云：“防衛其生，令合道也。”阮毓崧集注引宣穎云：“且求全生自養而已。”以“衛生”應“受祺”，言既受吉慶之福，更當善攝生。又，清人名字多喜用通假，亦或以“祺”作“淇”，用《詩·衛風·淇奥》之典。

莊季裕 宋人。名綽。

以字行。《詩·小雅·角弓》：“此令兄弟，綽綽有裕。”

莊　杲 明人。字孔暘。

杲，同“昶”。《玉篇·日部》：“昶，明久也。”“暘，明也。”飾以“孔”，謂極明。

莊　夏 宋人。字子禮。

《論語·八佾》：“子曰：‘夏禮吾能言之。’”

莊逵吉 清人。字伯鴻。

《易·漸卦》：“鴻漸于陸，其羽可用爲儀，吉。”朱熹本義：“胡氏、程氏皆云：‘陸，當作“逵”，謂雲路也。’今以韻讀之，良是。”

莊綸渭 清人。字對樵。

三國魏嵇康《贈秀才入軍》詩：“流磻平皐，垂綸長川。”綸渭，謂垂釣於渭。《詩·小雅·白華》：“樵彼桑薪。”古代賢者常隱於漁樵，故以“樵”應“綸渭”。以“對”飾“樵”，謂副之以樵。《詩·大雅·皇矣》：“帝作邦作對。”毛傳：“對，配也。”

莊慶椿 清人。字子壽。

《莊子·逍遥遊》：“上古有大椿者，以八千歲爲春，八千歲爲秋。”一萬六千歲始爲一年，誠可謂壽。

莊寶書 清人。字然乙。

《太平廣記》卷一六一引王子年《拾遺記·劉向》云，劉向校書於天禄閣，“夜有老人，着黄衣，藜杖扣閣而進。見向暗中獨坐誦書，老人乃吹杖端，爛然火明，因以照向，説開闢以前事，乃授《洪範》五行之文。……至曙而去。請問姓名，云：‘我是太乙之精。’……乃出懷中竹榜，有天文地圖之事”。以“然乙”應“寶書”，即取太乙燃杖相照，授秘笈之典。然、燃，古今字。

莊鼇獻 明人。字任公。

《列子·湯問》記渤海之東有五山，天帝使巨鼇十五，負此五山。龍伯國有大人，舉足不數步而至五山之所，“一釣而連六鼇，合負而趣，歸其國”。《莊子·外物》則記有任公子者，製大鈎巨緇，以五十犗牛爲餌，“投竿東海，旦旦而釣”，後果得大魚，自浙以東，蒼梧以北，居民皆得飽食。此合二典以爲名字，言有如巨人與任公子之抱負，於國、於民將有釣鼇之獻。

〔莘〕

莘　野 明人。字叔耕。

《孟子·萬章上》：“伊尹耕於有莘之野。”此連姓成文。明人時尚如此。

〔莫〕

莫友芝 清人。字子偲。

《論語·子路》：“朋友切切偲偲，兄弟怡怡。”

莫君陳 宋人。字和中。

《僞古文尚書》有《君陳》篇，記成王命君陳之辭有“從容以和”“惟厥中”之語，故以“和中”應“君陳”。

莫是龍 明人。字雲卿。

《易·乾卦》：“雲從龍。”“卿”爲美稱。

莫若沖 宋人。字子謙。

《三國志·魏志·荀彧傳》裴松之注引《彧别傳》：“前後謙沖，欲慕魯連先生乎？”《玉篇·水部》：“沖，虚也。”謙沖即謙虚。“子”爲男子美稱。

莫　晉 清人。字錫三。

《易·晉卦》：“晉：康侯用錫馬蕃庶，晝日三接。”

莫　蒙 宋人。字養正。

《易·蒙卦》：“蒙以養正。”

莫　澤 宋人，兑夫。

《易·説卦》：“兑爲澤。”“夫”爲男子通稱。

莫　藏 明人。字用行。

《論語·述而》：“用之則行，舍之則藏。”

〔華〕

華允誠 明人。字汝立。

《易·乾卦·文言》：“修辭立其誠，所以居業也。”《書》中多有“汝爲”“汝弼”“汝諧”“汝明”等語，故倣其文例，以“汝”飾“立”。

華允誼 明人。字汝正。

漢孔安國《古文孝經訓傳序》：“朱以發經，墨以起傳，庶後學者覩正誼之有在也。”倣《尚書》文例，故以“汝”爲飾。

華玉淳 清人。字師道。

宋代理學家程顥，字伯淳，死後文彦博題其墓碑曰“明道先生”。後世遂稱之爲程明道、明道先生。敬其人，故襲其字號。

華 佗 漢人。字元化。

一名旉。旉同“敷”。《書·舜典》：“敬敷五教，在寬。”孔傳：“布五常之教在寬，所以得人心。”以“化”應“敷”，即謂布行教化。三國魏阮籍《與晉王薦盧播書》：“應期作輔，論道敷化。”佗，施或加。《詩·小雅·小弁》：“予之佗矣。”毛傳：“佗，加也。”布敷亦即施加於人。故“化”亦可與“佗”相應。按，陳寅恪先生考證以爲華佗乃佛教故事中的藥神。三國時佛教已盛行，故民間稱華旉爲華佗。見《寒柳堂集·三國志曹沖華佗傳與佛教故事》。

華 岳 宋人。字子西。

岳，同“嶽”。《禮記·中庸》：“載華嶽而不重。”此連姓成文。《爾雅·釋山》：“河南華，河西嶽。”郭璞注：“華陰山，吳嶽。”郝懿行義疏：“《中庸》云‘載華嶽’，即此嶽也。”其方位在西，故以“西”相應。

華 韡 明人。字公愷。

《詩·小雅·常棣》：“常棣之華，鄂不韡韡，凡今之人，莫如兄弟。”朱熹集傳：“此燕兄弟之樂歌，故言常棣之華，則其鄂然而外見者，豈不韡韡乎？”《爾雅·釋詁》：“愷，樂也。”既宴兄弟，自是歡樂，故應以“愷”。按《中國人名大辭典》韡原訛作“韈”。韈乃“靴”的異體字，與“韡”音義無關。今徑改。

華 表 晉人。字偉容。

《孔叢子·嘉言》：“吾觀孔仲尼有聖人之表。”《玉篇·衣部》：“表，威儀也。”又《宀部》：“容，容儀也。”

華長發 清人。字商原。

《詩·商頌·長發》所述乃殷商的起源，故以“商原”相應。

華 冠 清人。字慶吉。

取彈冠相慶之義。語本《楚辭·漁父》。《漢書·王吉傳》謂王吉、貢禹志同道合，相友善。王吉在朝時，將舉薦貢禹出仕，乃有“王陽（吉）在位，貢公彈冠”之語，因以“彈冠”喻吉慶。故以“慶吉”應“冠”。

華 胥 清人。字羲逸。

晉皇甫謐《帝王世紀》載，燧人氏之世，華胥於雷澤履巨人足迹，遂生伏羲。故以“羲”應“華胥”。古代士大夫多嚮往遠古時代原始狀態的生活，晉陶潛曾願爲“羲皇上人”（伏羲以前的民衆），故綴以“逸”。意謂伏羲（之前）的逸民。此連姓成文。

華時亨 清人。字仲通。

《易·泰卦》：“泰，小往大來吉亨，則是天地交泰而萬物通也。”

華國光 清人。字村五。

《易·觀卦》：“六四，觀國之光，利用賓于王。”又：“九五，觀我生，君子无咎。”取“九五”與“六四”，是欲既能仕進，又可一生平安。清人喜以村、莊、園、圃爲字飾。

華善繼 明人。字孟達。

《孟子·盡心上》：“窮則獨善其身，達則兼善天下。”故以“達”應“善”。“孟”表行第居長。

華 愛 明人。字仁卿。

《孟子·離婁下》：“仁者愛人。”

華 歆 三國魏人。字子魚。

《詩·大雅·皇矣》：“無然歆羨。”毛傳：“無是貪羨。”《淮南子·說林訓》：“臨河而羨魚，不若歸家織網。”以“魚”應“歆”，即欲以此古語爲戒。

華 嶠 晉人。字叔駿。

《爾雅·釋山》：“鋭而高，嶠。”郝懿行義疏：“《釋文》引《字林》作：嶠云山鋭而長也。”又《釋詁》：“駿，大也。”高、長、大，義皆近，故相協。行第在三，故以“叔”爲飾。

華蘅芳 清人。字若汀。

《楚辭·九歌·湘夫人》：“芷葺兮荷屋，繚之兮杜衡。……搴汀洲兮杜若，將遺兮遠者。”王逸注：“杜衡，香草。……衡一作‘蘅’。”故以“若汀”應“蘅”。汀洲之杜若與杜蘅皆爲香草。

華 鑰 明人。字德啓。

《書·金縢》：“啓籥見書，乃并是吉。”蔡沈集傳：“籥與‘鑰’通。”因“啓”而飾以“德”，意謂以德化人，或以德啓迪。

〔袁〕

袁一虬 明人。字汝化。

《楚辭·離騷》：“駟玉虬以乘鷖兮，溘埃風余上征。”王逸注：“有角曰龍，無角曰虬。”虬雖爲龍屬，但尚非真龍，亦應如鯉躍龍門之後，變化爲龍。故以“化”應“虬”，以表企望之意。飾以“汝”，表示督責。此倣《書·堯典》文例。

袁一鳳 明人。字鳴岐。

《世說新語·言語》：“鄧艾口吃，語稱‘艾艾’。晉文王戲之曰：‘卿云“艾艾”，定是幾艾？’對曰：‘“鳳兮鳳兮”，故是一鳳。’”《國語·周語上》：“周之興也，鸑鷟鳴于岐山。”韋昭注引三君云：“鸑鷟，鳳之别名也。”

袁于令 清人。字令昭。

號令是欲使人知，知而能行。“令昭”即使之明白。《說文·日部》：“昭，日明也。”段玉裁注：“引伸爲凡明之偁。”

袁子讓 明人。字孜肩。

《書·堯典》：“允恭克讓。”孔傳：“克，能。”《詩·周頌·敬之》：“佛時仔肩。”毛傳：“仔肩，克也。”陸德明釋文：“毛云：‘仔肩，克也。’此二字共訓。”以“孜肩”應“讓”，言其能讓。孜，諧“仔”。

袁中道 明人。字小修。

《孟子·盡心上》：“君子引而不發，躍如也。中道而立，能者從之。”趙岐注：“於道，則中道德之中。不以學者不能，故卑下其道。”因《中庸》有“修道之謂教”之語，故以“修”應“道”。其兄字伯修，故以“小”爲飾。

袁 文 宋人。字質甫。

《論語·雍也》：“文質彬彬，然後君子。”“甫”爲男子美稱。

袁文揆 清人。字時亮。

《書·舜典》：“使宅百揆，亮采惠疇。”又：“惟時亮天功。”

袁甲三 清人。字午橋。

《易·蠱卦》："蠱：元亨，利涉大川，先甲三日，後甲三日。"又："先甲三日，後甲三日，終則有始，天行也。"依天干，先甲三日爲辛，後甲三日爲丁。但依干支相合，甲之首爲甲子，末爲甲寅。自甲寅上推，或自甲子下推，其第三度循環之首皆爲甲午。故以"午"應"甲三"。唐名相裴度曾於午橋築别業，有堂號緑野，與白居易、劉禹錫等游讌其中，爲人所企羡，故因"午"而綴以"橋"。以莊、村、汀、溪、橋等地理名物飾字，爲清人風尚。

袁　充 隋人。字德符。

《莊子》有篇名《德充符》，此拆以爲名字。

袁　安 漢人。字邵公。

《國語·晉語一》："孝敬忠貞，君父所安也。"韋昭注："安，猶善也。"又："彼將惡始而美終。"韋昭注："美，善也。"《小爾雅·廣詁》："邵，美也。"是安、邵同義相協。"公"爲美稱。

袁聿修 隋人。字叔德。

《詩·大雅·文王》："聿修厥德。"

袁　佑 清人。字杜少。

唐杜佑，爲一代名臣，著有《通典》，爲後人所推重。慕其人，故襲其姓名。"少"表行第較末。

袁均哲 明人。字庶明。

《書·洪範》："明作哲。"因《皋陶謨》有"庶明勵翼"之語，故借"庶"以爲飾。

袁　宏 晉人。字彦伯。

《玉篇·宀部》："宏，大也。"《爾雅·釋訓》："美士爲彦。"又《釋詁》"藐藐，美也"郝懿行義疏："又'藐藐昊天'，鄭箋：'美也。'毛傳以爲'大貌'。美大義近也。"是宏、彦義近相協。

袁宏道 明人。字中郎。

《論語·衛靈公》："人能弘道。"何晏集解引王肅曰："才大者，道隨大；才小者，道隨小。"宏通"弘"。以"中"應"宏道"，言己才僅可及中，道之廓大亦僅能及中等，蓋示謙撝。宏道行第亦居中，遂借《孟子·盡心上》："中道而立"之成語。西漢二千石以上官吏，其子弟可得爲郎官，魏晉時遂以"郎"爲貴胄子弟之稱，後世泛稱青年男子。以"郎"綴"中"，亦爲沿用《世説新語》中成語。

袁　和 明人。字節吾。

《論語·學而》："禮之用，和爲貴……知和而和，不以禮節之，亦不可行也。"以"節吾"應"和"，言吾非徒知和，且知以禮節制之。

袁宗道 明人。字伯修。

宗道，謂歸向聖人之道，或尊崇聖人之道。《禮記·中庸》："修道之謂教。"又："修道以仁。"因承"道"而以"修"爲飾。

袁　昂 南朝梁人。字千里。

《楚辭·卜居》："寧昂昂若千里之駒乎？將氾氾若水中之鳧乎？"

袁　易 元人。字通甫。

《易·繫辭下》："易窮則變，變則通，通則久。""甫"爲男子美稱。

袁明善 元人。字誠夫。

《禮記·中庸》："自誠明，謂之性；自明誠，謂之教；誠則明矣，明則誠矣。""夫"爲男子通稱。

袁　枚 清人。字子才。

枚，謂枚卜。古者君主命相選將，皆一一占卜，以定取舍。《僞古文尚書·大禹謨》："枚卜功臣，惟吉之從。"《左傳·哀公十七年》："王與葉公枚卜子良，以爲令尹。"以"才"相應，意在惟才是用。"子才"猶汝才，言汝有才。"子"又爲男子美稱。

袁　泌 南朝陳人。字文洋。

《詩·陳風·衡門》："泌之洋洋，可以樂飢。"毛傳："泌，泉水也。洋洋，廣大也。"以"文"爲飾，欲其文思如泉涌，流布廣遠。

袁芳瑛 清人。字漱六。

《玉篇·玉部》："瑛，美石似玉。《尸子》：龍淵玉光也。水精謂之玉瑛也。"陸機《招隱詩》："山溜何泠泠，飛泉漱鳴玉。"以"漱"應"瑛"，取漱玉之義。古代帝王以玉製爲信物，有六等，名曰六瑞（見《周禮·春官·大宗伯》《秋官·小行人》），故因玉而綴以"六"。

袁　表 明人。字邦正。

《僞古文尚書·仲虺之誥》："表正萬邦。"

袁　采 宋人。字君載。

《書·皋陶謨》："乃言曰：載采采。""君"爲美稱。

袁保恒 清人。字小午。

《詩·小雅·天保》："如月之恒，如日之升。"毛傳："恒，弦；升，出也。"鄭玄箋："月上弦而就盈，日始出而就明。"日月以午爲最盛，故以"午"應"恒"。飾以"小"，言非正午，蓋忌滿盈。亦因其父字午橋，故取"小"字以明輩分，又取"午"以示親屬關係。

袁　桐 清人。字琴甫。

《書·禹貢》："嶧陽孤桐。"孔傳："嶧山之陽，特生桐，中琴瑟。""甫"爲男子美稱。

袁　珙 明人。字廷玉。

《玉篇·玉部》："珙，大璧也。"璧爲朝廷禮器，故以"廷"爲飾。

袁　衮 明人。字補之。

《詩·大雅·烝民》："衮職有闕，維仲山甫補之。"

袁　豹 晉人。字士蔚。

《易·革卦》："君子豹變，其文蔚也。""士"爲男子美稱。

袁啓旭 清人。字士旦。

《詩·邶風·匏有苦葉》："雝雝鳴雁，旭日始旦；士如歸妻，迨冰未泮。"

袁崇焕 明人。字元素。

《論語·泰伯》："焕乎！其有文章。"又《八佾》："繪事後素。"朱熹集注："繪事，繪畫之事也。後素，後於素也。""崇焕"即崇尚此鮮明之文章。古人以赤與青相錯爲文，赤與白相配爲章。然彩繪文章原在素白質地上爲之（"繪事後素"），故以"元素"應"焕"。言文章之前元爲素。

袁　彬 明人。字文質。

《論語·雍也》："文質彬彬，

然後君子。”

袁　紹　漢人。字本初。

《書·盤庚上》:“紹復先王之大業。”孔穎達疏:“繼復先王之大業。”《禮記·禮器》:“反本修古不忘其初。”繼承則使前人之業不斷絶,亦即保其本初。

袁　術　漢人。字公路。

《説文·行部》:“術,邑中道也。”《足部》:“路,道也。”“公”爲美稱。

袁尊尼　明人。字魯望。

孔子名丘字仲尼,係取尼丘山以爲名字。尼丘在魯,是魯之望。尊尼,語意雙關。

袁　彭　漢人。字伯楚。

彭,謂彭城。爲楚地,故相應。

袁　湯　漢人。字仲河。

《書·堯典》:“湯湯洪水方割。”又《詩·衛風·氓》:“淇水湯湯。”湯湯爲水盛之貌,故以“河”相應。河謂大河、黄河。

袁　鈞　清人。字秉國。

《詩·小雅·節南山》:“秉國之均。”鈞通“均”。《漢書·律曆志》引作“秉國之鈞”。一字陶軒。此取陶鈞一詞爲名字。古人比喻造化。“軒”爲綴飾。清人喜以建築物名如堂、亭、軒、樓等爲字的綴飾。

袁　閎　漢人。字夏甫。

《文選·司馬相如〈上林賦〉》:“布濩閎澤。”李善注:“閎,大也。”《詩·秦風·權輿》:“於我乎,夏屋渠渠。”毛傳:“夏,大也。”同義故相協。“甫”爲男子美稱。

袁　黄　明人。字坤儀。

古代陰陽五行家以金木水火土與方位相配,中央屬土,其色爲黄。土即地。《易·坤卦·文言》:“天玄而地黄。”故以“坤”應“黄”。劉琨《答盧諶》詩有“乾象棟傾,坤儀舟覆”之語,故因“坤”而綴以“儀”。坤儀即地。

袁　準　晉人。字孝尼。

《説文·水部》:“準,平也。”《爾雅·釋詁》:“尼,定也。”《廣雅·釋詁一》:“尼,安也。”凡物平則安定。平安、平定義皆近,故相協。東漢以來,士大夫多以“孝”飾字。

袁　滋　唐人。字德深。

《左傳·哀公元年》:“樹德莫如滋。”綴以“深”,欲其德深廣。

袁　粲　南朝宋人。字景倩。

《詩·小雅·大東》:“西人之子,粲粲衣服。”毛傳:“粲粲,鮮盛貌。”《説文·人部》:“倩,人美字也。”鮮盛即美,是同義相協。又粲、倩皆爲笑貌,亦同義相協。亦或拆三國魏荀粲以爲名字。荀字奉倩。

袁聘儒　宋人。字席之。

《禮記·儒行》:“儒有席上之珍以待聘。”

袁　葵　明人。字向一。

范仲淹《依韻酬吴安道學士見寄》詩:“但得葵心長向日,何妨駑足未離塵。”司馬光《客中初夏》詩:“更無柳絮因風起,惟有葵花向日傾。”以“一”綴“向”,言其專一,無貳志。

袁　裘　明人。字紹之。

《禮記·學記》:“良冶之子,必學爲裘;良弓之子,必學爲箕。”《説文·糸部》:“紹,繼也。”以“紹”應“裘”,言能如良冶之子,善繼其父之業。

袁　達　明人。字德明。

《論語·顔淵》:“夫達也者,質直而好義,察言而觀色,慮以下人,在邦必達,在家必達。”朱熹集注:“皆自修於内,不求人知之事。然德修於己,而人信之,則所行自無窒礙矣。”

袁説友　宋人。字起巖。

説,謂殷高宗賢相傅説。武丁夜夢得聖人,名説。使人訪求,後得之於傅巖,遂以爲相,殷以中興。見《史記·殷本紀》。

袁　賓　明人。字尚賓。

《易·觀卦》:“觀國之光,尚賓也。”

袁　樞

①南朝陳人。字踐言。

《易·繫辭上》:“君子居其室,出其言善,則千里之外應之,況其邇者乎?居其室,出其言不善,則千里之外違之,況其邇者乎?言出乎身,加乎民;行發乎邇,見乎遠:言行,君子之樞機。樞機之發,榮辱之主也。言行,君子之所以動天地也,可不慎乎!”言出行應。君子言必顧其行,行必其言,故以“踐言”應“樞”。

②宋人。字機仲。

解見①。

③明人。字伯應。

解見①。

袁　憲　南朝陳人。字德章。

《禮記·中庸》:“憲憲令德。”

袁　褧　明人。字尚之。

《禮記·中庸》:“《詩》曰:衣錦尚絅。惡其文之著也。”《詩·衛風·碩人》《鄭風·豐》皆作“衣錦褧衣”。絅、褧同。

袁應泰　明人。字大來。

《易·泰卦》:“泰:小往大來,吉亨。”

袁懋功　清人。字九叙。

《僞古文尚書·大禹謨》:“九功惟叙。”

袁　燮　宋人。字和叔。

《書·洪範》:“燮友柔克。”孔傳:“燮,和也。”

袁　點　宋人。字思與。

《論語·先進》記孔子命諸弟子言志,曾皙(名點)獨願暮春與“冠者五六人,童子六七人,浴乎沂,風乎舞雩,詠而歸”。“夫子喟然嘆曰:‘吾與點也!’”曾點爲孔子所許,故以“思與”相應。

袁　瓌　晉人。字山甫。

瓌即“瑰”。見《玉篇》。《説文·玉部》:“瑰,玫瑰也。”段玉裁注引《詩·秦風》傳曰:“瑰,石而次玉。”以“山”應“瓌”,取《荀子·勸學》“玉在山而草木潤”之義。又陸機《文賦》:“石韞玉而山輝。”“甫”爲男子美稱。

袁繼咸　明人。字季通。

《易·咸卦》:“咸:亨,利貞。”孔穎達疏:“咸,感也。……既相感應,乃得亨通。”

〔貢〕

貢安甫　明人。字克仁。

《論語·里仁》:“仁者安仁。”

《書·堯典》:“允恭克讓。”孔傳:“克,能。”克仁,言能安於仁。

貢汝成 明人。字玉甫。

《詩·大雅·民勞》:“王欲玉女。”張載《西銘》:“庸玉女於成也。”女、汝同。

貢性之 元人。字友初。

孟子倡性善之説,以爲人生來具有善性,所謂“人之初,性本善”。“性之初”即“善”。飾以“友”,取友善之義。

貢 奎 元人。字仲章。

奎,謂二十八宿中之奎宿。《孝經援神契》:“奎主文章。”

貢祖文 宋人。字仁德。

《論語·季氏》:“故遠人不服,則修文德以來之。”儒家倡以德服人。“祖文”即法儒家修文德以招徠遠人之教。仁、德義近,故用以爲飾。

〔郭〕

郭一鶚 清人。字漢沖。

漢孔融《薦禰衡表》:“鷙鳥累百,不如一鶚。使衡立朝,必有可觀。”《史記·楚世家》:“三年不蜚,蜚將沖天。”猛禽善飛翔,故以“沖”應“鶚”。因用禰衡之典,衡爲漢末人,故飾以“漢”。亦隱上沖霄漢之意。

郭人麟 清人。字嘉瑞。

《詩·周南·麟之趾》陸德明釋文:“麟,瑞獸也。……王者至仁則出。”

郭子章 明人。字相奎。

《孝經援神契》:“奎主文章。”奎,後世訛變爲“魁”,《晉書·天文志》有“魁中四星……丞相之象也”之語,故以“相奎”應“章”。

郭 文 明人。字仲炳。

《易·革卦》:“大人虎變,其文炳也。”

郭守敬 元人。字若思。

《論語·季氏》:“君子有九思:……事思敬。”

郭汝賢 宋人。字舜卿。

《僞古文尚書·大禹謨》:“帝曰:‘來禹!洚水儆予,成允成功,惟汝賢;克勤于邦,克儉于家,不自滿假,惟汝賢。’”此舜褒美禹之言。禹爲舜之臣,故以“舜卿”相應。

郭汝霖 明人。字時望。

《僞古文尚書·説命上》:“若歲大旱,用汝作霖雨。”《孟子·梁惠王下》:“民望之,若大旱之望雲霓也。”《盡心上》:“有如時雨化之者。”因是及時救旱之雨,故以“時”應“汝霖”。而綴以“望”。

郭孝友 宋人。字次仲。

《詩·小雅·六月》:“張仲孝友。”

郭延澤 宋人。字德潤。

《孟子·滕文公上》:“若夫潤澤之,則在君與子矣。”故以“潤”應“澤”。《禮記·大學》有“富潤屋,德潤身”之語,遂以“德”爲飾。

郭沛霖 清人。字仲霽。

《孟子·梁惠王上》:“天油然作雲,沛然下雨。”《説文·雨部》:“霖,凡雨三日爲霖。”又:“霽,雨止也。”救旱之雨三日已足,故望其止。

郭良臣 宋人。字德鄰。

《書·益稷》:“股肱良哉!”孔傳:“股肱之臣。”蔡沈集傳:“股肱,臣也。”又:“帝曰:‘吁。臣哉鄰哉!鄰哉臣哉!’禹曰:‘俞。’”孔傳:“鄰,近也。言君臣道近,相須而成。”德、道義近,故以“德”飾“鄰”。

郭良翰 明人。字道憲。

《詩·大雅·崧高》:“徒御嘽嘽,周邦咸喜,戎有良翰。不顯申伯,王之元舅,文武是憲。”

郭忠孝 宋人。字立之。

《論語·學而》:“君子務本,本立而道生。孝弟也者,其爲仁之本與!”忠孝一體。善事父母爲孝,以事親之心事君則爲忠,故以“立”應“忠孝”。

郭忠恕 宋人。字恕先。

《論語·里仁》:“夫子之道,忠恕而已矣。”又《衛靈公》:“子貢問曰:‘有一言而可以終身行之者乎?’子曰:‘其恕乎!己所不欲,勿施于人。’”是孔子以“恕”爲重,故綴以“先”。

郭金臺 清人。字幼隗。

《太平御覽》卷一七七引《史記》曰:“燕昭王置千金於臺上,以延天下士,謂之黄金臺。”《戰國策·燕策一》:“於是昭王爲〔郭〕隗築宫而師之。”後演變爲燕昭王爲郭隗築黄金臺借以招天下賢士。因以“隗”應“金臺”。

郭長倩 金人。字曼卿。

《楚辭·離騷》:“路曼曼其脩遠兮,吾將上下而求索。”王逸注:“言天地廣大,其路曼曼,遠而且長。”洪興祖補注引《集韻》:“曼曼,長也。”《説文·人部》:“倩,人美字也。”段玉裁注引《漢書·朱邑傳》顔師古注:“倩,士之美稱也。”《史記·刺客列傳》:“衛人謂之慶卿。”司馬貞索隱:“卿者,時人尊重之號,猶如相尊美亦稱‘子’然也。”是長、曼,倩、卿皆同義相協。

郭 奎 明人。字子章。

《孝經援神契》:“奎主文章。”

郭 奕 晉人。字大業。

《爾雅·釋詁》:“奕、業,大也。”

郭 彖 宋人。字伯象。

《易》有彖辭、象辭,故取以爲名字。

郭師古 明人。字時用。

《史記·秦始皇本紀》:“事不師古而能長久者,非所聞也。”應以“時用”,言師法古代,乃爲切於今用。

郭 泰 漢人。字林宗。

泰,謂泰山。林,謂配林。《禮記·禮器》:“齊人將有事於泰山,必先有事於配林。”鄭玄注:“配林,林名。”孔穎達疏:“配林是泰山之從祀者也。故先告從祀,然後祭泰山。”泰山爲岱宗,而配林可從祀,是配林可謂林宗。故以應“泰”。按,郭泰《後漢書》作“太”。是范曄爲避家諱而改。

郭祖翼 清人。字芑東。

《詩·大雅·文王有聲》:“豐水有芑,武王豈不仕,詒厥孫謀,以燕翼子。”因上章有“豐水東注”之語,故以“東”綴“芑”。

郭起元 清人。字復齋。

《爾雅·釋詁》："元，始也。"復即還其始。"齋"爲時尚字飾。

郭　淮 三國魏人。字伯濟。

《爾雅·釋水》："江河淮濟爲四瀆。"又，《爾雅·釋言》："濟，渡也。"

郭紹儀 明人。字汾仲。

唐郭子儀平定安史之亂，結回紇，破吐蕃，唐室賴以安，封汾陽王。故以"汾"應"紹儀"。是欲傚郭子儀建立功業。

郭　荷 晉人。字承休。

《詩·商頌·長發》："何天之休。"朱熹集傳："何，荷。"承、荷義近，故以"承休"應"荷"。

郭　貫 元人。字安道。

《論語·里仁》："吾道一以貫之。"

郭景星 元人。字元德。

《世説新語·德行》記太丘長陳寔偕子孫訪荀淑，荀率八子接待，"于時太史奏真人東行"。劉孝標注引檀道鸞《續晉陽秋》曰："陳仲弓從諸子姪造荀父子。于時德星聚。太史奏五百里賢人聚。"故以"德"應"景星"。謂景慕賢人。《易·乾卦·文言》："元者，善之長也。"以飾"德"，猶言大德、至德。

郭登庸 明人。字汝徵。

《書·堯典》："若時登庸。"又《舜典》："舜生三十徵庸。"

郭　象 晉人。字子玄。

《易·繫辭上》："在天成象，在地成形，變化見矣。"《老子》第一章："玄之又玄，衆妙之門。"應以"玄"，謂天道幽邈難測。

郭　載 宋人。字咸熙。

《書·舜典》："舜曰：'咨，四岳！有能奮庸熙帝之載，使宅百揆，亮采惠疇。'"因《堯典》有"庶績咸熙"之語，故以"咸"飾"熙"。

郭　雍

① 宋人。字子和。

《書·堯典》："黎民於變時雍。"孔傳："雍，和也。""子"爲男子美稱。

② 清人。字仲穆。

《詩·大雅·烝民》："穆如清風。"鄭玄箋："穆，和也。"參見①。

郭鼎京 清人。字去問。

《左傳·宣公三年》："定王使王孫滿勞楚子，楚子問鼎之大小輕重焉。"自禹收九牧之金鑄九鼎以象九州之後，鼎遂成爲國家與政權象征。問鼎，即有不臣之心。去問，謂除去"問"字。意即臣服於當時之王朝，不存非分之思。

郭　璞 晉人。字景純。

《玉篇·玉部》："璞，玉未治者。《老子》曰：'璞散則爲器。'王弼曰：'璞，真也。'"《儀禮·鄉射禮》："二筭爲純。"鄭玄注："純，猶全也。"玉未治即全其形。故以"純"應"璞"。又，純、真義亦近，亦相協。

郭應聘 明人。字君賓。

《禮記·儒行》："儒有席上之珍以待聘。"《易·觀卦》："觀國之光，利用賓于王。"應君王之徵聘，即是君王之賓。

郭　贄 宋人。字仲儀。

《左傳·莊公二四年》："男贄，大者玉帛，小者禽鳥，以章物也；女贄，不過榛栗棗脩，以告虔也。"贄爲古代初見尊長獻物致敬之禮，故以"儀"相應。

郭　麐 清人。字祥伯。

麐，同"麟"。謂麒麟。《説文·鹿部》："麐，牝麒也。"又："麒，麒麟，仁獸也。"段玉裁注引《公羊傳》曰："麟者，仁獸也。"《詩·周南·麟之趾序》陸德明釋文："麟……瑞獸也。"古人以爲"王者至仁則出"，視爲祥瑞，故應以"祥"。

郭　蘇 明人。字希武。

西漢蘇武使匈奴，被困留十九年，終不屈，爲世人所欽仰，慕其人，故取以爲名字。

郭麟孫 元人。字祥卿。

《詩·周南·麟之趾序》陸德明釋文："麟……瑞獸也。"祥、瑞義近，故以應"麟"。卿，尊美之稱，以爲綴飾。

〔都〕

都四德 清人。字乾文。

《易·乾卦·文言》："文言曰：元者善之長也；亨者嘉之會也；利者義之和也；貞者事之幹也。……君子行此四德者，故曰：乾、元、亨、貞。"

都　任 明人。字弘若。

《論語·泰伯》："士不可以不弘毅，任重而道遠。"

都　郁 宋人。字子文。

《論語·八佾》："周監於二代，郁郁乎文哉！"

都　俞 明人。字仲良。

都、俞、良皆爲《尚書》中《舜典》《臯陶謨》《益稷》諸篇常用語。"都"爲贊美之辭，"俞"爲允諾之辭，"良"謂賢能。因姓而組合《尚書》用語以爲名字。

都　潔 宋人。字聖與。

《論語·述而》："子曰：'人潔己以進，與其潔也，不保其往也。'"

都　穆 明人。字玄敬。

《書·金縢》："我其爲王穆卜。"蔡沈集傳引李氏曰："穆者，敬而有和意。"飾以"玄"。謂恭敬深而誠。

〔陰〕

陰子淑 明人。字宗孟。

《孟子·離婁下》："予未得爲孔子徒也，予私淑諸人也。"趙岐注："我未得爲孔子門徒也。……我私善之于賢人耳。"以"宗孟"應"淑"，言欲學孟子之雖未能親受業於孔子，而以孔子之道爲善，願繼承其學説。

陰幼遇 元人。字時夫。

《孟子·梁惠王下》："吾之不遇魯侯，天也。"朱熹集注："言聖賢之出處，關時運之盛衰，乃天命之所爲，非人力之可及。"以"時"應"遇"，謂與明主之遇合不可强求，須待天時。"夫"爲男子通稱。

陰幼達 元人。字中夫。

《論語·顏淵》記子張問"士之達"，孔子以"子張務外"，教以"質直而好義，察言而觀色，慮以下人"。朱熹集注以爲此"内主忠信，而所行合宜”，“皆自修於內，不求人知之事”，故以“中”應“達”。中即內。

陰　鏗　南朝陳人。字子堅。

《玉篇·金部》：“鏗，鏗鏘，金石聲也。”金石質堅，故聲鏗鏘。

〔陳〕

陳一策　清人。字汝忱。

漢揚雄《解嘲》：“曾不能畫一奇，出一策。”《書·大誥》：“天棐忱辭。”孔傳：“誠辭爲天所輔。”是忱訓誠。以“汝忱”應“一策”，意謂雖只出一策，然汝意則真誠。以“汝”爲飾，倣《書》文例。此亦連姓成文：陳說一策。

陳九川　明人。字惟濬。

此取《孟子·滕文公上》“禹疏九河”文義以爲名字。川、河，疏、濬皆同義。

陳九疇　明人。字禹學。

《書·洪範》：“天乃錫禹《洪範》九疇，彝倫攸敘。”相傳上天賜禹《洛書》，禹因以成治國大法九類。是九疇乃禹之學。

陳三島　明人。字鶴客。

三島，即海上三神山蓬萊、方丈、瀛洲，爲仙人所居者。見《史記·秦始皇本紀》。古人以鶴爲仙禽。晉陶潛《搜神後記》卷一有丁令威學道成仙，化鶴歸遼故事。“鶴客”即仙客、仙人，故以應“三島”。

陳三陛　清人。字翊辰。

《玉篇·阜部》：“陛，天子階也。”《史記·天官書》：“魁下六星，兩兩相比者，名曰三能。”司馬貞索隱：“魁下六星，兩兩相比，名曰三台。案:《漢書》東方朔‘願陳泰階六符’。孟康曰：‘泰階，三台也。台星凡六星。六符，六星之符驗也。’應劭引《黄帝泰階六符經》曰：‘泰階者，天子之三階。……三階平，則陰陽和，風雨時。’”陳三陛，亦即“陳泰階六符”。此連姓成文。應以“翊辰”，意謂翊贊星辰，或敬事星辰。

陳于王　明人。字丹衷。

此連姓成文：陳于君王。丹衷，猶丹心，赤誠。《文選·任昉〈王文憲集〉序》：“莫不總制清衷，遞爲心極。”李善注：“衷，中心也。”《荀子·成相》：“欲衷對，言不從。”楊倞注：“衷，誠也。”梁啓雄簡釋：“言欲遂其衷忱。”忱亦訓誠。見《書·大誥》孔傳。以“丹衷”應“陳于王”，意即將一片丹心（赤誠）陳于君王之前。

陳于廷　明人。字孟諤。

連姓成文：陳于朝廷之上。《史記·商君列傳》：“千人之諾諾，不如一士之諤諤。武王諤諤以昌，殷紂墨墨以亡。”《韓詩外傳》卷七：“願爲諤諤之臣，墨筆操牘，從君之過，而日有記也，月有成也，歲有效也。”以“諤”應“陳于廷”，言欲直言正諫，陳獻于朝廷之上。

陳于陛　明人。字元忠。

連姓成文：陳于天子殿階之下。《玉篇·阜部》：“陛，天子階也。”元忠，首忠，大忠。名、字相應，意謂竭其大忠誠，陳于天子殿階之下。

陳士元　明人。字心叔。

《易·乾卦·文言》：“元者，善之長也。”以“心”應“元”，取善心之義。

陳士京　明人。字齊莫。

《左傳·莊公二二年》記懿氏卜妻陳公子完，卜辭有“鳳凰于飛，和鳴鏘鏘。……八世之後，莫之于京”之語。故以本姓語典爲名字。飾以“齊”，言欲有齊國懿氏卜辭所說之昌盛。

陳士璠　清人。字魯章。

《說文·玉部》：“璠，璠與，魯之寶玉。……孔子曰：‘美哉璠與！遠而望之，奐若也。’”《論語·泰伯》：“煥乎！其有文章。”奐，通“煥”，故以“魯章”應“璠”。

陳大卞　宋人。字仲循。

《書·顧命》：“率循大卞，燮和天下。”

陳大受　清人。字占咸。

《論語·衛靈公》：“君子不可小知，而可大受也。”《易·咸卦》：“君子以虛受人。”

陳大科　明人。字思進。

《孟子·離婁下》：“盈科而後進，放乎四海。有本者如是，是之取爾。”

陳大章

① 明人。字明之。

《禮記·中庸》：“故君子之道闇然而日章。”孔穎達疏：“章，明也。”

② 清人。字仲夔。

《書·舜典》：“帝曰：‘夔！命汝典樂。’”《說文·音部》：“章，樂竟爲一章。”

陳大賓　明人。字敬夫。

《論語·顏淵》：“仲弓問仁，子曰：‘出門如見大賓，使民如承大祭。’”何晏集解引孔安國曰：“爲仁之道，莫尚乎敬。”“夫”爲男子通稱。

陳子文　明人。字在中。

《易·坤卦》：“文在中也。”

陳子昂　唐人。字伯玉。

《漢書·食貨志下》：“萬物卬貴。”顏師古注：“卬，物價起。”又：“貴既爲卬，賤則爲氐。”昂，通“卬”。《詩·大雅·卷阿》“顒顒卬卬”《一切經音義》引作“顒顒昂昂”。《禮記·聘義》：“玉之寡故貴之也。”物以稀爲貴，玉少故價亦昂。“子”爲男子美稱。

陳子龍　明人。字人中。

《晉書·隱逸傳·宋纖》載宋纖隱居酒泉之南山，太守馬岌造訪，拒不見。“岌嘆曰：‘名可聞而身不可見，德可仰而形不可覩，吾而今而後知先生人中之龍也！’”後改字卧子。漢陳登字元龍，豪邁有威名，鄙視俗士。有造訪者，使客卧下牀，而自卧大牀，無主客之禮。遂有元龍高卧之典。事見《三國志·魏志》本傳。此以本姓語典爲名字。

陳中州　明人。字洛夫。

上古中國分爲九州，豫州居九州之中，號中州。洛陽在中州，故以“洛”應“中州”。《史記·劉敬叔孫通列傳》："迺營成周洛邑，以此爲天下之中也。""夫"爲男子通稱。

陳之奇 宋人。字虞卿。

春秋虞國賢大夫宫之奇，察晉侯假道伐虢之奸，勸虞公毋許，不聽，虞遂爲晉所滅。此慕其人，故襲其名。"卿"爲美稱。

陳之茂 宋人。字卓卿。

後漢卓茂通《詩》《禮》、曆算，性寬仁。爲密令，有善政，爲時所稱。慕其人，故襲其名。"卿"爲美稱。

陳之龍 清人。字去亢。

《易·乾卦》："亢龍有悔。"朱熹本義："亢者，過于上而不能下之意也。陽極於上，動必有悔。"以"去亢"應"龍"，是取忌盈、忌滿之訓，以避悔吝。

陳 亢 春秋陳人。字子禽。

《爾雅·釋鳥》："亢，鳥嚨。"郭璞注："嚨，謂喉嚨。亢即咽。"又："二足而羽謂之禽。"是禽即鳥，故以應"亢"。

陳 仁 明人。字子居。

《孟子·盡心上》："居仁由義，大人之事備矣。"

陳介祺 清人。字壽卿。

《詩·大雅·行葦》："壽考維祺，以介景福。""卿"爲美稱。

陳允衡 清人。字伯璣。

《書·堯典》："在璿璣玉衡，以齊七政。"

陳元晉 宋人。字明父。

《易·晉卦》："明出地上，晉，君子以自昭明德。""父"爲男子美稱。

陳元龍 清人。字廣陵。

《三國志·魏志·陳登傳》："陳登者，字元龍，在廣陵有威名。"登有文武才，在當世有威名，故取其字以爲名，而以其仕宦之地爲字。

陳六韐 明人。字子儀。

《詩·小雅·瞻彼洛矣》："靺韐有奭，以作六師。"毛傳："靺韐者，茅蒐染韋也。"鄭玄箋："靺韐，祭服之韠，合韋爲之。"祭服所以成禮者，故應以"儀"。

陳天錫 元人。字載之。

《詩·大雅·皇矣》："載錫之光，受禄無喪，奄有四方。"

陳天麟 宋人。字季陵。

南朝陳徐陵，幼穎異，家人携之候高僧寶誌。寶誌手摩其頂，曰："天上石麒麟也！"見《陳書·徐陵傳》。

陳孔碩 宋人。字膚仲。

《詩·豳風·狼跋》："公孫碩膚，赤舄几几。"又《秦風·駟驖》："辰牡孔碩。"

陳 尹 清人。字莘野。

尹，謂伊尹。《孟子·萬章上》："伊尹耕於有莘之野。"

陳文學 明人。字宗魯。

《論語·先進》："文學：子游，子夏。"子游、子夏皆孔子高足弟子。孔子魯人，故以"宗魯"應"文學"。

陳文燭 明人。字玉叔。

《爾雅·釋天》："四時和謂之玉燭。"

陳世祥 清人。字善百。

《僞古文尚書·伊訓》："作善，降之百祥。"

陳世隆 元人。字彦高。

《玉篇·阜部》："隆，中央高也；隆盛也。"隆、高同義相協。《爾雅·釋訓》："美士爲彦。"

陳世鎔 清人。字大冶。

《説文·金部》："鎔，冶器法也。"因《莊子·大宗師》有"今之大冶鑄金"之語，故以"大"飾"冶"。

陳幼學 明人。字志行。

《孟子·梁惠王下》："夫人幼而學之，壯而欲行之。"

陳弘緒 清人。字士業。

《爾雅·釋詁》："業，緒也。"又："緒、業，事也。"同義故相協。

陳弘謀 清人。字汝咨。

《説文·口部》："咨，謀事曰咨。"

陳必謙 明人。字益吾。

《易·謙卦》："天道虧盈而益謙。"《僞古文尚書·大禹謨》："謙受益。"綴以"吾"，欲"益"集於自身。

陳玉輝 明人。字荆碧。

《山海經·西山經》："又西北五十里高山……其下多青碧。"郭璞注："碧，亦玉類也。"《説文·玉部》："碧，石之青美者。"故以"碧"應"玉"。相傳楚人卞和得璞玉於荆山，後爲和氏璧，故以"荆"爲飾。

陳有年 明人。字登之。

《春秋·桓公三年》："有年。"杜預注："五穀皆熟，書有年。"《孟子·滕文公上》："五穀不登。"趙岐注："登，升也。五穀不足升用也。"五穀皆熟，則足升用，故以"登之"應"有年"。

陳汝元 明人。字太乙。

元，謂元氣。《禮記·禮運》："必本于大一，分而爲天地……"陸德明釋文："大，音泰。"孔穎達疏："必本於大一者，謂天地未分混沌之元氣也。"《孔子家語·禮運》作"太一"。《文選·張衡〈西京賦〉》"有於前則終南太一"，王維《終南山》詩則作"太乙近天都"。是大一古或作泰一、太一，後則作太乙。故以"太乙"應"元"。

陳汝言 明人。字惟允。

《書·舜典》："命汝作納言，夙夜出納朕命，惟允。"

陳汝咸 清人。字莘學。

咸，謂殷之彭咸。《楚辭·離騷》："雖不周於今之人兮，願依彭咸之遺則。"王逸注："彭咸，殷賢大夫。諫其君不聽，自投水而死。"莘，謂有莘之野，據《孟子》，伊尹耕於有莘之野。有"治亦進，亂亦進"濟世之志，后受湯聘，輔之滅夏桀，建立商王朝。彭咸、伊尹同爲聖賢，故相應。以"學"綴"莘"，言獨願傚伊尹。

陳汝秩 明人。字惟寅。

《書·舜典》："汝作秩宗，夙夜惟寅。"

陳汝瑒 明人。字席珍。

《説文·玉部》："瑒，圭尺二寸，有瓚，以祠宗廟者也。"《禮記·儒行》："儒有席上之珍以待聘。"宗廟禮器，誠爲珍寶。故以"珍"相應。因《儒行》之語，故以"席"爲飾。言有儒者之德，可爲廊廟之器。

陳　艮　明人。字從時。

《易・艮卦》："艮，止也。時止則止，時行則行。動静不失其時，其道光明。"

陳　孚　元人。字剛中。

《易・中孚卦》："中孚，柔在内而剛得中。"

陳希伋　宋人。字思仲。

伋，謂孔伋。伋字子思。孔子之孫，受業於曾子，後世尊爲述聖。此襲其名字。

陳希造　宋人。字賢御。

造，謂造父。古之善御者。據《史記・趙世家》載，造父取八駿馬獻之周穆王。"穆王使造父御，西巡狩，見西王母，樂而忘歸。"

陳廷會　清人。字際叔。

《説文・阜部》："際，壁會也。"

陳成父　宋人。字汝玉。

《詩・大雅・民勞》："王欲玉女，是用大諫。"鄭玄箋："玉者，君子比德焉。王乎，我欲令女如玉然，故作是詩用大諫正女。"以"汝玉"應"成"，言令汝成爲玉。女，同"汝"。

陳　杞　元人。字楚材。

《國語・楚語上》："其大夫皆卿材也，若杞、梓、皮革焉，楚實遺之。"韋昭注："杞、梓，良材也。"

陳　汾　清人。字晉陽。

《説文・水部》："汾，汾水出太原晉陽山。西南入河。"

陳　沂

①宋人。字伯澡。

此取《論語・先進》曾皙言志，欲"浴乎沂，風乎舞雩，詠而歸"之典爲名字。澡、浴同義。一字貫齋。曾皙乃曾參之父。父子同爲孔子弟子。曾參能悟孔子"吾道一以貫之"之言（見《論語・里仁》），父子同爲孔子所器重，故因父而及其子。

②明人。字宗魯。

沂水在春秋魯國之境。故以"魯"應"沂"。孔子魯人，於此創儒家學派。宗魯，兼有宗法孔子之意。後改字魯南，沂發源魯之南郊費。

陳沂震　清人。字起雷。

《易・震卦》："象曰：洊雷，震，君子以恐懼修省。"又《説卦》："震爲雷。"

陳良翰　宋人。字邦彦。

《詩・大雅・板》："大邦維屏，大宗維翰。"又《鄭風・羔裘》："彼其之子，邦之彦兮。"能爲國之屏翰者，自當是邦之美士。

陳　言

①宋人。字無擇。

《孝經・卿大夫章》："口無擇言。"

②明人。字國楨。

言，謂直言正諫。《史記・商君列傳》："千人之諾諾，不如一士之諤諤。武王諤諤以昌……君若不非武王乎，則僕請終日正言而無誅，可乎？"《韓詩外傳》卷七："願爲諤諤之臣，墨筆操牘，從君之過。"《詩・大雅・文王》："王國克生，維周之楨。"鄭玄箋："此邦能生之，則是我周之幹事之臣。"能直言正諫，則是國之楨幹之臣。

③明人。字獻可。

《左傳・昭公二十年》："君所謂可，而有否焉，臣獻其否，以成其可；君所謂否，而有可焉，臣獻其可，以去其否；是以政平而民不干。"能獻可替否，即是直言。

陳邦科　明人。字俊卿。

此謂國家科考取中之士，皆爲俊彦。"卿"爲美稱。

陳邦修　明人。字德卿。

《左傳・昭公二十年》："修德而後可。"

陳邦儀　明人。字開甫。

漢制惟三公可以開府建署，辟置僚佐。漢末將軍亦可開府治事，魏晉以降，遂别置開府儀同三司，唐宋則爲文散官第一階。以"開"應"儀"，欲飛黄騰達致高位。

陳邦瞻　明人。字德遠。

《詩・大雅・桑柔》："維此聖人，瞻言百里。"毛傳："瞻言百里，遠慮也。"《左傳・昭公四年》："德遠而後興。"

陳　卓　宋人。字立道。

《論語・子罕》："如有所立卓爾。"綴以"道"，取"士志於道"之義。

陳叔剛　明人。名棖。

以字行。《論語・公冶長》："子曰：'吾未見剛者。'或對曰：'申棖。'子曰：'棖也慾，焉得剛。'"

陳奉兹　清人。字時若。

兹，假作"鎡"。《孟子・公孫丑上》："雖有鎡基，不如待時。"若，猶"然"，詞尾。

陳宗契　明人。字景元。

《書・舜典》："帝曰：'契！百姓不親，五品不遜，汝作司徒，敬敷五教，在寬。'"契爲商之始祖，相傳其母簡狄爲高辛氏之妃，祈於郊禖，吞燕卵而生契。《詩・商頌・玄鳥》："天命玄鳥，降而生商。"《玄鳥序》陸德明釋文："玄鳥，燕也。"宋人諱"玄"，清亦諱"玄"，因以"元"代"玄"，故以"元"應"契"。企慕聖賢，故以"景元"應"宗契"。言欲傚契爲司徒以佐聖王。

陳宗禮　宋人。字立之。

《論語・季氏》："不學《禮》，無以立。"

陳居仁　宋人。字安行。

《孟子・盡心上》："居仁由義。"《禮記・中庸》："或安而行之。"朱熹《中庸章句》："所以行者仁也。"

陳性善　明人。名復初。

以字行。《孟子・滕文公上》："孟子道性善。"又《告子上》："乃若其情，則可以爲善矣。"趙岐注："若，順也。"以"復初"應"性善"，即謂順其情使反其善性，所謂"人之初，性本善"。

陳所行　明人。字力如。

《禮記・中庸》："力行近乎仁。"又："或安而行之。"朱熹《中庸章句》："所以行者仁也。"如，詞尾，猶"然""若"。

陳　昂

①明人。字欽顒。

《詩・大雅・卷阿》："顒顒卬卬。"《一切經音義》引此詩作"顒顒昂昂"，是卬昂可通，故以"顒"應"昂"。以"欽"飾"顒"，謂敬仰。

②明人。字爾瞻。

《説文・日部新附字》："昂，舉也。"《詩・小雅・節南山》："民具爾瞻。"《説文・目部》"瞻"段玉裁注:"今人謂仰視曰瞻。"以"爾瞻"應"昂",即謂舉首仰望。

陳 東 宋人。字少陽。

《禮記・祭義》:"日出于東。"日爲陽,故以應"東"。初出未盛,故飾以"少"。

陳 武

①三國吴人。字子烈。

《詩・小雅・黍苗》:"烈烈征師,召伯成之。"鄭玄箋:"烈烈,威武貌。"《爾雅・釋詁》:"武,繼也。"又:"烈,業也。"威、武同義可相協,繼、業於義亦相配。

②宋人。字蕃叟。

武,謂東漢竇武;蕃,謂東漢陳蕃。武爲大將軍,蕃爲太傅,二人共參朝政,徵用名賢,爲時望所歸。因謀誅宦官,同爲曹節等所殺。因與陳蕃同姓,故以竇之名爲名,而以陳之名爲字。"叟"爲宋人習尚字飾。

陳知柔 宋人。字體仁。

《易・繫辭下》:"知柔知剛。"又《乾卦》:"君子體仁足以長人。"知柔則能寬厚,寬厚即仁,故以"體仁"應"知柔"。

陳知微 宋人。字希顔。

《易・繫辭下》:"君子知微知彰,知柔知剛……子曰:'颜氏之子,其殆庶幾乎!有不善未嘗不知,知之未嘗復行也。'"

陳 芹 明人。字子野。

《列子・楊朱》:"故野人之所安,野人之所美,謂天下無過者。……昔人有美戎菽,甘枲莖芹萍子者,對鄉豪稱之。鄉豪取而嘗之,蜇於口,慘於腹,衆哂而怨之,其人大慙。"以"野"應"芹",即取野人獻芹之典。

陳 金 明人。字汝礪。

《僞古文尚書・説命上》:"若金,用汝作礪。"

陳長方 宋人。字齊之。

《論語・憲問》:"子貢方人。子曰:'賜也賢乎哉!夫我則不暇。'"又《里仁》:"子曰:'見賢思齊焉,見不賢而内自省也。'"子貢喜比較人之長短、賢否,孔子"故褒之而疑其辭,復自貶以深抑之"。因孔子有"見賢思齊"之訓,故以"齊之"應"方",意謂與其"方人",不如"見賢思齊","見不賢而内自省"。

陳阿平 清人。字獻吉。

平,謂陳平。因同姓,故增"阿"字以避混同。《史記・陳丞相世家》:"丞相陳平卒,謚爲獻侯。"故襲其名,而以其謚爲字。因《周禮・春官・占夢》有"獻其吉"之語,故因"獻"而綴以"吉",并以諧"計"。陳平曾爲漢高祖六出奇計。

陳非熊 宋人。字思齊。

《史記・齊太公世家》:"西伯將出獵,卜之,曰:'所獲非龍非彲,非虎非羆;所獲霸王之輔。'於是周西伯獵,果遇太公於渭之陽……載與俱歸,立爲師。"後世演變爲西伯出獵之前,夜夢一物,非熊非虎,次日獵,乃得姜尚。此企羨姜尚遭際文王而立功業,故以"思齊"應"非熊"。

陳 亮

①宋人。字同甫。

《僞古文尚書・周官》:"寅亮天地,弼予一人。"《書・臯陶謨》:"同寅協恭和衷哉。""甫"爲男子美稱。

②明人。字景明。

《書・舜典》:"亮采惠疇。"蔡沈集傳:"亮,明。"同義相協。諸葛亮字孔明,亦或景仰其人,而以其名字爲名字。

陳俊卿 宋人。字應求。

《僞古文尚書・太甲上》:"旁求俊彦。"

陳奕禧 清人。字六謙。

《説文・示部》:"禧,禮吉也。"段玉裁注:"行禮獲吉也。《釋詁》曰:'禧,福也。'"《易・謙卦》:"初六,謙謙君子,用涉大川,吉。"天道虧盈而益謙,謙則有禮,故能受福獲吉。

又字子文。《文選・張衡〈東京賦〉》:"六玄虬之奕奕,齊騰驤而沛艾。"薛綜注:"奕奕,光明。"《論語・泰伯》"焕乎!其有文章"朱熹集注:"焕,光明之貌。"文章有光明之象,故以"文"應"奕"。"子"爲男子美稱。

陳彦回 明人。字士淵。

《説文・水部》:"淵,回水也。""士""彦"皆爲男子美稱。孔子弟子顔回字淵,亦或襲其名字。

陳 恬 宋人。字叔易。

《莊子・刻意》:"聖人休休焉,則平易矣;平易,則恬惔矣;平易恬惔,則憂患不能入,邪氣不能襲矣。"

陳 恪 明人。字克謹。

《詩・商頌・那》:"温恭朝夕,執事有恪。"毛傳:"恪,敬也。"謹、敬義近,故相協。克,能。以飾"謹",言能敬謹。

陳昭度 宋人。字元矩。

《左傳・桓公二年》:"昭其度也。"《論語・爲政》:"七十而從心所欲,不踰矩。"朱熹集注:"矩,法度之器,所以爲方者也。""元"有大義,以飾"矩",猶言大法。

陳 柏

①元人。字新甫。

《詩・魯頌・閟宫》:"徂徠之松,新甫之柏。"

②明人。字子堅。

《詩・邶風・柏舟》"汎彼柏舟"朱熹集傳:"言以柏爲舟,堅緻牢實。"一字憲卿。《漢書・朱博傳》:"是時御史府吏舍百餘區井水皆竭,又其府中列柏樹。"後因稱御史臺爲柏臺。蘇軾《予以事繫御史獄以遺子由》詩之二:"柏臺霜氣夜凄凄。"後漢因御史臺爲執法機構,改稱憲臺,故以"憲"應"柏"。"卿"爲顯位,亦爲美稱,以爲綴飾。

陳 洙

①宋人。字思道。

《禮記・檀弓上》:"吾與女事夫子於洙、泗之間。"鄭玄注:"洙、泗,魯水名。"孔子授徒於洙、泗之間,後世因以指稱孔子之道。任昉《齊竟陵文宣王行狀》:"弘洙泗之風。"

②明人。字道源。

以"道源"應"洙",言孔子之道源于洙泗之間。解見①。

陳洪綬 清人。字章侯。
綬，佩玉、繫韍之絲繩。以不同之色，表明身份等級。見《説文》“綬”段玉裁注。《後漢書·輿服志下》：“秦乃以采組連接於璲，光明章表，轉相結受，故謂之綬。”“侯”爲顯爵，以爲綴飾。

陳洪謨 明人。字宗禹。
《書·洪範》：“天乃錫禹《洪範》九疇。”《僞古文尚書》有《大禹謨》，記禹之事功。故以“宗禹”應“洪謨”。

陳禹謨 明人。字錫元。
《僞古文尚書》有《大禹謨》記大禹之事功，《書·禹貢》記禹治水偉業，因有“禹錫玄圭，告厥成功”之語，故以“錫元”應“禹謨”。清人諱“玄”，故改前代人名字，以“元”相代。

陳　衎 明人。字磐生。
《易·漸卦》：“鴻漸于磐，飲食衎衎。”“生”爲敬美之稱。如漢之酈食其、賈誼、轅固被稱爲酈生、賈生、轅固生。生，猶言先生。後爲青年男子之稱。

陳貞慧 清人。字定生。
《唯識決論》九：“云何爲慧？……由慧推求，得決定故。”“生”爲男子敬美之稱。

陳　郁 宋人。字仲文。
《論語·八佾》：“郁郁乎文哉！”

陳　音 明人。字師召。
音，謂音樂。召，假作“韶”。《論語·八佾》：“子謂《韶》盡美矣，又盡善也。”此亦拆字以爲名字，音、召合則爲“韶”。

陳　剛
① 宋人。字正己。
《易·履卦》：“剛中正。”因“正”而綴以“己”，欲嚴以正己。
② 元人。字公潛。
《書·洪範》：“沈潛剛克。”
③ 明人。字子浩。
《孟子·公孫丑上》：“敢問何謂浩然之氣？曰：‘難言也。其爲氣也至大至剛，以直養而無害，則塞于天地之間。’”

陳剛中 宋人。字彦柔。
《易·履卦》：“剛中正。”又：“柔履剛也。”亦反義相協。“彦”爲男子美稱。

陳　宫 漢人。字公臺。
《爾雅·釋宫》：“宫謂之室，室謂之宫。”又：“闍謂之臺。”郭璞注：“積土四方。”同爲建築物，故相協。“公”爲美稱。

陳　峴 宋人。字壽南。
峴，山名，在今湖北。《詩·小雅·天保》：“如南山之壽，不騫不崩。”

陳　師 明人。字思貞。
《易·師卦》：“師：貞，丈人吉，无咎。”

陳師道 宋人。字履常。
《易·履卦》：“履道坦坦，幽人貞吉。”故以“履”應“道”，以“常”綴“履”，謂所奉行者皆永恒不變之常道。

陳　恕 宋人。字仲言。
《論語·衛靈公》：“子貢問曰：‘有一言而可以終身行之者乎？’子曰：‘其恕乎？’”

陳恕可 宋人。字行之。
以“行之”應“恕可”，言惟恕可以終身行之。此取《論語·衛靈公》語典。

陳振孫 宋人。字伯玉。
《孟子·萬章下》：“金聲而玉振之也。”

陳　旅 元人。字衆仲。
《書·牧誓》：“亞旅，師氏。”孔傳：“旅，衆也。”

陳　泰
① 三國魏人。字玄伯。
泰、太通。漢揚雄有《太玄》。
② 元人。字志同。
《易·泰卦》：“上下交而志同也。”
③ 明人。字吉亨。
《易·泰卦》：“泰：小往大來，吉亨。”

陳泰交 明人。字同倩。
《易·泰卦》：“象曰：泰，小往大來吉亨，則是天地交而萬物通也；上下交而志同也。”又：“象曰：天地交泰。”《説文·人部》：“倩，人美字也。”段玉裁注：“倩，猶甫也。《穀梁傳》曰：‘父（同甫），猶傅也，男子之美稱也。’男子之字有稱‘甫’者，儀甫、嘉甫是；有稱‘倩’者，蕭長倩，東方曼倩，韋昭云，倩魏無知字也皆是。”

陳臯謨 明人。字思贊。
《書·臯陶謨》：“臯陶曰：‘予未有知，思曰贊贊襄哉。’”

陳　益 明人。字啓行。
《易·益卦》：“凡益之道，與時偕行。”因《詩·小雅·六月》有“元戎十乘，以先啓行”之語，故以“啓”飾“行”。

陳　祚 明人。字永錫。
《詩·大雅·既醉》：“君子萬年，永錫祚胤。”

陳祚明 清人。字允倩。
《書·舜典》：“惟明克允。”《説文·人部》：“倩，人美字也。”

陳祖念 明人。字修甫。
《詩·大雅·文王》：“無念爾祖，聿修厥德。”“甫”爲男子美稱。

陳祖范 清人。字亦韓。
其祖母姓韓，曾祖母姓范，其父“切顧本之思，故名之曰祖范，字亦韓”。自字見復。蓋取《詩·小雅·蓼莪》“父兮生我，母兮鞠我……顧我復我，出入腹我”之義。言受其祖母、曾祖母顧復之恩。見清顧鎮《司業陳先生傳》。

陳耆卿 宋人。字壽老。
《詩·魯頌·閟宫》：“俾爾耆而艾，萬有千歲，眉壽無有害。”

陳　逅 明人。字良會。
《玉篇·辵部》：“逅，邂逅。”《詩·鄭風》：“邂逅相遇，適我願兮。”毛傳：“邂逅，不期而會，適其時願。”未相期而相會，又適願，自是良會。

陳務滋 清人。字植夫。
《僞古文尚書·泰誓下》：“樹德務滋。”《説文·木部》：“樹，木生植之總名也。”“夫”爲男子通稱。

陳　埴 宋人。字器之。
《老子》第十一章：“埏埴以爲器，當其無有，器之用。”

陳　基 元人。字敬初。
《爾雅·釋詁》：“初、基，始也。”

陳　庸 明人。字秉常。
朱熹《中庸章句》：“庸，平常

也。"《詩·大雅·烝民》:"民之秉彝，好是懿德。"毛傳:"彝，常。"故以"秉常"應"庸"。

陳從易 宋人。字簡夫。
《易·繫辭上》:"簡則易從。"

陳 悰 明人。字次杜。
唐有杜悰。此襲其姓名。

陳 曼 清人。字長倩。
《詩·魯頌·閟宫》:"孔曼且碩。"毛傳:"曼，長也。"《説文·人部》:"倩，人美字也。"

陳 梓 清人。字俯恭。
《詩·小雅·小弁》:"維桑與梓，必恭敬止。"據劉向《説苑·建本》載，伯禽與康叔見周公，三見而三笞，不解其故。商子令觀山陽之橋木，"見橋竦焉實而仰"，又令觀山陰之梓木，"見梓勃焉實而俯"。商子乃告以"橋者，父道也"，"梓者，子道也"。明日二子見周公，遂趨拜盡禮。以"俯"飾"恭"，而應"梓"，即取此典。

陳 淵 宋人。字知默。
《莊子·在宥》:"尸居而龍見，淵默而雷聲。"

陳 章 清人。字授衣。
《左傳·閔公二年》:"衣，身之章也。"《詩·豳風·七月》:"九月授衣。"

陳 第 明人。字季立。
《説文·竹部》:"第，次也。"謂次第。又《弟部》:"弟，韋束之次弟也。"段玉裁注:"束之不一，則有次弟也。引伸之爲凡次弟之弟爲兄弟之弟。"弟、第古今字。次弟即序。《禮記·仲尼燕居》:"立則有序，古之義也。"故以"立"應"第"。

陳紹儒 明人。字師孔。
孔子爲儒家創始人，故以"師孔"應"紹儒"。

陳 莢 清人。字堯夫。
莢，謂蓂莢。相傳爲帝堯時之瑞草，夾階而生，自每月之朔起，日生一莢，至月半，達十五莢；十六日后，日落一莢，至晦日落盡。如逢小盡，則餘一莢，萎而不落。見《竹書紀年》《白虎通》。"夫"爲男子通稱。

陳傅良 宋人。字君舉。
傅，謂傅説。《孟子·告子下》:"傅説舉於版築之間。"據《僞古文尚書·説命上》，武丁先"夢帝賚予良弼……乃審厥象，俾以形旁求于天下"，始得傅説於"傅巖之野"，舉以爲相。故以"君舉"應"傅良"。

陳喬樅 清人。字樸園。
《爾雅·釋木》:"樅，松葉柏身。"郭璞注:"今大廟梁材用此木。"又:"樸，枹者。"郭璞注:"樸屬叢生者爲枹。《詩》所謂棫樸枹櫟。"樅爲高大之喬木，樸爲叢生之灌木，二者反義相協。"園"爲時尚字飾。一字樹滋，因樅爲樹木，故取《僞古文尚書·泰誓下》"樹德務滋"之語爲字。

陳 堯 明人。字敬甫。
《孟子·離婁上》:"不以舜之所以事堯事君，不敬其君者也。"以"敬"應"堯"，即以"舜之所以事堯事君"。《後漢書·李固傳》謂堯崩之後，舜思慕不已，"坐則見堯於墻，食則見堯於羹"，爲後世臣子之典範。

陳堯佐 宋人。字希元。
堯佐，帝堯輔佐之臣，以"元"相應，是欲爲首輔。

陳堯咨 宋人。字嘉謨。
《書·堯典》記帝堯謀於臣工之時，多用"咨"。如:"帝曰:'咨！汝羲暨和。'""帝曰:'疇咨，若時登庸。'"蔡沈集傳:"咨，訪問。"《説文·口部》:"咨，謀事曰咨。"《言部》:"謨，議謀也。"故以"謨"應"咨"。飾以"嘉"，謂良謨，嘉善之謨。

陳堯叟 宋人。字唐夫。
帝堯爲陶唐氏，故稱唐堯。堯叟、唐夫，言爲唐堯盛世之民。五代以來，士大夫多以"叟"爲名字，至宋尤盛。

陳 寔 漢人。字仲弓。
明張萱《疑耀》，清黄生《義府》皆據《隸釋》所録《太丘長陳寔壇碑》證寔應字仲躬。黄生云:"躬者，寔有其德於身也。陳寔正當字仲躬，他書借用'弓'耳。"其説至確，當從。

陳彭年 清人。字永年。
彭，謂彭祖，相傳壽八百歲。見《莊子·逍遥遊》。永年，猶言長壽。

陳 循 明人。字德遵。
《説文·辵部》:"遵，循也。"同義相協。飾以"德"，欲"據於德"。

陳景思 宋人。字思誠。
《孟子·離婁上》:"是故誠者，天之道也；思誠者，人之道也。"

陳景雲 清人。字少章。
《詩·大雅·棫樸》:"倬彼雲漢，爲章于天。"鄭玄箋:"雲漢之在天，其爲文章，譬猶天子爲法度于天下。"

陳 曾 清人。字衣聖。
曾，謂孔子弟子曾參。在諸弟子中，惟曾參能悟孔子"吾道一以貫之"之言，又傳《孝經》與《大學》，故以"衣聖"相應。《書·康誥》"紹聞衣德言"孔傳:"繼其所聞服行其德言，以爲政教。"衣聖，即服行聖人（孔子）之道。

陳 棣 宋人。字鄂父。
《詩·小雅·常棣》:"常棣之華，鄂不韡韡。""父"爲男子之美稱。

陳 琛 明人。字思獻。
《詩·魯頌·泮水》:"憬彼淮夷，來獻其琛。"

陳 琳 漢人。字孔璋。
《説文·玉部》:"琳，美玉也。"又:"璋，剡上爲圭，半圭爲璋。"《乞部》:"孔，通也，嘉美之也。"段玉裁注:"故凡言孔者，皆所以嘉美之也。"因是美玉，故飾以"孔"。

陳 登 漢人。字元龍。
以"龍"應"登"，取登龍門之義。《后漢書·李膺傳》載，李膺有重名，"士有被其容接者，名爲登龍門"。李賢注引辛氏《三秦記》曰:"河津一名龍門，水險不通……江海大魚薄集龍門下數千，不得上，上則爲龍也。"元，美善之辭，故以爲飾。

陳登元 明人。字龍淮。
此以漢陳登（字元龍）名字爲

名字。明帝朱元璋起於淮（鳳陽，明初爲臨淮），故因“龍”而綴以“淮”，言龍起自淮。

陳　策

①宋人。字次賈。

西漢賈誼上《治安策》，縱論古今治亂興衰，甚切時弊，史以爲“通達國體，雖古之伊、管未能遠過也”。見《漢書·賈誼傳》。以“賈”應“策”，即取此典。飾以“次”，言有賈誼救時之志，願次其列。

②清人。字嘉謀。

《說文·竹部》“策”段玉裁注：“又計謀曰籌策者，策猶籌，籌猶筭，筭所以計曆數，謀而得之，猶用筭而得之也。”是策、謀同義相協。

陳　翔　漢人。字子麟。

翔，謂鳳翔；麟，謂麒麟。《宋書·符瑞上》：“麒麟遊苑，鳳皇翔庭。”二事皆盛世之象，故以相應。

陳舜申　宋人。字休謨。

《書·益稷》：“天其申命用休。”按《益稷》原在《皋陶謨》，晚出孔傳析“帝曰來禹”以下爲《益稷》。此記帝舜與禹討論政事，禹對舜之言，故以“休謨”應“舜申”。

陳舜俞　宋人。字令舉。

《書·舜典》記帝舜命臣工舉人任職，凡可其舉，必曰：“俞。”故以“令舉”應“舜俞”。

陳　逵　清人。字吉甫。

《易·漸卦》：“鴻漸于陸，其羽可用爲儀，吉。”朱熹本義引胡氏、程氏云：“陸，當作‘逵’。謂雲路也。”原名夢鴻，亦取此典。

陳階平　清人。字安魁。

《史記·天官書》：“魁下六星，兩兩相比，名曰三能。”裴駰集解引蘇林曰：“能音台。”司馬貞索隱：“魁下六星，兩兩相比，曰三台。案：《漢書》東方朔‘願陳泰階六符’。孟康曰：‘泰階，三台也，台星凡六星。六符，六星之符驗也。’應劭引《黃帝泰階六符經》曰：‘泰階者，天子之三階。……三階平，則陰陽和，風雨時。’”三階在魁下，階平則魁安。

陳黃中　清人。字和叔。

《易·坤卦》：“君子黃中通理，正位居體，美在其中。”《禮記·中庸》有“致中和，天地位焉，萬物育焉”之語，故以“和”應“中”。又，坤爲地，土色黃，黃爲中和之色，故以“和”應“黃中”。

陳　塤　宋人。字和仲。

《詩·小雅·何人斯》：“伯氏吹壎，仲氏吹篪。”塤，同“壎”。鄭玄箋：“伯仲，喻兄弟也。我與女恩如兄弟，其相應和如壎篪。”伯氏之吹壎，是爲應和仲氏。

陳　塏

①宋人。字子爽。

《左傳·昭公三年》：“請更諸爽塏者。”“子”爲男子美稱。

②明人。字山甫。

《說文·土部》：“塏，高燥也。”凡山必高，故以應“塏”。“甫”爲男子美稱。

陳　暘　宋人。字晉之。

《說文·日部》：“暘，日出也。”《易·晉卦》：“晉，進也。明出地上，順而麗乎大明。”

陳　楚　唐人。字材卿。

《左傳·襄公二六年》：“雖楚有材，晉實用之。”

陳熙晉　清人。字析木。

《淮南子·脩務訓》：“木熙者非眇勁。”故以“木”應“熙”。星次有析木，析、熙又同音，故以“析”飾“木”。

陳　瑑　清人。字聘侯。

《周禮·春官·典瑞》：“瑑圭璋、璧、琮，繅皆二采一就，以覜聘。”起兆瑑之圭璋、璧、琮等，爲大夫羣體聘享所執，故以“聘”應“瑑”。“侯”爲綴飾，亦謂聘於諸侯。

陳　瑚　清人。字夏言。

《論語·公冶長》：“曰：‘瑚璉也。’”何晏集解引包咸曰：“瑚璉，黍稷之器。夏曰瑚，殷曰璉，周曰簠簋。”

陳　祼　明人。字叔祼。

初名瓚。《周禮·春官·典瑞》：“祼圭有瓚，以肆先王，以祼賓客。”鄭玄注引鄭司農云：“於圭頭爲器，可以挹鬯祼祭，謂之瓚。”

陳　稜　隋人。字長威。

《漢書·李廣傳》：“是以名聲暴於夷貉，威稜憺乎鄰國。”

陳經正　宋人。字貴一。

《漢書·韋賢傳》：“少子玄成，復以明經歷位至丞相。故鄒魯諺曰：‘遺子黃金滿籯，不如一經。’”飾以“貴”，言貴乎專，不在多。

陳與郊　明人。字廣野。

《爾雅·釋地》：“邑外謂之郊，郊外謂之牧，牧外謂之野。”郊、野義近，故相協。野在郊牧之外，愈遠愈寬闊，故飾以“廣”。

陳與義　宋人。字去非。

《禮記·中庸》：“義者，宜也。”《僞古文尚書·冏命》：“格其非心。”相從以義，則事無不宜。無不宜之事，必是格除非心。

陳　著　宋人。字子微。

唐馬總《意林·范子》：“少而明學陰陽，見微知著。”微則不顯，著則明，亦反義相協。“子”爲男子美稱。

陳　葵

①宋人。字叔向。

三國魏曹植《請通親親表》：“若葵藿之傾葉太陽，雖不爲之迴光，然終向之者，誠也。”宋司馬光《客中初夏》詩：“更無柳絮因風起，惟有葵花向日傾。”

②清人。字向父。

解見①。“父”爲男子美稱。

陳運淇　清人。字子瞻。

《詩·衛風·淇奧》：“瞻彼淇奧，綠竹猗猗。”

陳　頎　明人。字永之。

《詩·衛風·碩人》：“碩人頎頎。”毛傳：“頎，長貌。”又《周南·漢廣》：“江之永矣。”毛傳：“永，長。”同義故相協。

陳　鼎

①明人。字重器。

《易·鼎卦》：“鼎，君子以正位凝命。”朱熹本義：“鼎，重器也。”鐘鼎簋簠皆爲重器。《孟子·梁惠王下》：“毀其宗廟，遷其重器。”

② 清人。字定九。

《史記·封禪書》:“禹收九牧之金，鑄九鼎。”《左傳·宣公三年》:“成王定鼎于郟鄏。”故以“九”應“鼎”而以“定”爲飾。

陳 墉 清人。字作甫。

假墉作“傭”。《史記·張丞相列傳·褚少孫補》:“丞相匡衡者，東海人也。……家貧，衡傭作以給食飲。”

陳 壽

① 晉人。字承祚。

古人以爲人之壽夭，承受自天，故以“承祚”應“壽”。《説文·示部新附字》:“祚，福也。”

② 明人。字本仁。

《論語·雍也》:“仁者壽。”飾以“本”，謂仁者原應長壽。

陳壽祺 清人。字恭甫。

《詩·大雅·行葦》:“黄耇台背，以引以翼。壽考維祺，以介景福。”毛傳:“台背，大老也。翼，敬也。”孔穎達疏:“言此黄耇鮐背之老人，成王以立長養事之，以此常恭敬之。由其尊耇老之人，故得壽考，維有吉慶，以受大大之福。”

陳壽熊 清人。字獻青。

《太平御覽》卷九〇八引《周書·王會》曰:“成王時，不屠何國獻青熊一。”一字子松。取《詩·小雅·天保》“如南山之壽，不騫不崩；如松柏之茂，無不爾或承”之義。

陳夢元 清人。字涵一。

漢董仲舒《春秋繁露·玉英》:“謂一元者，大始也。”《漢書·董仲舒傳》:“《春秋》謂一元之意，一者萬物之所從始也，元者辭之所謂大也。”飾以“涵”，謂萬物皆包容於一元之中。

陳夢雷 清人。字則震。

《易·震卦》:“象曰：洊雷，震，君子以恐懼脩省。”又《説卦》:“震爲雷。”一字省齋。亦取義於此。亦傚孔子“迅雷風烈必變”之訓。

陳 慥 宋人。字季常。

《禮記·中庸》:“言顧行，行顧言，故君子胡不慥慥爾。”鄭玄注:“慥慥，守實言行相顧之貌。”以“常”應“慥”，言不改變其言行相顧之操。

陳 摶 宋人。字圖南。

《莊子·逍遥遊》:“有鳥焉，其名爲鵬，背若泰山，翼若垂天之雲，摶扶摇羊角而上者九萬里，绝雲氣，負青天，然後圖南。”

陳 漸

① 宋人。字鴻漸。

《易·漸卦》:“鴻漸于磐，飲食衎衎，吉。”

② 清人。字于磐。

解見①。

陳漢卿 宋人。字師黯。

漢汲黯，事景帝、武帝，位列九卿，戇直敢諫，爲世所稱。慕其人，故取以爲名字。

陳爾幹 清人。字仲禎。

《詩·大雅·文王》:“王國克生，維周之楨。”毛傳:“楨，幹也。”又《周頌·維清》:“肇禋迄用有成，維周之禎。”禎，一本作“楨”，故名幹而字禎。

陳 綽 清人。字光裕。

《詩·小雅·角弓》:“此令兄弟，綽綽有裕。”因有“光前裕後”之語，故因“裕”而以“光”爲飾。

陳維安 清人。字怡山。

《論語·雍也》:“知者樂水，仁者樂山；知者動，仁者静。”安、静義近，樂、怡義近，故以“怡山”應“安”。

陳維岳 清人。字緯雲。

《詩·大雅·崧高》:“崧高維嶽，駿極于天。”岳、嶽經傳通用。駿極于天則達雲漢，故以“雲”應“岳”。《釋名·釋典藝》:“緯，圍也。”山岳高則有雲霧圍繞其下，“半山居霧，若帶然”(姚鼐《登泰山記》)，故以“緯”飾“雲”。

陳維岱 清人。字石閭。

《爾雅·釋山》:“河東岱。”郭璞注:“岱宗，泰山。”《史記·武帝本紀》:“夏，遂還泰山，脩五年之禮如前，而加禪祠石閭。石閭者，在泰山下址南方，方士多言此僊人之閭也，故上親禪焉。”封泰山，禪石閭，二事相連，故亦相應。

陳維崧 清人。字其年。

《詩·大雅·崧高》:“崧高維嶽。”《爾雅·釋山》:“山大而高，崧。”因《詩·小雅·天保》有“如南山之壽，不騫不崩”之語，故因“山”而及“南山之壽”。應以“其年”，欲其壽如南山。

陳聞詩 明人。字庭訓。

《論語·季氏》:“嘗獨立，鯉趨而過庭。曰：‘學《詩》乎？’對曰：‘未也。’‘不學《詩》，無以言。’鯉退而學《詩》。……陳亢退而喜曰：‘問一得三！聞《詩》、聞《禮》，又聞君子之遠其子也。’”此孔鯉向陳亢叙述孔子於庭中誨以學《詩》之重要，故以“庭訓”應“聞詩”。

陳 韶 清人。字九儀。

《書·益稷》:“《簫韶》九成，鳳皇來儀。”

陳鳳梧 明人。字文鳴。

《詩·大雅·卷阿》:“鳳皇鳴矣，于彼高岡。梧桐生矣，于彼朝陽。”

陳 儀 清人。字子翽。

《書·益稷》:“鳳皇來儀。”《詩·大雅·卷阿》:“鳳皇于飛，翽翽其羽。”“子”爲男子美稱。

陳履端 清人。字求夏。

《左傳·文公元年》:“先王之正時也，履端於始，舉正於中，歸餘於終。”《論語·衛靈公》:“行夏之時。”朱熹集注:“蓋取其時之正，與其令之善。”孔子以夏時優於殷周之曆，故因“正時”而應以“求夏”。

陳 德 明人。字至善。

《禮記·大學》:“大學之道，在明明德，在親民，在止於至善。”

陳慧紀 南朝陳人。字元方。

後漢陳紀字元方，與其弟諶(字季方)并有名於時。其父太丘長陳寔曾歎曰:“元方難爲兄，季方難爲弟。”見《世説新語·德行》。慕其人，故襲其名字。

陳慶之 南朝梁人。字子雲。

《漢書·禮樂志》:“甘露降，

慶雲集。”古人以慶雲爲祥瑞，故以爲名字。“子”爲男子美稱。

陳 撝 清人。字仲謙。

《易·謙卦》：“六四，无不利，撝謙。”

陳 概 宋人。字平甫。

《説文·木部》：“槩，所以杚斗斛也。”段玉裁注：“《月令》：‘正權槩。’鄭、高皆云：‘槩，平斗斛者。’槩本器名，用之平斗斛亦曰槩。”槩、概同。“甫”爲男子美稱。

陳 澔 元人。字可大。

澔，同“浩”。見《集韻·上晧》。《孟子·公孫丑上》：“敢問何謂浩然之氣？曰：‘難言也。其爲氣也，至大至剛，以直養而無害，則塞于天地之間。’”浩，本亦大義。

陳 潢 清人。字天裔。

《史記·天官書》：“旁有八星，絶漢，曰天潢。”故以“天”應“潢”。封建時代皇室子孫稱天潢，故綴以“裔”。一字天一。天一，亦星名。主戰事。一、裔音近，亦可相代。

陳 璉 明人。字廷器。

《論語·公冶長》：“子貢問曰：‘賜也何如？’子曰：‘女器也。’曰：‘何器也？’曰：‘瑚璉也。’”瑚、璉爲廟堂禮器，故飾以“廷”。

陳 璋

① 明人。字公獻。

《詩·大雅·棫樸》：“濟濟辟王，左右奉璋。”鄭玄箋：“祭祀之禮，王祼以圭瓚；諸臣助之，亞祼以璋瓚。”奉、獻義近，以“獻”應“璋”，言助王從事宗廟祭獻之事。因是羣臣助祭，故飾以“公”。

② 清人。字奉峩。

《詩·大雅·棫樸》：“奉璋峨峨。”

陳 確 清人。字乾初。

《易·乾卦》：“初九……確乎其不可拔，潛龍也。”

陳 賡 元人。字子颺。

《書·益稷》：“皋陶拜手稽首，颺言曰……乃賡載歌曰：‘元首明哉！股肱良哉！庶事康哉！’”

陳 震 三國蜀漢人。字孝起。

《易·雜卦》：“震，起也。”自東漢始，士大夫喜以“孝”飾字。

陳 霆 明人。字聲伯。

《説文·雨部》：“霆，雷餘聲鈴鈴，所以挺出萬物。”

陳學洙 清人。字左原。

洙，春秋魯國水名。《禮記·檀弓上》：“吾與汝事夫子於洙泗之間。”因孔子於洙泗之間教授弟子，後遂以洙泗指稱儒學。學洙，意即學孔子之道。因《孟子·離婁下》有“君子深造之以道，欲其自得之也。自得之，則居之安；居之安，則資之深；資之深，則取之左右逢其原”之語，故以“左原”應“學洙”，言欲深造，以達左右逢原之境。

陳 澧 清人。字蘭甫。

《楚辭·九歌·湘夫人》：“沅有茝兮澧有蘭。”“甫”爲男子美稱。

陳 豫 明人。字立卿。

《禮記·中庸》：“凡事豫則立。”“卿”爲美稱。

陳遷鶴 清人。字聲士。

《詩·小雅·鶴鳴》：“鶴鳴于九皐，聲聞于天。”“士”爲男子美稱。

陳錫嘏 清人。字介眉。

《詩·魯頌·閟宫》：“天錫公純嘏，眉壽保魯。”因《豳風·七月》有“以介眉壽”之語，故以“介”飾“眉”。

陳錫爵 明人。字儒修。

《孟子·告子上》：“古之人修其天爵而人爵從之。”故以“修”應“爵”。此爲儒家所重，故飾以“儒”。

陳龍正 明人。字惕龍。

《易·乾卦》：“九二，見龍在田，利見大人。九三，君子終日乾乾，夕惕若，厲无咎。”

陳懋仁 明人。字無功。

《僞古文尚書·大禹謨》：“時乃功，懋哉！”飾以“無”，蓋示謙撝，不自居功。

陳懋齡 清人。字勉甫。

《書·舜典》：“惟時懋哉。”孔傳：“懋，勉也。”“甫”爲男子美稱。

陳 濟 明人。字伯載。

《僞古文尚書·説命上》：“若濟巨川，用汝作舟楫。”《詩·小雅·菁菁者莪》：“汎汎楊舟，載沈載浮。”舟以濟川，舟在水上，載沈載浮以行，故以“載”應“濟”。又，濟川亦賴舟以載。

陳 矯 三國魏人。字季弼。

《説文·矢部》：“矯，揉箭箝也。”箭不直則以箝正之。又《弜部》：“弼，輔也。”段玉裁注：“弓必有輔而後正。”二者爲正弓矢之具，故相應。

陳 薦

① 宋人。字彦升。

《孟子·萬章上》：“天子能薦人於天……諸侯能薦人於天子。”趙岐注：“孟子言下能薦人於上。”下薦人於上，則是使之升。故以“升”應“薦”。《爾雅·釋訓》：“美士爲彦。”薦則使美士升用於上，故以“彦”爲飾。

② 明人。字君庸。

《書·堯典》：“帝曰：‘疇咨，若時登庸。’”孔傳：“庸，用也。誰能咸熙庶績順是事者，將登用之。”臣下薦舉，君則用之。故以“君庸”應“薦”。參見①。

陳薦夫 明人。名藻。

以字行。《左傳·隱公三年》：“蘋蘩薀藻之菜……可薦於鬼神，可羞於王公。”

陳 覯 清人。字二止。

《詩·召南·草蟲》：“亦既見止，亦既覯止，我心則降。”《説文·見部》：“覯，遇見也。”覯、見同義，皆綴以“止”，故以“二止”應“覯”。

陳 謙

① 宋人。字益之。

《易·謙卦》：“天道虧盈而益謙。”

② 元人。字子平。

《易·謙卦》：“象曰：地中有山，謙。君子以裒多益寡，稱物平施。”

③ 清人。字自牧。

《易·謙卦》：“謙謙君子，卑以自牧也。”

陳謙壽 明人。字少南。

《詩·小雅·天保》:"如南山之壽，不騫不崩。"

陳翼飛 明人。字元朋。

古以"朋"爲"鳳"之古文。《説文·鳥部》:"鳳，神鳥也。……翺翔四海之外。……鳳飛，羣鳥從以萬數，故以爲朋黨字。"段玉裁注:"朋本神鳥，以爲朋黨字。……朋黨字何以借朋鳥也？鳳飛則羣鳥從以萬數也。未製'鳳'之前，假借固已久矣。"朋善飛，"翺翔四海之外"，故以應"翼飛"。飾以"元"，猶言大朋。

陳　櫟 元人。字壽翁。

《莊子·人間世》記匠石於齊之曲轅見大櫟樹，舍而不顧，弟子問其故，匠石告以此木"以爲舟則沈，以爲棺槨則速腐，以爲器則速毁……是不材之木也，無所可用，故能若是之壽"。以"壽翁"應"櫟"，是自謙爲無用之材。

陳　繹 宋人。字和叔。

《論語·八佾》:"從之，純如也，皦如也，繹如也，以成。"何晏集解:"純，和諧也。"此言五音既發，首須和諧，繼以音節分明，其音絡繹不絕，以至曲終，故以"和"應"繹"。

陳　騤 宋人。字叔進。

《説文·馬部》:"騤，馬行威儀也。"行即前進，故以"進"相應。

陳鵬年 清人。字北溟。

《莊子·逍遥遊》:"北冥有魚，其名爲鯤。……化而爲鳥，其名爲鵬。"冥，一作"溟"。

陳鵬飛 宋人。字少南。

《莊子·逍遥遊》:"鵬之背，不知其幾千里也；怒而飛，其翼若垂天之雲。是鳥也，海運則將徙於南冥。"

陳寶箴 清人。字右銘。

箴、銘皆爲文體名，内容皆主訓誡，故相應。銘有"座右銘"，故以"右"爲飾。

陳懿典 明人。字孟常。

《易·繫辭下》:"既有典常。"

陳獻章 明人。字公甫。

《論語·先進》:"端章甫。"《儀禮·士冠禮》:"章甫，殷道也。"

陳繼儒 明人。字仲醇。

此取醇儒爲名字。《漢書·賈山傳》:"所言涉獵書記，不能爲醇儒。"顔師古注:"言歷覽之不專精也。醇者，不雜也。"

陳　藻 宋人。字元潔。

《詩·召南·采蘋》:"于以采藻，于彼行潦。"鄭玄箋:"藻之言，澡也。婦人之行尚柔順，自絜清，故取名以爲戒。"澡則清潔。藻本生水中，元自清潔。

陳覺民 宋人。字達野。

《孟子·萬章上》載，伊尹耕於有莘之野，却湯之聘；後幡然改變其志，以"先覺者"自任。"予將以斯道覺斯民也，非予覺之而誰也。"遂佐湯滅夏。因通達自莘之野，故以"達野"應"覺民"。

陳　灌 明人。字子將。

《論語·八佾》:"禘自既灌而往者，吾不欲觀之矣。"何晏集解引孔安國曰:"灌者，酌鬱鬯灌於太祖以降神也。"亦即裸祭。《周禮·春官·典瑞》:"祼圭有瓚，以肆先王。"鄭玄注引鄭司農曰:"於圭頭爲器，可以挹鬯祼祭，謂之瓚。……以肆先王，灌先王祭也。"因《考工記·玉人》有"侯用瓚，伯用將"之語，而祼祭以瓚挹鬯灌地，故以"將"應"灌"。

陳蘭徵 清人。字猗之。

相傳孔子自衛返魯，見蘭生雜草之中，感慨援琴而鼓之，是爲《猗蘭操》，故以"猗"應"蘭"。事見《樂府詩集》卷五八。

陳　韡 宋人。字子華。

《詩·小雅·常棣》:"常棣之華，鄂不韡韡。""子"爲男子美稱。

陳　鶴

① 宋人。字聞野。

《詩·小雅·鶴鳴》:"鶴鳴于九皋，聲聞于野。"

② 明人。字鳴軒。

解見①。"軒"爲時尚綴飾。

③ 清人。字鶴齡。

古人以鶴爲長壽仙禽。《淮南子·説林訓》:"鶴壽千歲。"《太平御覽》卷九一六引《伏侯古今注》曰:"鶴壽千歲，則變蒼；又千歲，黑。"以"鶴齡"應"鶴"，言欲有鶴之壽。

陳鶴齡 清人。字鳴九。

《詩·小雅·鶴鳴》:"鶴鳴于九皋，聲聞于野。"

陳　鑄 宋人。字師回。

鑄，謂黄帝鑄鼎成仙。《史記·武帝本紀》:"黄帝采首山銅，鑄鼎於荆山下。鼎既成，有龍垂胡髯下迎黄帝。黄帝上騎，羣臣後宫從上龍七十餘人，龍乃上去。"回，謂方回，相傳爲帝堯時人，以燒煉、服食雲母粉仙去。事見劉向《神仙傳》上。以"師回"應"鑄"，即欲傚黄帝、方回，鑄鼎燒煉，以求長生。

陳　巖

① 唐人。字夢臣。

《史記·殷本紀》載，高宗武丁夜夢得賢臣，名説。使人求之，得於傅巖之中，是爲傅説。以爲相，殷遂中興。亦見《僞古文尚書·説命上》。

② 宋人。字清隱。

封建時代，清高之士多隱居於巖穴山林之中，故以"清隱"應"巖"。參見①。

陳巖肖 宋人。字子象。

《僞古文尚書·説命上》載，殷高宗夜夢得賢臣，"乃審厥象，俾以形旁求于天下，説築傅巖之野，惟肖。爰立作相，王置諸其左右"。

陳　瓚

① 宋人。字瑟玉。

《詩·大雅·旱麓》:"瑟彼玉瓚，黄流在中。"朱熹集傳:"以瓚酌而祼之也。"

② 明人。字廷祼。

解見①。因是宗廟祭祀，故飾以"廷"。

陳顯曾 元人。字景忠。

曾，謂孔子弟子曾參。《論語·里仁》記孔子告曾參曰:"吾道一以貫之。"在座諸門人皆不曉所謂，獨曾參知"一"即忠恕之道。故以"景忠"應"顯曾"。

陳體文 明人。字仲約。

《論語·子罕》:"博我以文,約我以禮。"

陳觀西 清人。字仲博。

西,謂大西、小西二山。《太平御覽》卷四九引《荆州記》:"小西山上石穴中有書千卷,相傳秦人於此而學,因留之。"陸龜蒙《寄淮南鄭賓書記》詩:"五丁驅得神功盡,二酉搜來秘檢疏。"秦人所讀必未遭秦火者,乃人間之秘笈,能觀覽二酉藏書,其學識自博。

陳　驥 宋人。字德純。

《論語·憲問》:"驥不稱其力,稱其德也。"

〔陶〕

陶一貫 明人。字孔啓。

《論語·里仁》:"子曰:'參乎!吾道一以貫之。'"此孔子啓發曾參之言,故以"孔啓"應"一貫"。

陶之典 清人。字五徽。

《書·舜典》:"慎徽五典。"

陶方琦 清人。字子珍。

《玉篇·玉部》:"琦,《埤蒼》云:'琦瑋也。'""瑋,《埤蒼》曰:'瑰瑋珍琦。'"

陶弘景 南朝梁人。字通明。

《説文·日部》:"景,日光也。"日出則上下四方明徹,故以"通明"相應。

陶正靖 清人。字稺中。

《易·節卦》:"中正以通。""稺"表行第較末。

陶　安 明人。字主敬。

《禮記·表記》:"安而敬。"

陶汝鼐 明人。字仲調。

《説文·鼎部》:"鼐,鼎之絶大者。"《戰國策·楚策四》:"夕調乎鼎鼐。"鼎鼐皆爲烹飪之器,用以調和五味,後以調和鼎鼐比喻宰輔之臣佐天子治理天下,故以"調"應"鼐"。

陶汝礪 明人。字用我。

《僞古文尚書·説命上》:"若金,用汝作礪。"

陶自悦 清人。字心兑。

《易·兑卦》:"兑,説也。"朱熹本義:"説,音悦。"是心兑即心説,既析名爲字,亦因聲爲訓。

陶孚尹 清人。字誕仙。

《禮記·聘義》:"孚尹旁達,信也。"陳澔集説引陸氏曰:"孚尹,猶言信正。"《説文·言部》:"誕,詞誕也。"誕則不實,與信反義相協。"仙"爲綴飾。仙人亦傳聞不實之事,故以綴"誕"。

陶　成

① 明人。字孔思。

《詩·商頌·那》:"綏我思成。"又《烈祖》:"賚我思成。"孔,甚。

② 清人。字企大。

《禮記·學記》:"七年,視論學取友,謂之小成;九年,知類通達,强立而不反,謂之大成。"飾以"企",是亟望至於大成。

陶　侃 晉人。字士行。

《説文·川部》:"侃,剛直也。……"《論語》曰:"子路侃侃如也。"應以"士行",是欲有剛直之操行。

陶宗儀 明人。字九成。

《書·益稷》:"《簫韶》九成,鳳皇來儀。"

陶望齡 明人。字周望。

《禮記·文王世子》:"文王謂武王曰:'女何夢矣?'武王對曰:'夢帝與我九齡。'……文王曰:'非也。古者謂年齡,齒亦齡也。我百,爾九十,吾與爾三焉。'文王九十七乃終,武王九十三而終。"以"周望"應"望齡",是欲有周文王、武王之壽。又,文王於渭水之陽得姜尚後,曾有"吾太公望子久矣"之語,遂號姜尚爲"太公望"。事見《史記·齊太公世家》。以"周望"應"望",亦或取此義。言欲如姜尚建不世之功。

陶復亨 元人。字仁叔。

《易·復卦》:"休復之吉,以下仁也。"

陶欽皐 明人。字克允。

《書·舜典》:"帝曰:'皋陶!蠻夷猾夏,寇賊姦宄。汝作士……惟明克允。'"

陶欽夔 明人。字克諧。

《書·益稷》:"夔曰:'予擊石拊石,百獸率舞,庶尹允諧。'"

陶　琰

① 明人。字廷信。

據《周禮·春官·典瑞》,諸侯朝覲,公、侯、伯執圭,子、男執璧,"諸侯相見,亦如之","琰圭以易行,以除慝"。鄭玄注:"琰圭,亦王使之瑞節。"又云:"瑞符,信也。"執圭璧以合符於天子,而驗其信否,故以"廷信"應"琰"。

② 明人。字稚圭。

解見①。以"稚"飾"圭",表行第較末。

陶　滋 明人。字時甫。

《孟子·公孫丑上》:"齊人有言曰:'雖有智慧,不如乘勢;雖有鎡基,不如待時。'"鎡,或作"兹",無作"滋"者。名滋,或形近而訛。

陶　潛 晉人。字淵明。

《詩·小雅·鶴鳴》:"或潛在淵。"又《正月》:"潛雖伏矣,亦孔之炤。"朱熹集傳:"炤明易見也。"言雖潛於淵,亦昭明可見。又"潛"與"淵"義相連,與"明"反義相協。

陶　澍 清人。字子霖。

《説文·水部》:"澍,時雨也,所以樹生萬物者也。"《雨部》:"霖,凡雨三日已往爲霖。"

陶　穀 宋人。字秀實。

《説文·禾部》:"穀,百穀之總名也。"《詩·大雅·生民》:"茀厥豐草,種之黄茂。……實發實秀,實堅實好。"毛傳:"黄,嘉穀也。……不榮而實曰秀。"

陶　窳 清人。字若予。

《史記·五帝本紀》:"河濱器皆不苦窳。"裴駰集解:"窳,病也。"以"若予"應"窳",蓋謙稱己如有殘之器,或粗劣之材具。

陶顯位 明人。字仲仁。

《禮記·中庸》:"故大德必得其位,必得其禄,必得其名,必得其壽。"《論語·雍也》:"仁者壽。"大德即是仁。故以"仁"應"位"。

〔陸〕

陸九思 宋人。字子彊。

《論語·季氏》:"君子有九思。"

《易・乾卦》：“君子以自强不息。”强、彊同。

陸九叙　宋人。字子儀。

《僞古文尚書・大禹謨》：“九功惟叙，九叙惟歌。”《書・益稷》：“《簫韶》九成，鳳皇來儀。”此以九《韶》之舞應九德之歌。

陸九淵　宋人。字子静。

《莊子・列禦寇》：“夫千金之珠，必在九重之淵。”又《在宥》：“其居也淵而静。”“子”爲男子美稱。

陸九皋　宋人。字子昭。

《詩・小雅・鶴鳴》：“鶴鳴于九皋，聲聞于野。”又：“聲聞于天。”既能聞於四野，聞於天，可見其聲之高亮，故以“昭”相應。

陸九韶　宋人。字子美。

《莊子・至樂》：“奏《九韶》以爲樂。”《論語・八佾》：“子謂《韶》盡美矣，又盡善也。”“子”爲男子美稱。

陸九齡　宋人。字子壽。

《禮記・文王世子》：“武王對曰：‘夢帝與我九齡。’……文王曰：‘非也。古者謂年齡，齒亦齡也。我百，爾九十。吾與爾三焉。’文王九十七乃終，武王九十三而終。”武王夢天帝錫以壽，故以“壽”應“九齡”。

陸之裘　明人。字象孫。

《禮記・學記》：“良冶之子，必學爲裘。”能傚其父祖，繼其家業，即是好子孫。象，謂像其父祖之賢。

陸之箕　明人。字肖孫。

《禮記・學記》：“良弓之子，必學爲箕。”陳澔集説：“善爲弓之家，使幹角撓屈，調和成弓，故其子弟亦觀其父兄世業，學取柳條和軟撓之成箕也。”肖孫，子孫能像父祖之賢者。

陸化熙　明人。字羽明。

《爾雅・釋詁》：“熙，光也。”故以“明”相協。光、明同義。舊有羽化登仙之説。《晉書・許邁傳》：“好道者皆謂之羽化矣。”故又以“羽”飾“明”而應“化”。

陸元方　唐人。字希仲。

後漢陳寔有二子，紀字元方，諶字季方，皆有重名，不相上下。陳寔以爲“元方難爲兄，季方難爲弟”。見《世説新語・德行》。以“希仲”應“元方”，言如陳紀，其賢似弟。仲，指弟。《詩・小雅・何人斯》：“伯氏吹壎，仲氏吹篪。”鄭玄箋：“伯仲，喻兄弟也。”

陸元輔　清人。字翼王。

蔡邕《太傅祠前銘》：“七受八命，作此元輔。”《孟子・滕文公上》：“輔之翼之。”綴以“王”，謂輔佐君王。

陸　印　北齊人。字雲駒。

《楚辭・卜居》：“寧昂昂若千里之駒乎？”昂，一作“印”。洪興祖補注引顔師古云：“言若駿馬可致千里也。”依《説文》“馬八尺爲龍”，神駿如千里駒可稱龍駒，故飾以“雲”。

陸天錫　清人。字畏蒼。

《詩・魯頌・閟宫》：“天錫公純嘏。”《爾雅・釋天》：“穹蒼，蒼天也。春爲蒼天。”郭璞注：“天形穹隆，其色蒼蒼，因名云。”故以“蒼”應“天”。《論語・季氏》：“孔子曰：‘君子有三畏：畏天命，……’”因以“畏”飾“蒼”。

陸日愛　清人。字曦叔。

《大戴禮記・曾子立事》：“君子愛日以學，及時以行。”《書・堯典》：“申命羲叔……敬致，日永星火，以正仲夏。”《楚辭・離騷》：“吾令羲和弭節兮，望崦嵫而勿迫。”王逸注：“羲和，日御也。”羲、曦，古今字。

陸世儀　清人。字道威。

《禮記・大學》：“赫兮喧兮者，威儀也；有斐君子，終不可諠兮者，道盛德至善，民之不能忘也。”

陸光旭　清人。字始旦。

《詩・邶風・匏有苦葉》：“旭日始旦。”

陸光祖　明人。字與繩。

《詩・大雅・下武》：“昭兹來許，繩其祖武。”

陸　羽　唐人。字鴻漸。

李肇《唐國史補》卷中：“竟陵僧有于水濱得嬰兒者，育爲弟子。稍長，自筮得蹇之漸繇曰：‘鴻漸于陸，其羽可用爲儀。’乃令姓陸名羽，字鴻漸。”一名疾，字季疵。疾、疵皆爲病，是同義相協。

陸西星　明人。字長庚。

《詩・小雅・大東》：“東有啓明，西有長庚。”金星朝見於東方爲啓明，夕見於西方爲長庚。

陸　佃　宋人。字農師。

《漢書・韓安國傳》：“方佃作時。且請罷屯。”顔師古注：“佃，治田也。”《國語・周語上》：“農師一之，農正再之……民用莫不震動，恪恭于農。”

陸　坊　清人。字禮約。

《禮記・坊記》：“故君子禮以坊德。”《論語・子罕》：“約我以禮。”

陸　圻　清人。字麗京。

《左傳・襄公二五年》：“且昔天子之地一圻。”杜預注：“方千里。”即王畿。千里之内，京邑處其中央，是畿内之地皆附麗於京。

陸　抗　三國吴人。字幼節。

《漢書・朱雲傳》：“唯御史中丞陳咸年少抗節，不附顯等。”

陸秀夫　宋人。字君實。

《爾雅・釋草》：“不榮而實者謂之秀。”

陸居仁　元人。字宅之。

《孟子・盡心上》：“居仁由義，大人之事備矣。”又《離婁上》：“仁，人之安宅也。”宅之，即居於仁。

陸　杲　南朝梁人。字明霞。

《説文・木部》：“杲，明也。從日在木上。”段玉裁注：“日在木上，旦也。”旦則有朝霞。以“霞”綴“明”，表示日出之明。

陸　玠　南朝陳人。字潤玉。

《説文・玉部》：“玠，大圭也。”圭爲玉製，故應以“玉”。《説文・玉部》：“玉，石之美有五德：潤澤以温，仁之方也……”故以“潤”飾“玉”。

陸　玩　晉人。字士瑶。

《説文・玉部》：“玩，弄也。”因《詩・小雅・斯干》有“乃生男子……載弄之璋”之語，故以“士瑶”應“玩”。璋、瑶皆玉屬。

陸　采　明人。字子元。

《書·益稷》:“以五采彰施于五色，作服，汝明。”宋人諱“玄”，代之以“元”,《詩·豳風·七月》:“載玄載黄，我朱孔揚。”毛傳:“玄，黑而有赤色。”後世以指幽黑之色。以“元”應“采”，反義相協。

陸長春　清人。字簫士。

以“簫”應“春”，取古代寒食食餳之典。《詩·周頌·有瞽》:“簫管備舉。”鄭玄箋:“簫，編小竹管，如今之賣餳者所吹也。”沈佺期《嶺表逢寒食》詩:“嶺外無寒食，春來不見餳。”宋祁《寒食》詩:“草色引開盤馬路，簫聲吹暖賣餳天。”“士”爲男子美稱，以爲綴飾。

陸奎章　明人。字子翰。

《初學記》卷二一引《孝經援神契》:“奎主文章。”《文選·左思〈詠史八首〉》:“弱冠弄柔翰，卓犖觀羣書。”李善注引王粲《車渠椀賦》曰:“援柔翰以作賦。”文章以筆書，故應以“翰”。“翰”比喻文采、辭藻，亦與文章相協。蕭統《文選序》:“事出乎沈思，義歸乎翰藻。”

陸彦龍　清人。字驤武。

《後漢書·吴漢蓋延等傳贊》:“吴公鷙彊，實爲龍驤。”李賢注:“驤，舉也。若龍之舉，言其威盛。”威、武義近，故綴以“武”。

陸　胤　三國吴人。字敬宗。

《詩·大雅·既醉》:“永錫祚胤。”毛傳:“胤，嗣也。”孔穎達疏:“天又長與汝之福祚至于胤嗣之子孫。”《禮記·喪服小記》:“尊祖故敬宗。敬宗所以尊祖禰也。”儒家以爲子孫應尊敬祖宗，故以“敬宗”應“胤”。

陸　飛　清人。字起潛。

《易·乾卦》:“初九，潛龍勿用。……九四，或躍在淵，无咎。九五，飛龍在天，利見大人。”朱熹本義:“或躍而起，則躍乎天。”飛乃起乎潛。

陸　倕　南朝梁人。字佐公。

《書·舜典》:“帝曰:‘疇若予工?’僉曰:‘垂哉。’帝曰:‘俞!咨垂，汝共工。’”垂,《莊子》作“倕”。倕爲舜之工官，佐治天下，故以“佐”相應。

陸　俸　明人。字天爵。

《韓非子·姦劫弑臣》:“立名譽以取尊官厚俸。”《孟子·告子上》:“有天爵者，有人爵者。”趙岐注:“天爵以德，人爵以禄。”以“天爵”應“俸”，言所求者非俸禄，欲傚“古之人，修其天爵，而人爵從之”。

陸　宰　宋人。字元鈞。

《莊子·列禦寇》:“受乎心，宰乎神。”《抱朴子·漢過》:“秉國之鈞。”以“鈞”應“宰”，謂主國之大政。“元宰”爲宰相之稱。王融《三月三日曲水詩》序:“元宰比肩於尚父。”亦可應“宰”。又,“元”有大義，元鈞猶大鈞，與“宰”相應，言上天主宰一切。

陸師道　明人。字子傳。

韓愈《師説》:“師者，所以傳道受業解惑也。”又:“吾師道也，夫庸知其年之先後生於吾乎?”又:“師道之不傳也，久矣。”

陸時中　明人。字幼正。

《禮記·中庸》:“君子之中庸也，君子而時中。”《易·師卦》:“貞，正也。”中、正義近，故以協“中”。

陸時雍

① 明人。字幼淳。

《書·堯典》:“百姓昭明，協和萬邦，黎民於變時雍。”孔穎達疏:“堯民之變，明其變惡從善。人之所和，惟風俗耳。……是以風俗大和，人俗大和，即是太平之事也。”以“淳”應“時雍”，即謂風俗變淳，亦《論語·學而》“民德歸厚”之意。

② 明人。字仲昭。

解見①。

陸　浩　清人。字大瀛。

《書·堯典》:“湯湯洪水方割，蕩蕩懷山襄陵，浩浩滔天。”《史記·孟子荀卿列傳》:“乃有大瀛海環其外，天地之際焉。”

陸　珩　明人。字用節。

《説文·玉部》:“珩，佩上玉也。所以節行止也。”

陸祖錫　清人。字念劬。

《詩·周頌·閔予小子》:“念茲皇祖，陟降庭止。”又《小雅·蓼莪》:“哀哀父母，生我劬勞。”以“念劬”應“祖錫”，亦有父祖錫其基業，當念創始之劬勞之意。

陸　納　晉人。字祖言。

《書·舜典》:“命汝作納言，夙夜出納朕命，惟允。”

陸起龍　明人。字雲從。

《易·乾卦》:“雲從龍。”

陸　培

① 明人。字鯤庭。

《莊子·逍遥遊》:“北冥有魚，其名爲鯤。鯤之大，不知其幾千里也;化而爲鳥，其名爲鵬。鵬之背不知其幾千里也;怒而飛，其翼若垂天之雲。……而後乃今培風，背負青天，而莫之夭閼者，而後乃今將圖南。”“庭”爲時尚綴飾。

② 清人。字翼風。

解見①。

陸　堂　明人。字肯堂。

《書·大誥》:“厥子乃弗肯堂，矧肯構?”以“肯堂”應“堂”，言肯繼其父祖之業。

陸紹曾　清人。字貫夫。

《論語·里仁》:“子曰:‘參乎!吾道一以貫之。’曾子曰:‘唯。’子出。門人問曰:‘何謂也?’曾子曰:‘夫子之道，忠恕而已矣。’”曾參曉孔子“一貫”之説，傳孔子之學。以“貫”應“紹曾”，言繼曾參以傳孔子之道。“夫”爲男子通稱。

陸　鉽

① 明人。字鼎儀。

《爾雅·釋器》:“鼎，絶大謂之鼐，圜弇上謂之鼒，附耳外謂之鉽。”郭璞注:“鼎耳在表。”郝懿行義疏:“附耳外者，言近於耳而在外之處，謂之鉽。鉽，猶翼也。《史記·楚世家》云:吞三翮六翼。索隱曰:‘謂九鼎也。六翼即六耳。翼近耳傍。事具《爾雅》。’”儀、表義近，故以綴“鼎”。

② 明人。字舉之。

凡舉鼎必以鉉穿耳。耳原爲扛

舉而設。故因“鉽”而及舉鼎。參見①。

陸　凱

①三國吴人。字敬凱。

《詩·邶風·凱風》:“凱風自南。”毛傳:“南風謂之凱風，樂夏之長養者。”因能長養萬物，故敬之。

②後魏人。字智君。

《玉篇·豈部》:“凱，樂也。”《論語·雍也》:“知者樂，仁者壽。”智，經傳皆作“知”。

陸　厥　南朝齊人。字韓卿。

春秋晉大夫韓厥，景公時屠岸賈殺趙盾，厥陰助程嬰、公孫杵臼保趙氏孤兒；曾敗齊師於鞌，獲逢丑父，後爲晉卿。慕其人，故襲其姓名。

陸　弼　明人。字無從。

《書·益稷》:“予違汝弼，汝無面從，退有後言。”

陸　游　宋人。字務觀。

《四朝聞見録》謂陸母夢秦觀而生放翁，故以秦之字爲名，以其名爲字。以“務”飾“觀”，實取《列子·仲尼》“務外游，不知務内觀”文義。“知”或作“如”。又王褒《聖主得賢臣頌》:“今臣僻在西蜀……無有游觀廣覽之知，顧有至愚極陋之累。”

陸　絳　南朝齊人。字魏卿。

春秋晉大夫魏絳，事悼公，執法嚴明，佐新軍，和戎翟，晉國以治。慕其人，故用其名。絳爲晉卿，因以“卿”爲綴飾。

陸象先　唐人。字崇賢。

《僞古文尚書·微子之命》:“惟稽古崇德象賢，統承先王，修其禮物，作賓于王家。”此交錯爲文，意謂崇聖王之明德，象先聖之賢。

陸　雲　晉人。字士龍。

《易·乾卦·文言》:“雲從龍。”“士”爲男子美稱。以飾“龍”，意爲士中之龍。

陸愚卿　清人。字願吾。

《論語》記孔子贊顔回“不違如愚”，曾對子貢歎息“吾與汝弗如也”，又贊甯武子“其知可及也，其愚不可及也”。以“願吾”應“愚卿”，言願吾亦如賢者之愚。

陸　筠　宋人。字元禮。

《禮記·禮器》:“禮釋回，增美質；……其在人也，如竹箭之有筠也。”孔穎達疏:“言人情備德，由於有禮，譬如竹箭四時葱翠，由於外有筠也。筠是竹外青皮。”飾以“元”，言筠之爲用，元如人之禮。

陸　經　宋人。字子覆。

《左傳·昭公二五年》:“夫禮，天之經也。”《禮記·中庸》:“天之所覆。”以“覆”應“經”，言禮之於人，猶天之於萬物，無不覆照，且永不改易。

陸鼎翰　清人。字彦和。

張九齡《勑賜寧王池宴》詩:“徒參和鼎地，終謝巨川舟。”《僞古文尚書·説命下》記殷高宗命傅説爲相有“若作和羹，爾惟鹽梅”之語，古人和羹於鼎，後世遂以和鼎喻宰臣之職。《爾雅·釋訓》:“美士爲彦。”故以“彦”爲飾。

陸嘉穎　明人。字子垂。

《詩·大雅·生民》:“茀厥豐草，種之黄茂。……實穎實栗，即有邰家室。”毛傳:“黄，嘉穀也。……穎，垂穎也。”“子”爲男子美稱。

陸榮秬　清人。字錫三。

《詩·大雅·江漢》:“釐爾圭瓚，秬鬯一卣。”毛傳:“秬，黑黍也，鬯，香草也。築煮而鬱之曰鬯。……九命錫圭瓚秬鬯。”故以“錫”應“秬”。因《易·晉卦》有“用錫馬蕃庶，晝日三接”之語，朱熹《周易本義》云:“晝日三接，言多受大賜。”故以“三”綴“錫”。

陸維之　宋人。字永仲。

《詩·小雅·白駒》:“縶之維之，以永今朝。”

陸　遜　三國吴人。字伯言。

《論語·憲問》:“危行言孫。”何晏集解:“孫，順也。”遜，經傳皆作“孫”。本名議。《説文·言部》:“言，直言曰言，論難曰語。”又:“議，語也。一曰謀也。”言、議皆是與人言談之稱，故相協。

陸德明　唐人。字元朗。

《説文·月部》:“朗，明也。”同義相協。

陸德輿　宋人。字載之。

《左傳·襄公二四年》:“夫令名德之輿也。”《易·説卦》:“坤爲地……爲大輿。”又《坤卦》:“坤厚載物，德合无疆。”輿所以載，故以“載之”相應。

陸學欽　清人。字子若。

《書·堯典》:“欽若昊天。”“子”爲男子美稱。

陸憲曾　清人。字慎齋。

曾，謂孔子弟子曾參。憲曾，謂取法曾參。《論語·學而》:“曾子曰:‘吾日三省吾身。’”曾子極重慎獨。《禮記·大學》:“曾子曰:‘十目所視，十手所指，其嚴乎！’”故以“慎”相應。“齋”爲時尚綴飾。

陸　據　唐人。字德鄰。

《論語·述而》:“據於德，依於仁。”又《里仁》:“德不孤，必有鄰。”故以“德”應“據”而綴以“鄰”。

陸　機　晉人。字士衡。

《後漢書·郅惲傳》:“故運機衡，垂日月。”李賢注:“機衡，北斗也。”按，北斗第三星爲機，第五星爲衡。“士”爲男子美稱。

陸　璣　三國吴人。字元恪。

《説文·玉部》:“璣，珠不圜也。”恪，假作“闕”。闕則不圓。飾以“元”，意在釋璣：原爲闕者。恪、闕古音近，同屬溪母，恪在鐸部，闕在月部，皆爲入聲字。

陸龍騰　清人。字雲樓。

《易·乾卦·文言》:“飛龍在天，利見大人……雲從龍，風從虎。”漢時太子之宫門有龍樓之名（見《漢書·成帝紀》），故以“樓”應“龍”。此亦時尚綴飾。

陸龜蒙　唐人。字魯望。

《詩·魯頌·閟宫》:“泰山巖巖，魯邦所詹，奄有龜蒙，遂荒大東，至于海邦。”龜、蒙二山皆在魯境，故是魯之望。

陸　績　三國吴人。字公紀。

《説文·糸部》："績，緝也。"段玉裁注："績之言積也。積短爲長，積少爲多。"又："紀，别絲也。"段玉裁注："别絲者，一絲必有其首，别之是爲紀。"績、紀皆爲治絲之名，故相協。"公"爲美稱。

陸　襄　南朝梁人。字師卿。

春秋魯有太師襄，精音理，孔子曾從之學琴。"卿"爲美稱。本名衰，字趙卿。此取晉大夫趙衰爲名。

陸黻恩　清人。字亞章。

《書·益稷》："日、月、星、辰……黼、黻、絺、繡。"孔穎達疏："黻，謂兩巳相背。謂刺繡爲巳字，兩巳字相背也。"兩巳相背，形即似亞，故以"亞章"相應。

陸　贄　唐人。字敬輿。

《孟子·滕文公下》："出疆必載質。"孫奭疏："出其疆土，必載贄而行。贄者，如所謂三帛二生一死之贄也。臣所以執此而見君也。"質、贄同。《左傳·僖公十一年》："敬，禮之輿也。"贄以致敬，乃敬之輿。

陸隴其　清人。字稼書。

《史記·項羽本紀》："乘執起隴畝之中。"隴畝爲耕作之所。《玉篇·禾部》："稼，樹五穀。"古人常以寫作、攻讀比附農事，如"筆耕""書田"，因以"稼書"應"隴"。言如老農，欲耕稼於書田之中。

陸　寶　明人。字敬身。

《禮記·哀公問》："君子無不敬也，敬身爲大。"以"敬身"應"寶"，言所寶者惟有敬身。

陸　藴　宋人。字敦信。

《左傳·隱公三年》："苟有明信，澗谿沼沚之毛，蘋蘩薀藻之菜……可薦於鬼神，可羞於王公。"阮元校勘記："《詩·采蘋》正義引作'藴藻'。"

陸麟書　清人。字黻庭。

王嘉《拾遺記·周靈王》載，孔子未生時有麒麟於闕里吐玉書，孔母知其異，"乃以繡黻繫麟角，信宿而麟去"。降生時又有五星之精降於庭。故以"黻庭"應"麟書"。

陸　觀　清人。字賓王。

《易·觀卦》："觀國之光，利用賓于王。"

〔馬〕

馬一龍　明人。字負圖。

《易·繫辭上》："河出《圖》，洛出《書》，聖人則之。"《禮記·禮運》："河出馬圖。"鄭玄注："龍馬負《圖》而出也。"姓與字相連成文。

馬人望　遼人。字儼叔。

《論語·堯曰》："君子正其衣冠，尊其瞻視，儼然人望而畏之。斯不亦威而不猛乎？"

馬士英　明人。字瑶草。

《詩·鄭風·有女同車》："顔如舜英。"毛傳："英，猶華也。"花草同類，故相協。東方朔《與友人書》有"相期拾瑶草"之語，故因"草"而就"瑶"。瑶草相傳爲仙草。

馬大同　宋人。字會叔。

《論語·先進》："宗廟之事，如會同，端章甫，願爲小相焉。"

馬大壯　明人。字仲復。

《易·大壯》："大壯，利貞。大者，正也。正大而天地之情可見矣。"又《復卦》："復，其見天地之心乎。"

馬中錫　明人。字天禄。

《詩·魯頌·閟宫》："天錫公純嘏。"又《小雅·天保》："受天百禄。"

馬之駿　明人。字仲良。

《説文·馬部》："駿，馬之良材者。"此亦連姓成文。

馬之驥　明人。字勝千。

《説文·馬部》："驥，千里馬也。孫陽所相者。"因《論語·憲問》有"驥不稱其力，稱其德也"之語，是驥非一般千里馬所比，又特以德著稱，故以"勝"飾"千"。

馬元馭　清人。字扶曦。

《僞古文尚書·五子之歌》："懔乎若朽索之馭六馬。"《玉篇·日部》："曦，日色也。"因以指太陽。陸雲《四言失題詩》："沉曦含暉。"《楚辭·離騷》："吾令羲和弭節兮，望崦嵫而勿迫。"王逸注："羲和，日御也。"洪興祖補注："日乘車駕以六龍，羲和御之。"以"曦"應"馭"，即爲日御。御、馭同。扶，猶駕。陶潛《桃花源記》："得其船，便扶向路。"扶向路，即駕船走原路。（按，江西採茶戲有《雙扶船》。各家注《桃花源記》者"扶"字皆誤。）"扶曦"即爲太陽駕馭車。

馬天來　金人。字雲章。

連姓爲文。《漢郊祀歌·天馬》："天馬徠，從西極。"雲章，猶言雲紋。馬自天來，故以"雲章"相應。天來，一作天騋。《説文·馬部》："騋，馬七尺爲騋，八尺爲龍。"天騋即天馬。

馬天驥　宋人。字德夫。

《論語·憲問》："驥不稱其力，稱其德也。""夫"爲男子通稱。

馬　永　明人。字天錫。

《詩·大雅·行葦》："孝子不匱，永錫爾類。"又："君子萬年，永錫祚胤。"古人以爲一切莫非天錫（賜）。《魯頌·閟宫》又有"天錫公純嘏"之語，故因"錫"而就"天"。

馬永易　宋人。字明叟。

《易·繫辭下》："夫《易》，彰往而察來……"《易》能洞察天地萬物，過去未來，自是極明，故以"明"相應。宋人喜以"叟"爲字之綴飾。

馬永卿　宋人。字大年。

一作名大年，字永卿。此取《莊子·逍遥遊》"上古有大椿者，以八千歲爲春，八千歲爲秋，此大年也"語典爲名字。"卿"爲美稱。又曹操《龜雖壽》："養怡之福，可得永年。"是永、年亦可相應。

馬玉崑　清人。字景山。

崑，謂崑崙山。亦簡稱崑山。古人以爲此山産美玉。《吕氏春秋·重己》："人不愛崑山之玉。"故以"山"應"玉崑"。

馬仲甫 宋人。字子山。

此拆周宣王中興名臣仲山甫（樊侯之字）以爲名字。《詩·大雅·烝民》："保兹天子，生仲山甫。""子"爲男子美稱。

馬光裕 清人。字繩詒。

名取"光於前，裕於後"之義。《僞古文尚書·仲虺之誥》："垂裕後昆。"徐陵《廣州刺史歐陽頠德政碑》："方其盛業，綽有光前。"後世以"光前裕後"爲功業超越前人，德澤延及子孫之意。《詩·大雅·下武》："繩其祖武。"又《魯頌·有駜》："詒孫子。"以"繩詒"應"光裕"，意謂其祖已光於前而裕於後，己當以祖先爲法，而亦詒德澤於子孫。

馬如蛟 明人。字騰仲。

王勃《滕王閣序》："騰蛟起鳳。"

馬如龍 清人。字見五。

連姓爲文。《説文·馬部》："駷，馬七尺爲駷，八尺爲龍。"馬如龍必逾七尺。《易·乾卦》："九五，飛龍在天，利見大人。"因"龍"而以"見五"相應。

馬汝驥 明人。字仲房。

《説文·馬部》："驥，千里馬也。"房，謂房宿。《史記·天官書》："房爲府，曰天駟。"司馬貞索隱："《爾雅》云：天駟，房。《詩紀曆樞》云：房爲天馬，主車駕。"

馬百禄 金人。字天錫。

《詩·小雅·天保》："受天百禄。"既受於天，自是天錫。

馬自强 明人。字體乾。

《易·乾卦》："天行健，君子以自强不息。"又《繫辭下》："夫乾，天下之至健也。"至健始能自强不息。體乾，即以乾爲體。

馬廷鸞 宋人。字翔仲。

《楚辭·遠遊》："鸞鳥軒翥而翔飛。"

馬　良 三國蜀漢人。字季常。

《詩·邶風·日月》："德音無良。"毛傳："良，善也。"《老子》第五二章："是謂習常。"河上公注："常者不易也。"以"常"應"良"，言不變易其善。

馬　京 明人。字子高。

《詩·小雅·甫田》："曾孫之庾，如坻如京。"毛傳："京，高丘也。"又《大雅·大明》："曰嬪于京。"毛傳："京，大也。"是京、高義近相協。

馬　周 唐人。字賓王。

《論語·八佾》："周監於二代，郁郁乎文哉！吾從周。"《易·觀卦》："觀國之光，利用賓于王。"王弼注："居近得位，明習國儀者也，故曰利用賓于王也。"周文之盛，冠於三代，且爲孔子所稱，故最宜觀其光而賓於王庭。

馬宗璉 清人。字魯陳。

《禮記·明堂位》："有虞氏之兩敦，夏後氏之四璉，殷之六瑚，周之八簋。"孔穎達疏："此言兩敦、四璉、六瑚、八簋者，言魯之所得唯此耳。"此爲魯公廟所陳三代禮器，故以"魯陳"應"璉"。

馬　忠 三國蜀漢人。字德信。

《論語·學而》："主忠信。"忠信皆爲美德，故以"德"爲飾。

馬　武 漢人。字子張。

《孟子·滕文公下》："《大誓》曰：'我武維揚。'"張、揚義近，故以應"武"。

馬肩龍 金人。字舜卿。

《書·舜典》："帝曰：'龍！……命汝作納言，夙夜出納朕命，惟允。'"作舜之納言，當是舜之卿。

馬長淑 清人。字漢荀。

後漢荀淑有重名。李膺、李固等名賢皆奉以爲師。因爲權臣梁冀所忌，棄官歸隱。有子八人，世號八龍。因慕其人，故襲其名，而以其朝代、姓氏爲字。

馬建忠 清人。字眉叔。

眉，假作"楣"。《釋名·釋宫室》："楣，眉也。近前各兩，若面之有眉也。"以應"建忠"，欲以忠孝傳家，立門楣。

馬　眉 清人。字子白。

《三國志·蜀志·馬良傳》："馬良字季常……兄弟五人，並有才名，鄉里爲之諺曰：'馬氏五常，白眉最良。'良眉中有白毛，故以稱之。""子"爲男子美稱。

馬負圖 清人。字河伯。

連姓成文。《禮記·禮運》："河出馬圖。"鄭玄注："龍馬負圖而出也。"《太平御覽》卷六十一引《孝經援神契》曰："河者，水之伯，上應天漢。"故因"河"而綴以"伯"。亦兼表行第。一字肇易。《易·繫辭上》："河出《圖》，洛出《書》，聖人則之。"孔穎達疏："孔安國以爲《河圖》則八卦是也。"《易》始有八卦，周文王演爲六十四卦。《爾雅·釋詁》："肇，始也。"肇易，《易》肇始於此。

馬祖常 元人。字伯庸。

《爾雅·釋詁》："庸，常也。"

馬　純 宋人。字子約。

《論語·子罕》："今也純，儉。吾從衆。"《八佾》："禮與奢也，寧儉。"邢昺疏："儉，約省也。"是純、約同義相協。

馬從先 宋人。字子野。

《論語·先進》："先進於禮樂，野人也；後進於禮樂，君子也。如用之，則吾從先進。"孔子以周末文勝質，故欲從先進。

馬從聘 明人。字起莘。

《孟子·萬章上》："伊尹耕於有莘之野……湯使人以幣聘之。"伊尹應湯之聘，起自莘，佐成湯伐夏而有天下。

馬從謙 明人。字益之。

《易·謙卦》："天道虧盈而益謙。"《僞古文尚書·大禹謨》："謙受益。"

馬逢皐 明人。字千里。

連姓成文。皐，謂九方皐。《列子·説符》記伯樂曾向秦穆公薦九方皐善相馬。九方皐相馬能得之於形外，伯樂自以爲不及。千里，謂千里馬。

馬惠迪 金人。字吉甫。

《僞古文尚書·大禹謨》："惠迪吉。""甫"爲男子美稱。

馬　援 漢人。字文淵。

援，假作"源"。援、源古屬元部，匣、疑鄰紐。淵源常語，故相協。班固《典引》："與之乎斟酌道德之淵源。"漢人多以"文"飾字。又，"援"有取義。《禮記・儒行》："上弗援。"鄭玄注："援，猶引也、取也。"《詩・邶風・燕燕》："其心塞淵。"毛傳："淵，深也。"應以"淵"，或取《孟子・離婁下》："資之深，則取之左右逢其原"之義。

馬瑞辰　清人。字元伯。

辰，謂辰星。《楚辭・遠遊》："奇傅説之託辰星兮。"王逸注："辰星，房星。"《詩・小雅・吉日》："吉日維戊，既伯既禱。"毛傳："伯，馬祖也。"《史記・天官書》："東宫蒼龍，房、心……房爲府，曰天駟。其陰，右驂。"張守節正義："房星，君之位，亦主左驂，亦主良馬，故爲駟。王者恒祠之，是馬祖也。"《易・乾卦・文言》："元者，善之長也。"瑞、元義近，辰、伯異名同實，故相協。姓與名、字意義皆相關聯。

馬　嘉　明人。字六禮。

《周禮・春官・大宗伯》："以嘉禮親萬民。"因《禮記・王制》有"司徒脩六禮以節民性之語"，故以"六"飾"禮"。

馬壽齡　清人。字鶴船。

古人相傳鶴爲仙禽，可壽千年。《淮南子・説林訓》："鶴壽千歲，以極其遊。"故以"鶴"應"壽齡"。因白居易有"醉教鶯送酒，閑遣鶴看船"（《憶洛中新居》）之句，遂以"船"綴"鶴"。

馬端臨　宋人。字貴與。

《易・雜卦》："臨觀之義，或與或求。"韓康伯注："以我臨物，故曰與；物來觀我，故曰求。"以"貴"飾"與"，是貴其在我。

馬維銘　明人。字新甫。

《禮記・大學》："湯之《盤銘》曰：'苟日新，日日新，又日新。'""甫"爲男子美稱。

馬　齊　三國蜀漢人。字承伯。

齊，謂殷末之叔齊。伯，謂伯夷。伯夷爲兄，故以"承伯"應"齊"。《左傳・昭公十三年》："子産争承。"孔穎達疏："承者，奉上之語。後承前，下承上，故以承爲次。"

馬賡良　清人。字幼眉。

良，謂三國蜀漢馬良。其本傳謂良弟兄五人咸有才，皆以"常"爲字。良白眉，鄉人有語云："馬氏五常，白眉最良。"故以"眉"應"良"。

馬　融　漢人。字季長。

《爾雅・釋詁》："融，長也。"同義相協。

馬　默　宋人。字處厚。

《易・繫辭上》："君子之道，或出或處，或默或語。"因《坤卦》有"坤厚載物""君子以厚德載物"之語，故以"厚"綴"處"。是願以厚德自處。

馬應圖　明人。字心易。

《易・繫辭上》："河出《圖》，洛出《書》，聖人則之。"孔穎達疏："孔安國以爲《河圖》則八卦是也。"《易》始爲八卦，後演爲六十四卦。是《河圖》即《易》。飾以"心"，謂志在學《易》。

馬　總　唐人。字會元。

《説文・糸部》："總，聚束也。"《會部》："會，合也。"聚合義近，故相協。《易・乾卦・文言》："元者，嘉之會也。"孔穎達疏："言君子能使萬物嘉美集會。"以"元"綴"會"，謂欲集萬物之美。

馬　聲　清人。字正希。

《老子》第四一章："大音希聲。"

馬　謖　三國蜀漢人。字幼常。

《爾雅・釋言》："謖，起也。"其兄弟五人皆以"常"爲字。以應"謖"，言常振起，不改易其志。"幼"表行第較末。

馬　麐　元人。字公振。

麐，同"麟"。《詩・周南・麟之趾》："麟之趾，振振公子，于嗟麟兮！"

馬權奇　明人。字巽倩。

《漢書・禮樂志二》："志俶儻，精權奇。"王先謙補注："權奇者，奇譎非常之意。"後以指隨機應變，不遵常規。應以"巽"，取《易・繫辭下》"巽以行權"之義。言當秉命而行，不敢自任權奇。"倩"爲男子美稱，以爲綴飾。此亦連姓成文。《禮樂志》之語是寫天馬神奇不凡，精力超羣。

馬　驌　清人。字驄卿。

《玉篇・馬部》："驌，驌驦。古之良馬。"《説文・馬部》："驄，馬青白雜毛也。""卿"爲美稱。一字宛斯。宛，指古西域之大宛。其地以産良馬著稱。《史記・大宛列傳》："而天子好宛馬。"因《詩・魯頌・駉》有"思馬斯臧""思馬斯才"等語，遂以"斯"綴"宛"。言惟大宛之馬斯得謂良馬。

〔高〕

高　士　明人。字志齋。

連姓成文。《論語・里仁》："士志於道。""齋"爲明清時尚飾字。

高士廉　唐人。名儉。

以字行。《淮南子・原道訓》："不以廉爲悲。"高誘注："廉，猶儉也。"同義相協。"士"爲男子美稱。

高　山　清人。字子仁。

《論語・雍也》："仁者樂山。"

高不騫　清人。字查客。

《詩・小雅・天保》："如南山之壽，不騫不崩。"騫，又爲漢代通西域張騫之名。張華《博物志》載，海上有人見每年八月有浮查（槎）往來，欲窮其究竟，遂齎糧乘之，竟達天河，遇牽牛、織女而返。因《孝經援神契》有"河者，水之伯，上應天漢"之語，杜甫《秋興八首》詩有"奉使虚隨八月槎"之句，遂附會爲張騫奉使西域，乘槎逆河而上，達於天漢。故因"騫"而應以"查客"，言乃乘槎達於天河之人。查、槎通用。

高　允　後魏人。字伯恭。

《書・堯典》："允恭克讓。"

高元之　宋人。字端叔。

元，宋人避諱，以"元"代"玄"字，此取玄端以爲名字。《儀禮・士冠禮》："玄端、玄裳、黄裳、雜裳可也。"

高元美　清人。字長人。

《易・乾卦・文言》："元者，善之長也。"《詩・邶風・簡兮》："云誰之思？西方美人。彼美人兮，西方之人兮。"朱熹集傳：

"西方美人，託言以指西周之盛王。"故以"長"應"元"，以"人"應"美"。

高　友　明人。字三益。

《論語·季氏》："孔子曰：'益者三友……友直、友諒、友多聞，益矣。'"

高心夔　清人。字伯足。

《吕氏春秋·察傳》："若夔者，一而足矣。"

高文虎　宋人。字炳如。

《易·革卦》："大人虎變，其文炳也。"

高斗南　明人。字拱極。

《晉書·天文志上》："相，一星，在北斗南。"後以斗南指宰相或相位。《論語·爲政》："譬如北辰，居其所而衆星共之。"邢昺疏："《爾雅·釋天》云：'北極謂之北辰。'……斗爲帝車，運於中央，臨制四海，分陰陽，建四時，均五行，移節度，定諸紀，皆繫於斗：是衆星共之也。"宰相爲百官之首，於天子，如北斗與衆星之拱極。共、拱古今字。

高斗樞　明人。字象先。

《論語·爲政》"譬如北辰，居其所而衆星共之"朱熹集注："北辰，北極，天之樞也。"古人以北極爲天之正中，斗與衆星環北極運轉，因以斗樞指代天。《易·繫辭上》："在天成象。"朱熹本義："象者，日月星辰之屬。"日月星辰附麗於天，是天在象之先。

高汝礪　金人。字巖夫。

《僞古文尚書·説命上》："若金，用汝作礪。"此殷高宗命傅説爲相之辭。傅説原築於傅巖之野，故以"巖夫"相應。

高似孫　宋人。字續古。

《説文·糸部》："孫，子之子曰孫。從系子。系，續也。"孫以續子，以爲人嗣。因"續"而綴以"古"，以示興滅繼絶，信而好古之意。

高伯壎　宋人。字汝諧。

《詩·小雅·何人斯》："伯氏吹壎，仲氏吹篪。"鄭玄箋："其相應和如壎篪。"應和須和諧。因《書·舜典》多用"汝諧"之語，故借以應"壎"，以示伯氏告仲氏。

高孝本　清人。字大立。

《論語·學而》："孝弟也者，其爲仁之本與。"《禮記·中庸》："立天下之大本。"

高　岑　清人。字峴亭。

連姓成文。《文選·王粲〈登樓賦〉》："蔽荆山之高岑。"李善注引《爾雅》曰："山小而高曰岑。"荆襄之地有峴山，故以相應。山小而險爲峴。高必險，與岑相類，義亦相協。

高延第　清人。字子上。

此取上第以爲名字。上第，猶言上等，優等。《後漢書·獻帝紀》："試儒生四十餘人，上第賜位郎中。"

高　汾

① 清人。字荆襄。

《左傳·襄公十八年》："子庚帥師治兵於汾。"杜預注："襄城縣東北有汾丘城。"此爲楚地，故以"荆"飾"襄"而應"汾"。高汾柘城人，於地爲楚，故名字取父母之邦景物，猶如孔子以魯之尼丘山爲名字。

② 清人。字晉原。

《説文·水部》："汾，汾水，出太原晉陽山，西南入河。"以"原"綴"晉"，謂發源於晉陽山。原、源古今字。

高良弼　明人。字夢説。

《史記·殷本紀》載，殷高宗夜夢聖人，使人尋訪，遂得傅説，立以爲相。傅説佐武丁中興，成一代賢相。因《僞古文尚書·説命上》有"夢帝賚予良弼"之語，故以"良弼"爲名，以"夢説"爲字。

高其位　清人。字宜之。

《禮記·中庸》："故大德，必得其位，必得其禄，必得其名，必得其壽。……《詩》曰：'嘉樂君子，憲憲令德。宜民宜人，受禄于天。保佑命之，自天申之。'"宜之，言宜得其位。

高其佩　清人。字韋之。

《韓非子·觀行》："西門豹之性急，故佩韋以緩己；董安于之心緩，故佩弦以自急。"

高其倬　清人。字章之。

《詩·小雅·甫田》："倬彼甫田。"毛傳："倬，明貌。"《周禮·考工記·畫繢》："雜四時五色之位以章之。"鄭玄注："章，明也。"倬、章同義相協。

高叔嗣　明人。字子業。

《爾雅·釋詁》："嗣，繼也。"應以"業"，言能繼先人之業。"子"爲男子美稱。

高　岱

① 明人。字伯宗。

《爾雅·釋山》："河東，岱。"郭璞注："岱宗，泰山。"

② 明人。字魯瞻。

《詩·魯頌·閟宫》："泰山巖巖，魯邦所瞻。"參見①。

高　昂　北齊人。字敖曹。

連姓成文。楊惲《報孫會宗書》："奮袖低昂，頓足起舞。"應以"敖曹"，意謂聲高喧囂。杜甫《荆南兵馬使太常卿趙公大食刀歌》："太常樓船聲嗷嘈，問兵刮寇趨下牢。"嗷嘈、敖曹同。《聊齋誌異·西湖主》："忽而笙管敖曹。"

高　明　明人。字則誠。

連姓成文。《禮記·中庸》："高明，所以覆物也。"又："自誠明，謂之性；自明誠，謂之教。誠則明矣，明則誠矣。"

高　泳　清人。字阮懷。

即高詠。見該條。

高保寅　宋人。字齊巽。

古代以十二地支配八方，東方爲寅。依八卦方位，東方又爲震，東南爲巽。《易·説卦》："帝出乎震，齊乎巽。"又："萬物出乎震，震，東方也。齊乎巽，巽，東南也。"寅、震同表東方，故因《易》而以"齊巽"相應。

高保融　五代南平人。字德長。

《爾雅·釋詁》："融，長也。"同義故相協。飾以"德"，欲其德不衰。

高　拱　明人。字肅卿。

《論語·微子》："子路拱而立。"朱熹集注："敬之也。"《詩·召南·何彼穠矣》："曷不肅雝。"毛傳："肅，敬。"拱、肅同義相協。"卿"爲美稱。

高星紫 清人。字次薇。

古代天文學家將天區分爲紫微、太微和天市三垣。唐開元初改中書省爲紫微省，中書令改紫微令，中書侍郎爲紫微侍郎，簡稱紫微郎。白居易入直中書省時有《紫薇花》詩云："獨坐黄昏誰是伴？紫薇花對紫薇郎。"是紫微亦可作"紫薇"。以"次薇"應"星紫"，是兼取天象與官署二義。意欲近帝居爲近臣。

高若訥 宋人。字敏之。

《論語·里仁》："君子欲訥於言而敏於行。"

高 衎 金人。字穆仲。

《方言》卷十三："衎，定也。"郭璞注："衎然安定貌也。"《漢書·揚雄傳上》："穆穆肅肅。"顏師古注："穆穆，静也。"安定則静。

高 泰 前秦人。字子伯。

《論語》有《泰伯》篇，故拆以爲名字。

高 珩 清人。字蔥佩。

《説文·玉部》："珩，佩上玉也。"段玉裁注："《詩》毛傳曰，雜佩者，珩璜琚瑀衝牙之類。韓傳曰，佩玉上有蔥衡，下有雙璜、衝牙、蠙珠以納其間。按衡即珩字。"蔥、葱同。一字念東。《禮記·玉藻》："大夫佩水蒼玉。"《爾雅·釋天》："春爲蒼天。"郭璞注："萬物蒼蒼然生。"《易·説卦》："萬物出乎震，震，東方也。"大夫所佩之玉其色蒼。春爲蒼天，東方主春，故以"念東"應"珩"。

高 郢 唐人。字公楚。

郢乃楚國之都城，故相應。《史記·楚世家》："子文王熊貲立，始都郢。"

高 啓 明人。字季迪。

《僞古文尚書·太甲上》："旁求俊彦，啓迪後人。"

高 崇

① 後魏人。字積善。

《詩·大雅·鳧鷖》："福禄來崇。"毛傳："崇，重也。"此謂重叠。朱熹集傳："崇，積而高大也。"《易》有"積善"之語，故因"積"而綴以"善"。

② 宋人。字西叔。

《詩·鄘風·蝃蝀》："朝隮于西，崇朝其雨。"其兄名載字東叔，同以《詩》爲名字，以"叔"爲字飾。

高得暘 明人。字孟升。

即高德暘。見該條。

高 推 後魏人。字仲讓。

《史記·淮陰侯列傳》："解衣衣我，推食食我。"周興嗣《千字文》："推位讓國。"推、讓同義相協。

高 釴 唐人。字翹之。

《爾雅·釋器》："鼎絶大謂之鼐……附耳外謂之釴。"郭璞注："鼎耳在表。"郝懿行義疏："附耳外者，言近於耳而在外之處。"在外則翹出，故以"翹之"相應。

高 登 宋人。字彦先。

《左傳·隱公十一年》："潁考叔取鄭伯之旗蝥弧以先登。"故以"先"應"登"。《爾雅·釋訓》："美士爲彦。"

高 閌 宋人。字抑崇。

《文選·揚雄〈甘泉賦〉》："閌閬閬其寥廓兮，似紫宫之峥嶸。"李善注："閌，高也。"以"抑崇"應"閌"，是不願高，蓋表謙撝。取天道忌盛忌滿之義。

高 陽 明人。字秋甫。

《孟子·滕文公上》："江漢以濯之，秋陽以暴之，皜皜乎不可尚已！""甫"爲男子美稱。

高 愈 清人。字紫超。

《論語·先進》："然則師愈與？"何晏集解："愈，猶勝也。"勝即超越。貴者金印紫綬或紫衣金魚袋。飾以"紫"，欲仕宦騰達。

高 詠 清人。字阮懷。

晉阮籍有《詠懷詩》，故取以爲名字。詠，或作"泳"。清人名字喜同聲相假，以示古奥。亦或因形近而誤。

高 載 宋人。字東叔。

《詩·豳風·七月》："春日載陽。"《大雅·生民》："載震載夙。"《易·説卦》："震，東方也。"日出於東方，震爲東方，故以"東"應"載"。其弟名崇字西叔，是兄弟皆以"叔"爲綴飾。

高 構 隋人。字孝基。

《書·大誥》："若考作室，既底法，厥子乃弗肯堂，矧肯構？……厥考翼其肯曰：'予有後，弗棄基。'"不棄其父之基，而能構築成室，自可謂孝。"孝"亦東漢以來爲時尚字飾。

高 鳳 漢人。字文通。

《太平御覽》卷九一五引《帝王世紀》曰："國安，其主好文，則鳳皇翔。"綴以"通"，謂國家安定，文運亨通。

高鳳岐 清人。字嘯桐。

《國語·周語上》："周之興也，鸑鷟鳴于岐山。"韋昭注引三君云："鸑鷟，鳳之别名也。"《詩·大雅·卷阿》："鳳皇鳴矣，于彼高岡。梧桐生矣，于彼朝陽。"鄭玄箋："鳳皇之性，非梧桐不棲，非竹實不食。"嘯桐，即集於梧桐之上而鳴。

高鳳翰 清人。字西園。

張説《恩制賜食於麗正殿書院宴賦得林字》："東壁圖書府，西園翰墨林。"

高 勱 隋人。字敬德。

《左傳·莊公八年》："皋陶邁種德。"勱，通作"邁"。

高德暘 明人。字孟升。

《説文·日部》："暘，日出也。"日出即是升。德，或作"得"。德，文義爲優。

高 稼 宋人。字南叔。

《詩·小雅·大田》："大田多稼，既種既戒……俶載南畝。"《詩》凡言耕稼，多稱南畝。故以"南"應"稼"。

高 穀 明人。字世用。

《世説新語·賞譽》："世稱庾文康爲豐年玉，稚恭爲荒年穀。"劉孝標注："謂亮有廊廟之器，翼有匡世之才：各有用也。"

高 談 宋人。字景遂。

《説文·言部》："談，語也。"

遂，謂毛遂。《史記·平原君虞卿列傳》載，趙之平原君率從者二十人使楚，議論至日中，縱約不成，毛遂數語而使趙楚訂盟，合力攻秦。飾以“景”，謂欽仰毛遂之辯才與膽識。

高　適　唐人。字達夫。
《爾雅·釋詁》：“適，往也。”應以“達”，謂無往而不通。“夫”爲男子通稱。

高　閭　後魏人。字閻士。
《說文·門部》：“閭，里門也。”“閻，里中門也。”同類故相協。“士”爲男子美稱。

高　瞻　前燕人。字子前。
《論語·子罕》：“瞻之在前。”

高　騈　唐人。字千里。
《說文·馬部》：“騈，駕二馬也。”應以“千里”，謂所駕者乃良馬。

高攀龍　明人。字存之。
《後漢書·光武帝紀》：“天下士大夫捐親戚，棄土壤，從大王於矢石之間者，其計固望其攀龍鱗，附鳳翼，以成其所志耳。”李賢注引《法言》曰：“攀龍鱗，附鳳翼，巽以揚之。”此皆謂依附帝王或聖賢以成其業。以“存之”應“攀龍”，即謂與之相依存。一字景逸。《周禮·夏官·庾人》：“馬八尺以上爲龍。”《左傳·成公二年》：“馬逸不能止。”良馬必善奔，故以“景逸”應“龍”。又字從雲，取《易·乾卦》“雲從龍”之義。

高　儼
①北齊人。字仁威。
《論語·堯曰》：“君子正其衣冠，尊其瞻視，儼然人望而畏之，斯不亦威而不猛乎？”飾以“仁”取恩威并重之義。
②清人。字望公。
解見①。

高觀國　宋人。字賓王。
《易·觀卦》：“觀國之光，利用賓于王。”

高　觿　元人。字彦解。
《詩·衛風·芄蘭》：“童子佩觿。”毛傳：“觿，所以解結。”《爾雅·釋訓》：“美士爲彦。”

十一畫

〔區〕

區大任　明人。字楨伯。
《孟子·告子下》：“故天將降大任於是人也，必先苦其心志，勞其筋骨，餓其體膚，空乏其身，行拂亂其所爲，所以動心忍性，曾益其所不能。”《詩·大雅·文王》：“王國克生，維周之楨。”毛傳：“楨，幹也。”鄭玄箋：“此邦能生之，則是我周之幹事之臣。”能爲國之楨幹，自當膺大任。

區大相　明人。字用儒。
宋太祖改元乾德時，曾諭朝臣擬年號無蹈襲前朝舊名。後見宮中銅鏡早鑄有“乾德”字樣，以問竇儀。竇儀謂前蜀建元曾用此名，此必蜀宮人帶入者。驗之果然。太祖慨歎：“宰相須用讀書人！”事見李燾《續資治通鑒長編》。讀書人即儒者，故以“用儒”應“大相”。大相，猶上相。

區大倫　明人。字孝先。
《孟子·公孫丑下》：“内則父子，外則君臣，人之大倫也。”《孝經·開宗明義章》：“夫孝，始於事親，中於事君，終於立身。”因《孝經序》有“孝爲百行之首”之語，故以“孝先”應“大倫”。

區　金　南朝齊人。字南貴。
《詩·魯頌·泮水》：“憬彼淮夷，來獻其琛，元龜象齒，大賂南金。”孔穎達疏：“其龜象南金，還是寶中之別，以其物貴，特舉而言，其獻非唯此等也。”

區　益　明人。字叔謙。
《易·謙卦》：“天道虧盈而益謙。”《僞古文尚書·大禹謨》：“謙受益。”

區懷瑞　明人。字啓圖。
《易·繫辭上》：“河出《圖》，洛出《書》，聖人則之。”《宋書·符瑞志上》：“宓犧代之，受《龍圖》，畫八卦，所謂‘河出《圖》’者也。有景龍之瑞。”故以“圖”應“瑞”。今文經家以爲古帝王受命皆有《圖》《書》出現以示兆，故飾以“啓”。

〔婁〕

婁　圭　三國魏人。字子伯。
《詩·大雅·抑》：“白圭之玷，尚可磨也；斯言之玷，不可爲也。”《論語·先進》：“南容三復‘白圭’。”“伯”借作“白”。

婁師德　唐人。字宗仁。
漢賈誼《新書·道德説》：“道者，德之本也；仁者，德之出也。”仁德亦常語，因《後漢書·鮑永傳》有“仁者行之宗，忠者義之主”之語，故以“宗仁”應“師德”。宗、師義亦近。

婁　堅　明人。字子柔。
《説文·臤部》：“堅，土剛也。”段玉裁注：“引伸爲凡物之剛。”《易·説卦》：“立地之道，曰柔與剛。”堅、柔反義相協。“子”爲男子美稱。

婁寅亮　宋人。字陟明。
《僞古文尚書·周官》：“寅亮天地。”又：“大明黜陟。”

婁　壽　漢人。字元考。
《詩·小雅·楚茨》：“使君壽考。”又《信南山》：“壽考萬年。”《易·乾卦·文言》：“元者，善之長也。”《書·洪範》有“五福”，第一爲壽，故以“元”爲飾。

婁　諒　明人。字克貞。
《論語·衛靈公》：“君子貞而不諒。”以“克”飾“貞”，正謂能正而固，而不必諒。

婁　機　宋人。字彦發。
《易·繫辭上》：“言行，君子之樞機。樞機之發，榮辱之主也。”士之美者爲“彦”，故以爲飾。

〔寇〕

寇　恂　漢人。字子翼。
《論語·鄉黨》：“孔子於鄉黨，恂恂如也。”何晏集解引王肅曰：“恂恂，温恭之貌。”《爾雅·釋詁》：“翼，敬也。”恭敬渾言無別，故恂、翼相協。

寇 慎 明人。字永修。

《書·皋陶謨》:"慎厥身修思永。"

寇 準 宋人。字平仲。

《説文·水部》:"準,平也。"

寇 瑊 宋人。字次公。

《玉篇·玉部》:"瑊,瑊玏,美石次玉也。""公"爲美稱,以爲綴飾。

〔屠〕

屠大山 明人。字國望。

天子諸侯遥祭其境内名山大川爲望。《書·舜典》:"望于山川。"孔傳:"九州名山大川五岳四瀆之屬,皆一時望祭之。"引申以爲所祭的境内的名山大川的泛稱。《左傳·哀公六年》:"江漢雎章,楚之望也。"故以"國望"應"大山"。

屠文漪 清人。字蒓洲。

一字漣水。《詩·魏風·伐檀》:"河水清且漣猗。"毛傳:"風行水成文曰漣。"陸德明釋文:"本亦作'漪',同。"朱熹集傳:"猗,與'兮'同。"後世誤以"漣漪"爲波紋,故拆以爲名字。既以"漪"爲波紋,遂因水而及水中之草,故以"蒓"相應。洲、汀、溪皆爲時尚字飾,故綴以"洲"。

屠本畯 明人。字田叔。

《詩·豳風·七月》:"田畯至喜。""叔"表行第居第三。

屠 奎 明人。字文奎。

奎,二十八宿星名。爲西方白虎七星之一。舊時以爲是上天主宰人世文運者。《初學記》卷二一引《孝經援神契》:"奎主文章。"

屠 倬 清人。字孟昭。

《詩·大雅·雲漢》:"倬彼雲漢,昭回于天。"行第居長,故以"孟"爲飾。

屠宸楨 清人。字周士。

《詩·大雅·文王》:"思皇多士,生此王國;王國克生,維周之楨。"

屠湘靈(女) 明人。字瑶瑟。

《楚辭·遠遊》:"使湘靈兮鼓瑟。"唐錢起有《省試湘靈鼓瑟》詩。瑟或有玉爲飾者,故稱瑶瑟。宋陸游《月中過蜻蜓浦》詩:"坐待湘靈鼓瑶瑟。"

屠 琛 明人。字廷贄。

《詩·魯頌·泮水》:"憬彼淮夷,來獻其琛。"毛傳:"琛,寶也。"孔穎達疏:"是彼淮夷來就魯國獻其琛寶。"遠來相見獻物爲贄,此禮行於朝廷之上,故以"廷"爲飾。

屠 隆 明人。字緯真。

隆,興盛,顯赫。《禮記·樂記》:"是故樂之隆,非極音也。"鄭玄注:"隆,猶盛也。"以"真"相應,是願其實現爲真。緯,指漢時讖緯之書。緯書以荒誕之言,預言榮辱興衰之事。以"緯"爲飾,意謂興隆顯達,或如緯書之預言,不必信以爲真。此故示曠達。一字長卿。隆有高大義。《説文解字·生部》:"隆,豐大也。"長(zhǎng),亦爲高或大。同義故相協。漢以來,多以"長卿"爲字,遂傚古人。

屠應埈 明人。字文升。

《玉篇·土部》:"埈,陗高也。"陡峭而高,故須攀升。飾以"文",意謂文才高。

〔庾〕

庾子輿 南朝梁人。字孝卿。

孔子弟子曾參字子輿,以孝著稱。《史記·仲尼弟子列傳》:"曾參,南武城人,字子輿……孔子以爲能通孝道,故授之以業。作《孝經》。"漢以來多以"卿"爲字的綴飾。

庾公差 春秋魯人。字子魚。

差,讀作"鮺"。《説文·魚部》:"鮺,臧魚也。……從魚,差省聲。"段玉裁注:"《釋名》曰:鮓,菹也。以鹽米釀魚爲菹,孰而食之也。"鮺,后世作"鮓"。鮓爲魚所製,故應以"魚"。

庾天錫 元人。字吉甫。

《詩·魯頌·閟宫》:"天錫公純嘏。"上天所賜,自是大吉。

庾弘遠 南朝齊人。字士操。

《論語·泰伯》:"士不可以不弘毅,任重而道遠。"士以仁爲己任,任重道遠,其操行須弘毅。

庾 冰 晉人。字季堅。

《易·坤卦》:"履霜堅冰。"又:"履霜堅冰至。""季"表行第在末。

庾季才 隋人。字叔奕。

漢揚雄《太玄·格》:"往小來奕。"范望注:"奕,大也。"以"奕"應"才",謂其才大。

庾於陵 南朝梁人。字子介。

戰國齊人陳仲子,其兄爲齊大夫,禄米萬鍾。仲子恥於寄食,與其妻隱居於(wū)陵,耕織自食。事見《孟子·滕文公下》與《高士傳》。以"介"相應,謂其介然獨處。

庾杲之 南朝齊人。字景行。

《詩·衛風·伯兮》:"其雨其雨,杲杲出日。"《説文·日部》:"景,日光也。"杲杲爲日出光明之狀,故應以"景"。因《詩·小雅·車舝》有"景行行止"之語,故因"景"而綴以"行"。

庾肩吾 南朝梁人。字子慎。

肩吾,古代傳説人物。《莊子·大宗師》:"肩吾得之,以處大山;黄帝得之,以登雲天。"司馬彪注與成玄英疏皆以爲山神。而《應帝王》謂"肩吾見狂接輿"云云,又類隱逸賢哲。要當爲神仙聖賢一流人物。以"慎"相應,謂當敬謹以從。

庾 信 北周人。字子山。

《詩·小雅·信南山》:"信彼南山,維禹甸之。"名字雖用此《詩》典,但言外意則謂其人之誠信,如山之永固。

庾炳之 南朝宋人。字仲文。

《易·革卦》:"大人虎變,其文炳也。"仲,謂行第居次。

庾 悦 南朝宋人。字仲豫。

《爾雅·釋詁》:"悦、豫,樂也。"同義故相協。

庾 旉 晉人。字允臧。

旉,同"敷"。旉、臧皆有美善、和美義。《詩·齊風·還》:"揖我謂我臧兮。"毛傳:"臧,善也。"《玉臺新詠·古樂府〈隴西行〉》:"好婦出迎客,顏色正敷愉。”同義故相協。因《詩・鄘風・定之方中》有“終焉允臧”之語，遂因“臧”而飾以“允”。言誠然善美。

庾登之 南朝宋人。字元龍。

陳登字元龍，漢末人。“沈深有大略”，爲當世所推服。《三國志・魏志》有傳。慕其人，故以其名字爲名字。

庾敬休 晉人。字順之。

《書・堯典》：“欽若昊天。”孔傳：“故堯命之，使敬順昊天。”順則爲敬。二者義亦近，故相協。《爾雅・釋詁》：“休，美也。”名或字之下綴“之”字，乃晉人時尚。此風始於漢，晉宋大盛。

庾　詵 南朝梁人。字彦寶。

《詩・周南・螽斯》：“螽斯羽，詵詵兮，宜爾子孫振振兮。”毛傳：“詵詵，衆多也。”古人以子孫繁盛爲福，故可寶貴。《爾雅・釋訓》：“美士爲彦。”故以爲飾。

庾　懌 晉人。字叔豫。

《爾雅・釋詁》：“懌、豫，樂也。”同義相協。

庾黔婁 南朝梁人。字子貞。

黔婁，春秋齊國高士，齊魯皆欲聘爲卿相，不就。與其妻安貧樂道以終，死後衣衾至不能掩其體。事見劉向《古列女傳・魯黔婁妻》，又見皇甫謐《高士傳》。敬其人，故以其名爲名。其人堅貞清白，故以“貞”相應。

庾　翼 晉人。字稚恭。

《爾雅・釋詁》：“翼、恭，敬也。”同義相協。飾以“稚”，謂行第在後。

庾　闡 晉人。字仲初。

闡、初皆有始義。《爾雅・釋詁》：“初，始也。”《史記・秦始皇本紀》：“秦初並天下，令丞相御史曰……”又：“二十六年，初並天下。”又：“禽滅六王，闡並天下。”文例相同，初、闡互用，是闡、初同義。同義則相協。

〔崔〕

崔子方 宋人。字彦直。

《易・坤卦》：“直方大，不習无不利。”《文言》：“直其正也，方其義也。君子敬以直内，義以方外，敬義立而德不孤，直方大，不習无不利，則不疑其所行也。”“彦”爲士之美稱。

崔子忠 明人。字道毌。

《論語・里仁》：“子曰：‘參乎！吾道一以貫之。’曾子曰：‘唯。’子出，門人問曰：‘何謂也？’曾子曰：‘夫子之道，忠恕而已矣。’”《説文・毌部》：“毌，穿物持之也。”“貫，錢貝之毌也。”是《論語》以“貫”爲“毌”。二者實爲古今字。

崔元翰 唐人。名鵬。

以字行。《莊子・逍遥遊》謂鵬爲鯤所化，飛時“摶扶摇而上者九萬里”。《詩・小雅・小宛》：“翰飛戾天。”毛傳：“翰，高。”鵬能上飛九萬里，自可謂高，故以“翰”相應。

崔弘禮 唐人。字從周。

《論語・爲政》：“殷因於夏禮，所損益可知也；周因於殷禮，所損益可知也。”又《八佾》：“周監於二代，郁郁乎文哉！吾從周。”

崔　旦 明人。字伯東。

《説文・旦部》：“旦，明也。”段玉裁注：“明，當作‘朝’。下文云：‘朝者，旦也。’”朝時日出於東，故以“東”應“旦”。

崔　白 宋人。字子西。

《説文・白部》：“白，西方色也。”

崔　立 宋人。字本之。

《論語・學而》：“君子務本，本立而道生。”

崔如岳 清人。字岱齋。

《爾雅・釋山》：“泰山爲東嶽。”又：“河東岱。”郭璞注：“岱宗，泰山。”岳，同“嶽”。“齋”爲時尚字飾。

崔　戎 唐人。字可大。

《詩・周頌・烈文》：“念兹戎功。”毛傳：“戎，大。”飾以“可”，言尚未大，只可能而已。蓋示謙撝。

崔孝直 後魏人。字叔廉。

《國語・晉語八》：“夫陽子行廉直於晉國。”又“孝廉”爲漢時選舉官吏之科目名，廉與孝亦可相應。

崔孝芬 後魏人。字恭梓。

《詩・小雅・楚茨》：“工祝致告，徂賚孝孫，苾芬孝祀，神嗜飲食。”鄭玄箋：“苾苾芬芬有馨香矣，汝之以孝敬享祀也，神乃歆嗜汝之飲食。”又《小弁》：“維桑與梓，必恭敬止。靡瞻匪父，靡依匪母。”毛傳：“父之所樹，己尚不敢不恭敬。”鄭玄箋：“此言人無不瞻仰其父取法則者，無不依恃其母以長大者。”以“恭梓”應“孝芬”，言能“慎終追遠”，“無改於父之道”，克盡人子之職。

崔孝偉 後魏人。字敬業。

《莊子・大宗師》：“偉哉！夫造物者將以予爲此拘拘也。”阮毓崧集注：“偉，大也。”《爾雅・釋詁》：“業，大也。”同義故相協。按，《中國人名大辭典》從《魏書》作“孝暐”，此從《北史》。依名字相協例，作“偉”是。

崔　紀 清人。字南有。

《詩・秦風・終南》：“終南何有？有紀有堂。”

崔　述 清人。字武承。

《康熙字典・辵部》“述”引《正韻》：“修也，纘也，譔也。”《詩・豳風・七月》有“載纘武功”之語，毛傳：“纘，繼。”故因“纘”義而應以“武”，以“承”綴“武”。繼、承義近。

崔　倫 唐人。字叙。

《書・洪範》：“彝倫攸叙。”

崔　彧 後魏人。字文若。

《廣雅・釋詁二》：“彧，文也。”王念孫疏證：“彧者，《説文》：‘戫，有文章也。’《論語・八佾》：‘郁郁乎文哉！’後漢荀彧字文若。彧、戫、郁并通。”

崔　桐 明人。字來鳳。

《詩・大雅・卷阿》：“鳳皇鳴矣，于彼高岡。梧桐生矣，于彼朝陽。”鄭玄箋：“鳳皇之性，非梧桐不棲。”《書・益稷》有“鳳皇來儀”之語，故以“來鳳”應“桐”，言桐能招徠鳳凰。

崔　浩 後魏人。字伯淵。

《書・堯典》：“湯湯洪水方

割……浩浩滔天。”孔傳：“浩浩盛大若漫天。”《詩·大雅·旱麓》：“魚躍于淵。”《玉篇·水部》：“淵，水停又深也。”

崔　豹　晉人。字正能。

《説文·豸部》：“豹，似虎，圜文。”《能部》：“能，熊屬，足似鹿。”段玉裁注：“《左傳》《國語》皆云‘晉侯夢黄能入於寢門’，韋注曰：‘能似熊。’”同爲獸，故相協。亦或取西門豹治鄴之典。正通政。

崔　棁　五代後晉人。字子文。

《論語·公冶長》：“山節藻棁。”何晏集解引包咸曰：“棁者，梁上楹，畫爲藻文。”

崔　寔　漢人。字子真。

《詩·大雅·韓奕》：“實墉實壑。”鄭玄箋：“實，當作寔。……實寔同聲，寔，是也。”是“寔”可通“實”。《玉篇·匕部》：“真，不虛假也。”不虛假即真實。

崔敦詩　宋人。字大雅。

《後漢書·鄭興傳》：“敦悦《詩》《書》。”《詩》有《大雅》《小雅》。

崔敦禮　唐人。字安上。

《禮記·經解》：“安上治民，莫善於禮。”

崔　植

① 唐人。字公修。

《論語·微子》：“植其杖而芸。”朱熹集注：“植，立之也。”因《禮記·中庸》有“修身則道立”之語，故因“立”義而應以“修”。又《儀禮·鄉射禮》“退少立”鄭玄注：“少立自修，正慎其位也。”“公”爲美稱。

② 明人。字斯立。

解見①。

崔渭源　清人。字清夫。

《詩·邶風·谷風》：“涇以渭濁。”毛傳：“涇渭相入，而清濁異。”陸德明釋文：“涇，音經，濁水也；渭，音謂，清水也。”是渭原爲清流，故以“清”應“渭源”。“夫”爲男子通稱。

崔　湜　唐人。字澄瀾。

《詩·邶風·谷風》：“涇以渭濁，湜湜其沚。”陸德明釋文：“湜，音殖。《説文》云：‘水清見底。’”《説文·水部》：“澂，清也。”段玉裁注：“澂、澄古今字。”又：“瀾，大波爲瀾。”湜、澄同義相協。綴以“瀾”，言爲清波。

崔　琯　唐人。字從律。

《後漢書·律曆志上》：“截管爲律，吹以考聲，列以物氣，道之本也。”劉昭注：“《前書》注曰：章帝時，零陵文學奚景於泠道縣舜祠下得白玉琯。古以玉爲琯。”是玉製律管爲琯，故以“從律”應“琯”。

崔　琰　漢人。字季珪。

《説文·玉部》：“琰，璧上起美色也。”段玉裁注：“璧當爲‘圭’。……《周禮》注云：‘凡圭剡上寸半，琰圭剡半以上。’”圭同珪。

崔　瑗　漢人。字子玉。

《玉篇·玉部》：“瑗，玉名。”又春秋衛賢大夫蘧瑗字伯玉。此亦仰慕前賢，故襲其名字。

崔　羣　唐人。字敦詩。

《論語·陽貨》：“《詩》可以興，可以觀，可以羣，可以怨。”

崔　頌　宋人。字敦美。

《禮記·少儀》：“頌而無讇。”鄭玄注：“頌，謂將順其美。”孔穎達疏：“頌，美盛德之形容也。”

崔　嘏　唐人。字乾錫。

《詩·魯頌·閟宫》：“天錫公純嘏。”《易·説卦》：“乾，天也。”

崔　碣　唐人。字東標。

《史記·秦始皇本紀》：“三十二年，始皇之碣石……刻碣石門。”秦都在西，碣石在東，於此刻石頌秦德，是於東土立標志。又漢曹操《步出夏門行·龜雖壽》：“東臨碣石，以觀滄海。”

崔　銑　明人。字子鍾。

《周禮·考工記·鳧氏》：“鳧氏爲鍾，兩欒謂之銑。”“子”爲男子美稱。一字仲鳧，亦取義於此。

崔　寬　後魏人。字景仁。

《禮記·表記》：“以德報怨，則寬身之仁也。”景，景慕。

崔慧景　南朝齊人。字君山。

《詩·小雅·車舝》：“高山仰止，景行行止。”

崔　嶧　宋人。字之才。

《書·禹貢》：“嶧陽孤桐。”蔡沈集傳：“嶧，山名。……孤桐，特生之桐。其材中琴瑟。”嶧陽特生之桐，方中琴瑟，必是美材。才通“材”。

崔　蕘　唐人。字野夫。

《詩·大雅·板》：“先民有言，詢于芻蕘。”毛傳：“芻蕘，薪采者。”朱熹集傳：“采薪者。”採薪者皆村野之人。“夫”爲男子通稱。

崔　衡　後魏人。字伯玉。

《禮記·玉藻》：“三命赤韍葱衡。”鄭玄注：“衡，佩玉之衡也。”

崔　駰　漢人。字亭伯。

《詩·小雅·皇皇者華》：“我馬維駰。”毛傳：“陰白雜毛曰駰。”即淺黑而有雜毛之馬。《説文·高部》“亭”段注引《風俗通》曰：“亭，留也。蓋行旅罕會之所館。”馬雖善走，亦當止宿。二事相關，故相協。

崔龜從　唐人。字玄告。

《書·洪範》：“汝則有大疑，謀及乃心，謀及卿士，謀及庶人，謀及卜筮，汝則從，龜從，筮從……是之謂大同。”《易·坤卦·文言》：“天玄而地黄。”因以“玄”指天。古人以爲卜筮乃謀於天，從龜筮之占即是從天之告，故以“玄告”應“龜從”。

崔　鴻　後魏人。字彦鸞。

三國魏曹丕《濟川賦》：“龜龍神嬉，鴻鸞羣翔。”“彦”爲士之美稱。

崔　鷗　宋人。字德符。

《爾雅·釋鳥》：“鷗鳳，其雌皇。”郭璞注：“瑞應鳥。”郝懿行義疏引《説文》云：“見，則天下大安寧。”《宋書·符瑞志上》：“天老曰：‘臣聞之，國安，其主好文，則鳳皇居之。’”是鳳凰之出，爲王者有德之符瑞，故以“德符”應“鷗”。

崔　護　唐人。字殷功。

《吕氏春秋·古樂》：“殷湯即位，夏爲無道……湯於是率六州以討桀罪，功名大成，黔首安寧。湯乃命伊尹作爲《大護》。”以

"股功"應"護"，言《大護》之樂，乃歌頌殷之功者。

崔　黯　唐人。字直卿。

黯，謂漢之汲黯。《漢書·汲黯傳》："黯好直諫，守節死義。"又《張馮汲鄭傳贊》："張釋之之守法，馮唐之論將，汲黯之正直，鄭當時之推士，不如是，亦何以成名哉！"

崔　巖　明人。字民瞻。

《詩·小雅·節南山》："節彼南山，維石巖巖。赫赫師尹，民具爾瞻。"

〔常〕

常大湘　清人。字馭七。

湘，諧"襄"。《詩·小雅·大東》："跂彼織女，終日七襄。"鄭玄箋："襄，駕也。"駕、馭義近。清人名字喜用同音代替，倣傚古音通假，以求古奥。

常安民　宋人。字希古。

《書·臯陶謨》："安民則惠，黎民懷之。"因《孟子·滕文公上》有"古之人若保赤子"之語，故以"希古"應"安民"，言欲傚古人之安民，如保赤子者然。

常延齡　明人。字喬若。

延齡，猶延年。喬，謂仙人王子喬。以"喬"應"延齡"，言願如仙人王喬之長壽。若，猶然。

常　思　五代後漢人。字克恭。

《論語·季氏》："貌思恭。"克，能。

常　倫　明人。字明卿。

《孟子·滕文公上》："皆所以明人倫也。人倫明於上，小民親於下。""卿"爲美稱。

常　棠　宋人。字召仲。

《詩·召南·甘棠序》："《甘棠》，美召伯也。"

常遇春　明人。字伯仁。

《禮記·鄉飲酒》："東方者春。"又："天地温厚之氣，始於東北而盛於東南。此天地之盛德氣也，此天地之仁氣也。"春日萬物生長，故是仁。

常　據　前涼人。字元琰。

按據、琰不相協。成漢常璩字道將，將、璩亦不協。是史官誤將二人名、字互易。名據，當字道將。《廣雅·釋詁一》："據，引也。"《詩·小雅·無將大車》："無將大車。"鄭玄箋："將，猶扶進也。"扶進即輓引以行。《史記·魯周公世家》記齊梁丘據字子將可證。

常　璩　成漢人。字道將。

按名與字不協。前涼人常據字元琰。璩、琰相協，據、將相協。二常時相近，名音近，史臣不察，遂誤將其字互易。《説文·玉部新附字》："璩，環屬。"又《玉部》："環，璧也。肉好若一謂之環。""琰，璧上起美色也。"是名璩者當字元琰。道將乃據之字。參見常據。

〔康〕

康乃心　清人。字太乙。

《僞古文尚書·大禹謨》："爾尚一乃心力，其克有勳。"乙，借作"一"。古代"太一"亦作"太乙"，故因"一乃心力"之"一"，而以"太"爲飾。一字孟謀，取《書·洪範》"謀及乃心"文義。

康正宗　明人。字賓峯。

《爾雅·釋山》："河東岱。"郭璞注："岱宗，泰山。"《玉篇·山部》："峯，高尖山。"泰山爲衆山所宗，以"賓"飾"峯"，取《易·觀卦》"利用賓于王"之義。

康茂才　明人。字壽卿。

《詩·小雅·天保》："如南山之壽，不騫不崩，如松柏之茂，無不爾或承。""卿"爲美稱。

康　海　明人。字德涵。

南朝梁王僧孺《爲臨川王讓太尉表》："海涵春育。"飾以"德"，謂恩德如海之寬大能容。

康與之　宋人。字伯可。

《論語·子張》："可者與之。"

康萬民　明人。字無沴。

《詩·小雅·都人士》："萬民所望。"《漢書·五行志中之上》："氣相傷，謂之沴。沴猶臨莅，不和意也。"無沴，言無災沴，意欲萬民康樂。

康廣仁　清人。名有溥。

以字行。《詩·大雅·公劉》："瞻彼溥原。"毛傳："溥，大。"鄭玄箋："溥，廣也。"以"仁"綴"廣"，謂廣施仁德於民。

康　駢　唐人。字駕言。

《説文·馬部》："駢，駕二馬也。"《詩》中多用"駕言"，故因"駕"而綴以"言"。

康　鐸　明人。字伯聲。

《周禮·地官·鼓人》："鼓人掌教六鼓四金之音聲……以金鐸通鼓。"振金鐸發聲，以爲聲鼓之號。

康顯之　元人。名曄。

以字行。《説文·日部》："曅，光也。"有光則顯明。曅、曄同。

康　麟　明人。字文瑞。

《詩·周南·麟之趾》陸德明釋文："瑞獸也。……王者至仁則出。毛云：'信而應禮。'鄭云：'角端有肉，示有武而不用也。'"不用武則是修文德，故以"文"飾"瑞"。

康　驥　明人。字德良。

《論語·憲問》："驥不稱其力，稱其德也。"何晏集解引鄭玄曰："德者，調良之謂。"

〔張〕

張一鵠　清人。字友鴻。

《説文·鳥部》："鴻，鵠也。"段玉裁注："黄鵠一名鴻。……單呼鵠，絫呼黄鵠、鴻鵠。黄言其色，鴻之言琟也，言其大也。故又單呼鴻雁之大者曰鴻。"

張九一　明人。字助甫。

《孟子·滕文公上》："請野九一而助。""甫"爲男子美稱。

張九成　宋人。字子韶。

《書·益稷》："《簫韶》九成。""子"爲男子美稱。

張九思

① 金人。字全行。

《論語·季氏》："孔子曰：'君子有九思：視思明，聽思聰，色思温，貌思恭，言思忠，事思敬，疑思問，忿思難，見得思義。'"

應以“全行”，謂九思皆須身體力行。

② 元人。字子有。

解見①。

③ 清人。字聿修。

《書·皐陶謨》：“慎厥身修，思永。”因《詩·大雅·文王》有“聿修厥德”之語，故倣其例，以“聿”飾“修”。

張九鉞 清人。字度西。

《史記·天官書》：“東井爲水事，其西曲星曰鉞。”

張九齡 唐人。字子壽。

《禮記·文王世子》：“武王對曰：‘夢帝與我九齡。’”與九齡即與之壽。“子”爲男子美稱。

張又新 唐人。字孔昭。

《禮記·大學》：“苟日新，日日新，又日新。”《易·大畜卦》：“剛健篤實輝光，日新其德。”既日新其德，其德必愈明。《詩·小雅·鹿鳴》有“德音孔昭”之語，故以“孔昭”應“又新”。

張大亨 宋人。字嘉父。

《易·乾卦·文言》：“亨者，嘉之會也。”

張大受 清人。字日容。

《論語·衛靈公》：“君子不可小知，而可大受也。”朱熹集注：“蓋君子於細事未必可觀，而材德足以任重。”《書·秦誓》：“其心休休焉，其如有容。”蔡沈集傳：“容，有所受也。”飾以“日”，謂日有所容，非一時一事如此。

張大復 明人。字元長。

《易·復卦》：“七日來復，天行也；利有攸往，剛長也。”《爾雅·釋詁》：“元，始也。”復則還于初始，故以飾“長”。

張子良 元人。字漢臣。

張良爲漢高祖佐命功臣，故以爲名字。

張山翁 宋人。字君壽。

《詩·小雅·天保》：“如南山之壽，不騫不崩。”又《論語·雍也》：“知者樂水，仁者樂山；知者動，仁者静；知者樂，仁者壽。”故以“壽”應“山”。

張之洞 清人。字香濤。

《説文·水部》：“洞，疾流也。”《水部新附字》：“濤，大波也。”流疾波必大。佛家有香水之海，環繞須彌山，故以“香”飾“濤”。原字孝達。“洞”有貫通、通徹義，故以“達”相協。《説文》“洞”段玉裁注：“引伸爲洞達。”又字香巖，此取岩洞義。佛家有香嚴一語，故假巖爲“嚴”。明應“洞”，暗應佛。又香巖亦地名。儲光羲《京口題崇上人山亭》詩：“清旦歷香巖，巖徑迂復直。”

張之象 明人。字元超。

《易·繫辭上》：“在天成象，在地成形，變化見矣。”應以“超”，謂超出物象之外。《文選·孫綽〈遊天台山賦〉》：“散以象外之説，暢以無生之篇。”李善注：“象外，謂道也。《周易》曰，象者，像也。”此意在於道。元，假爲“玄”。天道玄遠深奥，故以爲飾。

張之萬 清人。字子青。

此取“青錢萬選”之義。《新唐書·張薦傳》：“員外郎員半千數爲公卿稱‘〔張〕鷟文辭猶青銅錢，萬選萬中’，時號鷟青錢學士。”

張之翰 元人。字周卿。

《詩·小雅·桑扈》：“之屏之翰。”《大雅·崧高》：“維申及甫，維周之翰。”爲周室之屏藩，自是周臣。“卿”亦美稱。

張元幹 宋人。字仲宗。

《詩·大雅·文王》：“王國克生，維周之楨。”毛傳：“楨，幹也。”又《小雅·正月》：“赫赫宗周。”以“幹”隱“楨”，以“宗”隱“周”，言乃周之楨幹之臣。又《大雅·板》：“大宗維翰。”毛傳：“翰，幹。”以“宗”相應，亦即爲周之楨幹。

張元簡 宋人。字敬父。

《論語·雍也》：“居敬而行簡，以臨其民，不亦可乎？”“父”爲男子美稱。

張　升 漢人。字彦真。

《易·升卦》孔穎達疏：“升者，登上之義。”《説文·匕部》：“真，僊人變形而登天也。”

張天永 元人。字長年。

漢曹操《步出夏門行·龜雖壽》：“養怡之福，可得永年。”永、長義近，永年、長年皆謂長生。

張天錫 前涼人。字純嘏。

《詩·魯頌·閟宫》：“天錫公純嘏。”

張文虎 清人。字孟彪。

《易·革卦》：“大人虎變，其文炳也。”古人重虎豹之皮有文理。《説文·虎部》：“彪，虎文也。”段玉裁注：“虎皮，《詩》謂之虎，如‘虎韔’是也；亦謂之文，如‘文茵’是也。”又字山嘯。《説文·虎部》：“虎，山獸之君。”《北史·張定和傳論》：“虎嘯風生。”

張文瓘 唐人。字稚珪。

《説文·玉部》：“瓘，玉也。”《土部》：“珪，古文圭。”“圭，瑞玉也。”

張　方 宋人。字義立。

《孟子·離婁下》：“湯執中，立賢無方。”趙岐注：“惟賢速立之，不問其從何方來。”朱熹集注：“惟賢則立之於位，不問其類也。”飾以“義”，謂立惟其宜。《禮記·中庸》：“義者，宜也。”“義”與“方”亦相應，取《左傳·隱公三年》“愛子教之以義方”之義。

張世南 宋人。字光叔。

《詩·大雅·崧高》：“登是南邦，世執其功。”世南，言世守南國。應以“光”，謂不墜先人之功業，使之光大。

張以寧 明人。字志道。

《詩·大雅·文王》：“濟濟多士，文王以寧。”文王之寧，實由多士爲國之楨幹。因《論語·里仁》有“士志於道”之語，故承“士”而應以“志道”。名取“以寧”，而字暗應“多士”。

張可久 元人。字仲遠。

《孟子·公孫丑上》：“可以仕則仕，可以止則止，可以久則久，可以速則速：孔子也。”久、遠義近，故相協。

張可復 五代後周人。字伯恭。

《論語·學而》：“信近於義，言可復也；恭近於禮，遠恥辱也。”

張四科 清人。字喆士。

孔子弟子之賢者，於德行、言

語、政事、文學四科中計有顔淵、閔子騫等十人，俗稱“四科十哲”（見《論語·先進》與朱熹集注）。喆，同“哲”。“士”爲男子美稱。

張弘範 元人。字仲疇。

《書》有《洪範》篇，其中有“九疇”，相傳爲大禹治天下之九類大法。故以“疇”應“弘範”。

張民表 明人。字林宗。

後漢郭太字林宗，善知人，好獎掖士類，爲時人所欽仰。民表，人之表率。

張永明 明人。字鍾誠。

《禮記·中庸》：“誠則明矣。”《左傳·昭公二一年》：“器以鍾之。”杜預注：“鍾，聚也。”誠集中於一自必明。

張永祺 清人。字多祝。

《説文·示部》：“祺，吉也。”以“祝”相應，祝願吉祥。《莊子·天地》記帝堯觀於華，華封人祝堯長壽、富有、多男子，後成“三多”之典，故以“多”飾“祝”。

張玉書 清人。字素存。

晉王嘉《拾遺記·周靈王》記孔子未生之時，“有麟吐玉書於闕里人家，文云：‘水精之子，係衰周而素王。’”孔母“知爲神異，乃以繡紱繫麟角，信宿而麟去”。孔子被尊爲素王，玉書爲孔子而出，故以“素存”相應。

張用天 清人。字用六。

《孝經·庶人章》：“用天之道，分地之利。”《易·坤卦》：“用六，利永貞。”《繫辭上》：“天五地六。”是“用六”即“分地之利”，故以應“用天”。

張立道 元人。字顯卿。

《禮記·中庸》：“脩身則道立。”《孝經·開宗明義章》：“立身行道，揚名於後世，以顯父母。”

張 先 宋人。字子野。

《論語·先進》：“先進於禮樂，野人也；後進於禮樂，君子也。如用之，則吾從先進。”孔子疾周末文勝質，至欲從先進，因以“野”應“先”。

張名由 明人。字公路。

《禮記·經解》：“是故隆禮由禮，謂之有方之士。”孔穎達疏：“由，行也。”行走必於道路。孔子弟子仲由字子路。“公”爲美稱。

張在辛 清人。字卯君。

《爾雅·釋天》：“太歲……在辛曰重光。”因是生於辛卯年，故應以“卯”。蘇軾《子由生日以檀香觀音像爲壽》詩：“繚繞無窮合復分，東坡持是壽卯君。”自注云：“卯君，子由也。子由己卯生，故云。”倣蘇詩例，以“君”綴“卯”。

張好古 元人。字信甫。

《論語·述而》：“信而好古。”“甫”爲男子美稱。

張如蘭 明人。字德馨。

《易·繫辭上》：“其臭如蘭。”孔穎達疏：“氤氳臭氣，香馥如蘭也。”《説文·香部》：“馨，香之遠聞也。”《左傳·僖公五年》：“明德惟馨。”劉禹錫《陋室銘》有“惟吾德馨”之語，故以“德”飾“馨”。

張存紳 明人。字叔行。

《論語·衛靈公》：“子張問行。子曰：‘言忠信，行篤敬，雖蠻貊之邦行矣；言不忠信，行不篤敬，雖州里行乎哉？立，則見其參於前也。……’子張書諸紳。”此亦連姓成文。

張 守 宋人。字全真。

《後漢書·申屠蟠傳》：“味道守真。”道家則倡全真之説。《莊子·盜跖》：“非可以全真也。”故拆“守真”爲名，而以“全”飾“真”。

張守約 宋人。字希參。

《孟子·公孫丑上》：“孟施舍之守氣，又不如曾子之守約也。”曾子名參，故以“希參”應“守約”。

張安上 宋人。字仲禮。

《禮記·經解》：“孔子曰：‘安上治民，莫善於禮。’”

張安茂 清人。字蓼匪。

《詩·周頌·良耜》：“其鎛斯趙，以薅荼蓼；荼蓼朽止，黍稷茂止。”鄭玄箋：“草穢既除而禾稼茂。”因《小雅·蓼莪》有“蓼蓼者莪，匪莪伊蒿”之語，故以“匪”綴“蓼”。匪，猶非。毛傳：“蓼蓼，長大貌。”雜草不盛則禾稼安茂。《良耜》《蓼莪》二詩之蓼本不相關，文人逞奇炫博，故意牽合。

張 旭

① 唐人。字伯高。

《詩·邶風·匏有苦葉》：“旭日始旦。”旭，日始出，謂大昕之時。日始出必漸升高。

② 明人。字廷曙。

《玉篇·日部》：“曙，東方明也。”日出則東方明。人夜眠室内，曙光自外入，故以“廷”爲飾，廷、庭通。參見①。

張 有 宋人。字謙中。

《易·謙卦》：“地中有山，謙。”又：“鳴謙貞吉，中心得也。”

張次卨 宋人。字寬夫。

《書·舜典》：“帝曰：‘契！百姓不親，五品不遜，汝作司徒，敬敷五教，在寬。”卨，同“契”。“夫”爲男子通稱。

張次夔 宋人。字和仲。

《書·舜典》：“帝曰：‘夔！命汝典樂。……聲依永，律和聲，八音克諧，無相奪倫，神人以和。’”

張汝元 明人。字太初。

《爾雅·釋詁》：“初……元，始也。”因道家有“太初”一詞，故因“初”而以“太”爲飾。《列子·天瑞》：“太初者，氣之始也。”

張汝明 宋人。字舜文。

《書·舜典》：“濬哲文明。”此拆“文明”爲名字，因出自《舜典》，故飾以“舜”。

張汝瑚 清人。字夏鍾。

《論語·公冶長》：“曰：‘何器也？’曰：‘瑚璉也。’”何晏集解引包咸曰：“夏曰瑚。”鍾、鐘古通用，鐘鼎爲禮器通名，故以“夏鍾”應“瑚”。

張 羽

① 明人。字來儀。

《易·漸卦》：“其羽可用爲儀。”《書·益稷》有“鳳皇來儀”之語，遂因“儀”而以“來”爲飾。

② 明人。字鳳舉。

《説文·羽部》：“鳥長毛也。”

因指稱鳥翼。《詩・小雅・鴻雁》："鴻雁于飛，肅肅其羽。"鳥飛必舉翼，故以"舉"應"羽"。南朝宋顏延之《五君詠・向常侍》有"攀嵇亦鳳舉"之語，遂因"舉"及"鳳"。

③ 明人。字伯翔。

羽翼之功能在於飛翔。

張 耒 宋人。字文潛。

宋陸游《老學庵筆記》卷四："張文潛生而有文在其手，曰'耒'，故以爲名，而字文潛。"言有文潛藏於掌中。

張自烈 明人。字爾公。

《詩・周頌・烈文》："烈文辟公。"又《酌》："實維爾公允師。"

張行簡 金人。字敬甫。

《論語・雍也》："居敬而行簡，以臨其民，不亦可乎？"

張西銘 明人。字希載。

宋理學家張載曾著《正蒙西銘》。慕其人及其學説，故取以爲名字。

張 位 明人。字明成。

《易・繫辭上》："易簡而天下之理得矣，天下之理得，而成位乎其中矣。"既得天下之理，自然必明，故以"明"飾"成"。

張位中 清人。字立人。

《易・比卦》："位正中也。"《説文・人部》"位"字段玉裁注："引伸之凡人所處皆曰位。"故以"立人"應"位"。是亦拆名爲字。

張伯行 清人。字孝先。

《孝經序》："孝爲百行之首。"

張克戩 宋人。字德祥。

《詩・小雅・天保》："天保定爾，俾爾戩穀。"毛傳："戩，福。"《説文・示部》："祥，福也。"古人以爲有德者始能受福，故以"德"飾"祥"。

張孝昌 清人。字綏右。

《詩・周頌・雝》："綏予孝子。"《周南・樛木》"福履綏之"毛傳："綏，安也。"《説文・又部》："右，助也。"以"綏右"應"孝昌"，言天保祐孝子，使之昌盛。此取《詩・大雅・既醉》"孝子不匱"之義。不匱，不盡。

張孝祥 宋人。字安國。

孝祥，謂孝親所受之福。以"安國"相應，取《孝經・孝治章》"明王以孝治天下"，"是以天下和平，災害不生，禍亂不作，故明王之以孝治天下也如此"文義。以孝治國則使國家安寧，是爲孝之福。

張宏敏 清人。字訥夫。

《論語・里仁》："君子欲訥於言而敏於行。""夫"爲男子通稱。

張完臣 清人。字良哉。

《書・益稷》："股肱良哉。"蔡沈集傳："股肱，臣也。"

張廷玉 清人。字衡臣。

《禮記・玉藻》："一命緼韍幽衡，再命赤韍幽衡。"鄭玄注："衡，佩玉之衡也。"佩玉爲朝臣服飾，故以"衡臣"應"廷玉"。

張廷枚 清人。字卜臣。

《僞古文尚書・大禹謨》："枚卜功臣，惟吉之從。"

張廷濟 清人。字叔未。

《易・未濟卦》："未濟，亨。"又："未濟，君子以慎辨物居方。""叔"表行第。

張志和 唐人。字子同。

《老子》第四章："和其光，同其塵。"又《左傳・成公十六年》："和同以德。""子"爲男子美稱。

張 良 漢人。字子房。

良，謂王良；房，謂房宿。皆星名。《史記・天官書》："漢中四星，曰天駟。旁一星曰王良。王良策馬，車騎滿野。"《爾雅・釋天》："天駟，房也。"郭璞注："龍爲天馬，故房四星謂天駟。"王良古之善御者，因以爲天上掌管天駟之星宿名，故以"房"應"良"。"子"爲男子美稱。

張良臣 宋人。字武子。

《僞古文尚書・説命下》："良臣惟聖。"應以"武"，取《詩》"糾糾武夫"，可以爲國干城之義。一字漢卿，取漢佐命功臣張良之典。

張良裔 宋人。字景先。

連姓成文，意爲張良之後裔。應以"景先"，謂景仰其先人張良。

張豸冠 清人。字神羊。

豸冠，謂獬豸冠。《後漢書・輿服志下》："法冠，一曰柱後……或謂之獬豸冠。獬豸，神羊，能别曲直。楚王嘗獲之，故以爲冠。"

張 侃 宋人。字直夫。

《論語・鄉黨》："與下大夫言，侃侃如也。"朱熹集注引《説文》："侃侃，剛直也。"

張佳胤 明人。字肖甫。

《説文・肉部》："胤，子孫相承續也。"佳胤，猶言好子孫，好後代。又："肖，骨肉相似也。……不似其先，故曰不肖。"以"肖"應"佳胤"，言能肖其祖先之賢，是好子孫。

張 協 晉人。字景陽。

曹植《告咎文》："陰陽協和，庶物以滋。"

張叔夜 宋人。字嵇仲。

三國魏嵇康字叔夜，慕其人，故以其字爲名，而以其姓爲字。作"稽仲"者誤。嵇、稽二姓不同。

張 和

① 明人。字節之。

《論語・學而》："禮之用，和爲貴。先王之道，斯爲美，小大由之；有所不行，知和而和，不以禮節之，亦不可行也。"

② 清人。字履中。

《禮記・中庸》："喜怒哀樂之未發，謂之中；發而皆中節，謂之和。……致中和，天地位焉，萬物育焉。"飾以"履"，謂履行中和之道。

張孟兼 明人。名丁。

以字行。《北史・魏汝陰王天賜傳》："孝文初，殿中尚書胡莫寒簡西部敕勒豪富兼丁者，爲殿中武士。"

張宗松 清人。字青在。

晉陶潛《和郭主簿二首》："芳菊開林耀，青松冠巖列。"松歲寒不凋，冬夏常青，故以"青在"應"松"。一字楚良。松爲喬木，可作棟梁，應以"楚良"，取《左傳・襄公二六年》"晉卿不如楚，其大夫則賢，皆卿材也，如杞、梓、皮、革，自楚往也"文義，言其材如楚産之杞梓之良。

張宗泰 清人。字登封。

古代帝王多登泰山築土爲壇以祭天。《史記·封禪書》:“上自泰山陽至巔，立石頌秦始皇帝德，明得其封也。”又:“封泰山禪乎梁父者七十餘王矣。”

張宗説

① 宋人。字巖夫。

據《史記·殷本紀》與《僞古文尚書·説命上》載，殷高宗夜夢賢臣，後得説於傅巖，遂名傅説，以爲相，殷乃中興。故以“巖”應“説”。“夫”爲男子通稱。

② 清人。字蓬宰。

傅説由奴隸而爲相，故以“蓬宰”相應。蓬，謂蓬門或蓬蓽，乃貧賤者之居處。唐杜甫《客至》詩:“花徑不曾緣客掃，蓬門今始爲君開。”蓬宰，猶言貧賤出身之相。

張宗璉 明人。字重器。

《論語·公冶長》:“曰:‘瑚璉也。’”何晏集解引包咸曰:“瑚璉，黍稷之器。夏曰瑚，殷曰璉，周曰簠簋，宗廟之器貴者。”宗廟禮器皆爲重器，故以“重器”應“璉”。《孟子·梁惠王下》:“毁其宗廟，遷其重器。”

張尚瑗 清人。字宏蘧。

春秋蘧伯玉名瑗，爲衛國賢臣，孔子與之友善，故以其名爲名字。飾以“宏”，欲光大蘧瑗之德。

張居正 明人。字叔大。

《易·大壯卦》:“大者，正也，正大而天地之情可見矣。”故以“大”應“正”。

張　岱 南朝齊人。字景山。

《爾雅·釋山》:“河東，岱。”郭璞注:“岱宗，泰山。”飾以“景”，取《詩》“高山仰止”之義。

張　岳

① 明人。字維喬。

《詩·大雅·崧高》:“崧高維嶽。”《爾雅·釋山》:“鋭而高，嶠。”《書·禹貢》有“厥木惟喬”之語，遂以“維”爲飾。喬、嶠皆有高義，維、惟《詩》《書》通用。

② 明人。字汝宗。

《爾雅·釋山》:“河東，岱。”郭璞注:“岱宗，泰山。”

張　弨 清人。字力臣。

《詩·小雅·彤弓》:“彤弓弨兮。”毛傳:“弨，弛貌。”弓弛則無力，張始有力。應以“力”，取反義相協。

張忠恕 宋人。字行父。

《論語·里仁》:“夫子之道，忠恕而已矣。”又《顔淵》:“行之以忠。”故以“行”相應。“父”爲男子美稱。

張　昇

① 宋人。字杲卿。

《説文·日部新附字》:“昇，日上也。”《詩·衛風·伯兮》:“杲杲出日。”“卿”爲美稱。

② 元人。字伯高。

日上則漸高。參見①。

③ 元人。字伯起。

昇、起義近，故相協。參見①。

④ 明人。字德輝。

日出則生光輝，萬物賴以生長，故飾以“德”。參見①。

⑤ 明人。字啓照。

日出即普照大地，故以“啓照”相應。參見①。

張　昉

① 元人。字顯卿。

《説文·日部新附字》:“昉，明也。”明、顯義近，故以協“昉”。“卿”爲美稱。

② 清人。字子東。

《詩·齊風·鷄鳴》:“東方明矣。”又:“東方則明。”參見①。

張明道 明人。字希程。

宋理學家程顥，人稱明道先生。慕其人，故以爲名字。

張　昀 清人。字寓寅。

《玉篇·日部》:“昀，日光也。”《書·堯典》:“寅賓出日。”又，東方爲寅，日出於東方，故飾以“寓”。言日寄寓於東方。

張　炎 宋人。字叔夏。

《禮記·月令》:“孟夏之月，其日丙丁，其帝炎帝。”又，《説文·炎部》:“炎，火光上也。”南方屬火，主夏，故以“夏”應“炎”。

張　玭 明人。字席玉。

《説文·玉部》:“玭，珠也。”《禮記·儒行》有“儒有席上之珍以待聘”之語，遂因“珠”而及“珍”，故以“席”爲飾。

張　祁 宋人。字晉彦。

春秋晉國有祁奚，内舉不避親，外舉不避仇，時人謂“能舉善”。事見《左傳·襄公三年》。祁奚堪稱晉之美士。《爾雅·釋訓》:“美士爲彦。”故以“晉彦”應“祁”。

張　肱 清人。字良亭。

《書·益稷》:“股肱良哉。”“亭”爲清人時尚字飾。

張　芹 明人。字文林。

《詩·魯頌·泮水》:“思樂泮水，薄采其芹。”孔穎達疏:“泮宫，學名。……泮水，泮宫之水也。”後以掇芹、採芹爲入縣學作秀才之稱。爲秀才即入文士之林，故以“文林”應“芹”。

張表臣 宋人。字正民。

《僞古文尚書·仲虺之誥》:“表正萬邦。”孔傳:“儀表天下，法正萬國。”亦即爲天下臣民之表率。法正萬國亦是正其臣民。

張金吾 清人。字慎旃。

金吾，即執金吾。《漢書·百官公卿表上》:“中尉，秦官，掌徼循京師……武帝太初元年更名執金吾。”顔師古注引應劭曰:“吾者，禦也，掌執金革以禦非常。”崔豹《古今注·輿服》以爲“漢朝執金吾，金吾亦棒也，以銅爲之，黄金塗兩末，謂爲金吾。御史大夫，司隸校尉亦得執焉”。是金吾乃執法者所持，以爲權力象徵。執法須平，故以“慎旃”相應。旃，之焉合音。

張南史 唐人。字季直。

《左傳·襄公二五年》載，崔杼弑其君，太史直書其事，崔殺之。“其弟嗣書，而死者二人；其弟又書，乃舍之。南史氏聞太史盡死，執簡以往；聞既書矣，乃還。”南史氏不畏死，欲直書存真，故以“直”相應。

張即之 宋人。字温夫。

《論語·子張》:“即之也温。”“夫”爲男子通稱。

張建封 唐人。字本立。

《周禮·天官·序官》:“惟王

建國。”鄭玄注：“建，立也。”又《地官·大司徒》：“乃建王國焉，制其畿方千里而封樹之。”《地官·序官》鄭玄注云：“聚土曰封。”立國必封土爲疆界，是爲建封。因《論語·學而》有“本立而道生”之語，故承“建”而以“本”飾“立”。

張　恒

①明人。字伯常。

《説文·二部》：“恒，常也。”同義故相協。一字明初。“恒”字古文从月。《詩·小雅·天保》：“如月之恒。”毛傳：“恒，弦。”鄭玄箋：“月上弦而就盈。”月出則明。又《易·恒卦》有“日月得天而能久照”之語，照則明。故以“明”應“恒”。自有天地即有月，故綴以“初”，言自太初即明照大地。

②清人。字北山。

《爾雅·釋山》：“河北，恒。”郭璞注：“北嶽，恒山。”

張　昭

①三國吴人。字子布。

《爾雅·釋詁》：“昭，見也。”謂顯現使人見。《文選·司馬相如〈上林賦〉》：“布濩閎澤。”郭璞注：“布濩，猶布露也。”布露亦使之顯現。是昭、布皆有顯現、顯示義，故相協。“子”爲男子美稱。

②宋人。字潛夫。

《詩·小雅·正月》：“潛雖伏矣，亦孔之炤。”炤、昭通。“夫”爲男子通稱。

張　杲　明人。字景春。

《説文·日部新附字》：“昶，日長也。”杲同“昶”。《詩·豳風·七月》：“春日遲遲。”朱熹集傳：“遲遲，日長而暄也。”春日漸長，故以“春”應“杲”。

張映斗　清人。字雪子。

晉孫康好學，家貧無燈火，冬夜乃映雪讀書。此取其典爲名字。事見《文選·任昉〈爲蕭揚州薦士表〉》“至乃集螢映雪”李善注。“子”爲男子美稱。

張柬之　唐人。字孟將。

《爾雅·釋詁》：“柬，擇也。”郝懿行義疏：“《荀子·修身篇》云：‘安燕而血氣不惰，柬理也。’楊倞注：‘柬與簡同。言柬擇其事理所宜。’”《説文·柬部》：“柬，分别簡之也。”《僞古文尚書·胤征》：“奉將天罰。”孔傳：“將，行也。”以“將”應“柬之”，欲簡選事理之所宜者而奉行之。

張　洎　宋人。字師黯。

洎，借作“汲”。此取西漢直臣汲黯爲名字。仰慕其人，故飾以“師”。一字偕仁。《文選·張衡〈東京賦〉》：“百僚師師，于斯胥洎。”薛綜注：“洎，及也。”偕、及皆有同、與義，故相協。綴以“仁”，欲與“仁”相俱。

張　洽　宋人。字元德。

《僞古文尚書·大禹謨》：“好生之德，洽于民心。”《易·乾卦·文言》：“元者，善之長也。”“元”又有大義，故以飾“德”。

張美和　明人。字九韶。

《論語·八佾》：“子謂《韶》盡美矣，又盡善也。”《書·益稷》有“《簫韶》九成”之語，故以“九”飾“韶”。

張　貞　清人。字起元。

《易·乾卦》：“乾：元亨利貞。”“元”爲彖辭之始，故以“起”爲飾。

張貞生　清人。字幹臣。

貞，借作“楨”。《詩·大雅·文王》：“王國克生，維周之楨。”鄭玄箋：“此邦能生之，則是我周之幹事之臣。”

張貞觀　明人。字惟誠。

《論語·八佾》：“子曰：‘禘自既灌而往者，吾不欲觀之矣。’”朱熹集注：“魯之君臣，當此之時，誠意未散，猶有可觀，自此以後，則浸以懈怠而無足觀矣。’”以“惟誠”應“觀”，言禮儀惟誠始可觀。

張　飛　三國蜀漢人。字益德。

《春秋·僖公十六年》：“六鷁退飛過宋都。”杜預注：“鷁，水鳥。高飛遇風而退。”益假作“鷁”。益、鷁鄰紐叠韻，音近。故以“益”作“鷁”以應“飛”。小説家不明古音，以爲“益”與“飛”不協，故改“益”爲“翼”。

張唐英　宋人。字次功。

唐英，指唐英國公李勣。勣字懋功，故以“功”應“唐英”。飾以“次”，謂欲如李勣建立功業，入名臣行列。

張　夏　清人。字秋紹。

夏之後爲秋。《説文·糸部》：“紹，繼也。”

張師載

①明人。字巨卿。

負載以重以大爲貴，故以“巨”相應。“卿”爲美稱。

②清人。字又渠。

宋理學家張載，人稱横渠先生，故以“渠”應“載”。既師法張載，是又一横渠。

張　恕　清人。字貫一。

《論語·里仁》：“子曰：‘參乎！吾道一以貫之。’曾子曰：‘唯。’子出，門人問曰：‘何謂也？’曾子曰：‘夫子之道，忠恕而已矣。’”

張　晉　清人。字康侯。

《易·晉卦》：“晉：康侯用錫馬蕃庶。”

張晉亨　元人。字進卿。

《易·晉卦》：“晉，進也。”“卿”爲美稱。

張　栻　宋人。字敬夫。

式，通“栻”。《漢書·王莽傳下》：“天文桉栻於前。”顔師古注：“栻，所以占時日。天文郎，今之用栻者也。”《周禮·春官·大史》“大師抱天時與大師同車”鄭玄注引鄭司農云：“大出師則太史主抱式以知天時，處吉凶。”“式”即“栻”。《周禮·考工記·輿人》：“以揉其式。”賈公彦疏：“式，謂人所馮（憑）依而式敬，故名此木爲式也。”故以“敬”應“栻”。“夫”爲男子通稱。

張　泰

①明人。字亨父。

《易·泰卦》：“泰：小往大來，吉亨。”

②明人。字叔亨。

解見①。

張泰青　清人。字孟平。

《史記·秦始皇本紀》：“皇帝

奮威，德并諸侯，初一泰平。”故以“平”應“泰”。

張泰階 明人。字爰平。

《文選·左思〈魏都賦〉》：“故令斯民覩泰階之平，可比屋而爲一。”張載注引《黄帝泰階六符經》曰：“泰階者，天之三階也。”即三台星。古人以爲泰階平則天下太平。《爾雅·釋詁》：“爰，曰也。”《詩》《書》多作句首語氣詞，故援其例以飾“平”。

張海鵬 清人。字若雲。

《莊子·逍遥遊》：“化而爲鳥，其名爲鵬。……其翼若垂天之雲。是鳥也，海運則將徙於南冥。”

張海珊 清人。字越來。

《説文·玉部》：“珊，珊瑚。色赤，生於海。”古時江浙閩粤爲百越之地，其地瀕海，故以“越來”應“海珊”。一字鐵甫。取宋梅堯臣《送韓子文寺丞通判瀛州》詩“選才才且殊，鐵網收珊瑚”之義。“甫”爲男子美稱。

張　浚 宋人。字德遠。

《書·臯陶謨》：“夙夜浚明有家。”孔傳：“浚，須也。……早夜思之，須明行之。”以“遠”應“浚”，暗取行遠之義。又，《詩·小雅·小弁》：“莫浚匪泉。”毛傳：“浚，深也。”深、遠義近，亦可相協。以“德”爲飾，言惟德始可行之久遠。

張　烈

①後魏人。字徽仙。

《詩·小雅·賓之初宴》：“烝衎烈祖。”鄭玄箋：“烈，美。”《爾雅·釋詁》：“徽，善也。”美、善義近，故相協。因崇尚道教，企慕仙人，故以“仙”爲綴飾。

②清人。字武承。

《孟子·滕文公下》：“丕承哉！武王烈。”亦見於《僞古文尚書·君牙》。

張　祐 唐人。字承吉。

《詩·小雅·信南山》：“受天之祜。”鄭玄箋：“祜，福也。”受天之賜福，即承受吉慶。

張納陛 明人。字以登。

納陛，帝王賜與有特大功勳之臣升階之殊禮，爲“九錫”之一。《漢書·王莽傳上》：“朱户納陛。”憑納陛以升階，故以“以登”相應。

張　翀

①明人。字習之。

《玉篇·羽部》：“翀，飛上天。”《説文·習部》：“習，數飛也。”段玉裁注引《月令》：“鷹乃學習。”《論語·學而》有“學而時習之”之語，故因“習”而綴以“之”。言飛上天須反復飛始可。

②明人。字子儀。

《易·漸卦》：“鴻漸于陸，其羽可用爲儀。”朱熹本義引胡氏、程氏云：“陸，當作逵，謂雲路也。”漸進雲路即飛上天。飛行憑借羽翼，遂因羽及儀。“子”爲男子美稱。參見①。

③明人。字圖南。

《莊子·逍遥遊》：“鵬之背，不知其幾千里也；怒而飛，其翼若垂天之雲。是鳥也，海運則將徙於南冥。……而後乃今將圖南。”參見①。

④明人。字南溟。

解見①③。《莊子》冥或作“溟”。

張　衮 明人。字補之。

《詩·大雅·烝民》：“衮職有闕，維仲山甫補之。”

張起巖 元人。字夢臣。

《史記·殷本紀》載，殷高宗夜夢賢臣，使人繪圖尋求，於傅巖得説，因名傅説；以爲相，佐高宗中興成湯之業。《僞古文尚書·説命》亦記其事。

張商英 宋人。字天覺。

商英，商之英俊，指伊尹。《孟子·萬章上》載，伊尹耕於有莘之野，湯使人往聘，不就。“既而幡然改曰：‘……天之生此民也，使先知覺後知，使先覺覺後覺也。予天民之先覺者也，予將以斯道覺斯民也。”遂應湯聘，佐之伐夏，建立商王朝。

張問陶 清人。字仲冶。

《淮南子·俶真訓》：“陶冶萬物。”

張惟孝 宋人。字仲友。

《論語·爲政》：“惟孝友于兄弟。”《詩·小雅·六月》：“侯誰在矣？張仲孝友。”

張　梁 清人。字大木。

大木，大樹。《書·金縢》：“大木斯拔。”大木始可爲梁，故相應。又“梁木”爲常語。《禮記·檀弓上》有“梁木其壞”之語，梁、木亦相應。一字奕山。係取《詩·大雅·韓奕》“奕奕梁山”語典。

張習孔 清人。字念難。

習孔，謂學習孔子之道。《論語·子罕》記顔淵慨歎孔子之道“仰之彌高，鑽之彌堅，瞻之在前，忽焉在後”，竭盡才力，始有所得。《子張》記子貢比孔子之學爲宫墻，“夫子之墻數仞，不得其門而入，不見宗廟之美，百官之富。得其門者或寡矣”。以“念難”應“習孔”，意在激發向學之志，不可掉以輕心。

張陳典 清人。字徽五。

《書·舜典》：“慎徽五典。”

張　弼

①宋人。字舜元。

《説文·弜部》：“弼，輔也。”《左傳·文公十八年》記高辛氏有才子八人，天下號爲八元。堯不能用，舜“舉八元，使布五教於四方”。是八元爲舜之弼輔之臣，故以“舜元”應“弼”。

②明人。字汝弼。

名、字相同。《書·益稷》有“予違汝弼，汝無面從，退有後言”之語，故飾以“汝”。

張　復

①明人。字子遠。

《易·復卦》：“不遠之復，以修身也。”“子”爲男子美稱。

②明人。字元春。

復則返其始。《爾雅·釋詁》：“元，始也。”一年之始爲春，故以“春”綴“元”。

張復亨 元人。字剛父。

《易·復卦》：“彖曰：復，亨，剛反，動而以順行，是以出入无疾，朋來无咎。”“父”爲美稱。

張惠言 清人。字臯文。

《書·臯陶謨》：“臯陶曰：‘朕

言惠，可底行。'”因是皋陶所言，故以“皋文”相應。

張　揖　三國魏人。字稚讓。

《論語·八佾》：“揖讓而升。”稚，幼。表示行第較末。

張　敞　漢人。字子高。

《史記·淮陰侯列傳》：“然乃行營高敞地。”敞亮必高瞻。義近相協。“子”爲男子美稱。

張敦頤　宋人。字養正。

《易·頤卦》：“彖曰：頤，貞吉。養正則吉也。”

張朝瑞　明人。字子禎。

《論衡·指瑞》：“王者受富貴之命，故其動出見吉祥異物，見則謂之瑞。”《説文·示部》：“禎，祥也。”禎瑞猶祥瑞。

張　湄　清人。字鷺洲。

《詩·秦風·蒹葭》：“所謂伊人，在水之湄。”毛傳：“湄，水隒也。”孔穎達疏：“《釋水》云：‘水草交爲湄。’謂水草交際之處，水之岸也。”又《周南·關雎》：“在河之洲。”毛傳：“水中可居者曰洲。”湄、洲義近故相協。鷺爲涉禽，常覓食水濱，故以飾“洲”。又，亦或取李白《登金陵鳳凰臺》詩“二水中分白鷺洲”之語。

張　渭　清人。字且湜。

《詩·邶風·谷風》：“涇以渭濁，湜湜其沚。”

張　渥　元人。字叔厚。

《詩·邶風·簡兮》：“赫如渥赭。”毛傳：“渥，厚漬也。”

張　琳　清人。字佩嘉。

《説文·玉部》：“琳，美玉也。”《詩·鄭風·有女同車》：“佩玉將將。”因是美玉，故綴以“嘉”。嘉，美，善。一字玉田。晉干寶《搜神記》卷十一載，楊伯雍有善行，有人贈石一斗，使種之田中，語之云：“玉當生其中”，“當得好婦”。後果生璧五雙，以聘徐氏女爲妻。其“中央一頃地，名曰玉田”。

張留孫　元人。字師漢。

連姓成文：張留侯之孫。張良佐劉邦興漢，因功封留侯。師漢，言師法漢之張良。

張舜民　宋人。字芸叟。

《孟子·萬章上》：“吾豈若使是民爲堯舜之民哉。”民，特指農民，故應以“芸”。《論語·微子》：“植其杖而芸。”何晏集解：“除草曰芸。”“叟”宋時尚字飾。以“芸叟”應“舜民”，言爲盛世之老農。

張　華　晉人。字茂先。

《爾雅·釋草》：“木謂之華，草謂之榮。”《説文·華部》：“華，榮也。”析言草木有别，渾言則草木皆可謂華。又《艸部》：“茂，艸木盛貌。”草木著花，是繁盛之象，故以“茂”應“華”。綴以“先”，欲其早盛。

張　詠　宋人。字復之。

《説文·言部》：“詠，歌也。”《論語·述而》：“子與人歌而善，必使反之，而後和之。”朱熹集注：“反，復也。”以“復”應“詠”，亦取反復詠歎、歌唱之義。

張　鈇　明人。字子威。

《禮記·樂記》：“軍旅鈇鉞者，先王之所以飾怒也。”又《中庸》：“不怒而民威于鈇鉞。”鈇鉞爲殺伐之具，所以立威者，故以“威”應“鈇”。

張開東　清人。字白蒓。

《晉書·文苑傳·張翰》：“齊王冏辟〔張翰〕爲大司馬東曹掾。……翰因見秋風起，乃思吴中菰菜、蓴羹、鱸魚膾，曰：‘人生貴得適志，何能羈宦數千里以要名爵乎！’遂命駕而歸。……俄而冏敗，人皆謂之見機。”舊以官員因故去職爲開缺。張翰因秋風起思蓴羹，棄東曹掾而歸，故以“蒓”應“開東”。西方主秋，其色爲白，故以“白”飾“蒓”。蒓，同“蓴”。

張　雯　元人。字子昭。

《廣韻·平文》：“雯，雲文。”雲成文，仍爲雲。因《詩·大雅·雲漢》有“倬彼雲漢，昭回于天”之語，故以“昭”應“雯”。

張雲章　清人。字漢瞻。

《集韻·平文》：“雯，雲成章曰雯。”《詩·大雅·雲漢》有“倬彼雲漢”之語，《瞻卬》有“瞻卬昊天”之語，故因“雲”而及“雲漢”，又及“昊天”，遂以“瞻”綴“漢”。

張雲卿　宋人。字伯紀。

《左傳·昭公十七年》：“昔者，黄帝氏以雲紀，故爲雲師而雲名。”

張雲錦　清人。字龍威。

《易·乾卦·文言》：“雲從龍。”故以“龍”應“雲”。因上古有仙人名龍威丈人，故因“龍”而綴以“威”。

張雲翼　清人。字又南。

《莊子·逍遥遊》記鵬鳥“其翼若垂天之雲”，“海運則將徙於南冥……而後乃今將圖南”。

張　彀　金人。字伯英。

五代南漢王定保《唐摭言·述進士上》：“〔太宗〕嘗私幸端門，見新進士綴行而出，喜曰：‘天下英雄入吾彀中矣！’”

張慎言　明人。字金銘。

《論語·爲政》：“慎言其餘。”《孔子家語·觀周》：“孔子觀周，遂入太祖后稷之廟。廟堂右階之前，有金人焉，三緘其口而銘其背曰：古之慎言人也。”

張　温

① 漢人。字伯慎。

《詩·邶風·燕燕》：“終温且惠，淑慎其身。”又《小雅·小宛》：“温温恭人，如集于木。”毛傳：“恐隊也。”

② 三國吴人。字惠恕。

《詩·邶風·燕燕》：“終温且惠，淑慎其身。”《左傳·隱公十一年》：“而與鄭人蘇忿生之田：温、原……恕而行之，德之則也。”施德於人爲惠，推己及人爲恕。惠、恕義近，故相連。

③ 五代後唐人。字德潤。

《詩·大雅·抑》：“温温恭人，維德之基。”故以“德”應“温”。《禮記·大學》有“德潤身”之語，故以“潤”綴“德”。

張　溥　明人。字天如。

《禮記·中庸》：“溥博如天。”

張　滑　清人。字尚若。

《玉篇·水部》：“滑，水也。”

《漢書·鄭崇傳》："〔趙昌〕因奏崇與宗族通，疑有姦，請治。上責崇曰：'君門如市人，何以欲禁切主上？'崇對曰：'臣門如市，臣心如水，願得考覆。'"故承"水"而應以"尚若"。亦或取《莊子·秋水》之典。

張 輝 宋人。字子充。

《孟子·盡心下》："充實而有光輝之謂大。"輝，同"煇"。"子"爲男子美稱。

張煥綸 清人。字經甫。

《禮記·中庸》："唯天下至誠，爲能經綸天下之大經。""甫"爲男子美稱。

張 照 清人。字得天。

《禮記·中庸》："日月所照。"日月在天，是照覆得自上天。

張煌言 明人。字元著。

《禮記·少儀》："言語之美，穆穆皇皇。"孔穎達疏："穆穆皇皇，皆美大之狀。"《説文·火部》："煌，煌煌，煇也。"段玉裁注："'皇皇者華'傳曰：'皇皇，猶煌煌也。''朱芾斯皇'傳曰：'皇，猶煌煌也。'"自宋政和中"禁中外不許以龍、天、君、王、帝、上、聖、皇等爲名字"（宋洪邁《容齋續筆》四），歷代因之，故以"煌言"代《少儀》語典。《禮記·中庸》："著則明。"著、皇義近，故相應。元，大。元著，猶言大著。

張 瑋 明人。字席之。

《玉篇·玉部》："瑋，《埤蒼》曰：瑰瑋，珍琦。"因《禮記·儒行》有"儒有席上之珍以待聘"之語，故承"珍"而以"席"相應。綴以"之"，謂將珍寶置於席上以待聘。

張瑞圖 明人。字長公。

漢班固《兩都賦·白雉詩》："啓靈篇兮披瑞圖……永延長兮膺天慶。"以"長"應"瑞圖"，意在太平盛世不衰，皇祚長存。"公"爲美稱，以爲綴飾。

張萬選 清人。字舉之。

《新唐書·張薦傳》記員半千稱譽張鷟"文辭猶青銅錢，萬選萬中"。以"舉之"應"萬選"，言其文才如青銅錢，亦萬選萬中，必當舉薦。

張裕釗 清人。字廉卿。

《説文·刀部》："釗，刓也。"段玉裁注："金有芒角，摩弄泯之。"《史記·淮陰侯列傳》："至使人有功當封爵者，印刓敝，忍不能予。"是金磨損稜角爲釗。《説文·广部》"廉"段玉裁注："堂之邊曰廉。……堂邊有隅有稜，故曰廉。廉，隅也。又曰廉，稜也。"釗、廉反義相協。又《爾雅·釋詁》："釗，勉也。"應以"廉"，意爲努力廉隅自守。"卿"爲美稱。

張 詡 明人。字廷實。

《説文·言部》："詡，大言也。"大言常虚誇，故以"實"相應。意在箴勉。朝廷建言惟實，故飾以"廷"。

張 載

① 晉人。字孟陽。

《詩·豳風·七月》："春日載陽。"

② 宋人。字子厚。

《易·坤卦》："坤厚載物。""子"爲男子美稱。

③ 清人。字子容。

《禮記·中庸》："博厚所以載物也。"又："萬物載焉。"大地博厚，負載萬物，誠爲能容。

張 運 宋人。字南仲。

《莊子·逍遥遊》記鵬鳥"海運則將徙於南冥"，"而後乃今將圖南"。故以"南"應"運"。因《詩·小雅·出車》有"王命南仲"之語，故以"仲"綴"南"，兼表行第。

張 鉉 元人。字用鼎。

《易·鼎卦》："鼎黄耳，金鉉。利貞。"鉉爲貫耳以舉鼎者，是爲鼎所用。

張雍敬 清人。字珩佩。

《書·堯典》："黎民於變時雍。"孔傳："雍，和也。"《説文·玉部》："珩，佩上玉也。所以節行止也。"《禮記·玉藻》："古之君子必佩玉，右徵角，左宫羽。……周還中規，折還中矩，進則揖之，退則揚之，然後玉鏘鳴也。"佩玉爲節行止，惟舉動合乎規矩，玉始撞擊有序，音節和諧。一字簡庵，取《論語·雍也》"居敬而行簡"之典。

張 預 宋人。字公立。

《禮記·中庸》："凡事豫則立。"孔穎達疏："言欲爲事之時，先須豫前思定，則臨事不困。"豫，通"預"。

張鼎思 明人。字慎吾。

《易·鼎卦》："鼎有實，慎所之也。"以"吾"綴"慎"，言吾當慎思所往。

張僧乙 清人。字紫庭。

《説文·乞部》："乞，燕燕，乞鳥也。"段玉裁注："燕之鳴如云乞。"乞通作"乙"。通常習見之燕爲巢於人家之紫燕。宋羅願《爾雅翼·釋鳥三》："越燕小而多聲，頷下紫，巢於門楣上，謂之紫燕。"故以"紫"應"乙"，猶言紫燕。因巢於人家，翔於庭院，故綴以"庭"。南北朝時佞佛，士大夫多以"僧"爲名字組成部分，此傚其例。初名銘，字西又。宋張載曾著《西銘》，因取以爲名字。

張嘉玲 清人。字佩葱。

《玉篇·玉部》："玲，《太玄經》云：'亡彼瓏玲。'注謂：'瓏玲金玉之聲。'"《禮記·玉藻》："三命赤韍葱衡。"鄭玄注："衡，佩玉之衡也。"此言受三命之卿，應佩青葱色珩玉。人行走佩玉則鏗鏘作聲，故以"佩葱"應"玲"。一字岵瞻。與"嘉玲"不協，恐原有他名，"嘉玲"乃後改者。

張 漢 清人。字月槎。

晉張華《博物志》卷十載，海濱有人見年年八月有浮槎自去自來，從不失期。欲窮其究竟，遂乘槎而去。十餘日至一城池，見室内多織機之女，一男子飲牛於河邊。因問此是何地。男子答云，歸後問蜀郡嚴君平則知之。後至蜀，嚴告曰："某年月日有客星犯牽牛宿。"乃知所至之地是天漢。故以"槎"應"漢"。因是八月乘槎，唐杜甫《秋興八首》詩又有"奉使虚隨八月槎"之句，故以

"月"爲飾。

張　熊　清人。字子祥。

《詩·小雅·斯干》:"維熊維羆,男子之祥。"

張爾岐　清人。字稷若。

稷,謂后稷。稷名弃,爲堯舜農師,教民稼穡,號曰后稷,是爲周之始祖。至古公亶父,有能振興后稷之業,遷於岐山之下,築城營田,逐漸强盛,爲滅商奠定基礎。事見《詩·大雅》及《史記·周本紀》等典籍。以"稷若"應"爾岐",言爾古公遷岐之功業與后稷相若。

張爾素　清人。字賁園。

《易·賁卦》:"賁于丘園,束帛戔戔。"又:"白賁,无咎。"賁象窮白,素即白,故以"賁園"應"素"。

張　端　元人。字希尹。

端,謂端揆。尹,謂伊尹。《書·舜典》有"納于百揆,百揆時叙"之語,而宰相居百官之首,總持朝政,因以"端揆"稱宰相。《梁書·沈約傳》:"約久處端揆。"時沈約爲尚書令,唐時以代宰相。伊尹爲湯之賢相,故以"尹"應"端"。飾以"希",欲如伊尹爲一代賢相。

張端亮　清人。字寅揆。

《書·舜典》:"使宅百揆,亮采惠疇。"孔傳:"使居百揆之官,信立其功。"《僞古文尚書·周官》:"寅亮天地,弼予一人。"此皆謂弼輔之臣。亮、揆相應,寅、亮亦相應。後世以"端揆"稱宰相,端、揆又相應。

張端義　宋人。字正夫。

《禮記·曲禮下》:"振書端書於君前有誅。"鄭玄注:"端,正也。""夫"爲男子通稱。

張　綱

①漢人。字文紀。

《漢書·禮樂志》:"使綱紀有序,六親和睦。"因是法紀、制度,故飾以"文"。

②宋人。字彦正。

綱,謂綱常。應以"正",欲使綱常正,即:君臣有義,父子有親,夫婦有别,長幼有序,朋友有信。《爾雅·釋訓》:"美士爲彦。"

張維屏　清人。字子樹。

《詩·大雅·板》:"大邦維屏。"朱熹集傳:"屏,樹也,所以爲蔽也。""子"爲男子美稱。

張　説　唐人。字道濟。

《僞古文尚書·説命上》:"茲故弗言,恭默思道,夢帝賚予良弼,其代予言。"蔡沈集傳:"惟恭敬淵默以思治道,夢帝與我賢輔,其將代我言矣。"得傅説爲相,使治道以成,故以"道濟"應"説"。《僞古文尚書·君陳》:"其乃有濟。"孔傳:"其乃有所成。"一字説之。言爲喜悦。

張鳳翼　明人。字伯起。

唐王勃《滕王閣序》:"騰蛟起鳳,孟學士之詞宗;紫電青霜,王將軍之武庫。"故以"起"應"鳳"。

張齊賢　宋人。字師亮。

《論語·里仁》:"見賢思齊焉,見不賢而内自省也。"因慕唐李大亮,故字師亮。言師法李大亮。見《宋史》本傳。

張　儉

①漢人。字元節。

《國語·周語中》:"季文子、孟獻子皆儉。"韋昭注:"儉,居處節儉也。"同義故相協。元,美善之辭。《易·乾卦·文言》:"元者,善之長也。"孔子曾謂"禮與其奢也寧儉"(《論語·八佾》),故以"元"爲飾。

②唐人。字師約。

《説文·人部》:"儉,約也。"飾以"師",謂以儉約爲法。

張　履　清人。字淵甫。

《論語·泰伯》:"《詩》云:戰戰兢兢,如臨深淵,如履薄冰。而今而後,吾知勉夫小子!"以"淵"應"履",總括上下兩句文義。"甫"爲男子美稱。

張履祥　清人。字考夫。

《易·履卦》:"視履考祥,其旋元吉。""夫"爲男子通稱。

張慶燾　清人。字裕之。

《説文·火部》:"燾,溥覆照也。"應以"裕",謂天於萬物無不覆照,綽有餘裕。一字拙餘。取《易·坤卦·文言》"積善之家,必有餘慶"語典,是以"餘"應"慶"。飾以"拙",蓋表謙撝,言僅能守上代之善而不失,而不能增。

張　澍　清人。字時霖。

《説文·水部》:"時雨澍生萬物。"《僞古文尚書·説命上》:"若歲大旱,用汝作霖雨。"孔傳:"霖,三日雨。霖以救旱。"

張　緒

①南朝齊人。字思曼。

《説文·糸部》:"緒,絲耑也。"段玉裁注:"抽絲者,得緒而可引。"又《又部》:"曼,引也。"飾以"思",不忘抽絲須引其耑。

②明人。字文綸。

《説文·糸部》:"綸,糾青絲綬也。"段玉裁注:"糾青絲成綬,是爲綸。"因絲端而及糾絲成綸,連類而及。糾爲三合繩,交錯則成文,故以"文"爲飾。

張　翥

①元人。字仲舉。

《説文·羽部》:"翥,飛舉也。"同義相協。

②清人。字運南。

《莊子·逍遥遊》記鵬"怒而飛,其翼若垂天之雲。是鳥也,海運則將徙於南冥"。"圖南"則須"飛舉"。

張　震　宋人。字嗣之。

《易·説卦》:"震一索而得男,故謂之長男。"長男則能承嗣。

張養浩　元人。字希孟。

《孟子·公孫丑上》:"'敢問夫子惡乎長?'曰:'我知言,我善養吾浩然之氣。'"希孟,即欲如孟子能養浩然之氣。

張　鼐

①明人。字用和。

《説文·鼎部》:"鼐,鼎之絶大者。""鼎,和五味之寶器也。"以"用和"應"鼐",意即用以和五味之鼎。上古以鼎爲烹飪之器,《僞古文尚書·説命下》記殷高宗命傅説爲相又有"若作和羹,汝惟鹽梅"之語,後世遂以"調和鼎鼐""調羹""調鼎""和羹"比喻宰輔之職。此兼用其義。

②明人。字世調。

解見①。飾以“世”，欲世世爲顯宦。

張學曾 清人。字爾唯。

《論語·里仁》：“子曰：‘參乎！吾道一以貫之。’曾子曰：‘唯。’子出，門人問曰：‘何謂也？’曾子曰：‘夫子之道，忠恕而已矣。’”以“爾唯”應“學曾”，謂爾應如曾子之善悟，通曉聖人之道。

張學顔 明人。字子愚。

《論語·爲政》：“子曰：‘吾與回言終日，不違如愚。退而省其私，亦足以發。回也不愚。’”顔回字子淵。

張憲載 清人。字仰原。

憲，謂原憲。原憲字思，孔子弟子，家貧而有節操。事見《論語》《史記·仲尼弟子列傳》。慕其人，故以“仰”爲飾。

張擇端 宋人。字正道。

《孟子·離婁下》：“夫尹公之他，端人也，其取友必端矣。”朱熹集注：“端，正也。”《禮記·燕義》有“上必明正道以道民”之語，故因“正”而及“道”。言選取正道。

張澤棨 清人。字文五。

《説文·木部》：“棨，車歷録，束文也。”段玉裁注：“《秦風》：‘五棨梁輈。’傳曰：‘五，五束也。棨，歷録也。梁輈，輈上句衡也。一輈五束，束有歷録。’”又《詩·秦風·小戎》孔穎達疏：“歷録蓋文章之貌也。”

張燕昌 清人。字芑堂。

《詩·大雅·文王有聲》：“豐水有芑，武王豈不仕，詒厥孫謀，以燕翼子。”毛傳：“芑，草也。仕、事，燕、安，翼、敬也。”鄭玄箋：“詒，猶傳也。孫，順也。豐水猶以其潤澤生草，武王豈不以功業爲事乎？以之爲事，故傳其所以順天下之謀，以安其敬事之子孫。”以“芑”應“燕”即取《文王有聲》之典。意欲澤及後世子孫，使功業不衰。“堂”爲時尚字飾。

張燕翼 明人。字叔詒。

《詩·大雅·文王有聲》：“詒厥孫謀，以燕翼子。”

張　穆

①清人。字穆之。

名、字相同。穆訓美，訓敬，訓和，并見《詩》毛傳與《爾雅》。綴以“之”，意欲使之美，使之和，或敬謹其事。

②清人。字誦風。

《詩·大雅·烝民》：“吉甫作誦，穆如清風。”本名瀛暹，字碩州。此拆海上仙山瀛洲以爲名字。

張篤慶 清人。字歷友。

《詩·大雅·皇矣》：“維此王季，因心則友，則友其兄，則篤其慶。”王季即季歷，故以“歷”飾“友”。

張　翰

①晉人。字季鷹。

《詩·大雅·常武》：“如飛如翰。”毛傳：“疾如飛，摯如翰。”鄭玄箋：“翰，其中豪俊也。”孔穎達疏：“若鷹鸇之類，摯擊衆鳥者也。”“季”表行第。

②金人。字林卿。

此拆“翰林”以爲名字。《漢書·揚雄傳下》：“聊因筆墨之成文章，故藉翰林以爲主人。”

張　興 漢人。字君上。

《禮記·大學》：“一家仁，一國興仁；一家讓，一國興讓；……此謂一言僨事，一人定國。”鄭玄注：“一家、一人，謂人君也。”又：“上老老，而民興孝，上長長，而民興弟。”以“君上”應“興”，言民風之成，在於君上。

張　融 南朝齊人。字思光。

《史記·楚世家》：“重黎爲帝嚳高辛居火正，甚有功，能光融天下，帝嚳命曰祝融。”裴駰集解引虞翻曰：“融，明也。”光融、光明義皆相近，故相協。

張　衡

①漢人。字平子。

《詩·商頌·長發》：“實維阿衡。”鄭玄箋：“衡，平也。”

②隋人。字建平。

《荀子·王制》：“故公平者，職之衡也。”楊倞注：“衡所以知輕重。”稱量當持平。故以“建平”相應。

③元人。字士衡。

名、字相同。“士”爲男子美稱。

張　諤 宋人。字昌言。

《史記·商君列傳》：“武王諤諤以昌。”諤諤爲直言之貌，因《書》有“汝亦昌言”“禹拜昌言”等語，遂因“昌”而綴以“言”。

張　遼 三國魏人。字文遠。

《説文·辵部》：“遼，遠也。”東漢以來，士大夫名字喜以“文”爲飾。此亦取“文以行遠”之義。

張　錦 明人。字尚絅。

《禮記·中庸》：“《詩》曰：衣錦尚絅。”

張錫祚 清人。字永夫。

《詩·大雅·既醉》：“君子萬年，永錫祚胤。”“夫”爲男子通稱。

張錫懌 清人。字越九。

《文選·張衡〈東京賦〉》：“重舌之人九譯，僉稽首而來王。”薛綜注：“九譯，九度譯言始至中國者也。”李善注引《韓詩外傳》曰：“成王之時，越裳氏重九譯而至，獻白雉於周公。”此假“懌”爲“譯”，飾以“越”，言度越九譯而始至。是歌頌本朝文德之盛，能令遠者來。又，“九”亦與“錫”應。封建時代有殊勳之臣多受九錫。

張　嶷 三國蜀漢人。字伯岐。

《詩·大雅·生民》：“誕實匍匐，克岐克嶷。”

張懋建 清人。字介石。

《易·豫卦》：“豫：利建侯行師。”又：“介于石，不終日，貞吉。”

張應昌 清人。字仲甫。

《左傳·莊公二二年》：“懿氏卜妻敬仲，其妻卜之曰：吉。是謂鳳凰于飛，和鳴鏘鏘。……五世其昌。”故以“仲”應“昌”。

張　檟 明人。字叔養。

《孟子·告子上》：“今有場師，舍其梧檟，養其樲棘，則爲賤場師焉。”朱熹集注：“場師，治場圃者。梧，桐也；檟，梓也：皆美材也。樲棘，小棗，非美材也。”此遵孟子之訓，欲養其大者。

張　燮

①明人。字紹和。

《書·顧命》：“燮和天下，用

答揚文武之光訓。”因承文武之業，故以“紹”爲飾。

② 清人。字子和。

解見①。“子”爲男子美稱。

張 璪 唐人。字文通。

《説文·玉部》：“璪，玉飾如水藻之文。……《虞書》曰：‘璪火黺米。’”因藻飾之文而及文章之文，故綴以“通”。謂淹通，通暢。一作名藻。璪、藻通。璪訓藻文，《虞書》今本作“藻火粉米”。

張 磻 宋人。字渭老。

吕尚釣於渭陽之磻溪，以垂暮之年遇文王。故以“渭老”應“磻”。事見《史記·齊太公世家》《尚書大傳》。又，“老”爲宋人習尚字飾。

張 翌 元人。字達善。

《爾雅·釋詁》：“翌，待也。”《孟子·盡心上》：“窮則獨善其身，達則兼善天下。”以“達善”應“翌”，意謂待時而仕，得行其道則兼善天下。

張聲玠 清人。字奉兹。

《説文·玉部》：“玠，大圭也。……《周書》：‘稱奉介圭。’”段玉裁注：“《顧命》曰：‘大保承介圭。’又曰：‘賓稱奉圭兼幣。’蓋許君偶誤合二爲一。”以“奉兹”應“玠”，言奉此大圭。

張聰咸 清人。字阮林。

咸，謂晉阮咸。咸與從叔阮籍、嵇康、王戎、劉伶、山濤、向秀等七人常集於竹林，放達酣飲，時號“竹林七賢”。故以“阮林”應“咸”。一字小阮。時稱籍爲大阮，咸爲小阮。事見《世説新語·任誕》，《晉書》本傳。

張 謙

① 明人。字子受。

《僞古文尚書·大禹謨》：“滿招損，謙受益。”“子”爲男子美稱。

② 清人。字地山。

《易·謙卦》：“象曰：地中有山。”朱熹《周易本義·卦歌》：“地山謙。”

③ 清人。字益士。

《易·謙卦》：“天道虧盈而益謙。”

④ 清人。字子吉。

《易·謙卦》：“鳴謙，貞吉。”

張 駿

① 前凉人。字公庭。

《詩·周頌·清廟》：“駿奔走在廟。”助祭於廟堂即是從事公庭。

② 明人。字天駿。

《説文·馬部》：“駿，馬之良材者。”又：“駷，馬七尺爲駷，八尺爲龍。”《漢書·禮樂志》：“天馬駷，龍之媒。”因是良馬，故以“天”爲飾。

張 鴻 清人。字衎夫。

《易·漸卦》：“鴻漸于磐，飲食衎衎，吉。”

張鴻逑 明人。字琴友。

《詩·周南·關雎》：“窈窕淑女，君子好逑。”又：“窈窕淑女，琴瑟友之。”

張 曜 清人。字朗齋。

《釋名·釋天》：“燿也，光明照燿也。”《玉篇·日部》：“曜，照也。亦作燿。”《説文·月部》：“朗，明也。”照耀則明。“齋”爲時尚字飾。

張歸厚 五代後梁人。字德坤。

《論語·學而》：“慎終追遠，民德歸厚矣。”《易·坤卦》：“坤厚載物，德合无疆。”又：“地勢坤，君子以厚德載物。”

張 鎡 宋人。字功甫。

鎡，謂鎡基。農器。《孟子·公孫丑上》：“齊人有言曰：‘雖有智慧，不如乘時；雖有鎡基，不如待時。’今時則易然也。……故事半古之人，而功必倍之。惟此時爲然。”故以“功”應“鎡”。“甫”爲男子美稱。

張 鎬 唐人。字從周。

《詩·大雅·文王有聲》：“鎬京辟雍，自西自東。”毛傳：“武王作邑於鎬京。”《論語·八佾》：“子曰：‘周監於二代，郁郁乎文哉！吾從周。’”

張 瀚 明人。字子文。

瀚，借作“翰”。《玉篇·水部》：“瀚，海名。”《史記·衛將軍驃騎列傳》與《漢書·霍去病傳》皆作“翰海”。《文選·揚雄〈長楊賦〉》：“聊因筆墨之成文章，故藉翰林以爲主人。”李善注：“韋昭曰：‘翰，筆也。’善曰：翰林，文翰之多若林也。”故以“文”應“翰”。又，瀚爲浩瀚。以“文”相應，意謂其文浩瀚，或文獻浩瀚。“子”爲男子美稱。

張鵬翀 清人。字天扉。

《玉篇·羽部》：“翀，飛上天。”《莊子·逍遥遊》記鵬“怒而飛，其翼若垂天之雲”，“摶扶揺而上者九萬里”，自是飛上天。《楚辭·離騷》：“吾令帝閽開關兮，倚閶闔而望予。”王逸注：“閶闔，天門也。”是天有門。《説文·户部》：“扉，户扇。”門扇謂之扉。故因“飛上天”而及天門，而及門扇，遂以“扉”綴“天”。

張鵬翮 清人。字運青。

《莊子·逍遥遊》謂鵬“其翼若垂天之雲。是鳥也，海運則將徙於南冥”，“摶扶揺羊角而上者九萬里，絶雲氣，負青天，然後圖南”。《説文·羽部》：“翮，羽莖也。”此指翼。以“運青”應“鵬翮”，謂鵬乘海運舉翼，背負青天而圖南。

張鵬翼

① 清人。字蜚子。

《莊子·逍遥遊》謂“鵬之背，不知其幾千里也，怒而飛，其翼若垂天之雲”。故以“蜚”應“鵬翼”。蜚，通“飛”。《史記·楚世家》：“三年不蜚，蜚將沖天。”“子”爲男子美稱。

② 清人。字培風。

《莊子·逍遥游》謂鵬“而後乃今培風，背負青天”徙南冥。參見①。

張獻翼 明人。字幼于。

北周于翼材兼文武，歷中外顯職，爲時所稱。慕其人，故拆其姓名爲名字。後於古人，故飾以“幼”，亦兼表行第。

張 籍 唐人。字文昌。

《説文·竹部》：“籍，簿書也。”《孟子·萬章下》：“而皆去其籍。”趙岐注：“故滅去典籍。”是籍爲文獻典籍，故應以“文”。綴以“昌”，欲文治日盛。

張騰蛟 清人。字孟詞。

唐王勃《滕王閣序》："騰蛟起鳳，孟學士之詞宗；紫電青霜，王將軍之武庫。"

張 鶱 唐人。字文成。

《舊唐書·張薦傳》："祖鷟，字文成……爲兒童時，夢紫色大鳥，五彩成文，降于家庭。其祖謂之曰：'五色赤文，鳳也；紫文，鸑鷟也，爲鳳之佐。吾兒當以文章瑞於明廷。'因以爲名字。"

張 巖 宋人。字肖翁。

《僞古文尚書·說命上》："乃審厥象，俾以形旁求于天下。說築傅巖之野，惟肖。""翁"宋人所尚字飾。

張巖叟 金人。字孟弼。

殷傅說築於傅巖，高宗用以爲相，遂中興成湯之業。事見《史記·殷本紀》《僞古文尚書·說命》。以"弼"應"巖叟"，言築於傅巖之叟，乃武丁輔弼之臣。

張 瓚

① 明人。字宗器。

《周禮·春官·典瑞》："祼圭有瓚，以肆先王。"鄭玄注引鄭司農云："於圭頭爲器，可以挹鬯祼祭，謂之瓚。……以肆先王，祼先王祭也。"瓚爲宗廟祼祭之禮器，以瓚挹鬯以祼亦謂之瓚。故以"宗器"應"瓚"。

② 明人。字廷獻。

以瓚挹鬯祼祭，即是奉獻於神。因是於宗廟，故飾以"廷"。參見①。

③ 清人。字公執。

《說文·玉部》："瓚，三玉二石也。上公用駹，四玉一石，侯用瓚，伯用埒，玉石相半埒也。"段玉裁注："此與祼圭之瓚異義。許不言祼圭之瓚者，蓋其字古祗作贊，黃金爲勺，不用玉也。"公侯渾言無别，故以"公"應"瓚"。因《周禮》有"公執桓圭，侯執信圭"等語，故以"執"綴"公"。

張體乾 清人。字確齋。

《易·乾卦·文言》："確乎其不可拔，潛龍也。""齋"爲時尚字飾。

張 觀

① 宋人。字仲賓。

《易·觀卦》："觀國之光，尚賓也。"

② 宋人。字思正。

《易·觀卦》："中正以觀天下。"

張 讜 後魏人。字處言。

《玉篇·言部》："讜，直言也，善言也。"

張 驥 明人。字仲德。

《論語·憲問》："驥不稱其力，稱其德也。"

〔曹〕

曹一士 清人。字諤廷。

《史記·商君列傳》："千夫之諾諾，不如一士之諤諤。"此言在朝廷之上敢直言正諫，故以"廷"綴"諤"。

曹一介 元人。字子和。

《書·秦誓》："如有一介臣，斷斷猗無他技，其心休休焉，其如有容。人之有技，若己有之。人之彥聖，其心好之，不啻如自其口出。是能容之，以保我子孫黎民，亦職有利哉！"此耿介之臣能容衆，故以"和"應"一介"。

曹于汴 明人。字自梁。

汴梁，北宋所都，此拆以爲名字。梁爲戰國魏之大梁，汴（汳）水經其地而東南流，故以"自"飾"梁"。

曹士冕 宋人。字端可。

冕，古之禮冠。端，謂玄端，禮服。既服冕，必服玄端，故以"可"綴"端"。

曹之謙 元人。字益甫。

《易·謙卦》："天道虧盈而益謙。""甫"爲男子美稱。

曹 仁 三國魏人。字子孝。

《論語·學而》："孝弟也者，其爲仁之本與！""子"爲男子美稱。

曹仁虎 清人。字殷來。

《詩·大雅·江漢》："王命召虎，來旬來宣。"飾以"殷"，謂切望其來。

曹曰瑛 清人。字渭符。

《說文·玉部》："瑛，玉光也。"《玉篇·玉部》："瑛，美石似玉。《尸子》：'龍淵玉光也。'水精謂之玉瑛也。"《尚書大傳》卷二載，吕望（姜太公）釣於渭水得玉璜，其上文曰："周受命，吕佐檢，德合於今，昌來提。"瑛爲水精，故以姜尚於渭水得玉璜之典相應。釣得玉璜是姜尚佐周之符瑞，故綴以"符"。

曹本榮 清人。字木欣。

晉陶潛《歸去來辭》："木欣欣以向榮，泉涓涓而始流。"

曹 禾 清人。字頌嘉。

《漢書·公孫弘傳》："風雨時，嘉禾興。"舊以爲嘉禾之生，乃皇帝聖明所致，故飾以"頌"。

曹守貞 明人。字子一。

《老子》第三九章："侯王得一以爲天下貞。"漢賈誼《新書·道術》："言行抱一謂之貞。"

曹 安 明人。字以寧。

《詩·小雅·常棣》："喪亂既平，既安且寧。"

曹 臣 明人。字藎之。

《詩·大雅·文王》："王之藎臣，無念爾祖。"毛傳："藎，進也。無念，念也。"鄭玄箋："今王之進用之臣，當念女祖爲之法。"

曹伯啓 元人。字士開。

《書·堯典》："胤子朱啓明。"孔傳："啓，開也。""士"爲男子美稱。

曹利用 宋人。字用之。

《易·蒙卦》："利用禦寇，上下順也。"《論語·述而》："用之則行。"

曹 孚 明人。字顒若。

《易·觀卦》："有孚顒若。"

曹言純 清人。字絲贊。

《說文·糸部》："純，絲也。"因《禮記·緇衣》有"王言如絲，其出如綸"之語，故以"絲贊"應"言純"。

曹昌言 清人。字禹拜。

《書·皋陶謨》："禹拜昌言曰：'俞！'"

曹 金 明人。字汝礪。

《僞古文尚書·說命上》："若金，用汝作礪。"又，《荀子·勸學》："金就礪則利。"

曹亮武 清人。字渭公。

《詩·大雅·大明》："維師尚父，時維鷹揚，涼彼武王，肆伐大商，會朝清明。"陸德明釋文："涼，本亦作諒……《韓詩》作亮，云：相也。"吕尚釣於渭水，遇文王，立以爲師，尊爲尚父。佐武王滅商。故以"渭公"應"亮武"。

曹貞吉 清人。字升六。

《易·升卦》："初六，允升，大吉。"又："六五，貞，吉升階。象曰：貞吉升階，大得志也。"

曹修古 宋人。字述之。

《論語·述而》："子曰：'述而不作，信而好古。'"修古即是好古。

曹　悦 宋人。字習之。

《論語·學而》："子曰：'學而時習之，不亦説乎。'"悦，先秦作"説"。

曹　涇 宋人。字清甫。

《詩·邶風·谷風》："涇以渭濁，湜湜其沚。"毛傳："涇渭相入而清濁異。"鄭玄箋："涇水以有渭，故見渭濁。"是涇爲清流，故以"清"應"涇"。"甫"爲男子美稱。

曹　真 三國魏人。字子丹。

《説文·匕部》："真，僊人變形而登天也。"《丹部》："丹，巴越之赤石也。"段玉裁注："丹者，石之精，故凡藥物之精者曰丹。"仙人係因服食丹藥而羽化，故以"丹"應"真"。

曹　寅 清人。字子清。

《書·舜典》："夙夜惟寅，直哉惟清。"謂"一字楝亭"者誤。"楝亭"與"寅"不協，乃號。

曹　密 宋人。字宗山。

密，同"崇"。拆名以爲字。

曹　彬 宋人。字國華。

《論語·雍也》："文質彬彬，然後君子。"彬，份之古文。《説文·人部》："份，文質備也。"應以"國華"，取文章華國之義。

曹望之 金人。字景蕭。

此慕漢蕭望之爲人，故拆其姓名以爲名字。

曹　爽 三國魏人。字昭伯。

《説文·㸚部》："爽，明也。"《日部》："昭，日明也。"同義相協。

曹　衆 漢人。字伯師。

《易·師卦》："師，衆也。"

曹雪芹 清人。名霑。

《説文·雨部》："霑，雨䨏也。""䨏，濡也。"是雨水濡染物爲霑。又："雪，冰雨説物者也。"段玉裁注："《釋名》曰：'雪，綏也。水遇寒氣而凝，綏綏然下也。'故許謂之冰雨。説，今之悦字。物無不喜雪者。"物喜雪即被濡染，故以"雪"應"霑"。因宋蘇轍《新春》詩有"佳人旋貼釵頭勝，園父初挑雪底芹"之句，遂以"芹"綴"雪"。

曹　植 三國魏人。字子建。

《左傳·定公十年》："皆至而立，如植。"陸德明釋文："植，立也。"《説文·廴部》："建，立朝律也。"段玉裁注："今謂凡豎立爲建。"同義故相協。"子"爲男子美稱。

曹　髦 三國魏人。字彦士。

《爾雅·釋言》："髦，俊也。"郭璞注："士中之俊，如毛中之髦。"又《釋訓》："美士爲彦。"

曹履吉 明人。字元甫。

《易·履卦》："視履考祥，其旋元吉。""甫"爲男子美稱。

曹　學 明人。字行之。

《禮記·檀弓上》："學者行之。"

曹學程 明人。字希明。

宋理學家程顥，被尊爲明道先生。慕其人，故取以爲名字。

曹學閔 清人。字孝如。

《論語·先進》："子曰：'孝哉閔子騫！'"孝如，言如閔子之孝。

曹學詩 清人。字以南。

《論語·季氏》："嘗獨立，鯉趨而過庭。曰：'學《詩》乎？'對曰：'未也。''不學《詩》，無以言。'鯉退而學《詩》。"又《陽貨》："子謂伯魚曰：'女爲《周南》《召南》矣乎？人而不爲《周南》《召南》，其猶正墻面而立也與！'"《詩》有《周南》《召南》，以代表《詩》。

曹　操 漢人。字孟德。

《荀子·勸學》："夫是之謂德操。"梁啓雄簡釋引郝曰："謂有德而能操持也。"《漢書·張湯傳》："湯客田甲雖賈人，有賢操。"顔師古注："操，謂所執持之志行也。"所執持之志行即是德行。

曹　璜 明人。字于渭。

《尚書大傳》卷二："周文王至磻溪，見吕尚釣。文王拜，尚云，望釣得玉璜，刻曰：'姬受命，吕佐檢，德合於今，昌來提。'"磻溪在渭之陽，故以"于渭"應"璜"。

曹錫淑（女） 清人。字采荇。

《詩·周南·關雎》："參差荇菜，左右采之；窈窕淑女，琴瑟友之。"

〔梁〕

梁士彦 北周人。字相如。

《爾雅·釋訓》："美士爲彦。"戰國藺相如隻身入虎狼之秦，完璧歸趙，不辱使命。人謂千古之下，仍凛凛有生氣，誠爲士之美者。相如，亦或指西漢之司馬相如。

梁子美 宋人。字才甫。

《説文·用部》："甫，男子美稱也。"以"才"飾"甫"，言有才能始得爲美，非謂儀容之美。

梁文濂 清人。字次周。

宋周敦頤爲宋理學家之開山祖，居於濂溪，世稱濂溪先生。故以"周"應"濂"。因是追慕古人，故飾以"次"。

梁玉繩 清人。字曜北。

《文選·張衡〈西京賦〉》："上飛闥而仰眺，正睹瑶光與玉繩。"李善注："《春秋運斗樞》曰：'北斗七星，第七曰瑶光。'《春秋元命苞》曰：'玉衡北兩星爲玉繩。'"因是在北天，故以"曜北"相應。

梁　份 清人。字質人。

《説文·人部》："份，文質備也。……《論語》曰：'文質份份。'"又："彬，古文份。"段玉裁注："今《論語》作'彬'，古文也。"綴以"人"，言爲文質彬彬之君子。

梁同書 清人。字元穎。
《禮記・中庸》:"今天下車同軌,書同文。"唐韓愈《毛穎傳》:"獨取其髦,簡牘是資,天下其同書。"毛穎乃隱喻兔毫筆,故以應"同書"。元,美善之辭。

梁　孜 明人。字思伯。
《書・益稷》:"予思日孜孜。"

梁辰魚 明人。字伯龍。
以"龍"應"魚",取魚龍變化之義。《藝文類聚》卷九六引《三秦記》:"河津,一名龍門,大魚積龍門數千不得上,上者爲龍。"《太平廣記》卷四二〇引《國史補》:"舊説,春水時至,魚發龍門,則有化者。"又,"龍"與"辰"亦相應。辰在十二支爲龍。辰又爲房宿,房爲東方蒼龍之體。

梁佩蘭 清人。字芝五。
《楚辭・離騷》:"扈江離與辟芷兮,紉秋蘭以爲佩。"《荀子・王制》:"好我芳若芝蘭。"芝、蘭同爲芳草,故相應。五,借作"伍",以綴"芝",言蘭與芝爲伍。

梁承學 明人。字師顔。
《漢書・董仲舒傳》:"留聽於承學之臣。"《論語・雍也》:"哀公問弟子孰爲好學。孔子對曰:'有顔回者好學。'"

梁持勝 金人。字經甫。
《説文・木部》:"縢,機持經者。"段玉裁注:"勝者,縢之假借字。"今北方民間名織機持經之部件曰勝子。唐王建《宛轉詞》:"宛宛轉轉勝上紗,紅紅緑緑苑中花。""經"與"持""勝"皆相應。"甫"爲男子美稱。

梁　時 明人。字用行。
《易・乾卦・文言》:"終日乾乾,與時偕行。"《論語・述而》:"用之則行。"

梁　格 明人。字君正。
《孟子・離婁上》:"惟大人爲能格君心之非,君仁莫不仁,君義莫不義,君正莫不正,一正君而國定矣。"趙岐注:"格,正也。"

梁　商 漢人。字伯夏。
清王引之《春秋名字解詁・楚秦商字子丕》:"商與章古字通。商之言章,盛也,大也。"又《衛卜商字子夏》:"《樂記》曰:'夏,大也。'秦商字子丕,則商亦大也。"是商、夏同義相協。又夏、商同爲朝代名,且時代相銜,又連稱,亦可相應。

梁　寅 明人。字孟敬。
《書》中《堯典》《舜典》"寅賓出日""寅餞納日""夙夜惟寅"等語,《史記・五帝本紀》皆作"敬道日出""敬道日入""夙夜惟敬",是寅、敬同義相協。

梁清標 清人。字玉立。
《南齊書・孝義傳・杜栖》:"賢子學業清標,後來之秀。"儲光羲《題辛道士房》詩:"先生秀衡嶽,玉立居玄丘。"以"玉立"應"清標",謂風標秀美。

梁章鉅 清人。字閎中。
《説文・金部》:"鉅,大剛也。"《禮記・月令》:"其器圜以閎。"鄭玄注:"謂中寬象土含物。"剛則不能容物,故應以"閎中"以自警。又《玉篇・金部》:"鉅,大也。"大則能容,"閎中"亦相應。

梁　喬 明人。字遷之。
《詩・小雅・伐木》:"出自幽谷,遷于喬木。"

梁善長 清人。字崇一。
《易・乾卦・文言》:"元者,善之長也。"因《禮記・中庸》有"得一善則拳拳服膺,而弗失之矣"之語,故以"崇一"應"善",以示欲學顔回之堅守善道。

梁　椿 北周人。字千年。
《莊子・逍遥遊》:"上古有大椿者,以八千歲爲春,八千歲爲秋。"

梁　楘 明人。字叔車。
《説文・木部》:"楘,車歷録,束文也。"謂車輈上所束之革,歷録成文。

梁　熙 清人。字日緝。
《詩・周頌・敬之》:"日就月將,學有緝熙于光明。"言日有所就,月有所進,繼續而明之。《中國人名大辭典》日誤作"曰"。今正。

梁萬爵 明人。字天若。
《孟子・告子上》:"有天爵者,有人爵者,仁義忠信,樂善不倦,此天爵也。公卿大夫,此人爵也。古之人修其天爵而人爵從之。"

梁詩正 清人。字養仲。
《易・蒙卦》:"蒙以養正,聖功也。"

梁　鼎 宋人。字凝正。
《易・革卦》:"鼎,君子以正位凝命。"

梁履繩 清人。字處素。
《易・履卦》:"素履,往无咎。"又:"素履之往,獨行願也。"繩,繩墨。喻法度、規矩。《荀子・勸學》:"木直中繩。"履繩,謂依法度而行。

梁　鴻 漢人。字伯鸞。
三國魏曹丕《濟川賦》:"龜龍神嬉,鴻鸞羣翔。"

梁　鵠 漢人。字孟皇。
皇,謂鳳凰。《太平御覽》卷九一六引《決録》注:"太史令蔡衡對曰:'凡象鳳者有五:多赤色者,鳳;多黄色者,鵷雛;多青色者,鸞;多紫者,鸑鷟;多白者,鵠。'"是鵠爲鳳凰之屬,故應以"皇"。

梁　顥 宋人。字太素。
《説文・頁部》:"顥,白貌。……《楚辭》曰:'天白顥顥。'南山四顥。顥,白首人也。"素爲白色,故以應"顥"。

梁巖老 宋人。字汝霖。
殷高宗夢帝賜予賢臣,後於傅巖得説,名爲傅説,用爲相時命之曰:"若歲大旱,用汝作霖雨。"事見《僞古文尚書・説命上》。故以"汝霖"應"巖老"。老、叟、翁等,爲宋人名字習尚用字。

梁觀國 宋人。字賓卿。
《易・觀卦》:"觀國之光,利用賓于王。""卿"爲美稱。

〔梅〕

梅之焕 明人。字彬父。
《論語・泰伯》:"焕乎!其有文章。"又《雍也》:"文質彬彬,然後君子。""父"爲男子美稱。

梅文鼎 清人。字定九。
《左傳・宣公三年》:"昔夏之

方有德也，遠方圖物，貢金九牧，鑄鼎象物。”又：“成王定鼎于郟鄏。”《史記·封禪書》：“禹收九牧之金，鑄九鼎。”以“定九”應“鼎”，即取此典。

梅文鼐 清人。字和仲。

《説文·鼎部》：“鼐，鼎之絶大者。”《僞古文尚書·説命下》：“若作和羹，爾惟鹽梅。”和羹須於鼎中，故以“和”應“鼐”。古人以爲鼎有三公之象，以和鼎、和羹比喻宰輔之職。

梅文鼏 清人。字爾素。

《禮記·禮器》：“犧尊疏布鼏，樿杓，此以素爲貴也。”以“爾”飾“素”，言爾覆鼎之巾乃以素爲貴也。

梅巨儒 清人。字謏聞。

《禮記·學記》：“發慮憲，求善良，足以謏聞，不足以動衆。”陳澔集説：“發慮憲，謂其思慮以求合乎法則也；求善良，視賢也：此二者，可以小致聲譽，不能感動衆人。”以“謏聞”應“巨儒”，言已僅能小致聲譽，而非大儒。

梅　庚 清人。字耦長。

《論語·微子》：“長沮、桀溺耦而耕。孔子過之，使子路問津焉。”何晏集解引鄭玄曰：“長沮、桀溺隱者也。”此以“庚”諧“耕”。先秦兩漢人，名字多用通假字。清人喜倣古，故示博雅。

梅國禎 明人。字克生。

《詩·大雅·文王》：“王國克生，維周之楨。”《周頌·維清》有“維周之禎”，阮元校勘記云：“《唐石經》初刻楨，後改禎。”是故意取《周頌》之文爲名，而以《大雅》爲字。禎祥、楨幹同爲周而生。

梅執禮 宋人。字和勝。

《論語·述而》：“子所雅言：《詩》《書》、執禮。”又《學而》：“禮之用，和爲貴。”既以爲優，自知其貴。

梅堯臣 宋人。字聖俞。

《書·堯典》：“帝曰：‘俞！予聞，如何？’”孔傳：“俞，然也。”帝堯應許臣工之詞用“俞”。堯爲聖人，既爲堯之臣，必得堯俞允。

梅曾亮 清人。字伯言。

亮，假作“諒”。《論語·衛靈公》：“君子貞而不諒。”何晏集解引孔安國曰：“諒，信也。君子之人，正其道耳，言不必小信。”又《學而》：“言而有信。”孟子亦謂“大人者，言不必信”（《離婁下》）。《説文·言部》：“諒，信也。”段玉裁注：“經傳或假亮爲諒。”如“諒陰”亦作“亮陰”。以“言”應“亮”，兼含守信與不必守小信之意。

梅　詢 宋人。字昌言。

《書·舜典》：“詢于四岳。”孔傳：“詢，謀也。”《益稷》：“汝亦昌言。”謀及臣工，正欲其陳言。

梅鼎祚 明人。字禹金。

《史記·封禪書》：“禹收九牧之金，鑄九鼎。”

梅瑴成 清人。字玉汝。

《左傳·莊公十八年》：“皆賜玉五瑴。”杜預注：“雙玉曰瑴。”《詩·大雅·民勞》：“王欲玉女。”鄭玄箋：“玉者，君子比德焉。王乎，我欲令女如玉然。”

梅　摯 宋人。字公儀。

《玉篇·貝部》：“贄，執玉貝也。亦作摯。”《周禮·春官·大宗伯》：“以禽作六摯，以等諸侯。”鄭玄注：“摯之言至，所執以自致。”是摯通“贄”。《左傳·莊公二四年》：“男贄，大者玉帛，小者禽鳥。”因是人人所行贄見之禮，故以“公儀”相應。

梅　賾 晉人。字仲真。

《易·繫辭上》：“聖人有以見天下之賾。”孔穎達疏：“賾，謂幽深難見。聖人有其神妙，以能見天下深賾之至理也。”《説文·匕部》：“真，僊人變形而登天也。”幽深難見之理，惟聖人與真人可見，故以“真”應“賾”。

梅　鶚 明人。字百一。

漢孔融《薦禰衡表》：“鷙鳥累百，不如一鶚。”

〔淩〕

淩　文 明人。字從周。

《論語·八佾》：“周監於二代，郁郁乎文哉！吾從周。”

淩廷堪 清人。字次仲。

《左傳·文公十八年》：“高辛氏有才子八人：伯奮、仲堪、叔獻……”此取仲堪以爲名字。飾以“次”，謂隨八元之後。

淩　悦 明人。字孟傳。

此拆殷高宗賢相傅説以爲名字。

淩時中 元人。字德庸。

《禮記·中庸》：“君子之中庸也，君子而時中。”《論語·雍也》：“中庸之爲德也，其至矣乎！”

淩　浩 宋人。字直翁。

《孟子·公孫丑上》：“‘敢問何謂浩然之氣？’曰：‘難言也。其爲氣也，至大至剛，以直養而無害，則塞于天地之間。’”“翁”爲宋人時尚字飾。

淩　魚 清人。字西波。

《莊子·外物》：“周昨來，有中道而呼者。周顧視車轍中，有鮒魚焉。周問之曰：‘鮒魚來！子何爲者邪？’對曰：‘我東海之波臣也。君豈有升斗之水而活我哉？’周曰：‘諾。我且南遊吴越之王，激西江之水而迎子，可乎？’”以“西波”應“魚”，言係待西江之水而騰躍之魚。

淩景夏 宋人。字季文。

《論語·先進》：“文學：子游，子夏。”

淩　統 三國吴人。字公績。

《説文·糸部》：“統，紀也。”“紀，别絲也。”段玉裁注：“一絲必有其首，别之是爲紀。”“績，緝也。”段玉裁注：“績之言積也。積短爲長，積少爲多，故《釋詁》曰：‘績，繼也。’”統、績皆爲治絲之事，故相應。

淩稚隆 明人。字以棟。

《易·大過卦》：“棟隆，吉；有它吝。”又：“棟隆之吉，不橈乎下也。”

淩銘麟 清人。字天石。

《陳書·徐陵傳》載，徐陵兒時聰穎不凡，家人携之往候高僧寶誌。寶誌手摩其頂曰：“天上石麒麟也。”

淩　震 明人。字時東。

《易·説卦》：“震，東方也。”

淩濛初 明人。字稚成。

濛，謂濛澒，天地形成前之混沌狀態。漢王充《論衡・談天》："溟涬濛澒，氣未分之類也；及其分離，清者爲天，濁者爲地。"天地濛澒之初，如人童稚蒙昧之時。《易・蒙卦》："童蒙求我。"朱熹本義："蒙，昧也。物生之初，蒙昧未明也。……童蒙，幼穉而蒙昧。"《説卦》："蒙者，蒙也。物之穉也。物穉不可不養也。"穉，通作"稚"。《宋書・文帝紀》："復以蒙稚，猥同艱難。"物稚須養育以成，故以"成"綴"稚"。

〔畢〕

畢士安 宋人。字仁叟。

《論語・里仁》："仁者安仁。"宋人喜以叟、翁、老等爲字之綴飾。

畢允升 宋人。字元吉。

《易・升卦》："升：元亨。"又："允升，大吉。"

畢仲衍 宋人。字夷仲。

《周禮・秋官・大司徒》："辨其山林、川澤、丘陵、墳衍、原隰之名物。"鄭玄注："下平曰衍，高平曰原。"《説文・彳部》："徲，行平易也。"段玉裁注："按，凡平訓皆當作'徲'，今則'夷'行，'徲'廢矣。"《老子》第五三章："行於大道，唯施是畏。大道甚夷，而人好徑。"衍、夷同義相協。又，晉王衍字夷甫，亦或襲其名字。

畢自嚴 明人。字景曾。

孔子弟子曾參一日三省其身，"爲人謀而不忠乎，與朋友交而不信乎，傳不習乎"。因其嚴以律己，故以"景曾"應"自嚴"。

畢　亨 明人。字嘉會。

《易・乾卦・文言》："亨，嘉之會。"

畢　沅 清人。字纕蘅。

沅，沅江。屈原流放後，行吟之區。《楚辭・離騷》："濟沅湘以南征兮。"又："解佩纕以結言兮。"王逸注："纕佩，帶也。"《九歌・湘夫人》："繚之兮杜衡。"王逸注："杜衡，香草。……衡，一作'蘅'。"纕蘅，即以杜蘅爲佩飾。因景慕屈原志行高潔，故以"纕蘅"應"沅"。一字秋帆，當是取《九章・涉江》"欸秋冬之緒風"，"乘舲余上沅兮"語典。

畢良史 宋人。字少董。

《左傳・宣公二年》載，晉靈公昏暴，欲殺趙盾未遂。趙穿在趙盾默許下攻殺靈公於桃園。太史董狐直書其事曰："趙盾弑其君。"孔子讀史贊曰："董狐，古之良史也！書法不隱。"

畢定邦 清人。字康侯。

《易・晉卦》："康侯用錫馬蕃庶，晝日三接。"朱熹本義："康侯，安國之侯也。"安國、定邦義同。

畢拱辰 明人。字星伯。

《論語・爲政》："爲政以德，譬如北辰，居其所，而衆星共之。"朱熹集注："共，音拱，亦作拱。……北辰，北極。天之樞也。"辰，又指辰星，即房星。《楚辭・遠遊》："奇傅説之託辰星兮。"王逸注："辰星，房星。"《史記・天官書》："房爲府，曰天駟。"張守節正義："房星，君之位，亦主左驂，亦主良馬，故爲駟。王者恒祠之，是馬祖也。"《詩・小雅・吉日》："既伯既禱。"毛傳："伯，馬祖也。"由北辰而及辰星，故以"伯"綴"星"。

畢　翰 明人。字伯羽。

《説文・羽部》："翰，天雞也，赤羽。"

畢懋良 明人。字師皋。

《書・皋陶謨》記皋陶論政有"政事，懋哉，懋哉"之言。以"師皋"應"懋"，言欲傚皋陶勤於政事，不敢怠。

畢懋康 明人。字孟侯。

《易・晉卦》："康侯用錫馬蕃庶。"

〔盛〕

盛大有 清人。名年。

以字行。《春秋・宣公十六年》："大有年。"《公羊傳・桓公三年》："彼其曰大有年何？大豐年也。"

盛　禾 清人。字既同。

《詩・豳風・七月》："十月納禾稼。"又："我稼既同。"

盛以恒 明人。字勉南。

《禮記・緇衣》："南人有言曰：'人而無恒，不可以爲卜筮。'古之遺言與！"以"勉"飾"南"，願以南人之言自勉。

盛　安 明人。字行之。

《禮記・中庸》："或安而行之。"

盛汝謙 明人。字亨甫。

《易・謙卦》："謙：亨，君子有終。"

盛　彧 元人。字季文。

《玉篇・彡部》："彧，文章貌。"

盛時泰 明人。字仲交。

《易・泰卦》："象曰：天地交泰。"

盛　寅 明人。字啓東。

《書・堯典》："寅賓出日，平秩東作。"因《詩・小雅・大東》有"東有啓明"之語，故以"啓"飾"東"。

盛惇崇 清人。字柳五。

《論語・堯曰》："子張問於孔子曰：'何如斯可以從政矣？'子曰：'尊五美，屏四惡，斯可以從政矣。'"尊即崇。晉陶潛因門前有五柳樹，遂自號五柳先生。並作《五柳先生傳》。敬其人，遂就"五"而飾以"柳"。

盛　楓 清人。字黼宸。

《文選・何晏〈景福殿賦〉》："芸若充庭，槐楓被宸。"吕延濟注："槐楓，木名。被，滿也。帝居曰宸。"古代帝王座後屏風上以黼紋（黑白相間的斧形）爲飾，故以飾"宸"。

盛　遠 清人。字子久。

《禮記・中庸》："悠遠則博厚。"又："天地之道，博也，厚也，高也，明也，悠也，久也。"

盛　德 明人。字汝修。

《詩・大雅・文王》："聿修厥德。"

盛　樂 清人。字水賓。

《論語・雍也》："知者樂水。"

盛　憲 漢人。字孝章。

《禮記・中庸》："憲章文武。"東漢以來，尊儒讀經，故重敬天法祖，文士名字多以“孝”爲飾。

盛　輿　元人。字敬之。

《論語·衛靈公》：“立則見其參於前也；在輿，則見其倚於衡也。”朱熹集傳：“其者，指忠信篤敬而言。……言其忠信篤敬念念不忘，隨其所在，常若有見。”

盛　顒　明人。字時望。

《易·觀卦》：“有孚顒若。”朱熹本義：“顒然尊敬之貌。……而顒然可仰。”唐白居易《祈皐亭神文》：“下民顒而不知。”

〔章〕

章士斐　清人。字淇上。

《詩·衛風·淇奥》：“瞻彼淇奥，緑竹猗猗，有匪君子，如切如磋，如琢如磨。”朱熹集傳：“淇上多竹，漢世猶然，所謂淇園之竹是也。……匪、斐通，文章著見之貌也。”

章大來　清人。字泰占。

《易·泰卦》：“泰：小往大來，吉亨。”朱熹本義：“占者有陽之德，則吉而亨矣。”

章元崇　宋人。字德昂。

《論語·顔淵》：“子張問崇德辨惑，子曰：‘主忠信，崇德也。……’”昂、崇皆有高義，亦相協。

章友直　宋人。字伯益。

《論語·季氏》：“友直、友諒、友多聞，益矣。”

章世純　明人。字大力。

《詩·大雅·卷阿》：“純嘏爾常矣。”鄭玄箋：“純，大也。”因“大”而綴以“力”，是欲力强。

章永祚　清人。字錫九。

《詩·大雅·既醉》：“君子萬年，永錫祚胤。”封建時代帝王尊禮大臣有九錫，故因“錫”而綴以“九”。

章如旦　宋人。字希周。

旦，謂周之姬旦。乃武王之弟，佐武王滅商，又輔成王，相傳周之制度，皆旦所創，世號周公。希周，即希如周公旦。

章　甫　宋人。字端叔。

連姓成文。《論語·先進》：“端章甫，願爲小相焉。”何晏集解引鄭玄曰：“端，玄端也。衣玄端，冠章甫。”

章尚絅　明人。字闇然。

《禮記·中庸》：“《詩》曰，衣錦尚絅。惡其文之著也。故君子闇然而日章。”

章宗源　清人。字逢之。

《孟子·離婁下》：“資之深，則取之左右逢其原。”原、源，古今字。

章　岵　宋人。字望之。

《詩·魏風·陟岵》：“陟彼岵兮，瞻望父兮。”

章金牧　清人。字雲李。

《史記·廉頗藺相如列傳》：“李牧者，趙之北邊良將也。常居代、鴈門，備匈奴。”雲，指雲中。趙地。以“雲李”應“牧”，意即雲中李牧。

章　适　明人。字景南。

适，謂南宫适。孔子弟子，字子容。孔子贊美之曰：“君子哉若人！尚德哉若人！”（《論語·憲問》）此拆其姓名以爲名字。

章　惇　宋人。字子厚。

《説文·心部》：“惇，厚也。”同義故相協。“子”爲男子美稱。

章惟一　明人。字守中。

《僞古文尚書·大禹謨》：“惟精惟一，允執厥中。”“守中”即“執中”。

章望之　宋人。字表民。

《左傳·襄公二五年》：“民之望也。”以“表”飾“民”，謂民之望之，視爲表率。

章　陬　明人。字仲寅。

《爾雅·釋天》：“太歲在寅曰攝提格。”又：“正月爲陬。”郭璞注：“《離騷》云：‘攝提貞於孟陬。’”

章　敞　明人。字尚文。

此拆名爲字。

章　愷　清人。字虞仲。

《詩·小雅·魚藻》：“豈樂飲酒。”又：“飲酒樂豈。”鄭玄箋：“豈，亦樂也。”陸德明釋文：“豈，本亦作愷。……樂也。”《孟子·盡心上》：“霸者之民，驩虞如也。”趙岐注：“故民驩虞樂之也。”朱熹集注：“驩虞與歡娛同。”是愷、虞同義相協。

章戡功　清人。字服伯。

《書·西伯戡黎》：“西伯既戡黎。”《西伯戡黎序》“作《西伯戡黎》”孔傳：“戡，亦勝也。”既伐黎而勝之，是即黎臣服於西伯（文王），故以“服伯”應“戡功”。“伯”亦兼表行第。

章　慥　清人。字仲實。

《禮記·中庸》：“君子胡不慥慥爾？”鄭玄注：“慥慥，守實言行相應之貌。”朱熹《中庸章句》：“慥慥，篤實貌。”

章　綸　明人。字大經。

《禮記·中庸》：“唯天下至誠，爲能經綸天下之大經。”

章調鼎　明人。字玉鉉。

孟浩然《送辛大之鄂》詩：“未逢調鼎用，徒有濟川心。”《僞古文尚書·説命中》記殷高宗命傅説爲相時，有“若作和羹，爾惟鹽梅”之語，鼎爲古代烹飪之器，和羹必於鼎，故以“調鼎”爲任宰輔之稱。《易·鼎卦》：“鼎，玉鉉，大吉无不利。”因“調鼎”而及《鼎卦》語典，故以“玉鉉”應“鼎”。

章學誠　清人。字實齋。

《禮記·大學》：“欲正其心者，先誠其意。”朱熹章句：“誠，實也。”“齋”爲時尚綴飾。

章　憲　宋人。字叔度。

東漢黄憲字叔度，有盛名，名士如荀淑、郭林宗等，皆傾慕不已，時人比作顔回。見《后漢書》本傳。此襲用其名字。

章　樵　宋人。字升道。

《詩·小雅·白華》：“樵彼桑薪。”《漢書·汲黯傳》：“陛下用羣臣如積薪耳，後來者居上。”因樵而及薪木，因薪木而及積薪。又因《易·升卦》有“地中生木，升；君子以順德，積小以高大”之語，故以“升道”應“樵”。言如《升卦》推闡之理，“順行其德，積其小善，以成大名”（《易·升卦》孔疏）。

章　穎　宋人。字茂獻。

《詩·大雅·生民》：“誕后稷之穡，有相之道。茀厥豐草，種之黄茂。……實穎實栗，即有邰家室。”朱熹集傳：“黄茂，嘉穀也。……穎，實繁碩而垂末也。”古代五穀熟先以薦宗廟，故以“獻”綴“茂”。

章　簡　明人。字坤能。
《易·繫辭上》：“坤以簡能。”

章　鑑　宋人。字君寶。
《新唐書·張九齡傳》：“初，千秋節，公王並獻寶鑑，九齡上《事鑑》十章，號《千秋寶鑑録》，以伸諷諭。”人君可以古今成敗興廢爲戒，不蹈覆轍，誠可爲寶。

〔符〕

符　叙　宋人。字舜功。
《僞古文尚書·大禹謨》：“九功惟叙。”此禹對帝舜之言。禹爲舜臣，“六府，三事允治”，自是虞舜之功。

符　曾　清人。字幼魯。
曾，謂曾參，孔子弟子。《論語·先進》：“參也魯。”朱熹集注：“魯，鈍也。程子曰：‘參也竟以魯得之。’又曰：‘曾子之學，誠篤而已。聖門學者，聰明才辯不爲不多，而卒傳其道，乃質魯之人爾。’”

符　載　唐人。字厚之。
《易·坤卦》：“坤厚載物。”

符　融　漢人。字偉明。
《釋名·釋丘》：“鋭上曰融丘。融，明也。明，陽也。凡上鋭皆高而近陽者也。”偉，大。以飾“明”，欲光明大盛。

符　驗　明人。字大充。
連姓成文。《荀子·性惡》：“凡論者貴其有辨合，有符驗。”《莊子》有《德充符》一篇，闡内充玄德，外有符驗之理，故應以“充”。

〔笪〕

笪重光　清人。字在辛。
《爾雅·釋天》：“太歲在甲曰閼逢……在辛曰重光。”

〔許〕

許乃穀　清人。字玉年。
南朝宋劉義慶《世説新語·賞譽》：“世謂庾文康爲豐年玉，穉恭爲荒年穀。”劉孝標注：“謂亮有廊廟之器，翼有匡世之才：各有用也。”

許　山　清人。字山如。
《詩·小雅·天保》：“天保定爾，以莫不興。如山如阜，如岡如陵。”又：“如南山之壽，不騫不崩。”

許之漸　清人。字儀吉。
《易·漸卦》：“鴻漸于陸，其羽可用爲儀，吉。”

許　升　宋人。字順之。
《易·升卦》：“柔以時升，巽而順。”

許天錫　明人。字啓衷。
《詩·魯頌·閟宫》：“天錫公純嘏。”《左傳·襄公二五年》：“天誘其衷，啓敝邑之心。”古人以爲上天錫福或降災，必先啓迪人作某事，然後禍福隨之。故以“啓衷”應“天錫”。

許　尹　宋人。字覺民。
尹，謂伊尹。伊尹耕於有莘之野，不欲就湯之聘。“既而幡然改曰：‘……天之生此民也，使先知覺後知，使先覺覺後覺也。予天民之先覺者也。予將以斯道覺斯民也。’”見《孟子·萬章上》。

許文岐　明人。字我西。
《詩·大雅·緜》：“古公亶父，來朝走馬，率西水滸，至于岐下。”岐在西方，故文王稱西伯，遂以“西”應“岐”。飾以“我”，是仰慕西周之盛，以“西方之人”自居。

許　田　清人。字莘野。
此連姓成文。許田，地名。以“莘野”應“田”，是因田、野義近，故相協。《孟子·萬章上》有“伊尹耕於有莘之野”之語，故以“莘”飾“田”。

許仲宣　宋人。字希粲。
東漢末王粲字仲宣，爲“建安七子”之一。慕其人，故襲其名字。

許　份　宋人。字子大。
份，假作“頒”。《説文·頁部》：“頒，大頭也。”段玉裁注：“《小雅·魚藻》曰：‘魚在在藻，有頒其首。’傳曰：‘頒，大首貌。’”

許如蘭　清人。字芳谷。
《易·繫辭上》：“其臭如蘭。”應以“芳谷”，取《淮南子·説山訓》“蘭生幽谷，不爲莫服而不芳”之義。

許安仁
①宋人。字仲山。
《論語·雍也》：“知者樂水，仁者樂山；知者動，仁者静。”
②金人。字子静。
解見①。

許有壬　元人。字可用。
《史記·律書》：“壬之爲言任也。”任、用義近，故相協。

許有穀　明人。字子仁。
《爾雅·釋詁》：“穀，善也。”《孟子·盡心下》“善人也”朱熹集注引張子曰：“志仁無惡之謂善。”

許自球　明人。字行受。
《詩·商頌·長發》：“受小球大球，爲下國綴旒，何天之休。”

許伯政　清人。字惠棠。
《詩·召南·甘棠》：“蔽芾甘棠，勿翦勿伐，召伯所茇。”朱熹集傳：“召伯循行南國，以布文王之政，或舍甘棠之下，其後人思其德，故愛其樹，而不忍傷也。”此用其典以爲名字。

許伯旅　明人。字廷慎。
《易·旅卦》：“旅，君子以明慎用刑而不留獄。”廷，謂廷尉。秦漢掌刑獄之官。爲九卿之一。

許　劭　漢人。字子將。
《爾雅·釋詁》：“劭，美也。”《詩·魯頌·閟宫》“犧尊將將”孔穎達疏引王肅云：“將將，盛美也。”又《釋詁》：“劭，勉也。”《漢書·衡山王賜傳》：“皆將養勸之。”顔師古注：“將，讀曰獎。”獎爲勸勉、褒美之義，亦可相協。“子”爲男子美稱。

許孚遠　明人。字孟中。
《易·中孚卦》：“象曰：中孚，柔在内而剛得中。”

許成名　明人。字思仁。
《論語·里仁》：“君子去仁，惡乎成名？”此從正面取義以爲名字。

許 攸 漢人。字子遠。

《漢書·叙傳下》:"攸攸外寓,閩越東甌。"顔師古注:"攸攸,遠貌。"

許 豸 明人。字玉史。

豸,獬豸。《晉書·輿服志》:"或説獬豸,神羊,能觸邪佞。《異物志》云:'北荒之中有獸,名獬豸,一角,性别曲直。見人鬬,觸不直者;聞人争,咋不正者。楚王嘗獲此獸,因象其形,以制衣冠。'"封建時代以爲御史及司監察者之服飾,故以"史"應"豸"。以官名爲字恐致混淆,故以"玉"易"御"。

許邦光 清人。字汝韜。

《詩·小雅·南山有臺》:"樂只君子,邦家之光。"聖賢有韜光之訓,故因"光"而承以"韜"。飾以"汝",乃倣《書》文例,自我勖勉。

許叔微 宋人。字知可。

《禮記·中庸》:"知微之顯,可與入德矣。"又《易·繫辭下》:"知幾其神乎!……幾者,動之微,吉之先見者也。君子見幾而作,不俟終日。"以"知可"應"微",亦或取《易》義。言見其幾微,即可知作之與否。

許宗魯 明人。字東侯。

《詩·魯頌·閟宫》:"乃命魯公,俾侯于東。"以"東侯"應"宗魯",意爲周宗室之魯,乃東方之侯。

許承宣 清人。字力臣。

《書·益稷》:"予欲宣力四方,汝爲。"孔傳:"布立立治之功,汝羣臣當爲之。"

許迎年 清人。字穀士。

《説文·禾部》:"年,穀熟也。……《春秋傳》曰:'大有年。'""穀"又訓善(《爾雅·釋詁》),故借以綴"士",言爲善士。

許 洞 宋人。字淵夫。

《楚辭·招魂》:"姱容修態,絙洞房些。"洪興祖補注引五臣云:"洞,深也。"《詩·邶風·燕燕》:"其心塞淵。"毛傳:"淵,深也。"同義相協。"夫"爲男子通稱。

許 炯 明人。字吾野。

炯,假作"坰"。亦或因炯、坰形近而誤。《詩·魯頌·駉》:"駉駉牡馬,在坰之野。"毛傳:"坰,遠野也。邑外曰郊,郊外曰野,野外曰林,林外曰坰。"《論語·先進》:"先進於禮樂,野人也;後進於禮樂,君子也;如用之,則吾從先進。"朱熹集注:"野人,謂郊外之民。"孔子是欲"損過以就中"。遂因"坰"而及"郊外之民"。願學孔子"從先進",故以"吾"飾"野"。

許 珍 明人。字待聘。

《禮記·儒行》:"儒有席上之珍以待聘。"

許 珌 清人。字天玉。

《説文·玉部》:"珌,佩刀下飾。天子以玉。"

許孫荃 清人。字蓀友。

《楚辭·離騷》:"荃不察余之中情兮,及信讒而齌怒。"王逸注:"荃,香草也。"洪興祖補注:"荃與蓀同。《莊子》云:'得魚而忘荃。'音義云:'七全切。崔音孫。香草,可以餌魚。'疏云:'蓀,荃也。'"

許庭堅 清人。字次谷。

宋黄庭堅號山谷道人。慕其人故襲其名號。飾以"次",言在山谷之列。

許 恕 元人。字如心。

《論語·里仁》:"夫子之道,忠恕而已矣。"朱熹集注:"盡己之謂忠,推己之謂恕。……或曰中心爲忠,如心爲恕。"

許 扆 元人。字君黼。

《書·顧命》:"設黼扆綴衣。"

許桂林 清人。字月南。

《山海經·海内南經》:"桂林八樹在番隅東。"郭璞注:"八樹而成林,言其大也。"《太平御覽》卷九五七引《淮南子》曰:"月中有桂樹。"《説文·木部》:"桂,江南木,百藥之長。"桂生於月中,生於南方,故以"月南"相應。一字同叔。《太平御覽》卷九五七引《廣志》曰:"桂出合浦,而生必高山之巔,冬夏常青,類自爲林,間無雜樹。""無雜樹"即是同爲一類。

許 嵎 清人。字暘谷。

《書·堯典》:"宅嵎夷,曰暘谷。"

許 幾 宋人。字先之。

《易·繫辭下》:"幾者,動之微,吉之先見者也。"

許景衡 宋人。字少伊。

衡,謂阿衡。《詩·商頌·長發》:"實維阿衡,實左右商王。"毛傳:"阿衡,伊尹也。左右,助也。"伊尹佐湯滅夏桀,創建商王朝,歷相湯、外丙、中壬、太甲、沃丁,後世稱爲聖人。景慕其人,故取以爲名字。

許 棐 宋人。字忱父。

《書·大誥》:"天棐忱辭,其考我民。""父"爲男子美稱。

許 渾 唐人。字仲晦。

《老子》第十五章:"渾兮其若濁。"渾濁則不明。《穀梁傳·僖公十五年》:"晦,冥也。"冥亦不明。是同義相協。

許 貴 明人。字用和。

《論語·學而》:"禮之用,和爲貴。"

許 慎 漢人。字叔重。

《吕氏春秋·節喪》:"慈親孝子之所慎也。"高誘注:"慎,重也。"

許 楚 清人。字方城。

《左傳·僖公四年》:"楚國方城以爲城。"

許熙載 元人。字獻臣。

《書·舜典》:"帝曰:'咨,四岳!有能奮庸熙帝之載,使宅百揆,亮采惠疇。'"孔傳:"訪羣臣有能起發其功,廣堯之事者。"《酒誥》:"予惟曰:'汝劼毖殷獻臣、侯、甸、男、衛,……'"孔傳:"我惟告汝曰:'汝當固慎殷之善臣信用之。'"能擴大事功者,自是善臣。

許鼎臣 明人。字定于。

《左傳·宣公三年》:"成王定鼎于郟鄏。"《孟子·梁惠王上》:"卒然問曰:'天下惡乎定?'吾對曰:'定于一。'"

許 箕 清人。字巢友。

許由、巢父並爲唐堯時高士。

堯欲令許由爲九州長，許由遂隱於箕山之下。堯又欲讓與天下，由聞其言，乃洗耳於潁水。巢父爲其友，許曾與謀帝堯欲讓天下事，巢父責以“何不隱汝形，藏汝光”。事見《莊子·逍遥遊》、皇甫謐《高士傳》等書。

許維禎 元人。字周卿。

《詩·周頌·維清》：“維周之禎。”禎，本亦作“楨”。《大雅·文王》：“王國克生，維周之楨。”鄭玄箋：“此邦能生之，則是我周之幹事之臣。”周卿亦即周之幹事之臣。

許 儀 明人。字子韶。

《書·益稷》：“《簫韶》九成，鳳皇來儀。”“子”爲男子美稱。

許 槤 清人。字叔夏。

《説文·木部》：“槤，胡槤也。”段玉裁注：“《明堂位》曰：‘有虞氏之兩敦，夏后氏之四璉……’璉，當依許從木。”

許 褚 三國魏人。字仲康。

《漢書·南粤王趙佗傳》：“上褚五十衣，中褚三十衣，下褚二十衣，遺王。”顔師古注：“以綿裝衣曰褚。上中下者，綿之多少厚薄之差也。”《史記·屈原賈生列傳》：“斡弃周鼎兮寶康瓠。”司馬貞索隱：“康，空也。”衣中空始可褚綿。又，裝綿則實，應以“康”，反義相協。

許 翰 宋人。字崧老。

《詩·大雅·崧高》稱頌甫侯與申伯有“維申及甫，維周之翰”之語，故以“崧”應“翰”。“老”爲宋人名字習用綴飾。

許錫祺 清人。字莘甫。

《説文·示部》：“祺，吉也。”錫祺，謂上天賜福。《詩·大雅·魚藻》：“有莘其尾。”毛傳：“莘，長貌。”《文選·班固〈東都賦〉》：“俎豆莘莘。”李善注引毛萇《詩》傳曰：“莘莘，衆多也。”以“莘”應“錫祺”，欲上天降福既多且久長。

許應元 明人。字子春。

《爾雅·釋詁》：“元，始也。”春爲歲之始，故相應。

許 瀚 清人。字印林。

《清儒學案》作“字元翰，號印林”。當從。因“瀚”古多作“翰”。如瀚海，《史記·匈奴列傳》《漢書·霍去病傳》皆作“翰海”。元翰，猶言原爲“翰”。當是三十歲後，潛心金石文字之學時，始改“印林”，然猶假“瀚”作“翰”，隱“翰林”意。殆以號爲字。

許 鯤 明人。字景運。

《莊子·逍遥遊》：“北冥有魚，其名爲鯤。……化而爲鳥，其名爲鵬。……是鳥也，海運則將徙於南冥。”以“景運”應“鯤”，是景慕化鵬後，乘海運之際，直上九萬里南徙之壯舉。

許纘曾 清人。字孝修。

《詩·豳風·七月》：“載纘武功。”毛傳：“纘，繼。”曾，謂孔子弟子曾參。曾子大孝，且傳《孝經》，故以“孝修”應“纘曾”。

〔逯〕

逯中立 明人。字與權。

《論語·子罕》：“可與立，未可與權。”

逯魯曾 元人。字善止。

魯曾，謂孔子弟子曾參。曾參魯國人，孔子又謂“參也魯”（《論語·先進》）。雖魯鈍，但誠篤向學，得孔子真傳，作《大學》。其書主旨“在明明德，在親（新）民，在止於至善”（《大學》）。故以“善止”應“魯曾”。

〔黄〕

黄一正 明人。字定父。

《孟子·離婁上》：“君仁莫不仁，君義莫不義，君正莫不正，一正君而國定矣。”父，男子尊美之稱。先秦男子之字皆綴以“父”，漢以來改爲“甫”；雖倣古用“父”，亦讀爲“甫”。

黄一鳳 明人。字時鳴。

《詩·大雅·卷阿》：“鳳皇鳴矣，于彼高岡。”古人以鳳凰爲祥瑞之鳥，太平盛世有聖人在位時始出現，故以“時”爲飾，謂以時而鳴。

黄乙生 清人。字小仲。

乙生，當謂生于乙夜。其父黄景仁，字仲則，故字小仲。

黄久約 金人。字彌大。

《論語·里仁》：“不仁者不可以久處約。”以“彌大”應“久約”，自謂是仁者，處約愈久，其德彌大。

黄千人 清人。字證孫。

《左傳·昭公十年》載，晉平公死。鄭國子皮欲載幣往晉會葬，并謁見新君，子産以爲非禮，以爲“喪焉用幣？用幣必百兩（輛），百兩必千人”。如不能見新君，空耗費國家資財。“既葬，諸侯之大夫欲因見新君。叔孫昭子曰：‘非禮也。’”晉人亦拒絶，各國大夫“皆無辭以見。子皮盡用其幣”。以“證孫”應“千人”，即謂鄭子産之明見可以魯國叔孫昭子之言相證。

黄千能 宋人。字必强。

《禮記·中庸》：“人一能之己百之，人十能之己千之。果能此道矣，雖愚必明，雖柔必强。”

黄士毅 宋人。字子洪。

《論語·泰伯》：“士不可以不弘毅。”此以“洪”作“弘”。

黄子游 宋人。字叔偃。

孔子弟子言偃字子游。此襲其名字。清王引之《春秋名字解詁·鄭公子偃字子游……吴言偃字子游》：“偃，讀爲㫃。《説文》：‘㫃，旌旗之游㫃蹇之貌。’讀若偃。”“叔”表行第在三。

黄子澄 明人。名湜。

以字行。《詩·邶風·谷風》：“涇以渭濁，湜湜其沚。”朱熹集傳：“湜湜，清貌。”澄爲清澈，湜澄同義相協。

黄 中

① 宋人。字通老。

《易·坤卦·文言》：“君子黄中通理。”宋人多以老、叟爲字的綴飾。

② 宋人。字仲庸。

此取《中庸》以爲名字。

黄中色 明人。字元采。

《左傳·昭公十年》：“黄，中之色也；裳，下之飾也；元，善之長也。”此連姓成文。

黄中美　宋人。字文昭。

《左傳·昭公十年》：“中美能黄。”又《易·坤卦·文言》：“君子黄中通理……美在其中而暢於四支。”又“象曰‘含章可貞’……知光大也。”故應以“文昭”。

黄中理　清人。字文在。

《易·坤卦·文言》：“君子黄中通理。”又：“象曰：黄裳元吉，文在中也。”《文言》之辭乃是解釋《象》的，故以“在中”應“中理”。

黄丹書　清人。字廷授。

漢司馬遷《報任安書》：“僕之先非有剖符丹書之功。”《漢書·高帝紀下》：“又與功臣剖符作誓，丹書鐵契，金匱石室，藏之宗廟。”丹書鐵契乃天子所頒賜，故以“廷授”相應。

黄元御　清人。字坤載。

御，謂駕車馬。《左傳·成公二年》：“余折以御。”駕車爲載人或物，《易·坤卦》有“坤厚載物”之言，故以“坤載”應“御”。

黄公度　宋人。字師憲。

東漢黄憲字叔度，品德高尚，時人以爲顔子復出，爲諸名士推重。事見《後漢書》本傳及《世説新語》。敬其人，故襲其名字。

黄公望　元人。字子久。

《史記·齊太公世家》載，周文王獵於渭陽，遇姜尚，“與語大説，曰：‘自吾先君太公曰：“當有聖人適周，周以興。”子真是邪？吾太公望子久矣。’故號之曰‘太公望’。載與俱歸，立爲師”。故以“子久”應“公望”。名與字亦相連成文。

黄天性　明人。字大本。

《禮記·中庸》：“天命之謂性……喜怒哀樂之未發，謂之中；發而皆中節，謂之和。中也者，天下之大本也；和也者，天下之達道也。”朱熹集注：“喜怒哀樂，情也；其未發，則性也。”故以“大本”應“性”。

黄文暘　清人。字秋平。

《書·洪範》：“曰雨，曰暘。”孔傳：“暘以乾物。”《玉篇·日部》：“暘，日乾物也。”《孟子·滕文公上》：“秋陽以暴之。”朱熹集注：“秋日燥烈，言暴之乾也。”故以“秋”應“暘”。秋八月日夜均等，故因“秋”而綴以“平”。

黄文焕　明人。字維章。

《論語·泰伯》：“焕乎！其有文章。”

黄日起　清人。字伊旦。

《詩·邶風·匏有苦葉》：“旭日始旦。”毛傳：“旭，日始出，謂大昕之時。”故以“旦”應“日起”。伊，猶乃、乃是。

黄丕烈　清人。字紹武。

《僞古文尚書·君牙》：“嗚呼！丕顯哉，文王謨！丕承哉，武王烈！”紹，繼承。

黄世成　清人。字培山。

《論語·子罕》：“子曰：‘譬如爲山，未成一簣，止，吾止也。’”朱熹集注：“言山成而但少一簣，其止者，吾自止耳。”“蓋學者自强不息，則積少成多。中道而止，則前功盡棄，其止其往，皆在我而不在人也。”以“培山”應“成”，即謂不可中道而廢，應將山培成。

黄以周　清人。字元同。

《論語·爲政》：“子曰：‘君子周而不比，小人比而不周。’”《孟子·公孫丑上》：“大舜有大焉。善與人同。舍己從人，樂取於人以爲善。”

黄必昌　宋人。字景文。

周文王名昌。景仰聖賢，故襲用其名與謚。

黄本驥　清人。字虎癡。

《論語·憲問》：“子曰：‘驥不稱其力，稱其德也。’”朱熹集注：“驥，善馬之名。”《儀禮·覲禮》：“天子乘龍。”鄭玄注：“馬八尺以上爲龍。”《易·乾卦》：“雲從龍，風從虎。”龍虎同爲俊偉靈獸，常連用以喻才能之士或壯美之物，故以“虎”應“驥”。《三國志·魏志·許褚傳》謂，“軍中以褚力如虎而癡，故號曰虎癡”。遂因“虎”而綴以“癡”。

黄永年　清人。字静山。

《僞古文尚書·畢命》：“資富能訓，惟以永年。”永年即是長壽。《論語·雍也》：“知者樂水，仁者樂山；知者動，仁者静；知者樂，仁者壽。”故以“静山”應“永年”。

黄玉鉉　清人。字節生。

《易·鼎卦》：“象曰：玉鉉在上，剛柔節也。”故以“節”應“玉鉉”。生，讀書人通稱。《史記·儒林列傳》：“言《禮》自魯高唐生。”司馬貞索隱：“云‘生’者，自漢已來儒者皆號‘生’，亦‘先生’省字呼之耳。”故以“生”爲字的綴飾。

黄玉衡　清人。字伯璣。

《書·舜典》：“在璿璣玉衡，以齊七政。”行第居長，故飾以“伯”。

黄　生　清人。字扶孟。

生，性。《孟子·告子上》：“生之謂性。”朱熹集注：“生，指人物之所以知覺運動者而言。”孟子與告子辯論人之性，告子以爲人性無善與不善之分，孟子則主張人性皆善。以“扶孟”應“生”，即謂維護孟子之説。

黄　甲　明人。字首卿。

甲、首皆表頭等或第一，故以“首”應“甲”。然甲首連用，古代則指戰爭中被殺甲士之頭，《左傳》屢見。如《桓公六年》：“甲首三百，以獻於齊。”《哀公十一年》：“甲首三千，以獻於公。”杜預注云：“甲首，被甲者首。”以“甲首”爲名字，不免爲有識者所笑。明代人常有此失。

黄甲雲　清人。字唱韓。

《詩·大雅·韓奕》：“諸娣從之，祁祁如雲，韓侯顧之，爛其盈門。”此詩寫韓侯朝覲周天子及歸來娶妻之事，一片喜慶風光，故取以爲名字。

黄　申　宋人。字酉卿。

十二地支中申、酉相連，故以爲名字。“卿”爲綴飾。《中國人名大辭典》“卿”作“鄉”，疑誤。

黄石符　明人。字圯人。

《史記·留侯世家》載，張良

于下邳圯上遇一老人，“出一編書，曰：‘讀此則爲王者師矣。後十年興。十三年孺子見我濟北，穀城山下黄石即我矣。’遂去”。故以“圯人”應“黄石”。授張良之書乃《太公兵法》，遂連姓成文爲“黄石符”。其所以用“符”不用“書”，可能將《太公兵法》誤作《太公陰符經》之故。

黄仲元 宋人。字善甫。

《易·乾卦·文言》：“元者，善之長也。”“甫”爲綴飾。

黄仲昭 明人。名潛。

以字行。《詩·小雅·正月》：“潛雖伏矣，亦孔之炤。”《中庸》引此詩作“亦孔之昭”。

黄 任 清人。字莘田。

《孟子·萬章上》：“伊尹耕於有莘之野，而樂堯舜之道焉。……湯三使往聘之，既而幡然改曰：‘與我處畎畝之中，由是以樂堯舜之道，吾豈若使是君爲堯舜之君哉？吾豈若使是民爲堯舜之民哉？吾豈若於吾身親見之哉？……’其自任以天下之重如此。故就湯而説之，以伐夏救民。”

黄休復 宋人。字歸本。

《左傳·成公十八年》：“復其位曰復歸。”復、歸皆是回到本來處。《易·繫辭下》：“復，德之本也。”故綴以“本”。

黄夷行 宋人。字用之。

《論語·述而》：“用之則行。”

黄好謙 宋人。字幾道。

《易·謙卦》：“天道虧盈而益謙，地道變盈而流謙……人道惡盈而好謙。”應以“幾道”，謂能好謙即近於人之道。

黄汝亨 明人。字貞父。

《易·乾卦》：“乾：元亨利貞。”“父”爲綴飾。先秦字飾用“父”，漢以后多用“甫”。父讀fǔ。

黄汝成 清人。字庸玉。

《詩·大雅·民勞》：“王欲玉女，是用大諫。”鄭玄箋：“玉者，君子比德焉。王乎，我欲令女如玉然，故作是詩，用大諫正女。”女，通“汝”。庸，用。按，“玉成”一詞，源於此詩。

黄汝良 明人。字明起。

《書·益稷》：“乃歌曰：‘股肱喜哉！元首起哉！’……乃賡載歌曰：‘元首明哉！股肱良哉！庶事康哉！’”

黄百家 清人。字主一。

言雖有諸子百家之言，然但主儒家一家。此用漢武帝罷黜百家，獨尊儒術之典。見《漢書·武帝紀贊》。

黄 臣 明人。字伯鄰。

《書·益稷》：“帝曰：‘吁，臣哉，鄰哉！鄰哉，臣哉！’”“伯”表行第居長。

黄 艾 宋人。字伯耆。

《禮記·曲禮上》：“四十曰强，而仕；五十曰艾，服官政；六十曰耆，指使；七十曰老，而傳。”

黄伯思 宋人。字長睿。

《書·洪範》：“思曰睿。”

黄 佐 明人。字才伯。

《漢書·董仲舒傳贊》：“劉向稱‘董仲舒有王佐之才，雖伊吕亡以加’。”

黄 何 宋人。字景蕭。

此景仰漢代蕭何，故以爲名字。

黄克恭 宋人。字彦禮。

《論語·學而》：“信近於義，言可復也；恭近於禮，遠恥辱也。”

黄克纘 明人。字紹夫。

《詩·豳風·七月》：“載纘武功。”毛傳：“纘，繼功事也。”《爾雅·釋詁》：“紹，繼也。”名、字同義相協。“夫”爲男子通稱，以爲綴飾。

黄 吕 清人。字次黄。

中國古代音樂有十二律，奇數之六律爲陽律，名六律，黄鐘爲其首。偶數之六律爲陰律，名六吕，大吕爲其首。在十二律序列中，大吕在黄鐘之下，此連姓成文，姓在先，名在后，故以“次黄”應“吕”。

黄 均 清人。字穀原。

《史記·屈原賈生列傳》：“屈原者，名平。”屈原在《離騷》中化其名字云：“名余曰正則兮，字余曰靈均。”王逸注：“正，平也；則，法也。”“故父伯庸名我爲‘平’以法天，字我爲‘均’以法地。”洪興祖補注：“正則以釋名平之義，靈均以釋字原之義。”名“均”字“原”，則是以屈原演化之字爲名，而以其字爲字。以“穀”爲飾，是比附“靈均”之“靈”。《文選》五臣注《離騷》云：“靈，善也。”《爾雅·釋詁》：“穀，善也。”是以“穀”代“靈”。

黄孝錫 清人。字備成。

《書·禹貢》：“禹錫玄圭，告厥成功。”備，猶全。

黄希旦 宋人。字姬仲。

周代姬旦爲武王之弟，佐武王伐紂，建立周王朝。武王崩，又輔成王。周之典章制度多出其手，儒家尊之爲聖人。後世但稱周公。此以其姓名爲名字。

黄希憲 明人。字千頃。

東漢黄憲字叔度，有重名於時。郭林宗稱贊道：“叔度汪汪如萬頃之陂，澄之不清，擾之不濁，其器深廣，難測量也！”見南朝宋劉義慶《世説新語·德行》，又見《後漢書》本傳。此襲其名，而以其事爲字。

黄沃棠 清人。字蔭亭。

《詩·召南·甘棠》：“蔽芾甘棠，勿翦勿伐，召伯所茇。”鄭玄箋：“召伯聽男女之訟，不重煩勞百姓，止舍小棠之下而聽斷焉。國人被其德，説其化，思其人，敬其樹。”以“蔭”應“棠”，即謂棠蔭之下。“亭”爲時尚字飾。

黄 沔 宋人。字朝宗。

《詩·小雅·沔水》：“沔彼流水，朝宗于海。”

黄 秀 清人。字君實。

《詩·大雅·生民》：“實發實秀，實堅實好。”

黄 里 明人。字德鄰。

《論語·里仁》：“子曰：‘里仁爲美。’”《孟子·公孫丑上》：“孔子曰：‘里仁爲美。擇不處仁，焉得知？’夫仁，天之尊爵也，人之安宅也。”以“德鄰”應“里”，即謂與仁者共鄰里。

黄叔英 元人。字彦實。

《爾雅·釋草》：“木謂之華，

草謂之榮；榮而實者謂之秀，榮而不實者謂之英。”英爲不結實之花，實爲花后之果。二者相連而義相反，故以爲名字。彦，美士之稱。

黄叔琳　清人。字崑圃。

《説文·玉部》：“琳，美玉也。”《僞古文尚書·胤征》：“大炎崑岡，玉石俱焚。”孔傳：“崑山出玉。”南朝梁周興嗣《千字文》：“玉出崑岡。”故以“崑”應“琳”。《楚辭·天問》有“崑崙縣圃”之言，遂因“崑”而綴以“圃”。此亦清人習尚綴飾。

黄叔達　宋人。字知命。

《論語·堯曰》：“不知命無以爲君子也。”唐王勃《滕王閣序》：“所賴君子安貧，達人知命。”

黄叔璥　清人。字玉圃。

《説文·玉部》：“璥，玉也。”崐崘山出玉，其絶頂名縣圃。《楚辭·天問》：“昆侖縣圃，其居安在？”王逸注：“崑崙，山名也。……其巔曰縣圃。”南朝梁周興嗣《千字文》：“玉出崑岡。”故以“玉圃”應“璥”。

黄宗旦　宋人。字叔才。

《書·金縢》；“不若旦多材多藝。”材，通“才”。“叔”表行第居三。

黄宗明　明人。字誠甫。

《禮記·中庸》：“誠則明矣，明則誠矣。”“甫”爲綴飾，男子之美稱。

黄宗昌　明人。字長倩。

《詩·齊風·猗嗟》：“猗嗟昌兮！頎而長兮！”西漢以來，士人喜以“倩”爲字的綴飾，如東方朔、雋不疑、于定國皆字曼倩。《漢書·循吏傳·朱邑》：“昔陳平雖賢，須魏倩而後進。”顔師古注：“倩，士之美稱。”

黄宗炎　清人。字晦木。

《説文·炎部》：“炎，火光上也。”段玉裁注：“《洪範》曰：‘火曰炎上。’其本義也。”《易·鼎卦》：“以木巽火。”木能生火，故以“木”應“炎”。但古訓戒盈戒滿，“炎炎者滅，隆隆者絶”（揚子《解嘲》）。不欲過盛，故以“晦”爲飾，與“炎”反義相應。一字立谿，未詳。

黄宗會　清人。字澤望。

《書·禹貢》：“雷夏既澤，灉沮會同。”蔡沈集傳：“故水治而後雷夏爲澤。”“會者，水之合也；同者，合而一也。”以“澤望”應“宗會”，是謂欲諸水合流爲一，泛濫之水聚而爲澤，不再漫溢。

黄宗羲　清人。字太沖。

羲，謂傳説遠古時代三皇之一的伏羲氏。《莊子·繕性》：“古之人在混芒之中，與一世而得澹漠焉。當是時也，陰陽和静，鬼神不擾，四時得節，萬物不傷，羣生不夭，人雖有知，無所用之……逮德下衰，及燧人、伏羲始爲天下。”封建時代，士大夫多嚮往遠古無争斗、無欺詐，寧静而和諧的社會生活，故以“太沖”應“羲”。《莊子·應帝王》：“吾鄉示之以太沖莫勝。”王先謙集解：“注引向云：居太沖之極，浩然泊心，玄同萬方，莫見其跡。”

黄居中　明人。字明立。

《禮記·中庸》：“故君子和而不流，强哉矯；中立而不倚，强哉矯。”飾以“明”，謂明乎此訓。

黄居寀　宋人。字伯鸞。

此以寀作采。古代寀邑之寀，彩色之彩，皆作采。《説文·鳥部》：“鸞，赤神靈之精也，赤色五采，鷄形；鳴中五音，頌聲作則至。”古人以鸞爲祥瑞之物，以其“赤色五采”，故以應“寀”（采）。居寀弟兄之名，皆爲從“宀”之字，故用“寀”不用“采”。

黄居寶　宋人。字辭玉。

《禮記·中庸》：“《楚書》曰：‘楚國無以爲寶，惟善以爲寶。”朱熹《四書集注》：“言不寶金玉而寶善人。”《左傳·桓公十年》：“初，虞叔有玉，虞公求旃，弗獻。既而悔之曰：‘周諺有之：“匹夫無罪，懷璧其罪。”吾焉用此，其以賈害也！’乃獻。”以“辭玉”應“居寶”，即謂不以金玉爲寶，而是以善爲寶。

黄　庚　元人。字星甫。

庚，長庚，星宿名。《詩·小雅·大東》：“東有啓明，西有長庚。”朱熹集傳：“啓明、長庚皆金星也。”故以“星”應“庚”。

黄　忠　三國蜀漢人。字漢升。

以“漢升”應“忠”，意謂忠於漢，且願國運昌盛，如日東升。漢以來，士大夫名字多有頌揚本朝者。

黄性震　清人。字元起。

《易·説卦》：“萬物出乎震。”又：“震爲雷。”“動萬物者莫疾乎雷。”故以“起”應“震”，言雷發動萬物。飾以“元”，謂始起於震。《爾雅·釋詁》：“元，始也。”

黄承吉　清人。字謙牧。

《易·謙卦》：“初六，謙謙君子，用涉大川，吉。象曰：謙謙君子，卑以自牧也。”

黄　昇　宋人。字叔暘。

《玉篇·日部》：“昇，或升字。”《詩·小雅·天保》：“如日之升。”《書·堯典》：“宅嵎夷，曰暘谷，寅賓出日。”孔傳：“暘，明也。日出于谷而天下明，故稱暘谷。”古人以爲日出于暘谷，故以“暘”應“昇”。

黄　武　明人。字惟周。

《詩·大雅·下武》：“下武維周，世有哲王。”

黄河水　明人。字清父。

《文選·張衡〈歸田賦〉》：“徒臨川以羨魚，俟河清乎未期。”吕延濟注：“河清喻明時。”此連姓成文。據顧炎武《日知録》載，明嘉靖中此種命名方式最爲盛行。

黄秉中　清人。字惟一。

《僞古文尚書·大禹謨》：“惟精惟一，允執厥中。”

黄　采　清人。字亮工。

《書·臯陶謨》：“亮采有邦。”因《舜典》有“惟時亮天功”，遂因“亮”綴以“工”。工，通“功”。《臯陶謨》有“天工”。

黄金臺　清人。字鶴樓。

名與字皆連姓成文。戰國燕昭王爲圖强，築臺置黄金於上，以延天下賢士，後世遂名黄金臺。唐李白《古風》之十五：“燕昭延郭隗，遂築黄金臺。”黄鶴樓始建於三國吴黄武二年。在今湖北省。歷代詩人多有吟詠。如唐崔顥有《黄鶴樓》詩。同爲古建築物，故相應。按，唐五代時，連姓成文只在優伶中流行，至宋，士大夫漸有以此種方式命名者，然多是單名。明代此風大盛，至有極鄙俗者，如猛如虎，滿朝薦。黄由明入清。

黄　庠　宋人。字長善。

《孟子·滕文公上》：“設爲庠、序、學、校以教之。”《盡心上》：“善政不如善教之得民也。”

黄　度　宋人。字文叔。

東漢黄憲字叔度，爲當時諸多名人所推重，以爲是“顔子復出”。慕其人，故析其字以爲名字。

黄彦士　明人。字抑美。

《詩·鄭風·羔裘》：“彼其之子，邦之彦兮。”毛傳：“彦，士之美稱。”孔穎達疏：“《釋訓》云：‘美士爲彦。’舍人曰：‘國有美士，爲人所言道。’”飾以“抑”，表示謙恭，謂或亦爲美。

黄彦平　宋人。字季岑。

《爾雅·釋地》：“大野曰平。”又《釋山》：“山小而高，岑。”小而高與寬而平反義相協。“季”表行第在四或最幼。

黄　洧　宋人。字清臣。

《詩·齊風·溱洧》：“溱與洧，瀏其清矣。”“臣”爲事君食禄者之稱，戰國以來亦爲男子的謙稱，逐漸成爲名字用字。

黄　洽　宋人。字德潤。

漢王充《論衡·自然》：“霈然而雨，物之莖葉根荄莫不洽濡。”《大戴禮記·勸學》：“玉居山而木潤。”是洽、潤皆有滋潤義，故相協。《禮記·大學》有“德潤身”之語，遂因“潤”而以“德”爲飾。

黄　珂　明人。字鳴玉。

唐儲光羲《洛陽道五首》之二：“五陵貴公子，雙雙鳴玉珂。”

黄省曾　明人。字勉之。

《論語·學而》：“曾子曰：‘吾日三省吾身：爲人謀而不忠乎？與朋友交而不信乎？傳不習乎？’”以“勉之”應“省曾”，謂以曾子“三省”自勉。

黄禹錫　宋人。字仲元。

《書·禹貢》：“禹錫玄圭，告厥成功。”宋人諱其始祖玄朗之名，改“玄”爲“元”，故以“元”應“禹錫”。

黄　重　明人。字子任。

《論語·泰伯》：“任重而道遠。仁以爲己任，不亦重乎？死而后已，不亦遠乎？”

黄　倫　宋人。字彝卿。

《書·洪範》：“彝倫攸叙。”“卿”爲綴飾。

黄家舒　清人。字漢臣。

西漢董仲舒，武帝時人，治《春秋》，倡“天人合一”，爲一代大儒。《漢書》有傳。敬其人，故以其名爲名，而以其所處朝代及身份爲字。

黄師魯　明人。字希聖。

孔子魯人，被尊爲聖人，故以“希聖”應“師魯”。

黄庭堅　宋人。字魯直。

宋馬永卿《嬾真子》卷五：“山谷老人名庭堅，字魯直，其義不可解。或云，慕季文子之逐莒僕，故曰魯直。”按，清人王士禛謂“黄山谷名庭堅，臯陶字也。或曰即高陽氏八才子之一，字曰魯直”（見《香祖筆記》卷十一）。“魯直”與臯陶事蹟無絲毫牽涉，王説似難置信。馬永卿“或云”之説尚可勉强有聯繫。據《左傳·文公十八年》載，莒君無道，太子僕爲争位，因國人而弑之，以其珍寶奔魯國求庇護。魯宣公納其賄，立命授予采邑。季文子堅決不從魯君之命，“使司寇出諸竟（境），曰：‘今日必達！’”魯大夫季文子堅決抗命，不接納弑君之徒，可謂魯之直臣。“直”與“堅”義相似，似可相應。又，黄庭堅之弟名叔達，并非襲用古人名，可爲山谷之名作參考。

黄恩長　清人。字奕載。

《國語·周語上》：“奕世載德，不忝前人。”以“奕載”應“恩長”，意謂世世代代受恩寵，長久不衰。

黄振龍　宋人。字仲玉。

《易·乾卦》：“九五，飛龍在天。”又《説卦》：“乾爲天，爲圜……爲玉。”故以“玉”應“龍”。“仲”表行第居次。

黄祖舜　宋人。字繼道。

《禮記·中庸》：“仲尼祖述堯舜。”《孟子·萬章上》：“由是以樂堯舜之道。”

黄崇階　清人。字升吉。

《易·升卦》：“六五，貞吉，升階。”又：“象曰：貞吉升階，大得志也。”

黄　庶　宋人。字亞父。

庶，封建時代非嫡妻所生者與大宗以外的諸支派之稱。其地位低於嫡出和大宗。《左傳·定公九年》：“上下猶和，衆庶猶睦。”又《襄公十九年》：“圭媯之班，亞宋子而相親也。”杜預注：“亞，次也。”庶次於嫡，故以“亞”相應。“父”爲男子美稱，自先秦即爲字的綴飾。後世多用“甫”。

黄惟楫　明人。字説仲。

《僞古文尚書·説命上》記殷高宗命傅説爲相時有“若濟巨川，用汝作舟楫”之語，故以“説”應“楫”。“仲”表行第在第二。

黄　敏　明人。字宗學。

《論語·公冶長》：“敏而好學。”

黄紹統　清人。字燕勳。

《爾雅·釋詁》：“紹，繼也。”《孟子·梁惠王下》：“君子創業垂統，爲可繼也。”紹統，謂繼承其代代相傳者。后漢竇憲爲車騎將軍，大破北單于，出塞三千里，登燕然山，刻石紀功而還。事見《後漢書》本傳。以“燕勳”應“紹統”，意謂繼承前人傳統，如東漢竇憲，爲國家建功邊陲，勒銘燕然而返。

黄紹箕　清人。字仲弢。

《禮記·學記》：“良弓之子，必學爲箕。”孔穎達疏：“言善爲弓之家，使幹角撓屈，調和成其弓，故其子弟亦睹其父兄世業，仍學取柳和軟撓之成箕也。”《説文·弓部》：“弢，弓衣也。”即盛弓之囊，此以代弓。以“弢”應

"箕"，即謂承其父兄之業。

黄　傅　明人。字夢弼。

《史記·殷本紀》載，"帝武丁即位，思復興殷，而未得其佐"。"武丁夜夢得聖人，名曰説"。"於是乃使百工營求之野，得説於傅險中"。"舉以爲相，殷國大治。故遂以傅險姓之，號曰傅説"。夢弼，即夜夢輔弼之臣。又見《僞古文尚書·説命》。

黄彭年　清人。字子壽。

《莊子·逍遥遊》："上古有大椿者，以八千歲爲春，八千歲爲秋，而彭祖乃今以久特聞。"王先謙集解引李云："彭祖，名鏗，堯臣，封彭城，歷虞舜至商，年七百歲，故以久壽見聞。""子"爲男子美稱。

黄　復　宋人。字乾叟。

《易·乾卦》："終日乾乾，反復道也。""叟"爲宋人時尚綴飾。

黄景仁　清人。字仲則。

《左傳·僖公三三年》："臣聞之：出門如賓，承事如祭，仁之則也。""仲"表行第居次。一字漢鏞，未詳。

黄景昌　元人。字清遠。

一字明遠。《説文·日部》："昌，一曰日光也。《詩》曰：'東方昌矣。'"此《齊風·鷄鳴》。今本作"東方明矣，朝既昌矣"。是昌有光明、明亮之義。明則清，明、清皆可及遠，故以"清遠""明遠"應"昌"。

黄景説　宋人。字巖老。

説，謂傅説。殷高宗武丁於傅巖得傅説，命以爲相。傅説遂佐武丁中興殷王朝，事見《史記·殷本紀》與《僞古文尚書·説命》。"老"爲宋人時尚字飾。

黄　渙　宋人。字德亨。

《易·渙卦》："渙：亨……利涉大川，利貞。"

黄　焯　明人。字子昭。

《説文·火部》："焯，明也。"《日部》："昭，日明也。"同義相協。

黄　琬　漢人。字子琰。

《周禮·春官·典瑞》："琬圭以治德，以結好。琰圭以易行，以除慝。"同爲圭，故連類而及。

黄　琮　宋人。字子方。

《説文·玉部》："琮，瑞玉。大八寸，似車釭。"段玉裁注："鄭注《周禮》曰：'琮，八方象地。'"其形爲方柱形，故以"方"相應。

黄　異　元人。字民同。

異、同反義相協。《孟子·梁惠王下》有"與民同之""與民同樂"之語，故就"同"而以"民"爲飾。

黄　筌　宋人。字要叔。

《莊子·外物》："荃者所以在魚，得魚而忘荃。"阮毓崧集注："荃，通筌，並音詮。本多作筌，蓋取魚竹器。成云，即魚笱也。"置筌河中原爲求魚，此是最緊要者，故以"要"應"筌"。"叔"表行第居第三。

黄　閏　明人。字期餘。

《史記·曆書》："正閏餘。"閏爲農曆一年所餘之時日，故以"期"（jī）爲飾，一周年爲期。

黄　雲

①明人。字應龍。

《易·乾卦》："雲從龍。"

②清人。字仙裳。

雲霞絢麗多彩。仙人居天上，當以雲霞爲衣裳。晋郭璞《山海經圖贊·太華山》："其誰遊之，龍駕雲裳。"唐李白《清平調詞三首》之一："雲想衣裳花想容，春風拂檻露華濃；若非羣玉山頭見，會向瑶臺月下逢。"

黄　慎　明人。字仲修。

《書·臯陶謨》："慎厥身修，思永。""仲"表行第居次。

黄　損　五代南漢人。字益之。

《易》有《損》《益》二卦，又《損卦》："象曰：弗損益之，大得志也。"

黄　滔　唐人。字文江。

《詩·小雅·四月》："滔滔江漢，南國之紀。"飾以"文"，謂文思如滔滔之江水。

黄　熙　清人。字維緝。

《詩·周頌·維清》："維清緝熙，文王之典。"

黄　瑀　宋人。字德藻。

《説文·玉部》："瑀，石之次玉者"。《禮記·雜記》："藻，三采六等。"鄭玄注："藻，薦玉者也。"故以"藻"應"瑀"。玉有五德，故以"德"爲飾。

黄　瑗　明人。字純玉。

《説文·玉部》："瑗，大孔璧。"是玉璧之一種。又因春秋衛之賢大夫蘧瑗字伯玉，故以"玉"應"瑗"。

黄與堅　清人。字庭表。

此以宋黄庭堅之名爲名字。綴以"表"，謂堅貞正直爲朝廷之表率。庭通"廷"。

黄萬頃　宋人。字景度。

黄憲字叔度，漢人，有重名於時。郭林宗稱贊他器宇不可測度，"汪汪如萬頃之陂，澄之不清，擾之不濁"。事見《後漢書》本傳與《世説新語·德行》。

黄虞稷　清人。字俞邰。

稷，后稷。爲周之始祖，名棄。唐堯時爲農官，虞舜時仍繼此職。《書·舜典》："帝曰：'弃！黎民阻飢，汝后稷，播時百穀。'"棄爲有邰氏女姜嫄所生，帝堯于是封棄於邰。《詩·大雅·生民》："誕后稷之穡，有相之道。……實穎實栗，即有邰家室。"毛傳："邰姜嫄之國也。堯見天因邰而生后稷，故國后稷於邰。"故以"邰"應"稷"。《尚書》記堯舜與臣工言多用"俞"（義猶然），遂以爲飾。

黄道周　明人。字幼玄。

《明史》作字幼平，《明儒學案》作字幼玄。皆取《老子》文義。《老子》第一章："道可道，非常道；名可名，非常名。無名，天地之始；有名，萬物之母。……此兩者同出而異名，同謂之玄……"故以"玄"應"道"。又第五三章："大道甚夷，而民好徑。"平坦爲夷，故以"平"應"道"。行第在第四以后，故飾以"幼"。

黄　達　清人。字上之。

《論語·憲問》："君子上達。"

黄　鉞

①明人。字叔揚。

《書·牧誓》："王左杖黄鉞，

右秉白旄以麾。”孔傳：“鉞，以黄金飾斧。”《詩・大雅・公劉》：“弓矢斯張，干戈戚揚。”毛傳：“戚，斧也；揚，鉞也。”故以“揚”應“鉞”。“叔”表行第在第三。

②清人。字左君。

《史記・周本紀》：“周公旦把大鉞，畢公把小鉞，以夾武王。”左，假作“佐”，左君即秉鉞夾輔君主之意。

黄　鼎

①清人。字玉耳。

《易・鼎卦》：“六五，鼎黄耳，金鉉，利貞。”又：“上九，鼎玉鉉，大吉无不利。”此取“鼎玉鉉”之義，因上文有“鼎黄耳”之言，故借作語氣詞以爲綴飾。

②清人。字尊古。

鼎爲上古重器，故以“尊古”相應。

③清人。字彝封。

鼎、彝皆爲青銅重器。“彝器”又爲宗廟所用鐘、鼎等青銅器總稱。故以“彝”應“鼎”。以“封”爲綴飾，不詳所謂。

黄嘉賓　明人。字國賢。

《詩・小雅・鹿鳴》：“我有嘉賓，鼓瑟吹笙。”《易・觀卦》有“觀國之光，利用賓于王”之言，故以“國賢”應“賓”。

黄毓祺　明人。字介之。

《詩・大雅・行葦》：“壽考維祺，以介景福。”

黄端伯　明人。字元公。

元，應作“玄”，當是清人爲避清聖祖玄燁諱所改。玄端爲上古天子、諸侯、卿大夫祭祀時所穿的黑色禮服。《周禮・春官・司服》：“其齊服有玄端素端。”

黄維之　宋人。叔張。

《管子・牧民》：“四維張則君令行。”“叔”表行第在第三。

黄　蓋　三國吴人。字公覆。

《左傳・襄公十四年》：“蓋之如天，容之如地。”《禮記・中庸》：“天之所覆，地之所載。”是蓋、覆同義相協。漢以來多以“公”爲字的修飾語。亦可置後作爲綴飾。

黄　裳

①宋人。字冕仲。

《易・坤卦》：“六五，黄裳，元吉。”《左傳・昭公十二年》：“裳，下之飾也。”《禮記・曾子問》：“冕而出視朝。”裳爲下體所服，冕爲頭所載，故可相應。

②宋人。字文叔。

黄爲中央之色，黄裳即爲有彩色之裳，有彩色即是文。裳所以飾身，飾即文。又《詩・鄭風・丰》：“裳錦褧裳。”錦裳亦是文。“叔”表行第在三。

③宋人。字元吉。

解見①。

三人皆是連姓成文。

黄　誥　宋人。字君謨。

《尚書》有《皋陶謨》《大禹謨》，《康誥》《酒誥》《洛誥》。同爲一書之文體篇章名，故相應。

黄　頗　唐人。字無頗。

《説文・頁部》：“頗，頭偏也。”段玉裁注：“《洪範》曰：‘無偏無頗，遵王之義。’……古借陂爲頗。如《洪範》古本作‘無偏無陂’。”此用《洪範》文義，反正相對，以爲名字。

黄鳳翔　明人。字鳴周。

《孔子家語・好生》：“鳳翔麟至，鳥獸馴德。”《國語・周語上》：“周之興也，鸑鷟鳴於岐山。”韋昭注：“鸑鷟，鳳之别名。”名與字皆取鳳鳴岐山之典。

黄　齊　宋人。字思賢。

《論語・里仁》：“見賢思齊焉，見不賢而内自省也。”

黄齊賢　清人。字敬思。

《論語・里仁》：“子曰：‘見賢思齊焉。’”飾以“敬”，言其思之真誠。

黄　儀　清人。字子鴻。

《易・漸卦》：“鴻漸于陸，其羽可用爲儀，吉。”

黄　履　宋人。字安中。

《易・履卦》：“中不自亂也。”又《序卦》：“履而泰然後安。”

黄潤玉　明人。字孟清。

《説文・玉部》：“玉，石之美有五德者：潤澤以温，仁之方也；……”南朝梁江淹《蓮華賦》：“藕冰拆而玉清。”飾以“孟”，謂行第居長。

黄潤昌　清人。字卲坤。

《詩・齊風・猗嗟》：“猗嗟昌兮，頎而長兮。”又《丰》：“子之昌兮。”毛傳：“昌，盛壯貌。”《説文・卩部》：“卲，高也。”段玉裁注：“《法言》曰：‘公儀子、董仲舒之才之卲也。’又曰：‘賢皆不足卲也。’”盛壯、高大義近，且皆爲美，故相協。綴以“坤”，謂美在其中。《易・坤卦》：“美在其中，而暢於四支，發於事業，美之至也。”按，《中國人名大辭典》卲誤作“邵”。

黄　璂　清人。字基玉。

此析名爲字。《説文・玉部》：“璂，弁飾也。”“琪，璂或從基。”

黄　璋　清人。字稚珪。

《禮記・禮器》：“圭璋特。”又《聘禮》：“圭璋特達德也。”圭、珪古今字。飾以“稚”，謂行第較末。

黄　震

①宋人。字伯起。

《易・雜卦》：“震，起也。”“伯”表行第居長。

②宋人。字東發。

《易・説卦》：“萬物出乎震。震，東方也。”故以“東”應“震”。因《禮記・中庸》有“洋洋乎發育萬物”之言，遂就“東”綴以“發”。謂東方發育萬物。

③清人。字振宇。

震、振皆有起義。晉左思《詠史》詩：“酒酣氣益震。”又同有震動義。《史記・魏公子列傳》：“當是時，公子威振天下。”綴以“宇”，謂振興其家或震驚宇内。

黄養正　明人。名蒙。

以字行。《易・蒙卦》：“蒙以養正，聖功也。”

黄魯曾　明人。字得之。

魯曾，指孔子弟子曾參。孔子曾謂“參也魯”，言其資質魯鈍。但“孔子以爲能通孝道，故授之業”。故以“得之”應魯曾。

黄學行　宋人。字上文。

《論語・學而》：“行有餘力，則以學文。”上，通“尚”。謂崇尚文。

黄學海　明人。字宗於。

《書·禹貢》:"江漢朝宗于海。""宗于"即"宗於"。《尚書》於皆作"于"。

黄學皐　宋人。字習之。

《論語·學而》:"子曰:'學而時習之,不亦説乎?'"

黄學謙　清人。字又謙。

《易·謙卦》:"象曰:謙謙君子,卑以自牧也。"謙謙即是謙而又謙。一字天益。取《謙卦》"天道虧盈而益謙"之義。

黄　憲　漢人。字叔度。

《爾雅·釋詁》:"憲,法也。"《孟子·離婁上》:"朝不信道,工不信度。"朱熹集注:"度,即法也。"是同義相協。"叔"表行第居第三。

黄憲卿　明人。字弘度。

後漢黄憲字叔度,此以其名字爲名字,飾以"弘",謂弘揚黄憲之德。

黄　澤　元人。字楚望。

澤,指古代楚地的雲澤和夢澤,合稱雲夢或雲夢澤。《書·禹貢》:"雲土夢作乂。"天子諸侯境内,皆有望祭的名山大川,雲夢在楚境,跨大江南北八九百里,故以"楚望"相應。

黄　穎　宋人。字仲實。

《詩·大雅·生民》:"實堅實好。"又:"實穎實栗。""仲"表行第居次。

黄　蕡　宋人。字仲實。

《詩·周南·桃夭》:"桃之夭夭,有蕡其實。"

黄遵憲　清人。字公度。

後漢黄憲字叔度,有重名於時,爲一時名士所傾倒。事見《後漢書》本傳及《世説新語·德行》。慕其人,故襲用其名字。

黄龜年　宋人。字德卲。

《太平御覽》卷九三一引《淮南子》:"龜三千歲,蜉蝣不過三日。"是龜爲長壽之物。漢曹操《步出夏門行》詩有《龜雖壽》一章。以"德卲"應"龜年",是取"年高德卲"之義。《説文·卩部》:"卲,高也。"

黄燮清　清人。字韻珊。

《文選·宋玉〈神女賦〉》:"動霧縠以徐步兮,拂墀聲之珊珊。"李善注:"珊珊,聲也。"謂徐步時玉佩撞擊所發清脆之聲。故以"韻珊"應"清"。

黄　鞠　清人。字秋士。

《禮記·月令》:"季秋之月……鞠有黄華。"陳澔集説:"秋令在金。金自有五色,而黄爲貴,故鞠色以黄爲正也。"故以"秋"應"鞠"。"士"爲國子美稱,以爲綴飾。此亦連姓成文。

黄爵滋　清人。字德成。

《左傳·哀公元年》:"樹德莫如滋。"

黄　簡　宋人。字元易。

《易·繫辭上》:"易簡之善配至德。"一名居簡,係取《論語·雍也》"居簡而行簡","元易"亦可與之相配。

黄　謨　清人。字啓人。

《僞古文尚書·君牙》:"丕顯哉,文王謨!丕承哉,武王烈!啓佑我後人,咸以正罔缺。"故以"啓人"應"謨"。

黄　韺　明人。字聲叔。

《玉篇·音部》:"韺,帝嚳樂名六韺。"音樂爲聲之美者,故以"聲"相應。"叔"表行第居第三。

黄　瓊　漢人。字世英。

《詩·齊風·著》:"尚之以瓊英乎而。"毛傳:"瓊英,美石似玉者。"飾以"世",謂爲一世所珍貴。亦可借爲英才之意,"世英"即爲一世之英才。

黄疇若　宋人。字伯庸。

《書·堯典》:"帝曰:'疇咨,若時登庸?'""伯"表行第居長。

黄贊湯　清人。字莘農。

《孟子·萬章上》:"伊尹耕於有莘之野……湯三使往聘之。"後伊尹佐湯伐夏建立商王朝。故以"莘農"應"贊湯"。

黄鵬揚　清人。字遠公。

《莊子·逍遥遊》記鵬鳥"海運則將徙於南冥","水擊三千里,摶扶摇而上者九萬里","然后圖南"。故以"遠"應"鵬揚"。"公"爲綴飾,漢以來所習尚。

黄　覺　宋人。字民先。

《孟子·萬章上》:"天之生此民也,使先知覺後知,使先覺覺後覺也。予天民之先覺者也。"

黄　鐘

①宋人。字器之。

鐘爲青銅器的一種,故以"器"相應。晉以來,盛行以"之"爲名,如東晉王羲之父子同以"之"爲名,后世遂以爲字的綴飾。

②清人。字宏音。

鐘爲打擊樂器,黄鐘又爲十二樂律之首,故以"宏音"相應。

③清人。字樂亭。

鐘爲樂器,故以"樂"相應。"亭"爲清代時尚字飾。

皆是連姓成文。

黄　霸　漢人。字次公。

宋王楙《野客叢書·次公何義》:"僕考漢人字次公之意,爲其兄弟間居其次者。如云仲卿、次君耳。"按,此以行第爲字。漢人以公、卿、君等爲綴飾者,多與名無直接意義聯繫,如師丹字仲公,蓋寬饒字次公;蘇武字子卿,衛青字仲卿;戴聖字次君,賈護字季君。

黄　鑑　明人。字唐卿。

《新唐書·魏徵傳》:"帝(太宗)後臨朝,嘆曰:'以銅爲鑑,可正衣冠;以古爲鑑,可知興替;以人爲鑑,可明得失。朕嘗保此三鑑……今魏徵逝,一鑑亡矣!'"以"唐卿"應"鑑",即以魏徵事跡爲名字。

黄　觀　明人。字伯瀾。

《孟子·盡心上》:"觀水有術,必觀其瀾。"

黄　鑰

①清人。字北門。

宋孔平仲《孔氏談苑》卷五:"寇萊公守北門,虜使經由,問曰:'相公望重,何以不在中書?'答曰:'主上以朝廷無事,北門鎖鑰非準不可。'"故以"北門"應"鑰"。

②清人。字魚門。

古人以魚眼永不閉合,故將鎖製成魚形,取其日夜守門不懈之義。宋歐陽修《清明賜新火》詩："魚鑰侵晨放九門，天街一騎走紅塵。"故以"魚"應"鑰"。《太平廣記》卷四六六引《三秦記·龍門》："龍門之下，每歲季春有黄鯉魚，自海及諸川争來赴之。一歲中登龍門者，不過七十二；初登龍門，即有雲雨隨之，天火自後燒其尾，乃化爲龍矣。"遂因"魚"而綴以"門"，取魚化爲龍之義。

十二畫

〔傅〕

傅　山　清人。字青主。
曾多次改名字，別號多至數十個。原名鼎。後改真山，字仁仲，取《論語·雍也》"仁者樂山"文義。綴以"仲"，當是行第居次。後改字青主，意爲青山之主。曾號青羊庵主，其《青羊庵三首》之一有云："芟蒼鑿翠一庵經，不爲瞿曇作客星；既是爲山平不得，我來添爾一峯青。"此詩暗示其誓不事清之志，猶如青山難改。可以作爲名山字青主的注脚。

傅元順　明人。字信吾。
《易·繫辭上》："天之所助者順也，人之所助者信也：履信思乎順。"名信字順，即欲得天人之助。《論語·學而》記曾子"吾日三省吾身"，特重朋友有信，故綴以"吾"。

傅以漸　清人。字于磐。
《易·漸卦》："鴻漸于磐。"

傅可知　明人。字伯求。
《論語·里仁》："不患莫己知，求爲可知也。"行第居長，故飾以"伯"。

傅　玄　晉人。字休奕。
《説文解字·玄部》："玄，幽遠也。"幽遠則深而暗。《文選·何晏〈景福殿賦〉》："赫奕章灼，若日月之麗天也。"李善注："皆光顯昭明也。"玄與奕爲反義相協。《左傳·宣公三年》："德之休明。"古人以光明之象爲美，故以"休"飾"奕"。

傅　立　元人。字權甫。
《論語·子罕》："可與立，未可與權。"朱熹集注："謂能權輕重使合義也。"又《季氏》："不學禮無以立。"以"權"應"立"亦暗含以"義"應"禮"。"甫"爲男子美稱。

傅好禮　明人。字伯恭。
《論語·子路》："上好禮則民莫敢不敬。"又《學而》："恭近於禮。"

傅汝舟　明人。字虚木。
《易·繫辭下》："刳木爲舟。"先民始作舟，只是將大樹刳使中空而已。

傅自修　宋人。字勤道。
《禮記·大學》："如琢如磨者自修也。"又《中庸》："修道之謂教。"

傅自得　宋人。字安道。
《孟子·離婁下》："君子深造之以道，欲其自得之也。自得之，則居之安。"

傅作楫　清人。字濟庵。
《僞古文尚書·説命上》："若濟巨川，用汝作舟楫。""庵"爲清人時尚字飾。

傅宗龍　明人。字仲綸。
《書·舜典》："帝曰：'龍……命汝作納言，夙夜出納朕命，惟允！'"舜之命乃王者之言。《禮記·緇衣》："王言如綸。"龍爲帝舜之納言，故以"綸"相應。

傅　肱　宋人。字自翼。
肱、翼皆有扶助義，故相協。《左傳·僖公二六年》："昔周公大公，股肱周室，夾輔成王。"南朝梁沈約《齊故安陸昭王碑文》："蕭曹扶翼漢祖，滅秦項以寧亂。"飾以"自"，强調自助。

傅　亮　南朝宋人。字季友。
《論語·季氏》："友直、友諒、友多聞，益矣。"亮，通"諒"。古書"諒陰"亦作"亮陰"。"貞諒"亦作"貞亮"。"季"表行第居末。

傅　冠　明人。字元甫。
元，頭。《孟子·滕文公下》："志士不忘在溝壑，勇士不忘喪其元。"趙岐注："元，首也。"冠爲頭上戴者，故以"元"相應。"甫"爲男子美稱。

傅　眉　清人。字壽毛。
《詩·豳風·七月》："以介眉壽。"《儀禮·士冠禮》："眉壽萬年。"俗以眉毛長爲壽徵，故以"毛"綴"壽"。

傅若金　元人。字與礪。
初字汝礪。《僞古文尚書·説命上》："若金，用汝作礪。"《荀子·勸學》："金就礪則利。"就、與皆有附或近義。與礪亦猶就礪。

傅　迪　南朝宋人。字長猷。
《僞古文尚書·大禹謨》："惠迪，吉。"孔傳："迪，道也。順道，吉。"《詩·小雅·巧言》："秩秩大猷，聖人莫之。"鄭玄箋："猷，道也。大道治國之禮法。"迪、猷同義相協。長，猶大。

傅　師　唐人。字子言。
《書·益稷》："師汝昌言。"謂師法人所説有益之言。"子"爲男子美稱。

傅　恕　明人。字如心。
此析名爲字。《論語·里仁》："曾子曰：'夫子之道，忠恕而已矣。'"朱熹集注："推己之謂恕……或曰：中心爲忠，如心爲恕。於義亦通。"

傅振商　明人。字君雨。
《孔子家語·辯政》："孔子曰：'此鳥名曰商羊，水祥也。昔童兒有屈其一脚，振訊兩眉而跳，且謡曰："天將大雨，商羊鼓舞。"今齊有之。'"

傅　桐　清人。字味琴。
《後漢書·蔡邕傳》："吴人有燒桐以爨者，〔蔡〕邕聞火烈之聲，知其良木，因請裁而爲琴，果有美音。"桐遂爲琴的同義語，故相協。琴可寄託人之情感心志，最可玩味，故以"味"爲飾。

傅　烈　宋人。字承仲。
《爾雅·釋詁》："烈，業也。"以"承"相應，意欲承其先人之功業。"仲"表行第居次。

傅　啓　明人。字思明。
《詩·小雅·大東》："東有啓

明。”因《論語・季氏》記孔子有“視思明，聽思聰”之語，故因“明”而以“思”爲飾。

傅 寅 宋人。字同叔。

《書・皋陶謨》：“同寅協恭，和衷哉！”行第居三，故以“叔”爲綴飾。

傅 康 宋人。字仲良。

《書・益稷》：“乃賡載歌曰：‘元首明哉！股肱良哉！庶事康哉！’”飾以“仲”，謂行第居次。

傅崧卿 宋人。字子駿。

《爾雅・釋山》：“山大而高，崧。”又《釋詁》：“駿，大也。”同有大義故相協。又《詩・大雅・崧高》：“崧高維嶽，駿極于天。”

傅惟肖 宋人。字應求。

《僞古文尚書・説命上》：“乃審厥象，俾以形旁求于天下。説築傅巖之野，惟肖，爰立作相。”此取殷高宗訪求傅説之典以爲名字。亦連姓成文。

傅 梅 明人。字元鼎。

《僞古文尚書・説命下》：“若作和羹，爾惟鹽梅。”古人以鼎爲烹飪之具，和羹須於鼎中，故以“鼎”應“梅”。飾以“元”，是謂大鼎。

傅 淇 宋人。字元瞻。

《詩・衛風・淇奧》：“瞻彼淇奧，緑竹猗猗。”《易・乾卦・文言》：“元者，善之長也。”故以飾字。

傅 野 宋人。字景文。

文、野相對，故相協。語本《論語・雍也》“質勝文則野”。飾以“景”，謂仰慕文。

傅堯俞 宋人。字欽之。

《書・堯典》：“帝曰：‘俞！予聞，如何？’……帝曰：‘欽哉！’”此用帝堯與羣臣相問答時的常語以爲名字。

傅慎微 金人。字幾先。

《淮南子・人間訓》：“聖人敬小慎微，動不失時。”《易・繫辭下》：“幾者，動之微。”故慎微須察幾之先兆。

傅新德 明人。字元明。

《書・君陳》：“明德惟馨。”“元”乃美善之辭，故以爲飾。

傅 匯 明人。字原宗。

《書・禹貢》：“東匯澤爲彭蠡……入于海。”又：“江漢朝宗于海。”諸水匯聚，原即朝宗於海。

傅 著 明人。字則明。

《禮記・中庸》：“形則著，著則明。”

傅鼎銓 明人。字維新。

《易・雜卦》：“鼎，取新也。”因《詩・大雅・文王》有“其命維新”之語，遂取“維”以飾“新”。

傅夢泉 宋人。字子淵。

《禮記・中庸》：“溥博淵泉，而時出之。”

傅 誠 宋人。字至叔。

《禮記・中庸》：“唯天下至誠，爲能盡其性。”行第居第三，故綴以“叔”。

傅 鼐

① 清人。字閣峯。

《詩・周頌・絲衣》：“鼐鼎及鼒。”毛傳：“大鼎謂之鼐，小鼎謂鼒。”古人常以鼎鼐比喻宰相等輔政重臣。唐・蘇頲《唐紫微侍郎贈黄門監李乂神道碑》：“鼎鼐遞襲，簪纓相望。”閣爲古代中央官署名稱。明清不設宰相，以殿閣大學士輔政。故以“閣”應“鼐”。“峯”爲明清人時尚字飾。

② 清人。字重庵。

鼐爲重器，又爲國家重臣喻稱，故以“重”相應。“庵”亦時尚字飾。

傅 縡 南朝陳人。字宜事。

《文選・揚雄〈甘泉賦〉》：“上天之縡，杳旭卉兮。”李善注：“縡，事也。”

傅應兆 明人。字文聘。

據《史記・齊太公世家》載，周文王將出獵，卜其宜否，得“獲霸之輔”之兆。遂於渭水之陽遇姜尚，“載與俱歸，立爲師”。其名字用此典。其姓與名，亦暗用殷高宗夜夢賢臣，後得傅説，立以爲相的故事。事見《史記・殷本紀》與《僞古文尚書・説命》。

傅燮詷 清人。字去異。

《説文解字・言部》：“詷，共也。《周書》曰：‘在夏后之詷。’”《禮記・祭統》“設同几”鄭玄注：“同之言詷也。”是“詷”爲共同。去其異者即爲同。

傅燮雝 清人。字鷺來。

《詩・周頌・振鷺》：“振鷺于飛，于彼西雝。”朱熹集傳：“言鷺飛于西雝之水，而我客來助祭者，其容貌修整，亦如鷺之潔白也。”故以“來”綴“鷺”。

傅 巖 明人。字野清。

《僞古文尚書・説命上》：“説築傅巖之野。”連姓成文。以“清”綴“野”，取韓愈《送温處士赴河陽軍序》所説“伯樂一過冀北之野，而馬羣遂空”文義。言傅説自被殷高宗於傅巖徵聘之後，傅野再無賢士。

傅 鑰 明人。字希準。

宋孔平仲《孔氏談苑》卷五：“寇萊公（準）守北門，虜使經由，問曰：‘相公望重，何以不在中書？’答曰：‘主上以朝廷無事，北門鎖鑰，非準不可。’”敬其人，故以其功業爲名，以其名爲字。

〔勞〕

勞大與 清人。字宜齋。

漢王符《潛夫論・相列》：“〔木〕曲者宜爲輪，直者宜爲輿。”故以“宜”應輿。言其乃直者。“齋”爲清人時尚字飾。

勞 史 清人。字麟書。

據《史記・孔子世家》載，孔子作《春秋》，因魯哀公十四年西狩獲麟而絶筆。後世因稱《春秋》爲“麟史”。唐李商隱《賀相國汝南公啓》有云：“仲尼麟史，不令游夏措辭。”故以“麟”應“史”。

勞 徵 清人。字在兹。

《禮記・檀弓下》：“言徵不稱在。”因《僞古文尚書・大禹謨》有“念兹在兹”之語，遂因“在”而綴以“兹”。

勞 濟 明人。字本仁。

《論語・雍也》：“子貢曰：‘如有博施於民，而能濟衆，何如？可謂仁乎？’子曰：‘何事於仁？

必也聖乎！’”能博施，又能濟衆，聖賢方能做到，自然爲仁。故以“本”爲飾。

勞 權 清人。字平甫。
《孟子·梁惠王上》：“權，然後知輕重。”稱量必須持平，故以“平”應“權”。甫，男子美稱。

〔喻〕

喻 合 晉人。字匡孫。
《論語·憲問》：“桓公九合諸侯，不以兵車，管仲之力也。”又：“管仲相桓公，霸諸侯，一匡天下。”因欽佩管仲功業，故取以爲名字。西漢人多以王孫爲字，後世則常以“孫”爲字的綴飾。

喻希連 明人。字魯望。
戰國時齊國高士魯仲連，爲人排難解紛，享譽各諸侯國。事見《史記》本傳。晉左思《詠史詩》：“吾慕魯仲連，談笑却秦軍。”慕其人，故以其姓名爲名字。

喻 昌 清人。字嘉言。
《書·益稷》：“師汝昌言。”因《大禹謨》有“嘉言罔攸伏”之語，遂因“言”而又以“嘉”爲飾。

喻南强 宋人。字百强。
《禮記·中庸》：“南方之强也，君子居之。”因《詩·小雅·雨無正》有“凡百君子”之言，故以“百”爲飾。

喻 時 明人。字中甫。
《禮記·中庸》：“君子而時中。”甫，男子美稱。

喻 陟 唐人。字明仲。
《書·舜典》：“黜陟幽明，庶績咸熙。”

喻國人 清人。字春山。
《禮記·中庸》：“仁者，人也。”《論語·雍也》：“仁者樂山。”故以“山”應“人”。春山，詩文常語，且春日之山富生機，合於仁。故因“山”而以“春”爲飾。

喻 智 明人。字晴江。
《論語·雍也》：“知者樂水。”智，古書多作“知”。江爲大水，故以應“智”。晴江猶晴川，詩文常語。皆觸類比附，取相應字以爲飾。

喻 樗 宋人。字子才。
《莊子·逍遥遊》：“惠子曰：‘吾有大樹，人謂之樗。其大本擁腫，而不中繩墨；其小枝卷曲，不中規矩。立之塗，匠者不顧。’”因以樗爲無用之材。以“才”應“樗”，謙稱己爲無用之材。才通“材”。

〔喬〕

喬大凱 清人。字養庵。
《詩·邶風·凱風》：“凱風自南。”毛傳：“南風謂之凱風，樂夏之長養。”朱熹集傳：“長養萬物者也。”“庵”乃清人時尚字飾。

喬中和 明人。字還一。
《禮記·中庸》：“致中和，天地位焉，萬物育焉。”儒家以“中”爲天下之大本，“和”爲天下之達道，“中和”實爲天下之至道。但《老子》則説：“道生一，一生二，二生三，三生萬物。”（《老子》第四二章）故以“還一”應“中和”。

喬允升 明人。字吉甫。
《易·升卦》：“象曰：允升大吉。”

喬世臣 清人。字丹葵。
言臣之丹心事君，如葵之向日，永不改易。唐杜甫《自京赴奉先縣詠懷五百字》：“生逢堯舜君，不忍便永訣。當今廊廟具，構廈豈云缺？葵藿傾太陽，物性固莫奪。”

喬光烈 清人。字敬事。
《爾雅·釋詁》：“烈，業也。”事、業同義，故相協。欲光大前人功業，自必敬慎其事。

喬匡舜 五代南唐人。字亞元。
《左傳·文公十八年》載，高辛氏有才子八人，號爲八元。帝舜向堯推舉，“使布五教於四方”。南朝梁劉勰《文心雕龍·章表》：“故堯咨四岳，舜命八元。”以“亞”飾“元”，意欲儗八元，追步其後以事君。

喬 吉 元人。字夢符。
《周禮·春官·占夢》：“獻吉夢于王。”符，徵兆。

喬 岳 明人。字伯宗。
《爾雅·釋山》：“泰山爲東嶽。”郝懿行義疏引《風俗通》云：“泰山，山之尊者。一曰岱宗。”經傳中嶽、岳通用。《書·舜典》：“歲二月東巡守，至于岱宗。”飾以“伯”，謂行第居長。

喬行簡 宋人。字壽朋。
《詩·周頌·執競》：“降福簡簡。”毛傳：“簡簡，大也。”孔穎達疏引《爾雅·釋訓》李巡曰：“簡簡，降福之大也。”又《魯頌·閟宫》：“三壽作朋。”鄭玄箋：“三壽，三卿也。”孔穎達疏：“三壽之卿，與作朋友。”此願福禄之厚，得與三卿同列。

喬松年 清人。字健侯。
《詩·小雅·天保》：“如南山之壽，不騫不崩；如松柏之茂，無不爾或承。”松年即是願如松柏之茂。長壽必然康健，因《易·豫卦》有“利建侯行師”，遂倣爲“建侯”以應“松年”。

喬執中 宋人。字希聖。
《論語·堯曰》：“允執其中。”此帝堯命帝舜之言。以“希聖”應“執中”，言願學古聖人，實踐“允執其中”之訓。

喬崇烈 清人。字無功。
《爾雅·釋詁》：“烈，業也。”以“無功”應“崇烈”，是取《老子》“功成而弗居。夫唯不居，是以不去”之義。能不居功，則其功烈永存。

喬夢符 宋人。字世用。
《史記·殷本紀》載，“武丁夜夢得聖人，名曰説。以夢所見視羣臣百吏，皆非也”。後於傅險中得説，“見于武丁，武丁曰是也”。“舉以爲相，殷國大治”。以“世用”應“夢符”，意欲如傅説能入君王之夢，遭逢明主，爲世所用。

喬 彝 元人。字仲常。
《書·洪範》：“彝倫攸叙。”蔡沈集傳：“彝，常也。”同義相協。

〔單〕

單 父 宋人。字仲孺。
孺，猶子，與“父”反義相

協。此亦連姓成文。單父爲春秋魯國邑名。

單安仁 明人。字德夫。

《論語·里仁》:"仁者安仁。"朱熹集注:"惟仁者則安其仁而無適不然。"能不違仁,必是德夫。

單思恭 明人。字惠仍。

《論語·陽貨》:"子張問仁於孔子。孔子曰:'能行五者於天下,爲仁矣。'請問之,曰:'恭、寬、信、敏、惠……恭則不侮……惠則足以使人。'"故以"惠"應"恭"。五者不可分,有"恭"須繼之以"惠",故綴以"仍"。《爾雅·釋詁》:"仍,因也。"

單　時 宋人。字行可。

《易·艮卦》:"時行則行,動静不失其時。""行可"即行其所當行。

單　颺 漢人。字武宣。

《孟子·滕文公下》:"《大誓》曰:'我武惟揚。'"揚,同"颺"。宣、揚同義。

〔嵇〕

嵇永仁 清人。字留山。

《論語·里仁》:"仁者安仁。"又《雍也》:"仁者樂山。"既永安於仁,必久樂山。留山即是久樂山。

嵇永福 清人。字爾遐。

《詩·小雅·天保》:"降爾遐福。"

嵇　含 晉人。字君道。

含,懷藏,容納。《老子》第五五章:"德之厚,比於赤子。"《淮南子·本經訓》:"含德懷道。"漢以來多用"君"以爲字飾。

嵇宗孟 清人。字淑子。

《孟子·離婁下》:"予未得爲孔子徒也,予私淑諸人也。"以"淑"應"宗孟",言願宗法孟子,私淑前哲。"子"男子美稱。

嵇　康 三國魏人。字叔夜。

《詩·周頌·昊天有成命》:"成王不敢康,夙夜基命宥密。"鄭玄箋:"成此王功,不敢自安逸,早夜始順天命,不敢解倦,行寬仁安静之政,以定天下。"故以"夜"應"康"以自警。飾以"叔",謂行第居三或末。

嵇　紹 晉人。字延祖。

紹、延皆繼承、接續義。《書·康誥》:"紹聞衣德言。"孔傳:"繼其所聞,服行其德言,以爲政教。"《左傳·成公十三年》:"君亦悔禍之延。"綴以"祖",謂繼承其祖先功德,使之延續不斷。

嵇曾筠 清人。字松友。

筠即竹。唐韋應物《將往滁城戀新竹》詩:"停車欲去戀叢竹,偏愛新筠數十竿。"松竹皆抗寒,經霜不凋,故連類而及。世以松竹梅爲歲寒三友,故綴以"友"。

嵇　璜 清人。字尚佐。

《尚書大傳》卷二:"周文王至磻溪,見吕望釣,文王拜。尚云:'望釣得玉璜,剜曰:姬受命,吕佐檢,德合於今,昌來提。'"姜尚(吕望)釣魚得璜,後佐周滅殷,因以爲名字。

嵇　穎 宋人。字公實。

《詩·大雅·生民》:"實穎實栗。"毛傳:"穎,垂穎也;栗,其實栗栗然。"穎、實連類而及。自漢以來,多以"公"爲字之飾,亦可爲後綴。

〔彭〕

彭大壽 清人。字松友。

《詩·小雅·天保》:"如南山之壽,不騫不崩;如松柏之茂,無不爾或承。"《論語·子罕》:"歲寒然後知松柏之後彫也。"

彭大翼 明人。字雲舉。

《莊子·逍遥遊》:"化而爲鳥,其名爲鵬。鵬之背不知其幾千里也。怒而飛,其翼若垂天之雲。"雲舉,猶言舉翅騰空。

彭之壽 清人。字公眉。

《詩·魯頌·閟宫》:"天錫公純嘏,眉壽保魯。"漢以來多以"公"飾字。

彭元瑞 清人。字掌仍。

《周禮·春官》有"典瑞","典"猶"掌"。《地官》有掌葛、掌炭、掌荼,《夏官》有掌固、掌疆等可證。綴以"仍",意謂持續。一字輯五,係取《書·舜典》"輯五瑞"語典。

彭永思 清人。字位存。

《論語·憲問》:"君子思不出其位。""位存"即未出其位。

彭仲剛 宋人。字子復。

《易·復卦》:"彖曰:復,亨;剛反動而以順行。"朱熹注:"剛反則亨。"

彭光斗 清人。字賁園。

斗,天體星宿之一。因《易·賁卦》有"觀乎天文以察時變"之語,故以"賁"應"斗"。園、樓、亭等,皆爲清人時尚字飾。

彭汝方 宋人。字宜老。

《孟子·離婁下》:"湯執中,立賢無方。"焦循正義:"惟賢則立,而無常法。"以"宜"應"方",乃謂事無常法,惟其所宜。宋人喜以老、叟爲名或字的修飾成分。

彭汝實 明人。字子充。

《孟子·盡心下》:"充實之謂美。"

彭汝器 明人。名連。

以字行。連,通"璉"。《論語·公冶長》:"子貢問曰:'賜也何如?'子曰:'汝器也。'曰:'何器也?'曰:'瑚璉也。'"

彭汝霖 宋人。字巖老。

《僞古文尚書·説命上》載,殷高宗夜夢天賜賢臣,後於傅巖得傅説,命以爲相。希望能中興殷室,曾有"若歲大旱,用汝作霖雨"之言,故以"巖"應"汝霖"。"老"爲時尚字飾。

彭汝礪 宋人。字器資。

《僞古文尚書·説命上》:"若金,用汝作礪。"礪爲磨刀之具,故凡金屬之器皆賴以鋒利。

彭百川 宋人。字叔融。

晉孫綽《遊天台山賦》:"融而爲川瀆,結而爲山阜。"

彭行先 清人。字務敏。

《論語·里仁》:"君子欲訥於言而敏於行。"飾以"務",意謂力求。

彭志德 清人。字道一。

《論語·里仁》:"士志於道,而恥惡衣惡食者,未足與議也。"

因《里仁》有“吾道一以貫之”之語，遂因“道”而綴“一”。

彭其位 清人。字素君。

《禮記·中庸》：“君子素其位而行，不願乎其外。”漢以來多以公、君爲字飾。

彭 孫 宋人。字仲謀。

《詩·大雅·文王有聲》：“詒厥孫謀。”詒，一作“貽”。

彭孫貽 清人。字仲謀。

解見“彭孫”。

彭孫遹 清人。字駿孫。

《詩·大雅·文王有聲》：“文王有聲，遹駿有聲。”

彭師度 清人。字古晉。

度，謂唐代裴度。度歷事憲宗、穆宗、文宗。一生正色立朝，出將入相，功業顯赫，進封晉公。新、舊《唐書》皆有傳。仰慕其人，故以其名爲名，以其封爵爲字。倣《書》“古帝堯”“古皋陶”“古大禹”例，故飾以“古”。

彭庭堅 元人。字允誠。

庭堅，古人名。依《左傳》文公五年、十八年杜預注，庭堅即皋陶之字。皋陶爲舜所舉薦的“八愷”之一。《左傳·文公十八年》叙述八人時有“齊聖廣淵，明允篤誠，天下之民，謂之八愷”之語，故以“允誠”應“庭堅”。

彭泰來 清人。字子大。

《易·泰卦》：“泰：小往大來，吉亨。”

彭啓豐 清人。字翰文。

《詩·大雅·文王有聲》：“作邑于豐，文王烝哉。”鄭玄箋：“作邑者，徙都于豐，以應天命。”周文王始經營豐邑，故以“文”應“啓豐”。文，又爲文章。科舉時代翰苑被視爲文章淵藪，遂因“文”而飾以“翰”。

彭崧毓 清人。字于蕃。

《詩·大雅·崧高》：“崧高維嶽，駿極于天。維嶽降神，生甫及申。……四國于蕃，四方于宣。”

彭 教 明人。字敷五。

《書·舜典》：“汝作司徒，敬敷五教，在寬。”

彭紹升 清人。字允初。

《易·升卦》：“初六，允升，大吉。”

彭 羕 三國蜀漢人。字永年。

《説文·永部》：“羕，水長也。從永，羊聲。《詩》曰：‘江之羕矣。’”今《詩·周南·漢廣》作“江之永矣”。毛傳：“永，長。”綴以“年”，意欲長壽。

彭 富 明人。字仲禮。

《論語·學而》：“未若貧而樂，富而好禮者也。”

彭 尋 宋人。字師繹。

《漢書·循吏傳·黄霸》：“吏民見者，語次尋繹。”顔師古注：“繹，謂抽引而出也。”按《説文·寸部》：“㝷，繹理也。”段玉裁注：“謂抽繹而治之。”㝷，後世作“尋”。是尋、繹同義相協。因《論語·子罕》孔子曾謂“巽與之言，能無説乎，繹之爲貴”，故飾以“師”，以示願從孔子之言。

彭 進 清人。字晉蕃。

《易·晉卦》：“晉：康侯用錫馬蕃庶。”又：“彖曰：晉，進也。”

彭殿元 清人。字上虎。

科舉時代，殿試第一名稱殿元。以“上虎”相應，是取“殿上虎”之典。《宋史·劉安世傳》載，劉安世“正色立朝，扶持公道。其面折廷争，或帝盛怒，則執簡却立，伺怒稍解，復前抗辭。旁視者遠觀，蓄縮悚汗，目之曰‘殿上虎’”。因傾慕諍臣，故以綽號爲名字。

彭 輅 明人。字子殷。

《論語·衛靈公》：“行夏之時，乘殷之輅。”

彭肇洙 宋人。字仲尹。

宋尹洙，立朝忠正不阿，范仲淹遭讒被謫，洙自請與同貶。尹洙爲北宋古文大家。《宋史》有傳。此拆其姓名以爲名字。

彭 韶 明人。字鳳儀。

《書·益稷》：“《簫韶》九成，鳳皇來儀。”

彭 誼 明人。字景宜。

《禮記·中庸》：“義者宜也。”又《祭義》：“義者宜此者也。”誼，通“義”。

彭震龍 宋人。字雷可。

《易·説卦傳》：“震爲雷爲龍。”

彭樹葵 清人。字覲之。

葵花向日，古人常以比喻臣子對君主的朝見和赤膽忠心，永不改易。三國魏曹植《求通親親表》：“若葵藿之傾葉，太陽雖不爲之迴光，終向之者，誠也。臣竊自比葵藿。”《説文·見部》：“覲，諸侯秋朝曰覲。”以“覲”應“葵”，即謂事君如葵之向日。

彭龜年 宋人。字子壽。

唐李商隱《祭張書記文》：“桂蠹蘭敗，龜年鶴壽。”

彭 績 清人。字其凝。

《書·皋陶謨》：“庶績其凝。”

彭鯤躍 清人。字南溟。

《莊子·逍遥遊》：“鯤之大不知其幾千里也……海運則將徙於南冥。”冥，一作“溟”。

彭 鵬 清人。字奮斯。

《莊子·逍遥遊》：“鵬之背不知其幾千里也，怒而飛，其翼若垂天之雲。”《説文·奞部》：“奮，翬也。”《羽部》：“翬，大飛也。”奮斯，高舉其翼。

彭 寶 明人。字惟善。

《禮記·大學》：“惟善以爲寶。”

彭 瓏 清人。字雲客。

先秦兩漢人，名字多用通假字。清代文士喜倣古，此以瓏代“龍”。《易·乾卦》：“雲從龍。”綴以“客”，言龍乃雲中物。“客”亦爲清人字或號的時尚用字。

彭 蠡 宋人。字師範。

範，當是“范”之訛。以“師範”應“蠡”，必是仰慕春秋越人范蠡。

彭 儼 明人。字若思。

《禮記·曲禮上》：“儼若思。”

〔惠〕

惠士奇 清人。字天牧。

《書·吕刑》：“王曰：‘嗟！四方司政典獄，非爾惟作天牧。’”孔傳：“主政典獄謂諸侯也。非汝惟爲天牧民乎。”以“天牧”應“士奇”，謂士之特異者應爲天牧養民衆。

惠周惕 清人。字元龍。

《易·乾卦》：“九二，見龍在

田，利見大人。九三，君子終日乾乾，夕惕若，厲无咎。”因《彖》有“大哉乾元”之辭，故以“元”飾“龍”。

惠　棟　清人。字定宇。

《易·繫辭下》：“上棟下宇，以待風雨。”飾以“定”，謂其居。

惠　疇　宋人。字叙之。

《書·洪範》：“天乃錫禹《洪範》九疇，彝倫攸叙。”

〔惲〕

惲日初　清人。字仲升。

《詩·小雅·天保》：“如月之恒，如日之升。”飾以“仲”，謂行第居次。

惲本初　清人。字道生。

《論語·學而》：“君子務本，本立而道生。”

惲　冰　清人。字清于。

三國魏曹植《光禄大夫荀侯誄》：“如冰之清，如玉之潔。”綴以“于”，意謂清于冰。

惲彦琦　清人。字亦韓。

韓琦爲宋代重臣，與范仲淹經略西陲，邊境得安靖，於朝廷大政多所建樹，封魏國公。慕其人，故拆其姓名以爲名字。飾以“亦”，是以韓琦自許。

惲祖翼　清人。字叔謀。

《詩·大雅·文王有聲》：“詒厥孫謀，以燕翼子。”

惲厥初　清人。字伯生。

《詩·大雅·生民》：“厥初生民。”飾以“伯”，謂行第居長。

惲　敬　清人。字子居。

《論語·雍也》：“居敬而行簡。”

惲壽平　清人。名格。

以字行。《書·君奭》：“天壽平格。”蔡沈集傳：“吕氏曰：坦然無私之謂平。格者，通徹三極而無間者也。天無私壽，惟至平通格于天者則壽之。”一字正叔。《書·冏命》：“格其非心。”孔穎達疏：“心有妄作則格正之。”行第居幼，故綴以“叔”。

惲　巍　明人。字功甫。

《論語·泰伯》：“巍巍乎！其有成功也。”甫，男子美稱。

〔掌〕

掌禹錫　宋人。字唐卿。

劉禹錫，唐代著名詩人。爲白居易所推許。曾官太子賓客。此以其名爲名，而以其朝代、官秩爲字。

〔揚〕

揚无咎　宋人。字補之。

《易》各卦多言无咎，如《乾卦》：“君子進德脩業，欲及時也，故无咎。”《左傳·昭公七年》：“能補過者，君子也。”以“補之”應“无咎”。即謂過而能改，則“无咎”。

揚　雄　漢人。字子雲。

《詩·邶風·雄雉》：“雄雉于飛。”《東觀漢記·趙温傳》：“大丈夫生當雄飛，安能雌伏？”以“雲”應“雄”，意欲如《莊子·逍遥遊》之鵬，“怒而飛，其翼若垂天之雲”，“絶雲氣，負青天，然後圖南”。

〔敬〕

敬　信　清人。字子徵。

《禮記·中庸》：“無徵不信，不信民弗從。”

敬　括　唐人。字叔弓。

《説文·木部》：“栝，一曰矢栝。”段玉裁注：“《釋名》曰：‘矢末曰栝。栝，會也，與弦會也。’……矢栝字，經傳多用‘括’。”是括通“栝”。因括及弓。

敬　釗　隋人。字積善。

《爾雅·釋詁》：“釗，勉也。”應以“善”，謂勉力爲善。因《易·坤卦·文言》有“積善之家，必有餘慶”之言，故因“善”而飾以“積”。

敬　晦　唐人。字日彰。

晦、彰反義相協。因《禮記·中庸》有“故君子之道，闇然而日章”之言，故以“日”飾“彰”。章通“彰”。

敬嗣暉　金人。字唐臣。

此以唐代敬暉爲名，以其朝代爲字。敬暉爲官有善政，以誅張易之、張昌宗之功爲侍中。因除惡不盡，反爲所害。

敬　暉　唐人。字仲曄。

《玉篇·日部》：“暉，光也。”《説文·日部》：“暈，光也。”段玉裁注：“《思玄賦》舊注云：曄，光貌。”暉、曄同義相協。

敬　儼　元人。字威卿。

《論語·堯曰》：“儼然人望而畏之。”畏通“威”。“卿”爲綴飾。

敬顯儁　北齊人。字孝英。

儁，同“俊”。《説文·人部》：“俊，材過千人也。”段玉裁注引《淮南子·泰俗（族）訓》曰：“智過萬人者謂之英，千人者謂之俊，百人者謂之豪……”是俊、英義近，故相協。自東漢以來，多以孝、文等字爲飾。

〔景〕

景延廣　五代後晉人。字航川。

以“川”應“廣”，係取“廣川”一詞以爲名字。唐上官儀《入朝洛隄步月》詩：“脉脉廣川流，驅馬歷長洲。”《詩·衛風·河廣》有“誰謂河廣，一葦杭之”之語，遂易“杭”爲“航”以飾“川”。

景　芳　明人。字德馨。

芳、馨皆爲香。《廣雅·釋器》：“芳，香。”王念孫疏證：“張衡《南都賦》云：‘含芬吐芳。’唐貫休《春晚書山家屋壁》詩二首之一：‘柴門寂寂黍飯馨。’因《左傳·僖公五年》有“明德惟馨”，唐劉禹錫《陋室銘》又有“惟吾德馨”，遂因“馨”而以“德”爲飾。

景　星　明人。字德輝。

連姓成文，古人以景星爲瑞星，太平盛世有德之君在位始出現。《文子·精誠》：“是故聖人象之……氣動于天，景星見，黄龍下，鳳凰至。”景星原爲有德者而現，故以“德輝”相應。

景星杓　清人。字亭北。

杓（biāo），北斗七星中組成斗柄的第五、六、七星。北斗位居北天，故以“亭北”相應。亭，正，當。《李太白全集·〈古風五十九首〉》之二四：“大車揚飛塵，亭午暗阡陌。”王琦輯注引《初學記纂要》云：“日在午曰亭午。”亭北即正北。

景　泰　宋人。字周卿。

周泰，三國吴人。孫權被敵兵圍困，周泰“投身衛權”，“被創數十，膚如刻畫”，孫權稱之爲“吴之功臣”。事見《三國志·吴志》本傳。重其人，故以其姓名爲名字。

景　暘　明人。字伯時。

《書·洪範》：“曰乂時暘若。”

景翩翩（女）　明人。字驚鴻。

三國魏曹植《洛神賦》：“其形也，翩若驚鴻，婉若遊龍。”

〔曾〕

曾三復　宋人。字無玷。

《論語·先進》：“南容三復‘白圭’。”《詩·大雅·抑》：“白圭之玷，尚可磨也；斯言之玷，不可爲也。”南容一日三復此言，是極慎言。能謹於言，則可無玷。

曾三異　宋人。字無疑。

後漢魯恭爲中牟令，不任刑罰而重德化，多有異政。河南尹袁安“疑其不實，使仁恕掾肥親往廉之。恭隨行阡陌，俱坐桑下，有雉過，止其旁。旁有童兒，親曰：‘兒何不捕之？’兒言‘雉方將雛’。親瞿然而起，與恭訣曰：‘所以來者，欲察君之政耳。今蟲不犯境，此一異也；化及鳥獸，此二異也；豎子有仁心，此三異也。久留徒擾賢者耳。’還府，具以狀白安”。事見《後漢書》本傳。魯恭三異政，經察考確無虚妄，故曰無疑。

曾曰都　清人。字美公。

《書·臯陶謨》：“臯陶曰都！慎厥身修。”孔傳：“嘆美之重也。”“都”爲稱美之辭，故以“美”應。西漢以來多以“公”爲字飾。

曾民瞻　宋人。字南仲。

《詩·小雅·節南山》：“節彼南山，維山巖巖，赫赫師尹，民具爾瞻。”

曾　伋　宋人。字子思。

孔子之孫孔伋字子思。此以其名字爲名字。依王引之《春秋名字解詁》，伋乃“急”之假借。“急者憂恐迫切之意”，“思亦憂也”，“故名急字子思”。

曾同亨　明人。字于野。

《易·同人卦》：“同人于野，亨。”

曾如驥　宋人。字德稱。

《論語·憲問》：“驥不稱其力，稱其德也。”

曾孝序　宋人。字逢原。

曾參爲孔子弟子，以孝聞，甚爲孔子所器重。“故授之業。作《孝經》”，事見《史記·仲尼弟子列傳》。是曾氏之孝道，淵源有自，秩然有序。《孟子·離婁下》：“資之深，則取之左右逢其原。”以“逢原”應“孝序”正謂其家之孝道，可取資者深而且長。

曾孝純　宋人。字君施。

《左傳·隱公元年》：“君子曰：‘潁考叔純孝也。愛其母施及莊公。’”

曾孝寬　宋人。字令綽。

《詩·衛風·淇奥》：“寬兮綽兮。”

曾孝蘊　宋人。字處善。

《左傳·隱公六年》：“周任有言曰：‘爲國家者，見惡如農夫之務去草焉，芟夷藴崇之，絶其本根，勿使能殖，則善者信矣。’”此承上文“善不可失，惡不可長”而言。以“處善”應“藴”。謂處善之道，須如農夫之去草，堆積使腐爛，絶其根本。永絶邪惡，則善始可申張發揚。

曾廷枚　清人。字升三。

《僞古文尚書·大禹謨》：“枚卜功臣，惟吉之從。”孔傳：“歷卜之而從其吉。”上古任官一一占卜，後遂以爲遴選官員之典。以“升三”相應，係用《易·晉卦》“晝日三接”之典，欲一日三遷升其職。

曾　協　宋人。字同季。

《書·臯陶謨》：“同寅協恭，和衷哉。”綴以“季”，謂行第居末。

曾易占　宋人。字不疑。

《左傳·桓公十一年》：“卜以決疑，不疑何卜？”卜爲灼龜之裂紋（兆），占則是據裂紋而問吉凶。渾言則占卜無别。

曾治鳳　宋人。字君儀。

《書·益稷》：“鳳皇來儀。”

曾紀澤　清人。字劼剛。

《易·兑卦》：“剛中而柔外……象曰：麗澤，兑。”又《説卦傳》：“兑爲澤，爲少女……其於地也爲剛鹵。”以“劼”飾“剛”，謂於剛須慎重將事。《説文·力部》：“劼，慎也。”

曾致堯　宋人。字正臣。

唐杜甫《奉贈韋左丞丈二十二韻》詩：“致君堯舜上，再使風俗淳。”《楚辭·東方朔〈七諫·沉江〉》：“正臣端其操行兮，反離謗而見攘。”能致其君爲堯者，自必是正臣。

曾　翀　明人。字習之。

《玉篇·羽部》：“翀，飛上天。”《説文·羽部》：“習，數飛也。”段玉裁注引《月令》云：“鷹乃學習。”以“習”應“翀”，近義相協。綴以“之”後，則有反復試飛，必定沖天之意。

曾乾亨　明人。字于健。

《易·乾卦》：“乾：元亨利貞。”又：“大哉乾乎，剛健中正，純粹精也。”

曾　參　春秋魯人。字子輿。

古代大夫用三馬所駕之車曰“參輿”。《説苑·修文》：“天子乘馬六匹，諸侯四匹，大夫三匹。”又：“天子乘馬六匹，乘車；諸侯四匹，乘輿；大夫曰參輿。”按，此義今作“驂”，但曾子之名舊讀sēn。《説文解字·林部》：“森，讀若曾參之參。”今讀shēn。

曾　唯　宋人。字道子。

《論語·里仁》：“子曰：‘參乎？吾道一以貫之。’曾子曰：‘唯。’”漢以來，多以“子”爲字的綴飾。晉宋尤多見。

曾國荃　清人。字沅甫。

《楚辭·離騷》：“荃不察余之中情兮。”王逸注：“荃，香草。”洪興祖補注：“荃與蓀同。”又《九歌・湘夫人》：“蓀壁兮紫壇。”“沅有茝兮，醴有蘭。”是湘、沅、醴（澧）諸水産香草，因以“沅”應“荃”。“甫”爲男子美稱。

曾國藩 清人。字滌生。

《詩・大雅・板》：“价人維藩，大師維垣。”毛傳：“价，善也。藩，屏也。”鄭玄箋：“价，甲也。被甲之人。謂卿士掌車事者。”孔穎達疏：“鄭以爲當用此被甲卿士之人，維爲屏障。”國藩即國之屏障。《文選・趙至〈與嵇蕃書〉》：“平滌九區，恢廓宇宙，斯亦吾之鄙願也。”張銑注：“滌，除也。九區，九州也。”以“滌”應“國藩”，言既爲國之屏藩，當爲國家滌除禍亂，平定九州。生，讀書人通稱，以爲字飾。滌生一作“滌笙”。清人喜倣古，是以笙代“生”，以示古雅，使人莫測高深。

曾　堅 明人。字子白。

《論語・陽貨》：“不曰堅乎，磨而不磷；不曰白乎，涅而不緇。”又戰國時名家學派公孫龍提出“離堅白”的命題。主張“堅白石”之堅、白應脱離“石”而獨立存在。此説曾名噪一時。名堅字白，亦或兼取義於此。

曾敏行 宋人。字達臣。

《論語・里仁》：“君子欲訥於言而敏於行。”因孔子曾批評過“誦《詩》三百，授之以政不達，使於四方不能專對”的人（見《論語・子路》），故以“達臣”應“敏行”，以表示能行亦能言。

曾　幾 宋人。字吉甫。

《易・繫辭下》：“幾者動之微，吉之先見者也。故君子見幾而作，不俟終日。”

曾　逮 宋人。字仲躬。

《論語・里仁》：“古者言之不出，恥躬之不逮也。”行不及言爲可恥，以“躬”應“逮”則是身踐其言。

曾　滂 宋人。字孟博。

東漢范滂字孟博，崇節尚義，疾惡如仇。初仕，“登車攬轡，慨然有澄清天下之志”。爲清詔使，巡行各州，“守令自知臧汙，望風解印綬去”。事見《後漢書・黨錮列傳》。敬其人，故襲其名字。

曾　煜 清人。字亮工。

《説文・火部》：“煜，燿也。”“燿，照也。”照則明亮，故以“亮”相應。因《書・舜典》有“惟時亮天功”之言，遂因“亮”而綴以“工”。工通“功”。

曾　詠 清人。字師點。

《論語・先進》記曾點與子路、冉有等人侍坐，孔子命諸人各言其志。曾點願於“暮春者，春服既成。冠者五六人，童子六七人，浴乎沂，風乎舞雩，詠而歸”。孔子極口稱贊曾點之志。以“師點”應“詠”，是欲傚曾點。

曾　慥 宋人。字端伯。

《禮記・中庸》：“言顧行，行顧言，君子胡不慥慥爾？”《玉篇・心部》：“慥，《禮》注云：守實，言行相應之貌。”《孟子・離婁下》：“夫尹公之他，端人也，其取友必端矣。”趙岐注：“端人用心不邪辟。”用心不邪辟必然守實，言行相應，故以“端”應“慥”。綴以“伯”，謂行第居長。

曾　漸 宋人。字鴻甫。

《易・漸卦》：“鴻漸于陸。”

曾　鞏 宋人。字子固。

《詩・大雅・瞻卬》：“藐藐昊天，無不克鞏。”毛傳：“鞏，固也。”

曾鳳儀 元人。字舜徵。

《書・益稷》：“鳳皇來儀。”因帝舜而現此吉徵，故以“舜徵”相應。

曾　震 宋人。字東老。

《易・説卦》：“震，東方也。”“老”爲宋人時尚字飾。

曾　魯 明人。字得之。

《論語・先進》：“柴也愚，參也魯。”朱熹集注：“魯，鈍也。程子曰：‘參也竟以魯得之。’又曰：‘曾子之學，誠篤而已。聖門學者，聰明才辯，不爲不多，而卒傳其道，乃質魯之人爾。’”曾參性魯鈍，而卒得孔子真傳，故以“得之”應“魯”。

曾　懋 宋人。字叔夏。

《爾雅・釋詁》：“茂，豐也。”又：“夏，大也。”懋通“茂”。豐亦即大。同義故相協。飾以“叔”，謂行第居幼。

曾　燦 清人。字青藜。

《廣雅・釋詁》：“粲，明也。”燦，古書皆作“粲”，“燦”爲後出字。南朝梁何遜《苦熱行》：“坐時明星燦。”晉王嘉《拾遺記・後漢》載，劉向校書天禄閣，深夜猶不息。“有老人着黄衣，植青藜杖，登閣而進，見向暗中獨坐誦書。老父乃吹杖端，烟然（燃），因以見向，説開闢以前”。後因以“青藜”“燃藜”爲夜讀或勤學之典。以“青藜”應“燦”即謂燃藜照明夜讀。

曾　點 春秋魯人。字皙。

《説文・黑部》：“點，小黑也。”段玉裁注：“今俗所謂點涴是也。”《白部》：“皙，人色白也。”二者反義相協。

曾　璵 明人。字東玉。

《説文・玉部》：“璠，璠璵，魯之寶玉。”段玉裁注：“璵，各本作璵。”魯爲東方之國，故以“東”飾“玉”。

曾　鎰 清人。字受伯。

《孟子・公孫丑下》：“陳臻問曰：‘前日於齊，王餽兼金一百而不受；於宋，餽七十鎰而受；於薛，餽五十鎰而受。前日之不受是，則今日之受非也；今日之受是，則前日之不受非也：夫子必居一於此矣。’孟子曰：‘皆是也。當在宋也，予將有遠行。行者必以贐……’”以“受”應“鎰”，取孟子凡適於義雖少亦受，不合於義多亦不受之訓。

曾　鏞 清人。字在東。

唐杜甫《寄裴施州》詩：“金鐘大鏞在東序，冰壺玉衡懸清秋。”

曾　鯨 明人。字波臣。

《莊子・外物》：“周顧視車轍中，有鮒魚焉。周問之曰：‘鮒魚來，子何爲者邪？’對曰：‘我，東海之波臣也。’”鯨生海中，故應以“波臣”。

曾　櫻 明人。字仲含。

《史記・司馬相如列傳》：“櫻桃蒲陶。”司馬貞索隱：“張揖曰：

'一名含桃。'《吕氏春秋》:'爲鸎鳥所含，故曰含桃。'"

曾鶴齡 明人。字延年。

《淮南子·説林訓》:"鶴壽千歲，以極其遊。"古人以爲鶴最長壽，故以"延年"應"鶴齡"。

〔游〕

游九功 宋人。字勉之。

《逸周書·成開》:"勉兹九功。"言欲恪遵《成開》之訓，慎此九事，以成功業。

游九言 宋人。字誠之。

《左傳·定公四年》:"〔趙簡子〕曰:'黄父之會，夫子語我九言，曰:無始亂，無怙富……無謀非德，無犯非義。'"以"誠之"(疑當作"諴之")相應，言須謹守此九言。

游士任 明人。字肩生。

《詩·周頌·敬之》:"佛時仔肩，示我顯德行。"鄭玄箋:"仔肩，任也。"孔穎達疏:"《釋詁》云:'肩，勝也。'即堪任之義，故爲任也。"此同義相協。"生"爲讀書人通稱，以爲綴飾。

游日章 明人。字學絅。

《禮記·中庸》:"《詩》曰:'衣錦尚絅。'惡其文之著也。故君子之道，闇然而日章。"

游　汶 宋人。字魯望。

古代天子諸侯遥祭其境内名山大川爲望。《書·舜典》:"望于山川，徧于羣臣。"孔傳:"九州名山大川五岳四瀆之屬，皆一時望祭之。"亦以稱所祭之山川。汶水爲魯國境内大川，故以"魯望"相應。

游居敬 明人。字行簡。

《論語·雍也》:"居敬而行簡，以臨其民，不亦可乎!"

游於詩 明人。字二南。

《詩》國風中有《周南》《召南》。孔子特重二南。《論語·陽貨》:"人而不爲《周南》《召南》，其猶正墻面而立也與!"故以"二南"應"詩"。

游　眅 春秋鄭人。字子明。

《説文·目部》:"眅，多白眼也。从目，反聲。《春秋》傳曰，鄭游眅字子明。"

游　雅 後魏人。字伯度。

雅，酒器名。三國魏曹丕《典論·酒海》:"荆州牧劉表，跨有南土，子弟驕貴，並好酒，爲三爵:大曰伯雅，次曰中雅，小曰季雅。"以"度"應"雅"言其酒量可達三雅之度。度猶量。

游　肇 後魏人。字伯始。

《爾雅·釋詁》:"肇，始也。"

游　藝 清人。字子六。

《論語·述而》:"游于藝。"《周禮·地官·大司徒》有"三曰六藝:禮、樂、射、御、書、數"之文,《史記·孔子世家》謂孔子弟子三千"身通六藝者七十有二人"，故因"藝"而以"六"相應。

〔湯〕

湯大紳 清人。字孫書。

《論語·衛靈公》:"子張書諸紳。"子張欲永記孔子之言，故書之於大帶之上。孫，通"遜"。恭順之謂。

湯世昌 清人。字其五。

《左傳·莊公二二年》:"五世其昌，並於正卿。八世之後，莫之與京。"

湯右曾 清人。字西厓。

左東右西，故以"西"應"右"。"厓"爲時尚字飾。

湯正仲 宋人。字叔雅。

《詩序》:"言天下之事，形四方之風。謂之雅。雅者正也。""叔"表行第居三。

湯光啓 清人。字式九。

《楚辭·離騷》:"啓九辯與九歌兮。"王逸注:"啓，禹子也。《九辯》《九歌》，禹樂也。言禹平治水土，以有天下，啓能承先志，纘叙其業，育養品類。"以"式九"應"啓"，欲以啓爲楷模繼祖業而使其光大。

湯仲友 元人。字端夫。

先名益。仲友當是字，取《論語·季氏》"益者三友"義。以字爲名後，改字端夫，當是取《孟子·離婁下》"其取友必端矣"之典。

湯有容 明人。名載。

以字行。此取《禮記·中庸》"今夫地，一撮土之多，及其廣厚，載華嶽而不重，振河海而不洩，萬物載焉"文義以爲名字。能載萬物即是能容。

湯成烈 清人。字果卿。

《左傳·昭公二十年》:"夫火烈，民望而畏之。"《周禮·春官·大卜》"五曰果"鄭玄注:"果，謂以勇決爲之。"是烈果皆有猛或迅疾義，故相協。

湯　和 明人。字鼎臣。

殷高宗命傅説爲相時，將他比作和羹的鹽梅(事見《僞古文尚書·説命下》)。上古以鼎爲烹飪之具，和羹調味須於鼎中，因以"調和鼎鼐"比喻宰相治理天下。唐杜甫《上韋左相二十韻》:"沙汰江河濁，調和鼎鼐新。"故以"鼎"應"和"。鼎臣義猶宰臣或重臣。

湯金釗 清人。字敦甫。

一字勖兹。《爾雅·釋詁》:"敦、勖、釗，勉也。"同義故相協。"甫"爲男子美稱。勖兹，謂當勉力於此。

湯思退 宋人。字進之。

進、退反義相協。亦取《論語·先進》"求也退故進之，由也兼人故退之"之典，以防過與不及。

湯炳龍 元人。字子文。

《易·革卦》:"大人虎變，其文炳也。""子"爲男子美稱。

湯豹處 清人。字雨七。

漢劉向《列女傳·賢明·陶答子妻》載，陶答子爲陶大夫"名譽不興，家富三倍"，其妻以爲"無功而家昌，是謂積殃"。應潔身自愛以遠害，勸諫道:"妾聞南山有玄豹，霧雨七日而不下食者，何也?欲以澤其毛而成文章也，故藏而遠害。"以"雨七"應"豹處"，即用此典。

湯莘叟 宋人。字起莘。

《孟子·萬章上》載，"伊尹耕於有莘之野"，"湯三使往聘之"

始出。後佐成湯滅夏，建立商王朝。伊尹歷事湯與太甲，爲商之老臣。故名曰“莘叟”。“叟”亦爲宋人名字時尚用字。

湯　鼎　明人。字玉鉉。

《易·鼎卦》：“上九，鼎玉鉉，大吉无不利。”

湯　銘　明人。字德新。

《禮記·大學》：“湯之《盤銘》曰：‘苟日新，日日新，又日新。’”此以沐浴比喻洗滌其心，去其邪惡，使其德永新。故以“德新”應“銘”。

湯　盤　明人。字日新。

解見湯銘。

湯頤年　宋人。字養正。

《易·頤卦》：“彖曰：頤，貞吉。養正則吉也。”

湯燕生　清人。字元翼。

《詩·大雅·文王有聲》：“詒厥孫謀，以燕翼子。”

湯彌昌　元人。字師言。

《書·益稷》：“臯陶曰：‘俞！師汝昌言。’”

湯應龍　清人。字雲從。

《易·乾卦》：“雲從龍，風從虎。”

湯　彝　清人。字幼尊。

《爾雅·釋器》：“彝、卣、罍，器也。”《禮記·少儀》：“尊壺者面其鼻。”

湯　鵬　清人。字天池。

《莊子·逍遥遊》：“鵬之背不知其幾千里也，怒而飛，其翼若垂天之雲。是鳥也，海運則將徙於南冥。南冥者，天池也。”

湯鵬舉　宋人。字致遠。

《莊子·逍遥遊》：“鵬之徙於南冥也，水擊三千里，摶扶摇而上者九萬里。”須騰空九萬里始可南飛，南冥之遠可知。

湯顯祖　明人。字義仍。

《爾雅·釋親》：“昆孫之子爲仍孫。”即從自身算起的第八代孫。光顯其祖先，義當由其後代子孫擔承。

〔温〕

温大有　唐人。字彦將。

有、將皆有取義。《詩·周南·芣苢》：“采采芣苢，薄言有之。”北魏楊衒之《洛陽伽藍記·平等寺》：“〔廣陵王〕謂左右：‘將筆來，朕自作之。’”（筆，一作“詔”。）同義故相協。《爾雅·釋訓》：“美士爲彦。”用以飾字。

温大雅　唐人。字彦弘。

《後漢書·周榮傳》：“臣伏惟古者帝王有所號令，言必弘雅，辭必温麗。”

温子昇　後魏人。字鵬舉。

《後漢書·虞延傳》：“遂上昇天。”以“鵬舉”應“昇”，取《莊子·逍遥遊》鵬鳥舉翅飛騰，“摶扶摇而上者九萬里”之典。

温曰鑑　清人。字霽華。

《莊子·德充符》：“鑑明則塵垢不止。”成玄英疏：“鑑，鏡。”詩人多以月比作鏡。唐李白《古朗月行》：“小時不識月，呼作白玉盤；又疑瑶臺鏡，飛在青雲端。”華，指月華。唐權德輿《斗子灘》詩：“斗子灘頭夜已深，月華偏照此時心。”又盧綸《裴公院聞琴》：“漾漾峽流吹不盡，月華如在白波中。”故以“華”應“鑑”。言鏡之明亮如月華。雨霽天青，月更皎潔，故以“霽”飾“華”。

温仲舒　宋人。字秉陽。

漢張衡《西京賦》：“夫人在陽時則舒，在陰時則慘。”故以“秉陽”應“舒”。

温汝能　清人。字希禹。

《僞古文尚書·大禹謨》：“帝曰：‘來禹……汝惟不矜，天下莫與汝争能。’”

温汝适　清人。字步容。

孔子弟子南宫适，字容，南容一日三復《詩·大雅·抑》“白圭”之句，孔子以其能慎言，故將其兄之女，許以爲妻。“步容”即謂傚法南容。

温　序　漢人。字次房。

正屋兩旁之室爲房。《詩·王風·君子陽陽》：“右招我由房。”中堂的東西兩旁爲序。《書·顧命》：“西序東嚮。”故以“房”應“序”。飾以“次”，謂靠近。

温　良　明人。字元善。

善、良同義，故相協。“元”美善之辭。又字允仁。仁者無不良善。

温彦博　唐人。名大臨。

以字行。大雅之弟。臨，謂臨民。以“博”相應，謂以博厚御下。

温　秀　明人。字仲實。

《爾雅·釋草》：“不榮而實者謂之秀。”

温　革　宋人。字叔皮。

去毛之獸皮爲革，皮革義近故相協。“叔”表行第在第三。

温庭筠　唐人。字飛卿。

本名岐。飛卿與岐相協。岐爲周人發祥地，古公亶父始遷於此。至文王，“將出獵，卜之，曰：‘所獲非龍非彲，非虎非羆；所獲霸王之輔。’”果遇太公，遂立爲師。後姜太公佐武王伐紂，建立周王朝。事見《史記·齊太公世家》。“非虎非羆”遂漸訛爲“非熊非羆”，又變爲“飛熊飛羆”。以“飛卿”應“岐”，即取姜太公於岐地，佐武王建立周王朝之典。

温　益　宋人。字禹弼。

益先爲帝舜虞官，後又佐禹。見《尚書·舜典》《僞古文尚書·大禹謨》。

温素知　明人。字忠赤。

素、赤同爲顔色，故相協。因有“忠心赤膽”之言，故因“赤”而以“忠”爲飾。

温　純

①明人。字景文。

《論語·子罕》：“麻冕，禮也；今也純，儉。吾從衆。”朱熹集注：“純，絲。”絲爲白色。文，謂花紋，文采。與“純”相對。此反義相協。飾以“景”，謂傾慕文采。

②清人。字一齋。

漢王充《論衡·物勢》：“曰：是喻人禀氣不能純一。”“齋”爲清人時尚字飾。

温常綬　清人。字印侯。

漢代官吏之印皆隨身佩帶，以帶繫印紐，懸於肘後腰間。《漢書·百官公卿表上》：“相國、丞相，皆秦官，金印紫綬，掌承天子助理萬機。”

温景葵 明人。字志忠。

葵性向日，如臣子傾心事君，故以“志忠”應“葵”。唐柳宗元《爲崔中丞請朝覲表》：“葵藿之誠彌初，犬馬之戀逾深。”

温 琮 明人。字廷用。

《儀禮・聘禮》：“圭璋璧琮，凡四器者，唯其所寶以聘可也。”因是朝廷聘問所用，故以“廷用”相應。

温 儀 明人。字仲威。

《詩・邶風・柏舟》：“威儀棣棣，不可選也。”“仲”表行第居第二。

温 嶠 晉人。字太真。

嶠，員嶠。《列子・湯問》所載五仙山之一：“一曰岱輿，二曰員嶠……所居之人皆仙聖之種，一日一夕飛相往來者，不可數焉。”《説文・匕部》：“真，僊人變形而登天也。”故以“真”應“嶠”。太，至高無上之稱，故以飾“真”。

温遷約 唐人。字從禮。

《論語・雍也》：“君子博學於文，約之以禮，亦可以弗畔矣夫！”

〔焦〕

焦千之 宋人。字伯强。

《禮記・中庸》：“人一能之，己百之；人十能之，己千之。果能此道矣，雖愚必明，雖柔必强。”

焦 竑 明人。字弱侯。

《周禮・考工記・輪人》：“故竑其輻廣，以爲之弱。”漢以來，士人多以公、侯爲字飾。

焦 循 清人。字理堂。

《荀子・議兵》：“仁者愛人，義者循理。”清人喜以堂、亭、樓等建築名物詞爲字的綴飾。

焦 瑗 宋人。字公路。

《荀子・大略》：“聘人以珪，問士以璧，召人以瑗。”《説文・玉部》：“瑗，大孔璧。人君上除陛以相引。”召之來、升陛，皆與行走有關，故以“路”相應。

焦 寬 明人。字仲容。

《禮記・中庸》：“寬裕温柔，足以有容也。”

焦德裕 元人。字寬父。

解見焦寬。先秦男子之字皆綴以“父”，女子之字皆綴以“母”，同爲尊美之稱。漢以來改父爲“甫”，用“父”者亦讀爲fǔ。

焦養直 元人。字無咎。

《易・頤卦》：“養正則吉也。”正直同義。吉即是無災禍。《易》“無咎”皆作“无咎”。此故意改“正”爲“直”。改“无”爲“無”。

焦 馨 明人。字寧考。

宋洪邁《容齋隨筆・寧馨阿堵》：“‘寧馨’‘阿堵’，晉宋間人語助耳。後人但見王衍指錢云：‘舉阿堵物却。’又山濤見衍曰：‘何物老媪生寧馨兒？’今遂以阿堵爲錢，寧馨兒爲佳兒，殊不然也。”按寧馨猶這樣。此拆“寧馨”以爲名字。考猶父，以爲綴飾。《爾雅・釋親》：“父爲考。”按，上古父可稱“考”。《書・舜典》：“百姓如喪考妣。”後世只稱死去的父母爲考妣。文人逞奇，遂出此怪名。

〔程〕

程一枝 明人。字仲木。

《莊子・逍遥遊》：“鷦鷯巢於深林，不過一枝。”木，樹木。

程一飛 元人。字翀甫。

《玉篇・羽部》：“翀，飛上天。”以“翀”應“一飛”，取《史記・楚世家》楚莊王“飛將沖天”之典。

程九萬 宋人。字鵬飛。

《莊子・逍遥遊》：“鵬之背不知其幾千里也，怒而飛……摶扶摇而上者九萬里。”

程士龍 宋人。字應辰。

漢王充《論衡・言毒》：“辰爲龍。”

程士鯤 明人。字天修。

《莊子・逍遥遊》：“有冥海者，天池也。有魚焉……未有知其修者，其名爲鯤。”

程大位 明人。字汝思。

《論語・憲問》：“君子思不出其位。”

程大昌 宋人。字泰之。

《易・泰卦》：“天地交泰而萬物通也。”《禮記・郊特牲》：“天地合，而後萬物興焉。”以“泰”應“昌”，取天地交泰，萬物昌盛之義。

程大約 明人。字幼博。

《論語・子罕》：“夫子循循然善誘人，博我以文，約我以禮。”

程之邵 宋人。字懿叔。

漢揚雄《法言・孝至》：“年彌高而德彌卲。”《爾雅・釋詁》：“懿，美也。”卲、懿皆有美義，故相協。行第在三，故綴以“叔”。

程元豸 清人。字直齋。

豸，獬豸。傳説中的異獸，能分辨是非曲直。《文選・司馬相如〈上林賦〉》：“椎蜚廉，弄獬豸。”李善注：“張揖曰：‘獬豸似鹿而一角，人君刑罰得中，則生於朝廷，主觸不直者。’”齋、軒、樓、堂爲清人習尚字飾。

程元愈 清人。字偕柳。

愈，指唐代古文大家韓愈；柳，指與韓愈齊名的柳宗元。敬其人，故以其姓氏爲名字。

程文德 明人。字舜敷。

《僞古文尚書・大禹謨》：“帝乃誕敷文德，舞干羽于兩階，七旬有苗格。”

程令説 宋人。字彦舉。

《孟子・告子下》：“傅説舉於版築之間。”《爾雅・釋訓》：“美士爲彦。”傅説爲美士，被殷高宗舉以爲相。

程本立 明人。字原道。

《論語・學而》：“本立而道生。”

程 先 宋人。字傳之。

《論語・子張》：“君子之道，孰先傳焉？孰後倦焉？”朱熹集注引程子曰：“君子教人有序，先傳以小者近者，而後教以大者遠者。非先傳以近小，而後不教以遠大也。”以“傳之”應“先”，即願從小者近者學起。

程兆熊 清人。字晉飛。

《史記・齊太公世家》載，周文王將出獵，占卜得兆謂所獲

"非虎非羆；所獲霸王之輔"。遂於渭濱遇姜尚。後世訛爲"飛熊飛羆"，并有"吕望兆飛熊"之語。故以"飛"應"兆熊"。《易·晉卦》多"受大賜""被親禮""柔進上行"之象，故以"晉"爲飾。

程至善　明人。字于止。

《禮記·大學》："在明明德，在親民，在止於至善。"于，通"於"。

程　沂　宋人。字詠之。

《論語·先進》："浴乎沂，風乎舞雩，詠而歸。"

程南雲　明人。字青軒。

《莊子·逍遥遊》謂鵬"摶扶摇羊角而上者九萬里，絶雲氣，負青天，然後圖南，且適南冥也"。唐王勃《滕王閣序》："窮且益堅，不墜青雲之志。"故以"青"應"南雲"。"軒"爲時尚字飾。

程奂輪　清人。字雅扶。

《禮記·檀弓下》："晉獻文子成室，晉大夫發焉。張老曰：'美哉輪焉！美哉奂焉！'……君子謂之善頌善禱。"因南朝宋顔延之《宋郊祀歌》有"月御案節，星驅扶輪"之語，遂因"輪"而以"扶"相應。雅，猶正。

程思温　明人。字叔玉。

《論語·季氏》："色思温，貌思恭。"《詩·秦風·小戎》："言念君子，温其如玉。"行第居三，故飾以"叔"。

程　昱　三國魏人。字仲德。

漢揚雄《太玄·告》："日以昱乎晝，月以昱乎夜。"《左傳·僖公五年》："明德惟馨。"以"德"應"昱"，謂欲明其德。

程　洵　宋人。字允夫。

《詩·鄭風·溱洧》："洵訏且樂。"鄭玄箋："洵，信也。"《爾雅·釋詁》："允，信也。"同義故相協。夫，男子通稱。

程　珌　宋人。字懷古。

《詩·小雅·瞻彼洛矣》："君子至止，鞞琫有珌。"《禮記·玉藻》："古之君子必佩玉。"因君子佩刀之上飾玉，而及古之君子必佩玉。

程　迪　宋人。字惠老。

《僞古文尚書·大禹謨》："禹曰：'惠迪吉，從逆凶。'"宋人喜以老、叟爲字的綴飾。

程修己　唐人。字敬之。

《論語·憲問》："修己以敬。"

程師孟　宋人。字公闢。

孟子爲弘揚孔子學説，一生以"闢楊墨"爲己任（見《孟子·滕文公下》）。故以"闢"應"師孟"。言欲傚孟子之行。

程　庭　清人。字且碩。

《詩·小雅·大田》："既庭且碩，曾孫是若。"

程庭鷺　清人。字序伯。

一作名振鷺。皆取義於《詩·魯頌·有駜》"振振鷺，鷺于下，鼓咽咽，醉言舞，于胥樂兮"。鄭玄箋云："僖公之時，君臣無事，則相與明義明德而已。絜白之士，羣集於君之朝，以禮樂與之飲酒，以鼓節之咽咽然，至於無算爵，則又舞燕樂，以盡其歡。"以禮樂燕飲於庭，自是井然有序。行第居長，故綴以"伯"。

程時登　宋人。字登庸。

《書·堯典》："帝曰：'疇咨，若時登庸？'"

程晉芳　清人。字魚門。

《易·晉卦》："晉，進也。"又："柔進而上行，是以康侯用錫馬蕃庶，晝日三接也。"孔穎達疏："晉之爲義，進長之名。此卦明臣之升進，故謂之晉。康者，美之名也。侯，謂升進之臣也。臣既柔進，天子美之，賜以車馬蕃多而衆庶。……晝日三接者，言非惟蒙賜蕃多，又被親寵頻數，一晝之間，三度接見也。"清人喜傚古，故以"魚"諧"禹"。魚門即"禹門"。據《辛氏三秦記》載，大禹治水，於河津鑿山爲門，因稱禹門。其闊不過里許，"黄河自中流下，兩岸不通車馬。每莫春之際，有黄鯉魚逆流而上，得過者便化爲龍"，故又稱龍門。後世遂以"禹門"爲科考之典，以魚過龍門喻稱士子之獲中者。宋辛棄疾《鷓鴣天·送廓之秋試》詞："禹門已準桃花浪，月殿先收桂子香。"以"魚門"應"晉"，即取科考獲高第，仕進爲顯宦之義。

程　泰　明人。字用元。

《易·泰卦》："以祉元吉。"

程　珦　宋人。字伯温。

《説文·玉部》："珦，玉也。"《詩·秦風·小戎》："温其如玉。"

程　益　元人。字光道。

《易·益卦》："自上下下，其道大光。"

程康莊　清人。字坦如。

《爾雅·釋宫》："五達謂之康，六達謂之莊。"《史記·孟子荀卿列傳》："自如淳于髡以下，皆命曰列大夫，爲開第康莊之衢。"既爲四通八達之路，自當坦平。

程敏政　明人。字克勤。

《禮記·中庸》："人道敏政。"《僞古文尚書·大禹謨》："克勤于邦。"

程善慶　清人。字桐園。

南朝梁周興嗣《千字文》："福緣善慶。"《孟子·公孫丑上》："善與人同。"傚先秦人以通假字爲名字例，以"桐"代"同"。清人用園、圃、村、莊等作字的綴飾，爲一種時尚。

程　富　明人。字好禮。

《論語·學而》："未若貧而樂，富而好禮者也。"

程復心　元人。字子見。

《易·復卦》："復其見天地之心乎？"

程　掌　宋人。字叔運。

《孟子·公孫丑上》："以不忍人之心，行不忍人之政，治天下可運之掌上。"

程景伊　清人。字聘三。

《孟子·萬章上》載，"伊尹耕於有莘之野"，"湯三使往聘之"，始佐湯"伐夏救民"。仰慕其人其事，故以爲名字。

程渭老　宋人。字少吕。

《史記·齊太公世家》載，姜尚（其先封於吕，又稱吕尚，周文王曾謂"吾太公望子久矣"，故又稱吕望）釣於渭水，後佐周而有天下。《孟子·離婁上》曾稱姜尚、伯夷爲"二老"，是"天下之大老"。姜釣於渭，故名渭老。行第在後，故飾以“少”。

程　湘　唐人。字從龍。

《楚辭·九歌·湘君》：“令沅湘兮無波，使江水兮安流。……駕飛龍兮北征，邅吾道兮洞庭。”蔣驥注：“飛龍，湘君所駕。”

程　琳　宋人。字天球。

《說文·玉部》：“琳，美玉也。”“球，玉也。”同類，故相協。因《書·顧命》有“大玉、夷玉、天球、《河圖》在東序”之語，故以“天”飾“球”。

程　註　明人。字爾雅。

《說文·水部》：“注，灌也。”段玉裁注：“《大雅》曰：‘挹彼注兹。’引伸爲傳注，爲六書轉注。注之云者，引之有所適也。故釋經以明其義曰注，交互之而其義相輸曰轉注；……漢唐宋人經注之字無有作‘註’者，明人始改‘注’爲‘註’，大非古義也。”唐陸德明《經典釋文·注解傳述人·爾雅》：“爾，近也；雅，正也。言可近而取正也。”故以“爾雅”應“註”。謂以現今之言解經傳之義。

程　賁　宋人。字季長。

《詩·大雅·靈臺》：“賁鼓維鏞。”毛傳：“賁，大鼓也。”大、長義近，故相協。行第在末，故飾以“季”。

程　雄　清人。字雲松。

漢揚雄字子雲。松爲喬木，高聳入雲，故以綴“雲”下。

程　戡　宋人。字勝之。

《書·西伯戡黎》孔傳：“戡，亦勝也。”

程道生　明人。字可生。

《論語·學而》：“君子務本，本立而道生。”因《老子》第一章有“道可道”之語，故因“道”而以“可”相應。第四二章有“道生一”，第五一章又有“道生之，德畜之”之言，故綴以“生”。

程嘉燧　明人。字孟陽。

《淮南子·天文訓》：“陽燧見日，則燃而爲火。”行第居長，故以“孟”爲飾。

程夢星　清人。字午橋。

唐蘇味道《正月十五夜》詩：“火樹銀花合，星橋鐵鎖開。”遂拆“星橋”以爲名字。唐名相裴度於洛陽建別墅，名午橋莊，或稱午橋，多見詩人吟詠。遂因“橋”而以“午”爲飾。亦景仰名賢之意。

程榮秀　元人。字孟敷。

《爾雅·釋草》：“木謂之華，草謂之榮。不榮而實者謂之秀。”三國魏嵇康《琴賦》：“迫而察之，若衆葩敷榮曜春風。”以“敷”應“榮”，猶言開花。行第居長，故飾以“孟”。

程瑤田　清人。字易疇。

《孟子·盡心上》：“易其田疇。”據《歙縣志·儒林傳》載，程瑤田“生而有文在手曰‘田’，故名”。

程端蒙　宋人。字正思。

《易·蒙卦》：“蒙以養正。”綴以“思”，謂思《蒙卦》之義。

程端學　元人。字時叔。

《論語·學而》：“學而時習之。”

程端禮　元人。字敬叔。

《孝經·廣要道章》：“禮者敬而已矣。”又《孟子·離婁上》：“禮人不答，反其敬。”

程際盛　清人。字焕若。

原名炎。《說文·炎部》：“炎，火光上也。”段玉裁注：“《洪範》曰：‘火曰炎上。’其本義也。……《大田》傳曰：‘炎，火盛陽也。’皆引申之義也。”是炎爲火光上沖，引申而爲旺盛。《論語·泰伯》：“焕乎！其有文章。”朱熹集注：“焕，光明之貌。”是炎、焕、盛皆有光明義，故相協。若，猶然，以爲綴飾。

程　鳴　清人。字友聲。

《詩·小雅·伐木》：“嚶其鳴矣，求其友聲。”

程鳴鳳　宋人。字朝陽。

《詩·大雅·卷阿》：“鳳皇鳴矣，于彼高岡。梧桐生矣，于彼朝陽。”

程德玄　宋人。字禹錫。

《書·禹貢》：“禹錫玄圭，告厥成功。”

程慶餘　清人。字善夫。

《易·坤卦·文言》：“積善之家，必有餘慶。”

程　璋　清人。字達人。

《禮記·聘義》：“圭璋特達，德也。”因《論語·雍也》有“己欲達而達人”之語，遂因“達”而綴以“人”。

程　節　宋人。字信叔。

《易·序卦》：“節而信之。”“夫”爲男子通稱。

程　質　明人。字文夫。

《論語·雍也》：“文質彬彬，然後君子。”

程　頤　宋人。字正叔。

《易·頤卦》：“頤，貞吉。養正則吉也。”

程學博　明人。字近約。

《論語·子罕》：“博我以文，約我以禮。”《論語·學而》有“恭近於禮”之語，遂因“約我以禮”而以“近”爲飾。

程　壎　清人。字賡篪。

《詩·小雅·何人斯》：“伯氏吹壎，仲氏吹篪。”賡，接續。

程彌壽　明人。字德堅。

《詩·小雅·天保》：“如南山之壽，不騫不崩。”不虧損，不崩落即是堅固。因《論語·子罕》有“仰之彌高，鑽之彌堅”之語，遂因“彌”而以“堅”相應。《論語》之言是顏子贊孔子之道，故以“德”爲飾。名與字德壽俱備。

程襄龍　清人。字夔侣。

《書·舜典》：“伯拜稽首，讓于夔龍。帝曰：‘俞！往欽哉。’”夔、龍皆爲帝舜之臣，一作典樂，一爲納言，且並稱，故綴以“侣”。

程　邃　清人。字穆倩。

《楚辭·離騷》：“閨中既以邃遠兮，哲王又不寤。”王逸注：“邃，深也。”又《九章·悲回風》：“穆眇眇之無垠兮，莽芒芒之無儀。”洪興祖補注：“穆，深微貌。”同義故相協。西漢起，士大夫喜以“倩”爲字的綴飾。倩，男子美稱。《說文·人部》：“倩，人美字也。”段玉裁注：“倩，猶甫也。”又引《漢書·朱邑傳》顔師古注：“倩，士之美稱。”

程繩祖　明人。字叔武。

《詩·大雅·文王》：“繩其祖

武。”行第居三，故飾以“叔”。

程願學　元人。字希聖。

《論語·先進》：“非曰能之，願學焉。”以“希聖”相應，是願學聖人之道。

程　顥　宋人。字伯淳。

唐柳宗元《夢歸賦》：“圓方混而不形兮，顥醇白之霏霏。上茫茫而無星辰兮，下不見夫水陸。”醇，《歷代賦彙》作“淳”。淳，通“醇”。

程觀生　明人。字仲孚。

《易·觀卦》：“觀我生進退，未失道也。”又：“有孚顒若，下觀而化也。”

〔童〕

童伯羽　宋人。字飛卿。

《詩·邶風·燕燕》：“燕燕于飛，差池其羽。”漢以來士大夫多以“卿”爲字的綴飾。“卿”爲顯爵，又爲君對臣、上對下的美稱。

童　佩　明人。字子鳴。

《詩·鄭風·有女同車》：“佩玉將將。”毛傳：“將將，鳴玉而後行。”古代貴族男女，腰間皆佩玉，行時撞擊有聲，用以節步。南朝齊謝朓《直中書省》詩：“鳴佩多清潔。”

童宗説　唐人。字夢弼。

殷高宗夢上帝賜予“良弼”，乃畫圖訪求。於傅巖得傅説，命以爲相。殷遂中興。事見《僞古文尚書·説命》《史記·殷本紀》。

童居易　宋人。字行簡。

《禮記·中庸》：“君子居易以俟命。”《論語·雍也》：“居簡而行簡，無乃太簡乎？”

童　軒　明人。字士昂。

唐韓愈《南山詩》：“崎嶇上軒昂，始得觀覽富。”

童　貫　宋人。字道輔。

《論語·里仁》：“吾道一以貫之。”綴以“輔”，謂輔佐聖道。一作“道通”。意謂貫通聖人之道。

童　華　清人。字惟充。

按，惟充當是“惟袞”。《中國人名大辭典》誤。充、袞形近易訛。以“袞”應“華”，當是以華袞爲名字。唐孔穎達《春秋正義序》：“一字所嘉，有同華袞之贈；一言所黜，無異蕭斧之誅。”

童　塏　清人。字西爽。

《左傳·昭公三年》：“子之宅近市，湫隘囂塵，不可以居，請更諸爽塏者。”杜預注：“爽，明；塏，燥。”爽另有清涼暢快義。西方主秋，其氣涼，遂因以“西”爲飾。塏，或作“愷”，當係形似而訛。亦或故意作“愷”，以做通假。

童　槐　清人。字晉三。

《周禮·秋官·朝士》：“面三槐，三公位焉。”因《易·晉卦》有“晝日三接”之語，所言爲受君主寵禮與賞賜之事，故因“三”而以“晉”爲飾。意欲仕途得意，能進爲三公。

童漢臣　明人。字重良。

良，指漢之張良。張良佐劉邦建漢王朝，勳業彪炳，爲後世所欽仰。重，猶尊。

童　詧　宋人。字隱之。

詧，即“察”。《禮記·中庸》：“言其上下察也。”朱熹集注：“察，著也。”“隱”與昭著之“察”反義相協。

童　錦　清人。字天孫。

《史記·天官書》：“織女，天女孫也。”司馬貞索隱：“織女，天孫也。”神話傳説以織女巧於織造，故以應“錦”。錦爲彩色花紋絲織品。一字素文，與“錦”反義相協。

〔舒〕

舒　卞　宋人。字彦循。

《書·顧命》：“率循大卞，燮和天下。”孔傳：“率羣臣循大法。”《爾雅·釋訓》：“美士爲彦。”

舒　位　清人。字立人。

析名爲字。義取《論語·雍也》：“夫仁者，己欲立而立人，己欲達而達人”。

舒　東　清人。字芬照。

《詩·邶風·日月》：“日居月諸，出自東方。”又：“日居月諸，照臨下土。”以“照”應“東”，意即日出東方，普照大地。芬，通“紛”。義猶盛或多。《漢書·禮樂志二》：“芬哉芒芒。”顔師古注：“芬，亦謂衆多。”一字青洋。《禮記·鄉飲酒義》：“東方者春。”古人以東方主春。《爾雅·釋天》：“春爲青陽。”先秦兩漢人，名字多用通假字。清人愛做古，故意以“洋”代“陽”，以示深奥。以“青洋”應“東”，即東方主春，其色青，其名青陽。

舒　芬　明人。字國裳。

《説文·艸部》：“芬，草初生其香分布也。”《楚辭·離騷》：“芳菲菲而難虧兮，芬至今猶未沬。”王逸注：“芬芳勃勃誠難虧歇。”又：“製芰荷以爲衣兮，集芙蓉以爲裳。”以“裳”應“芬”即指實芳香乃芙蓉之裳所發。芙蓉之裳乃屈原所服；屈原國士，其裳亦即“國裳”。

舒　津　宋人。字通叟。

《説文·水部》：“津，水渡也。”段玉裁注：“《商書·微子》曰：‘若涉大水其無津。’”渡口所以通往來，故以“通”應“津”。“叟”爲宋人習用字飾。

舒　雅　宋人。字子正。

《詩·周南·關雎序》：“雅者，正也。”

舒　亶　宋人。字信道。

《詩·小雅·常棣》：“是究是圖，亶其然乎？”毛傳：“亶，信也。”《孟子·離婁上》有“朝不信道，工不信度，君子犯義……國之所存者幸也”之語，遂以“道”綴“信”，以示服膺孟子之言。

舒　焕　宋人。字堯文。

《論語·泰伯》：“大哉堯之爲君也！巍巍乎！唯天爲大，唯堯則之……焕乎！其有文章。”

舒榮都　明人。字曰俞。

《書·堯典》：“帝曰：‘俞！予聞。’”又《皋陶謨》：“禹曰：‘俞！如何？’”又：“皋陶曰：‘都！在知人，在安民。’”“俞”乃應許之辭，“都”爲歎美之辭。

舒嶽祥　宋人。字舜侯。

《書·舜典》：“乃日覲四岳羣

牧，班瑞于羣后。”四岳羣牧皆帝舜之諸侯。岳同“嶽”。一字景薛。未詳。

舒　瀛　宋人。字登甫。

瀛，瀛洲。神話傳説中的海上仙山，爲神仙所居之處。《史記·秦始皇本紀》：“（徐市等）言海中有三仙山，名曰蓬萊、方丈、瀛洲。神仙居之。”以“登”應“瀛”，取“登瀛洲”之典。唐李肇《翰林志》載，唐太宗於秦王府開文學館。“擢房玄齡、杜如晦一十八人，皆以本官兼學士，給五品珍膳，分爲三番更直，宿於閣下，討論墳典。時人謂之‘登瀛洲’。”“甫”爲男子美稱。

〔萬〕

萬士和　明人。字思節。

《論語·學而》：“禮之用，和爲貴，先王之道，斯爲美……知和而和，不以禮節之，亦不可行也。”故以“節”應“和”飾以“思”。謂不忘以禮節之。

萬元吉　明人。字吉人。

《易·坤卦》：“黄裳，元吉。”朱熹本義：“筮得此爻，以爲大吉。”應以“吉人”，取“吉人天相”之義。

萬文英　明人。字仲實。

《爾雅·釋草》：“不榮而實者謂之秀，榮而不實者謂之英。”

萬世德　明人。字伯修。

《左傳·昭公二十年》：“修德而後可。”《論語·季氏》：“則修文德以來之。”“伯”表行第居長。

萬正色　清人。字中庵。

《書·畢命》：“正色率下。”《禮記·中庸》：“齊莊中正，足以有敬也。”故以“中”應“正”。庵、齋、軒、堂爲清人習尚字飾。

萬民英　明人。字育吾。

《孟子·盡心上》：“得天下英才而教育之。”綴以“吾”，謂吾民之英才。

萬　衣　明人。字章甫。

《禮記·儒行》：“丘少居魯，衣逢掖之衣；長居宋，冠章甫之冠。”

萬宏衜　明人。字正思。

《孟子·離婁上》：“思誠者，人之道也。”衜，同“道”。

萬　言　清人。字貞一。

《論語·子路》：“定公問：‘一言而可以興邦，有諸？’孔子對曰：‘言不可以若是其幾也。人之言曰：“爲君難，爲臣不易。”如知爲君之難也，不幾乎一言而興邦乎？’”《易·師卦》：“貞，正也。”故以“貞”飾“一”。

萬宗義　明人。字克方。

《左傳·隱公三年》：“臣聞愛子，教之以義方，弗納於邪。”飾以“克”，謂能遵行。

萬　庚　宋人。字汝金。

《禮記·月令》：“孟秋之月……其日庚辛，其帝少皞，其神蓐收。”鄭玄注：“少皞，金天氏。蓐收，少皞氏之子，曰該，爲金官。”故西方主秋，其日庚辛，其帝金天氏，五行爲金。以“汝”爲飾，是倣《尚書》文例。

萬　表　明人。字民望。

《左傳·襄公二九年》：“表東海者，其太公乎？”杜預注：“太公封齊，爲東海之表式。”又《襄公二五年》：“民之望也，舍之得民。”表式即爲人民所仰望者。

萬思謙　明人。字益父。

《僞古文尚書·大禹謨》：“滿招損，謙受益。”又《易·謙卦》：“天道虧盈而益謙。”“父”爲男子美稱，先秦以爲字的綴飾。漢以來，易“父”爲“甫”，並“父”亦讀fǔ。

萬　恭　明人。字肅卿。

《書·洪範》：“恭作肅。”“卿”爲綴飾。

萬時華　明人。字茂先。

晉張華字茂先。博聞强記，於學無所不窺。慕其人，故襲用其名字。

萬斛泉　清人。字清軒。

連姓成文。唐杜甫《佳人》詩：“在山泉水清，出山泉水濁。”軒、齋爲清代時尚字飾。

萬斯大　清人。字充宗。

《孟子·盡心下》：“充實而有光輝之謂大。”綴以“宗”，欲其宗族繁盛。

萬斯同　清人。字季野。

《易·同人卦》：“同人于野，亨。利涉大川，利君子貞。”“季”表行第在末。

萬斯年　清人。字繩祖。

《詩·大雅·下武》：“昭茲來許，繩其祖武。於萬斯年，受天之祜。”亦連姓成文。

萬斯備　清人。字允誠。

《禮記·祭統》：“唯賢者能備，能備然後能祭。是故賢者之祭也，致其誠信，與其忠敬……”故以“誠”應“備”。飾以“允”，謂確然無疑。

萬斯選　清人。字公擇。

《孟子·滕文公上》：“子之君將行仁政，選擇而使子，子必勉之。”又《禮記·禮運》：“大道之行也，天下爲公。選賢與能，講信脩睦。”故以“公”飾“擇”。

萬　琛　明人。字廷獻。

《詩·魯頌·泮水》：“憬彼淮夷，來獻其琛。”獻於魯國之廷，故曰廷獻。

萬象春　明人。字仁甫。

《禮記·樂記》：“春作夏長仁也。”“甫”爲“仁”綴飾。先秦用“父”，漢以來多用“甫”。

萬　祺　明人。字維壽。

《詩·大雅·行葦》：“壽考維祺，以介景福。”

萬　經　清人。字授一。

《漢書·儒林傳序》：“元帝好儒，能通一經者皆復數年。”又《贊》：“一經説至百餘萬言，大師衆至千餘人。”飾以“授”，謂教一經。當是取“一經教子”之典。

萬達甫　明人。字仲章。

《論語·先進》：“端章甫，願爲小相焉。”章甫，冠名。“仲”表行第在第二。

萬壽祺　清人。字年少。

《詩·大雅·行葦》：“壽考維祺，以介景福。”以“年少”應“壽”，謂春秋正富，來日方長。

萬　潮　明人。字汝信。

江海生潮退潮皆定時，如人之守信。唐李益《江南曲》：“早知潮有信，嫁與弄潮兒。”

萬　適　宋人。字縱之。

適、縱皆有舒展、安適義。《三國志・蜀志・簡雍傳》："威儀不肅，自縱適。"

萬　樹　清人。字花農。

唐岑參《白雪歌送武判官歸京》："忽如一夜春風來，千樹萬樹梨花開。"農、樵、漁、牧爲清人時尚字飾。一字紅友，當取紅花滿樹之義。唐張祜《集靈臺》詩："日光斜照集靈臺，紅樹花迎曉露開。"又《華清宮四首》之三："紅樹蕭蕭閣半開，上皇曾幸此宮來。"故以"紅友"應"樹"。

萬　鍾

① 宋人。字元亨。

萬鍾，謂萬鍾禄米。亨，通"享"。謂享有萬鍾禄米。《孟子・滕文公下》："蓋禄萬鍾。"有萬鍾禄米，乃是高官。

② 明人。字榮禄。

解見①。飾以"榮"，謂享此足可榮身。

二者皆爲連姓成文。

萬　鏜　明人。字仕鳴。

《詩・邶風・擊鼓》："擊鼓其鏜。"毛傳："鏜然擊鼓聲也。"《論語・先進》："小子鳴鼓而攻之可也。"鏜乃鳴鼓聲，故以"鳴"相應。鳴鼓乃前進之號，飾以"仕"，是欲仕進。

〔葉〕

葉士龍　宋人。字雲叟。

《易・乾卦・文言》："雲從龍，風從虎。"宋人喜以叟、翁、老爲字的綴飾。

葉大年　清人。字壽卿。

《莊子・逍遥遊》："上古有大椿者，以八千歲爲春，八千歲爲秋。"以一萬六千年爲一歲，可謂長壽。故以"壽"相應。漢以來，卿、公、君皆爲綴飾。

葉大有　宋人。字謙之。

《大有》《謙》爲《周易》二卦名。二卦皆利君子，故以爲名字。綴以"之"，乃謂君子既得尊位，必以謙恭從事。

葉子韶　晉人。字魯聽。

《論語・述而》："子在齊聞韶，三月不知肉味。"孔子魯國人，故曰"魯聽"。

葉元堦　清人。字仲蘭。

《世説新語・言語》："謝太傅問諸子姪：'子弟亦何預人事，而正欲使其佳？'諸人莫有言者，車騎答曰：'譬如芝蘭玉樹，欲使其生於階庭耳。'"堦，同"階"。《集韻・平皆》："堦，《説文》：陛也。或從土。"

葉方蔚　清人。字敷文。

《易・革卦》："君子豹變，其文蔚也。"飾以"敷"，謂敷布文采。

葉方藹　清人。字子吉。

《詩・大雅・卷阿》："藹藹王多吉士。"又："藹藹王多吉人。"

葉世倬　清人。字子雲。

《詩・大雅・雲漢》："倬彼雲漢，昭回于天。"

葉永秀　明人。字汝實。

《爾雅・釋草》："不榮而實者謂之秀。"倣《尚書》文例，故飾以"汝"。

葉名琛　清人。字崐臣。

《詩・魯頌・泮水》："來獻其琛。"毛傳："琛，寶也。"珍寶無非珠玉。崐山出玉。南朝梁周興嗣《千字文》："玉出崐岡。"故應以"崐"而綴以"臣"。

葉名灃　清人。字潤臣。

灃，水名。《詩・大雅・文王有聲》作"豐"（"豐水東注，維禹之績"）。此亦假"灃"爲"豐"。三國魏鍾會《蒲萄賦》："仰承甘液之靈露，下歆豐潤於醴泉。"故以"潤"應"灃"而綴以"臣"。

葉　舟　清人。字飄仙。

晉陶潛《歸去來辭》："舟摇摇以輕颺，風飄飄而吹衣。"

葉初春　明人。字處元。

春爲歲首，一年之始。《爾雅・釋詁》："元，始也。"故以"處元"應"初春"。

葉廷甲　清人。字保堂。

《宋史・兵志六》："保甲，熙寧初，王安石變募兵而行保甲。帝從其議。"堂、齋、軒、庵爲清代時尚字飾。

葉成忠　清人。字澄衷。

此以名爲字，故意諧音變爲澄衷。

葉　李　元人。字太白。

唐李白字太白。此以其姓爲名，而以其字爲字。

葉秀發　宋人。字茂叔。

《詩・大雅・生民》："誕后稷之穡，有相之道。……實發實秀，實堅實好。"以"茂"相應，謂作物茂盛。"叔"表行第在第三。

葉　西　清人。字書山。

《太平御覽》卷四九引盛弘之《荆州記》："小酉山上石穴中，有書千卷。相傳秦人於此而學，因留之。"

葉宗兖　明人。字希淵。

淵，謂孔子弟子顔回。回字淵。元文宗封顔回爲"兖國復聖公"。見《闕里志・弟子職》。故以"希淵"應"宗兖"。

葉杲卿　宋人。名曙。

以字行。《詩・衛風・伯兮》："其雨其雨，杲杲出日。"毛傳："杲杲然日復出矣。"《玉篇・日部》："曙，東方明也。"東方明即日出。

葉　欣　清人。字榮木。

晉陶潛《歸去來辭》："木欣欣以向榮，泉涓涓而始流。"

葉武子　宋人。字成之。

《尚書》有《武成》，因以爲名字。

葉法善　唐人。字道元。

《孟子・盡心下》："守約而施博者，善道也。"元，當是"玄"。疑是宋人避諱改。唐人重道教，故綴以"玄"。《老子》第一章："同謂之玄，玄之又玄，衆妙之門。"

葉　春　明人。字景陽。

《詩・豳風・七月》："春日載陽。"

葉　禺　明人。字伯印。

《詩・大雅・卷阿》："顒顒卬卬，如圭如璋。"禺，通"顒"。

葉　修　清人。字祖德。

《詩・大雅・文王》："無念爾祖，聿脩厥德。"脩，通"修"。

東漢以來多以祖、孝、文等飾字。

葉 時 宋人。字秀發。

《孟子·梁惠王上》："不違農時，穀不可勝食也。"《詩·大雅·生民》："誕后稷之穡，有相之道。……實發實秀，實堅實好。"

葉 砥 明人。字周道。

《詩·小雅·大東》："周道如砥，其直如矢。"一字履道，取《易·履卦》："履道坦坦。"道路如砥，即是坦平。

葉 釗 明人。字時勉。

《爾雅·釋詁》："釗，勉也。"飾以"時"，謂時時知勉。

葉 寅 宋人。字直翁。

《書·舜典》："夙夜惟寅，直哉惟清。"翁、老、叟爲宋人時尚字飾。

葉 彬 明人。字允均。

《論語·雍也》："子曰：'質勝文則野，文勝質則史。文質彬彬，然後君子。'"朱熹集注："彬彬，猶班班。物相雜而適均之貌。"飾以"允"，謂誠然均等。

葉紹翁 宋人。字嗣宗。

《爾雅·釋詁》："紹、嗣，繼也。"同義故相協。綴以"宗"，謂繼其家族。

葉 紳 明人。字廷縉。

束紳縉笏是古代士大夫的裝束。紳爲束在禮服外腰間下垂的大帶。《論語·衛靈公》："子張書諸紳。"《晉書·輿服志》："所謂搢紳之士者，搢笏而垂紳帶也。紳垂長三尺。笏者，有事則書之。"縉，通"搢"。垂紳搢笏是立於朝廷之上，故節以"廷"。

葉敦艮 清人。字靜遠。

《易·艮卦》："上九，敦艮，吉。"又："彖曰：艮，止也。時止則止，時行則行。動靜不失其時，其道光明。"止即是靜。綴以"遠"，取"寧靜致遠"之義。

葉 盛 明人。字與中。

《左傳·桓公六年》："粢盛豐備。"杜預注："黍稷曰粢，在器曰盛。"《説文·皿部》："盛，黍稷在器中以祀者也。"段玉裁注："盛者，實於器中之名也。"按，盛讀 chéng。

葉 竦 明人。字喬新。

《詩·周南·漢廣》："南有喬木。"毛傳："喬，上竦也。"故以"喬"應"竦"。因有"喬遷"一語，故因"喬"而綴以"新"。遷即棄舊就新。

葉舒崇 清人。字元禮。

《禮記·中庸》："敦厚以崇禮。"《易·乾卦·文言》："元者，善之長也。"儒家重禮，故以"元"飾"禮"。

葉 新 清人。字維一。

《詩·大雅·文王》："周雖舊邦，其命維新。"故以"維"應"新"。因《僞古文尚書·大禹謨》有"惟精惟一"之言，故因"維"而綴以"一"。維通"惟"。

葉義問 宋人。字審言。

《禮記·中庸》："博學之，審問之。"審問即詳細了解其所言。

葉裕仁 清人。字復三。

《論語·顔淵》："顔淵問仁。子曰：'克己復禮爲仁。'"《先進》有"南容三復'白圭'"之言，遂因"復"而綴以"三"，以示亦將一日三復"克己復禮"之言。

葉夢熊 明人。字男兆。

《詩·小雅·斯干》："吉夢維何？維熊維羆，維虺維蛇。"又："大人占之，維熊維羆，男子之祥。"

葉 誕 宋人。字必大。

《爾雅·釋詁》："誕，大也。"

葉銘臻 明人。字維新。

《禮記·大學》："湯之《盤銘》曰：'苟日新，日日新，又日新。'"因《詩·大雅·文王》有"其命維新"之言，故因"新"而以"維"爲飾。

葉鳳毛 清人。字超宗。

《南齊書·謝超宗傳》："王母殷淑儀卒，超宗作誄奏之，帝大嗟賞，曰：'超宗殊有鳳毛，恐靈運復出。'"超宗爲謝靈運之孫。其父名鳳。

葉 齊 宋人。字思可。

《論語·里仁》："子曰：'見賢思齊焉，見不賢而内自省也。'"綴以"可"，謂思其可齊者。

葉審言 元人。字謹翁。

《禮記·月令》："審門閭，謹房室。"審、謹同義相協。翁、叟、老爲宋元人崇尚字飾。

葉廣居 元人。字居仲。

《孟子·滕文公下》："居天下之廣居，立天下之正位，行天下之大道。"

葉標元 清人。字首乾。

《易·乾卦》："乾：元亨利貞。"

葉 澄 明人。字源靜。

澄、靜義相因。又南朝齊謝朓《晚登三山還望京邑》詩："餘霞散成綺，澄江靜如練。"

葉 適 宋人。字正則。

《史記·魯仲連鄒陽列傳》："此時魯仲連適游趙。""適游趙"即正游趙，故以"正"相應。因《離騷》有"名余曰正則兮，字余曰靈均"之語，故就"正"綴以"則"。遂將"恰正"之正，轉爲"平正"之正。

葉 錫 明人。字玄圭。

《書·禹貢》："禹錫玄圭，告厥成功。"

葉 默 宋人。字彦思。

《論語·述而》："默而識之，學而不厭。"朱熹集注："謂不言而存諸心也。一説：識，知也。不言而心解也。"《爾雅·釋訓》："美士爲彦。"

葉 顒

① 宋人。字子昂。

《詩·大雅·卷阿》："顒顒卬卬，如圭如璋。"卬通"昂"。

② 明人。字景南。

《詩·大雅·卷阿》："有卷者阿，飄風自南。豈弟君子，來游來歌，以矢其音。"又："顒顒卬卬，如圭如璋。"故以"景南"應"顒"。一字伯愷。即取"豈弟君子"之語。豈，通"愷"。

葉繼雯 清人。字雲素。

據《辭源》引《古三墳·形墳》："日雲赤曇，月雲素雯。"故以"素"應"雯"。因是雲的一種，故以"雲"爲飾。

葉 鸞 明人。字應和。

《詩·小雅·蓼蕭》："和鸞雝雝，萬福攸同。"

〔葛〕

葛天民 宋人。字無懷。

晉陶潛《五柳先生傳》："銜觴賦詩，以樂其志，無懷氏之民歟？葛天氏之民歟？"

葛立方 宋人。字常之。

《孟子·離婁下》："湯執中，立賢無方。"朱熹集注："方，猶類也。立賢無方，惟賢則立之於位，不問其類也。"以"常之"相應，謂將"惟賢則立"定爲常規。

葛守禮 明人。字與立。

《論語·季氏》："不學《禮》，無以立。"

葛 邠 宋人。字用光。

《孟子·梁惠王上》："昔者大王居邠，狄人侵之，去之岐山之下居焉。"而《詩·大雅·公劉》記大王之功德有"思輯用光"之言，故以"用光"應"邠"。

葛 宜（女） 清人。字南有。

此女子，爲朱爾邁之妻。《詩·周南》有《樛木》《漢廣》。《樛木》首章首句爲"南有樛木"，《漢廣》首章首句爲"南有喬木"。傳統訓釋以爲《樛木》是歌頌"后妃能逮下而無嫉妬之心"，《漢廣》是歌頌江漢被文王之化，女子皆能端莊自守，"變其淫亂之俗"。以"南有"應"宜"，謂《周南》二詩所言，皆爲女子所宜遵行者。

葛 昕 明人。字幼明。

《禮記·文王世子》："天子視學，大昕鼓徵，所以警衆也。"釋文："昕，音欣。《説文》云：旦明日將出也。"

葛 芝 清人。字瑞五。

芝，古人以爲祥瑞之物，太平盛世始生。漢王充《論衡·恢國》："三年，零陵生芝草五本。……五年，芝復生六本。"《宋書·符瑞志下》："芝草，王者慈仁則生，食之令人度世。"因《舜典》有"輯五瑞"之言，故以"瑞"應"芝"，而以"五"綴"瑞"。

葛長庚 宋人。字如晦。

《詩·小雅·大東》："東有啓明，西有長庚。"金星在東方爲啓明，在西方名長庚，民間或曰長明星。以"晦"相應，反義相協。因《詩·鄭風》有"風雨如晦"之語，故以"如"飾"晦"。

葛 洪

① 晉人。字稚川。

《書·舜典》："湯湯洪水方割。"《爾雅·釋詁》："洪，大也。"因大水而及川。"稚"表行第居末。

② 宋人。字容父。

《僞古文尚書·君陳》："必有忍，其乃有濟；有容，德乃大。"因"洪"訓大，故應以"容"。先秦時字必綴以"父"，漢以來改"父"爲"甫"。其有用"父"者，亦必讀曰"甫"。

葛師旦 清人。字匡周。

旦，指周公。周公姬姓，名旦，先輔武王滅紂，建立周王朝；武王死后，成王年幼，周公攝政。故以"匡周"應"旦"。

葛祖亮 清人。字聞橋。

《論語·季氏》："友直、友諒、友多聞，益矣。"亮通"諒"。古書中貞諒亦作"貞亮"，諒陰亦作"亮陰"。清人多以橋、舟、舫等爲字的綴飾。

葛 素 明人。字叔繪。

《論語·八佾》："繪事後素。""叔"表行第在第三。

葛啓森 清人。字林木。

此析名爲字。

葛 密 宋人。字子發。

《易·繫辭上》："退藏於密。"又《蒙卦》："初六，發蒙。"密、發反義相協。

葛 郯 宋人。字謙問。

郯，指春秋郯國君主郯子，孔子曾以爲師。《左傳·昭公十七年》："孔子聞之，見於郯子而學之。既而告人曰：'吾聞之，天子失官，學在四夷，猶信。'"此孔子向郯子問少皞氏何以以鳥名官，故以"問"應"郯"。孔子聖人，猶向人學習，故以"謙"飾"問"。

葛雲飛 清人。字雨田。

《孟子·梁惠王上》："天油然作雲，沛然下雨。"又南朝梁周興嗣《千字文》："雲騰致雨。"因《詩·小雅·大田》有"雨我公田"之言，故以"田"綴"雨"。

葛 賡 宋人。字德載。

《書·益稷》："乃賡載歌曰。"此記虞舜與皋陶唱和。君臣皆有德，故以"德"飾"載"。

葛應雷 明人。字震甫。

《易·説卦》："震爲雷。"

葛 曦 明人。字仲明。

《玉篇·日部》："曦，日色也。"又爲日。唐薛濤《斛石山曉望寄吕侍御》詩："曦輪初轉照仙扃，旋擘烟嵐上窅冥。"故以"明"應"曦"。"仲"表行第居第二。

〔董〕

董士錫 清人。字晉卿。

《易·晉卦》："晉：康侯用錫馬蕃庶。"

董大鯤 清人。字北溟。

《莊子·逍遥遊》："北冥有魚，其名爲鯤。"釋文："本一作溟。北海也。"

董元愷 清人。字舜民。

《左傳·文公十八年》："昔高陽氏有才子八人……天下之民謂之八愷；高辛氏有才子八人……天下之民謂之八元。""以至於堯，堯不能舉。舜臣堯，舉八愷，使主后土。……舉八元，使布五教於四方。"因是舜之臣，故以"舜民"應"元愷"。

董文甫 金人。字國華。

晉陸雲《張二侯頌》："文敏足以華國，威略足以振衆。"此以"華"應"文"而以"國"爲飾，取"文章華國"之義。

董文炳 元人。字彦明。

《易·革卦》："其文炳也。"《説文·火部》："炳，明也。"彦，男子之美稱。《爾雅·釋訓》："美士爲彦。"

董文蔚 元人。字彦華。

《易·革卦》："君子豹變，其文蔚也。"文蔚即華美。

董文驥 清人。字玉虬。

《説文·馬部》："驥，千里馬也。"《儀禮·覲禮》"天子乘龍”鄭玄注：“馬八尺以上爲龍。”虬爲龍的一種，故以“虬”應“驤”。

董以寧 清人。字文友。

《詩·大雅·文王》：“濟濟多士，文王以寧。”文王之世，賢士衆多，濟濟一堂，故綴以“友”，以示願與爲友。

董 史 宋人。字更良。

此謂春秋晉國史官董狐。晉靈公殘暴，趙盾之從兄弟之子趙穿殺之於桃園。趙盾爲正卿，未聲討趙穿，董狐遂直書“趙盾弑其君”。後來孔子稱贊道：“董狐，古之良史也，書法不隱。”事見《左傳·宣公二年》。

董兆熊 清人。字夢蘭。

《詩·小雅·斯干》：“大人占之，維熊維羆，男子之祥。”《左傳·宣公三年》：“鄭文公有賤妾，曰燕姞，夢天使與己蘭，曰：‘余爲伯儵。余而祖也，以是爲而子。以蘭有國香，人服媚之如是。’”後果生子，名之曰“蘭”，是爲穆公。夢熊、夢蘭同爲生子之典，故相協。一字敦臨，未詳。

董 匡 明人。字宗輔。

《詩·小雅·六月》：“王于出征，以匡王國。”鄭玄箋：“匡，正也。”《左傳·僖公四年》：“以夾輔周室。”匡、輔皆有從旁扶持使不倒之義，故相協。

董廷桂 清人。字西堂。

漢揚雄《太玄·玄數》：“四九爲金，爲西方，爲秋。”西方主秋，桂樹秋季開花，故以“西”應“桂”。清人喜以建築物如樓、亭、軒、堂爲字的綴飾。

董 扶 漢人。字茂安。

《論語·季氏》：“危而不持，顛而不扶，則將焉用彼相矣。”以“安”應“扶”，謂扶持之則安。茂通“懋”。《爾雅·釋訓》：“懋懋，勉也。”飾以“懋”，謂努力使之安。

董邦達 清人。字孚存。

《禮記·聘義》：“孚尹旁達，信也。”故以“孚”應“達”。孚尹（允）皆爲信，信不存則不能達於外，故因“孚”綴以“存”。

董其昌 明人。字元宰。

元宰應作“玄宰”，清人避康熙帝諱（玄燁）改。漢揚雄《太玄·文》：“君子在玄則正，在福則沖，在禍則反。小人在玄則邪，在福則驕，在禍則窮。故君子得位則昌，失位則良。”鄭萬耕校釋：“玄，幽隱之義。此指不得志而處下位。”“君子被埋没，則能行爲正當，不妄爲亂行。”“君子得位則能昌盛發達。”以“玄”應“昌”，即謂得意則昌，失意則正。以“宰”綴“玄”，謂任玄主宰，自甘淡泊。其號思白，亦取揚雄《解嘲》“意者玄得毋尚白乎”之言。

董 恂 清人。字謙甫。

《廣雅·釋訓》：“恂恂，敬也。”謙、敬義近，故相協。“甫”男子美稱。先秦用“父”，漢以來改用“甫”。

董 斿 清人。字仲常。

《玉篇·㫃部》：“斿，旌旗之末垂者。或作游。”常，謂畫有日月的旗。《國語·吴語》：“載常建鼓。”韋昭注：“日月爲常。”同類故相協。“仲”表行第居第二。

董 紀 明人。字良史。

紀，記載。董狐爲春秋晉國史官，孔子稱之爲“古之良史”。事見《左傳·宣公二年》。此連姓成文，董紀，猶言董狐所記載者。故以“良史”相應。

董祐誠 清人。字方立。

《易·乾卦·文言》：“脩辭立其誠，所以居業也。”

董 荊 明人。字宗楚。

《詩·商頌·殷武》：“維女荊楚，居國南鄉。”

董國華 清人。字琴南。

唐代崇奉道家，封莊周爲南華真人，尊其書《莊子》爲《南華經》，故以“南”應“華”。據《史記·樂書》載：“昔者舜作五弦之琴，以歌《南風》。”遂因“南”而以“琴”爲飾。輾轉用典命名取字，是清人習尚。

董教曾 清人。字益甫。

《孟子·告子下》：“所以動心忍性，曾益其所不能。”“甫”爲綴飾，是男子之美稱。

董 傑 明人。字萬英。

傑、英皆謂材能出衆之士。《禮記·禮運》“與三代之英”孔穎達疏：“《辨名記》云：‘千人曰英，倍英曰賢，萬人曰傑，倍傑曰聖。’《毛詩傳》又云：萬人爲英。”故英、傑相應。

董斯張 明人。字遐周。

《詩·大雅·公劉》：“弓矢斯張，干戈戚揚，爰方啓行。”飾以“遐”，謂此乃遠古公劉之事。

董 曾 明人。字貫道。

曾，謂孔子弟子曾參。《論語·里仁》：“子曰：‘參乎！吾道一以貫之。’曾子曰：‘唯。’”

董景道 晉人。字文博。

孔子倡導“博學於文”。《論語·雍也》：“君子博學於文。”《子罕》：“博我以文，約我以禮。”《顔淵》：“博學於文，約之以禮。”以“文博”應“景道”，即謂景仰孔子之道。

董 越 明人。字尚矩。

《論語·爲政》：“七十而從心所欲，不踰矩。”《玉篇·足部》：“踰，越也。”雖曰越，但不踰矩。尚矩即崇尚規矩。意謂守孔子“不踰距”之訓。

董傳策 明人。字原漢。

西漢董仲舒，曾應武帝制，對天人三策。事見《漢書·董仲舒傳》。此連姓成文。言董氏所傳之策，原自西漢。

董 楷 宋人。字正翁。

《玉篇·木部》：“楷，又楷式也。《禮記》曰：‘今世之行，後世以爲楷。’”“以爲楷”即皆向之取正。故以“正”應“楷”。翁、叟、老爲宋時尚字飾。

董 遇 三國魏人。字季直。

《漢書·酷吏傳·義縱》：“關吏税肄郡國出入關者，號曰：‘寧見乳虎，無直寧成之怒。’”直、遇同義相協。“季”表行第在末。

董 鉞 宋人。字毅夫。

《禮記·中庸》：“不怒而民威（畏）於斧鉞。”毅，謂神情凛然，令人敬畏。“夫”爲男子通稱。

董　鼎　宋人。字季亨。

鼎，古代烹飪之器。《史記·殷本紀》："負鼎俎，以滋味説湯，致于王道。"亨，通"烹"。《詩·豳風·七月》："七月亨葵及菽。"故以"亨"應"鼎"。"季"表行第居末。

董漢策　清人。字帷儒。

《漢書·董仲舒傳》："少治《春秋》，孝景時爲博士。下帷講誦，弟子傳以久次相授業，或莫見其面。蓋三年不窺園，其精如此。"武帝時上天人三策。董仲舒爲漢代大儒，故以"帷儒"應"策"。

董漢儒　明人。字學舒。

漢董仲舒爲一代大儒，慕其人。故用其名。説見"董漢策"。

董福祥　清人。字星五。

《書·洪範》："九,五福：一曰壽，二曰富……"故以"五"應"福"。世有福星、壽星等名，因以"星"爲飾。

董　維　清人。字四明。

《管子·牧民》："四維張，則君令行。"故以"四"應"維"。綴以"明"，謂明於禮、義、廉、恥。

董　説　清人。字雨若。

《僞古文尚書·説命》記殷高宗命傅説爲相時，比傅説爲大旱之霖雨。因《書·洪範》有"時雨若"之言，遂就"雨"而綴以"若"。又字月函。不詳。當是號。

董　銖　宋人。字叔重。

銖，古代重量單位名，約當一兩的二十四分之一。《孫子·形篇》："故勝兵若以鎰稱銖。"梅堯臣注："力易舉也。"銖爲至輕之量，故以"重"相應。

董　穀　明人。字石甫。

《史記·留侯世家》："十三年孺子見我濟北，穀城山下黄石即我矣。"又："後十三年從高帝過濟北，果見穀城山下黄石，取而葆祠之。"故以"石"應"穀"。"甫"爲綴飾。又，石爲古代容量單位，十斗爲一石。亦爲官俸計量單位。《漢書·百官公卿表上》唐顔師古題解："漢制：三公號稱萬石。其俸月各三百五十斛穀。其稱中二千石者，月各百八十斛。"以"石"應"穀"，亦或取此義。

董　澐　明人。字復宗。

《説文·水部》："澐，江中大波謂之澐。"《書·禹貢》："江漢朝宗于海。"故以"宗"應"澐"。飾以"復"，謂仍歸向大海。

董　緒　明人。字禹方。

《詩·魯頌·閟宫》："奄有下土，纘禹之緒。"方，謂土地。《詩·商頌·長發》："洪水芒芒，禹敷下土方。"以"禹方"應"緒"，即謂繼大禹之功業，敷治土地。

董　濬　宋人。字禹川。

以"川"應"濬"，取《孟子·滕文公上》"禹疏九河"文義。濬即疏濬，川、河同義。

董　鯤　明人。字少溟。

《莊子·逍遥遊》："北溟有魚，其名爲鯤。""少"表行第較後。

董蠡舟　清人。字濟甫。

唐杜甫《觀李固請司馬弟山水圖三首》："范蠡舟偏小，王喬鶴不羣。"《僞古文尚書·説命上》："若濟巨川，用汝作舟楫。"相傳勾踐滅吴後，范蠡以舟載西施而去，故曰"蠡舟"。因"舟"而及《説命》，故以"濟"應"舟"。清人名字使典用事，往往輾轉曲折。

董　儼　宋人。字望之。

《論語·堯曰》："君子正其衣冠，尊其瞻視，儼然人望而畏之。"

董　襲　三國吴人。字元代。

襲、代皆謂承接前者。漢王充《論衡·恢國》："武王爲西伯，襲文王位。"又："禹以司空緣功代舜。"同義故相協。元，美善之辭。《易·乾卦·文言》："元者善之長也。"故以飾"代"。

〔費〕

費丹旭　清人。字曉樓。

《詩·邶風·匏有苦葉》："旭日始旦。"毛傳："旭，日始出。"日出天即曉，故以"曉"相應。樓、軒、亭、堂爲清人習尚字飾。

費元禄　明人。字無學。

《論語·爲政》記"子張學干禄"，孔子教以"言寡尤，行寡悔"。此以"無學"應"禄"，即勿傚子張之行。一字學卿，則是學孔子所教之言，自然"禄在其中矣"。

費念慈　清人。字屺懷。

唐孟郊有《遊子吟》："慈母手中綫，遊子身上衣。臨行密密縫，意恐遲遲歸。"念慈，即思念慈母。《詩·魏風·陟岵》："陟彼屺兮，瞻望母兮，母曰嗟予季行役，夙夜無寐，尚慎旃哉！猶來無棄。"此亦思親之作，然又寫慈母念子之情，故以"屺懷"應"念慈"。

費金吾　清人。字曉亭。

金吾借作"金烏"。古代神話傳説，日中有三足烏，又名金烏，遂以"金烏"爲日的代稱。《淮南子·精神訓》："日中有踆烏"漢高誘注："踆，猶蹲也。謂三足烏。"唐白居易《淮陰行五首》之二："今日轉船頭，金烏指西北。"日出東南，正照西北。日出天即曉，故以"曉"應"金烏"。亭、軒等爲清人時尚字飾。

費冠卿　唐人。字子車。

上古大夫冠冕乘軒，故以"車"應"冠"。又，車必張蓋，亦暗取冠蓋義。

費　衮　宋人。字補之。

《詩·大雅·烝民》："衮職有闕，維仲山甫補之。"

費　若　宋人。字如川。

《書·盤庚上》："若網在綱，有條而不紊。"孔傳："當如網在綱，各有條理而不紊亂。"是若、如同義相協。因《詩·小雅·天保》有"如川之方至，以莫不增"之語，遂就"如"綴以"川"。意謂如川之水流方至，其盛大之勢未可限量。

費開綬　清人。字佩青。

綬，古代官員繫官印的絲帶。《漢書·百官公卿表》："御史大夫，秦官，位上卿，銀印青綬，掌副丞相。"《後漢書·輿服志下》："九卿、中二千石、二千石青綬。”因隨身佩帶於肘後，故以“佩”飾“青”。

費 愚 明人。字希顔。

《論語·爲政》：“子曰：‘吾與回言終日，不違如愚。退而省其私，亦足以發。回也不愚。’”此孔子稱贊顔回之言。以“希顔”應“愚”，言欲如顔子之愚。

費 椿 清人。字子年。

《莊子·逍遥遊》：“小年不及大年……上古有大椿者，以八千歲爲春，八千歲爲秋。”

費 詩 三國蜀漢人。字公舉。

《論語·陽貨》：“《詩》可以興。”興、舉皆有起義，故以“舉”應“詩”。“公”爲高爵，亦爲尊美之稱，漢以來士大夫多以爲字飾。

費道用 明人。字闇如。

《禮記·中庸》：“故君子之道，闇然而日章；小人之道，的然而日亡。”如，猶然。形容詞詞尾。

費 誓 清人。字所中。

此連姓成文。《尚書》有《費誓》。魯公伯禽初至魯，常遭淮夷、徐戎侵擾，乃於費地誓師征討。“費誓”即於費誓師之辭。中，讀 zhòng。義爲搏擊，殺。《韓非子·内儲説上》：“王拱而朝天下，後者以兵中之。”故以“中”應“費誓”。言誓師爲征殺。飾以“所”，指征殺對象。

費 禕 三國蜀漢人。字文偉。

《中國人名大辭典》作費禕，此從《三國志》本傳。褘、禕二字通。《爾雅·釋詁》：“褘，美也。”郝懿行義疏：“《文選〈東京賦〉》云：‘漢帝之德，侯其褘而。’薛綜注云：‘褘，美也。’通作‘委’。《釋訓》云：‘委委，美也。’釋文：‘委，諸儒本並作褘。於宜反。’舍人云：‘褘、褘者，心之美。’引《詩》亦作褘。是褘、禕並與委通。又通偉與瑋。《莊子·大宗師篇》云：‘偉哉，大造物者。’釋文引向秀注：‘偉，美也。’”是褘、禕、偉皆爲美。故相協。

費 誾 明人。字廷言。

《論語·鄉黨》：“朝，於下大夫言，侃侃如也；與上大夫言，誾誾如也。”

費錫章 清人。字焕槎。

《論語·泰伯》：“焕乎！其有文章。”槎、舟、舫等詞，爲清人習尚字飾。

費錫琮 清人。字厚蕃。

《易·晉卦》：“康侯用錫馬蕃庶。”朱熹本義：“言多受大賜。”

費錫璜 清人。字滋衡。

《説文·玉部》：“璜，半璧也。”段玉裁注：“按《大戴禮》：佩玉下有雙璜，皆半規。”又：“珩，佩上玉也。”段玉裁注：“《詩》毛傳曰：‘雜佩者，珩、璜、琚、瑀、衝牙之類。’韓傳曰：‘佩玉上有葱衡，下有雙璜。’按衡即珩字。”是璜、衡同爲玉佩之組成部件，故相協。衡在最上，璜繫於衡，故以“滋”爲飾。言璜由衡所派生。

費蘭墀 清人。字心谷。

此取空谷幽蘭之義。明李時珍《本草綱目·草三·蘭草》〔正誤〕引寇奭曰：“（蘭）多生於陰地幽谷。”以“心”飾“谷”，謂其心幽静似谷，其人如幽谷之蘭。

費 觀 三國蜀漢人。字賓伯。

《易·觀卦》：“觀國之光，尚賓也。”又：“觀國之光，利用賓于王。”行第居長，故綴以“伯”。

〔賀〕

賀仁傑 元人。字寬甫。

《論語·陽貨》：“子張問仁於孔子。孔子曰：‘能行五者於天下，爲仁矣。’請問之。曰：‘恭、寬、信、敏、惠。恭則不侮，寬則得衆……’”“甫”爲男子美稱。

賀仲軾 明人。字景瞻。

宋代大文學家蘇軾字子瞻。景仰其人，故襲其名字。

賀行素 清人。字居易。

《禮記·中庸》：“君子素其位而行，不願乎其外。素富貴，行乎富貴；素貧賤，行乎貧賤；……故君子居易以俟命。”

賀 岳 明人。字汝瞻。

岳，同“嶽”，古代天子巡狩所至的五座名山之稱。《説文·山部》：“嶽，東岱、南霍、西華、北恒、中大室，王者之所以巡狩所至。”天子諸侯境内皆有遥望而祭的名山大川。故《詩·魯頌·閟宫》有“泰山巖巖，魯邦所瞻”之言，即謂泰山爲魯所望祭。故以“瞻”應“岳”。《小雅·節南山》又有“節彼南山，維石巖巖；赫赫師尹，民具爾瞻”之語，遂於“瞻”前加“汝”。

賀知章 唐人。字季真。

《國語·越語上》：“有能助寡人而退吴者，吾與之共知越國之政。”知章，即主持奏章。《説文·匕部》：“真，僊人變形而登天也。”以“真”應“知章”，意欲爲仙官，爲天帝主持人間上奏之章。《世説新語·德行》：“王子敬病篤，道家上章應首過，問子敬：‘由來有何異同得失？’”此即向天帝上章奏，自首一生過錯，以求寬宥。拜章祈禱乃道教特有儀式。唐代尊道家，并崇奉道教。賀知章篤信道教，天寶初，自請免官爲道士，故名字亦染道教色彩。

賀 卲 三國吴人。字興伯。

漢揚雄《法言·重黎》：“或問子胥、種、蠡孰賢，曰：‘……皆不足卲也。’”此爲稱揚。“興”有起義，是卲、興義近，故相協。《中國人名大辭典》“卲”作“邵”，顯係形似而誤，今徑改。“伯”表行第居長。

賀長齡 清人。字耦耕。

《論語·微子》：“長沮桀溺耦而耕。”

賀 革 南朝梁人。字文明。

《易·革卦》：“革而信之，文明以説。”

賀時泰 明人。字叔交。

《易·泰卦》：“象曰：天地交，泰。”“叔”表行第在三。

賀 泰 明人。字志同。

《易·泰卦》：“上下交而其志同也。”

賀逢聖 明人。字克繇。

繇，皐繇，即皐陶。虞舜之臣，掌刑獄。據《左傳·文公十八年》

杜預注，臯陶爲高陽氏子“八愷”之一，帝堯未能用，帝舜皆任以職。以“繇”應“逢聖”，即用此典。飾以“克”，謂逢聖君能成爲臯陶而被舉薦。

賀　弼　南朝宋人。字仲輔。

《爾雅·釋詁》：“弼、輔，俌也。”同義故相協。

賀復徵　明人。字仲來。

《易·復卦》：“七日來復，利有攸往。”

賀揚庭　金人。字公叟。

《易·夬卦》：“揚于王庭……利有攸往。”揚于朝庭之上，自然爲公，故以“公”應。“叟”爲宋人時尚字飾。是此風亦影響及金。

賀　琛　南朝梁人。字國寶。

《詩·魯頌·泮水》：“憬彼淮夷，來獻其琛。”毛傳：“琛，寶也。”

賀貽孫　清人。字子翼。

《詩·大雅·文王有聲》：“貽厥孫謀，以燕翼子。”貽，一本作“詒”。“子”爲男子美稱。

賀熙齡　清人。字光甫。

《詩·周頌·敬之》：“日就月將，學有緝熙于光明。”“甫”爲綴飾，亦男子美稱。

賀　瑒　南朝梁人。字德璉。

漢應瑒字德璉，爲建安七子之一。慕其人，故襲用其名字。

賀　榮　明人。字師桓。

《后漢書·桓榮傳》載，桓榮治《歐陽尚書》，因教太子《尚書》，甚得光武帝禮遇，稱之爲“真儒生”。明帝繼位，更被親重，封爲關内侯。慕其人因治經而顯達，故襲其姓名。

賀　裳　清人。字黄公。

《易·坤卦》：“黄裳元吉。”

賀　齊　三國吴人。字公苗。

《説文·齊部》：“齊，禾麥吐穗上平也。象形。”以“苗”相應，謂禾苗齊整。

賀　霖　明人。字時望。

《僞古文尚書·説命上》：“若歲大旱，用汝作霖雨。”《孟子·梁惠王下》：“民望之，若大旱之望雲霓也。……若時雨降，民大悦。”甘霖乃應時之雨，故以“時望”相應。

賀　懋　明人。字時勉。

《僞古文尚書·大禹謨》：“時乃功，懋哉！”孔傳：“是汝之功，勉之！”蔡沈集傳：“懋，勉也。”

賀　潔（女）　清人。字靚君。

《後漢書·南匈奴傳》：“昭君豐容靚飾，光明漢宫。”潔因妝飾，故相應。按，賀潔爲才女。

賀　鑄　宋人。字方回。

漢劉向《列仙傳·方回》：“方回者，堯時隱人也。……煉食雲母，亦與民人有疾病者。”因能燒煉，故以應“鑄”。亦表示羡慕仙人。

〔鄒〕

鄒一桂　清人。字原褒。

《晉書·郤詵傳》：“累遷雍州刺史。武帝於東堂會送，問詵曰：‘卿自以爲何如？’詵對曰：‘臣舉賢良對策，爲天下第一，猶桂林之一枝，崑山之片玉。’帝笑。侍中奏免詵官，帝曰：‘吾與之戲耳，不足怪也。’”以“原褒”應“一桂”，即謂晉武帝不責怪其自大，原爲褒揚其才。褒，同“褒”。

鄒士隨　清人。字景何。

隨何，漢初辯士，曾説九江王英布背楚助漢。事見《史記·黥布列傳》。羡其人，故以姓爲名，而以其名爲字。

鄒大觀　元人。字光伯。

《易·觀卦》：“觀國之光，利用賓于王。”“伯”表行第居長。

鄒元斗　清人。字少微。

斗，謂北斗。北斗、少微皆星宿名。《史記·天官書》：“北斗七星，所謂‘旋、璣、玉衡，以齊七政’。”又：“廷藩西有隋星五，曰少微，士大夫。”又名處士星。同在太微垣，故連類而及。

鄒元標　明人。字爾瞻。

《世説新語·品藻》：“王〔楨之〕徐徐答曰：‘亡叔是一時之標，公是千載之英。’一座懽然。”《詩·小雅·節南山》：“赫赫師尹，民具爾瞻。”既爲一時之標，必爲時人所共瞻仰。

鄒文盛　明人。字時鳴。

唐韓愈《送孟東野序》：“維天之於時也亦然，擇其善鳴者而假之鳴。”又：“抑不知天將和其聲而使鳴國家之盛邪，抑將窮餓其身，思愁其心腸，而使自鳴其不幸邪？”

鄒文蘇　清人。字望之。

此仰慕宋代大文學家蘇軾，故名蘇而字望之。望猶“瞻”。蘇字子瞻。

鄒世聞　元人。字聞達。

《論語·顔淵》：“夫達也者，質直而好義，察言而觀色，慮以下人，在邦必達，在家必達。夫聞也者，色取仁而行違，居之不疑，在邦必聞，在家必聞。”

鄒守益　明人。字謙之。

《僞古文尚書·大禹謨》：“滿招損，謙受益。”

鄒宏志　清人。字念蓴。

《晉書·文苑傳·張翰》：“翰因見秋風起，乃思吴中菰菜、蓴羹、鱸魚膾，曰：‘人生貴得適志，何能羈宦數千里以要名爵乎？’遂命駕而歸。”故以“念蓴”應“志”。

鄒來學　明人。字時敏。

《論語·公冶長》：“敏而好學，不恥下問。”

鄒　坤　清人。字子貞。

《易·坤卦》：“坤：元亨，利牝馬之貞。君子有攸往……安貞吉。”

鄒宗善　明人。字本初。

此取孟子人性本善之説以爲名字。

鄒近仁　宋人。字季友。

《論語·子路》：“子曰：‘剛毅木訥，近仁。’”以“友”相應，謂願與此等人爲友。“季”表行第居第四。

鄒長孺　宋人。字齊賢。

西漢汲黯字長孺，爲一代名臣，以鯁直著稱。齊賢，即取《論語》“見賢思齊”之義。

鄒非熊　宋人。字宗望。

《史記·齊太公世家》：西伯（周文王）出獵時先行占卜，其兆曰：“所獲非虎非羆，所獲霸王之輔。”果於渭水之陽遇姜尚。“與語大説，曰：‘自吾先君太公曰：

"當有聖人適周，周以興。"子真是也？吾太公望子久矣。'故號之曰'太公望'，載與俱歸，立爲師。""非虎非羆"《宋書·符瑞志上》變爲"非熊非羆"，故以"宗望"應"非熊"。意欲如姜太公遇文王。

鄒奕孝 清人。字念喬。

《尚書大傳》卷四："伯禽與康叔見周公，三見而三笞之。康叔有駭色，謂伯禽曰：'有商子者，賢人也，與子見之。'乃見商子而問焉。商子曰：'南山之陽有木焉，名喬。二三子往觀之。'見喬實高高然而上。反以告商子。商子曰：'喬者，父道也。南山之陰有木焉，名曰梓。二三子復往觀焉。'見梓實晉晉然而俯。反以告商子。商子曰：'梓者，子道也。'二三子明日見周公，入門而趨，登堂而跪。周公迎拂其首，勞而食之。"以"念喬"應"孝"，謂孝父母應恭敬，如梓之與喬。亦暗用《論語·爲政》文義。"子游問孝，子曰：'今之孝者，是謂能養；至於犬馬皆能有養，不敬何以別乎？'"

鄒 括 宋人。字仲發。

《莊子·齊物論》："其發若機栝。"釋文："機，弩牙。栝，箭栝。"機栝，後世多作"機括"。

鄒 柄 宋人。字德久。

《左傳·襄公二三年》："既有利權，又執民柄。"應以"德久"，謂有德方可久執。

鄒炳泰 清人。字仲文。

《易·革卦》："其文炳也。"

鄒祗謨 清人。字訏士。

《詩·大雅·抑》："訏謨定命，遠猶辰告。敬慎威儀，維民之則。"

鄒迪光 明人。字彦吉。

《僞古文尚書·大禹謨》："惠迪吉。"

鄒師顔 明人。字希賢。

顔，謂孔子最得意之弟子顔回。回能"聞一知十"，孔子對子貢而歎"吾與汝弗如也"。且"其心三月不違仁"。

鄒逢吉 明人。字夔石。

《書·洪範》："身其康彊，子孫其逢吉。"又《舜典》："夔曰：'於，予擊石拊石，百獸率舞。"以"夔石"應"逢吉"，謂歡慶上天所賜之福。

鄒 喆 清人。字方魯。

喆，同"哲"。《詩·大雅·蕩》："既明且哲。"《論語·先進》："柴也愚，參也魯。"朱熹集注："魯，鈍也。"哲、魯反義相協。

鄒期楨 明人。字公寧。

《詩·大雅·文王》："王國克生，維周之楨；濟濟多士，文王以寧。"故以"寧"應"楨"。公、卿、君等字，自漢以來即用爲字的修飾成分，或作綴飾。

鄒 湛 晉人。字潤甫。

《詩·小雅·湛露》："湛湛露斯，在彼豐草。"毛傳："湛湛，露茂盛貌。"雨露潤及草木，故以"潤"應"湛"。"甫"爲男子美稱。

鄒補之 宋人。字公衮。

《詩·大雅·烝民》："衮職有闕，維仲山甫補之。"衮職，謂天子之職。故以"衮"應"補"。《中國人名大辭典》衮，訛爲兖。

鄒漢章 清人。字叔明。

《詩·大雅·棫樸》："倬彼雲漢，爲章于天。"又《雲漢》："倬彼雲漢，昭回于天。"鄭玄箋："雲漢，謂天河也。昭，光也。"光、明同義，故以應"漢"。

鄒漢勛 清人。字叔績。

《爾雅·釋詁》："績、勳，功也。"同義故相協。勛，同"勳"。

鄒維璉 明人。字德輝。

《論語·公冶長》："曰：'瑚璉也。'"朱熹集注："夏曰瑚，商曰璉，周曰簠簋，皆宗廟盛黍稷之器而飾以玉。"《左傳·僖公五年》："黍稷非馨，明德惟馨。"以"德"應"璉"，即謂鬼神不重祭者之粢盛，而是重祭祀者之德。綴以"輝"，謂其德光輝。

鄒 澍 清人。字潤安。

《淮南子·泰族訓》："若春雨之灌萬物也，渾然而流，沛然而施，無地而不澍。"言無地不被潤澤。澍、潤同義相協。雨水足，百穀生，萬民安，故綴以"安"。

鄒 緝 明人。字仲熙。

《詩·周頌·維清》："維清緝熙，文王之典。"

鄒 輗

① 宋人。字行之。

《論語·爲政》："子曰：'人而無信，不知其可也；大車無輗，小車無軏，其何以行之哉？'"朱熹集注："輗，轅端橫木，縛軛以駕牛者。小車，謂田車、兵車、乘車。軏，轅端上曲，鉤衡以駕馬者。車無二者，則不可以行。人而無信，亦猶是也。"以"行之"應"輗"，即謂遵孔子之教，依信而行。

② 明人。字敏行。

解見①。飾以"敏"，謂篤守信義，以求速行。此兼取《衛靈公》"言忠信，行篤敬，雖蠻貊之邦行矣"文義。

鄒應龍

① 明人。字景初。

《易·乾卦》："初九，潛龍，勿用。"以"景初"應"龍"，謂欲如潛龍，静處不動。

② 明人。字雲卿。

《易·乾卦·文言》："雲從龍。""卿"爲綴飾。

鄒 濟 明人。字汝舟。

《僞古文尚書·説命上》："若濟巨川，用汝作舟楫。"

鄒 禮 宋人。字用和。

《論語·學而》："禮之用，和爲貴。"

鄒觀光 明人。字孚如。

《易·觀卦》："六四，觀國之光，利用賓于王。"又："有孚顒若。"若，猶如。

〔鄔〕

鄔大昕 宋人。字東啓。

《禮記·文王世子》："天子視學，大昕鼓徵，所以警衆也。"釋文引《説文》云："旦明日將出也。"《詩·小雅·大東》："東有啓明。"朱熹集傳："以其先日而出，故謂之啓明。"

鄔希文 清人。字亦范。

北宋范仲淹字希文，以天下爲

己任，爲一代名臣。敬其人，故襲其姓與字。

鄔若虛 明人。字君受。

《史記·老子韓非列傳》："良賈深藏若虛。"《韓詩外傳》卷二："君子盛德而卑，虛己以受人。"自西漢以來，公、君、卿皆作字的修飾語或綴飾。

鄔　修 明人。字存誠。

《易·乾卦·文言》："脩辭立其誠，所以居業也。"脩，通"修"。

鄔景和 明人。字時濟。

《書·皋陶謨》："同寅協恭和衷哉！"《國語·魯語下》："夫苦匏不材於人，共濟而已。"故以"濟"應"和"。飾以"時"，謂及時而濟。

鄔鶴徵 清人。字雪舫。

《淮南子·説林訓》："鶴壽千歲。"鶴徵即長壽之徵。鶴爲白色，故因鶴之白而及白雪之白，故以"雪"應"鶴"。清人喜以舟、舫、航、船等爲字的綴飾。

〔鈕〕

鈕　琇 清人。字玉樵。

《詩·衛風·淇奥》："充耳琇瑩。"《説文·玉部》："琇，石之次玉者。""樵"爲清時尚字飾。

鈕福疇 清人。字西農。

晉陶潛《歸去來辭》："農人告余以春及，將有事于西疇。"

鈕樹玉 清人。字匪石。

玉爲石類，但又非石。因《詩·邶風·柏舟》有"我心匪石"之語，遂以"匪石"應"玉"。

〔閔〕

閔元衢 清人。字康侯。

《史記·孟子荀卿列傳》："皆命曰列大夫，爲開第康莊之衢。"因《易·晉卦》有"康侯"之名，遂就"康"而綴以"侯"。

閔如霖 明人。字師望。

霖乃救旱大雨，爲民衆所急切盼望者。《孟子·梁惠王下》："民望之，若大旱之望雲霓也。"以"師"飾"望"，言欲傚救旱之甘霖，以蘇民困。

閔宜邵 明人。字安卿。

邵，指宋代邵雍。雍爲北宋高士，與富弼、司馬光等友善，居洛中，名其居爲"安樂窩"。元祐中賜謚康節。《宋史》有傳。以"安"應"邵"即取邵氏安樂窩之典。

閔則哲 清人。字睿先。

《禮記·中庸》："唯天下至聖，爲能聰明睿知。"知，即智。《爾雅·釋言》："哲，智也。"是哲、睿同義相協。

閔　益 清人。字又損。

益、損反義相協。"益"爲增，"損"爲減。又《易》有《損》《益》二卦。《益》云："損上益下，民説。"以"又"飾"損"，意欲再減。亦或欲學孔子弟子閔損（字子騫）。

閔　損 春秋魯人。字子騫。

《詩·小雅·天保》："不騫不崩。"毛傳："騫，虧也。"虧、損義同，故相協。

閔　樂 清人。字純如。

《論語·八佾》："子語魯大師樂，曰：'樂其可知也：始作，翕如也；從之，純如也。'"

〔項〕

項大德 清人。字立上。

《左傳·襄公二四年》："大上有立德，其次有立功，其次有立言。"

項元汴 明人。字子京。

析宋都城汴京以爲名字。

項元淇 明人。字子瞻。

《詩·衛風·淇奥》："瞻彼淇奥，綠竹猗猗。"

項可教 明人。字幼思。

《史記·留侯世家》載，張良於下邳圯上遇一老人。老人故墜其履於圯下，令良拾取。張良恭敬盡禮，老人謂"孺子可教矣"，遂授以《太公兵法》。《禮記·曲禮上》："《曲禮》：毋不敬。儼若思，安定辭……"陳澔集説引范氏曰："《經禮》三百，《曲禮》三千，可以一言蔽之，曰：毋不敬。"以"幼思"應"可教"，謂幼年即當學禮儀。

項可試 明人。字幼志。

《論語·子罕》："牢曰：'子云：吾不試，故藝。'"何晏集解："試，用也。"以"幼志"應"試"，謂自幼即立志用世。

項玉筍 清人。字知父。

《新唐書·李宗閔傳》："俄復爲中書舍人，典貢舉，所取多知名士。……世謂之玉筍。"玉筍，美稱衆多才智之士，故以"知"（智）相應。先秦時代，人之字皆綴以"父"，女子之字皆綴以"母"。漢以來易"父"爲"甫"。其有倣古者，偶用"父"，但亦讀fǔ，不再讀fù。

項如臯 明人。字孟凱。

臯，謂臯陶。凱，指"八凱"。《左傳·文公十八年》載，高陽氏有才子八人，"天下之民謂之'八愷'"。其中有庭堅，杜預注以爲乃臯陶之字。《漢書·古今人表》庭堅作咎繇。古籍中臯陶、咎繇互用，"八愷"亦作"八凱"。故以"凱"應"臯"。"孟"表行第居長。

項安世 宋人。字平父。

《韓非子·解老》："恬淡平安，莫不知禍福之所由來。"故以"平"應"安"。父，字之綴飾。先秦多見，後世易作"甫"。

項守禮 明人。字伯進。

《論語·先進》："先進於禮樂，野人也；後進於禮樂，君子也。如用之，則吾從先進。"朱熹集注引程子曰："先進於禮樂，文質得宜。"以"進"應"禮"，即謂從先進文質得宜之禮。"伯"表行第居長。

項伯藏 明人。字智用。

《論語·述而》："子謂顔淵曰：'用之則行，舍之則藏，唯我與爾有是夫！'"善處"用舍行藏"實乃智者，故以"智"爲飾。

項　忠 明人。字藎臣。

《詩·大雅·文王》："王之藎臣，無念爾祖。"毛傳："藎，進也。"后世忠藎連用。解爲忠誠，故以"藎"應"忠"。

項　冠　元人。字儀甫。

古代男子二十歲爲成年，要舉行加冠、命字等儀式。《儀禮》有《士冠禮》，專論舉行冠禮的儀式，故以"儀"應"冠"。

項　奎　元人。字子聚。

《史記·天官書》："奎曰封豕，爲溝瀆。婁爲聚衆。"是以奎、婁二星爲名字。

項臯謨　明人。字懋功。

《尚書》有《臯陶謨》，《僞古文尚書·大禹謨》有帝舜贊臯陶之言："時乃功，懋哉！"故以"懋功"應"臯謨"。

項　真　清人。字不損。

《説文·匕部》："真，僊人變形而登天也。"仙人與天地同在，永不磨滅，故以"不損"相應。

項　喬　明人。字遷之。

《詩·小雅·伐木》："出自幽谷，遷于喬木。"

項　斯　唐人。字子遷。

《易·旅卦》："斯其所。"《説文·斤部》："斯，析也。……《詩》曰：'斧以斯之。'"即使其離開。"斯"有離義。離、遷義近，故"遷"與"斯"相協。

項聖謨　清人。字孔彰。

《僞古文尚書·伊訓》："聖謨洋洋，嘉言孔彰。"

項嘉謨　明人。字君禹。

此取《僞古文尚書》中《大禹謨》以爲名字。漢以來，士大夫多以"君"飾字。

項夢原　明人。字希憲。

原，指孔子弟子原憲。雖家貧，但守道不仕，敬其人，故以其姓名爲名字。

項　籍　秦人。字羽。

王引之《春秋名字解詁》："籍亦鵲之假借。鵲，鳥名也，故字羽。"

項蘭貞（女）　明人。字孟畹。

《楚辭·離騷》："余既滋蘭之九畹兮，又樹蕙之百畝。""孟"表行第居長。

〔馮〕

馮士元　明人。字廷對。

科舉時代，鄉試第一名稱解元，會試第一名稱會元。會試取中者，由皇帝親自出題策問，是爲廷試，亦稱殿試，所取第一名爲狀元。故以"廷對"應"元"。

馮子咸　明人。字受甫。

《易·咸卦》："山上有澤，咸；君子以虛受人。""甫"爲字之綴飾，亦男子之美稱。

馮　山　宋人。字允南。

《詩》多言"南山"。如《天保》"如南山之壽"，《小雅·信南山》之"信彼南山"，《節南山》之"節彼南山"，等等。故以"南山"爲名字。《爾雅·釋詁》："允，信也。"以"允"應"山"，是取《信南山》之義。

馮　允　漢人。字公信。

《爾雅·釋詁》："允，信也。"

馮允中

① 宋人。字作肅。

《論語·堯曰》："堯曰：'咨，爾舜！天之曆數在爾躬。允執其中，四海困窮，天禄永終。'"此帝堯戒舜之辭。以"肅"相應，意謂急速從事，不可忽視。《爾雅·釋詁》："肅，疾也。"

② 明人。字執之。

解見①。

馮元颺　明人。字爾賡。

《書·益稷》："臯陶拜手稽首，颺言曰：'念哉！……'乃賡載歌曰：'元首明哉！股肱良哉！庶事康哉！'"

馮　友　明人。字益卿。

《論語·季氏》："孔子曰：'益者三友。'"又："友直、友諒、友多聞，益矣。"

馮文昌　清人。字研祥。

《詩·大雅·大明》："文定厥祥。"飾以"研"，猶言美好祥和。南朝宋鮑照《代白紵曲》之二："春風澹蕩俠思多，天色净緑氣研和。"研，通"妍"。

馮世雍　明人。字子和。

《禮記·少儀》："鸞和之美，肅肅雍雍。"

馮仙湜　清人。字沚鑑。

《詩·邶風·谷風》："涇以渭濁，湜湜其沚。"朱熹集傳："湜湜，清貌。沚，水渚也。"又曰："二水既合，而清濁益分，然其别出之渚，流或稍緩，則猶有清處。"渚既流緩，猶有清處，故綴以"鑑"，取古人當鑑於止水，勿鑑於流水之訓。

馮去非　宋人。字可遷。

《孟子·盡心上》："民日遷善而不知爲之者。"《易·益卦》："君子以見善則遷，有過則改。"去非即是遷善。

馮可賓　清人。字正卿。

《易·觀卦》："觀國之光，利用賓于王。"可賓於王，正是國之卿相。

馮正符　宋人。字信道。

《説文·竹部》："符，信也。漢制以竹，長六寸，分而相合。"符爲信物，轉而爲信奉，因綴以"道"，以示服膺孟子"朝不信道，工不信度……國之所存者幸也"（《孟子·離婁上》）之言。

馮汝弼　明人。字惟良。

《書·益稷》："予違汝弼，汝無面從，退有後言。"《僞古文尚書·説命上》："夢帝賚予良弼。"

馮　行　清人。字人也。

《論語·憲問》："行人子羽修飾之。"行人，古代官職名，此拆以爲名字。

馮行己　宋人。字肅之。

《論語·子路》："子貢問曰：'何如斯可謂之士矣？'子曰：'行己有恥，使於四方，不辱君命，可謂士矣。'"以"肅之"相應，謂對此須敬慎將事。《爾雅·釋訓》："肅肅，敬也。"又："恭也。"

馮行可　明人。字道卿。

《孟子·公孫丑上》："夫子加齊之卿相，得行道焉。"

馮仲己　宋人。字齊賢。

《易·繫辭下》："尺蠖之屈，以求信（伸）也。"《論語·里仁》："子曰：'見賢思齊焉，見不賢而内自省也。'"以"齊賢"應"仲己"，意謂在一生成長中，不斷向賢者看齊。

馮　孜　清人。字原泉。

孜，謂孜孜。《書·益稷》："予何言？予思日孜孜。"孔傳："言己思日孜孜不怠，奉承臣功而已。”《孟子·離婁下》：“原泉混混不舍晝夜。”朱熹集注：“混混，涌出之貌。不舍晝夜，言常出不竭也。”以“原泉”應“孜”，意謂勤勉不懈如原泉日夜奔涌。

馮延己 五代南唐人。字正中。

按，延己應是“延巳”之訛。馮原名延嗣，史書作“延巳”者，當是因聲改字。巳、嗣同音。巳、己形似，遂訛作“己”。巳延長則爲午，故字正中。“延己”則與“正中”不協。

馮延登 金人。字子俊。

登，升。《史記·魯周公世家》：“登宋女爲夫人。”以“俊”應“登”，謂才俊之士皆得拔擢提升。此取《書·皋陶謨》“俊乂在官”文義。

馮延魯 五代南唐人。字叔文。

《論語·八佾》：“子曰：‘周監於二代，郁郁乎文哉！吾從周。’”魯爲周公封地，以輔周成王有功，“於是成王乃命魯得郊祭文王。魯有天子禮樂者，以褒周公之德也”（《史記·魯周公世家》）。魯繼承周之文，故以“文”應“魯”。行第在三，故飾以“叔”。

馮廷章 明人。字子建。

《三輔黄圖·漢宫》：“武帝太初元年，柏梁殿災……帝於是作建章宫。”此析以爲名字。

馮志沂 清人。字魯川。

沂爲春秋時代魯國境内大川，《論語·先進》記孔子命弟子言志，曾點有“浴乎沂”之言。故以“魯川”應“志沂”，亦表示願學曾點。

馮李驊 清人。字天閑。

驊，謂驊騮。良馬名。《莊子·秋水》：“騏驥驊騮，一日而馳千里。”《漢郊祀歌·天馬》：“太一況，天馬下。”又：“天馬俫，歷無草。徑千里，循東道。”古人以爲良馬非凡品，乃上天所賜，天子之馬厩因稱天閑。宋梅堯臣《傷馬》詩：“況本出天閑，因之重怊悵。”故以“天閑”應“驊”。

馮京第 明人。字躋仲。

《爾雅·釋丘》：“絶高謂之京。非人爲之丘。”又《釋詁》：“躋，陞也。”絶高之丘，乃須攀登，故以“躋”應“京”。

馮協一 清人。字躬暨。

《僞古文尚書·咸有一德》：“眷求一德，俾作神主，惟尹躬暨湯咸有一德。”又：“德無常師，主善爲師；善無常主，協于克一。”故以“躬暨”應“協一”。

馮忠恕 宋人。字貫道。

《論語·里仁》：“子曰：‘參乎，吾道一以貫之。’曾子曰：‘唯。’子出，門人問曰：‘何謂也？’曾子曰：‘夫子之道，忠恕而已矣。’”

馮俞昌 清人。字日俞。

《中國人名大辭典》“字日俞”當是“曰俞”之訛。《書·皋陶謨》：“禹拜昌言曰：‘俞。’”又《益稷》：“皋陶曰：‘俞！師汝昌言。’”名“俞昌”字“曰俞”，義當本此。

馮 厚 明人。字良載。

《易·坤卦》：“坤厚載物，德合无疆。”《禮記·中庸》：“博厚所以載物也。”

馮 津 清人。字雲槎。

津，謂天河。《左傳·昭公八年》：“（歲）今在析木之津。”杜預注：“箕斗之間有天漢，故謂之‘析木之津’。”孔穎達疏：“天河在箕斗二星之間。箕在東方木位，斗在北方水位，分析水木以箕星爲隔；隔河須津梁以渡，故謂此次爲析木之津也。”晉張華《博物志·雜説下》載，“舊説云，天河與海通。近世有人居海渚者，年年有浮槎去來，不失期”，其人發奇想，遂多備糗糧，乘槎而去，竟達天河。故以“槎”應“津”。槎能至天河，是在雲霄中，故飾以“雲”。

馮 衍 漢人。字敬通。

《周禮·地官·大司徒》：“辨其山林川澤丘陵墳衍原隰之名物。”鄭玄注：“下平曰衍。”下平自暢通，故以“通”相應。

馮師孔 明人。字景魯。

孔子春秋魯國人，故以“景魯”應“師孔”。

馮時化 明人。字應龍。

《易·乾卦》：“雲行雨施……時乘六龍以御天。”《孟子·盡心上》：“有如時雨化之者。”

馮時可 明人。字敏卿。

《易·艮卦》：“時止則止，時行則行。”《論語·里仁》：“君子欲訥於言而敏於行。”以“敏”應“時可”，即謂時可行即敏於行。

馮時行 宋人。字當可。

《易·艮卦》：“時行則行。”意謂行於可當行。

馮桂芬 清人。字林一。

《晉書·郤詵傳》：“（詵）累遷雍州刺史，武帝於東堂會送，問詵曰：‘卿自以爲何如？’詵對曰：‘臣舉賢良對策，天下第一，猶桂林之一枝，崐山之片玉。’”故以“林一”應“桂”。

馮 涇 明人。字伯清。

《詩·邶風·谷風》：“涇以渭濁，湜湜其沚。”毛傳：“涇渭相入而清濁异。”

馮 浩 清人。字養吾。

《孟子·公孫丑上》：“我善養吾浩然之氣。”

馮 班 清人。字定遠。

東漢班超投筆從戎，奉命通西域，因功封定遠侯。事見《後漢書》本傳。慕其人，故以其姓爲名，而以其封爵爲字。

馮起震 明人。字青方。

《易·説卦》：“萬物出乎震，震，東方也。”《周禮·考工記·畫繢》：“東方謂之青。”故以“青方”應“震”。

馮 豹 漢人。字仲文。

《易·革卦》：“君子豹變，其文蔚也。”

馮 商 漢人。字子高。

清王引之《春秋名字解詁·衛卜商字子夏》：“《樂記》曰：‘夏，大也。’秦商字子丕，則商亦大也。”以“高”應“商”，是取高大義。

馮培元 清人。字因伯。

《禮記·中庸》：“故天之生物，必因其材而篤焉，故栽者培之。”綴以“伯”，謂行第居長。

馮　宿　唐人。字拱之。

《論語·微子》："子路拱而立。止子路宿，殺鷄爲黍而食之。"《新唐書》本傳作"字拱之"。《中國人名大辭典》誤"拱"爲"珙"。

馮康國　宋人。字元通。

《爾雅·釋宫》："一達謂之道路，二達謂之歧旁……五達謂之康，六達謂之莊。"路能五達，可謂暢通，故以"通"相應。"元"爲美善之辭，以爲飾。

馮　彬　明人。字用先。

《論語·雍也》："文質彬彬，然後君子。"又《先進》："先進於禮樂，野人也；後進於禮樂，君子也。如用之，則吾從先進。"朱熹集注引程子曰："先進於禮樂，文質得宜，今反謂質朴，而以爲野人。後進之於禮樂，文過其質，今反謂之彬彬，而以爲君子。"故孔子欲從"先進"。以"用先"應"彬"，即欲傚孔子。

馮從吾　明人。字仲好。

《論語·述而》："子曰：'富而可求也，雖執鞭之士，吾亦爲之；如不可求，從吾所好。'"以"好"應"從吾"，謂願遵孔子之教，不求富而安於義。

馮惟重　明人。字汝威。

《論語·學而》："君子不重則不威，學則不固。"倣《尚書》文例，故飾以"汝"。

馮惟健　明人。字汝至。

《易·乾卦》："君子進德修業……知至至之，可與幾也。"又："天行健，君子以自强不息。"

馮惟敏　明人。字汝行。

《論語·里仁》："君子欲訥於言而敏於行。"

馮惟訥　明人。字汝言。

《論語·里仁》："君子欲訥於言而敏於行。"

馮敏昌　清人。字伯求。

《論語·述而》："子曰：'我非生而知之者，好古敏以求之者也。'"

馮皋謨　明人。字明卿。

《書·皋陶謨》："曰若稽古皋陶。曰：'允迪厥德，謨明弼諧。'""卿"爲顯位，亦爲美稱。漢以來士大夫多以爲字的綴飾，有的則直接爲字。多見于兩漢。

馮　逡　漢人。字子産。

清王引之《春秋名字解詁·鄭公孫僑字子産》："僑與産皆長大之意。"又："《漢書·馮奉世傳》：'馮逡（讀若駿。《爾雅》："駿，大也。"）字子産。'"是馮逡與春秋鄭公孫僑同字，"産"皆爲大義。

馮　景　北周人。字長明。

《説文·日部》："景，日光也。"日光永照萬物，故以"長明"相應。

馮　琨　明人。字君美。

《説文·玉部》："琨，石之美者。"故以"美"相應。

馮　琦　明人。字用韞。

《玉篇·玉部》："琦，《埤蒼》云：琦，瑋也。""瑋，《埤蒼》：瑰瑋珍琦。"是琦爲美玉。《論語·子罕》："有美玉於斯，韞匵而藏諸？求善價而沽諸？"以"韞"應"琦"，是欲藏以待價。

馮　甦　清人。字再來。

《孟子·梁惠王下》："《書》曰：'徯我后，后來其蘇！'"蘇，同"甦"。故以"來"應"甦"。甦爲再生，故飾以"再"。

馮　異　漢人。字公孫。

王子、王孫，公子、公孫，本爲春秋戰國時對天子、諸侯諸子孫之稱，秦滅六國後，王孫、公孫、公子，遂成爲對青年男子的尊稱。故《史記·淮陰侯列傳》中，漂母稱韓信爲"王孫"。西漢人多有以公子、王孫、公孫爲名字者。馮異字公孫當襲此風。言卓異不凡，乃王公之後裔。

馮登府　清人。字柳東。

《晉書·天文志上》："東壁二星，主文章，天下圖書之秘府也。"壁爲二十八宿之一。宋孫奕《履齋示兒編·正誤·東壁東井南箕北斗》："離宫在南，則壁在室東，故稱東壁。"以"東"應"登府"，即謂進入東壁圖書之府，比喻任皇家清顯職位，如翰林、内閣者。柳爲二十八宿之一，壁在其東，故以"柳"爲飾，以示"府"指東壁。且東方主春，"柳"亦切春。

馮　舒　清人。字己蒼。

《左傳·文公十八年》："昔高陽氏有才子八人：蒼舒、隤敳……天下之民謂之'八愷'。"飾以"己"，謂自身即蒼舒一流的才子。

馮雲路　明人。字漸卿。

鴻善飛，高入雲霄。《易·漸卦》有"鴻漸于干""鴻漸于陸"之語，故以"漸"應"雲路"。用鴻之典，以喻有鴻鵠之志。

馮　溥　清人。字孔博。

《禮記·中庸》："溥博如天。"飾以"孔"，謂極博。《爾雅·釋言》："孔，甚也。"

馮　詠　清人。字夔颺。

《書·益稷》："夔曰：'戛擊鳴球，搏拊琴瑟，以詠。'"綴以"颺"，謂颺言。

馮　道　五代後周人。字可道。

《老子》第一章："道，可道，非常道；名，可名，非常名。"

馮達道　清人。字惇五。

《禮記·中庸》："天下之達道五，所以行之者三。"又："五者，天下之達道也。"飾以"惇"，謂看重此五常。

馮夢龍　明人。字猶龍。

《史記·老子韓非列傳》："孔子去，謂弟子曰：'鳥，吾知其能飛；魚，吾知其能游；……至于龍，吾不能知其乘風雲而上天。吾今日見老子，其猶龍邪！'"

馮　緄　漢人。字鴻卿。

《廣雅·釋詁》："衮，大也。"王念孫疏證："衮之言渾也。曹大家注《幽通賦》云：'渾，大也。'《後漢書》：'馮緄，字鴻卿。'緄與衮通。"是緄爲大。《漢書·王商傳》："長八尺餘，身體鴻大。"緄、鴻同義相協。

馮履祥　明人。字君德。

《易·履卦》："視履考祥，其旋元吉。"

馮震生　清人。字青門。

《易·説卦》："萬物出乎震；震，東方也。"《禮記·鄉飲酒義》："東方者春。"《儀禮·覲禮》："東方青。"東方主春，其色爲青，是草木勃發之象，故以“青門”應“震生”。

馮學易 明人。字韋卿。

《論語·述而》：“子曰：‘加我數年，五十以學《易》，可以無大過矣。’”《史記·孔子世家》：“孔子晚而喜《易》……讀《易》，韋編三絶。”“卿”爲綴飾，漢以來通用。

馮　遷 北周人。字羽化。

《説文·辵部》：“遷，登也。”又《匕部》：“真，僊人變形而登天也。”北魏酈道元《水經注·洣水》：“並仙者羽化之處。”仙人羽化變形，登天成仙。意在求仙，故以“羽化”應“遷”。

馮應京 明人。字可大。

《詩·小雅·甫田》：“曾孫之庾，如坻如京。”毛傳：“京，高丘也。”以“可大”應“京”，是欲露天積穀之倉更高更大。又，京亦有大義。

馮　翺 明人。字時舉。

《説文·羽部》：“翺，翔也。”“翔，回飛也。”段玉裁注引《爾雅·釋鳥》郭注云：“布翅翺翔。”《論語·鄉黨》：“色斯舉矣，翔而後集。曰：‘山梁雌雉，時哉！時哉！’子路共之，三嗅而作。”朱熹集注：“言鳥見人顔色不善則飛去，回翔審視而後下止。人之見幾而作，審擇所處，亦當如此。”“言雉之飲啄得其時。”以“時舉”應“翺”，即取“見幾”“審時”之義。

馮　顒 明人。字有孚。

《易·觀卦》：“有孚顒若。”

馮繩祖 明人。字武甫。

《詩·大雅·下武》：“繩其祖武。”“甫”爲綴飾，男子美稱。

馮譽驥 清人。字展雲。

驥，駿馬，千里馬。《莊子·秋水》：“騏驥驊騮，一日而馳千里。”古人稱駿馬爲龍。《儀禮·覲禮》：“天子乘龍。”鄭玄注：“馬八尺以上爲龍。”《易·乾卦》：“雲從龍。”駿馬奔騰如龍行雲中，故以“展雲”應“驥”。

馮　瓚 宋人。字禮臣。

瓚，古代祭祀時，用以挹酒灌地的禮器。《禮記·明堂位》：“灌用玉瓚。”故以“禮”應“瓚”。“臣”爲綴飾。本爲事君食禄的仕宦者之稱，戰國以來漸爲男子自我謙稱，后遂演變爲字的綴飾。

十三畫

〔楊〕

楊一清 明人。字應寧。

《老子》第三九章：“天得一以清，地得一以寧。”故以“寧”應“清”。

楊三炯 清人。字千木。

《説文·火部》：“炯，光也。”光皆自火生。以“木”應“炯”，取木能生火之義。飾以“千”，取木材多，火勢旺之義。

楊士奇 明人。名寓。

以字行。《説文·宀部》：“寓，寄也。”“寄，託也。”段玉裁注：“字从奇。奇，異也。”“寓”義爲寄，“寄”又“字从奇”，“奇”又訓“異”，遂因名之含義，而從中析出“奇”。以“士”爲飾，意謂乃卓異不凡者。

楊士瀛 宋人。字登父。

唐李肇《翰林志》載，唐太宗“始於秦王府開文學館，擢房玄齡、杜如晦一十八人，皆以本官兼學士”，輪值其中，時人號爲“登瀛洲”。故以“登”應“瀛”。“父”爲綴飾。

楊大壯 清人。字貞吉。

《易·大壯卦》：“九二，貞吉。”

楊大異 宋人。字同伯。

異、同反義相協。“伯”表行第居長。

楊大雅 宋人。字子正。

《詩》有《小雅》《大雅》，朱熹集傳：“雅者，正也，正樂之歌也。”故以“正”應“雅”。

楊大鶴 清人。字九皋。

《詩·小雅·鶴鳴》：“鶴鳴于九皋，聲聞于野。”

楊子器 明人。字名父。

《左傳·成公二年》：“唯器與名不可以假人。”杜預注：“器，車服；名，爵號。”“父”爲男子美稱，以爲綴飾。漢以來多以“甫”代“父”，皆讀爲fǔ。

楊子謨 宋人。字伯昌。

《尚書》有《大禹謨》《皋陶謨》，其中多用“昌言”，如“禹拜昌言”。故以“昌”應“謨”。“伯”表行第居長。

楊中訥 清人。字而木。

《論語·子路》：“剛毅木訥近仁。”而，猶汝。

楊介如 宋人。字固卿。

《易·繫辭下》：“介如石焉，寧用終日。”既“介如石”，自是堅固，故以“固”應“介如”。“卿”爲自漢以來習用綴飾。

楊允繩 明人。字翼少。

《詩·大雅·下武》：“昭兹來許，繩其祖武。”又《文王有聲》：“詒厥孫謀，以燕翼子。”以“翼”應“繩”，謂能繼先人之業，乃能受先人的福蔭。

楊元琰 唐人。字温。

《説文·玉部》：“琰，璧上起美色也。”又：“玉，石之美有五德者：潤澤以温，仁之方也。……”潤澤而温即玉特有之美色。故以“温”應“琰”。

楊文岳 明人。字斗望。

岳，謂東岳泰山。斗，謂北斗星。《新唐書·韓愈傳贊》：“自愈没，其言大行，學者仰之如泰山北斗云。”

楊文蓀 清人。字芸士。

《楚辭·九歌·湘君》：“蓀橈兮蘭旌。”王逸注：“蓀，香草也。”芸亦香草。宋沈括《夢溪筆談·辯証一》：“古人藏書辟蠹用芸。芸，香草也。”蓀、芸同類，故相協。辟蠹用芸，乃文士之事，故綴以“士”。

楊文驄 明人。字龍友。

《説文·馬部》：“驄，馬青白雜毛也。”《儀禮·覲禮》：“天子乘龍，載大旂。”鄭玄注：“馬八尺以上爲龍。”漢《郊祀歌·天馬》有“龍爲友”之辭，遂因“龍”而綴以“友”。

楊　方

① 晉人。字公回。

漢劉向《列仙傳·方回》：“方

回者，堯時隱人也，堯聘以爲閭士。煉食雲母，亦與民人有病者。隱於五柞山中。夏啓末爲宦士。爲人所劫，閉之室中，從求道。回化而得去。”因慕神仙，故拆其姓名以爲名字。

② 宋人。字子真。

《説文·匕部》：“真，僊人變形而登天也。”因慕仙人，故以方回之姓爲名，而以“真”爲字。

楊方興 清人。字浡然。

《孟子·梁惠王上》：“七八月之間旱，則苗槁矣；天油然作雲，沛然下雨，則苗浡然興之矣。”

楊以增 清人。字益之。

《孟子·告子下》：“所以動心忍性，曾益其所不能。”曾同“增”。

楊巨源

① 唐人。字景山。

《玉篇·水部》：“源，水本也。”水之源頭出自山，故以“山”相應。飾以“景”，謂仰慕。“仁者樂山”(《論語·雍也》)。

② 宋人。字子淵。

《説文·水部》：“淵，回水也。”《玉篇·水部》：“淵，水停又深也。”水深則流緩而有漩渦，故以應“巨源”。

楊弘道 元人。字叔能。

《論語·衛靈公》：“人能弘道，非道弘人。”飾以“叔”，謂行第在第三。

楊　旦 明人。字晉叔。

《説文·旦部》：“旦，明也。从日見(現)一上。一，地也。”又《日部》：“晉，進也。日出而萬物進……《易》曰：‘明出地上，晉。’”故以“晉”應“旦”。

楊由義 宋人。字宜之。

《孟子·盡心上》：“居仁由義，大人之事備矣。”《禮記·中庸》：“義者，宜也。”故以“宜之”應“義”。

楊　石 宋人。字介之。

《易·豫卦》：“介于石，不終日，貞吉。”

楊　禾 清人。字稼軒。

《詩·豳風·七月》：“九月築場圃，十月納禾稼。”清人喜愛以亭、軒、堂、樓等字爲綴飾。

楊仲元 宋人。字舜明。

《左傳·文公十八年》載，“高辛氏有才子八人……天下之民謂之八元”，“以至於堯，堯不能舉。舜臣堯……舉八元使布五教於四方”。故以“舜明”應“元”。

楊兆魯 清人。字青巖。

《詩·魯頌·閟宫》：“泰山巖巖，魯邦所瞻。”故以“巖”應“魯”。山必青，故以“青”飾“巖”。

楊　名 明人。字實卿。

《孟子·告子下》：“先名實者爲人也，後名實者自爲也。”“卿”爲綴飾。

楊守知 清人。字次也。

《論語·爲政》：“知之爲知之，不知爲不知，是知也。”次，臨近。近“智”者之“知”乃爲真知。

楊守陳 明人。字維新。

《詩·大雅·文王》：“周雖舊邦，其命維新。”上古言舊，後世言陳。故以“維新”應“陳”。

楊守隅 明人。字維德。

隅，謂廉隅。《禮記·儒行》：“近文章，砥厲廉隅。”能廉隅自守，乃是有操行之士，故以“維德”相應。

楊守隨 明人。字維貞。

《易·隨卦》：“隨：元亨，利貞，无咎。”又：“隨有求得，利居貞。”

楊守謙 明人。字元亨。

《易·謙卦》：“謙：亨，君子有終。”又《彖》曰：“謙亨，謙道下濟而光明，地道卑而上行。”“元”爲美善之辭，故以爲飾。

楊守禮 明人。字秉節。

《論語·學而》：“禮之用，和爲貴……有所不行，知和而和，不以禮節之，亦不可行也。”

楊　屾 清人。字雙山。

《説文·屾部》：“屾，二山也。”兩山并立，故字雙山。屾，讀 shēn。

楊　收 唐人。字藏之。

南朝梁周興嗣《千字文》：“秋收冬藏。”同義相協。

楊汝士 唐人。字慕巢。

巢，謂巢父，傳説爲帝堯時隱士。堯欲讓與天下，不受。見晉皇甫謐《高士傳》。以“巢”應“士”，即謂高士巢父。飾以“慕”，謂景仰其人。

楊汝穀 清人。字令詒。

《詩·魯頌·有駜》：“君子有穀，詒孫子，于胥樂兮。”令，美善之辭。

楊汝諧 清人。字端揆。

《書·舜典》：“帝曰：‘俞！往哉汝諧。’”此帝舜勉勵臣工之言。端揆乃首輔(宰相)之稱。《舊唐書·房玄齡傳》：“玄齡自以居端揆十五年。”以應“汝諧”，意謂汝勝任其職。

楊至質 宋人。字休文。

《論語·雍也》：“質勝文則野。”文、質相對。《爾雅·釋詁》：“休，美也。”至質則野，飾以“休”，欲其文華美。

楊伯仁 金人。字安道。

《論語·里仁》：“仁者安仁。”能安仁即是安於道，故綴以“道”。

楊伯雄 金人。字希雲。

揚雄字子雲，西漢末著名學者，著有《方言》《太玄》《法言》。慕其人，故襲其名字。

楊　何 漢人。字叔元。

《詩·曹風·候人》：“彼候人兮，何戈與祋。”孔穎達疏：“荷揭戈與祋在於道路之上。”《爾雅·釋詁》：“元，首也。”以“元”應“何”，猶今言兩肩荷頭。漢初似春秋時代，命名取字皆據日常習見事物，不尚文采。“叔”表行第居第三。

楊　告 宋人。字道之。

《論語·顔淵》：“忠告而善道之。”

楊希閔 宋人。字無間。

閔，謂孔子弟子閔子騫。《論語·先進》：“子曰：‘孝哉閔子騫！人不間於其父母昆弟之言。’”此以賢哲之姓爲名，以其事跡爲字。

楊廷英 清人。字耆侣。

宋王闢之《澠水燕談録·高逸》載，元豐五年，文彦博留守洛陽，慕白樂天九老會，“於是悉聚洛中士大夫賢而老自逸者。於韓公(富弼)第置酒相樂，凡十二人。即又命鄭奂圖形妙覺僧舍，各賦詩一首。時人呼之曰‘洛陽耆英會’，而司馬（光）爲之序”。慕前朝賢士大夫，故以其事爲名字。綴以“侶”，言願與諸人爲伴侶。

楊廷樞 明人。字維斗。

北斗七星中第一星爲天樞，因以“斗樞”稱北斗。唐沈佺期《夜泊越州逢北使》詩：“憩泊在今夜，炎雲逐斗樞。”

楊廷璋 宋人。字温玉。

璋爲玉製禮器。《説文·玉部》：“玉，石之美有五德者：潤澤以温，仁之方也；……”又《詩·秦風·小戎》：“言念君子，温其如玉。”故以“玉”應“璋”，而以“温”爲飾。

楊志學 明人。字遜夫。

宋孔文仲《制科策》：“古之聖賢，屈己執謙，和顔遜志。”“夫”爲男子通稱。

楊　汪 隋人。字元度。

《世説新語·德行》：“郭林宗至汝南造袁奉高，車不停軌，鸞不輟軛。詣黄叔度，乃彌日信宿。人問其故，林宗曰：‘叔度汪汪如萬頃之陂，澄之不清，擾之不濁，其器深廣，難測量也。’”黄憲漢人，字叔度。此以郭泰品評之語爲名，而以其字爲字。“元”爲美善之辭，以爲飾，亦表行第。

楊沂孫 清人。字子與。

《論語·先進》記孔子命子路、曾皙等言志，曾皙表示願“莫春者，春服既成，冠者五六人，童子六七人，浴乎沂，風乎舞雩，詠而歸”。孔子對曾皙的志趣深爲稱贊，“喟然嘆曰：‘吾與點也！’”故以“子與”應“沂”。

楊　良 清人。字白眉。

《三國志·蜀志·馬良傳》：“馬良字季常，襄陽宜城人也。兄弟五人，并有才名，鄉里爲之諺曰：‘馬氏五常，白眉最良。’良眉中有白毛，故以稱之。”此襲用良之名，而以其面貌特征爲字。

楊　邠 晉人。字岐之。

邠，古地名，乃周人祖先后稷曾孫公劉所居之地。岐，周文王之祖古公所都之邑。同爲周人發祥地，故連類而及。“之”爲綴飾。

楊邦基 金人。字德懋。

《禮記·表記》：“《詩》云：‘温温恭人，惟德之基。’”故以“德”應“基”。《爾雅·釋訓》：“懋懋，勉也。”以飾“德”，謂努力修德。

楊　佶 遼人。字正叔。

《詩·小雅·六月》：“四牡既佶，既佶且閑。”毛傳：“佶，正也。”“叔”表行第在第三。

楊　卓 明人。字自立。

《論語·子罕》：“欲罷不能，既竭吾才，如有所立卓爾。”

楊岳斌 清人。字厚盦。

《禮記·中庸》：“今夫地，一撮土之多，及其廣厚，載華嶽而不重。”岳，同“嶽”。盦，通“庵”，清人習尚字飾。初名載福，亦取義於此。

楊　政

① 漢人。字子行。

《禮記·樂記》：“政以行之。”“子”爲男子美稱。

② 宋人。字直夫。

《論語·顔淵》：“政者正也。”正、直義近，故相協。“夫”爲男子通稱，以爲綴飾。

楊於陵 唐人。字達夫。

戰國齊人陳仲子，其兄禄米萬鍾，仲子以爲是不義之禄，不與其兄同住，與妻居於於（wū）陵。“彼身織屨，妻辟纑”，自食其力，隱居以終。事見《孟子·滕文公下》。慕其人，故以其所居之地爲名，而以“達夫”爲字，言爲自甘貧賤的曠達之人。

楊東明 明人。字起修。

《易·説卦》：“震，東方也。”又《雜卦》：“震，起也。”因《震卦》有“君子以恐懼修省”之言，故於“起”後綴以“修”。

楊　炎 唐人。字公南。

《漢書·魏相傳》：“東方之神太昊，乘《震》執規司春；南方之神炎帝，乘《離》執衡司夏；……”故以“南”應“炎”。自漢以來，士大夫皆以“公”飾字。

楊知新 清人。字元鼎。

《易·雜卦》：“鼎，取新也。”飾以“元”，謂大鼎。

楊芳燦 清人。字蓉裳。

《楚辭·離騷》：“製芰荷以爲衣兮，集芙蓉以爲裳，不吾知其亦已兮，苟余情其信芳。”

楊度汪 清人。字勖齋。

後漢黄憲字叔度，有重名於時，郭林宗稱揚説：“叔度汪汪如萬頃之陂，澄之不清，擾之不濁，其器深廣，難測量也！”事見《後漢書》本傳及《世説新語·德行》。以“勖”相應，謂努力學習黄叔度。《爾雅·釋詁》：“勖，勉也。”“齋”爲清人時尚字飾。

楊思聖 清人。字猶龍。

《史記·老子韓非列傳》載，孔子向老子問禮後，對弟子曰：“至于龍，吾不能知其乘風雲而上天。吾今日見老子，其猶龍邪！”老子爲聖人師，亦是聖人，故以“猶龍”應“聖”。

楊昭述 宋人。字宗魯。

《論語·述而》：“子曰：‘述而不作，信而好古。’”孔子魯人，其主張如此，故以“宗魯”應“述”。

楊　泉 晉人。字德淵。

《禮記·中庸》：“溥博如天，淵泉如淵。”

楊　津 後魏人。字羅漢。

《國語·周語下》：“月在天駟，日在析木之津。”韋昭注：“津，天漢也。”故以“漢”應“津”。後魏人崇奉佛教，遂因“漢”而飾以“羅”，組成佛教名詞“羅漢”。

楊洞潛 五代南漢人。字昭元。

《詩·小雅·正月》：“潛雖伏矣，亦孔之炤。”炤，通“昭”。《禮記·中庸》引作“昭”，故以“昭”應“潛”。

楊述曾 清人。字二思。

曾，謂孔子弟子曾參。二思，一指曾子一日“三省吾身”，一指能悟“夫子之道，忠恕而已矣”。

楊　修 漢人。字德祖。

《詩·大雅·文王》：“無念爾祖，聿修厥德。”東漢人多以文、孝、祖、德等爲字的綴飾或修飾語。

楊剛中 元人。字志行。
《易·小畜卦》:"剛中而志行,乃亨。"

楊家龍 明人。字惕若。
《易·乾卦》:"九二,見龍在田,利見大人。九三,君子終日乾乾,夕惕若,厲无咎。"

楊 峴 清人。字見山。
此析名爲字。

楊 時 宋人。字中立。
《禮記·中庸》:"君子而時中。"因《中庸》有"中立而不倚,强哉矯"之言,遂因"中"而綴以"立"。

楊時喬 明人。字宜遷。
《詩·小雅·伐木》:"出自幽谷,遷于喬木。"

楊 桓 元人。字武子。
《詩·周頌·桓》:"桓桓武王,保有厥土。"朱熹集傳:"桓桓,武貌。""子"爲男子美稱。先秦時代,"子"多置前,漢以來亦可置後,爲綴飾。

楊泰基 清人。字瞻岳。
《詩·魯頌,閟宫》:"泰山巖巖,魯邦所瞻。"泰山爲五岳之尊,故綴以"岳"。

楊 砥 明人。字大用。
《僞古文尚書·説命上》記殷高宗命傅説爲相時,曾有"若金,用汝作礪"之言。砥、礪同爲磨刀之石。相是高官位,故以"大用"應"砥"。

楊 素 隋人。字處道。
《禮記·中庸》:"君子素其位而行,不願乎其外。素富貴,行乎富貴;素貧賤,行乎貧賤;素夷狄,行乎夷狄;素患難,行乎患難:君子無入而不自得焉。"

楊 健 清人。字剛中。
《易·乾卦·文言》:"大哉乾乎,剛健中正,純粹精也。"

楊 彪 漢人。字文先。
《説文·虎部》:"彪,虎文也。"段玉裁注:"虎皮,《詩》謂之虎,如虎韔是也;亦謂之文,如文茵是也。"虎之區别,首在於文,故就"文"綴以"先"。

楊惟中 元人。字彦誠。
《禮記·大學》:"此謂誠於中,形於外,故君子必慎其獨也。"

楊 凌 唐人。字恭履。
凌,冰凌,今北方謂水現薄冰爲叉凌。《説文·仌部》:"凌,仌出也。"段玉裁注:"仌出者,謂仌之出水,文棱棱然。"仌,古"冰"字。《詩·小雅·小旻》:"戰戰兢兢,如臨深淵,如履薄冰。"凌即極薄之冰,故應以"履"。心存戒慎,故飾以"恭"。

楊 博 明人。字惟約。
《論語·子罕》:"博我以文,約我以禮。"又《雍也》:"君子博學於文,約之以禮。"

楊循吉 明人。字君謙。
《易·謙卦》:"六二,鳴謙,貞吉。"故以"謙"應"吉"。漢以來字多以君、公爲飾。

楊 復 宋人。字志仁。
《論語·顔淵》:"子曰:'克己復禮爲仁。一日克己復禮,天下歸仁焉。'"

楊 揆 清人。字同叔。
《孟子·離婁下》:"先聖後聖,其揆一也。"一即是"同"。"叔"表行第居第三。

楊 暄 明人。字廷獻。
《廣韻·平元》:"暄,温也。"即温暖。以"獻"相應,取獻曝之典。《列子·楊朱》:"昔者宋國有田夫,常衣緼黂,僅以過冬。暨春東作,自曝於日。不知天下之有廣厦隩室,綿纊狐狢。顧謂其妻曰:'負日之暄,人莫知者,以獻吾君,將有重賞。'"因是獻於君,故以"廷"爲飾。

楊景仁 清人。字静巖。
《論語·雍也》:"知者樂水,仁者樂山;知者動,仁者静。"《玉篇·山部》:"巖,峯也。"山峯即山。故以"静巖"應"仁"。

楊景行
①元人。字賢可。
《詩·小雅·車舝》:"高山仰止,景行行止。"鄭玄箋:"古人有高德者,則慕仰之,有明行者則而行之。"《論語·子張》:"可者與之,其不可者拒之。"既然仰慕,即是賢其可者。故以"賢可"應"景行"。
②清人。字魯峯。
《詩·魯頌·閟宫》:"泰山巖巖,魯邦所瞻。"高山之可景仰者,無逾魯之泰山,故以"魯峯"應"景"。

楊景素 清人。字樸園。
《老子》第十九章:"見素抱樸,少私寡欲。"園、圃、村等爲清人習尚字飾。

楊 最 明人。字殿之。
《漢書·丙吉傳》:"民鬬相殺傷,長安令、京兆尹職所當禁備逐捕,歲竟丞相課其殿最,奏行賞罰而已。"殿、最乃漢時歲終考核政績的術語。

楊朝正 清人。字匡齋。
《左傳·哀公十六年》:"匡正王室,而後庇焉。""齋"爲清人時尚字飾。

楊朝晟 元人。字叔明。
《玉篇·日部》:"晟,明也。""叔"表行第在第三。

楊 棟 宋人。字元極。
《説文·木部》:"棟,極也。"段玉裁注:"極者,謂屋至高之處。……五架之屋,正中曰棟。《釋名》曰:'棟,中也,居屋之中。'""極,棟也。"段玉裁注:"李奇注《五行志》,薛綜注《西京賦》,皆曰:三輔名梁爲極。按,此正名棟爲極耳。今俗語皆呼棟爲梁也。"是棟、極同爲梁,所不同者,棟特指正中一間之梁。同義故相協。《爾雅·釋詁》:"元,首也。"以"元"飾"極",即謂正中之第一棟。

楊 棨 清人。字戟轅。
棨,古代貴官門前排列的木製戟形儀仗,出行時則以爲前導。唐王勃《滕王閣序》:"都督閻公之雅望,棨戟遥臨。"棨戟排列,氣象如轅門,故綴以"轅"。

楊 湜 元人。字彦清。
《詩·邶風·谷風》:"涇以渭濁,湜湜其沚。"朱熹集傳:"湜湜,清貌。"《爾雅·釋訓》:"美士爲彦。"故以"彦"飾"清"。

楊 渥 五代吴人。字承天。
《詩·小雅·信南山》:"上天

同雲，雨雪雰雰，益之以霢霂，既優且渥，既霑既足，生我百穀。”優渥雨露皆承自上天，故以“承天”應“渥”。

楊　琛　宋人。字獻子。

《詩·魯頌·泮水》：“憬彼淮夷，來獻其琛。”“子”爲男子美稱。先秦人置於字之前，漢以來或置於後。

楊　覃　宋人。字申錫。

覃，謂天子覃恩。《詩·商頌·烈祖》：“申錫無疆，及爾斯所。”以“申錫”應“覃”，即願天子延展恩澤，永無盡時。

楊超曾　清人。字孟班。

此析後漢班超姓名以爲名字。東漢班超投筆從戎，在西域三十餘年，以功封定遠侯。企慕名賢，故襲其姓名。

楊　集　明人。字浩然。

《孟子·公孫丑上》：“敢問夫子惡乎長？曰：‘我知言。我善養吾浩然之氣。’敢問何謂浩然之氣？曰：‘難言也。其爲氣也至大至剛……是集義所生也。’”

楊雲鵬　元人。字飛卿。

《莊子·逍遥遊》：“化而爲鳥，其名爲鵬。……怒而飛，其翼若垂天之雲。”

楊傳第　清人。字聽臚。

科舉時代，宣布殿試名次的儀式爲傳臚。清王士禛《香祖筆記》卷二：“四月初四日殿試，初七日傳臚。”是日天子升殿，親自宣布名次，殿外侍衛依次高聲傳呼，故以“聽”飾“臚”。

楊傳棨　清人。字屺懷。

《説文·木部》：“棨，傳信也。”段玉裁注：“若今之文書也。《漢·孝文紀》：‘除關無用傳。’張晏曰：‘傳，信也。若今過所也。’……李奇曰：‘傳，棨也。’師古曰：‘古者或用棨，或用繒帛。棨者，刻木爲合符也。’”《詩·魏風·陟岵》：“陟彼屺兮，瞻望母兮。母曰嗟，予季行役，夙夜無寐。上慎旃哉，猶來無棄！”此寫遠離家鄉者，登山望遠，懷念父母的詩。外出者始用棨，以“屺懷”應“棨”，即取遊子思母之義。

楊嗣昌　明人。字文弱。

《僞古文尚書·大禹謨》：“罰弗及嗣，賞延于世。”蔡沈集傳：“嗣、世皆謂子孫。”《左傳·文公十二年》：“有寵而弱。”杜預注：“弱，年少也。”凡爲子孫者，對祖先而言皆爲幼弱，故以“弱”應“嗣”。文、弱常連用，故以“文”飾“弱”。

楊嗣復　唐人。字繼之。

《爾雅·釋詁》：“嗣，繼也。”同義相協。

楊　塤　明人。字景和。

《詩·小雅·何人斯》：“伯氏吹壎，仲氏吹篪。”朱熹集傳：“伯氏吹壎，而仲氏吹篪，言其心相親愛，而聲相應和也。”塤同“壎”。

楊　慎　明人。字用修。

《僞古文尚書·大禹謨》：“慎乃有位，敬修其可願。”

楊敬之　唐人。字茂孝。

《論語·爲政》：“子游問孝。子曰：‘今之孝者，是謂能養。至於犬馬能有養，不敬，何以别乎？’”故以“孝”應“敬之”。茂通“懋”。《爾雅·釋訓》：“懋懋，勉也。”飾以“茂”，謂勉力盡孝道。

楊敬悳　元人。字仲禮。

《論語·爲政》：“道之以政，齊之以刑，民免而無恥；道之以德，齊之以禮，有恥且格。”又《禮記·緇衣》：“子曰：‘夫民教之以德，齊之以禮，則民有格心。’”悳，同“德”。

楊　源　明人。字本清。

《玉篇·水部》：“源，水本也。”水流之源，出自山泉，無不清者。故以“清”應“源”。源本作“原”，篆文象水自石隙流出之狀。

楊筠松　唐人。字叔茂。

《詩·小雅·天保》：“如松柏之茂，無不爾或承。”

楊與立　宋人。字子權。

《論語·子罕》：“可與立，未可與權。”但《易·繫辭下》有“巽以行權。”故以“權”應“與立”。

楊虞卿　唐人。字師臯。

臯陶爲虞舜之臣，故以“師臯”應“虞卿”。

楊雍建　清人。字自西。

《詩·大雅·文王有聲》：“鎬京辟廱，自西自東。自南自北，無思不服。”雍通“廱”。一字以齋。不詳。或當是號。

楊　鼎　明人。字宗器。

鐘鼎爲宗廟重器，故以“宗器”應“鼎”。

楊　察　宋人。字隱甫。

《禮記·中庸》：“言其上下察也。”朱熹《四書集注》：“察，著也。”隱、著反義相協。“甫”爲綴飾。

楊　榮　明人。字時秀。

《爾雅·釋草》：“木謂之華，草謂之榮。不榮而實者謂之秀。”榮、秀皆以時，故以“時”飾“秀”。

楊　漣　明人。字文孺。

《詩·魏風·伐檀》：“河水清且漣猗。”毛傳：“風行水成文曰漣。”故以“文”應“漣”。漢以來，多用公、卿、君、孺爲字的綴飾。先秦時代，“孺”是爲人後嗣將繼承君位者之稱。

楊端本　清人。字樹滋。

《禮記·大學》：“德者，本也。”因《左傳·哀公元年》有“樹德莫如滋”之言，遂以“樹滋”應“本”（德）。

楊　綰　唐人。字公權。

《史記·貨殖列傳》：“東綰穢貉、朝鮮、真番之利。”索隱：“案：綰者，綰統其要津。”控制其要津即是“權”。漢以來，多以公、君爲字的修飾語。

楊維楨　明人。字廉夫。

《詩·大雅·文王》：“王國克生，維周之楨。”《楚辭·卜居》：“吁嗟默默兮，誰知吾之廉貞。”貞，通“楨”。其行輩區别字是“維”（其兄名維翰），故以《詩》“維楨”爲名，但古籍中無以“楨”作“貞”者，而字却是以“廉”應“貞”。

楊維翰　明人。字子固。

《詩·大雅·文王有聲》：“四方攸同，王后維翰。”又《板》：“大邦維屏，大宗維翰。”既爲國家之屏藩、楨幹，自然應堅固不可摧。故以“固”應“翰”。

楊肇基 明人。字季初。

《爾雅·釋詁》:“初、肇,始也。”同義相協。“季”表行第在末。

楊齊賢 宋人。字子見。

《論語·里仁》:“子曰:‘見賢思齊焉,見不賢而内自省也。’”

楊 儀

① 三國蜀漢人。字威公。

《詩·邶風·柏舟》:“威儀棣棣,不可選也。”漢以來,多以公、卿、君等爲字的綴飾。

② 明人。字夢羽。

《易·漸卦》:“鴻漸于陸,其羽可用爲儀。”夢表希冀,亦或諧“孟”表行第。

楊 億 宋人。字大年。

《詩·周頌·豐年》:“萬億及秭。”朱熹集傳:“數萬至萬曰億,數億至億曰秭。”《莊子·逍遥遊》:“小年不及大年……上古有大椿者:以八千歲爲春,八千歲爲秋。”義取長壽。

楊 寬 北周人。字景仁。

《禮記·儒行》:“寬裕者仁之作也。”

楊履基 清人。字履德。

《詩·大雅·抑》:“温温恭人,維德之基。”初名開基。

楊德周 明人。字齊莊。

此取戰國思想家莊周姓名以爲名字。齊,“見賢思齊”之義。《世説新語·言語》記孫放幼時見庾公,公問孫放何字,“答曰:‘字齊莊。’公曰:‘欲何齊?’曰:‘齊莊周。’公曰:‘何不慕仲尼而慕莊周?’對曰:‘聖人生知,故難企慕。’庾公大喜小兒對”。楊德周名字亦用此典。

楊德榮 清人。字華庭。

《爾雅·釋草》:“木謂之華,草謂之榮。”庭、堂、軒、齋等爲清時尚綴飾。

楊慶麟 清人。字振甫。

《詩·周南·麟之趾》:“麟之趾,振振公子。”“甫”爲男子美稱。先秦用“父”,漢以來改用“甫”。

楊 樞 明人。字運之。

樞,天樞。北斗的第一星。亦代稱北斗七星。《晏子春秋·雜下五》:“古之立國者,南望南斗,北戴樞星。”《史記·天官書》:“斗爲帝車,運於中央。”索隱引《春秋運斗樞》云:“斗,第一天樞,第二旋……”北斗運於中央,故以“運”應“樞”。

楊 璇 漢人。字機平。

《後漢書·安帝紀》:“昔在帝王,承天理民,莫不據璇機玉衡,以齊七政。”

楊 範 後魏人。字法僧。

《爾雅·釋詁》:“範,法也。”是同義相協。北魏崇奉佛教,故以“僧”爲綴飾。

楊 翥 明人。字仲舉。

《説文·羽部》:“翥,飛舉也。”段玉裁注:“《方言》曰:‘翥,舉也。’”“仲”表行第在第二。

楊調元 清人。字孝羹。

調羹語本《僞古文尚書·説命下》:“若作和羹,爾惟鹽梅。”此殷高宗命傅説爲相時譬喻之辭,後世遂以和羹、調羹爲宰相職權之典。宋趙善括《醉蓬萊·魏相國生日》詞:“補衮工夫,調羹手段,如今重試。”故以“羹”應“調”。東漢以來,文士多以孝、文、祖等爲字的修飾語。

楊 鋭

① 明人。字進之。

此取鋭意進取之義。《孟子·盡心上》:“其進鋭者其退速。”

② 清人。字叔嶠。

《爾雅·釋山》:“鋭而高,嶠。”“叔”表行第在第三。

楊 震 漢人。字伯起。

《易·雜卦》:“震,起也。”“伯”表行第居長。

楊 憲 明人。字希武。

《禮記·中庸》:“仲尼祖述堯舜,憲章文武。”

楊 獬 宋人。字正伯。

獬,獬豸。傳説中的异獸。《後漢書·輿服志下》劉昭注引楊孚《異物志》:“東北荒中有獸,名獬豸,一角,性忠,見人鬬則觸不直者,聞人論則咋不正者。”故以“正”應“獬”。

楊 翮 元人。字文舉。

晉左思《詠史》詩:“習習籠中鳥,舉翮觸四隅。”舉翮即張翅。謂欲高飛。東漢以來,士大夫多以文、孝等爲字的修飾語。

楊豫孫 明人。字幼殷。

《易·豫卦》:“象曰:雷出地奮,豫。先生以作樂崇德,殷薦之上帝以配祖考。”“幼”表行第較末。

楊錫觀 清人。字顒若。

《易·觀卦》:“觀:盥而不薦,有孚顒若。”

楊應奎 明人。字文焕。

《初學記》卷二一引《孝經援神契》:“奎主文章。”奎爲二十八宿之一。因《論語·泰伯》有“焕乎!其有文章”之言,遂因“文”而綴以“焕”。

楊還吉 清人。字六謙。

《易·謙卦》:“初六,謙謙君子,用涉大川,吉。”

楊 駿 晉人。字文長。

《爾雅·釋詁》:“駿,長也。”東漢以來,士大夫多以“文”飾字。

楊 簡 宋人。字敬仲。

《論語·雍也》:“居敬而行簡,以臨其民,不亦可乎?”

楊 繪 宋人。字元素。

《論語·八佾》:“子曰:‘繪事後素。’”以“元”爲飾,謂元本爲素。

楊繩武 明人。字念爾。

《詩·大雅·下武》:“繩其祖武。”又《大雅·文王》:“無念爾祖,聿修厥德。”

楊 礪 宋人。字汝礪。

《僞古文尚書·説命上》:“若金,用汝作礪。”

楊繼益 明人。字茂謙。

《易·謙卦》:“天道虧盈而益謙。”茂,通“懋”。飾以“茂”,謂努力謙虚。

楊繼盛 明人。字仲芳。

《楚辭·離騷》:“昔三后之純粹兮,固衆芳之所在。”王逸注:“衆芳,喻羣賢。”以“芳”應“繼”,謂欲繼承前賢。

楊 鶴 明人。字修齡。

《淮南子·説林訓》:“鶴壽千歲,以極其游。”修齡,猶長壽,故以應"鶴"。

楊　護　清人。字邁功。

《玉篇·音部》:"護,湯樂名。亦作濩。"按亦作"護"。《太平御覽》卷五六五引《墨子》曰:"湯放桀,環天下自立,因先王之樂,又自作樂,命曰護。"以"功"應"護",謂放桀之後紀功之樂。飾以"邁",意在努力建立功業。

楊觀光　明人。字用賓。

《易·觀卦》:"觀國之光,利用賓于王。"

〔蒲〕

蒲　卣　宋人。字君錫。

《詩·大雅·江漢》:"釐爾圭瓚,秬鬯一卣。"毛傳:"釐,賜也。秬,黑黍也。鬯,香草也。築煮合而鬱之曰鬯。卣,器也。九命錫圭瓚秬鬯。"

蒲宗孟　宋人。字傳正。

孟,謂孟子。唐韓愈《原道》:"堯以是傳之舜,舜以是傳之禹,禹以是傳之湯,湯以是傳之文武周公,文武周公傳之孔子,孔子傳之孟軻。"孟子所傳乃源自堯舜之正道,故以"傳正"應"孟"。

蒲宗瑞　明人。字信之。

《周禮·春官·典瑞》:"典瑞:掌玉瑞、玉器之藏,辨其名物,與其用事。"鄭玄注:"人執以見曰瑞,禮神曰器。瑞符,信也。"故以"信"應"瑞"。

蒲松齡　清人。字留仙。

《詩·小雅·天保》:"如松柏之茂,無不爾或承。"鄭玄箋:"如松柏之枝葉常茂盛,青青相承無衰落也。"永不衰落即長壽。松齡,即謂如松之壽。《説文·人部》:"僊,長生僊(遷)去。"《釋名·釋長幼》:"老而不死曰仙。仙,遷也。遷入山也。"有松之壽,即是長駐人間之仙。

蒲秉權　明人。字度之。

《孟子·梁惠王上》:"權,然後知輕重;度,然後知長短。"

蒲道源　元人。字得之。

《孟子·公孫丑下》:"得道者多助,失道者寡助。"

〔虞〕

虞允文　宋人。字彬甫。

《論語·雍也》:"文質彬彬,然後君子。""甫"爲綴飾。

虞世南　唐人。字伯施。

《詩·周南·關雎序》:"南,言化自北而南也。"毛傳:"謂其化從岐周被江漢之城也。"以"施"應"南",即謂文王之化施及南國。"伯"表行第居長。

虞世基　隋人。字茂世。

《詩·周南·關雎序》:"《周南》《召南》,正始之道,王化之基。"孔穎達疏:"文王正其家而後及其國,是正其始也。化南國以成王業,是王化之基也。"以"茂世"應"基",是謂王化大盛於世。

虞仲文　金人。字質夫。

《論語·雍也》:"質勝文則野,文勝質則史。"文、質相對,反義相協。

虞　臣　明人。字元凱。

《左傳·文公十八年》載,高陽氏有才子八人。"天下之民謂之八愷",高辛氏有才子八人,"天下之民謂之八元"。堯不能用,虞舜舉八愷使主后土,八元使布五教。故以"元凱"應"虞臣"。言元愷皆爲虞舜之臣。此連姓成文。凱,通"愷"。

虞似良　宋人。字仲房。

漢張良字子房,佐高祖建立西漢王朝,封留侯。敬其人,故襲其名字。

虞　延　漢人。字子大。

延,假作"誕"。《爾雅·釋詁》:"誕,大也。""子"爲男子美稱。

虞　沅　清人。字畹之。

《楚辭·九歌·湘夫人》:"沅有茝兮醴有蘭。"王逸注:"言沅水之中有盛茂之茝,澧水之内有芬芳之蘭。"又《離騷》:"余既滋蘭之九畹兮,又樹蕙之百畝。"洪興祖補注:"《説文》:'田三十畝曰畹。'"以"畹"應"沅",言沅水中與田中皆有香草。綴以"之",謂於田中種植香草。

虞宗濟　明人。字思訓。

《論語·雍也》:"子貢曰:'如有博施於民,而能濟衆,如何?可謂仁乎?'子曰:'何事於仁,必也聖乎!堯舜其猶病諸。'"思訓,即謂永記孔子此訓。

虞玩之　南朝齊人。字茂瑶。

《説文·玉部》:"玩,弄也。"又:"瑶,石之美者。"茂,美盛。

虞剛簡　宋人。字仲易。

《易·繫辭上》:"易則易知,簡則易從……易簡而天下之理得矣。"

虞唐佐　宋人。字堯卿。

唐堯虞舜輔佐者,必先爲堯卿,後爲舜臣。連姓成文。

虞　荔　南朝陳人。字山披。

《楚辭·九歌·山鬼》:"若有人兮山之阿,被薜荔兮帶女蘿。"被,後世寫作"披"。

虞　寄　南朝陳人。字次安。

《説文·宀部》:"寄,託也。"又:"安,竫也。"《玉篇·宀部》:"安,安定也。"暫時寄託本不如永久安定,故飾以"次"。言遜於安定。

虞執中　元人。字伯權。

《孟子·盡心上》:"執中無權,猶執一也。"

虞　悰　南朝齊人。字景豫。

《説文·心部》:"悰,樂也。"《爾雅·釋詁》:"豫,樂也。"同義相協。

虞　堪　明人。字克用。

一字勝伯。《玉篇·土部》:"《爾雅》曰:'堪,勝也。'郭璞云:'《書》曰:西伯堪黎。'又:堪,任也。"任、用同義,堪、勝同義。按,《尚書》今作"戡黎"。飾以"克"者,謂可以任用。綴以"伯"者,謂行第居長。

虞　復　宋人。字從道。

《易·復卦》:"象曰:中行獨復,以從道也。"

虞舜日　明人。字熙民。

舊以"堯天舜日"或"舜日堯年"喻太平盛世。南朝梁沈約《四時白紵歌》:"舜日堯年歡無極。"《淮南子·俶真訓》:"萬民猖狂,不知東西。含哺而游,鼓腹而熙。"以"熙民"應"虞舜日”，言虞舜時之民衆，無憂無慮，飽食之後，終日嬉戲。此連姓成文。

虞　集　元人。字伯生。

《孟子·公孫丑上》：“其爲氣也，配義與道，無是餒也，是集義所生者。”“伯”表行第居長。

虞　預　晉人。字叔寧。

《説文·頁部新附》：“預，安也。”安、寧同義，故相協。“叔”表行第在第三。

虞　摶　明人。字天民。

《莊子·逍遥遊》：“摶扶摇而上者九萬里。”上升九萬里，自是在天上。因《孟子·萬章上》有“予天民之先覺者也”之語，故因“天”而綴以“民”。

虞　綽　隋人。字士裕。

《詩·小雅·角弓》：“此令兄弟，綽綽有裕。”“士”爲男子美稱。

虞　賓　宋人。字舜臣。

《書·益稷》：“虞賓在位。”蔡沈集傳：“虞賓，丹朱也。堯之後，爲賓於虞，猶微子作賓於周也。”

虞　潭　晉人。字思奥。

《管子·侈靡》：“潭根之毋伐，固事之毋入。”尹知章注：“潭，深也。此以大樹喻惡也。辟若大樹，深根不可伐。”深、奥同義，故相協。飾以“思”，欲深思。

虞　儔　宋人。字壽老。

《玉篇·人部》：“儔，侣也。”侣爲伴侣。析“儔”爲壽人，遂成長壽者一類人，故應以“壽老”。“老”爲宋人時尚字飾。

虞　謙　明人。字伯益。

《僞古文尚書·大禹謨》：“滿招損，謙受益。”又《易·謙卦》：“天道虧盈而益謙。”“伯”表行第居長。

虞　翻　三國吴人。字仲翔。

《玉篇·羽部》：“翻，飛也。”《説文·羽部》：“翔，回飛也。”即盤旋而飛。“仲”表行第居第二。

〔褚〕

褚人穫　清人。字學稼。

《詩·豳風·七月》：“八月其穫。”又：“十月穫稻。”毛傳：“穫，禾可穫也。”《論語·子路》：“樊遲請學稼。”朱熹集注：“種五穀曰稼。”

褚不華　元人。字君實。

《爾雅·釋草》：“華，榮。”又：“木謂之華，草謂之榮。不榮而實者謂之秀。”《詩·周南·桃夭》：“桃之夭夭，灼灼其華。”又：“桃之夭夭，有蕡其實。”華、實義相連，故相協。漢以來，公、君皆可以飾字。

褚无量　唐人。字弘度。

《左傳·昭公十九年》：“今宫室無量。”《易》皆用“无”，如“无妄”“无咎”。佛家有無量壽佛，亦稱無量佛，故以無量爲名。《新唐書》則作“无量”。無量，謂不可計量，應以“弘度”，言其量弘大。

褚　向　南朝梁人。字景政。

漢劉向字子政，爲西漢一代大儒，於整理文獻方面，功績尤著，著作有《列女傳》《列仙傳》《新序》《説苑》等。慕其人，故襲其名字。

褚汝航　清人。字一帆。

晉左思《吴都賦》：“於是乎長鯨吞航，修鯢吐浪。”唐杜甫《南鄰》詩：“秋水才深四五尺，野航恰受兩三人。”唐王灣《次北固山下》詩：“潮平兩岸闊，風正一帆懸。”故以“一帆”應“航”。

褚伯玉　南朝齊人。字元蘧。

春秋衛國大夫蘧瑗字伯玉，修身守禮，常言“行年五十，而知四十九年之非”。時稱賢大夫，與孔子交厚。慕其人，故襲其姓字。飾以“元”，言原是蘧伯玉，以明所指。

褚伯秀　宋人。字雪巘。

三國魏李康《運命論》：“木秀於林，風必摧之。”高出者爲秀，故應以“巘”。《玉篇·山部》：“《爾雅》曰：‘重巘，隒。’謂山形如累兩甑貌。”山形重叠自是高出，故以應“秀”。山高則積雪不化，故飾以“雪”。

褚秀之　南朝宋人。字長倩。

三國魏李康《運命論》：“木秀於林，風必摧之。”秀爲高出。高出即長，故應以“長”。西漢以來，士大夫多以“倩”爲字，或爲字的綴飾。如東方朔字曼倩，于定國字曼倩，荀粲字奉倩。《漢書·循吏傳·朱邑》：“昔陳平雖賢，須魏倩而後進。”顔師古注：“蘇林曰：‘魏無知也。’韋昭曰：‘無知字也。’師古曰：‘倩，士之美稱，故云魏倩也。’”

褚　玠　南朝陳人。字温理。

《説文·玉部》：“玠，大圭也。”又《玉部》：“玉，石之美有五德者：潤澤以温，仁之方也；䚡理自外，可以知中，義之方也。”玠乃玉製禮器，故以“温理”相應。

褚　亮　唐人。字希明。

明、亮同義相協。又，諸葛亮字孔明，或仰慕前賢。

褚　炤　南朝齊人。字彦宣。

《書·皋陶謨》：“日宣三德。”蔡沈集傳：“宣，明也。”《詩·小雅·正月》：“潛雖伏矣，亦孔之炤。”朱熹集傳：“炤，明。”同義故相協。《爾雅·釋訓》：“美士爲彦。”漢末三國以來，士大夫喜以“彦”飾字，晉宋六朝，其風尤盛。

褚　炫　南朝齊人。字彦緒。

《玉篇·火部》：“炫，耀光也。”《爾雅·釋詁》：“業，緒也。”“緒，業，事也。”以“緒”應“炤”是欲其事業光耀。“彦”爲美飾。

褚寅亮　清人。字搢升。

《僞古文尚書·周官》：“少師、少傅、少保，曰三孤，貳公弘化，寅亮天地，弼予一人。”此周成王訓導百官之辭。謂三孤佐三公，共輔天子，敬明天地，以期大治。《儀禮·士喪禮》：“設韐帶，搢笏。”鄭玄注：“韐帶用革。搢，插也。插衣帶之右旁。”束帶搢笏，爲古代大夫之服飾。綴以“升”，謂束帶搢笏，登朝堂之上，輔君主治理天下。

褚　淵　南朝齊人。字彦回。

孔子弟子顔回字淵，爲四科十哲之首，是孔子最杰出的弟子，後世尊爲復聖。慕其人，故襲其名字。“彦”爲士之美稱。

褚　爽　晉人。字茂弘。

晉陸機《齊謳行》：“營丘負海曲，沃野爽且平。”《論語·泰伯》：“士不可以不弘毅。”朱熹集注：“弘，寬廣。”爽、弘皆有廣闊義，故相應。《詩·小雅·南山》：“方茂爾惡，相爾矛矣。”毛傳：“茂，勉也。”飾以“茂”，謂勉爲廣闊。

褚　球　南朝梁人。字仲寶。

《詩·商頌·長發》：“受小球大球。”毛傳：“球，玉。”《説文·玉部》：“球，玉也。”段玉裁注：“《爾雅·釋器》曰：‘璆，美玉也。’《禹貢》《禮器》鄭注同。”美玉故可寶。“仲”表行第。

褚　陶　晉人。字季雅。

《禮記·郊特牲》：“器用陶匏，以象天地之性也。”孔穎達疏：“陶謂瓦器，謂酒尊及豆簋之屬。”三國魏曹丕《典論·酒海》：“荆州牧劉表，跨有南土，子弟驕貴，並好酒，爲三爵：大曰伯雅，次曰中雅，小曰季雅。”因陶器而及爵，連類而及。“季”表行第。

褚湛之　南朝宋人。字休玄。

《漢書·揚雄傳上》：“默而好深湛之思。”漢張衡《東京賦》：“睿哲玄覽。”李善注引《廣雅》曰：“玄，遠也。”湛、玄皆謂深遠，故相協。《爾雅·釋詁》：“休，美也。”六朝人喜以“休”爲名字。

褚　翔　南朝梁人。字世舉。

《論語·鄉黨》：“色斯舉矣，翔而後集。”

褚　華　清人。字秋萼。

《詩·小雅·常棣》：“常棣之華，鄂不韡韡。”鄭玄箋：“承華者曰鄂。”即花萼，所以托花者。故以“萼”應“華”。詩詞多言秋華，故以“秋”飾“萼”。

褚菊書　清人。字榮九。

《禮記·月令》：“季秋之月……鞠有黄華。”陸德明釋文：“鞠，本又作菊。”《爾雅·釋草》：“木謂之華，草謂之榮。”菊爲草本植物。故以“九”應“鞠”而以“榮”爲飾，言於九月榮者。

褚　裒　晉人。字季野。

《集韻·平豪》：“褎，或作裒。”《淮南子·主術訓》：“一人被之而不褎，萬人蒙之而不褊。”高誘注：“褎，大也。”是“裒”亦當有大義。《爾雅·釋地》：“邑外謂之郊，郊外謂之牧，牧外謂之野。”又：“大野曰平，廣平曰原。”故以“野”應“裒”，以喻其大。“季”表行第。

褚　賁　南朝齊人。字蔚先。

《易·賁卦》：“彖曰：賁，亨。柔來而文剛，故亨。”又《革卦》：“其文蔚也。”故以“蔚”應“賁”。《論語·雍也》：“質勝文則野，文勝質則史。文質彬彬，然後君子。”又《先進》：“先進於禮樂，野人也；後進於禮樂，君子也。如用之，則吾從先進。”朱熹集注引程子曰：“先進於禮樂，文質得宜，今反謂之質樸，而以爲野人；後進之於禮樂，文過其質，今反謂之彬彬，而以爲君子。蓋周末文勝。”因孔子欲從先進，故以“先”綴於“蔚”，以表文質彬彬之意。

褚　翜　晉人。字謀遠。

《説文·羽部》：“翜，捷也；飛之疾也。”敏捷、飛疾，故能致遠。飾以“謀”，謂謀劃深遠，或圖謀致遠。

褚遂良　唐人。字登善。

《僞古文尚書·仲虺之誥》：“佑賢輔德，顯忠遂良……推亡固存，邦乃其昌。”孔傳：“忠則顯之，良則進之。”孔穎達疏：“《周禮·鄉大夫》云：‘三年則大比，考其德行道藝，而興賢者。’鄭玄云：‘賢者，謂有德行者。’《詩序》云：‘忠臣良士皆是善也。’然則賢是德盛之名，德是資賢之實，忠是盡心之事，良是爲善之稱，俱是可用之人。”故以“登善”應“遂良”。登善，即“良則進之”之意，亦即《左傳·文公三年》“能舉善也”。

褚　蓁　南朝齊人。字茂緒。

《詩·周南·桃夭》：“桃之夭夭，其葉蓁蓁。”毛傳：“蓁蓁，至盛貌。”《爾雅·釋詁》：“叢，緒也。”“緒、業，事也。”茂、盛同義，以“茂緒”應“蓁”，是欲其事業興盛。

褚　澐　南朝梁人。字士洋。

《説文·水部》：“澐，江水大波謂之澐。”《詩·衛風·碩人》：“河水洋洋。”毛傳：“洋洋，盛大也。”能起大波，其勢必盛，故應以“洋”。三國以來，士大夫喜以“士”飾字。

褚　璆　唐人。字伯玉。

《説文·玉部》：“球，玉也。”又：“璆，球或從翏。”是“璆”即“球”，故應以“玉”。“伯”表行第。

褚　篆　清人。字蒼書。

《説文·竹部》：“篆，引書也。”段玉裁注：“引書者，引筆而著於竹帛也。因之李斯所作曰篆書，而謂史籀所作曰大篆，既又謂篆書曰小篆。”篆爲漢字字體之一，相傳蒼頡造字，故以“蒼書”相應。

褚　鏞　明人。字孟玉。

《書·益稷》：“戛擊鳴球……笙鏞以閒。”孔傳：“球，玉磬。鏞，大鍾。”同爲樂器，故相協。亦取《孟子·萬章下》“金聲而玉振之也”經義。“孟”表行第。

〔解〕

解一貫　明人。字曾唯。

《論語·里仁》：“子曰：‘參乎！吾道一以貫之。’曾子曰：‘唯。’”連姓成文。

解　元　宋人。字善長。

《易·乾卦·文言》：“元者，善之長也。”

解　蒙　元人。字求我。

《易·蒙卦》：“匪我求童蒙，童蒙求我。”

解　縉　明人。字大紳。

《晉書·輿服志》：“所謂搢紳之士者，搢笏而垂紳帶也。紳垂長三尺。笏者，有事則書之。”縉，通“搢”。

解　觀　元人。字觀我。

《易·觀卦》：“象曰：觀我生進退，未失道也。”又：“觀我生，觀民也。”

〔詹〕

詹士龍 元人。字雲卿。

《易·乾卦·文言》："雲從龍，風從虎。""卿"爲綴飾。

詹友端 宋人。字伯尹。

《孟子·離婁下》："曰：'庾公之斯學射於尹公之他，尹公之他學射於我。夫尹公之他，端人也，其取友必端矣。'"故以"尹"應"友端"。"伯"表行第居長。

詹天寵 清人。字君錫。

《詩·商頌·長發》："何天之龍，敷奏其勇。"鄭玄箋："龍，當作'寵'。寵，榮名之謂。"君錫即是天子的恩寵。

詹 本 宋人。字道生。

《論語·學而》："君子務本，本立而道生；孝弟也者，其爲人之本與！"

詹仰庇 明人。字汝欽。

《左傳·昭公元年》："子盍亦遠續禹功，而大庇民乎？"孔穎達疏："謂勸武（趙武）何不遠慕大禹之績，而立大功以庇民也。"仰，舊時官府行文，上對下之辭。"仰庇"即希望加以庇護。《尚書》記堯舜命臣工，多用"欽哉""汝諧"等語，故以"汝欽"應"仰庇"。同是上命下之辭。

詹兆恒 明人。字月如。

《詩·小雅·天保》："如月之恒，如日之升。"

詹 同 明人。字同文。

《禮記·中庸》："今天下車同軌，書同文。"

詹 初 宋人。字以元。

《爾雅·釋詁》："初、元，始也。"同義相協。

詹 沂 明人。字浴之。

《論語·先進》："浴乎沂，風乎舞雩，詠而歸。"

詹阜民 宋人。字子南。

《樂府詩集·琴曲歌辭一·虞舜〈南風歌〉》："南風之薰兮，可以解吾民之愠兮。南風之時矣，可以阜吾民之財兮。"

詹 庠 宋人。字周文。

《孟子·滕文公上》："設爲庠序學校以教之。……夏曰校，殷曰序，周曰庠。"因《論語·八佾》有"郁郁乎文哉，吾從周"之言，故以"文"綴"周"。

詹 淵 宋人。字景憲。

《後漢書·黄憲傳》："黄憲字叔度……林宗曰：'奉高之器，譬諸氿濫，雖清而易挹。叔度汪汪若千頃陂，澄之不清，淆之不濁，不可量也。'"《詩·大雅·旱麓》："魚躍于淵。"淵即如汪汪之陂。故以"憲"應"淵"。

詹 桌 宋人。字德寬。

《書·皋陶謨》："寬而栗。"桌同"栗"。此爲九德之一，故以"德"爲飾。

詹 軾 明人。字敬之。

《説文·車部》："軾，車前也。"段玉裁注："輿之在前者曰軾，在旁者曰輢，皆輿之一體。……軾卑於較者，以便車前射御執兵，亦因之伏以式敬。"

詹嘉言 明人。字心聲。

漢揚雄《法言·問神》："故言，心聲也；書，心畫也。"注："聲發成言，畫紙成書……二者之來，皆由於心。"

詹 榮 明人。字仁甫。

《孟子·公孫丑上》："孟子曰：'仁則榮，不仁則辱。'""甫"爲綴飾。

詹鳳翔 明人。字道存。

《孔子家語·好生》："鳳翔麟至，鳥獸馴德。"鳳翔乃太平盛世祥瑞之徵。《論語·子罕》記孔子曾慨歎"鳳鳥不至，河不出《圖》，吾已矣夫！"謂不遇明主，道不得行。今既有鳳來儀，故以"道存"相應。言盛世可以行道。

詹儀之 宋人。字體仁。

儀之，謂鳳凰來儀。《書·益稷》："《簫韶》九成，鳳皇來儀。"《宋書·符瑞志中》："鳳凰者，仁鳥也。不刳胎剖卵則至，或翔或集。"來儀即是體現仁。

〔賈〕

賈公望 宋人。字表之。

《史記·齊太公世家》："〔西伯〕與語大説，曰：'自吾先君太公曰："當有聖人適周，周以興。"子真是邪！吾太公望子久矣。'故號之曰'太公望'，載與俱歸，立爲師。"《左傳·襄公二九年》："爲之歌《齊》，曰：'美哉！泱泱乎，大風也哉！表東海者，其大公乎。'"故以"表之"應"公望"。

賈少沖 金人。字若虚。

《晉書·杜夷傳》："夷清虚冲淡，與俗異軌。"冲，同"沖"。

賈田祖 清人。字稻孫。

《詩·小雅·甫田》："琴瑟擊鼓，以御田祖。"又："曾孫之庾，如坻如京。乃求千斯倉，乃求萬斯箱，黍稷稻粱。"故以"稻孫"應"田祖"。

賈 疋 晉人。字彦度。

疋，《説文·疋部》："疋，古文以爲《詩》《大雅》字。"是假疋爲"雅"。晉孫綽《潁州府君碑》："茂才亮拔，雅度恢廓。"《爾雅·釋訓》："美士爲彦。"

賈 充 晉人。字公閭。

《晉書·賈充傳》："父逵，魏豫州刺史、陽里亭侯。逵晚始生充，言後當有充閭之慶，故以爲名字焉。"賈充之名乃記實志盛一類，不可於文字本身推求。

賈 同 宋人。字希得。

《孟子·公孫丑上》："曰：'然則有同與？'曰：'有。得百里之地而君之，皆能以朝諸侯有天下；行一不義，殺一不辜，而得天下，皆不爲也。是則同。'"

賈安宅 宋人。字居仁。

《孟子·離婁上》："仁，人之安宅也；義，人之正路。曠安宅而弗居，舍正路而不由，哀哉！"又《盡心上》："居仁由義，大人之事備矣。"

賈 收 宋人。字耘老。

後魏賈思勰《齊民要術·收種》："粟、黍、穄、粱、秫，常歲歲别收。"又："順時種之，則收常倍。"《詩·小雅·甫田》："或耘或耔，黍稷薿薿。"宋人喜以老、叟、翁爲字的綴飾。

賈宏祚 清人。字永錫。

《詩·大雅·既醉》："君子萬

年，永錫祚胤。”

賈步緯 清人。字心九。

《雲笈七籤》卷九八：“步空觀九緯，八綱皆已遊。”

賈居貞 元人。字仲明。

《易·繫辭下》：“日月之道，貞明者也。”“仲”表行第居第二。

賈昌朝 宋人。字子明。

《詩·齊風·鷄鳴》：“東方明矣，朝既昌矣。匪東方則明，月出之光。”

賈待問 明人。字學叔。

《禮記·儒行》：“儒有席上之珍以待聘，夙夜强學以待問。”“叔”表行第在第三。

賈　郁 五代閩人。字正文。

《論語·八佾》：“周監於二代，郁郁乎文哉！”

賈　島 唐人。字閬仙。

《説文·山部》：“島，海中往往有山可依止曰島。”《楚辭·離騷》：“朝吾將濟於白水兮，登閬風而緤馬。”王逸注：“閬風，山名。在崑崙之上。緤，繫也。言己見中國溷濁，則欲渡白水，登神山，屯車繫馬而留止也。”

賈　益 金人。字損之。

益、損反義相協。又《易》有《損》《益》二卦。《損卦》云：“損下益上，其道上行。”《益卦》云：“損上益下，民説。”

賈益謙 金人。字彦亨。

《易·謙卦》：“天道虧盈而益謙。”又：“象曰：謙亨，天道下濟而光明。”《爾雅·釋訓》：“美士爲彦。”故以爲飾。

賈　耽 唐人。字敦詩。

《詩·衛風·氓》：“無與士耽。”毛傳：“耽，樂也。”《左傳·僖公二七年》：“説禮、樂而敦《詩》《書》。《詩》《書》義之府也。”

賈　淵 南朝齊人。字希鏡。

《玉篇·水部》：“淵，水停又深也。”即静止之深水。《淮南子·俶真訓》：“人莫鑑於流沫，而鑑於止水者，以其静也。”鏡可以鑑人，故以應“淵”。

賈　嵒 宋人。字民瞻。

嵒，同“巖”。《詩·小雅·節南山》：“節彼南山，維石巖巖，赫赫師尹，民具爾瞻。”

賈敦臨 清人。字吉甫。

《易·臨卦》：“初九，咸臨，貞吉。”“甫”爲男子美稱。

賈　策 元人。字治安。

賈誼，西漢人，曾爲長沙王、梁王太傅。文帝時上《治安策》。《史記》有《屈原賈生列傳》。

賈逸祖 宋人。字元放。

逸、放義近，故相協。《南史·張充傳》：“充穀巾葛帔，至便求酒，言論放逸，一坐盡傾。”

賈黄中 宋人。字媧民。

《易·坤卦》：“君子黄中通理。”因“坤，地也，故稱乎母”（《説卦傳》），故由母而及人類始祖女媧氏。相傳女媧氏摶土爲人，則人類皆其子民。故以“民”綴於“媧”。

賈　粲 後魏人。字季宣。

漢王粲字仲宣，爲建安七子之一。因慕前賢，故襲其名字。

賈　達 元人。字顯道。

《禮記·中庸》：“天下之達道五。”又：“君臣也，父子也，夫婦也，昆弟也，朋友之交也：五者天下之達道也。”飾以“顯”，謂使五者大顯。

賈　鉉 金人。字鼎臣。

《易·鼎卦》：“六五，鼎黄耳，金鉉，利貞。”鼎有三公之象，綴以“臣”，謂宰輔重臣。

賈漢復 清人。字膠侯。

東漢賈復爲光武帝開國勳臣，封膠東侯。故襲其名而以其封爵爲字。

賈履上 清人。字季超。

《易·履卦》：“象曰：元吉在上，大有慶也。”越過即是在其上，故以“超”應“履上”。“季”表行第居第四。

賈　諒 明人。字子信。

《論語·季氏》：“友直、友諒、友多聞，益矣。”邢昺疏：“諒，謂誠信。”

賈　餗 唐人。字子美。

《易·鼎卦》：“鼎折足，覆公餗。”《玉篇·食部》：“餗，鼎實也。”鼎爲烹飪之器。鼎實自是可食之物，故以“美”相應。

賈應春 明人。字東陽。

《淮南子·時則訓》：“孟春之月……其位東方。”《爾雅·釋天·四時》：“春爲青陽。”郭璞注：“氣清而温陽。”東方主春，其氣温陽，故以“東陽”應“春”。

賈　彝 後魏人。字彦倫。

《書·洪範》：“彝倫攸叙。”美士爲彦，故以爲飾。

賈　黯 宋人。字直孺。

汲黯字長孺，爲西漢名臣，以直言正諫著稱。敬其人，故以其名爲名，而以其品德與字以爲字。

賈　巖 明人。字魯瞻。

《詩·魯頌·閟宫》：“泰山巖巖，魯邦所瞻。”

〔路〕

路伯達 金人。字仲顯。

《孟子·離婁下》：“而未嘗有顯者來。”孫奭疏：“而未嘗見有富貴顯達者來家中。”是顯、達同義相協。

路　泌 唐人。字安期。

泌，謂泌丘。安期，謂安期生。晉陸雲《贈鄭曼季往》詩之七：“棲遲泌丘，容與衡門。”安期生事見《史記·封禪書》：“安期生僊者，通蓬萊中，合則見人，不合則隱。”以“安期”應“泌”，表示企羡神仙隱逸。

路振飛 明人。字見白。

《詩·周頌·振鷺》：“振鷺于飛，于彼西雝。”又《魯頌·有駜》：“振振鷺，鷺于飛。”毛傳：“振振，羣飛貌。鷺，白鳥也。”鷺羣飛，則見一片潔白。

路嗣恭 唐人。字懿範。

初名劍客。初爲姑臧令，考績爲天下之最。玄宗以爲可繼漢代有異政的魯恭，賜名嗣恭。字懿範者，言可爲美善之範式。

路　德 清人。字潤生。

《禮記·中庸》：“富潤屋，德潤身。”“生”爲儒士通稱。

路　隨 唐人。字南式。

隨，春秋時國名。位在周之南土。《詩·大雅·崧高》：“于邑于謝，南國是式。”

路　鐸　金人。字宣叔。

《僞古文尚書・胤征》：“每歲孟春，遒人以木鐸徇于路。”孔傳：“遒人，宣令之官。木鐸，金鈴木舌，所以振文教。”

路　巖　唐人。字魯瞻。

《詩・魯頌・閟宫》：“泰山巖巖，魯邦所瞻。”

〔雷〕

雷大升　清人。字允上。

《易・序卦》：“聚而上者謂之升。”又《升卦》：“象曰：允升大吉，上合志也。”

雷子霖　清人。字午天。

唐元稹《桐花》詩：“商弦廉以臣，臣作旱天霖。”故以“天”應“霖”。宋程顥《春日偶成》詩有“雲淡風清近午天”之句，遂因“天”而飾以“午”。亦取晴午驟降甘霖之義。

雷以誠　清人。字鶴皋。

《詩・小雅・鶴鳴》：“鶴鳴于九皐，聲聞于野。”朱熹集傳：“蓋鶴鳴于九皐，而聲聞于野，言誠之不可揜也。”故“鳴皐”應“誠”。

雷有終　宋人。字道成。

《詩・大雅・蕩》：“靡不有初，鮮克有終。”孔穎達疏：“無不有其初心，欲庶幾慕善道，少能有其終行。”今反其義而用之。既能有終，故善道有成。

雷　孚　宋人。字保信。

《易・中孚卦》：“中孚：豚魚吉……豚魚吉，信及豚魚也。”

雷　宗　明人。字希曾。

曾，謂孔子弟子曾參。元文宗至順元年，封曾子爲郕國宗聖公。事見《元史・文宗紀三》。故以“希曾”應“宗”。

雷思齊　宋人。字齊賢。

《論語・里仁》：“子曰：‘見賢思齊焉，見不賢而内自省也。’”

雷　笏　明人。字筠倩。

《類篇・竹部》：“笏，竹名。”《禮記・禮器》：“禮釋回，增美質；……其在人也，如竹箭之有筠也。”陳澔集説：“筠，竹之青皮也。”倩，男子之美稱。西漢以來文士多以“倩”爲字或字的綴飾。

雷　淵　金人。字希顔。

孔子弟子顔回字淵（亦作子淵），最爲好學，是孔子最傑出弟子。敬其人，故以爲名字。一字季默。取《莊子・在宥》“淵默而雷聲”之義。

雷　搢　清人。字書廷。

《晉書・輿服志》：“笏，古者貴賤皆執笏，其有事則搢之於腰帶，所謂搢紳之士者，搢笏而垂紳帶也。……笏者，有事則書之，故常簪筆。”笏不用則搢於紳，有事則書於其上。因是在朝廷之上，故以“廷”綴於“書”。

雷夢麟　明人。字伯仁。

《宋書・符瑞志中》：“麒麟者，仁獸也。牡曰麒，牝曰麟。”故以“仁”應“麟”。“伯”表行第居長。

雷學淇　清人。字瞻叔。

《詩・衛風・淇奥》：“瞻彼淇奥，緑竹猗猗。”“叔”表行第居第三。

雷　機　元人。字子樞。

《易・繫辭上》：“言行，君子之樞機。樞機之發，榮辱之主也。”

雷應春　宋人。字春伯。

唐孫逖《觀永樂公主入蕃》詩：“美人天上落，龍塞始應春。”以“春”應“春”，是名與字同。“伯”表行第居長。

雷　禮　明人。字必進。

《論語・先進》：“子曰：‘先進於禮樂，野人也；後進於禮樂，君子也。如用之，則吾從先進。’”

雷簡夫　宋人。字太簡。

《論語・雍也》：“居簡而行簡，無乃太簡乎。”

雷　鐸　清人。字伯覺。

《論語・八佾》：“天將以夫子爲木鐸。”朱熹集注：“木鐸，金口木舌，施政教時所振，以警衆者也。”《孟子・萬章上》：“天之生此民也，使先知覺後知，使先覺覺後覺也。予天民之先覺者也。予將以斯道覺斯民也。非予覺之而誰也。”以“覺”應“鐸”，欲教化民衆使之覺醒。

〔靳〕

靳更生　宋人。字春伯。

大地回春，萬物復蘇，故以“春”應“更生”。

靳治荆　清人。字熊封。

《史記・楚世家》：“熊繹當周成王之時，舉文、武勤勞之後嗣，而封熊繹於楚蠻。”荆爲楚的别稱。

靳聖居　明人。字淑孔。

《孟子・盡心下》：“去聖人之世，若此其未遠也，近聖人之居，若此其甚也。”又《離婁下》：“予未得爲孔子徒也，予私淑諸人也。”故以“淑孔”應“聖居”。

靳學顔　明人。字子愚。

顔，謂顔回。孔子弟子。《論語・爲政》：“子曰：‘吾與回言終日，不違如愚。退而省其私，亦足以發。回也不愚。’”

十四畫

〔厲〕

厲元吉　宋人。字无咎。

《易・坤卦》：“六四，囊括，无咎无譽。”又：“六五，黄裳元吉。”

厲仲方　宋人。字約甫。

《荀子・大略》：“多知而無親，博學而無方，好多而無定者，君子不與。”《孟子・離婁下》：“博學而詳説之，將以反説約也。”以“約”應“方”，即謂不但博學而有方，且能由博反約。“甫”爲男子美稱。先秦男子之字皆用“父”，漢以來多用“甫”。用“父”者亦讀 fǔ 。

厲汝進　明人。字子修。

《荀子・修身》：“好善無厭，受諫而能誡，雖欲無進，得乎哉！”又：“以修身自强，則名配堯禹。”此從正面相應，謂精進在於修身。

厲　汪　宋人。字萬頃。

《後漢書・黄憲傳》載，黄憲字叔度，家世貧賤，但操行卓異，爲諸名士所傾倒。郭林宗（太）稱譽説："叔度汪汪若千頃陂，澄之不清，淆之不濁，不可量也。"《世説新語·德行》作"汪汪如萬頃之陂"。

厲秀芳 清人。字實夫。

《爾雅·釋草》："木謂之華，草謂之榮。不榮而實者謂之秀。""夫"爲男子通稱，以作綴飾。

厲　鶚 清人。字太鴻。

《漢書·鄒陽傳》："臣聞鷙鳥累百，不如一鶚。"顔師古注："鷙擊之鳥，鷹鸇之屬也。"明李時珍《本草綱目·禽三·鶚》："鶚，鵰類也。似鷹而土黄色，深目好峙。雌雄相得，摯而有别，交則雙翔，别則異處，能翱翔水上捕魚食，江表人呼爲食魚鷹。……《詩》云：'關關雎鳩，在河之洲。'即此。"《詩·豳風·九罭》："鴻飛遵渚。"陸璣《毛詩草木鳥獸魚蟲疏》："鴻鵠，羽毛光澤純白，似鶴而大，長頸……今人直謂鴻也。"按，鴻今名天鵝。與鶚同爲水禽，故相應。因《文選·司馬遷〈報任安書〉》有"人固有一死，或重於泰山，或輕於鴻毛"之言，遂因"鴻"而及"太"，故以爲飾。

〔廖〕

廖大受 清人。字君可。

《論語·衛靈公》："子曰：'君子不可小知，而可大受也。'"故以"可"應"大受"。漢以來，多以公、君爲字的修飾語或綴飾。

廖天覺 宋人。字仲先。

《孟子·萬章上》："天之生此民也，使先知覺後知，使先覺覺後覺也。予天民之先覺者也。予將以斯道覺斯民也。"

廖　化 三國蜀漢人。字元儉。

《説文·匕部》："化，教行也。"段玉裁注："教行於上，則化成於下。"又《人部》："儉，約也。"段玉裁注："約者纏束也。儉者不敢放侈之意。"既被教化，自必知檢束而不放縱，故以"元儉"應"化"。元儉，本自知約束。

廖　立 三國蜀漢人。字公淵。

《玉篇·水部》："淵，水停又深也。"立，亦即停。義相近，故相協。漢以來，公、卿、君等，或爲字的修飾語，或爲字的綴飾，成爲時尚。

廖希賢 明人。字叔愚。

《論語·爲政》："子曰：'吾與回言終日，不違如愚。退而省其私，亦足以發。回也不愚。'"以"愚"應"希賢"，欲學孔子弟子顔回。

廖　沖 南朝梁人。字清虚。

三國魏阮籍《詠懷》之四一："列仙停脩齡，養志在沖虚。"

廖邦傑 宋人。字懷英。

《説文·人部》："傑，材過萬人也。"《禮記·禮運》："與三代之英。"孔穎達疏："案《辨名記》云：倍人曰茂，十人曰選，倍選曰俊，千人曰英，倍英曰賢，萬人曰傑，倍傑曰聖。"英、傑皆爲才能卓異之士，故相協。

廖　寅 清人。字亮工。

《書·堯典》："寅賓出日。"孔傳："寅，敬。"又《舜典》："欽哉！惟時亮天功。"孔傳："各敬其職，惟是乃能信立天下之功。"寅、敬同義。工，通"功"。

廖復之 宋人。字仁敬。

《論語·顔淵》："克己復禮爲仁。一日克己復禮，天下歸仁焉。"

廖壽恒 清人。字仲山。

北岳有恒山。山亦與壽相應。《詩·小雅·天保》："如南山之壽。"其兄名壽豐，壽乃行輩用字。

廖壽豐 清人。字穀似。

《詩·周頌·豐年》："豐年多黍多稌，亦有高廩，萬億及秭。"穀爲農作物之總名。又《世説新語·賞譽》："世稱'庾文康爲豐年玉，稚恭爲荒年穀'。"劉孝標注："謂亮有廊廟之器，翼有匡世之才，各有用也。"以"穀似"應"豐"，言豐年之玉，亦如荒年之穀，同爲有用之物。

廖瑩中 宋人。字羣玉。

《説文·玉部》："瑩，玉色也。"段玉裁注："謂光明之貌。"《山海經·西山經》："玉山，是西王母所居也。"郭璞注："此山多玉石，因以名云。《穆天子傳》謂之'羣玉之山'。"因玉之光輝而及産玉之山。

廖　凝 五代南唐人。字熙績。

《書·皋陶謨》："庶績其凝。"又《舜典》："庶績咸熙。"

廖應淮 宋人。字學海。

《書·禹貢》："淮海惟揚州。"

廖鴻章 清人。字羽明。

《易·漸卦》："鴻漸于陸，其羽可用爲儀。吉。"章有光明之象，故又因"章"而以"明"綴"羽"。

廖　顒 宋人。字季卬。

《詩·大雅·卷阿》："顒顒卬卬，如圭如璋。"

〔慕〕

慕天顔 清人。字拱極。

此連姓成文，言仰慕天顔。亦即仰慕天子。《論語·爲政》："譬如北辰，居其所，而衆星共之。"朱熹集注："北辰，北極，天之樞也。居其所，不動也。共，向也。言衆星四面旋繞而歸向之也。"此以天子比北辰，衆臣工如衆星"旋繞而歸向之也"。共、拱古今字。

慕容垂 後燕人。字道明。

慕容，複姓。初名霸，字道業。此取"霸業"義。道與業義近，故相連成文。唐韓愈《師説》："所以傳道授業解惑也。"改今名後字道明。《孟子·梁惠王下》："君子創業垂統。"以"道"應"垂"，謂其道業留傳後世。綴以"明"，欲其昌明光大。

慕容彦逢 宋人。字淑遇。

《詩·王風·中谷有蓷》："條其歗矣，遇人之不淑矣。"此反用《詩》義。逢、遇同義相協。彦、淑皆爲美善之辭，彦逢、淑遇正相對。

慕容恪 前燕人。字玄恭。

《爾雅·釋詁》："恪、恭，敬也。"同義故相協。飾以"玄"，謂玄默而恭，寂然自守。

慕容盛 後燕人。字道運。

運，氣數、天運。晉陶潛《責

子》詩："天運苟如此，且進杯中物。"以"運"應"盛"，謂其運昌盛。飾以"道"，謂功業之氣數昌盛。

慕容雲 後燕人。字子雨。

漢王充《論衡·順鼓》："天將雨，山先出雲，雲積爲雨。"

慕容儁 前燕人。字宣英。

儁，同"俊"。《書·皋陶謨》："俊乂在官。"蔡沈集傳："大而千人之俊，小而百人之乂，皆在官使。"《禮記·禮運》："與夫三代之英。"孔穎達疏："英俊選之尤者。案《辨名記》云：倍人曰茂，十人曰選，倍選曰俊，千人曰英。"飾以"宣"，謂爲朝廷所宣示承認者。

慕容德 南燕人。字元明。

《左傳·僖公五年》："明德惟馨。""元"爲美善之辭，故以爲飾。《易·乾卦》："元者，善之長也。"

慕容德豐 宋人。字日新。

《禮記·大學》："大學之道，在明明德，在親〔新〕民。"又："湯之《盤銘》曰：'苟日新，日日新，又日新。'《康誥》曰：'作新民。'"

慕容皝 前燕人。字元真。

皝，早期字書皆未收。《康熙字典》收入《白部》，釋爲"氣容貌"。《廣韻·上蕩》只注："人名，前燕慕容皝也。"《集韻》亦入《上蕩》，注云："闕。人名。"但與晄、爌、爣、爦、皝等同一小韻，皆爲户廣切，於"皝"下注云："《説文》：明也。"慕容皝字元真，與《康熙字典》"氣容貌"不協。仙人豈以氣容區分？義當爲"明"。應以"真"，義爲真切，真着。明則所見真切。釋以"元"，謂元本真切。

慕容儼 北齊人。字恃德。

《爾雅·釋詁》："儼，敬也。"《書·皋陶謨》："日嚴祗敬六德。"飾以"恃"，謂憑恃者惟德而已。

〔暨〕

暨 遜 晉人。字茂言。

遜，指三國吴陸遜。《三國志·吴志·陸遜傳》："陸遜字伯言……本名議。"陸遜官至丞相，曾深爲吴主孫權所倚重，故襲其名字，並以"茂"飾"言"，蓋欲自己功名能如陸伯言之宏大。

暨 豔 三國吴人。字子休。

《書·吕刑》："雖休勿休。"孔傳："雖見美，勿自謂有德美。"《爾雅·釋詁》："休，美也。"《詩·小雅·十月之交》："豔妻煽方處。"毛傳："美色曰豔。"《廣雅·釋詁》："豔，美也。"故以"休"應"豔"，"子"爲男子美稱。

〔熊〕

熊士伯 清人。字西牧。

《史記·周本紀》："公季卒，子昌立，是爲西伯。西伯曰文王。"殷之州牧曰伯。故以"西"應"伯"而綴以"牧"。

熊方受 清人。字介兹。

《詩·小雅·天保》有"受天百禄"，《信南山》有"受天之祜"，《大雅·假樂》有"受禄於天""受福無疆"等等，《詩》又多"以介眉壽""介爾景福""以介景福"之言，故以"介兹"應"方受"。不言所受，即無福不受；不指實所介，則無福不介。

熊汝霖 明人。字雨殷。

《僞古文尚書·説命上》："若歲大旱，用汝作霖雨。"此殷高宗命傅説之辭，故以"殷"綴"雨"。

熊伯龍 清人。字次侯。

公、侯、伯、子、男五等爵，伯在侯之下，故以"次侯"應"伯"。

熊 克 宋人。字子復。

《論語·顔淵》："子曰：'克己復禮爲仁。'"

熊廷弼 明人。字飛百。

據《史記·齊太公世家》載，姜太公遇周文王之前，文王占卜，其兆"非虎非羆"。主獲"霸王之輔"。《宋書·符瑞志》變爲"非熊非羆"，又後變爲飛熊入夢。以"飛"應"廷弼"，謂如姜太公，將作朝廷輔弼之臣。又，漢名將李廣，守右北平，匈奴"號曰'漢之飛將軍'"，不敢南下。見《史記·李將軍列傳》。既爲國之屏藩，亦朝廷重臣。以"百"綴"飛"，未詳所指。或以百代"伯"。

熊宗立 明人。字道軒。

《論語·學而》："君子務本，本立而道生。""軒"爲綴飾，無義。

熊朋來 元人。字與可。

《論語·學而》："有朋自遠方來，不亦説乎？"《子張》："可者與之，其不可者拒之。"

熊 翀 明人。字騰霄。

《玉篇·羽部》："翀，飛上天。"騰霄即是飛上天。

熊 望 唐人。字原師。

望，謂太公望。《史記·齊太公世家》載，文王遇吕望時，謂曰："吾太公望子久矣。"故號之曰"太公望"。《詩·大雅·大明》："維師尚父，時維鷹揚。"鄭玄箋："尚父，吕望也。尊稱焉。"原師，原本爲師。《世家》有"立爲師"之言。

熊 桴 明人。字元乘。

《論語·公冶長》："道不行，乘桴浮于海。"元，本。

熊 凱 元人。字舜夫。

虞舜舉薦八凱（愷），"使主后土"。八人是舜時臣民。故以"舜夫"相應。事見《左傳·文公十八年》。

熊 喬 漢人。字伯峯。

喬，假作"嶠"。《爾雅·釋山》："山大而高，崧。山小而高，岑。鋭而高，嶠。"峯、嶠形似且同類，故相協。"伯"表行第居長。

熊 超 清人。字班若。

班超，東漢人。投筆從戎，開拓西域數十年，以功封定遠侯。《後漢書》有傳。綴以"若"，謂如同班超。亦表企羡仰望之殷。

熊 過 明人。字叔仁。

《論語·里仁》："子曰：'人之過也，各於其黨。觀過斯知仁矣。'""叔"表行第居第三。

熊 遠 晉人。字孝文。

《左傳·襄公二五年》："言以足志，文以足言。不言誰知其志？言之無文，行而不遠。”此從正面相應。東漢以來，士大夫多以文、孝、慈等爲字的修飾語。

熊賜履 清人。字敬修。

《易·離卦》：“初九，履錯然，敬之，无咎。象曰：履錯之，敬，以辟咎也。”故以“敬”應“履”。《論語·憲問》有“修己以敬”之言，故綴以“修”。

熊學鵬 清人。字雲亭。

《莊子·逍遥遊》謂，鵬“怒而飛，其翼若垂天之雲”，“摶扶摇而上者九萬里”，是遨遊於雲霄，故以“雲”應“鵬”。清人喜以亭、軒、堂、樓等建築物名爲字的綴飾。

熊　蕃 宋人。字茂叔。

《易·坤卦·文言》：“天地變化，草木蕃。”孔穎達疏：“謂二氣交通，生養萬物，故草木蕃滋。”《詩·周頌·良耜》：“荼蓼朽止，黍稷茂止。”蕃、茂皆謂植物繁盛，故相協。

熊　繡 明人。字汝明。

《書·益稷》：“予欲觀古人之象，日、月、星辰……絺繡，以五采彰施于五色，作服，汝明。”

〔管〕

管世銘 清人。字緘若。

《孔子家語·觀周》：“孔子觀周，遂入太廟后稷之廟。廟堂右階之前，有金人焉，三緘其口，而銘其背曰：‘古之慎言人也。’”

管　仲 春秋齊人。名夷吾。

名夷吾。仲，當是行第。《禮記·檀弓上》：“幼名，冠字，五十以伯仲。”敬其人，稱其行第，其字遂不傳。作敬仲者，敬乃謚，遂連行第而爲敬仲。

管　同 清人。字異之。

同、異反義相協。

管希寧 清人。字幼孚。

管寧字幼安，三國魏人。鄙華歆之爲人，割席絶交。後避地遼東，卒於正始初年。敬其人，故襲其名字。綴以“孚”，謂信服其人。

管志道 明人。字登之。

《論語·里仁》：“子曰：‘士志於道，而恥惡衣惡食者，未足與議也。’”以“登之”相應，謂志道之士，皆應登之於朝，使君子在位，能者在職。

管宗聖 明人。字霞標。

晉孫綽《游天台山賦》：“赤城霞起而建標，瀑布飛流以界道。”李善注引《天台山圖》曰：“赤城山，天台之南門也。瀑布山，天台之西南峯，水從南巖懸注，望之如曳布。建標立物以爲之表識也。”以“霞標”應“聖”，謂聖人猶如赤城山，丹壁千仞，聳立中天，以爲人間表識，使人有所宗仰。

管思易 明人。字原理。

《易·説卦》：“昔者聖人之作《易》也，將以順性命之理。”飾以“原”，謂原本是性命之理。

管時敏 明人。名訥。

以字行。《論語·里仁》：“君子欲訥於言而敏於行。”

管　晏 清人。字敬伯。

此連姓成文。《史記》有《管晏列傳》。管，管仲；晏，晏嬰。《論語·公冶長》：“晏平仲善與人交，久而敬之。”《史記·管晏列傳》索隱：“名嬰，平謚，仲字。”晏嬰與人交遊，久而能敬，故以“敬”應“晏”。

管　湛 宋人。字定夫。

《方言》卷十三：“湛，安也。”郭璞注：“湛然安貌。”安、定同義相協。

管　楫 明人。字汝濟。

《僞古文尚書·説命上》：“若濟巨川，用汝作舟楫。”

管　輅 三國魏人。字公明。

輅，古代通作“路”。《周禮·春官·巾車》：“掌公車之政令。……王之五路。”路又通“露”。《荀子·議兵》：“仁人之兵，不可詐也；彼可詐者，怠慢者也，路亶者也。”梁啓雄簡釋：“伯兄曰：‘路同“露”。’”輅，假作“露”。暴露即是明。東漢以來，士大夫多以公、君爲字飾。

管　寧 三國魏人。字幼安。

安、寧同義相協。

管　樂 清人。字才叔。

連姓成文。管，春秋齊名相管仲；樂，戰國燕名將樂毅。《三國志·蜀志·諸葛亮傳》：“每自比於管仲、樂毅。”晉袁宏《三國名臣序贊》：“遐想管樂，遠明風流。”二人皆一時奇才，故以“才”相應。“叔”表行第居第三。

管應律 明人。字正之。

我國古代音樂用十二律管校正樂律，故以“正之”相應。此亦連姓成文。言律管必與樂律相應。

管繩萊 清人。字孝逸。

萊，謂春秋楚國的老萊子。據《藝文類聚》卷二十引《列女傳》，老萊子至孝，年七十，常著五彩衣，做嬰兒嬉戲，以博父母歡娱。故以“孝”應“繩萊”。據劉向《古列女傳》，老萊子之妻勸老萊子勿應楚王之聘，夫妻一同逃隱山林，故綴以“逸”。

〔翟〕

翟大坤 清人。字子垕。

《易·坤卦》：“坤厚載物，德合无疆。”垕，古“厚”字。

翟雲升 清人。字文泉。

唐錢起《言懷》詩：“夜月霽未好，雲泉堪夢歸。”又僧皎然《酬李紓補闕》詩：“不住東山寺，雲泉處處行。”以“文”飾泉，謂文思如泉涌。

翟文怡 清人。字子藜。

晉王嘉《拾遺記·前漢下》載，劉向校書天禄閣，“夜有老人，着黄衣，植青藜杖，登閣而進”。劉向暗中獨坐誦書，老人乃吹藜杖之端，頓生光輝，爲劉向“説開闢以前，向因受《洪範五行》之文”。以“藜”應“文”。即取此典以爲名字。

翟　唐 明人。字堯佐。

帝堯號陶唐，故以“堯”應“唐”。綴以“佐”，謂爲帝堯輔佐之臣。

翟耆年 元人。字伯壽。

《禮記·曲禮上》：“六十曰耆。”古人平均壽命短，有“五十不爲夭”之説，故以“壽”應“耆年”。

翟敦仁 宋人。字静叔。
《論語·雍也》:"知者動,仁者静。""叔"表行第居第三。

翟 湯 晉人。字道深。
《書·堯典》:"湯湯洪水方割。"蔡沈集傳:"湯湯,水盛貌。"水盛必深,故以"深"應"湯"。飾以"道",謂其道深。湯,讀 shāng。

翟 進 宋人。字先之。
《論語·先進》:"先進於禮樂,野人也;後進於禮樂,君子也。如用之,則吾從先進。"

翟 興 宋人。字公祥。
《禮記·中庸》:"國家將興,必有禎祥。"

翟繩祖 明人。字從先。
《詩·大雅·下武》:"昭兹來許,繩其祖武。"繼承其祖之跡,即是從其先人。

翟 鵬 明人。字志南。
《莊子·逍遥遊》:"有鳥焉,其名爲鵬……摶扶摇而上者九萬里,絶雲氣,負青天,然後圖南,且適南冥也。"

翟 灝 清人。字大川。
《文選·司馬相如〈上林賦〉》:"然後灝溔潢漾,安翔徐回。"郭璞注:"皆水無涯際貌也。"水無涯際自必是大川。後改字晴江。晴日之江水,更見其汪洋浩淼之勢。

翟 鑾 明人。字仲鳴。
《文選·班固〈西都賦〉》:"大路鳴鑾,容與徘徊。"

〔聞〕

聞人滋 宋人。字茂德。
聞人,複姓。《左傳·哀公元年》:"樹德莫如滋。"茂,通"懋",謂努力樹德。

聞人詮 明人。字邦正。
《廣韻·平仙》:"詮,平也。"評議當公正,故以"正"相應。飾以"邦",言爲國持正論。

聞人夢吉 元人。字應之。
《詩·小雅·斯干》:"乃寢乃興,乃占我夢。吉夢維何?維熊維羆,維虺維蛇。"《周禮·春官》有《占夢》。古人迷信,夢吉祥事,則欲其應驗。

聞 淵 明人。字静中。
《玉篇·水部》:"淵,水停又深也。"停即静,故相應。

〔臧〕

臧 盾 南朝梁人。字宣卿。
盾,謂春秋晉國趙盾。盾爲晉國上卿,謚宣,史稱趙宣子。故以"宣卿"應"盾"。

臧 庸 清人。字在東。
《詩·商頌·那》:"庸鼓有斁,萬舞有奕。"毛傳:"大鍾曰庸。"《關雎》"鍾鼓樂之"孔穎達疏引《大射禮》:"頌鍾在西階之西,笙鍾在東階之東。"故以"在東"應"庸"。一字拜經,未祥。初名鏞堂。大鍾之庸,後世作"鏞"。

臧惟一 明人。字守中。
《僞古文尚書·大禹謨》:"惟精惟一,允執厥中。"

臧 厥 南朝梁人。字獻卿。
厥,謂春秋晉之韓厥。趙氏孤兒之得復位,實賴韓厥。謚爲獻,史稱韓獻子。爲戰國韓之祖。

臧 琳 清人。字玉林。
析名爲字。

臧壽恭 清人。字眉卿。
《詩·豳風·七月》:"爲此春酒,以介眉壽。"

臧懋循 明人。字晉叔。
《左傳·昭公元年》:"循而行之。"《易·晉卦》:"晉,進也。"以"晉"應"循",謂遵一定方向而進,不亂行。

臧 燾 南朝宋人。字德仁。
《史記·吴太伯世家》:"德至矣哉,大矣,如天之無不燾也。"天覆育萬物,其仁德至廣至大,故以"德仁"應"燾"。

臧禮堂 清人。字和貴。
《論語·學而》:"禮之用,和爲貴。斯王之道,斯爲美。"

〔蔡〕

蔡士英 清人。字伯彦。
《禮記·禮運》:"孔子曰:'大道之行也,與三代之英,丘未之逮也,而有志焉。"鄭玄注:"英,俊選之尤者。"孔穎達疏:"案《辨名記》云:'倍人曰茂,十人曰選,倍選曰俊,千人曰英,倍英曰賢,萬人曰傑,倍傑曰聖。'《毛詩》傳又云:'萬人爲英。'"《詩·鄭風·羔裘》:"彼其之子,邦之彦兮。"朱熹集傳:"彦者,士之美稱。"

蔡大業 北周人。字敬道。
《易·繫辭上》:"富有之謂大業,日新之謂盛德。"道、德義近。

蔡大寶 北周人。字敬位。
《易·繫辭下》:"天地之大德曰生,聖人之大寶曰位。"

蔡中孚 明人。字信之。
《易·中孚卦》:"中孚:豚魚吉。"又:"豚魚吉,信及豚魚也。"朱熹本義:"孚,信也。"

蔡之定 清人。字麟昭。
《詩·周南·麟之趾》:"麟之定,振振公姓。于嗟麟兮!"昭,昭示,宣示。麟爲瑞物,言昭示其仁厚如麟。

蔡元定 宋人。字季通。
《易·繫辭上》:"是故聖人以通天下之志,以定天下之業,以斷天下之疑。""季"表行第居末。

蔡元康 宋人。字君濟。
《僞古文尚書·蔡仲之命》:"以蕃王室,以和兄弟,康濟小民。"

蔡 卞 宋人。字元度。
《書·顧命》:"臨君周邦,率循大卞。"孔傳:"用是道臨君周國,率羣臣循大法。"法、度義近,故以應"卞"。

蔡天祐 明人。字成之。
《易·大有》:"自天祐之,吉无不利。象曰:大有上吉,自天祐也。"有天祐,自無不成。

蔡以封 清人。字桐川。
唐柳宗元《桐葉封弟辯》:"古之傳者有言,成王以桐葉與小弱弟戲曰:'以封汝。'周公入賀。王曰:'戲也。'周公曰:'天子不可戲。'乃封小弱弟於唐。吾意不然。"故以"桐"應"封"。"川"爲綴飾。

蔡幼學 宋人。字行之。
《孟子·梁惠王下》:"夫人幼

而學之，壯而欲行之。”

蔡用之　宋人。字宗野。

《論語·先進》：“先進於禮樂，野人也；後進於禮樂，君子也。如用之，則吾從先進。”宗野即是“從先進”，故以應“用之”。

蔡仲舒　宋人。字王臣。

《漢書·董仲舒傳贊》：“劉向稱：‘董仲舒有王佐之材，雖伊吕無以加，管晏之屬，伯者之佐，殆不及也。’”故以“王臣”應“仲舒”。

蔡汝賢　明人。字用之。

《僞古文尚書·大禹謨》：“帝曰：‘來禹！洚水儆予，成允成功，惟汝賢。’”又《説命上》記高宗命傅説爲相時，有“若金，用汝作礪；若濟巨川，用汝作舟楫”等語，故以“用”應“汝賢”。

蔡　羽　明人。字九逵。

《易·漸卦》：“鴻漸于陸，其羽可用爲儀，吉。”朱熹本義引胡氏、程氏云：“陸，當作‘逵’。謂雲路也。”《爾雅·釋宫》：“一達謂道路……九達謂之逵。”

蔡　攸　宋人。字居安。

《詩·小雅·斯干》：“鳥鼠攸去，君子攸芋。”又：“君子攸寧。”朱熹集傳：“芋，尊大也。君子之所居，以爲尊且大也。”“而君子之所休息以安身也。”故以“居安”應“攸”。

蔡　完　明人。字人備。

《論語·子路》：“少有，曰：‘苟完矣。’富有，曰：‘苟美矣。’”朱熹集注：“完，備也。”完、備同義相協。德行無虧者爲完人。故以“人”飾“備”。

蔡希點　宋人。字子與。

《論語·先進》：“夫子喟然歎曰：‘吾與點也！’”點，曾皙之名。孔子弟子，乃曾參之父。

蔡　抗

①宋人。字子直。

《史記·魯仲連鄒陽列傳論》：“鄒陽辭雖不遜，然其比物連類，有足悲者，亦可謂抗直不橈矣。”“子”爲男子美稱。

②宋人。字仲節。

《漢書·賈誼傳》：“故此一豫讓也，反君事仇，行若狗彘，已而抗節致忠，行出乎烈士，人主使然也。”

蔡　沈　宋人。字仲默。

《三國志·蜀志·杜周杜許孟來等傳論》：“杜瓊沈默慎密，諸生之純也。”其本傳云：“爲人静默少言，闔門自守，不與世事。”是沈默、静默皆謂閑静。

蔡　京　宋人。字元長。

《爾雅·釋詁》：“京，大也。”《史記·淮陰侯列傳》：“若雖長大，好帶刀劍，中情怯耳。”京、長同義相協。飾以“元”，謂京、長元本爲大。

蔡宗兖　明人。字希淵。

淵，謂孔子弟子顔回，字淵（亦作子淵）。四科十哲之一。唐代追贈兖國公，故以“希淵”應“宗兖”。

蔡居中　宋人。字正夫。

《易·益卦》：“中正有慶，利涉大川。”《禮記·中庸》：“齊莊中正，足以有敬也。”故以“正”應“中”。“夫”爲男子通稱。

蔡居厚　宋人。字寬夫。

《管子·形勢解》：“人主者，温良寬厚則民愛之；整齊嚴莊則民畏之。”又《北史·魏本紀》：“帝性寬厚。”故以“寬”應“厚”。

蔡念成　宋人。字元思。

唐韓愈《進學解》：“業精於勤，荒於嬉；行成於思，毁於隨。”故以“思”應“成”。飾以“元”，謂成元在於思。

蔡松年　金人。字伯堅。

《太平御覽》卷九五三引《抱朴子》曰：“松三千歲者，皮中有聚芝如龍形，名曰飛節芝。”又：“天陵偃蓋之松，大谷倒生之柏，凡此諸木，皆與天齊其長，地等其久也。”松年即謂長壽。凡長壽之木，其質皆堅，故以“堅”應“松年”。“伯”表行第。

蔡長澐　清人。字巨源。

《説文·水部》：“澐，江水大波謂之澐。”江水洶涌有大波，是其源頭水勢大所致，故應以“巨源”。

蔡　迨　宋人。字肩吾。

《詩·召南·摽有梅》：“迨其吉兮。”鄭玄箋：“迨，及也。”《論語·子張》：“子貢曰：‘譬之宫墻，賜之墻也及肩，窺見室家之好；夫子之墻數仞，不得其門而入，不見宗廟之美，百官之富。得其門者或寡矣。’”因“迨”訓“及”，遂因子貢之言而接以“肩”，以示謙撝。《莊子·大宗師》：“肩吾得之，以處大山。”成玄英疏：“肩吾，神名也。”故因“肩”而綴以“吾”。

蔡　約　南朝齊人。字景撝。

《論語·子罕》：“夫子博我以文，約我以禮。”《説文·手部》：“撝，裂也。”段玉裁注：“《易》‘撝謙’，馬曰：‘撝，猶離也。’按，撝謙者，溥散其謙，無所往而不用謙。裂義之引申也。”能以禮檢束，自必謙恭。應以“撝”，謂溥散其謙。飾以“景”，言景慕此種品德。

蔡　倫　漢人。字敬仲。

《廣雅·釋詁》：“倫，順也。”《孝經·士章》：“以敬事長則順。”鄭玄注：“移事兄敬以事於長，則爲順矣。”是敬順乃一事，因所敬不同而異名。又孝敬、孝順同。故以“敬”應“倫”。“仲”表行第。

蔡　哲　明人。字思賢。

《韓非子·有度》：“無私賢哲之臣，無私事能之士。”賢、哲義近。《論語·里仁》：“見賢思齊焉。”故以“賢”應“哲”而飾以“思”。

蔡時鼎　明人。字台甫。

《後漢書·陳球傳》：“球復以書勸〔劉〕郃曰：‘公出自宗室，位登台鼎。’”台鼎喻宰輔重臣。故以“台”應“鼎”。“甫”爲男子美稱，以爲綴飾。

蔡　格　宋人。字伯至。

《書·堯典》：“格于上下。”孔傳：“格，至也。”“伯”表行第居長。

蔡　烈　明人。字文繼。

《爾雅·釋詁》：“烈，業也。”以“繼”相應，言繼其先人之業。飾以“文”，謂文章事業應當繼承。

蔡　豹　晋人。字士宣。

《易·革卦》：“象曰：君子豹變，其文蔚也。”應以“宣”，謂宣示其文。士，漢末三國以來的時尚字飾。又《列女傳·陶答子妻》謂，南山有玄豹，爲愛惜其皮毛，天有霧則隱藏不出。賢士大夫常以喻潔身自好。亦或用此典。

蔡 邕 漢人。字伯喈。
《文選·枚乘〈七發〉》："邕邕羣鳴。"李善注："《爾雅》曰：鳴聲和也。"《詩·周南·葛覃》："其鳴喈喈。"毛傳："喈喈，和聲之遠聞也。"邕、喈皆謂鳥鳴聲和諧，故相應。"伯"表行第居長。

蔡 高 宋人。字君山。
《詩·小雅·小弁》："莫高匪山。"又《車舝》："高山仰止。"故以"山"應"高"。漢以來，士大夫多以公、君、卿飾字。

蔡 僔 清人。字石公。
《荀子·仲尼》"則恭敬而僔"楊倞注："僔，與撙同。"《禮記·曲禮上》："君子恭敬撙節。"《詩·小雅·節南山》："節彼南山，維石巖巖。"因"僔"及"撙"，又因"撙節"而及《詩》"節彼南山，維石巖巖"之"石"，遂以"石"應"僔"。"公"爲顯爵，又爲男子尊稱，自漢以來即以爲字的綴飾。亦可借"僔"爲"嶟"。《玉篇·山部》："嶟，山貌。"因"山"而及"石"。其號"崑暘"亦由"山"推演而出。

蔡國珍 明人。字汝聘。
《禮記·儒行》："儒有席上之珍以待聘。"倣《尚書》文例，故以"汝"飾"珍"。

蔡 悉 明人。字士備。
《易·繫辭下》："《易》之爲書也，廣大悉備。"又，悉、備爲副詞，皆有盡義，亦可相協。"士"爲男子美稱。

蔡 淵 宋人。字伯靜。
《莊子·天地》："淵靜而百姓定。"

蔡 清 明人。字介夫。
三國魏劉劭《人物志·體別》："清介廉潔，節在儉固，失在拘扃。""夫"爲男子通稱。

蔡 珽 清人。字若璞。
《説文·玉部》："珽，大圭，長三尺。"《玉篇·玉部》："璞，玉未治者。"《孟子·梁惠王下》："今有璞玉於此，雖萬鎰，必使玉人彫琢之。"珽爲玉製禮器，故因以及未治之璞。飾以"若"，謂欲保存其真，使歸自然。

蔡復一 明人。字敬夫。
《易·復卦》："反復其道，七日來復。"朱熹本義："積陰之下，一陽復生。"按此卦爲震下坤上，全卦只有一陽爻。故曰"積陰之下，一陽復生"，故名復一。《雜卦》："復，反也。"《孟子·離婁上》："禮人不答，反其敬。"故因"反"而以"敬"應"復一"。

蔡景歷 南朝陳人。字茂世。
《史記·周本紀》："古公有長子曰太伯，次曰虞仲。太姜生少子季歷，季歷娶太任，皆賢婦人。生昌，有聖瑞。古公曰：'我世當有興者，其在昌乎？'長子太伯、虞仲知古公欲立季歷以傳昌，乃二人亡如荆蠻。"古公傳位於季歷，季歷傳昌，是爲文王，文王傳發，是爲武王，終滅商成大業。以"茂世"應"景歷"，謂欲如季歷賢子孫，使後代隆盛。又《玉篇·止部》："歷，歷遠也。"應以"茂世"，亦謂子子孫孫傳世久遠，且能隆盛。

蔡 曾 宋人。字子飛。
曾，假爲"層"。《文選·江淹〈别賦〉》："巡層楹而空掩，撫錦幙而虛涼。"層，李善本作"曾"。《説文·尸部》："層，重屋也。"段玉裁注："《木部》曰：'樓，重屋。'"樓則高聳，故應以飛。"子"爲男子美稱。

蔡 琰（女） 漢人。字文姬。
《説文·玉部》："琰，璧上起美色也。"玉之美色即玉紋理之光采。故應以"文"。姬，原爲周王朝及姬姓諸侯國嫁往異姓諸侯國之女子的通稱，後以爲貴族女子的美稱。故以爲女性字的綴飾。

蔡黄裳 宋人。字叔文。
《易·坤卦》："象曰：黄裳元吉，文在中也。""叔"表行第。

蔡 絛 宋人。字約之。
《急就篇》卷三："承塵户㡘絛繢總。"顔師古注："絛，一名編諸，織絲縷爲之。"《廣韻·平豪》："絛，編絲繩也。"《説文·糸部》："約，纏束也。"絛之作用爲束紮，故應以"約"。"之"爲綴飾，亦以指捆紮之物。

蔡 傳 宋人。字永翁。
《説文·人部》："傳，遽也。"段玉裁注："按，傳者如今之驛馬，驛必有舍，故曰傳舍。……引伸傳遽之義，則凡展轉引伸之偁皆曰傳。而傳注、流傳皆是也。"《詩·周南·漢廣》："江之永矣，不可方思。"毛傳："永，長。"以"永"應"傳"，欲傳之久遠。"翁"爲宋人時尚綴飾。

蔡 微 元人。字希元。
唐代元稹字微之，與白居易齊名，世稱元白。慕其人，故襲其名字。

蔡 戡 宋人。字定夫。
《書·康王之誥》："畢協賞罰，戡定厥功。"故以"定"應"戡"。"夫"爲男子通稱。

蔡 新
① 明人。字日新。
《禮記·大學》："湯之《盤銘》曰：'茍日新，日日新，又日新。'"
② 清人。字次明。
《禮記·大學》："大學之道，在明明德，在親民。"朱熹集注引程子曰："親，當作'新'。"新民在明德之後，故以"次明"應"新"。

蔡 瑁 三國魏人。字德珪。
《説文·玉部》："瑁，諸侯執圭朝天子，天子執玉以冒之，似犁冠。《周禮》曰：'天子執瑁四寸。'"段玉裁注："《玉人》曰：'天子執冒四寸以朝諸侯。'注：'名玉曰瑁者，言德能覆蓋天下也。……《尚書大傳》曰：'古者圭必有冒，不敢專達也。天子執冒以朝諸侯，見則覆之。故冒圭者，天子所與諸侯爲瑞也。'"

蔡 瑗 宋人。字希蘧。
春秋衛國賢大夫蘧瑗字伯玉，與孔子交厚。慕其人，故以其姓名爲名字。

蔡 裔 晉人。字元子。
《僞古文尚書·微子之命》："王

若曰：‘猷，殷王元子……功加于時，德垂後裔。’”孔傳：“微子，帝乙元子。”殷人兄終弟及，周人則傳嫡長子。元子即指嫡長子。故以應“裔”。

蔡道恭 南朝梁人。字懷儉。

《論語·學而》：“夫子温良恭儉讓以得之。”故以“儉”應“恭”。飾以“懷”，謂常思節制。“道”行輩區别字。

蔡道憲 明人。字元白。

《詩·大雅·假樂》：“假樂君子，顯顯令德。”鄭玄箋：“顯，光也。”《禮記·中庸》引作“憲憲令德”，是憲通“顯”。《荀子·天論》：“禮義不加於國家，則功名不白。”梁啓雄簡釋：“啓雄按：《漢書·馮奉世傳》注：‘白，顯明也。’”是憲（顯）、白皆謂光顯，故相協。飾以“元”，謂原是光顯。

蔡夢説 宋人。字起巖。

《史記·殷本紀》載，帝武丁夜夢得聖人，名曰説。使人尋訪，後得之於傅巖之中，舉以爲相，殷乃大治。《僞古文尚書·説命》亦記此事。故以“起巖”應“夢説”。

蔡榮名 明人。字去疾。

《古詩十九首》之十一：“人生非金石，豈能長壽考？奄忽隨物化，榮名以爲寶。”以“去疾”應“榮名”，欲生前無疾病，生後留美名。

蔡毓榮 清人。字仁庵。

《孟子·公孫丑上》：“孟子曰：‘仁則榮，不仁則辱。’”“庵”爲時尚綴飾。

蔡　肇 宋人。字天啓。

《爾雅·釋詁》：“肇，始也。”《左傳·閔公元年》：“卜偃曰：‘畢萬之後必大。萬，盈數也；魏，大名也。以是始賞，天啓之矣。’”古人以爲人之一意一念之生，禍福隨之，實皆上天於冥冥中誘導啓示使然。故以“天啓”應“肇”。

蔡　齊 宋人。字子思。

《論語·里仁》：“子曰：‘見賢思齊焉，見不賢而内自省也。’”“子”爲男子美稱。

蔡　儁 北齊人。字景彦。

《玉篇·人部》儁同“俊”。《説文·人部》：“俊，才過千人也。”段玉裁注：“《尹文子》曰：‘千人才曰俊，萬人曰傑。’《淮南子·泰俗訓》曰：‘智過萬人者謂之英，千人者謂之俊。’”《爾雅·釋訓》：“美士爲彦。”俊、傑皆爲美士，故以“彦”應“儁”。

蔡　劍 唐人。字鈍鉤。

鉤，亦作“鈎”。《漢書·韓延壽傳》：“延壽又取官銅物，候月蝕鑄作刀劍鈎鐔。”顔師古注：“鈎，亦兵器也。似劍而曲，所以鈎殺人也。”南朝宋鮑照《代結客少年場行》：“驄馬金絡頭，錦帶佩吴鈎。”劍、鈎同屬兵器，故相應。飾以“鈍”，謂非利器，蓋表謙撝。

蔡德晉 清人。字仁錫。

《易·晉卦》：“晉：康侯用錫馬蕃庶，晝日三接。”朱熹本義：“言多受大賜，而顯被親禮也。”大賜即是施仁，故以“仁”飾“錫”。

蔡　撙 南朝梁人。字景節。

《禮記·曲禮上》：“是以君子恭敬撙節退讓以明禮。”

蔡　標 清人。字錦堂。

五代王定保《唐摭言·慈恩寺題名游賞賦詠雜記》載，唐時盧肇與同郡黄頗齊名，然黄頗富而盧肇貧。兩人同赴舉，但郡牧等地方官員，只爲頗於離亭餞行而輕慢肇。後盧肇狀元及第而歸，諸地方長官慚悔不已，乃邀肇觀賞龍舟競渡。肇即席賦詩曰：“向道是龍剛不信，果然銜得錦標歸。”即景生情，語義雙關。後遂以爲狀元及第之典，故以“錦”應“標”。“堂”爲時尚綴飾。

蔡毅中 明人。字宏甫。

《論語·泰伯》：“士不可以不弘毅，任重而道遠，仁以爲己任，不亦重乎？死而後已，不亦遠乎？”按，宏以作“弘”爲是。“甫”爲男子美稱，以爲綴飾。

蔡　璋 金人。字特甫。

《禮記·禮器》：“圭璋特。”又《聘義》：“圭璋特達，德也。”故以“特”應“璋”。先秦貴族男子之字皆綴以“父”，漢以來，易“父”爲“甫”。

蔡　諲 宋人。字伯恭。

《爾雅·釋詁》：“諲，敬也。”恭、敬同義，故以“恭”相應。“伯”表行第。

蔡懋德 明人。字維立。

《左傳·襄公二十四年》：“大上有立德，其次有立功，其次有立言，雖久不廢，此之謂不朽。”故以“立”應“德”。飾以“維”，謂其意在立德。

蔡　襄 宋人。字君謨。

《左傳·定公十五年》：“雨，不克襄事。”杜預注：“襄，成也。”《爾雅·釋詁》：“謨，謀也。”以應“襄”，謂事之成功，在於謀劃。漢以來，公、君皆可飾字。以飾“謨”，言成功皆由君主廟謨。

蔡　謨 晉人。字道明。

《僞古文尚書·君牙》：“丕顯哉，文王謨！”孔傳：“歎文王所謀大顯明。”（此文又見《孟子·滕文公下》）故以“明”應“謨”。晉宋人喜以“道”爲名字，或作修飾語。

蔡　權 宋人。字仲平。

《孟子·梁惠王上》：“權，然後知輕重；度，然後知長短。”稱量必須持平，故以“平”應“權”。

蔡　顯 清人。字笠夫。

《孟子·離婁下》：“而未嘗有顯者來。”朱熹集注：“顯者，富貴人也。”《越謡歌》：“君乘車，我戴笠，他日相逢下車揖。”古者大夫始可乘車。《論語·先進》記顔淵死，顔路請孔子賣車爲顔淵置椁（外棺），孔子不允，説：“以吾從大夫之后，不可徒行也。”足見乘車必是顯貴者。以“笠夫”應“顯”，即取《越謡歌》義。

蔡　靉 明人。字天章。

《玉篇·雲部》：“靉靆，雲貌。”《周禮·考工記·畫繢》：“青與赤謂之文，赤與白謂之章。”雲有赤、白諸色浮於太空，故以“天章”應“靉”。

〔蔣〕

蔣一葵 明人。字仲舒。

《周禮・考工記・玉人》:“大圭長三尺，杼上終葵首。”鄭玄注:“王所搢大圭也，或謂之珽。終葵，椎也。爲椎於其杼上，明無所屈也。杼，殺也。”此言將大圭頂端削作椎狀。故以“杼”應“葵”。古籍中杼常訛作“抒”，又變爲“舒”。

蔣　乂 唐人。字德源。

“乂”爲才能特出者。《書・皋陶謨》“俊乂在官”，其義與“德”不協。宋元以來“義”簡化作“义”，流行於各階層中，刻書者常將古籍中的“義”刻爲“义”，進而訛爲“乂”。或將“乂”誤爲“义”，又回改爲“義”。北魏辛俊字叔義，即是將“义”訛作“乂”又改爲“義”的。蔣乂當作蔣義，義與德相協。《孟子・盡心上》:“尊德樂義，則可以囂囂矣。”趙岐注:“囂囂，自得無欲之貌。”綴以“源”，謂義乃德之源。

蔣于京 清人。字敏士。

《詩・大雅・文王》:“殷士膚敏，祼將于京。”

蔣士銓 清人。字心餘。

《説文・金部》:“銓，衡也。”桂馥義證:“《淮南子・時則訓》:‘衡者所以平萬物也。’《漢書・律曆志》:‘衡，平也。所以任權而均物，平輕重也。’《一切經音義》二十二:‘銓謂銓量輕重也。’《廣雅》:‘稱謂之銓。’《蒼頡篇》:‘銓，稱也。’”是銓爲稱量、衡量。《孟子・梁惠王上》:“權，然後知輕重；度，然後知長短。物皆然，心爲甚。”趙岐注:“權，銓衡也。……凡物皆當稱度乃可知。心當行之乃爲仁。心比於物尤當爲之甚者也。”故以“心”應“銓”。綴以“餘”者，謂於銓衡人之仁否，尤有餘裕。一字苕生，未詳。

蔣　山 清人。字静軒。

此連姓成文。鍾山一名蔣山。《論語・雍也》:“知者樂水，仁者樂山；知者動，仁者静。”故以“静”應“山”。軒、亭、堂等字，爲清人時尚綴飾。

蔣山卿 明人。字子雲。

南朝齊張融《别詩》:“白雲山上盡，清風松下歇。”宋秦觀《滿庭芳》詞:“山抹微雲，天粘枯草，畫角聲斷譙門。”故以“雲”應“山”。

蔣中和 清人。字本達。

《禮記・中庸》:“中也者，天下之大本也；和也者，天下之達道也。致中和，天地位焉，萬物育焉。”

蔣之奇 宋人。字穎叔。

奇、穎皆謂才智出衆。《史記・陳丞相世家》:“雖有奇士，不能用。”晉陶潛《飲酒》詩之十三:“規規一何愚，兀傲差若穎。”二者同義相協。“叔”表行第。

蔣之翹 明人。字楚穉。

《詩・周南・漢廣》:“翹翹錯薪，言刈其楚。”故以“楚”應“翹”。穉同“稚”，表行第。

蔣　仁 清人。字山堂。

《論語・雍也》:“知者樂水，仁者樂山。”“堂”爲清人時尚綴飾。

蔣允升 宋人。字季高。

《易・升卦》:“初六，允升，大吉。”又《詩・小雅・吉日》:“升彼大阜。”升即是往高處，故以“高”應“升”。“季”表行第。

蔣允汶 明人。字彬夫。

按，字彬夫，其名當作“文”。《論語・雍也》:“文質彬彬，然後君子。”

蔣允儀 明人。字聞韶。

《書・益稷》:“《簫韶》九成，鳳皇來儀。”故以“韶”應“儀”。因《論語・述而》有“子在齊聞韶，三月不知肉味”之言，遂因“韶”而以“聞”爲飾。

蔣　元

① 宋人。字于晦。

元，當作“玄”，宋人諱“玄”，故以“元”作“玄”。《玉篇・玄部》:“玄，又黑色。”《僞古文尚書・湯誥》:“敢用玄牡，敢昭告於上天神后。”孔穎達疏:“殷人尚白，牲用白。今云玄牡，夏家尚黑，于時未改夏禮，故不用白也。”《詩・鄭風・風雨》:“風雨如晦。”毛傳:“晦，昏也。”黑、昏義近，故相協。飾以“于”。乃倣《詩》文例，謂取昏暗義。一字晦若。“若”爲綴飾，義猶“然”。乃倣《書》文例。

② 清人。字大始。

《爾雅・釋詁》:“元，始也。”同義相協。大，當讀tài。

蔣元益 清人。字希元。

一字漢卿。清人避聖祖康熙（玄燁）諱，以“元”代“玄”。此當是慕東漢鄭玄，故以其名爲名字。建安中鄭玄曾徵拜大司農，位在九卿之列，故以漢卿爲字以應“元”（玄）。

蔣元龍 清人。字乾九。

《易・乾卦》:“初九，潛龍勿用……上九，亢龍有悔。”《易・乾卦》爲乾上乾下，自初九至上九皆言龍。故以“乾九”應“龍”。

蔣公順 宋人。字成父。

《易・説卦》:“坤，順也。”《繫辭上》:“坤作成物。”故以“成”應“順”。“父”爲綴飾。

蔣文旭 明人。字公旦。

《詩・邶風・匏有苦葉》:“旭日始旦。”自漢以來，士大夫多以公、君飾字。

蔣文照 清人。字容輝。

《孟子・盡心上》:“日月有明，容光必照焉。”故以“容”應“照”。容光相連，遂因“光”而及“輝”，以爲綴飾。

蔣文慶 清人。字蔚亭。

《易・革卦》:“象曰：君子豹變，其文蔚也。”“亭”爲時尚綴飾。

蔣曰綸 清人。字金門。

《禮記・緇衣》:“王言如絲，其出如綸。”應以“金”，謂其言珍貴。漢袁康《越絶書・外傳紀策考》:“子胥乃知是漁者也，引兵而還。故無往不復，何德不報？漁者一言，千金歸焉。”又北魏楊衒之《洛陽伽藍記・融覺寺》:“雖石室之寫金言，草堂之傳真教，不能過也。”唐代翰林院處所皆隨皇帝居處而定。天子如在大明宫，翰林院則在右銀臺門内；在興慶宫，院則設在金明門内。簡稱金門，遂爲翰林院别稱。唐李白《走筆贈獨孤駙馬》詩："是時僕在金門裏，待詔公車謁天子。"遂因"金"而綴以"門"。

蔣曰豫　清人。字侑石。

《易·豫卦》："六二，介于石，不終日，貞吉。"故以"石"應"豫"。《玉篇·人部》："侑，勸也。"以飾"石"，謂以石之介自勵。

蔣以化　清人。字仲學。

《禮記·學記》："君子如欲化民成俗，其必由學乎？"故以"學"應"化"。"仲"表行第。

蔣以忠　清人。字伯孝。

《孝經·士章》："故以孝事君則忠。"故以"孝"應"忠"。"伯"表行第。

蔣必勝　元人。字質甫。

《論語·雍也》："質勝文則野。"又《先進》："子曰：'先進於禮樂，野人也；後進於禮樂，君子也。如用之，則吾從先進。'"朱熹集注："蓋周末文勝，故時人之言如此，不自知其過於文也。孔子既述時人之言，又自言其如此，蓋欲損過以就中也。"以"質"應"勝"，即欲傚孔子從先進。

蔣永修　清人。字慎齋。

《書·皋陶謨》："慎厥身修思永。"故以"慎"應"修"。"齋"爲清人時尚綴飾。

蔣生芝　清人。字鍾玉。

《世説新語·言語》："謝太傅問諸子姪：'子弟亦何預人事，而正欲使其佳？'諸人莫有言者，車騎答曰：'譬如芝蘭玉樹，欲使其生於階庭耳。'"以"鍾"飾"玉"，謂鍾情於芝蘭玉樹，願使生於階庭。

蔣　伊　清人。字渭公。

伊，謂伊尹。伊尹佐湯伐夏，建立商王朝。事見《史記·殷本紀》。渭公，指姜尚。姜尚釣於渭水，遇文王。文王迎立爲師。號曰"太公望"。後佐武王滅紂，建立周王朝。二人同爲佐世名臣，故以相應。

蔣因培　清人。字伯生。

《禮記·中庸》："故天之生物，必因其材而篤焉。故栽者培之，傾者覆之。"朱熹集注："氣至而滋息爲培。"故以"生"應"培"。"伯"表行第。

蔣存誠　宋人。字遂明。

《禮記·中庸》："自誠明謂之性，自明誠謂之教；誠則明矣，明則誠矣。"故以"遂明"應"存誠"。

蔣汝通　宋人。字亨伯。

《易·泰卦》："泰：小往大來，吉亨。"朱熹本義："泰，通也。爲卦天地交而二氣通，故爲泰。"故以"亨"應"通"。"伯"表行第。

蔣行簡　宋人。字仲可。

《論語·雍也》："子曰：'可也簡。'仲弓曰：'居敬而行簡，以臨其民，不亦可乎？'"故以"可"應"行簡"。"仲"表行第。

蔣攸銛　清人。字穎芳。

《文選·賈誼〈過秦論〉》："鉏櫌棘矜，不銛於鉤戟長鎩也。"吕延濟注："銛，利也。"《史記·平原君列傳》："毛遂曰：'臣乃今日請處囊中耳。使遂蚤得處囊中，乃穎脱而出，非特其末見而已。'"銛、穎皆謂尖鋭鋒利，故相協。穎，本爲穀穗之芒，故因"穎"而綴以"芳"。

蔣廷錫　清人。字揚孫。

《詩·大雅·江漢》："告于文人，錫山土田。"又："虎拜稽首，對揚王休。"以"揚"應"廷錫"，謂天子頒賜於廷，受賜者拜舞對揚天子之休命。此詩係稱頌召穆公受宣王之命征淮南之夷，功成受賜之事，綴以"孫"，言是受天子褒獎者之子孫。其兄陳錫字文孫。

蔣汾功　清人。字東委。

《詩·大雅·韓奕》："汾王之甥。"毛傳："汾，大也。"汾功，大功。《詩·小雅·漸漸之石》："武人東征，不遑朝矣。"以"東"應"汾功"而綴以"委"，謂大功乃東征積聚而成。

蔣季錫（女）　清人。字蘋南。

廷錫女弟。《詩·召南·采蘋》："于以采蘋，南澗之濱。"又："誰其尸之，有齊季女。"故以"蘋南"應"季"。

蔣宗簡　元人。字敬之。

《論語·雍也》："居敬而行簡，以臨其民，不亦可乎？"

蔣　忠　明人。字主忠。

《論語·學而》："主忠信。"

蔣知廉　清人。字修隅。

《禮記·樂記》："廉直勁正莊誠之音作，而民肅敬。"又《儒行》："近文章，砥厲廉隅。"

蔣知讓　清人。字師退。

《論語·先進》："爲國以禮，其言不讓，是故哂之。"朱熹集注："夫子蓋許其能，特哂其不遜。"《國語·楚語上》："夫子踐位則退，自退則敬。"韋昭注："退，謙退也。"是讓、退皆有謙遜、謙退義，故相協。

蔣　芾　宋人。字子禮。

《詩·曹風·候人》："彼其之子，三百赤芾。"毛傳："芾，韠也。一命，緼芾黝珩；再命，赤芾黝珩；三命，赤芾葱珩。大夫以上，赤芾乘軒。"陸德明釋文："祭服謂之芾。"是芾爲禮服，故以"禮"應"芾"。"子"爲男子美稱。

蔣　宥　明人。字朝恩。

《左傳·莊公二二年》："羈旅之臣，幸若獲宥，及于寬政。"杜預注："宥，赦也。"赦宥乃君主推恩，故以"朝恩"相應。

蔣　昪　明人。字成之。

《説文·日部》："昪，喜樂貌。"《禮記·禮器》："樂也者，樂其所自成。"故以"成"應"昪"。

蔣　炳　清人。字曉滄。

《説文·火部》："炳，明也。"《詩·齊風·鷄鳴》："匪東方則明，月出之光。"朱熹集傳："東方明則日將出矣。"日出則天曉，故因"明"而應以"曉"。唐賈至《早朝大明宫》詩："銀燭朝天紫陌長，禁城春色曉蒼蒼。"故因"曉"而及"蒼"，又以"滄"諧"蒼"。一字晴厓。亦因"光明"而及"晴"。"厓"爲時尚綴飾。

蔣炳文 宋人。字仲虎。

《易・革卦》："象曰：大人虎變，其文炳也。""仲"表行第。

蔣 洲 清人。字履軒。

《楚辭・九歌・湘君》："采芳洲兮杜若。"唐杜甫《絶句漫興》："腸斷春江欲盡頭，杖藜徐步立芳洲。"徐步即是履。故以"履"應"洲"。"軒"爲時尚綴飾。

蔣 科 宋人。字進之。

《孟子・離婁下》："孟子曰：'原泉混混，不舍晝夜，盈科而後進，放乎四海，有本者如是。'"

蔣 宫 明人。字伯雝。

《詩・大雅・思齊》："雝雝在宫，肅肅在廟。""伯"表行第居長。

蔣家駒 清人。字千里。

《楚辭・卜居》："寧昂昂若千里之駒乎？將氾氾若水中之鳧乎？"

蔣 峴 宋人。字伯見。

按，宋人和峴字晦仁，其弟名巙字顯仁。峴、巙皆山名。巙假爲"蒙"，與"顯"反義相協。峴假爲"現"，與"晦"反義相協。又據《古今韻會舉要》，峴山原爲現山，《集韻・上銑》："現、峴，山名。一曰山小而險；一曰嶺上平。或作現。"此當是湖北之峴山。又《去霰》："見，顯也。"顯、現義近，故相協。浙江吴興之峴山，《寰宇記》謂原名顯山。唐人避中宗諱，改顯爲"峴"。是顯、現、見皆可相協。

蔣師爚 清人。字慕劉。

宋人劉爚受學於朱熹，宣揚朱熹學説不遺餘力，學者稱雲莊先生。慕其人，故襲其姓名。

蔣悌生 明人。字仁叔。

《論語・學而》："君子務本，本立而道生。孝弟也者，其爲仁之本與？"弟、悌，古今字。

蔣恭棐 清人。字維御。

《書・酒誥》："惟御事厥棐有恭。"故以"維御"應"恭棐"。維通"惟"。一字迪甫。《書・洛誥》："王曰：公功棐迪篤。""甫"爲男子美稱。先秦貴族男子之字，多以"父"爲綴飾，漢以來改爲"甫"。即使用"父"，也讀爲"甫"。

蔣益澧 清人。字薌泉。

《楚辭・九歌・湘夫人》："沅有茝兮醴有蘭。"王逸注："言沅水之中有茂盛之茝，澧水之内有芬芳之蘭，異於衆草……茝，一作芷。醴，一作澧。"《荀子・非相》："欣驩芬薌以送之。"楊倞注："薌與香同。"澧水多芷蘭之香草，故以"薌泉"相應。

蔣 祝 清人。字賡三。

《莊子・天地》："堯觀乎華，華封人曰：'嘻，聖人。請祝聖人，使聖人壽。'堯曰：'辭。''使聖人富。'堯曰：'辭。''使聖人多男子。'堯曰：'辭。'封人曰：'壽、富、多男子，人之所欲也，女獨不欲，何邪？'"因連祝三次，故應以"賡三"。《書・益稷》"乃賡載歌"孔傳："賡，續。"

蔣 健 明人。字子健。

《易・乾卦》："象曰：天行健，君子以自强不息。"又《説卦》："乾，健也。"

蔣 冕 明人。字敬之。

《論語・鄉黨》："見冕者與瞽者，雖褻必以貌。"朱熹集注："貌，謂禮貌。"禮貌即敬。

蔣 堅 清人。字非磷。

《論語・陽貨》："不曰堅乎？磨而不磷；不曰白乎？涅而不緇。"朱熹集注："磷，薄也。涅，染皂物。"

蔣 堂 宋人。字希魯。

《論語・先進》："子曰：'由也升堂矣，未入於室也。'"《史記・孔子世家・太史公贊》："適魯，觀仲尼廟堂車服禮器，諸生以時習禮其家，余祇迴留之不能去云。"以"希魯"應"堂"，謂仰慕孔子之學。

蔣康國 宋人。字彦禮。

《易・晉卦》："晉：康侯用錫馬蕃庶，晝日三接。"朱熹本義："康侯，安國之侯也。錫馬蕃庶，晝日三接，言多受大賜，而顯被親禮也。"《爾雅・釋訓》："美士爲彦。"以"禮"應"康國"，謂受安國之侯大賜，且被寵禮。漢末以來，士大夫喜以"彦"飾字。

蔣彬蔚 清人。字頌芬。

《易・革卦》："君子豹變，其文蔚也。"《論語・雍也》："文質彬彬，然後君子。"《文選・陸機〈文賦〉》："詠世德之駿烈，誦先人之清芬。"張銑注："詠當時俊美之述作，誦先賢詞賦之芬芳也。"彬、蔚皆謂文，因文而及辭賦，故以頌芬相應。稱頌亦如詠誦。

蔣 捷 宋人。字勝欲。

《詩・小雅・采薇》："一月三捷。"毛傳："捷，勝也。"捷、勝同義相協。綴以"欲"，謂戰勝個人私欲。

蔣 清 清人。字泠生。

唐柳宗元《鈷鉧潭西小丘記》："枕席而卧，則清泠之狀與目謀。""生"爲男子之稱。

蔣 淦 明人。字汝潔。

《説文・水部》："淦，一曰泥也。"段玉裁注："謂塗泥。"塗泥則污，應以"潔"，反義相協。取"出污泥而不染"之義。倣《尚書》文例，故飾以"汝"。

蔣陳錫 清人。字文孫。

《詩・大雅・文王》："陳錫哉周，侯文王孫子。文王孫子，本支百世。"

蔣 傅 宋人。字象夫。

《僞古文尚書・説命上》："乃審厥象，俾以形旁求于天下。説築傅巖之野，惟肖。爰立作相，王置諸左右。"以"象"應"傅"，即謂繪其形象，於傅巖求得之傅説。"夫"爲男子通稱。作蔣傳者非。

蔣 復 宋人。字汝行。

《易・復卦》："象曰：復，亨，剛反，動而以順行。"又："反復其道，七日來復，天行也。"倣《尚書》文例，故以"汝"爲飾。

蔣景祁 清人。字京少。

宋人宋祁字子京，與其兄庠（字公序）俱以文學知名。時稱二宋。祁與歐陽修同修《唐書》，卒謚景文。仰其人，故襲其名字。"少"表行第，兼示乃仰幕宋祁之後學者。

蔣 欽 三國吴人。字公奕。

《書・堯典》："欽明文思安安。"

孔傳："欽，敬也。"《廣雅·釋詁》："奕，容也。"《禮記·祭義》："敬齊之色，不絶於面。"恭敬必形於外，故以"奕"應"欽"。漢以來，士大夫多以"公"飾字。

蔣　琬　三國蜀漢人。字公琰。

《説文·玉部》："琬，圭有琬者。"又："琰，璧上起美色也。"段玉裁注："璧當作'圭'也。"連類而及，故相協。

蔣舜民　明人。字虞中。

舜，謂帝舜有虞氏。舜之民，自當是生活於有虞氏之世，故以"虞中"應"舜民"。

蔣　超　清人。字虎臣。

超，謂東漢班超。超少懷大志，投筆從戎，立功西域，封定遠侯。居西域三十餘年。《後漢書》本傳謂"孝明皇帝深惟廟策，乃命虎臣，出征西域，故匈奴遠遁，邊境得安"。故以"虎臣"應"超"。

蔣　進　清人。字度臣。

《禮記·曲禮上》："進退有度，左右有局。"故以"度"應"進"。其兄字虎臣。故以"臣"爲綴飾。亦爲清人時尚。

蔣　楫　明人。字濟之。

《僞古文尚書·説命上》："若濟巨川，用汝作舟楫。"

蔣雷卿　明人。字子仁。

《易·説卦》："震爲雷。"又："萬物出乎震。震，東方也。"《禮記·鄉飲酒義》："東方者春。"又《樂記》："春作夏長，仁也。"故以"仁"應"雷"。

蔣　誠　明人。字性存。

《禮記·中庸》："誠者非自成己而已也，所以成物也。成己，仁也；成物，知也，性之德也，合外内之道也。故時措之宜也。"朱熹《中庸章句》："誠雖所以成己，然既有以自誠，則自然及物，而道亦行於彼矣。仁者體之存，知者用之發，是皆吾性之固有，而無内外之殊。"故以"性存"應"誠"，言誠乃性之所固有。

蔣鳴玉　明人。字楚珍。

《韓非子·和氏》與《史記·廉頗藺相如列傳》載，楚人和氏於楚山得璞玉，獻之厲王。王使玉人相之，玉人以爲石。厲王以和爲誑，而刖其左足。武王即位，和又獻之，玉人仍以爲石，武王又刖其右足。逮楚文王即位，始使玉人治此璞，果得寶玉。至戰國，趙國惠文王得此和氏璧，秦國聞之，願以十五城易此璧。故以"楚珍"應"玉"。

蔣德璟　明人。字申葆。

《玉篇·玉部》："璟，玉光彩。"《莊子·齊物論》："注焉而不滿，酌焉而不竭，而不知其所由來，此之謂葆光。"王先謙集釋："成云：葆，蔽也。韜蔽而其光彌朗。"故以"葆"應"璟"。飾以"申"，謂申明葆光之理。一字若柳。唐柳璟字德輝，歷事敬宗、文宗、武宗。"爲人寬信好接士，稱人之長。游其門者，他日皆顯於世"。慕其人，故襲其姓名。飾以"若"，言欲如柳璟接納士人，樂道人之善。

蔣徵蔚　清人。字蔣山。

《易·革卦》："象曰：君子豹變，其文蔚也。"晉干寶《搜神記》卷五載，漢末蔣子文爲秣陵尉，逐盗於鍾山，因傷致死。至孫權時，常顯靈異，遂封爲中都侯，並爲立祠鍾山以祀之，改鍾山曰蔣山。以"蔣山"應"蔚"，實暗取"文"義。

蔣　凝　唐人。字仲山。

《文選·張協〈七命〉》："天凝地閉，風厲霜飛。"李善注："凝，猶結也。"又孫綽《遊天台山賦》："融而爲川瀆，結而爲山阜。"故以"山"應"凝"。"仲"表行第。

蔣錫震　清人。字豈潛。

《易·説卦》："震爲龍。"又"乾卦"："初九，潛龍勿用。九二，見龍在田……九五，飛龍在天，利見大人。"以"豈潛"應"震"，即謂龍豈可潛藏，行將飛騰，雲遊八極。

蔣　燾　明人。字仰仁。

《説文·火部》："燾，溥覆照也。"段玉裁注："《中庸》曰：'辟如天地之無不持載，無不覆幬。'注云：'幬，或作燾。'"天普照大地，發育萬物，自是仁。故以"仰仁"應"燾"。

蔣　薰　清人。字聞大。

《左傳·僖公四年》："一薰一蕕，十年尚又有臭。"杜預注："薰，香草。"《孔子家語·六本》："與善人交，如入芝蘭之室，久聞而不知其香，即與之化矣。"以"聞大"應"薰"，謂其香久且廣。

蔣　雝　宋人。字元肅。

《詩·召南·何彼襛矣》："曷不肅雝，王姬之車。"飾以"元"，謂原本肅敬。

蔣勸善　明人。字小范。

宋范仲淹撫西陲時，爲西夏人所敬畏，謂"小范老子，胸中自有數萬甲兵"。以天下爲己任，尤樂善好施，以俸置義田，贍養族人，爲世所稱美。故以"小范"應"勸善"。

蔣　鐄　明人。字明遠。

《玉篇·金部》："鐄，鐘聲。"鐘聲洪大，能聞於遠，故以"明遠"相應。飾以"明"者，謂遠處亦清晰可聞。

蔣麟昌　清人。字静存。

與袁枚（子才）同館翰林。子才於其《新齊諧》卷二四載其取名經過云，其祖夢僧人擲十三經於其門，覺而生孫，遂名僧壽；及長，名曰壽昌。以避國諱故，特改名。因曾夢僧人畫一麒麟與之，遂名麟昌。其字蓋原與壽昌協。名改字未改。以"静存"應"壽"，取《論語·雍也》"知者動，仁者静；知者樂，仁者壽"經義。改麟昌後，字仍可用。麟不踐生蟲，不履生草，乃仁獸，可暗應"壽"。

蔣　驥

① 明人。字良夫。

《論語·憲問》："驥不稱其力，稱其德也。"朱熹集注："驥，善馬之名。德，謂調良也。"故以"良"應"驥"。"夫"爲男子通稱。

② 清人。字涑塍。

漢曹操《龜雖壽》："老驥伏櫪，志在千里。"《説文·土部》："塍，稻田中畦埒也。"即稻田中小土埂。以應“驥”，謂千里馬本應馳騁於大路，今乃行於稻田之土埂上。以“涑”諧“踧”，《論語·鄉黨》：“足踧踖如有循。”朱熹集注：“踧踖，舉足促狹也。”以飾“塍”，謂千里馬於稻田土埂上，局促而行。蔣驥生於康熙盛世，但却“老於諸生逾三十年”，“年二十三，得頭目之疾，畢生不痊”。雖博極羣書，文才出衆，然“位不在己，則與空空無能者等”，與不學無術者同座，也只得“俯首唯唯，噤不敢發言”（以上引文皆見《〈山帶閣注楚辭〉後序》），故名驥字涑塍，以抒其憤懣。以“涑”爲“踧”，亦不得已之舉，懼爲人識破其牢騷。

③ 清人。字赤霄。

《漢書·禮樂志》載，武帝求良馬，元狩三年，馬生渥洼水中，以爲是天神太一所賜，因作《天馬》之歌。《淮南子·人間訓》：“背負青天，膺摩赤霄。”馬自天而下，故應以“赤霄”。

〔裴〕

裴子烈 南朝陳人。字大士。

漢王充《論衡·定賢》：“既而天下名〔荆〕軻爲烈士。”故以“士”應“烈”。南朝崇佛，因佛家菩薩通稱爲大士，故就“士”而飾以“大”。

裴子野 南朝梁人。字幾原。

《詩·魯頌·坰》：“在坰之野。”毛傳：“邑外曰郊，郊外曰野。”《爾雅·釋地》：“大野曰平，廣平曰原。”野、原義近，故相協。飾以“幾”，謂野幾近於原。

裴之平 南朝梁人。字如原。

戰國楚三閭大夫屈平字原。敬其人，故襲其名字。言願如屈原。

裴之高 南朝梁人。字如山。

《詩·小雅·小弁》：“莫高匪山。”又《周頌·天作》：“天作高山。”

裴之横 南朝梁人。字如岳。

如五岳横亘大地。

裴仁基 隋人。字德本。

《禮記·表記》：“《詩》曰：温温恭人，惟德之基。”又《大學》：“德者本也。”故以“德”應“基”，而綴以“本”。

裴　尼 北周人。字景尼。

孔子字仲尼。因景仰孔子，故以其字爲名字。

裴　玄 三國吴人。字彦黄。

《易·坤卦》：“龍戰于野，其血玄黄。”又《文言》：“夫玄黄者，天地之雜也。天玄而地黄。”《爾雅·釋訓》：“美士爲彦。”

裴　休 唐人。字公美。

《爾雅·釋詁》：“休，美也。”同義故相協。自西漢以來，士大夫即以公、君爲字的修飾成分。

裴光庭 唐人。字連城。

連城，指戰國趙之和氏璧。因秦國“願以十五城請易璧”，故稱“連城璧”。事見《史記·廉頗藺相如列傳》。唐楊炯《夜送趙縱》詩：“趙氏連城璧，由來天下傳。”以“連城”應“光庭”，即謂和氏璧光照秦庭。

裴　夙 後魏人。字買興。

《詩·小雅·小宛》：“夙興夜寐，無忝爾所生。”又《大雅·抑》：“夙興夜寐，洒掃庭内。”飾以“買”，謂急欲求得。

裴　羽 五代後周人。字用化。

北魏酈道元《水經注·洣水》：“東北又有武陽龍尾山，並仙者羽化之處。”

裴行儉 唐人。字守約。

《説文·人部》：“儉，約也。”同義相協。《孟子·公孫丑上》有“又不如曾子之守約也”之語，遂以“守”飾“約”，以與“行儉”相配。

裴　佗 後魏人。字元化。

《詩·小雅·小弁》：“予之佗矣。”毛傳：“佗，加也。”《説文·匕部》：“化，教行也。”段玉裁注：“教行於上，則化成於下。”以“化”應“佗”，即謂施加教化，以成美俗。參見“華佗”條。

裴希度 清人。字晉卿。

度，謂唐代裴度。裴度平淮蔡之亂，出將入相，爲一代名臣，以功封晉國公。敬其人，故以其名爲名，而以其封爵爲字。“卿”爲綴飾。

裴　忌 南朝陳人。字無畏。

忌，禁忌。禁忌即有所畏懼。以“無畏”相應，反義相協。

裴　秀 晉人。字季彦。

《世説新語·言語》：“人問山川之美，顧〔長康〕云：‘千巖競秀，萬壑争流。’”《爾雅·釋訓》：“美士爲彦。”是秀、彦同義相協。“季”表行第居末。

裴　坦 唐人。字知進。

《易·履卦》：“履道坦坦，幽人貞吉。”路平坦則易行，故以“知進”相應。

裴居敬 元人。字太簡。

《論語·雍也》：“居敬而行簡，以臨其民，不亦可乎？居簡而行簡，無乃太簡乎？”

裴松之 南朝宋人。字世期。

《詩·小雅·天保》：“如松柏之茂，無不爾或承。”又《斯干》：“如竹苞矣，如松茂矣。”以“期”應“松”，期望如松長青。飾以“世”，謂永世如此。東晉以來，士大夫多以“之”爲名或字的綴飾，成爲風尚。

裴　炎 唐人。字子隆。

《文選·揚雄〈解嘲〉》：“炎炎者滅，隆隆者絶。”張銑注：“炎炎、隆隆，盛貌。”炎、隆同義相協。

裴芬之 後魏人。字文馥。

《文選·左思〈吴都賦〉》：“光色炫晃，芬馥肹蠁。”吕向注：“芬馥，香也。”芬、馥同義相協。

裴　垍 唐人。字宏中。

宋戴侗《六書故·地理一》：“垍，今人以名陶器。”陶器必須中空而寬宏，始可爲用。故以“宏中”應“垍”。

裴　度 唐人。字中立。

《禮記·中庸》：“故君子和而不流，强哉矯；中立而不倚，强哉矯。”中立不倚即其所守之度。

裴　胄 唐人。字胤叔。

《説文·肉部》：“胄，胤也。”同義故相協。

裴　冕 唐人。字章甫。

《説文·月部》：“冕，大夫以上冠也。”《禮記·儒行》：“丘少居魯，衣逢掖之衣，長居宋，冠章甫之冠。”連類相及。

裴　寂　唐人。字玄真。

三國魏嵇康《知慧用》詩：“大人玄寂無聲，鎮之以靜自正。”仙人始能如此，故綴以“真”。

裴　莊　宋人。字端己。

《韓非子·解老》：“行端直則無禍害。”《莊子·天下》：“以天下爲沈濁，不可以莊語。”王先謙集解：“莊語，猶正論。”是莊、端同義相協。以“己”綴“端”，取君子正己之義。

裴訥之　北齊人。字士言。

《論語·里仁》：“君子欲訥於言而敏於行。”三國以來，士大夫多以“士”爲字的飾語。六朝此風尤盛。

裴　斐　明人。字成章。

《論語·公冶長》：“吾黨之小子狂簡，斐然成章，不知所以裁之。”

裴景融　後魏人。字孔明。

《左傳·昭公五年》：“明夷之謙，明而未融，其當旦乎。”杜預注：“融，朗也。”同義故相協。飾以“孔”，謂甚明。

裴　湘　宋人。字楚老。

沅、湘舊爲春秋戰國楚地，故以“楚”應“湘”。翁、老、叟爲宋人時尚字飾。

裴　楷　晉人。字叔則。

《禮記·儒行》：“今世行之，後世以爲楷。”陳澔集説：“楷，法式也。”《爾雅·釋詁》：“則，法也。”同義相協。

裴　璉　明人。字汝器。

《論語·公冶長》：“子貢問曰：‘賜也何如？’子曰：‘汝器也。’曰：‘何器也？’曰：‘瑚璉也。’”

裴　頠　晉人。字逸民。

《説文·頁部》：“頠，頭閑習也。”段玉裁注：“閑，當作嫻。字之誤也。引伸凡嫻習之稱。《釋詁》曰：‘頠，静也。’”安静、安逸義近，故相協。《論語》有“逸民伯夷叔齊”之言，故因“逸”而綴以“民”。

裴　憲　晉人。字景思。

孔子弟子原憲字子思，家貧而有德。故襲其名字。

裴　皞　五代後晉人。字司東。

《禮記·月令》：“孟春之月……其日甲乙，其帝太皞。”《淮南子·時則訓》：“孟春之月……其位東方，其日甲乙，盛德在木。”古人以爲東方主春，屬木，其神爲太皞。故以“司東”應“皞”。

裴　諝　唐人。字士明。

《説文·言部》：“諝，知也。”《玉篇·言部》：“諝，有才智之稱。”有才智方可謂聰明。故以“明”應“諝”。

裴　駰　南朝宋人。字龍駒。

《爾雅·釋畜》：“陰白雜毛，駰。”郭璞注：“陰，淺黑。今之泥驄。”即毛色淺黑而間白的馬。《儀禮·覲禮》：“天子乘龍載大旆。”鄭玄注：“馬八尺以上爲龍。”駒，古人常以美稱子弟。裴駰之字當是其父裴松之所命，故以“駒”綴“龍”。

裴應章　明人。字元闇。

《禮記·中庸》：“故君子之道，闇然而日章。”飾以“元”，謂原本是日見章明。

裴　濟　宋人。字仲溥。

《論語·雍也》：“博施於民，而能濟衆。”溥、博同義。《禮記·中庸》：“溥博如天。”故以“溥”應“濟”。

裴　邃　南朝梁人。字淵明。

《説文·穴部》：“邃，深遠也。”《玉篇·水部》：“淵，水停又深也。”同有深義，故相協。綴以“明”，謂既深且明。

裴讓之　北齊人。字士禮。

《論語·里仁》：“子曰：‘能以禮讓爲國乎？何有？’”

〔趙〕

趙一韓　明人。字如勃。

宋代趙普，佐太祖創業，封魏國公。雖有幹才，但少學問，太祖勸以讀書。後事太宗，卒封韓王。其質樸少文如西漢絳侯周勃，且皆能安邦定國，故以“如勃”應“一韓”。

趙上交　宋人。名遠。

原名遠。爲避五代漢祖諱，以字行。遠，古代。《孟子·萬章下》：“以友天下之善士爲未足，又尚論古之人……是尚友也。”朱熹集注：“尚，‘上’同。言進而上也……夫能友天下之善士，其所友衆矣。猶以爲未足，又進而取於古人。是能進其取友之道，而非止爲一世之士矣。”上交，即上而與古人爲友。故以“上交”與“遠”相應。

趙士雷　宋人。字公震。

《易·説卦》：“震爲雷。”

趙子崧　宋人。字伯山。

《爾雅·釋山》：“山大而高，崧。”

趙子晝　宋人。字叔問。

《戰國策·趙策二》載“武靈王平晝閑居，肥義侍坐”，君臣互相問答，討論趙國胡服騎射之事。以“問”應“晝”，即用此典。“叔”表行第居第三。

趙子覺　宋人。字彦先。

《孟子·萬章上》：“予天民之先覺者也。予將以斯道覺斯民也。”故以“先”應“覺”。彦，美士之稱。《詩·鄭風·羔裘》：“彼其之子，邦之彦兮。”毛傳：“彦，士之美稱。”

趙不羣　宋人。字介然。

晉左思《詠史》詩之三：“功成不受賞，高節卓不羣。”介然，特異之狀，故以應“不羣”。

趙之琛　清人。字獻甫。

《詩·魯頌·泮水》：“憬彼淮夷，來獻其琛。”

趙之謙　清人。字撝叔。

《易·謙卦》：“六四，无不利，撝謙。”

趙　元

① 唐人。字貞固。

《易·乾卦》：“乾：元亨利貞。”又《文言》：“貞固足以幹事。”

② 金人。字善長。

《易·乾卦·文言》：“元者，善之長也。”

趙元長　宋人。字慮善。

《易·乾卦·文言》：“元者，善之長也。”《僞古文尚書·説命中》：“慮善以動，動惟厥時。”

趙公豫　宋人。字仲謙。

《易》有《謙》《豫》二卦。

《謙》爲《艮》下《坤》上,《豫》爲《坤》下《震》上。一爲謙撝,一爲和樂,故相應。

趙化龍 明人。字雲門。

《易·乾卦·文言》:"雲從龍。"因有魚躍龍門,過者化爲龍之説,故以"門"綴"雲"。事見《太平廣記》卷四六六引《三秦記·龍門》。

趙友同 明人。字彦和。

《老子》第五六章:"和其光,同其塵,是謂玄同。"

趙天錫 元人。字受之。

《詩·魯頌·閟宫》:"天錫公純嘏,眉壽保魯。"上天所賜,自應接受,故《詩》多言"受天百禄""受天之祜""受禄於天"。

趙孔昭 明人。字子潛。

《詩·小雅·正月》:"潛雖伏矣,亦孔之炤。"《禮記·中庸》引此詩作"亦孔之昭"。

趙 尹 清人。字莘子。

尹,謂伊尹。《孟子·萬章上》:"伊尹耕於有莘之野。""子"爲男子美稱,故以爲綴飾。先秦時代多將"子"置前,漢以來多有爲綴飾者。

趙文博 明人。字子約。

《論語·子罕》:"夫子循循然,善誘人,博我以文,約我以禮。"

趙令松 宋人。字永年。

《詩·小雅·天保》:"如松柏之茂,無不爾或承。"漢曹操《步出夏門行·龜雖壽》:"養怡之福,可得永年。"松樹永不凋謝,故以"永年"相應。

趙令穰 宋人。字大年。

《詩·商頌·烈祖》:"自天降康,豐年穰穰。"朱熹集傳:"穰穰,多也。……而天降以豐年,黍稷之多,使得以祭也。"大年,即大有年,豐年。

趙以夫 宋人。字用父。

《詩·邶風·谷風》:"不我屑以。"鄭玄箋:"以,用也。"同義相協。父,先秦以爲字的綴飾。漢以來易爲"甫"。雖用"父",亦讀爲fǔ。

趙 可 金人。字獻之。

《左傳·昭公二十年》:"君所謂可而有否焉,臣獻其否以成其可;君所謂否而有可焉,臣獻其可以去其否。"

趙弘毅 元人。字仁卿。

《論語·泰伯》:"士不可以不弘毅。任重而道遠,仁以爲己任,不亦重乎?死而後已,不亦遠乎?"

趙 永 明人。字爾錫。

《詩·小雅·楚茨》有"永錫爾極",《大雅·既醉》有"永錫爾類",皆謂上天賜福,故以"爾錫"應"永"。

趙申喬 清人。字慎旃。

《尚書大傳》卷四載,伯禽與康叔見周公,三見三笞。商子令往觀南山之喬與梓,教以事父之道。以"慎旃"應"喬",即謂慎於事父之道。

趙 立 宋人。字德修。

《左傳·襄公二四年》:"大上有立德,其次有立功,其次有立言。"《論語·述而》孔子曾慨歎:"德之不脩,學之不講,聞義不能徙,不善不能改,是吾憂也。"故以"脩"綴"德",以示服膺孔子之教。

趙 伊 清人。字有莘。

《孟子·萬章上》:"伊尹耕於有莘之野。"

趙光逢 五代後唐人。字延吉。

《書·洪範》:"子孫其逢吉。"已及其子孫,故曰"延"。

趙吉士 清人。字天羽。

《詩·大雅·卷阿》:"鳳凰于飛,翽翽其羽,亦集爰止。藹藹王多吉士,維君子使,媚于天子。"王之吉士,如天降之鳳凰。故以"天羽"應"吉士"。

趙好德 明人。字秉彝。

《詩·大雅,烝民》:"民之秉彝,好是懿德。"

趙 安 明人。字仲盤。

《荀子·富國》:"則國安於盤石。"楊倞注:"盤石,盤薄大石也。"梁啓雄簡釋引盧曰:"盤石即'磐石'。"

趙安仁 宋人。字樂道。

《論語·里仁》:"仁者安仁,知者利仁。"能安仁即是樂聖人之道。又《孟子·萬章上》:"而樂堯舜之道焉。"

趙汝回 宋人。字幾道。

回,孔子弟子顔回。《易·繫辭下》:"子曰:'顔氏之子,其殆庶幾乎?有不善未嘗不知,知之未嘗復行也。'"朱熹集傳:"庶幾,近也。言近道也。"幾道,即近於道。

趙伯圭 宋人。字禹錫。

《書·禹貢》:"禹錫玄圭,告厥成功。"

趙伯深 宋人。字逢原。

《孟子·離婁下》:"君子深造之以道……君子安,則資之深;資之深,則取之左右逢其原。"

趙伯駒 宋人。字千里。

《楚辭·卜居》:"寧昂昂若千里之駒乎?將氾氾若水中之鳧乎?"

趙伯驌 宋人。字希遠。

《玉篇·馬部》:"驌,驌騻,古之良馬。"以"希遠"相應,是謂能致千里。

趙 佑

① 明人。字汝翼。

《玉篇·人部》:"佑,《書》云:'皇天眷佑。'佑,助也。"又《羽部》:"翼,輔也……助也。"同義故相協。

② 清人。字啓人。

《僞古文尚書·君牙》:"啓佑我後人。咸以正罔缺。"

趙克寬 明人。字得軒。

《左傳·隱公元年》:"寬將得衆。""軒"爲時尚字飾。

趙 均 明人。字靈均。

《楚辭·離騷》:"名余曰正則兮,字余曰靈均。"屈原名平。正則釋名平之義,靈均釋字原之義。此則以均爲名,而以屈原釋字者爲字。

趙 孚 宋人。字大信。

《易·中孚卦》:"豚魚吉,信及豚魚也。"又《雜卦》:"中孚,信也。"能信及豚魚,故曰大信。

趙孝穎 宋人。字師純。

穎當作"潁"。《中國人名大辭典》誤。《左傳·隱公元年》:"君子曰:'潁考叔,純孝也。愛其母，施及莊公。’”

趙完璧 明人。字全卿。

此取藺相如完璧歸趙故事以爲名字。事見《史記·廉頗藺相如列傳》。全、完亦同義相協。

趙宏燮 清人。字亮工。

《僞古文尚書·周官》：“茲惟三公，論道經邦，燮理陰陽。”《書·舜典》：“欽哉，惟時亮天功。”工，通“功”。

趙 岐 漢人。字邠卿。

邠、岐皆周人發祥地，故以“邠”應“岐”。據《後漢書·趙岐傳》，趙本京兆長陵人。“初名嘉，生於御史臺，因字臺卿。後避難，故自改名字，示不忘本土也。”京兆本周人故地，故名岐，字邠。卿，自西漢以來，士大夫即以爲字的綴飾。

趙希抃 明人。字宋卿。

此以宋代趙抃爲名，而以其朝代官位爲字。趙抃爲官清正，彈劾不避權倖，有鐵面御史之稱。死謚清獻。

趙希言 宋人。字若訥。

《論語·里仁》：“君子欲訥於言而敏於行。”

趙希乾 清人。字仲易。

《易》有《乾卦》，故以爲名字。

趙希普 宋人。字宋卿。

趙普，宋開國勳臣。歷事太祖太宗，封韓王。此慕本朝名臣，故取以爲名字。

趙希錧 宋人。字君錫。

《玉篇·金部》：“錧，車具也。”此指代車馬。君錫，謂車馬乃君王所賜。上古時代，大夫始可乘車。

趙希懌 宋人。字伯和。

《爾雅·釋詁》：“懌，樂也。”《詩·小雅·鹿鳴》：“鼓瑟鼓琴，和樂且湛。”和、懌同義相協。

趙希璜 清人。字渭川。

《尚書大傳》卷二載，吕望釣於渭水，周文王往見。“文王拜，尚云：‘望釣得玉璜，剣曰：“姬受命，吕佐檢，德合於今，昌來提。”’”

趙延乂 五代後周人。字子英。

《書·皋陶謨》：“俊乂在官。”孔傳：“俊德治能之士并在官。”釋文曰：“俊乂，馬曰千人曰俊，百人曰乂。”《禮記·禮運》：“孔子曰：‘大道之行也，與三代之英，丘未之逮也。’”孔穎達疏引《辨名記》云：“倍人曰茂，十人曰選，倍選曰俊，千人曰英，倍英曰賢，萬人曰傑。”是乂、英皆爲卓異之士之稱，故相協。《新五代史》作“延義”。是宋元時義已簡化作“乂”，乂與乂形似，書手以乂爲義的簡化寫法，遂將乂改作“義”。史書中此類訛誤不少，如《魏書》中元乂誤作元叉，辛俊字叔乂誤爲叔義。皆是書手不識乂，將乂作义，妄改爲義所致。《中國人名大辭典》亦作“延義”。

趙廷臣 清人。字君鄰。

《書·益稷》：“帝曰：‘吁，臣哉鄰哉！鄰哉臣哉！’”蔡沈集傳：“鄰，左右輔弼也。臣，以人言；鄰，以職言。”此虞舜對禹等慨歎之言，故以“君鄰”應“廷臣”。言廷臣皆是君之輔弼。

趙廷璧 清人。字連城。

此用趙氏和氏璧之典。事見《史記·廉頗藺相如列傳》。又唐楊炯《夜送趙縱》詩：“趙氏連城璧，由來天下傳。”

趙志臯 明人。字汝邁。

《僞古文尚書·大禹謨》：“禹曰：‘朕德罔克，民不依。臯陶邁種德，德乃降。’”

趙成穆 清人。字敬儀。

《爾雅·釋訓》：“穆穆，敬也。”威儀整肅即是敬，故綴以“儀”。

趙 抃 宋人。字閱道。

抃，歡抃。謂拍手歡笑。《韓詩外傳》卷二：“檠拍然而抃，盍然而笑。”《老子》第四一章：“上士聞道而勤行之；中士聞道，若存若亡；下士聞道而大笑之。”以“道”應“抃”，是以下士自居。飾以“閱”，謂只是看到道。皆表示謙沖。

趙 甸 清人。字禹功。

《詩·小雅·信南山》：“信彼南山，維禹甸之。”

趙良仁 明人。字以德。

《孟子·公孫丑上》：“以德行仁者王。”

趙良淳 宋人。字景程。

北宋理學家程顥字伯淳。因景慕前賢，故以其字爲名而以其姓爲字。

趙 坦 清人。字寬夫。

《玉篇·土部》：“坦，寬貌。又平也。”夫，男子通稱。

趙孟奎 宋人。字文耀。

《初學記》卷二一引《孝經援神契》：“奎主文章。”綴以“耀”，謂文教昌明。

趙孟堅 宋人。字子固。

《玉篇·臤部》：“堅，固也。”同義相協。“子”男子美稱。

趙孟頖 宋人。字景魯。

《詩·魯頌·泮水》：“思樂泮水，薄采其芹。”毛傳：“泮水，泮宫之水也。”釋文：“頖，音判。本多作泮。泮宫諸侯之學也。”此歌頌魯侯之詩，故以“景魯”應“頖”。

趙孟頫 元人。字子昂。

《説文·頁部》：“頫，低頭也。”段玉裁注：“李善引《聲類》：頫，古文俯字。”昂，揚起。與“頫”反義相協。

趙孟籲 元人。字子俊。

《書·立政》：“古之人。迪惟有夏，乃有室大競，籲俊，尊上帝，迪知忱恂于九德之行。”孔傳：“古之人道，惟有夏禹之時，乃有卿大夫室家大强，猶乃招呼賢俊，與共尊事上天。”故以“俊”應“籲”。

趙宗儒 唐人。字秉文。

《禮記·儒行》：“儒有不寶金玉，而忠信以爲寶……不祈多積，多文以爲富。”

趙尚寬 宋人。字濟之。

《左傳·昭公二十年》：“寬以濟猛，猛以濟寬，政是以和。”

趙庚夫 宋人。字仲白。

庚，謂長庚，星名。《詩·小雅·大東》：“東有啓明，西有長庚。”長庚又名太白星。又，西方主秋，屬金，其色白。故以“白”應“庚”。“仲”表行第居第二。

趙 所 清人。字串錫。

《詩·小雅·采菽》：“君子來朝，何錫予之？……又何予之，玄衮及黼。”又：“匪交匪紓，天子所予。樂只君子，天子命之。樂只君子，福禄申之。”天子所予即是“錫”。

趙 昇 宋人。字向晨。

《説文·日部新附字》：“昇，日上也。”《玉篇·晨部》：“晨，早也，明也，昧爽也。”日上時即是天明，亦即向晨。

趙 昌

① 唐人。字洪祚。

《玉篇·日部》：“昌，盛也。”又《示部》：“祚，禄也。”《詩·大雅·既醉》：“永錫祚胤。”鄭玄箋：“又長予女福祚，至於子孫。”以“洪祚”應“昌”，是欲其家族昌盛，天降洪福。

② 宋人。字昌之。

名與字同。綴以“之”，謂昌盛之。

③ 明人。字鳴盛。

昌、盛同義相協。唐韓愈《送孟東野序》有“抑不知天將和其聲而使鳴國家之盛邪”之語，故以“鳴”爲飾，言爲國家之盛而鳴。

趙昌言 宋人。字仲謨。

《書》有《臯陶謨》，《僞古文尚書》有《大禹謨》，中有“禹拜昌言”一語，故以“謨”應“昌言”。“仲”表行第居第二。

趙明誠 宋人。字德父。

《禮記·中庸》：“自誠明，謂之性；自明誠，謂之教。誠則明矣，明則誠矣。”朱熹《四書集注》：“德無不實而明無不照者，聖人之德，所性而有者也。”故以“德父”應“明誠”。“父”爲綴飾，自先秦而然。漢以來易爲“甫”。

趙東曦 明人。字馭初。

《玉篇·日部》：“曦，日色也。”神話傳説，羲和爲日之馭手。日乘車駕六龍，羲和御之巡行周天。《楚辭·離騷》：“吾令羲和弭節兮，望崦嵫而勿迫。”王逸注：“羲和，日御也。”東曦，是日初出尚在東方時，故以“初”綴“馭”。《玉篇·馬部》：“馭，古御字，使馬也。”

趙知禮 南朝陳人。字齊旦。

旦，周文王之子，武王之弟，名旦。世稱周公。治禮作樂，是周代典制的創製者。漢王充《論衡·書解》：“周公制禮，名垂而不滅。”《論語·里仁》有“見賢思齊”之言，故以“齊旦”應“禮”。

趙秉文 金人。字周臣。

《論語·八佾》：“周監於二代，郁郁乎文哉！吾從周。”故以“周”應“文”。“臣”爲綴飾。

趙秉沖 清人。字謙士。

《玉篇·水部》：“沖，沖虚也。”虚己下人爲謙。謙沖義相近相成，故相協。“士”爲男子美稱。

趙秉忠

① 明人。字季卿。

此倣西漢人取字方式。言能秉忠心事君，即可以爲卿士。“季”表行第在末。

② 清人。字景光。

司馬光，爲北宋一代名臣，又爲傑出的史學家，謚文忠。慕其人，故以“景光”應“忠”。

趙 采 元人。字德亮。

《書·舜典》：“使宅百揆，亮采惠疇。”又《臯陶謨》：“日嚴祗敬六德，亮采有邦。”

趙青藜 清人。字然乙。

晉王嘉《拾遺記·前漢下》：“劉向於成帝之末，校書天禄閣，專精覃思。夜有老人，着黄衣，植青藜杖，登閣而進，見向暗中獨坐誦書。老父乃吹杖端，烟然，因以見向。……向請問姓名。云：‘我是太一之精。天帝聞金卯之子有博學者，下而觀焉。’乃出懷中竹牒，有天文地圖之書，‘余略授子焉’。”太一即太乙。故以“然乙”應“青藜”。意謂燃青藜杖之太乙之精。

趙南星 明人。字夢白。

以“白”應“星”，是指西方之太白星（即長庚）。飾以“夢”，或是紀實，謂夢太白而生。

趙宧光 明人。字凡夫。

《爾雅·釋宫》：“東北隅謂之宧。”郝懿行義疏：“《説文》云：‘養也。室之東北隅，食所居。’……食所居者，古人庖厨食閣，皆在室之東北隅。”宧光者，猶言竈下之光，故以“凡夫”相應。意謂食人間煙火的凡夫。

趙彦秬 宋人。字周錫。

《詩·大雅·江漢》：“釐爾圭瓚，秬鬯一卣。告于文人，錫山土田。”舊謂周宣王命召穆公平淮南之夷，詩人作此詩以美之。故以“周錫”應“秬”。

趙彦肅 宋人。字子欽。

《詩·召南·何彼襛矣》：“曷不肅雝，王姬之車。”毛傳：“肅，敬。”《爾雅·釋詁》：“欽，敬也。”欽、肅同義相協。

趙彦衛 宋人。字景安。

《易·大畜卦》：“日閑輿衛。”王弼注：“衛，護也。”護衛自平安。故以“安”應“衛”。

趙 思 宋人。字再可。

《論語·公冶長》：“季文子三思而後行。子聞之，曰：‘再，斯可矣。’”

趙 昱 清人。字功千。

原名殿昂。功千與之相應。《楚辭·卜居》：“寧昂昂若千里之駒乎？將氾氾若水中之鳧乎？”

趙 俶 明人。字本初。

《爾雅·釋詁》：“初、俶，始也。”同義相協。

趙 原 明人。字善長。

《中國人名大辭典》作趙原，但釋文中注云：“原，一作元。”按，實應作元，作原者誤。《易·乾卦·文言》：“元者善之長也。”

趙師民 宋人。字周翰。

《僞古文尚書·五子之歌》：“民惟邦本，本固邦寧。”《詩·大雅·崧高》：“維申及甫，維周之翰。”以“周翰”應“民”，謂民衆方是國之屏障。

趙師秀 宋人。字紫芝。

唐代元德秀，字紫芝，有高行，“房琯每見德秀，嘆息曰：‘見紫芝眉宇，使人名利之心都盡。’”事見《新唐書》本傳。慕其人，故以其名字爲名字。

趙師孟 宋人。字醇叟。

孟，謂孟子。韓愈稱贊孟子是“醇乎醇者也，荀與揚大醇而小疵”（《讀荀》）。故以“醇”應“孟”。“叟”爲宋人時尚字飾。

趙師淵　宋人。字幾道。

淵，謂孔子弟子顔淵，名回。《易·繫辭下》："子曰：'顔氏之子其庶幾乎？'"朱熹本義："庶幾，近意。言近道也。"

趙師雍　宋人。字然道。

雍，謂孔子弟子仲弓，名雍。《論語·雍也》："仲弓曰：'居敬而行簡，以臨其民，不亦可乎？居簡而行簡，無乃大簡乎？'子曰：'雍之言然。'"

趙師魯　元人。字希顔。

《論語·爲政》："子曰：'吾與回言終日，不違如愚。退而省其私，亦足以發。回也不愚。'"孔子本謂顔回似愚而非愚。魯，乃謂曾子。《先進》："柴也愚，參也魯。"愚、魯義近，遂以"魯"應"顔"。

趙師睪　宋人。字從善。

《集韻·入陌》："擇、睪，《説文》：'揀選也。'或從廾。"是睪爲"擇"的異體。《左傳·昭公二八年》："擇善而從之曰比。"《論語·述而》："擇其善者而從之，其不善者而改之。"故以"從善"應"擇"（睪）。

趙挺之　宋人。字正夫。

《荀子·勸學》："雖有槁暴，不復挺者，輮使之然也。"楊倞注："挺，直也。"正、直義近，故相應。"夫"爲男子通稱。

趙時春　明人。字景仁。

《禮記·樂記》："春作夏長，仁也。"

趙　邕　後魏人。字令和。

《詩·召南·何彼襛矣》："曷不肅雝。"毛傳："雝，和。"雝，同"邕"。

趙　离　宋人。字公才。

离，同"契"。傳説爲商之始祖。帝舜時爲司徒之官，使教化大行。故以"才"相應。

趙參魯　明人。字宗傳。

《論語·先進》："參也魯。"曾參，孔子弟子。孔子以爲資質魯鈍，但終傳孔子之道。後世稱宗聖。故以"宗傳"應"參魯"。

趙國麟　清人。字仁圃。

《宋書·符瑞志中》："麒麟，仁獸也。牡曰麒，牝曰麟。""圃"爲清人時尚字飾。

趙執信　清人。字伸符。

信，古書中以信作"伸"。《易·繫辭下》："往者屈也，來者信也。屈信相感而利生焉。尺蠖之屈，以求信也；龍蛇之蟄，以存身也。"信即伸，故相應。《説文·竹部》："符，信也。漢製以竹，長六寸，分而相合。"即今之證件。文人逞奇，故意交互爲釋。

趙崇度　宋人。字履節。

漢王充《論衡·書虚》："汎揚動静，自有節度。"以"履"飾"節"，謂行爲皆有節，不敢逾度。

趙崇祚　五代後蜀人。字宏基。

《玉篇·示部》："祚，禄也。"基業宏大即是福禄隆崇。

趙崇絢　宋人。字元素。

《論語·八佾》："素以爲絢兮。"飾以"元"，謂原本是於素地上着彩色。

趙崇皤　宋人。字漢宗。

《説文·白部》："皤，老人白也。"段玉裁注引《兩都賦》曰："皤皤國老。"按，漢有商山四皓，受太子禮遇，故以"漢"應"皤"。綴以"宗"，謂漢人所宗仰。

趙御衆　清人。字寬夫。

《論語·陽貨》："寬則得衆。"後世有"御下以寬"之語。"夫"爲男子通稱。

趙惟和　宋人。字子禮。

《論語·學而》："禮之用，和爲貴。""子"爲男子美稱。

趙惟憲　宋人。字有則。

《爾雅·釋詁》："憲、則，法也。"同義相協。

趙　敔　明人。字叔成。

《書·益稷》："合止柷敔。"孔穎達疏："敔，狀如伏虎，背上有刻，戞之以爲聲也。樂之初，擊柷以作之；樂之將末，戞敔以止之。"敔爲木製樂器，樂章將終始戞之，故以"成"應"敔"。

趙　紳　明人。字以行。

《論語·衛靈公》："子曰：'言忠信，行篤敬，雖蠻貊之邦行矣；言不忠信，行不篤敬，雖州里行乎哉？……'子張書諸紳。"

趙紹祖　清人。字繩伯。

《詩·大雅·下武》："昭兹來許，繩其祖武。"故以"繩"應"祖"。綴以"伯"，謂行第居長。

趙　脩　後魏人。字景業。

《易·乾卦》："君子進德脩業，欲及時也。"

趙　訥　明人。字孟敏。

《論語·里仁》："君子欲訥於言而敏於行。"

趙善湘　宋人。字清臣。

唐柳宗元《漁翁》詩："漁翁夜傍西巖宿，曉汲清湘燃楚竹。"故以"清"應"湘"。"臣"爲綴飾。

趙　壹　漢人。字元叔。

壹，數詞，一。元，一，第一，居第一位者。漢王充《論衡·恢國》："今上嗣位，元二之間，嘉德布流。三年，零陵生芝草五本。"壹、元皆表數，故相協。"叔"表行第在第三。

趙　復　元人。字仁甫。

《論語·顔淵》："顔淵問仁，子曰：'克己復禮爲仁。一日克己復禮，天下歸仁焉。'"

趙　普　宋人。字則平。

《墨子·尚賢中》："若天之高，若地之普。"《爾雅·釋地》："大野曰平，廣平曰原。"是平、普義近。飾以"則"，謂以平爲法（準則）。《爾雅·釋詁》："則，法也。"

趙植庭　清人。字樹三。

據《周禮·秋官·朝士》載，周代於外朝左右各植九棘，朝會時，孤卿大夫與公侯伯子男分列於此。中植三槐，三公面立於此。植庭，謂植於外朝之廷；樹三，謂樹三槐。

趙　渙　明人。字少文。

《易·渙卦》："風行水上，渙。"孔穎達疏："渙者，風行水上，激動波濤，散釋之象。"《文選·賦·物色》李善注："《詩》注云：'風行水上曰漪。'《易》曰：'風行水上，渙。'渙然即有文章也。"故以"文"應"渙"。

趙　琬　元人。字仲德。

《周禮·春官·典瑞》："琬圭，以治德，以結好。"故以"德"應"琬"。

趙　琰　後魏人。字叔起。

《説文·玉部》："琰，璧上起美色也。""叔"表行第居第三。

趙　逵　宋人。字莊叔。

《爾雅·釋宫》："五達謂之康，六達謂之莊……九達謂之逵。"同爲道路，故相協。

趙　雲　三國蜀漢人。字子龍。

《易·乾卦·文言》："雲從龍，風從虎。""子"爲男子美稱。

趙順孫　宋人。字和仲。

《易·説卦》："和順於道德而理於義。"《禮記·樂記》："樂極和，禮極順，内和而外順，則民瞻其顔色而弗與争也。"

趙慎軫　清人。字遵路。

《説文·車部》："軫，車後横木也。"此以指代車。《書·洪範》："無由作惡，遵王之路。"《詩·鄭風·遵大路兮》："遵大路兮。"行車自當遵路。

趙殿最　清人。字奏功。

殿最，古代考核政績武功等第之稱。最優爲最，最下爲殿。《文選·班固〈答賓戲〉》："雖馳辯如濤波，摛藻如春華，猶無益殿最也。"李善注引《漢書音義》曰："上功曰最，下功曰殿。"《詩·小雅·六月》："薄伐玁狁，以奏膚公。"朱熹集傳："奏，薦；膚，大；公，功。"故以"奏功"應"殿最"。

趙　温

① 漢人。字子柔。

《禮記·經解》："其爲人也，温柔敦厚，詩教也。"又："温柔敦厚而不愚，則深於詩者也。"

② 後魏人。字思恭。

《書·舜典》："温恭允塞。"《詩·小雅·賓之初宴》："賓之初筵，温温其恭。"

趙　熙　五代後晋人。字績巨。

《書·舜典》："庶績咸熙。"

趙　焕　明人。字文光。

《論語·泰伯》："焕乎！其有文章。""焕"有光明之象，故以"光"綴"文"。

趙經畬　清人。字新田。

《詩·周頌·臣工》："亦又何求，如何新畬。"毛傳："田二歲曰新，三歲曰畬。"

趙　肅　後魏人。字慶雍。

《詩·召南·何必穠矣》："曷不肅雝，王姬之車。"雍，同"雝"。

趙與旹　宋人。字行之。

《易·乾卦·文言》："終日乾乾，與時偕行。"旹，時之古文。

趙與東　宋人。字賓暘。

《書·舜典》："分命羲仲，宅嵎夷，曰暘谷，寅賓出日，平秩東作。"

趙與熛　元人。字晦叔。

《説文·火部》："熛，火飛也。"熛同"票"。火飛揚即明亮。與"晦"反義相協。"叔"表行第居第三。票，讀 biāo。

趙與虤　宋人。字威伯。

《説文·虤部》："虤，虎怒也。"兩虎相争，自必施威。"伯"表行第居長。虤，讀 yán。

趙　葵　宋人。字南仲。

《淮南子·覽冥訓》："葵之鄉日，雖有明智，弗能然也。"日在南，故以應"葵"。

趙　雍　元人。字仲穆。

《南史·顧覬之傳》："覬之家門雍穆，爲州郡所重。"

趙　鼎

① 宋人。字元鎮。

相傳禹鑄九鼎，以象九州，鼎遂成爲國家政權之象徵，被視爲鎮國之器。故以"元鎮"應"鼎"。

② 金人。字宜之。

唐趙良器《鼎賦》："既去故以元吉，終取新而利貞。則知執虚以待物者正乎位，體柔而進己者宜乎亨（烹）。故能應皇家之至德，垂不朽之鴻名。"故以"宜之"應"鼎"。

趙鼎臣　宋人。字承之。

《南史·文學傳·丘靈鞠》："靈鞠〔謂褚彦回〕曰：'脚疾亦是大事，公爲一代鼎臣，不可復爲覆餗。'"鼎有三公之象，故以"鼎臣"爲宰輔重臣之稱。以"承之"相應，謂承股肱之任。

趙　嘏　唐人。字承祐。

《詩·小雅·賓之初筵》："錫爾純嘏，子孫其湛。"朱熹集傳："嘏，福。"《玉篇·示部》："祐，助也。《易》曰：'自天祐之，吉，無不利。'"上天賜福，自是承天之祐。

趙　榮　明人。字孟仁。

《孟子·公孫丑上》："仁則榮。""孟"表行第居長。

趙熊詔　清人。字侯赤。

《詩·小雅·賓之初筵》："大侯既抗，弓矢斯張。"孔穎達疏："《鄉射記》云：'天子熊侯，白質；諸侯麋侯，赤質；大夫布侯，畫以虎豹。'"故以"侯赤"應"熊"。言天子以熊皮爲箭靶，諸侯用塗有赤色的麋鹿皮爲箭靶。一字裘萼，未詳。

趙　睿　明人。字若思。

《書·洪範》："貌曰恭，言曰從，視曰明，聽曰聰，思曰睿。"

趙端頤　宋人。字養正。

《易·頤卦》："彖曰：頤，貞吉。養正則吉也。"

趙維烈　清人。字承哉。

《僞古文尚書·君牙》："嗚呼！丕承哉，武王烈。"

趙　銓　明人。字仲衡。

《淮南子·齊俗訓》："夫挈輕重不失銖兩，聖人弗用，而縣之乎銓衡；視高下不差尺寸，明主弗任，而求之乎浣準。"

趙　寬　明人。字栗夫。

《書·舜典》："夔，命汝典樂，教胄子，直而温，寬而栗，剛而無虐……"又《皋陶謨》："寬而栗，柔而立，願而恭……"

趙德宏　明人。字有容。

《僞古文尚書·君陳》："必有忍，其乃有濟；有容，德乃大。"

趙德彝　宋人。字可久。

《詩·大雅·烝民》："民之秉彝，好是懿德。"毛傳："彝，常。"永久即常。同義相協。

趙　槩　宋人。字叔平。

《説文·木部》："槩，所以杚斗斛也。"段玉裁注："《月令》：'正權槩。'鄭、高皆云：'槩，平斗斛者。'槩本器名，用之平斗斛亦曰槩。""叔"表行第居第三。

趙　璉　明人。字伯器。

《論語·公冶長》："子貢問曰：'賜也何如？'子曰：'汝器也。'曰：'何器也？'曰：'瑚璉也。’”“伯”表行第居長。

趙 積 宋人。字表微。

唐元積字微之，與白居易齊名。慕其人，故襲用其名。

趙隣幾 宋人。字亞之。

《易·繫辭下》：“子曰：‘顏氏之子，其殆庶幾乎。’”孔穎達疏：“其殆庶幾乎者，言聖人知幾，顏子亞聖，未能知幾，但殆近庶慕而已。”

趙學轍 清人。字季由。

宋蘇轍字子由，與兄蘇軾齊名，人稱小蘇。敬其人，故襲用其名字。“季”表行第居第四。

趙 曄 漢人。字長君。

《玉篇·日部》：“曄，曄曄，震電貌。”《易·説卦》：“震爲雷……爲長子。”故以“長”應“曄”。漢時士大夫多以公、君爲字或字的綴飾。後世尊稱人之長子亦曰“長君”。

趙 曉 清人。字堯日。

析名爲字。堯日，義爲唐堯之時。封建時代常以爲頌聖之辭。稱頌某代君主在位之日曰“堯日”“堯天舜日”。

趙 璘 唐人。字澤章。

《玉篇·玉部》：“璘，璘瑞。文貌。又玉色光彩。”文貌，言其紋理有序，秩然成文。玉色光彩，謂其玉質潤澤，光彩奪目。故以“澤章”相應。

趙篔翁 元人。字維青。

《玉篇·竹部》：“篔，篔簹，竹。”唐陳陶《竹十首》之一：“一峯曉似朝仙處，青節森森倚絳雲。”又杜牧《後池泛舟送王十二首》之一：“相送西郊暮景和，青蒼竹外繞寒波。”故以“青”應“篔”。

趙 蕤 唐人。字大賓。

我國古代音樂有十二律。其奇數六律爲陽律，名六律；偶數六律爲陰律，名六吕。合稱律吕。其第七律名蕤賓。故以“賓”應“蕤”。因《論語·顏淵》有“出門如見大賓”之言，遂因“賓”而以“大”爲飾。

趙 蕃 宋人。字昌父。

《易·坤卦·文言》：“草木蕃。”《左傳·莊公二二年》：“五世其昌。”孔穎達疏：“昌，盛。”蕃、昌皆有盛義，故相協。“父”爲綴飾。讀爲“甫”。

趙 壎 明人。字伯友。

《詩·小雅·何人斯》：“伯氏吹壎，仲氏吹篪。”綴以“友”，取“友于兄弟”或“兄友弟恭”之義。

趙 璧 元人。字寶仁。

《左傳·桓公十年》：“周諺有之：‘匹夫無罪，懷璧其罪。’吾焉用此。”《禮記·大學》：“舅犯曰：‘亡人無以爲寶，仁親以爲寶。’”以“寶仁”應“璧”，即是不以璧爲寶，而以仁爲寶。

趙 翼 清人。字耘松。

《莊子·逍遥遊》：“怒而飛，其翼若垂天之雲。”先秦兩漢人，名字多用通假字。清人喜倣古，以求古雅，故循聲改字，以“耘”作“雲”。李白《樂府·山人勸酒》有“蒼蒼雲松，落落綺皓”之言，遂因“雲”綴以“松”。後又因陸游《菘》詩有“可憐遇事常遲鈍，九月區區種晚菘”之句，遂又因“耘”改松爲“菘”，成爲種菜老圃。趙翼又字雲菘。

趙 魏 清人。字恪生。

《莊子·讓王》：“身在江湖之上，心居乎魏闕之下。”此假“恪”爲“闕”以應“魏”。恪有kè、què兩讀，此取què。清代文士追求古奥，故諧音改字，以倣古代通假字。

趙 贊 宋人。字元輔。

《三國志·吴志·周瑜傳》“此天以君授孤也”裴松之注引《江表傳》曰：“此天以卿二人贊孤也。”《僞古文尚書·説命上》：“以輔台德。”贊、輔皆謂佐助。同義相協。飾以“元”，猶首輔、端揆。

趙獻可 明人。字養葵。

謂向君主“獻可替否”。語出《左傳·昭公二十年》。《後漢書·胡廣傳》：“臣以獻可替否爲忠。”葵向日而傾，如臣之忠心事君。杜甫《自京赴奉先縣詠懷五百字》詩：“葵藿傾太陽，物性固莫奪。”

趙 顥 宋人。字仲明。

《楚辭·大招》：“天白顥顥，寒凝凝只。”王逸注：“顥顥，光貌。”有光即明。“仲”表行第居第二。

趙 鶴 明人。字叔鳴。

《詩·小雅·鶴鳴》：“鶴鳴于九皋，聲聞于野。”“叔”表行第居第三。

趙 儼 三國魏人。字伯然。

《論語·子張》：“故君子正其衣冠，尊其瞻視，儼然人望而畏之。”“伯”表行第居長。

趙 襲 漢人。字元嗣。

《爾雅·釋詁》：“嗣，繼也。”漢王充《論衡·齊世》：“舜承堯不墮洪業，禹襲舜不虧大功。”嗣、襲皆有承繼義，故相協。

趙 驊 唐人。字雲卿。

《玉篇·馬部》：“驊，驊騮，駿馬。”《儀禮·覲禮》：“天子乘龍，載大旆。”鄭玄注：“馬八尺以上爲龍。”《易·乾卦·文言》：“雲從龍。”驊騮乃駿馬，自是八尺以上，其爲龍無疑。故以“雲”相應。

〔鄧〕

鄧三鳳 宋人。字鳴陽。

《詩·大雅·卷阿》：“鳳皇鳴矣，于彼高岡。梧桐生矣，于彼朝陽。”鳳凰棲於梧桐，其鳴亦在朝陽，故以“鳴陽”應“鳳”。

鄧士元 明人。字虞臣。

《左傳·文公十八年》載，高辛氏有才子八人，“天下之民，謂之八元”，虞舜“舉八元，使布五教於四方”，故以“虞臣”應“元”。

鄧大林 清人。字震東。

《易·説卦》：“萬物出乎震。震，東方也。”《淮南子·時則訓》：“孟春之月……其位東方，其日甲乙，盛德在木。”高誘注：“太皥之神治東方也。甲乙木，日也。盛德在木，木王（旺）東方也。”叢木爲林，故以“震東”應“林”。

鄧大臨 清人。字起西。

《詩·大雅·皇矣》：“皇矣上

帝，臨下有赫……乃眷西顧，此維與宅。”此詩寫周之先人太王、太伯、王季等之德，以及文王伐密伐崇之事。周人起於西方，故以“起西”應“臨”。

鄧元昌 清人。字慕濂。

宋周敦頤，曾官南昌，有善政，晚年隱於廬山。所居曰濂溪。爲宋理學開山之祖。程頤、程顥皆出其門下。慕其人，故取其所處之地以爲名字。

鄧元起 南朝梁人。字仲居。

《禮記·曲禮上》：“侍坐於先生……請業則起，請益則起。”《論語·陽貨》：“居，吾語女。”朱熹集注：“《禮》，君子問更端，則起而對。故孔子諭子路，使還坐而告之。”起謂起立，站起，居謂還坐，兩者相對，故相協。“仲”表行第。

鄧元錫 明人。字汝極。

《詩·小雅·楚茨》：“永錫爾極，時萬時億。”

鄧文鏗 明人。字德聲。

《論語·先進》：“鼓瑟希，鏗爾，舍瑟而作。”何晏集解：“鏗者，投瑟之聲。”邢昺疏：“思得其對，故置瑟起對，投置其瑟，而聲鏗然也。”故以“聲”應“鏗”。因孔子贊歎曾點之對，故飾以“德”。

鄧世昌 清人。字正卿。

《左傳·莊公二二年》：“初，懿氏卜妻敬仲。其妻占之，曰：‘吉。是謂“鳳皇于飛，和鳴鏘鏘，有嬀之後，將育于姜，五世其昌，並于正卿，八世之後，莫之與京”。’”

鄧右符 明人。字台卿。

《文選·司馬遷〈報任安書〉》：“僕之先非有剖符丹書之功。”李善注：“《漢書》曰：漢初功臣剖符世爵。”吕向注：“剖符丹書，皆漢之符契，有功者執之。”受封者執左半，朝廷留右半，藏於盟府。台卿，謂台輔重臣。漢台輔重臣，如三公、丞相皆封侯，故以應“右符”。言膺台輔之任者，皆有剖符之功，且藏於盟府。

鄧石如 清人。名琰。

《説文·玉部》：“琰，璧上起美色也。”璧爲玉器。又《玉部》：“玉，石之美有五德者。”是玉爲石類，故名琰字石。如猶然，以爲綴飾。爲避清仁宗諱，遂以字爲名，改字頑伯。以“頑”應“石”，義取頑石。“伯”表行第。

鄧光布 唐人。字明遠。

《説文·火部》：“光，明也。”故以“明”應“光”。段玉裁注：“《左傳》周内史釋《易》‘觀國之光’曰：光，遠而自他有燿者也。”光能示遠，故以“遠”爲綴飾。

鄧名世 宋人。字元亞。

《孟子·公孫丑下》：“五百年必有王者興，其閒必有名世者。”趙岐注：“孟子自謂能當名世之士。”以“元亞”應“名世”，謂不敢當名世之人，原只願在名世者之下。

鄧　艾 晉人。字士載。

《詩·小雅·南山有臺》：“保艾爾後。”毛傳：“艾，養；保，安也。”《易·坤卦》：“坤厚載物。”《説卦》：“坤也者，地也，萬物皆致養焉。”地能負載萬物，生養萬物，故以“載”應“艾”。漢末魏晉人喜以“士”飾字。原名範，字士則。據《世説新語·言語》“鄧艾口吃”注引《魏志》曰：“年十二，隨母至潁川，讀《故太丘長碑文》曰：‘言爲世範，行爲士則。’遂名範，字士則。後宗族有同者，故改焉。”

鄧　攸 晉人。字伯道。

三國許攸字子遠，是攸、遠當同義。以“道”應“攸”，當是取遠道之義。漢蔡邕《飲馬長城窟行》：“青青河邊草，綿綿思遠道。”

鄧伯羔 明人。字孺孝。

古人以烏鳥反哺，羔羊跪乳喻孝行，故以“孝”應“羔”。《孟子·公孫丑上》：“今人乍見孺子將入於井，皆有怵惕惻隱之心。”此謂嬰兒。以飾“孝”，謂其孝如嬰兒之依戀其母之純真。

鄧孝甫 宋人。字成之。

《孝經·三才章》：“子曰：‘夫孝，天之經也，地之義也，民之行也。……是以其教不肅而成。’”《詩·周南·關雎序》：“先王以是經夫婦，成孝敬，厚人倫，美教化，移風俗。”故以“成”應“孝”。綴以“之”，以指代“孝”，使語義完整。

鄧孝廉 宋人。字清臣。

《莊子·説劍》：“諸侯之劍，以智勇士爲鋒，以清廉士爲鍔。”故以“清”應“廉”。“臣”爲綴飾。

鄧廷楨 清人。字嶰筠。

《山海經·東山經》：“又東二百里，曰太山，上多金玉、楨木。”郭璞注：“女楨也。葉冬不凋。”漢應劭《風俗通義·聲音序》：“昔黄帝使伶倫自大夏之西，崑崙之陰，取竹於嶰谷……”筠乃竹之别名，太山之楨，嶰谷之竹，同爲不凋之木，故相應。

鄧廷瓚 明人。字宗器。

《玉篇·玉部》：“瓚，珪頭也。爲器可以挹鬯灌祭。鄭玄注《禮記》云，瓚形如槃，容五升，以大圭爲柄也。”是宗廟祼祭所用之器，故以“宗器”相應。

鄧　定 明人。字子静。

《禮記·大學》：“定而後能静。”

鄧忠臣 宋人。字謹思。

《孝經·事君章》：“子曰：‘君子之事上也，進思盡忠，退思補過。’”故以“謹思”應“忠”。

鄧　林 晉人。字楚材。

因姓成文。《列子·湯問》載，夸父逐日，棄其杖，化爲鄧林。《山海經》亦記此事。林木必成材，因《國語·楚語上》有“雖楚有材，不能用也”之言，又有“楚材晉用”成語，故以“楚材”應“林”。

鄧　芝 三國蜀漢人。字伯苗。

《太平御覽》卷九八五引《孝經援神契》曰：“德至草木，則芝草生。”又卷九八六引《十洲記》曰：“祖州有養神丹芝，似菰苗，長三四尺。”古人以芝爲瑞草，故以“苗”相應。“伯”表行第。

鄧　庠 明人。字宗周。

《孟子·滕文公上》：“夏曰校，殷曰序，周曰庠，學則三代共之。”故以“宗周”應“庠”。

鄧春卿　宋人。字棨伯。

三國魏曹植《與吴季重書》：“文采委曲，曄若春榮，瀏若清風。”故以“棨”應“春”。“伯”表行第。

鄧洵武　宋人。字子常。

《詩·大雅》有《常武》，因以爲名字。“子”爲男子美稱。

鄧約禮　宋人。字文範。

《論語·子罕》：“夫子循循然善誘人，博我以文，約我以禮。”故以“文”應“禮”。綴以“範”，謂文亦有度，不當越出範圍，以合“文質彬彬”之訓。

鄧若水　宋人。字平仲。

《説文·水部》“準，平也”段玉裁注：“謂水之平也。天下莫平於水。”故以“平”應“水”。“仲”表行第。

鄧原岳　明人。字汝高。

《詩·大雅·崧高》：“崧高維嶽。”《玉篇·山部》：“岳，同嶽。”倣《尚書》文例，故以“汝”爲飾。

鄧　啓　宋人。字元迪。

《僞古文尚書·太甲上》：“旁求俊彦，啓迪後人。”

鄧　崙　明人。字惟玉。

崙，崑崙。《楚辭·離騷》：“邅吾道夫崑崙兮，路脩遠以周流。”王逸注：“《河圖括地象》言崑崙在西北，其高萬一千里，上有瓊玉之樹也。”《爾雅·釋地》：“西北之美者，有崑崙虚之璆琳琅玕焉。”故以“惟玉”應“崙”。

鄧得遇　宋人。字達夫。

遇，謂君臣遭際。《孟子·梁惠王下》：“吾之不遇魯侯，天也。”漢王充《論衡·自紀》：“達者未必知，窮者未必愚。”以“達”應“遇”，謂受君主知遇，則可得志，通達顯貴。“夫”爲男子通稱。

鄧　深　宋人。字資道。

《孟子·離婁下》：“君子深造之以道，欲其自得之也；自得之，則居之安；居之安，則資之深；資之深，則取之左右逢其原。”

鄧祥麟　明人。字玉書。

晉王嘉《拾遺記·周靈王》：“夫子（孔子）未生時，有麟吐玉書於闕里人家，文云：‘水精之子，係衰周而素王。’”按《太平廣記》卷一三七作“水精子繼衰周爲素王”。一字子與。未詳。

鄧紹良　清人。字臣若。

《書·益稷》：“乃賡載歌曰：‘元首明哉，股肱良哉，庶事康哉。”蔡沈集傳：“股肱，臣也；元首，君也。……臯陶言君明則臣良，而衆事皆安。”故以“臣”應“良”。“若”爲綴飾。

鄧處訥　唐人。字沖韞。

《老子》第四五章：“大盈若沖，其用不窮，大直若屈，大巧若拙，大辯若訥。”又《論語·里仁》：“君子欲訥於言而敏於行。”故以“沖”應“訥”。韞，藏。綴以“韞”，謂言語遲鈍，謙沖深藏而不露。

鄧　渼　明人。字遠遊。

唐杜甫《渼陂行》：“岑參兄弟皆好奇，携我遠來遊渼陂。”因《楚辭》有《遠遊》，故以“遠”飾“遊”。

鄧　琬　南朝宋人。字元琰。

《説文·玉部》：“琬，圭有琬者。”段玉裁注：“此當作圭首宛宛者。……先鄭云：‘琬圭無鋒芒，故以治德結好。’”又：“琰，璧上起美色也。”段玉裁注：‘璧，當爲圭也。”同類故相協。飾以“元”，謂原皆爲圭。

鄧　酢　宋人。字賓禮。

《詩·小雅·楚茨》：“爲賓爲客，獻酬交錯。禮儀卒度，笑語卒獲。神保是格，報以介福，萬壽攸酢。”朱熹集傳：“主人酌賓曰獻，賓飲主人曰酢，主人又自飲而復飲賓曰酬。”是賓敬主人酒爲酢，故以“賓禮”相應。

鄧　雅　元人。字伯言。

《論語·述而》：“子所雅言：《詩》《書》、執禮，皆雅言也。”“伯”表行第。

鄧雲霄　明人。字玄度。

晉葛洪《西京雜記》卷一：“後宫齊首高唱，聲入雲霄。”《文選·揚雄〈甘泉賦〉》：“惟漢十世，將郊上玄。”李善注：“上玄，天也。”故以“玄”應“雲霄”。綴以“度”，謂以天爲度。

鄧傳之　宋人。字師孟。

《論語·子張》：“君子之道，孰先傳焉？”以“師孟”應“傳”，欲倣孟子以傳孔子之道。《孟子·離婁下》：“予未得爲孔子徒也，予私淑諸人也。”朱熹集注：“然則孟子之生，去孔子未百年也。故孟子言，予雖未得親受業於孔子之門，然聖人之澤尚存，猶有能傳其學者，故我得聞孔子之道於人，而私竊以善其身。蓋推尊孔子而自謙之辭也。”

鄧傳安　清人。字鹿耕。

《易·繫辭上》：“安土敦乎仁，故能愛。”朱熹本義：“知周萬物者天也，道濟天下者地也。”土地須耕作，故應以“耕”。士大夫皆食禄以自養，猶農民以耕自養。因《禮記·王制》有“諸侯之下士視上農夫（“上農夫食九人”），禄足以代其耕也”之言，故以“鹿”諧“禄”而飾“耕”，以示其乃以禄代耕之士大夫。清人喜用諧音字倣秦漢通假，以求古奥。

鄧　詧　宋人。字晦之。

詧，同“察”。《禮記·中庸》：“言其上下察也。”朱熹章句：“上下昭著。”《詩·鄭風·風雨》：“風雨如晦。”朱熹集傳：“晦，昏。”昭著即明，與晦反義相協。

鄧　輈　宋人。字國驂。

《周禮·考工記·輈人》：“國馬之輈，深四尺有七寸。”又：“良輈環灂，自伏兔不至軓七寸。軓中有灂，謂之國輈。”驂爲輈左右兩側駕車之馬。故以“國”應“輈”而綴以“驂”。

鄧嘉緝　清人。字熙之。

《詩·周頌·維清》：“維清緝熙，文王之典。”故析緝熙以爲名字。晉宋以來，士大夫喜以“之”爲名或字的綴飾。

鄧夢琴　清人。字虞揮。

《孔子家語·辨樂解》：“昔者舜彈五弦之琴，造《南風》之詩。”舜號有虞。故以“虞”應“琴”。《文選·嵇康〈贈秀才入軍〉》：“目送歸鴻，手揮五弦。”

李善注："《歸田賦》曰：'彈五弦於妙指。'"李周翰注："五弦琴也。"故以"揮"綴"虞"，謂虞舜彈琴。一字簣山。未詳所出。

鄧漢儀　清人。字孝威。

《詩·邶風·柏舟》："威儀棣棣。"《禮記·中庸》："禮儀三百，威儀三千。"東漢以來，士人多以"孝"飾字。

鄧　裴　清人。字又楷。

西晉裴楷，精於《老子》《易》，鍾會稱爲"清通"。與張華、王戎輔武帝，甚有時望。慕其人，故襲其姓名。

鄧潤甫　宋人。字温伯。

《説文·玉部》："玉，石之美有五德者：潤澤以温，仁之方也；……"故以"温"應"潤"。"伯"表行第。

鄧　遷　明人。字世喬。

《詩·小雅·伐木》："出自幽谷，遷于喬木。"飾以"世"，謂世代如此。

鄧應仁　明人。字子榮。

《孟子·公孫丑上》："孟子曰：'仁則榮，不仁則辱。'"故以"榮"應"仁"。

鄧　鍾　明人。字道鳴。

鍾通"鐘"。唐王勃《滕王閣序》："閭閻撲地，鐘鳴鼎食之家。"唐韓愈《送孟東野序》有"臧孫辰、孟軻、荀卿，以道鳴者也"之言，遂因"鳴"而以"道"爲飾。

鄧鍾岳　清人。字東長。

《詩·大雅·崧高》："崧高維嶽。"毛傳："嶽，四嶽也。東嶽岱，南嶽衡，西嶽華，北嶽恒。"《説文·山部》："岱，太山也。"桂馥義證："太山也者，《廣雅》：'岱宗謂之泰山。'郭注《方言》云：'岱，泰山。'"岳同"嶽"。泰山爲五岳之長，故以"東長"應"岳"。

鄧　顒　明人。字伯昂。

《詩·大雅·卷阿》："顒顒卬卬，如圭如璋。"卬通"昂"。

鄧藩錫　明人。字晉伯。

《易·晉卦》："晉：康侯用錫馬蕃庶，晝日三接。"蕃，通"藩"。故以"晉"應"藩錫"。"伯"表行第。

鄧繼曾　明人。字士魯。

曾，謂孔子弟子曾參，以孝稱。資質雖魯鈍，但有悟性，終傳孔子之學。《論語·先進》："柴也愚，參也魯。"故以"魯"應"曾"。三國以來，世家大族出身者，標榜門閥，喜以"士"飾字，後以"士"爲名字常用字。

鄧　騫　晉人。字長真。

《詩·小雅·天保》："如南山之壽，不騫不崩。"毛傳："騫，虧。"《説文·匕部》："真，僊人變形而登天也。"桂馥義證："《素問》：'黄帝曰："余聞上古有真人者，提挈天地，把握陰陽，呼吸精氣，獨立守神，肌肉若一，故能壽敝天地，無有終時。"'"仙人能與天地同壽，故以"長真"應"騫"，言如"南山之壽，不騫不崩"，與天地永存。

鄧　儼　金人。字子威。

《論語·堯曰》："儼然人望而畏之。"畏，通"威"。

鄧顯鷴　清人。字子振。

鷴，鷳鷴。《集韻·上蕩》："鷳，鷳鷴，鳳類。"《詩·周頌·振鷺》："振鷺于飛。"朱熹集傳："振，羣飛貌。"以"振"應"鷴"，取"鳳皇來儀"之義。

鄧顯麒　明人。字文瑞。

《説文·鹿部》："麒，麒麟，仁獸也。"《太平御覽》卷八八九引《春秋感精符》曰："王者德化，旁流四表，則麒麟臻其囿。"文德盛，麒麟方至。故以爲祥瑞之徵。《詩·周南》有《麟之趾》，舊以此詩乃歌頌文王、后妃之德，故以"文瑞"應"麒"。

鄧顯鶴　清人。字子立。

三國魏曹植《洛神賦》："竦清軀以鶴立，若將飛而未翔。"

鄧　驛　宋人。字千里。

《宋書·沈攸之傳》："飛火軍攝文書，千里驛行。"

〔鄭〕

鄭一初　明人。字朝朔。

《爾雅·釋詁》："初，始也。"朝爲一日之始，朔爲一月之始，故以"朝朔"應"初"。

鄭一鵬　明人。字九萬。

《莊子·逍遥遊》："有鳥焉，其名爲鵬……摶扶摇羊角而上者九萬里。"

鄭三俊　明人。字用章。

《書·洪範》："乂用明，俊民用章，家用平康。"

鄭士利　明人。字好義。

《禮記·大學》："此謂國不以利爲利，以義爲利也。"又："未有上好仁，而下不好義者也；未有好義，其事不終者也。"故以"好義"應"利"。

鄭士達　明人。字世達。

《孟子·盡心上》："窮則獨善其身，達則兼善天下。"能使世達，即是兼善天下。

鄭士懿　宋人。字從之。

《詩·大雅·烝民》："民之秉懿，好是懿德。"毛傳："懿，美也。"鄭玄箋："民所執持有常道，莫不好有美德之人。"從之即是好之。

鄭子聃　金人。字景純。

聃，謂老子。《史記·老聃韓非列傳》："老子者，楚苦縣厲鄉曲仁里人也，姓李氏，名耳，字聃。"老子主張歸樸返真，回到太古，故以"景純"相應。景純即景慕純真。晉人郭璞亦字景純。璞爲未雕琢之玉，亦即自然狀態之玉，可以參證。

鄭　己　明人。字克修。

《論語·憲問》："修己以敬。"又："修己以安人。""修己以安百姓。"飾以"克"，謂能修己。

鄭之文　明人。字應尼。

孔子名丘字仲尼。他盛贊"周監於二代，郁郁乎文哉"！（《論語·八佾》）又主張"質勝文則野，文勝質則史。文質彬彬，然後君子"。故以"應尼"應"文"，言應從仲尼之説。一字豹先。係取《易·革卦》"君子豹變，其文蔚也"經義，故以"豹"應"文"。孔子所處之時，已文勝質，故《論語·先進》云："先進於禮樂，野人也；後進於禮樂，君子也。如用之，則吾從先進。”孔子爲救時弊，願從先進，以維持“文質彬彬”平衡狀態，故以“先”綴“豹”。

鄭介夫 元人。字以居。

《易·豫卦》：“介于石，不終日，貞吉。”孔穎達疏：“介于石者，得位履中，安夫貞正，不苟求逸豫。上交不諂，不交不瀆，知幾事之初始，明禍福之所生，不苟求逸豫，守志耿介，似于石；然見幾之速，不待終竟一日，去惡修善，恒守善得吉也。”故以“以居”應“介”。言以如石之操以自處，守善得吉。

鄭元斗 清人。字少微。

《史記·天官書》：“斗爲帝車，運于中央。”又：“廷藩西有隋星五，曰少微，士大夫。”司馬貞引宋均云：“南北爲隋。又他果反，隋爲垂下。”謂此星南北向。張守節正義：“廷，太微廷。藩，衛也。少微四星，在太微西南。北列第一星，處士也；第二星，議士也；第三星，博士也；第四星，大夫也。”同爲星官，故連類而及。亦取君臣相對之義。

鄭元慶 清人。字子餘。

《易·坤卦》：“積善之家，必有餘慶。”一字芷畦。當是諧音，不詳所指。

鄭元禮 北周人。字文規。

《禮記·樂記》：“樂由中出，故静；禮自外作，故文。”鄭玄注：“文，猶動也。”動必合乎規矩，故以“文”應“禮”而綴以“規”。

鄭公玉 宋人。字潤甫。

《説文·玉部》：“玉，石之美有五德者：潤澤以温，仁之方也；……”“甫”爲男子美稱。先秦貴族男子之字，皆綴以“父”，以爲男性標識，漢以來易爲“甫”。

鄭升之 宋人。字公明。

《詩·小雅·天保》：“如月之恒，如日之升。”鄭玄箋：“月上弦而就盈，日始出而就明。”故以“明”應“升”。

鄭天民 宋人。字先覺。

《孟子·萬章上》：“予天民之先覺者也。予將以斯道覺斯民也。”

鄭太和 明人。字順卿。

《易·説卦》：“和順於道德而理於義。”“卿”爲綴飾。

鄭少微 宋人。字明舉。

《史記·天官書》：“廷藩西有隋星五，曰少微，士大夫。”張守節正義：“廷，太微廷。藩，衛也。少微四星，在太微西南。北列第一星，處士也；第二星，議士也；第三星，博士也；第四星，大夫也。占以明大黄潤，則賢士舉；不明，反是。”故以“明舉”應“少微”。

鄭文炳 清人。字慕斯。

《易·革卦》：“大人虎變，其文炳也。”《論語·子罕》：“天之將喪斯文也，後死者不得與於斯文也。”朱熹集注：“道之顯者謂之文，蓋禮樂制度之謂。不曰道而曰文，亦謙辭也。”故以“慕斯”應“文”。

鄭文康 明人。字時乂。

《書·康誥》：“往盡乃心，無康好逸豫，乃其乂民。”又：“若保赤子，惟民其康乂。”又：“用康乂民。”故以“乂”應“康”。飾以“時”，謂因時之宜以治民。

鄭文琅 清人。字玉良。

此析名爲字。良玉亦成文義，且與“琅”義合。《説文·玉部》：“琅，琅玕，似珠者。”段玉裁注：“《尚書》‘璆琳琅玕’鄭注曰：‘琅玕，珠也。’王充《論衡》曰：‘璆琳琅玕，土地所生，真玉珠也。魚蚌之珠，與《禹貢》琅玕，皆真珠也。’……而某氏注《尚書》，郭注《爾雅》《山海經》皆曰，琅玕，石似珠。玉裁按，出於蚌者爲珠，則出於地中者爲似珠。似珠亦非人爲之，故鄭、王謂之真珠也。”玉之似珠者亦是良玉。

鄭文寶 宋人。字仲賢。

《僞古文尚書·旅獒》：“不寶遠物，則遠人格，所寶惟賢，則邇人安。”故以“賢”應“寶”。“仲”表行第。

鄭方坤 清人。字則厚。

《易·坤卦》：“坤厚載物，德合无疆。”又：“象曰：地勢坤，君子以厚德載物。”飾以“則”，謂以厚爲則。

鄭曰敏 清人。字德輿。

《禮記·學記》：“敬孫務時敏。”《左傳·僖公十一年》：“敬禮之輿也。”以“輿”應“敏”，即以“敬”應“敬”。因《左傳·僖公三三年》有“敬德之聚也”之言，故以“德”飾“輿”。

鄭　丙 宋人。字少融。

《禮記·月令》：“孟夏之月……其日丙丁，其帝炎帝，其神祝融。”故以“融”應“丙”。“少”表行第。

鄭以偉 明人。字子器。

《後漢書·郭太傳》：“林宗見而謂曰：‘卿有絶人之才，足成偉器。’”“子”爲男子美稱。

鄭可復 宋人。字彦修。

《易·復卦》：“象曰：不遠之復，以修身也。”故以“修”應“復”。《爾雅·釋訓》：“美士爲彦。”故以飾“修”。

鄭　史 唐人。字惟直。

《論語·衛靈公》：“子曰：‘直哉史魚！邦有道如矢，邦無道如矢。’”朱熹集注：“史，官名。魚，衛大夫，名鰌。如矢，言直也。”

鄭弘道 明人。字克修。

《論語·衛靈公》：“人能弘道，非道弘人。”《禮記·中庸》：“率性之謂道，修道之謂教。”故以“修”應“道”。飾以“克”，謂能修道。

鄭　玄 漢人。字康成。

《淮南子·主術訓》：“天道玄默，無容無則。”《廣韻·平先》：“玄，寂也。”《爾雅·釋詁》：“康，静也。”以康、玄同有“寂静”義，故相協。綴以“成”，取《論語·陽貨》天不言而四時運行，百物生成經義。

鄭　玉 元人。字子美。

《説文·玉部》：“玉，石之美有五德者。”《論語·子罕》：“有美玉於斯，韞匵而藏諸？求善賈而沽諸？”

鄭　甲 清人。字莩春。

《易·解卦》：“天地解而雷雨

作。雷雨作而百果草木皆甲坼。”《後漢書·章帝紀》:“又詔三公曰:‘方春生養，萬物莩甲，宜助萌陽，以育時物。’”古人以爲春季雷發動，草木種子甲坼萌芽，故以“莩”應“甲”而綴以“春”。

鄭仲夔 明人。字龍如。

《書·舜典》:“伯拜稽首，讓于夔龍。”夔、龍皆爲舜臣。一爲典樂，一爲納言。故以“龍”應“夔”。

鄭光祖 元人。字德輝。

《孟子·盡心下》:“充實之謂美，充實而有光輝之謂大。”故以“輝”應“光”。飾以“德”，是欲其德美。

鄭守仁 元人。字蒙泉。

《易·蒙卦》:“象曰：山下出泉，蒙；君子以果行育德。”守仁即是育德，故應以“蒙泉”。

鄭　旭 明人。字景初。

《詩·邶風·匏有苦葉》:“旭日始旦。”朱熹集傳:“旭，日初出貌。”《說文·日部》:“景，日光也。”故以“景初”應“旭”。

鄭汝岡 宋人。字山甫。

《詩·小雅·天保》:“如山如阜，如岡如陵。”《爾雅·釋山》:“山脊，岡。”故以“山”應“岡”。“甫”爲男子美稱，以爲綴飾。

鄭汝諧 宋人。字舜舉。

《尚書》記帝舜命垂典百工，命伯益典虞，皆有“往哉，汝諧”之言（見《舜典》），故以“舜舉”應“汝諧”。

鄭汝翼 元人。字鵬舉。

《莊子·逍遥遊》:“有鳥焉，其名爲鵬。背若泰山，翼若垂天之雲，摶扶搖而上者九萬里，絶雲氣，負青天，然後圖南，且適南冥也。”

鄭自璧 明人。字采東。

按，璧當是“壁”之訛。《晉書·天文志上》:“東壁二星，主文章，天下圖書之秘府也。星明，王者興，道術行，國多君子；星失色，大小不同，王者好武，經士不用，圖書隱。”文士欲文運昌盛，得行其志，故以“東”應“壁”，飾以“采”，謂東壁主文章之義。

鄭至果 宋人。字子剛。

《論語·子路》:“言必信，行必果。”又:“剛毅木訥，近仁。”果敢、堅强義近，故相協。

鄭伯英 宋人。字景元。

《禮記·禮運》:“孔子曰:‘大道之行也，與三代之英，丘未之逮也，而有志焉。’”鄭玄注:“英俊選之尤者。”孔穎達疏:“案《辨名記》云：千人曰英，倍英曰賢，萬人曰傑。”《左傳·文公十八年》:“高辛氏有才子八人……天下之民謂之八元。”故以“景元”應“英”。言景慕如八元之英才。

鄭伯熊 宋人。字景望。

《史記·齊太公世家》載，周文王出獵之前，“卜之，曰:‘所獲非龍非彲，非虎非羆，所獲霸王之輔。’”乃於渭水之陽遇姜尚，“與語大説，曰:‘自吾先君太公曰“當有聖人適周，周以興”。子真是邪！吾太公望子久矣。’故號之曰‘太公望’，載與俱歸，立爲師”。後世“非虎非羆”訛爲“飛虎飛熊”，故以“望”應“熊”。

鄭　作 明人。字宜述。

《論語·述而》:“子曰:‘述而不作，信而好古，竊比於我老彭。’”此孔子之志，故以“宜述”應“作”。

鄭君老 宋人。字邦壽。

《詩·小雅·信南山》:“壽考萬年。”又《商頌·殷武》:“壽考且寧。”《説文·老部》:“老，考也。”“考，老也。”故以“壽”應“老”。古者“七十杖於國，八十杖於朝”(《禮記·王制》)，以“邦”飾“壽”，當謂登上壽。

鄭孝穆 北周人。字道和。

《詩·大雅·烝民》:“穆如清風。”鄭玄箋:“穆，和也。”故以“和”應“穆”。《禮記·中庸》:“率性之謂道。”飾以“道”，欲其性如清風之和。一云名道邕。《詩·召南·何彼穠矣》:“曷不肅雝。”毛傳:“雝，和。”邕通“雝”。故雝、穆亦協。

鄭廷暘 清人。字嵎谷。

《書·堯典》:“分命羲仲，宅嵎夷，曰暘谷，寅賓出日，平秩東作。”

鄭成功 明人。

初名森，字大木。《説文·林部》:“森，木多貌。”《玉篇·林部》:“森，長木貌。”長木即大木。《孟子·梁惠王下》:“爲巨室，必使工師求大木。”故以“大木”應“森”。改名後，原名與字遂不傳。

鄭　沂 明人。字叔魯。

沂，春秋時魯國境内水名。《論語·先進》曾記孔子令諸弟子言志，曾皙（曾參之父）言，願“浴乎沂，風乎舞雩，詠而歸”，深爲孔子贊許的故事。故以“魯”應“沂”，以示“沂”乃曾皙所浴之沂。按，魯亦可能爲“曾”之誤。以此典故爲名字者，常有沂誤“圻”，曾誤“魯”的事。參看李圻、李沂。

鄭良弼 明人。字子宗。

《僞古文尚書·説命上》:“夢帝賚予良弼。”殷高宗“旁求于天下”得傅説，立以爲相，殷乃中興。以“宗”應“良弼”，謂宗仰前代良相。

鄭　谷 唐人。字守愚。

漢劉向《説苑·政理》:“齊桓公出獵，逐鹿而走，入山谷之中，見一老公而問之曰:‘是爲何谷？’對曰:‘爲愚公之谷。’桓公曰:‘何故？’對曰:‘以臣名之。’”向宗魯校證引《水經注·淄水》:“時水北歷愚山東，有愚公冢，時水又屈而逕杜山北，有愚公谷。”故以“愚”應“谷”。飾以“守”，言欲傚愚公。

鄭　辰 明人。字文樞。

《論語·爲政》:“爲政以德，譬如北辰，居其所而衆星共之。”朱熹集注:“北辰，北極，天之樞也。”故以“樞”應“辰”。飾以“文”，欲爲文章樞機。

鄭受益 五代後晉人。字謙光。

《僞古文尚書·大禹謨》:“謙受益。”《易·謙卦》:“謙尊而光，卑而不可踰，君子之終也。”

鄭宗强　宋人。字南夫。

《禮記·中庸》：“子曰：‘南方之强與？北方之强與？抑而强與？寬柔以教，不報無道，南方之强也，君子居之。’”

鄭居津　宋人。字知要。

《古詩十九首》：“何不策高足，先據要路津？”唐杜甫《麗人行》：“賓從雜遝實要津。”故以“要”應“津”。飾以“知”，一、謂知道據要津之重要；二、謂主管要津。

鄭　岳　明人。字汝華。

《爾雅·釋山》：“泰山爲東嶽，華山爲西嶽。”嶽同“岳”。

鄭　旼　清人。字慕倩。

《孟子·萬章上》：“萬章問曰：‘舜往于田，號泣于旻天，何爲其號泣也？’孟子曰：‘怨慕也。’”朱熹集注：“怨己之不得其親而思慕也。”旼同“旻”。西漢以來，士大夫多以“倩”爲字或字的綴飾。故以“慕”應“旼”而綴以“倩”。

鄭　東　元人。字季明。

《詩·齊風·鷄鳴》：“東方明矣，朝既昌矣。”“季”表行第。

鄭　杲　清人。字東甫。

《詩·衛風·伯兮》：“其雨其雨，杲杲出日。”毛傳：“杲杲然日復出矣。”《玉篇·日部》：“杲，日出也。”東方出日，故以“東”應“杲”。“甫”爲綴飾，亦爲男子美稱。

鄭　松　宋人。字特立。

晉陶潛《歸去來辭》：“撫孤松而盤桓。”《晉書·阮籍傳》：“夫布衣韋帶之士，孤居特立。”孤松亦特立如有節操之士。

鄭芝龍　明人。字飛黄。

《易·乾卦》：“九五，飛龍在天。”因《淮南子·覽冥訓》有“青龍進駕，飛黄伏皁”之言，故以“飛”應“龍”而綴以“黄”。

鄭虎文　清人。字炳也。

《易·革卦》：“象曰：大人虎變，其文炳也。”

鄭虎臣　宋人。字景兆。

《詩·魯頌·泮水》：“矯矯虎臣，在泮獻馘。”據《史記·齊太公世家》載，周文王出獵前，命人占卜，其兆謂所獲者“非虎非羆，所獲霸王之輔”。及出獵，於渭水之陽遇姜太公，載之而歸，立爲師。後姜太公輔武王滅商，建立周王朝，成爲佐命功臣。以“景兆”應“虎臣”，即謂應“非虎非羆”之兆，成爲王家虎臣。

鄭　俠　宋人。字介夫。

漢揚雄《法言·淵騫》：“或問‘蕭、曹’。曰：‘蕭也規，曹也隨。’‘滕、灌、樊、酈？’曰：‘俠介。’”李軌注：“此四人前後輔介高帝。”汪榮寶義疏：“俞云：‘俠與夾通。《尚書·多方篇》：“爾曷不夾介乂我周王？”’吴王吏部仁俊云：‘夾介者，言乎其相左右也。’”故以“介”應“俠”。“夫”爲男子通稱，以爲綴飾。

鄭俠如　清人。字士介。

解見上。

鄭　建　明人。字弘中。

《僞古文尚書·仲虺之誥》：“建中于民，以義制事，以禮制心。”蔡沈集傳：“立中道於天下。中者天下之所同有也，然非君建之，則民不能以自中，而禮義者，所以建中者也。”飾以“弘”，謂弘大之。

鄭建充　金人。字仲實。

《孟子·盡心下》：“充實之謂美。”“仲”表行第。

鄭思永　宋人。字景修。

《詩·周南·漢廣》：“江之永矣，不可方思。”毛傳：“永，長。”《文選·曹植〈洛神賦〉》：“穠纖得中，脩短合度。”李周翰注：“言肥細長短正合體度。”是永、修皆爲長，故相協。思永南宋人。亦或慕歐陽修（字永叔）故襲其名字，飾以“景”，即謂景仰。

鄭思肖　宋人。字所南。

其原名字不詳，南宋亡後，遂改今名。思肖即思趙。應以所南，謂所思在南。一字憶翁。言不忘故國，永遠懷思。

鄭　泉　三國吴人。字文淵。

《禮記·中庸》：“溥博如天，淵泉如淵。”飾以“文”，言文思如淵泉。

鄭洛英　清人。字耆仲。

宋沈括《夢溪筆談·人事一》載，元豐五年，文彦博守洛，邀集當時居於洛陽的年高望隆的名流富弼、王拱辰、司馬光等十三人，於妙覺寺集會，并命畫工圖像於壁，時號耆英會。故以“耆”應“洛英”。“仲”表行第。

鄭洛書　明人。字啓範。

《書·洪範》蔡沈集傳：“《漢志》曰：禹治洪水，錫《洛書》，法而陳之，《洪範》是也。”

鄭相如　清人。字漢林。

司馬相如字長卿，爲西漢辭賦名家，慕其人，故以其名爲名，而以其朝代爲字。《史記》《漢書》等皆有《儒林傳》，相如文章大家，綴以“林”，言爲漢代文林魁首。

鄭若曾　明人。字伯魯。

若曾，謂若曾子。曾參，孔子弟子。《論語·先進》記孔子曾謂“參也魯”。《史記·仲尼弟子列傳》：“曾參，南武城人，字子輿。少孔子四十六歲。孔子以爲能通孝道，故授之業，作《孝經》。”故以“魯”應“若曾”。言如曾參之魯鈍。“伯”表行第居長。

鄭　英　明人。字伯華。

《爾雅·釋草》：“木謂之華，草謂之榮。不榮而實者謂之秀，榮而不實者謂之英。”英、華皆謂花，故相協。“伯”表行第。

鄭　重

① 明人。字千里。

此析名爲字。“重”由千里組成。

② 清人。字山公。

漢司馬遷《報任安書》：“死或重於泰山，或輕於鴻毛。”故以“山”應“重”。自漢以來，士大夫多以“公”飾名字，或以爲字的綴飾。

鄭重光　清人。字在辛。

《爾雅·釋天》：“太歲在甲曰閼逢，在乙曰旃蒙……在辛曰重光。”

鄭剛中　宋人。字亨仲。

《易·小畜卦》：“剛中而志行，乃亨。”又《升卦》：“剛中而應，是以大亨。”

鄭師孟 宋人。字齊卿。

《史記·孟子荀卿列傳》："孟軻，騶人也。……道既通，游事齊宣王。"孟子曾爲齊國客卿，故以"齊卿"應"孟"。敬仰其人，故以其姓爲名，而以爵位爲字。

鄭 恕 明人。字本忠。

《論語·里仁》："夫子之道，忠恕而已矣。"朱熹集注："恕者所以行乎忠也。忠者體，恕者用。"故以"本忠"應"恕"。

鄭恭和 清人。字仲協。

《書·臯陶謨》："同寅協恭，和衷哉。"一字寅卿，同取此經義。"卿"爲綴飾。

鄭恭燮 清人。字孟調。

一字理卿。《書·顧命》："燮和天下，用答揚文武之光訓。"調、和同義，故以"調"應"燮"。"孟"表行第居長。又《僞古文尚書·周官》："論道經邦，燮理陰陽。"故以"理"應"燮"。"卿"爲顯爵，亦爲美稱，故以爲綴飾。

鄭 格 宋人。字迪民。

《書·召誥》："相古先民有夏，天迪從子保，面稽天若……今相有殷，天迪格保，面稽天若。"蔡沈集傳："視古先民有夏，天固啓迪之，又從其子而保佑之……今視有殷，天固啓迪之，又使其格正夏命而保佑之。"以"迪民"應"格"即取此經義。

鄭 虔 唐人。字弱齋。

《詩·商頌·長發》："武王載旆，有虔秉鉞。"馬瑞辰通釋："虔之本義原取勇猛，勇猛者必强固……有虔正形容强武之貌。"應以"弱"，取反義相協。按，《新唐書》本傳未言其字。《中國人名大辭典》謂字弱齋，不知何所據。唐人之字以"齋"爲綴飾者罕見。

鄭國賓 明人。字汝嘉。

《詩·小雅·鹿鳴》："我有嘉賓，鼓瑟吹笙。"又："我有旨酒，以晏樂嘉賓之心。"

鄭國鴻 清人。字雪堂。

宋蘇軾《和子由澠池懷舊》詩："人生到處知何似，應似飛鴻踏雪泥。"故以"雪"應"鴻"。"堂"爲時尚綴飾。亦借蘇軾《後赤壁賦》"步自雪堂"成語。

鄭基成 清人。字大集。

《孟子·萬章下》："孔子之謂集大成。集大成也者，金聲而玉振之也。"

鄭 寅 宋人。字子敬。

《書·堯典》："寅賓出日。"孔傳："寅，敬。"同義故相協。

鄭崇敬 清人。字子壽。

《禮記·儒行》："敬慎者仁之地也。"《論語·雍也》："仁者壽。"故因"敬"及"仁"而以"壽"應"敬"。

鄭望之 宋人。字顧道。

《詩·魏風·陟岵》："陟彼岵兮，瞻望父兮。"又《檜風·匪風》："顧瞻周道，中心弔兮。"瞻、望、顧同義，故以"顧"應"望"，因"顧瞻周道"之言，遂綴以"道"。

鄭 衆 漢人。字仲師。

《易·師卦》："師，衆也。"

鄭陶孫 元人。字景潛。

因仰慕晉代大詩人陶潛，故以其姓爲名，而以其名爲字。

鄭景平 宋人。字希尹。

平，謂陳平。尹，謂伊尹。伊尹輔湯滅夏，建立商王朝。陳平輔劉邦而有天下。同爲佐命功臣，故相協。

鄭曾子 宋人。字子可。

曾子，指孔子弟子曾參。孔子言"吾道一以貫之"，諸弟子不解所謂，獨曾子了悟"夫子之道，忠恕而已矣"。《史記·仲尼弟子列傳》謂"孔子以爲能通乎孝道，故授之業"，故以"子可"相應。子可，言夫子許可之。

鄭 渭 明人。字伯清。

《詩·邶風·谷風》："涇以渭濁，湜湜其沚。"朱熹集傳："涇濁渭清，然涇未屬渭之時，雖濁而未甚見，由二水既合，而清濁益分，然其別出之諸流或稍緩，則猶有清處。"以"清"應"渭"，蓋以自勵，欲永保其清澈。

鄭爲虹 明人。字天玉。

晉干寶《搜神記》卷七："孔子修《春秋》，制《孝經》，既成，齋戒，向北辰而拜，告備於天。天乃洪鬱，起白霧，摩地，赤虹自上而下，化爲黃玉，長三尺，上有刻文。"故以"天玉"應"虹"。

鄭 嵩

① 清人。字天峻。

《詩·大雅·崧高》："崧高維嶽，駿極于天。"嵩同"崧"。駿通"峻"。故以"天峻"應"嵩"。

② 清人。字息中。

嵩山在五岳中爲中岳，故以"中"應"嵩"。息謂息壤。《山海經·海内經》："洪水滔天，鯀竊帝之息壤以堙洪水。"郭璞注："息壤者，言土自長息無限，故可以塞洪水也。"陰陽五行家以東方屬木，南方屬火，中央屬土。漢董仲舒《春秋繁露·五行相生》："中央者土。"息壤即土，故以"息"飾"中"。

鄭滁孫 元人。字景歐。

宋歐陽修於慶曆五年（公元1045年）出知滁州，並於此寫下著名的《醉翁亭記》。慕其人，故以其所治之地爲名，而以其姓爲字。

鄭與僑 清人。字惠人。

僑，謂春秋鄭國賢大夫公孫僑（字子産）。《論語·憲問》："或問子産，子曰：'惠人也。'"與僑，即贊許公孫僑，故以"惠人"相應。

鄭 鼎

① 元人。字國器。

古代以鼎爲傳國重器，並以爲皇權的象徵。《左傳·宣公三年》："商紂暴虐，鼎遷於周……成王定鼎於郟鄏。"《漢書·韓安國傳》："唯天子以爲國器。"顔師古注："國器者，言其器用重大，可施於國政也。"鼎爲重要器具，故以"國器"相應。

② 明人。字爾調。

古代以鼎爲烹飪之器，又以"調鼎"比喻宰相治理國家。唐孟浩然《都下送辛大之鄂》詩："未逢調鼎用，徒有濟川才。"倣《尚書》文例，故以"爾"爲飾。

鄭鼎新 宋人。字中實。

《易·鼎卦》："象曰：鼎有實，

慎所之也。”又：“得中而應乎剛，是以元亨。”故以“中”飾“實”而應“鼎”。

鄭　僑　宋人。字惠叔。

僑，謂春秋鄭大夫公孫僑（字子産）。孔子稱贊子産“其養民也惠，其使民也義”（《論語·公冶長》）。又贊許他爲“惠人”（《憲問》），故以“惠”應“僑”。“叔”表行第。

鄭　戩　宋人。字天休。

《詩·小雅·天保》：“天保定爾，俾爾戩穀。“毛傳：“戩，福；穀，禄。”又《魯頌·長發》：“何天之休。”上天賜予福禄，即是“何（荷）天之休”，故“天休”應“戩”。

鄭　滿　明人。字守謙。

《僞古文尚書·大禹謨》：“滿招損，謙受益。”《易·謙卦》：“謙謙君子，卑以自牧也。”故以“守謙”自警，以避“滿招損”。

鄭　端　清人。字司直。

《説文·立部》：“端，直也。”因《詩·鄭風·羔裘》：“彼其之子，邦之司直。”故因“直”而以“司”爲飾。

鄭　紧　唐人。字蘊武。

《玉篇·糸部》：“紧，戟衣也。”戟爲武器，戟衣自是蘊武。

鄭履淳　明人。字叔初。

《左傳·文公元年》：“履端於始，數則不愆。”《爾雅·釋詁》：“初，始也。”故以“初”應“履”。“叔”表行第。

鄭　潛　明人。字彦昭。

《詩·小雅·正月》：“潛雖伏矣，亦孔之炤。”《禮記·中庸》引作“亦孔之昭”。故以“昭”應“潛”。美士爲彦，故以爲飾。

鄭　璉　元人。字希貢。

《論語·公冶長》：“子貢問曰：‘賜也何如？’子曰：‘汝器也。’曰：‘何器也？’曰：‘瑚璉也。’”孔子許子貢爲瑚璉之器，故以“希貢”應“璉”。言希慕子貢，爲瑚璉之器。

鄭學醇　明人。字承孟。

宋·朱熹《孟子章句集注·叙説》：“韓子曰：‘堯以是傳之舜，舜以是傳之禹，禹以是傳之湯……孔子傳之孟軻。’又曰：‘孟氏醇乎醇者也。荀與揚大醇而小疵。’”故以“承孟”應“學醇”。

鄭　憲　明人。字有度。

後漢黄憲字叔度，爲諸名流傾倒，慕其人，故襲其名字。

鄭　樵　宋人。字漁仲。

宋張耒《夏日》詩：“久斑兩鬢如霜雪，直欲樵漁過此生。”樵、漁皆爲田園生活，故相應。“仲”表行第。

鄭　獬　宋人。字毅夫。

獬，謂獬豸。傳説中神獸，獨角，見人争鬥即觸不直者。見《太平御覽》卷八九〇引《神異經》，又見漢楊孚《異物志》。以其勇於觸不直之人，故應以“毅”，“夫”爲男子通稱。

鄭　穎　宋人。字茂叔。

《詩·大雅·生民》：“茀厥豐草，種之黄茂。……實穎實栗，即有邰家室。”以“茂”應“穎”即取此經義。“叔”表行第。

鄭錫文　明人。字禹範。

《書·洪範》：“天乃錫禹《洪範》九疇，彝倫攸叙。”以“禹範”應“錫”，即用此經義。

鄭　閭　明人。字公望。

《史記·平準書》：“守閭閻者食粱肉。”《戰國策·齊策六》：“〔王孫賈〕其母曰：‘女朝出而晚來，則吾倚門而望；女暮出而不還，則吾倚閭而望。’”閭、閻皆謂里巷的門，故以“望”應“閭”。漢以來士人多以公、君飾字。

鄭　濟　宋人。字輿梁。

《孟子·離婁下》：“子産聽鄭國之政，以其乘輿濟人於溱洧。孟子曰：‘惠而不知爲政。歲十一月徒杠成，十二月輿梁成，民猶未病涉也。’”以“輿梁”應“濟”，即用此經義。

鄭　燮　清人。字克柔。

《書·洪範》：“燮友柔克，沈潛剛克。”

鄭鴻磐　清人。字漸逵。

《易·漸卦》：“鴻漸于陸，其羽可用爲儀，吉。”朱熹本義：“胡氏、程氏皆云，陸當作逵。謂雲路也。”故以“漸逵”應“鴻”。

鄭　簠　清人。字汝器。

《論語·公冶長》：“子貢問曰：‘賜也何如？’子曰：‘汝器也。’曰：‘何器也？’曰：‘瑚璉也。’”朱熹集注：“器者有用之成材。夏曰瑚，商曰璉，周曰簠簋。皆宗廟盛黍稷之器而飾以玉，器之貴重而華美者也。”

鄭覺民　元人。字以道。

《孟子·萬章上》：“予將以斯道覺斯民也。”

鄭　儼　後魏人。字季然。

《論語·堯曰》：“儼然人望而畏之。”“季”表行第。

鄭　驤

①宋人。字士龍。

唐杜牧《題永崇西平王宅太尉愬院六韻》：“半夜龍驤去，中原虎穴空。”故以“龍”應“驤”。“士”爲男子美稱。

②宋人。字潛翁。

《易·乾卦》：“確乎其不可拔，潛龍也。”以“潛”應“驤”，實即以“龍”應“驤”，綴以“翁”，爲宋人時尚。

〔齊〕

齊之鸞　明人。字瑞卿。

鸞，傳説中的祥瑞之鳥。《説文》以爲“赤神靈之精”，“赤色五彩，雞形”。《玉篇》以爲“似雉。見則天下安寧”。故以“瑞”相應。

齊天覺　宋人。字莘夫。

《孟子·萬章上》：“伊尹耕於有莘之野”，“湯使人以幣聘之”，不就。“湯三使往聘之，既而幡然改曰”，“天之生此民也，使先知覺後知，使先覺覺後覺也。予天民之先覺者也。予將以斯道覺斯民也”。遂出佐湯伐夏，建立殷王朝。故以“莘夫”應“天覺”。

齊召南　清人。字次風。

《詩》有《周南》《召南》，列在十五國風中，故以“次風”相應。

齊　抗　唐人。字遐舉。

《玉篇·手部》：“抗，舉也。”同義相協。《楚辭·遠遊》有“氾容與而遐舉兮”之語，故因“舉”而以“遐”爲飾。謂其志遠大。

齊　汪　明人。字源澄。

《後漢書·黄憲傳》載，郭泰稱黄憲之器宇，汪汪如千頃之陂，“澄之不清，淆之不濁”，不可限量，故以“澄”應“汪”。飾以“源”，謂水之源頭清。

齊周華　清人。字巨山。

《左傳·成公二年》齊、晉搴之戰，齊師敗績。晉逐齊頃公，“三周華不注”。此連姓成文。以“巨山”應“華”，似指華山。但山東人稱華不注，亦曰華山。

齊彦槐　清人。字夢樹。

槐爲樹之一種，故以“樹”應“槐”。《周禮·秋官·朝士》載，周代於外朝之廷中植三槐，朝會時，三公立於此。夢槐乃爲吉兆，預示有三公之位。

齊　恢　宋人。字熙業。

《説文·心部》：“恢，大也。”《爾雅·釋詁》：“熙，興也。”恢宏、興盛義近。綴以“業”，欲宏大興盛其業。

齊琦名　明人。字越石。

《玉篇·玉部》：“琦，《埤蒼》云：琦瑋也。”凡玉皆超過石。晉劉琨亦字越石。

齊　慎　清人。字禮堂。

《左傳·襄公二九年》：“子爲政，慎之以禮。”又《論語·泰伯》：“恭而無禮則勞，慎而無禮則葸。”故以“禮”應“慎”，“堂”爲清人時尚綴飾。

齊鼎名　明人。字調宇。

《韓詩外傳》卷七：“伊尹故有莘氏僮也，負鼎操俎調五味，而立爲相，其遇湯也。”故以“調”應“鼎”。調鼎，後世以爲宰相治國之典，故綴以“宇”。言協和宇内之政事。

齊榮顯　元人。字仁卿。

《孟子·公孫丑上》：“孟子曰：‘仁則榮，不仁則辱。’”

齊學裘　清人。字子貞。

《禮記·學記》：“良冶之子，必學爲裘。”陳澔集説：“善冶之家，其子弟見其父兄陶冶金鐵，使之柔合以補冶破器，故此子弟能學爲袍裘，補續獸皮，片片相合，以至完全也。”《玉篇·卜部》：“貞，正也。”以應“學裘”，言如此正是繼其家業。

齊　澣　唐人。字洗心。

《詩·周南·葛覃》：“薄澣我衣。”鄭玄箋：“澣謂濯之耳。”《易·繫辭上》：“聖人以此洗心。”

十五畫

〔劉〕

劉一止　宋人。字行簡。

《易·繫辭上》：“天一地二。”又：“《乾》以易知，《坤》以簡能。”乾爲天，坤爲地，以“簡”應“一”，即以坤應乾，亦即以地應天。因《論語·雍也》有“居敬行簡”之言，遂就“簡”而以“行”爲飾。

劉一相　明人。字維衡。

一相，謂有史以來，第一賢相。指殷之伊尹。伊尹佐湯滅夏，建立殷王朝。湯死，伊尹又輔太甲，保存了殷之基業。《僞古文尚書·太甲上》：“維嗣王不惠于阿衡。”孔穎達疏引《詩》毛傳云：“阿衡，伊尹也。”故以“維衡”應“一相”。

劉一儒　明人。字孟真。

《後漢書·桓榮傳》：“後榮入會庭中，詔賜奇果，受者皆懷之，榮獨舉手捧之以拜。帝笑指之曰：‘此真儒生也。’以是愈見敬厚。”故以“真”應“儒”。“孟”表行第居長。

劉　丁　清人。字先庚。

丁，居天干第四位，庚爲第七位，故以“先庚”相應。

劉九德　清人。字陽升。

《書·皋陶謨》：“皋陶曰：‘都，亦行有九德。’”在《易》，九爲陽，六爲陰。故以“陽”應“九”，陽在下則無用，故綴以“升”。

劉乃大　清人。字有容。

《僞古文尚書·君陳》：“必有忍，其乃有濟；有容，德乃大。”

劉　几　宋人。字伯壽。

《詩·豳風·狼跋》：“公孫碩膚，赤舄几几。”朱熹集傳：“几几，安重貌。”安重即是静。《論語·雍也》：“知者動，仁者静；知者樂，仁者壽。”“伯”表行第居長。

劉三吾　明人。字如孫。

《論語·學而》：“曾子曰：‘吾日三省吾身：爲人謀而不忠乎？與朋友交而不信乎？傳不習乎？’”以“如”相應，言如曾子之言，日三省乎己。“孫”爲綴飾。爲人後者之泛稱。

劉士斗　明人。字瞻甫。

斗，謂北斗。《新唐書·韓愈傳贊》：“自愈没，其言不行，學者仰之，如泰山北斗云。”瞻、仰義近。“甫”爲男子美稱，以爲綴飾。

劉士奇　明人。字邦正。

奇、正反義相協。《孫子·勢篇》：“戰勢不過奇正，奇正之變，不可勝窮也。”治國以正，不以奇。故飾以“正”。

劉士英　宋人。字仲發。

《爾雅·釋草》：“木謂之華，草謂之榮。不榮而實者謂之秀，榮而不實者謂之英。”《詩·大雅·生民》：“實發實秀。”英、發皆指植物的生長現象。

劉士逵　明人。字伯鴻。

《易·漸卦》：“鴻漸于陸，其羽可用爲儀。”朱熹本義引程氏、胡氏云：“陸，當作逵。謂雲路也。”伯，表行第居長。

劉士驥　明人。字允良。

《論語·憲問》：“子曰：‘驥不稱其力，稱其德也。’”朱熹集注：“德，謂調良也。”

劉大中　宋人。字立道。

《禮記·中庸》：“中立而不倚，强哉矯。”中立乃中庸之道，故以“道”爲綴飾。

劉大夏　明人。字時雍。

《周禮·春官·大司樂》：“以樂舞教國子，舞《雲門》《大卷》《大咸》《大磬》《大夏》……”鄭玄注：“《大夏》，禹樂也。”

《書·堯典》有“黎民於變時雍”之言，孔傳謂“時，是；雍，和也”。以“時雍”應“大夏”，乃稱贊其舞和美。

劉大櫆 清人。字才甫。

櫆即“魁”。《集韻·平灰》：“魁，羹斗也。或從木。”科舉時代，進士第一名稱爲魁。宋陸游《老學庵筆記》卷八：“東坡先生《省試刑賞忠厚之至論》有云……初欲以爲魁。”爲魁必是俊才，故以“才”應“櫆”。

劉子羽 宋人。字彦修。

《論語·憲問》：“子曰：‘爲命，裨諶草創之，世叔討論之，行人子羽修飾之，東里子産潤色之。’”《爾雅·釋訓》：“美士爲彦。”

劉子壯 清人。字克猷。

《詩·小雅·采芑》：“方叔元老，克壯其猶。”猶，通“猷”。

劉子尚 南朝宋人。字孝師。

《詩·大雅·大明》：“維師尚父，時維鷹揚。”東漢以來，士大夫之字多以“孝”爲飾。師尚，謂師周之姜尚。

劉子房 南朝宋人。字孝良。

漢張良字子房，佐高祖滅楚，創立漢王朝，封留侯。與其兄劉子尚，同是仰慕古人。故襲用其名字。

劉子玠 宋人。字君錫。

《詩·大雅·崧高》：“錫爾介圭，以作爾寶。”介，通“玠”。

劉子章 清人。字道闇。

《禮記·中庸》：“故君子之道，闇然而日章。”

劉子翬 宋人。字彦沖。

《詩·小雅·斯干》：“如翬斯飛。”《説文·羽部》：“翬，大飛也。”段玉裁注：“《釋鳥》曰：‘鷹，隼醜。其飛也翬。’郭云：‘鼓翅翬翬然疾。’”《史記·滑稽列傳》：“此鳥不飛則已，一飛沖天。”故以“沖”應“翬”。《詩·鄭風·羔裘》：“彼其之子，邦之彦兮。”彦，士之美稱，故以爲飾。

劉子薦 宋人。字貢伯。

薦、貢皆謂進士於朝。《後漢書·黄瓊傳》：“公卿多薦瓊者。”又《左雄傳》：“郡國孝廉，古之貢士。”“伯”表行第居長。

劉子翼

① 唐人。字小心。

《詩·大雅·大明》：“維此文王，小心翼翼。”

② 宋人。字彦禮。

《爾雅·釋詁》：“翼，敬也。”《孝經·廣要道章》：“禮者敬而已矣。”“彦”爲美士之稱，故以爲飾。

劉才卲 宋人。字美中。

漢揚雄《法言·孝至》：“年彌高而德彌卲。”汪榮寶義疏：“宋云：‘卲，美也。’”

劉中藻 明人。字薦叔。

《左傳·隱公三年》：“蘋蘩薀藻之菜，筐筥錡釜之器，潢汙行潦之水，可薦於鬼神，可羞於王公。”故以“薦”應“藻”。“叔”表行第居第三。

劉之亨 南朝梁人。字嘉會。

《易·乾卦·文言》：“亨者，嘉之會也。”

劉之勃 明人。字安侯。

王勃字子安，爲初唐四傑之一。慕其人，故襲其名字。“侯”爲綴飾。

劉之鳳 明人。字雝鳴。

《詩·大雅·卷阿》：“鳳皇鳴矣，于彼高岡。梧桐生矣，于彼朝陽。菶菶萋萋，雝雝喈喈。”

劉仁之 後魏人。字山静。

《論語·雍也》：“知者樂水，仁者樂山；知者動，仁者静。”

劉仁本 元人。字德元。

《論語·學而》：“孝弟也者，其爲仁之本與。”又《禮記·大學》：“德者本也。”

劉仁軌 唐人。字正則。

《史記·律書》：“王者制事立法，物度軌則，壹稟於六律，六律爲萬事根本焉。”凡準則無不正，故以“正”爲飾。

劉仁贍 五代南唐人。字守惠。

《穀梁傳·隱公二年》：“知者慮，義者行，仁者守。”《論語·衛靈公》：“知及之，仁能守之。”故以“守”應“仁”。又《陽貨》：“子張問仁於孔子。孔子曰：‘能行五者於天下，爲仁矣。’請問之，曰：‘恭、寬、信、敏、惠。恭則不侮，寬則得衆……惠則足以使人。”’故綴以“惠”。能使人則可以共守。

劉　允 宋人。字厚中。

《論語·堯曰》：“允執厥中。”

劉允升

① 宋人。名階。

以字行。《易·升卦》：“象曰：貞吉升階，大得志也。”

② 清人。字敬堂。

《論語·先進》：“由也升堂矣，未入於室也。”

劉元亨 宋人。字子嘉。

《易·乾卦·文言》：“亨者嘉之會也。”“子”爲男子美稱。

劉元炳 清人。字叔文。

《易·革卦》：“大人虎變，其文炳也。”“叔”表行第居第三。

劉元高 宋人。字仲山。

《詩·小雅·小弁》：“莫高匪山。”“仲”表行第居第二。

劉元卿 明人。字調父。

公卿乃朝廷重臣。調，謂調和鼎鼐。《韓詩外傳》卷七：“伊尹有莘氏僮也，負鼎俎調五味，而立爲相。”因以“調鼎”喻宰相職守，故以“調”應“卿”。“父”爲男子美稱。先秦士大夫之字多綴以“父”，後易爲“甫”，父亦讀爲“甫”。

劉元瑜 宋人。字君玉。

《説文·玉部》：“瑜，瑾瑜也。”瑾瑜玉名。故以“玉”相應。自漢以來，士大夫皆以公、君等飾字。

劉元稷 清人。字子穀。

《禮記·祭法》：“是故厲山氏之有天下也，其子曰農，能殖百穀。夏之衰也，周弃繼之，故祀以爲稷。”陳澔集説：“稷，穀神也。”稷，既爲百穀之神，又與穀同是農作物。故以“穀”相協。

劉元震 明人。字元東。

《易·説卦》：“萬物出乎震。震，東方也。”飾以“元”，謂原本東方也。

劉元燮 清人。字理齋。

《僞古文尚書·周官》：“兹惟三公，論道經邦，燮理陰陽。”齋、堂、軒、樓，爲清人時尚綴飾。

劉公言 清人。字德白。

《左傳・僖公七年》："言於齊侯曰。"又《僖公三三年》："言於王曰。"《史記・淮南衡山列傳》："吕后妒，弗肯白。"言、白皆有禀告義，故相協。飾以"德"，取《易・繫辭上》"德言盛"之義。

劉天民 明人。字希尹。

《孟子・萬章上》記"伊尹耕於有莘之野"，不肯就湯之聘。"湯三使往聘之，既而幡然改曰"，"天之生此民也，使先知覺後知，使先覺覺後覺也。予天民之先覺者也"，遂佐湯滅夏。故以"希尹"應"天民"。

劉天麒 明人。字仁徵。

《宋書・符瑞志中》："麒麟，仁獸也。牡曰麒，牝曰麟。"唐韓愈《獲麟解》："麟之出，必有聖人在乎位。"故麟之出現，是仁人在位之徵兆。

劉天衢 明人。字一登。

《文選・孔融〈薦禰衡表〉》："如得龍躍天衢，振翼雲漢。"劉良注："天衢、雲漢，以喻省閣也。"以"登"應"天衢"，謂受朝廷重用，任要職。飾以"一"，表示希望有一天能實現此願望。

劉太清 明人。字得一。

《老子》第三九章："天得一以清，地得一以寧。"

劉孔和 明人。字節之。

《論語・學而》："禮之用，和爲貴……知和而和，不以禮節之，亦不可行也。"

劉文炳 明人。字淇筠。

《詩・衛風・淇奥》："瞻彼淇奥，緑竹猗猗。有匪君子，如切如磋，如琢如磨。"朱熹集傳："匪、斐通，文章著見之貌也。"故以"淇"應"文"。《禮記・禮器》："其在人也，如竹箭之有筠也。"陳澔集説："筠，竹之青皮也。""以人之一身言之，如竹箭之有筠，足以致飾於外。"因淇園"緑竹猗猗"，遂以"筠"綴"淇"。按，《淇奥》之詩是歌頌衛武公，以始生之竹，喻其美盛，且稱贊其"學問自修之進益"。

劉文淇 清人。字孟瞻。

《詩・衛風・淇奥》："瞻彼淇奥，緑竹猗猗。""孟"表行第居長。

劉文卿 明人。字徯如。

文，謂周文王。《孟子・梁惠王下》記述湯征伐之始，民衆企盼殷切，"若大旱之望雲霓"，故《書》曰："徯我后，后來其蘇。"朱熹集注："徯，待也。后，君也。蘇，復生也。他國之民，皆以湯爲我君，而待其來，使己得蘇息也。"以"徯"應"文"，謂期待如文王之明君。如，猶然。以綴"徯"，表示企望之狀。

劉文質 宋人。字士彬。

《論語・雍也》："文質彬彬，然後君子。""士"爲男子美稱。

劉文蔚 清人。字豹君。

《易・革卦》："君子豹變，其文蔚也。""君"爲綴飾。

劉文静 唐人。字肇仁。

《論語・雍也》："知者動，仁者静。"《爾雅・釋詁》："肇，始也。"以飾"仁"，謂肇始於仁者。

劉世亨 元人。字嘉甫。

《易・乾卦・文言》："亨，嘉之會也。"

劉世讓 唐人。字元欽。

《書・舜典》："伯拜稽首，讓于夔龍。帝曰：'俞！往欽哉。'"

劉　丙 明人。字文焕。

《易・革卦》："其文炳也。"丙，通"炳"。《論語・泰伯》："焕乎！其有文章。"故以"文"應"丙"而綴以"焕"。

劉　仕 明人。字以學。

《論語・子張》："仕而優則學，學而優則仕。"朱熹集注："優，有餘力也。"以，猶而。

劉以忠 元人。字恕夫。

《論語・里仁》："夫子之道，忠恕而已矣。""夫"爲男子通稱。

劉仔肩 明人。字汝弼。

《詩・周頌・敬之》："佛時仔肩，示我顯德行。"朱熹集傳："佛、弼通。仔肩，任也。"

劉台拱 清人。字端臨。

《論語・爲政》："爲政以德，譬如北辰，居其所，而衆星共之。"朱熹集注："共，音拱。亦作拱。"《魏書・辛雄傳》："端拱而四方安。"以"端"應"拱"，即謂爲政尚清簡，無爲而下治。臨，臨民，治理百姓。

劉　平

① 漢人。字公子。

《管子・形勢解》："天公平無私，故美惡莫不覆。"子，男子美稱。

② 宋人。字士衡。

《漢書・律曆志上》："準正，則平衡而鈞權矣。"士，男子美稱。

劉　正

① 宋人。字道醇。

宋朱熹《中庸章句》："中者天下之正道，庸者天下之定理。"唐韓愈《讀荀》謂孟子傳孔子之道，"醇乎醇者也"，故以"醇"綴"道"。

② 元人。字清卿。

漢王充《論衡・累害》："清正之仕，抗行伸志，遂爲所憎。"

劉民先 宋人。字聖任。

《孟子・萬章上》："〔伊尹曰〕予天民之先覺者也，予將以斯道覺斯民也。"《萬章下》："伊尹聖之任者也。"

劉　永

① 三國蜀漢人。字公壽。

《詩・周南・漢廣》："江之永矣。"毛傳："永，長。"以"壽"相應，意謂長壽。漢以來，公、卿、君，既可飾字，亦可作字的綴飾。

② 明人。字克修。

《戰國策・齊策一》："鄒忌脩八尺有餘。"脩，通"修"。修、永皆爲長，故相協。克，能。

劉永之 元人。字仲修。

永、修皆爲長。同義故相協。

劉永年 宋人。字君錫。

君錫一作公錫。曹操《步出夏門行》："養怡之福，可得永年。"《詩・魯頌・泮水》："永錫難老。"君、公皆爲飾語。

劉永澄 明人。字静之。

一字練江。南朝齊謝朓《晚登三山還望京邑》詩："餘霞散成綺，澄江静如練。"

劉 玉 ① 明人。字仲璽。

《說文·土部》："璽，王者之印也。"段玉裁注："古者尊卑通稱，至秦漢而後爲至尊之稱。"璽，古文；璽，籀文。天子之印皆以玉，故璽行而壐廢。此只是拆"玉璽"一詞爲名字。

② 明人。字咸栗。

《禮記·聘義》："夫昔者君子比德於玉焉：温潤而澤，仁也；縝密以栗，知也；……"陳澔集説："栗，堅貌。"

劉玉汝 元人。字成之。

《詩·大雅·民勞》："王欲玉女，是用大諫。"女，同"汝"。鄭玄箋："王乎，我欲令女如玉然，故作是詩用大諫正女。"玉成之語源於此。故以"成"相應。

劉玉麐 清人。字又徐。

麐，即"麟"。南朝陳徐陵，幼年即聰慧不凡，家人携之謁見高僧寶誌上人。"寶誌手摩其頂，曰：'天上石麒麟也。'"見《陳書》本傳。故以"徐"應"麐"。飾以"又"，言又一徐陵。

劉立之 宋人。字宗禮。

《論語·季氏》："〔孔子〕他日又獨立，鯉趨而過庭。曰：'學《禮》乎？'對曰：'未也。''不學《禮》，無以立。'鯉退而學《禮》。"

劉仲尹 金人。字致君。

尹，謂佐殷的伊尹。唐杜甫《奉贈韋左丞丈二十二韻》："致君堯舜上，再使風俗淳。"謂如伊尹，使其君成爲聖明之主。

劉仲洙 金人。字師魯。

《禮記·檀弓上》："〔曾子曰〕吾與女事夫子於洙泗之間。"洙泗爲魯國境内的兩條大河。洙在北，泗在南，孔子於其間講學，因以"洙泗"爲孔子與其學派的代稱。以"師魯"應"洙"，即謂師法孔子。

劉光祖 宋人。字德修。

《詩·大雅·文王》："無念爾祖，聿修厥德。"言欲修德以光其祖。

劉光祚 明人。字鴻基。

《詩·大雅·既醉》："君子萬年，永錫祚胤。"朱熹集傳："祚，福禄也。"又《南山有臺》："樂只君子，邦家之基。"以"鴻基"應"祚"，欲基業鴻大，福禄永存。

劉 吉 明人。字祐之。

《易·繫辭上》："是以自天祐之，吉无不利。"

劉同升 明人。字晉卿。

《易·升卦》："升：元亨。"朱熹本義："升，進而上也。"又《晉卦》："晉，進也。"

劉 向 漢人。字子政。

《漢書·楚元王傳》："向字子政。"顔師古注："名向字子政，義則相配，而近代學者讀向音餉，既無别釋，靡所據憑，當依本字爲勝也。"是師古以爲名向字子政，是正確的。按《論語·顔淵》："季康子問政於孔子，孔子對曰：'政者正也。子帥以正，孰敢不正？'"《詩·豳風·七月》："塞向墐户。"毛傳："向，北出牖也。"由朝北之牖，引申爲朝向。凡朝向無不取正，故以"政"應"向"。

劉好禮 元人。字敬之。

《論語·子路》："上好禮，則民莫敢不敬。"又《孝經·廣要道章》："禮者敬而已矣。"

劉如漢 清人。字倬章。

《詩·大雅·雲漢》："倬彼雲漢，昭回于天。"故以"倬"應"漢"。綴以章，即《雲漢》之章。

劉守緒 明人。字克承。

《僞古文尚書·太甲上》："肆嗣王丕承基緒。"蔡沈集傳："故嗣王得以大承其基業也。"

劉安上 宋人。字元禮。

《論語·子路》："上好禮，則民莫敢不敬。"

劉安禮 宋人。字元素。

《論語·八佾》："子曰：'繪事後素。'〔卜商〕曰：'禮後乎？'子曰：'起予者商也。'"繪畫先以粉地爲質，而後施加五彩，故以"元"爲飾。元，原本。

劉有年 明人。字大有。

《公羊傳·桓公三年》："彼其曰大有年何？大豐年也。"

劉次莊 宋人。字中叟。

《禮記·中庸》："齊莊中正，足以有敬也。"中在莊之下，故以"中"應"次莊"。叟、老、翁爲宋人時尚綴飾。

劉汝璆 清人。字笏堂。

《說文·玉部》："球，玉也。"又："璆，球或从翏。"是璆、球同。《禮記·玉藻》："笏，天子以球玉，諸侯以象。"故以"笏"應"璆"。堂、軒、亭、齋爲清人時尚字飾。

劉自强 明人。字體乾。

《易·乾卦》："君子以自强不息。"乾爲天，天德以剛爲體，故以"體乾"應"自强"。

劉自潔 清人。字恒叔。

唐韓愈《送李愿歸盤谷序》："坐茂樹以終日，濯清泉以自潔。"《易·恒卦》："恒，久而不已也。"又："不恒其德，或承之羞。"故以"恒"應"自潔"，以示永遠潔身自愛。

劉伯愚 明人。字千之。

《禮記·中庸》："人一能之，己百之；人十能之，己千之。果能此道矣，雖愚必明，雖柔必强。"

劉 伶 晉人。字伯倫。

伶倫，傳説中黄帝的樂官，十二律爲其所創。《吕氏春秋·古樂》："昔黄帝令伶倫作爲律。"高誘注："伶倫，黄帝臣。"仰慕古人，故以其名爲名字。"伯"表行第居長。

劉克莊 宋人。字潛夫。

《書·洪範》："沈潛剛克，高明柔克。"故以"潛"應"克"。"夫"爲男子通稱。

劉克遜 宋人。字無兢。

無兢，當作"無競"。遜，謙退，退讓。退讓故無競。唐有王無競可證。兢爲戒懼，似不相協。

劉 劭 三國魏人。字孔才。

《文選·陸機〈豪士賦序〉》："身愈逸而名逾劭。"李善注引《爾雅》注曰："劭，美也。"《論語·泰伯》："如有周公之才之美。"故以"才"應"劭"。《詩·周南·汝墳》："父母孔邇。"毛傳："孔，甚。"以飾"才"，言甚有才。

又，魯國堯云：《四庫提要》，其《人物志》提要，涉及名與字的問題："謹案，《人物志》三卷，魏劉卲撰。卲字孔才，邯鄲人。黄初中官散騎常侍。正始中賜爵關内侯。事跡具《三國·魏志》。別本或作'劉劭'，或作'劉邵'。此書末有宋庠《跋》云：'據今官書《魏志》，作"勉劭"之"劭"，從"力"。他本或從"邑"者，晉邑之名。案，字書此二訓外别無他釋，然俱不協"孔才"之義。《説文》則爲"卲"，音同上，但"召"旁從"卩"耳，訓"高也"。李舟《切韻》訓"美也"。高、美又與"孔才"義相符，揚子《法言》曰"周公之才之卲"是也。'所辨精核，今從之。"

據此，今正史"劉劭"之名，或當爲"劉卲"之訛。

劉君舉 元人。字季賢。

《論語·子路》："赦小過，舉賢才。""季"表行第居第四。

劉希仁 宋人。字居厚。

《禮記·表記》："子曰：'下之事上也，雖有庇民之大德，不敢有君民之心，仁之厚也。'"

劉希簡 明人。字以順。

《易·坤卦·文言》："坤道其順乎。"又《繫辭上》："《乾》以易知，《坤》以簡能。"

劉廷標 明人。字霞起。

晉孫綽《遊天台山賦》："赤城霞起以建標，瀑布飛流以界道。"

劉廷璣 清人。字玉衡。

《書·舜典》："在璿璣玉衡，以齊七政。"

劉 沔 唐人。字子汪。

《詩·小雅·沔水》："沔彼流水，朝宗于海。"又："沔彼流水，其水湯湯。"湯湯，讀 shāngshāng。毛傳："湯湯，水盛貌。"沔水湯湯入海，故以"汪"相應。《世説新語·德行》："林宗曰：'叔度汪汪如萬頃之陂，澄之不清，擾之不濁，其器深廣，難測量也。'"

劉沂春 明人。字泗哲。

《論語·先進》記孔子令子路、曾皙、冉有、公西華諸人各言其志，曾皙言"願莫春者，春服既成，冠者五六人，童子六七人，浴乎沂，風乎舞雩，詠而歸。"孔子贊歎道："吾與點也！"曾皙名點。洙泗環繞魯國都城，是孔子與羣弟子講學之所，故以"泗哲"應"沂春"。泗哲即謂曾皙諸人。

劉 汶

① 元人。字師魯

《論語·雍也》："季氏使閔子騫爲費宰。閔子騫曰：'善爲我辭焉。如有復我者，則吾必在汶上矣。'"朱熹集注："汶水者，在齊南魯北境上。"閔子騫孔子弟子，拒絶爲季氏家臣，故欲往齊國。以"師魯"應"汶"，謂景仰閔子騫與孔子之學。

② 清人。字魯田。

汶（wèn）上之田原魯國所有，後爲齊人割去。《左傳·成公三年》："取汶陽之田。"齊晉鞌之戰，齊國大敗，晉國迫使齊歸還所侵占的魯衛兩國的土地。魯因重獲汶田。以"魯田"應"汶"，即謂汶田是魯之故物。

劉牢之 晉人。字道堅。

《玉篇·牛部》："牢，又堅也。"同義相協。綴以"道"，謂道心堅。

劉 迂 宋人。字漫翁。

《玉篇·辵部》："迂，遠也，曲也。"又《水部》："漫，又散也。"散漫、迂曲，皆是不能任事之稱，故相協。"翁"爲宋人時尚綴飾。

劉邦采 明人。字君亮。

《書·臯陶謨》："亮采有邦。"

劉 阮 清人。字伴阮。

《太平廣記》卷六一引《神仙記·天台二女》云，劉晨、阮肇入天台山採藥迷路，於溪邊遇二女子，相邀至其家。盤桓半年，懷鄉思歸。既返，已逾十世。後世以"劉阮"爲語典，故以"伴阮"應"劉阮"。此亦連姓成文。

劉 侗 明人。字同人。

此析名爲字。《易》有《同人卦》。

劉 佳 清人。字德甫。

《説文·人部》："佳，善也。"《禮記·樂記》："善則行象德矣。"故以"德"應"佳"。"甫"爲男子美稱。

劉 侃 明人。字正言。

《論語·鄉黨》："〔孔子〕朝，與下大夫言，侃侃如也。"朱熹集注："許氏《説文》：侃侃，剛直也。"故以"正言"應"侃"。

劉命清 清人。字穆叔。

《詩·大雅·烝民》："吉甫作誦，穆如清風。""叔"表行第居第三。

劉坤一 清人。字峴莊。

《易·坤卦》："坤道其順乎。"又《説卦》："坤，順也。"《禮記·樂記》："莊敬恭順，禮之制也。"故以"莊"應"坤"。峴，諧爲"現"，以飾"莊"，謂呈現爲莊敬恭順。清人爲求古雅，多倣先秦通假字法，改本字以示博奥。

劉 奇 明人。字問之。

《漢書·揚雄傳下》："乃劉棻嘗從雄學作奇字……時有好事者載酒肴從游學。"後世以"載酒問奇字"爲勤奮問學之典。故以"問之"應"奇"。

劉奉世 宋人。字仲馮。

馮奉世西漢昭帝時人，三十歲始學《春秋》、讀兵書。曾立功異域，破西羌，保衛西部邊陲。因功封關内侯。《漢書》有傳。仰慕其人，故襲其姓名。

劉季連 南朝梁人。字惠續。

此以南朝謝惠連爲名字。連爲謝靈運族弟，深爲靈運激賞。事見《宋書·謝靈運傳》。唐李白《春夜宴桃李園序》："羣季俊秀，皆爲惠連；吾人詠歌，獨慚康樂。"康樂即謝靈運。綴以"續"，謂繼其後，並以應"連"。

劉季裴 宋人。字少度。

此以唐代裴度爲名字。裴度歷事憲宗、穆宗、文宗，平淮蔡之亂，因功封晉國公。晚年築綠野堂，與白居易、劉禹錫暢詠其間。

劉季篪 明人。名韶。

以字行。《韶》爲虞舜之樂。篪爲一種管樂器。同類故相協。

劉定之 明人。字主静。

《禮記·大學》："定而後能静。"

劉宗周 明人。字起東。

《論語·陽貨》："子曰：'夫召

我者，而豈徒哉？如有用我者，吾其爲東周乎。'”朱熹集注：“言興周道於東方。”故以“起東”應“周”。

劉宗泗 清人。字恭叔。

泗，春秋魯國境内的水名，流經魯國都城。《禮記·檀弓上》：“〔曾子曰〕吾與女事夫子於洙泗之間。”後以洙泗爲儒家學派的代稱。以“恭”應“宗泗”，表示對儒學的崇敬。

劉宗道 明人。名駟。

以字行。《詩·鄭風·清人》：“清人在彭，駟介旁旁。”鄭玄箋：“駟，四馬也。”古代四馬駕車爲一乘。車必循道而行，故以“宗道”應“駟”。

劉 岳

① 五代後唐人。字昭輔。

《詩·大雅·崧高》：“崧高維嶽，駿極于天。維嶽降神，生甫及申。維申及甫，維周之翰。”朱熹集傳：“言嶽山高大，而降其神靈和氣，以生甫侯申伯，實能爲周之楨榦屏蔽。”岳同“嶽”。以“昭輔”應“岳”，即“推本申伯之所以生，以爲嶽降神而爲之也”。昭輔，表彰弼輔之臣。

② 元人。字公泰。

泰，謂泰山，故以應“岳”。《説文·山部》：“嶽：東岱，南霍，西華，北恒，中大室。”岳同“嶽”。東岱即泰山。

劉岳申 元人。字高仲。

《詩·大雅·崧高》：“崧高維嶽，駿極于天。維嶽降神，生甫及申。”故以“高”應“岳申”。

劉迪簡 明人。字簡卿。

《書·多方》：“迪簡在王庭。”蔡沈集傳：“啓迪簡拔，置之王朝矣。”簡卿，簡拔之卿。

劉 忠 明人。字司直。

忠直，常語，義亦近，故相應。《詩·鄭風·羔裘》有“彼其之子，邦之司直”之語，遂就“直”而飾以“司”。

劉忠嗣 明人。字藎堂。

《詩·大雅·文王》：“王之藎臣，無念爾祖。”朱熹集傳：“藎，進也。言其忠愛之篤，進進無已也。”故以“藎”應“忠”。“堂”爲綴飾，明清人所尚。

劉承規 宋人。字大方。

《説文·夫部》：“規，規巨，有法度也。”段玉裁注：“圜出於方，方出於矩。”桂馥義證：“《漢書·律曆志》：‘衡運生規，規圜生矩。’規者所以規圜器械。”故以“方”應“規”。

劉 放 三國魏人。字子棄。

《楚辭·漁父》：“屈原既放，游於江潭。”王逸注：“身斥逐也。”《孟子·盡心上》：“舜視棄天下猶棄敝蹝也。”放、棄皆有捨義，故相協。

劉 攽 宋人。字貢父。

《説文·攴部》：“攽，分也。……《周書》曰：‘乃惟孺子攽。’”段玉裁注：“今《尚書》作頒。蓋孔安國以今文字易之。《周禮》亦作頒。當是攽爲正字，頒爲假借字。”攽爲分賜，貢爲獻納，反義相協。先秦人名字皆以“父”爲綴飾，漢以來易父爲“甫”。即用“父”，亦讀作“甫”。

劉於義 清人。字喻旃。

《論語·里仁》：“子曰：‘君子喻於義，小人喻於利。’”故以“喻”應“於義”。旃，之焉二字的合音。以綴“喻”，猶言喻之於此中。

劉 昌

① 唐人。字公明。

《詩·齊風·鷄鳴》：“東方明矣，朝既昌矣。”故以“明”應“昌”。“公”爲飾語，自漢以來習用。

② 明人。字欽謨。

《書·皋陶謨》《僞古文尚書·大禹謨》皆有“禹拜昌言”之語，故以“謨”應“昌”。帝舜命羣臣時，多用“欽哉”，故以“欽”飾“謨”。

劉昌言 宋人。字禹謨。

《僞古文尚書·大禹謨》：“禹拜昌言曰：‘俞。’”

劉昌詩 宋人。字興伯。

《論語·陽貨》：“子曰：‘小子！何莫學夫《詩》？《詩》可以興，可以觀，可以羣，可以怨……’”“伯”表行第居長。

劉昌裔 唐人。字光後。

《説文·衣部》：“裔，衣裾也。”段玉裁注：“以子孫爲苗裔者，取下垂義也。”《僞古文尚書·微子之命》：“德垂後裔。”故以“後”應“裔”。以“光”釋“後”，謂其德澤廣被後裔。光，通“廣”。

劉 杳 南朝梁人。字士深。

《玉篇·木部》：“杳，深廣，寬貌。《説文》曰：冥也。”故以“深”應“杳”。“士”爲男子美稱，六朝人所尚。

劉 杲 明人。字世熙。

《詩·衛風·伯兮》：“其雨其雨，杲杲出日。”毛傳：“杲杲然日復出矣。”《玉篇·日部》：“杲，日出也。”又《火部》：“熙，光也。”日出則光明，故以“熙”應“杲”。世，謂人世間。

劉松山 清人。字壽卿。

《詩·小雅·天保》：“如南山之壽，不騫不崩。如松柏之茂，無不爾或承。”

劉松老 宋人。字榮祖。

《論語·子罕》：“歲寒然後知松柏之後凋也。”晉陶潛《歸去來辭》：“木欣欣以向榮。”《玉篇·木部》：“榮，華榮也。”松不凋謝，故以“榮”相應。榮有光寵義，綴以“祖”，謂光榮其祖。

劉東星 明人。字子明。

《詩·小雅·大東》：“東有啓明，西有長庚。”“子”爲男子美稱。

劉 沼 南朝梁人。字明信。

《左傳·隱公三年》：“苟有明信，澗溪沼沚之毛，蘋蘩蕰藻之菜，筐筥錡釜之器，潢汙行潦之水，可薦於鬼神，可羞於王公。”

劉知幾 唐人。字子玄。

《易·繫辭下》：“子曰：‘知幾其神乎。’”又：“幾者動之微，吉之先見者也。君子見幾而作，不俟終日。”《玉篇·玄部》：“玄，幽遠也，妙也。”故以“玄”應“幾”。

劉 祁 元人。字京叔。

《僞古文尚書·君牙》：“冬祁寒，小民亦惟曰怨咨。”孔傳：“冬大寒亦天之常道，民猶怨咨。”《左傳·莊公二二年》：“莫之與京。”杜預注：“京，大也。”是祁、京同義相協。“叔”表行第居第三。

劉秉直 元人。字清臣。

《楚辭·離騷》：“伏清白以死直兮，固前聖之所厚。”故以“清”應“直”。

劉芳躅 清人。字增美。

《舊唐書·鄭畋傳》：“豈謂凡流，繼玆芳躅，臣所以憂不稱承旨之任也。”前哲之跡爲芳躅。以“增美”相應，謂繼前賢之後，而爲之增光。

劉 表 漢人。字景升。

《説文·衣部》：“表，上衣也。”段玉裁注：“上衣者，衣之在外者也。”引申爲上。《三國志·吴志·周瑜魯肅吕蒙傳贊》：“周瑜、魯肅建獨斷之明，出衆人之表，實奇才也。”《論語·子張》：“猶天之不可階而升也。”表、升同義相協。

劉長卿 唐人。字文房。

《史記·司馬相如列傳》謂相如因慕戰國藺相如之爲人，故更名相如。藺爲趙惠文王之相。相乃百官之長，故字長卿。此慕司馬相如，故以其字爲名。《梁書·江革傳》載，建安王爲雍州刺史，以江革、江觀兄弟二人爲記室參軍，掌文書。任昉乃與江革書云：“此段雍府妙選英才，文房之職，總卿昆季，可謂馭二龍於長途，騁騏驥於千里。”後世以“文房”喻稱掌管皇帝制誥敕詔之職守。《北史·柳慶傳》：“尚書蘇綽謂柳慶曰：“……相公柄人軌物，君職典文房，宜製此表，以革前弊。”司馬相如爲西漢文章大家，故以“文房”應“長卿”。

劉青芝 清人。字芳草。

晉左思《魏都賦》：“德連木理，仁挺芝草。”故以“草”應“芝”。因《楚辭·離騷》有“何昔日之芳草兮”之句，故因“草”而以“芳”爲飾。

劉青蓮 清人。字華嶽。

南朝梁江淹《蓮華賦》：“余有蓮花一池，愛之如金。”又：“發青蓮於王宫，驗奇花於陸地。”故以“華”應“青蓮”。因《禮記·中庸》有“載華嶽而不重”之語，故以“嶽”綴“華”。又，華山有蓮華峯。花，華的後出字。一字藕船。此因蓮而及藕，因採蓮而及船。

劉青震 清人。字嘯雲。

《易·説卦》：“震爲龍。”又《乾卦·文言》：“雲從龍。”故以“雲”應“震”。唐韓愈《雜説一》有“龍噓氣成雲”之言，故以“嘯”飾“雲”。嘯、噓皆以口。

劉青藜 清人。字太乙。

晉王嘉《拾遺記·前漢下》載，劉向校書天禄閣，“夜有老人，着黄衣，植青藜杖，登閣而進，見向暗中誦書。老父乃吹杖端，烟然，因以見向，説開闢以前，向因受《洪範》五行之文……向請問姓名。云：‘我是太一之精。’”太一即太乙。

劉亮采 清人。字公嚴。

《書·臯陶謨》：“日嚴祇敬六德，亮采有邦。”故以“嚴”應“亮采”。漢以來，士大夫多以公、君飾字。

劉 俣 宋人。字碩翁。

《詩·邶風·簡兮》：“碩人俣俣，公庭萬舞。”“翁”爲宋人時尚綴飾。

劉保勳 宋人。字修業。

唐李頎《贈别張兵曹》詩：“勳業山河重，丹青錫命優。”因《易·乾卦》有“君子進德修業”之言，故就“業”而以“修”爲飾。

劉南甫 宋人。字山立。

《詩》多言“南山”，故以“山”應“南”。《禮記·玉藻》有“山立”一語。故因“山”而綴以“立”。

劉南英 清人。字宇千。

《禮記·禮運》：“與三代之英。”孔穎達疏引《辨名記》云，才過“千人曰英”。故以“千”應“英”。飾以“宇”，謂宇内才過千人者乃爲英。

劉 垕 宋人。字伯醇。

垕，厚的古字。《漢書·景帝紀贊》：“孝景遵業，五六十載之間，至於移風易俗，黎民醇厚。”“伯”表行第居長。

劉 奎 明人。字文瑞。

《初學記》卷二一引《孝經援神契》：“奎主文章。”奎爲瑞星，科舉時代奉以爲神。詳見顧炎武《日知録》卷三二《魁》條。

劉 度 宋人。字汝一。

《僞古文尚書·泰誓上》：“同力度德，同德度義……予有臣三千，惟一心。”

劉彦琮 五代吴越人。字比德。

《説文·玉部》：“琮，瑞玉。大八寸，似車釭。”《禮記·玉藻》：“君子於玉比德焉。”

劉 昞 後魏人。字延明。

《玉篇·日部》：“昺，明也。亦作昞。”飾以“延”，意謂長明。

劉 昺 宋人。字子蒙。

昺爲明，蒙則暗。是反義相協。

劉 昫 五代後晉人。字耀遠。

《玉篇·日部》：“昫，日光也。”日之光普照大地，無所不及，自是遠。或作名煦，字日輝。其義與名昫字耀遠略近，皆謂日光照耀。

劉 春 明人。字仁仲。

《禮記·樂記》：“春作夏長仁也。”“仲”表行第居第二。

劉 昶 南朝宋人。字休道。

《玉篇·日部》：“昶，明久。”《左傳·宣公三年》：“德之休明，雖小，重也。”故以“休”應“昶”。綴以“道”，欲聖道休明。

劉 昱 明人。字景陽。

《玉篇·日部》：“昱，日明也。”日爲萬物所仰，故以“景陽”相應。

劉 柳 晉人。字叔惠。

春秋魯國大夫展禽，居於柳下，遂以爲氏，死後謚爲惠。孟子稱贊他是“聖之和者”。敬其人，故以其氏爲名，而以其謚爲字。“叔”表行第居第三。

劉 洙 明人。字道源。

洙，春秋時魯國境内水名，流經魯都城北。爲泗水支流，故洙泗連稱。《禮記·檀弓上》：“〔曾子曰〕吾與女事夫子於洙泗之間。”孔子曾於此間講學，故以指代儒家學派。以“道源”應

“洙”，意即孔子學派之源（聖道之源）。

劉 珍 漢人。字秋孫。

一名寶。《後漢書·文苑傳·劉珍》：“劉珍字秋孫，一名寶。”李賢注：“諸本時有作秘孫者。其人名珍，與‘秘’義相扶，而作‘秋’者多也。”按，秋、秘形似，故多致誤。作“秘孫”是正確的。珍寶當秘藏，不可以示人。

劉禹錫 唐人。字夢得。

《書·禹貢》：“禹錫玄圭，告厥成功。”以“夢得”相應，不詳所指。

劉 美 宋人。字世濟。

《左傳·文公十八年》：“世濟其美，不隕其名。”

劉 致 元人。字時中。

《禮記·中庸》：“致中和，天地位焉，萬物育焉。”又：“君子而時中。”

劉若金 清人。字雲密。

《僞古文尚書·説命上》：“若金，用汝作礪……若歲大旱，用汝作霖雨。”“雲密”即是欲“作霖雨”。

劉若虚 宋人。字叔揚。

《論語·泰伯》：“曾子曰：‘以能問於不能，以多問於寡；有若無，實若虚；犯而不校。昔者吾友，嘗從事於斯矣。’”朱熹集注：“友，馬氏以爲顔淵是也。”以“揚”應“若虚”，即謂揚其友。“叔”表行第居第三。

劉 香 清人。字九蘭。

《楚辭·離騷》：“余既滋蘭之九畹兮，又樹蕙之百畝。”王逸注：“蘭，香草也。”漢蔡邕《琴操·猗蘭操》：“喟然歎曰：‘夫蘭當爲王者香。’”故以“蘭”應“香”而以“九”爲飾。

劉厚淥 清人。字崑石。

淥，諧爲琭。《玉篇·玉部》：“琭，《老子》云：“琭琭如玉，硌硌如石。”古人以爲崑崙山遍地皆是玉。南朝梁周興嗣《千字文》：“玉出崑岡。”故以“崑石”應“淥”（琭）。清人喜古雅，文士多倣先秦兩漢以通假字爲名字例，將名或字改爲其他同音字。參見清平步青《霞外攟屑》卷五《字號假借同音》。

劉 城 清人。字伯宗。

《詩·大雅·板》：“懷德維寧，宗子維城。”“伯”表行第居長。

劉 宰 宋人。字平國。

《史記·陳丞相世家》：“里中社，平爲宰，分肉食甚均。父老曰：‘善，陳孺子之爲！’平曰：‘嗟乎，使平得宰天下，亦如是肉矣！’”故以“平”應“宰”。“宰天下”即是治國，故以“國”綴“平”。

劉 容 元人。字仲寬。

《禮記·中庸》：“寬裕温柔，足以有容也。”“仲”表行第居第二。

劉 峻 南朝梁人。字孝標。

《僞古文尚書·五子之歌》：“峻宇彫墻。”孔傳：“峻，高大。”《玉篇·木部》：“標，木末也；顛也。”樹之末，物之顛，皆是最高處，故以“標”應“峻”。東漢以來，文人之字多以“孝”爲飾。

劉師朱 明人。字仲文。

宋朱熹爲理學大家，卒謚文，後世稱朱文公。故以“文”應“朱”。

劉師道 宋人。字損之。

以“損之”應“師道”，言欲遵行《易·損卦》以及古聖賢所言有關損益之道。

劉 恕 宋人。字道原。

《論語·里仁》：“曾子曰：‘夫子之道，忠恕而已矣。’”故以“道”應“恕”綴以“原”，謂“忠恕”乃孔子之道的本原。

劉恭冕 清人。字公俛。

《書·洪範》：“貌曰恭。”《論語·季氏》：“貌思恭。”朱熹集注：“貌，舉身而言。”謂形體之姿式。俛，同俯。《説文·頁部》：“頫，低頭也。”段玉裁注：“李善引《聲類》：頫，古文俯字。”又：“俛，頫或从人免。”段玉裁注：“《匡謬正俗》引及小徐皆作俗頫字。”低頭即是以貌示敬，亦即“恭”。漢以來，士大夫多以“公”飾字。

劉 悛 南朝齊人。字士操。

《説文·心部》：“悛，止也。”段玉裁注：“《方言》：‘悛，改也。’”知進知止，有過能改，即是士之美操。

劉 晏

① 唐人。字士安。

《説文·日部》“晏”段玉裁注：“晏之言安也。古晏、安通用，故今文《堯典》‘晏晏’古文作‘安安’。”士，男子美稱。三國以來，士大夫以“士”爲時尚字飾。

② 宋人。字平甫。

晏、安相通，平、安義近，故以“平”應“晏”。又，春秋齊國賢相晏嬰謚爲平，亦或以晏之謚號爲字。“甫”爲綴飾。

劉 桐 清人。字舜輝。

《太平御覽》卷九五六引《詩義疏》曰：“有青桐、白桐、赤桐。白桐宜琴瑟。”《禮記·樂記》：“昔者舜作五絃之琴，以歌《南風》。”桐可製琴，而琴爲帝舜所創，故以“舜”應“桐”。綴以“輝”，言琴乃舜所遺之光輝。一字疏雨。取唐孟浩然名句“微雲淡河漢，疏雨滴梧桐”文義。

劉 珝 明人。字叔温。

《玉篇·玉部》：“珝，《吴志》有薛琮字珝。”《説文·玉部》：“琮，瑞玉，大八寸，似車釭。”依名、字必相協之理，名琮字珝，珝亦當爲玉名。《詩·秦風·小戎》：“言念君子，温其如玉。”又《禮記·聘義》：“夫昔者君子比德於玉焉：温潤而澤，仁也；……”故以“温”應“珝”。“叔”表行第居第三。

劉 砥 宋人。字履之。

《詩·小雅·大東》：“周道如砥，其直如矢。君子所履，小人所視。”故以“履之”應“砥”。

劉祖謙 金人。字光甫。

《易·謙卦》：“謙尊而光，卑而不可踰，君子之終也。”“甫”爲男子美稱。

劉神山 清人。字佑甫。

《詩·大雅·崧高》：“崧高維嶽，駿極于天。維嶽降神，生甫及申。”嶽能降神，自是神山，又“生甫及申”，故以“甫”應

"神山"。飾以"佑"，謂有神庇祐。

劉 秩

①唐人。字祚卿。

《荀子·强國》："士大夫益爵，官人益秩，庶人益禄。"《玉篇·禾部》："秩，品也。"《詩·大雅·既醉》："永錫祚胤。"朱熹集傳："祚，福禄也。"《玉篇·示部》："祚，禄也。"品秩與俸禄實爲一事，故以"祚"應"秩"。"卿"爲綴飾。

②明人。字伯序。

《詩·小雅·賓之初筵》："賓之初筵，左右秩秩。"朱熹集傳："秩秩，有序也。"故以"序"應"秩"。"伯"表行第居長。

劉 荀 宋人。字子卿。

《史記·孟子荀卿列傳》："荀卿，趙人。"索隱："名況。卿者，時人相尊而號爲卿也。"慕其人，故取以爲名字。

劉 侃 明人。字豫甫。

侃，同"侃"。《玉篇·人部》："侃，樂也。"《爾雅·釋訓》："豫，樂也。"同義相協。甫，男子美稱，以爲綴飾。

劉 健 明人。字希賢。

《易·乾卦》："天行健，君子以自强不息。"以"希賢"應"健"，謂以自强不息，追踪前賢。

劉 勔 南朝宋人。字伯猷。

《爾雅·釋詁》："勔，勉也。"又："猷，謀也。"又："猷，圖也。"勔、猷皆謂努力進行，故相應。

劉 商 唐人。字子夏。

孔子弟子卜商字子夏。又，夏、商同爲朝代名，亦可相協。上古夏、商皆訓大，故卜商字子夏。見清王引之《春秋名字解詁》。

劉 基

①三國吴人。字敬輿。

《詩·小雅·南山有臺》："樂只君子，邦家之基。"《左傳·僖公十一年》："禮，國之幹也；敬，禮之輿也。"基、輿皆爲托載之物，故相協。

②明人。字伯温。

《詩·大雅·抑》："温温恭人，維德之基。""伯"表行第居長。

劉 寅 明人。字敬甫。

《書·堯典》："寅賓出日。"蔡沈集傳："寅，敬也。"同義相協。"甫"爲男子美稱，以爲綴飾。先秦皆用"父"，漢以來改爲"甫"。即或用"父"亦讀fǔ。

劉崇俊 五代南唐人。字德修。

《書·堯典》："克明俊德，以親九族。"故以"德"應"俊"。《論語·述而》有"德之不脩，學之不講，聞義不能徙，不善不能改，是吾憂也"之言，故就"德"而綴以"修"，以示遵孔子之教。

劉崇魯 宋人。字郊文。

《書·費誓》："魯人三郊三遂。"孔穎達疏："三郊三遂，謂魯人三軍。"按《費誓》乃魯侯伯禽討伐徐戎淮夷時，於費地誓師之辭，故以"文"綴"郊"。

劉崇龜 唐人。字子長。

《左傳·僖公四年》："卜之不吉，筮之吉。〔晉〕公曰：'從筮。'卜人曰：'筮短龜長，不如從長。'"故以"長"應"龜"。"子"爲男子美稱。

劉 崧

①宋人。字伯高。

《詩·大雅·崧高》："崧高維嶽，駿極于天。"

②明人。字子高。

解見①。

劉 崑 清人。字韞齋。

南朝梁周興嗣《千字文》："玉出崑岡。"《論語·子罕》："有美玉於斯，韞匵而藏諸？求善賈而沽諸？"故以"韞"應"崑"。清人喜以"齋"爲字的綴飾。

劉强學 宋人。字行父。

《禮記·中庸》："或安而行之，或利而行之，或勉强而行之：及其成功一也。""父"爲綴飾，讀作"甫"。

劉從益 金人。字雲卿。

《易·益卦》："象曰：風雷，益。"《益》之卦象爲《震》下，《巽》上。震爲雷，巽爲風，故《益》得風、雷助益。《説卦》云："震爲雷，爲龍。"《乾卦》則謂"雲從龍"。故以"雲"應"益"。"卿"爲綴飾。

劉 捷 清人。字古塘。

《淮南子·兵略訓》："今夫虎豹便捷，熊羆多力。"謂靈便迅疾。塘，古代供驛馬傳車通行的道路。宋王安石《乘日》詩："乘日塞垣人，御風塘路歸。"緊急軍情謂之塘報。故以"古塘"應"捷"。

劉 敏 元人。字有功。

《論語·陽貨》："敏則有功。"

劉 晞 五代後晉人。字升之。

《玉篇·日部》："晞，明不明之際也。"即黎明時候。《詩·小雅·天保》："如日之升。"毛傳："升，出也。"鄭玄箋："日始出而就明。"

劉 梁 漢人。字曼山。

《詩·大雅·韓奕》："奕奕梁山，維禹甸之。"毛傳："奕奕，大也。"又《魯頌·閟宫》："孔曼且碩。"毛傳："曼，長也。"長、大義近，故以"曼"飾"山"。一名岑。《爾雅·釋山》："山小而高，岑。""曼山"亦相協。

劉淵甫 明人。字子深。

《論語·泰伯》："如臨深淵。"

劉 清 清人。字天一。

《老子》第三九章："天得一以清，地得一以寧。"

劉理順 明人。字復禮。

《左傳·文公二年》："禮無不順。"故以"禮"應"順"。因《論語·顔淵》有"克己復禮"之言，故以"復"飾"禮"。

劉紹攽 清人。字繼貢。

劉攽字貢父，爲宋代著名史學家，與司馬光同修《資治通鑒》。慕其人。故襲其名字。

劉 翊 漢人。字子相。

《玉篇·羽部》："翊，亦輔翊。"從旁相扶爲輔，鳥憑兩翼而飛爲翊。《論語·衛靈公》："固相師之道也。"故以"相"應"翊"。

劉莊孫 宋人。字正仲。

《禮記·中庸》："齊莊中正，足以有敬也。"故以"正"應"莊"。"仲"表行第居第二。

劉 訥 晉人。字令言。

《論語·里仁》："君子欲訥於言而敏於行。"《爾雅·釋詁》："令，善也。"以"令"飾"言"，謂所言皆善。

劉貫道 元人。字仲賢。

《論語·里仁》:"子曰:'吾道一以貫之。'"惟曾子能悟孔子此言,故以"賢"應"貫道"。

劉 跂 宋人。字斯立。

《詩·小雅·斯干》:"如跂斯翼。"朱熹集傳:"跂,竦立也。"

劉 逖 北齊人。字子長。

《玉篇·辵部》:"逖,遠也。"長、遠義近,故相協。"子"爲男子美稱。

劉逢源 清人。字津逮。

《孟子·離婁下》:"君子深造之以道,欲其自得之也。自得之,則居之安;居之安,則資之深;資之深,則取之左右逢其原。"朱熹集注:"原,本也。水之來處也。"原、源古今字。《水經注·河水二》:"河北有層山,山甚靈秀……其下層巖峭舉,壁岸無階。懸巖之中,多石室焉。室中若有積卷矣,而世士罕有津逮者。"以"津逮"應"逢源",謂通過津梁,可以達水之源。

劉逢禄 清人。字申受。

《詩·大雅·假樂》:"宜民宜人,受禄於天。保右命之,自天申之。"又《小雅·采菽》:"樂只君子,福禄申之。"故以"申受"應"禄"。

劉 備 三國蜀漢人。字玄德。

清桂馥《札樸·蜀先主名字》:"備謂五色備。《考工記》:'畫繢之事五色備謂之繡。'《詩·終南》傳云:'五色備謂之繡。'馥按:五色至黑乃備,故字玄德。"《三國志·蜀志·杜瓊傳》:"先主諱備,其訓具也。"青、黄、赤、白、黑,至黑乃全具。玄即黑色,故曰玄德。又《書·舜典》有"玄德升聞"之言。

劉 敞 宋人。字原父。

《説文·攴部》:"敞,平治高土可以遠望也。"《爾雅·釋地》:"廣平曰原。"古籍引此文,或作"高平曰原"。《説文》"原"作"邍",亦曰"高平曰邍"。是敞、原皆有高峻平遠之義,故相協。"父"爲綴飾。先秦時代,男子之字皆綴以"父",女子之字皆綴以"母"(見王國維《女字説》)。漢以來,女字不傳,男子之字,"父"易作"甫",其作"父"者亦讀爲"甫"。

劉 智 晉人。字子房。

漢張良字子房,以智佐劉邦定天下,封留侯。《漢書·張陳王周傳贊》:"聞張良之智勇,以爲其貌魁梧奇偉,反若婦人女子。"漢揚雄《法言·淵騫》:"若張子房之智。"故以"子房"應"智"。

劉 最 明人。字振廷。

古代考核官吏政績,優者稱"最",劣者爲"殿"。《漢書·宣帝紀》:"丞相御史課殿最以聞。"顔師古注:"凡言殿最者:殿,後也,課居後也;最,凡要之首也,課居先也。"此朝廷賞罰大政,故以"振廷"應"最"。

劉 棠 宋人。字君美。

《詩·周南·甘棠序》:"《甘棠》美召伯也。召伯之教,明於南國。"故以"美"應"棠"。漢以來,多以公、君飾字。

劉 棨 清人。字弢子。

《玉篇·木部》:"棨,兵欄也。"弢,同"韔"。《玉篇·弓部》:"韔,弓衣也。"二者皆爲放置兵器之具,故相協。"子"爲男子美稱,用作綴飾。

劉 欽 宋人。字子時。

《書·堯典》:"欽若昊天,曆象日月星辰,敬授人時。"

劉 涣

① 宋人。字凝之。

《易·涣卦》朱熹本義:"涣,散也。"又《雜卦》:"涣,離也。"《説文·仌部》:"凝,俗冰。"水凝聚而成冰,與"涣"反義相協。

② 宋人。字仲章。

《文選·賦·物色》李善注:"《易》曰:'風行水上,涣。'涣然即有文章也。"

劉 渡 清人。字前度。

《玉篇·水部》:"渡,《説文》曰:'濟也。'《廣雅》:'去也,過也。'"又《廣部》:"度,又過也。"二者皆有過義,故相應。因唐劉禹錫《再遊玄都觀》詩有"前度劉郎今又來"之句,故就"度"而以"前"爲飾。

劉 渢 南朝齊人。字處和。

《左傳·襄公二九年》:"爲之歌《魏》,曰:'渢渢乎,大而婉。'"杜預注:"渢,中庸之聲。"中庸自是平和。故以"和"應"渢"。

劉湘煃 清人。字允恭。

《玉篇·火部》:"煃,火貌。"《書·堯典》:"允恭克讓,光被四表。"以"允恭"應"煃",即是應"光"。有火必有光。

劉 湛 南朝宋人。字弘仁。

《詩·小雅·湛露》:"湛湛露斯。"毛傳:"湛湛,露茂盛貌。"以"仁"相應,謂仁澤如露之濃。飾以"弘",謂弘大其仁。

劉 湜 宋人。字子正。

《詩·邶風·谷風》:"涇以渭濁,湜湜其沚。"鄭玄箋:"湜湜,持正貌。"故以"正"應"湜"。

劉 琨 晉人。字越石。

《説文·玉部》:"琨,石之美者。"故以"越石"應"琨"。

劉 策 明人。字範董。

漢董仲舒,武帝時曾對天人三策,名震一時。故以"範董"應"策"。言以董仲舒爲學習楷模。

劉 絢 宋人。字質夫。

《論語·八佾》:"素以爲絢兮。"朱熹集注:"素,粉地,畫之質也。絢,采色,畫之飾也。"故以"質"應"絢"。"夫"男子通稱。

劉統勳 清人。字延清。

《爾雅·釋詁》:"勳,功也。"《説文·力部》:"勳,能成王功也。""功,以勞定國也。"故以"清"應"統勳",言乃清王朝一統天下之功勳。綴以"延",意在願清廷命祚綿延永續。

劉 翔 宋人。字圖南。

《莊子·逍遥遊》:"有鳥焉,其名爲鵬,背若泰山,翼若垂天之雲……絶雲氣,負青天,然後圖南。"

劉舜卿 宋人。字希元。

上古高辛氏有才子八人,帝堯未能用,帝舜舉於朝,"使布五教於四方","天下之民,謂之八元"。故以"元"應"舜卿"。事見《左傳·文公十八年》。

劉 軻 唐人。字希仁。

孟子名軻，推崇孔子，宣揚仁義，故以“希仁”應“軻”。

劉 逵 宋人。字公路。

《爾雅·釋宮》：“一達謂之道路，二達謂之歧旁……九達謂之逵。”故以“路”應“逵”。漢以來，多以“公”飾字。

劉 閔 明人。字子賢。

閔，謂孔子弟子閔子騫。以孝著稱，拒絕爲季氏家臣。事見《論語》《史記·仲尼弟子列傳》。故以“賢”應“閔”。

劉 傳 明人。字良習。

《論語·學而》：“曾子曰：‘吾日三省吾身：爲人謀而不忠乎？與朋友交而不信乎？傳不習乎？’”此從正面以“習”應“傳”。飾以“良”，謂善於學習。

劉 愚 宋人。字必明。

《禮記·中庸》：“人一能之己百之，人十能之己千之。果能此道矣，雖愚必明，雖柔必强。”

劉 愷 漢人。字伯豫。

《玉篇·心部》：“愷，樂也。”《孟子·梁惠王下》：“吾王不豫，吾何以助？一遊一豫，爲諸侯度。”朱熹集注：“豫，樂也。”同義相協。

劉 損 南朝宋人。字子騫。

孔子弟子閔損字子騫。孔子曾稱贊他的孝行。慕其人，故襲其名字。

劉楚先 明人。字衡野。

《論語·先進》：“先進於禮樂野人也，後進於禮樂君子也。如用之，則吾從先進。”故以“野”應“先”。此取文野義。野，又爲郊野。故飾以“衡”。衡，通“横”。衡野，猶廣野。

劉 楨

① 漢人。字公幹。

《書·費誓》：“峙乃楨幹。”“公”爲飾辭。

② 元人。字維楨。

《詩·大雅·文王》：“王國克生，維周之楨。”

劉 溥 明人。字原博。

《禮記·中庸》：“溥博如天，淵泉如淵。”

劉 滂 宋人。字德霖。

《詩·小雅·漸漸之石》：“月離于畢，俾滂沱矣。”毛傳：“月離陰星則雨。”鄭玄箋：“將有大雨……今又雨，使之滂沱。”《僞古文尚書·説命上》：“若歲大旱，用汝作霖雨。”救旱之雨，爲民解憂，故飾以“德”。

劉 滋 唐人。字公茂。

《僞古文尚書·泰誓下》：“樹德務滋。”孔傳：“立德務滋長。”滋長則望其茂盛。故以“茂”相應。

劉温叟 宋人。字永齡。

《宋史·劉温叟傳》：“温叟七歲能屬文，善楷隸。〔劉〕岳時退居洛中，語家人曰：‘吾兒風骨秀異，所未知者，壽耳。今世難未息，得與老夫皆爲温洛之叟，足矣。’故名之温叟。”叟，老壽者之稱。以“永齡”相應，即謂長壽。

劉 熙 漢人。字成國。

《爾雅·釋詁》：“熙，興也。”《書·堯典》“庶績咸熙”，《史記·五帝本紀》改作“衆功皆興。古興盛之盛，與成同音”。以“成”應“熙”，興、盛同義相協。綴以“國”，謂國家興盛。

劉熙祚 明人。字仲緝。

《詩·周頌·維清》：“維清緝熙，文王之典。”

劉熙載 清人。字伯簡。

《易·坤卦》：“坤厚載物。”又《繫辭下》：“夫坤，隤然示人簡矣。”故以“簡”應“載”。“伯”表行第居長。一字融齋。熙、融皆有暖義，故相協。《文選·潘岳〈閑居賦〉》：“於是凛秋暑退，熙春寒往。”李善注：“《廣雅》曰：‘熙，熾也。’”晉顧愷之《風賦》：“惠風飈以送融。”齋、軒、堂、樓爲清人時尚綴飾。

劉 焕 金人。字德文。

《論語·泰伯》：“焕乎！其有文章。”此頌帝堯之德，故以“德”爲飾。

劉 瑞 明人。字德符。

《宋書》有《符瑞志》。古人以爲帝王有德，上天始降祥瑞之徵，故以“德”爲飾。

劉 瑗 宋人。字伯玉。

春秋衛國蘧瑗字伯玉，孔子居衛時，主於其家。爲衛之賢大夫。仰慕其人，故襲用其名字。

劉 禄 明人。字惟學。

《論語·衛靈公》：“學也禄在其中矣。”

劉 筠 宋人。字子儀。

《禮記·禮器》：“禮釋回，增美質；措則正，施則行；其在人也，如竹箭之有筠也，如松柏之有心。”陳澔集説：“筠，竹之青皮也。”禮之於人，猶筠之於竹，“足以致飾於外”。以“儀”應“筠”，即是應“禮”。禮、儀義近。

劉 載 宋人。字德輿。

《易·坤卦》：“坤厚載物。”又《説卦》：“坤爲地……爲大輿。”又《小畜》：“德積載也。”“尚德載。”故以“輿”應“載”，而飾以“德”。

劉 過 宋人。字改之。

《論語·學而》：“過則勿憚改。”《左傳·宣公二年》：“過而能改，善莫大焉。”故以“改之”應“過”。

劉遂清 後魏人。字得一。

《老子》第三九章：“天得一以清。”

劉 遐 晉人。字正長。

《爾雅·釋詁》：“遐，遠也。”長、遠義近，故相協。

劉 頌 晉人。字子雅。

《詩》有《大雅》《小雅》，《周頌》《魯頌》《商頌》，故以“雅”應“頌”。

劉 僑 明人。字東鄉。

僑，謂春秋鄭大夫公孫僑，字子産，居於東里。《論語·憲問》：“子曰：‘爲命裨諶草創之，世叔討論之，行人子羽修飾之，東里子産潤色之。’”何晏集解：“子産居東里，因以爲號。”孔子稱贊子産爲“惠人”。慕其人，故襲其名而以其居里爲字。鄉、里義近。

劉 墉 清人。字崇如。

《詩·大雅·皇矣》：“臨衝閑閑，崇墉言言。”又《周頌·良耜》：“其崇如墉，其比如櫛。”如，綴飾，義猶“然”。

劉夢鵬　清人。字雲翼。

《莊子·逍遥遊》："有鳥焉，其名爲鵬，背若泰山，翼若垂天之雲。"

劉　實　明人。字嘉秀。

《爾雅·釋草》："不榮而實者謂之秀。"《詩·大雅·生民》："實發實秀。"飾以"嘉"，謂嘉穀之秀。

劉毓崧　清人。字伯山。

《詩·大雅·崧高》："崧高維嶽，駿極于天。"朱熹集傳："山大而高曰崧。嶽，山之尊者。""伯"表行第居長。

劉漢弼　宋人。字正甫。

《説文·㢒部》："弼，輔也。"段玉裁注："弓必有輔而後正，人亦然。故輔之謂弼。""甫"爲綴飾，亦爲男子美稱。

劉禕之　唐人。字希美。

《玉篇·示部》："禕，美貌。"禕，讀yī。

劉維禴　明人。字子孚。

《詩·小雅·天保》："禴祠烝嘗，于公先王。"朱熹集傳："宗廟之祭，春曰祠，夏曰禴。"《左傳·莊公十年》："公曰：'犧牲玉帛，弗敢加也，必以信。'對曰：'小信未孚，神弗福也。'"杜預注："孚，大信也。"以"孚"應"禴"，即謂以極大之誠信敬神。"子"爲男子美稱。

劉　綸　清人。字慎涵。

《玉篇·糸部》："綸，緩也。又寬也。"宋王讜《唐語林·雅量》："梁公閲之，恐懼引咎，則天不責。〔梁公〕出於外曰：'吾不意爲婁公所涵。'而婁公未嘗有矜色。"此"涵"爲寬大、容恕。《左傳·昭公二十年》記鄭國子産臨死時告誡太叔，爲政"寬難"，"莫如猛"。故飾以"慎"，以表示對寬大要慎重。

劉肇基　明人。字鼎維。

《詩·大雅·抑》："温温恭人，維德之基。"故以"維"應"基"。《漢書·匡衡傳》："無説《詩》，匡鼎來。"顔師古注："服虔曰：'鼎，猶言當也。'應劭曰：'鼎，方也。'……師古曰：'服、應二説是也。賈誼曰："天子春秋鼎盛。"其義亦同。'"以"鼎"飾"維"，言正是"維德之基"之意。

劉　蒙　宋人。字子明。

《易·蒙卦》朱熹本義："蒙，昧也。物生之初，蒙昧未明也。"以"明"相應，反義相協。又，三國吕蒙字子明。

劉蒙正　宋人。字頤正。

《易·蒙卦》："蒙以養正，聖功也。"又《頤卦》："彖曰：頤，貞吉。養正則吉也。"

劉蒙叟　宋人。字道民。

《史記·老子韓非列傳》："莊子者，蒙人也。"莊子爲道家，故應以"道"。民，猶人。以爲綴飾。

劉　誠　明人。字則明。

《禮記·中庸》："誠則明矣，明則誠矣。"

劉銘傳　清人。字省三。

《論語·學而》："曾子曰：'吾日三省吾身：爲人謀而不忠乎？與朋友交而不信乎？傳不習乎？'"故以"省三"應"傳"。

劉　髦　明人。字孟恂。

《爾雅·釋言》："髦，俊也。"謂傑出之士。《論語·鄉黨》："孔子於鄉黨，恂恂如也，似不能言者。"朱熹集注："恂恂，信實之貌。"以"恂"應"髦"，謂傑出之士應當誠信謙遜。"孟"表行第居長。

劉　魁　明人。字焕吾。

奎爲二十八宿之一。《孝經援神契》謂"奎主文章"，科舉時代，士人遂奉以爲神，祈求保祐；並改奎爲"魁"，塑爲鬼狀形象，立廟（魁星樓）膜拜。參見清顧炎武《日知録》卷三二《魁》條。《論語·泰伯》："焕乎！其有文章。"以"焕吾"應"魁"，即欲使魁星默祐，令吾文章焕然，得擢高第。

劉　鳳　明人。字子威。

《漢書·宣帝紀》："九真獻奇獸，南郡獲白虎威鳳爲寶。"顔師古注："晉灼曰：'鳳之有威儀者也。'""子"爲男子美稱。

劉儀鳳　宋人。字韶美。

《書·益稷》："《簫韶》九成，鳳皇來儀。"蔡沈集傳："《簫韶》蓋舜樂之總名。"因《論語·八佾》有"子謂《韶》盡美矣，又盡善也"之言，故以"美"爲綴飾。

劉　勰　南朝梁人。字彦和。

《爾雅·釋詁》："勰，和也。"《詩·鄭風·羔裘》："彼其之子，邦之彦兮。"《爾雅·釋訓》："美士爲彦。"故以"彦"爲飾。

劉審交　五代後漢人。字求益。

《論語·子張》："子夏之門人，問交於子張。"又《季氏》："孔子曰：'益者三友，損者三友。友直、友諒、友多聞，益矣。'"故以"求益"應"交"。言惟求交益友。

劉　履　元人。字坦之。

《易·履卦》："履道坦坦，幽人貞吉。"

劉　廞　後魏人。字景興。

《玉篇·广部》："廞，興也。"

劉　廙　三國魏人。字恭嗣。

《玉篇·广部》："廙，又謹敬也。"謹敬即是恭。綴以"嗣"，謂繼續其謹敬。

劉　摯　宋人。字莘老。

《孟子·萬章上》："伊尹耕於有莘之野。"《楚辭·離騷》："湯禹嚴而求合兮，摯咎繇而能調。"王逸注："摯，伊尹名，湯臣也。"故以"莘"應"摯"。老、叟、翁等字，爲宋人時尚綴飾。此處亦以敬稱伊尹。

劉　槩

① 宋人。字孟節。

《文選·楊惲〈報孫會宗書〉》："夫西河魏土，文侯所興，有段干木、田子方之遺風，凛然皆有節概，知去就之分。"劉良注："西河會宗居處也。魏文侯所興，段干木、田子方皆清素節概之人。言會宗當得其遺風，知去就之分理。""孟"表行第居長。

② 明人。字大節。

解見①。大節，見《論語·泰伯》："曾子曰：'可以託六尺之孤，可以寄百里之命，臨大節而不可奪也。君子人與？君子人也。'"

劉　毅

① 晉人。字仲雄。

《三國志·魏志·許褚傳》："容貌雄毅，勇力絶人。"

②晉人。字希樂。

戰國燕名將樂（yuè）毅，率兵伐齊，連下七十餘城。後因齊人用間，被迫離燕。慕其人，故襲其姓名。

③宋人。字剛中。

剛、毅義近，故相協。因《易》諸卦多用“剛中”，故就“剛”而綴以“中”。

劉　璋

①漢人。字季玉。

《説文·玉部》：“璋，半圭爲璋。”璋爲半圭形狀的玉製禮器，故以“玉”相應。“季”表行第居第四。

②明人。字廷信。

《禮記·聘義》：“以圭璋聘，重禮也。”陳澔集説：“聘使之行禮於君則用圭，於夫人則用璋。”璋爲符信，故應以“信”。因用於朝聘，故飾以“廷”。

③明人。字圭甫。

璋爲半圭，故應以“圭”。“甫”爲男子美稱，以爲綴飾。參見①。

劉　節　明人。字介夫。

《論語·泰伯》：“臨大節而不可奪也。”宋文天祥《正氣歌》：“時窮節乃見，一一垂丹青。”《孟子·盡心上》：“柳下惠不以三公易其介。”節、介皆謂操守，故相協。“夫”爲男子通稱。

劉蔭樞　清人。字相斗。

斗，謂北斗七星。樞，北斗第一星名天樞。斗樞連文，即指北斗。緯書有《春秋運斗樞》。唐劉允濟《天賦》：“横斗樞以旋運，廓星漢之昭回。”據《史記·天官書》正義：“三公三星在北斗杓東，又三公三星北斗魁西，並爲太尉、司徒、司空之象，主變出陰陽，主佐機務。”是北斗左右皆有相，故以“相”飾“斗”。

劉　誼　宋人。字宜翁。

誼，通“義”。《禮記·中庸》：“義者宜也，尊賢爲大。”“翁”爲宋人時尚綴飾。

劉　諒　南朝梁人。字有信。

《論語·季氏》：“友直、友諒、友多聞，益矣。”邢昺疏：“諒，謂誠信。”

劉　賡　元人。字熙載。

《書·益稷》：“乃賡載歌曰。”故以“載”應“賡”。因《舜典》有“有能奮庸熙帝之載”之語，遂就“載”而以“熙”爲飾。

劉醇驥　清人。字千里。

《説文·馬部》：“驥，千里馬也。孫陽所相者。”段玉裁注：“孫陽字伯樂，秦穆公時人。”

劉　凝　清人。字二至。

《左傳·昭公二一年》：“二至、二分，日有食之，不爲灾。”杜預注：“二至，冬至，夏至。”冬至之日，陰始凝，陽始升，夏至之日陽始凝，陰始升。故以“二至”應“凝”。

劉學箕　宋人。字習之。

《禮記·學記》：“良弓之子，必學爲箕。”《論語·學而》：“子曰：‘學而時習之，不亦説乎？’”故因“學”而以“習”相應。

劉　憲　明人。字元度。

東漢黄憲字叔度，有重名，爲一時名士所傾倒。郭林宗（太）稱贊説：“叔度汪汪如萬頃之陂，澄之不清，擾之不濁，其器深廣，難測量也。”見《世説新語·德行》。故以“度”應“憲”。《易·乾卦·文言》：“元者，善之長也。”故以爲飾。

劉　整　元人。字武仲。

《左傳·僖公三十年》：“以亂易整，不武。”故以“武”應“整”。整故武。

劉曇净　南朝梁人。字元光。

《佛學大辭典》十六畫“曇”：“譯曰法……翻譯人造，用詮天竺之音，演述釋迦之旨，在於此方。先無此字，後葛洪於佛經録梵字，訓以爲净。”南朝崇佛，故取佛經字以爲名。曰法，曰净，皆爲佛家語，應以“光”，謂佛光普照。“元”爲美善之辭，以爲飾。

劉　樸　明人。字維素。

《老子》第十九章：“見素抱樸，少私寡欲。”

劉穆之　南朝宋人。字道和。

《三國志·魏志·陳矯傳》：“夫閨門雍穆，有德有行。”雍穆即和睦。雍、穆同義，和、穆亦同義，故以“和”應“穆”。

劉　穎　宋人。字公實。

《詩·大雅·生民》：“誕后稷之穡，有相之道。茀厥豐草，種之黄茂。……實穎實栗，即有邰家室。”朱熹集傳：“穎，實繁碩而垂末也。”

劉羲仲　宋人。字壯輿。

《書·堯典》：“分命羲仲，宅嵎夷，曰暘谷，寅賓出日。”《楚辭·離騷》：“吾令羲和弭節兮，望崦嵫而勿迫。”王逸注：“羲和，日御也。弭，按也。按節徐步也。”洪興祖補注：“虞世南引《淮南子》云：‘爰止羲和，爰息六螭，是謂懸車。’注云：‘日乘車，駕以六龍，羲和御之。’”羲和爲日之御夫。車、輿同義，故以“輿”應“羲”。因《易·大壯卦》有“壯于大輿之輹”之言，遂就“輿”而飾以“壯”。

劉　臻　隋人。字宣摯。

《玉篇·至部》：“臻，至也。”又《手部》：“摯，《周禮》以禽作六摯。摯之言至也。”是臻、摯同義相協。飾以“宣”，謂宣示其“至”之義。

劉　蕡　唐人。字去華。

《詩·周南·桃夭》：“桃之夭夭，有蕡其實。”毛傳：“蕡，實貌。”朱熹集傳：“蕡，實之盛也。”華落而後結實。故以“去華”應“蕡”。

劉　豫　宋人。字彦游。

《孟子·梁惠王下》：“夏諺曰：‘吾王不遊，吾何以休？吾王不豫，吾何以助？……一遊一豫，爲諸侯度。’”游，通“遊”。

劉遵海　清人。字聿南。

《孟子·梁惠王下》：“吾欲觀於轉附朝儛，遵海而南，放於琅邪。”《詩·唐風·蟋蟀》：“歲聿其莫。”毛傳：“聿，遂。”以飾“南”，即謂遂遵海而南。

劉　錡　宋人。字信叔。

《左傳·隱公三年》：“苟有明信，澗溪沼沚之毛，蘋蘩藴藻之菜，筐筥錡釜之器，潢汙行潦之水，可薦於鬼神，可羞於王公。”以“信”應“錡”。即謂以普通器具，盛普通祭品，可以向鬼神通誠信。杜預注："方曰筐，圓曰筥；無足曰釜，有足曰錡。""叔"表行第居第三。

劉錫嘏 清人。字淳齋。

《詩·魯頌·閟宫》："天錫公純嘏，眉壽保魯。"故意以"淳"諧"純"，示人古雅。清人名字慣用此法。清人平步青已於《霞外攟屑》中論及。"齋"爲清人時尚綴飾。

劉 隨 宋人。字仲豫。

《易》有《豫》《隨》二卦，前後相接。

劉 餗 唐人。字鼎卿。

《易·鼎卦》："鼎折足，覆公餗。"

劉龍光 清人。字蓼蕭。

《詩·小雅·蓼蕭》："蓼彼蕭斯，零露瀼瀼。既見君子，爲龍爲光。其德不爽，壽考不忘。"

劉龜年 宋人。字且老。

龜爲長壽動物。《史記·龜策列傳》："余至江南，觀其行事，問其長老，云龜千歲乃遊蓮葉之上。"故以"龜年"爲長壽之稱。唐代宗室有嗣曹王李龜年，又有協律李龜年。《太平御覽》卷九三一引《逸禮》曰："龜者，陰蟲之老也。龜三千歲，上遊於卷耳之上。老者先知。"故以"且老"應"龜年"。

劉嶽昭 清人。字藎臣。

《詩·大雅·崧高》："崧高維嶽，駿極于天。維嶽降神，生甫及申。維申及甫，維周之翰。"又《大雅·文王》："王之藎臣。"《崧高》乃歌頌宣王之舅申伯之詩。謂崧嶽降神靈和氣而生甫侯申伯，爲周之屏藩。故以"藎臣"應"嶽"。

劉彌正 宋人。字退翁。

《易·乾卦·文言》："知進退存亡而不失其正者，其唯聖人乎？"漢揚雄《法言·君子》："曰：'昔乎，顔淵以退爲進，天下鮮儷焉。'"李軌注："進退不失其正者，君子也。"故以"退"應"正"。"翁"爲宋人時尚綴飾。

劉彌邵 宋人。字壽翁。

漢揚雄《法言·孝至》："年彌高而德彌邵者，是孔子之徒與？"汪榮寶義疏："宋云：'邵，美也。'吴云：'邵，亦高也。'"年高即是壽，此取年高德美之義。"翁"爲綴飾。

劉應同 明人。字褋河。

《書·禹貢》："灉沮會同。"又："灃水攸同。"蔡沈集傳："同者，合而一也。"唐王勃《滕王閣序》："襟三江而帶五湖。"

劉應李 宋人。字希泌。

唐李泌七歲能文，及長博學。於時政多所匡救，封鄴侯。仰慕其人，故襲其姓名。

劉應時 宋人。字良佐。

以"良佐"應"時"，謂作匡救時政的治世之良臣。

劉應棠 清人。字又許。

許棠，唐人，與聶夷中齊名。咸通中，士子多奔走權要之門以求進，許棠與聶夷中等清白自守，不事干謁。時高湜爲禮部侍郎，拔擢及第。慕其人，故襲用其姓名。

劉應節 明人。字子和。

《論語·學而》："知和而和，不以禮節之，亦不可行也。"故以"和"應"節"。

劉應龜 元人。字元益。

《僞古文尚書·大禹謨》："帝曰：'禹，官占，惟先蔽志，昆命于元龜。'"《易·損卦》有"或益之十朋之龜"之言，故綴以"益"。

劉 懋

① 後魏人。字仲華。

懋，通"茂"。《文選·潘岳〈西征賦〉》："豈時王之無僻，賴先哲以長懋。"李善注："但賴前聖之德，所以長茂也。"華開正欲其茂。

② 明人。字勉之。

《書·舜典》："惟時懋哉！"蔡沈集傳："懋，勉也。"

劉 濟 明人。字汝楫。

《僞古文尚書·説命上》："若濟巨川，用汝作舟楫。"

劉 濩 元人。字聲之。

濩，商湯時的樂名。又稱《大濩》。《莊子·天下》："禹有《大夏》，湯有《大濩》，文王有《辟雍》之樂。"音樂爲演奏，故以"聲之"相應。

劉 燦 清人。字星若。

曹操《步出夏門行》："日月之行，若出其中，星漢粲爛，若出其裏。"粲，一作"燦"。

劉 績 明人。字用熙。

《書·堯典》："庶績咸熙。"用，猶以。

劉 繇 三國吴人。字正禮。

繇，通"由"。《爾雅·釋水》："繇膝以下爲揭，繇膝以上爲涉，繇帶以上爲厲。"《論語·雍也》："誰能出不由户？何莫由斯道也。"《孟子·萬章下》："夫義，路也；禮，門也。惟君子能由是路，出入是門也。"以"禮"應"繇"。正是欲出入由户，循禮而行。

劉 謙

① 宋人。字漢宗。

《易·謙卦》："謙謙君子，用涉大川，吉。"《書·禹貢》："江漢朝宗于海。"凡大川無不如江漢奔流入海，故因大川而及江漢，遂以"漢宗"應"謙"。

② 金人。字光甫。

《易·謙卦》："謙尊而光。"故以"光"應"謙"。"甫"爲男子美稱。先秦皆用"父"，漢以來易父爲"甫"。

③ 清人。字益侯。

《易·謙卦》："天道虧盈而益謙。"又《僞古文尚書·大禹謨》："謙受益。""侯"爲綴飾。漢以來，公、卿、君、侯、臣皆可作字的綴飾。

劉 闃 宋人。字静叔。

《文選·王粲〈登樓賦〉》："原野闃其無人兮，征夫行而未息。"李善注引《埤蒼》曰："闃，静也。""叔"表行第居第三。

劉 鴻 明人。字雲表。

鴻善飛，常翺翔於雲端。唐無名氏《鴻賦》："翩翩者鴻，刷羽梳風。賓燕薊之北，旅江湖之中。……肅肅習習，繽繽紛紛，泛濫緑水，翺翔白雲。"故以"雲"應"鴻"。綴以"表"，謂飛行於雲外。

劉鴻訓 明人。字默成。

漢王充《論衡·自紀》："材鴻莫過孔子。"《詩·大雅·烝民》："古訓是式。"鴻訓，猶言偉大的教言。《論語·陽貨》："子曰：'予欲無言。'子貢曰：'子如不言，則小子何述焉？'子曰：'天何言哉？四時行焉，百物生焉。天何言哉？'"孔子欲行無言之教，以天無言而四時運行，萬物自然生長爲喻。故以"默成"應"鴻訓"。默成，即謂緘默無言，而萬物自成。

劉鴻儒 清人。字魯一。

漢王充《論衡·超奇》："然鴻儒世之金玉也，奇而又奇矣。"又："夫鴻儒希有。"孔子春秋魯國人，爲儒家學派創始人，故以"魯一"應"鴻儒"。言爲魯國一人。

劉鴻翱 清人。字次白。

唐無名氏《鴻賦》："泛濫緑水，翱翔白雲。"次白，意謂臨近白雲。

劉　黻

① 宋人。字聲伯。

《詩·秦風·終南》："君子至止，黻衣繡裳。佩玉將將，壽考不忘。"朱熹集傳："黻之狀亞，兩巳相戾也。繡，刺繡也。將將，佩玉聲也。""伯"表行第居長。

② 明人。字伯繡。

《周禮·考工記·畫繢》："白與黑謂之黼，黑與青謂之黻，五采備謂之繡。"鄭玄注："此言刺繡采所用，繡以爲裳。"參見①。

劉　彝 宋人。字執中。

《詩·大雅·烝民》："民之秉彝，好是懿德。"鄭玄箋："秉，執也。"故以"執"應"彝"。因《論語·堯曰》有"允執厥中"之語，遂因"執"而綴以"中"。

劉　曙 明人。字公旦。

《玉篇·日部》："曙，東方明也。"唐杜審言《和晉陵陸丞早春遊望》詩："雲霞出海曙，梅柳渡江春。"《詩·邶風·匏有苦葉》："旭日始旦。"《説文·旦部》："旦，明也。从日見一上。一，地也。"是日始現地上之象。故以"旦"應"曙"。周公名旦，遂就"旦"而以"公"爲飾。

劉　曜 前趙人。字永明。

《玉篇·日部》："曜，照也。"有光照自必明。

劉　燾 宋人。字無言。

《説文·火部》："燾，溥覆照也。"段玉裁注："《中庸》曰：'辟如天地之無不持載，無不覆幬。'注云：'幬，或作燾。'按《左傳》亦云：'如天之無不幬。'杜注：'幬，覆也。'蓋幬是叚借字。"是"燾"即謂天覆照萬物。《論語·陽貨》："子曰：'予欲無言。'子貢曰：'子如不言，則小子何述焉？'子曰：'天何言哉？四時行焉，百物生焉。天何言哉？'"天但覆照而無言，萬物自生長，四時自運行。故以"無言"應"燾"。

劉　爵 明人。字子修。

《孟子·告子上》："古之人修其天爵，而人爵從之。"

劉　璿 三國蜀漢人。字文衡。

《書·堯典》："在璿璣玉衡，以齊七政。"東漢以來，士大夫喜以文、孝、德等飾字。

劉　翼 宋人。字躔文。

翼，二十八宿之一，屬南方朱雀七宿。《漢書·天文志》："翼爲羽翮，主遠客。"《説文·足部》："躔，踐也。"段玉裁注："日運爲躔。"日月星辰運行時，經過天區某一位置爲躔。

劉　蟠 宋人。字士龍。

唐李白《與韓荆州書》："所以龍蟠鳳逸之士，皆欲收名定價於君侯。"

劉　鎰 清人。字兼萬。

《孟子·梁惠王下》："今有璞玉於此，雖萬鎰，必使玉人彫琢之。"

劉　顔 宋人。字子望。

顔，謂孔子弟子顔回。《論語·公冶長》："子謂子貢曰：'女與回也孰愈？'對曰：'賜也何敢望回！回也聞一知十，賜也聞一知二。'子曰：'弗如也！吾與女弗如也！'"

劉　繪

① 南朝齊人。字士章。

《周禮·考工記·畫繢》："畫繢之事，雜五色……青與赤謂之文，赤與白謂之章。"故以"章"應"繪"。"士"爲男子美稱。

② 明人。字子素。

《論語·八佾》："子曰：'繪事後素。'"朱熹集注："繪事，繪畫之事也。後素，後於素也。《考工記》曰：'繪畫之事後素功。'謂先以粉地爲質，而後施五采。"一字少質，亦取義於此。

劉　繹 明人。字以成。

《論語·八佾》："子語魯大師樂，曰：'樂其可知也：始作，翕如也；從之，純如也，皦如也，繹如也，以成。'"

劉寶楠 清人。字楚楨。

《墨子·公輸》："荆有長松、文梓、楩、枏、豫章。"孫詒讓閒詁："高云：皆大木也。"《玉篇·木部》以"楠"爲枏的俗字。又："楨，堅木也。《山海經》曰：'大山多楨木。'"楠爲楚地所生堅硬之樹，故以"楚楨"相應。

劉獻廷 清人。字君賢。

《周禮·地官·鄉大夫》："三年則大比考其德行、道藝，而興賢者、能者……厥明，鄉老及鄉大夫、羣吏，獻賢能之書於王。王再拜受之。"鄭玄注："獻，猶進也。王拜受之，重得賢者。"因是獻之於君，故以"君"爲飾。一字繼莊，言繼之以莊。係取《禮記·内則》"獻其賢者於宗子，夫婦皆齊而宗敬焉"經義。齊即"齋"，謂齋戒莊敬。

劉　礪 宋人。字用之。

《僞古文尚書·説命上》："若金，用汝作礪。"

劉繼聖 清人。字衍泗。

泗，春秋時魯國河流，經魯國都城曲阜城郊。孔子講學於此。《禮記·檀弓上》："〔曾子曰〕吾與女事夫子於洙泗之間。"後世遂以洙泗或洙、泗指稱孔子之學。故以"衍泗"應"繼聖"。衍泗，即謂廣布孔子之學。

劉　鶚

① 元人。字楚奇。

《漢書·鄒陽傳》："臣聞鷙鳥累百，不如一鶚。"顔師古注："孟康曰:'鶚，大鵰也。'師古曰:'鷙擊之鳥，鷹鸇之屬也。鶚自大鳥而鷙者耳，非鵰也。'"後因以喻傑出之士。漢孔融《薦禰衡表》:"鷙鳥累百，不如一鶚。使衡立朝，必有可觀。"《左傳·襄公二六年》:"雖楚有材，晉實用之。"楚國多人才，故以"楚奇"應"鶚"。

② 清人。字鐵雲。

原名孟鵬，字雲摶，係取《莊子·逍遥遊》"其名爲鵬，背若泰山，翼若垂天之雲，摶扶搖羊角而上者九萬里"文義。名鶚後，字鐵雲。鶚爲猛禽，善飛翔搏擊，故以"雲"相應，言飛行入雲。鐵諧爲"貼"，謂接近雲端。清人取字喜用諧音，以倣古音通假，以示古奥。參見清平步青《霞外攟屑》卷五《字號假借同音》。

劉鐶之 清人。字信芳。

鐶，諧作"還"。還之即是誠信。因《楚辭·離騷》有"不吾知其亦已兮，苟余情其信芳"之語，遂就誠信之"信"，而綴以"芳"。

劉 闢 唐人。字太初。

《戰國策·齊策六》:"且自天地之闢，民人之治。"開天辟地乃太古洪荒時代的傳説，故以"太初"應"闢"。

劉 韡 宋人。字仲文。

《詩·小雅·常棣》:"常棣之華，鄂不韡韡。"毛傳:"韡韡，光明也。"光明乃文明之象，故以"文"相應。"仲"表行第居第二。

劉權之 清人。字德輿。

《詩·秦風·權輿》:"于嗟乎，不承權輿!"故以"輿"應"權"。又，唐有權德輿。其道德文章爲時所重，且爲一代名賢，故同用《詩》義，而亦以"德"飾"輿"，以示齊賢。

劉驎之 晉人。字子驥。

《玉篇·馬部》:"驎，馬黑唇。"又:"驥，千里馬。"同類故相應。

劉 纓 明人。字與清。

《孟子·離婁上》:"有孺子歌曰:'滄浪之水清兮，可以濯我纓;滄浪之水濁兮，可以濯我足。'孔子曰:'小子聽之!清斯濯纓，濁斯濯足矣!'"故以"清"應"纓"。飾以"與"，謂加入清者之列。

劉體仁 清人。字公勇。

甬，古"勇"字。《論語·憲問》:"仁者必有勇。"自西漢以來，公、君皆可飾字。

劉體重 清人。字子厚。

《史記·高祖本紀》:"周勃重厚少文，然安劉氏者必勃也。"重、厚義近，故相協。"子"爲男子美稱。

劉體乾 明人。字子元。

《易·乾卦》:"乾:元亨利貞。"又:"彖曰:大哉乾元。"故以"元"應"乾"。

劉鱗長 明人。字孟龍。

《大戴禮記·易本命》:"有鱗之蟲三百六十，而蛟龍爲之長。"按，《太平御覽》卷九二九引此文作"鱗蟲三百六十，而龍爲之長"。故以"龍"應"鱗長"。"孟"表行第居長。

劉靈哲 南朝齊人。字文明。

《禮記·中庸》:"《詩》曰:'既明且哲，以保其身。'其此之謂與?"

〔摯〕

摯 恂 漢人。字季直。

《詩·鄭風·羔裘》:"羔裘如濡，洵直且侯。"洵，通"恂"。《韓詩外傳》卷二引此詩作"恂直且侯"。"季"表行第居末。

摯 峻 漢人。字伯陵。

《玉篇·山部》:"峻，嶮峻也。"《詩·小雅·天保》:"如山如阜，如岡如陵。"毛傳:"大陸曰阜，大阜曰陵。"以"陵"應"峻"皆謂高大。"伯"表行第居長。

摯 虞 晉人。字仲洽。

漢劉向《説苑·建本》:"日以自虞。"《玉篇·虍部》:"虞，樂也。"《詩·大雅·江漢》:"矢其文德，洽此四國。"孔穎達疏:"又施布其經緯天地之文德，以和洽此天下四方之國，使皆蒙德。"和洽、歡樂義相近，故相協。古書游通"遊"。

摯 瞻 晉人。字景游。

出游即爲觀覽、瞻望，故瞻、游相協。飾以"景"，即謂嚮往出遊。

〔樂〕

樂士宣 宋人。字德臣。

《書·皋陶謨》:"日宣三德，夙夜浚明有家。"蔡沈集傳:"三德而爲大夫，六德而爲諸侯。以德之多寡，職之大小，概言之也。"大夫乃臣子之稱，故以"德臣"應"宣"。

樂大原 元人。字君道。

唐韓愈有《原道》，故以爲名字。漢以來，士大夫多以公、君飾字。

樂大護 明人。字伯聲。

一作名士護。護，成湯之樂名。亦作濩。《莊子·天下》:"湯有《大濩》。"既是音樂，故以"聲"相應。"伯"表行第居長。

樂 史 宋人。字子正。

史官須公正。《舊唐書·劉子玄(知幾)傳》載，知幾謂史官必須有"三長"，其三爲"猶須好是正直，善惡必書，使驕主賊臣所以知懼"。故以"正"應"史"。"子"爲男子美稱。

樂均用 元人。字國寶。

《詩·小雅·節南山》:"秉國之均，四方是維。"鄭玄箋:"持國政之平，維制四方。"孔子謂"有國有家者，不患寡，而患不均"。是"均"爲國之寶，故以"寶"綴於"國"。

樂 恢 漢人。字伯奇。

《史記·平津侯主父列傳》:"弘爲人恢奇多聞。"恢奇，漢人常語，故以爲名字。"伯"表行第居長。

樂 純 清人。字思白。

《論語·子罕》:"麻冕，禮也;今也純，儉，吾從衆。"朱熹集注:"麻冕，緇布冠也。純，絲也。"《詩·召南·羔羊》:"素絲五紽。"絲爲白色，故以"思白"相應。一作字白禾，綴以"禾"，不詳所指。

樂 備 宋人。字順之。

《禮記·祭統》："備者，百順之名也。無所不順者之謂備。言內盡於己，而外順於道也。"

樂黃目 宋人。字公禮。

《禮記·明堂位》："灌尊，夏后氏以鷄夷，殷以斝，周以黃目。"灌，裸。周人行裸禮時用黃目尊，故以"禮"相應。漢以來習尚以君、公爲字的修飾語。

樂 韶 宋人。字成之。

《書·益稷》："《簫韶》九成。"

樂韶鳳 明人。字舜儀。

《書·益稷》："《簫韶》九成，鳳皇來儀。"因是帝舜之事，故飾以"舜"。

樂 廣 晉人。字彥輔。

廣，讀 guàng。上古車戰，廣爲戰車編制名。三十乘爲廣，作戰分左右。見《左傳·宣公十二年》。後以爲軍隊左右翼之稱。作戰固須配合輔佐，故以"輔"應"廣"。《詩·鄭風·羔裘》："彼其之子，邦之彥兮。""彥"乃士之美稱，故以飾"輔"。

樂 藹 南朝梁人。字蔚遠。

藹、蔚皆爲草木茂盛。漢班固《西都賦》："茂樹蔭蔚。"宋歐陽修《醉翁亭記》："望之蔚然而深秀者，琅琊也。"晉陶潛《和郭主簿二首》之一："藹藹堂前林，中夏貯清陰。"故藹、蔚相協。茂密則氣象幽深，故綴以"遠"。

樂 護 明人。字鳴殷。

護爲殷商之樂，故以"鳴殷"相應。《莊子·天下》："毀古之禮樂。黃帝有咸池，堯有大章……湯有大濩。"濩，亦作"護"。

〔樊〕

樊一蘅 明人。字君帶。

《楚辭·九歌·山鬼》："被石蘭兮帶杜衡，折芳馨兮遺所思。"王逸注："石蘭、杜衡皆香草。衡，一作蘅。"故以"帶"應"蘅"。西漢人多以公、君爲字的飾語，後代亦習用。

樊子蓋 隋人。字華宗。

三國魏曹植《求通親親表》："出從華蓋，入侍輦轂。"華蓋爲貴官所乘之車。因"華"而綴以"宗"，謂使其宗族光寵。

樊玉衡 明人。字以齊。

《書·舜典》："在璿璣玉衡，以齊七政。"

樊 沂 清人。字浴沂。

《論語·先進》："浴乎沂，風乎舞雩，詠而歸。"

樊宗師 唐人。字紹述。

以"紹述"應"宗師"，意欲師孔子。《論語·述而》："子曰：'述而不作，信而好古，竊比於我老彭。'"何晏集解引包咸曰："老彭，殷大夫也，好述古事。我若老彭，但述之耳。"朱熹集注："孔子刪《詩》《書》，定《禮》《樂》，贊《周易》，修《春秋》，皆傳先王之舊，而未嘗有所作也。故其自言如此。蓋不惟不敢當作者之聖，而亦不敢顯然自附於古之賢人。"《爾雅·釋詁》："紹，繼也。"孔子且不敢以聖人自居，故願繼孔子"述而不作"，以"傳先王之舊"。

樊知古 宋人。字仲師。

《僞古文尚書·說命下》："事不師古，以克永世，匪說攸聞。"故以"師"應"古"。

樊 阜 明人。字時登。

《詩·小雅·天保》："如山如阜，如岡如陵。"朱熹集傳："高平曰陸，大陸曰阜，大阜曰陵。皆高大之意。"凡高大者，攀登始得上。陶潛《移居二首》之二："春秋多佳日，登高賦新詩。"故以"登"應"阜"。飾以"時"，謂以時而往。

樊 英 漢人。字季齊。

英，謂英賢。《禮記·禮運》："大道之行也，與三代之英，丘未之逮也，而有志焉。"陳澔集說："夫子言我思古昔大道之行於天下，與夫三代英賢之臣……"《論語·里仁》："子曰：'見賢思齊焉，見不賢而內自省也。'"以"齊"應"英"，亦即思齊前賢。"季"表行第居末。

樊 重 漢人。字君雲。

重，讀 chóng。猶高或層。《荀子·賦》："重樓疏堂。"高空有雲，故以"雲"應"重"。"君"爲漢人時尚字飾。按，漢人既以"雲"應"重"，或"重"即當有高義。

樊執敬 元人。字時中。

《論語·堯曰》："允執其中。"故以"中"應"執"。《禮記·中庸》有"君子而時中"之言，故以"時"飾"中"。

樊 梵 漢人。字文高。

佛家經典皆用梵文寫成，故以"梵"爲諸凡有關佛家事物的總名。以"文高"應"梵"，謂佛家經典文義高妙。

樊 雲 清人。字青若。

南朝齊孔稚珪《北山移文》："度白雪以方潔，干青雲而直上。"又唐王勃《滕王閣序》："窮且益堅，不墜青雲之志。"故以"青"應"雲"。若，猶"然"。

樊 須 春秋魯人。字子遲。

清王引之《春秋名字解詁》："齊樊須字子遲。須、𩑶古字通。《爾雅》：須，待也。《歸妹》：九四，遲歸有時。陸績注曰：遲，待也。"按，《孔子家語》以樊須爲魯人。鄭玄以爲齊人。

樊 敬 明人。字守一。

《孝經·廣要道章》："敬一人而千萬人說，所敬者寡，而說者衆。"故以"守一"應"敬"。

樊 準 漢人。字幼陵。

《史記·高祖本紀》："高祖爲人，隆準而龍顏。"裴駰集解引文穎曰："準，鼻也。"司馬貞索隱："李斐云：準，鼻也。始皇蜂目長準，蓋鼻高起。"《爾雅·釋地》："高平曰陸，大陸曰阜，大阜曰陵。"以"陵"應"準"，皆取隆起之義。"幼"表行第居末。

樊資深 宋人。字逢源。

《孟子·離婁下》："居之安，則資之深；資之深，則取之左右逢其原。"原、源，古今字。

樊維甫 明人。字山圖。

《詩·大雅·崧高》："維嶽降神，生甫及申。維申及甫，維周之翰。”又《烝民》:“我儀圖之,維仲山甫舉之,愛莫助之。衮職有闕,維仲山甫補之。”

樊維城 明人。字紫蓋。

《詩・大雅・板》:“懷德維寧,宗子維城。無俾城壞,無獨斯畏。”南朝宋鮑照《蕪城賦》:“南馳蒼梧漲海,北走紫塞雁門。”李善注引崔豹《古今注》曰:“秦所築長城,土色皆紫,漢塞亦然,故稱紫塞。”因“城”而及邊塞之城,故以“紫”相應。綴以“蓋”,殆謂城者,蓋拱衛邊疆之城,非一般之城邑。按,“紫蓋”乃帝王之儀仗,與“城”不協。“蓋”當是虚詞。

樊 澤 唐人。字安時。

《僞古文尚書・畢命》:“道洽政治,澤潤生民,四夷左衽,罔不咸賴。”澤及生民,四夷咸賴,即是安時救世。

樊 儵 漢人。字長魚。

《莊子・秋水》:“儵魚出游從容,是魚之樂也。”陸德明釋文:“儵音條。《説文》直留反。李音由。白魚也。”按,儵同“鯈”。今北方呼爲白鰷魚。“長”表行第居長。

樊 鵬 明人。字少南。

《莊子・逍遥遊》:“有鳥焉,其名爲鵬……絶雲氣,負青天,然後圖南,且適南冥也。”“少”表行第居末。

樊騰鳳 清人。字淩虚。

唐王勃《滕王閣序》:“騰蛟起鳳,孟學士之詞宗。”騰鳳即謂鳳飛起。三國魏曹植《節游賦》:“飄飛陛以淩虚。”淩虚即是騰飛,故相應。

〔樓〕

樓大年 宋人。字元齡。

《莊子・逍遥遊》:“小知不及大知,小年不及大年……上古有大椿者,以八千歲爲春,八千歲爲秋。”唐韓愈《答張徹》詩:“道途綿萬里,日月垂十齡。”齡、年同義。大年原是謂年齡。

樓 异 宋人。字試可。

《書・堯典》:“岳曰:异哉。試可乃已。”孔傳:“异,已也,退也。言餘人盡已,唯鯀可試,無成乃退。”陸德明釋文:“异,徐云鄭音异,孔王音怡。”

樓 弆 宋人。字元應。

弆,古文“棄”。與樓异爲同祖弟兄,爲求行輩表識一致,故用“弆”不用“棄”。《左傳・定公九年》:“君子謂子然於是不忠。苟有可以加於國家者,棄其邪可也。”以“元應”相應,意謂元應如此。按,“棄”字中間“丗”似“世”,唐人爲避唐太宗諱,《開成石經》“棄”皆作“弆”。宋人猶習見,故樓氏名“弆”。今經文皆作“棄”。

樓 昉 宋人。字陽叔。

《玉篇・日部》:“昉,明也。”陽光必明。“叔”表行第。

樓 郁 宋人。字子文。

《論語・八佾》:“周監於二代,郁郁乎文哉!”

樓 望 漢人。字次子。

《史記・齊太公世家》:“吾太公望子久矣。”次子者,言望之下爲“子”。

樓 璹 宋人。字壽玉。

析名爲字。壽玉,壽若金玉。《古詩十九首》:“人生非金石,豈能長壽考?”此反用其意。金石亦即金玉。玉爲石之美者。

樓 儼 清人。字敬思。

《禮記・曲禮上》:“儼若思。”故以“思”應“儼”。《論語・季氏》有“事思敬”之言,爲君子“九思”之一,故以飾“思”。

樓 鑰 宋人。字大防。

漢揚雄《方言》卷五:“户鑰,自關之東,陳、楚之間謂之鍵,自關之西謂之鑰。”此指竪形木或鐵製門栓,後以稱鎖或鑰匙。鑰爲防“暴客”(見《易・繫辭下》),至關緊要,故應以“大防”。大防,原以稱大堤(見《周禮・考工記・匠人》),此以指至關緊要的防範。

〔歐〕

歐大任 明人。字楨伯。

《詩・大雅・文王》:“王國克生,維周之楨。濟濟多士,文王以寧。”朱熹集傳:“楨,榦也。……文王之國能生此衆多之士,則足以爲國之榦,而文王亦賴以爲安矣。”爲國之楨榦,自是當大任。“伯”表行第居長。

歐陽旦 明人。字子相。

歐陽,複姓。旦,謂周公。周公姬姓,名旦,武王之弟。武王崩,成王年幼,周公爲相,平定管、蔡之亂,制禮作樂,以鞏固周王朝。攝政七年,而後反政於成王,“北面就羣臣之位”。事見《史記・周本紀》。封建時代奉周公爲聖人。崇敬其人其事,故以“相”應“旦”。

歐陽守道 宋人。字公權。

《論語・子罕》:“子曰:‘可與共學,未可與適道;可與適道,未可與立;可與立,未可與權。’”此從正面相應。言己可與守道,故亦可與權輕重。

歐陽初 明人。字遂初。

初,謂初始之志。遂初,謂得遂初願。《世説新語・言語》:“孫綽賦《遂初》,築室畎川,自言見止足之分。”劉孝標注:“《遂初賦叙》曰:‘余少慕老、莊之道,仰其風流久矣。卻感於陵賢妻之言,悵然悟之。乃經始東山,建五畝之宅,帶長阜,依茂林,孰與坐華幕擊鐘鼓者同年而語其樂哉!’”以“遂初”應“初”,謂如孫綽,得實現其早年慕道歸隱之願。

歐陽汶 明人。字伯魯。

汶,春秋魯國北境之地,爲魯之中都。孔子曾爲中都宰,然後爲司空,進而爲大司寇。孔子爲中都宰,“一年,四方皆則之”。事見《史記・孔子世家》。因是孔子曾治之地,故以爲名字。

歐陽言 宋人。字鳴道。

唐韓愈《送孟東野序》:“人聲之精者爲言。文辭之於言,又其精也,尤擇其善鳴者而假之鳴。”故以“鳴”應“言”。又:“臧孫辰、孟軻、荀卿以道鳴者也。”故綴以“道”。

歐陽旻 宋人。字彦昭。

《爾雅・釋天》:“春爲蒼天,

夏爲昊天，秋爲旻天，冬爲上天。"《詩·大雅·雲漢》："倬彼雲漢，昭回于天。"此因"天"而及"昭"。"彦"爲男子美稱。《爾雅·釋訓》："美士爲彦。"故以飾"昭"。

歐陽東鳳 明人。字千仞。

《太平御覽》卷九一五引《括地圖》曰："孟虧人首鳥身，其先爲虞氏馴百禽。夏后之末世，民始食卵，孟虧去之，鳳凰隨焉，止于此。山多竹，長千仞。鳳凰食竹實，孟虧食木實。去九疑萬八千里。"又唐李白《古風五十九首》之四："鳳飛九千仞，五章備綵珍。"故以"千仞"應"鳳"。東鳳明末人。亦或取義於俗文學。如《三國演義》三七回有"鳳翱翔於千仞兮，非梧不棲；士伏處於一方兮，非主不依"之語，故以鳳自喻。

歐陽直卿 宋人。字温叟。

《書·舜典》："直而温，寛而栗。"叟、老、翁爲宋人時尚綴飾。

歐陽厚均 清人。字福田。

漢時自公卿以下，以至吏民，按等級分賜田地，名曰"均田"。《漢書·王嘉傳》："而以賜〔董〕賢二千餘頃，均田之制從此墮壞。"顔師古注引孟康曰："自公卿以下至於吏民名曰均田，皆有頃數，於品制中令均等。今賜賢二千餘頃，則壞其等制也。"故以"田"應"均"。因佛家稱布施行善以獲來生之報爲"福田"，遂以"福"飾"田"。唐玄奘《大唐西域記·摩揭陀國上》："誠願大王福田爲意。"

歐陽紇 南朝陳人。字奉聖。

紇，謂孔子之父。《左傳》《孔子世家》稱叔梁紇（上古稱人，如名、字並出，則字在前，名在後。紇字叔梁）。孔子後人，西漢孔貞封褒成侯。其後凡奉祀孔子者，多封此爵（或號褒成君）。自西晉起，凡奉祀孔子者改封奉聖侯。歐陽紇南朝陳人，故名紇字奉聖，以示紇乃聖人之父，非春秋之臧孫紇。參見孔子五十一世孫，金孔元措《孔氏祖庭廣記》卷一。

歐陽貞 明人。字元春。

《禮記·文王世子》："一有元良，萬國以貞。"鄭玄注："貞，正也。"遂因端正之"正"而及正月之"正"，又及《春秋》之"春王正月"。故以"元春"應"貞"。元，猶始。春爲一歲之始，故以"元"爲飾。

歐陽修 宋人。字永叔。

《戰國策·齊策一》："鄒忌脩八尺有餘。"脩，通"修"。《詩·周南·漢廣》："江之永矣，不可方思。"毛傳："永，長。"修、永皆爲長，故相協。"叔"表行第或稚幼。

歐陽珣 宋人。字全美。

《爾雅·釋地》："東方之美者，有醫無閭之珣玗琪焉。"《説文·玉部》作"珣玗璂"。《周書》稱爲夷玉。

歐陽彬 五代後蜀人。字齊美。

《論語·雍也》："文質彬彬，然後君子。"以"齊美"應"彬"，即欲文與質兼備。

歐陽通 唐人。字通師。

人非生而知之，須師乃能通道藝。

歐陽凱士 宋人。字彦成。

《詩·邶風·凱風》："凱風自南。"毛傳："南風謂之凱風。樂夏之長養者。"朱熹集傳："長養萬物者也。"長養故能成。《爾雅·釋訓》："美士爲彦。"故以"成"應"凱"，以"彦"應"士"。

歐陽棐 宋人。字叔弼。

《説文·木部》："棐，輔也。"段玉裁注："《尚書》多言棐。《釋詁》曰：'弼、棐、輔、比，俌也。'按，棐蓋弓檠之類。"棐、弼同義相協。"叔"表行第。

歐陽發 宋人。字伯和。

《禮記·中庸》："發而皆中節，謂之和。""伯"表行第。

歐陽椿 宋人。字永年。

《莊子·逍遥遊》："小年不及大年。奚以知其然也……上古有大椿者，以八千歲爲春，八千歲爲秋。"

歐陽詹 唐人。字行周。

《詩·魯頌·閟宫》："泰山巖巖，魯邦所詹。"朱熹集傳："詹，與'瞻'同。"由"瞻"而及"顧瞻周道"（《詩·檜風·匪風》），又因"周道"而及《周南·卷耳》"寘彼周行"。

歐陽詢 唐人。字信本。

《爾雅·釋詁》："詢，信也。"郭璞注引《方言》曰："宋、衛曰詢。"詢、信同義，故相協。本，謂根本、大本。《論語·顔淵》："子貢問政。子曰：'足食足兵，民信之矣。'子貢曰：'必不得已而去，於斯三者何先？'曰：'去兵。'子貢曰：'必不得已而去，於斯二者何先？'曰：'去食。自古皆有死，民無信不立。'"孔子以誠信爲治國之大本，故以"本"綴"詢"。

歐陽道 元人。字性之。

《禮記·中庸》："天命之謂性，率性之謂道。"

歐陽誠 明人。字志道。

《禮記·中庸》："誠者天之道也，誠之者人之道也。"故以"道"應"誠"。《論語·里仁》有"士志於道"之言，故以"志"飾"道"。

歐陽銘 明人。字日新。

《禮記·大學》："湯之《盤銘》曰：'苟日新，日日新，又日新。'"

歐陽德 明人。字崇一。

《論語·顔淵》："樊遲從遊於舞雩之下，曰：'敢問崇德、脩慝、辨惑。'子曰：'善哉問！先事後得，非崇德與？攻其惡無攻人之惡，非脩慝與？一朝之忿，忘其身以及其親，非惑與？'"故以"崇"應"德"。《僞古文尚書》有《咸有一德》篇目，故於"崇"下綴"一"，暗隱一"德"字。

歐陽澈 宋人。字德明。

明澈，近古常語，故因"明"而以"德"爲飾。《左傳·僖公五年》："明德惟馨。"又《禮記·大學》："大學之道，在明明德。"

歐陽頠 南朝陳人。字靖世。

《爾雅·釋詁》："頠，静也。"靖、静同義。綴以"世"，欲人世太平安静。

歐陽曄 宋人。字日華。

析名爲字。《説文·日部》：

"暈，光也。"段玉裁注："《思玄賦》舊注云：曄，光貌。"離析之後爲日之光華，可與"曄"相協。

歐陽璲 明人。字峋嶁。

《玉篇·玉部》："璲，以玉爲佩也。"峋嶁，湖南衡山有七十二峯，峋嶁峯爲其主峯，故峋嶁爲衡山之别名。以峋嶁應"璲"，乃暗取"衡"字。衡乃佩玉部件之一，爲玉佩上部横置之條狀玉，用以繫璜與衝牙。衡，古書亦作"珩"。文人好奇，故作曲折，以示其淵博。

歐陽謙 明人。字伯益。

《易·謙卦》："天道虧盈而益謙。"《僞古文尚書·大禹謨》："謙受益。""伯"表行第居長。

歐陽彝 宋人。字元鼎。

彝、鼎，皆爲古代禮器。《禮記·祭統》："施于烝彝鼎。"鄭玄注："彝，尊也。"

歐陽獻可 宋人。字晉叔。

《左傳·昭公二十年》："君所謂可而有否焉，臣獻其否以成其可；君所謂否而有可焉，臣獻其可以去其否。"後以獻可替否爲事君之道。獻者進也。《儀禮·鄉飲酒禮》"獻賓"鄭玄注："獻，進也。"《易·晉卦》："晉，進也。"故以"晉"應"獻可"。

歐陽爚 明人。字洞陽。

《玉篇·火部》："爚，電光也。"《易·説卦》："離爲火，爲日，爲電。"《離卦》乃"陰麗於陽，其象爲火，體陰而用陽也"（朱熹《周易本義》）。故以"陽"應"爚"。《太平廣記》卷三七七引《冥祥記》："鐵牀銅柱，燒之洞然。"此形容物體燒紅之貌，故以"洞"飾"陽"。

歐陽鐸 明人。字崇道。

《論語·八佾》："天將以夫子爲木鐸。"朱熹集注："木鐸，金口木舌，施政教時所振，以警衆者也。""天將使夫子得位設教，不久失位也。"使孔子得位設教，即是崇道。

歐陽觀 宋人。字仲賓。

《易·觀卦》："觀國之光，尚賓也。""仲"表行第。

〔潘〕

潘士達 明人。字在聞。

《論語·顔淵》："子曰：'何哉爾所謂達者？'子張對曰：'在邦必聞，在家必聞。'子曰：'是聞也，非達也。'"

潘　中 明人。字大本。

《禮記·中庸》："中也者，天下之大本也。"

潘之恒 明人。字景升。

《詩·小雅·天保》："如月之恒，如日之升。"

潘允端 明人。字仲履。

《左傳·文公元年》："履端於始，序則不愆。"

潘天成 清人。字錫疇。

《左傳·僖公二四年》："《夏書》曰：'地平天成，稱也。'"杜預注："地平其化，天成其施，上下相稱爲宜。"孔穎達疏引孔安國云："水土治曰平，五行序曰成……五行既序，是天成其施。"又見《僞古文尚書·大禹謨》。《書·洪範》："鯀則殛死，禹乃嗣興，天乃錫禹《洪範》九疇。"以"錫疇"應"天成"，謂禹能順水之性，治水成功，上帝乃賜予洪範九疇。

潘世恩 清人。字槐堂。

《周禮·秋官·朝士》："面三槐，三公位焉。"後世以"三槐""槐位"等指代三公。以"槐"應"世恩"，謂世受國恩而居三公之位。堂、軒、亭等爲清代時尚字飾。

潘　尼 晉人。字正叔。

《玉篇·尸部》："尼，安也，止也。"《正部》："正，定也。"《禮記·大學》："知止而後有定。"是尼、正義近，故相協。"叔"表行第。

潘　旦 明人。字希周。

《論語·述而》："子曰：'甚矣吾衰也！久矣吾不復夢見周公！'"周公姬姓，名旦，是孔子所崇敬的聖人。故以"希周"應"旦"。

潘本愚 明人。字克明。

《禮記·中庸》："人一能之己百之，人十能之己千之。果能此道矣，雖愚必明，雖柔必强。"克，能。

潘正衡 清人。字鈞石。

《禮記·月令》："日夜分，則同度量，鈞衡石，角斗甬，正權概。"

潘仲驂 明人。字天泉。

《史記·天官書》："困敦歲：歲陰在子，星居卯。以十一月與氐、房、心晨出，曰天泉。玄色甚明。"又："房爲府，曰天駟。其陰，右驂。"正義曰："房星，君之位，亦主左驂，亦主良馬，故爲駟。"故以"天泉"應"驂"。

潘　夙 宋人。字伯恭。

《書·舜典》："夙夜惟寅。"《皋陶謨》："同寅協恭，和衷哉。""伯"表行第居長。

潘好謙 宋人。字伯益。

《易·謙卦》："人道惡盈而好謙。"又："天道虧盈而益謙。"

潘安固 宋人。字仲碩。

《文選·阮瑀〈爲曹公作書與孫權〉》："而忍絶王命，明弃碩交，實爲佞人所構會也。"李善注："《史記》蘇秦謂齊王曰：'此〔所謂〕弃仇讎而得石交者也。'碩與石古字通。"以"碩"應"固"，謂其堅如石。"仲"表行第居次。

潘安禮 清人。字立夫。

《論語·季氏》："不學《禮》，無以立。""夫"爲男子通稱，以爲綴飾。

潘有爲 清人。字毅堂。

《孟子·盡心上》："孟子曰：'有爲者辟若掘井；掘井九軔而不及泉，猶爲棄井也。"朱熹集注："言掘井雖深，然未及泉而止，猶爲自棄其井也。"以"毅"應"有爲"，謂將堅持到底。

潘汝一 宋人。字古玉。

《詩·大雅·民勞》："王欲玉女，是用大諫。"朱熹集傳："言王欲以女爲玉而寶愛之。"女，通"汝"。古玉珍貴，故以"古"飾"玉"。

潘　末 清人。字次耕。

《管子·海王》："耕者必有一

耒、一耜、一銚。”注:“大鋤謂之銚。”耒耜皆爲耕具,故以“次耕”相應。

潘伯修 元人。字省中。

《禮記·中庸》:“修身則道立。”《論語·學而》:“曾子曰:‘吾日三省吾身:爲人謀而不忠乎?與朋友交而不信乎?傳不習乎?’”故以“省”應“修”。修身皆内省,故綴以“中”。

潘作梅 清人。字肖野。

《僞古文尚書·説命上》:“乃審厥象,俾以形旁求于天下。説築傅巖之野,惟肖。爰立作相。”又《説命下》:“若作和羹,汝惟鹽梅。”

潘 兑 宋人。字説之。

《易·兑卦》:“兑,説也。”朱熹本義:“説,音悦。”綴以“之”,謂悦之。

潘呈雅 清人。字雅三。

《太平御覽》卷八四五引《典論》曰:“劉表有酒爵三:大曰伯雅,次曰仲雅,小曰季雅。伯雅容七升,仲雅六升,季雅五升。又設大針於杖端,客有酒,輒以劖之,驗醉醒也。”

潘希曾 明人。字仲魯。

曾,謂曾參。春秋魯人。孔子弟子。資質雖魯鈍,但能悟孔子之道。孔子曾謂“參也魯”(《論語·先進》);又告以“吾道一以貫之”(《里仁》),諸弟子皆不解所謂,惟曾參知“夫子之道忠恕而已矣”。故以“魯”應“曾”。

潘志伊 明人。字伯衡。

《僞古文尚書·太甲上》:“惟嗣王不惠于阿衡。”蔡沈集傳:“惠,順也。阿,倚。衡,平也。阿衡,商之官名。……或曰伊尹之號。史氏録伊尹之書,先此以發之。”後世以稱伊尹。故以“衡”應“伊”。

潘良貴 宋人。字義榮。

榮、貴義近,故相協。飾以“義”,是貴義賤利。一字子賤。貴、賤反義相協。

潘 辰 明人。字時用。

《詩·小雅·小弁》:“天之生我,我辰安在?”毛傳:“辰,時也。”時、辰同義相協。綴以“用”,謂生逢其時,爲世所用。

潘 京 晉人。字世長。

《詩·小雅·甫田》:“曾孫之庾,如坻如京。”毛傳:“京,高丘也。”《爾雅·釋詁》:“京,大也。”《史記·淮陰侯列傳》:“若雖長大,好帶刀劍,中情怯耳。”是京、長皆有高大義,故相協。飾以“世”,言乃世之偉者。

潘宗洛 清人。字書原。

《易·繫辭上》:“河出《圖》,洛出《書》,聖人則之。”古人以《河圖》《洛書》爲文字的起源,故綴“原”於“書”。

潘 岳

① 晉人。字安仁。

《詩·大雅·崧高》:“崧高維嶽。”朱熹集傳:“嶽,山之尊者。”《玉篇·山部》:“嶽,王者巡守所至之山。”又:“岳,同‘嶽’。”《論語·雍也》:“知者樂水,仁者樂山。”故以“仁”應“岳”。《論語·里仁》有“仁者安仁”之言,故以“安”飾“仁”。

② 明人。字居仁。

解同①。《孟子·盡心上》有“居仁由義,大人之事備矣”之語,故以“居”飾“仁”。

潘 府 明人。字孔修。

《僞古文尚書·大禹謨》:“六府孔修。”

潘思榘 清人。字絜方。

《玉篇·木部》:“榘,與‘矩’同。”《孟子·離婁上》:“不以規矩,不能成方圓。”朱熹集注:“矩,所以爲方之器也。”故以“方”應“榘”。《文選·賈誼〈過秦論〉》:“試使山東之國,與陳涉度長絜大,比權量力……”李善注:“《莊子》曰:‘大樹其絜百圍。’司馬彪曰:絜,帀也。’”絜,本爲以繩圍樹,量其粗細,引申以爲度量。矩以爲方,亦以測方,故以“絜”爲飾。

潘 眉 清人。字稺韓。

一字壽生。《詩·豳風·七月》:“爲此春酒,以介眉壽。”又《魯頌·閟宫》:“萬有千歲,眉壽無有害。”故以壽應“眉”。西漢人以“生”爲文士、儒者的尊稱,猶言“先生”。如“賈生”“轅固生”。後世以爲文士通稱,故綴以“生”。《晉書·賈充傳》載,賈充有女,因愛韓壽才貌,私將天子所賜賈充的名貴香料贈予韓壽。賈充察覺後,懼爲人知,遂將女兒配韓壽,以掩其事。文人清狂,故拆韓壽爲名字。以“韓”應“眉”,實爲應“壽”。“稺”表稺幼,以示晚於韓壽;亦或表行第。

潘 美 宋人。字仲詢。

《爾雅·釋詁》:“詢,信也。”《詩·衛風·静女》:“洵美且異。”鄭玄箋:“洵,信也。”陸德明釋文:“洵,本亦作‘詢’。”故以“詢”應“美”。

潘衍桐 清人。字嶧琴。

原名汝桐。《書·禹貢》:“嶧陽孤桐,泗濱浮磬。”蔡沈集傳:“嶧,山名。《地志》云:東海郡下邳縣西有葛嶧山……孤桐,特生之桐。其材中琴瑟。”故以“嶧”應“桐”而綴以“琴”。

潘 修 宋人。字文叔。

《論語·季氏》:“故遠人不服,則修文德以來之。”又《僞古文尚書·武成》:“乃偃武修文。”故以“文”應“修”。“叔”表行第。

潘庭堅 明人。字叔聞。

《論語·季氏》:“陳亢問於伯魚曰:‘子亦有異聞乎?’對曰:‘未也。嘗獨立,鯉趨而過庭。曰:“學《詩》乎?”對曰:“未也。”“不學《詩》無以言。”鯉退而學《詩》。他日又獨立,鯉趨而過庭。曰:“學《禮》乎?”對曰:“未也。”“不學《禮》,無以立。”鯉退而學《禮》。聞斯二者。’陳亢退而喜曰:‘問一得三:聞《詩》、聞《禮》,又聞君子之遠其子也。’”故以“聞”應“庭”。

潘庭筠 清人。字蘭公。

南朝梁江淹《靈丘竹賦》:“於是緑筠繞岫,翠篁綿嶺。”又吴均《吴城賦》:“亭梧百尺,皆歷地而生枝;階筠萬丈,或至杪而無葉。”蘭竹皆爲高潔之物,故相應。“公”爲綴飾。

潘　恩　明人。字子仁。

《禮記·喪服四制》："恩者仁也，理者義也。"

潘祖蔭　清人。字伯寅。

《書·堯典》："寅賓出日。"孔傳："寅，敬。"又《無逸》："嚴恭寅畏。"蔡沈集傳："寅則欽肅，畏則戒懼。"以"寅"應"祖蔭"，謂受祖先之福蔭，當敬慎將事，不可驕矜。

潘　純　元人。字子素。

《論語·子罕》："今也純，儉。吾從衆。"何晏集解："純，絲也。"《詩·召南·羔羊》："素絲五紽。"絲爲素色，故以"素"應"絲"。"子"爲男子美稱。

潘　勖　漢人。字元茂。

《爾雅·釋詁》："勖、茂，勉也。"同義故相協。茂通"懋"，故訓勉。飾以"元"，謂原本爲勉。

潘從善　元人。字擇可。

《論語·述而》："子曰：'三人行，必有我師焉，擇其善者而從之，其不善者而改之。'"

潘惟嶽　明人。字伯瞻。

《詩·大雅·崧高》："崧高維嶽，駿極于天。"又《魯頌·閟宮》："泰山巖巖，魯邦所瞻。"泰山爲東嶽，爲魯之望。

潘　梧　明人。字太操。

《玉篇·木部》："梧，梧桐也。"《書·禹貢》："嶧陽孤桐。"蔡沈集傳："孤桐，特生之桐。其材中琴瑟。《詩》曰：'梧桐生矣，于彼朝陽。'"梧桐可製琴，太古時琴曲多名"操"。《琴操》謂帝堯有《神人暢操》，帝舜有《思親操》，大禹有《襄陵操》，微子有《傷殷操》等，故以"操"應"梧"而飾以"太"。

潘　畤　宋人。字德鄜。

秦漢時代祭天地、五帝（白帝、青帝、黄帝、赤帝、黑帝）的祭壇名畤，鄜畤乃秦文公時築以祭白帝之所。見《史記·封禪書》。故以"鄜"應"畤"。祭祀乃修德之舉，故以"德"爲飾。

潘訪岳　清人。字師汝。

《書·洪範》："王訪于箕子。"蔡沈集傳："訪，就而問之也。"《尚書》多載堯、舜向四岳、羣臣訪求良謀。如《堯典》："咨四岳，湯湯洪水方割……"蔡沈於"咨"注云："咨，訪問也。"訪於四岳，即就四岳而問。《益稷》有"師汝昌言"之語，故以"師汝"應"訪岳"。

潘　凱　宋人。字南夫。

《詩·邶風·凱風》："凱風自南。"毛傳："南風謂之凱風。"故以"南"應"凱"。"夫"爲男子通稱。

潘景愈　宋人。字叔昌。

唐代大文學家韓愈，《新唐書》本傳謂"鄧州南陽人"，然時自稱"昌黎韓愈"（如《送竇從事序》，《上巳日燕太學聽彈琴詩序》等），論者以爲昌黎乃郡望。後世稱爲韓昌黎。故以"昌"應"景愈"。"叔"表行第。

潘景憲　宋人。字叔度。

東漢黄憲字叔度，有重名，爲諸多名流所傾服。郭林宗譽爲"汪汪如萬頃之陂，澄之不清，擾之不濁，其器深廣，難測量也"。事見《世説新語·德行》及《後漢書》本傳。慕其人故襲其名字。

潘　集　明人。字子翔。

《論語·鄉黨》："翔而後集。"

潘　棠　明人。字希召。

《詩·召南·甘棠》："蔽芾甘棠，勿翦勿伐，召伯所茇。"

潘　閔　宋人。字子文。

《論語·雍也》："季氏使閔子騫爲費宰。閔子騫曰：'善爲我辭焉。如有復我者，則吾必在汶上矣。'"按，文當作"汶"。

潘　塤　明人。字伯和。

《詩·小雅·何人斯》："伯氏吹壎，仲氏吹篪。"朱熹集傳："言其心相親愛，而聲相應和也。"塤同"壎"。"伯"表行第。

潘慎修　宋人。字成德。

《詩·大雅·文王》："聿脩厥德。"脩通"修"。《禮記·文王世子》："德成而教尊。"故以"成"飾"德"。

潘　預　宋人。字晉卿。

晉杜預字元凱，以平吴功，進爵當陽縣侯。自稱有"《左傳》癖"，著有《春秋左氏經傳集解》《春秋長曆》等。《晉書》有傳。慕其人，故以其名爲名，而以其朝代爵位爲字。

潘　榛　明人。字茂昆。

《玉篇·木部》："榛，木叢生。"叢生乃茂密，故應以"茂"。《爾雅·釋訓》："昆，後也。"綴於"茂"，欲其後代繁盛。

潘爾夔　清人。字友龍。

《書·舜典》："伯拜稽首，讓于夔龍。"又："帝曰：'夔，命汝典樂。'"又："帝曰：'龍……命汝作納言，夙夜出納朕命，惟允。'"夔、龍皆虞舜之臣，常並稱，故以"友"飾"龍"。

潘　鳳　明人。字梧山。

唐杜甫《秋興八首》之八："香稻啄餘鸚鵡粒，碧梧棲老鳳凰枝。"相傳鳳凰非梧桐不棲，非竹實不食，故以"梧"應"鳳"。《書·禹貢》有"嶧陽孤桐"之語，故以"山"綴"梧"。

潘德元　明人。字鄰玉。

《禮記·玉藻》："君子無故玉不去身。君子於玉比德焉。"故以"玉"應"德"。《論語·里仁》："德不孤，必有鄰。"朱熹集傳："故有德者，必有其類從之，如居之有鄰也。"有玉可比，德即不孤，故以"鄰"爲飾。

潘德輿　清人。字彦輔。

《荀子·勸學》："假輿馬者，非利足也，而致千里。"輿即車。《吕氏春秋·權勳》："虞之與虢也，若車之有輔也，車依輔，輔亦依車。"故以"輔"應"輿"。《爾雅·釋訓》："美士爲彦。"故以爲飾。

潘　潤　明人。字德夫。

《禮記·大學》："富潤屋，德潤身。""夫"爲男子通稱。

潘潤民　明人。字用霖。

《僞古文尚書·説命上》："若歲大旱，用汝作霖雨。"及時甘霖可以救民之急，蘇民之困，故曰"潤民"。

潘　澂　清人。字弱水。

《説文·水部》："澂，清也。"水

清爲澂，因澂而及“水”。《書·禹貢》有“弱水既西”，遂以“弱”飾“水”。

潘 稹 明人。字景微。

唐元稹字微之，與白居易齊名，世稱元白。慕其人，故襲用其名字。

潘 諒 明人。字友貞。

《論語·衛靈公》：“子曰：‘君子貞而不諒。”朱熹集注：“貞，正而固也。諒，則不擇是非而必於信。”名諒字友貞，謂與貞者爲友，以匡救諒之失。

潘 徽 隋人。字伯彦。

《詩·大雅·思齊》：“大姒嗣徽音。”鄭玄箋：“徽，美也。”又《鄭風·羔裘》：“彼其之子，邦之彦兮。”毛傳：“彦，士之美稱。”徽、彦同義相協。“伯”表行第居長。

潘應斗 清人。字章辰。

《詩·小雅·大東》：“維北有斗，不可以挹酒漿。”孔穎達疏：“維此天上，其北則有斗星……”《孟子·離婁下》：“天之高也，星辰之遠也……”以“辰”應“斗”，言此乃天上之星斗，非升斗之斗。飾以“章”，表明乃星斗。《左傳·昭公三一年》：“或求名而不得，或欲蓋而名章。”

潘應龍 明人。字元辰。

《國語·晉語二》：“童謡有之，曰：‘丙之晨，龍尾伏辰……’”韋昭注：“辰，日月之交會也。”又，後世十二生肖以十二辰中之“辰”爲龍。

潘樫章 清人。字聖木。

析名爲字。一字力田，不詳所謂。

潘 禮 明人。字嘉會。

《易·乾卦》：“嘉會足以合禮。”

潘 翼 宋人。字雄飛。

《莊子·逍遥遊》：“怒而飛，其翼若垂天之雲。”故以“飛”應“翼”。《詩·邶風·雄雉》有“雄雉于飛”之言，《東觀漢記·趙温傳》有“大丈夫生當雄飛，安能雌伏”之語，遂因鵬之飛而以“雄”爲飾。

潘 鯁 宋人。字昌言。

《後漢書·任隗傳》：“鯁言直議，無所回隱。”李賢注：“鯁言，執議不移。”故以“言”應“鯁”。《書·益稷》有“汝亦昌言”“師汝昌言”，故以“昌”飾“言”。

潘 鏜 明人。字宗節。

《詩·邶風·擊鼓》：“擊鼓其鏜，踴躍用兵。”毛傳：“鏜然，擊鼓聲也。”鼓聲固當有節奏，故以“宗節”相應。

潘 黼 明人。字章甫。

《禮記·月令》：“黼黻文章，必以法故。”《論語·先進》有“端章甫”，《禮記·儒行》有“冠章甫之冠”，遂因“章”而綴以“甫”。“甫”亦爲男子美稱，爲傳統字飾，先秦用“父”，漢以來多用“甫”。父亦讀爲“甫”。

潘 鐸 清人。字木君。

《論語·八佾》：“天將以夫子爲木鐸。”朱熹集注：“木鐸，金口木舌，施政教時所振。”《禮記·月令》：“奮木鐸以令兆民曰：‘雷將發聲，有不戒其容止者，生子不備，必有凶災！’”“君”爲綴飾。

潘 鑑 明人。字希古。

《新唐書·魏徵傳》：“〔唐太宗〕嘆曰：‘以銅爲鑑，可正衣冠；以古爲鑑，可知興替；以人爲鑑，可明得失。’”故以“古”應“鑑”。

〔滕〕

滕元發 宋人。字達道。

宋蘇軾《御試重巽申命論》：“至於風……發達萬物，而天下不以爲德。”發達爲中近古常語。《禮記·中庸》：“天下之達道五，所以行之者三。”遂因“達”而綴以“道”。

滕安上 元人。字仲禮。

《論語·憲問》：“上好禮則民易使也。”又《子路》：“上好禮則民莫敢不敬。”

滕克恭 明人。字安卿。

《論語·述而》：“子温而厲，威而不猛，恭而安。”“卿”爲綴飾。自西漢以來，歷代皆以“卿”“君”“臣”等字爲綴飾。

滕宗諒 宋人。字子京。

《論語·季氏》：“友直、友諒、友多聞，益矣。”邢昺疏：“諒，謂誠信。”《左傳·莊公二二年》：“八世之後，莫之與京。”孔穎達疏：“莫之與京，謂無與之比大，言其位最高也。”以“京”應“諒”，言其誠信最高，無倫比。

滕 胤 三國吴人。字承嗣。

《爾雅·釋詁》：“胤、嗣，繼也。”同義故相協。接續前人爲繼，故以“承”爲飾。

滕茂實 宋人。字秀穎。

《詩·大雅·生民》：“誕后稷之穡，有相之道。茀厥豐草，種之黄茂。……實發實秀，實堅實好，實穎實栗。”

滕 康 明人。字景晉。

嵇康晉人，字叔夜，爲“竹林七賢”之一。《晉書》有傳。《世説新語》亦多載其事。慕其人，故以其名爲名，而以其朝代爲字。

滕處厚 宋人。字景重。

《史記·高祖本紀》：“周勃重厚少文，然安劉氏者必勃也，可令爲太尉。”故以“重”應“厚”。

滕 愷 宋人。字南夫。

《詩·邶風·凱風》：“凱風自南。”毛傳：“南風謂之凱風。”凱，通“愷”，故以“南”應“凱”。“夫”爲男子通稱。

滕 綱 清人。字建三。

漢班固《白虎通·三綱六紀》：“三綱者，何謂也？君臣、父子、夫婦也。”飾以“建”，謂建立三綱。

滕德懋 明人。字思勉。

《僞古文尚書·大禹謨》：“予懋乃德，嘉乃丕績。”又：“時乃功，懋哉！”孔傳：“是汝之功，勉之。”

滕 毅 明人。字仲弘。

《論語·泰伯》：“曾子曰：‘士不可以不弘毅。’”

〔練〕

練子寧 明人。名安。

以字行。《詩·小雅·常棣》：“喪亂既平，既安且寧。”

練山甫　宋人。字補之。

《詩・大雅・烝民》："衮職有闕，維仲山甫補之。"

練亨甫　宋人。字葆光。

《易・需卦》："光亨，貞吉，利涉大川。"故以"光"應"亨"。《莊子・齊物論》："此之謂葆光。"成玄英疏："葆，蔽也。韜蔽而其光彌朗。"因以"葆"飾"光"。

練　來　宋人。字彦本。

唐慧能《壇經・四九》："第二祖惠可和尚頌曰：'本來緣有地，從地種花生，當本元無地，花從何處生。'"此取中古常語"本來"爲名字。《爾雅・釋訓》："美士爲彦。"

練貞吉　清人。字石林。

《易・豫卦》："介于石，不終日，貞吉。"故以"石"應"貞吉"。宋葉夢得曾於湖州卞山之南築室，其地怪石羅布如林，因名石林精舍；廣西路南有石林，故因"石"而綴以"林"。

練　高　明人。字伯上。

伯上，一作"伯尚"。上，通"尚"。晉陶潛《桃花源記》："南陽劉子驥，高尚士也；聞之，欣然規往。"此取"高尚"一詞爲名字。

練　塤　明人。字聲伯。

《詩・小雅・何人斯》："伯氏吹壎，仲氏吹篪。"朱熹集傳："樂器：土曰壎，大如鵝子，鋭上平底，似稱錘，六孔；竹曰篪，長尺四寸……"塤同"壎"。故以"聲"應"塤"。

練幹譽　宋人。字克家。

《易・蠱卦》："象曰：幹父用譽，承以德也。"又《蒙卦》："納婦吉，子克家。"子能幹父之蠱，自能勝任家事。

練　魯　元人。字希曾。

《論語・先進》："柴也愚，參也魯。"柴，孔子弟子高柴。參，孔子弟子曾參。曾參魯鈍，但能傳孔子之道，故以"希曾"應"魯"。

練　繪　宋人。字質夫。

《論語・八佾》："子曰：'繪事後素。'"朱熹集注："繪事，繪畫之事也。後素，後於素也。《考工記》曰：'繪畫之事後素工。'謂先以粉地爲質，而後施五采。猶人有美質，而後可加文飾。"故以"質"應"繪"。"夫"爲男子通稱。

〔衛〕

衛九鼎　元人。字明鉉。

《易・鼎卦》："上九，鼎玉鉉，大吉，无不利。"又："象曰：鼎，象也。以木巽火，亨飪也。……巽而耳目聰明。"故以"明鉉"應"九鼎"，以概括經義。

衛近仁　元人。字叔剛。

《論語・子路》："子曰：'剛、毅、木、訥，近仁。'""叔"表行第。

衛立鼎　清人。字慎之。

《詩・周頌・絲衣》："絲衣其紑，載弁俅俅。自堂徂基，自羊徂牛，鼐鼎及鼒。……不吴不敖，胡考之休。"毛傳："俅俅，恭順貌。"朱熹集傳："此亦祭而飲酒之詩……已乃舉鼎冪告潔，禮之次也。又能謹其威儀，不諠譁，不怠敖，故能得壽考之福。""俅俅""不吴不敖"皆有恭敬謹慎義，故以"慎之"概括之。與"鼎"相應，使之與《詩》義相協。

衛次公　唐人。字從周。

《論語・八佾》："周監於二代，郁郁乎文哉！吾從周。"以"從周"應"公"，表明追慕"周公"輔佐武王、成王的勳業，又兼用《八佾》文義，贊頌周室禮儀之盛。

衛周祚　清人。字文錫。

《詩・大雅・既醉》："君子萬年，永錫祚胤。"鄭玄箋："（周）成王女（汝）有萬年之壽，天又長予女（汝）福祚，至於子孫。"故以"錫"應"周祚"。

衛宗武　宋人。字淇父。

《詩・衛風・淇奥序》："淇奥，美武公之德也。有文章，又能聽其規諫，以禮自防，故能入相于周，美而作是詩也。"漢徐幹《中論・修本》："衛武公年過九十，猶夙夜不怠，思聞其道。衛人誦其德，爲賦《淇澳》。"故以"淇"代《淇奥》，與"武"相應，意在贊美衛武公之德。"父"，男子之美稱。先秦男子之字皆以"父"爲綴飾，此乃倣古。

衛　泳　明人。字永叔。

《詩・周南・漢廣》："漢之廣矣，不可泳思。江之永矣，不可方思。""叔"表行第。

衛　玠　晉人。字叔寶。

《詩・大雅・崧高》："錫爾介圭，以作爾寶。"王先謙集疏："《魯》'介'作'玠'。……郭注：'《詩》曰："錫爾玠珪。"'此《魯詩》説。'玠圭'，大圭，惟天子得有之，故經云'以作爾寶'。"故以"寶"應"玠"。"叔"，行第字。

衛　青　漢人。字仲卿。

《史記・衛將軍驃騎列傳》："大將軍衛青者，平陽人也，其父……與侯妾衛媪通，生青。青同母兄衛長子……字仲卿，長子更字長君。"據此可知，此乃直以行第"仲"爲字。綴以男子美稱"卿"。漢人喜以"卿"爲字，或爲綴飾。

衛　恒　晉人。字巨山。

以"山"應"恒"，是以"恒山"分别用於名字。

衛哲治　清人。字我愚。

《詩・大雅・抑》："人亦有言，靡哲不愚。……其維哲人，告之話言，順德之行。其維愚人，覆謂我僭。"毛傳："國有道則知，國無道則愚。"《禮記・中庸》："知所以脩身，則知所以治人。知所以治人，則知所以治天下國家矣。"故以"我愚"應"哲治"。

衛　涇　宋人。字清叔。

《詩・邶風・谷風》："涇以渭濁，湜湜其沚。"毛傳："涇、渭相入而清濁異。"晉潘岳《西征賦》："清渭濁涇。"《三秦記》："涇渭合流三百里，清濁不雜。"故以"清"應"涇"，表示自己立志如渭水之清，不爲涇濁所掩。

衛景瑗　明人。字仲玉。

春秋衛國大夫蘧伯玉，名瑗，以賢德著稱。故以其名、字爲己名、字，以示景仰。“仲”表行第居次。

衛 湜 宋人。字正叔。

《詩·邶風·谷風》：“涇以渭濁，湜湜其沚。”鄭玄箋：“湜湜，持正貌。……己之持正守初，如沚然不動摇。”故以“正”應“湜”。“叔”爲綴飾，亦表行第。

衛膚敏 宋人。字商彦。

《詩·大雅·文王》：“殷士膚敏。”孔穎達疏：“毛以爲商之子孫……皆有壯美之德。”《爾雅·釋訓》：“美士爲彦。”故用“商彦”代“殷士”，與“膚敏”相應，以概括《詩》義。

衛 權 晉人。字伯輿。

《詩·秦風·權輿》：“于嗟乎，不承權輿！”故析“權輿”爲名字。“伯”表行第居長。

衛 瓘 晉人。字伯玉。

《左傳·昭公十七年》：“若我用瓘斝玉瓚，鄭必不火。”毛傳：“瓘，珪也。”《説文·玉部》：“瓘，玉也。”“伯”表行第居長。

〔諸〕

諸九鼎 清人。字駿男。

《説文·九部》：“九，陽之變也。”《易·乾卦》：“初九，潛龍勿用。”孔穎達疏：“以其陽爻，故稱九。”《易·説卦》：“乾爲馬……爲良馬。”《説文·馬部》：“駿，馬之良材者。”《易·繫辭上》：“乾道成男。”故以“駿男”應“九”。“鼎”行輩字。“九鼎”亦爲成語。故因“九”以成義。

諸匡鼎 清人。字虎男。

《論語·子罕》：“子畏於匡。”何晏集解：“包曰：‘匡人誤圍夫子，以爲陽虎……夫子容貌與虎相似，故匡人以兵圍之。’”故以“虎”應“匡”，暗用“子畏於匡”之典。“男”乃因其兄“駿男”之“男”而襲用之。“匡鼎”則因《漢書·匡衡傳》之文。

諸葛亮 三國蜀漢人。字孔明。

諸葛，複姓。《老子》第二一章：“孔德之容，惟道是從。”河上公注：“孔，大也。”“孔明”義謂大明，與“亮”乃同義相協。

諸葛恪 三國吴人。字元遜。

《爾雅·釋詁》：“恪、恭，敬也。”《廣韻·去慁》：“遜，恭也。”故以“遜”應“恪”，飾以“元”，“元”者美善之辭。

諸葛晉 元人。字仲昭。

《易·晉卦》：“象曰：明出地上。晉，君子以自昭明德。”“仲”表行第。

諸葛泰 元人。字亨甫。

《易·泰卦》：“泰：小往大來，吉，亨。”南朝梁蕭繹《高祖武皇帝謚議》：“天衢亨泰，王道升平。”

諸葛瑾 三國吴人。字子瑜。

《楚辭·九章·懷沙》：“懷瑾握瑜兮，窮不知所示。”王逸注：“瑾、瑜，美玉也。”以“瑜”應“瑾”，乃連類相及。“子”爲男子美稱。

諸葛興 宋人。字仁叟。

《禮記·大學》：“一家仁，一國興仁。”故以“仁”應“興”。“叟”爲宋代名字時尚用字。

諸葛融 三國吴人。字叔長。

《爾雅·釋詁》：“融，長也。”《方言》卷一：“融，長也。”

諸葛瞻 三國蜀漢人。字思遠。

《詩·邶風·雄雉》：“瞻彼日月，悠悠我思。道之云遠，曷云能來。”故以“思遠”應“瞻”。

諸葛豐 漢人。字少季。

《廣雅·釋詁》：“豐，滿也。”又：“穰，豐也。”《玉篇·豐部》：“豐，大也。”《廣雅·釋詁》：“歉，少也。”《説文·欠部》：“歉，食不滿也。”段玉裁注：“引伸爲凡未滿之偁。”又《説文·小部》：“少，不多也。从小，丿聲。”段玉裁注：“不多則小，故古少、小互訓通用。”故“豐”與“少”意義相反，以“少”應“豐”，乃反義相協。“季”爲行第字。

諸 錦 清人。字襄七。

《詩·小雅·大東》：“跂彼織女，終日七襄。雖則七襄，不成報章。”晉左思《蜀都賦》：“錦質報章。”故以“七襄”倒文爲“襄七”，與“錦”相應，以切合《詩》義。

〔談〕

談一鳳 明人。字文瑞。

《太平御覽》卷九一五引《帝王世紀》曰：“國安，其主好文，則鳳皇翔。”又引《漢書》曰：“五鳳三年，鸞鳳又集長樂宫東園樹上，飛下至地，文章五色，留十餘刻。”故以“文”應“鳳”。因是祥瑞之徵，故綴以“瑞”。

談 修 明人。字思永。

三國魏曹植《洛神賦》：“修短合度。”《詩·周南·漢廣》：“江之永矣，不可方思。”毛傳：“永，長。”同義故相協。又，宋歐陽修字永叔，爲一代文宗，亦或慕其人，襲其名字。飾以“思”，謂懷念之。

談 倫 明人。字敬仲。

《廣雅·釋詁》：“倫，順也。”《孝經·士章》：“以敬事長則順。”鄭玄注：“移事兄敬以事於長，則爲順矣。”是敬、順乃一事，因所敬者不同而名亦異。故敬、倫相協。又，東漢蔡倫字敬仲，改進造紙之術，澤被後世，爲後人所欽敬，亦或是襲其名字。

談 泰 清人。字階平。

《漢書·東方朔傳》：“願陳《泰階六符》，以觀天變。”顔師古注引應劭曰：“《黄帝泰階六符經》曰：‘泰階者，天之三階也。……三階平則陰陽和，風雨時，社稷神祇咸獲其宜，天下大安，是爲太平。’”故以“階平”應“泰”。

談 遷 清人。字孺木。

《詩·小雅·伐木》：“出自幽谷，遷于喬木。”故以“木”應“遷”。春秋時代，可繼承君位者稱“孺子”（見清錢大昕《十駕齋養新録》），西漢以來遂爲名字用字，如汲黯字長孺，霍去病之父名仲孺，故以“孺”飾“木”。

〔魯〕

魯九皐 清人。名仕驥。

《説文·馬部》：“驥，千里馬也。孫陽所相者。”孫陽字伯樂。古代善相馬者。《列子·説符》

載，秦穆公因伯樂年事漸高，令他推薦善相馬者。伯樂謂："有九方臯者，此其於馬非臣之下也。"九方臯能"見其所見，不見其所不見；視其所視，而遺其所不視"。遺貌取神，果得良馬。故以"驥"應"九臯"。

魯仕能 宋人。字時舉。

《左傳·文公三年》："能舉善也。"因《孟子·萬章上》有"時舉於秦"之言，故以"時"飾"舉"而應"能"。

魯宗道 宋人。字貫之。

《論語·里仁》，"子曰：'參乎！吾道一以貫之。'"

魯 訔 宋人。字季欽。

《玉篇·言部》："訔，同誾。""誾，又和敬貌。"《書·堯典》："欽明文思安安。"毛傳："欽，敬也。"同義故相協。"季"表行第。

魯得之 清人。字孔孫。

孔子之孫名伋，字子思。伋受業於孔子弟子曾參。孔子曾謂"參也魯"。孔子諸弟子中，惟曾參能悟孔子之道"忠恕而已矣"（見《論語·里仁》）。以"孔孫"應"魯得之"，言曾參得孔子之道，而孔子之孫又从曾參受業。此連姓成文。

魯 肅 三國吴人。字子敬。

《爾雅·釋訓》："肅肅，敬也。""子"爲男子美稱。

魯 論 明人。字孔壁。

連姓成文。《論語》在漢代有《魯論語》《齊論語》和《古文論語》三種傳本。今本《論語》篇次爲《魯論語》，故《論語》又稱《魯論》。據《漢書·魯恭王餘傳》載，魯恭王毁孔子故宅，以擴建宫室，於墻壁中發現許多古文經傳，其中有《尚書》《論語》，故以"孔壁"應《魯論》。

魯 點 明人。字子與。

點，謂孔子弟子曾點。《論語·先進》記孔子令諸弟子言志，曾點表示願"莫春者，春服既成，冠者五六人，童子六七人，浴乎沂，風乎舞雩，詠而歸"。孔子聽罷，"喟然嘆曰：'吾與點也！'"以"子與"應"點"，即取此經義。

魯 鐸 明人。字媿之。

《論語·八佾》："天將以夫子爲木鐸。"朱熹集注："木鐸，金口木舌，施政教時所振，以警衆者也。"

〔黎〕

黎士宏 清人。字媿曾。

《論語·泰伯》："曾子曰：'士不可以不弘毅，任重而道遠，仁以爲己任，不亦重乎？死而後已，不亦遠乎？'"清人避諱，故改"弘"爲"宏"。應以"媿曾"，謂難做到，愧對曾子。

黎民表 明人。字惟敬。

連姓成文。《書·舜典》："黎民阻飢。"黎民表，謂爲黎民表率。《禮記·緇衣》："故大臣不可不敬也，是民之表也。""不可不敬"即必敬，故以"惟敬"相應。

黎民衷 明人。字惟和。

連姓成文。《書·堯典》："黎民於變時雍。"黎民衷，謂黎民之衷心。《書·臯陶謨》："同寅協恭和衷哉。"

黎民懷 明人。字惟仁。

連姓成文。言黎民所懷者惟仁德。《僞古文尚書·大禹謨》："黎民懷之。"

黎由高 清人。字鵬翥。

《莊子·逍遥遊》："有鳥焉，其名爲鵬……摶扶摇而上者九萬里。"飛騰九萬里，可謂高矣。因《楚辭·遠遊》有"鸞鳥軒翥而翔飛"之語，故以"翥"綴"鵬"。洪興祖補注："《方言》：'翥，舉也。'"

黎立武 宋人。字以常。

《詩·大雅》有《常武》故以爲名字。

黎定國 清人。字于一。

《孟子·梁惠王上》："卒然問曰：'天下烏乎定？'吾對曰：'定于一。'"

黎 近 明人。字之大。

《列子·湯問》："孔子東遊，見兩小兒辯鬥……一兒曰：'日初出大如車蓋；及日中，則如盤盂：此不爲遠者小而近者大乎？'"以"之大"應"近"，即取此典。

黎 恂 清人。字雪樓。

恂、絢音近，故以"恂"爲"絢"。《論語·八佾》："素以爲絢兮。"遂因"素"而應以"雪"。樓、堂、軒、齋爲清代時尚綴飾。以諧音字做古音通假，亦清人命名取字習用方式。

黎耿然 清人。字介庵。

《楚辭·離騷》："彼堯舜之耿介兮，既遵道而得路。"故以"介"應"耿"。"庵"爲時尚綴飾。

黎 貫 明人。字一卿。

《論語·里仁》："子曰：'參乎！吾道一以貫之。'曾子曰：'唯。'""卿"爲綴飾。

黎 崱 元人。字景高。

《玉篇·山部》："崱，山名。"《詩·小雅·小弁》："莫高匪山，莫浚匪泉。"故以"高"應"崱"。飾以"景"，謂仰慕高山。

黎 錞 宋人。字希聲。

《國語·晉語五》："是故伐備鍾鼓，聲其罪也；戰以錞于、丁寧，儆其民也。"韋昭注："錞于，形如碓頭，與鼓相和。"《老子》第四一章："大音希聲。"

黎 簡 清人。字簡民。

《論語·雍也》："居敬而行簡，以臨其民，不亦可乎？"一字未裁。取義《論語·公冶長》"吾黨之小子狂簡，斐然成章，不知所以裁之"。

黎 獻 元人。字子文。

《論語·八佾》："文獻不足故也，足則吾能徵之矣。"朱熹集注："文，典籍也；獻，賢也。"

黎 騫 清人。字子鴻。

《隋書·文學傳·虞綽》："鸞翔鳳跱，鵠起鴻騫。"後改字瀟雲。鴻善飛，高入雲霄。瀟，湖南境内水名。湖南衡山有回雁峯。古人以爲雁至此而止，待春北歸。雁栖於瀟湘水域。鴻、雁渾言無别，故以"瀟"飾"雲"而應"騫"，其中暗隱"鴻"。

十六畫

〔冀〕

冀元亨 明人。字惟乾。

《易・乾卦》:“乾：元亨利貞。”按，“元亨”在《易》中，還多次出現在其他卦辭中，故用“惟”字表明所指乃乾卦而非其他。《易・説卦》:“乾，健也。”以“惟乾”應“元亨”，企冀具有剛健自强不息之乾德。

冀如錫 清人。字公冶。

《詩・衛風・淇奥》:“如金如錫。”毛傳:“金錫煉而精。”《説文・火部》:“煉，鑠治金也。”段玉裁注:“治，毛本作‘冶’。誤。今依宋本。鑠治者，鑠而治之。”是如錫據毛本而字公冶。《説文・仌部》:“冶，銷也。”段玉裁注:“銷者，鑠金也。”是“冶”與“煉”同義。故以“冶”應“如錫”，飾以“公”字。

冀禹錫 金人。字京用。

《書・禹貢》:“禹錫玄圭，告厥成功。”《書・洪範》:“天乃錫禹《洪範》九疇。”前者言堯帝頒賜玄圭給大禹，表彰他的功德。後者言天帝賜給大禹九類治國安民的大法。既是對大禹的重大任用，也表明他對治國安民所起的偉大作用。《爾雅・釋詁》:“京，大也。”故以“京用”應“禹錫”。

冀　綺 明人。字文華。

《説文・糸部》:“綺，文繒也。”文，花紋。《六韜・盈虚》:“錦繡文綺不衣。”“文綺”或“綺文”又皆可喻指華美的文辭。《文心雕龍・書記》:“或全任質素，或雜用文綺。”“文華”也指文章的華采。以“文華”應“綺”，謂願具備文綺般的才華。

冀　練 明人。字純夫。

練，柔軟潔白的絲織品。《淮南子・説林訓》:“墨子見練絲而泣之，爲其可以黄，可以黑。”純，無駁雜顔色的絲織品。《正字通・糸部》:“純，帛之粹者。”以“純”應“練”，乃連類相及，綴以“夫”字，乃男子之稱。

〔勵〕

勵杜訥 清人。字近公。

《論語・子路》:“子曰:‘剛、毅、木、訥，近仁。”故以“近”應“訥”。“公”爲男子美稱。

勵宗萬 清人。字滋大。

《易・乾卦》:“彖曰：大哉乾元，萬物資始，乃統天。”孔穎達疏:“以萬象之物，皆資取乾元而各得始生，不失其宜，所以稱大也。”“資”與“滋”音近，故諧“資”爲“滋”。以“滋大”應“萬”，以概括經義，頌揚使萬物資始之偉大乾德。

〔戰〕

戰　正 明人。字德義。

《禮記・王制》:“考禮正刑一德，以尊於天子。”《孟子・離婁上》:“義，人之正路也。”《孝經・聖治章》:“君子……德義可尊，作事可法。”

戰　翶 明人。字騰霄。

翶，翶翔，飛翔。古人以龍鳳等祥瑞之物的飛翔爲騰飛之至。《楚辭・離騷》:“鳳凰翼其承旂兮，高翶翔之翼翼。”《九歌・雲中君》:“龍駕兮帝服，聊翶遊兮周章。”晉曹毗《馬射賦》:“狀如騰虬而登紫霄。”宋蘇軾《辨道歌》:“赤龍騰霄驚盤蛇。”故以“騰霄”應“翶”，期以如龍鳳那樣，能騰空翶翔於紫霄。

〔曉〕

曉　瑩 宋人。字仲温。

《詩・齊風・著》:“尚之以瓊瑩乎而。”毛傳:“瓊瑩，石似玉，卿大夫之服也。”《説文・玉部》:“瑩，玉色也。”段玉裁注:“謂玉光明之貌。”《詩・秦風・小戎》:“温其如玉。”《説文・玉部》:“玉，石之美有五德者，潤澤以温，仁之方也。”《文選・宋玉〈神女賦〉》:“温乎如瑩。”劉良注:“温潤如玉。”故以“温”應“瑩”，言有玉温潤仁澤之德。仲表行第居次。

〔橋〕

橋　玄 漢人。字公祖。

《莊子・天地》:“玄古之君天下，無爲也，天德而已矣。”成玄英疏:“玄，遠也。”《説文・玄部》:“玄，幽遠也。”《廣雅・釋詁》:“祖，遠也。”故以“祖”應“玄”。自漢以來男子多以“公”飾字。

橋　瑁 漢人。字元瑋。

《説文・玉部》:“瑁，諸侯執圭朝天子，天子執玉以冒之，似犁冠。《周禮》曰:‘天子執瑁四寸。’”《玉篇・玉部》:“瑋，《埤蒼》:‘瑰，瑋，珍奇。’”《廣韻・上尾》:“瑋，玉名。”“元”義爲“首”“長”，指明“瑋”乃天子所執之玉瑁。

〔燕〕

燕子獻 北朝齊人。字季則。

《左傳・僖公三十年》:“薦五味，羞嘉穀，鹽虎形，以獻其功。”章炳麟《春秋左傳讀・僖公篇》:“此‘獻’與‘象’同義，當讀如‘儀’。”故“獻”通“儀”。《淮南子・脩務訓》:“設儀立度，可以立法則。”《詩・周頌・我將》:“儀式刑文王之典。”鄭玄箋:“我儀則式象法行文王之常道。”故“儀”有“則”義。以“則”應“獻”，實爲應“儀”。“季”表行第居末。

燕公楠 元人。字國材。

楠木，木材堅密芳香，是建築及製造器物的良材。以“國材”應“楠”，表明希望成爲國家棟梁之材。

燕　伋 春秋人。字思。

《説文・人部》:“伋，人名。”朱駿聲通訓:“伋，當訓急思。”

《字彙·人部》:“伋，與急同。”王引之《春秋名字解詁》:“急者憂恐迫切之意。”故以“思”應“急”，即應“伋”。

燕　度　宋人。字唐卿。

唐代裴度，歷官自德宗朝直至文宗朝，輔佐六帝，數十年間多次爲相，功高爵顯，聲聞中外，不僅爲唐代人稱贊，後代也仍思其風采。以“唐卿”爲字，隱與“度”相應，意在追慕景仰裴度，並欲傚其德行。

燕　肅　宋人。字穆之。

《書·舜典》:“賓於四門，四門穆穆。”《爾雅·釋訓》:“穆穆，敬也。”《詩·大雅·思齊》:“肅肅在廟。”毛傳:“肅肅，敬也。”故以“穆”應“肅”，綴以“之”字。

燕　榮　隋人。字貴公。

《楚辭·九辨》:“太公九十乃顯榮兮，誠未遇其匹合。”王逸注:“吕尚耆老然後貴也。”《漢書·王莽傳上》:“欲其榮貴，甚於爲身。”榮，指榮耀、顯貴。貴，指地位顯要，居高位。二字義近，故以“貴”應“榮”，綴以“公”字。

〔獨〕

獨孤及　唐人。字至之。

獨孤，複姓。《莊子·人間世》:“所存乎己者未定，何暇至於暴人之所行。”王先謙集解:“至，猶逮及也。”清劉淇《助字辨略》卷四:“至，猶及也。”同義相協。

獨孤永業　北齊人。字世基。

據《魏書·食貨志》《通志·食貨志》載，北魏行均田制，每男夫授桑田二十畝，身没不還，世代承耕，稱“永業田”，簡稱“永業”。北齊等朝沿用此制。這種私有土地，爲家庭世代賴以生活的基業。故以“世基”爲字，以應“永業”，此記其事，亦存史實。

獨孤庠　唐人。字賢府。

《廣雅·釋宫》:“府、庠、序，官也。”王念孫疏證:“皆謂官舍也。”庠、序又指學校。《孟子·滕文公上》:“夏曰校，殷曰序，周曰庠，學則三代共之，皆所以明人倫也。”學校則是賢者能者聚集之處。《周禮·地官·鄉大夫》:“三年則大比，攷其德行道藝，而興賢者、能者。”唐賈公彦疏:“謂鄉中有賢者皆集在庠學。”故以“賢府”應“庠”。

獨孤朗　唐人。字用晦。

《説文·月部》:“朗，明也。”《爾雅·釋言》:“晦，冥也。”邢昺疏:“冥謂闇冥。”用晦，指含而不露的美德。《易·明夷卦》:“君子以莅衆，用晦而明。”王弼注:“藏明於内，乃得明也。”故以“用晦”應“明”，亦反義相協。

獨孤楷　隋人。字修則。

《老子》第六五章:“常知楷式，是謂玄德。”《廣雅·釋詁》:“楷、模、品、式，法也。”《爾雅·釋詁》:“則，法也。”則、楷同義，故相協。飾以“修”字，修謂美好。《楚辭·招魂》:“姱容修態。”

〔盧〕

盧上銘　明人。字爾新。

《禮記·大學》:“湯之《盤銘》曰:‘苟日新，日日新，又日新。’”以“爾新”應“上銘”，謂願遵照湯之《盤銘》古訓，時時砥礪自己德行，使其日新。

盧之頤　清人。字子繇。

“繇”通“由”。《易·頤卦》:“上九，由頤，萬吉，利涉大川。”故以“繇”應“頤”，“子”爲美稱。

盧之翰　宋人。字維周。

《詩·大雅·文王》:“王國克生，維周之楨。”又《詩·大雅·崧高》:“維申及甫，維周之翰。”《爾雅·釋詁》:“楨、翰，幹也。”幹，骨幹，引申爲國之棟梁。故以“維周”應“之翰”，明爲概括經義，隱含立志成爲棟梁之材。

盧文弨　清人。字召弓。

《詩·小雅·彤弓》:“彤弓弨兮，受言藏之。”《彤弓序》:“彤弓，天子錫有功諸侯也。”此拆名所用“弨”字，得“召”“弓”二字，以爲字。然“召弓”當讀作“召（shào）弓”爲是。因爲召康公奭、召穆公虎分别佐武王、成王，以及宣王，皆有大功。《詩·大雅·江漢》:“文武受命，召公維翰。”《詩·大雅·召旻》:“昔先王受命，有如召公。”即追述其功績。《彤弓序》所言“天子錫有功諸侯”表明此殊榮非一般臣屬所能當。故拆名作“召弓”，暗含將此殊榮屬之召（shào）公之意。

盧宅仁　明人。字伯居。

《孟子·離婁上》:“仁，人之安宅也；義，人之正路也。曠安宅而弗居，舍正路而不由，哀哉！”以“居”應“宅仁”，表示願遵循孟子之言，把仁德作爲安宅，以居自身。“伯”表行第居長。

盧汝弼　五代後唐人。字子諧。

《書·臯陶謨》:“允迪厥德，謨明弼諧。”故以“諧”應“弼”。“子”猶“汝”。“汝諧”乃《書》之常語。

盧臣忠　宋人。字仲信。

《論語·學而》:“曾子曰:‘吾日三省吾身:爲人謀而不忠乎？與朋友交而不信乎？傳不習乎？’”故以“信”應“忠”。“仲”表行第居次。

盧何生　明人。字允迪。

《書·臯陶謨》:“臯陶曰:‘允迪厥德，謨明弼諧。’……禹曰:‘何？’”故以“允迪”應“何”。

盧岐嶷　明人。字希稷。

《詩·大雅·生民》:“載生載育，時維后稷。……誕實匍匐，克岐克嶷，以就口食。”毛傳:“岐，知意也。嶷，識也。”以“希稷”應“岐嶷”，表示企盼像后稷那樣有知識。

盧　志　晉人。字子道。

《論語·里仁》:“士志於道，而恥惡衣惡食者，未足與議也。”以“道”應“志”，飾以“子”字，表明有志作志道之士。

盧　言　清人。字欲揚。

《禮記·曲禮上》:“將上堂，

聲必揚。户外有二屨，言聞則入，言不聞則不入。”《廣雅·釋詁》：“將，欲也。”此乃以“將上堂，聲必揚”化作“欲揚”，以與“言”相應。

盧　坤　清人。字静之。

《易·坤卦·文言》：“坤至柔而動也剛，至静而德方。”故以“静”應“坤”，“之”爲綴飾。

盧宗回　唐人。字望淵。

孔子弟子顔回，字子淵。名“宗回”，字“望淵”，是襲用顔回名、字，并表景仰追慕之意。《論語·公冶長》：“子謂子貢曰：‘女與回也孰愈？’對曰：‘賜也何敢望回？’”此用其意。

盧承慶　唐人。字子餘。

《易·坤卦·文言》：“坤道其順乎，承天而時行。積善之家，必有餘慶；積不善之家，必有餘殃。”故以“餘”應“承慶”。“子”乃男子美稱。

盧原質　明人。字希魯。

《論語·先進》：“參也魯。”朱熹集注：“程子曰：‘曾子之學，誠篤而已。聖門學者，聰明才辯，不爲不多，而卒傳其道，乃質魯之人耳，故學以誠實爲貴也。’”曾參以質魯之資，得孔學真諦，卒傳其道，由此被尊爲“宗聖公”。故以“希魯”應“原質”，表示願傚其魯質之性，誠實爲學。

盧　格　明人。字正夫。

《書·冏命》：“繩愆糾謬，格其非心，俾克紹先烈。”孔穎達疏：“格其非妄之心。心有妄作則格正之，使能繼先王之功業。”《世説新語·德行》：“王恭從會稽還。”劉孝標注引《王恭别傳》：“恭清廉貴峻，志存格正。”格、正義近，故以“正”應“格”。“夫”爲男子通稱，以爲綴飾。

盧　彬　明人。字文質。

《論語·雍也》：“文質彬彬，然後君子。”

盧　斐　北齊人。字子章。

《論語·公冶長》：“吾黨之小子狂簡，斐然成章，不知所以裁之。”故以“章”應“斐”。“子”爲男子美稱，以爲飾。

盧　曾　五代後梁人。字孝伯。

孔子弟子曾參，以孝行著稱。《史記·仲尼弟子列傳》：“曾參……孔子以爲能通孝道，故授之業。作《孝經》。”故以“孝伯”應“曾”，表示對曾子的仰慕之情。

盧　欽　晉人。字子若。

《書·堯典》：“乃命羲和，欽若昊天。”

盧　琦　元人。字希韓。

宋代名臣韓琦，歷事仁宗、英宗、神宗，功績卓著，與范仲淹並稱“韓范”。以“希韓”應“琦”，表示對韓琦的仰慕之情。

盧　絳　五代南唐人。字晉卿。

絳，指春秋晉國魏絳。《史記·魏世家》載，他佐晉悼公“八年之中，九合諸侯”。以“晉卿”應“絳”，一是指明魏絳爲晉卿的史實。同時也表示對其景仰之意。

盧象昇　明人。字建斗。

昇，指《易·升卦》。建，指建星；斗，指南斗。建、斗皆爲星宿。《史記·天官書》：“南斗爲廟，其北建星。”張守節正義：“建六星，在斗北，臨黄道，天之都關也。”又：“衡殷南斗，魁枕参首。”張守節正義：“南斗六星爲天廟。丞相、大宰之位，主薦賢良、授爵禄。”《易·升卦》：“元亨，用見大人……南征吉。”以“建斗”應“昇”，欲期於天之都關晉謁南斗天廟，丞相、大宰得受爵禄，並不斷高昇。“象”意謂卦象，同時又用作行輩字。

盧象晉　明人。字錫侯。

《易·晉卦》：“晉：康侯用錫馬蕃庶。”象昇之弟。弟兄同取《易》卦爲名。

盧象觀　明人。字幼哲。

《易·觀卦》：“觀：盥而不薦，有孚顒若。”王弼注：“宗廟之可觀者，莫盛於盥也。至薦簡略，不足復觀。故觀盥而不觀薦也。孔子曰：‘禘自既灌而往者，吾不欲觀之矣。’……薦者，謂既灌之後陳薦籩豆之事。”

“盥”即“灌”，又作“祼”，是祭祀時第一次向神鬼獻酒的儀式。而神鬼是由幼年晚輩扮成的“尸”來充任的。《禮記·祭統》：“夫祭之道，孫爲王父尸。”即其證。

“有孚顒若”孔穎達疏：“顒是儼正之貌。言……皆孚信，容貌儼然也。”“哲”古文作“悊”《説文·口部》：“哲或从心。”《説文·心部》：“悊，敬也。”《禮記·曲禮上》：“儼若思。”鄭玄注：“儼，矜莊貌。人之坐思，貌必儼然。”《楚辭·離騷》：“湯禹儼而求合兮。”王逸注：“儼，敬也。”

據此可知，古祭禮最可觀瞻者，莫過於向由幼小孫輩扮成的“尸”，第一次獻酒的“灌”禮了。由於整個過程和參加祭禮的所有人員都矜莊嚴肅，特别是幼孫所扮之“尸”肅然可敬，故以“幼哲”應“觀”。“象”既指卦象，又兼行輩字。象觀，象晉之弟。

盧　愷　隋人。字長仁。

《詩·大雅·旱麓》：“豈弟君子。”陸德明釋文：“豈弟，本亦作愷，弟亦作悌。豈，樂也；弟，易也。”《禮記·樂記》：“春作夏長，仁也；秋斂冬藏，義也。仁近於樂，義近於禮。”故以“長仁”應“愷”。

盧照鄰　唐人。字昇之。

《詩·邶風·日月》：“日居月諸，照臨下土。……日居月諸，東方自出。”“鄰”與“臨”音近，將“照鄰”諧作“照臨”。“日居月諸，東方自出。”已含有“昇”義。故用“昇”應“照鄰”，以概括《詩》義。

盧　雍　明人。字師邵。

邵，指宋代邵雍；師，師法。宋代邵雍是著名學者，尤擅象數之學。他一生不仕，隱居山林，與司馬光等過從甚密。後世頗有名聲。故以“師邵”應“雍”，表示對其景慕之情。

盧　綸　唐人。字允言。

《禮記·緇衣》：“王言如絲，其出如綸。”故以“言”應“綸”，飾以“允”，謂誠然爲王言。

盧　儒　明人。字爲己。

儒，信奉儒家學説的人，泛指

讀書人。《論語・憲問》："古之學者爲己，今之學者爲人。"《荀子・勸學》："古之學者爲己……君子之學也以美其身。"故以"爲己"應"儒"，表示願追隨古之學者，修養自己的學問道德，而不尚虛浮炫耀，以取悦於人。

盧　翰　明人。字子羽。

翰，指鷂鷹一類猛禽。《詩・大雅・常武》："如飛如翰。"毛傳："疾如飛，鷙如翰。"孔穎達正義："若鷹鸇之類，摯擊衆鳥者也。""羽翰"則特指鳥的翅膀。唐孟郊《出門行》之二："我欲横天無羽翰。"故以"羽"應"翰"，"子"爲男子美稱，故以爲飾。

盧　璣　金人。字正甫。

《書・舜典》："正月上日，受終于文祖，在璿璣玉衡，以齊七政。"孔傳："璿，美玉；璣，衡玉者。正天文之器，可運轉者。"孔穎達疏："璣爲轉運，衡爲横簫，運璣使動於下，以衡望之，是王者正天文之器。"故以"正"應"璣"，表明願做璣衡，以爲帝王正天之器。"甫"爲男子美稱。

盧錫晉　清人。字子弓。

《書・文侯之命》："平王錫晉文侯秬鬯圭瓚，作文侯之命……王曰：'父義和，其歸視爾師，寧爾邦，彤弓一，彤矢百，盧弓一，盧矢百……簡恤爾都，用成爾顯德。'"故以"弓"應"錫晉"，以概括經義。"子"爲男子美稱。

盧龍雲　明人。字少從。

《易・乾卦・文言》："雲從龍，風從虎。"

盧　謙　明人。字吉甫。

《易・謙卦》："六二，鳴謙，貞吉。""甫"爲男子美稱，以爲綴飾。

盧簡求　唐人。字子臧。

《詩・邶風・雄雉》："不忮不求，何用不臧。"故以"臧"應"求"。"簡"乃行輩字。

盧藏用　唐人。字子潛。

名"藏用"，取自《論語・述而》："子謂顔淵曰：'用之則行，舍之則藏，唯我與爾有是夫。'"《易・乾卦》："初九，潛龍，勿用。"又《乾卦・文言》："'潛龍勿用'，陽氣潛藏。"故以"潛"應"藏用"。

盧　鎬　清人。字配京。

《詩・大雅・文王有聲》："考卜維王，宅是鎬京，維龜正之，武王成之。"《詩・大雅・下武》："下武維周，世有哲王，三后在天，王配于京。王配于京，世德作求。"故以"配京"應"鎬"，以志武王遷都鎬京之功。

盧　鑑　宋人。字正臣。

唐代魏徵輔佐太宗實現了"貞觀之治"，他最優秀的品德和長處，是忠君奉國、直言無隱、犯顔敢諫。唐太宗因此受益匪淺。《新唐書・魏徵傳》載，魏徵去世後，唐太宗非常悲傷，不勝思念，他感歎地對侍臣們説："以銅爲鑑，可正衣冠；以古爲鑑，可知興替；以人爲鑑，可明得失。徵没，朕亡一鑑矣！"以"正臣"應"鑑"，即用此典，亦以表對魏徵景慕之情。

〔穆〕

穆孔暉　明人。字伯潛。

《詩・小雅・正月》："潛雖伏矣，亦孔之炤。"朱熹集傳："炤，明，易見也。"《莊子・天下》："不暉於數度。"成玄英疏："暉，明也。"故以"潛"應"孔暉"。"伯"謂行第居長。

穆　亮　後魏人。字幼輔。

《書・舜典》："欽哉，惟時亮天功。"孫星衍疏："亮爲相者，《釋詁》云：'亮，相道也。'《詩》釋文引《韓詩》云：'亮彼武王，亮，相也。'"《爾雅・釋詁》："亮、左、右、相，導也。相、導、左、右，助也。"《廣雅・釋詁》："輔、佐、佑，助也。"故以"輔"應"亮"。飾以"幼"字，謂行第在末。

穆　衍　宋人。字昌叔。

《廣雅・釋詁》："昌，盛也。"《説文・水部》："衍，水朝宗于海貌也。"段玉裁注："衍字水在中，在中者，盛也。"故昌、衍同義相協，"叔"表行第。

穆　修　宋人。字伯長。

《詩・小雅・六月》："四牡修廣。"毛傳："修，長。"故長、修同義相協，"伯"表行第居長。

穆　紹　後魏人。字永業。

《書・盤庚上》："紹復先王之大業，底綏四方。"故以"業"應"紹"，飾以"永"，謂永久承繼。

穆　贊　唐人。字相明。

《書・大禹謨》："益贊于禹曰：'惟德動天。'"孔傳："贊，佐。"《吕氏春秋・務大》："交相爲贊。"高誘注："贊，助也。"《書・盤庚下》："予其懋簡相爾，念敬我衆。"孔傳："相，助也。"《易・説卦》："昔者聖人之作易也，幽贊於神明而生蓍。"韓康伯注："贊，明也。"《書・臯陶謨》："日贊贊襄哉"孔穎達疏："鄭玄云：'贊，明也。……徒贊明帝德，暢我忠言而已。'"

"贊"既與"相"同義，又與"明"同義，故以"相明"共同應"贊"。

〔蕭〕

蕭一中　明人。字執夫。

《僞古文尚書・大禹謨》："人心惟危，道心惟微，惟精惟一，允執厥中。"故以"執"應"一中"，綴以"夫"，乃男子之稱。

蕭乙薛　遼人。字特免。

《戰國策・齊策四》載，馮諼代孟嘗君收債於薛，"驅而之薛，使吏召諸民當償者，悉來合券。券徧合，起矯命以責賜諸民，因燒其券，民稱萬歲。"乙，《説文・亅部》："乚，讀若槷。鉤識也。"段玉裁注："鉤識者，用鉤表識其處也。褚先生補《滑稽傳》：'東方朔上書，凡用三千奏牘。人主從上方讀之，止，輒乙其處，二月乃盡。'此非甲乙字，乃正乚字也。今人讀書有所鉤勒即此。""乙薛"，乃謂馮諼召諸民悉來合券之時，每合一券，則用筆鉤識之，待券徧合，鉤識亦畢，便起矯命，特免薛人之債，因燒其券，民稱萬歲。乙薛者，猶今言將薛人之債，一筆鈎銷，故以“特免”相應。

蕭丁泰 明人。字吉甫。

《易·泰卦》：“泰：小往大來，吉，亨。”“初九，拔茅茹以其彙，征吉。”“丁”一音與“征”同，《詩·小雅》：“伐木丁丁”，舊讀“征征”。故以“吉”應“丁泰”，以概括卦義和初爻之義。“甫”乃男子美稱。

蕭九成 清人。字韶亭。

《書·益稷》：“《簫韶》九成，鳳皇來儀。”此乃用“韶”與姓名一並相應，以合於“《簫韶》九成”。“亭”乃清代時尚用字。

蕭乂理 南朝梁人。字季英。

《書·皋陶謨》：“九德咸事，俊乂在官。”孔傳：“俊德治能之事並在官。”孔穎達疏：“馬、王、鄭皆云，才德過千人爲俊，百人爲乂。”英、俊義同，故以“英”應“乂”，意謂英俊之材。“理”爲行輩字。“季”表行第居末。

蕭大心 南朝梁人。字仁恕。

簡文帝次子。《論語·里仁》：“曾子曰：‘夫子之道，忠恕而已矣。’”朱熹集注：“如心爲恕。”《説文·心部》：“恕，仁也。从心，如聲。”桂馥義證：“《聲類》：‘以心度物曰恕。’《離騷》‘羌内恕己以量人兮’注云：‘以心揆心爲恕。’”故以“恕”應“心”。按，簡文帝諸子，名之行輩字皆取“大”，字之行輩字皆取“仁”。下同。

蕭大成 南朝梁人。字仁和。

簡文帝八子。《禮記·郊特牲》：“陰陽和而萬物得。”《文子·上仁》：“陰陽交接，乃能成和。”

蕭大昕 南朝梁人。字仁朗。

簡文帝十八子。《爾雅·釋言》：“明，朗也。”《廣雅·釋詁》：“昕，明也。”《説文·月部》：“朗，明也。”

蕭大威 南朝梁人。字仁容。

簡文帝十五子。《詩·周頌·有客》：“既有淫威，降福孔夷。”毛傳：“淫，大。威，則。”《廣雅·釋詁》：“容，法也。”王念孫疏證：“《考工記·函人》：‘凡爲甲，必先爲容也，然後制革。’鄭衆注：‘容，謂象式。’”漢董仲舒《春秋繁露·服制象》：“天地之生萬物也以養人。故其可食者以養身體，其可威者以爲容服，禮之所爲興也。”容、威義近，皆有法則象式之義。故以“容”應“威”。

蕭大封 南朝梁人。字仁叡。

簡文帝九子。《廣雅·釋詁》：“封，大也。”又《釋宫》：“封，涂也。”王念孫疏證：“《釋名》云：‘涂，杜也，杜塞孔穴也。’”《漢書·武帝紀》：“登封泰山。”顔師古注：“孟康曰：‘封，崇也，助天之高也。’”故“封”有高、大、厚之義，又有封閉、堵塞之義。《説文·𣦼部》：“叡，深明也，通也。睿，古文叡。”《書·洪範》：“思曰睿。”孔穎達疏引王肅曰：“睿，通也。思慮苦其不深，故必深思使通於微也。”故“叡”有深明之義，又有通義。以“叡”爲字，乃與“封”反義相應。

蕭大春 南朝梁人。字仁經。

簡文帝六子。晉杜預《春秋經傳集解序》：“春秋者，魯史記之名也。……仲尼從而脩之，以成一經之通體。”以“經”應“春”。蓋取此義。

蕭大球 南朝梁人。字仁斑。或作仁玉。

簡文帝十七子。《詩·商頌·長發》：“受小球大球，爲下國綴旒。”毛傳：“球，玉。”朱熹集傳：“小球大球之義未詳。或曰，小國大國所贄之玉也。鄭氏曰：小球，鎮圭，尺有二寸。大球，大圭，三尺也，皆天子之所執也。”《周禮·考工記·玉人》：“大圭長三尺，杼上，終葵首，天子服之。”鄭玄注：“王所搢大圭也。或謂之珽。”球、珽義同，故以“珽”應“球”。或以“玉”應“球”。則是辨物統類。

蕭大訓 南朝梁人。字仁德。

簡文帝十六子。《書·立政》：“謀面，用丕訓德。”孔傳：“謀所面見之事，無疑，則能用大順德。”以“德”應“訓”，以概括經義，意謂欲順乎德性。

蕭大莊 南朝梁人。字仁禮。

簡文帝十三子。《禮記·樂記》：“致禮以治躬則莊敬。”

蕭大連 南朝梁人。字仁靖。

簡文帝五子。《詩·周頌·昊天有成命》：“於緝熙，單厥心，肆其靖之。”朱熹集傳：“是能繼續光明文武之業而盡其心，故今能安靜天下，而保其所受之命也。”《廣雅·釋詁》：“連，續也。”《玉篇·糸部》：“緝，續也。”連、緝同義，故以“靖”應“連”，以概括《詩》義，意謂企冀繼承祖上光明大業，安靜天下。

蕭大款 南朝梁人。字仁師。

簡文帝三子。《荀子·修身》：“庸衆駑散，則刦之以師友；怠慢僄弃，則炤之以禍灾；愚款端愨，則合之以禮樂，通之以思索。凡治氣養心之術，莫徑由禮，莫要得師，莫神一好。夫是之謂治氣養心之術也。”故以“師”應“款”，意謂當以師友、禮樂去己駑散愚款之舊性，以治氣養心也。

蕭大鈞 南朝梁人。字仁輔。

簡文帝十四子。鈞，古代制陶的轉輪，陶者作器於鈞上，故以“鈞”喻國政。《淮南子·齊俗訓》：“桓公前柔而後剛，文公前剛而後柔，然而令行乎天下，權制諸侯。鈞者，審於勢之變也。”輔，指帝王的宰輔大臣。《尚書大傳》卷二：“古者天子必有四鄰：前曰疑，後曰丞，左曰輔，右曰弼。”《大戴禮記·千乘》：“輔，卿也。”故以“輔”應“鈞”，意謂以輔弼大臣之職，秉國之鈞。

蕭大雅 南朝梁人。字仁風。

簡文帝十二子。“雅”指“大雅”“小雅”。“風”指“國風”。“風”“雅”用以指代《詩經》。漢班固《東都賦》：“臨之以《王制》，考之以《風》《雅》。”南朝梁劉勰《文心雕龍·辨騷》：“自《風》《雅》寢聲，莫或抽緒，奇文鬱起，其《離騷》哉！”故以“風”應“雅”。

蕭大賓　明人。字敬夫。

《書·堯典》:“乃命羲和，欽若昊天，曆象日月星辰，敬授人時。分命羲仲，宅嵎夷，曰暘谷，寅賓出日，平秩東作。”孔傳:“寅，敬；賓，導。”故以“敬”應“賓”。“夫”乃男子之通稱。

蕭大摯　南朝梁人。字仁瑛。

簡文帝十九子。《禮記·曲禮下》:“凡摯，天子鬯諸侯圭。”《左傳·莊公二五年》:“男贄，大者玉帛，小者禽鳥，以章物也。”楊伯峻注:“贄本作摯，音至。古人相見，必手執物以表敬誠，所執之物謂之摯。公、侯、伯、子、男五等諸侯執玉。”瑛，美玉。《詩·魏風·汾沮洳》:“彼其之子，美如英。”馬瑞辰通釋:“英當讀如瓊英之英，如英猶言如玉。”《羣經平議》卷九:“美如英與下章美如玉同。英亦玉也。”《魏書·陽尼傳》:“採鍾山之玉瑛兮。”大摯爲帝王之子，位當諸侯，其摯用玉。故以“瑛”應“摯”。

蕭大器　南朝梁人。字仁宗。

簡文帝嫡長子。《左傳·文公十二年》:“鎮撫其社稷，重之以大器。”杜預注:“大器，圭璋也。”又《哀公十一年》:“有余，以爲己大器。”杜預注:“大器，鐘鼎之屬。”《老子》第四一章:“大方無隅，大器晚成。”古代以圭璋、鐘鼎等貴重之器爲宗廟社稷之祭器。《禮記·中庸》:“春秋脩其祖廟，陳其宗器。”朱熹集注:“宗器，先世所藏之重器。”大器爲嫡長子，身負嗣統重任，宜以社稷之宗器爲喻。故以“宗”應“器”。

蕭大圜　南朝梁人。字仁顯。

簡文帝二十子。《易·説卦》:“乾爲天，爲圜。”《詩·周頌·敬之》:“敬之敬之，天維顯思。”故以“顯”應“圜”，意謂天道甚明，當敬順之。

蕭大臨　南朝梁人。字仁宣。

簡文帝四子。《詩·大雅·皇矣》:“皇矣上帝，臨下有赫。”鄭玄箋:“臨，視也。大矣天之視天下赫然甚明。”《尸子·明堂》:“天高明，然後能燭臨萬物。”《廣韻·平仙》:“宣，明也。”故以“宣”應“臨”，意在頌揚天之視下甚明。

蕭子文　南朝齊人。字雲儒。

武帝十七子。《禮記·儒行》:“儒有不寶金玉而忠信以爲寶；不祈土地，立義以爲土地；不祈多積，多文以爲富。”又:“儒有上不臣天子，下不事諸侯，慎静而尚寬，强毅以與人，博學以知服，近文章、砥厲廉隅。”儒尚文，故以“儒”應“文”。按，南齊武帝諸子，名之行輩字皆取“子”，字之行輩字皆取“雲”。下同。

蕭子罕　南朝齊人。字雲華。

武帝十一子。《文選·司馬相如〈上林賦〉》:“襲朝服，乘法駕，建華旗，鳴玉鸞……載雲罕，揜羣雅。”李善注:“先用雲罕以獵獸，今載之於車而捕羣雅之士也。”劉良注:“罕，畢也。載之所以静道。”《文選·張衡〈東京賦〉》:“雲罕九斿。”薛綜注:“雲罕，旌旗之别名也。”“雲罕”爲帝王法駕所用旌旗之一種，其華麗可知。因行輩用字“雲”與名“罕”而成“雲罕”，故以“華”應之。

蕭子良　南朝齊人。字雲英。

武帝二子。良，善良之人。《周禮·地官·師氏》:“二曰友行，以尊賢良。”賈公彦疏:“此行施於外人，故尊事賢人、良人，有德之士也。”《詩·大雅·桑柔》:“維此良人，弗求弗迪。”鄭玄箋:“良，善也。國有善人。”英，德才杰出的人。《禮記·禮運》:“孔子曰:‘大道之行也，與三代之英，丘未之逮也，而有志焉。’”鄭玄注:“英，俊選之尤者。”英、良義近，故以“英”應“良”。

蕭子岳　南朝齊人。字雲嶠。

武帝十六子。岳，同“嶽”。《説文·山部》“嶽”段玉裁注:“今字作岳，古文之變。”《詩·周頌·時邁》:“懷柔百神，及河喬嶽。”“喬”或作“嶠”。《淮南子·泰族訓》:“《詩》云:‘懷柔百神，及河嶠嶽。’”

蕭子明　南朝齊人。字雲光。

武帝十子。明、光同義相協。

蕭子建　南朝齊人。字雲立。

武帝二十一子。建、立同義相協。

蕭子恪　南朝梁人。字景沖。

《詩·商頌·那》:“温恭朝夕，執事有恪。”毛傳:“恪，敬也。”《僞古文尚書·微子之命》:“恪慎克孝，肅恭神人。”《老子》第四二章:“萬物負陰而抱陽，沖氣以爲和。”晉葛洪《抱朴子·行品》:“士有含弘曠齊，虚己受物，藏疾匿瑕，温恭廉潔，勞謙沖退，救危全信。”北齊顔之推《顔氏家訓·止足》:“廉虚沖損，可以免害。”古人以謙虚恭敬、和氣退讓爲美德，故以“沖”應“恪”，意謂願秉持謙恪沖損之德。“子”“景”皆行輩字。

蕭子珉　南朝齊人。字雲璵。

武帝二十子。《説文·玉部》:“珉，石之美者。”桂馥《義證》:“《山海經》:‘岐山，其陰多白珉。’注云:‘石似玉者。’”《左傳·定公五年》:“陽虎將以璵璠斂。”杜預注:“璵璠，美玉，君所佩。”《説文·玉部》:“璵，璵璠也。”

蕭子貞　南朝齊人。字雲松。

武帝十四子。《易·乾卦》:“文言曰:……貞者，事之幹也。”漢王充《論衡·語增》:“夫三公鼎足之臣，王者之貞幹也。”《論語·子罕》:“子曰:‘歲寒，然後知松柏之後凋也。”朱熹集注:“謝氏曰:士窮見節義，世亂識忠臣。”松樹嚴寒而不凋，如忠臣有堅貞的節操，乃國之貞幹。唐劉知幾《史通·曲筆》:“蓋霜雪交下，始見貞松之操；國家喪亂，方驗忠臣之節。”故以“松”應“貞”，亦以自勉。

蕭子倫　南朝齊人。字雲宗。

武帝十三子。《詩·小雅·正月》:“謂天蓋高，不敢不局。謂地蓋厚，不敢不蹐。維號斯言，有倫有脊。”毛傳:“倫，道。脊，理也。”《禮記·大傳》:“公子有宗道。”鄭玄箋:“公子不得宗君,君命適昆弟爲之宗,使之宗之,是公子之宗道。”子倫爲衆庶子之一,故取字以“宗”應“倫”,既概括經義,又以明德,謂己當謹慎遵從公子之宗道。

蕭子夏 南朝齊人。字雲廣。

武帝二十三子。《爾雅·釋詁》:“夏,大也。”《廣雅·釋詁》:“廣,大也。”

蕭子峻 南朝齊人。字雲嵩。

武帝十八子。《爾雅·釋詁》:“嵩,高也。”《小爾雅·廣詁一》:“峻,高也。”

蕭子真 南朝齊人。字雲仙。

武帝九子。《説文·匕部》:“真,僊人變形登天也。”《釋名·釋長幼》:“老而不死曰仙。”“真”“仙”乃道教仙人的統稱,混言之二者則不分,析言之則“真人”高於“仙人”。“真人”一般爲受過帝王封誥的仙人。如“南華真人”(莊周)、“沖虚真人”(列御寇)、“通玄真人”(文子)、“洞靈真人”(庚桑子)即爲唐代受過封誥的“四大真人”(參見《舊唐書·玄宗紀下》),據説他們是太上老君的四大弟子。故以“仙”應“真”。

蕭子卿 南朝齊人。字雲長。

武帝三子。漢代司馬相如字長卿。因工於辭賦而深受漢武帝器重。以“長”應“卿”,乃析其字爲己名字,以表仰慕之情,參見“司馬相如”條。

蕭子琳 南朝齊人。字雲璋。

武帝十九子。《説文·玉部》:“琳,美玉也。”《書·禹貢》:“厥貢惟球、琳、琅玕。”《詩·小雅·斯干》:“載衣之裳,載弄之璋。”毛傳:“半圭曰璋。”孔穎達疏引王肅:“羣臣之從王行禮者奉璋。”“琳”“璋”皆玉名,故以“璋”應“琳”。

蕭子雲 南朝梁人。字景喬。

《淮南子·齊俗訓》:“今夫王喬、赤誦子,吹嘔呼吸,吐故内新,遺形去智,抱素反真以游玄眇,上通雲天。”王喬,即王子喬。漢劉向《列仙傳·王子喬》:“王子喬者,周靈王太子晉也。”故王子喬又稱王子晉。唐李白《古風》之四十:“幸遇王子晉,結交青雲端。”以“喬”應“雲”,乃羨慕仙人王子喬,欲傚其仙游雲端。

蕭子隆 南朝齊人。字雲興。

武帝八子。《禮記·檀弓上》:“子思曰:‘昔者吾先君子無所失道,道隆則從而隆,道污則從而污。’”陸德明釋文:“隆,盛也。”《詩·小雅·天保》:“天保定爾,以莫不興。”鄭玄箋:“興,盛也。”故以“興”應“隆”,乃同義相協。

蕭子廉 南朝齊人。字景藹。

子恪兄。廉,謂嚴正、剛直或清廉。《論語·陽貨》:“古之矜也廉。”朱熹集注:“矜者,持守太嚴;廉謂棱角峭厲。”《玉篇·广部》:“廉,清也。”“藹”,謂和氣或晦暗不清貌。《管子·侈靡》:“藹然若夏之静雲。”尹知章注:“夏雲之起,油然含潤,將降其澤及人之體,去除熱氣而和順。”《文選·司馬相如〈長門賦〉》:“望中庭之藹藹兮。”李善注:“藹藹,月光微暗之貌。”《老子》第五八章:“是以聖人方而不割,廉而不劌。”《禮記·聘義》:“廉而不劌,義也。”孔穎達疏:“言玉體雖有廉棱而不傷割於物,人有義者亦能斷割而不傷物,故云義也。”

廉、藹意義相反,以“藹”應“廉”,意謂爲人不僅當清廉正直,同時也要寬厚和氣,切忌察察之明。

蕭子敬 南朝齊人。字雲端。

武帝五子。《荀子·臣道》:“故仁者必敬人。敬人有道:賢者則貴而敬之,不肖者則畏而敬之;賢者則親而敬之,不肖者則疏而敬之;其敬一也,其情二也。若夫忠信端愨而不害傷,則無接而不然。是仁人之質也。”故以“端”應“敬”,意謂顧謹記荀子敬人之道。

蕭子暉 南朝梁人。字景光。

子雲弟。《易·未濟卦》:“象曰:君子之光,其暉吉也。”

蕭子範 南朝梁人。字景則。

子恪弟。《爾雅·釋詁》:“則、範,常也。”

蕭子懋 南朝齊人。字雲昌。

武帝七子。《僞古文尚書·大禹謨》:“予懋乃德。”蔡沈集傳:“懋、楙古通用。楙,盛大之意。”《説文·林部》:“楙,木盛也。”《廣雅·釋詁》:“昌,盛也。”

蕭子鵬 明人。字宜沖。

《莊子·逍遥遊》:“鵬之背,不知其幾千里也,怒而飛,其翼若垂天之雲。”又:“鵬之徙於南冥也,水擊三千里,摶扶摇而上者九萬里。”《韓非子·喻老》:“雖無飛,飛必沖天;雖無鳴,鳴必驚人。”故以“宜沖”應“鵬”,意謂胸懷鵬飛沖天之志。

蕭子響 南朝齊人。字雲音。

武帝四子。《説文·音部》:“音,聲也。”又:“響,聲也。”音、響混言則不分。析言,響指一般聲響;合於律,則爲音。《禮記·樂記》:“音之起由人心生也。人心之動,物使之然也。感於物而動,故形於聲;聲相應,故生變;變成方,謂之音。”《文選·左思〈吴都賦〉》:“鳴條律暢,飛音響亮。”張銑注:“言風之鳴木條,聲通音律,音響高遠也。”故以“音”應“響”。

蕭子顯 南朝梁人。字景陽。

子範弟。《詩·小雅·湛露》:“湛湛露斯,匪陽不晞。……顯允君子,莫不令德。”故以“陽”應“顯”,以概括《詩》義。

蕭之敏 宋人。字好學。

《論語·公冶長》:“敏而好學,不恥下問,是以謂之‘文’也。”

蕭方矩 南朝梁人。字德規。

《孟子·離婁上》:“不以規矩,不能成方圓。”又:“規矩,方員之至也;聖人,人倫之至也。”父子、君臣、夫婦、長幼、朋友等人倫關係,是孟子所説的最重要的體現道德的關係。故以“德規”應“方矩”,以概括經義。

蕭正立 南朝梁人。字公山。

《禮記·玉藻》:“立容辨卑,

毋譋，頭頸必中，山立時行。”故以“山”應“立”。“正”“公”皆行輩用字。

蕭正義　南朝梁人。字公威。

正立兄。《説文・我部》：“義，己之威儀也。”桂馥義證：“己之威儀也者，儀當爲義。通用儀字。《周禮・司徒》：‘以儀辨等則民不越。’注云：‘故書儀或爲義。’‘肆師治其禮儀，以佐宗伯。’注云：‘故書儀爲義。’鄭司農云：義讀爲儀。古者書儀但爲義。”《詩・邶風・柏舟》：“威儀棣棣，不可選也。”《禮記・中庸》：“威儀三千。”故以“威”應“義”。

蕭正德　南朝梁人。字公和。

正立兄。《禮記・月令》：“立春之日……命相布德和令，行慶施惠，下及兆民。”王引之《經義述聞・禮記上》：“和，當讀爲宣，謂布其德教，宣其禁令也。”

蕭永祺　金人。字景純。

《詩・大雅・行葦》：“壽考唯祺，以介景福。”鄭玄箋：“祺，吉也。”《詩・小雅・賓之初筵》：“錫爾純嘏，子孫其湛。”朱熹集傳：“嘏，福。”《爾雅・釋詁》：“純、景，大也。”《隋書・音樂志上》：“純嘏不愆，祺福是賚。”以“純”應“祺”，意謂祈望得到大的福祐。

蕭　吉　隋人。字文休。

《左傳・襄公二八年》：“鎮撫其民人，以禮承天之休。”杜預注：“休，福禄也。”《爾雅・釋言》：“休，慶也。”《説文・口部》：“吉，善也。”《易・繫辭上》：“吉，无不利。”高亨《周易古經今注・釋吉》：“蓋事有善果爲吉，故吉訓善。善果者，福祥也。故吉者，福祥也。”休、吉義近，故以“休”應“吉”。

蕭如薰　明人。字季馨。

“薰”，本爲香草名。《左傳・僖公四年》：“一薰一蕕，十年尚猶有臭。”杜預注：“薰，香草。”引申爲香氣。《文選・江淹〈别賦〉》：“陌上草薰。”張銑注：“薰，香也。”馨，指香氣遠播。《左傳・僖公五年》：“故《周書》……又曰：‘黍稷非馨，明德惟馨。’”杜預注：“馨，香之遠聞。”馨、薰義近，故以“馨”應“薰”。“季”表行第居末。

蕭伯游　南朝梁人。字士仁。

《論語・述而》：“依於仁，遊於藝。”故以“仁”應“游”。“士”爲男子美稱。經傳游、遊通用。

蕭孝儼　南朝梁人。字希莊。

《論語・堯曰》：“君子正其衣冠，尊其瞻視，儼然人望而畏之，斯不亦威而不猛乎？”《禮記・曲禮上》：“毋不敬，儼若思。”鄭玄注：“儼，矜莊貌。”故以“希莊”應“儼”，意謂願傚君子之美德，矜莊體貌，威而不猛。

蕭　宏　南朝梁人。字宣達。

武帝衍弟。《爾雅・釋詁》：“宏，大也。”《説文・宀部》：“宣，天子宣室也。”段玉裁注：“蓋謂大室，如璧大謂之瑄也。”故“宣”亦“大”義。故以“宣”應“宏”，乃同義相協。“達”用爲行輩字。

蕭　岑　北朝周人。字智遠。

《廣雅・釋詁》：“岑，夤，大也。”王念孫疏證：“岑夤者，《方言》‘岑夤，大也。’《淮南子・墬形訓》‘九州之外，乃有八夤。’高誘注云：‘夤，猶遠也。’遠，亦大也。”遠、岑義近，故以相協。

蕭　岐　明人。字尚仁。

《孟子・離婁下》：“文王生於岐周，卒於畢郢。”又《公孫丑上》：“文王何可當也？……仁政而王，莫之能禦也。”文王居岐，行仁政而王天下，是儒家所樹立的政治楷模。故以“尚仁”應“岐”。

蕭　秀　南朝梁人。字彦達。

宏弟。《國語・齊語》：“其秀民之能爲士者，必足賴也。”韋昭注：“秀民，民之秀出者也。”《晉書・王濟傳》：“〔王濟〕爲一時秀彦。”《詩・鄭風・羔裘》：“彼其之子，邦之彦兮。”毛傳：“彦，士之美稱。”秀、彦義近，皆指出衆的人才。故以“彦”應“秀”。“達”用爲行輩字。

蕭良幹　明人。字以寧。

《詩・大雅・文王》：“王國克生，維周之楨。濟濟多士，文王以寧。”毛傳：“楨，榦也。”《説文・木部》：“榦，築墻耑木也。”段玉裁注：“榦，俗作幹。《隸釋・漢山陽太守祝睦碑》：‘爲帝幹楨。’”故以“以寧”應“幹”。

蕭定基　宋人。字守一。

《孟子・梁惠王上》：“孟子見梁襄王，出，語人曰：‘望之不似人君，就之而不見所畏焉。卒然問曰：‘天下惡乎定？’吾對曰：‘定於一。’”故以“一”應“定”，以概括經義。意謂天下歸於一統，是安定的根本。又因“一”而飾以“守”。《莊子・在宥》：“天地有官，陰陽有藏，慎守女身，物將自壯。我守其一以處其和。”晉葛洪《抱朴子・地真》：“道起於一，其貴無偶。……守一存真，乃得通神。”

蕭　放　北朝齊人。字希逸。

《廣雅・釋詁》：“放、逸，去也。”逸、放義同，故以相應。飾以“希”字，意謂景慕古之隱逸之士，或希望具有豪放不羈之才。

蕭明哲　宋人。字元甫。

《書・益稷》：“乃賡載歌曰：‘元首明哉，股肱良哉，庶事康哉！’”明、哲義近，晉袁宏《後漢紀・桓帝紀》：“視之不明，是謂不哲。”故以“元”應“明哲”，以概括經義。“甫”乃男子美稱。

蕭　昕　唐人。字中明。

《説文・日部》：“昕，且明也。日將出也。”段玉裁注：“小徐本作‘旦也，明也’。《韻會》作‘旦，明也’。今正爲‘且明’。《文王世子》‘大昕’，鄭云：‘早昧爽也。’是昕即晨而未旦也。”故以“明”應“昕”。

蕭近高　明人。字抑之。

《老子》第七七章：“天之道，其猶張弓歟？高者抑之，下者舉之，有餘者損之，不足者補之。”

蕭長懋　南朝齊人。字雲喬。

武帝長子。《文選・潘岳〈西征賦〉》：“賴先哲以長懋。”李善注："《漢書》策詔曰：'大禹能亡失德，夏以長懋。'《説文》曰：'懋，盛貌。'"長懋，謂永遠茂盛的樣子。雲喬，指高聳入雲的喬木，故借其性狀以應"長懋"。

蕭　俛　唐人。字思謙。

《説文·頁部》："頫，低頭也。俛，頫或從人、免。"俛首乃謙恭貌。《論語·季氏》："孔子曰：'君子有九思：……色思温，貌思恭。'"邢昺疏："色思温者，言顔色不可嚴猛，當思温也。貌思恭者，體貌接物不可驕亢，當思恭遜也。"故以"思謙"應"俛"，意謂待人接物必俯首思謙，以備君子之容。

蕭建功　宋人。字懋德。

《左傳·襄公二四年》："大上有立德，其次有立功，其次有立言。此之謂三不朽。"《僞古文尚書·畢命》："惟公懋德。"孔傳："勉力行德。"以"懋德"應"建功"，意謂當勉力行德，以達至善至美之"太上"境界。

蕭　彦　明人。字思學。

《書·秦誓》："人之彦聖，其心好之。"孔穎達疏："此説大賢之行也，大賢之人……見人之有美善通聖者，其心愛好之。"《論語·里仁》："子曰：'見賢思齊焉。見不賢而内自省也。'"故以"思學"應"彦"，意謂當使自己具有大賢之德，見他人有美善之德，便思學之、齊之。

蕭昭胄　南朝齊人。字景胤。

《説文·肉部》："胄，胤也。"《廣雅·釋詁》："光、景，照也。"又："光、昭，明也。"故"昭"與"景"，"胄"與"胤"皆同義相協。

蕭　昱

① 南朝梁人。字子貞。

《玉篇·日部》："昱，日明也。"《廣雅·釋詁》："貞，正也。"《易·繫辭下》："日月之道，貞明者也。"孔穎達疏："言日月照臨之道，以貞正得一而爲明也。"高亨注："貞明，以正而明也。日月運行，以其規律之正明照天下。"

② 明人。字用光。

《廣韻·入·屋》："昱，日光。"《書·顧命》："燮和天下，用答揚文武之光訓。"故以"光"應"昱"，又因"光"而飾以"用"，取《書·顧命》頌揚和承繼周文王、周武王優良傳統之義。又《詩·大雅·公劉》："思輯用光。"

蕭　柯　明人。字升榮。

《廣雅·釋木》："柯，莖也。"王念孫疏證："樹莖謂之榦，亦謂之莖。"方濬益《綴遺齋彝器款識考釋》："𤇾即榮之古文……象木枝柯相交之形，其端從炏，木之華也。……華之義爲榮。"以"榮"應"柯"，意謂將如樹木莖榦長而相交，繁茂而華。飾以"升"字，謂枝榦不斷升高，枝柯升而相交然後能華。

蕭　衍　南朝梁人。字叔達。

即梁武帝。武帝長兄懿，字元達。"達"用爲行輩字。字"叔達"，乃徑以表行第之"叔"字作己之字。秦漢時多以行輩爲字。如劉邦字季。

又，"衍"乃梵文"摩訶衍"之省，即所謂"乘"，意謂能運載衆生到達西方極樂世界的種種教法。隋慧遠《大乘起信論義疏》上："所言乘，運載之義……言行乘者自運運他，故名爲乘。"《文選·王簡栖〈頭陀寺碑文〉》："是以如來利見迦維，託生王室，憑五衍之軾，拯溺逝川。"張銑注："如來乘五衍之安車。五衍，五乘也。……言人爲不善，有如逝川之流，日夜不止，而如來化救之使濟矣。"蓋武帝崇信佛教，故"達"亦兼應"衍"，意謂乘如來五衍之車，即可達於佛國彼岸，永離苦海。

蕭家芝　清人。字紫眉。

唐代元德秀字紫芝，德行高潔且善文辭，曾作《蹇士賦》以自況明志。《新唐書·卓行傳·元德秀》："房琯每見德秀，嘆息曰：'見紫芝眉宇，使人名利之心都盡。'"故以"紫眉"應"芝"，乃用房琯歎美元德秀之典，表示自己對元德秀追慕之情。又，古人對芝有金芝（黄芝）、紫芝之分。見《太平御覽》卷九八六。

蕭　特　南朝梁人。字世達。

《禮記·聘禮》："圭璋特達，德也。天下莫不貴者，道也。"孔穎達疏："行聘之時，唯執圭璋，特得通達，不加餘幣。言人之有德，亦無事不通，不須假他物而成。""世"即世間，指天下。故以"世達"應"特"，以概括經義。

蕭　恭

① 南朝梁人。字敬範。

《禮記·樂記》："莊敬恭順，禮之制也。"《爾雅·釋詁》："憲、範、則，法也。"又《釋訓》："憲憲、洩洩、制、法，則也。"莊恭乃禮之範，故以"敬範"應"恭"。

② 金人。字敬之。

《孟子·告子上》："恭敬之心，人皆有之……恭敬之心，禮也。"

蕭　晃　南朝齊人。字宣明。

《廣雅·釋詁》："烜、晃，明也。"王念孫疏證："烜之言宣明也。《衛風·淇奧篇》：'赫兮咺兮。'毛傳云：'咺，威儀宣著也。'《韓詩》作'宣'……晃之言煌煌也。《釋言》云：'晃，暉也。'《説文》：'晄，明也。'《釋名》云：'光，晃也，晃晃然也。''晃'與'晄'同。"故以"宣明"應"晃"。

蕭　暅　明人。字仰善。

《易·説卦》："雨以潤之，日以烜之。"陸德明釋文："暅，京云：'乾也。'"《廣雅·釋詁》："烜，明也。"王念孫疏證："烜之言宣明也。《衛風·淇奥篇》：'赫兮咺兮。'……《韓詩》作'宣'。"是"咺""烜""暅""宣"互通。《禮記·大學》："'赫兮喧兮'者，威儀也。'有斐君子，終不可諠兮'者，道盛德至善，民之不能忘也。"朱熹集注："'喧'，《詩》作'咺'……以明明德者之止於至善，道學自脩。"故以"善"應"暅"，飾以"仰"字，義謂仰慕赫然宣著之明德，期止於至善之道。

蕭陞高　清人。字榮階。

《玉篇·𨸏部》："陞，進也。與

‘升’同。”《易·升卦》：“六五，貞吉，升階。象曰：貞吉升階，大得志也。”孔穎達疏：“處尊而保其升階，志大得矣。”以“榮階”應“陞高”，既以概括經義，又明指榮升高位之企盼。

蕭 乾 南朝陳人。字思惕。

《易·乾卦》：“九三，君子終日乾乾，夕惕若厲，无咎。”孔穎達疏：“言每恒終竟此日，健健自强勉力，不有止息。夕惕者，謂終竟此日後，至向夕之時，猶懷憂惕若厲者。”“思惕”即心懷憂惕。故以之與“乾”相應。

蕭乾元 明人。字必克。

《易·乾卦》：“文言曰：……乾元用九，天下治也。”朱熹本義：“君道剛而能柔，天下無不治矣。”“必克”即“無不治”，故以之應“乾元”。

蕭 堅 南朝梁人。字長白。

《論語·陽貨》：“不曰堅乎？磨而不磷。不曰白乎？涅而不緇。”何晏集解引孔安國曰：“磷，薄也。涅，可以染皂。言至堅者磨之而不薄，至白者染之於涅而不黑。喻君子雖在濁亂，濁亂不能污。”

蕭 執 明人。字子所。

《論語·子罕》：“達巷黨人曰：‘大哉孔子！博學而無所成名。’子聞之，謂門弟子曰：‘吾何執？執御乎？執射乎？吾執御矣。’”

蕭崇業 明人。字允修。

《詩·周頌·有瞽》：“設業設虡，崇牙樹羽。”孔穎達疏：“其栒之上加施大板，則著於栒。其上刻爲崇牙，似鋸齒捷業然，故謂之業。”崇牙與業是宫廷中懸挂樂器的架子及其上的雕飾。名“崇業”，蓋取此《詩》義。

《易·乾卦》：“文言曰：……‘君子進德脩業。忠信所以進德也，脩辭立其誠，所以居業也’。”《爾雅·釋詁》：“允，誠也。”脩通“修”。故以“允修”應“業”。

蕭 崑 明人。字叔岡。

《僞古文尚書·胤征》：“欽承天子威命，火炎崑岡，玉石俱焚。”“叔”表行第。

蕭 掄 清人。字子山。

《周禮·地官·山虞》：“凡邦工入山林而掄材，不禁。”鄭玄注：“掄猶擇也。”故以“山”應“掄”，以概括經義，言選材須入山林。“子”爲男子美稱。

蕭捷三 清人。字敏南。

《詩·小雅·采薇》：“豈敢定居，一月三捷。”孔穎達疏：“庶幾於一月之中，三有勝功，是其所以勞也。”《論語·陽貨》：“敏則有功。”何晏集解：“孔曰：‘應事疾則多成功。’”故以“敏”應“捷三”。“南”指南方，蓋因《詩》行役之作，多言南方，如“我獨南行”“悠悠南行”，故綴以“南”，意在企望朝廷於南方多奏捷也。

蕭 啓 明人。字斯暘。

《詩·小雅·大東》：“東有啓明。”毛傳：“日旦出，謂明星爲啓明。”《書·堯典》：“分命羲仲，宅嵎夷，曰暘谷，寅賓出日，平秩東作。”孔傳：“暘，明也。日出於谷而天下明，故稱暘谷。”啓明星於日將出時見於東方，即日出暘谷之處。故以“斯暘”應“啓”。

蕭 晚 明人。字啓旦。

《説文·旦部》：“旦，明也。从日見一上。一，地也。”《詩·小雅·大東》：“東有啓明，西有長庚。”毛傳：“日旦出，謂明星爲啓明。日既入，謂明星爲長庚。”“日既入”，即“晚”。《説文·日部》：“晚，莫也。”段玉裁注：“莫者，日且冥也。”故以“啓旦”應“晚”。

蕭 晨 清人。字靈曦。

《玉篇·日部》：“曦，日色也。”《楚辭·王褒〈九懷·思忠〉》：“登九靈兮游神，静女歌兮微晨。”晉陶潛《閑情賦》：“悲晨曦之易夕，感人生之長勤。”唐皎然《效古》詩：“日出天地正，煌煌闢晨曦。”故以“曦”應“晨”，飾以“靈”字。

蕭 淮 明人。字東之。

《書·禹貢》：“導淮自桐柏，東會于泗沂，東入于海。”《詩·大雅·常武》：“截彼淮浦，王師之所。”故以“東之”應“淮”。

蕭 貫 宋人。字貫之。

《論語·里仁》：“子曰：‘參乎！吾道一以貫之。’”

蕭 頃 五代後唐人。字子澄。

《世説新語·德行》：“周子居常云：‘吾時月不見黄叔度，則鄙吝之心已復生矣。’”梁劉孝標注引《典略》：“黄憲字叔度，汝南慎陽人。時論者咸云‘顔子復生’。”又《德行》：“（郭）林宗曰：‘叔度汪汪如萬頃之陂，澄之不清，擾之不濁，其器深廣，難測量也。’”《後漢書·黄憲傳論》：“黄憲言論風旨，無所傳聞，然士君子見之者，靡不服深遠，去玼吝。將以道周性全，無德而稱乎？余曾祖穆侯以爲憲隤然其處順，淵乎其似道，淺深莫臻其分，清濁未議其方。若及門於孔氏，其殆庶乎！”黄憲德行，時人贊譽如此，後人益追慕。名“頃”，字“子澄”，乃化用郭林宗歎賞黄憲之辭，以表其景仰追慕之情。

蕭 幾 南朝梁人。字德玄。

據《列子·黄帝》（按，《莊子·應帝王》文字略有不同）載，列子對神巫季咸崇拜至極，便對老師壺子説：“始吾以夫子之道爲至矣，則又有至焉者矣。”壺子聽後，便讓列子請季咸來給自己相面。第一次相完面，季咸對列子説：“你的老師活不了十天了，因爲他的精神如濕灰一般。”列子哭着把這話告訴了壺子。壺子説：“向吾示之以地文，萌乎不誫不止，是殆見吾杜德幾也。”張湛注引向秀曰：“德幾不發，故曰杜也。”（陳鼓應注《莊子》：“杜德機，杜塞生機。”）當壺子讓季咸第二次給自己相面時，則打開了一綫生機。直至最後一次相面時，壺子才把道家的根本大道施展出來，“吾與之虚而猗移，不知其誰何。因以爲茅靡，因以爲波流，故逃也”。張湛注引向秀曰：“變化頽靡，世事波流，無往不因，則爲之非我，我雖不爲而與羣俯仰。夫至人一也，然應世變而時動，故相者無所用其心，自失而走者也。”是壺子終以道家清静無爲之術取勝季咸。“玄”指《莊子》《列子》所代表的道家學説。《文選·孔稚珪〈北山移文〉》：“亦玄亦史。”張銑注：“玄，謂老、莊之道也。”以“德”應“幾”，乃用壺子戰勝季咸之典。綴以“玄”字，明指此乃老、莊道家之説也。

蕭　復　唐人。字履初。

《楚辭·離騷》：“步余馬於蘭皋兮，馳椒丘且焉止息。進不入以離尤兮，退將復脩吾初服。”王逸注：“步，徐行也。”“履”亦有“步行”義。《易·履卦》：“象曰：眇能視，跛能履。”王弼注：“以此爲明，眇目者也。以此爲行，跛足者也。”故以“履初”應“復”，以概括上述《離騷》文句含義，意謂求進既不可得，則將退而獨善其身。

蕭　惠　遼人。字伯仁。

《書·皐陶謨》：“安民則惠，黎民懷之。”蔡沈集傳：“惠，仁之愛也。”《論語·憲問》：“或問子産。子曰：‘惠人也。’”邢昺疏：“惠，愛也。言子産仁恩被物，愛人之人也。”又《陽貨》：“子張問仁於孔子。孔子曰：‘能行五者於天下爲仁矣。’‘請問之。’曰：‘恭、寬、信、敏、惠。’”“惠”乃仁德重要内容之一，故以“仁”應“惠”。“伯”表行第居長。

蕭　景　南朝梁人。字子昭。

《説文·日部》：“景，光也。”《爾雅·釋詁》：“昭，光也。”故以“昭”應“景”，乃同義相協。“子”乃男子美稱。

蕭　楝　南朝梁人。字元吉。

《易·繫辭下》：“上古穴居而野處，後世聖人易之以宫室，上棟下宇，以待風雨。”由穴居野處，變爲遷入宫室居住，是得安居。《易·坤卦》：“六五，黄裳，元吉。象曰：黄裳元吉，文在中也。文言曰：坤至柔而動也剛，至静而得方。”《易·説卦》：“坤爲地、爲母、爲文。”因坤德至静而有安居之象，六五之爻有黄裳元吉之兆，故以之應“楝”。

蕭　統　南朝梁人。字德施。

《易·乾卦》：“乾：元亨利貞。象曰：大哉乾元，萬物資始，乃統天。雲行雨施，品物流行……九二，見龍在田，利見大人。象曰：‘見龍在田’，德施普也。”

蕭　象　南朝梁人。字世翼。

《易》有經有傳。傳共十篇，包括《彖》（上下）、《象》（上下）、《文言》《繫辭》（上下）、《説卦》《序卦》《雜卦》。總稱“易傳”，漢代始稱爲“十翼”（見《易乾鑿度》），言其乃《易經》之羽翼。《象》既爲“十翼”之一，故以“翼”應之。

蕭　賁

① 南朝梁人。字文奂。

《易·賁卦》：“彖曰：賁，亨。柔來而文剛，故亨。分剛上而文柔，故‘小利有所往’……九三，賁如濡如，永貞吉。”孔穎達疏：“賁如，華飾之貌。”“賁”爲文章、文飾，故以“文”應之。綴以“奂”，乃取《論語·泰伯》：“大哉堯之爲君也！……焕乎！其有文章。”奂，通“焕”。

② 南朝梁人。字世文。

同上。又，南朝梁劉勰《文心雕龍·情采》：“苟馳夸飾，鬻聲釣世，此爲文而造情也。……是以衣錦褧衣，惡文太章，《賁》象窮白，貴乎反本。”故以“世文”應“賁”。

蕭雲從　清人。字尺木。

《易·乾卦》：“九五曰：‘飛龍在天，利見大人。’……雲從龍，風從虎。”漢王充《論衡·龍虚》：“短書言：‘龍無尺木，無以升天。’又曰‘升天’，又言‘尺木’，謂龍從木中升天也。”故以“尺木”應“雲從”，言龍藉尺木而升天入雲。又或謂“尺木”爲龍頭上狀如博山形之物。唐段成式《酉陽雜俎·鱗介篇》：“龍頭上有一物，如博山形，名尺木。龍無尺木，不能升天。”若此，則是以“尺木”代指龍，與“雲從”相應，以合“雲從龍”及“飛龍在天”之義。

蕭　雅　宋人。字安正。

《詩大序》：“言天下之事，形四方之風，謂之雅。雅者，正也。”《論語·述而》：“子所雅言，《詩》《書》、執禮，皆雅言也。”何晏集解引孔安國曰：“雅言，正言也。”皇侃義疏：“雅，正也。”故以“正”應“雅”。飾以“安”，乃取《荀子·榮辱》：“譬之越人安越，楚人安楚，君子安雅。”王先謙集解：“王引之曰：‘雅，讀爲夏。夏謂中國也。’”

蕭　嗣　南朝梁人。字長胤。

《爾雅·釋詁》：“胤、嗣，繼也。”“長”表行第居首。

蕭嗣立　明人。字而權。

《論語·子罕》：“子曰：‘可與共學，未可與適道；可與適道，未可與立；可與立，未可與權。’”朱熹集注：“洪氏曰：易九卦，終於巽以行權。權者，聖人之大用。未能立而言權，猶人未能立而欲行，鮮不仆矣。”“嗣立”，猶言能立之後。能立之後而言權，庶幾乎聖人之道。故以“而權”應“嗣立”。

蕭意文　清人。字章甫。

《禮記·儒行》：“魯哀公問於孔子曰：‘夫子之服，其儒服與？’孔子對曰：‘丘少居魯，衣逢掖之衣；長居宋，冠章甫之冠。丘聞之也，君子之學也博，其服也鄉。丘不知儒服。’”鄭玄注：“言不知儒服，非哀公意不在於儒。”又：“儒……多文以爲富。”《韓非子·五蠹》：“儒以文亂法。”“文”是儒的典型特征，“意文”可理解爲“意儒”。故以“章甫”應之，以合經傳之義。

蕭　暘　明人。字惟賓。

《書·堯典》：“分命羲仲，宅嵎夷，曰暘谷，寅賓出日，平秩東作。”又：“夙夜惟寅。”故以“惟賓”應“暘”。

蕭　楚　宋人。字子荆。

《穀梁傳·莊公十年》：“荆者，楚也。”《説文·艸部》：“荆，楚。木也。”故以“荆”應“楚”。“子”乃男子美稱。

蕭　詩　清人。字中素。

《論語·八佾》:"子夏問曰:'"巧笑倩兮,美目盼兮,素以爲絢兮。"何謂也?'子曰:'繪事後素。'曰:'禮後乎?'子曰:'起予者商也!始可與言《詩》已矣。'"朱熹集注:"禮必以忠信爲質,猶繪事必以粉素爲先……子夏因論《詩》而知學,故皆可與言《詩》。""中"通"忠"。故以"中素"應"詩",乃用子夏問《詩》之典及朱熹集注文義以爲名、字。

蕭雷龍　宋人。字顯辰。

漢王充《論衡·言毒》:"辰爲龍。"《後漢書·鄭玄傳》:"今年歲在辰,來年歲在巳。"李賢注引北齊劉晝《高才不遇論》:"辰爲龍,巳爲蛇。"故以"辰"應"龍"。雷龍,古人特指雷電,因其狀如龍而稱。清王夫之《讀四書大全説·孟子梁惠王下三》:"己私熾然,而人道以滅,正如雷龍之火,愈克而愈無已也。"《爾雅·釋詁》:"顯,光也。"《詩·大雅·抑》:"無曰不顯。"鄭玄箋:"顯,明也。"雷電在天乃極顯明之光,故以"顯辰"應"雷龍"。

蕭　鼎　明人。字伯鉉。

《易·鼎卦》:"六五,鼎黄耳,金鉉,利貞。"《説文·金部》:"鉉,舉鼎具也。"桂馥義證:"干寶曰:凡舉鼎者,鉉也。"故以"鉉"應"鼎"。"伯"表行第居長。

蕭　誕　南朝齊人。字彦偉。

《爾雅·釋詁》:"誕,大也。"《莊子·大宗師》:"偉哉,夫造物者!將以予爲此拘拘也。"成玄英疏:"偉,大也。"故以"偉"應"誕"。"彦"爲男子美稱。

蕭　遘　唐人。字得聖。

《爾雅·釋詁》:"遘,遇也。"《史記·殷本紀》:"武丁夜夢得聖人……於是迺使百工營求之野,得説於傅險中……得而與之語,果聖人。"又《齊太公世家》:"西伯將出獵,卜之,曰:'所獲非龍非彲,非虎非羆,所獲霸王之輔。'於是周西伯獵,果遇太公於渭之陽,與語大説,曰:'自吾先君太公曰:"當有聖人適周,周以興。"子真是邪?吾太公望子久矣。'"傅説、太公望皆聖人,二者一由武丁得之於傅險,一由文王遇之於渭陽。以"得聖"應"遘",當爲用此二典。

蕭遥光　南朝齊人。字元暉。

《説文·日部》:"暉,光也。"《易·未濟卦》:"象曰:君子之光,其暉吉也。"故以"暉"應"光"。"元"表行第居長。

蕭遥昌　南朝齊人。字季暉。

《廣雅·釋天》"昌光"王念孫疏證:"《太平御覽》引《符瑞圖》云:'昌光者,瑞光也。'"《詩·齊風·鷄鳴》:"東方明矣,朝既昌矣。匪東方則明,月出之光。"暉、昌義近,故以相應。遥欣弟。

蕭遥欣　南朝齊人。字重暉。

《爾雅·釋獸》:"兔子……絶有力,欣。"古人因月中有物似兔,故以兔代指月亮。《楚辭·天問》:"夜光何德?死則又育。厥利維何?而顧兔在腹。"王逸注:"夜光,月也。月何德于天?死而復生也。言月中有兔,何所貪利,居月之腹。"唐盧照鄰《江中望月》詩:"沈鉤摇兔影,浮桂動丹芳。"唐黄頗《聞宜春諸舉子陪郡主登河梁玩月》詩:"虹影迴分銀漢上,兔輝全寫玉筵中。"唐元稹《夢上天》詩:"西瞻若水兔輪低。""遥欣"猶言"遥兔",意謂遥遠的月亮。又"遥兔"諧音"瑶兔"。"瑶兔"即"玉兔",古人皆以指月。唐韓琮《春愁》詩:"金烏長飛玉兔走,青鬢長青古無有。"唐王勃《上明員外啓》:"側聞金烏聳轡,俯圓燧而抽光;瑶兔浮輪,候方諸而吐液。""重暉"猶言"重光"。《文選·陸士龍〈大將軍宴會被命作詩〉》:"辰晷重光。"李善注:"《漢書》倪寬云:'宣重光。'張晏曰:'重光,謂日月也。'"晉葛洪《抱朴子·廣譬》:"震雷鞫轤而不能致音乎聾聵之耳,重光麗天而不能曲景於幽岫之中。"名"遥欣"而字"重暉",乃將"重暉"特指月亮,使之與"遥欣"相呼應耳。遥光弟。

蕭　韶

① 南朝梁人。字德茂。

《集韻·平宵》:"韶,美也。"《詩·齊風·還》:"子之茂兮。"毛傳:"茂,美也。"故以"茂"應"韶"。又因"茂"而飾以"德",蓋取《詩·小雅·南山有臺》"樂只君子,德音是茂"。意謂當作道德美盛之君子。

② 明人。字鳳儀。

《書·益稷》:"《簫韶》九成,鳳皇來儀。"

蕭鳴鳳　明人。字子雝。

《詩·大雅·卷阿》:"鳳皇鳴矣,于彼高岡。梧桐生矣,于彼朝陽。菶菶萋萋,雝雝喈喈。"

蕭德言　唐人。字文行。

《禮記·中庸》:"庸德之行,庸言之謹,有所不足,不敢不勉,有餘不敢盡,言顧行,行顧言。君子胡不慥慥爾。"故以"行"應"德言",又因"行"而飾以"文",仍取《禮記·中庸》:"今天下車同軌,書同文,行同倫。"

蕭摩訶　南朝陳人。字元胤。

《翻譯名義集·法寶衆名》:"摩訶,此含三義,謂大、多、勝。"《國語·周語下》:"《詩》曰:'其類維何?室家之壼。君子萬年,永錫祚胤。'……胤也者,子孫蕃育之謂也。"時人崇佛,故從釋典取名。以"胤"應"摩訶",意在希冀後嗣子孫生息長育,繁盛不衰也。"元"表行第居長。

蕭　確　南朝梁人。字仲正。

《易·乾卦》:"象曰:乾道變化,各正性命……文言曰:……樂則行之,憂則違之,確乎其不可拔,潛龍也。"《莊子·應帝王》:"正而後行,確乎能其事而已矣。"故以"正"應"確"。"仲"表行第居次。

蕭　範　南朝梁人。字世儀。

《爾雅·釋詁》:"刑、範,法也。"《詩·周頌·我將》:"儀式刑文王之典。"朱熹集傳:"儀、式、刑,皆法也。"《説文·人部》："儀，度也。"段玉裁注："度，法制也。"範、儀義近，故以"儀"應"範"。

蕭 廩

①唐人。字富侯。

《管子·牧民》："倉廩實，則知禮節；衣食足，則知榮辱；……務五穀，則食足；養桑麻、育六畜，則民富。"《詩·周頌·豐年》："豐年多黍多稌，亦有高廩，萬億及秭。"年豐則廩實，廩實則民富。故以"富"應"廩"。又因"富"而綴以"侯"，乃取漢武帝封丞相車千秋爲富民侯之典，事見《漢書·食貨志上》。

②明人。字可發。

《禮記·月令》："季春之月……是月也，生氣方盛，陽氣發泄。句者畢出，萌者盡達，不可以内。天子布德行惠，命有司，發倉廩，賜貧窮，振乏絶。"故以"可發"應"廩"，一則概括經義，二則取可發倉廩，賑貧窮之義。

蕭 静 南朝梁人。字安仁。

《論語·雍也》："仁者静。"又《里仁》："仁者安仁。"

蕭穎士 唐人。字茂挺。

《詩·大雅·生民》："誕后稷之穡，有相之道。茀厥豐草，種之黄茂。實方實苞，實種實褎，實發實秀，實堅實好，實穎實栗，即有邰家室。"《廣雅·釋詁》："挺、秀，出也。"故以"茂挺"應"穎"，以概括《詩》義。

蕭穎胄 南朝齊人。字雲長。

《説文·禾部》："穎，禾末也。"引申爲草木的末梢。《漢書·禮樂志》："含秀垂穎，續舊不廢。"顔師古注："五穀百草，秀穎成實，皆因舊苗，無廢絶也。莖末曰穎。"《玉篇·肉部》："胄，裔也。""穎胄"猶言"末裔"，即繼承遠祖的後裔。《爾雅·釋親》："仍孫之子爲雲孫。"郭璞注："言輕遠如浮雲。"故以"雲"代"雲孫"，使與"穎胄"相應。"長"既表行第，又可因"雲"而表"如雲之遥遠"義，共與"穎胄"相應。

蕭 嶷 南朝齊人。字宣儼。

《論語·堯曰》："君子正其衣冠，尊其瞻視，儼然人望而畏之。"晉葛洪《抱朴子·漢過》："據道推方，嶷然不羣。風雖疾而枝不撓，身雖困而操不改。"《世説新語·言語》"庾公造周伯仁"劉孝標注引《晉陽秋》："顗有風流才氣，少知名，正體嶷然，儕輩不敢媟也。"嶷、儼義近，皆有嚴肅莊重義，故以"儼"應"嶷"。"宣"乃行輩用字。賾弟。

蕭 賾 南朝齊人。字宣遠。

《易·繫辭上》："聖人有以見天下之賾，而擬諸其形容，象其物宜。"孔穎達疏："賾，謂幽深難見。"《文選·陸士衡〈演連珠〉之四五》："明其要者器淺而應玄。是以天地之賾，該於六位；萬殊之曲，窮於五弦。"李善注："《廣雅》曰：'玄，遠也。'《小（爾）雅》曰：'賾，深也。'""賾"訓"深""幽深"，與"遠"義近，故以"遠"應之。"宣"乃行輩用字。

蕭 濟

①南朝陳人。字孝康。

《僞古文尚書·蔡仲之命》："爾尚蓋前人之愆，惟忠惟孝。……康濟小民，率自中，無作聰明亂舊章。"

②北周人。字德成。

《爾雅·釋言》："濟，成也。"故以"成"應"濟"，又因"成"而飾以"德"。《易·乾卦》："文言曰：……君子以成德爲行……行而未成，是以君子弗用也。"《老子》第五一章："道生之，德畜之，物形之，勢成之。是以萬物莫不尊道而貴德。"

蕭 燧 宋人。字照鄰。

"燧"爲古代取火用具，後以青銅爲之，曰"鑒燧"（見《周禮·考工記·輈人》）。五代馬縞《中華古今注·燧銅鏡》："以銅爲之，形如鏡，照物則影倒，向日則火生，與艾承之，則火出矣。"又爲火炬。三國魏曹植《應詔》詩："前驅舉燧，後乘抗旍。"爲鏡爲炬，皆可照明，故以"照"應"燧"。又因"照"而綴以"鄰"。唐杜甫《上韋左相二十韻》："獨步才超古，餘波德照鄰。"趙彦材注："《戰國策》魯仲連遺燕將書有云：'名高天下，光照鄰國。'"以"照鄰"應"燧"，意謂當如鏡如炬，德照傍鄰。

蕭 駿 南朝梁人。字德款。

駿，良馬，引申爲迅、速。《説文·馬部》："駿，馬之良材者。"《爾雅·釋詁》："駿，速也。"郭璞注："駿猶迅、速，亦疾也。"款，緩慢。《後漢書·馬援傳》："士生一世，但取衣食裁足，乘下澤車，御款段馬。"李賢注："款，猶緩也。言形段遲緩也。"故以"款"應"駿"，乃反義相協。飾以"德"字，蓋取《論語·憲問》："驥不稱其力，稱其德也。"邢昺疏："驥是古之善馬名，人不稱其任重致遠之力，但稱其調良之德也。馬尚如是，人亦宜然。"名"駿"，字"德款"，意謂己以崇尚德行爲務，而不以才高爲能。"德"又爲行輩字。韶弟。

蕭 鎡 明人。字孟勤。

鎡，鎡基。《孟子·公孫丑上》："齊人有言曰：'雖有智慧，不如乘勢；雖有鎡基，不如待時。'"孫奭疏："云人雖有智慧之才，亦不如乘其富貴之勢；雖有田器如耒耜之屬，亦不如乘三時農務之際也。……言人雖有智慧之才，然非乘富貴之勢，則智慧之才有所不運。"以"勤"應"鎡"，乃反其義而用之，意謂當以勤勉勝天時。

蕭 斢 元人。字維斗。

《詩·小雅·大東》："維北有斗，不可以挹酒漿。"毛傳："挹，斢也。"朱熹集傳："北斗既不可以挹酌酒漿。"《文選·張衡〈思玄賦〉》："斢白水以爲漿。"吕延濟注："斢，酌也。"

蕭 鏘 南朝齊人。字宣韶。

《左傳·莊公二二年》："占之曰吉，是謂：'鳳皇于飛，和鳴鏘鏘。'""鏘鏘"形容和諧的樂聲。唐宋若憲《和御制麟德殿宴百僚》："盛樂復鏘鏘。"《書·益稷》："《簫韶》九成，鳳皇來儀。"

孔傳："韶，舜樂名。"《文選·馬融〈長笛賦〉》："簫管備舉，金石並隆，無相奪倫，以宣八風。"李善注："《尚書》曰：'八音克諧，無相奪倫。'"故以"宣韶"應"鏘"。

蕭　鏗　南朝齊人。字宣嚴。

《禮記·樂記》："鍾聲鏗，鏗以立號，號以立橫，橫以立武。君子聽鍾聲則思武臣。"孔穎達疏："號以立橫者，謂橫氣充滿也。若號令威嚴，則軍士勇敢而壯氣充滿。"《詩·小雅·六月》："有嚴有翼，共武之服。"鄭玄箋："言今師之羣帥有威嚴者、有恭敬者而共典是兵事。"鍾聲鏗然乃武臣威嚴之號令，故以"嚴"應"鏗"。"宣"乃行輩字。鏘弟。

蕭　顗　宋人。字子莊。

《説文·頁部》："顗，謹莊貌。"

蕭鵬摶　元人。字圖南。

《莊子·逍遥遊》："《諧》之言曰：'鵬之徙於南冥也，水擊三千里，摶扶摇而上者九萬里，去以六月息者也。'……而後乃今將圖南。"

蕭寶玄　南朝齊人。字智深。

《説文·玄部》："玄，幽遠也。"《文選·張衡〈東京賦〉》："睿哲玄覽。"《爾雅·釋言》："幽，深也。哲，智也。"寶、智行輩字。寶義弟。

蕭寶嵩　南朝齊人。字智靖。

《論語·雍也》："仁者樂山……仁者静。"《釋名·釋山》："嵩，山大而高。"靖通"静"，故以"靖"應"嵩"。寶義弟。

蕭寶源　南朝齊人。字智淵。

《孟子·離婁下》："源泉混混，不舍晝夜。"《禮記·中庸》："溥博如天，淵泉如淵。"晉葛洪《抱朴子·微旨》："淵源不泓窈，而求湯流萬里者，未之有也。"寶義弟。

蕭寶義　南朝齊人。字智勇。

《論語·爲政》："見義不爲，無勇也。何晏集解引孔安國曰：所宜爲而不能爲，是無勇。"邢昺疏："勇，必爲義也。"

蕭寶夤　南朝齊人。字智亮。

《説文·夕部》："夤，敬惕也。"段玉裁注："《釋詁》云：'寅，敬也。'凡《尚書》'寅'字，皆叚'寅'爲'夤'也。漢、唐碑多作'夤'者。"《僞古文尚書·周官》："寅亮天地，弼予一人。"寶義弟。

蕭　懿　南朝梁人。字元達。

《文選·班固〈幽通賦〉》："懿前烈之純淑兮，窮與達其必濟。"劉良注："懿，美也。前烈，先祖也。美我先祖有純淑文德，身處窮厄也，亦有濟時之志；身得榮達，必有經國之義。"以"達"應"懿"，意在取此文義，以表願如先祖，無論窮達，皆懷濟時經國之志。

又：《小爾雅·廣詁》："懿，深也。"《廣雅·釋詁》："達，通也。"《禮記·禮運》："深而通，茂而有間。"深則通達，是爲美德。故以"達"應"懿"。

"元"爲美善之辭，亦表行第居長。

蕭　巋　北朝周人。字仁遠。

《文選·王延壽〈魯靈光殿賦〉》："巋嶵穹崇，紛厖鴻兮……歇欻幽靄，雲覆霮䨴，洞杳冥兮。"李善注："（巋嶵穹崇）皆高大峻險之貌。"吕延濟注："（幽靄）皆幽邃深遠。"巋、遠意義相關而近，故以"遠"應"巋"。高大險峻，亦山之形，飾以"仁"，取《論語》"仁者樂山"之義。

蕭露豐　明人。字書年。

《公羊傳·桓公三年》："有年。有年何以書？以喜書也。大有年何以書？亦以喜書也。此其曰有年何？僅有年也。彼其曰大有年何？大豐年也。"

蕭　韡　宋人。字棠仲。

《詩·小雅·常棣》："常棣之華，鄂不韡韡。"王先謙《詩三家義集疏》："《魯》'常'作'棠'。"故以"棠"應"韡"。"仲"表行第居次。

蕭　儼　明人。字畏之。

《論語·堯曰》："君子正其衣冠，尊其瞻視，儼然人望而畏之，斯不亦威而不猛乎？"

蕭　鑾　明人。字景和。

《詩·小雅·蓼蕭》："和鸞雝雝，萬福攸同。""鸞"通"鑾"。《文選·班固〈東都賦〉》："登玉輅，乘時龍，鳳蓋棽麗，和鑾玲瓏，天官景從，寖威盛容。"李善注引鄭玄曰："鑾在衡，和在軾，皆以金鈴也。"故以"景和"應"鑾"，意謂希冀能如玉輅之上的鑾鈴，作一名侍從官吏，隨侍帝王。

蕭　纘　明人。字昌緒。

《詩·魯頌·閟宫》："奄有下土，纘禹之緒。……至于文武，纘大王之緒。……俾爾昌而大，俾爾耆而艾，萬有千歲，眉壽無有害。"

〔薛〕

薛一鶚　明人。字百當。

《説文·鳥部》："鷻，鷙鳥也。"《集韻·入鐸》："鶚，鵰屬。或從隹，從屰。"《詩·小雅·四月》："匪鶉匪鳶，翰飛戾天。"毛傳："鶉，鵰也。"孔穎達疏："鵰之大者又名鶚。孟康《漢書音義》曰：'鶚，大鵰也。'"《文選·孔融〈薦禰衡表〉》："鷙鳥累百，不如一鶚。使衡立朝，必有可觀。"李善注："《史記》：趙簡子曰：鷙鳥累百，不如一鶚。"故以"百"應"一鶚"，綴以"當"字，意謂當如鶚之比於鷙鳥，一可以當百。

薛三才　明人。字仲儒。

《荀子·儒效》："志忍私，然後能公；行忍情性，然後能脩；知而好問，然後能才。公脩而才，可謂小儒矣。志安公，行安脩，知通統類，如是則可謂大儒矣。大儒者，天子三公也。"楊倞注："其才堪王者之佐也。"故以"儒"應"三才"，意謂當傚大儒，爲三公之才。"仲"表行第居次。

又，《漢書·循吏傳》："惟江都相董仲舒、内史公孫弘、兒寬，居官可紀。三人皆儒者，通於世務，明習文法，以經術潤飾吏事，天子器之。仲舒數謝病去，弘、寬至三公。"以"儒"應"三才"，或亦用此典，以示對董、公孫弘、兒寬三人景仰追慕之情。

薛三省 明人。字魯叔。

《論語·學而》："曾子曰：'吾日三省吾身。'" 又《先進》："參也魯。" 朱熹集注引程子曰："曾子之學誠篤而已。聖門學者，聰明才辯，不爲不多。而卒傳其道，乃質魯之人爾。故學以誠實爲貴也。" 故以"魯"應"三省"。"叔"表行第居第三。三才弟。

薛士珩 清人。字長璵。

《說文·玉部》："珩，佩上玉也，所以節行止也。" 又："璵，璵璠也。"《左傳·定公五年》："陽虎將以璵璠斂。" 杜預注："璵璠，美玉，君所佩。" "璵（璠）" 與 "珩" 皆美玉，故以相應。"長" 表行第居長。

薛大鼎 唐人。字重臣。

鼎三足而立，古人以喻三公重臣。《文選·張衡〈南都賦〉》："周、召之儔，據鼎足焉，以庀王職。" 李善注："《史記》曰：周公旦者，周武王弟也，輔武王。又，召公奭姓姬氏，成王時召公爲三公。《漢書》曰，夫王公，鼎足之輔也。" 故以"重臣"應"大鼎"。

薛　己 明人。字新甫。

《禮記·大學》："湯之《盤銘》曰：'苟日新，日日新，又日新。'" 朱熹集注："盤，沐浴之盤也。銘，名其器以自警之辭也。苟，誠也。湯以人之洗濯其心以去惡，如沐浴其身以去垢，故銘其盤。言誠能一日有以滌其舊染之污而自新，則當因其已新者而日新之，又日新之，不可略有間斷也。" 以"新"應"己"，是取湯之《盤銘》自警己身之義，言己當日新其德。

薛仁謙 五代後周人。字守訓。

《禮記·表記》："子言之：仁者，天下之表也。……子曰：仁之難成久矣，惟君子能之。" 孔穎達疏："言仁恩是行之盛極，故爲天下之儀表也。"《易·謙卦》："謙：亨，君子有終。彖曰：……天道虧盈而益謙，地道變盈而流謙，鬼神害盈而福謙，人道惡盈而好謙。"《僞古文尚書·大禹謨》："滿招損，謙受益。" "仁" "謙" 乃兩種最根本之美德，且爲古訓。以"守訓"應"仁謙"，是欲恪守古訓，遵仁謙之德。

薛世雄 隋人。字世英。

《禮記·禮運》："孔子曰：'大道之行也，與三代之英，丘未之逮也，而有志焉。'" 鄭玄注："英，俊選之尤者。" 孔穎達疏："《辨名記》云：倍人曰茂，十人曰選，倍選曰俊，千人曰英，倍英曰賢，萬人曰傑，倍傑曰聖。"《廣雅·釋訓》："雄，傑也。" 英、雄義近，故以"英"應"雄"。

薛半千 宋人。字子中。

《孟子·盡心下》："浩生不害問曰：'樂正子何人也？' 孟子曰：'善人也，信人也。' '何謂善？何謂信？' 曰：'可欲之謂善，有諸己之謂信，充實之謂美，充實而有光輝之謂大，大而化之之謂聖，聖而不可知之之謂神。樂正子二之中，四之下也。" 趙岐注："人有是六等，樂正子能善，能信，在二者之中，四者之下也。" 又："孟子曰：'由堯舜至於湯，五百有餘歲；若禹、皋陶，則見而知之，若湯，則聞而知之。由湯至於文王，五百有餘歲，若伊尹、萊朱，則見而知之；若文王，則聞而知之。由文王至於孔子，五百有餘歲，若太公望、散宜生，則見而知之；若孔子，則聞而知之。由孔子而來至於今，百有餘歲，去聖子之世若此其未遠也，近聖人之居若此其甚也，然而無有乎爾，則亦無有乎爾。'" 趙岐注："聖人之間，必有大賢名世者，百有餘年適可以出，未爲遠而無有也。" "半千" 即 "五百年"。"子中" 乃 "樂正子二之中" 之省。以"子中"應"半千"，意在概括上述《孟子·盡心下》之文義，以爲己名、字。

又：唐有員半千者，因其師王義方謂"五百歲一賢者生，子宜當之"，故更名"半千"。員半千歷事五君，有清白節，爲時人稱譽。此又以"半千"爲名，蓋慕員半千之爲人，而欲傚其行，故以"中"應"半千"。此既用《孟子》之典，又兼表謙敬，以示不敢齊前賢，僅望及其半而已。又員半千生於唐高祖武德四年（公元621），卒於玄宗開元二年（公元714），下距薛半千之世，或二百餘年，爲五百年之半，雖有賢者應世，亦不過中等而已。亦表謙撝。

薛　平 唐人。字坦塗。

《玉篇·土部》："坦，寬貌，又平也，明也。"《易·履卦》："九二，履道坦坦，幽人貞吉。" 王弼注："履道坦坦，無險厄也。" 孔穎達疏："坦坦，平易之貌。"《莊子·秋水》："明乎坦塗。" 成玄英疏："坦，平也。塗，道也。……明乎坦然平等之大道者如此。" 故以"坦塗"應"平"。

薛生白 清人。名雪。

以字行。《孟子·告子上》："生之謂性也，猶白之謂白與？……白羽之白也，猶白雪之白；白雪之白猶白玉之白與？" 故以"生白"應"雪"。《莊子·人間世》"虛室生白。" 字"生白"，亦兼用此義。

薛用弱 唐人。字中勝。

《老子》第四十章："弱者道之用。" 又第三六章："柔弱勝剛强。"《廣韻·平東》："中，宜也，堪也，任也。" 故以"中勝"應"用弱"，意謂道家柔弱之道能勝剛强，宜崇尚之。"中" 又通 "仲"，或爲行第字。

薛　田 宋人。字希稷。

《詩·小雅·甫田》："我田既臧，農夫之慶。琴瑟擊鼓，以御田祖，以祈甘雨，以介我稷黍，以穀我士女。" 毛傳："田祖，先嗇也。" 孔穎達疏："以神農始造田，謂之田祖。而后稷亦有田功，又有事於尊，可以及卑，則祭田祖之時，后稷亦食焉。" 希、祈義近，《廣雅·釋詁》："祈，求也。"《後漢書·周舉傳》："猶緣木希魚。" 李賢注："緣木求魚。見

《孟子》之文。”故以“希稷”應“田”。

薛 甲 明人。字應登。

科舉制度設鄉試、會試、殿試三級考試，殿試合格者稱進士。唐宋進士分甲乙科。明清通稱進士爲甲科。《新唐書·選舉志上》：“凡進士……經、策全通，爲甲第。策通四，帖過四以上，爲乙第。”唐王建《送薛蔓應舉》詩：“一士登甲科，九族光彩新。”《續通志·選舉三》：“明代……廷試亦曰殿試，分一、二、三甲爲次。一甲止三人。狀元授修撰，榜眼、探花授編修，俱賜進士及第。二甲、三甲若干人，賜進士、同進士出身。”以“應登”應“甲”，意謂希望通過應試，榮登甲科，光宗耀祖，出人頭地。

薛存誠 唐人。字資明。

《易·乾卦》：“文言曰：……閑邪存其誠。”孔穎達疏：“防閑邪惡，當自存其誠實也。”《禮記·中庸》：“自誠明，謂之性。自明誠，謂之教。誠則明矣，明則誠矣。”“資”猶資助、憑藉、達到。故以“資明”應“存誠”，意謂自存其誠，可以幫助達到明德，憑藉明德則必有至誠。

薛存慶 唐人。字嗣德。

《易·坤卦》：“文言曰：坤至柔而動也剛，至静而德方。……積善之家必有餘慶，積不善之家必有餘殃。”“積善”即“積德”，故以“德”應“慶”，又因“德”飾以“嗣”。《文選·潘岳〈西征賦〉》：“積德延祚，莫貳其一。”吕延濟注：“積道德以延祚嗣，天下無有二心之人，惟其一也。”

薛 戎 唐人。字元夫。

《詩·小雅·六月》：“元戎十乘，以先啓行。”故以“元”應“戎”，綴以“夫”字，乃男子通稱。

薛廷老 唐人。字商叟。

據《史記·留侯世家》《漢書·張良傳》載，秦末漢初，東園公、角里先生、綺里季、夏黄公四人，隱居商山，年皆八十有餘，鬚眉皓白，稱爲“商山四老”“商山四皓”等。四人因高祖輕士善駡，故不應其召。後高祖欲廢太子，吕后用張良計，迎四老，使輔太子。四老從太子侍高祖於廷，高祖以爲太子得此四皓輔之，羽翼已成，遂打消更立太子之意。漢荀悦《申鑒·雜言上》：“高祖雖能申威於秦、項，而屈於商山四公。”唐杜甫《收京》詩之二：“羽翼懷商老。”郭知達集九家注：“漢高祖時，戚夫人以寵將移動太子。吕后用張良計，召四皓入侍太子朝，上指視戚夫人曰：‘彼羽翼已成，難動矣。’商山四皓，隱於商山也。”故以“商叟”應“廷老”，以用四叟從太子侍高祖於廷之典，以表仰慕之情。亦或用商之伊尹輔湯之典。

薛希璉 明人。字廷器。

《論語·公冶長》：“子貢問曰：‘賜也何如？’子曰：‘女，器也。’曰：‘何器也？’曰：‘瑚璉也。’”何晏集解引包咸曰：“瑚璉，黍稷之器。夏曰瑚，殷曰璉，周曰簠簋。宗廟之器貴者。”故以“廷器”應“希璉”，意謂希望自己能有如子貢之才德，成爲朝廷之重器。

薛 志 宋人。字子尚。

《孟子·盡心上》：“王子墊問曰：‘士何事？’孟子曰：‘尚志。’曰：‘何謂尚志？’曰：‘仁義而已矣。’”

薛 侃 明人。字尚謙。

《説文·川部》：“侃，剛直也。”桂馥義證：“剛直也者，《廣韻》：‘侃，强直也。’《論語》：‘吾未見剛者。’又云：‘友直。’”《説文·言部》：“謙，敬也。”桂馥義證：“《易·謙卦》釋文云：‘卑退爲義，屈己下物也。’”剛直雖是美德，若再以謙退輔之，則無憾矣。故以“尚謙”應“侃”，意在告誡自己當崇尚謙退之德。

薛叔似 宋人。字象先。

《説文·人部》：“似，象也。”《易·繫辭下》：“象也者，像此者也。”孔穎達疏：“言象此物之形狀也。”似、象同義，故以“象”應“似”，綴以“先”，意謂顧像其先人，作承繼祖先基業之子孫。

薛 和 後魏人。字導穆。

《詩·大雅·烝民》：“吉甫作誦，穆如清風。”鄭玄箋：“穆，和也。”“穆”與“和”同義，故以相應。

薛始亨 清人。字剛生。

《易·小畜卦》：“象曰：……健而巽，剛中而志行，乃亨。”孔穎達疏：“内既剛健而外逢柔順，剛發於外不被摧抑，而志意得行，以此言之，故剛健之志乃得亨通。”“剛發於外”即“剛生”，“志意得行”則“始亨”，故以“剛生”應“始亨”，以概括卦義。

薛宗鎧 明人。字子修。

《詩·秦風·無衣》：“豈曰無衣！與子同裳。王于興師，脩我甲兵，與子偕行。”《廣雅·釋器》：“甲，鎧也。”王念孫疏證：“《周官·司甲》注：‘甲，今時鎧也。’疏云：‘今古用物不同，其名亦異，古用皮謂之甲，今用金謂之鎧。……’《釋名》云：‘鎧……或謂之甲，似物有孚甲以自禦也。’”“修”與“脩”通。故以“修”應“鎧”，以概括《無衣》文義，飾以“子”，乃男子美稱。

薛尚功 宋人。字用敏。

《論語·陽貨》：“敏則有功。”《荀子·非十二子》：“不知壹天下，建國家之權稱，上功用，大儉約，而僈差等。”王先謙集解：“功用，功力也。王念孫曰：‘上與尚同。’《表記》：‘君子不自大其事，不自尚其功。’”故以“敏”應“功”，是用《陽貨》文義；以“用”應“尚功”，則用《荀子·非十二子》文義。

薛居正 宋人。字子平。

《楚辭·離騷》：“名余曰正則兮，字余曰靈鈞。”王逸注：“正，平也。”姜亮夫校注引戴震曰：“正則者，平之謂。”平、正義近，故以“平”應“正”。飾以“子”，乃男子美稱。

薛昌朝 宋人。字景庸。

《詩·齊風·雞鳴》：“東方明矣，朝既昌矣。匪東方則明，月出之光。”《廣雅·釋詁》：“光，景，照也。”是光、景義同。《國語·周語中》：“服物昭庸，采飾顯明。”王引之《經義述聞·國語上》：“‘庸’與‘融’通。《釋名》曰：‘融，明也。’”是“庸”有“明”義。故“景庸”猶言“光明”，以之與“昌朝”相應，意在概括《雞鳴》之義。

薛朋龜 宋人。字彦益。

《詩·小雅·菁菁者莪》：“既見君子，錫我百朋。”鄭玄箋：“古者貨貝，五貝爲朋。”孔穎達疏：“五貝者，《漢書·食貨志》以爲大貝、壯貝、么貝、小貝、不成貝爲五也。言爲朋者，爲小貝以上四種各二貝爲一朋，而不成者不爲朋。鄭因經廣解之，言有五種之貝，貝中以相與爲朋。非揔五貝爲一朋也。”《漢書·食貨志下》：“元龜岠冉長尺二寸，直二千一百六十，爲大貝十朋。公龜九寸，直五百，爲壯貝十朋。侯龜七寸以上，直三百，爲么貝十朋。子龜五寸以上，直百，爲小貝十朋。是爲龜寶四品。”古人以龜爲寶貨，益大則愈寶貴，所值朋貝愈多。故以“益”應“朋龜”。飾以“彦”字，乃男子美稱。

薛 奕 宋人。字世顯。

《文選·何晏〈景福殿賦〉》：“赫奕章灼，若日月之麗天也。”李善注：“赫奕章灼，皆光顯昭明也。”南朝宋謝惠連《秋懷》詩：“皎皎天月明，奕奕河宿爛。”《廣雅·釋詁》：“顯，明也。”顯、奕義近，故以相應。飾以“世”字，意謂希望世代顯赫光明。

薛 奎 宋人。字宿藝。

“奎”，奎宿，二十八宿之一，西方白虎七宿之首。《初學記》卷二一引《孝經援神契》：“奎主文章，蒼頡效象。”元李冶《敬齋古今黈拾遺》卷一：“世以秘監爲奎府，御書爲奎書，謂奎宿主文章也。故宋有奎文閣、寶奎樓之稱。”《書·舜典》：“歸，格于藝祖，用特。”孔傳：“巡守四岳，然後歸告至文祖之廟。藝，文也。”孔穎達疏：“才藝文德，其義相通，故藝爲文也。”“宿藝”即“宿文”，以之應“奎”，是表奎宿主文章之意。

薛 洽 宋人。字子周。

《僞古文尚書·畢命》：“道洽政治，澤潤生民。”孔傳：“道至普洽，政化治理。”《後漢書·杜林傳》：“京師士大夫，咸推其博洽。”李賢注：“洽，徧也。”《左傳·隱公十一年》：“周麾而呼曰：‘君登乎。’”杜預注：“周，徧也。”周、洽義同，故以“周”應“洽”，“子”乃男子美稱。

薛 珏 唐人。字温如。

《説文·玨部》：“玨，二玉相合爲一珏。”《左傳·莊公十八年》：“皆賜玉五瑴，馬三匹。”杜預注：“雙玉爲瑴。”孔穎達疏：“《蒼頡篇》瑴作珏。”《詩·秦風·小戎》：“言念君子，温其如玉。”鄭玄箋：“君子之性，温然如玉。玉有五德。”孔穎達疏引《聘義》云：“君子比德於玉焉：温潤而澤，仁也；縝密以栗，知也；廉而不劌，義也；垂之如墜，禮也；孚尹旁達，信也。”故以“温如”應“珏”，意謂當如美玉有温潤而澤等美德。

薛 胄 隋人。字紹玄。

《説文·肉部》：“胄，胤也。”《爾雅·釋詁》：“紹、胤，繼也。”又《釋親》：“曾孫之子爲玄孫。”郭璞注：“玄者，言親屬微昧也。”《莊子·天地》：“玄古之君，天下無爲也。”成玄英疏：“玄，遠也。”《漢書·叙傳上》：“系高頊之玄胄兮，氏中葉之炳靈。”“玄胄”猶言遠胄、遠裔。紹、胄義同，故以“紹玄”應“胄”，意謂欲其胤嗣長遠延續。

薛 胤 後魏人。字寧宗。

《爾雅·釋詁》：“胤、嗣，繼也。”《詩·大雅·思齊》：“思齊大任，文王之母。思媚周姜，京室之婦。大姒嗣徽音，則百斯男。惠於宗公，神罔時怨，神罔時恫。”毛傳：“宗公，宗神也。”鄭玄箋：“文王……能當於神明，神明無是怨恚，其所行者，無是痛傷，其將無有凶禍。”孔穎達疏：“文王以母賢身聖，能協和神人。言文王之德乃能上順於先祖宗廟羣公，以安寧百神，故神無有是怨恚文王者，神無有是痛傷文王者。明文王能敬事明神，蒙其祐助之。……王肅云：‘文王之德，能上順祖宗，安寧百神，無失其道，無所怨痛。’”寧宗，即安寧祖宗百神。以之應“胤”，一則概括《思齊》經傳文義，同時亦表仰慕文王之情，願作使祖宗安寧之胤嗣。

薛師邵 宋人。字希賢。

秦東陵侯邵平，秦亡後在長安城東安於種瓜謀生，傳爲佳話。西漢邵信臣任南陽太守，有惠政，被人尊稱爲“邵父”。北宋邵雍，以象數之學名世。他終生隱居不仕，深受人尊敬。以上數名邵姓古人，皆有賢名。名“師邵”，應之以“希賢”，意在表示仰慕上述古人，並願以他們爲師法，追隨其後。

薛時雨 清人。字慰農。

《孟子·盡心下》：“有如時雨化之者。”朱熹集注：“時雨，及時之雨也。草木之生，播種封植，人力已至，而未能自化，所少者雨露之滋耳。及此時而雨之，則其化速矣。”有及時之雨，則足以慰農夫心。故以“慰農”應“時雨”。又字澍生。雨水滋潤萬物曰“澍”。漢王充《論衡·雷虚》：“天施氣，氣渥爲雨。故雨潤萬物，名曰澍。”又喻指接受恩澤。《史記·司馬相如列傳》：“湛恩汪濊，羣生澍濡。”“澍生”即霑濡百姓衆生。時雨慰農，天恩澍生，其義一也。故以“澍生”應“時雨”。

薛 珩 宋人。字景行。

《説文·玉部》：“珩，佩上玉也，所以節行止也。”故以“行”應“珩”。又因“行”而飾以“景”。《詩·小雅·車舝》：“高山仰止，景行行止。”

薛 能 唐人。字大拙。

《玉篇·能部》：“能，多技藝也。”《説文·手部》：“拙，不巧也。”段玉裁注：“不能爲技巧也。”《老子》第四十五章：“大巧若拙。”能、拙反義，故以“大拙”應“能”。

薛起蛟 清人。字牟山。

《荀子·勸學》：“積土成山，風雨興焉；積水成淵，蛟龍生焉。”漢王充《論衡·龍虚》：“蛟則龍之類也，蛟龍見而雲雨至。”《易·乾卦》：“文言曰：……雲從龍，風從虎。”孔穎達疏：“龍是水畜，雲是水氣，故龍吟則景雲出，是雲從龍也。”《楚辭·招魂》：“成梟而牟，呼五白些。”王逸注：“倍勝爲牟。”洪興祖補注：“牟，過也，進也，大也。”《吕氏春秋·謹聽》：“牟而難知，妙而難見。”高誘注：“牟，猶大也。”“牟山”猶“大山”，山高大則能興雲雨，雲興雨至，則蛟龍從起。故以“牟山”應“起蛟”。

薛國觀 明人。字賓廷。

《易·觀卦》：“六四，觀國之光，利用賓於王。”孔穎達疏：“居在親近而得其位，明習國之禮儀，故曰利用賓於王庭也。”庭、廷同。

薛　崑 清人。字荆山。

“崑”指“崑山”，即昆侖山，以産美玉聞名。《吕氏春秋·重己》：“人不愛崑山之玉，江漢之珠，而愛己一蒼璧小璣，有之利故也。”高誘注：“崑山之玉，燔以爐炭，三日三夜，色澤不變，玉之美者也。”荆山，春秋楚人卞和抱璞痛哭之處。相傳卞和得玉璞，先後獻楚之兩君，皆以爲誑，被砍去雙脚。楚文王繼位，卞和抱璞哭於荆山下，文王使人琢璞，終得寶玉，稱“和氏璧”。《韓非子·和氏》：“和乃抱其璞而哭於楚山之下。”王先慎集解：“‘楚山’，當作‘荆山’，涉上文得玉於楚山而誤。《藝文類聚》荆山下引正作荆山，《白孔六帖》同。”《文選·盧諶〈答魏子悌〉詩》：“以酬荆文璧。”李善注：“韓子曰，楚人卞和得璞玉於荆山之中。”晉傅玄《傅子·闕題》：“必得崑山之玉而後寶，則荆璞無夜光之美。”荆山、崑山皆以産寶玉聞名，故以“荆山”應“崑”。

薛惟吉 宋人。字世康。

《僞古文尚書·咸有一德》：“惟吉凶不僭在人，惟天降災祥在德。……七世之廟，可以觀德。”又《書·洪範》：“汝則有大疑，謀及乃心，謀及卿士，謀及庶人，謀及卜筮；汝則從，龜從，筮從，卿士從，庶民從，是之謂大同。身其康彊，子孫其逢吉。”孔傳：“動不違衆，故後世遇吉。”故以“世康”應“惟吉”，意謂將謹行敬德，以求得自身康强與世代吉利。

薛章憲 明人。字堯卿。

《禮記·中庸》：“仲尼祖述堯舜，憲章文武。”故以“堯”應“章憲”。綴以“卿”，乃男子美稱。

薛　紹 宋人。字承之。

《爾雅·釋詁》：“紹，繼也。”《詩·秦風·權輿》：“于嗟乎，不承權輿。”毛傳：“承，繼也。”

薛　紱 宋人。字仲章。

《文選·江淹〈雜體詩·效謝光禄郊遊〉》：“雲裝信解黻，煙駕可辭全。”李善注：“《蒼頡篇》曰：‘紱，綬也。’黻與紱通。”《禮記·月令》：“命婦官染采，黼黻文章。”唐王勃《上劉右相書》：“龍章鳳黻照其前，鏘金鳴玉叠其後。”故以“章”應“紱”。“仲”表行第居次。

薛　訥 唐人。字慎言。

《論語·里仁》：“子曰：君子欲訥於言而敏於行。”何晏集解：“包曰：訥，遲鈍也。言欲遲而行欲疾。”邢昺疏：“此章慎言貴行也。言君子但欲遲鈍於言，敏疾於行，惡時人行不副言也。”

薛　嵎 宋人。字仲止。

《説文·山部》：“嵎，從山，禺聲。”朱駿聲《説文通訓定聲》：“嵎，叚借爲隅。”漢賈誼《鵩鳥賦》：“庚子日斜兮，鵩集余舍，止於坐隅兮，貌甚閑暇。”故以“止”應“嵎”。一字賓日，取義《書·堯典》“分命羲仲，宅嵎夷，曰暘谷，寅賓出日”。

薛　弼 宋人。字直老。

《書·益稷》：“禹曰：‘安汝止，惟幾惟康，其弼直。’”孔傳：“其輔臣必用直人。”故以“直”應“弼”。又因“直”綴以“老”字，明輔臣乃老成正直之人。“老”又爲宋人名字時尚用字。

薛循義 北齊人。字公讓。

《書·洪範》：“無偏無陂，遵王之義。”孔傳：“言當循先王之正義以治民。”《禮記·文王世子》：“欲令成王之知父子、君臣、長幼之義也。……將君我，而與我齒讓，何也？曰：有君在則禮然。然而衆著於君臣之義也。”義近於禮，遵禮循義則讓。故以“公讓”應“循義”。

薛　琡 北齊人。字曇珍。

《爾雅·釋器》：“璋大八寸謂之琡。”曇，曇摩之省，意爲佛法。北朝佞佛，僧俗多有以“曇摩”“曇”爲名字者。璋爲古代朝聘、祭祀所用禮器。琡爲大璋，其寶貴可知。故以“曇珍”應“琡”。

薛舜俞 宋人。字欽父。

《書·舜典》記帝舜命臣工，多言“俞！往哉，汝諧”。如：“禹拜稽首，讓於稷、契，暨皋陶。帝曰：‘俞！汝往哉。’”又：“垂拜稽首，讓於殳斨，暨伯與。帝曰：‘俞！往哉汝諧。’”又：“讓於夔、龍。帝曰：‘俞！往欽哉。’”故以“欽”應“舜俞”。先秦貴族男子字多綴以“父”，乃男子美稱。後世人多沿用。

薛傳均 清人。字子韻。

《文選·成公綏〈嘯賦〉》：“音均不恒，曲無定制。”李善注：“均，古韻字也。《鶡冠子》曰：‘五聲不同均’……均與韻同。”以“韻”應“均”，乃借今古同字不同形者相應。

薛　敬 明人。字原禮。

《禮記·曲禮上》：“曲禮曰，毋不敬。”鄭玄注：“禮主於敬。”《孝經·廣要道章》：“禮者，敬而已矣。”唐玄宗注：“敬者，禮之本也。”本、原同義，故以“原禮”應“敬”。

薛敬之 明人。字顯思。

《詩·周頌·敬之》：“敬之敬之，天維顯思，命不易哉。”

薛　温 北周人。字尼卿。

《論語·學而》：“子貢曰：‘夫

子温、良、恭、儉、讓以得之。’”又《述而》：“子温而厲。”又《季氏》：“孔子曰：‘君子有九思：……色思温。’”“温”既是孔子的容貌特點，又是他的德行和追求。孔子字仲尼，故以“尼”應“温”，以表崇敬之情。“卿”乃男子美稱，漢以來士人多以“卿”爲名字。

薛　焕　清人。字覲堂。

《禮記·檀弓下》：“晉獻文子成室，晉大夫發焉。張老曰：‘美哉輪焉！美哉奂焉！歌於斯，哭於斯，聚國族於斯。’文子曰：‘武也得歌於斯。哭於斯，聚國族於斯。是全要領以從先大夫於九京也。’北面再拜稽首。”鄭玄注：“奂言衆多。”陸德明釋文：“奂音涣，本亦作焕。”孔穎達疏：“北面再拜稽首者，辭畢乃稽首謝過受諫也。北面者，在堂禮也。”以“堂”應“焕”，乃用經、傳所述張老諫晉獻文子成室，文子謝過受諫在堂行禮之典。又因“堂”而飾以“覲”。《文選·班固〈東都賦〉》：“覲明堂，臨辟雍，揚緝熙，宣皇風。”《詩·大雅·文王》“於緝熙敬止”毛傳：“緝熙，光明也。”《論語·泰伯》“焕乎！其有文章”朱熹集注：“焕，光明也。”“緝熙”與“焕”義同。故以“覲堂”應“焕”，是又取《東都賦》文句爲義。

薛　瑄　明人。字德温。

《玉篇·玉部》：“瑄，音宣。《爾雅》云：‘璧大六寸謂之宣。’郭璞曰：‘《漢書》云：瑄玉是也。’”《禮記·聘義》：“君子比德於玉焉，温潤而澤，仁也。……《詩》云：‘言念君子，温其如玉。’故君子貴之也。”“瑄”爲玉，玉有温德，故以“德温”應“瑄”。

薛當時　明人。字與可。

《孟子·萬章下》：“孟子曰：‘伯夷，聖之清者也；伊尹，聖之任者也；柳下惠，聖之和者也；孔子，聖之時者也。’”朱熹集注：“孔子仕止久速，各當其可，蓋兼三子之所以聖者而時出之，非如三子之可以一德名也。”《論語·微子》：“子曰：‘不降其志，不辱其身，伯夷、叔齊與！’謂‘柳下惠、少連，降志辱身矣。言中倫，行中慮，其斯而已矣。……我則異於是，無可無不可’。”字“與可”，乃取《微子》篇孔子語義，使之與“當時”相應，是即與《孟子·萬章下》“孔子，聖之時者也”及朱熹注文義相應，以贊歎孔子仕止久速，各當其可，集三聖之德，乃聖之“集大成者也”。

薛道衡　隋人。字玄卿。

《大戴禮記·曾子制言下》：“天下有道，則君子訢然以交同；天下無道，則衡言不革。”盧辯注：“衡，平也。”晉葛洪《抱朴子·暢玄》：“夫玄道者，得之乎内，守之者外，用之者神，忘之者器，此思玄道之要言也。”以“玄”應“道”，蓋崇信道家學説之玄妙。“卿”爲顯爵，亦男子美稱，以爲綴飾。

薛嘉言　宋人。字獻可。

《僞古文尚書·大禹謨》：“嘉言罔攸伏，野無遺賢，萬邦咸寧。”《左傳·昭公二十年》及《晏子春秋·外篇》載，晏子向齊景公諷諫，曰：“宰夫和之，齊之以味，濟其不及，以洩其過，君子食之，以平其心。君臣亦然，君所謂可而有否焉，臣獻其否以成其可；君所謂否而有可焉，臣獻其可以去其否。是以政平而不干，民無争心。故《詩》曰：‘亦有和羹，既戒既平。鬷嘏無言，時靡有争。’”齊景公以爲善。以“獻可”應“嘉言”，亦用此典，意在稱贊晏子能進獻可替否之嘉言。

薛　壽　清人。字介伯。

又字礽伯。《詩·周頌·載見》：“率見昭考，以孝以享，以介眉壽。”《詩·小雅·天保》：“如南山之壽。”又《魯頌·閟宫》：“三壽作朋，如岡如陵。”《玉篇·石部》：“礽，石貌。”山、岡、陵皆以石成，均可喻壽。故以“礽”應“壽”。“伯”表行第居長。

薛　漢　元人。字宗海。

《書·禹貢》：“江漢朝宗于海。”

薛福成　清人。字叔耘。

《吕氏春秋·明理》：“凡生非一氣之化也，長非一物之任也，成非一形之功也。故衆正之所積，其福無不及也；衆邪之所積，其禍無不逮也。……五穀萎敗不成。”高誘注：“成，熟也。”《詩·小雅·甫田》：“或耘或耔，黍稷薿薿。……黍稷稻粱，農夫之慶。報以介福，萬壽無疆。”朱熹集傳：“此言收成之後，禾稼既多。……是宜報以大福，使之萬壽無疆也。”以“耘”應“福成”，意謂積正有福，勤於耕耘，方可獲萬壽無疆之大福。一字庸盦。《詩·商頌·那》：“湯孫奏假，綏我思成。鞉鼓淵淵，嘒嘒管聲。……庸鼓有斁，萬舞有奕。”故又以“庸”應“成”，以概括《詩》義。“叔”表行第居又次。

薛福保　清人。字季懷。

《書·召誥》：“夫知保抱攜持厥婦子，以哀籲天。”保、抱義近，“懷”即懷抱。故以“懷”應“保”。“季”表行第居末。福成弟。

薛　端　北周人。字仁直。

《孟子·公孫丑上》：“惻隱之心，仁之端也。”《廣雅·釋詁》：“端、直，正也。”故以“仁直”應“端”。

薛　綜　三國吴人。字敬文。

《玉篇·糸部》：“綜，持絲交。”《詩·小雅·楚茨》：“獻醻交錯。”毛傳：“東西爲交，邪行爲錯。”《易·繫辭上》：“錯綜其數，通其變，遂成天下之文。”“錯綜”猶“交錯”，交錯則成文。故以“文”應“綜”。

薛鳳祚　清人。字儀甫。

《書·益稷》：“《簫韶》九成，鳳皇來儀。”故以“儀”應“鳳”。“甫”乃男子美稱。

薛鳳翔　明人。字公儀。

《孔子家語·好生》：“鳳翔麟至，鳥獸馴德。”《書·益稷》：“鳳皇來儀。”故以“儀”應“鳳翔”。“公”爲男子美稱。

薛　震　北齊人。字文雄。

《易·震卦》："震驚百里。象曰：震驚百里，驚遠而懼邇也。"《莊子·德充符》："〔哀駘它〕又以惡駭天下。"成玄英疏："駘它形容異常鄙陋，論其醜惡，驚駭天下。"以"文雄"應"震"，是欲爲文章巨擘，以文采驚駭世人。

薛　蕙　明人。字君采。

《楚辭·離騷》："余既滋蘭之九畹兮，又樹蕙之百畝。……冀枝葉之峻茂兮，願竢時乎吾將刈。"王逸注："刈，獲也。"南朝宋謝靈運《郡東山望溟海》詩："采蕙遵大薄，搴若履長洲。"蕙爲香草，古人以其喻美德與賢者，故君子宜採佩之。

薛徽言　宋人。字德老。

《書·立政》："嗚呼！予旦已受人之徽言咸告孺子王矣。"孔傳："嘆所受賢聖説禹湯之美言，皆以告稚子王矣。"又：《康誥》："嗚呼！封，汝念哉！今民將在祗遹乃文考，紹聞衣德言。"南朝宋謝靈運《撰征賦》："感皇祖之徽德，爰識沖而量淵。"故以"德"應"徽言"。"老"爲宋人習尚綴飾字。

薛應旂　明人。字仲常。

《釋名·釋兵》："交龍爲旂。旂，倚也。畫作兩龍相依倚也。通以赤色爲之，無文采，諸侯所建也。"又："常，九旗之名。日月爲常。畫日月於其端，天子所建。"唐韓愈《元和聖德詩》："天兵四羅，旂常婀娜。"常、旂同義，皆旌旗名，故以"常"應"旂"。"仲"表行第居次。

薛　濤（女）　唐人。字洪度。

《文選·木華〈海賦〉》："飛沫起濤。"李善注引《蒼頡篇》曰："濤，大波也。"《説文·水部》："洪，洚水也。"桂馥義證："《書·堯典》：'湯湯洪水方割。'傳云：'洪，大。'《孟子》：'洚水者，洪水也。'趙注：'洪，大也。'"洪、濤皆大水義，故以"洪"應"濤"。綴以"度"，是暗用漢黄憲故事。黄憲字叔度，時人稱其"汪汪如萬頃之陂，澄之不清，擾之不濁，其器深廣，難測量也"（見《世説新語·德行》及《後漢書》本傳）。"洪度"應"濤"，言其濤之大，如萬頃之陂，汪洋浩淼。

薛　謹　後魏人。字法順。

《荀子·勸學》："故君子不傲，不隱，不瞽，謹順其身。"《穀梁傳·桓公三年》："謹慎從爾父母之言。"《廣韻·去稕》："順，從也。"故以"順"應"謹"。飾以"法"，南北朝時崇尚佛，名字多用佛家語，佛、法、僧爲佛家三寶，故以爲飾。

薛　鎔　清人。字子燮。

《玉篇·金部》："鎔，鎔鑄也。"《僞古文尚書·周官》："論道經邦，燮理陰陽。"《莊子·大宗師》："今一以天地爲大鑪，以造化爲大冶，惡乎往而不可哉！"成玄英疏："夫用二儀造化一爲鑪冶，陶鑄羣物，錘鍊蒼生……無往不可也。"《文選·賈誼〈鵩鳥賦〉》："且夫天地爲鑪兮，造化爲工；陰陽爲炭兮，萬物爲銅；合散消息兮，安有常則！"以"燮"應"鎔"，意謂天地陰陽既有造化陶鑄萬物之功，故當順應其變化，則無往而不可。

又字依南，蓋以"鎔"諧"容"。《論語·公冶長》："子謂南容：'邦有道，不廢；邦無道，免於刑戮。'以其兄之子妻之。"又《先進》："南容三復'白圭'，孔子以其兄之子妻之。"（按，南容即孔子學生南宫适，字子容。）《廣雅·釋詁》："仰、依，恃也。""依南"意謂敬仰南容之德行，故拆其姓名爲己名字，以"依南"應"鎔"（容）"。

又"鎔"乃鎔鑄冶鍊，須用火。南方屬火，故以"依南"應"鎔"。

薛　辯　後魏人。字允白。

《荀子·不苟》："君子易知而難狎……言辯而不辭。"楊倞注："辯足以明事。"漢賈誼《新書·道術》："論物明辯謂之辯。"《楚辭·九章·惜誦》："情沈抑而不達兮，又蔽而莫之白也。"朱熹注："白，明辯也。"白、辯同義，故以"白"應"辯"。飾以"允"，《玉篇·儿部》："允，當也。"

薛　穰　明人。字有年。

《廣雅·釋詁》："穰，豐也。"《韓非子·五蠹》："穰歲之秋，疏客必食。"《春秋·桓公三年》："有年。"杜預注："五穀皆熟，書有年。"孔穎達疏："禾稼既收，農功畢入，以其歲豐於常，故史書'有年'於策。此書'有年'，《宣公十六年》書'大有年'。《穀梁傳》曰：'五穀皆熟爲有年。五穀大熟爲大有年。'"故"有年"與"穰"同義，皆豐收義，故以相應。

〔鄺〕

鄺　文　明人。字載道。

宋周敦頤《通書·文辭》："文所以載道也。"

鄺曰廣　明人。字居郎。

《論語·先進》："居則曰：'不吾知也！'如或知爾，則何以哉？"《孟子·滕文公下》："居天下之廣居，立天下之正位，行天下之大道。"故以"居"應"曰廣"。綴以"郎"，乃男子之美稱。《正字通·邑部》："郎，男子之稱。"按，郎，原爲漢時在宫廷廊下擔任侍從官者的統稱。故能用以美稱男子。

鄺　埜　明人。字孟質。

《玉篇·土部》："埜，古文野。"《論語·雍也》："子曰：'質勝文則野，文勝質則史。文質彬彬，然後君子。'"故以"質"應"埜"。飾以"孟"，表行第居長。

鄺　露　明人。字湛若。

《詩·小雅·湛露》："湛湛露斯，匪陽不晞。"

〔錢〕

錢九韶　清人。字太和。

《書·益稷》："《簫韶》九成，鳳皇來儀。……百獸率舞，庶尹允諧。"《論語·八佾》："子謂《韶》盡美矣，又盡善也。"《莊子·至樂》："奏《九韶》以爲樂。"成玄英疏："《九韶》，舜樂名也。"舜時《九韶》之樂乃至和之樂，故以"太和"應之。

錢士升　明人。字抑之。

升，意謂上升，或登、進等義。抑，則爲按壓、貶損、退止諸義。以"抑"應"升"，是反義相應，以表謙退之德。

錢士璋　清人。字章玉。

《説文·玉部》："璋，半圭爲璋。從玉，章聲。《禮》六幣：圭以馬；璋以皮；璧以帛；琮以錦；琥以繡；璜以黼。"可知璋乃古代六種貴重玉器之一，爲帝王大臣所執。金文"璋"或不從玉。故以"章玉"應"璋"，既是辨物統類，也是拆名爲字。

錢大年　清人。字松苓。

《莊子·逍遥遊》："上古有大椿者，以八千歲爲春，八千歲爲秋，此大年也。"《詩·小雅·天保》："如月之恒，如日之升，如南山之壽，不騫不崩。如松柏之茂，無不爾或承。"《淮南子·説山訓》："千年之松，下有茯苓。"松樹之齡，號爲長壽，而茯苓又是松樹長壽的象征。故以"松苓"應"大年"。

錢大昕　清人。字曉徵。

《禮記·文王世子》："天子視學，大昕鼓徵，所以警衆也。"鄭玄注："早昧爽繫鼓以召衆也。"故以"曉徵"應"大昕"，以概括經義。

錢大昭　清人。字晦之。

《詩·周頌·酌》："於鑠王師，遵養時晦。時純熙矣，是用大介。"清馬瑞辰通釋："純熙，謂大光明也。武王既攻取晦昧，於時遂大光明。"《爾雅·釋詁》："緝、熙……昭，光也。"故以"晦"應"昭"，暗合《詩》義。昭、晦亦反義相協。

錢　山　明人。字静夫。

《論語·雍也》："仁者樂山。……仁者静。"故以"静"應"山"。"夫"爲綴飾，亦爲男子通稱。

錢之望　宋人。字表臣。

望表，乃古代祭祀山川時豎立的標志。《國語·晉語八》："昔成王盟諸侯於岐陽……設望表。"韋昭注："望表，謂祭山川，立木以爲表。表其位也。"故以"表"應"望"，"臣"爲綴飾。

錢仁夫　明人。字士弘。

《論語·泰伯》："曾子曰：'士不可以不弘毅，任重而道遠。仁以爲己任，不亦重乎？死而後已，不亦遠乎？'"故以"士弘"應"仁"。

錢孔芳　明人。字含仲。

《文選·張衡〈南都賦〉》："藻茆菱芡，芙蓉含華，從風發榮，菲披芬葩。"吕向注："芬葩，香氣。言芙蓉順風開華，菲披然有芳香也。"故以"含"應"芳"，"仲"表行第居次。

錢世莊　明人。字畏齋。

《禮記·中庸》："齊莊中正，足以有敬也。"《廣雅·釋詁》："畏，亟敬也。"故以"畏"應"莊"。齋，爲宋元以來時尚綴飾。

錢本中　明人。字德文。

《禮記·大學》："自天子以至於庶人，壹是皆以脩身爲本。……《康誥》曰：'如保赤子。'心誠求之，雖不中，不遠矣。"又："是故君子先慎乎德。……德者，本也。"古人又以"文"爲"德"之表，故以"德文"應"本中"。

錢　民　清人。字子仁。

《孟子·盡心上》："親親而仁民，仁民而愛物。"

錢如京　明人。字公溥。

《詩·大雅·公劉》："篤公劉，逝彼百泉，瞻彼溥原，廼陟南岡，乃覯于京。"故以"公溥"應"京"。

錢　安　明人。字静能。

《論語·里仁》："仁者安仁。"《論語·雍也》："仁者静。"《論語·衛靈公》："知及之，仁能守之，莊以涖之，動之不以禮，未善也。"故以"静能"應"安"，表示對仁德的追求。

錢　旭　明人。字東白。

《詩·邶風·匏有苦葉》："旭日始旦。"毛傳："旭日始出，謂大昕之時。"《説文·日部》："旭，日旦出皃。一曰明也。"宋蘇軾《赤壁賦》："不知東方之既白。"故以"東白"應"旭"。

錢伯坰　清人。字魯斯。

《詩·魯頌·駉》："駉駉牡馬，在坰之野。……思無疆，思馬斯臧。"故以"魯斯"應"坰"，表明名字所取乃《魯頌·駉》之義。

錢志立　明人。字爾卓。

《論語·子罕》："顔淵喟然嘆曰：'仰之彌高，鑽之彌堅。瞻之在前，忽焉在後。夫子循循然善誘人，博我以文，約我以禮，欲罷不能；既竭吾才，如有所立卓爾。雖欲從之，末由也已。'"顔淵在贊美孔子的同時，也談到了自己鑽研老師學問的進程和體會。以"爾卓"應"志立"意在表明對孔子的景仰，並立志像顔淵那樣好學不已。

錢　杜　清人。字叔美。

唐朝大詩人杜甫，字子美。追慕其人，故以其姓和字，分别用爲自己的名、字。"叔"是行第字。

錢　佃　宋人。字仲耕。

《玉篇·人部》："佃，作田也。""耕"與"佃"義近，故以"耕"應"佃"。

錢邦寅　清人。字馭少。

《書·堯典》："乃命羲和，欽若昊天，曆象日月星辰，敬授民時。……寅賓出日，平秩東作。"按，羲、和本是遠古羲氏與和氏的並稱。相傳爲世掌天地之官重和黎的後裔。神話傳説中又以羲和爲駕御日車之神。《楚辭·離騷》："吾令羲和弭節兮，望崦嵫而勿迫。"王逸注："羲和，日御也。""馭"即"御"。故以"馭"指日御羲和，而後與"寅"相應，以合"乃命羲和……寅賓出日"之經義。"少"乃行輩字。其兄邦芑字開少。

錢邦芑　清人。字開少。

《詩·大雅·生民》："誕降嘉種，維秬維秠，維穈維芑。……以歸肇祀。"毛傳："肇，始也。"朱熹集傳："肇，始也。稷始受國爲祭主，故曰肇祀。"《爾雅·釋詁》："肇，始也。"邢昺疏："肇，《説文》作'戽'，始開也。""肇"即"肈""戽"。門始開之意。故以"開"應"芑"，以合經義。"少"爲行輩區别字。邦寅之兄。

錢受益 明人。字謙之。

《僞古文尚書·大禹謨》："滿招損，謙受益，時乃天道。"

錢宗韓 清人。字學之。

唐代著名文學家、哲學家韓愈，字退之。名"宗韓"，以"學之"相應，意謂志在學習韓退之。

錢 昆 宋人。字裕之。

《僞古文尚書·仲虺之誥》："以義制事，以禮制心，垂裕後昆。"

錢 昌 明人。字允言。

《書·臯陶謨》："臯陶曰：'允迪厥德，謨明弼諧。'……禹拜昌言。"故以"允言"應"昌"。

錢明逸 宋人。字子飛。

《文選·張衡〈西京賦〉》："逞欲畋漁，效獲麑麌。摎蓼浶浪，乾池滌藪。上無逸飛，下無遺走。"張銑注："摎蓼浶浪，謂徧搜索也。"明，謂視力好。《孟子·梁惠王上》："明足以察秋毫之末。"畋獵者必须視力敏鋭，方能仔細搜索，以達到"上無逸飛，下無遺走"的效果。故以"飛"應"明逸"。又，亦或取唐王勃《滕王閣序》"逸興遄飛"文義。如此，則"明"爲行輩字。子，美稱。

錢 東 清人。字東臯。

三國魏阮籍《辭蔣太尉辟命奏記》："方將耕於東臯之陽，輸黍稷之税，以避當涂者之路。"晉陶潛《歸去來辭》："登東臯以舒嘯，臨清流而賦詩。""東臯"遂成爲歸隱田園之代稱。字"東臯"乃因名"東"連帶而及。表示個人有安道樂貧，歸隱田園之志。

錢東垣 清人。字既勤。

《詩·周頌·賚》："文王既勤止，我應受之。"孔穎達疏："武王既封諸臣有功者於文王之廟，因以文王之道戒勑之。止以勤勞於政事，故有此天下之業。……今汝諸臣受封者，亦當陳而思行之。"東垣，唐代門下省的别稱，與中書省同爲宰相辦公之處。以"既勤"應"東垣"，意謂願輔佐明王，爲朝廷盡忠効力，勤懇工作。

錢東塾 清人。字學仲。

《禮記·學記》："古之教者，家有塾，黨有庠，術有序，國有學。"《爾雅·釋宫》："門側之堂謂之塾。"邢昺疏："門側之堂，夾門東西者。"故以"學"應"塾"。"東"既是行輩字，又因"學"而得指"東塾"。"仲"表行第居次。

錢 泮 明人。字鳴教。

《詩·魯頌·泮水》："翩彼飛鴞，集于泮林，食我桑黮，懷我好音。"鄭玄箋："言鴞恒惡鳴，今來止於泮水之木上，食其桑黮，爲此之故，故改其鳴，歸就我以善音。喻人感於恩則化也。"《禮記·王制》："天子命之教，然後爲學。天子曰辟廱，諸侯曰頖宫。"鄭玄注："頖之言班也。所以班政教也。"故以"鳴教"應"泮"。言泮學教化之功，足以使惡鳴改就善音。

錢 芹 明人。字繼忠。

《列子·楊朱》："昔人有美戎菽、甘枲莖芹萍子者，對鄉豪稱之，鄉豪取而嘗之，蜇於口，慘於腹，衆哂而怨之，其人大慚。……忠不足以安君，適足以危身。"獻芹之舉雖淺陋，却是一片忠誠之意。故以"忠"應"芹"。

錢 厚 宋人。字德載。

《禮記·中庸》："今夫地，一撮土之多，及其廣厚，載華嶽而不重，振河海而不洩。萬物載焉。""《詩》云：'……於乎不顯，文王之德之純。'"又《易·坤卦》："坤厚載物，德合无疆。"故以"德載"應"厚"。

錢 奐 明人。字文焕。

《論語·泰伯》："焕乎！其有文章。""奐"與"焕"通。《説文·玉部》："璠……孔子曰：'美哉！璠與。遠而望之，奐若也。'"段玉裁注："文采之貌。《御覽》作'焕'。"故以"文焕"應"奐"。

錢 春 明人。字若木。

《吕氏春秋·孟春紀》："先立春三日，太史謁之天子曰：'某日立春，盛德在木。'……立春之日，天子親率三公九卿諸侯大夫以迎春於東郊。"古人"五行"觀念以爲東方主春，屬木。故以"木"應"春"。又因《楚辭·離騷》有"折若木以拂日兮，聊逍遥以相羊"，"若木"乃東方湯谷所生之神樹（説見王逸《楚辭章句》及姜亮夫《屈原賦校注》），故又將"木"特指爲"若木"。

錢春沂 明人。字仲與。

《論語·先進》："（曾皙）曰：'莫春者，春服既成，冠者五六人，童子六七人，浴乎沂，風乎舞雩，詠而歸。'夫子喟然嘆曰：'吾與點也！'"以"與"應"沂"，即用孔子贊同曾皙之典。"仲"表行第居次。

錢若水 宋人。字澹臣。

《莊子·山木》："且君子之交淡若水。"《禮記·表記》："故君子之接如水，小人之接如醴。君子淡以成，小人甘以壞。""淡"與"澹"字通。《廣雅·釋詁》："倓，澹，安也。"王念孫疏證："倓與下澹字通……《莊子·胠篋篇》云'恬惔無爲'，《天道篇》云'虚静恬淡'。並字異而義同。"故以"澹"應"若水"。因《漢書·鄭崇傳》有"臣門如市，臣心如水"之言，故綴以"臣"。言臣之心，其淡如水。

錢茂律 明人。字大吕。

中國古代有十二樂律，陰、陽各六。分别稱"六吕"和"六律"。又合稱"十二律吕"。其中，"黄鐘"爲六陽律的代表，"大吕"爲六陰律的代表。在文學、語言中，二者既可連用，也可分用，均可代指音樂或用來形容音樂的和諧、奇妙等。《楚辭·招魂》："吴歈蔡謳，奏大吕些。"王逸注："大吕，六律名也。"故以"大吕"應"律"。同時"大"又可與"茂"相應，得雙關之效。

錢 宰 明人。字子予。

孔子弟子宰予，字子我。以

"子予"應"宰"，是拆宰予姓名爲自己名字。故示謙遜。因孔子謂宰予是"朽木不可雕也"，因以"朽木"自居。

錢　栻　清人。字希南。

宋朝張栻，爲人坦蕩，表里洞然，長於利義之辨，有《南軒易説》《南軒集》等著作傳世，人稱"南軒先生"。以"希南"應"栻"，當爲仰慕張栻之意。

錢泰吉　清人。字輔宜。

《易·泰卦》："泰：小往大來，吉，亨。象曰：天地交，泰；后以財成天地之道，輔相天地之宜，以左右民。"

錢　浦　明人。字北郊。

《楚辭·九歌·河伯》："子交手兮東行，送美人兮南浦。"王逸注："願河伯送己，南至江之涯。"後來遂稱"南浦"爲送別之地。南朝梁江淹《別賦》："送君南浦，傷如之何！""郊"在都城之外。後來泛指城外。古人迎送賓客常在郊外。又據説，周代城外道旁五里處設"郊"，專用以迎賓。《逸周書·大聚解》："五里有郊。"孔晁注："待行旅也。"《管子·小匡》："桓公郊迎管仲而問焉。"《周禮·秋官·司儀》："……致贈、郊送，皆如將幣之儀。"故以"郊"應"浦"，飾以"北"，意在以對文指明所應乃"南浦"。

錢祚徵　明人。字錫吉。

《詩·大雅·既醉》："君子萬年，永錫祚胤。"有萬年之壽，又獲鬼神所賜福禄，以至於子孫。其徵兆皆吉善。故以"錫吉"應"祚徵"。

錢　貢　明人。字禹方。

《書·禹貢》："禹貢。"孔傳："禹制九州貢法。"故以"禹方"應"貢"。

錢　起　唐人。字仲文。

《孟子·公孫丑上》："然而文王猶方百里起，是以難也。"以"文"應"起"，意在頌揚文王。

錢惟善　元人。字思復。

《禮記·大學》："《康誥》曰：'惟命不于常。道善則得之，不善則失之矣。'《楚書》曰：'楚國無以爲寶，惟善以爲寶。'"《左傳·襄公二十五年》："君子之行，思其終也，思其復也。《書》曰：'慎始而敬終，終以不困。'"以"思復"應"惟善"，意在勉勵自己始終堅持善道，思終思復，立於不困之境。

錢惟演　宋人。字希聖。

漢司馬遷《報任安書》："蓋文王拘而演《周易》。"《易緯坤靈圖》："蒼牙通靈，昌之成運，孔演命明經道。"唐孔穎達《周易正義·序》："伏犧制卦，文王繫辭，孔子作《十翼》，《易》歷三聖。"故以"聖"應"演"。"希"與"惟"義相應，表示思念聖人演《易》之功，希冀追隨其後。

錢惟濟　宋人。字巖夫。

《僞古文尚書·説命上》載，高宗夢得説，使百工營求諸野，得諸傅巖……"命之曰：'朝夕納誨，以輔台德。若金，用汝作礪；若濟巨川，用汝作舟楫。'"故以"巖夫"指"傅説"，與"濟"相應，以概括經義。"惟"乃行輩用字。

錢惟濬　宋人。字禹川。

《書·禹貢序》："禹别九州，隨山濬川。""惟"乃行輩用字。乃惟演、惟濟之兄。

錢梓林　清人。字季良。

《書·梓材》："若作梓材，既勤樸斲。"蔡沈集傳："梓，良材。"晉左思《魏都賦》："係拱木於林衡，授全模於梓匠。""季"表行第居末。

錢　紳　明人。字孟書。

《論語·衛靈公》："子張問行。子曰：'言忠信，行篤敬……'子張書諸紳。"故以"書"應"紳"。"孟"表行第居長。

錢習禮　明人。名幹。

以字行。《論語·八佾》："林放問禮之本。"《史記·孔子世家》："孔子去曹適宋，與弟子習禮大樹下。"《廣雅·釋詁》："榦，本也。"《説文·木部》："榦，築墻耑木也。"段玉裁注："榦，俗作幹。"故以"習禮"應"幹"。

錢喜起　明人。字賡明。

《書·益稷》："帝庸作歌曰：'勑天之命，惟時惟幾。'乃歌曰：'股肱喜哉，元首起哉，百工熙哉！'……乃賡載歌曰：'元首明哉，股肱良哉，庶事康哉！'"故以"賡明"應"喜起"。

錢堯卿　宋人。字熙載。

《書·舜典》："二十有八載，帝乃殂落。百姓如喪考妣……舜曰：'咨！四岳。有能奮庸熙帝之載，使宅百揆，亮采惠疇？'"用"熙載"應"堯卿"，意在概括經義，頌揚舜以及禹等，能紹繼堯帝之功業，寔稱堯卿之名。

錢朝彦　明人。字殷求。

《僞古文尚書·太甲上》："伊尹乃言曰：'先王昧爽丕顯，坐以待旦，旁求俊彦，啓迪後人。'""殷"字指明乃用《商書》經義。"求"應"朝彦"，概括"坐以待旦，旁求俊彦"及其前後諸句經文之義。

錢朝鼎　清人。字禹九。

《左傳·宣公三年》："昔夏之方有德也，遠方圖物，貢金九牧，鑄鼎象物……桀有昏德，鼎遷于商……商紂暴虐，鼎遷於周。"《史記·封禪書》："禹收九牧之金，鑄九鼎。"以"禹九"應"朝鼎"，乃紀夏禹之朝鑄九鼎之盛事。

錢　棨　清人。字振威。

棨，古代官員擺放在門庭或出行時用爲前導的一種儀仗。用木制成，似戟，故又稱"棨戟"。《漢書·韓延壽傳》："功曹引車，皆駕四馬，載棨戟。"《後漢書·輿服志上》："公以下至二千石，騎吏四人；千石以下至三百石，縣長二人。皆帶劍，持棨戟爲前列。"《舊唐書·張儉傳》："唐制三品以上，門列棨戟。"官員使用棨戟等儀仗，意在振肅其威儀，使人敬畏。故以"振威"應"棨"。

錢　琪　清人。字竹齋。

《詩·衛風·淇奧》："瞻彼淇奧，緑竹猗猗。""琪"與"淇"音同。故以"竹"應之。"齋"爲清人名字習用綴飾字。

錢象坤 明人。字弘載。

《易·坤卦》:"彖曰:坤厚載物,德合无疆,含弘光大,品物咸亨。……象曰:地勢坤,君子以厚德載物。"

錢 逵 南朝陳人。字通甫。

《爾雅·釋宫》:"九達謂之逵。"郭璞注:"四道交出,復有旁通。""逵"猶今言"通衢大道",故以"通"應之。"甫"乃男子美稱。先秦多用"父",漢以來多用"甫"。

錢 暄 宋人。字載陽。

《詩·豳風·七月》:"春日載陽。""春日遲遲。"孔穎達疏:"遲遲者,日長而暄之意。"

錢 熙

① 宋人。字大雅。

《左傳·襄公二十九年》:"(吴公子札)請觀於周樂。……爲之歌《大雅》,曰:'廣哉,熙熙乎!曲而有直體,其文王之德乎!'"故以"大雅"應"熙"。

② 清人。字暉如。

《説文·日部》:"暉,光也。"《玉篇·火部》:"熙,光也。"故以"暉"應"熙"。因"暉"而綴以"如",漢揚雄《太玄·視》:"厥德暉如。"

③ 清人。字闇脩。

《玉篇·門部》:"闇,與暗同。"以"闇"應"熙",爲反義相協。

錢熙祚 清人。字雪枝。

一字錫之。《詩·大雅·既醉》:"君子萬年,永錫祚胤。"《詩·魯頌·閟宫》:"錫之山川。"故以"錫之"應"祚"。"熙"乃行輩字。"雪"與"錫"屬雙聲通轉,"枝"與"之"屬雙聲旁轉,皆屬音近。清人往往喜尚用音近相諧之法,構成名字,以炫人耳目。"錫之"易爲"雪枝"即屬此類。

錢熙輔 清人。字鼎卿。

古代把公、卿或宰相等輔弼大臣喻稱爲"鼎""鼎臣""台鼎""鼎輔"等。如《漢書·敘傳下》:"底劇鼎臣。"南朝梁劉勰《文心雕龍·程器》:"孔光負衡據鼎,而仄媚董賢。"《後漢書·陳球傳》:"位登台鼎。"《後漢書·朱浮傳》:"信刺舉之官,黜鼎輔之任。"故以"鼎卿"應"輔"。輔乃熙祚之兄。

錢 筠 明人。字飛卿。

唐代著名詩人温庭筠,字飛卿。與李商隱齊名,號稱"温李"。名筠,字飛卿,乃以温庭筠名、字爲己名、字,以表追慕。

錢義方 元人。字子宜。

《左傳·隱公三年》:"臣聞愛子教之以義方。"《禮記·中庸》:"義者,宜也。"故以"宜"應"義方",飾以"子",乃男子美稱。

錢肅圖 清人。字肇一。

《爾雅·釋詁》:"肇,始也。"《説文·一部》:"一,惟初太始,道立於一。"《漢書·董仲舒傳》:"一者,萬物之所從始也。"《漢書·律曆志上》:"天之數始於一。"《鶡冠子·環流篇》:"有一而有气,有气而有意,有意而有圖,有圖而有名,有名而有形。"故以"肇一"應"圖"。"肅"乃行輩字。

錢肅樂 清人。字虞孫。

《論語·衛靈公》:"樂則韶舞。"何晏集解:"韶,舜樂也。"故以"虞"應"樂",明所指乃虞舜之韶樂。因"虞"而綴以"孫",蓋以舜帝之子孫後代自許。按,《通志·氏族略三》:"錢氏,顓帝曾孫陸終生彭祖,裔孫孚,周錢府上士,因官命氏。"相傳舜帝乃顓頊之後,故錢氏亦舜帝之後。"肅"乃行輩字。一字希聲,則是取《老子》第四一章:"大音希聲。"王弼注:"不可得聞之音也。"而《虞韶》之樂,自古即被認爲是至善至美,不可得聞之樂。《論語·述而》:"子在齊聞《韶》,三月不知肉味,曰:'不圖爲樂之至於斯也。'"宋梅堯臣《送趙升卿之韶幕》詩:"俎肉應多味,《虞韶》不復聞。"故以"希聲"喻指《韶》,與"樂"相應。肅樂爲肅圖之兄。

錢 載 清人。字坤一。

《禮記·中庸》:"天地之道,可一言而盡也。……今夫地,一撮土之多,及其廣厚,載華嶽而不重,振河海而不洩,萬物載焉。"《易·説卦》:"坤爲地。"《易·坤卦》:"象曰:地勢坤。君子以厚德載物。"《老子》第三九章:"天得一以清,地得一以寧。"故以"坤一"應"載"。

錢鼎銘 清人。字新之。

《禮記·大學》:"湯之《盤銘》曰:'苟日新,日日新,又日新。'"

錢 輅 明人。字廷用。

《玉篇·車部》:"輅,大車。"又特指帝王所乘坐的大車。《集韻·入鐸》:"輅,王車。"《書·顧命》:"大輅在賓階面,綴輅在阼階面,先輅在左塾之前,次輅在右塾之前。"輅乃帝王朝廷所用,故以"廷用"應之。

錢道戢 南朝陳人。字子韜。

《詩·周頌·時邁》:"載戢干戈,載櫜弓矢。"毛傳:"櫜,韜也。"孔穎達疏:"櫜者,弓衣,一名韜。故内弓於衣謂之韜弓。"又,櫜、韜義近,皆有"藏"義。《説文·戈部》:"戢,藏兵也。"唐慧琳《一切經音義》卷六十四引《考聲》:"韜,藏也。"故以"韜"應"戢",既取經義,又以同義相協。"道"爲南北朝名字習用字。"子"爲男子美稱。

錢端禮 宋人。字處和。

《論語·學而》:"有子曰:'禮之用,和爲貴。先王之道,斯爲美;小大由之。'"楊樹達《論語疏證》:"和,今言適合,言恰當,言恰到好處。"古人以"禮"爲處事之端,其作用在於使事情恰到好處。故以"處和"應"端禮"。

錢維城 清人。字幼安。

《詩·大雅·板》:"懷德維寧,宗子維城。"鄭玄箋:"和女德無行酷虐之政,以安女國。"故以"安"應"維城","幼"表行第。或謂其父夢辛棄疾而生。故襲辛之字曰"幼安"。

錢維喬 清人。字樹參。

《書·禹貢》:"厥木惟喬。"孔傳:"喬,高也。"《莊子·大宗師》:"玄冥聞之參寥。"陸德明釋文引李頤云:"參,高也。"唐杜甫《杜鵑》詩:"喬木上參天。"

故以“樹參”應“喬”。維城弟。

錢 綺 清人。字映江。

南朝齊謝朓《晚登三山還望京邑》詩：“餘霞散成綺，澄江静如練。”故以“江”應“綺”，飾以“映”字，意謂餘霞、澄江，如綺如練，輝映成趣。

錢聞詩 宋人。字子言。

《論語·季氏》：“陳亢問於伯魚曰：‘子亦有異聞乎？’對曰：‘未也。嘗獨立，鯉趨而過庭。曰：“學《詩》乎？”對曰：“未也。”“不學《詩》，無以言。”鯉退而學《詩》。他日，又獨立，鯉趨而過庭。曰：“學《禮》乎？”對曰：“未也。”“不學《禮》，無以立。”鯉退而學《禮》。聞斯二者。’陳亢退而喜曰：‘問一得三：聞《詩》、聞《禮》、又聞君子之遠其子也。’”故以“子言”應“聞詩”，以概括經義，表示對孔子的仰慕之情。

錢 鳳 晉人。字世儀。

《書·益稷》：“《簫韶》九成，鳳皇來儀。”

錢儀吉 清人。字藹人。

《書·益稷》：“鳳皇來儀。”《詩·大雅·卷阿》：“鳳凰于飛，翽翽其羽，亦集爰止。藹藹王多吉士，維君子使，媚於天子。”故以“藹人”應“儀吉”，以概括經義。

錢 緦 宋人。字穆父。

《爾雅·釋詁上》：“緦，和也。”《説文·禾部》：“穆，禾也。”唐慧琳《一切經音義》卷六引作“穆，和也”。《詩·大雅·烝民》：“吉甫作頌，穆如清風。”鄭玄箋：“穆，和也。”故以“穆”應“緦”，乃同義相協。“父”乃男子美稱。

錢德承 清人。字慎庵。

《易·坤卦》：“彖曰：至哉坤元，萬物資生，乃順承天，坤厚載物，德合无疆。”孔穎達疏：“至哉坤元者，嘆美坤德。……坤是陰柔，以和順承奉於天。”《周禮·地官·大司徒》：“以賢制爵，則民慎德。”《易·説卦》：“乾爲天……爲君，爲父。”“坤爲地，爲母……爲衆。”故以“慎”應“德承”，以概括經義，意謂如坤德之陰柔，敬慎承奉於天（君、父）。“庵”爲時尚綴飾。

錢德洪 明人。本名寬。

以字行。《玉篇·宀部》：“寬，大也。”《爾雅·釋詁上》：“洪，大也。”《文選·張衡〈西京賦〉》：“皇恩溥，洪德施。”吕向注：“洪，大也。言皇恩溥洽，大德廣施。”故以“德洪”應“寬”。

錢學孔 明人。字以時。

《孟子·萬章下》：“孔子，聖之時者也。孔子之謂集大成。”趙岐注：“孔子時行則行，時止則止，孔子集先聖之大道，以成己之聖德者也。”孫奭疏：“孔子之聖則以時也。其時爲言以謂時然則然，無可無不可。”故用“以時”應“學孔”，意謂願傚法孔子，做既有聖德，又順應時務的人。

錢 遹 宋人。字德循。

《詩·大雅·抑》：“有覺德行，四國順之。……取譬不遠，昊天不忒。回遹其德，俾民大棘。”《釋名·釋言語》：“順，循也。循其理也。”故“德循”即“德順”，以之與“遹”相應，以概括《詩》義。

錢應婁 明人。字慕黔。

黔婁，春秋齊國高士，魯恭王與齊王先後欲以爲卿相，皆辭不就。死後衾不蔽體，爲後人所景仰。以“婁”爲名，以“慕黔”爲字，乃表示自己對黔婁仰慕之意。

錢 選

① 元人。字舜舉。

《論語·顔淵》：“舜有天下，選於衆，舉皋陶，不仁者遠矣。”

② 清人。字咸三。

春秋時，齊桓公以管仲爲相，舉士用“三選”之法。《國語·齊語》：“謂之三選。”韋昭注：“三選，鄉長所進，官長所選，公所訾相。”故以“三”應“選”，乃用此典。又因“三”而飾以“咸”字，則是取“咸五登三”之義。《漢書·司馬相如傳下》：“方將增泰山之封，加梁父之事，鳴和鸞，揚樂頌，上咸五，下登三。”顔師古注：“言漢德與五帝皆盛，而登於三王之上也。”

錢 徽 唐人。字蔚章。

《文選·左思〈魏都賦〉》：“嘉祥徽顯而豫作。”李善注：“《文帝答曹植詔》曰：‘所獻詩二篇，徽顯成章。’”南朝梁蕭統《芙蓉賦》：“興《澤陂》之徽章。”《廣雅·釋詁》：“蔚，數也。”王念孫疏證：“《衆經音義》卷七云：‘蔚，文采繁數也。’”“徽章”及“蔚”都形容華美的文章，故以“蔚章”應“徽”。

錢謙益 清人。字受之。

《僞古文尚書·大禹謨》：“滿招損，謙受益，時乃天道。”

錢騰蛟 明人。字子雨。

漢王充《論衡·龍虚》：“蛟則龍之類也。蛟龍見而雲雨至。”南朝梁周興嗣《千字文》：“雲騰致雨。”唐王勃《滕王閣序》：“騰蛟起鳳，孟學士之詞宗。”宋蘇舜欽《秋夜》詩：“老蛟蟄污泥，寂默不自驚，一旦走霹靂，飛雨洗八紘。”故用“雨”應“騰蛟”，意在希冀個人才華出衆，有朝一日發跡，能如蛟龍騰空，興雲致雨。“子”爲男子美稱。

錢 儼 宋人。字誠允。

本名信。《詩·大雅·常武》：“赫赫業業，有嚴天子。……王猶允塞，徐方既來。”毛傳：“嚴然而威。”孔穎達疏：“儼然而有威。謂其軍儼然有可畏之貌。……王之謀慮信而誠實，用兵有常，伐得其罪，故兵未陣而徐方既已自來告服其罪。”朱熹集傳：“猶，道。允，信。塞，實。”王先謙《詩三家義集疏》：“《新序·雜事四》：‘……先王之所以拱揖指揮而四海賓者，誠德之至，已形於外。故《詩》“王猷允塞，徐方既來”。此之謂也。’言王道誠信允實，遠人自服。”“允塞”意謂誠信允實，故字“誠允”。與“儼”相應，或與本名“信”相應，皆取自上述《詩》義。

錢 鐸 明人。字振之。

《周禮·天官·小宰》：“徇以木鐸。”賈公彦疏：“《禮記·檀弓》云：‘自寢門至於庫門，振木鐸曰：“舍故而諱新。”’”《禮記·月令》：“先雷三日，奮木鐸以令兆民。”《廣雅·釋詁》：“振，奮，動也。”故以“振”應“鐸”，以概括經義。“之”爲綴飾，亦以指代“鐸”。

錢觀復 宋人。字知原。

《老子》第十六章：“萬物並作，吾以觀復。夫物芸芸，各復歸其根。歸根曰静，是曰復命，復命曰常，知常曰明。”魏源本義：“蘇氏轍曰：……知作之未有不復也。……萬物皆作於性，皆復於性，猶華葉之生於根而歸於根。性命者，萬物之根也。”高亨正詁：“知常即知萬物本性之自然也。”《廣雅·釋詁》：“原，本也。”知原，即“知萬物本性之自然”，亦即“知常”。故以“知原”應“觀復”。

〔閻〕

閻若璩 清人。字百詩。

三國魏應璩是著名詩人，有《百一詩》傳世。名“若璩”，應之以“百詩”，乃仰慕應璩，期望亦如應氏能有名作傳世。

閻循觀 清人。字懷庭。

《易·觀卦》：“象曰：觀國之光，利用賓于王。”孔穎達疏：“觀國之光，利用賓于王者，居在親近而得其位，明習國之禮儀，故曰利用賓于王庭也。”以“懷庭”應“循觀”，言己願循所觀覽之帝王盛德光輝，懷化服王庭之志，進而賓于王庭。

閻　敞 漢人。字子張。

《廣雅·釋詁》：“張，開也。”《類篇·攴部》：“敞，開也。”張、敞乃同義相協。

閻　温 三國魏人。字伯儉。

《論語·學而》：“子貢曰：‘夫子温、良、恭、儉、讓以得之。’”

閻　鼎 晉人。字台臣。

古以“鼎”喻三公、宰輔。《書·高宗肜日》：“有飛雉升鼎耳而雊。”孔穎達疏：“鄭云：‘鼎，三公象也。’”“台”指三台，本爲星名，古也以喻三公。《後漢書·孝安帝紀論》：“推咎台衡。”李賢注：“台謂三台，三公象也。”“台臣”也指宰執大臣。韓愈《順宗實録》五：“台臣庶官文武之列抗疏於内。”故以“台臣”應“鼎”。企冀能位列台、鼎之高位。

閻爾梅 清人。字調鼎。

《僞古文尚書·説命下》：“若作和羹，爾惟鹽梅。”《韓詩外傳》卷七：“伊尹，故有莘氏僮也，負鼎操俎調五味，而立爲相。”以“調鼎”應“爾梅”，是用傅説遇高宗和伊尹遇商湯之典以成名字。

閻穀年 清人。字貽孫。

《詩·魯頌·有駜》：“自今以始，歲其有。君子有穀，詒孫子，于胥樂兮。”毛傳：“歲其有豐年也。”鄭玄箋：“詒，遺也。”《爾雅·釋言》：“貽，遺也。”

閻應元 明人。字麗亨。

《易·離卦》：“離：利貞，亨。畜牝牛，吉。象曰：離，麗也。日月麗乎天，百穀草木麗乎土，重明以麗乎正，乃化成天下。柔麗乎中正，故亨……六二，黄離，元吉。象曰：黄離，元吉。得中道也。”故以“麗亨”應“元”，以概括經義。

閻　纘 晉人。字續伯。

《禮記·中庸》：“武王纘大王、王季、文王之緒。壹戎衣而有天下。”鄭玄箋：“纘，繼也。”《爾雅·釋詁》：“續，繼也。”

〔霍〕

霍子衡 明人。字覺商。

《詩·商頌·長發》：“降於卿士，實維阿衡，實左右商王。”毛傳：“阿衡，伊尹也。”《孟子·萬章上》：“（伊尹）曰：‘……天之生此民，使先知覺後知，使先覺覺後覺也。予，天民之先覺者也；予將以斯道覺斯民也。非予覺之，而誰也？’……故就湯而説之以伐夏救民。”故以“覺商”應“衡”，意在頌揚阿衡伊尹使商湯覺悟伐夏救民之功德。

霍　光 漢人。字子孟。

《廣雅·釋詁》：“昌、孟，始也。”《廣雅·釋言》：“昌，光也。”《説文·日部》：“昌……一曰日光也。《詩》曰‘東方昌矣。’”東方出現日光乃一日之始。因“昌”而取“光”。光、孟義近，皆有始義。故以“孟”應“光”。

霍彦威 五代後唐人。字子重。

《論語·學而》：“君子不重，則不威。”故以“重”應“威”。以“子”應“彦”，皆男子美稱。

霍　适 宋人。字南仲。

孔子弟子南宫适，曾被孔子稱贊道：“君子哉若人！尚德哉若人！”（《論語·憲問》）。故拆其姓名爲己名字，表示對其仰慕。“仲”表行第居次。

霍　球 明人。字廷獻。

《詩·商頌·長發》：“受小球大球，爲下國綴旒。……受小共大共，爲下國駿厖。”朱熹集傳：“小共大共……小國大國所共之貢也。”《書·禹貢》：“厥貢惟球琳琅玕。”“球”之類珍寶，皆四方貢獻於朝廷者。故以“廷獻”應“球”，以合經義。

霍與瑕 明人。字勉衷。

《詩·邶風·二子乘舟》：“願言思子，中心養養。……願言思子，不瑕有害。”毛傳：“瑕，遠也。”“衷”與“中”通。《左傳·僖公二十八年》：“今天誘其衷。”杜預注：“衷，中也。”故以“衷”應“瑕”，飾以“勉”字，謂勉其内心而行，但不爲違禮遠義之害。

霍端友 宋人。字仁仲。

《論語·衛靈公》：“友其士之仁者。”《孟子·離婁下》：“夫尹公之他，端人也，其取友必端矣。”故以“仁”應“端友”，以概括經義所言取友之道。“仲”表行第居次。

霍德行 明人。字道本。

《禮記·大學》：“德者本也。……道善則得之，不善則失之矣。”又：“大學之道，在明明德。……物有本末，事有終始，知所先後，則近道矣。”故以“道本”應“德行”。

霍 嬗 漢人。字子侯。

嬗乃霍去病之子。去病封冠軍侯，死後由嬗襲爵。《説文·女部》："嬗，傳也。"故以"子侯"應"嬗"，當是記其父子兩代相嬗爲侯之盛。

霍 諝 漢人。字叔智。

《説文·言部》："諝，知也。"段玉裁注："《周禮》《詩》皆假胥爲之。《天官》'胥十有二人。'注：'胥，讀爲諝，謂其有才知。'"以"智"應"諝"，乃同義相協。"叔"表行第位居第三。

霍 韜 明人。字渭先。

《史記·齊太公世家》："於是周西伯獵，果遇太公於渭之陽。與語大説，曰：'自吾先君太公曰："當有聖人適周，周以興。"'……故號之曰'太公望'，載與俱歸，立爲師。"又傳説太公作兵書《六韜》，以佐武王滅殷。"渭先"即代指太公姜尚釣於渭，與"韜"相應，乃用其興自渭濱，以《六韜》佐周滅商之典。

〔駱〕

駱文盛 明人。字質甫。

《論語·雍也》："質勝文則野，文勝質則史。文質彬彬，然後君子。""盛"與"勝"音近相協，故以"質"應"文盛"，綴以男子美稱"甫"。

駱日升 明人。字台晉。

《易·晉卦》："晉：康侯用錫馬蕃庶，晝日三接。"孔穎達疏："此卦明臣之昇進，故謂之晉。"臣之升進，至於台輔，則爲榮顯之位。故以"台晉"應"日升"。

駱象賢 明人。字則民。

《僞古文尚書·微子之命》："崇德象賢，統承先王。……弘乃烈祖，律乃有民。"《禮記·郊特牲》："繼世以立諸侯，象賢也。"鄭玄注："賢者子孫恒能法其先父德行。"漢董仲舒《春秋繁露·保位權》："民知所去就，然後可以致治，是爲象則。"故以"則民"應"象賢"。

駱騰鳳 清人。字鳴岡。

《詩·大雅·卷阿》："鳳皇于飛，翽翽其羽，亦傅于天。……鳳皇鳴矣，於彼高岡。"鄭箋："傅，猶戾也。"故以"鳴岡"應"騰鳳"，乃用《詩》義，以期如鳴於高岡之鳳凰，騰飛至天。

〔鮑〕

鮑之鍾 清人。字論山。

《淮南子·俶真訓》："譬若鍾山之玉。"高誘注："鍾山，昆侖也。"《吕氏春秋·本味》："伯牙鼓琴，鍾子期聽之。方鼓琴而志在太山，鍾子期曰：'善哉乎鼓琴，巍巍乎若太山。'"故以"論山"應"鍾"，一則是諧"論"爲"侖"，與"鍾（山）"相應以指實；二則用鍾子期聽伯牙鼓琴而論琴音若太山之典。

鮑廷博 清人。字以文。

《論語·子罕》："夫子循循然善誘人，博我以文，約我以禮，欲罷不能。"

鮑宗巖 宋人。字傅叔。

《史記·殷本紀》載，高宗夢得賢臣，"使百工營求諸野，得説於傅險（巖）中"。故以"傅"應"宗巖"，以概括經義。"叔"表行第居於又次之位。

鮑 恂 明人。字仲孚。

《書·立政》："迪知忱恂于九德之行。"孔傳："禹之臣蹈知誠信於九德之行。"《説文·心部》："恂，信心也。"段玉裁注："《毛詩》叚洵爲之。如'洵美且都'，'洵訏且樂'鄭箋皆云：'洵，信也。'《釋詁》曰：'詢，信也。'注引《方言》：'宋衛曰詢。'皆叚詢爲恂也。"《詩·大雅·文王》："萬邦作孚。"毛傳："孚，信也。"故以"孚"應"恂"爲同義相協。"仲"表行第居次。

鮑若雨 宋人。字商霖。

《僞古文尚書·説命上》："若歲大旱，用汝作霖雨。"故以"霖"應"若雨"，因所用乃殷商之典，故飾以"商"字，以明所指。

鮑原弘 明人。名仁濟。

以字行。《書·顧命》："用敬保元子釗，弘濟于艱難。"故以"濟"應"弘"。又《論語·泰伯》："曾子曰：'士不可以不弘毅，任重而道遠。仁以爲己任，不亦重乎？死而後已，不亦遠乎？'"以"弘"應"濟"，乃合《顧命》之義；以"弘"與"仁"相應，兼概括《泰伯》文義。

鮑 康 清人。字子年。

《詩·周頌·臣工》："明昭上帝，迄用康年。"

鮑桂星 清人。字雙五。

一字覺生。《詩·召南·小星》："嘒彼小星，三五在東。肅肅宵征，夙夜在公。"王先謙《詩三家義集疏》："王引之云：'此即下章言"惟參與昴"也。……漢以前相傳昴宿五星，故有降精爲五老之説。其參之三星，《史記·天官書》明著之。昴、參相距不遠，故得俱見東方。……"三五"舉其數也；"參昴"著其名也，其實一而已矣。'"據此可知，"雙"指參、昴雙宿。"五"則指昴宿五星。故以"雙五"應"星"，以概括《詩》義。

又《小星》："肅肅宵征，抱衾與裯。"王先謙《詩三家義集疏》："早夜啓行，僕夫以被帳之屬從，極言寢息不遑之狀。"故以"覺"應"星"，蓋言早夜既覺而行之意。綴以"生"字，乃男子之稱。

鮑 彪 宋人。字文虎。

《説文·虎部》："彪，虎文也。"以"文虎"應"彪"，不僅指實了彪的含義，又倒"虎文"爲"文虎"，表明希望既有文采，又具虎之威勇，意在爲文章巨擘。

鮑 皐 清人。字步江。

《楚辭·離騷》："步余馬於蘭皐兮，馳椒丘且焉止息。"王逸注："澤曲曰皐。"《楚辭·九歌·湘夫人》："朝馳余馬兮江皐。"故借《楚辭》文義，以"步江"應"皐"。

鮑 照 南朝宋人。字明遠。

《禮記·中庸》："故至誠無息，不息則久，久則徵，徵則悠遠，悠遠則博厚，博厚則高明……高明配天……今夫天，斯昭昭之多，及其無窮也，日月星辰繫焉，萬物覆焉。……蓋曰，天之所以爲天也，於乎不顯。”天有日月星辰繫之，故能照萬物。《易·恒卦》：“象曰：日月得天而能久照。”故以“明遠”應“照”。

鮑嘉賓　清人。字鹿門。

《詩·小雅·鹿鳴》：“呦呦鹿鳴，食野之苹。我有嘉賓，鼓瑟吹笙。”故以“鹿”應“嘉賓”。唐孟浩然《夜歸鹿門山歌》有“余亦乘舟歸鹿門”之句，故因“鹿”而綴以“門”，並借鳴、門雙聲而暗指“鹿鳴”。

鮑　信　漢人。字允誠。

《爾雅·釋詁上》：“允，誠，信也。”《竹書紀年》卷上：“四時從經，萬姓允誠。”

鮑　熲　明人。字尚絅。

《爾雅·釋詁下》：“熲，光也。”郝懿行義疏：“又通作炯。”《禮記·中庸》：“《詩》曰：‘衣錦尚絅。’惡其文之著也。”以“尚絅”應“熲”，即不欲其“光顯”。

鮑　輗　宋人。字以行。

《論語·爲政》：“子曰：‘人而無信，不知其可也。大車無輗，小車無軏，其何以行之哉？’”

鮑　濟　清人。字汝舟。

《僞古文尚書·説命上》：“若濟巨川，用汝作舟楫。”

鮑　鑑　清人。字冰士。

古代以“冰鑑”指明鏡，又喻指明察之德。南朝梁江淹《爲蕭公謝開府辟召表》：“臣謬贊國機，職宜冰鑒。”鑒同“鑑”。故以“冰”應“鑑”，“士”爲男子美稱。

鮑　觀　元人。字以仁。

《論語·里仁》：“子曰：‘人之過也，各於其黨。觀過，斯知仁矣。’”又：“君子去仁，惡乎成名？”朱熹集注：“言君子所以爲君子，以其仁也。”

〔龍〕

龍仁夫　元人。字觀復。

《論語·里仁》：“觀過，斯知仁矣。”《老子》第十六章：“萬物並作，吾以觀復。”故以“觀”應“仁”，又因“觀”而連及《老子》文義，遂又以“復”爲綴飾，乃成其字。

龍子甲　明人。字汝成。

《僞古文尚書·太甲下》：“伊尹申誥于王曰：‘……有言逆于汝心，必求諸道。有言遜于汝志，必求諸非道。嗚呼！弗慮胡獲，弗爲胡成。一人元良，萬邦以貞。’”故以“成”應“甲”，指明乃用《太甲》文義概括而成名字。《書》多有“汝諧”“汝往”“汝聽”，故以“汝”飾“成”。

龍孔然　清人。字簡卿。

《論語·雍也》：“仲弓曰：‘居敬而行簡，以臨其民，不亦可乎？居簡而行簡，無乃大簡乎？’子曰：‘雍之言然。’”故以“簡”應“孔然”，以概括經義。“卿”乃顯爵。漢以來多以爲名字或綴飾。

龍孔蒸　明人。字季霞。

南朝梁劉勰《文心雕龍·時序》：“故俊才雲蒸，仲宣委質於漢南，孔璋歸命於河北……爾其縉紳之林，霞蔚而飆起，王袁聯宗以龍章，顔謝重葉以鳳采；何范張沈之徒，亦不可勝也。”以“霞”應“蒸”，實即以“俊才雲蒸，仲宣……”應“爾其縉紳之林，霞蔚而飆起”，以明取《文心雕龍·時序》文義。“孔”爲行輩字，於義爲“甚”爲“極”。“季”表行第居末。

龍啓瑞　清人。字輯五。

《書·舜典》：“輯五瑞。”

龍　敏　五代後晋人。字欲訥。

《論語·里仁》：“子曰：‘君子欲訥於言而敏於行。’”以“欲訥”應“敏”，意謂願按孔子教誨要求自己，訥言敏行。

龍　章　宋人。字公絢。

《詩·小雅·裳裳者華》：“我覯之子，維其有章矣。”鄭玄箋：“章，禮文也。”朱熹集傳：“章，文章也。”《論語·八佾》：“巧笑倩兮，美目盼兮，素以爲絢兮。”何晏集解：“絢，文貌。”故以“絢”應“章”爲同義相協，意謂企盼具備絢麗之文采。

龍　瑄　明人。字克温。

《史記·孝武本紀》：“公卿言：‘皇帝始郊見泰一雲陽，有司奉瑄玉嘉牲薦饗。’”裴駰集解引孟康曰：“璧大六寸謂之瑄。”《説文·玉部》：“玉，石之美有五德者：潤澤以温，仁之方也。”《詩·秦風·小戎》：“言念君子，温其如玉。”以“克温”應“瑄”，意謂以玉石温潤之德自勉，成爲如玉之君子。

龍德厚　宋人。字子仁。

《禮記·樂記》：“廣其節奏，省其文采，以繩德厚。”孔穎達疏：“謂量度之以道德仁厚。”王引之《經義述聞·禮記中》：“德厚，猶言仁厚。”

龍應鼎　明人。字禹九。

《史記·封禪書》：“禹收九牧之金，鑄九鼎，皆嘗亨鬺上帝鬼神。……鼎宜見於祖禰，藏於帝廷，以合明應。”

龍　膺　明人。字君御。

《爾雅·釋畜》：“回毛在膺，宜乘。”郭璞注：“樊光云：‘俗呼之官府馬。伯樂相馬法：旋毛在腹下如乳者，千里馬。’”邢昺疏：“回，旋也。膺，胸也。……旋毛在腹下如乳者，千里馬也。”“君御”意謂爲君王所駕馭。以“君御”應“膺”，意在表示自己爲千里馬之材，渴望能被君王所驅使。

龍　燮　清人。字理侯。

《僞古文尚書·周官》：“立太師、太傅、太保，兹惟三公，論道經邦，燮理陰陽。”《詩·大雅·大明》：“長子維行，篤生武王。保右命爾，燮伐大商。……維予侯興。”鄭玄箋：“天乃予諸侯有德者當起爲天子。”以“理”應“燮”，乃用《周官》之義。重以“侯”應“燮”，則又用《大明》之義。

龍　鯤　清人。字圖南。

《莊子·逍遥遊》：“北冥有魚，其名爲鯤。鯤之大，不知其幾千里也；化而爲鳥，其名爲鵬，鵬之背，不知其幾千里也。……鵬之徙於南冥也，水擊三千里，摶扶摇而上者九萬里。……而後乃今將圖南。”故以“圖南”應“鯤”，以概括《莊子》文義，意謂自己如鯤鵬，有扶摇而上九萬里然後圖南之志。

十七畫

〔儲〕

儲大文 清人。字六雅。

《詩》有《大雅》，故以“雅”應“大”。《詩大序》：“故詩有六義焉，一曰風，二曰賦，三曰比，四曰興，五曰雅，六曰頌。上以風化下，下以風刺上。主文而譎諫，言之者無罪，聞之者足以戒，故曰風。”毛傳：“主文，主與樂之宫商相應也。”孔穎達疏：“使合於宫商，相應之文，播之於樂。”故因“雅”而飾以“六”，意謂《詩》有“六義”。“文”意謂《詩》三百篇，皆是合於宫商，播之於樂之文。

儲　用 宋人。字行之。

《論語・述而》：“子謂顔淵曰：‘用之則行，舍之則藏，惟我與爾有是夫。’”故以“行之”應“用”。

儲企范 元人。字天章。

天章，指北宋天章閣。此閣位於宫中，專藏御制文集御書。一代名臣、著名文學家范仲淹曾任天章閣待制之職（見《宋史》本傳）。以“天章”應“企范”，意謂企冀如范仲淹入主天章閣，任彼清要之職。

儲在文 清人。字禮執。

《論語・子罕》：“子畏於匡，曰：‘文王既没，文不在兹乎？’”又：“夫子循循然善誘人，博我以文，約我以禮，欲罷不能。”故以“禮”應“在文”。又因“禮”綴以“執”，乃取《論語・述而》：“子所雅言，《詩》《書》、執禮，皆雅言也。”朱熹集注：“執，守也。《詩》以理情性，《書》以道政事，禮以謹節文。”執禮乃以謹節文，故“執”亦以應“文”。

儲　欣 清人。字同人。

《爾雅・釋詁》：“欣，樂也。”《論語・憲問》：“樂然後笑，人不厭其笑。”《易・同人卦》：“九五，同人先號咷而後笑，大師克相遇。”故以“同人”應“欣”。

儲　泳 宋人。字文卿。

《爾雅・釋言》：“泳，游也。”《論語・述而》：“子曰：‘志於道，據於德，依於仁，游於藝。’”朱熹集注：“藝則禮樂之文，射御書數之法，皆至理所寓，而日用之不可闕者也。”故以“文”應“泳”，意謂泳游於六藝之文中。綴以“卿”，乃男子美稱。

儲秘書 清人。字玉函。

晉葛洪《抱朴子・地真》：“仙經曰：九轉丹，金液經，守一訣，皆在崑崙五城之内，藏於玉函，刻以金札，封以紫泥，印以中章焉。”藏於玉函之經訣要籍，自是隱秘難見之書，故以“玉函”應“秘書”。

儲惟德 明人。字希崇。

《論語・顔淵》：“子張問崇德辨惑。子曰：‘主忠信，徙義，崇德也。’”《僞古文尚書・武成》：“予小子既獲仁人，敢祗承上帝，建官惟賢，位事惟能，重民五教，惟食喪祭，惇信明義，崇德報功，垂拱而天下治。”故以“崇”應“惟德”。希、惟皆有希望、祈使義，故又因“崇”而飾以“希”，亦以應“惟”。

儲敦叙 宋人。字彦倫。

《書・洪範》：“天乃錫禹《洪範》九疇，彝倫攸叙。”故以“倫”應“叙”。飾以“彦”，乃男子美稱。

儲雄文 清人。字氾雲。

南朝梁劉勰《文心雕龍・知音》：“揚雄自稱，心好沈博絶麗之文。其事浮淺，亦可知矣。”《國語・晉語三》：“是故氾舟於河。”韋昭注：“氾，浮也。”揚雄字子雲，爲西漢文章大家。慕其人，故襲其名字。《論語・述而》有“不義而富且貴，於我如浮雲”，遂因“雲”飾以“氾”。爲求古雅，故不用“浮”。

儲　巏 明人。字静夫。

《玉篇・山部》：“巏，山。”《論語・雍也》：“子曰：‘知者樂水，仁者樂山。知者動，仁者静。’”故以“静”應“巏”，意謂崇尚仁德，如高山沉穩寧静。

儲麟趾 清人。字梅夫。

《詩・周南・麟之趾》：“麟之趾，振振公子，于嗟麟兮！”孔穎達疏：“歎今公子信厚如麟兮。言似古致麟之時兮，雖時不致麟，而信與之等。反覆嗟歎，所以深美之也。”故以“梅”諧“美”。綴以“夫”，乃男子通稱。“梅夫”猶“美夫”，以與“今公子信厚如麟兮……反覆嗟歎，所以深美之也”相應。

〔應〕

應大猷 明人。字邦升。

《僞古文尚書・周官》：“六服羣辟，罔不承德，歸于宗周，董正治官。曰若昔大猷，制治于未亂，保邦于未危……諸侯各朝于方岳，大明黜陟。”《爾雅・釋詁下》：“陟，陞也。”“陞”即“升”。故以“邦升”應“大猷”，以概括經義。

應本仁 元人。字本立。

《禮記・禮運》：“仁者，義之本也。”《論語・學而》：“君子務本，本立而道生。孝弟也者，其爲仁之本與！”

應　劭 漢人。字仲遠。

《説文・力部》“劭”段玉裁注：“按，《卩部》：‘卲，高也。’‘卲’與‘劭’相似，轉寫易有互僞者。如應仲遠之名，當是‘卲’字。”朱駿聲通訓：“劭，叚借爲卲。”《廣雅・釋詁》：“卲，高也。”按，“劭”本無高遠之義，但與“卲”形音皆近，遂或假借，或訛寫，常以“卲”爲“劭”。晉常璩《華陽國志・先賢士女總贊上》：“高劭足以振玄風。”《南史・宋文帝紀》：“或雅量高劭，風鑒明遠。”高、遠義近，故以“遠”應“劭”（實當爲“卲”），“仲”表行第居次。

應志和 明人。名律。

以字行。《書・舜典》：“聲依永，律和聲，八音克諧，無相奪倫，神人以和。”

應　典 明人。字天彝。

《國語・周語中》：“天道賞善

而罰淫，故凡我造國，無從非彝，無即慆淫，各守爾典，以承天休。”韋昭注：“彝，常也。典，常也。”

應孟明 宋人。字仲實。

據《左傳》載，秦大夫百里奚之子名視字孟明。史稱百里孟明視。事見《僖公三三年》。此謂視力好，或看得明白。今以“實”應“孟明”，是取百里視之字爲名，應以“實”者，取證明、證實之義。《淮南子·精神訓》：“衆人以爲虚言，吾將舉類而實之。”高誘注：“實，明。”“仲”表行第居次。

應宗祥 明人。字尚履。

《易·履卦》：“上九，視履考祥，其旋元吉。”“尚”即“上”。

應明德 明人。字養虚。

《文子·道德》：“文子問德。老子曰：‘畜之，養之，遂之，長之。兼利無擇，與天地合，此之謂德。’”又《自然》：“老子曰：‘清虚者，天之明也。’”故以“養虚”應“明德”，意謂崇尚道家虚無清静、畜養遂長之道，達於自然之明德。

應　亮 明人。字熙載。

《書·舜典》：“舜曰：‘咨！四岳。有能奮庸熙帝之載，使宅百揆，亮采惠疇。’”故以“熙載”應“亮”，以概括經義。

應　貞 晉人。字吉甫。

《易·需卦》：“需：有孚，光，亨：貞吉。利涉大川。”又《頤卦》：“頤：貞吉。觀頤自求口實。”故以“吉”應“貞”。“甫”乃男子美稱。

應振黼 明人。字繡夫。

《書·益稷》：“藻火粉米，黼黻絺繡。”孔傳：“黼若斧形……五色備曰繡。”據此可知，“黼”乃彩繡禮服，爲天子、諸侯所用。故以“繡”相應。綴以“夫”字，乃男子通稱。

應雲鷟 明人。字瑞伯。

《國語·周語上》：“周之興也，鸑鷟鳴於岐山。”韋昭注：“鸑鷟，鳳之别名也。”《禽經》：“鳳雄凰雌，亦曰瑞鶠，亦曰鸑鷟，羽族之君長也。”張華注：“景純注《爾雅》云：瑞應鳥也……出爲王者之嘉瑞。”古人以爲有瑞物如鸑鷟麒麟等出現，天空必有瑞氣應之。《晉書·天文志》：“瑞氣，一曰慶雲。若煙非煙，若雲非雲，郁郁紛紛，蕭索輪囷，是謂慶雲，亦曰景雲。此喜氣也，太平之應。”故以“瑞”應“雲鷟”，“伯”表行第居長。

應象翁 元人。字景則。

漢董仲舒《春秋繁露·保位權》：“黑白分明，然後民知所去就；民知所去就，然後可以致治——是爲象則。”《漢書·武帝紀》：“登封泰山，降坐明堂，詔曰：‘……遭天地況施，著見景象，屑然如有聞。’”又《梅福傳》：“陰盛陽微，金鐵爲飛，此何景也！”顔師古注引蘇林曰：“景，象也。”故以“景”“則”分别應“象”。

應　瑒 漢人。字德璉。

《説文·玉部》：“瑒，圭尺二寸，有瓚，以祠宗廟者也。”《論語·公冶長》：“子貢問曰：‘賜也何如？’子曰：‘女，器也。’曰：‘何器也？’曰：‘瑚璉也。’”何晏注引包咸曰：“瑚璉，黍稷之器，夏曰瑚，商曰璉，周曰簠簋，宗廟之器貴者。”瑒、瑚璉皆宗廟禮器，朝廷所貴之物，故可相應。飾以“德”字，意謂有瑒和瑚璉等廊廟器之德。

應　詹 晉人。字思遠。

《詩·魯頌·閟宫》：“泰山巖巖，魯邦所詹。”朱熹集傳：“詹，與瞻同。”《詩·邶風·燕燕》：“之子于歸，遠送于野。瞻望弗及，泣涕如雨。”故以“思遠”應“詹”。

應履平 明人。字錫祥。

《易·履卦》：“九二，履道坦坦，幽人貞吉。……上九，視履考祥，其旋元吉。”《廣雅·釋訓》：“坦坦，平也。”又《釋詁上》：“錫，賜也。”《左傳·僖公四年》：“昔召康公命我先君大公曰：‘五侯九伯，女實征之，以夾輔周室！’賜我先君履：東至于海，西至于河，南至于穆陵，北至于無棣。”故以“錫祥”應“履平”，以概括所用二經之文義。

應撝謙 清人。字嗣寅。

《易·謙卦》：“六四，無不利，撝謙。象曰‘無不利撝謙’，不違則也。”王弼注：“指撝皆謙，不違則也。”《書·無逸》：“嚴恭寅畏，天命自度……嗣王其監于兹。”孔傳：“嚴恪恭敬，畏天命，用法度。”以“嗣寅”應“撝謙”，意在表明謙遜、恭敬，乃世代相傳之法則，當繼承遵行之。

應節嚴 宋人。字和父。

《論語·學而》：“禮之用，和爲貴。先王之道，斯爲美。小大由之。有所不行，知和而和，不以禮節之，亦不可行也。”朱熹集注：“禮者，天理之節文，人事之儀則也。和者，從容不迫之意。蓋禮之爲體雖嚴，然皆出於自然之理，故其爲用，必從容而不迫，乃爲可貴。”故以“和”應“節嚴”，意謂應當既嚴肅又恰到好處地對待和運用禮。“父”爲男子美稱。

應　檟 明人。字子材。

《左傳·哀公十一年》：“樹吾墓檟，檟可材也。”《孟子·告子上》：“今有場師，舍其梧檟，養其樲棘，則爲賤場師焉。”趙岐注：“梧，桐。檟，梓。”孫奭疏：“檟，山楸也。……梧、檟可以爲琴瑟材，是良木。”檟樹即楸樹，古人以爲良材。故以“材”應“檟”，意謂希望成爲如檟之良材。“子”爲男子美稱，以爲飾。

應　璩 三國魏人。字休璉。

《玉篇·玉部》：“璩，玉名。”漢鄒陽《酒賦》：“綃綺爲席，犀璩爲鎮。”唐段成式《酉陽雜俎·禮異》：“凡節，守國用玉節……戰鬬用璩。”璉，瑚璉，參見其兄“應瑒”條。休，美、善。《爾雅·釋詁》：“休，美也。”故以“休璉”應“璩”。兄弟共用一“璉”字，以爲家族行輩標識。

應　繇 宋人。字之道。

“繇”與“繇”音同，可假作“由”。《論語·雍也》：“子曰：‘誰能出不由户？何莫由斯道也？’”故以“之道”應“繇”，志在遵行仁義之道。

應 灃 清人。字仔傳。

《詩·大雅·文王有聲》：“豐水有芑，武王豈不仕！詒厥孫謀，以燕翼子。”鄭玄箋：“詒，猶傳也。孫，順也。豐水猶以其潤澤生草，武王豈不以其功業爲事乎？以之爲事，故傳其所以順天下之謀，以安其敬事之子孫，謂使行之也。”《後漢書·班彪傳》：“昔成王之爲孺子，出則周公、邵公、太（公）史佚，入則大顛、閎夭、南宫括、散宜生，左右前後，禮無違者，故成王一日即位，天下曠然太平。是以《春秋》：‘愛子教以義方，不納於邪。驕奢淫佚，所自邪也。’《詩》云：‘詒厥孫謀，以宴翼子。’言武王之謀遺子孫也。”仔，方言謂兒子。“仔傳”之“仔”，當指詩中所言成王，爲武王傳其所以順天下之謀者。“灃”即“豐水”。以“仔傳”應“灃”，乃概括《詩》義，謂景仰文王教子有道也。

應 顥 明人。字文明。

《説文·頁部》：“顥，白貌。……南山四顥。”段玉裁注：“皇甫士安《高士傳》曰：‘四皓，皆河内軹人……’《張良傳》注：‘商山四皓’。”《廣雅·釋訓》：“皓皓，明也。”則“顥”也有“明”義。故以“明”應“顥”。飾以“文”字，取《易·乾卦》“天下文明”之義。

應 讓 清人。字地山。

原名謙。《易·謙卦》：“謙：亨，君子有終。象曰：地中有山，謙。”高亨注：“《謙》之外卦爲坤，内卦爲艮。坤爲地，艮爲山。然則《謙》之卦象是‘地中有山’。地卑而山高，地中有山是内高而外卑。謙者，才高而不自許，德高而不自矜，功高而不自居，名高而不自譽，位高而不自傲，皆是内高而外卑，是以卦名曰《謙》。”故以“地山”應“謙”，以合卦象之義。讓，即謙讓。《書·堯典》：“允恭克讓。”孔穎達疏：“又能信實恭勤，善能謙讓。”更名“讓”，與原名“謙”仍相諧。

應 麟 清人。字囿呈。

漢揚雄《羽獵賦》：“昔在二帝三王……故甘露零其庭，醴泉流其唐，鳳皇巢其樹，黄龍遊其沼，麒麟臻其囿，神爵棲其林。”古人以爲麒麟等異獸珍奇之物，皆上天對有德帝王所呈示的祥瑞之兆。故取《羽獵賦》文義，以“囿呈”與姓名“應麟”相呼應，意謂企盼天呈瑞應、囿臻麒麟之盛世。

〔戴〕

戴三錫 清人。字晉藩。

《易·晉卦》：“晉：康侯用錫馬蕃庶，晝日三接。”“藩”與“蕃”通。故以“晉藩”應“三錫”，以概括卦辭之義。

戴士衡 明人。字章尹。

《詩·商頌·長發》：“允也天子，降予卿士，實維阿衡，實左右商王。”毛傳：“阿衡，伊尹也。”孔穎達疏：“上天子而愛之，下大賢之人予之，使爲卿士。此卿士者，實爲阿衡之官。……成湯佐命之臣唯伊尹耳，故知阿衡是伊尹也。伊是其氏。尹，正也。言其能正天下，故謂之伊尹。阿衡，則其官名也。……阿衡爲公官，此言卿士者，三公兼卿士也。”故以“尹”應“士衡”，以概括經、傳文義，表示對伊尹之敬慕。《詩·小雅·都人士》：“彼都人士，狐裘黄黄。其容不改，出言有章。……彼都人士，充耳琇實。彼君子女，謂之尹吉。”故又取此文義，以“章”應“士”，兼以飾“尹”。

戴大有 清人。字書年。

《公羊傳·桓公三年》：“有年何以書？以喜書也。大有年何以書？亦以喜書也。”

戴大賓 明人。字賓仲。

《論語·顏淵》：“仲弓問仁。子曰：‘出門如見大賓。使民如承大祭。’”故取名“大賓”。《左傳·僖公三三年》：“出門如賓，承事如祭，仁之則也。”故以“賓”應“大賓”。綴以“仲”，表行第居次。

戴 中 明人。字師中。

《禮記·中庸》：“喜怒哀樂之未發謂之中，發而中節謂之和。中也者，天下之大本也。”故以“師中”應“中”，意謂當循聖人之教，惟“中和”之德是法。

戴之邵 宋人。字才美。

“邵”通“卲”。《廣雅·釋詁》：“卲，高也。”王念孫疏證：“卲，各本訛作邵。”《小爾雅·廣詁》：“卲，美也。”之卲，猶“之美”。《論語·泰伯》：“子曰：‘如有周公之才之美，使驕且吝，其餘不足觀也已。”邢昺疏：“此章戒人驕吝也。”故以“才美”應“之邵”，以概括經義，意在誡己不可驕吝也。

戴名世 清人。字田有。

《孟子·公孫丑下》：“五百年必有王者興，其間必有名世者。”故以“有”應“名世”。《詩·小雅·信南山》：“中田有廬，疆埸有瓜。”故又因“有”而飾以“田”。

戴 亨 宋人。字子元。

《易·乾卦》：“元亨利貞。”故以“元”應“亨”。飾以“子”，乃男子美稱。

戴君恩 明人。字紫宸。

紫宸殿，唐宋時皇宫之正殿。臣下以能在此殿謁見天子爲最高榮耀。唐杜甫《太歲日》詩：“閶闔開黄道，衣冠拜紫宸。榮光懸日月，賜與出金銀。”九家集注：“唐韓臯爲中丞，常有所陳，必於紫宸殿對。百寮而請，未嘗詣便殿……紫宸，正殿名。”故以“紫宸”應“君恩”，意謂於紫宸殿被接見，乃君賜之恩寵。

戴良齊 宋人。字彦肅。

《爾雅·釋詁》：“肅、齊，疾也。”又《釋訓》：“美士爲彦。”《三國志·魏志·徐胡二王傳論》：“可謂國之良臣，時之彦士矣。”“肅”與“齊”、“彦”與“良”皆義同或義近，故以“彦肅”應“良齊”。

戴 迅 宋人。字幾仲。

《易·繫辭下》：“君子見幾而

作，不俟終日。”孔穎達疏：“君子既見事之幾微，則須動作而應之，不得待終日，言赴幾之速也。”故以“幾”應“迅”，意謂見事幾微，赴之迅速，乃君子之行也。

戴　侗　宋人。字仲達。

《廣韻·上董》：“侗，直也。”《莊子·庚桑楚》：“能侗然乎？”郭象注：“無節礙也。”無節礙即是通。陸德明釋文：“直而無累之謂。《三蒼》云：殼直貌。”《荀子·君道》：“材技官能，莫不治理，則公道達而私門塞矣。”《玉篇·辵部》：“達，通也。”侗、達義近，故以“達”應“侗”。飾以“仲”，表行第居次。

戴　冠

① 明人。字章甫。

《禮記·儒行》：“丘少居魯，衣逢掖之衣；長居宋，冠章甫之冠。”《論語·先進》：“‘赤，爾何如？’對曰：‘非曰能之，願學焉。宗廟之事，如會同，端章甫，願爲小相焉。’”朱熹集注：“章甫，禮冠。相，贊君之禮者。小，亦謙辭。”以“章甫”應“冠”，既屬連類而及，又係暗用公西華願爲小相之典。意謂自己亦願傚其後，端章甫，爲贊君禮之小相。

② 明人。字仲鶡。

《後漢書·輿服志下》：“武冠，俗謂之大冠……加雙鶡尾，豎左右，爲鶡冠云。五官、左右虎賁、羽林、五中郎將、羽林左右監皆冠鶡冠……”故以“鶡”應“冠”，飾以“仲”，表行第居次。

又，“鶡冠”乃隱者之冠。唐杜甫《小寒食舟中作》詩：“佳辰强飲食猶寒，隱几蕭條戴鶡冠。”仇兆鰲注：“趙注：鶡冠，隱者之冠。”《四庫全書簡明目録·子部·雜家類》：“《鶡冠子》三卷，是書《漢志》著録，即佚其名氏，但知爲楚隱士爾。”此乃連姓成文。明自嘉靖，此風極盛。清初猶然。

戴　奎　明人。字文祥。

《吕氏春秋·季夏紀》：“季夏之月，日在柳，昏心中，旦奎中。”高誘注：“奎，西方宿。”奎宿，爲二十八宿西方白虎七宿之首。古人認爲它主文章，兆文運。唐徐堅《初學記》卷二十一引《孝經援神契》：“奎主文章，蒼頡效象。”宋均注：“奎星屈曲相鉤，似文字之畫。”故以“文”應“奎”，綴以“祥”，意謂奎宿乃文章文人文運之祥瑞。

戴思恭　明人。字原禮。

《論語·學而》：“恭近於禮，遠恥辱也。因不失其親，亦可宗也。”朱熹集注：“致恭而中其節，則能遠恥辱矣。不失其可親之人則亦可以宗而主之矣。此言人之言行交際，皆當謹之於始而慮其所終，不然，則因仍苟且之間，將有不勝其自失之悔者矣。”《廣雅·釋詁》：“宗、原，本也。”故以“原禮”應“思恭”，以概括經傳之義。

戴　昺　宋人。字景明。

昺，同“炳”。《集韻·上梗》：“炳，昞，《説文》：‘明也。’亦書作昺。”漢班固《白虎通·五行》：“其曰丙丁，丙者，其物炳明。”故以“明”應“昺”，飾以“景”。“景”謂日光，引申爲廣大。《爾雅·釋詁》：“景，大也。”

戴　冑　唐人。字玄胤。

《説文·肉部》：“冑，胤也。”故以“胤”應“冑”，又因“胤”飾以“玄”。《漢書·叙傳上》：“系高頊之玄冑兮。”王先謙補注引王先慎曰：“玄，遠也。言本高頊之遠冑也。”故“玄”亦應“冑”。

戴　述　宋人。字明仲。

《禮記·樂記》：“故知禮樂之情者能作，識禮樂之文者能述。作者之謂聖，述者之謂明，明、聖者，述、作之謂也。”故以“明”應“述”，以概括經義。綴以“仲”，表行第居次。

戴祖啓　清人。字敬咸。

《僞古文尚書·君牙》：“嗚呼，丕顯哉！文王謨。丕承哉！武王烈。啓祐我後人。咸以正罔缺。爾惟敬明乃訓，用奉若于先王。……率乃祖考之攸行，昭乃辟之有乂。”故以“敬咸”應“祖啓”，以概括經義。

戴章甫　明人。字元禮。

《論語·先進》：“端章甫，願爲小相焉。”朱熹集注：“章甫，禮冠。相，贊君之禮者。小，亦謙辭。”故以“禮”應“章甫”，以概括經傳文義。飾以“元”，謂原本於禮。此乃連姓成文。

戴　淵　晉人。字若思。

《書·大誥》：“已！予惟小子，若涉淵水，予惟往求朕所濟。”故以“若”應“淵”，又因“若”綴以“思”。漢潘勖《册魏公九錫文》：“永思厥艱，若涉淵水。”以“若思”應“淵”，意在告誡自己時刻不忘危險艱難，若涉深淵，以求成功。

戴　笠　清人。字耘野。

《初學記》卷十八引晉周處《風土記》：“卿雖乘車我戴笠，後日相逢下車揖。”戴笠，代稱在田野勞作之農夫，亦以喻貧賤。《詩·周頌·良耜》：“畟畟良耜，俶載南畝，播厥百穀，實函斯活。或來瞻女，載筐及筥，其饟伊黍，其笠伊糾，其鎛斯趙，以薅荼蓼。”孔穎達疏：“毛以爲農人以畟畟然利刃善耜，始事於南畝而耕之，種其百衆之穀，其實皆含此當時生之氣，故生而漸長。農人事而芸之，於是有來視汝之農人者……見其農夫所戴之笠維糾然。其田器之鎛，以此趙而刺地，以薅去荼蓼之草。”耘、芸通。《詩·周頌·載芟》：“千耦其耘。”陸德明釋文：“芸音云，本又作耘，除草也。”又《小雅·甫田》：“或耘或耔。”毛傳：“耘，除草也。”陸德明釋文：“耘，本又作芸。”故以“耘野”應“戴笠”，既用《良耜》之義，又連姓成文，言其乃戴斗笠耘於田野之農夫。

戴　欽　明人。字時亮。

《書·舜典》：“帝曰：‘咨！汝二十有二人。欽哉，惟時亮天功。’”

戴　焴　元人。字晉翁。

《玉篇·火部》：“焴，同煜。煜，火焰也，又盛貌。”《易·晉卦》“坤下離上”，“彖曰：晉，進也。明出地上。順而麗乎大明。”《易·説卦》:“離爲火、爲日,爲電。”高亨今注:“火、日、電皆光明之物。”《晉卦》離在上,離爲火、日、電,故以“晉”應“焨”。綴以“翁”,乃宋、元習尚所用綴飾字。

戴 琥 明人。字廷節。

《説文·玉部》:“琥,發兵瑞玉,爲虎文。從玉從虎,虎亦聲。”桂馥義證:“《三禮圖》:‘白琥以玉,長九寸,廣五寸,刻伏虎,形高三寸。’……發兵瑞玉爲虎文者,趙宧光曰:‘古玉虎符,扁體,不全形,不敵體,亦無字,故曰虎文。與瓏同義。《後漢書》杜詩上書曰:舊制發兵皆以虎符。’馥案:漢有虎符,以銅爲之。《漢書》:‘文帝初,與郡守爲銅虎符。’張晏曰:‘符以代古之圭璋,從簡易也。’馥謂:圭璋即琥類。”發兵瑞玉,乃朝廷所頒符節,故以“廷節”應“琥”。

戴 璟 明人。字孟光。

《廣韻·上梗》:“璟,玉光彩。”故以“光”應“璟”。飾以“孟”,表行第居長。

戴 逵 晉人。字安道。

《爾雅·釋宫》:“一達謂之道路,二達謂之歧旁,三達謂之劇旁,四達謂之衢,五達謂之康,六達謂之莊,七達謂之劇驂,八達謂之崇期,九達謂之逵。”故以“道”應“逵”。又因道而飾以“安”,意謂安貧樂道。

戴 進 明人。字文進。

《論語·先進》:“子曰:‘先進於禮樂,野人也;後進於禮樂,君子也。如用之,則吾從先進。”朱熹集注:“程子曰:先進於禮樂,文質得宜,今反謂之質樸而以爲野人。後進之於禮樂,文過其質,今反謂之彬彬,而以爲君子。蓋周末文勝,故時人之言如此,不自知其過於文也。”故以“文進”應“進”,以概括經傳文義。

戴 楫 清人。字汝舟。

《僞古文尚書·説命上》:“若濟巨川,用汝作舟楫。”

戴 溪 宋人。字肖望。

《史記·齊太公世家》:“太公望吕尚者,東海上人……吕尚蓋嘗窮困,年老矣,以漁釣奸周西伯。”張守節正義引酈道元云:“磻磎中有泉,謂之兹泉。泉水潭積,自成淵渚,即太公釣處,今人謂之凡谷。石壁深高,幽篁邃密,林澤秀阻,人跡罕及,東南隅有石室,蓋太公所居也。水次有磻石可釣處,即太公垂釣之所。其投竿跪餌,兩膝遺跡猶存,是有磻磎之稱也。”故以“望”應“溪”,乃用太公望嘗釣於磻溪之典。飾以“肖”,意謂願倣傚吕尚,佐明君而成大業。

戴 熙 清人。字鹿牀。

《晏子春秋·内篇雜下十》:“聖人非所與熙也,寡人反取病焉。”張純一校注:“熙,音義作嬉。云一本作熙。《説文》‘娭,説樂也。’”《説文·火部》:“熙,燥也。”朱駿聲通訓:“熙,叚借爲嬉。”《孟子·盡心上》:“孟子曰:‘舜之居深山之中,與木石居,與鹿豕遊。其所以異於深山之野人者幾希。’”《廣雅·釋詁》:“嬉,遊,戲也。”故以“鹿”應“熙”,言如舜帝,曾與鹿豕遊戲。因“鹿”而綴以“牀”,《梁書·處士傳·阮孝緒》:“所居室唯有一鹿牀,竹樹環繞。”“鹿牀”乃山野處士坐卧之具,其義爲與鹿豕遊戲者。

戴 聖 漢人。字次君。

《僞古文尚書·説命上》:“説復于王曰:‘惟木從繩則正,后從諫則聖。后克聖,臣不命其承。’”孔傳:“言木以繩直,君以諫明。君能受諫,則臣不待命其承意而諫之。”《爾雅·釋詁》:“后,君也。”故以“君”應“聖”。

戴嘉猷 明人。字獻之。

《僞古文尚書·君陳》:“爾有嘉謀嘉猷,則入告爾后于内,爾乃順之于外。”孔傳:“汝有善謀善道,則入告汝君於内。”告之君后,即獻之于君。故以“獻之”應“嘉猷”,以概括經義。

戴 槃 清人。字澗鄰。

《詩·衛風·考槃》:“考槃在澗,碩人之寬。”孔穎達疏:“此篇毛傳所説不明。但諸言碩人者,傳皆以爲大德之人。卒章‘碩人之軸’,傳訓軸爲進。則是大德之人進於道義也。”《論語·里仁》:“子曰:‘德不孤,必有鄰。’”故以“澗”應“槃”,以概括《考槃》之義。又因詩中所言碩人乃“大德之人”,遂取《里仁》之文義,應之以“鄰”。

戴 蒙 宋人。字養伯。

《易·蒙卦》:“彖曰:蒙以養正,聖功也。”故以“養”應“蒙”。綴以“伯”,表行第居長。

戴 蒼 明人。字葭湄。

《詩·秦風,蒹葭》:“蒹葭蒼蒼,白露爲霜。”又:“所謂伊人,在水之湄。”故以“葭湄”應“蒼”,以概括《詩》義。

戴 遠 清人。字士宏。

《論語·泰伯》:“曾子曰:‘士不可以不弘毅,任重而道遠。’”《爾雅·釋詁》:“弘,宏,大也。”故以“士宏”應“遠”。

戴 德 漢人。字延君。

《書·君奭》:“天不可信,我道惟寧王德延。”公、君、卿爲漢人習尚綴飾。

戴德彝 明人。字邦倫。

《書·洪範》:“禹乃嗣興,天乃錫禹《洪範》九疇,彝倫攸叙。”孔穎達疏:“禹以聖德繼父而興,代治洪水,決道使通。天乃賜禹大法九類,天之常道,所以得其次叙。”故以“倫”應“德彝”,以概括經義。又因“倫”而飾以“邦”,意謂天之常道,即治理邦國之常道。

戴 震 清人。字東原。

《易·説卦》:“萬物出乎震。震,東方也。”故以“東”應“震”。《爾雅·釋地》:“廣平曰原。可食者曰原。”郭璞注:“可種穀給食。”東方主春,春乃耕作種穀於原上。故因“東”而綴以“原”。又或取《書·禹貢》:“東原底平。”

戴 憑 漢人。字次仲。

《書·顧命》:“相被冕服,憑玉几。”陸德明釋文:“憑,《説文》

作‘凭’。云:‘依，倚也。’”唐杜甫《宿江邊閣》詩:“高齋次水門。”次、憑義近，皆有靠、近義。故以“次”應“憑”。綴以“仲”，謂行第居次。

戴　璣　清人。字利衡。

《書·舜典》:“在璿璣玉衡，以齊七政。”《後漢書·天文志上》:“天地設位，星辰之象備矣。”劉昭注引《星經》:“琁璣者，謂北極星也。玉衡，謂斗七星也。”故以“衡”應“璣”。《史記·天官書》“北斗七星”司馬貞索隱引《春秋運斗樞》云:“斗，第一天樞，第二旋，第三璣，第四權，第五衡，第六開陽，第七摇光。”北斗七星“璣”“衡”之間者乃“權”，而“權”於文有權衡利害之義。《商君書·算地》:“窮則生知而權利。”故因“衡”而飾以“利”，“利”暗指“權”星，故實乃以“權衡”應“璣”。

戴　羲　明人。字馭長。

《楚辭·離騷》:“吾令羲和弭節兮，望崦嵫而勿迫。”王逸注:“羲和，日御也。”“御”通“馭”。明高啓《廣陵孫孝子愛日堂》詩:“只愁老景苦駸駸，羲馭西馳疾飛鞚。”故以“馭”應“羲”。羲和爲日馭，自爲馭者之長，故因“馭”而綴以“長”。

戴　檟　明人。字育之。

《説文·木部》:“檟，楸也。”桂馥義證:“《書》‘扑作教刑’鄭注:‘扑，檟楚也。’”《文選·劉孝標〈廣絶交論〉》:“故王丹威子以檟楚。”劉良注:“檟楚，杖也。”《陳書·新安王伯固傳》:“國學有墯遊不脩習者，重加檟楚。”唐皮日休《原親》:“吾觀夫今之世，誨其子者，必檟肌篣骨。”《易·蒙卦》:“彖曰:君子以果行育德。初六，發蒙，利用刑人。……象曰:利用刑人，以正法也。”王弼注:“育德者，養正之功也。”孔穎達疏:“以正其法制，不可不刑矣，故刑罰不可不施於國，鞭扑不可不施於家。”“檟”乃刑具，既以誨子弟，又以正法制，在國在家，均藉以成育德養正之功。故以“育之”應“檟”。

戴聯奎　清人。字紫垣。

奎，指二十八宿之奎宿。《初學記》卷二一引《孝經援神契》:“奎主文章。”清侯方域《賈生傳》:“賈生乃辭歸里，凡七應舉，不第。作長歌云:‘自從廿載落魄餘，不信天上有奎宿。’”古人既以“奎宿”主文運及文章，又以“奎堂”稱科舉之考場，并美稱在鄉試、會試中接連考取第一名爲“聯魁”。明葉憲祖《鸞鎞記·廷獻》:“休説文齊福乃齊，日家許我定聯奎。”“聯奎”即“聯魁”。以“魁”不雅，故以“奎”諧“魁”。參見顧炎武《日知録》卷三二“魁”條。紫垣，指紫微垣，古代星官名，位於帝座北極星周圍。唐代開元元年取紫微垣處帝座周旁之義，改中書省爲紫微省。入仕紫微省，乃後代士人夢寐所求者。唐李嘉祐《和張舍人中書宿直》:“漢主留才子，春城直紫微。”唐杜甫《奉漢中王手札》詩:“入期朱邸雪，朝旁紫微垣。”故以“紫垣”應“聯奎”，意謂企冀文運亨通，科舉考試聯魁而捷，進而得以入直紫垣，得任清要之職。

戴　鎬　清人。字芑塘。

《詩·大雅·文王有聲》:“考卜維王，宅是鎬京。……豐水有芑，武王豈不仕。”故以“芑”應“鎬”，以概括《詩》義。綴以“塘”，乃明清時尚綴飾字。

戴　顒

①南朝宋人。字仲若。

《易·觀卦》:“觀:盥而不薦，有孚顒若。”故以“若”應“顒”。“仲”表行第居次。

②明人。字師觀。

《易·觀卦》:“觀:盥而不薦，有孚顒若。”孔穎達疏:“觀者，王者道德之美而可觀也。……此是下之效上，因觀而皆化之矣。故觀至盥則有孚顒若者。”“下之效上”，即相師法也。故以“師觀”應“顒”。

戴衢亨　清人。字荷之。

《易·大畜》:“上九，何天之衢，亨。”《説文·人部》:“何，儋也。”段玉裁注:“何，俗作荷。儋之俗作擔也。《商頌》:‘百禄是何。’‘何天之休。’‘何天之龍。’傳曰:‘何，任也。’箋云:‘謂擔負。’《周易》‘何天之衢’王肅云:‘何，荷擔也。’”故以“荷之”應“衢亨”，以用卦爻辭之義。

戴　纓　明人。字清之。

《孟子·離婁上》:“滄浪之水清兮，可以濯我纓;滄浪之水濁兮，可以濯我足。”

〔檀〕

檀良翰　明人。字少中。

《詩·大雅·崧高》:“維申及甫，維周之翰。……周邦咸喜，戎有良翰。”鄭玄箋:“申，申伯也。甫，甫侯也。皆以賢知入爲周之楨榦之臣。”申伯、甫侯皆周王的輔佐大臣，周室的棟梁，故稱“良翰”。明代内閣大政由翰林院學士、編修、檢討等主持，他們就是實際上的宰相。别稱爲“中翰”。故以“中”應“良翰”，既概括《詩》義，又有頌美當代朝廷宰輔和兼表個人期望成爲中翰良臣之願望。“少”爲修飾用字。或表謙遜、行第。

檀　珪　南朝宋人。字伯玉。

《説文·土部》:“珪，古文珪從玉。”《書·金縢》:“周公立焉，植璧秉珪，乃告大王、王季、文王。”“珪”爲祭祀朝聘之玉制禮器，故以“玉”應之。“伯”表行第居長。

檀　祗　南朝宋人。字恭叔。

《書·皐陶謨》:“願而恭……日嚴祗敬六德，亮采有邦。”故以“恭”應“祗”，以概括經義。“叔”行第居於又次。

檀　凱　明人。字伯和。

《詩·邶風·凱風》:“凱風自南，吹彼棘心。”孔穎達疏:“李巡曰:‘南風長養萬物，萬物喜樂。’”又《大雅·泂酌》:“豈弟君子，民之父母。”毛傳：“樂以强教之，易以説安之，民皆有父之尊、有母之親。”孔穎達疏：“《傳》‘樂以’至‘之親’，皆《孔子閒居》之文也。……樂者人之所愛，當自强以教之；易謂性之和悦，當以安民。”按，《禮記·孔子閒居》引《泂酌》作“凱弟君子”。凱、和義近，皆有樂義。南朝梁王筠《昭明太子哀策文》：“外弘莊肅，内含和愷。”“和愷”即“和凱”。故以“和”應“凱”。“伯”表行第居長。

檀　超　南朝齊人。字悦祖。

《廣雅·釋詁》：“超、祖，遠也。”《論語·子路》：“子曰：‘近者悦，遠者來。’”

檀道鸞　南朝宋人。字萬安。

《詩·小雅·蓼蕭》：“和鸞雝雝，萬福攸同。”又《蓼蕭序》：“蓼蕭，澤及四海也。”孔穎達疏：“謂時王者恩澤被及四海之國也，使四海無侵伐之憂，得風雨之節。”天子乘鸞和之車降見來朝諸侯，足見恩澤被及四海，萬福攸同，風調雨順，天下安定。故以“萬安”應“鸞”，以合《詩》義。

檀　韶　南朝宋人。字令孫。

《集韻·平蕭》：“韶，美也。”《爾雅·釋詁》：“令，善也。”韶、令義近，故以“令”協“韶”。“孫”爲綴飾。

檀　敷　漢人。字文有。

《僞古文尚書·大禹謨》：“文命敷於四海，祗承于帝。……皇天眷命，奄有四海，爲天下君。”故以“文有”應“敷”，以概括經義。

檀　翥　後魏人。字鳳翔。

《孔子家語·好生》：“鳳翔麟至。”晉陸機《浮雲賦》：“鸞翔鳳翥。”鸞鳳飛翔，是祥瑞之兆。故以“鳳翔”應“翥”。

檀憑之　晉人。字慶子。

《詩·大雅·卷阿》：“有馮有翼，有孝有德。”毛傳：“道可馮依，以爲輔翼也。”陸德明釋文：“馮，本又作憑。”鄭玄箋：“有孝，斥成王也。”《詩·小雅·楚茨》：“孝孫有慶，報以介福，萬壽無疆。”故以“慶”應“憑”，以概括《詩》義。子爲男子美稱，以爲綴飾。

〔濮〕

濮陽成　明人。字子義。

濮陽，複姓。《論語·衛靈公》：“志士仁人，無求生以害仁，有殺身以成仁。”《孟子·告子上》：“生，亦我所欲也；義，亦我所欲也。二者不可得兼，舍生而取義者也。”“殺身成仁”或“舍生取義”是古代志士仁人常以自勵的道德準則。《北史·崔鑒崔模等傳論》：“殺身成義，臨難如歸，非大丈夫亦何能若此矣！”故以“義”應“成”，飾以“子”字。

濮陽瑾　明人。字良玉。

《説文·玉部》：“瑾，瑾瑜，美玉也。”故以“良玉”應“瑾”。

〔繆〕

繆元吉　明人。字伯旋。

《易·履卦》：“上九，視履考祥，其旋元吉。”

繆主一　元人。字天隱。

《朱子語類》卷一二〇：“程子所謂主一無適，主一只是專一。”《莊子·大宗師》：“古之真人……故其好之也一，其弗好之也一。其一也一，其不一也一。其一與天爲徒，其不一與人爲徒。天與人不相勝也，是之謂真人。”隋王通《中説·周公》：“至人天隱，其次地隱，其次名隱。”以“天隱”應“主一”，意謂崇慕古之真人，專心不二，争取達到至人天隱的最高境界。按，繆主一由宋入元，宋亡，隱居教授。

繆仲萸　明人。字醇之。

《詩·小雅·伐木》：“伐木許許，釃酒有萸。”毛傳：“萸，美貌。”孔穎達疏：“故舊今以筐釃其酒，有萸然而美，與之燕飲焉。”《玉篇·艸部》：“萸，酒之美也。”萸，指美酒醇厚不澆。故以“醇”應“萸”。“之”爲綴飾。

繆希雍　明人。字仲醇。

宋代邵雍，學問廣博深厚，尤長於象數之學，有《皇極經世書》等傳世，爲一代醇儒，後世尊稱邵子（參見《宋史·邵雍傳》）。以“醇”應“雍”，意在稱揚邵雍，以示追慕之情。

繆　彤

① 漢人。字豫公。

《詩·小雅·彤弓》：“彤弓弨兮，受言載之。我有嘉賓，中心喜之。”毛傳：“喜，樂也。”朱熹集傳：“《春秋傳》：甯武子曰：‘諸侯敵王所愾，而獻其功，於是乎賜之彤弓一，彤矢百，玈弓矢千，以覺報宴。’注曰：‘……謂諸侯有四夷之功，王賜之弓矢，又爲歌《彤弓》以明報功宴樂。’”《詩·小雅·白駒》：“爾公爾侯，逸豫無期。”《爾雅·釋詁》：“豫，樂也。”故以“豫公”應“彤”，以概括《詩》義。

② 清人。字歌起。

《詩·小雅·彤弓》：“彤弓弨兮，受言藏之。我有嘉賓，中心貺之。”鄭玄箋：“王意殷勤於賓，故歌序之。”孔穎達疏：“是中心誠實非飾貌矯情，是殷勤於賓也。由王如此，故復作詩，歌而叙之，解此彤弓之意。以王中心之實，故歌之以示法耳。”故以“歌起”應“彤”。

繆宗周　明人。字惟静。

《僞古文尚書·周官》：“惟周王撫萬邦，巡侯甸，四征弗庭，綏厥兆民，六服羣辟，罔不承德，歸于宗周，董正治官……庶政惟和，萬國咸寧。”孔傳：“四面征討諸侯之不直者，所以安其兆民……萬國皆安，所以爲正治。”綏、寧皆與“静”義近。故以“静”協之，與“宗周”相應，以概括經義。

繆　泳　清人。字于野。

原名永謀，字天自。《僞古文尚書·太甲上》：“天監厥德，用集大命，撫綏萬方。……自周有終，相亦惟終……慎乃儉德，惟懷永圖。”孔傳：“言當以儉爲德，思長世之謀。”故以“天自”應“永謀”，以概括經義。

更名泳，字于野。《詩·魏風·碩鼠》：“逝將去汝，適彼樂郊。樂郊樂郊，誰之永號！”“泳”與“永”通，《説文·水部》：“泳，潛行水中也。”元戴侗《六書故》：“潛行水中謂之永。《詩》云：‘漢之廣矣，不可永思。’”按，今本《詩·周南·漢廣》作“不可泳思”。“郊”與“野”義近。《爾雅·釋地》：“邑外謂之郊，郊外謂之牧，牧外謂之野。”故以“野”代“郊”與“永”相應，以概括“樂郊樂郊，誰之永號”之義。

又字潛初。“潛”與“泳”義近，《説文·水部》：“泳，潛行水中也。”故以“潛”應“泳”，又因“潛”而綴以“初”字，“潛初”，謂賢德之士未遇之時。晉葛洪《抱朴子·嘉遯》：“潛初飛五，與時消息。”以“潛初”爲字，又含有待時而沽，懷才未遇之慨。

繆　胤　晉人。字休祖。

《國語·周語下》：“胤也者，子孫蕃育之謂也。”休，引申爲蔭庇。《周書·静帝紀》：“藉祖考之休，憑宰輔之力。”以“休祖”應“胤”，意謂借祖考遺德蔭庇，子孫後代定能蕃衍昌盛。

繆　恭　明人。字思敬。

《孟子·告子上》：“恭敬之心，人皆有之；……恭敬之心，禮也；是非之心，智也。仁、義、禮、智，非由外鑠我也，我固有之也，弗思耳矣。故曰：‘求則得之，舍則失之。’”故以“思敬”應“恭”，謂當追求恭敬之德。

繆　梓　清人。字南卿。

《國語·楚語上》：“晉卿不若楚，其大夫則賢，其大夫皆卿材也，若杞、梓、皮革焉，楚實遺之。”韋昭注：“杞、梓，良材也。”楚國在南方，故以“南卿”應“梓”，以合《楚語》文義，意謂希望成爲南國之梓，以作卿材。

繆　斐　漢人。字文雅。

《説文·文部》：“斐，分别文也。《易》曰：‘君子豹變，其文斐也。’”《禮記·大學》：“有斐君子，如切如磋，如琢如磨。”鄭玄注：“斐，有文章貌也。”故以“文”應“斐”，綴以“雅”字爲飾。

繆　樗　明人。字全之。

《莊子·逍遥遊》：“吾有大樹，人謂之樗，其大本擁腫而不中繩墨，其小枝卷曲而不中規矩，立之涂，匠者不顧……不夭斤斧，物無害者，無所可用，安所困苦哉？”王先謙集解：“狸狌之不得其死，斄牛之大而無用，不如樗樹之善全。”郭慶藩集釋：“乖俗會道，可以攝衛，可以全真。”故以“全之”應“樗”，取莊子無用得全之義，亦示己謙退之義。

繆　謨　清人。字丕文。

《僞古文尚書·君牙》：“嗚呼！丕顯哉，文王謨。”故以“丕文”應“謨”。

又字虞臯。《書·大禹謨》：“臯陶矢厥謨，禹成厥功，帝舜申之，作《大禹》《臯陶謨》《益稷》。”帝舜之先封於虞，世稱虞舜。故以“虞臯”應“謨”，以志臯陶向舜所陳之謨。

〔藍〕

藍　仁　明人。字静之。

《論語·雍也》：“子曰：‘知者樂水，仁者樂山。知者動，仁者静。知者樂，仁者壽。’”朱熹集注：“程子曰：非體仁知之深者不能如此形容之。”故以“静之”應“仁”。

藍元枚　清人。字簡侯。

枚，指以枚卜之法選用朝廷大臣。《左傳·哀公十七年》：“王與葉公枚卜子良以爲令尹。”《僞古文尚書·大禹謨》：“禹曰：‘枚卜功臣，惟吉之從。’”《明史·楊漣傳》：“國家最重無如枚卜。”《僞古文尚書·冏命》：“慎簡乃僚……其惟吉士。”孔傳：“當謹慎簡選汝僚屬侍臣。”故以“簡”應“枚”。綴以“侯”，乃男子美稱，言當被簡選至公侯之位。

藍　田　明人。字玉甫

《文選·班固〈西都賦〉》：“陸海珍藏，藍田美玉。”李善注：“范子計然曰：玉英出藍田。”唐李商隱《錦瑟》詩：“藍田日暖玉生煙。”故以“玉”應“藍田”。“藍田”乃連姓成文。綴以“甫”，乃男子美稱。

藍廷珍　清人。字荆璞。

《史記·李斯列傳》：“今陛下致昆山之玉，有隨、和之寶，垂明月之珠……必爲秦國之所生然後可，則是夜光之璧不飾朝廷。”《文選·張衡〈西京賦〉》：“爰有藍田珍玉，是之自出。”珍玉生於藍田，乃可飾於朝廷之寶，故連姓成文，取名“藍廷珍”。晉傅玄《傅子·闕題》：“必得崑山之玉而後寶，則荆璞無夜光之美；必須南國之珠而後珍，則隨珠無明月之稱。”《文選·盧諶〈答魏子悌〉詩》：“恨無隨侯珠，以酬荆文璧。”李善注：“楚人卞和得璞玉於荆山之中，文王即位，乃使理其璞，得寶焉。”漢班固《答賓戲》：“先賤而後貴者，和隨之珍也。”故以“荆璞”應“廷珍”，意謂當如荆璞，終將成爲朝廷之珍。

藍　奎　宋人。字秉文。

《初學記》卷二一引《孝經援神契》：“奎主文章。”《爾雅·釋詁》：“秉執也。”《左傳·僖公二七年》：“作執秩以正其官。”杜預注：“執秩，主爵秩之官。”執、主、秉義同，“秉文”即“主文”，故以應“奎”。

藍　理　清人。字義甫。

《禮記·禮器》：“義理，禮之文也。”孔穎達疏：“禮雖用忠信爲本，而又須義理爲文飾也。”故以“義”應“理”。綴以“甫”，乃男子美稱。

藍　章　明人。字文繡。

《論語·公冶長》：“子貢曰：‘夫子之文章，可得而聞也。’”《孟子·告子上》：“令聞廣譽施於身，所以不願人之文繡也。”故以“文”應“章”，又因“文”而綴以“繡”。

藍 瑞 明人。字伯麟。

《詩·召南·麟之趾》："于嗟麟兮。"孔穎達疏："麟於五常屬信，爲瑞則應禮。"又《小序》："《麟之趾》，《關雎》之應也。"孔穎達疏："古者太平，行《關雎》之化，至極之時，以麟爲瑞。"故以"麟"應"瑞"。飾以"伯"，表行第居長。

藍 瑛 明人。字田叔。

《説文·玉部》："瑛，玉光也。"王筠句讀："瑛，蓋英之分别文。"《文選·張衡〈西京賦〉》："爰有藍田珍玉，是之自出。"薛綜注："范子計然曰：玉英出藍田。是之自出，謂玉出自藍田之中也。""玉英"同"瑛"，指美玉。美玉出自藍田，故以"田"應"瑛"。綴以"叔"，謂行第居於又次。

藍鼎元 清人。字玉霖。

《易·鼎卦》："鼎：元吉，亨。"故取名"鼎元"。又："上九，鼎玉鉉，大吉，无不利。"故以"玉"應"鼎元"。又："九三，鼎耳革……方雨虧悔，終吉。"《僞古文尚書·説命上》："若歲大旱，用汝作霖雨。"孔傳："霖，三日雨。霖以救旱。"故又以"霖"指"雨"而應"鼎元"。

藍 漣 清人。字公漪。

《詩·魏風·伐檀》："河水清且漣猗。"陸德明釋文："猗，本亦作漪。"故以"漪"應"漣"。飾以"公"，乃男子美稱。

〔謝〕

謝一魯 元人。字至道。

《論語·雍也》："子曰：'齊一變，至於魯；魯一變，至於道。'"

謝乃實 清人。字華函。

《詩·周頌·載芟》："播厥百穀，實函斯活。"故以"函"應"實"。《素問·四氣調神大論》："天地氣交，萬物華實。"北齊顔之推《顔氏家訓·勉學》："講論文章，春華也；修身利行，秋實也。"故又以"華"應"實"。

謝士元 明人。字仲仁。

《論語·泰伯》："曾子曰：'士不可以不弘毅，任重而道遠。仁以爲己任，不亦重乎？死而後已，不亦遠乎？'"故以"仁"應"士"。《公羊傳·隱公元年》："春者何？歲之始也。"何休注："春者天地開闢之端，養生之首。"徐彦疏："《乾鑿度》云：震生萬物於東方。夫萬物始生於震，震東方之卦也。陽氣施生，愛利之道，故東方爲仁矣。故言養生之首。"《爾雅·釋詁》："元，始也。"以"仁"應"元"，亦取春爲歲之元始，爲仁之義。

謝子强 宋人。字强學。

《禮記·中庸》："子路問强。子曰：'南方之强與？北方之强與？抑而强與？……故君子和而不流，强哉矯；中立而不倚，强哉矯；國有道，不變塞焉，强哉矯；國無道，至死不變，强哉矯。'"又："或生而知之，或學而知之，或困而知之。及其知之，一也。或安而行之，或利而行之，或勉强而行之，及其成功，一也。"故以"强學"應"强"，以概括經義。

謝允昌 宋人。字孝孫。

《詩·魯頌·閟宫》："萬舞洋洋，孝孫有慶。俾爾熾而昌，俾爾壽而臧。"

謝升賢 宋人。字景芳。

《楚辭·離騷》："昔三后之純粹兮，固衆芳之所在。"王逸注："衆芳，喻羣賢也。"《後漢書·劉愷傳》："今愷景仰前脩，有伯夷之節。"李賢注："景，猶慕也。前脩，前賢也。"故以"景芳"應"賢"，意謂景仰前賢，願追步其後。

謝天錫 明人。字純父。

《詩·魯頌·閟宫》："天錫公純嘏，眉壽保魯。"故以"純"應"天錫"。綴以"父"，乃男子美稱。

謝少南 明人。字應午。

漢王充《論衡·物勢》："午亦火也……南方火也。"中午太陽位於南方，古人五行説以南方屬火，十二地支之午亦屬火，故以"應午"應"南"。

一字與槐。《周禮·秋官·朝士》："朝士掌建邦外朝之法。左九棘，孤卿大夫位焉，羣士在其後；右九棘，公侯伯子男位焉，羣吏在其後；面三槐，三公位焉，州長衆庶在其後。"相傳周代外朝庭院中，天子位所面對的南面，植三槐，其下是三公面北而立朝見天子的位置。故"三槐""槐位"喻指三公之位。以"與槐"應"南"，意謂企冀能至三公之位，立南而面北，參與朝政。

謝 札 南朝梁人。字世高。

札，謂春秋吴公子季札。《左傳·襄公二九年》："吴公子札來聘。"讓國居於延陵，又稱延陵季子。《禮記·檀弓下》："孔子曰：'延陵季子，吴之習於禮者也。'"《史記·吴太伯世家論》："延陵季子之仁心，慕義無窮，見微而知清濁。嗚呼！又何其閎覽博物君子也！"宋范仲淹《吴巖寺》詩："唯有延陵逃遁去，清名高節老乾坤。"季札被視爲古之高尚之士，故以"世高"應"札"，以表對其仰慕之情。僑弟。

謝 玄 晉人。字幼安。

《廣韻·平先》："玄，寂也。"《淮南子·主術訓》："天道玄默。"《廣雅·釋詁》："寂、安，静也。"玄、安同義，故以"安"應"玄"。

謝 用 明人。字希中。

《禮記·中庸》："執其兩端，用其中於民。其斯以爲舜乎！"鄭玄注："兩端，過與不及也，用其中於民，賢與不肖皆能行之也。"故以"希中"應"用"，謂當摒棄過與不及而用中庸之道。

謝 伋 宋人。字景思。

孔子之孫孔伋，字子思，後世尊稱"述聖"。以"景思"應"伋"，是表示對子思的崇慕之情。

謝仲温 元人。字君玉。

《詩·秦風·小戎》："言念君子，温其如玉。"

謝 安 晉人。字安石。

《易·漸卦》："鴻漸于磐。"王弼注："磐，山石之安者。"

謝安時 宋人。字尚可。

《論語·微子》:"子曰:'……我則異於是,無可無不可。'"《孟子·萬章下》:"孔子之去齊,接淅而行;去魯,曰:'遲遲吾行也,去父母國之道也。'可以速而速,可以久而久,可以處而處,可以仕而仕,孔子也……孔子,聖之時者也。"又《公孫丑上》:"'子夏、子游、子張皆有聖人之一體,冉牛、閔子、顔淵則具體而微。敢問所安。'……'可以仕則仕,可以止則止,可以久則久,可以速則速,孔子也。皆古聖人也,吾未能有行焉;乃所願,則學孔子也。'"趙岐注:"此乃言我心之所庶幾,則願欲學孔子所履,進退無常,量時爲宜也。"故以"尚可"應"安時",意謂崇尚孔孟無可無不可之德,量時爲宜,安於道而已。

謝汝明 宋人。字如晦。

《書·益稷》:"以五采彰施于五色,作服,汝明。"《詩·大雅·蕩》:"既愆爾止,靡明靡晦。"《楚辭·天問》:"自明及晦,所行幾里?"明,白天,光明。晦,黑夜,昏暗。二字意義相反,故以"晦"應"明",又因"晦"飾以"如"。《詩·鄭風·風雨》:"風雨如晦,鷄鳴不已。"

謝汝韶 明人。字其盛。

《左傳·襄公二九年》:"(季札)請觀於周樂……見舞《韶箾》者,曰:'德至矣哉,大矣!如天之無不幬也,如地之無不載也。雖其盛德,其蔑以加於此矣,觀止矣。'"故以"其盛"應"韶"。

謝伯宜 宋人。字希聖。

《詩·小雅·小宛》:"人之齊聖,飲酒温克。彼昏不知,壹醉日富。各敬爾儀,天命不又。……哀我填寡,宜岸宜獄。"《文選·李康〈運命論〉》:"及其孫子思,希聖備體而未之至,封己養高,勢動人主……故曰:治亂,運也;窮達,命也;貴賤,時也。"以"聖"應"宜",乃概括《詩》義。因"聖"飾以"希",取《運命論》之文義,一則表示傚法、仰慕聖人之情;二則仍承《詩》義,慨歎人生運命之變化難測。

謝 孚 明人。字以誠。

《爾雅·釋詁》:"孚,信也。"邢昺疏:"謂誠實不欺也。"《易·中孚卦》:"中孚……九五,有孚攣如,无咎。"孔穎達疏:"處於尊位爲羣物之主,恒須以中誠交物,孚信何可暫舍。"高亨注:"此中字即忠字,誠也。孚,信也。"故以"以誠"應"孚"。

謝伯景 宋人。字景山。

《詩·小雅·車舝》:"高山仰止,景行行止。"又或取《詩·商頌·玄鳥》:"景員維河。"朱熹集傳:"景,山名,商所都也。"《詩·鄘風·定之方中》:"景山與京。"毛傳:"景山,大山。"

謝希曾 清人。字孝基。

《史記·仲尼弟子列傳》:"曾參……孔子以爲能通孝道,故授之業。作《孝經》。"曾子以孝名,故以"孝"應"曾"。又因"孝"綴以"基"。《孝經·開宗明義章》:"子曰:'夫孝,德之本也。教之所由生也。'"《集韻·平之》:"基,始也,本也。"

謝廷諒 明人。字友可。

《論語·季氏》:"友直、友諒、友多聞,益矣。"《説文·言部》:"諒,信也。"諒者可以爲友,故以"友可"應"諒"。

謝廷瓚 明人。字曰可。

《説文·玉部》:"瓚,从玉,贊聲。"段玉裁注:"蓋其字古衹作贊。"古既以"贊"作"瓚",名"瓚",字"曰可",則是以"瓚"作"贊",義爲"贊同"。可,認可,與"贊"義近。宋朱熹《與留丞相書》:"至於所乞寢罷誤恩,則又未蒙贊可。"

謝 沈 晉人。字行思。

沈,深沈。《莊子·外物》:"慰睯沈屯。"陸德明釋文引司馬云:"沈,深也。"漢趙曄《吴越春秋·越王無餘外傳》:"(禹)功未及成,愁然沈思。"故以"思"應"沈"。又因"思"而飾以"行",《論語·公冶長》:"季文子三思而後行。"一字静思。《荀子·解蔽》:"閑居静思則通。"《逸周書·官人》:"沈静而寡言,多稽而險貌,曰質静者也。"故又以"静思"應"沈"。

謝良佐 宋人。字顯道。

《論語·先進》:"所謂大臣者,以道事君,不可則止。"朱熹集注:"以道事君者,不從君之欲。不可則止者,必行己之志。"《後漢書·劉陶傳》:"斯實中興之良佐,國家之柱臣也。"良佐柱臣皆爲弼輔大臣,大臣以道事君,自當使道顯國治。故以"顯道"應"良佐"。

謝季成 宋人。字子立。

《禮記·冠義》:"君臣正,父子親,長幼和,而後禮義立。"鄭玄注:"立,猶成也。"晉李密《陳情表》:"零丁孤苦,至于成立。"故以"立"應"成",飾以"子",乃男子美稱。

謝 尚 晉人。字仁祖。

《論語·里仁》:"子曰:'我未見好仁者,惡不仁者。好仁者,無以尚之;惡不仁者,其爲仁矣,不使不仁者加乎其身。'"邢昺疏:"尚,上也。言性好仁者,爲德之最上,他行無以更上之,言難復加也。"故以"仁"應"尚"。綴以"祖"字,乃東漢以降名字習尚用字。

謝東山 明人。字少安。

晉代謝安,少有重名,累辟不出,並以疾辭,隱居會稽東山。直至四十餘,始復出,乃有"東山再起"之典。安官至司馬、司徒等要職,晉室轉危爲安多賴其力。以"安"應"謝東山",乃用謝安東山隱居,後復出之典,以表對其敬慕之情。

謝枋得 宋人。字君直。

《周禮·春官·内史》:"内史掌王之八枋之法,以詔王治。一曰爵,二曰禄,三曰廢,四曰置,五曰殺,六曰生,七曰予,八曰奪。執國法及國令之貳,以攷政事,以逆會計。"陸德明釋文:"柄,本又作枋。"賈公彦疏:"内史掌爵禄殺生之事,故執國法及國令。"得通"德"。《孟子·告子上》："所識窮乏者得我與？"焦循正義："得與德通。"内史乃執法大臣，當以直爲德。南朝梁劉勰《文心雕龍·史傳》："奸慝懲戒，實良史之直筆。"故以"直"應"枋得"，意謂直乃柄法内史之美德。飾以"君"，乃男子美稱。

謝 林 明人。字璚樹。

《荀子·勸學》："林木茂而斧斤至焉，樹成蔭而衆鳥息焉。"林、樹同義，故以"樹"應"林"。又因"樹"飾以"璚"。《説文·玉部》："璚，瓊或从矞。"《楚辭·離騷》："折瓊枝以繼佩。"洪興祖補注："《傳》曰：南方有鳥，其名爲鳳；天爲生樹，名曰瓊枝。"

謝 杰 明人。字漢甫。

《正字通·木部》："杰，今人以爲豪傑之傑。"《史記·高祖本紀》："夫運籌策帷帳之中，決勝於千里之外，吾不如子房。鎮國家，撫百姓，給餽饟，不絕糧道，吾不如蕭何。連百萬之軍，戰必勝，攻必取，吾不如韓信。此三者，皆人傑也。吾能用之，此吾所以取天下也。"故後代稱張良、蕭何、韓信爲漢代"三傑"。《三國志·吴志·步騭傳》："漢高祖擥三傑以興帝業，西楚失雄俊以喪成功。"又，諸葛亮、關羽、張飛三人亦被後世稱爲三國蜀漢三傑。（參見《三國志·蜀志·先主傳》裴注引《傅子》。）故以"漢"應"杰"，以表對這些建立豐功偉績之古人的景慕之情。綴以"甫"，乃男子美稱。

又，"漢"蓋指中國，相對外族而言。《資治通鑒·漢武帝太始四年》"秦人"胡三省注："漢時，匈奴人謂中國人爲秦人。至唐及國朝則謂中國爲漢。"又《後晉高祖天福元年》"汝輩亦大惡漢"胡三省注："北人謂南人爲漢。"以"漢"應"杰"，意謂志在成爲漢之俊杰，華夏英豪也。

謝 泌 宋人。字宗源。

《詩·陳風·衡門》："泌之洋洋，可以樂飢。"毛傳："泌，泉水也。"孔穎達疏："泌者，泉水涓流不已乃至廣大。"《廣雅·釋詁》："宗，原，本也。"水出涓流不已，自是源泉之本。故以"宗源"應"泌"。

謝 炎 宋人。字化南。

《禮記·月令》："（孟夏之月）其日丙丁……其帝炎帝，其神祝融。……盛德在火……天子親帥三公九卿大夫，以迎夏於南郊。"《吕氏春秋·孟夏》："其日丙丁，其帝炎帝。"高誘注："丙丁，火日也。炎帝，少典之子，姓姜氏，以火德王天下，是爲炎帝，號曰神農，死託祀於南方，爲火德之帝。"《淮南子·天文訓》："南方，火也；其帝，炎帝。"《韓非子·五蠹》："有聖人作，鑽燧取火以化腥臊。"宋蘇軾《思無邪齋贊》："化以丙丁。"故以"化南"應"炎"。

謝采伯 宋人。字元若。

《書·堯典》："帝曰：'疇，咨，若予采？'"《廣雅·釋詁》："元、伯，君也。"故以"元若"應"采伯"。

謝 垣 清人。字東君。

《漢書·李尋傳》："天官上相上將，皆顓面正朝。"顔師古注引孟康曰："朝太微宫垣也。西垣爲上將，東垣爲上相，各專一面而正天之朝事也。"東垣，在天象既已指太微之左垣，爲上相。在地又爲唐代門下省之别稱，乃清要高顯之位。唐白居易《代書詩一百韻寄微之》："東垣君諫諍，西邑我驅馳。"故以"東君"應"垣"，既用白居易詩義，亦以表志向，意謂企望能入東垣，爲上相。

謝 朏 南朝梁人。字敬沖。

《文選·謝莊〈月賦〉》："朏魄示沖。"李善注："朏，月未成光。魄，月始生，魄然也。示沖，言朏、魄得所，則表示人君有謙沖，不自盈大也。"吕向注："朏，盛明也。魄初出地，明生得宜。以示人君謙沖也。"《老子》第四章："道沖，而用之或不盈。"又第四十五章："大盈若沖，其用不窮。"以"敬沖"應"朏"，表示禮敬月朏沖損之象，願遵行謙沖之道。

謝 述 南朝宋人。字景先。

《論語·述而》："子曰：'述而不作，信而好古，竊比於我老彭。'"何晏集解引包咸曰："老彭，殷賢大夫，好述古事。我若老彭，但述之耳。"邢昺疏："此章記仲尼著述之謙也。"孔子傚老彭"述而不作"，乃景慕先賢之德行而傚法之。故以"景先"應"述"，以贊美孔子之聖德。

謝師稷 宋人。字務本。

《論語·學而》："君子務本。"古代以農爲本。《荀子·天論》："强本而節用，則天不能貧。"楊倞注："本謂農桑。"《韓非子·詭使》："倉廩之所以實者，耕農之本務也。"《漢書·文帝紀》："農，天下之大本也。""稷"乃古代穀物之一，又爲五穀之總名，又爲農官之長，五穀之神。《書·堯典》："汝后稷，播時百穀。"孔穎達疏："稷是五穀之長，立官主此稷事。"漢蔡邕《獨斷》："稷神，蓋厲山氏之子柱也，柱能殖百穀，帝顓頊之世，舉以爲田正，天下賴其功；周棄亦播殖百穀，以稷五穀之長也，因以稷名其神也。"故以"務本"應"稷"。

謝 脁 南朝齊人。字玄暉。

《説文·月部》："脁，晦而月見西方謂之脁。"又："晦，月盡也。"（按，即農曆每月最後一天。）段玉裁注："脁，朒，皆言月之變也。《尚書五行傳》曰：'晦而月見西方謂之脁。'"古代曆法不精，偶爾晦日月牙現西方，但月光一般短暫而幽暗，故曰玄暉。又，《文選·謝莊〈月賦〉》："引玄兔於帝臺，集素娥於後庭。"李周翰注："玄兔，月也。中有兔象，故以名焉。"《楚辭·天問》："夜光何德，死而又育？厥利維何，而顧菟在腹？"王逸注："言月中有菟何所貪利，居月之腹而顧望乎？菟一作'兔'。"洪興祖補注："菟與兔同。《靈樞》曰：'月者陰精之宗，積而成獸象兔，陰之類……故《天對》云：'玄陰多缺，爰感厥兔。'"月名玄兔，又稱玄陰，故其光曰玄暉。

謝　海　明人。字文淵。

漢王充《論衡·亂龍》："（劉）子駿，漢朝智囊，筆墨淵海。"南唐陳陶《贈江南從事張侍郎》詩："早時文海得鯨鰲。"以"文淵"應"海"，乃企盼文章學問博大精深，如淵似海。又，明代南北二京，宮内有"文淵閣"，既是皇帝藏書之處，又是翰林學士侍讀之所，天下文人學者莫不向往。故以"文淵"爲字，蓋亦以此明志。

謝泰交　清人。字時際。

《易·泰卦》："象曰：天地交泰。后以財成天地之道，輔相天地之宜，以左右民……九三，无平不陂，无往不復……象曰：无往不復，天地際也。"王弼注："泰者，物大通之時也。"孔穎達正義："天地交泰之處，天體將上，地體將下，故往者將復，平者將陂。"故以"時際"應"泰交"，以概括卦象傳之義。

謝　祐　明人。字天錫。

《易·大有》："上九，自天祐之，吉，无不利。"《詩·魯頌·閟宮》："天錫公純嘏，眉壽保魯。"

謝啓昆　清人。字蘊山。

《僞古文尚書·胤征》："火炎崐岡。"孔傳："崐山出玉。""崐山"即昆侖山，簡稱昆山。南朝宋謝靈運《還舊園作見顔范二中書》詩："焚玉發崐峯，餘燎遂見遷。"《廣雅·釋詁》："發、啓，開也。""發崐峯"，猶言"啓昆山"。故以"山"應"啓昆"。南朝梁沈約《梁武帝踐祚後與諸州郡敕》："億兆與昆岡並燎，縉紳與蘊崇共日。"故又以"蘊"應"昆"。

謝國光　宋人。字觀夫。

《易·觀卦》："六四，觀國之光，利用賓于王。"故以"觀"應"國光"，"夫"乃男子之稱。

謝國章　清人。字雲倬。

《詩·大雅·棫樸》："倬彼雲漢，爲章于天。"

謝　彬　清人。字文侯。

《論語·雍也》："文質彬彬，然後君子。"故以"文"應"彬"。又因"文"綴以"侯"，《詩·大雅·文王》："亹亹文王，令聞不已。陳錫哉周，侯文王孫子。"

謝　混　晉人。字叔源。

《孟子·離婁下》："君子深造之以道，欲其自得之也。自得之，則居之安；居之安，則資之深；資之深，則取之左右逢其原，故君子欲其自得之也。……源泉混混，不舍晝夜，盈科而後進，放乎四海。"源泉，本又作"原泉"。"原"即"源"。故以"源"應"混"。"叔"表行第居又次。

謝　淵　三國吴人。字休德。

《文選·班固〈典引〉》："然後欽若上下，恭揖羣后，正位度宗，有于德不台，淵穆之讓。"蔡邕曰："淵穆，深美之辭也。"又："聖上固以垂精游神，苞舉藝文，屢訪羣儒，諭咨故老，與之斟酌道德之淵源，肴覈仁誼之林藪，以望元符之臻焉。"蔡邕曰："言六藝者道德之深本。"吕向注："言與羣儒故老求道德之深源。"故以"德"應"淵"，又因"德"飾以"休"。《國語·齊語》："有功休德。"韋昭注："休，美也。"

謝淞洲　清人。字滄湄。

淞洲，長洲（今江蘇省蘇州市）。淞，指淞江，又名松江、吴江、松陵、笠澤、吴淞江等。發源于長洲太湖。長洲自古便以風光秀麗之江南水鄉著稱於世。名淞洲，是以家鄉引爲自豪，意謂己乃淞江源頭長洲之人。

滄通"蒼"，水深緑色。《孟子·離婁上》："滄浪之水清兮，可以濯我纓；滄浪之水濁兮，可以濯我足。"《詩·秦風·蒹葭》："所謂伊人，在水之湄。"孔穎達疏："《釋水》云：'水草交爲湄。'謂水草交際之處，水之岸也。"故以"滄湄"應"淞洲"，以爲家鄉之水鄉美景誌實。

又，"滄洲"古人既指濱水處，又常以代隱士的住處。唐杜甫《幽人》詩："往與惠荀輩，中年滄洲期。"九家集注："謝元暉《之宣城》詩：'既懽懷禄情，復協滄洲趣。'李善注：揚雄賦云：'世有黄公者，起於滄洲，頤神養性。'故後人以滄洲爲隱者所居。"淞洲乃一介布衣，工繪畫，精鑒古，終生未仕。以"滄"應"洲"，蓋亦以明其隱居水湄，終老滄洲之志。

謝　訥　明人。字尚敏。

《論語·里仁》："子曰：'君子欲訥於言而敏於行。'"

謝　復　明人。字一陽。

《易·復卦》："復：亨……象曰：雷在地中，復，先王以至日閉關，商旅不行，后不省方。"王弼注："冬至陰之復也，夏至陽之復也。"孔穎達疏："復謂反本。静爲動本。冬至一陽生，是陽動用而陰復於静也。夏至一陰生，是陰動用而陽復於静也。"冬至日，陰至盛而陽至衰，物極則反，冬至一過，則陽漸盛而陰漸衰。即所謂"冬至一陽生，是陽動用而陰復於静也"。故以"一陽"應"復"。

謝景仁　南朝宋人。名裕。

以字行。《禮記·儒行》："温良者，仁之本也；敬慎者，仁之地也；寬裕者，仁之作也。"故以"景仁"應"裕"。

謝　湜　宋人。字持正。

《詩·邶風·谷風》："涇以渭濁，湜湜其沚。"鄭玄箋："湜湜，持正貌。"

謝　詗　宋人。字誠甫。

《廣韻·上迥》："詗，明悟了知也。"《禮記·大學》："物格而後知至，知至而后意誠，意誠而後心正。"孔穎達疏："既能知至，則意念精誠也。"朱熹集注："知至者，吾心之所知無不盡也。知既盡，則意可得而實矣；意既實，則心可得而正矣。""知無不盡"即"明悟了知"。又《中庸》："明則誠矣，誠則明矣。"故以"誠"應"詗"。

謝　逸　宋人。字無逸。

《書·無逸》："周公曰：'嗚呼！君子所其無逸，先知稼穡之艱難，乃逸，則知小人之依。'"

謝階樹　清人。字子玉。

《世説新語·言語》："謝太傅

問諸子姪：‘子弟亦何預人事，而正欲使其佳？’諸人莫有言者。車騎答曰：‘譬如芝蘭玉樹，欲使其生於階庭耳。’”以“子玉”應“階樹”，乃用謝安叔姪相問答佳子弟當如芝蘭玉樹生於階庭之典。謂己亦欲作階庭玉樹也。

謝　源　宋人。字資源。

《孟子·離婁下》：“孟子曰：‘君子深造之以道，欲其自得之也。自得之，則居之安；居之安，則資之深；資之深，則取之左右逢其原，故君子欲其自得之也。’”孫奭疏：“此章言學必根源如性，自得者也。”朱熹集注：“原，本也；水之來處也。”“水之來處”即“源”。故以“資源”應“源”，以概括經傳之義。

謝　萬　晉人。字萬石。

《漢書·石奮傳》：“景帝曰：‘石君及四子皆二千石，人臣尊寵乃舉集其門。’凡號奮爲萬石君。”後遂稱一家中有多人爲高官者爲“萬石”。以“萬石”應“萬”，蓋用此典，意謂希望家族顯赫興旺，多人得居高官要職。安弟。

又，漢代三公别稱“萬石”。《漢書·百官公卿表》顔師古解題：“漢制，三公號稱萬石。其俸月各三百五十斛穀。”以“萬石”應“萬”，或又意在企望仕途順達，官至如三公之高位，食萬石之禄。

謝　僑　南朝梁人。字國美。

春秋鄭穆公之孫公孫僑，字子産。又字子美。其父公子發，字子國。子産以父字爲氏，故後人又稱其爲國僑。他品德高尚，忠厚愛人，深爲孔子所稱許。治鄭多年，政績卓著，深受時人與後代敬仰，是歷史上著名的政治家。以“國美”應“僑”，是合子産的姓氏與又字，以應其名，借以表達對他的追慕之情。

謝道承　清人。字又紹。

《詩·小雅·天保》：“如松柏之茂，無不爾或承。”朱熹集傳：“承，繼也。”《詩·大雅·抑》：“女雖湛樂從，弗念厥紹。罔敷求先王，克共明刑。”毛傳：“紹，繼。”朱熹集傳：“紹，謂所承之緒也。敷求先王，廣求先王所行之道也。”故以“紹”應“道承”。

謝　墉　清人。字崑城。

《易·同人卦》：“九三，伏戎于莽，升其高陵，三歲不興。九四，乘其墉，弗克，攻，吉。”《説文·土部》：“墉，城垣也。”段玉裁注：“《皇矣》：‘以伐崇墉。’傳曰：‘墉，城也。’”崑，昆侖山，喻高大。《後漢書·荀爽傳》：“崑山象夫，卑澤象妻。”李賢注：“崑，猶高也。”故以“崑城”應“墉”，以概括卦爻辭之義。

謝夢生　宋人。字性之。

《孟子·告子上》：“告子曰：‘生之謂性。’孟子曰：‘生之謂性也，猶白之謂白與？’曰：‘然。’”故以“性之”應“生”。

一字孟頤。《易·頤卦》：“頤：貞吉。觀頤自求口實。”孔穎達疏：“頤，養也。觀此聖人所養物也。”養物即養生。南朝梁陶弘景《真誥》卷六：“餌靈術以頤生。”故以“頤”應“生”，“孟”表行第居長。

謝　榛　明人。字茂秦。

《廣雅·釋詁》：“榛，聚也。”王念孫疏證：“《淮南子·原道訓》：‘隱于榛薄之中。’高誘注云：‘藂木曰榛。’……《説文》：‘榛，菆也。’《淮南子·原道訓》：‘木處榛巢。’高注云：‘聚木曰榛。’《莊子·徐無鬼篇》：‘逃乎深蓁。’‘蓁’與‘榛’通。《漢書·揚雄傳》：‘枳棘之榛榛兮。’顔師古注云：‘榛榛，梗穢貌。’《説文》：‘蓁，草盛貌。’《周南·桃夭篇》：‘其葉蓁蓁。’毛傳云：‘蓁蓁，至盛貌。’《楚辭·招魂》：‘蝮蛇蓁蓁。’王逸注云：‘蓁蓁，積聚之貌。’義並同也。”《詩·周南·桃夭》：“桃之夭夭，其葉蓁蓁。”又《小雅·無羊》：“旐維旟矣，室家溱溱。”漢王符《潛夫論·夢列》引作“室家蓁蓁”。是“溱”亦與“蓁”通。《説文·木部》：“榛，从木，秦聲。”又《艸部》：“蓁，从艸，秦聲。”又《水部》：“溱，从水，秦聲。”榛、蓁、溱三字皆有“茂盛”義，音亦相同，皆从“秦”得聲。可以“茂秦”概括其意義和聲音。故以之應“榛”。

謝維藩　清人。字麐伯。

《詩·大雅·板》：“价人維藩，大師維垣，大邦維屏，大宗維翰，懷德維寧，宗子維城。無俾城壞，無獨斯畏。”鄭玄箋：“王當用公卿諸侯及宗室之類者爲藩屏、垣幹，爲輔弼，無疏遠之。”朱熹集傳：“价，大也，大德之人也。宗子，同姓也。”《爾雅·釋獸》：“麐，麕身，牛尾，一角。”陸德明釋文：“麐，本又作麟。牝麒也。”《玉篇·鹿部》：“麟，仁獸也，麒麟也。麔、麐並同上。”《詩·周南·麟之趾》：“麟之趾，振振公子，于嗟麟兮！麟之定，振振公姓，于嗟麟兮！麟之角，振振公族，于嗟麟兮！”又《麟之趾序》毛傳：“君之宗族，猶尚振振然有似麟應之時，無以過也。”“君之宗族”即“公卿諸侯及宗室之類者”，皆乃信厚與禮相應，有似於麟之大德之人，宜爲王之藩屏者也，故以“麐伯”應“維藩”。

謝　肇　唐人。字景初。

《爾雅·釋詁》：“初、肇，始也。”故以“初”應“肇”。飾以“景”，《詩·大雅·既醉》：“君子萬年，景命有僕。”唐元稹《獻事表》：“陛下以景命惟新之初，何如貞觀致理之後？”

謝肇淛　明人。字在杭。

《集韻·去祭》：“淛，江名，或作浙。”《玉篇·水部》：“浙，發源東陽，至錢塘入海。”南朝梁之錢塘，即明代杭州路所在地錢塘。《爾雅·釋詁》：“首、肇，始也。”《禮記·禮運》：“五行之端也。”孔穎達疏：“端，猶首也。”淛江在杭州入海，杭州是淛江之端首，故以“在杭”應“肇淛”。

謝賓王　清人。字起東。

《易·觀》：“觀國之光，利用賓于王。”王弼注：“居近得位，明習國儀者也，故曰利用賓于王也。”孔穎達疏：“居在親近而得其位，明習國之禮儀，故曰利用賓于王庭也。”取名“賓王”，乃取“賓于王庭”，希望“居在親近而得其位”。《書·堯典》：“乃命羲和，欽若昊天，曆象日月星辰，敬授人時。分命羲仲，宅嵎夷，曰暘谷，寅賓出日，平秩東作。”孔傳：“重黎之後，羲氏和氏，世掌天地四時之官，故堯命之使敬順昊天……羲仲，居治東方之官。寅，敬。賓，導。秩，序也。歲起於東而始就耕，謂之東作。東方之官敬導出日，平均次序東作之事以務農也。”羲和二氏乃賓於王庭，居在親近而得其位者。而羲仲又居治東方，平秩歲起於東而就耕之農事。故以“起東”應“賓王”。

謝 履 宋人。字履道。

《詩·大雅·生民》：“克禋克祀，以弗無子，履帝武敏，歆。”《易·履卦》：“履道坦坦，幽人貞吉。”

謝 潤 明人。字德潤。

《禮記·大學》：“富潤屋，德潤身。”

謝 瑾 明人。字庭蘭。

《説文·玉部》：“瑾，瑾瑜，美玉也。”“瑾”爲美玉，因玉而及“芝蘭玉樹”，乃取《世説新語·言語》“譬如芝蘭玉樹，欲使其生於階庭耳”文義，故以“庭蘭”應“瑾”。

謝 璉

① 明人。字重器。

《論語·公冶長》：“子貢問曰：‘賜也何如？’曰：‘女器也。’曰：‘何器也？’曰：‘瑚璉也。’”朱熹集注：“器者，有用之成材。夏曰瑚，商曰璉，周曰簠簋，皆宗廟盛黍稷之器，而飾以玉，器之貴重而華美者也。”故以“重器”應“璉”。

② 明人。字君實。

《論語·公冶長》：“子貢問曰：‘賜也何如？’曰：‘女器也。’”邢昺疏：“夫子答之，言女器用之人也。”《老子》第十一章：“三十輻共一轂，當其無，有車之用。埏埴以爲器，當其無，有器之用。”王弼注：“以其無，能受物之故，故能以實統衆也。”故以“實”應“璉”，言瑚璉亦因當其虛無，而盛黍稷以備宗廟祭祀，是亦以實統衆，成其器用也。飾以“君”，乃男子美稱。

謝 穉 南朝宋人。字孺子。

《説文·禾部》：“穉，幼禾也。”段玉裁注：“引伸爲凡幼之偁，今字作稚。”《玉篇·子部》：“孺，稚也，少也。”《書·金縢》：“管叔及其羣弟乃流言於國，曰：‘公將不利於孺子。’”孔傳：“孺，稚也。稚子，成王。”故以“孺子”應“穉”。

謝 適 清人。字怡古。

《禮記·内則》：“以適父母舅姑之所。及所，下氣怡聲，問衣燠寒，疾痛苛癢而敬抑搔之。”北齊顏之推《顏氏家訓·勉學》：“夫所以讀書學問，本欲開心明目，利於行耳。未知養親者，欲其觀古人之先意承顏，怡聲下氣，不憚劬勞，以致甘腝，惕然慙懼，起而行之也。”故以“怡”應“適”，以用《禮記·内則》及《顏氏家訓·勉學》之文義。綴以“古”，言遵古訓。

謝 震 清人。字甸男。

《易·説卦》：“震一索而得男，故謂之長男。”故以“男”應“震”。又因“男”而飾以“甸”。《書·康誥》：“侯、甸、男、邦、采、衛。”孔傳：“此五服諸侯。服五百里。侯服去王城千里，甸服千五百里，男服去王城二千里，采服二千五百里，衛服三千里。”又《酒誥》：“侯、甸、男、衛，矧太史友，内史友。”

謝 諤 宋人。字昌國。

《韓詩外傳》卷十：“有諤諤争臣者，其國昌；有默默諛臣者，其國亡。”《史記·商君列傳》：“趙良曰：‘千羊之皮，不如一狐之掖（腋）；千人之諾諾，不如一士之諤諤。武王諤諤以昌，殷紂墨墨以亡。’”故以“昌國”應“諤”。

謝 遷 明人。字于喬。

《詩·小雅·伐木》：“出自幽谷，遷于喬木。”

謝應芝 清人。字子階。

《世説新語·言語》：“謝太傅問諸子姪：‘子弟亦何預人事，而正欲使其佳？’……（謝玄）答曰：‘譬如芝蘭玉樹，欲使其生於階庭耳。’”

謝 懋 宋人。字勉仲。

《書·盤庚下》：“無戲怠，懋建大命。”孔傳：“戒無戲怠，勉立大教。”《國語·周語中》：“叔父其懋昭明德，物將自至。”韋昭注：“懋，勉也。”故以“勉”應“懋”。“仲”表行第居次。

謝濟世 清人。字石霖。

《僞古文尚書·説命上》：“若金，用汝作礪。若濟巨川，用汝作舟楫。若歲大旱，用汝作霖雨。”《詩·大雅·公劉》：“取厲取鍛。”陸德明釋文：“厲，本又作礪。”孔穎達疏：“言取其爲礪之石耳。”《玉篇·石部》：“礪，崦嵫礪石。可磨刃。”故以“石”代“礪”，以“石霖”應“濟世”，意謂欲成爲如礪如霖之濟世之材。

謝 瞳 唐人。字子明。

《禮記·檀弓上》：“子夏喪其子而喪其明。”鄭玄注：“明，目精。”《淮南子·脩務訓》：“舜二瞳子，是謂重明。”《玉篇·目部》：“瞳，目珠子也。”瞳、明義近，一指眼珠瞳孔，一指眼睛視力。故以“明”應“瞳”。飾以“子”，乃男子美稱。

謝 績 明人。字世懋。

《僞古文尚書·仲虺之誥》：“德懋懋官，功懋懋賞。”《爾雅·釋詁》：“績、勳，功也。”《釋訓》：“懋懋，勉也。”故以“世懋”應“績”，意謂努力爲世建立功績。

謝 舉 南朝梁人。字言揚。

《禮記·文王世子》：“凡語于郊者，必取賢斂才焉。或以德進，或以事舉，或以言揚。”

謝 邁 宋人。字幼槃。

《詩·衛風·考槃》：“考槃在阿，碩人之邁。獨寐寤歌，永矢弗過。”毛傳：“邁，寬大貌。”陸德明釋文：“邁，美貌。”朱熹集傳："詩人美賢者隱處澗谷之間，而碩大寬廣，無戚戚之意……自誓所願不踰於此，若將終身之意也。"以"槃"應"邁"，乃用《考槃》之義，謂己志在隱居山水之間，自得其樂。飾以"幼"字，表行第居次。

謝 黻 宋人。字彦章。

《荀子·非相》："故贈人以言，重於金石珠玉；觀人以言，美於黻黼文章。"故以"章"應"黻"，意謂文采華美，悦人耳目。飾以"彦"，乃男子美稱。

謝 翺 宋人。字皋羽。

《説文·羽部》："翺，翺翔也。从羽，皋聲。"《禮記·明堂位》："天子皋門。"鄭玄注："皋之言高也。"以"皋羽"應"翺"，乃析名爲字。又藉"翺"有"高"義，"皋羽"，猶言鳥展翅高飛，故義亦與"翺"相協。

謝 鯤 晋人。字幼輿。

《莊子·逍遥遊》："北冥有魚，其名爲鯤。鯤之大，不知其幾千里也；化而爲鳥，其名爲鵬……鵬之徙於南冥也，水擊三千里，摶扶摇而上者九萬里，去以六月息者也。"《廣雅·釋詁》："輿，載也。載，乘也。"以"輿"應"鯤"，意謂欲乘鯤鵬而致千里。飾以"幼"，表行第居次或末。

謝 藺 南朝梁人。字希如。

《史記·廉頗藺相如列傳論》："太史公曰：……方藺相如引璧睨柱，及叱秦王左右，勢不過誅，然士或怯懦而不敢發。相如一奮其氣，威信敵國，退而讓頗，名重太山，其處智勇，可謂兼之矣！"以"希如"應"藺"，意謂欽慕藺相如之德行，欲傚其智勇雙全，建立功業。

謝 騫 明人。字鵬舉。

《楚辭·大招》："王虺騫只。"王逸注："騫，舉頭貌也。""舉"與"騫"義同，故以"舉"應"騫"。又因"舉"而飾以"鵬"，用《莊子·逍遥遊》大鵬摶扶摇九萬里而高飛之典。三國魏曹植《玄暢賦》："希鵬舉以摶天，蹶青雲而奮羽。"

謝蘭生 清人。字佩士。

《楚辭·離騷》："扈江離與辟芷兮，紉秋蘭以爲佩。"故以"佩"應"蘭"。"生""士"皆男子之稱，故綴以"士"，兼以應"生"。

又字澧浦，取義於《楚辭·九歌·湘夫人》："沅有茝兮醴有蘭。"王逸注："醴，一作澧。"洪興祖補注："《水經》云：澧水又東南，注於沅水，曰澧口。"因"澧"綴以"浦"，謂蘭生於澧水之浦。

謝 鐸 明人。字鳴治。

《論語·八佾》："天下之無道也久矣，天將以夫子爲木鐸。"何晏集解："天將命孔子制作法度，以號令於天下。"《國語·吴語》："昧明，王乃秉枹，親就鳴鐘鼓、丁寧、錞于、振鐸。"振鐸使鳴以警衆，或治軍，或治民，其義一也。故以"鳴治"應"鐸"。

謝 麟

① 宋人。字應之。

漢王充《論衡·講瑞篇》："嘉瑞奇物，同時俱應；鳳皇麒麟，連出重見，盛於五帝之時。"又《是應篇》："儒者論太平瑞應，皆言氣物卓異。……五日一風，十日一雨，其盛茂者，致黄龍、麒麟、鳳皇。"古人以麒麟爲瑞應之一，故以"應之"應"麟"。

② 明人。字秀瑞。

漢王充《論衡·講瑞篇》："鳳皇麒麟，太平之瑞也。"宋周密《齊東野語·祥瑞》："（永平）四年，麟見昌州……瑞物之出，殆無虚歲。"明王洪《麒麟賦》："粤有瑞獸，其名曰麟。"《廣雅·釋詁》："秀，生，出也。"王念孫疏證："《齊語》云：秀出於衆。出，生也。自無出有曰生。"秀瑞，猶言新生而出衆之嘉瑞。

〔鍾〕

鍾元鼎 宋人。字和卿。

《吕氏春秋·本味》："湯得伊尹……設朝而見之，説湯以至味。……'調和之事，必以甘酸苦辛鹹，先後多少，其齊甚微，皆有自起。鼎中之變，精妙微纖，口弗能言，志不能渝。'"後代遂以"和鼎味""和鼎"喻輔弼大臣治理國政。《晉書·裴秀傳》："誠宜弼佐謨明，助和鼎味。"《魏書·任城王澄傳》："臣誠才非臺弼，智闕和鼎。"故以"和"應"鼎"，意謂希冀能有和鼎之才，位登宰輔之位。綴以"卿"，既是男子美稱，亦明和鼎者乃卿相之人。

鍾化民 明人。字維新。

《禮記·學記》："君子如欲化民成俗，其必由學乎！"又《大學》："《康誥》曰：'作新民。'《詩》曰：'周雖舊邦，其命維新。'是故君子無所不用其極。"故以"新"應"民"，又因"新"而飾以"維"。

鍾天緯 清人。字鶴笙。

《左傳·昭公二十五年》："禮，上下之紀，天地之經緯也。"《詩·小雅·鶴鳴》："鶴鳴于九皋，聲聞于天。"故以"鶴"應"天"。又因"鶴"而綴以"笙"，乃取仙人王子喬騎鶴吹笙之典。漢劉向《列仙傳·王子喬》："王子喬者，周靈王太子晉也。好吹笙作鳳凰鳴……至時，果乘鶴駐山頭，望之不可到。"《文選·孫綽〈遊天台山賦〉》："王喬控鶴以沖天，應真飛錫以躡虚。"南朝齊孔稚珪《褚先生伯玉碑》："是以子晉笙歌，馭鳳於天海；王喬雲舉，控鶴於玄都。"

鍾令嘉（女） 清人。字守箴。

《詩·邶風·凱風》："母氏聖善，我無令人。"鄭玄箋："令，善也。母乃有叡知之善德，我七子無善人能報之者。"又《豳風·東山》："之子于歸，皇駁其馬，親結其縭，九十其儀。其新孔嘉，其舊如之何？"毛傳："母戒女施衿結帨。九十其儀，言多儀也。言長久之道也。"鄭玄箋："嘉，善也。""令"乃古代命婦封號常用字，如"令人"。又多以美稱婦德。取名"令嘉"，蓋由以上諸義。

古代要求婦女遵守婦德、婦

言、婦容、婦功多方面的行爲道德規範。這些内容既有被奉爲儀則的人物爲榜樣，又有教科書式的讀物。如：劉向《列女傳》、班昭《女誡》、張華《女史箴》等。以“守箴”應“令嘉”，意謂願恪守古婦女箴規，陶冶美善之儀德。蔣士銓之母。

鍾如愚 宋人。字師顔。

《論語·爲政》：“子曰：‘吾與回言終日，不違如愚。退而省其私，亦足以發。回也不愚。’”顔回虚心學習老師的學問並能用心思考，有所發揮。所以孔子稱贊他如愚而不愚。以“師顔”應“如愚”，意謂願倣顔淵，作聖人高足。

鍾炤之 宋人。字彦昭。

《詩·小雅·正月》：“潛雖伏矣，亦孔之炤。”《禮記·中庸》引作“亦孔之昭”。故以“昭”應“炤之”。飾以“彦”，乃男子美稱。

鍾　浩 清人。字養斯。

《孟子·公孫丑上》：“‘敢問夫子惡乎長？’曰：‘我知言，我善養吾浩然之氣。’‘敢問何謂浩然之氣？’曰：‘難言也。’”朱熹集注：“難言者，蓋其心所獨得而無形聲之驗，有未易以言語形容者。故程子曰：‘觀此一言，則孟子之實有是氣可知也。’”“是氣”即“斯氣”，即“浩然之氣”。故以“養斯”應“浩”。

鍾　勖 明人。字士懋。

《詩·邶風·燕燕》：“先君之思，以勖寡人。”毛傳：“勖，勉也。”《説文·力部》：“勖，勉也。《周書》曰：‘勖哉夫子！’”段玉裁注：“勖，古讀如茂，與‘懋’音義皆同。”故以“懋”應“勖”，飾以“士”，乃男子美稱。

鍾啓韶 清人。字鳳石。

《書·益稷》：“《簫韶》九成，鳳皇來儀。夔曰：‘於！予擊石拊石，百獸率舞。’”故以“鳳石”應“韶”，以概括經義。

鍾紹京 唐人。字可大。

《爾雅·釋詁》：“京，大也。紹，繼也。”《詩·大雅·大明》：“于周于京，纘女維莘。”毛傳：“纘，繼也。”《書·盤庚上》：“天其永我命于兹新邑，紹復先王之大業。”故以“大”應“紹京”，以概括《詩》《書》文義。“可”諧音“克”，義亦相近。《僞古文尚書·冏命》：“俾克紹先烈。”孔傳：“使能繼先王之功業。”故又以“可”諧“克”而應“紹”。

鍾　傅 宋人。字弱翁。

《説文·人部》：“傅，相也。”漢袁康《越絶書·吴人内傳》：“武王封周公，使傅相成王。”《史記·五帝本紀》：“（黄帝）生而神靈，弱而能言。”司馬貞索隱：“弱謂幼弱時也。”幼弱則需傅相，故以“弱”應“傅”。綴以“翁”，乃宋人時尚綴飾用字。

鍾　惺 明人。字伯敬。

《字彙·心部》：“惺，静也。”漢揚雄《太玄·玄攡》：“其静也，日減其所有，而損其所成。”范望注：“静謂怠也。倦怠如成其事者，天地人之所不能也。”《詩·周頌·閔予小子》：“維予小子，夙夜敬止。”鄭箋：“言不敢解惓也。”以“敬”應“惺”，乃反義相應。“伯”表行第居長。

鍾　期 清人。字解伯。

《吕氏春秋·本味》：“伯牙鼓琴，鍾子期聽之，方鼓琴而志在太山，鍾子期曰：‘善哉乎鼓琴，巍巍乎若太山。’少選之間，而志在流水，鍾子期又曰：‘善哉乎鼓琴，湯湯乎若流水。’鍾子期死，伯牙破琴絶絃，終身不復鼓琴，以爲世無足復爲鼓琴者。”名“鍾期”，字“解伯”，是用鍾子期善解伯牙琴音之典，連姓成文而與解伯相應，言解伯牙之音。伯，亦表行第。

鍾　棐 宋人。字子翼。

《説文·木部》：“棐，輔也。”《孟子·滕文公上》：“輔之翼之，使自得之。”故以“翼”應“棐”，是同義相協。飾以“子”乃男子美稱。

鍾嗣成 元人。字繼先。

《爾雅·釋詁》：“胤、嗣，繼也。”又：“功，成也。”《詩·小雅·杕杜》：“王事靡盬，繼嗣我日。”又《周頌·烈文》：“念兹戎功，繼序其皇之。”孔穎達疏：“繼，父祖之胤緒也。故王肅云：武王得天下，因殷諸侯無大累於其國者，就立之序繼也，思繼續先人之大功而美之。”故以“繼先”應“嗣成”，以概括《詩》義。

鍾　會 三國魏人。字士季。

春秋晉大夫士會，食采於隨、范，又稱隨會、隨季、范武子。有賢名。輔佐五君以爲盟主，聲聞諸侯。《左傳·襄公二七年》：“子木問於趙孟曰：‘范武子之德何如？’對曰：‘夫子之家事治，言於晉國無隱情，其祝史陳信於鬼神無愧辭。’子木歸以語王，王曰：‘尚矣哉！能歆神人，宜其光輔五君以爲盟主也。’”杜預注：“士會賢聞於諸侯，故問。五君，謂文、襄、靈、成、景。”《國語·晉語八》：“世及武子，佐文襄爲諸侯，諸侯無二心。”韋昭注：“文公五年，士會攝右爲大夫。佐襄公以伯諸侯，諸侯無二心。”故以“士季”應“會”，是拆士會之名爲己名字，以表對其追慕之情。“季”既是士會行第之稱，亦表鍾會本人行第在末。毓弟。

鍾　毓 三國魏人。字稚叔。

《廣雅·釋言》：“毓，稚也。”王引之補正：“《堯典》‘教胄子’，《説文》及《周官·大司樂》注并引作‘教育子’。《史記·五帝紀》作‘教稚子’。案：育子，稚子也。‘育’字或作‘毓’。”毓、稚義同，故以相應。“叔”表行第居又次之序。

鍾　穎 宋人。字元達。

《説文·禾部》：“穎，禾末也。”段玉裁注：“《史記》曰：‘錐處囊中，穎脱而出。’……渾言之則穎爲禾末，析言之則禾芒乃爲秒。”《正字通·禾部》：“穎，士才能拔類者亦曰穎。”《方言》卷十三：“達，芒也。”郭璞注：“謂草杪芒射出。”晉左思《吴都賦》：“鉤爪鋸牙，自成鋒穎。”《世説新語·言語》：“此子珪璋特達，機警有鋒。”穎、達義同，故以“達”應“穎”。“元”表行第居長。

鍾　嶼　南朝梁人。字季望。

《玉篇·山部》："嶼，海中洲。"《史記·封禪書》："自威、宣、燕昭使人入海求蓬萊、方丈、瀛洲。此三神山者，其傳在勃海中，去人不遠……未至，望之如雲，及到，三神山反居水下……始皇自以爲至海上而恐不及矣，使人乃齎童男女入海求之，船交海中，皆以風爲解，曰未能至，望見之焉。"以"望"應"嶼"，意謂仙山可望而不可及。"季"表行第居末。嶸弟。

鍾　嶸　南朝梁人。字仲偉。

《説文·山部》："崝，嶸也。"桂馥義證："嶸也者，《玉篇》：'崝嶸，高峻貌。'或作崢，《廣韻》：'崢嶸，山峻。'"《説文·人部》："偉，奇也。"《莊子·大宗師》："偉哉！夫造物者。"成玄英疏："偉，大也。"山高峻必奇偉，故以"偉"應"嶸"。"仲"表行第居次。

鍾　嶽　宋人。字堯俞。

《書·堯典》："帝曰：'咨！四岳，朕在位七十載，汝能庸命巽朕位？'岳曰：'否德忝帝位。'曰：'明明揚側陋。'師錫帝曰：'有鰥在下，曰虞舜。'帝曰：'俞！予聞，如何？'"嶽，同"岳"，故以"堯俞"應"嶽"，以概括經義，贊頌堯納四岳之言而舉舜。

鍾　繇　三國魏人。字元常。

《書·序》："《益稷》合於《皋陶謨》。"陸德明釋文："皋音高，本又作咎。陶本作繇。"清胡鳴玉《訂訛雜録·鍾繇》："晉鍾繇，字元常。繇音遥。取皋陶陳謨，彰厥有常之義。"故以"常"應"繇"，乃指"皋陶"，是概括《書·皋陶謨》"皋陶曰：'……彰厥有常，吉哉！'"之經義。飾以"元"，表行第居長。

鍾　謨　五代南唐人。字仲益。

《僞古文尚書·大禹謨》："皋陶矢厥謨，禹成厥功，帝舜申之，作《大禹》《皋陶謨》《益稷》。"故以"益"應"謨"，以概括經義。"仲"表行第居次。

鍾　懷　清人。字保其。

《書·無逸》："懷保小民。"故以"保"應"懷"。又因"保"綴以"其"，《書·康誥》："小人難保，往盡乃心，無康好逸豫，乃其乂民。"以"保其"應"懷"，既已概括經義，又以爲誡，謂不圖逸豫享樂，方能參政治民。

一字菣厓。《爾雅·釋草》："蒿，菣。"郭璞注："今人呼青蒿香中炙啖者爲菣。"邢昺疏："孫炎云：'荆楚之間謂蒿爲菣。'"《莊子·駢拇》："今世之仁人，蒿目而憂世之患。"三國魏阮籍《詠懷》之三十一："賢者處蒿萊。"以"菣"應"懷"，乃謂欲傚心懷憂世之患而隱居於蒿萊間之賢者。"厓"爲時尚綴飾字。

鍾離松　宋人。字其紹。

鍾離，複姓。《詩·小雅·天保》："如松柏之茂，無不爾或承。"朱熹集傳："承，繼也。言舊葉將落而新葉已生，相繼而長茂也。"又《小雅·斯干》："如竹苞矣，如松茂矣。……似續妣祖，築室百堵，西南其户。"毛傳："似，嗣也。"孔穎達疏："毛以爲言王既能使國富和親，則又嗣續先祖先妣之功。"《爾雅·釋詁》："紹、續，繼也。"故以"紹"應"松"，又因"紹"而飾以"其"。《爾雅·釋草》："其紹瓞。"《詩·大雅·緜》："緜緜瓜瓞，民之初生。"朱熹集傳："緜緜，不絶貌。……瓜之近本初生者常小，其蔓不絶，至末而後大也。"以"其紹"應"松"，意謂宗族將如松之茂，己之後世將如瓜瓞，綿綿不絶，且愈至末而愈隆盛碩大。

鍾離牧　三國吴人。字子幹。

《書·立政》："宅乃事，宅乃牧。"孔傳："牧，牧民。"又："立政：任人，準夫，牧，作三事。"孔傳："常任、準人及牧治爲天地人之三事。"漢晁錯《論貴粟疏》："民者，在上所以牧之。"《後漢書·景丹傳》："丹以言語爲固德侯相，有幹事稱。"《三國志·蜀志·諸葛亮傳》："理民之幹，優於將略。"以"幹"應"牧"，謂期有牧民之才幹。

〔韓〕

韓一光　明人。字季孚。

《易·觀卦》："觀：盥而不薦，有孚顒若……六四，觀國之光，利用賓于王。"故以"孚"應"光"。"季"表行第居末。

韓上桂　明人。字孟郁。

北周庾信《山中》詩："澗暗泉偏冷，巖深桂絶香。"唐宋之問《靈隱寺》："桂子月中落，天香雲外飄。"《楚辭·九章·思美人》："芳與澤其雜糅兮，羌芳華自中出。紛郁郁其遠承兮，滿内而外揚。"《文選·曹植〈洛神賦〉》："踐椒塗之郁烈，步蘅薄而流芳。"李善注："郁烈，香氣之甚。"桂香殊甚，故應之以"郁"。"孟"表行第居長。

韓士英　明人。字廷延。

《詩·衛風·伯兮》："伯兮朅兮，邦之桀兮。"鄭玄箋："桀，英桀，言賢也。"《説文·桀部》："桀，从舛在木上也。"徐灝注箋："桀、傑，古今字，取高出人上之意。"《孟子·公孫丑上》："尊賢使能，俊傑在位，則天下之士皆悦而願立於其朝矣。"孫奭疏："俊傑大才在官位，則天下爲之士者皆悦樂，願立其朝廷矣。"《爾雅·釋詁》："延，進也。"宋司馬光《賢良策問》："國家比下詔書，以延天下豪俊之士，待之以不次之位。"英俊之士願立於朝，朝廷也必當延之於朝，次之以位。故以"廷延"應"士英"。

韓子熙　東魏人。字元雍。

《書·堯典》："協和萬邦，黎民於變時雍……允釐百工，庶績咸熙。"孔傳："雍，和也。熙，廣也。"《文選·張衡〈東京賦〉》："百姓同於饒衍，上下共其雍熙。"薛綜注："言富饒是同，上下咸悦，故能雍和而廣也。"故以"雍"應"熙"。飾以"元"，《廣雅·釋詁》："元，長也。"王念孫疏證："《乾》文言云：元者，善之長也。"元雍，猶言至善至美之雍和。

韓元吉 宋人。字无咎。

《易·坤卦》："六四，括囊，无咎无譽。六五，黄裳，元吉。"

韓元善 元人。字大雅。

《説文·誩部》："譱（善），吉也。此與義、美同意。"徐鍇繫傳："俗作善。"《論語·八佾》："子謂《韶》盡美矣，又盡善也。謂《武》盡美矣，未盡善也。"朱熹集注："美者，聲容之盛；善者，美之實也。"《玉篇·隹部》："雅，嫻雅也。"《楚辭·大招》："容則秀雅。"王逸注："秀異於人。"善、雅義近，皆有美好義。故以"雅"應"善"。《詩》有《大雅》，遂因"雅"而飾以"大"，亦以與"元"相應。

韓元龍 宋人。字子雲。

《易·乾卦》："雲從龍。"故以"雲"應"龍"。又因"雲"而飾以"子"，三國趙雲，字子龍。以"子"應"龍"，是表對其景仰之情。

韓公武 唐人。字從偃。

《僞古文尚書·武成》："乃偃武修文，歸馬于華山之陽，放牛于桃林之野。"故以"偃"應"武"。《詩·魯頌·泮水》："無小無大，從公于邁。"故又以"從"應"公"。"從公""偃武"皆頌揚帝王功德之辭。

韓公麟 元人。字國瑞。

漢王充《論衡·指瑞》："且鳳麟非生外國也，中國有聖王乃來至也。生於中國，長於山林之間，性廉見希，人不得害也，則謂之思慮深、避害遠矣。生與聖王同時，行與治平相與，世間謂之聖王之瑞，爲聖來矣。"麟乃聖王之瑞，盛世則見於中國，故以"國瑞"應"麟"。

韓 友 晉人。字景先。

《孟子·萬章下》："一鄉之善士斯友一鄉之善士，一國之善士斯友一國之善士，天下之善士斯友天下之善士。以友天下之善士爲未足，又尚論古之人。頌其詩，讀其書，不知其人可乎？是以論其世也。是尚友也。"孫奭疏："孟子所以謂之以此者，蓋欲教當時之人尚友也。孔子云：'無友不如己者。'與其《詩》云：'高山仰止，景行行止。'亦其意與？"《詩·小雅·車舝》："高山仰之，景行行止。"鄭玄箋："古人有高德者，則仰慕之；有明行者，則而行之。"景仰古代先賢，則取友非止於一世之士，故以"景先"應"友"。

韓友范 明人。字一咸。

據《宋史·韓琦傳》載，范仲淹與韓琦共同鎮守西北邊疆多年，威名遠播，西夏不敢來犯。邊人謡曰："軍中有一韓，西賊聞之心膽寒。軍中有一范，西賊聞之驚破膽。"以"一"應"范"，乃用此典實，以表對范仲淹之仰慕。又因《僞古文尚書》有《咸有一德》，遂因"一"飾以"咸"，一咸者，謂有一韓，或一范，皆可使西人不敢窺邊。

韓孔當 清人。字仁父。

《論語·衛靈公》："子曰：'當仁不讓於師。'"《左傳·哀公十六年》："嗚呼哀哉，尼父！"故以"仁父"應"孔當"，既概括上述經義，又表對孔子無限尊崇之情。

韓 文 明人。字貫道。

唐韓愈《燕河南府秀才》詩："文人得其職，文道當大行。"《師説》："師者，所以傳道授業解惑也。"《争臣論》："君子居其位，則思死其官。未得位，則思修其辭，以明其道。我將以明道也。"韓愈以主張文以傳道、文道合一爲後世文人楷模。以"道"應"韓文"，乃表示既景仰韓愈又折服其文章。《論語·里仁》："吾道一以貫之。"遂又因"道"而飾以"貫"。

韓 方 明人。字中直。

《易·坤卦》："六二，直方。文言曰：直其正也，方其義也。君子敬以直内，義以方外。"孔穎達疏："君子用敬以直内，内謂心也，用此恭敬以直内理。義以方外者，用此義事以方正外物。"故以"中直"應"方"。

韓日纘 明人。字緒中。

《詩·豳風·七月》："二之日其同，載纘武功。"故名"日纘"。又《魯頌·閟宫》："奄有下土，纘禹之緒。"《易·豐卦》："豐：亨，王假之，勿憂，宜日中。"故以"緒"應"纘"，又以"中"應"日"。

韓 丕 宋人。字太簡。

《爾雅·釋詁》："丕，大也。"《説文·水部》"泰，古文太。"段玉裁注："後世凡言大而以爲形容未盡則作太。如大宰俗作太宰。大子俗作太子。周大王俗作太王是也。"《廣雅·釋詁》："太，大也。"王念孫疏證："太者，《白虎通義》云：'十二月律謂之大吕何？大者，大也。正月律謂太簇何？太，亦大也。'"丕、太義同，故以"太"應"丕"。《論語·雍也》："居簡而行簡，無乃太簡乎？"何晏集解引包咸曰："伯子之簡太簡。"遂因"太"而綴以"簡"。

韓世能 明人。字存良。

《孟子·盡心上》："人之所不學而能者，其良能也；所不慮而知者，其良知也。"故以"良"應"能"。又因"良"而飾以"存"，《後漢書·崔駰傳》："夫廣厦成而茂木暢，遠求存而良馬縶。"李賢注："存猶止息也。言所求之物既止，不資良馬之力也。"以"存良"應"世能"，意謂身逢太平盛世，雖有良能，亦當謹守用捨之道。

韓 弘 明人。字士毅。

《論語·泰伯》："曾子曰：'士不可以不弘毅，任重而道遠。仁以爲己任，不亦重乎？死而後已，不亦遠乎？'"

韓 玉 金人。字温甫。

《詩·秦風·小戎》："言念君子，温其如玉。"故以"温"應"玉"，綴以"甫"，乃男子美稱。

韓仲孝 明人。字君陳。

《僞古文尚書·君陳》："王若曰：'君陳，惟爾令德孝恭，惟孝友于兄弟，克施有政。'"

韓 因 元人。字可宗。

《論語・爲政》:"子張問:'十世可知也?'子曰:'殷因於夏禮,所損益可知也;周因於殷禮,所損益可知也。其或繼周者,雖百世,可知也。'"故以"可"應"因",以概括所取《爲政》篇之文義。又因"可"而綴以"宗",是又取《論語・學而》:"因不失其親,亦可宗也。"朱熹集注:"因,猶依也。宗,猶主也。言……亦可以宗而主之矣。"

韓 夷 明人。字公達。

《詩・周頌・天作》:"岐有夷之行,子孫保之。"朱熹集傳:"夷,平。行,路也。"又《商頌・長發》:"受小國是達,受大國是達。"朱熹集傳:"達,通也。"道路平坦則通達無阻,故以"達"應"夷"。又或取"曠達"義,《資治通鑒・晉元帝太興二年》:"以玄虚弘放爲夷達。"胡三省注:"夷,曠也。"

初名詒孫,字伯翼。《詩・大雅・文王有聲》:"詒厥孫謀,以燕翼子。"故以"翼"應"詒孫"。"伯"表行第居長。

韓如愈 明人。字唐山。

《新唐書・韓愈傳贊》:"昔孟軻拒楊、墨,去孔子才二百年。愈排二家,乃去千餘載,撥衰反正,功與齊而力倍之,所以過況、雄爲不少矣。自愈没,其言大行,學者仰之如泰山、北斗云。"故以"唐山"應"如愈",意謂唐代韓愈,誠如傳贊之語,實爲後學者之泰山北斗也。

韓存中 宋人。字持正。

《孟子・離婁上》:"存乎人者,莫良於眸子。眸子不能掩其惡。胸中正,則眸子瞭焉;胸中不正,則眸子眊焉。"名"存中",蓋取此文義。《易・訟卦》:"象曰:訟元吉,以中正也。"故以"正"應"中",飾以"持",意謂持正不阿。唐獨孤及《代書寄上李廣州》詩:"推誠魚鱉信,持正魑魅怛。"

韓安國 漢人。字長孺。

《書・立政》:"嗚呼!孺子王矣。繼自今我其立政……其惟吉士,用勱相我國家。"故以"孺"應"國"。按,先秦"孺子"專指天子及諸侯卿大夫的繼承人(見錢大昕《十駕齋養新録》)。至漢,"孺"廣泛用於名字,以表對爵位的希冀。以"孺"應"安國",既概括經義,又極有時代特色。"長"表行第居長。

韓 伯 晉人。字康伯。

《後漢書・逸民傳・韓康》載,韓康字伯休,采藥名山賣於長安市三十餘年,後遯入霸陵山中。桓帝以安車聘之,然竟中道而逃,以壽終云云。後世慕其名,稱"康伯"。唐李賀《感諷》詩之四:"君平久不反,康伯遁國路。"以"康伯"應姓名"韓伯",是慕韓康隱居求志之逸情。

韓守愚 明人。字希哲。

唐韓偓《守愚》詩:"守愚不覺世途險,無事始知春日長。"唐錢起《山齋讀書寄時校書杜叟》詩:"幽人自守樸,窮谷也名愚。"《老子》第二十章:"我愚人之心也哉!沌沌兮!俗人昭昭,我獨昏昏;俗人察察,我獨悶悶。"又,第六五章:"古之善爲道者,非以明民,將以愚之……常知稽式,是謂玄德。"哲,謂哲人,哲理。指老子及其宣揚的"愚"道。以"希哲"應"守愚",意謂仰慕傚法老子之道,安於愚拙素樸。

韓 均 後魏人。字天德。

《管子・七法》:"不明於則而欲出號令,猶立朝夕於運均之上。"尹知章注:"均,陶者之輪也。""均"亦作"鈞"。《淮南子・原道訓》:"是故能天運地滯,輪轉而無廢……鈞旋轂轉,周而復始。已彫已琢,還反於樸;無爲爲之而合于道;無爲言之而通乎德。"高誘注:"鈞,陶人作瓦器,法下轉旋者。一曰:天也。"是"均""鈞"又喻稱天。漢王充《論衡・説日》:"天行三百六十五度,積凡七十三萬里也。其行甚疾,無以爲驗,當與陶鈞之運、弩矢之流相類似乎?"漢董仲舒《春秋繁露・人副天數》:"天德施,地德化,人德義。"故以"天德"應"均"。

韓延之 後魏人。字顯宗。

《書・顧命》:"延入翼室,恤宅宗。"孔傳:"延之使居憂,爲天下宗主。"孔穎達疏:"令太子在室當喪憂,居爲天下宗主,正其將王之位,以繫羣臣之心也。"故以"宗"應"延之",以概括經傳之義。飾以"顯",意謂欲使其宗族延續久遠,以光耀祖宗。

韓延壽 漢人。字長公。

《爾雅・釋詁》:"延,長也。"《管子・内業》:"平正擅匈,論治在心,此以長壽。"故以"長"應"延壽"。"公"乃漢代名字習尚用字,意謂企望爵至公位。

韓 忼 宋人。字義行。

《説文・心部》:"忼,慨也。慨,忼慨。壯士不得志也。"徐鉉曰:"忼,今俗别作慷。"《文選・王褒〈洞簫賦〉》:"科條譬類,誠應義理;澎濞慷慨,一何壯士!優柔温潤,又似君子。"吕延濟注:"謂其聲曲所以比類至誠,必有感應於義理者,謂下文壯士君子之事。"《文選・潘岳〈馬汧督誄〉》:"然則忠孝義烈之流,慷慨非命而死者,綴辭之士,未之或遺也。"忼慨之士不得志於時,然節烈義行可稱。故以"義行"應"忼"。

韓肖胄 宋人。字似夫。

《説文・肉部》:"肖,骨肉相似也。不似其先,故曰不肖也。"又:"胄,胤也。"桂馥義證:"《玉篇》:'胄,裔也。'《楚辭・九歎》:'伊伯庸之末胄兮。'王注:'胄,後也。'""肖胄"者,肖似祖先之後裔也,故以"似"應之。綴以"夫",乃男子之稱。

韓邦奇 明人。字汝節。

"邦奇",指國之奇材。《淮南子・主術訓》:"奇材佻長而干次。"高誘注:"奇材,非常之材。"《周禮・地官・掌節》:"掌節,掌守邦節而辨其用,以輔王命。"又:"掌節,上士二人……"鄭玄注:"節猶信也。行者所執之信。"賈公彦疏:"無節者不達,有節乃得行。"既是邦之奇材,又有節，則可行可達。故以“節”應“邦奇”。又因“掌節”乃地官司徒之屬，《書·舜典》：“汝作司徒，敬敷五教，在寬。”故又因之飾以“汝”，以取其文義。

韓邦問 明人。字大經。

《禮記·曲禮上》：“入竟而問禁，入國而問俗，入門而問諱。”孔穎達疏：“入竟而問禁者，此以下并爲敬主人也。竟，界首也。禁，謂國中政教所忌。凡至竟界，當先訪問主國何所禁也。……入主人之城内，亦先問風俗常行也。……主人祖先君名宜先知之，欲爲避之也。”名“邦問”，蓋取此經傳文義，謂當提前知其所禁所諱，以及風俗常行，方可敬主人和應對交際也。《禮記·中庸》：“至誠之道，可以前知。”又：“唯天下至誠，爲能經綸天下之大經，立天下之大本，知天地之化育，夫焉有所倚。”爲前知，當至誠；唯至誠，則能經綸天下之大經。故以“大經”應“邦問”。

韓邦靖 明人。字汝度。

《詩·大雅·召旻》：“潰潰回遹，實靖夷我邦。”毛傳：“靖，謀也。”鄭玄箋：“皆謀夷滅王之國。”名“邦靖”，蓋取此《詩》義。《爾雅·釋詁》：“靖，度，謀也。”靖、度同義，故以“度”應“靖”。《書·盤庚上》：“則惟汝衆，自作弗靖，非予有咎。”又：“凡爾衆，其惟致告：自今至于後日，各恭爾事，齊乃位，度乃口。”孔傳：“奉其職事，正齊其位，以法度居汝口，勿浮言。”故又以“汝”應“靖”，綴以“度”字。蓋皆取上述經傳文義。邦奇弟。

韓邦憲 明人。字子成。

《詩·小雅·六月》：“文武吉甫，萬邦爲憲。”《僞古文尚書·説命下》：“監于先王成憲，其永無愆。”故以“成”應“憲”。飾以“子”，乃男子美稱。

韓侂胄 宋人。字節夫。

《説文·人部》：“侂，寄也。”段玉裁注：“此與託音義皆同。”《論語·泰伯》：“曾子曰：‘可以託六尺之孤，可以寄百里之命，臨大節而不可奪也。君子人與？君子人也！’”《孟子·梁惠王上》：“幼而無父曰孤。”孤兒乃父之裔胄。故以“節”應“侂胄”。綴以“夫”，乃男子之稱。

韓　佽 唐人。字相之。

《詩·唐風·杕杜》：“人無兄弟，胡不佽焉？”毛傳：“佽，助也。”《易·泰卦》：“象曰：……輔相天地之宜。”孔穎達疏：“相，助也。”故以“相之”應“佽”。

韓宗師 宋人。字傳道。

唐代韓愈，爲一代文章宗師。韓文《師説》有：“師者，所以傳道授業解惑也。”故以“傳道”應姓名“韓宗師”，以表對一代宗師韓愈敬仰之情。

韓宜可 明人。字伯時。

《孟子·萬章下》：“孔子之去齊，接淅而行。去魯，曰：‘遲遲吾行也，去父母國之道也。’可以速而速，可以久而久，可以處而處，可以仕而仕，孔子也。”又“孔子，聖之時者也。”趙岐注：“孔子聖人，故能量時宜動中權也。”故以“時”應“宜可”，以頌揚孔子之偉大。飾以“伯”，表行第居長。

韓居仁 宋人。字君美。

《孟子·離婁上》：“自暴者，不可與有言也；自棄者，不可與有爲也。言非禮義，謂之自暴也；吾身不能居仁由義，謂之自棄也。”朱熹集注：“自害其身者，不知禮義之爲美而非毁之，雖與之言，必不見信也。自棄其身者，猶知仁義之爲美，但溺於怠惰，自謂必不能行，與之有爲，必不能勉也。”又《盡心上》：“居仁由義，大人之事備矣。”既“居仁”，自是知其美，故以“美”應“居仁”，以概括經傳文義。飾以“君”，乃男子美稱。

韓　性 元人。字明善。

《孟子·滕文公上》：“孟子道性善，言必稱堯舜。”故以“善”應“性”。《禮記·中庸》：“自誠明，謂之性。”故又以“明”應“性”。

韓　拙 宋人。字純全。

《老子》第四五章：“大巧若拙。”《莊子·天地》：“子貢南遊於楚，反於晉，過漢陰，見一丈人方將爲圃畦，鑿隧而入井，抱甕而出灌，搰搰然用力甚多而見功寡……笑曰：‘吾聞之吾師，有機械者必有機事，有機事者必有機心。機心存於胸中，則純白不備，純白不備則神生不定；神生不定者，道之所不載也。’”又：“執道者德全，德全者形全，形全者神全。神全者，聖人之道也。”故以“純全”應“拙”，意謂願奉行道家樸拙純全之德。

韓昌箕 明人。字仲弓。

《禮記·學記》：“良冶之子必學爲裘，良弓之子必學爲箕。”《詩·齊風·猗嗟》：“猗嗟昌兮，頎而長兮，抑若揚兮，美目揚兮，巧趨蹌兮，射則臧兮。”鄭玄箋：“臧，善也。”弓良則射善，射善則“猗嗟昌兮”之歎興。故以“弓”應“昌箕”，以用《學記》《猗嗟》之文義。

韓肫仁 明人。字伯倫。

《禮記·中庸》：“唯天下至誠，爲能經綸天下之大經，立天下之大本，知天地之化育，夫焉有所倚。肫肫其仁，淵淵其淵，浩浩其天。”朱熹集注：“經，常也。大經者，五品之人倫。大本者，所性之全體也。惟聖人之德，極誠無妄，故於人倫各盡其當然之實，而皆可以爲天下後世法，所謂經綸之也。肫肫，懇至貌，以經綸而言也。”故以“倫”應“肫仁”，以概括經傳文義。“伯”表行第居長。

韓信同 元人。字伯循。

《孟子·公孫丑上》：“子路人告之以有過則喜。禹聞善言則拜。大舜有大焉，善與人同，舍己從人，樂取於人以爲善。”《墨子·經上》：“循所聞而得其意。”畢沅校注：“循，猶云從。”故以“循”應“同”，意謂願傚虞舜，善與人同，捨己從人以爲善。

韓保正 五代後蜀人。字永吉。

《儀禮·士冠禮》：“三加曰：以歲之正，以月之令，咸加爾服……三醮曰：旨酒令芳，籩豆有楚，咸加爾服。……字辭曰：禮儀既備，令月吉日，昭告爾字。爰字孔嘉，髦士攸宜。宜之于假，永受保之。曰伯某甫，仲、叔、季，唯其所當。”故以“永吉”應“保正”，以概括經義。

或名保貞。《易·賁卦》：“九三，賁如濡如，永貞吉。”王弼注：“既得其飾，又得其潤，故曰賁如濡如也，永保其貞，物莫之陵，故曰永貞吉也。”故以“永吉”應“保貞”。

韓 奕

①明人。字大之。

《詩·大雅·韓奕》：“奕奕梁山，維禹甸之。”毛傳：“奕奕，大也。”《爾雅·釋詁》：“奕，大也。”以“大之”應“奕”，當是借己姓名與《韓奕》篇名相同，故取首句文義以爲己字。

②明人。字公望。

《詩·魯頌·閟宫》：“新廟奕奕，奚斯所作。孔曼且碩，萬民是若。”鄭玄箋：“奕奕，姣美也。”陳奐傳疏：“奕奕，高大，繹繹相連。”朱熹集傳：“萬民是若，順萬民之望也。”故以“公望”應“奕”。

韓 度 宋人。字百洪。

《僞古文尚書·旅獒》：“不役耳目，百度惟貞。”故以“百”應“度”。漢王粲《游海賦》：“洪洪洋洋，誠不可度也。”故又以“洪”應“度”。

韓彦直 宋人。字子温。

《書·舜典》：“帝曰：夔！命汝典樂，教冑子，直而温，寬而栗。”

韓 恒 前燕人。字景山。

《書·禹貢》：“太行恒山，至于碣石，入于海。”故以“山”應“恒”，是析恒山爲名字。《詩·鄘風·定之方中》：“景山與京。”毛傳：“景山，大山。”遂因“山”飾以“景”。

韓思復 唐人。字紹出。

《易·復卦》：“復：亨，出入无疾。”故以“出”應“復”。《書·盤庚上》：“天其永我命于兹新邑，紹復先王之大業，底綏四方。”故又以“紹”應“復”。

韓 洄 唐人。字幼深。

《文選·枚乘〈七發〉》：“神物怪疑，不可勝言，直使人踣焉，洄闇悽愴焉。”劉良注：“洄闇，深不明也。”故以“深”應“洄”。“幼”，表行第較末。

韓 洙 宋人。字宗魯。

《禮記·檀弓上》：“吾與女事夫子於洙泗之間。”孔子爲魯人，曾在家鄉洙水、泗水間講學。後遂以“洙泗”代稱孔子及其儒家學説，孔子亦被稱爲“魯聖”。唐盧象《贈廣川馬先生》詩：“人歸洙泗學，歌盛舞雩風。”唐鮑溶《寓興》詩：“魯聖虚泣麟，楚狂浪歌鳳。”故以“宗魯”應“洙”，意謂宗仰傚法孔子及其學説。

韓 茂 後魏人。字元興。

《詩·小雅·天保》：“天保定爾，以莫不興。……如松柏之茂，無不爾或承。”興、茂義近，故以“興”應“茂”。

韓 范 明人。字思兼。

韓琦、范仲淹同爲北宋名臣。二人同鎮西北邊陲，西夏爲之慴服。有諺曰：“軍中有一韓，西賊聞之心膽寒。軍中有一范，西賊聞之驚破膽。”（《宋史·韓琦傳》）云云。以“思兼”應姓名“韓范”，意謂欲思兼傚此二人。

韓若愚 元人。字希賢。

《論語·爲政》：“子曰：‘吾與回言終日，不違如愚。退而省其私，亦足以發。回也不愚。’”顔回是孔子最得意弟子，孔子對他最爲稱贊。《論語·雍也》：“子曰：‘賢哉，回也！一簞食，一瓢飲，在陋巷，人不堪其憂，回也不改其樂。賢哉，回也！’”故以“希賢”應“若愚”，乃慕顔回之賢及其如愚之德。

韓 貞 明人。字以中。

《易·豫卦》：“六二，介于石，不終日，貞吉。象曰：不終日貞吉，以中正也。”

韓晉卿 宋人。字伯修。

《易·晉卦》：“象曰：明出地上，晉。君子以自昭明德。”自昭明其德，即自修養德行。故以“修”應“晉”。“伯”表行第居長。

韓 珩 漢人。字子佩。

《説文·玉部》：“珩，佩上玉也。从玉、行。所以節行止也。”《詩·鄭風·女曰鷄鳴》：“知子之來之，雜佩以贈之。”毛傳：“雜佩者，珩、璜、琚、瑀、衝牙之類。”故以“子佩”應“珩”。

韓 畕 清人。字經正。

《正字通·田部》：“畕，畺本字……或作畺，俗作疆。”《説文·田部》：“畺，畺或从土，彊聲。”段玉裁注：“今則疆行而畺廢矣。”《詩·小雅·信南山》：“我疆我理，南東其畝。”毛傳：“疆，畫經界也；理，分地理也。”《左傳·成公二年》：“先王疆理天下。”杜預注：“疆，界也；理，正也。”《孟子·滕文公上》：“夫仁政，必自經界始，經界不正，井地不鈞，穀禄不平。是故暴君汙吏必漫其經界。經界既正，分田制禄可坐而定也。”疆晝經界，正理天下，乃仁政之始。故以“經正”應“畕”。

韓純玉 清人。字子蘧。

春秋衛國大夫蘧瑗，字伯玉，有賢名。《論語·衛靈公》：“子曰：‘……君子哉蘧伯玉！邦有道，則仕；邦無道，則可卷而懷之。’”以“蘧”應“玉”，乃以蘧伯玉姓、字爲己名字，以表對其景仰之情。

韓 偓 唐人。字致堯。

據漢劉向《列仙傳》載，偓佺爲堯時仙人，堯曾從而問道，他曾贈堯仙藥云云。故以“致堯”應“偓”，意謂偓佺以藥致堯。

韓 康 漢人。字伯休。

《詩·大雅·民勞》：“民亦勞止，汔可小康。……民亦勞止，汔可小休。”故以“休”應“康”，飾以“伯”，表行第居長。

韓 臯 唐人。字仲聞。

《詩·小雅·鶴鳴》：“鶴鳴于九臯，聲聞于野。”故以“聞”應“臯”，飾以“仲”，表行第居次。

韓 祥 宋人。字履善。

《易·履卦》：“上九：視履考

祥，其旋元吉。”李鼎祚集解引虞翻曰：“祥，善也。乾爲積善，故考祥。”孔穎達疏：“上九處履之極，履道已成，故視其所履之行善惡得失，考其禍福之徵祥。”故以“履善”應“祥”。

韓　紹　明人。字光祖。

《爾雅·釋詁》：“紹，繼也。”《詩·周頌·雝》：“既右烈考，亦右文母。”鄭玄箋：“烈，光也。”《詩·商頌·那》：“奏鼓簡簡，衎我烈祖。”“光祖”猶言“烈祖”，有功烈光榮之祖。以“光祖”應“紹”，意謂繼承烈祖之基業而光大之。

韓　湘　唐人。字北渚。

《楚辭·九歌·湘夫人》：“帝子降兮北渚。”又《湘君》：“夕弭節兮北渚。”此皆寫湘夫人、湘君之辭，故以“北渚”應“湘”。

韓　琦　宋人。字稚圭。

《廣韻·平支》：“琦，玉名。”晉葛洪《抱朴子·博喻》：“是以蟭螟之巢，無乘風之羽；溝澮之中，無宵朗之琦。”《説文·土部》：“圭，瑞玉也。”琦、圭皆玉名，而圭乃古代禮器，貴族所執，故以“圭”應“琦”。

韓　菼　清人。字元少。

《詩·豳風·七月》：“八月萑葦。”孔穎達疏：“此二草，初生者爲菼，長大爲薍，成則名爲萑。初生爲葭，長大爲蘆，成則名爲葦。小、大異名。”菼乃萑之少小之名，故以“少”應“菼”。飾以“元”，《爾雅·釋詁》：“初、元、權輿，始也。”郝懿行義疏：“《大戴禮·誥志篇》云：‘孟春百草權輿。’是草之始萌通名權輿矣。”以“元少”應“菼”，意謂乃始萌少小之萑。

別字“慕廬”，蓋諧“蘆”爲“廬”。“菼”長大方爲薍、萑，猶“葭”長大方得爲蘆、葦。故設想菼不僅盼長大爲薍、萑，復亦慕蘆、葦之長成。故以“慕廬（蘆）”應“菼”。

韓　嵩　漢人。字德高。

《禮記·孔子閒居》：“其在《詩》曰：‘嵩高惟嶽，峻極于天。惟嶽降神，生甫及申。惟申及甫，惟周之翰。四國于蕃，四方于宣。’此文武之德也。”故以“德高”應“嵩”，以概括經義。

韓　愈　唐人。字退之。

《論語·先進》：“子貢問：‘師與商也孰賢？’子曰：‘師也過，商也不及。’曰：‘然則師愈與？’子曰：‘過猶不及。’”何晏集解：“愈猶勝也。”又：《先進》：“子曰：‘求也退，故進之；由也兼人，故退之。’”何晏集解：“子路務在勝尚人。”朱熹集注：“兼人，謂勝人也。……聖人一進之，一退之，所以約之於義理之中，而使之無過不及之患也。”“愈”猶勝，勝人則亦失中，故當“退之”以使其合於中庸。故以“退之”應“愈”。

韓　楓　明人。字湛江。

《文選·宋玉〈招魂〉》：“湛湛江水兮上有楓。”王逸注：“湛湛，水貌。”唐崔信明《詩》：“楓落吳江冷。”故以“湛江”應“楓”。

韓　滉　唐人。字太沖。

《玉篇·水部》：“滉，滉瀁，波也。”《集韻·上蕩》：“滉水深廣貌。”《文選·潘岳〈西征賦〉》：“滉瀁瀰漫，浩如河漢。”吕向注：“言廣大也。”《説文·水部》：“沖，涌摇也。”桂馥義證：“或作沖，《海賦》：‘沖瀜沆瀁。’”《文選·木華〈海賦〉》“沖瀜沆瀁”注作“沖”。故以“沖”應“滉”，又因“沖”飾以“太”，《淮南子·詮言訓》：“聰明雖用，必反諸神，謂之太沖。”

韓　準　元人。字公衡。

《説文·水部》：“準，平也。”《禮記·曲禮下》：“國君綏視，大夫衡視。”鄭玄注：“衡，平也。”準、衡同義，故以“衡”應“準”。飾以“公”，乃男子美稱。

韓熙載　五代南唐人。字叔言。

《書·舜典》：“舜曰：‘咨！四岳，有能奮庸熙帝之載，使宅百揆，亮采惠疇。’”故名“熙載”。《詩·衛風·氓》：“既見復關，載笑載言。”又《周頌·載見》：“載見辟王，曰求厥章。……永言保之，思皇多祜。烈文辟公，綏以多福，俾緝熙于純嘏。”故以“言”應“熙載”。“叔”表行第居又次。

韓　瑗　唐人。字伯玉。

《論語·憲問》：“蘧伯玉使人於孔子，孔子與之坐而問焉。”何晏集解引孔安國曰：“伯玉，衛大夫蘧瑗。”名“瑗”字“伯玉”，是用春秋衛賢大夫蘧伯玉的名字爲己名字。

韓　當　三國吴人。字義公。

《論語·衛靈公》：“子曰：‘當仁不讓於師。’”又《爲政》：“見義不爲，無勇也。”《後漢書·曹褒傳》：“夫人臣依義顯君，竭忠彰主，行之美也，當仁不讓，吾何辭哉！”故以“義”應“當”，是謂見義而當仁，勇往而必爲。綴以“公”，乃男子美稱。

韓　經　明人。字本常。

《廣雅·釋詁》：“經，常也。”故以“常”應“經”。《荀子·天論》：“天行有常，不爲堯存，不爲桀亡。應之以治則吉，應之以亂則凶。彊本而節用，則天不能貧；養備而動時，則天不能病；脩道而不貳，則天不能禍。”故因“常”而飾以“本”。意謂强固根本，以順應上天經常之道。

韓　補　宋人。字復善。

《詩·大雅·烝民》：“衮職有闕，維仲山甫補之。”《左傳·宣公二年》：“人誰無過，過而能改，善莫大焉。《詩》曰：‘靡不有初，鮮克有終。’夫如是，則能補過者鮮矣。君能有終，則社稷之固也，豈惟羣臣賴之。又曰，‘衮職有闕，惟仲山甫補之’，能補過也。君能補過，衮不廢也。”故以“復善”應“補”，意謂當如仲山甫等古聖賢，善於補過以復於善。

韓　雍　明人。字永熙。

《書·堯典》：“黎民於變時雍。”孔傳：“雍，和也。”又《無逸》：“其惟不言，言乃雍。”曾運乾正讀：“雍，聲和雍也。”孫星衍注引《史記》：“‘雍’作‘讙’……《集解》引鄭玄曰‘讙’，喜悦也。”《列子·力命》：“在家熙然有棄朕之心。”雍、熙義同，皆有和悦義。”《文選·張衡〈東京賦〉》：“百姓同於饒衍，上下共其雍熙。”薛綜注：“言富饒是同，上下咸悦，故能雍和而廣也。”劉良注：“雍和熙盛也。”故以“熙”應“雍”，飾以“永”，意謂永享和樂升平。

韓　鼎　明人。字廷器。

《國語·晉語九》：“先主爲重器也，爲國家之難也。”韋昭注：“重器，圭璧鍾鼎之屬。”鼎爲國之重器，故以“廷器”應之，意謂欲作如鐘鼎等朝廷重器之才。

韓僧壽　隋人。字元慶。

僧壽自北朝周入隋，北朝佞佛，故以“僧壽”爲名。《詩·小雅·楚茨》：“先祖是皇，神保是饗，孝孫有慶。報以介福，萬壽無疆。”故以“慶”應“壽”。

韓　壽　晉人。字德貞。

《詩·小雅·蓼蕭》：“其德不爽，壽考不忘。……宜兄宜弟，令德壽豈。”朱熹集傳：“爽，差也。其德不爽，則壽考不忘矣。壽豈，壽而且樂也。”有德操自然會得長壽，故以“德”應“壽”，綴以“貞”。《易·訟卦》：“六三，食舊德，貞，厲終吉。”

韓夢周　清人。字公復。

《論語·述而》：“子曰：‘甚矣吾衰也！久矣吾不復夢見周公！’”朱熹集注：“孔子盛時，志欲行周公之道，故夢寐之間如或見之。”故以“公復”應“夢周”，以概括經義。意謂願追慕孔子，傚其年輕時立志行周公之道，期夢寐之中能得見周公。

韓　福

① 明人。字德夫。

《禮記·哀公問》：“孔子愀然作色而對曰：‘君之及此言也，百姓之德也，固臣敢無辭而對，人道政爲大。’”鄭玄注：“德猶福也。”孔穎達疏：“‘百姓之德也’者，德謂恩德，謂福慶之事，言君今問此人道之大，欲憂恤於下，是百姓受其福慶。”故以“德”應“福”。綴以“夫”，乃男子之稱。

② 明人。字以德。

《韓詩外傳》卷三：“是以德澤洋乎海内，福祉歸乎王公。”

韓　維　宋人。字持國。

《管子·霸言》：“僇其罪，卑其列，維其民，然後王之。”尹知章注：“戮其首罪，卑其爵列，維持其人衆。”唐柳宗元《貞符》：“置州牧四岳持而綱之，立有德有功有能者參而維之。”維、持義近，故以“持”應“維”。《管子·牧民》：“國有四維……一曰禮，二曰義，三曰廉，四曰恥。”《詩·小雅·節南山》：“秉國之鈞，四方是維。”故又以“維”應“國”。

韓　鳳　北齊人。字長鸞。

《楚辭·九章·涉江》：“鸞鳥鳳皇，日以遠兮。”王逸注：“鸞、鳳，俊鳥也。有聖君則來，無德則去。”《廣雅·釋鳥》：“鸞鳥，鳳皇屬也。”故以“鸞”應“鳳”。“長”表行第居長。

韓　賢　北齊人。字普賢。

普賢，是佛教菩薩名，與文殊菩薩同爲釋迦牟尼佛的脅侍之一，常常被塑於釋尊的右側侍立。他的願行廣大，功德圓滿，深受佛教徒敬仰，有“大行普賢”之美稱。北朝佞佛，故以“普賢”應“賢”，以表對這位菩薩的崇拜之情。

韓　醇　宋人。字仲韶。

《僞古文尚書·説命中》：“政事惟醇。”孔傳：“王之政事醇粹。”陸德明釋文：“醇音純，粹。”《漢書·梅福傳》：“一色成體謂之醇。”王先謙補注：“官本‘醇’作‘純’，是。”故“醇”與“純”通。皆有盡善盡美之義。《禮記·郊特牲》：“告幽全之物者，貴純之道也。”鄭玄注：“純謂中外皆善。”《楚辭·離騷》：“昔三后之純粹兮，固衆芳之所在。”王逸注：“至美曰純。”《論語·八佾》：“子謂《韶》盡美矣，又盡善也。”又《述而》：“子在齊聞《韶》，三月不知肉味，曰：‘不圖爲樂之至於斯也。’”朱熹集注：“范氏曰：《韶》盡美又盡善，樂之無以加此也。故學之三月，不知肉味，而歎美之如此，誠之至、感之深也。”故以“韶”應“醇”，是亦頌揚虞韶之樂盡善盡美。

韓　擇　元人。字從善。

《論語·述而》：“三人行，必有我師焉：擇其善者而從之，其不善者而改之。”

韓　縝　宋人。字玉汝。

《禮記·聘義》：“君子比德於玉焉，温潤而澤，仁也；縝密以栗，知也；……《詩》云：‘言念君子，温其如玉。’故君子貴之也。”故以“玉”應“縝”。因《詩·小雅·民勞》有“王欲玉女”之言，遂就“玉”而綴以“汝”。女通“汝”。

韓　融　漢人。字元長。

《爾雅·釋詁》：“融，長也。”融、長同義，故以“長”應“融”。“元”表行第居長。亦或謂原本爲長。

韓　衡　明人。字克佐。

《詩·商頌·長發》：“實維阿衡，實左右商王。”毛傳：“阿衡，伊尹也。左右，助也。”陸德明釋文：“左音佐，注同。”《僞古文尚書·太甲上》：“惟尹躬，克左右厥辟。宅師。”孔傳：“伊尹言能助其君居業天下之衆。”以“克佐”應“衡”，乃追思伊尹能佐助商王成就大業之功德。

韓　錫　金人。字難老。

《詩·魯頌·泮水》：“既飲旨酒，永錫難老。”

韓錫胙　清人。字介圭。

《左傳·僖公九年》：“王使宰孔賜齊侯胙曰：‘天子有事于文武，使孔賜伯舅胙。’”漢班固《西都賦》：“然後收禽會衆，論功賜胙。”《爾雅·釋詁》：“錫，賜也。”《詩·大雅·崧高》：“錫爾介圭，以作爾寶。”故以“介圭”應“錫”。

韓應龍　明人。字五雲。

《楚辭·天問》：“河海應龍，何盡何歷？”王逸注：“有翼曰應龍。應龍過歷游之而無所不窮也。或曰禹治洪水時有神龍以尾畫地，導水所注當決者，因而治之也。”《後漢書·張衡傳》：“夫女魃北而應龍翔。”李賢注：“女魃，旱神也。應龍，能興雲雨者也。”取名“應龍”，意謂當如神龍興雲雨、治洪水、濟蒼生。《易·乾卦》：“文言曰：……九五曰：‘飛龍在天，利見大人。’何謂也？子曰：‘同聲相應，同氣相求。水流濕，火就燥。雲從龍，風從虎。’”故以“雲”應“龍”。《南齊書·樂志》有“聖祖降，五雲集”，故以“五”飾“雲”。

韓　燮　宋人。字仲和。

《書·顧命》：“燮和天下，用答文武之光訓。”又《洪範》：“燮友柔克。”孔傳：“燮，和也。”故以“和”應“燮”。“仲”表行第居次。

韓　褒　北周人。字弘業。

《爾雅·釋詁》：“弘、業，大也。《淮南子·主術訓》：“一人被之而不褒，萬人蒙之而不褊。”高誘注：“褒，大也。”漢班固《白虎通·謚》：“人臣之義，莫不欲褒大其君，掩惡揚善也。”弘、業、褒皆有“大”義，故以“弘業”應“褒”。

韓翼甫　宋人。字恂齋。

《詩·小雅·六月》：“有嚴有翼。”毛傳：“翼，敬也。”又《大雅·文王》：“世之丕顯，厥猶翼翼。”毛傳：“翼翼，恭敬。”《論語·鄉黨》：“孔子於鄉黨，恂恂如也。”何晏集解引王肅曰：“恂恂，温恭之貌。”翼、恂義近，故以“恂”應“翼”。“甫”乃男子美稱，“齋”乃習尚綴飾字。

韓　贄　宋人。字獻臣。

贄，古人進見他人所持的禮品。《書·舜典》：“修五禮，五玉、三帛、二生、一死，贄。”孔傳：“玉、帛、生、死，所以爲贄以見之。”孔穎達疏：“所用玉、帛、生、死，皆爲贄，以見天子也。”漢·桓寬《鹽鐵論·崇禮》：“今萬方絶國之君奉贄獻者，懷天子之盛德，而欲觀中國之禮儀。”奉贄獻於天子者，皆臣屬，故以“獻臣”應“贄”。

韓　鐸　金人。字振安。

《禮記·月令》：“仲春之月……是月也，安萌芽，養幼少，存諸孤。……先雷三日，奮木鐸以令兆民，曰：‘雷將發聲，有不戒其容止者，生子不備，必有凶災。’”《淮南子·時則訓》：“振鐸以令於兆民曰，雷且發聲。”故以“振安”應“鐸”。

韓　覯

① 三國魏人。字曼游。

《楚辭·離騷》：“忽反顧以遊目兮，將往觀乎四荒。”《文選·揚雄〈羽獵賦〉》：“游覯侈靡，窮妙極麗。”故以“游”應“覯”。游覽觀賞宜以舒緩隨意爲佳，故飾以“曼”。古書游、遊通。

② 明人。字彦賓。

《易·觀卦》：“六四，觀國之光，利用賓于王。”故以“賓”應“覯”。飾以“彦”，乃男子美稱。

〔魏〕

魏了翁　宋人。字華父。

《玉篇·了部》：“了，慧也。”晉郭璞《爾雅序》：“其所易了，闕而不論。”了，聰慧，明白。又與“瞭”音同。《玉篇·目部》：“瞭，目明也。”“華”有眼昏花不明義。《五燈會元》卷三七：“僧問：‘撥燈見佛時如何？’師曰：‘莫眼華。’”故華、了反義相應。“翁”乃宋代名字習尚用字。“父”乃男子美稱。

魏大中　明人。字孔時。

《禮記·中庸》：“君子之中庸也，君子而時中。”朱熹集注：“君子之所以爲中庸者，以其有君子之德，而又能隨時以處中也。……蓋中無定體，隨時而在，是乃平常之理也。君子知其在我，故能戒謹不睹，恐懼不聞，而無時不中。”故以“時”應“中”，意謂當依君子之德，隨時以處中庸。飾以“孔”，《老子》第二一章：“孔德之容，惟道是從。”河上公注：“孔，大也。”故“孔”又應“大”。

魏中立　元人。字伯時。

《禮記·中庸》：“中立而不倚，强哉矯。”又：“君子而時中。”故以“時”應“中立”。飾以“伯”，表行第居長。

魏允札　清人。字州來。

《詩·大雅·常武》：“王猶允塞，徐方既來。”故以“來”應“允”。《古詩十九首·孟冬寒氣至》：“客從遠方來，遺我一書札。”又，唐杜甫《冬晚送長孫漸舍人歸州》詩：“會面思來札，銷魂逐去檣。”故又以“來”應“札”。言别後再思會面，只能依託州中來札。允枚之弟。

魏允枚　清人。字卜臣。

《僞古文尚書·大禹謨》：“枚卜功臣，惟吉之從。”

魏允迪　清人。字功夏。

《書·皋陶謨》：“曰若稽古皋陶，曰：‘允迪厥德，謨明弼諧。’禹曰：‘俞！如何？’”孔穎達疏：“孔以此篇惟與禹言。”故以“功夏”應“允迪”，意謂皋陶所言之謀，其功在禹夏。

魏　元　明人。字景善。

《易·乾卦》：“乾：元亨利貞。彖曰：大哉乾元。……文言曰：元者，善之長也。”《爾雅·釋詁》：“景，大也。”《廣韻·平元》：“元，大也。”故以“景善”應“元”。

魏元烺　清人。字麗泉。

《正字通·火部》：“烺，明也。與朗通。”《易·離卦》：“彖曰：離，麗也。日月麗乎天。百穀草木麗乎土。重明以麗乎正，乃化成天下。”故以“麗”應“烺”以用卦義。綴以“泉”，《説文·泉部》：“泉，水原也。”桂馥義證：“水原也者，《一切經音義》十二：‘水自出爲泉。’”《易·説卦》：“離爲火。”故以“泉”應“離（麗）”，乃反義相協。亦取水火相濟之義，以成其字。

魏文翁　宋人。字嘉父。

《詩·大雅·大明》：“文王嘉止，大邦有子。”故以“嘉”應“文”。“翁”乃宋人名字習尚用字。“父”

乃男子美稱。又“翁”“父”皆行輩標識。了翁從弟。

魏安行 宋人。字彦成。

《禮記·中庸》：“或安而行之，或利而行之，或勉强而行之，及其成功一也。”故以“成”應“安行”，以概括經義。飾以“彦”，乃男子美稱。

魏　收 北齊人。字伯起。

《爾雅·釋詁》：“斂、收，聚也。”劉邦《大風歌》：“大風起兮雲飛揚。”蓋反義相協。飾以“伯”，表行第居長。

魏　羽 宋人。字垂天。

《莊子·逍遥遊》：“鵬之背，不知其幾千里也，怒而飛，其翼若垂天之雲。”《廣韻·去遇》：“羽，鳥翅也。”又《入職》：“翼，羽翼。”故以“垂天”應“羽”。

魏行可 宋人。字當時。

《孟子·萬章下》：“孔子之去齊，接淅而行。去魯，曰：‘遲遲吾行也，去父母國之道也。’可以速而速，可以久而久，可以處而處，可以仕而仕，孔子也。……孔子，聖之時者也。”朱熹集注：“漬米將炊，而欲去之速，故以手承水，取米而行，不及炊也。舉此一端，以見其久、速、仕、止，各當其可也。”故以“當時”應“行可”，意謂孔子之行止，各當其時而可，堪稱聖人中識時務者。

魏孝友 宋人。字移可。

《詩·小雅·六月》：“侯誰在矣？張仲孝友。”毛傳：“善父母爲孝，善兄弟爲友。”《孝經·廣揚名章》：“君子之事親孝，故忠可移於君。事兄悌，故順可移於長。”故以“移可”應“孝友”。

魏　延 三國蜀漢人。字文長。

《爾雅·釋詁》：“延，長也。”故以“長”應“延”，乃同義相協。《詩·大雅·文王》：“有命自天，命此文王。于周于京，纘女維莘，長子維行。”《孟子·告子下》：“聞文王十尺，湯九尺，今交九尺四寸以長，食粟而已。”故又因“長”而飾以“文”。“文”亦東漢以降名字習尚用字。

魏　成 清人。字西疇。

《爾雅·釋天》：“秋爲收成。”《吕氏春秋·孟秋紀》：“先立秋三日，大史謁之天子曰：‘某日立秋，盛德在金。’天子乃齋。立秋之日，天子親率三公九卿諸侯大夫以迎秋於西郊。”高誘注：“盛德在金，金主西方也。”西方主秋，故以“西”應“成”。《漢書·蕭望之傳》：“修農圃之疇。”顔師古注：“美田曰疇。”有美田則可望有收成。又，“西疇”後世泛稱農田。晉陶潛《歸去來辭》：“將有事於西疇。”故以應“成”。

魏良政 明人。字師伊。

《詩·商頌·長發》：“實維阿衡，實左右商王。”毛傳：“阿衡，伊尹也。”鄭玄箋：“伊尹，湯所倚。”《書·君奭》：“在昔成湯既受命，時則有若伊尹，格于皇天。在太甲，時則有若保衡。”伊尹佐湯建商，後又教太甲以《伊訓》，世稱賢相，有善政。故以“師伊”應“良政”。良弼弟。

魏良弼 明人。字師説。

《僞古文尚書·説命上》：“恭默思道，夢帝賚予良弼，其代予言。乃審厥象，俾以形旁求于天下。説築傅巖之野，惟肖，爰立作相。王置諸其左右，命之曰，朝夕納誨，以輔台德。”帝示夢高宗與之良弼，求而得傅説，立以爲相，故以“師説”應“良弼”。

魏良器 明人。字師顔。

《論語·公冶長》：“子貢問曰：‘賜也何如？’子曰：‘汝器也。’”朱熹集注：“器者，有用之良材。”又《雍也》：“哀公問：‘弟子孰爲好學？’孔子對曰：‘有顔回者好學，不遷怒，不貳過。不幸短命死矣，今也則亡，未聞好學者也。’”又：“子曰：‘賢哉，回也！一簞食，一瓢飲，在陋巷，人不堪其憂，回也不改其樂。賢哉，回也！’”顔回乃孔子最得意的弟子。故以“師顔”應“良器”，意謂顔淵乃聖人之良器，願師法追步其後。

魏　矼 宋人。字邦達。

《集韻·去送》：“矼，慤實貌。”《莊子·人間世》：“且德厚信矼，未達人氣。名聞不争，未達人心。”故以“達”應“矼”。

魏　相 漢人。字弱翁。

《書·盤庚下》：“予其懋簡相爾。”孔傳：“相，助也。”《論語·季氏》：“危而不持，顛而不扶，則將焉用彼相矣？”何晏集解引包咸曰：“輔相人者，當能持危扶顛。”《方言》卷六：“凡尊老……周、晉、秦、隴謂公，或謂之翁。”《左傳·文公十二年》：“趙有側室曰穿，晉君之婿也，有寵而弱。”杜預注：“弱，年少也。”老人、少年固須相助，故以“弱翁”應“相”。

魏時亮 明人。字工甫。

《書·舜典》：“欽哉！惟時亮天功。”《説文·工部》：“工，巧飾也。”朱駿聲通訓定聲：“工，叚借爲功。”故以“工（功）”應“時亮”。綴以“甫”，乃男子美稱。

魏　泰 宋人。字道輔。

《易·泰卦》：“象曰：天地交，泰。后以財成天地之道，輔相天地之宜，以左右民。”故以“道輔”應“泰”，以概括卦義。

魏純粹 明人。字仲乾。

《易·乾卦》：“大哉乾乎！剛健中正，純粹精也。”故以“乾”應“純粹”。飾以“仲”，表行第居次。

魏荔彤 清人。字念庭。

漢班固《西都賦》：“願賓攄懷舊之蓄念，發思古之幽情。……於是玄墀釦砌，玉階彤庭。”故以“念庭”應“彤”。取《西都賦》文義，以追憶西漢長安彤庭美盛之況。

魏　紳 明人。字廷佩。

《禮記·玉藻》：“凡侍於君，紳垂。”孔穎達疏：“紳，大帶也。”又：“凡帶必有佩玉。”鄭玄注：“凡，謂天子以至士。”《説文·糸部》：“紳，大帶也。”段玉裁注：“古有革帶以繫佩韍，而後加之大帶。紳則大帶之垂者也。”“紳”及“佩玉”“佩韍”，皆朝會時所著禮服的組成部分，故以“廷佩”應“紳”。

魏　野　宋人。字仲先。

《論語·先進》：“子曰：‘先進於禮樂，野人也；後進於禮樂，君子也。如用之，則吾從先進。’”故以“先”應“野”。

魏喻義　清人。字質卿。

《論語·里仁》：“君子喻於義，小人喻於利。”又：《顔淵》：“君子質而已矣，何以文爲？”故以“質”應“喻義”。綴以“卿”，乃男子美稱。

魏　富　明人。字仲禮。

《論語·學而》：“未若貧而樂，富而好禮者也。”故以“禮”應“富”。“仲”表行第居次。

魏象樞　清人。字環極。

《禮記·玉藻》：“孔子佩象環五寸而綦組綬。”孔穎達疏：“佩象環者，象牙有文理，言已有文章也；而爲環者，示已文教所循環無窮也。”故以“環極”應“象”，意在贊美孔子之文德也。

樞，指天樞星。《史記·天官書》：“北斗七星，所謂‘旋、璣、玉衡，以齊七政’。”司馬貞索隱引《春秋運斗樞》云：“斗，第一天樞。……合而爲斗。”《論語·爲政》：“譬如北辰，居其所而衆星共之。”邢昺疏：“北極謂之北辰。北辰常居其所而不移，故衆星共尊之。”漢張衡《西京賦》：“譬衆星之環極，叛赫戲以輝煌。”明何景明《昔遊篇》：“星樞常不轉，海岳自迴環。”故又以“環極”應“樞”。

魏　閑　宋人。字雲夫。

唐王勃《滕王閣》詩：“閑雲潭影日悠悠，物换星移幾度秋。”故以“雲”應“閑”。綴以“夫”，乃男子通稱。

魏雲中　明人。字定遠。

《史記·張釋之馮唐列傳》：“今臣竊聞魏尚爲雲中守，其軍市租盡以饗士卒，〔出〕私養錢，五日一椎牛，饗賓客軍吏舍人，是以匈奴遠避，不近雲中之塞。”姓魏，取名“雲中”，是追慕魏尚守雲中，匈奴遠避之典實。《後漢書·班超傳》：“往者匈奴獨擅西域……故使軍司馬班超安集于寘以西。超遂踰葱領，迄縣度，出入二十二年，莫不賓從。改立其王，而綏其人，不動中國，不煩戎士，得遠夷之和，同異俗之心，而致天誅，蠲宿恥。以報將士之讎……其封超爲定遠侯，邑千户。”班超以功封定遠侯，與魏尚同爲邊塞名將，故以“定遠”應“雲中”。

魏敬益　元人。字士友。

《論語·季氏》：“孔子曰：‘益者三友：……友直、友諒、友多聞，益矣。’”《禮記·學記》：“一年視離經辨志，三年視敬業樂羣，五年視博習親師，七年視論學取友。”孔穎達疏：“敬業，謂藝業長者，敬而親之。樂羣，謂羣居朋友，善者願而樂之。……七年視論學取友者，言七年考校之時，視此學者論學，謂學問嚮成，論説學之是非。取友，謂選擇好人，取之爲友。”故以“友”應“益”，是取“益者三友”文義。又以“友”應“敬”，是取“敬業樂羣”“論學取友”文義。飾以“士”，意謂取友之道，乃士人所當重也。

魏新之　宋人。字德夫。

《易·大畜》：“剛健篤實，輝光，日新其德。”王弼注：“夫能輝光，日新其德者，唯剛健篤實也。”《易·繫辭上》：“日新之謂盛德。”故以“德夫”應“新之”。

魏　源

①明人。字文淵。

南朝梁鍾嶸《詩品》卷上：“尚規矩，不貴綺錯，有傷直致之奇。然其咀嚼英華，厭飫膏澤，文章之淵泉也。”《説文·泉部》：“泉，水原也。”“原”即“源”，古今字。故以“文淵”應“源”。

②清人。字默深。

《孟子·離婁下》：“君子深造之以道，欲其自得之也。自得之，則居之安；居之安，則資之深；資之深，則取之左右逢其原。故君子欲其自得之也。”朱熹集注：“原，本也，水之來處也。”原、源古今字。故以“深”應“源”。飾以“默”，取《莊子·在宥》：“淵默而雷聲。”淵、源義同，晉葛洪《抱朴子·微旨》：“夫根荄不洞地，而求柯條干雲，淵源不泓窈，而求湯流萬里者，未之有也。”

魏裔介　清人。字石生。

《易·繫辭下》：“《易》曰：‘介于石，不終日，貞吉。’介如石焉，寧用終日，斷可識矣。”故以“石”應“介”以概括《易》文義。《廣雅·釋詁》：“苗裔，末也。”王念孫疏證：“苗裔者，禾之始生曰苗，對本言之則爲末也。……《説文》：‘裔，衣裾。’徐鍇傳云：‘裾，衣邊也。’《方言》：‘裔，末也。’”將“石”諧“始”，綴“生”應“裔”，即以“始生”應“苗（裔）”。“生”又爲男子美稱。《漢書·賈誼傳》：“于嗟默默，生之亡故兮！”顔師古注：“生，先生也。”

魏詠之　晉人。字長道。

《説文·言部》：“詠，歌也。从言，永聲。”徐灝注箋：“詠之言永也，長聲而歌之。”《詩大序》：“嗟歎之不足，故永歌之。”孔穎達疏：“詠其聲，謂之歌。”《玉篇·言部》：“詠，長言也。”《詩·衛風·考槃》：“獨寐寤歌，永矢弗過！”王肅注：“歌所以詠志，長以道自誓，不敢過差。”故以“長道”應“詠之”。

魏　裳　明人。字順甫。

《易·坤卦》：“六五，黄裳，元吉。文言曰：坤至柔而動也剛。……坤道其順乎，承天而時行。”故以“順”應“裳”。綴以“甫”，乃男子美稱。

魏銀河　清人。字星槎。

據晉張華《博物志》卷十載，天河與海通，古代有人居海渚者，見年年八月有浮槎去來，因齎糧乘槎而去，竟達天河，遇見牛女二星云云。唐杜甫《不離西閣》詩二首之二：“滄海先迎日，銀河倒列星。”又《過洞庭湖》詩：“雲山千萬叠，底處上星槎？”故以“星槎”應“銀河”。

魏　徵　唐人。字玄成。

《儀禮·士昏禮》:"納徵，玄纁束帛儷皮，如納吉禮。"鄭玄注:"徵，成也。使使者納幣以成昏禮。"《淮南子·氾論訓》:"故聖人見化以觀其徵。"高誘注:"徵，成也。"故以"成"應"徵"。又因"成"而飾以"玄"。《漢書·禮樂志》:"禮樂成，靈將歸，託玄德，長無衰。"或因"徵"而取韋玄成之名爲字。《漢書·韋玄成傳》:"及元帝即位，以玄成爲少府……貶黜十年之間，遂繼父相位，封侯故國，榮當世焉。"又或合東漢著名經學大師鄭玄（字康成）名字以爲己字。

魏慶之　宋人。字醇甫。

《易·坤卦》:"坤道其順乎，承天而時行。積善之家必有餘慶，積不善之家必有餘殃。"南朝宋鮑照《河清頌》:"道之所感者深，則慶之所流者遠。"漢徐幹《中論·務本》:"而大道者醇淡……非大明君子則不能兼通者也。"故以"醇"應"慶"，意謂能明白醇正之大道者，乃得長遠之餘慶。綴以"甫"，乃男子美稱。

魏學洢　明人。字子敬。

《集韻·平脂》:"洢，水名。在河南陸渾山，入河。通作伊。"《宋史·道學傳一·程頤》:"〔程頤〕平生誨人不倦，故學者出其門最多，淵源所漸，皆爲名士。涪人祠頤於北巖，世稱伊川先生。""洢"即"伊"。學伊，指仰慕伊川先生程頤。頤爲理學宗師，后人尊稱其爲"程子"，倍受尊敬，故以"子敬"應"學伊"。

魏學曾　明人。字惟貫。

《論語·里仁》:"子曰:'參乎！吾道一以貫之。'曾子曰:'唯。'子出，門人問曰:'何謂也？'曾子曰:'夫子之道，忠恕而已矣。'"朱熹集注:"斯乃下學上達之義。"故以"惟貫"應"學曾"，以概括經傳文義，表敬仰孔、曾之情。

魏錫曾　清人。字稼孫。

《詩·小雅·甫田》:"曾孫之稼，如茨如梁。"故以"稼孫"應"曾"。

魏　懋　宋人。字覺民。

《孟子·萬章上》:"伊尹耕於有莘之野……湯三使往聘之，既而幡然改曰:'與我處畎畝之中，由是以樂堯舜之道，吾豈若使是君爲堯舜之君哉？吾豈若使是民爲堯舜之民哉？吾豈若於吾身親見之哉？天之生此民也，使先知覺後知，使先覺覺後覺也。予，天民之先覺者也。予將以斯道覺斯民也。非予覺之，而誰也？'……故就湯而説之以伐夏救民。"《僞古文尚書·伊訓》:"伊尹乃明言烈祖之成德，以訓于王曰:'嗚呼！古有夏先后，方懋厥德，罔有天災。'"又《太甲下》:"伊尹申誥于王曰:'……先王惟時懋敬厥德，克配上帝。'"故以"覺民"應"懋"，以表對伊尹助湯以堯舜之道覺民，並訓誡太甲懋敬厥德之大功。

魏　濬　明人。字禹卿。

《書·益稷》:"禹曰:'洪水滔天，浩浩懷山襄陵，下民昏墊。予乘四載，隨山刊木，暨益奏庶鮮食。予決九川，距四海，濬畎澮，距川，暨稷播，奏庶艱食鮮食，懋遷有無化居，烝民乃粒，萬邦作乂。'"《孟子·滕文公上》:"禹疏九河，瀹濟漯而注諸海，決汝漢，排淮泗而注之江，然後中國可得而食也。"故以"禹"應"濬"。綴以"卿"，乃男子美稱。

魏　禧　清人。字叔子。

《説文·示部》:"禧，禮吉也。"桂馥義證:"此皆言事神受福。《釋詁》:'禧，福也。'馥案，告神致福也。《周禮》大宗伯之職，以吉禮事邦國之鬼神示。"《詩·小雅·斯干》:"乃占我夢，吉夢維何？……大人占之，維熊維羆，男子之祥。維虺維蛇，女子之祥。"占夢得子，即事神受福，故以"子"應"禧"。飾以"叔"，表行第居又次。

又字冰叔。《詩·大雅·生民》:"生民如何？克禋克祀，以弗無子。……不康禋祀，居然生子。……寘之寒冰，鳥覆翼之。"鄭玄箋:"姜嫄之生后稷如何乎？乃禋祀上帝於郊禖，以祓除其無子之疾，而得其福也。"周之始祖姜嫄，祀上帝於郊禖而懷孕，生子後棄之冰上，得鳥覆翼不死。遂名之曰棄。後爲虞舜農官，周因此而興。是因祀獲福，故以"冰"應"禧"。

魏　謩　唐人。字申之。

《玉篇·言部》:"謩"，同"謨"。《後漢書·鄧騭傳》"罪無申證"李賢注:"申，明白也。"《字彙·田部》:"申，明也。"《書·皋陶謨》:"允迪厥德，謨明弼諧。"唐柳宗元《箕子碑》:"是用保其明哲，與之俯仰，晦是謩範。"故以"申之"應"謩"。

魏　禮　清人。字和公。

《論語·學而》:"禮之用，和爲貴。"故以"和"應"禮"。綴以"公"，乃男子美稱。禧弟。

魏　驤　明人。字仲房。

《説文·馬部》:"驤，千里馬也。"《史記·天文志》:"東宮蒼龍，房，心。……房爲天府，曰天駟。"天駟乃天帝養馬之所。又《禮記·三年問》:"若駟之過隙。"陸德明釋文:"駟，馬也。"故以"房"應"驤"。

魏　鸞　後魏人。字雙和。

《詩·小雅·蓼蕭》:"和鸞雝雝，萬福攸同。"毛傳:"在軾曰和，在鑣曰鸞。"故以"和"應"鸞"。又因"和"而飾以"雙"，謂車之鈴與馬之鈴相應和。

〔麇〕

麇　弇　宋人。字仲昭。

《説文·収部》:"弇，蓋也。"朱駿聲通訓定聲:"古文从廾，从日在穴中。"段玉裁注:"《釋言》曰:弇，同也；弇，蓋也。此與'奄，覆也'，音義同。"《説文·日部》:"昭，日明也。"名"弇"字"昭"，乃反義相應。"仲"表行第居次。

麇師旦　宋人。字周卿。

《史記·周本紀》:"武王即位，太公望爲師，周公旦爲輔，召公、畢公之徒左右王，師脩文王緒業。"周公旦、太公望等，或爲師，或爲傅，要皆武王之佐，周之卿士。故以“周卿”應“師旦”。

麇 犨 宋人。字伯升。

《玉篇·収部》：“犨，籀文登。”《玉篇·癶部》：“登，升也，上也，進也。”故以“升”應“犨”。“伯”表行第居長。

麇 鍇 宋人。字公範。

《廣韻·上駭》：“楷，模也，式也，法也。苦駭切。鍇，好鐵。”鍇、楷音同，故借“楷”爲“鍇”。《易·繫辭上》：“範圍天地之化而不過，曲成萬物而不遺。”孔穎達疏：“範謂模範。”《集韻·上範》：“範，一曰模也。”故以“範”應“鍇（楷）”，乃同義相協。飾以“公”，爲男子美稱。

十八畫

〔歸〕

歸子顧 明人。字春陽。

《詩·小雅·蓼莪》：“長我育我，顧我復我。欲報之德，昊天罔極。”遂因名“顧”而及“復”。《易·復卦》：“復，亨。……反復其道，七日來復。天行也。”孔穎達疏：“陽氣反復而得亨通，故云復亨也。陽氣始於剥，盡之後，至於反復，凡經七日。……褚氏、莊氏并云：五月一陰生，至十一月一陽生，凡七月。而云七日不云月者，欲見陽長須速，故變月言日。”故以“陽”應“顧”。《易·蠱卦》：“彖曰：……終則有始，天行也。”孔穎達疏：“四時既終，更復從春爲始，象天之行。”一陽復始，陽氣反復，乃從春爲始，故又因“陽”而飾以“春”。

歸有光 明人。字熙甫。

《詩·周頌·敬之》：“日就月將，學有緝熙于光明。”故以“熙”應“有光”，以概括《詩》義。綴以“甫”，乃男子美稱。

歸昌世 明人。字文休。

《詩·大雅·文王》：“亹亹文王，令聞不已。陳錫哉周，侯文王孫子。文王孫子，本支百世。凡周之士，不顯亦世。”周文王名昌，故以“文”應“昌”，兼以應“世”，以概括《詩》義。《爾雅·釋詁》：“休、嘉，美也。”《詩·大雅·大明》：“文王嘉止。”毛傳：“嘉，美也。”孔穎達疏：“毛以爲此篇主美文王。”故又因“文”而綴以“休”，以復用《大明》之義。

歸崇敬 唐人。字正禮。

《孝經·廣要道章》：“禮者，敬而已矣。”《禮記·中庸》：“温故而知新，敦厚以崇禮。”故以“禮”應“崇敬”。《禮記·中庸》：“齊莊中正，是以有敬也。”故又以“正”應“敬”。

歸 莊 清人。字元恭。

《禮記·經解》：“恭儉莊敬，禮教也。”故以“恭”應“莊”，飾以“元”，謂恭敬原爲禮之本。

一名祚明號恒軒者，疑當字恒軒。歸莊乃抗清志士，明亡後改名“祚明”，當取《左傳·宣公三年》“天祚明德”之義，謂上天佐明。字恒軒，爲避清人耳目。《詩·小雅·天保》：“如月之恒，如日之升。”鄭玄箋：“月上弦而就盈，日始出而就明。”故以“恒”應“明”，示人乃取《詩·天保》義。“軒”乃明清時代時尚綴飾。

歸 鉞 明人。字汝威。

《禮記·中庸》：“是故君子不賞而民勸，不怒而民威於鈇鉞。”故以“威”應“鉞”。飾以“汝”，《書·盤庚中》：“予豈汝威，用奉畜汝衆。”

歸 藹 五代後唐人。字文彦。

《詩·大雅·卷阿》：“藹藹王多吉士，維君子使，媚于天子。”鄭玄箋：“王之朝多善士，藹藹然。”又《大雅·文王》：“濟濟多士，文王以寧。”因名“藹”而及“王多吉士”，因“王多吉士”而及“文王以寧”。故以“文”應“藹”，復綴以“彦”，《爾雅·釋訓》：“美士爲彦。”“吉士”宜稱“彦”。

〔瞿〕

瞿九思 明人。字睿夫。

《論語·季氏》：“君子有九思。”《書·洪範》：“思曰睿。”故以“睿”應“九思”。綴以“夫”，乃男子之稱。

瞿式耜 明人。字起田。

《國語·周語上》：“先王之於民也，懋正其德而厚其性，阜其財求而利其器用。”韋昭注：“用，耒耜之屬也。”《爾雅·釋言》：“式，用也。”《詩·小雅·大田》：“大田多稼，既種既戒，既備乃事，以我覃耜，俶載南畝。”鄭玄箋：“時至，民以其利耜熾菑，發所受之地，趨農急也。田一歲曰菑。”孔穎達疏：“王肅以俶爲始，載爲事。言用我之利耜，始發事於南畝……熾菑謂耜之熾而入地以菑殺其草。”“始發事於南畝”，即“起田”，開始從事田間耕作之謂。故以“起田”應“式耜”。

瞿汝説 明人。字星卿。

《僞古文尚書·説命下》：“王曰：‘來！汝説，台小子舊學于甘盤。’”“説”，指傅説，乃殷高宗之相。《僞古文尚書·説命上》：“高宗夢得説，使百工營求諸野，得諸傅巖……爰立作相。”《莊子·大宗師》：“傅説得之，以相武丁，奄有天下；乘東維，騎箕尾，而比于列星。”故以“星卿”應“説”，意謂傅説乃高宗卿相，得道而化爲箕星。

瞿 佑 明人。字宗吉。

“佑”或作“祐”。《説文·口部》“右，助也”徐鉉注：“今俗別作佑。”又《説文·示部》：“祐，助也。”朱駿聲通訓定聲：“據許書，凡助爲右，神助爲祐。其實祐即右之變體，加示耳。”《易·大有卦》：“上九，自天祐之，吉无不利。”故以“吉”應“佑”

瞿 杲 清人。字炳暘。

《詩·衛風·伯兮》：“其雨其雨，杲杲出日。”《書·堯典》：“分命羲仲，宅嵎夷，曰暘谷，寅賓出日，平秩東作。”故以“暘”應“杲”。《説文·火部》：“炳，明也。”晉葛洪《抱朴子·釋滯》：“不睹七曜之炳粲。”故因“暘”而飾以“炳”。

瞿　能　明人。字世賢。

《孟子·公孫丑上》：“莫如貴德而尊士，賢者在位，能者在職。”故以“賢”應“能”，以概括經義。飾以“世”，蓋謂一世之賢者。宋蘇軾《赤壁賦》：“固一世之雄也。”

瞿紹基　清人。字蔭棠。

《僞古文尚書·冏命》：“俾克紹先烈。”孔傳：“使能繼先王之功業。”又《書·大誥》：“厥考翼，其肯曰予有後，弗棄基？”孔傳：“其父敬事創業，而子不能繼成其功，其肯言我有後不棄我基業乎？”名紹基，乃言繼承先人創建之基業。乃轉而以“紹”諧“召”。召謂周成王太保召康公姬奭。召基，乃召公奭之基業。《詩·召南·甘棠》：“蔽芾甘棠，勿翦勿伐，召伯所茇。”朱熹集傳：“召伯循行南國，以布文王之政，或舍甘棠之下。其後人思其德，故愛其樹而不忍傷也。”《史記·燕召公世家》：“召公之治西方，甚得兆民和。召公巡行鄉邑，有棠樹，決獄政事其下，自侯伯至庶人各得其所，無失職者。召公卒，而民人思召公之政，懷棠樹不敢伐，哥詠之，作《甘棠》之詩。”以“蔭棠”應“紹基”（召基），即用《詩·甘棠》之典。言當如召公，不煩勞民衆，憩止棠蔭之下，決訟獄，施惠政於百姓。

以諧音易字，使淺顯文義變爲曲折古奧，令人難曉，乃清人時尚。現代名賢之名字，仍有采用此法者。

瞿　潛　清人。字又陶。

此乃拆晉代文學家陶潛名姓爲己名字。飾以“又”，意謂希冀個人願追步其后，成爲陶潛第二。

瞿　頡　清人。字孚若。

《吕氏春秋·明理》：“夫亂世之民，長短頡䪼。”高誘注：“頡猶大。”《易·觀卦》：“盥而不薦，有孚顒若。”《詩·小雅·六月》：“四牡脩廣，其大有顒。”毛傳：“顒，大貌。”頡、顒同義，故以“孚若”應“頡”，以概括卦辭之義。

瞿龍躍　清人。字天門。

《易·乾卦》：“初九，潛龍，勿用。”“九四，或躍在淵，无咎。文言曰：……見龍在田，天下文明。終日乾乾，與時偕行。或躍在淵，乾道乃革。飛龍在天，乃位乎天德。”故取名“龍躍”，且以“天”應之。《藝文類聚》卷九六引辛氏《三秦記》：“河津一名龍門，大魚集龍門下數千，不得上。上者爲龍。”故又因“天”而綴以“門”。

瞿騰龍　清人。字在田。

《易·乾卦》：“見龍在田……或躍在淵。”故以“在田”應“騰龍”。

〔聶〕

聶士成　清人。字功亭。

《論語·衛靈公》：“志士仁人，無求生以害仁，有殺身以成仁。”故取名“士成”。《書·禹貢》：“禹錫玄圭，告厥成功。”故以“功”應“成”。綴以“亭”，乃清人名字時尚綴飾。

聶大年　明人。字壽卿。

《莊子·逍遥遊》：“楚之南有冥靈者，以五百歲爲春，五百歲爲秋。上古有大椿者，以八千歲爲春，八千歲爲秋，此大年也。而彭祖乃今以久特聞，衆人匹之，不亦悲乎！”成玄英疏：“彭祖歷夏經殷至周，年八百歲矣。特，獨也。以其年長壽，所以聲獨聞於世。”故以“壽”應“大年”。綴以“卿”，乃男子美稱。

聶子述　宋人。字善之。

《論語·述而》：“子曰：‘述而不作，信而好古，竊比於我老彭。’”故取名“子述”。《禮記·中庸》：“夫孝者，善繼人之志，善述人之事者也。”故以“善之”應“子述”。

聶夷中　唐人。字坦之。

《説文·大部》：“夷，平也。”《玉篇·土部》：“坦，平也。”故以“坦”應“夷”。綴以“之”，《管子·樞言》：“坦坦之利不以功，坦坦之備不爲用。”晉宋以來，士人名多綴以“之”。

聶師道　五代吴人。字宗微。

《漢書·藝文志》：“祖述堯舜，憲章文武，宗師仲尼，以重其言，於道最爲高。”唐韓愈《師説》：“吾從而師之。吾師道也。”故取名“師道”，并以“宗”應之。《僞古文尚書·大禹謨》：“人心惟危，道心惟微。”故又以“微”應“道”。

聶　豹　明人。字文蔚。

《易·革卦》：“上六，君子豹變。象曰：‘君子豹變’，其文蔚也。”

聶　鉉　明人。字器之。

《易·鼎卦》：“鼎，元吉。亨。……上九，鼎玉鉉，大吉，无不利。”孔穎達疏：“鼎者，器之名也。……鼎玉鉉者，玉者，堅剛而有潤者也。上九居鼎之終，鼎道之成，體剛處柔，則是用玉鉉以自舉者也。故曰鼎玉鉉也。”

〔邊〕

邊一椿　明人。字汝壽。

《莊子·逍遥遊》：“上古有大椿者，以八千歲爲春，八千歲爲秋。此大年也。”晉庾闡《采藥》詩：“椿壽自有極，槿花何用疑？”《書·洪範》：“一曰壽。”故以“壽”應“椿”。《書·湯誓》：“爾尚輔予一人。致天之罰，予其大賚汝。”故又以“汝”應“一”。

邊文進　明人。字景昭。

《詩·大雅·文王》：“文王在上，於昭于天。”又《既醉》：“君子萬年，介爾景福。……君子萬年，介爾昭明。”故以“景昭”應“文”。

邊　武　元人。字伯京。

《左傳·宣公十二年》：“君盍築武軍而收晉尸以爲京觀？”杜預注：“積尸封土其上，謂之京觀。”楊伯峻注：“《漢書·翟方進傳》叙王莽攻破翟義後，夷族其三族，誅其種嗣，至皆同坑，築爲武軍封，方六丈，高六尺，建表木高丈六尺，書曰：‘反虜逆賊鱷鯢在所。’此王莽劉歆之‘武軍’‘京觀’，或與春秋時制相近。以此觀之，武軍、京觀蓋是一事。”築京觀本爲炫耀武力，故以“京”應“武”。飾以“伯”，表行第居長。

邊彦駱 明人。字國龍。

《玉篇·馬部》：“駱，白馬黑鬣。”唐白居易《賣駱馬》詩：“項籍顧騅猶解歎，樂天別駱豈無情。”《周禮·夏官·庾人》：“馬八尺以上爲龍。”故以“龍”應“駱”。《詩·鄭風·羔裘》：“彼其之子，邦之彦兮。”毛傳：“彦，士之美稱。”孔穎達疏：“《釋訓》云：‘美士爲彦。’舍人曰：‘國有美士，爲人所言道。’”故又以“國”應“彦”。以“國龍”應“彦駱”，意謂欲作如龍馬一般英才俊士。

邊　珝 宋人。字待價。

《廣韻·上麌》：“珝，玉名。”《論語·子罕》：“子貢曰：‘有美玉於斯，韞匵而藏諸？求善賈而沽諸？’子曰：‘沽之哉！沽之哉！我待賈者也。’”賈、價古今字。故以“待價”應“珝”。

邊　貢 明人。字廷實。

《書·禹貢》：“任土作貢。”孔傳：“任其土地所有，定其貢賦之差。”《孟子·滕文公上》：“夏后氏五十而貢，殷人七十而助，周人百畝而徹。其實皆什一也。”孫奭疏：“總而論之，其實皆什一之賦也。”朱熹集注：“其實皆什一者，貢法固以十分之一爲常數。”故以“實”應“貢”。又因“實”而飾以“廷”，謂貢賦充實朝廷也。

邊　習 明人。字仲學。

《論語·學而》：“學而時習之，不亦説乎？”故以“學”應“習”。飾以“仲”，表行第居次。

邊連寶 清人。字趙珍。

《史記·廉頗藺相如列傳》：“趙惠文王時，得楚和氏璧。”後秦王詐許以十五城易璧。藺相如奉璧西入秦，廷叱秦王之詐，終使完璧歸趙。唐李白《古風》之五十：“誇作天下珍，却哂趙王璧。”以“趙珍”應“連寶”，即用此典，意謂趙王之和氏璧，乃價值連城之珍寶。一字肇畛，是以“肇畛”諧“趙珍”。

邊壽民 清人。字頤公。

清陳康祺《郎潛紀聞》卷一：“定例：凡壽民、壽婦年登百歲者，由本省督撫題請恩賞，奉旨給扁建坊，以昭人瑞。”故取名“壽民”，以期長壽。《禮記·曲禮上》：“百年曰期，頤。”鄭玄注：“頤，養也。”晉嵇康《幽憤詩》：“永嘯長吟，頤性養壽。”故以“頤”應“壽民”。綴以“公”，乃男子美稱。

邊維垣 明人。字師甫。

《詩·大雅·板》：“大師維垣。”故以“師”應“維垣”。綴以“甫”，乃男子美稱。

邊維新 明人。字鉉鑒。

《禮記·大學》：“湯之《盤銘》曰：‘苟日新，日日新，又日新。’《康誥》曰：‘作新民。’《詩》曰：‘周雖舊邦，其命維新。’是故君子無所不用其極。”名“維新”當取此經義。字“鉉”者蓋“銘”之誤。因“銘”而綴以“鑒”，意謂湯之《盤銘》等經文，乃世代當以爲警誡之辭也。

邊　韶 漢人。字孝先。

《書·益稷》：“《簫韶》九成。”孔傳：“韶，舜樂名。”《論語·衛靈公》：“行夏之時，乘殷之輅，服周之冕，樂則《韶》舞。”又《先進》：“子曰：‘先進於禮樂，野人也。後進於禮樂，君子也。如用之，則吾從先進。’”先進之禮樂，當然是《韶》樂之類。故以“先”應“韶”。又因“先”而飾以“孝”，意謂以孝爲先。東漢人多以孝、文、公、德等爲名字或名字修飾語。

邊　毅 明人。字德弘。

《論語·泰伯》：“士不可以不弘毅。”故以“弘”應“毅”。又因“弘”而飾以德，《論語·子張》：“子張曰：‘執德不弘，信道不篤，焉能爲有？焉能爲亡？’”

邊　魯 元人。字至愚。

《論語·先進》：“參也魯。”朱熹集注：“魯，鈍也。程子曰：‘……曾子之學，誠篤而已。聖門學者，聰明才辯不爲不多。而卒傳其道，乃質魯之人爾。’”又《爲政》：“子曰：‘吾與回言終日，不違如愚。退而省其私，亦足以發。回也不愚。’”朱熹集注：“顔子深潛純粹，其於聖人，體段已具，其聞夫子之言，默識心融，觸處洞然，自有條理。故終日言，但見其不違如愚人而已。”曾參、顔回皆爲孔子高弟，故取二人之情性爲己名、字，以表仰慕曾、顔二人之情。

邊　憲 明人。字汝成。

《僞古文尚書·説命下》：“監于先王成憲，其永無愆。”故以“成”應“憲”。又因“成”而飾以“汝”，《僞古文尚書·大禹謨》：“成允成功，惟汝賢。”

邊　讓 漢人。字文禮。

《論語·里仁》：“子曰：‘能以禮讓爲國乎？何有？不能以禮讓爲國，如禮何？’”故以“禮”應“讓”。又因“禮”而飾以“文”，《禮記·禮器》：“義理，禮之文也。”《論語·憲問》：“文之以禮樂，亦可以爲成人矣。”

〔顔〕

顔之推 北齊人。字介。

名“之推”，字“介”，此乃取春秋介之推之名爲己名、字。介之推從晉公子重耳出亡，重耳即位是爲晉文公。文公賞從亡者，不及介子推。介之推亦不言己功，與母偕隱於綿山而死。（參見《左傳·僖公二四年》）《莊子·盜跖》：“介子推，至忠也。”以介子推名爲己名、字，乃表示敬仰之情。

顔　元 清人。字渾然。

《漢書·叙傳上》：“渾元運物，流不處兮。”顔師古注：“渾元，天地之氣也。”唐柳宗元《天説》：“彼上而玄者，世謂之天；下而黄者，世謂之地；渾然而中處者，世謂之元氣。”故以“渾然”應“元”。

顔元孫 唐人。字聿修。

《詩·大雅·文王》：“文王孫子，本支百世。……無念爾祖，聿脩厥德。”“脩”通“修”。故以“聿修”應“孫”。

顔光敏 清人。字遜甫。

《荀子·修身》：“端愨順弟，則可謂善少者矣。加好學遜敏焉，則有鈞無上，可以爲君子者矣。”故以“遜”應“敏”。“光”乃行輩字。綴以“甫”，乃男子美稱。光猷弟。

一字修來。《詩·小雅·甫田》：“曾孫來止……曾孫不怒，農夫克敏。”故又以“來”應“敏”。

顔光猷 清人。字秩宗。

《書·盤庚上》：“各長于厥居，勉出乃力，聽予一人之作猷。”又《舜典》：“歲二月，東巡守，至于岱宗，柴。望秩于山川。”以“秩宗”應“猷”，蓋以頌美上古帝王之德，亦表願爲天子效忠，以助其謀猷之實現。

顔　回 春秋魯人。字子淵。

《説文·水部》：“淵，回水也。”段玉裁注：“顔回，字子淵。”

顔延之 南朝宋人。字延年。

《楚辭·天問》：“黑水玄趾，三危安在？延年不死，壽何所止？”三國魏阮籍《詠懷》詩之五五：“人言願延年，延年欲焉之？”故以“延年”應“延之”，意謂願延年益壽。

顔　協 南朝梁人。字子和。

《書·堯典》：“協和萬邦，黎民于變時雍。”故以“和”應“協”，飾以“子”，乃男子美稱。

顔　宗 明人。字學淵。

以“淵”應“顔宗”，是以“顔宗”連姓成文，意謂顔氏所宗法者。“淵”指顔淵，顔淵乃顔氏之所宗。飾以“學”，謂當傚法顔淵，以之爲榜樣。

顔杲卿 唐人。字昕。

《廣雅·釋詁》：“昕、杲，明也。”

顔則孔 明人。字泗源。

《禮記·檀弓上》：“吾與女事夫子於洙泗之間。”孔子在洙泗之間開創儒學，後代遂以“洙泗”代稱孔子，並以之爲孔學之淵源。故以“泗源”應“孔”。

顔師古 唐人。字籀。

《僞古文尚書·説命下》：“事不師古，以克永世，匪説攸聞。”漢許慎《説文解字·叙》：“太史籀箸大篆十五篇，與古文或異。……今叙篆文，合以古、籀，博采通人，至于小大。”故以“籀”應“古”。

顔師魯 宋人。字幾聖。

《論語·雍也》：“有顔回者好學……今也則亡，未聞好學者也。”又《先進》：“參也魯，師也辟，由也喭……回也其庶乎！”《易·繫辭下》：“子曰：‘顔氏之子其殆庶幾乎！’”顔回、曾參皆孔子入室弟子。分别被尊稱爲“復聖”“宗聖”。《元史·文宗紀三》：“顔子兖國復聖公，曾子郕國宗聖公，子思沂國述聖公，孟子鄒國亞聖公。”以“幾聖”應“師魯”，乃綜合經義而用之，意謂顔回、曾參等人皆近乎聖人也。

顔真卿 唐人。字清臣。

《世説新語·賞譽》：“山公舉阮咸爲吏部郎，目曰：‘清真寡欲，萬物不能移也。’”劉孝標注引山濤《啓事》曰：“濤薦咸曰：‘真素寡欲，深識清濁，萬物不能移也。若在官人之職，必絶妙於時。’”又引《竹林七賢論》曰：“山濤之舉阮咸，固知上不能用，蓋惜曠世之儁，莫識其真故耳。夫以咸之所犯，方外之意，稱其清真寡欲，則跡外之意自見耳。”故以“清”應“真”。卿、臣義近，皆爲男子名字習尚字，故亦相應。

顔耆仲 宋人。字景英。

《禮記·曲禮上》：“人生……六十曰耆。”孔穎達疏：“賀瑒云：耆，至也，至老之境也。”宋司馬光《洛陽耆英會序》：“昔白樂天在洛，與高年者八人遊，時人慕之，爲《九老圖》傳於世。宋興，洛中諸公，繼而爲之者凡再矣，皆圖形普明僧舍。普明，樂天之故第也。元豐中，文潞公留守西都，韓國富公納政在里第，自餘士大夫以老自於洛者，於時爲多。潞公謂韓公曰：‘凡所爲慕於樂天者，以其志趣高逸也，奚必數與地之襲焉？’一旦，悉集士大夫老而賢者於韓公之第，置酒相樂，賓主凡十有一人。既而圖形妙覺僧舍，時人謂之‘洛陽耆英會’。”故以“英”應“耆”，以用此典。“耆英會”參與者或三朝元老，或當朝顯宦，皆年高碩德者。故又飾以“景”，意謂景慕與會者，企冀自己也建立功業、獲高年重望。

顔博文 宋人。字持約。

《論語·子罕》：“夫子循循然善誘人，博我以文，約我以禮。”何晏注：“以禮節節約我。”故以“約”應“博文”。又因“約”而飾以“持”。《荀子·榮辱》：“重死持義而不撓。”持，與“約”義近。

顔　復 宋人。字長道。

《易·復卦》：“反復其道，七日來復。利有攸往。彖曰：……利有攸往，剛長也。”故以“長道”應“復”。

顔　斐 三國魏人。字文林。

《論語·公冶長》：“吾黨小子狂簡，斐然成章。”邢昺疏：“斐然，文章貌。”《説文·文部》：“斐，分别文也。……《易》曰：‘君子豹變，其文斐也。’”故以“文”應“斐”。綴以“林”。《文選·揚雄〈長楊賦〉》：“聊因筆墨之成文章，故藉翰林以爲主人，子墨爲客卿以諷。”李善注引韋昭曰：“翰，筆也。翰林，文翰之多若林也。”

顔勤禮 唐人。字敬。

《孝經·廣要道章》：“禮者，敬而已矣。”故以“敬”應“禮”。

顔頤仲 宋人。字景正。

《易·頤卦》：“彖曰：頤，貞吉，養正則吉也。”故以“正”應“頤”。“景”爲行輩字。耆仲弟。

顔頤壽 明人。字天和。

《文選·嵇康〈幽憤詩〉》：“永嘯長吟，頤性養壽。”李善注：“《爾雅》曰：‘頤，養也。’東方朔《非有先生論》曰：‘故養性受命之士莫肯進。’《禮記》曰：‘百年曰期，頤。’鄭玄曰：‘頤，養也。’”張翰注：“頤養年壽也。”《莊子·庚桑楚》：“唯同乎天和者爲然。”故以“天和”應“頤壽”，意謂唯有順應自然天和之道者，方能頤養年壽。

顔懷禮　清人。字約亭。

《論語·雍也》：“子曰：‘君子博學於文，約之以禮，亦可以弗畔矣夫！’”故以“約”應“禮”。綴以“亭”，乃明清時尚綴飾字。

十九畫

〔嚴〕

嚴九齡　宋人。字德延。

《禮記·文王世子》：“武王對曰：‘夢帝與我九齡。’”鄭玄注：“武王以安樂延年。”故以“延”應“九齡”。又因“延”而飾以“德”，《書·君奭》：“天不可信，我道惟寧王德延。”孔傳：“無德去之，是天不可信。故我以道惟安寧王之德，謀欲延久。”意謂惟德方能延壽。

嚴　仁　宋人。字次山。

《論語·雍也》：“仁者樂山。”故以“山”應“仁”。次山即止於仁。與“仁”相應。

嚴可均　清人。字景文。

《周禮·春官·大司樂》：“大司樂掌成均之瀍，以治建國之學政，而合國之子弟焉。”鄭玄注：“董仲舒云，成均，五帝之學。成均之法者，其遺禮可法者。”故名“可均”。“成均”既爲五帝時最高之學府，故以“景文”應“可均”，意謂追慕五帝之文。

嚴　光　漢人。字子陵。

《詩·小雅·十月之交》：“爗爗震電，不寧不令。……高岸爲谷，深谷爲陵。”朱熹集傳：“爗爗，電光貌。”故以“陵”應“光”。

一名遵。《廣雅·釋詁》：“遵，循也。”《莊子·漁父》：“官治其職，人憂其事，乃無所陵。”成玄英疏：“陵亦亂也。”故以“陵”應“遵”，乃反義相應。

嚴有芑　明人。字豊思。

《詩·大雅·文王有聲》：“豊水有芑。”故以“豊”應“有芑”。又因“豊”綴以“思”，意謂發“豊水有芑”之思，懷念文王、武王之功。

嚴　羽　宋人。字儀卿。

《易·漸卦》：“上九，鴻漸于陸，其羽可用爲儀，吉。”故以“儀”應“羽”。綴以“卿”，乃漢以降名字習尚用字。

一字丹丘。《楚辭·遠遊》：“仍羽人於丹丘兮，留不死之舊鄉。”故又以“丹丘”應“羽”。

嚴君平　漢人。名遵。

以字行。《書·洪範》：“無偏無陂，遵王之義。……無黨無偏，王道平平。”孔穎達疏：“爲人君者當無偏私，無陂曲，動循先王之正義。……無阿黨，無偏私，王者所立之道平平然。”故以“君平”應“遵”。

嚴　武

①三國吴人。字子卿。

漢之蘇武，字子卿，使匈奴被拘留凡十九年，不降。持節牧羊北海上，及還，鬚髮盡白。拜爲右曹典屬國。《漢書·蘇武傳贊》：“孔子稱：‘志士仁人，有殺身以成仁，無求生以害仁。’‘使於四方，不辱君命。’蘇武有之矣！”名“武”，字“子卿”，是用蘇武名、字爲己名、字，以表對其景仰之情。

②唐人。字季鷹。

《詩·大雅·大明》：“維師尚父，時維鷹揚。涼彼武王，肆伐大商，會朝清明。”毛傳：“涼，佐也。”鄭玄箋：“尚父，吕望也，尊稱焉。鷹，鷙鳥也。佐武王者，爲之上將。”姜尚如鷙鳥，爲武王上將，佐之滅商，是亦有武。故以“鷹”應“武”。飾以“季”，表行第居末。

嚴長明　清人。字冬友。

《吕氏春秋·有始》：“冬至日行遠道，周行四極，命曰玄明。”高誘注：“玄明，大明也。”名“長明”，猶言“大明”。《左傳·文公七年》：“酆舒問於賈季曰：‘趙衰、趙盾孰賢？’對曰：‘趙衰，冬日之日也。趙盾，夏日之日也。’”杜預注：“冬日可愛，夏日可畏。”冬日可愛，故可爲友。故以“冬友”應“長明”。

一字道甫。《老子》第四一章：“明道若昧。”故又以“道”應“明”。綴以“甫”，乃男子美稱。

嚴　衍　清人。字永思。

《詩·周南·漢廣》：“漢之廣矣，不可泳思。”泳、永古今字。《六書故·地理三》：“《詩》云：‘漢之廣矣，不可永思。’别作‘泳’。”《小爾雅·廣言》：“衍，廣也。”故以“永思”應“衍”。

嚴　栻　明人。字子張。

宋之張栻爲名儒，人稱南軒先生。以“張”應“栻”，乃拆張栻姓名爲己名字，以表對其敬慕。又因“張”飾以“子”，乃男子美稱。亦取孔子弟子顓孫師之字子張，以爲己字。

嚴　郢　唐人。字叔敖。

“郢”爲春秋楚都，故以之代稱楚。楚有賢相孫叔敖。《史記·滑稽列傳》：“如孫叔敖之爲楚相，盡忠爲廉以治楚，楚王得以霸。”故以“叔敖”應“郢”。

嚴　參　宋人。字少魯。

《論語·先進》：“參也魯。”朱熹集注：“曾子之才魯，故其學也確，所以能深造乎道也。”故以“少魯”應“參”，意謂願學曾參質魯之性而深造乎道。

嚴　訥　明人。字敏卿。

《論語·里仁》：“子曰：‘君子欲訥於言而敏於行。’”故以“敏”應“訥”。綴以“卿”，乃男子美稱。

嚴　湛　清人。字水子。

《楚辭·招魂》：“湛湛江水兮上有楓。”故以“水”應“湛”。綴以“子”，乃男子美稱。

嚴　畯　三國吴人。字曼才。

清吴大澂《説文古籀補》：“古畯字从田、从允，與俊通。”《史記·宋微子世家》:"畯民用章,家用平康。"裴駰集解引孔安國曰:"賢臣顯用,國家平寧。"《孟子·公孫丑上》:"尊賢使能,使俊傑在位。"趙岐注:"俊,美才出衆者也。"《廣雅·釋詁》:"曼,長也。"《文選·嵇康〈與山巨源絶交書〉》:"然使長才廣度,無所不淹而能不營,乃可貴耳。"呂延濟注:"若取大度量之人,無所不包而又不求富貴,乃可重也。言我則多病,非爲有大才也。""曼才"猶言"長才""大才"。長才、大才,自然是美才出衆之俊杰。故以"曼才"應"畯"。

嚴 嵩 明人。字惟中。

《史記·封禪書》:"昔三代之居,皆在河洛之間,故嵩高爲中嶽,而四嶽各如其方。"故以"中"應"嵩"。飾以"惟",强調嵩居九州之正中。

嚴 焕 元人。字子文。

《論語·泰伯》:"子曰:'大哉堯之爲君也!……巍巍乎!其有成功也。焕乎!其有文章。'"故以"文"應"焕",飾以"子",乃男子美稱。

嚴 瑀 宋人。字元瑜。

三國魏曹丕《典論·論文》:"今之文人……陳留阮瑀元瑜……斯七子者,於學無所遺,於辭無所假,咸以自騁驥騄於千里,仰齊足而並馳。"阮瑀是"建安七子"之一,文采著稱於後世。故以其名、字爲己名、字,以表對其仰慕之情。

嚴 粲 宋人。字明卿。

《廣雅·釋詁》:"粲,明也。"《詩·小雅·伐木》:"於粲洒埽。"毛傳:"粲,鮮明貌。"故以"明"應"粲"。綴以"卿",乃漢以降男子名字習尚用字。

一字坦叔。《廣韻·上旱》:"坦,明也。"故又以"坦"應"粲",亦同義相協。綴以"叔",表行第居又次。

嚴嘉賓 宋人。字造道。

《詩·小雅·鹿鳴》:"我有嘉賓,鼓瑟吹笙。吹笙鼓簧,承筐是將。人之好我,示我周行。"毛傳:"行,道也。"《禮記·緇衣》:"《詩》云:'人之好我,示我周行。'"鄭玄注:"行,道也。言示我以忠信之道。"故以"道"應"嘉賓"。又因"道"飾以"造",《孟子·離婁下》:"君子深造之以道,欲其自得之也。"

嚴嘉謀 宋人。字造遠。

《僞古文尚書·君陳》:"爾有嘉謀嘉猷則入告爾后于内,爾乃順之於外。"《左傳·莊公十年》:"肉食者鄙,未能遠謀。"故以"遠"應"嘉謀"。又因"遠"而飾以"造",謂善謀必成其遠大之功也。

嚴 瑴 清人。字佩之。

《左傳·莊公十八年》:"王饗禮,命之宥,皆賜玉五瑴。"杜預注:"雙玉爲瑴。"《詩·小雅·大東》:"鞙鞙佩璲,不以其長。"鄭玄箋:"佩璲者,以瑞玉爲佩。"故以"佩"應"瑴"。

嚴 賓 明人。字子寅。

《書·堯典》:"分命羲仲,宅嵎夷,曰暘谷,寅賓出日,平秩東作。"孔傳:"東表之地稱嵎夷。"孔穎達疏:"界外之畔爲表,故云東表之地稱嵎夷也。……據日所出,謂之暘谷;指其地名,即稱嵎夷。"故以"寅"應"賓",以概括經義。飾以"子",乃男子美稱。

一字鶴丘。《史記·封禪書》:"自威、宣、燕昭使人入海求蓬萊、方丈、瀛洲。此三神山者,其傅在勃海中,去人不遠。患且至,則船風引而去。蓋嘗有至者,諸僊人及不死之藥皆在焉。其物禽獸盡白,而黄金銀爲宫闕。"古人多以"鶴"稱與神仙有關之事物,又以"鶴"喻白色。故"鶴丘"猶言"仙山",或指"其物禽獸盡白"之仙境。日出於嵎夷暘谷,乃東方界外之畔,宜爲神仙所居處。故以"鶴丘"喻之,並以之應"賓"。

嚴 震 唐人。字遐聞。

《易·震卦》:"象曰:……震驚百里,驚遠而懼邇也。"《爾雅·釋詁》:"遠,遐也。"故以"遐"應"震"。綴以"聞",謂聲威聞及遠方也。

嚴學淦 清人。字麗生。

南朝梁周興嗣《千字文》:"金生麗水,玉出崑岡。""淦"從水,金聲。以"麗生"應"淦",乃析"淦"之字形爲"金""水"而與之應,以就《千字文》之成語。

嚴 璲 清人。字十區。

《詩·小雅·大東》:"鞙鞙佩璲,不以其長。"鄭玄箋:"佩璲者,以瑞玉爲佩。"《爾雅·釋器》:"璲,瑞也。玉十謂之區。"故以"十區"應"璲"。

嚴繩孫 清人。字蓀友。

《禮記·内則》:"孫友視志。"鄭玄注:"孫,順也。順於友,視其所志也。"陸德明釋文:"孫音遜。"《釋名·釋親屬》:"孫,遜也。"故以"孫友"應"孫",又將"孫"諧作"蓀"。《楚辭·九歌·湘君》:"蓀橈兮蘭旌。"王逸注:"蓀,香草也。"清人名字追求古奥,多用諧音於名字。以"蓀"爲"孫"即屬此例。

嚴 觀 清人。字子進。

《易·觀卦》:"六三,觀我生,進退……九五,觀我生,君子无咎。"故以"子進"應"觀"。

〔羅〕

羅大經 宋人。字景綸。

《禮記·中庸》:"唯天下至誠,爲能經綸天下之大經,立天下之大本,知天地之化育。"故以"綸"應"大經",以概括經義。飾以"景"意謂希望有極誠之至德,以經綸天下。

羅 友 晉人。字它仁。

《論語·衛靈公》:"居是邦也,事其大夫之賢者,友其士之仁者。"故以"仁"應"友"。飾以"它"。其、它義近,它仁,猶"其仁",以與"友"相應。

羅天閶 清人。字開九。

《楚辭·離騷》:"吾令帝閽開關兮,倚閶闔而望予。"王逸注:"閶闔,天門也。"《後漢書·寇榮傳》:"而閶闔九重。"故以"開九”應“天閭”。

羅文俊 清人。字泰瞻。

《詩·魯頌·閟宫》:“泰山巖巖，魯邦所詹。”詹，《韓詩外傳》卷三引作“瞻”。“文俊”指唐代大文學家韓愈。《新唐書·韓愈傳》:“(愈)長慶四年卒，年五十七，贈禮部尚書，謚曰文。”又《韓愈傳贊》:“自愈没，其言大行，學者仰之，如泰山北斗云。”故以“泰瞻”應“文俊”，乃贊歎韓愈爲文章俊杰，受學者敬仰，如瞻望泰山然。

羅世濟 明人。字虚舟。

《僞古文尚書·説命上》:“若濟巨川，用汝作舟楫。”《莊子·山木》:“方舟而濟於河，有虚船來觸舟，雖有惼心之人不怒。”故以“虚舟”應“世濟”。

羅弘信 唐人。字德孚。

《詩·大雅·下武》:“王配于京，世德作求。永言配命，成王之孚。”鄭玄箋:“武王配行三后之道於鎬京者，以其世世積德，庶爲終成其大功。孚，信也。……王德之道成於信。”《爾雅·釋詁上》:“弘，大也。”故以“德孚”應“弘信”，以概括經傳之義。

羅必元 宋人。字亨父。

《易·乾卦》:“乾:元亨利貞。”故以“亨”應“元”。綴以“父”，乃男子之美稱。

羅伏龍 明人。字佐才。

《三國志·蜀志·諸葛亮傳》:“諸葛孔明者，卧龍也，將軍豈願見之乎?”裴松之注引《襄陽記》曰:“德操曰:‘……此間有伏龍、鳳雛。’備問爲誰，曰:‘諸葛孔明、龐士元也。’”又:《諸葛亮傳論》:“諸葛亮之爲相國也……可謂識治之良才，管、蕭之亞匹矣。”裴松之注引《默記》曰:“〔諸葛亮〕亦一國之宗臣，霸王之賢佐也。”故以“佐才”應“伏龍”。

羅如墉 明人。字本崇。

《詩·周頌·良耜》:“其崇如墉。”故以“崇”應“如墉”。又因“崇”而飾以“本”，漢董仲舒《春秋繁露·立元神》:“其化莫大于崇本。”

羅有高 清人。字臺山。

《詩·小雅·南山有臺》:“南山有臺，北山有萊。”又《小弁》:“莫高匪山。”故以“臺山”應“有高”。

羅 江 明人。字孔殷。

《書·禹貢》:“江漢朝宗于海，九江孔殷。”

羅汝芳 明人。字維德。

《書·盤庚上》:“非予自荒兹德，惟汝含德，不惕予一人。”清王引之《經傳釋詞》卷三:“惟……或作維。”故以“維德”應“汝”。《僞古文尚書·君陳》:“至治馨香，感于神明。黍稷非馨，明德惟馨。”孔傳:“政治之至者，芬芳馨氣動於神明。所謂芬芳非黍稷之氣，乃明德之馨。”故又以“維德”應“芳”。

羅汝敬 明人。名簡。

以字行。《論語·雍也》:“居敬而行簡，以臨其民，不亦可乎?”故以“敬”應“簡”。又因“敬”而飾以“汝”，《書·康誥》:“汝亦罔不克敬典，乃由裕民，惟文王之敬忌。”

羅汝楫 宋人。字彦濟。

《僞古文尚書·説命上》:“若濟巨川，用汝作舟楫。”故以“濟”應“汝楫”。飾以“彦”，乃男子美稱。

羅羽豐 清人。字習齋。

《戰國策·秦策一》:“毛羽不豐滿者，不可以高飛。”《楚辭·九辯》:“驂白霓之習習兮，歷羣靈之豐豐。”朱熹集注:“習習，飛動貌。”《禮記·月令》:“鷹乃學習。”陳澔集説:“學習，雛學數飛也。”故以“習”應“羽豐”。綴以“齋”，乃清人習尚綴飾字。

羅衣輕 遼人。

伶官。三國魏曹植《美女篇》:“羅衣何飄飄，輕裾隨風還。”姓羅，名衣輕，此乃連姓成文著名之例。羅雖伶人，然能諷諫。

羅 含 晉人。字君章。

《易·坤卦》:“六三，含章，可貞。”故以“章”應“含”。飾以“君”，乃男子美稱。

羅成功 明人。字惟一。

《禮記·中庸》:“或生而知之，或學而知之，或困而知之，及其知之一也。或安而行之，或利而行之，或勉强而行之，及其成功一也。”故以“一”應“成功”。又因“一”而飾以“惟”，《僞古文尚書·大禹謨》:“惟精惟一，允執厥中。”

羅 良 元人。字彦温。

《論語·學而》:“夫子温、良、恭、儉、讓以得之。”故以“温”應“良”。飾以“彦”，乃男子美稱。

羅 典 清人。字徽五。

《書·舜典》:“慎徽五典，五典克從。”

羅其鼎 清人。字耳臣。

《易·鼎卦》:“九三，鼎耳革，其行塞，雉膏不食，方雨虧悔，終吉。”故以“耳”應“其鼎”。綴以“臣”，乃男子有爵禄者之稱。

羅其綸 明人。字彝伯。

《書·洪範》:“我不知其彝倫攸叙。”故以“彝”應“其倫”，綴以“伯”，表行第居長。據此，名“其綸”或是傳寫有誤，疑當作“其倫”。或借“綸”爲“倫”。

羅 坤 清人。字宏載。

《易·坤卦》:“象曰:……坤厚載物，德合无疆。含弘光大，品物咸亨。”《爾雅·釋詁》:“弘、宏，大也。”故以“宏載”應“坤”。

羅尚賓 明人。字晉卿。

《易·觀卦》:“六四，觀國之光，利用賓于王。象曰:觀國之光，尚賓也。”朱熹本義:“其占爲利於朝覲仕進也。”仕進則可爲卿。《易·晉卦》:“象曰:晉，進也。”故以“晉卿”應“尚賓”。

羅 牧 清人。字飯牛。

《管子·小問》:“百里奚，秦國之飯牛者也，穆公舉而相之，遂霸諸侯。”《吕氏春秋·舉難》:“甯戚飯牛居車下，望桓公而悲，擊牛角疾歌。桓公聞之，撫其僕之手曰:‘異哉!之歌者非常人也。’命後車載之……説桓公以爲天下，桓公大説。”《漢書·公孫弘卜式兒寬傳贊》：“卜式拔於芻牧……斯亦曩時版築飯牛之朋已。”故以“飯牛”應“牧”。

羅 泌 宋人。字長源。

《詩·陳風·衡門》：“泌之洋洋，可以樂飢。”毛傳：“泌，泉水也。”《孟子·離婁下》：“源泉混混，不舍晝夜。”朱熹集注：“不舍晝夜，言常出不竭也。”《説文·巾部》：“常，下帬也。”朱駿聲通訓定聲：“常，叚借爲長。”《史記·屈原賈生列傳》：“寧赴常流而葬乎江魚腹中耳。”司馬貞索隱：“常流，猶長流也。”“常出不竭”即“長出不竭”之源也。故以“長源”應“泌”。

羅信東 清人。字介山。

《詩·小雅·信南山》：“信彼南山，維禹甸之。……我疆我理，南東其畝。……報以介福，萬壽無疆。”故以“介山”應“信東”，以概括《詩》義。

羅思舉 清人。字天鵬。

《莊子·逍遥遊》：“鵬之背不知其幾千里也。怒而飛，其翼若垂天之雲。”三國魏曹植《玄暢賦》：“希鵬舉以摶天。”故以“天鵬”應“思舉”。

又，南宋岳飛字鵬舉。故以“鵬”應“思舉”，意謂思慕岳鵬舉之功業德行。因“鵬”而飾以“天”。唐韓愈《海水》詩：“海有吞舟鯨，鄧有垂天鵬。”

羅 倫 明人。字彜正。

《書·洪範》：“彜倫攸敘。”故以“彜”應“倫”。《朱子語類》卷七二：“正家之道在於正倫理，篤恩義。”故又以“正”應“倫”。

羅 彧 宋人。字仲文。

《廣雅·釋詁》：“彧，文也。”《説文·有部》：“戫，有彣彰也。”段玉裁注：“戫，古多叚彧字爲之……今本《論語》‘郁郁乎文哉’，古多作‘彧彧’。是以荀彧字文若，《宋書》王彧字景文。”故以“文”應“彧”。飾以“仲”，表行第居次。

羅健亨 清人。字沄谷。

《易·乾卦》：“乾：元亨利貞。彖曰：大哉乾元，萬物資始，乃統天。雲行雨施，品物流形……象曰：天行健，君子以自强不息。”王弼注：“天也者，形之名也。健也者，用形者也。夫形也者，物之累也。有天之形而能永保無虧，爲物之首統之者，豈非至健哉！”孔穎達疏：“天是有形之物，以其至健，能總統有形，是乾元之德也。雲行雨施，品物流行者，此二句釋亨之德也。言乾能用天之德，使雲氣流行，雨澤施布，故品類之物，流布成形，各得亨通，無所壅蔽，是其亨也。”《説文·水部》：“沄，轉流也。”《廣韻·平文》：“雲，《説文》云：‘山川氣也。从雨、云。象雲回轉形。’……王分切……沄，《説文》云：‘轉流也。’”是“沄”既與“雲”音同，可諧作“雲”；又有“流”義。故以“沄”代指“雲行雨施，品物流形”之義，使與“健亨”相應。

羅國俊 清人。字賓初。

《易·觀卦》：“六四，觀國之光，利用賓于王。”王弼注：“居觀之時，最近至尊，觀國之光者也。居近得位，明習國儀者也。故曰利用賓于王也。”明習國儀得爲王賓者，自然是俊傑之材。故以“賓”應“國俊”。《詩·小雅·賓之初筵》：“賓之初筵，左右秩秩。”故又因“賓”而綴以“初”。

羅紹威 五代後梁人。字端己。

《論語·堯曰》：“君子正其衣冠，尊其瞻視，儼然人望而畏之，斯不亦威而不猛乎？”又：《衛靈公》：“無爲而治者其舜也與？夫何爲哉？恭己正南面而已矣。”《爾雅·釋詁》：“儼、恭，敬也。”《廣雅·釋詁》：“端，正也。”故以“端己”應“威”。

羅處約 宋人。字思純。

《論語·里仁》：“不仁者不可以久處約，不可以長處樂。仁者安仁，知者利仁。”《禮記·中庸》：“肫肫其仁。”鄭玄注：“肫肫，或爲純純。”“思純”則可“處約”，庶幾其仁矣。故以“思純”應“處約”。

羅貫中 明人。名本。

以字行。《禮記·中庸》：“中也者，天下之大本也。”故以“中”應“本”。《論語·里仁》：“子曰：‘參乎！吾道一以貫之。’曾子曰：‘唯。’子出，門人問曰：‘何謂也？’曾子曰：‘夫子之道，忠恕而已矣。’”忠、中通，《吕氏春秋·誣徒》：“遇師則不忠。”俞樾《諸子平議·吕氏春秋一》：“古字中、忠通用。”故又因“中”而飾以“貫”，“貫中”猶言“貫忠”，意謂孔子之道，乃以忠恕貫之而已矣。

羅博文 宋人。字宗禮。

《論語·雍也》：“君子博學於文，約之以禮。”故以“禮”應“博文”。又因“禮”而飾以“宗”。《書·洛誥》：“四方迪亂，未定于宗禮。”

羅 喦 清人。字友山。

《玉篇·山部》：“喦，山巖也。”《論語·雍也》：“仁者樂山。”又《衛靈公》：“友其士之仁者。”故以“友山”應“喦”。“友山”意猶“友仁”。

一字品山，乃析名“喦”爲字。

羅 循 明人。字遵道。

《爾雅·釋詁》：“遵、循，自也。”故以“遵”應“循”，乃同義相協。因“遵”而綴以“道”，《楚辭·離騷》：“彼堯舜之耿介兮，既遵道而得路。”

羅欽順 明人。字允升。

《書·堯典》：“乃命羲和，欽若昊天，曆象日月星辰，敬授民時。”孔傳：“重黎之後，羲氏和氏世掌天地四時之官，故堯命之，使敬順昊天。”故名“欽順”。《易·升卦》：“象曰：……君子以順德，積小以高大。初六，允升，大吉。”故以“允升”應“順”。

羅登選 清人。字升之。

《新唐書·選舉志上》：“登第者加一階放選。”取名“登選”，意在期望登科選官。《書·盤庚上》：“盤庚乃登進厥民。”孔傳：“升進，命使前。”《玉篇·癶部》："登，升也。"故以"升"應"登"。又因"升"而綴以"之"，《詩·小雅·天保》："如月之恒，如日之升。"

羅開禮 宋人。字正甫。

《禮記·經解》："禮之於正國也，猶衡之於輕重也，繩墨之於曲直也，規矩之於方圜也。"故以"正"應"禮"。綴以"甫"，乃男子美稱。

羅源漢 清人。字方城。

《左傳·僖公四年》："君若以力，楚國方城以爲城，漢水以爲池，雖衆，無所用之。"故以"方城"應"漢"。

羅 畸 宋人。字疇老。

《説文·田部》："畸，殘田也。"段玉裁注："殘田者，餘田不整齊者也。"又："疇，耕治之田也。"故以"疇"應"畸"，乃連類相及。綴以"老"字，是宋人喜尚綴飾用字。

羅 聘 清人。字遯夫。

《孟子·萬章上》："伊尹耕於有莘之野，而樂堯舜之道焉，湯使人以幣聘之。"《吕氏春秋·季春紀》："聘名士，禮賢者。"高誘注："聘，問之也。有明德之士，大賢之人，聘而禮之，將與興化致理者也。"《玉篇·辵部》："遁，退還也，隱也。遯，同遁。"《書·微子》："人自獻于先王，我不顧行遯。"蔡沈集傳："特去其位而逃遯於外耳。"聘、遯義相反，故以"遯"應"聘"。又因"遯"而綴以"夫"，意在標榜情志，謂己願作隱遯之夫。

羅 萱 清人。字伯宜。

《詩·衛風·伯兮》："焉得諼草，言樹之背。"陸德明釋文："諼，本又作萱。"清趙翼《陔餘叢考》卷四十三："俗謂母爲萱室，蓋因《詩》'焉得萱草，言樹之背'注云：'背，北堂也。'……北堂者母之所在也，後人因以北堂爲母。而北堂即可樹萱，遂稱曰萱堂耳。"古人希冀婦人多子，故又因母稱"萱"而轉稱萱草爲宜男草。宋洪咨夔《西江月》詞："庭下宜男萱草，墻頭結子榴花。"故以"宜"應"萱"。飾以"伯"，表行第居長。

羅 靖 宋人。字仲恭。

《詩·小雅·小明》："靖共爾位，好是正直。"《禮記·表記》引此，陸德明釋文："共音恭，本亦作恭。"《文選·班昭〈東征賦〉》："靖恭委命。"劉良注："靖思恭敬。"故以"恭"應"靖"。飾以"仲"，表行第居次。

羅 僑 明人。字維升。

《説文·人部》："僑，高也。"段玉裁注："僑與喬義略同。喬者，高而曲也，自用爲㝯寓字，而僑之本義廢矣。"《詩·小雅·伐木》："伐木丁丁，鳥鳴嚶嚶。出自幽谷，遷于喬木。"鄭玄箋："謂鄉時之鳥出從深谷，今移處高木。"王先謙集疏："徐幹《中論·貴驗篇》：'小人尚明鑒，君子尚至言。至言也，非賢友則無取之，故君子必求賢友也。《詩》曰："伐木丁丁，鳥鳴嚶嚶。出自幽谷，遷于喬木。"言朋友之義，務在直切，以升於善道也。'徐用《魯詩》，以'遷于喬木'喻聞朋友直切之言則升於善道，比例甚精。"故以"升"應"僑"。又因"升"而飾以"維"，"維升"，意謂思念高升。

羅蒙正 元人。字希吕。

宋代名臣吕蒙正，太平興國年間以進士第一登第，以質厚寬簡，正道自持，遇事敢言稱於時。真宗時封蔡國公、許國公，授太子太師。以"希吕"應"蒙正"，是仰慕吕蒙正之德行，意欲追步其後。

羅 憲 晉人。字令則。

《爾雅·釋訓》："憲憲，制法則也。"《禮記·中庸》："《詩》曰：'嘉樂君子，憲憲令德。'"故以"令則"應"憲"。

羅澤南 清人。字仲岳。

澤南，湖南湘鄉人。南岳衡山在其鄉境内。故以"岳"應"南"，是以家鄉名山爲己名字。飾以"仲"，表行第居次。

羅遵殿 清人。字有光。

《文選·王延壽〈魯靈光殿賦〉》："乃立靈光之秘殿，配紫微而爲輔。"張載注："《詩》云：'祕宫有侐。'紫微，至尊宫，斥京師也。"吕延濟注："紫微，帝宫也。言靈光深殿，可配帝宫，以爲蕃輔也。"名遵殿，字有光，蓋取《靈光殿賦》及注文義，諧"遵"爲"尊"，"遵殿"猶"尊宫"。取靈光深殿，可配帝宫，以爲蕃輔者，乃隱含願作朝廷弼輔大臣之意。因"光"而飾以"有"，又取《詩·周頌·載見》"休有烈光"文義。

羅 隱 五代吴越人。字昭諫。

《玉篇·阜部》："隱，不見也，匿也。"《爾雅·釋詁》："昭，見也。"《説文·日部》："昭，日明也。"段玉裁注："引伸爲凡明之偁。"故以"昭"應"隱"爲反義相協。又因"昭"而綴以"諫"，謂直陳明諫。

本名横，横通"衡"。《管子·君臣上》："下有五横。"尹知章注："横謂糾察之官。"于省吾《雙劍誃諸子新證·管子二》："横應讀作衡，二字古通。"《詩·陳風·衡門》："衡門之下，可以棲遲。"毛傳："衡門，横木爲門。"《衡門》詩乃詠隱者樂道安貧之詩。蓋或本名"横"，因"横"而改名"隱"。因"隱"遂字"昭諫"。

羅 點 宋人。字春伯。

《論語·先進》："'點！爾何如？'鼓瑟希，鏗爾，舍瑟而作，對曰：'異乎三子者之撰。'子曰：'何傷乎？亦各言其志也。'曰：'莫春者，春服既成，冠者五六人，童子六七人，浴乎沂，風乎舞雩，詠而歸。'夫子喟然嘆曰：'吾與點也！'"名點，字春，乃用曾點言志之典。綴以"伯"，表行第居長。

羅 願 宋人。字端良。

《論語·先進》："'赤！爾何如？'對曰：'非曰能之，願學焉。宗廟之事，如會同，端章甫，願爲小相焉。'"名願，字端，乃用公西赤願爲小相之典。因"端"而綴以"良"，謂端正善良。

羅鑒龜 清人。字鶴齡。

鑒以照人，龜以問卜，皆可喻爲引以爲戒者。《元典章·户部五·父母未葬不得分財析居》："斯前代之格，抑亦今人之龜鑒也。"故名鑒龜。漢曹操《步出夏門行·龜雖壽》："神龜雖壽，猶有竟時。"《淮南子·説林訓》："鶴壽千歲，以極其游。"宋侯寘《水調歌頭·爲鄭子禮提刑壽》詞："坐享龜齡鶴算，穩佩金魚玉帶，常近赭黄袍。"故以"鶴齡"應"龜"，意期能享如龜鶴之長壽。

羅　觀 明人。字用賓。

《易·觀卦》："六四，觀國之光，利用賓于王。"故以"用賓"應"觀"。

〔蘇〕

蘇大年 元人。字昌齡。

《禮記·文王世子》："夢帝與我九齡……古者謂年齡。齒亦齡也。"鄭玄注："年，天氣也。齒，人壽之數也。九齡，九十年之祥也。"《莊子·逍遥遊》："上古有大椿者，以八千歲爲春，八千歲爲秋，此大年也。""大年""昌齡"皆是長壽，故以"昌齡"應"大年"。

蘇大璋 宋人。字顒之。

《詩·小雅·六月》："四牡脩廣，其大有顒。"又:《大雅·卷阿》："顒顒卬卬，如珪如璋。"故以"顒"應"大璋"。"之"爲綴飾字。

蘇不韋 漢人。字公先。

春秋時，魯僖公三十二年冬，秦國出師欲襲取鄭國。《左傳·僖公三三年》："三十三年春，秦師……及滑，鄭商人弦高將市於周，遇之，以乘韋先，牛十二犒師……且使遽告于鄭。"又："孟明曰：'鄭有備矣，不可冀也。攻之不克，圍之不繼，吾其還也。'"《淮南子·人間訓》："鄭伯乃以存國之功賞弦高，弦高辭之曰：'誕而得賞，則鄭國之信廢矣。爲國而無信，是俗敗也。賞一人而敗國俗，仁者弗爲也。以不信得厚賞，義者弗爲也。'遂以其屬徙東夷，終身不反。"以"先"應"韋"，乃用弦高矯命犒秦師之典，以表對其德行贊頌之情。飾以"公"，乃漢人希冀爵位，取名字時之習尚用字。

蘇元老 宋人。字子廷。

《詩·小雅·采芑》："方叔元老，克壯其猶。"毛傳："元，大也。五官之長，出於諸侯，曰天子之老。"故取名"元老"。《禮記·曲禮上》："七十曰老，而傳。"又《祭義》："是故朝廷同爵則尚齒，七十杖於朝，君問則席。"故以"廷"應"老"。飾以"子"，乃男子美稱。

蘇元春 清人。字子熙。

《文選·張衡〈東京賦〉》："於是孟春元日，羣后旁戾。"薛綜注："言諸侯正月一日從四方而至，各來朝享天子也。"《樂府詩集·燕射歌辭二·隋元會大饗歌》："協此元春。"《老子》第二十章："衆人熙熙，如享太牢，如春登台。"故以"熙"應"元春"。

蘇友龍 元人。字伯夔。

《書·舜典》："伯拜稽首，讓于夔龍。"孔傳："夔龍，二臣名。"故以"伯夔"應"龍"。

蘇天爵 元人。字伯修。

《孟子·告子上》："孟子曰：'有天爵者，有人爵者。仁義忠信，樂善不倦，此天爵也。公卿大夫，此人爵也。古之人修其天爵而人爵從之。'"故以"修"應"天爵"，意謂願傚古人，修仁義忠信之德也。飾以"伯"，表行第居長。

蘇　民 明人。字天秀。

《孟子·萬章上》："天之生此民也，使先知覺後知，使先覺覺後覺也。予天民之先覺者也。"故以"天"應"民"，綴以"秀"，先知先覺者，自是天之秀民。

蘇伯厚 明人。名坤。

以字行。《易·坤卦》："彖曰：……坤厚載物，德合无疆。"故以"厚"應"坤"。飾以"伯"，表行第居長。

蘇利涉 宋人。字公濟。

《易·未濟卦》："六三，未濟，征凶。利涉大川。"故以"濟"應"利涉"。飾以"公"，乃漢以降名字習尚用字。

蘇　妙 唐人。字觀妙。

《老子》第一章："玄之又玄，衆妙之門。"又："故常無欲，以觀其妙。"王弼注："妙者，微之極也。故常無欲空虛，可以觀其始物之妙。"故以"觀妙"應"妙"。

蘇廷玉 清人。字鼇石。

古代禁中宮廷階石上鐫刻巨鼇，故朝廷又稱鼇闕、鼇宮。唐黄滔《明皇回馬駕經馬嵬賦》："杳鼇闕而難尋艷質，經馬嵬而空念香魂。"宋吴自牧《夢粱録·孟冬行朝饗禮遇明禋歲行恭謝禮》："聽鳴哨，輦路宴罷，鼇宮瞻仰天顏。"又，唐宋時翰林院學士陛見皇帝時，立於刻有巨鼇的陛石前，故翰林院又稱"鼇署""鼇掖"等。入翰林院任職或科舉中狀元者又美稱爲占鼇頭。故以"鼇"應"廷"。《周禮·夏官·職方氏》："正西曰雍州……其利玉石。"賈公彦疏："釋曰雍州，云其利玉名，藍田見有玉山，出玉石以爲利者也。"故又以"石"應"玉"。又按，《禮記·聘義》："君子比德於玉。"名"廷玉"，意謂當作立於朝廷之君子。刻鐫巨鼇之陛石，亦爲朝廷之器用，故以"鼇石"應"廷玉"。

蘇志臯 明人。字德明。

《書·臯陶謨》："臯陶曰：'允迪厥德，謨明弼諧。'"故以"德明"應"臯"。

蘇易簡 宋人。字太簡。

《易·繫辭上》："乾以易知，坤以簡能。易則易知，簡則易從……易簡而天下之理得矣。天下之理得，而成位乎其中矣。"《論語·雍也》："仲弓曰：'居敬而行簡，以臨其民，不亦可乎？居簡而行簡，無乃太簡乎？'子曰：'雍之言然。'"故以"太簡"應"易簡"。

蘇　旻 明人。字舜夫。

《孟子·萬章上》："舜往于

田，號泣於旻天。”故以“舜”應“旻”。綴以“夫”，乃男子之稱。

蘇 武 漢人。字子卿。

《國語·晉語九》：“有武德以羞爲正卿。”韋照注：“正卿，上卿。羞，進也。”名“武”，字以“卿”，言有勇武之德，可以爲卿也。飾以“子”，爲男子美稱。

蘇 泂 宋人。字召叟。

《詩·大雅·泂酌序》：“泂酌，召康公戒成王也。”故以“召”應“泂”。綴以“叟”，乃宋人時尚綴飾字。

蘇保衡 金人。字宗尹。

《僞古文尚書·太甲上》：“伊尹作太甲三篇。太甲。惟嗣王不惠于阿衡。”《史記·殷本紀》：“伊尹名阿衡。”司馬貞索隱：“亦曰保衡，皆伊尹之官號。”故以“尹”應“保衡”。飾以“宗”，謂尊尚傚法伊尹也。

蘇 庠 宋人。字養直。

《孟子·滕文公上》：“庠者養也。”朱熹集注：“庠以養老爲義。”故以“養”應“庠”。又因“養”而綴以“直”，《廣雅·釋詁》：“直，正也。”故“養直”猶言“養正”。《易·蒙卦》：“彖曰：……蒙以養正，聖功也。”孔穎達疏：“能以蒙昧隱默自養正道，乃成至聖之功。”

蘇 洵 宋人。字明允。

《詩·鄭風·有女同車》：“彼美孟姜，洵美且都。”鄭玄箋：“洵，信。”又《溱洧》：“洧之外，洵訏且樂！”《呂氏春秋·本生》：“鄭、衛之音，務以自樂。”高誘注：“鄭國淫辟，男女私會於溱、洧之上，有‘詢訏’之樂。”故“洵”與“詢”通。《爾雅·釋詁》：“允、誠、詢，信也。”故以“允”應“洵”。因“允”飾以“明”，《書·舜典》：“惟明克允。”

蘇禹珪 五代後周人。字元錫。

《說文·玉部》：“珪，古文圭，从玉。”《書·禹貢》：“禹錫玄圭，告厥成功。”故以“玄錫”應“禹珪”，宋、清皆避“玄”爲“元”，故“元錫”即“玄錫”。

蘇 烈 南朝齊人。字休文。

《詩·周頌·烈文》：“烈文辟公，錫兹祉福。”馬瑞辰通釋：“《周書·謚法解》：‘有功安民曰烈。’烈文二字平列，烈言其功，文言其德也。”故以“文”應“烈”。又因“文”而飾以“休”，《左傳·宣公三年》：“德之休明，雖小，重也。”《爾雅·釋詁》：“休，美也。”休文，謂美善之文德。

蘇 秦 戰國東周人。字季子。

季，表行第居末。先秦士大夫多有僅以行第爲字者，此即一例。綴以“子”，乃男子美稱。

蘇 章

① 漢人。字游卿。

《周禮·考工記·畫繢》：“青與赤謂之文，赤與白謂之章。”《詩·小雅·六月》：“織文鳥章，白旆央央。”章、文別言之則異，泛言之則同。故又連而稱之。《論語·泰伯》：“焕乎！其有文章。”《漢書·藝文志》：“游文於六經之中，留意於仁義之際。”“游文”即研習文章。故以“游”應“章”。綴以“卿”，乃漢代名字習尚綴飾字。

② 漢人。字孺文。

《論語·公冶長》：“子貢曰：‘夫子之文章可得而聞也。’”《禮記·大傳》：“考文章，改正朔。”故以“文”應“章”。飾以“孺”，乃漢代名字習尚綴飾字。按，“孺”本指“孺子”，爲春秋貴族之家可以承繼爵位者之稱。

③ 明人。字文簡。

《論語·公冶長》：“吾黨之小子狂簡，斐然成章。”朱熹集注：“斐，文貌。成章，言其文理成就有可觀者。”故以“文簡”應“章”。

蘇舜欽 宋人。字子美。

《書·堯典》：“‘有鰥在下，曰虞舜……克諧以孝，烝烝乂，不格姦。’……帝曰：‘欽哉！’”孔傳：“歎舜能脩己行敬以安人，則其所能者大矣。”孔穎達疏：“此美舜能養之言。舜能和之以至孝之行……是舜之美行。”舜乃至孝之子，堯以是歎美之，并終以天下讓之。故以“子美”應“舜欽”，以概括經傳文義。

蘇源生 清人。字泉沂。

《說文·水部》：“泉，水原也。”《廣韻·平元》：“源，水原曰源。”故以“泉”應“源生”。綴以“沂”，蓋取《論語·先進》：“‘點！爾何如？’……曰：‘莫春者，春服既成，冠者五六人，童子六七人，浴乎沂，風乎舞雩，詠而歸。’夫子喟然歎曰：‘吾與點也！’”之典，意在表明宗仰孔子，以儒學爲源泉。

蘇 葵 明人。字伯誠。

《文選·曹植〈求通親親表〉》：“若葵藿之傾葉太陽，雖不爲之迴光，然終向之者，誠也。”李善注：“《淮南子》曰：‘聖人之於道，猶葵之與日，雖不能終始哉，其鄉之者誠也。’”唐柳宗元《爲崔中丞請朝覲表》：“葵藿之誠彌切，犬馬之戀逾深。”故以“誠”應“葵”，謂忠君向道之心如葵向日之誠。飾以“伯”，表行第居長。

蘇 軾 宋人。字子瞻。

《說文·車部》：“軾，車前也。”段玉裁注：“此當作車輿前也。……戴先生曰：‘軾與較皆車闌上之木，周於輿外，非橫在輿中。較有兩，在兩旁；軾有三面。故《說文》概言之曰車前。’”《說文·車部》：“輿，車輿也。”段玉裁注：“車輿謂車之輿也。……輿爲人所居，可獨得車名也。軾、較、軫、軹、轛，皆輿事也。”

“軾”爲附在車輿（箱）外面的欄木。它雖不是車輪、車輿、車轅等車體主要部分，但其作用却很重要。因爲古者立乘者“軾”（古又作“式”），乃是一種扶軾木而立的極恭謹嚴肅的動作。《論語·鄉黨》：“凶服者式之，式負版者。”《左傳·莊公十年》：“下視其轍，登，軾而望之。”《漢書·萬石君傳》：“遇宫門闕必下車趨，見路馬必軾焉。”皆其例。故俗以爲蘇軾字子瞻，乃取憑軾瞻望之義。

然而，綜上可知，軾除供憑軾

之外，於車本身還有裝飾其形體，使其完備，從而增其觀瞻之效。

宋蘇洵《嘉祐集·名二子説》則揭示了爲蘇軾取名之用心，其曰："輪、輻、蓋軫，皆有職乎車，而軾獨若無所爲者。雖然，去軾則吾未見爲完車也。軾乎！吾懼汝之不外飾也！"可見，名"軾"，是希望其子如同軾之於車，在己在國，既爲不可或缺之品物，又備其外飾，增其觀瞻。《論語·堯曰》："君子正其衣冠，尊其瞻視，儼然人望而畏之。"漢徐幹《中論·法象》："若夫墮其威儀，恍其瞻視，而望民之則我者，未之有也。"故名"軾"，又應之以"瞻"。飾以"子"，乃男子美稱。

如此，蘇軾字子瞻者，非如俗所謂僅取"憑軾瞻望"之義。

蘇　過　宋人。字叔黨。

《論語·里仁》："子曰：'人之過也，各於其黨。觀過，斯知仁人矣。'"故以"黨"應"過"。飾以"叔"，表行第居又次。

蘇　頌　宋人。字子容。

《詩大序》："頌者，美盛德之形容。"孔穎達疏："頌者，容也。"《説文·頁部》："頌，貌也。"段玉裁注："古作頌貌，今作容貌，古今字之異也。"故以"容"應"頌"。飾以"子"，乃男子美稱。

蘇壽元　元人。字仁仲。

"壽元"猶壽命。元吴昌齡《東坡夢》第四折："祝吾王壽元無量。"《論語·雍也》："仁者壽。"故以"仁"應"壽元"。綴以"仲"，表行第居次。

蘇　頲　唐人。字廷碩。

《説文·頁部》："頲，狹頭頲也。"段玉裁注："疑當作'頲頲也'。假借爲挺直之挺。《釋詁》曰：頲，直也。"又："碩，頭大也。"皆與頭有關，故相應。

蘇總龜　宋人。字待問。

唐顔真卿《麗正殿二學士殷君墓碣銘》："（殷踐猷）博覽羣言，尤精《史記》、《漢書》、百家氏族之説，至於陰陽數術醫方刑法之流，無不該洞焉。與賀知章、陸象先、我伯父元孫、韋述友善。賀呼君爲五總龜，以龜千年五聚，問無不知也。"名"總龜"，應之以"問"，蓋取此典。又因"問"而飾以"待"，取《禮記·儒行》："儒有……夙夜强學以待問。"

蘇　鎰　明人。字良玉。

《孟子·梁惠王下》："今有璞玉於此，雖萬鎰，必使玉人彫琢之。"孫奭疏："意謂璞玉人之所寶也，然不敢自治飾之，必用使治玉人，然後得成美器也。"故以"良玉"應"鎰"，以概括經傳之義。

蘇　轍　宋人。字子由。

宋蘇洵《嘉祐集·名二子説》："天下之車，莫不由轍。而言車之功者，轍不與焉。雖然，車仆馬斃，而患亦不及轍，是善乎福禍之間也。轍乎！吾知免矣！"轍爲車經之跡，前車之轍，後車由之。然人言車之功或車遇仆斃之禍，皆無論及轍者。故以"轍"名，以"由"相應，乃取此爲喻，意謂當記取不居功者亦不受過之哲理。

蘇　鶚　唐人。字德祥。

《詩·周南·關雎》："關關雎鳩，在河之洲。"毛傳："雎鳩，王雎也。鳥摯而有别……后妃説樂君子之德，無不和諧，又不淫其色，慎固幽深，若關雎之有别焉。然後可以風化天下。"《爾雅·釋鳥》："鶚鳩，王鶚。"郭璞注："鶚類，今江東呼之爲鶚。"《漢書·鄒陽傳》："臣聞鷙鳥累百，不如一鶚。"鶚即關雎，《詩》以之喻文王后妃之德，以其摯而有别，然後可以風化天下。後人又因其爲鷙猛之禽，而以喻勇猛之士與有才德之人。《文選·左思〈吴都賦〉》："鷹瞵鶚視。"劉逵注："言勇士似之也。"故以"德"應"鶚"又因"德"而綴以"祥"，謂修德必致其祥。

蘇　權　宋人。字元中。

《論語·微子》："謂虞仲、夷逸，隱居放言，言中清，廢中權。"朱熹集注："隱居獨善，合乎道之清。放言自廢，合乎道之權。"故以"中"應"權"。

蘇觀生　明人。字宇霖。

《易·觀卦》："九五，觀我生，君子无咎。"孔穎達疏："九五居尊，爲觀之主。四海之内由我而觀而教化善，則天下有君子之風。"四海之内，自然是捲天下包宇内。教化善，則君子之風如甘霖澤及下民。故以"宇霖"應"觀生"。

〔譙〕

譙　玄　漢人。字君黄。

《易·坤卦》："上六，龍戰于野，其血玄黄。文言曰：……君子黄中通理……夫玄黄者，天地之雜也，天玄而地黄。"故以"君黄"應"玄"。

譙仲午　宋人。字仲甫。

《淮南子·天文訓》："太陰在四仲。"高誘注："仲，中也。四中，謂太陰在卯、酉、子、午四面之中也。"《文選·孫綽〈遊天台山賦〉》："爾乃羲和亭午，遊氣高褰。"李善注："午，日中。""仲午"與"仲"皆指"日中"，即中午。故以"仲"應"仲午"。蓋"仲"亦兼表行第居次。綴以"甫"，乃男子美稱。

譙　周　三國蜀漢人。字允南。

《詩大序》："《周南》《召南》，正始之道，王化之基。"《詩·魯頌·泮宫》："允文允武，昭假烈祖。"故以"允南"應"周"，意在贊頌緬懷周公之功德。

〔譚〕

譚光祐　清人。字子受。

《詩·小雅·桑扈》："君子樂胥，受天之祜。"故以"子受"應"祐"。又《小雅·蓼蕭》："既見君子，爲龍爲光。"故"子"又以應"光"。

譚　旭　清人。字東白。

《詩·邶風·匏有苦葉》："旭日始旦。"又："日居月諸，東方自出。"故以"東"應"旭"。宋蘇軾《赤壁賦》："不知東方之既白。”故又因“東”而綴以“白”。

譚見龍 清人。字淇升。

《易·乾卦》：“九二，見龍在田……九五，飛龍在天，利見大人。”又《升卦》：“升，元亨。用見大人。”陸德明釋文：“用見，本或作利見。”高亨注：“按，作利見是也。”故以“升”應“見龍”。古人以龍稱竹或竹笋、新竹，如：宋梅堯臣《依韻和孫待制新栽竹》：“龍孫已見多奇節。”元善住《盆竹》詩：“豈知幺鳳尾，元是古龍孫。”又因《詩·衛風·淇奥》：“瞻波淇奥，绿竹猗猗。”故又以“淇”應“龍”。

譚咏昭 清人。字仲回。

《詩·大雅·雲漢》：“倬彼雲漢，昭回于天。”故以“回”應“昭”。飾以“仲”，表行第居次。一字雲生。以“雲”應“昭”，亦取《雲漢》之義。綴以“生”，乃男子美稱。

譚　宗 清人。字公子。

《詩·大雅·板》：“懷德維寧，宗子維城。”故以“子”應“宗”。飾以“公”，乃男子美稱。又，自漢以來多有以“公子”爲名字者，故因“子”而飾以“公”。

譚性教 明人。字生伯。

《禮記·中庸》：“自誠明，謂之性。自明誠，謂之教。”故取名“性教”。《孟子·告子上》：“生之謂性。”故以“生”應“性”。綴以“伯”，表行第居長。

譚昌言 明人。字聖俞。

《書·臯陶謨》：“禹拜昌言曰：‘俞！’”故以“俞”應“昌言”。飾以“聖”，謂拜昌言及曰“俞”者，乃聖明君王如大禹者。

譚知禮 宋人。字子立。

《論語·季氏》：“他日，又獨立，鯉趨而過庭。曰：‘學《禮》乎？’對曰：‘未也。’‘不學《禮》，無以立。’鯉退而學《禮》。”故以“子立”應“知禮”。

譚惟寅 宋人。字子欽。

《書·堯典》：“欽明文思安安。”孔傳：“欽，敬也。”又：“寅賓出日，平秩東作。”孔傳：“寅，敬。”又：《舜典》：“帝曰：‘俞！咨伯，汝作秩宗。夙夜惟寅，直哉惟清。’伯拜稽首，讓于夔龍。帝曰：‘俞！往欽哉。’帝曰：‘夔！命汝典樂，教胄子。’”故以“子欽”應“惟寅”。

譚嗣同 清人。字復生。

《爾雅·釋詁》：“紹、嗣，繼也。”《書·盤庚上》：“若顛木之有蘖。天其永我命于兹新邑，紹復先王之大業。”蔡沈集傳：“若已僕之木而復生也。天其將永我國家之命於殷，以繼復先王之大業。”故以“復生”應“嗣”。

譚愛蓮 清人。字净方。

宋周敦頤《愛蓮説》：“予獨愛蓮之出淤泥而不染，濯清漣而不妖，中通外直，不蔓不枝，香遠益清，亭亭净植，可遠觀而不可褻玩焉。”故以“净”應“愛蓮”。又因“净”而綴以“方”，意謂佛所居之西方極樂净土。

譚　僑 明人。字冰壺。

“僑”指仙人王子僑。“壺”指方壺。《楚辭·天問》：“安得良藥，不能固臧。”王逸注：“言崔文子學仙於王子僑，子僑化爲白蜺。”《列子·湯問》：“渤海之東，不知幾億萬里……其中有五山焉：一曰岱輿，二曰員嶠，三曰方壺，四曰瀛洲，五曰蓬萊。”張湛注：“（方壺）一曰方丈。《史記》曰：方丈、瀛洲、蓬萊，此三神山，在渤海中，蓋常有至者，諸仙人及不死之藥皆在焉。”故以“壺”應“僑”。又因“壺”而飾以“冰”，唐姚崇《冰壺誡序》：“冰壺者，清潔之至也。……此君子冰壺之德也。”

譚維鼎 明人。字朝鉉。

《易·鼎卦》：“上九，鼎玉鉉，大吉，无不利。象曰：玉鉉在上，剛柔節也。”故以“鉉”應“鼎”。《文選·張衡〈南都賦〉》：“周召之儔，據鼎足焉。”李善注：“《漢書》曰：夫王公，鼎足之輔也。”王公如周公、召公之儔，皆朝廷輔佐之臣，故因“鉉”而飾以“朝”。

譚學元 清人。字少微。

元，同“玄”。清康熙帝名玄燁，清人因避諱而以“元”代“玄”。“學元”即“學玄”，意謂師法漢末經學大師鄭玄。《後漢書·鄭玄傳》：“玄自游學，十餘年乃歸鄉里。家貧，客耕東萊……遂隱修經業，杜門不出。”鄭玄隱居教授，乃爲處士。《史記·天官書》：“廷藩西有隋星五，曰少微，士大夫。”司馬貞索隱引《春秋合誠圖》云：“少微，處士位。”又引《天官占》：“少微，一名處士星。”故以“少微”喻鄭玄，並以之應“元”。

譚　翼 明人。字南宿。

《史記·律書》：“書曰：七正二十八舍。”司馬貞索隱：“二十八宿，（七正）之所舍也。”《淮南子·天文訓》：“五星、八風、二十八宿。”高誘注：二十八宿……南方：井、鬼、柳、星、張、翼、軫也。”“翼”爲二十八宿南宫朱雀七宿之一，故以“南宿”應“翼”。

譚　獻 清人。字仲修。

清孫詒讓《札迻·莊子郭象注》：“‘孝子操藥，以修慈父。’‘修’與‘羞’古通……《爾雅·釋詁》云：‘羞，進也。’”《左傳·昭公二七年》：“羞者獻體改服於門外。”杜預注：“羞，進食也。”《廣雅·釋詁》：“獻，進也。”故以“修”應“獻”，乃同義相協。飾以“仲”，表行第居次。

〔闞〕

闞天培 清人。字仲因。

《禮記·中庸》：“故天之生物，必因其材而篤焉。故栽者培之，傾者覆之。”故以“因”應“天培”，以概括經義。飾以“仲”，表行第居次。

闞　羽 三國蜀漢人。字雲長。

《詩·大雅·卷阿》：“鳳皇于飛，翽翽其羽，亦傅于天。”《莊子·逍遥遊》：“有鳥焉，其名爲鵬，背若泰山，翼若垂天之雲，搏扶摇羊角而上者九萬里，絶雲氣，負青天，然後圖南，且適南冥也。”鳳凰、大鵬之羽翼，皆可傳於天而絶雲氣，故以“雲”應“羽”。綴以“長”，意謂前程長遠，可傳於天絶雲氣。

本字長生。《楚辭·遠遊》：“仍羽人於丹丘兮，留不死之舊鄉。”洪興祖補注：“羽人，飛仙也。”《老子》第五九章：“深根、固柢，長生久視之道。”《吕氏春秋·求人》：“羽人裸民之處，不死之鄉。”故以“長生”應“羽”。意謂企冀如羽仙長生不老。自漢武帝以降，人多慕神仙，故形之於名字。

關　注　宋人。字子東。

江河之水多東流，或注于河渭，或注于大海。《山海經·西山經》：“涇水出焉，而東流注于渭。”又《北山經》：“漳水出焉，東流注於河。”故以“東”應“注”。飾以“子”，乃男子美稱。

關康之　南朝宋人。字伯愉。

《詩·周頌·天作》：“彼作矣，文王康之。”故取名“康之”。又《唐風·蟋蟀》：“無已大康，職思其居。”毛傳：“康，樂。”《玉篇·心部》：“愉，悦也。顔色樂也。”故以“愉”應“康”，乃同義相協。飾以“伯”，表行第居長。

關　銓　明人。字子衡。

“銓衡”本爲衡器。晉葛洪《抱朴子·審舉》：“夫銓衡不平則輕重錯謬，斗斛不正則少多混亂。”又指主持考核官吏的長官。《資治通鑒·晉哀帝興寧二年》：“自今國官皆委之銓衡。”胡三省注：“銓衡，謂吏部尚書也。”故以“衡”應“銓”，意謂希望將來任銓衡一類顯要官職。

〔龐〕

龐大堃　清人。字子方。

《字彙·土部》：“堃，古坤字。”《易·説卦》：“坤也者，地也。”《易·坤卦》：“文言曰：坤至柔而動也剛，至静而德方。”《吕氏春秋·圜道》：“天道圜，地道方。”故以“方”應“堃”。飾以“子”，乃男子美稱。

一字厚甫。《易·坤卦》：“坤厚載物，德合无疆。”故以“厚”應“堃”。綴以“甫”，乃男子美稱。

龐安仁　宋人。字宅道。

《論語·里仁》：“仁者安仁。”《孟子·離婁上》：“孔子曰：‘道二，仁與不仁而已矣。……仁，人之安宅也。’”故以“宅道”應“安仁”。

龐尚鴻　明人。字少襄。

《易·漸卦》：“鴻漸于干。”虞翻注：“鴻，大雁也。”《詩·鄭風·大叔于田》：“兩服上襄，兩驂雁行。”鴻雁渾言無别，故以“襄”應“鴻”。“尚”“少”皆行輩用字。尚鵬弟。

龐尚鵬　明人。字少南。

《莊子·逍遥遊》：“鵬之徙於南冥也，水擊三千里，摶扶摇而上者九萬里。”故以“南”應“鵬”。名“尚鵬”，意謂當學大鵬萬里之志。字飾以“少”，表謙退。

龐　悳　三國魏人。字令明。

《玉篇·心部》：“悳，今通用德。”《書·吕刑》：“德明惟明。”《左傳·襄公二四年》：“夫令名，德之輿也。德，國家之基也。有德則樂，樂則能久。《詩》云：‘樂只君子，邦家之基。’有令德也夫！‘上帝臨女，無貳爾心。’有令名也夫！恕思以明德，則令名載而行之，是以遠至邇安。”故以“令明”應“悳”。

龐　統　三國蜀漢人。字士元。

《易·乾卦》：“大哉乾元，萬物資始，乃統天。”《公羊傳·隱公元年》：“大一統也。”何休注：“統者，始也。”是“統”有始義。《爾雅·釋詁》：“元，始也。”故以“元”應“統”，乃同義相協。飾以“士”，爲漢末三國士人習尚用字。

龐　塏　清人。字霽公。

《左傳·昭公三年》：“請更諸爽塏者。”杜預注：“塏，燥。”唐李華《含元殿賦》：“天華爽霽，朗日朝徹。”“霽”乃雨止，雨止而後天氣温和晴朗。《正字通·雨部》：“霽，一説雨止，未盡本義。霽日氣温和也。”天氣晴朗則高爽干燥。故“霽”與“塏”義近相應。綴以“公”，乃男子美稱。

龐　嵩　明人。字振卿。

《詩·大雅·崧高》：“崧高維嶽，駿極于天。”毛傳：“嶽，四嶽也。……華，中嶽，嵩。”《禮記·孔子閒居》：“其在《詩》曰：‘嵩高惟嶽，峻極于天。’”又《中庸》：“今夫地，一撮土之多。及其廣厚，載華嶽而不重，振河海而不洩，萬物載焉。”故以“振”應“嵩”。綴以“卿”，乃漢代以來名字習尚用字。

龐鍾璐　清人。字寶生。

《玉篇·玉部》：“璐，美玉也。”名“鍾璐”，意謂鍾山所産美玉。鍾山，在崑崙山西北，或説即崑崙山。《吕氏春秋·士容》：“故君子之容純乎其若鍾山之玉。”《楚辭·九章·涉江》：“被明月兮珮寶璐。”故以“寶”應“鍾璐”。因“寶”而綴以“生”，意謂寶璐乃鍾山所産生。

二十畫

〔竇〕

竇光鼐　清人。字元調。

《詩·周頌·絲衣》：“鼐鼎及鼒，兕觥其觩。”毛傳：“大鼎謂之鼐，小鼎謂之鼒。”《韓詩外傳》卷七：“伊尹，故有莘氏僮也。負鼎操俎調五味，而立爲相，其遇湯也。”唐杜甫《上韋左相二十韻》：“沙汰江河濁，調和鼎鼐新。”故以“調”應“鼐”。又因“調”而飾以“元”，意謂希望能如伊尹助君王燮調元化，建立功業。

竇　牟　唐人。字貽周。

《詩·周頌·思文》：“思文后稷，克配彼天。……貽我來牟，帝命率育。”鄭玄箋：“周公思先祖有文德者，后稷之功能配天。”周以農業立國，來、牟爲嘉禾，故以“貽周”應“牟”。

竇　威　唐人。字文蔚。

“威”指威武。虎豹之屬稱之。北魏酈道元《水經注·汝水》：“又驅諸猛獸虎豹犀象之屬，以助威武。”虎豹之屬其皮有文，古人以喻在上君子之文采。《易·革卦》：“象曰：大人虎變，其文炳也。……君子豹變，其文蔚也。”晉葛洪《抱朴子·尚博》：“大人虎炳，君子豹蔚，昌旦定聖，謚於一字，仲尼從周之郁，莫非文也。”故以“文蔚”應“威”。

竇　苹　宋人。字子野。

《詩·小雅·鹿鳴》：“呦呦鹿鳴，食野之苹。”故以“野”應“苹”。飾以“子”，乃男子美稱。

竇貞固　五代後周人。字體仁。

《易·乾卦》：“文言曰：……君子體仁足以長人，嘉會足以合禮，利物足以合義，貞固足以幹事。”故以“體仁”應“貞固”。

竇師綸　唐人。字希言。

《禮記·緇衣》：“子曰：‘王言如絲，其出如綸。王言如綸，其出如綍。’故大人不倡游言。”孔穎達疏：“游言，謂浮游虛漫之言，不可依用。出言則民皆師法。故尊大之人不倡道此游言，恐人依象之。”故以“言”應“師綸”。又因“言”而飾以“希”，《老子》第二三章：“希言自然。”

竇從周　宋人。字文卿。

《論語·八佾》：“子曰：‘周監於二代，郁郁乎文哉！吾從周。’”故以“文”應“從周”。綴以“卿”，乃漢以降名字習尚用字。

竇舜卿　宋人。字希元。

《左傳·文公十八年》：“舜臣堯……舉八元，使布五教于四方。”又：“天下之民謂之八元。”故以“希元”應“舜卿”，意謂願作舜帝之臣民也。

竇　兢　唐人。字思慎。

《詩·小雅·小旻》：“戰戰兢兢，如臨深淵，如履薄冰。”《論語·泰伯》：“曾子有疾，召門弟子曰：‘啓予足，啓予手。《詩》云：“戰戰兢兢，如臨深淵，如履薄冰。”而今而後，吾知免夫！小子！’”何晏集解引孔安國曰：“言此詩者，喻己常戒慎，恐有所毀傷。”故以“思慎”應“兢”，以概括經傳之義。

竇　儀　宋人。字可象。

《易·繫辭上》：“是故《易》有太極，是生兩儀，兩儀生四象，四象生八卦。”韓康伯注：“夫有必始於无。故太極生兩儀也。太極者，无稱之稱，不可得而名。”故以“可象”應“儀”。

竇　憲　漢人。字伯度。

漢司馬相如《封禪文》：“憲度著明，易則也。”故以“度”應“憲”。飾以“伯”，表行第居長。

竇　默　元人。字子聲。

《莊子·在宥》：“故君子苟能无解其五藏，无擢其聰明，尸居而龍見，淵默而雷聲，神動而天隨，從容无爲而萬物炊累焉。”故以“子聲”應“默”，意謂願以淵默之德，致雷震之聲名。

初名杰，字漢卿。《孟子·公孫丑上》：“尊賢使能，俊傑在位。”朱熹集注：“俊傑，才德之異於衆者。”《楚辭·九章·懷沙》：“非俊疑傑兮，固庸態也。”王逸注：“千人才爲俊，一國高爲傑也。”《史記·高祖本紀》記高祖稱張良、蕭何、韓信“此三者，皆人傑也”。世以三人爲漢之三傑。故以“漢卿”應“杰”。

竇　嬰　漢人。字王孫。

《釋名·釋長幼》：“人始生曰嬰兒。”嬰兒爲繼嗣之人，故以“王孫”應之。意在企羡王侯後裔。漢人多有以“王孫”“公孫”爲名字者，此即一例。

竇　犨　春秋晉人。字鳴犢。

《説文·牛部》：“犨，牛息聲。從牛，雔聲。一曰牛名。”桂馥義證：“一曰牛名者，《初學記》《太平御覽》并引作‘牛鳴’。晉竇鳴犢字犨。”《爾雅·釋畜》：“牛屬……其子犢。”故以“鳴犢”應“犨”。

竇　儼　宋人。字望之。

《論語·堯曰》：“君子正其衣冠，尊其瞻視，儼然人望而畏之，斯不亦威而不猛乎？”故以“望之”應“儼”。

〔饒〕

饒一辛　清人。字冶人。

《禮記·月令》：“孟秋之月……其日庚辛。……其味辛。……大史謁之天子曰：‘某日立秋，盛德在金。’”《周禮·考工記·冶氏》：“攻金之工，築氏執下齊，冶氏執上齊。”故以“冶人”應“辛”。

饒允坡　清人。字右蘇。

宋代蘇軾謫黄州，築室東坡，因自號“東坡居士”。以“蘇”應“坡”，即以蘇東坡爲己名字。飾以“右”，古人尚右，謂敬之也。

饒天民　明人。字明先。

《孟子·萬章上》：“天之生此民也，使先知覺後知，使先覺覺後覺也。予天民之先覺者也，予將以斯道覺斯民也，非予覺之而誰也？”先知先覺，即有先見之明。“予天民之先覺者”，猶言予天民之有先見之明者。故以“明先”應“天民”。

饒可久　明人。字甌寧。

古人以“金甌”喻指國土完固。《南史·朱异傳》：“我國家猶若金甌，無一傷缺。”以“甌寧”應“可久”，謂國家安寧，固若金甌，運祚久長。

饒廷選　清人。字枚臣。

《僞古文尚書·大禹謨》：“枚卜功臣，惟吉之從。”枚卜功臣乃朝廷選賢任能之大事，故以“枚臣”應“廷選”。

饒宗魯　元人。字心道。

《論語·先進》：“參也魯。”又《里仁》：“子曰：‘參乎！吾道一以貫之。’曾子曰：‘唯。’子出，門人問曰：‘何謂也？’曾子曰：‘夫子之道，忠恕而已矣。’”朱熹集注：“中心爲忠，如心爲恕。”“心道”猶言忠恕之道。忠恕之道乃曾子魯鈍之人所深悟卒傳之道，故以“心道”應“宗魯”。

饒　政　明人。字文質。

《論語·雍也》：“質勝文則野，文勝質則史。文質彬彬，然後君子。”何晏集解引包咸曰：“彬彬，文質相半之貌。”朱熹集注：“彬彬，物相雜而適均之貌。”又《顔淵》：

"政者，正也。"正，即中正適均相半之謂。故以"文質"應"政"。

饒虎臣　宋人。字宗召。

《詩·大雅·常武》："進厥虎臣，闞如虓虎。"又《大雅·江漢》："王命召虎，式辟四方。"毛傳："召虎，召穆公也。"朱熹集傳："虎，召穆公名也。"故以"召"應"虎"。召虎乃召公奭之後。飾以"宗"，謂傚召穆公爲國家虎臣。

饒　烈　宋人。字丕承。

《僞古文尚書·君牙》："丕承哉！武王烈。"

饒祖堯　宋人。字述古。

《禮記·中庸》："仲尼祖述堯舜，憲章文武。"朱熹集注："祖述者，遠宗其道。憲章者，近守其法。"故以"述"應"祖堯"。又因"述"而綴以"古"。《論語·述而》："子曰：'述而不作，信而好古，竊比於我老彭。'"

饒　欽　明人。字克恭。

《書·堯典》："帝堯曰放勳，欽明文思安安，允恭克讓，光被四表，格于上下。"故以"克恭"應"欽"，以概括經義。

饒　魯　宋人。字伯輿。

《論語·先進篇》："參也魯。"《史記·仲尼弟子列傳》："曾參，南武城人。字子輿。"故以"輿"應"魯"。飾以"伯"，表行第居長。

饒震元　明人。字登之。

《易·震卦》："六二，震來厲，億喪貝，躋于九陵，勿逐七日得。"《説文·足部》："躋，登也。"故以"登之"應"震元"。

饒　禮　明人。字景節。

《論語·學而》："禮之用，和爲貴。……知和而和，不以禮節之，亦不可行也。"故以"節"應"禮"，飾以"景"，意謂大節。

二十一畫

〔權〕

權邦彦　宋人。字朝美。

《詩·鄭風·羔裘》："彼其之子，邦之彦兮。"毛傳："彦，士之美稱。"孔穎達疏引舍人曰："國有美士，爲人所言道。"故以"朝美"應"邦彦"。

權　倫　明人。字民彝。

《書·洪範》："彝倫攸叙。"故以"彝"應"倫"。又因"彝"而飾以"民"，《詩·大雅·烝民》："民之秉彝，好是懿德。"

權　臯　唐人。字士繇。

《書序》："《益稷》合於《臯陶謨》。"陸德明釋文："臯音高，本又作咎。陶音遥，本又作繇。"《廣韻·平豪》："臯陶，舜臣，古作咎繇。"故以"繇"應"臯"，是以臯陶名爲己名字。飾以"士"，乃男子之稱。

權德輿　唐人。字載之。

《易·坤卦》："象曰：坤厚載物，德合无疆。"故以"載"應"德"。《老子》第八十章："雖有舟輿，無所乘之。"舟輿所以乘載，故又以"載之"應"輿"。

權　衡　明人。字以制。

《禮記·深衣》："古者深衣，蓋有制度，以應規矩，繩權衡。……故規矩取其無私，繩取其直，權衡取其平。"姓"權"名"衡"，連姓成文。"以制"應"權衡"，乃用《深衣》經義。

權　翼　前秦人。字子良。

《書·益稷》："帝曰：'臣作朕股肱耳目。予欲左右有民，汝翼。'"孔傳："左右，助也。助我所有之民富而教之，汝翼成我。"又："乃賡載歌曰：'元首明哉，股肱良哉，庶事康哉！'"故以"良"應"翼"，意謂翼助帝王者，乃股肱良臣。飾以"子"，乃男子美稱。

〔酈〕

酈　琥　明人。字仲玉。

《周禮·春官·大宗伯》："以玉作六器，以禮天地四方。……以白琥禮西方。"故以"玉"應"琥"。飾以"仲"，表行第居次。

酈滋德　清人。字黄芝。

《左傳·哀公元年》："樹德莫如滋，去疾莫如盡。"故名"滋德"。《楚辭·離騷》："余既滋蘭之九畹兮，又樹蕙之百畝。"蘭、芝同類，皆香草，故因"蘭"而及"芝"，《孔子家語·在厄》："芝蘭生於森林，不以無人而不芳。"又《六本》："與善人居，如入芝蘭之室，久聞而不知其香，即與之化矣。"漢焦贑《易林·萃之同人》："南山蘭芝，君子所有。"芝蘭皆譬善人、君子。善人、君子固有德之人。故以"芝"應"滋德"。又因"芝"而飾以"黄"，《太平御覽》卷九八六引《本草經》："黄芝一名金芝。"

酈道元　後魏人。字善長。

《易·乾卦》："文言曰：元者，善之長也。"故以"善長"應"元"。"道"乃行輩字。

酈道約　後魏人。字善禮。

《論語·子罕》："夫子循循然善誘人，博我以文，約我以禮，欲罷不能。"故以"善禮"應"約"。道慎弟。

酈道慎　後魏人。字善季。

《詩·魏風·陟岵》："嗟！予季行役夙夜無寐。上慎旃哉！猶來無棄。"故以"季"應"慎"。《淮南子·繆稱訓》："慎德大矣，一人小矣，能善小斯能善大矣。"故又以"善"應"慎"。道元弟。

酈　範　後魏人。字世則。

南朝宋劉義慶《世説新語·德行》："陳仲舉言爲士則，行爲世範，登車攬轡，有澄清天下之志。"故以"世則"應"範"。蓋表追慕陳仲舉（蕃）言行氣節之意。

酈　權　金人。字元輿。

《詩·秦風·權輿》："于嗟乎！不承權輿！"毛傳："權輿，始也。"《爾雅·釋詁》："元、權輿，始也。"故以"元輿"應"權"。

〔顧〕

顧九思　明人。字輿睿。

《論語·季氏》："君子有九思。"《書·洪範》："貌曰恭，言曰從，視曰明，聽曰聰，思曰睿。"孔穎達疏："鄭玄云：此恭明聰睿行之於我身。其從，則是彼人從我，以與上下。"故以"與睿"概括《書》經傳文句義，以應"九思"。

顧九苞　清人。字文子。

《初學記》卷三十引《論語摘衰聖》："鳳有六像九苞……九苞者：一曰口包命，二曰心合度，三曰耳聽達，四曰舌詘伸，五曰彩色光，六曰冠矩州，七曰距鋭鉤，八曰音激揚，九曰腹文户。"唐李嶠《鳳》詩："九苞應靈瑞，五色成文章。"以"文"應"九苞"，意謂如鳳凰之有文章。

顧八代　清人。字文起。

宋蘇軾《潮州韓文公廟碑》："文起八代之衰而道濟天下之溺，忠犯人主之怒而勇奪三軍之帥。此豈非參天地，關盛衰，浩然而獨存者乎？"

顧士俊　清人。字奕千。

《書·皋陶謨》："九德咸事，俊乂在官。"孔傳："謂天子如此，則俊德治能之士并在官。"孔穎達疏："馬、王、鄭皆云，才德過千人爲俊，百人爲乂。"《禮記·王制》："司徒論選士之秀者而升之學，曰俊士。"故諧"乂"爲"奕"，以"奕千"應"士俊"。

顧士璉　清人。字殷重。

《論語·公冶長》："子貢問曰：'賜也何如？'子曰：'女器也。'曰：'何器也？''曰：'瑚璉也。'"朱熹集注："夏曰瑚，商曰璉，周曰簠簋。皆宗廟盛黍稷之器。而飾以玉，器之貴重而華美者也。""商"即殷商。故以"殷重"應"士璉"，意謂己當如子貢，堪爲殷商所貴重之宗廟禮器瑚璉也。

顧大信　清人。字成之。

《論語·衛靈公》："子曰：'君子義以爲質，禮以行之，孫以出之，信以成之。君子哉！"'故以"成之"應"信"。

一字天目。《易·中孚卦》："彖曰：……中孚以利貞，乃應乎天也。"《易·雜卦》："中孚，信也。"故以"天"應"信"。又因"天"而綴以"目"，蓋連綴成文，取"天目山"爲義，以眩人耳目。

顧大章　明人。字伯欽。

《禮記·樂記》："大章，章之也。"鄭玄注："堯樂名也。言堯德章明也。"《書·堯典》："帝堯曰放勳，欽明文思安安。"孔傳："欽，敬也。言堯放上世之功，化而以敬明文思之四德，安天下之當安者。"故以"欽"應"大章"，以頌堯以章明之德安天下之功。

顧大猷　明人。字所建。

《詩·小雅·巧言》："秩秩大猷，聖人莫之。"《僞古文尚書·周官》："若昔大猷，制治于未亂，保邦于未危。曰唐虞稽古，建官惟百，内有百揆四岳，外有州牧侯伯。"孔傳："道堯舜考古，以建百官。"孔穎達疏："言堯舜所制，上下相維，内外咸治。"故以"所建"應"大猷"。

顧大韶　明人。字仲恭。

《書·益稷》："《簫韶》九成，鳳皇來儀。"孔傳："韶，舜樂名。"《莊子·天下》："堯有《大章》，舜有《大韶》。"《論語·衛靈公》："子曰：'無爲而治者其舜也與？夫何爲哉？恭己正南面而已矣。'"故以"恭"應"大韶"。飾以"仲"，表行第居次。大章弟。

顧予咸　清人。字小阮。

《晉書·嵇康傳》："〔嵇康〕所與神交者，惟陳留阮籍，河内山濤。豫其流者，河内向秀，沛國劉伶，籍兄子咸，琅邪王戎，遂爲竹林之遊，世所謂'竹林七賢'也。"阮咸與其叔父阮籍皆晉代名流，"竹林七賢"之一。人稱阮籍爲"大阮"，咸爲"小阮"。《世説新語·賞譽》："山公舉阮咸爲吏部郎，目曰：'清真寡欲，萬物不能移也。'"

"予咸"之"咸"，乃指阮咸。故以"小阮"應之。

顧允成　明人。字季時。

《書·無逸》："允若時。"故以"時"應"允"。飾以"季"，表行第居末。憲成弟。

顧元熙　清人。字麗丙。

《詩·大雅·文王》："穆穆文王，於緝熙敬止。"毛傳："緝熙，光明也。"《國語·周語下》："於緝熙，亶厥心，肆其靖之。"韋昭注："熙，光大也。"《易·離卦》："彖曰：離，麗也。日月麗乎天，百穀草木麗乎土，重明以麗乎正，乃化成天下。"又《説卦》："離也者，明也。萬物皆相見，南方之卦也。……離爲火，爲日，爲電。"熙、麗皆有光明之義，故以"麗"應"熙"。又因"離"爲南方之卦，爲火，故又因"麗"而綴以"丙"。《説文·丙部》："丙，位南方。"《吕氏春秋·孟夏》："其日丙丁，其帝炎帝。……太史謁之天子曰：'某日立夏，盛德在火。'"高誘注："丙丁，火日也。炎帝，少典之子，姓姜氏，以火德王天下，是爲炎帝，號曰神農，死託祀於南方，爲火德之帝。""以盛德在火，火王南方也。"是丙亦爲南方、爲火。

顧元慶　明人。字大有。

《易·履卦》："上九，視履考祥，其旋元吉。象曰：元吉在上，大有慶也。"故以"大有"應"元慶"。

又或取豐年有慶之義。《公羊傳·桓公三年》："彼其曰大有年何？大豐年也。"《詩·周頌·豐年》："豐年多黍多稌。"鄭玄箋："豐年，大有年也。"又：《小雅·甫田》："黍稷稻粱，農夫之慶。"鄭玄箋："年豐則勞賜農夫益厚。既有黍稷，加以稻粱。"故以"大有"應"慶"。

顧少連　唐人。字夷仲。

《論語·微子》："逸民：伯夷、叔齊、虞仲、夷逸、朱張、柳下惠、少連。"《禮記·雜記下》："孔子曰：'少連、大連，善民喪，三日不怠，三月不解，期悲哀，三年憂。東夷之子也。'"故以"夷"應"少連"，綴以"仲"，表行第居次。

顧　文　明人。字在中。

《易·坤卦》："六五，黄裳，元吉。象曰：黄裳元吉，文在中也。"

顧文彬　清人。字子山。

《論語·雍也》："子曰：'質勝文則野，文勝質則史。文質彬彬，然後君子。’”又《先進》：“子曰：‘先進於禮樂，野人也。後進於禮樂，君子也。如用之，則吾從先進。’”朱熹集注：“先進、後進，猶言前輩、後輩。……程子曰：先進於禮樂，文質得宜，今反謂之質樸，而以爲野人。……周末文勝，故時人之言如此，不自知其過於文也。”先輩文質得宜，實乃彬彬君子，然因東周已文勝質，故君子反被稱爲野。以“山”應“文彬”，即取上述《雍也》《先進》經傳文義，意謂俗所謂山野之人，實真文質彬彬之君子。以“山”寓“野”者，是清人名字追求奇詭之又例。

顧日新　清人。字劍峯。

《禮記·大學》：“湯之《盤銘》曰：‘苟日新，日日新，又日新。’”《莊子·養生主》：“今臣之刀十九年矣，所解數千牛矣，而刀刃若新發於硎。”成玄英疏：“是以年經十九，牛解數千，遊空涉虛，不損鋒刃，故其刀銳利，猶若新磨者也。況善養生人，智窮空有，和光處世，妙盡陰陽，雖復千變萬化，而自新其德，參涉萬境而常湛凝然矣。”以“劍峯”應“日新”，實乃諧“鋒”作“峯”。“劍鋒”即刀刃，用庖丁十九年解牛數千而不損鋒刃。猶若新發於硎石之典，意謂自當日日自新其德，涉久而愈盛。

顧存仁　明人。字伯剛。

《孟子·離婁下》：“君子所以異於人者，以其存心也。君子以仁存心。以禮存心。”故取名“存仁”。《論語·子路》：“子曰：‘剛、毅、木、訥近仁。’”故以“剛”應“存仁”。飾以“伯”，表行第居長。

顧成天　清人。字良哉。

《書·益稷》：“庶尹允諧。帝庸作歌曰：‘敕天之命，惟時惟幾。’……臯陶拜手稽首颺言曰：‘念哉！率作興事，慎乃憲，欽哉！屢省乃成，欽哉！’乃賡載歌曰：‘元首明哉，股肱良哉。庶事康哉！’”故以“良哉”應“成天”，以概括經義，意在頌美舜帝。

顧我鈞　清人。字陶元。

《史記·魯仲連鄒陽列傳》：“是以聖王制世御俗，獨化於陶鈞之上。”裴駰集解引《漢書音義》：“陶家名模下圓轉者爲鈞，以其能制器爲大小，比之於天。”司馬貞索隱引張晏曰：“陶，冶；鈞，範也。作器，下所轉者名鈞。”故以“陶”應“鈞”。我錡弟。

一字髮千。蓋取“一髮千鈞”爲名字。語出《漢書·枚乘傳》及唐韓愈《與孟尚書書》。此亦清人追求奇詭之例。

顧我錡　清人。字湘南。

《詩·召南·采蘋》：“于以采蘋？南澗之濱。于以采藻？于彼行潦。于以盛之？維筐及筥。于以湘之？維錡及釜。”故以“湘南”應“錡”，以概括《詩》義。

顧見龍　清人。字雲臣。

《易·乾卦》：“九二，見龍在天，利見大人。……文言曰：……雲從龍，風從虎。”故以“雲”應“見龍”，以概括卦爻辭及文言之義。綴以“臣”，乃古人名字習尚綴飾用字。

顧　卓

①清人。字爾立。

《論語·子罕》：“夫子循循然善誘人，博我以文，約我以禮，欲罷不能。既竭我才，如有所立卓爾。雖欲從之，末由也已。”故以“爾立”應“卓”。

②清人。字元章。

《詩·小雅·甫田》：“倬彼甫田，歲取十千。”陳奐傳疏：“倬、焯、卓同。”又《大雅·棫樸》：“倬彼雲漢，爲章于天。”故以“章”應“卓”。

顧　昉　清人。字若周。

唐代著名畫家周昉，工佛像真仙人物士女，兼繪撲蝶。畫入神品，爲當時第一。名“昉”，以“若周”應之，是慕周昉其人，願傚其後，學作丹青名手。

顧　況　唐人。字逋翁。

《國語·魯語下》：“君以諸侯之故，貺使臣以大禮。”韋昭注：“貺，賜也。”黄丕烈《國語札記》卷五：“《補音》作‘況’。……‘況使臣’古衹作‘兄’，今作‘況’者，假借也，作‘貺’者，俗字也。”《漢書·武帝紀》：“其赦天下，與民更始，諸逋貸及辭訟在孝景後三年以前，皆勿聽治。”顔師古注：“逋，亡也。久負官物亡匿不還者，皆謂之逋。”又《昭帝紀》：“四年春正月丁亥，帝加元服，見於高廟。賜……三年以前逋更賦未入者，皆勿收。”顔師古注：“逋，未出更錢者也。”又《成帝紀》：“鴻嘉元年春二月，詔曰：‘……加賜鰥寡孤獨高年帛，逋貸未入者勿收。”民貧困而逋賦不入，帝王賜勿收勿治，實爲皇恩浩蕩。故以“逋”應“況”。又因“逋”綴以“翁”，意謂願作避世之隱士。

顧炎武　清人。字寧人。

初名絳。《左傳·襄公三十年》：“晉悼夫人食輿人之城杞者。絳縣人或年長矣，無子而往，與於食。有與疑年，使之年。曰：‘臣，小人也，不知紀年。臣生之歲，正月甲子朔，四百有四十五甲子矣，其季於今三之一也。’……士文伯曰：‘然則二萬六千六百有六旬也。’”後遂稱長壽之人爲絳縣老人，又省稱“絳人”。唐劉長卿《奉寄婺州李使君舍人》詩：“天清婺女出，土厚絳人多。”故初名“絳”，應之以“人”，意在希冀爲長壽之人。又因“人”而飾以“寧”。《書·大誥》：“予曷其不于前寧人圖功攸終。”

明亡後，顧炎武矢志抗清復明。易名“炎武”，表面上“炎”與原名“絳”皆有“赤”義。實際蓋取《漢書·郊祀志贊》之文義：“漢興之初……遂順黄德，彼以五德之傳從所不勝，秦在水德，故謂漢據土而克之。劉向父子以爲帝出於《震》，故包羲氏始受木德，其後以母傳子，終而復始，自神農、黄帝下歷唐虞三代而漢得火焉。故高祖始起，神母夜號，著赤帝之符，旗章遂赤，自得天統矣。”顔師古注引鄧展曰：“向父子雖有此議，時不施行。至光武建武二年，乃用火德，色尚赤耳。”自漢用火德，後世遂有“炎漢”之稱。并以之稱中國或漢族，唐玄宗《封東光公主制》：“炎漢盛禮，蕃國是和。”名“炎武”，其一，意謂希望漢族能於明初亡之際，重振武德，以御外侮。其二，“炎武”猶言“光武”。謂反清復明之業，必如當年漢光武之重興漢室，爾後亦將重正火德，以得天統，以寧人民。故仍以“寧人”應“炎武”。

顧長卿　元人。字子元。

《易·乾卦》：“文言曰：元者，善之長也。”故以“元”應“長”，飾以“子”，乃男子美稱。

顧奎光　清人。字星五。

《淮南子·天文訓》：“五星、八風、二十八宿。”高誘注：“五星：歲星、熒惑，鎮星、太白、辰星也。……二十八宿，東方：角、房、氐、亢、心、尾、箕；北方：斗、牛、女、虚、危、室、壁；西方：奎、婁、胃、昴、畢、觜、參；南方：井、鬼、柳、星、張、翼、軫也。”“奎”爲二十八宿之一。五星，金、木、水、火、土五行星，皆古人所識重要星宿。故以“星五（即五星）”應“奎”。又據《孝經援神契》，奎主文章，爲科舉時代士人所崇奉，故以“星”應“奎”。

顧貞觀　清人。字華峯。

《易·繫辭下》：“天地之道，貞觀者也。”故名“貞觀”。《莊子·天地》：“堯觀乎華。華封人曰：‘嘻，聖人！請祝聖人。’”故以“華峯”諧“華封”，以應“觀”，以用華封人祝堯之典。

顧　時　明人。字時舉。

《論語·鄉黨》：“色斯舉矣，翔而後集。曰：‘山梁雌雉，時哉！時哉！’”故以“時舉”應“時”。

顧祖禹　清人。字景范。

宋代范祖禹曾從司馬光編撰《資治通鑒》。且曾進《唐鑒》《帝典》《仁宗政典》諸書。其中尤以《唐鑒》爲學者所稱。其爲人不言人過，立朝忠直，遇事知無不言。《宋史》有傳。名祖禹，字景范，是以范祖禹名字爲己名字，飾以“景”，是景慕其德行，願倣法之。按，顧祖禹爲人廉介純厚，有《讀史方輿紀要》傳世，時稱宛溪先生。是其德行確有如范祖禹者。

顧豹文　清人。字季蔚。

《易·革卦》：“象曰：君子豹變，其文蔚也。”故以“蔚”應“豹文”。飾以“季”，表行第居末。

顧起元　明人。字太初。

《爾雅·釋詁上》：“初、元，始也。”故以“初”應“元”，乃同義相協。因“初”而飾以“太”，《列子·天瑞》：“太初者，氣之始也。”

顧從德　明人。字汝修。

《書·盤庚上》：“非予自荒兹德，惟汝含德，不惕予一人……汝克黜乃心，施實德于民，至于婚友，丕乃敢大言，汝有積德。”孔傳：“我之欲徙，非廢此德，汝不從我命，所含惡德，但不畏懼我耳。汝羣臣能退去傲上之心，施實德於民，至于婚姻僚友，則我大乃敢言，汝有積德之臣。”故名“從德”，應之以“汝”，以概括經傳文義。《詩·大雅·文王》：“無念爾祖，聿脩厥德。”朱熹集傳：“言欲念爾祖，在於自修其德。”故又以“修”應“德”。

顧敏恒　清人。字立方。

《易·恒卦》：“象曰：雷風，恒。君子以立不易方。”故以“立方”應“恒”。

顧野王　南朝陳人。字希馮。

西漢馮野王，通《詩》。爲官有治績，時人稱之，宣帝詔書推爲行能第一。名“野王”，應之以“希馮”，是以馮野王名姓爲自己名字。希，表希冀步其後武。

顧陳垿　清人。字玉停。

《廣雅·釋宫》：“反坫謂之垿。”《論語·八佾》：“邦君爲兩君之好，有反坫。”朱熹集注：“坫在兩楹之間，獻酬飲畢，則反爵於其上。”“垿”或“坫”“反坫”，爲古代天子、諸侯盟會、宴飲時放酒杯的土台。天子、諸侯酒杯多以玉爵。《禮記·曲禮上》：“飲玉爵者弗揮。”孔穎達疏：“玉爵，玉杯也。”故以“玉”代玉杯，以“玉停”應“陳垿”，謂停放玉爵，陳於垿上。

顧　巽　明人。字與權。

《論語·子罕》：“巽與之言，能無説乎？繹之爲貴。”故以“與”應“巽”。又因“與”綴之以“權”。《論語·子罕》：“可與立，未可與權。”朱熹集注引洪氏曰：“《易》九卦，終於巽以行權。”故“權”亦應“巽”，以概括經傳之義。

顧復初　清人。字子遠。

《易·復卦》：“初九，不遠復，无祗悔，元吉。象曰：不遠之復，以脩身也。”故以“遠”應“復初”。飾以“子”，乃男子美稱。

顧棟高　清人。字震滄。

《易·繫辭下》：“上古穴居而野處，後世聖人易之以宫室，上棟下宇，以待風雨。蓋取諸《大壯》。”《易·大壯》：“象曰：雷在天上，大壯。君子以非禮弗履。”又《説卦》：“震爲雷……爲蒼筤竹。”名“棟高”，應之以“震滄”，是以“滄”爲“蒼”，以求曲折隱奥。而實以“震蒼”應“棟高”，以概括經義。

又字復初，取《易·復卦》：“象曰：雷在地中，復。……初九，不遠復，无祗悔，元吉。”此仍襲原字之旨，暗應“震爲雷”“雷在天上”之意。

顧　湄　清人。字伊人。

《詩·秦風·蒹葭》：“所謂伊人，在水之湄。”

顧　琮

①清人。字用方。

《説文·玉部》：“琮，瑞玉大八寸，似車釭。”段玉裁注：“鄭注《周禮》曰：‘琮，八方象地。’”故以“用方”應“琮”。

②清人。字玉山。

琮爲瑞玉。故以“玉”應之。《荀子·勸學》：“玉在山而草木潤，淵生珠而崖不枯。”故又因

“玉”而飾以“山”。

顧 篔 清人。字穎東。

《易·説卦》：“萬物出乎震。震東方也。……震爲雷……爲蒼篔竹。”孔穎達疏：“竹初生之時色蒼篔。取其春生之美也。”“蒼篔竹”即春天脱穎冒土而出之嫩竹。東方主春。宋馬莊父《朝中措·竹》詞：“龍孫脱穎破苔紋，英氣欲凌雲。”故以“穎東”應“篔”。

顧詒禄 清人。字禄百。

《詩·小雅·天保》：“罄無不宜，受天百禄。……神之弔矣，詒爾多福。”故以“禄百”應“詒禄”。

顧 越 南朝陳人。字允南。

《古詩十九首·行行重行行》：“胡馬依北風，越鳥巢南枝。”故以“允南”應“越”。王引之《經傳釋詞》卷一：“允，語詞耳。”

顧 逵 元人。字周道。

《爾雅·釋宫》：“一達謂之道路……九達謂之逵。”郭璞注：“四道交出，復有旁通。”《詩·周南·兔罝》：“施于中逵。”毛傳：“逵，九達之道。”又《檜風·匪風》：“顧瞻周道，中心怛兮。”故以“周道”應“逵”。

顧 雄 明人。字時俊。

《廣雅·釋訓》：“雄，傑也。”《禮記·禮運》：“大道之行也，與三代之英。丘未之逮也，而有志焉。”孔穎達疏引《辨名記》云：“倍人曰茂；十人曰選；倍選曰俊；千人曰英；倍英曰賢；萬人曰傑。”故以“俊”應“雄”，乃義近相協。又以“時”應“雄”，兼以飾“俊”，意在爲當代英雄俊傑。

顧 雲 唐人。字垂象。

《莊子·逍遥遊》：“鵬之背，不知其幾千里也，怒而飛，其翼若垂天之雲。”故以“垂”應“雲”。又因“垂”而綴以“象”，《易·繫辭上》：“天垂象，見吉凶，聖人象之。”又《繫辭下》：“象也者，像也。”故“象”亦兼以應“雲”，言大鵬之翼像垂天之雲。

顧嗣立 清人。字俠君。

《國語·晉語九》：“及景子長於公宫，未及教訓而嗣立矣，亦能纂修其身以受先業，無謗於國。”故名“嗣立”。漢揚雄《法言·淵騫》：“或問：‘蕭、曹？’曰：‘蕭也規。曹也隨。’‘滕、灌、樊、酈？’曰：‘俠介。’”李軌注：“四人前後輔夾高帝。”故以“俠”應“立”，謂夾輔使立。綴以“君”，謂所夾輔者乃指帝王。故“俠君”應“嗣立”意謂願學滕、灌、樊、酈四人，夾輔帝王，建立功業。

顧愷之 晉人。字長康。

《爾雅·釋詁》：“愷、康，樂也。”故以“康”應“愷”，乃同義相協。飾以“長”，蓋表行第居長。

顧 雍 三國吴人。字元歎。

《三國志·吴志·顧雍傳》：“顧雍字元歎，吴郡吴人也。”裴松之注引《江表傳》曰：“雍從（蔡）伯喈學，專一清静，敏而易教。伯喈貴異之，謂曰：‘卿必成致。今以吾名與卿。’故雍與伯喈同名，由此也。”又引《吴録》曰：“雍字元歎，言爲蔡雍之所歎，因以爲字焉。”按，蔡雍（邕），字伯喈。爲當時最負盛名的文學家。他很看重顧雍，所以讓顧與自己同名。顧雍因受到蔡雍的贊歎，故字“元歎”。

顧鼎臣 明人。字九和。

《漢書·叙傳下》：“雕落洪支，底剧鼎臣。”明彭大翼《山堂肆考·臣職·宰相》：“《姑臧集》謂宰相爲鼎臣。”《史記·封禪書》：“禹收九牧之金，鑄九鼎。”故以“九”應“鼎”。《吕氏春秋·本味》：“湯得伊尹……明日，設朝而見之，説湯以至味。……調和之事，必以甘酸苦辛鹹，先後多少，其齊甚微，皆有自起。鼎中之變，精妙微纖，口弗能言，志不能喻，若射御之微，陰陽之化，四時之數。”後世以“調和鼎鼐”喻指宰相及其治理國家。唐杜甫《上韋左相二十韻》：“沙汰江河濁，調和鼎鼐新。韋賢初相漢，范叔已歸秦。”故以“和”應“鼎臣”。

顧圖河 清人。字書宣。

《易·繫辭上》：“河出《圖》，洛出《書》，聖人則之。”故以“書”應“圖河”，以用河圖洛書之典。綴以“宣”，意謂天命宣明。

顧壽南 清人。字菊友。

《詩·小雅·天保》：“如南山之壽，不騫不崩。”故取名“壽南”。晉陶潛《飲酒》詩之五：“採菊東籬下，悠然見南山。”故以“菊”應“南（山）”，又因“菊”而綴以“友”。蓋古人多以“菊”與長壽相聯繫。如：南朝梁宗懔《荆楚歲時記》：“飲菊花酒，云令人長壽。”故以“菊友”應“壽南”。

顧夢圭 明人。字武祥。

圭爲古玉製禮器，長條狀，上端鋭利作三角形，下端方，似劍或匕首形。《儀禮·聘禮》：“圭……剡上寸半。”《説文·刀部》：“剡，鋭利也。”中藥量器有“刀圭”。《本草綱目·序例》引南朝梁陶弘景《名醫别録·合藥分劑法則》：“凡散云刀圭者，十分方寸匕之一。”《晉書·王濬傳》：“濬夜夢懸三刀於屋梁上，須臾又益一刀，濬驚覺，意甚惡之。主簿李毅再拜賀曰：‘三刀爲州字，又益一者，明府其臨益州乎？’及賊張弘殺益州刺史皇甫晏，果遷濬爲益州刺史。”後遂以“夢刀”爲昇遷之兆。名“夢圭”，實即云“夢刀”，意在用王濬之典，期望官職不斷升高。唐玄宗《過王濬墓》詩：“歎嗟懸劍隴，誰識夢刀祥。”故以“祥”應“夢圭”。又因刀劍乃武器，故又飾以“武”。

顧槐三 清人。字秋碧。

古代外朝植三株槐，爲三公之位。《周禮·秋官·朝士》：“面三槐，三公位焉。”故名“槐三”。因“三”而應以“秋”，取“三秋”之義。唐王勃《滕王閣序》：“時維九月，序屬三秋。”又因“秋”而綴以“碧”，前蜀韋莊《贈峨眉山彈琴李處士》詩：“一片愁雲颺秋碧。”

顧　聞　明人。字行之。

《論語·先進》：“子路問：‘聞斯行諸？’子曰：‘有父兄在，如之何其聞斯行之？’冉有問：‘聞斯行諸？’子曰：‘聞斯行之。’……‘求也退，故進之；由也兼人，故退之。’”故以“行之”應“聞”。

顧　蒓　清人。字希翰。

一字吴羹。蒓，指蒓菜，又作蓴菜。水草名，其嫩葉可做羹。據《晉書·文苑傳·張翰》載，翰在齊王冏幕下做僚屬，“翰因見秋風起，乃思吴中菰菜、蓴羹、鱸魚膾，曰：‘人生貴得適志，何能羈宦數千里以要名爵乎！’遂命駕而歸。”以“希翰”應“蒓”，與“吴羹”應“蒓”，皆用此典，意謂願學張翰，適其志而輕名爵。

顧鳳毛　清人。字超宗。

《南齊書·謝超宗傳》：“王母殷淑儀卒，超宗作誄奏之，帝大嗟賞。曰：‘超宗殊有鳳毛，恐靈運復出。”（按，謝靈運爲超宗祖父，乃謝鳳之子）南朝宋劉義慶《世説新語·容止》：“王敬倫風姿似父。作侍中，加授桓公公服，從大門入。桓公望之曰：‘大奴固自有鳳毛。’”有才幹可與父輩相似者，庶幾可望超過祖宗。以“超宗”應“鳳毛”，即用謝超宗之典。

顧鳳正　明人。字聖徵。

漢王充《論衡·指瑞》：“儒者説：鳳皇麒麟爲聖王來，以爲鳳皇麒麟，仁聖禽也。”《太平御覽》卷九一五引《孫卿子》曰：“古之王者，其政好生惡殺，鳳在列樹。”鳳凰現乃聖徵。《説文·攴部》：“政，正也。”故以“聖徵”應“鳳正”。

顧廣圻　清人。字千里。

《漢書·文帝紀》：“夫四荒之外不安其生，封圻之内勤勞不處。”顔師古：“圻亦畿字。王畿千里。”《詩·商頌·玄鳥》：“邦畿千里，維民所止。”朱熹集傳：“言王畿之内，民之所止，不過千里，而其封域則極乎四海之廣也。”故以“千里”應“廣圻”。

顧廣譽　清人。字惟康。

《孟子·告子上》：“《詩》云：‘既醉以酒，既飽以德。’言飽乎仁義也，所以不願人之膏粱之味也。令聞廣譽施於身，所以不願人之文繡也。”《書·益稷》：“安汝止，惟幾惟康。”孔傳：“言慎在位，當先安好惡所止，念慮幾微，以保其安。”孔穎達疏：“若欲慎汝在位，當須先安定汝心好惡所止，念慮事之微細，以保安其身。……心之所止，當止好不止惡，言惡以刑好也。《大學》云：‘爲人君，止於仁。爲人臣，止於敬。’好惡所止，謂此類也。”止於仁義、廣譽，是止於好；若但願膏粱之味、文繡之衣，則是止於惡。以“惟康”應“廣譽”，蓋用此經傳文義以表其心志。

顧　潛　明人。字孔昭。

《詩·小雅·正月》：“潛雖伏矣，亦孔之炤。”炤同“昭”，《禮記·中庸》引此詩作“亦孔之昭”。故以“孔昭”應“潛”。

顧　諒　元人。字季友。

《論語·季氏》：“友直、友諒、友多聞，益矣。”故以“友”應“諒”。飾以“季”，表行第居末。

顧　震

①清人。字葦田。

《易·説卦》：“震爲雷……爲萑葦。”又：“震爲龍。”《易·乾卦》：“九二，見龍在田，利見大人。”故以“葦田”應“震”。

②清人。字大震。

《易·説卦》：“震……爲大涂，爲長子。”又：《易·震卦》：“象曰：震往來厲，危行也。其事在中，大无喪也。”王弼注：“大則无喪。”孔穎達疏：“六五居尊，當有其事，在於中位，得建大功。”故以“大震”應“震”。

顧養謙　明人。字益卿。

《易·謙卦》：“象曰：謙，亨。……天道虧盈而益謙，地道變盈而流謙，鬼神害盈而福謙，人道惡盈而好謙。……象曰：地中有山，謙。君子以裒多益寡，稱物平施。”《漢書·藝文志》：“《易》之嗛嗛，一謙而四益。”故以“益”應“謙”。綴以“卿”，爲漢以來習尚綴飾字。

顧憲之　南朝齊人。字士思。

《詩·小雅·桑扈》：“之屏之翰，百辟爲憲。不戢不難，受福不那。兕觥其觩，旨酒思柔。彼交匪敖，萬福來求。”故以“士思”應“憲之”。

又，孔子弟子原憲，字子思。是“憲”有“思”義。俞樾《羣經平議·大戴禮記二》：“《學記》以‘發慮憲，求善良’爲對文。良猶善也，則憲猶慮也。原憲字子思，是憲有思義。”故以“思”應“憲”，是同義相協。飾以“士”，乃男子之稱。

顧憲成　明人。字叔時。

《僞古文尚書·説命下》：“監于先王成憲，其永無愆。”又：《説命中》：“惟天聰明，惟聖時憲。”故以“時”應“憲成”，以概括經義。飾以“叔”，表行第居又次。

顧錫疇　明人。字九疇。

《書·洪範》：“天乃錫禹《洪範》九疇。”故以“九疇”應“錫疇”。

顧　濟　明人。字舟卿。

《僞古文尚書·説命上》：“若濟巨川，用汝作舟楫。”

顧　臨　宋人。字子敬。

《論語·雍也》：“居敬而行簡，以臨其民，不亦可乎？”故以“敬”應“臨”。飾以“子”，乃男子美稱。

顧　隱　清人。字耕石。

《論語·微子》：“長沮、桀溺耦而耕。”何晏集解引鄭玄曰：“長沮、桀溺，隱者也。”《列子·楊朱》：“伯成子高，不以一毫利物，舍國而隱耕。”故以“耕”應“隱”。因“耕”綴以“石”，謂隱耕於石田，勞而無獲而志不移。

初名柔謙，字剛中。《易·謙卦》：“象曰：鳴謙貞吉，中心得也。”唐梁洽《水德賦》：“分位象于八卦，得柔謙于五行。混之不濁，流之不盈。”故名曰“柔謙”。《易·巽卦》：“彖曰：重巽以申命，剛巽乎中正而志行。柔皆順乎剛。”又：《兑卦》：“彖曰：兑，説也。剛中而柔外，説以利貞，是以順乎天而應乎人。”故以“剛中”應“柔謙”。

顧　鐸　明人。字孔振。

《論語·八佾》：“天下之無道也久矣，天將以夫子爲木鐸。”邢昺疏：“言天將命孔子制作法度，以號令於天下，如木鐸以振文教也。”故以“孔振”應“鐸”。

顧　驄　明人。字雲車。

南朝梁簡文帝《艷歌篇》：“輕軺綴皂蓋，飛轡轢雲驄。”故以“雲”應“驄”，又因“雲”而綴以“車”。《史記·孝武本紀》：“文成言曰：‘上即欲與神通，宫室被服不象神，神物不至。’乃作畫雲氣車，及各以勝日駕車辟惡鬼。”《淮南子·原道訓》：“乘雲車入雲蜺，游微霧。”

顧　黯　南朝齊人。字長孺。

《史記·汲鄭列傳》：“汲黯字長孺。……然好學，游俠，任氣節，内行脩絜，好直諫，數犯主之顔色……上曰：‘然古有社稷之臣，至如黯，近之矣。’”名“黯”，應以“長孺”，是龔汲黯名字爲己名字，以表對其景仰之情。

二十二畫

〔龔〕

龔之伊　明人。字覺先。

《孟子·萬章下》：“伊尹曰：‘何事非君？何使非民？’治亦進，亂亦進，曰：‘天之生斯民也，使先知覺後知，使先覺覺後覺。予，天民之先覺者也。予將以斯道覺斯民也。’”故以“覺先”應“伊”。

一字茹溪。宋代理學家邵雍終生不仕，隱居耕稼於洛中，人稱伊川先生。川、溪義同，故以“溪”應“伊”。《後漢書·申屠蟠傳》：“昔人之隱，遭時則放聲滅跡，巢棲茹薇。”故又以“茹”飾“溪”，亦兼應“伊”，謂邵雍隱於伊川。

龔之安　明人。字伯恭。

《論語·述而》：“威而不猛，恭而安。”故以“恭”應“安”。飾以“伯”，表行第居長。

龔　夬　宋人。字彦和。

《易·夬卦》：“彖曰：夬，決也，剛決柔也。健而説，決而和。”故以“和”應“夬”。飾以“彦”，乃男子美稱。

龔百藥　清人。字介眉。

《逸周書·大聚》：“具百藥，以備疾災。”宋高承《事物紀原·百藥》：“炎帝嘗百藥以治病。”病得治，無疾災，則長壽。《詩·豳風·七月》：“爲此春酒，以介眉壽。”故以“介眉”應“百藥”。

龔自珍　清人。字璱人。

《詩·大雅·旱麓》：“瑟彼玉瓚，黄流在中，豈弟君子，福禄攸降。”朱熹集傳：“言瑟然之玉瓚，則必有黄流在其中。豈弟之君子，則必有福禄下其躬。明寶器不薦於褻味，而黄流不注瓦缶。則知盛德必享於禄壽，而福澤不降於淫人矣。”馬瑞辰通釋：“《釋文》：‘瑟，本又作璱。’……是璱本從玉，瑟聲，兼從玉會意。作‘璱’者正字，作‘瑟’者省借字也。”《初學記》卷二七引《逸論語》：“璠璵，魯之寶玉也。孔子曰：美哉璠璵！遠而望之，焕若也；近而望之，瑟若也。”《説文·玉部》：“璱，玉英華相帶如瑟弦也。”玉瓚、璠璵皆璱然之寶玉之器，故以“璱”應“珍”。宗廟中有彼璱然寶玉之器，而又有盛德，則必然能鞏固福祚。故又更名“鞏祚”。

龔廷祥　明人。字伯興。

《禮記·中庸》：“國家將興，必有禎祥。”故以“興”應“廷祥”。飾以“伯”，表行第居長。

龔孟夔　元人。字龍友。

《書·舜典》：“伯拜稽首，讓于夔龍。”孔傳：“夔、龍，二臣名。”故以“龍”應“夔”。綴以“友”，謂願作龍、夔古賢臣之友。

龔　原　宋人。字深之。

《孟子·離婁下》：“孟子曰：‘君子深造之以道，欲其自得之也。自得之，則居之安；居之安，則資之深；資之深，則取之左右逢其原。故君子欲其自得之也。”故以“深之”應“原”，以概括經義。

龔健陽　清人。字愓齋。

《易·乾卦》：“彖曰：天行健，君子以自强不息。……潛龍勿用，陽在下也。……九三，君子終日乾乾，夕愓若，厲无咎。”故以“愓”應“健陽”。綴以“齋”，乃明清名字習尚綴飾字。

龔　策　清人。字晉之。

《論語·雍也》：“孟之反不伐。奔而殿，將入門，策其馬，曰：‘非敢後也，馬不進也。’”《易·晉卦》：“彖曰：晉，進也。”故以“晉之”應“策”。

龔翔麟　清人。字天石。

唐杜甫《復愁》詩之七：“今日翔麟馬，先宜駕鼓車。”按，據《新唐書·回鶻傳下》載，唐貞觀二十一年，骨利幹遣使獻良馬，太宗取其異者號十驥，皆命以美名。其中有名“翔麟紫”者。故名“翔麟”。又據《陳書·徐陵傳》載，僧寶誌稱徐陵爲“天上石麒麟”，意謂乃天上英物。故以“天石”應“翔麟”。

龔　愷　明人。字次元。

《左傳·文公十八年》：“昔高陽氏有才子八人，蒼舒、隤敳、檮戭、大臨、尨降、庭堅、仲容、叔達，齊、聖、廣、淵、明、允、篤、誠，天下之民謂之八愷。高辛氏有才子八人，伯奮、仲堪、叔獻、季仲、伯虎、仲熊、叔豹、季貍，忠、肅、共、懿、宣、慈、惠、和，天下之民謂之八元。”故以“元”應“愷”，飾以“次”，謂願次於“八愷”“八元”之列。

龔　楫　宋人。字濟道。

《僞古文尚書·説命上》：“若

濟巨川，用汝作舟楫。”故以“濟”應“楫”。又因“濟”綴以“道”，《易·繫辭上》：“知周乎萬物，而道濟天下。”

龔 焕 元人。字幼文。

《論語·泰伯》：“子曰：‘大哉堯之爲君也！……巍巍乎！其有成功也。焕乎！其有文章。’”故以“文”應“焕”。飾以“幼”表謙撝，意謂願從頭開始學習禮儀文章。

龔 詧 明人。字叔言。

《説文·言部》：“詧，言微親詧也。”《玉篇·言部》：“詧，與察同。”晉袁宏《後漢紀·獻帝紀五》：“古者察言觀行，而善惡彰焉。”故以“言”應“詧”飾以“叔”，表行第居又次。

龔 遂 漢人。字少卿。

《淮南子·精神訓》：“能知大貴，何往而不遂？”無往不遂，自可爲卿，故以“卿”應“遂”。飾以“少”，言可爲少卿。

龔 雍 元人。字行簡。

《論語·雍也》：“仲弓問子桑伯子。子曰：‘可也簡。’仲弓曰：‘居敬而行簡，以臨其民，不亦可乎？居簡而行簡，無乃大簡乎？’子曰：‘雍之言然。’”故以“行簡”應“雍”。

龔 端 宋人。字德莊。

漢劉向《列女傳·周室三母》：“太任之性，端一誠莊，惟德之行。”按，太任爲周文王姬昌之母。

龔 輝 明人。字實卿。

《孟子·盡心下》：“充實之謂美，充實而有光輝之謂大。”故以“實”應“輝”。綴以“卿”，乃漢以降名字習尚綴飾字。

龔頤正 宋人。字養正。

《易·頤卦》：“彖曰：頤，貞吉。養正則吉也。”孔穎達疏：“頤，貞吉者，於頤養之世，養此貞正則得吉也。”

龔霆松 宋人。號艮所。

《論語·子罕》：“子曰：‘歲寒，然後知松柏之後彫也。’”朱熹集注引謝氏曰：“士窮見節義。”《禮記·禮器》：“其在人也，如竹箭之有筠也，如松柏之有心也。二者居天下之大端矣，故貫四時而不改柯易葉。”松堅貞有節操，《易·説卦》：“艮爲山……其爲木也，爲堅多節。”又《艮卦》：“彖曰：……艮其止，止其所也。”故以“艮所”應“松”。按，宋人别號罕與名協，至清則號每如字。此“號艮所”，疑是“字艮所”之誤。

龔 謙 明人。字廷益。

《僞古文尚書·大禹謨》：“益贊于禹曰：‘……滿招損，謙受益。’”此語乃益於禹廷佐謀之言，故以“廷益”應“謙”。

龔 識 宋人。字默甫。

《論語·述而》：“子曰：‘默而識之，學而不厭，誨人不倦，何有於我哉！’”故以“默”應“識”。綴以“甫”，乃男子美稱。

龔 鏜 清人。字聲甫。

《詩·邶風·擊鼓》：“擊鼓其鏜，踊躍用兵。”毛傳：“鏜然，擊鼓聲也。”《説文·金部》：“鏜，金鼓之聲。”故以“聲”應“鏜”。綴以“甫”，乃男子美稱。

龔麗正 清人。字闇齋。

《易·離卦》：“彖曰：‘離，麗也。日月麗乎天。百穀草木麗乎土。重明麗乎正，乃化成天下，柔麗乎中正，故亨。”故名“麗正”。“闇”爲昏暗，與光明反義相應。實取《禮記·中庸》：“故君子之道，闇然而日章。……《詩》云：‘潛雖伏矣，亦孔之昭。’”昭，即明。故以“闇”與“麗正”相應，意謂君子雖闇然潛伏，然其德甚明，麗乎正而化成天下。綴以“齋”，乃明清名字習尚綴飾字。

二十三畫

〔欒〕

欒 巴 漢人。字叔元。

《洪武正韻·平麻》：“巴，尾也。”《爾雅·釋詁上》：“首、元，始也。”故以“元”應“巴”，乃反義相應。飾以“叔”，表行第居又次。

欒 施 春秋齊人。字子旗。

《説文·㫃部》：“施，旗旖施也。……㚇欒施，字子旗。知施者旗也。”段玉裁注：“見《左氏傳》。孔子弟子巫馬施，亦字子旗。”

欒崇吉 宋人。字世昌。

《左傳·莊公二十二年》：“初，懿氏卜妻敬仲。其妻占之，曰：‘吉。是謂“鳳皇于飛，和鳴鏘鏘。有嬀之後，將育于姜。五世其昌，并于正卿。八世之後，莫之與京”。’”孔穎達疏：“莫之與京，謂無與之比大，言其位最高也。”《爾雅·釋詁上》：“崇，高也。”故以“世昌”應“崇吉”，以概括經傳之義。

欒 惠 明人。字子仁。

《論語·陽貨》：“子張問仁於孔子。孔子曰：‘能行五者於天下爲仁矣。’‘請問之。’曰：‘恭、寬、信、敏、惠。恭則不侮，寬則得衆，信則人任焉，敏則有功，惠則足以使人。’”故以“子仁”應“惠”，以概括經義。

欒 鳳 元人。字秉德。

《論語·微子》：“楚狂接輿歌而過孔子，曰：‘鳳兮鳳兮！何德之衰？往者不可諫，來者猶可追。已而，已而！今之從政者殆而！’”邢昺疏：“知孔子有聖德，故比孔子於鳳。”故以“德”應“鳳”。又因“德”而飾以“秉”。《楚辭·九章·橘頌》：“秉德無私，參天地兮。”

〔龕〕

龕 圖 清人。字伯麟。

圖，謂“河圖”。《易·繫辭上》：“河出《圖》，洛出《書》，聖人則之。”《書·顧命》：“大玉、夷玉、天球、《河圖》，在東序。”孔傳：“伏犧王天下，龍馬出河，遂則其文以畫八卦，謂之《河圖》。”漢武帝《賢良詔》：“麟鳳在郊藪，河洛出《圖》《書》。嗚呼！何施而臻此乎？”麟鳳、河圖皆盛世瑞應。故以“麟”

應“圖”。飾以“伯”，表行第居長。

二十四畫

〔巙〕

巙 巙 元人。字子山。

巙，音 náo。或作“峱”“嶩”。《類篇·山部》：“峱，同巙。”《廣韻·平豪》：“巙，山名。”《詩·齊風·還》：“子之還兮，遭我乎峱之間兮。”《漢書·地理志》：“臨淄名營邱，故《齊詩》曰：‘子之營兮，遭我虖嶩之間兮。’”顏師古注：“《齊國風·營》詩之詞也。毛作‘還’，齊作‘營’。之，往也。嶩，山名也。言往適營邱而相逢於嶩山也。‘嶩’字或作‘峱’，亦作‘巙’。”故以“子山”應“巙”，以概括《詩》義。“子”又兼爲男子美稱。

〔鬭〕

鬭穀於菟 春秋楚人。字子文。

《左傳·宣公四年》：“楚人謂乳，穀；謂虎，於菟。”《廣雅·釋獸》：“於虪，虎也。”王念孫疏證：“於虪，虎文貌。……虪，或作菟。……《春秋傳》楚鬭穀於菟字子文是其證也。”故以“文”應“於菟”。

人名筆畫索引

五　畫

〔丘〕

〔丙〕

〔仙〕

〔仝〕

〔令〕

〔冉〕

〔加〕

〔包〕

〔古〕

〔句〕

〔史〕

〔吴〕

〔杜〕

〔沐〕

〔沙〕

〔狄〕

〔罕〕

〔良〕

〔言〕

〔谷〕

〔豆〕

〔貝〕

〔車〕

〔辛〕

〔邴〕

〔邵〕

八　畫

〔來〕

〔到〕

〔卓〕

〔周〕

〔和〕

〔孟〕

〔季〕

〔宗〕

〔陶〕

十一畫

十三畫

〔楊〕

〔蒲〕

〔虞〕

〔褚〕

〔蔣〕

〔裴〕

〔趙〕

〔鄧〕

〔鄭〕

〔齊〕

十五畫

〔劉〕

〔摯〕

〔樂〕

〔樊〕

〔樓〕

十六畫

〔穆〕

〔蕭〕

〔薛〕

初版後記

這部書從屬稿到出版，前後經歷了二十年，真可謂一波三折，好事多磨。

1983 年春，中國語言學會在合肥召開第二屆年會，我爲了聽一聽語言學界同道們的意見，便將書稿抽印了數百條，作爲論文拿到會上去交流。承蒙衆多前輩和諸同道謬許，認爲這項研究工作很有意義，且有應用價值。有的先生甚至過獎説，“這將是一部奇書，希望能早日出版”，云云。這些鼓勵的話，增强了我長期寫作下去的信心。

當時商務印書館的趙克勤兄出席了這屆年會，我們同在一組。在會下交談時，他表示商務印書館願意出版此書。那時我從事的《漢語大詞典》編纂工作，正在緊張進行。《古人名字解詁》的寫作，全是利用下班後回家午飯空隙和晚間進行。我向克勤兄介紹了全書規模、進度以及寫作狀況。要求分期交稿，分册出版，總計一百二十萬字。克勤兄返京後，很快覆信，作了許諾。不久，我送出了一畫至七畫的三十餘萬字的書稿。責任編輯許少峯先生審讀之後，專程來濟南同我討論了書稿中的意見，并提出建議説：“不論從讀者還是從出版者來説，分三册出版拖得時間太長，最好壓縮在百萬字之内，分兩册出版，於各方都有利。”我再三斟酌後，接受了許先生的建議。于是抓緊時間，趕寫出八至十一畫的二十餘萬字，凑成上册。經許先生審讀后，上册便于 1987 年發排了。

1988 年，中國圖書出版業進入低谷，經濟效益大幅度下滑，各家出版社都紛紛調整出版計劃，大砍一些經濟效益低下的項目。在這種大氣候下，《古人名字解詁》這類書，自然注定要運交華蓋，難逃此厄。這年冬，商務印書館方面，提出將此書壓縮爲二十萬字的要求。這真令我爲難了：這樣一部考據性的資料書，不同于“概論”性質的著作，壓縮爲二十萬字，將成爲一個“四不像”；如不接受這一要求，則使克勤兄處於尷尬境地。他招來一部“賠錢貨”，碰上這種氣候，館領導要他執行壓縮政策，他又能如何呢？況且説，沒提出退稿，這已是十分寬厚的了。我思之再三，答應將來給他們寫一部二十萬字的稿子（後來克勤兄争取爲二十五萬字），便派學生去北京，從印刷廠取回了這半部五十多萬字的書稿。這已是 1989 年春天了。

我從 1987 年承擔了山東省哲學社會科學“七五”科研規劃重點項目——《漢語稱謂大詞典》的主編任務，1989 年編纂工作已全面鋪開，此時無暇他顧，《古人名字解詁》書稿取回之後就堆置案頭了。不料一放就是七個年頭。這期間山東一家出版社曾表示願意出版此書，但須全書完稿後，一次交清，不想分册出版。數年過後，他們不再提起此事，我也未便干求。時移勢易，人事變遷，此事業已成爲陳迹了。

1996 年，語文出版社的李行健、高文元、顧士熙、李守業諸先生，得知這部書的情況後，表示了極大的關切和興趣。他們認爲此書很有學術價值，值得出版。文元先生則認爲，這部書稿不僅有特色，而且國内還未見有這類性質的著作問世。“它雖不能成爲暢銷書，但可以是長銷書。”遂甘冒經濟風險，慨然決定出版此書。他們的隆情厚意和出版家的膽識，令我感佩欽敬不已！謹向他們表示誠摯的謝意。

這部書得以順利出版，還得感謝責任編輯南保順、張繼先兩位先生。他們一接到書稿，便立即進行審讀和編輯加工，僅半年多的時間，就將稿子發排了。其辛勤勞苦是可想而知的。

這部書雖然未由商務印書館出版，但克勤兄的美意，我是不應忘記的。還有許少峯先生，他不但極其認真地審讀了一至十一畫的五十餘萬字的書稿，提了許多中肯的意見，還專程來濟南同我討論問題，使我避免了許多失誤。他的認真負責的態度和敬業精神，令我感動！今當此書出版之際，謹向他們兩位表示由衷的謝意。

多年來不少朋友關心這部書的命運，不時探問，至情可感。謹在此一並致謝！

近年來老年疾病叢生，導致眼底出血。凝視稍久，即眼淚婆娑，而且視物變形，極妨礙伏案工作，不得不令兒子發涵協助完成這部書稿。十六畫及其以下諸條目，皆是由他撰寫，理應同署。

此書草創時期，了一師屬望頗殷。1984 年冬，先生得知將分册陸續出版的消息時，欣然賜序。孰料 1986 年春，先生遽歸道山！中間又經許多波折，十數年後，此書才得面世。先生未及見此書的出版，這是令人十分遺憾的！追思往事，悲愴不已。今年五月三日是先生十三周年忌辰，明年將是先生的一百周年誕辰。謹以此書作爲紀念！

吉常宏

1999 年春記於山東大學寓廬之實究齋

時年七十又二

第二版後記

《古人名字解詁》二〇〇三年由語文出版社出版以來，深受各界讀者，特别是學界朋友的歡迎。由於初版印數過少，各地書店早已斷售多年。我們常常收到讀者來信，反映一書難求的苦惱。特别令我們感動的是，我們還收到國内外學者和朋友們的來信，有的給我們提供初版中没有注意到的文獻資料，有的則對《古人名字解詁》的增修給予鼓勵與期望，並提出不少寶貴意見和建議。雖然我們也在積極籌劃該書的增修，但短時間内尚不能完成。

二〇一六年秋，我們接到商務印書館包詩林先生來信，告知他們館已經批准把《古人名字解詁》（第二版）列入出版計劃。我們不禁喜出望外。爲了不失去這次再版機會，我們以最快的速度，把初版中五十餘個不當處做了適當修改。在審讀清樣的過程中，我們又對初版中的四十多處解讀做了必要修改。這樣，此次面世的《古人名字解詁》（第二版），較之初版，共有近百處較明顯的修改。特别是對一些歷史文化名人，如仇兆鰲、王念孫、文徵明、束皙、李汝珍、李觶、范祖禹、謝朓、劉劭、鍾繇等的名字解詁内容，我們根據確切的文獻資料和新的學術研究結果，進行了必要的更新和修正，以更加符合歷史事實，也進一步提高了解詁的可靠性，從而使本書第二版的學術價值得到了進一步提升。對增補條目此次概未涉及，留待日後增訂時再説。

經過商務印書館此次重新排版設計，《古人名字解詁》（第二版）的版面也一定會給人耳目一新的感受。讀者會明顯地感到研讀和查閱時更加方便。

在《古人名字解詁》（第二版）出版之際，謹對商務印書館葉軍副總、何瑛主任，特别是包詩林先生，在《古人名字解詁》（第二版）出版中所做的工作，由衷表示我們的敬意與感謝！

著者　二〇二〇年七月於濟南・山東大學